Grundbegriffe der Psychotherapie

Herausgegeben von
Reiner Bastine, Peter A. Fiedler, Klaus Grawe,
Stefan Schmidtchen, Gert Sommer

Mit Beiträgen von

G. Bartling · R. Bastine · U. Baumann · A. M. Becker · P. Becker · J. B. Bergold · N. Birbaumer ·
V. Birtsch · A. Blaser · H. Bommert · E. Brenk-Schulte · G. Buchkremer · F. M. Caspar ·
R.F.W. Diekstra · H. Dirlich-Wilhelm · P. Engel-Sittenfeld · F.-J. Feldhege · J. Fengler · W. Feuerlein ·
M. M. Fichter · P. A. Fiedler · W. Fiegenbaum · S. Fliegel · I. Florin · A. Franke · H. Friedrich ·
S. Grawe · K. Grawe · W. Groeger · Ch. Haerlin · I. Hand · F. S. Heigl · H. Heinl · K. Hörmann ·
N. Hoffmann · P. Innerhofer · W. Jaede · E. Jaeggi · P. Kaiser · D. Kallinke · F. H. Kanfer ·
B. H. Keßler · H. Keupp · U. Koch · D. Kommer · H. Konz · Ch. Kraiker · R. Krause · R. Künzel ·
U. Kuypers · H. Legewie · U. Lehr · J. Leistikow · H. Leuner · M. Linden · G. Lucius · F. Mann ·
W. Maier-Diewald · I. Michelitsch-Traeger · B. Miller · W.-R. Minsel · D. Mittelsten-Scheidt ·
M. L. Moeller · L. Montada · M. Perrez · H. Petzold · U. Plessen · U. Plog · L. Pongratz · P. Probst ·
R. v. Quekelberghe · R. A. Redlich · Ch. Reimer · R. Richter · B. Röhrle · J. Rojahn · M. Sader ·
K. Sander · E. Sedlmayr-Länger · R. Seidel · G. Sommer · G. Sonneck · H. Speidel · B. Scheele ·
G. Schmidt · S. Schmidtchen · F. Schulz von Thun · R. Schwab · H. Stierlin · D. Tscheulin · W. Tunner ·
C. Unnold · D. Vaitl · G. Vormann · S. Wedel · W. Wendlandt · E. Westrich · H.-J. Windheuser ·
H.-U. Wittchen · E. H. Witte · M. Zielke · D. Zimmer

edition psychologie

Weinheim · Deerfield Beach, Florida · Basel · 1982

Verlagsredaktion: Dr. U. Herzfeld
Herstellerische Betreuung: Hans Jörg Maier

CIP-Kurztitelaufnahme der Deutschen Bibliothek

Grundbegriffe der Psychotherapie / hrsg. von Reiner Bastine ... Mit Beitr. von G. Bartling ... – Weinheim; Deerfield Beach, Florida; Basel: Edition Psychologie, 1982.
  ISBN 3-527-16002-7
NE: Bastine, Reiner [Hrsg.]; Bartling, Gisela [Mitverf.]

© edition psychologie in der Verlag Chemie GmbH, D-6940 Weinheim, 1982
Alle Rechte, insbesondere die der Übersetzung in fremde Sprachen, vorbehalten. Kein Teil dieses Buches darf ohne schriftliche Genehmigung des Verlages in irgendeiner Form – durch Photokopie, Mikrofilm oder irgendein anderes Verfahren – reproduziert oder in eine von Maschinen, insbesondere von Datenverarbeitungsmaschinen, verwendbare Sprache übertragen oder übersetzt werden.
All rights reserved (including those of translation into foreign languages). No part of this book may be reproduced in any form – by photoprint, microfilm, or any other means – nor transmitted or translated into a machine language without written permission from the publishers.
Satz und Druck: Zechnersche Buchdruckerei, D-6720 Speyer
Bindung: Beltz Offsetdruck, D-6944 Hemsbach
Printed in the Federal Republic of Germany

Inhalt

Vorwort	IX
Verzeichnis der Autoren	XV
Ätiologie von P. Becker	1
Psychotherapie bei Alkoholismus von W. Feuerlein und E. Brenk-Schulte	7
Psychotherapie bei Angst von G. Bartling	11
Universitäre Ausbildung in Psychotherapie von V. Birtsch	16
Außeruniversitäre Ausbildung in Psychotherapie von H.-U. Wittchen, M. M. Fichter und W. Maier-Diewald	21
Psychotherapie bei Autismus von B. Miller	29
Beschäftigungs- und Arbeitstherapie von C. Haerlin	32
Biofeedback von P. Engel-Sittenfeld	35
Psychotherapie bei Delinquenz von I. Michelitsch-Traeger	38
Psychotherapie bei Depressionen von N. Hoffmann	42
Psychotherapie bei Drogenabhängigkeit von F.-J. Feldhege	46
Eklektizismus von D. Kommer	49
Eltern-Kind-Therapie von P. Innerhofer	52
Encountergruppen von R. Schwab	56
Entspannungsverfahren von D. Vaitl	59
Entwicklungspsychologische Fragestellung bei psychotherapeutischen Entscheidungen von L. Montada	62
Epidemiologie von P. Kaiser	67
Erziehungsberatung von H. Bommert und U. Plessen	72
Psychotherapie bei Eßstörungen von S. Wedel	76
Ethische Probleme der Psychotherapie von R. Bastine	80
Etikettierung von H. Keupp	85
Exploration in der Psychotherapie von B. H. Kessler	88
Falldokumentationssysteme in Psychiatrie und Klinischer Psychologie von H. J. Windheuser	92
Psychotherapie in der Familie von P. Probst	95
Dynamische Familientherapie von H. Stierlin	98
Finanzierung von Psychotherapie von J. Leistikow	104
Fokaltherapie von A. M. Becker	107
Psychotherapie bei geistiger Behinderung von P. Probst	110
Gemeindepsychologie von G. Sommer	113
Intervention im Rahmen der Gerontologie von U. Lehr	120

Geschichte der Psychotherapie von L. J. Pongratz 123
Gesellschaftliche Funktionen der Psychotherapie von E. Jaeggi 130
Gesprächspsychotherapie von H. Bommert 134
Gestalttherapie von H. Petzold 140
Psychotherapie und ihre allgemein-psychologische Grundlegung von B. Scheele 143
Psychotherapie in Gruppen von K. Grawe und P. A. Fiedler 149
Gruppendynamik von J. Fengler 154
Psychoanalytische und konfliktorientierte Gruppenpsychotherapie von F. Heigl 159
Psychotherapie in der Heimerziehung von P. A. Fiedler 164
Hypnose von D. Vaitl 168
Indikation in der Psychotherapie von K. Grawe 171
Individualtherapie von F. Schulz von Thun 179
Katathymes Bilderleben von H. Leuner 183
Kindertherapie von S. Schmidtchen 185
Klientenvariablen der Psychotherapie von W.-R. Minsel 189
Klinische Psychologie von S. Schmidtchen und R. Bastine 193
Psychotherapie bei chronisch körperlichen Krankheiten von D. Kallinke 200
Psychotherapie und Körpermedizin von H. Speidel 204
Körpertherapie von H. Petzold und H. Heinl 209
Kognitive Therapien von R. van Quekelberghe 212
Kommunikationstherapie von D. Zimmer 218
Konfrontationsverfahren von W. Fiegenbaum 222
Krankheitsbegriff und Normalität von H. Keupp 225
Krisenintervention von G. Sonneck 228
Laientherapie von M. Zielke 232
Menschenbilder in der Psychotherapie von U. Plog 236
Motivation in der Psychotherapie von R. Künzel 240
Musiktherapie von K. Hörmann 243
Neo-Psychoanalyse von A. M. Becker 246
Operante Interventionsverfahren von J. Rojahn 250
Organisationsformen von Psychotherapie von F. Mann 255
Partnertherapie von S. Grawe 260
Persönlichkeitspsychologische Grundlagen von M. Sader 264
Prävention von H. Legewie 269
Primärtherapie von D. Mittelsten-Scheid 273
Problemanalyse von G. Bartling und W. Fiegenbaum 275
Psychoanalyse von R. Krause 280
Psychodiagnostische Verfahren zur Therapie-Indikation und Effektkontrolle von U. Baumann . . 287
Psychodrama von U. Kuypers 293
Psychopharmaka von M. Linden 296
Psychophysiologische Grundlagen der Psychotherapie von N. Birbaumer 299
Psychotherapie bei psychosomatischen Störungen von Kindern von I. Florin 303
Psychotherapie bei psychosomatischen Störungen von Erwachsenen von A. Franke 308
Psychotherapie von R. Bastine 311
Psychotherapie-Effekte von R. Bastine 318
Psychotherapieforschung von K. Grawe 323
Die Rational-emotive Therapie von R. F. W. Diekstra 332
Psychotherapie bei Rauchen von E. Sedlmayr-Länger 334
Rechtliche Grundlagen der Psychotherapie von S. Fliegel und B. Röhrle 336

Rehabilitation bei psychischen Störungen von G. Lucius und U. Koch 341
Psychotherapie bei schizophrenen Störungen von P. A. Fiedler und G. Buchkremer 345
Psychotherapie in der Schule von A. Redlich 349
Psychotherapie und Selbstbehandlung von P. A. Fiedler und H. Konz 352
Selbsthilfegruppen von M. L. Moeller 356
Selbstkontrolle von F. H. Kanfer 358
Psychotherapie bei sexuellen Störungen von G. Schmidt 362
Psychotherapie in der Sozialarbeit von P. A. Fiedler 365
Training von Sozialen Fertigkeiten von W. Wendlandt 369
Sozialpsychiatrie von R. Seidel 374
Sozialpsychologische Grundlagen der Psychotherapie von H. Witte 378
Spieltherapie von W. Jaede 385
Spontanremission von W. Tunner 388
Psychotherapie bei Störungen der Sprache und des Sprechens von P. A. Fiedler und E. Westrich 391
Studentenberatung von K. Sander 396
Suizidprophylaxe von C. Reimer 400
Supervision von M. Zielke 403
Symptom von C. Kraiker 407
Themenzentrierte Interaktion von F. Schulz von Thun 409
Therapeutenmerkmale in der Psychotherapie von D. Tscheulin 411
Therapeutische Gemeinschaft und Milieutherapie von G. Vormann 417
Therapeut-Klient-Beziehung von J. B. Bergold 420
Transaktionsanalyse von H. Friedrich 425
Verhaltensbeobachtung in der Psychotherapie von S. Schmidtchen 428
Psychotherapie bei kindlichen Verhaltensstörungen von H. Dirlich-Wilhelm 432
Verhaltensmedizin von R. Richter 436
Verhaltenstherapie von W. M. Groeger 439
Psychotherapeutische und psychosoziale Versorgung von B. Röhrle und S. Fliegel 445
Widerstand in der Psychotherapie von F. M. Caspar 451
Wirkfaktoren der Psychotherapie von A. Blaser 455
Ziele der Psychotherapie von M. Perrez 459
Psychotherapie bei Zwängen von I. Hand 464

Anhang: Zusammenstellung von Informationsquellen für psychotherapeutische Behandlung
 von C. Unnold 468

Sachregister 477

Namenregister 489

Vorwort

Dieses Buch wendet sich an Leser, die mit psychotherapeutischen Fragestellungen und Problemen beruflich beschäftigt sind – an Psychologen, Ärzte, Pädagogen, Sozialarbeiter, Sozialpädagogen, Soziologen und verwandte Berufsgruppen sowie an die Studierenden dieser Fächer. Wir wünschen uns allerdings auch, daß das Buch mit seiner verständlichen Sprache ebenso interessierte Laien anspricht.

Wir Herausgeber haben mit diesem Buch angestrebt, einen knappen Überblick über die wichtigsten Grundbegriffe der Psychotherapie zu geben und konnten 90 Autoren – für insgesamt 112 Grundbegriffe – gewinnen, die zu den führenden Vertretern in Forschung, Lehre oder Praxis des jeweiligen Inhaltsbereiches gehören. Dieses geballte Expertentum bringt dem Leser eine Vielfalt von Informationen aus kompetenter Sicht. Diese – auf den ersten Blick sehr erfreuliche – Tatsache hat leider gelegentlich den kleinen Beigeschmack einer zu starken Identifikation der Autoren mit dem Thema und einer daraus resultierenden geringen Offenheit für andere Richtungen der Psychotherapie – *eines* der Probleme in der gegenwärtigen Psychotherapie-Szene überhaupt.

Unsere „Grundbegriffe" sind alphabetisch gegliedert von „Ätiologie" und „Alkoholismus" bis „Ziele der Psychotherapie" und „Zwänge". In einem ausführlichen *Anhang* werden für Therapeuten und Klienten Informationsquellen genannt, in denen man sich über verschiedene psychologische Behandlungsmöglichkeiten informieren kann.

Wir verfolgen mit diesem Buch vielfältige Ziele. Unsere primäre Absicht ist es, eine Bestandsaufnahme von verschiedenen Aspekten der Psychotherapie vorzunehmen. Dabei handelt es sich um theoretische, konzeptuelle und verfahrenstechnische Aspekte, Eigenarten von Psychotherapiestrategien und -techniken sowie um Informationen über Verfahren zur Prävention und Selbsthilfe. Außerdem haben wir Stichworte über Störungsbereiche, Arbeitsfelder, Forschungsprobleme, Versorgungsfragen, rechtliche Bedingungen, gesellschaftliche Bezüge und Diagnoseprobleme aufgenommen. Die Stichworte sind in Form von *Grundbegriffen* thematisiert worden; zu jedem Grundbegriff wurde angestrebt, die wichtigsten theoretischen und empirischen Aussagen vorzustellen, um den gegenwärtigen Stand der Forschung kritisch einzuschätzen und einen Ausblick auf offene Probleme zu geben.

Wir hoffen, mit dem Buch einen Beitrag zur Begriffsbildung im Bereich der Psychotherapie zu leisten. Es gründet sich wissenschaftstheoretisch auf ein *empirisch-wissenschaftliches Grundverständnis,* in dem zur Prüfung von Theorien und Hypothesen sinnliche Erfahrungen und darauf aufbauende Meßoperationen herangezogen werden, die zu einer wechselseitigen Beeinflussung von empirischen und theoretischen Erkenntnissen führen sollen.

Aufgrund dieses Wissenschaftsverständnisses werden im Buch Konzepte bevorzugt, die sich in der Theoriebildung einer empirischen Überprüfung stellen. Es überwiegen deshalb Grundbegriffe aus dem Bereich der empirisch und experimentell arbeitenden Klinischen Psychologie.

Um jedoch offen für Innovationen zu sein, haben wir auch konzeptuelle Darstellungen aufgenommen, die das Kriterium der empirischen Überprüfbarkeit nicht oder noch nicht erfüllen. Wir haben dies dann getan, wenn interessante neue Sichtweisen vorgelegt oder zu wichtigen Aspekten der Psychotherapie Aussagen gemacht werden, für die noch keine empirisch abgesicherten Theorien vorliegen.

Des weiteren möchten wir mit dem Buch Impulse zu einer *Integration* von Lehre, Forschung und Praxis in der Psychotherapie geben. Die Integration kann sich dabei an allgemein akzeptierten Grundlagen in der Psychotherapie orientieren, an einer Problematisierung und Neuentwicklung von Forschungsmethoden und an einer Erstellung wichtiger Kriterien für die praktische Therapiedurchführung (z. B. Aussagen zu Diagnoseverfahren, Indikations- und Kontraindikationsfragen, Zielsetzungen, Therapieplanungsprozessen, Therapiekontrollen, rechtlichen Fragen oder zur Therapieausbildung usw.).

Zu der von uns angestrebten *kritischen Bestandsaufnahme* der Psychotherapie gehört, ihren Stellenwert im psychosozialen Gesundheitswesen und in der Gesellschaft zu reflektieren. Als eine wesentliche Aufgabe des psychosozialen Gesundheitswesens erscheint es uns, die Eigenverantwortung und das Selbsthilfepotential von Klienten zu unterstützen. Damit wenden wir uns zum einen gegen die Dominanz der Experten und zum anderen gegen eine Konsum- und Versorgungshaltung von Klienten. Schließlich wenden wir uns auch gegen eine Psychologisierung gesellschaftlicher Konflikte. Wir sind der Auffassung, daß die Möglichkeiten der Psychotherapie nur bei einer angemessenen Organisation des psychosozialen Gesundheitswesens und bei angemessenen rechtlichen und finanziellen Rahmenbedingungen zu nutzen sind. Dabei ist die Psychotherapie nur *ein* Ansatz, die psychosoziale Gesundheit der Bevölkerung zu erhöhen. Sie muß ergänzt werden durch Ansätze einer primären Prävention und Rehabilitation und durch eine sinnvolle Verbindung mit der Organmedizin.

Die Ziele dieses Buches lassen sich auch dadurch verdeutlichen, daß wir angeben, was wir *nicht wollen* und wovon wir uns abgrenzen. Wir lehnen eine enge Schulenorientierung ab, die immer auch eine Einengung des Gegenstandsbereiches bedeutet. Wir lehnen es ab, Psychotherapie als eine Art von Religion oder Philosophie anzusehen. Wir wenden uns gegen „Therapeuten", die ihre „Ausbildung" in wenigen Freizeit- und Wochenendseminaren erhalten haben und gegen Therapeuten, die ihr Handeln nicht theoretisch reflektieren und empirisch überprüfen. Wir wenden uns schließlich gegen den Wildwuchs mehr oder minder origineller, zumeist aber höchst lukrativer „Therapien", die wie Moden vermarktet und saisonal neu kreiert werden. Wir meinen, daß sich Psychotherapeuten von dieser Art von „Psychotherapie" abgrenzen sollten. Der Öffentlichkeit muß gezeigt werden, daß Psychotherapie *ein geplantes und strukturiertes Geschehen ist, in dem durch zielgerichtete Operationen des Psychotherapeuten und des Klienten konstruktive Änderungen im Erleben, im Verhalten und in den sozialen Beziehungen des Klienten herbeigeführt werden sollen.* Die Durchführung von Psychotherapien erfordert eine langjährige wissenschaftliche Ausbildung, setzt ein sehr breites Veränderungswissen voraus (auch über Therapieverfahren, die man nicht beherrscht) und beinhaltet eine verantwortungsvolle Fürsorge für den Klienten bzw. Patienten.

Hier für den Leser einige *Orientierungshilfen zum Studium des Buches:*

Im Inhaltsverzeichnis werden die 112 Grundbegriffe alphabetisch aufgeführt und im *Stichwörterverzeichnis* werden die wesentlichen Stichwörter, eingeschlossen die „Grundbegriffe", angeführt. Wenn man von dem Text eines bestimmten Grundbegriffes ausgeht, lassen sich durch Querverweise (→) Hinweise zu benachbarten Grundbegriffen finden. Schließlich soll die folgende Aufstellung der Grundbegriffe nach *inhaltlichen Bereichen* eine weitere Suchhilfe darstellen. So sind in der Abbildung 1 im umrandeten Kernbereich (I) besonders die Grundbegriffe enthalten, die für die Psychotherapie zentral sind: Anwendungsbereich – Theorien und Konzepte – Verfahren, Strategien, Techniken – präventive Maßnahmen – Selbsthilfe. Um diesen Kernbereich herum gruppieren sich die anderen Inhaltsbereiche, die für die Psychotherapie von Bedeutung sind. Es sind dies die Störungsbereiche (II), die Arbeitsfelder (III), die Psychologischen Grundlagen (IV), Forschungsprobleme (V), Psychosoziale Versorgung und rechtliche Bedingungen (VI), Gesellschaftliche Aspekte (VII) und Diagnoseverfahren (VIII). In einem *ANHANG* sind die Informationen über psychotherapeutische Behandlungsangebote (IX) zusammengestellt.

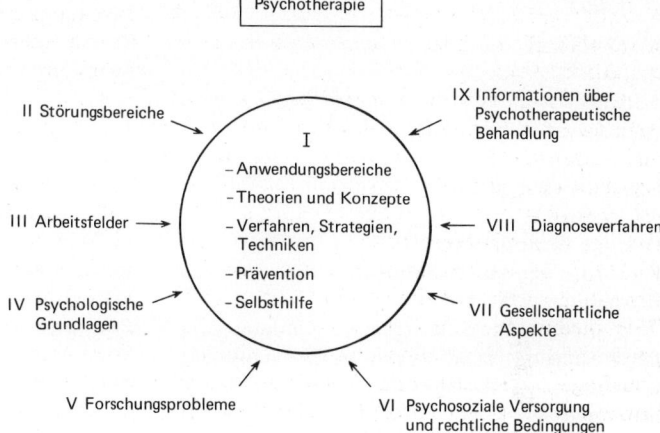

Abbildung 1: Übersicht über Inhaltsbereiche der Psychotherapie.

Folgende Grundbegriffe sind unter die Inhaltsbereiche subsumiert worden.

1. Psychotherapeutische Anwendungsbereiche, Theorien, Konzepte, Verfahren, Strategien, Techniken, Prävention, Selbsthilfe

Beschäftigungs- und Arbeitstherapie
Bio-Feedback
Eltern-Kind-Therapie
Encounter
Entspannungsverfahren
Familientherapie
Fokaltherapie
Gesprächspsychotherapie
Gestalttherapie
Gruppendynamik
Gruppentherapie
Hypnose
Individualtherapie
Katathymes Bilderleben
Körpertherapie
Kognitive Therapie
Kommunikationstherapie
Konfrontation
Krisenintervention
Laientherapie
Musiktherapie
Neopsychoanalyse
Operante Interventionsverfahren
Prävention
Primärtherapie
Psychoanalyse
Psychodrama
Psychopharmaka
Psychotherapie
Rational-emotive Therapie
Selbstbehandlung
Selbsthilfegruppen
Selbstkontrolle
Soziale Fertigkeiten, Training
Sozialpsychiatrie
Spieltherapie
Suizidprophylaxe
Themenzentrierte Interaktion
Therapeutische Gemeinschaft und Milieutherapie
Therapeut-Klient-Beziehung
Transaktionsanalyse

Verhaltenstherapie
Widerstand
Wirkfaktoren

2. Psychotherapie bei umschriebenen Störungsbereichen

Alkoholismus
Angst
Autismus
Delinquenz
Depression
Drogenabhängigkeit
Eßstörungen
Geistige Behinderung
Kindliche Verhaltensstörungen
Körperliche Erkrankungen
Psychosomatische Störungen bei Kindern
Psychosomatische Störungen bei Erwachsenen
Rauchen
Schizophrenie
Sexuelle Störungen
Sprach/Sprechstörungen
Suizidprophylaxe
Zwänge

3. Psychotherapie in umschriebenen Arbeitsfeldern

Erziehungsberatung
Familie
Gerontologie
Gruppen
Heimerziehung
Kindertherapie
Körperliche Erkrankungen
Partnertherapie
Rehabilitation
Schule
Sozialarbeit
Therapeutische Gemeinschaft und Milieutherapie
Verhaltensmedizin

4. Psychologische Grundlagen der Psychotherapie

Ätiologie
Entwicklungspsychologische Grundlagen
Epidemiologie
Geschichte der Psychotherapie
Grundlegung, allgemein-psychologische
Klinische Psychologie
Motivation
Persönlichkeitspsychologische Grundlagen
Psychophysiologische Grundlagen
Sozialpsychologische Grundlagen
Symptom

5. Forschungsprobleme der Psychotherapie

Eklektizismus
Falldokumentation
Indikation
Klientenvariablen
Psychotherapie-Effekte
Psychotherapieforschung
Spontanremission
Therapeutenmerkmale

6. Psychosoziale Versorgung und rechtliche Bedingungen von Psychotherapie

Ausbildung, universitäre
Ausbildung, postgraduierte
Finanzierung
Gemeindepsychologie
Organisationsformen
Rechtliche Grundlagen
Sozialpsychiatrie
Versorgung, psychotherapeutische und psychosoziale

7. Gesellschaftliche Aspekte von Psychotherapie

Etikettierung
Ethische Probleme
Krankheitsbegriff
Menschenbilder
Supervision
Ziele der Psychotherapie

8. Diagnoseverfahren in der Psychotherapie

Exploration
Problemanalyse
Psychodiagnostische Verfahren
Verhaltensbeobachtung

Wir haben mit vielen Autoren intensiv über ihre Beiträge korrespondiert und gesprochen. Diese Diskussionen waren oft sehr fruchtbar und wir danken deshalb unseren Autoren für ihre Bereitschaft zur Mitarbeit und ihre Geduld mit uns Herausgebern. Des weiteren gilt unser Dank Frau Diplom-Psychologin Judith R. Bastine für die redaktionelle Bearbeitung der Manuskripte und dem Verlag Chemie, insbesondere Herrn Dr. Ulrich Herzfeld, für die wohlwollende Unterstützung des Projektes.

Wir wünschen dem Leser eine interessante Lektüre und viele neue Impulse für sein Psychotherapie-Verständnis.

Sommer 1981

Reiner Bastine
Peter A. Fiedler
Klaus Grawe
Stefan Schmidtchen
Gert Sommer

Verzeichnis der Autoren

Dr. Gisela Bartling
Psychologisches Institut der
Universität Münster
Abt. für Klinische Psychologie
Rosenstr. 9
4400 Münster

Prof. Dr. Reiner Bastine
Psychologisches Institut der
Universität Heidelberg
Hauptstr. 47–51
6900 Heidelberg

Prof. Dr. Urs Baumann
Institut für Psychologie
Olshausenstr. 40–60
2300 Kiel

Doz. Dr. Alois M. Becker
Institut für Tiefenpsychologie
u. Psychotherapie der Univ. Wien
Lazarettgasse 14
A-1090 Wien

Prof. Dr. Peter Becker
Fachbereich I – Psychologie
der Univ. Trier
Postfach 38 25
5500 Trier

Prof. Dr. Jarg B. Bergold
Psychologisches Institut
der FU Berlin – Fachbereich 11
Habelschwerdtallee 45
1000 Berlin 33

Prof. Dr. Niels Birbaumer
Psychologisches Institut der Univ.
Tübingen
Friedrichstr. 21
7400 Tübingen

Dr. Vera Birtsch
Institut für Sozialarbeit
und Sozialpädagogik
Am Stockborn 5–7
6000 Frankfurt

Dr. Andreas Blaser
Psychiatrische Universtiäts-Poliklinik
Murtenstr. 21
CH-3000 Bern

Prof. Dr. Hanko Bommert
Psychologisches Institut der
Universität Münster
Rosenstr. 9
4400 Münster

Dr. Elisabeth Brenk-Schulte
Max-Planck-Institut für Psychiatrie
Kraepelinstr. 10
8000 München 40

Dr. Gerd Buchkremer
Universitätsnervenklinik und Poliklinik der
Universität Münster
Albert-Schweitzer-Str. 131
4400 Münster

Dipl.-Psych. Franz M. Caspar
Psychologisches Institut der
Universität Bern
Gesellschaftsstr. 49
CH-3012 Bern

Prof. Dr. René F. W. Diekstra
Klinische Psychologie Rijks-Universiteit
Hooigracht 15
Leiden
Niederlande

Dr. Hannelore Dirlich-Wilhelm
Psychologisches Institut der
Universität München
Kaulbachstr. 93
8000 München 40

Dr. Pola Engel-Sittenfeld
Psychiatrische Klinik der Univ. München
Nußbaumstr. 7
8000 München 2

Dr. Franz-Josef Feldhege
Institut für Prävention und
ambulante Abhängigkeitsberatung
Tengstr. 11
8000 München 11

Prof. Dr. Jörg Fengler
Rheinländische Pädagogische Hochschule
Frangenheimstr. 4
5000 Köln-Lindenthal

Prof. Dr. Wilhelm Feuerlein
Psychiatrische Poliklinik des
Max-Planck-Instituts für Psychiatrie
Kraepelinstr. 10
8000 München 40

Dr. Manfred M. Fichter
Nervenklinik der Universität München
Nußbaumstr. 57
8000 München 2

Prof. Dr. Peter A. Fiedler
Psychologisches Institut der
Universität Heidelberg
Hauptstr. 47–51
6900 Heidelberg

Dr. Wolfgang Fiegenbaum
Fachbereich Psychologie der
Universität Marburg
Gutenbergstr. 18
3550 Marburg/Lahn

Dr. Steffen Fliegel
Psychologisches Institut
der Universität Bochum
Postfach 21 48
4630 Bochum

Prof. Dr. Irmela Florin
Fachbereich Psychologie
der Universität Marburg
Gutenbergstr. 18
3550 Marburg/Lahn

Dr. Alexa Franke
Psychologisches Institut
der Ruhr-Universität Bochum
Postfach 21 46
4630 Bochum

Hedi Friedrich
Buedergärtenstr. 1
6000 Frankfurt

Dipl.-Psych. Simone Grawe
Klinisch-psychologische Praxis-
und Forschungsstelle des Psychologischen
Instituts der Universität Bern
Mittelstraße 42
CH-3012 Bern

Prof. Dr. Klaus Grawe
Psychologisches Institut der
Universität Bern
Gesellschaftsstraße 49
CH-3012 Bern

Dr. Wolfgang Groeger
Psychologisches Institut der
Ruhr-Universität Bochum
Postfach 10 21 48
4630 Bochum

Christiane Haerlin
Berufliches Trainings-Zentrum
Postfach 15 30
6908 Wiesloch

PD Dr. Iver Hand
Psychiatrische Universitäts-Klinik
im Universitätskrankenhaus Eppendorf
Martinistr. 52
2000 Hamburg 20

Prof. Dr. Franz S. Heigl
Direktor des Niedersächsischen
Landeskrankenhauses Tiefenbrunn
Fachklinik für psychogene und
psychosomatische Erkrankungen
3405 Rosdorf 1 – Tiefenbrunn

Dr. Hildegund Heinl
Fritz-Perls-Institut für
Integrative Therapie
6500 Mainz

PD Dr. Karl Hörmann
Sperlichstraße 66
4400 Münster

Dr. Nicolas Hoffmann
Orberstraße 18
1000 Berlin 33

Prof. Dr. Paul Innerhofer
Psychologisches Institut der
Universität Heidelberg
Hauptstr. 47–51
6900 Heidelberg

Dipl.-Psych. Wolfgang Jaede
Tiengenerstr. 4
7800 Freiburg

Prof. Dr. Eva Jaeggi
Psychologisches Institut der
Universität Berlin
Dovestr. 1–5
1000 Berlin 10

Dipl.-Psych. Peter Kaiser
Fachbereich I – Psychologie
Universität Oldenburg
Birkenweg 5
2900 Oldenburg

Dr. Dieter Kallinke
Forschungszentrum für Rehabilitation
und Prävention
Postfach 10 14 09
6900 Heidelberg

Prof. Dr. Frederick H. Kanfer
University of Illinois
Department of Psychology
Champaign, Illinois 61820
USA

Dr. Bernd H. Keßler
Fachbereich Sozial- und Umweltwissenschaften
Fachrichtung Psychologie
6600 Saarbrücken

Prof. Dr. Heinrich Keupp
Institut für Psychologie
Kaulbachstr. 93
8000 München 40

Prof. Dr. Dr. Uwe Koch
Psychologisches Institut
der Universität Freiburg
Lehrstuhl für Rehabilitationspsychologie
Belfortstr. 16
7800 Freiburg

Dipl.-Psych. Detlev Kommer
Psychologisches Institut der
Universität Heidelberg
Hauptstr. 47–51
6900 Heidelberg

Dipl.-Psych. Hermann Konz
Psychologisches Institut der
Universität Münster
Abteilung für Klinische Psychologie
Rosenstr. 9
4400 Münster

Dr. Christoph Kraiker
Institut für Psychologie
Kaulbachstr. 93
8000 München 40

Prof. Dr. Rainer Krause
Universität des Saarlandes
FB 6 - Klinische Psychologie
6600 Saarbrücken 11

Dr. Rainer Künzel
Psychologisches Institut der
Ruhr-Universität Bochum
Postfach 2148
4630 Bochum

Dipl.-Psych. Ursula Kuypers
Uhlandstraße 5
6601 Heusweiler 1

Prof. Dr. Dr. Heinrich Legewie
Psychologisches Institut der TU Berlin
Dovestr. 1-5
1000 Berlin 10

Prof. Dr. Ursula Lehr
Psychologisches Institut der
Universität Bonn
An der Schloßkirche 1
5300 Bonn

Dr. Jürgen Leistikow
Institut für Kinderpsychologie
und Elterntraining
Esmarchstr. 21
2300 Kiel

Prof. Dr. Hanscarl Leuner
Psychiatrische Universitätsklinik
v.-Siebold-Straße 5
3400 Göttingen

Dr. Michael Linden
Psychiatrische Universitätsklinik II der FU Berlin
Nussbaumallee 36
1000 Berlin 19

Dr. Gabrielle Lucius
Psychologisches Institut der
Universität Freiburg
Lehrstuhl für Rehabilitationspsychologie
Belfortstr. 16
7800 Freiburg

Dr. Frido Mann
Westfälische Wilhelms-Universität -
Medizinische Psychologie
Hüfferstr. 75/I
4400 Münster

Dipl.-Psych. Wolfgang Maier-Diewald
Max-Planck-Institut für Psychiatrie
Kraepelinstr. 10
8000 München 40

Dr. Ingrid Michelitsch-Traeger
Eschkopfstr. 3
6703 Limburgerhof

Dipl.-Psych. Bernd Miller
Institut für Therapie autistischer
Verhaltensstörungen
Bebelallee 141
2000 Hamburg 60

Prof. Dr. Wolf-Rüdiger Minsel
Fachbereich I - Pädagogik der
Universität Trier
Postfach 3825
5500 Trier

Dr. Dieter Mittelsten-Scheid
Zentrum Coloman
8091 Soyen

Prof. Dr. Michael Lukas Moeller
Zentrum für Psychosomatische
Medizin der Universität Gießen
Friedrichstr. 28
6300 Gießen

Prof. Dr. Leo Montada
Universität Trier
FB I Psychologie
Postfach 38 25
5500 Trier

Prof. Dr. Meinrad Perrez
Place du Collège 22
CH-1700 Fribourg

Prof. Dr. Hilarion Petzold
Fritz-Perls-Institut
Brehmstr. 9
4000 Düsseldorf

Dr. Ulf Plessen
Psychologisches Institut der
Universität Münster
Rosenstraße 9
4400 Münster

Dr. Ursula Plog
Beratungsstelle Moabit
Waldstr. 7
1000 Berlin 21

Prof. Dr. Ludwig Pongratz
Lehrstuhl für Psychologie II
der Universität Würzburg
Ludwigstr. 6
8700 Würzburg

Prof. Dr. Paul Probst
Psychologisches Institut II der
Universität Hamburg
Von-Melle-Park 5
2000 Hamburg 13

Prof. Dr. Renaud von Quekelberghe
Erziehungswissenschaftliche Hochschule
Im Fort 7
6740 Landau

Dr. R. Alexander Redlich
Psychologisches Institut II der
Universität Hamburg
Von-Melle-Park 5
2000 Hamburg 13

Dr. Christian Reimer
Psychiatrische Klinik der
Medizinischen Hochschule
Ratzeburger Allee 160
2400 Lübeck 1

Dr. Rainer Richter
Medizinische Psychologie im
Universitätskrankenhaus Eppendorf
Martinistr. 52
2000 Hamburg 20

Dr. Bernd Röhrle
Psychologisches Institut
der Universität Heidelberg
Hauptstr. 47–51
6900 Heidelberg

Dr. Johannes Rojahn
Fachbereich Psychologie
der Universität Marburg
Gutenbergstr. 18
3550 Marburg/Lahn

Prof. Dr. Manfred Sader
Psychologisches Institut
der Universität Münster
Steinfurter Straße 104
4400 Münster

Prof. Dr. Klaus Sander
Oldenburger Straße 38
5000 Köln 60

Dr. Elisabeth Sedlmayr-Länger
Institut für Psychologie
Abt. Klinische Psychologie
Kaulbachstr. 93
8000 München 40

Dr. Ralf Seidel
Psychiatrische Klinik der
Medizinischen Hochschule Hannover
Postfach 61 01 80
3000 Hannover 61

Prof. Dr. Gert Sommer
Fachbereich Psychologie
der Universität Marburg
Gutenbergstr. 18
3550 Marburg

Dr. Gernot Sonneck
Spitalgasse 11
A-10967 Wien

Prof. Dr. Hubert Speidel
Psychosomatische Abteilung
der II. Medizinischen Klinik
Universitätskrankenhaus Eppendorf
Martinistraße 52
2000 Hamburg 20

Dr. Brigitte Scheele
Psychologisches Institut der
Universität Heidelberg
Hauptstr. 47–51
6900 Heidelberg

Prof. Dr. Gunter Schmidt
Psychiatrische Universitätsklinik
Universitätskrankenhaus Eppendorf
Martinistr. 52
2000 Hamburg 20

Prof. Dr. Stefan Schmidtchen
Fachbereich Psychologie
Psychologisches Institut II
der Universität Hamburg
Von-Melle-Park 5
2000 Hamburg 13

Prof. Dr. Friedemann Schulz von Thun
Psychologisches Institut II der
Universität Hamburg
Von-Melle-Park 5
2000 Hamburg 13

Dr. Reinhold Schwab
Psychologisches Institut III der
Universität Hamburg
Von-Melle-Park 5
2000 Hamburg 13

Prof. Dr. Dr. Helm Stierlin
Institut für psychoanalytische
Grundlagenforschung und Familientherapie
Mönchhofstraße
6900 Heidelberg

Dr. Dieter Tscheulin
Psychologisches Institut der
Universität Würzburg
Ludwigstr. 6
8700 Würzburg

Prof. Dr. Wolfgang Tunner
Institut für Psychologie
Abt. Klinische Psychologie
Kaulbachstr. 93
8000 München 40

Dipl.-Psych. Carmen Unnold
Zentrale Studentenberatungsstelle
der Universität Bielefeld
4800 Bielefeld

Prof. Dr. Dieter Vaitl
Fachbereich Psychologie der Universität Gießen
Otto-Behaghel-Straße 10
6300 Gießen

Dipl.-Psych. Gernold Vormann
STEP GmbH
Prinzenstraße 2
3000 Hannover 1

Dr. Sabine Wedel
Psychiatrische Universitätsklinik im
Universitätskrankenhaus Eppendorf
Martinistraße 52
2000 Hamburg 20

Prof. Dr. Wolfgang Wendlandt
Fachhochschule für Sozialarbeit
und Sozialpädagogik
Karl-Schrader-Straße 6
1000 Berlin 30

Prof. Dr. Edmund Westrich
Erziehungswissenschaftliche Hochschule Mainz
Sonderpädagogik
Große Bleiche 60–62
6500 Mainz

Dr. Hans-Jochen Windheuser
Zum Ortenbrink 1
4507 Hasbergen

Dr. Hans-Ulrich Wittchen
Max-Planck-Institut für Psychiatrie
Kraepelinstr. 10
8000 München 40

Prof. Dr. Erich H. Witte
Psychologisches Institut I der
Universität Hamburg
Von-Melle-Park 6
2000 Hamburg 20

Dr. Manfred Zielke
Psychosomatische Fachklinik
Kurbrunnenstr. 12
6702 Bad Dürkheim

Dr. Dirk Zimmer
Psychologisches Institut der
Universität Tübingen
Friedrichstr. 21
7400 Tübingen

Ätiologie

Peter Becker

1 Ätiologische Grundbegriffe

Unter Ätiologie wird die Lehre von den Ursachen, insbesondere den Ursachen von Krankheiten und psychischen Störungen, verstanden. Ätiologische Hypothesen oder Erkenntnisse dienen häufig als Grundlage therapeutischer und präventiver Maßnahmen. Der Begriff *„Differentialätiologie"* bezieht sich auf das Problem der „Symptomwahl", d.h. auf die spezifischen Ursachen für spezifische Störungen: Warum erkranken manche Individuen beispielsweise an einer Psychose und nicht an einer Neurose? (vgl. Becker 1978).

Ausgangspunkte ätiologischer Forschung und Anlässe für eine Therapie sind Symptome oder Syndrome. Unter dem uneinheitlich verwendeten Begriff *„Symptom"* wird hier ein normabweichendes Verhalten, Erleben oder körperliches Merkmal eines Individuums verstanden, das als Hinweiszeichen auf eine psychische Störung dienen kann. Da Symptome selten isoliert auftreten, orientiert man sich in der psychopathologischen Ursachenforschung meist an *Syndromen* (Symptommustern).

In einer weit verbreiteten ätiologischen Grobeinteilung wird zwischen somatogenen, endogenen und psychogenen Störungen unterschieden (Pongratz 1977). Bei *somatogenen Störungen* (z.B. einer Alkoholpsychose) lassen sich körperliche Ursachen nachweisen. *Endogene Störungen* (Schizophrenien und affektive Psychosen) werden angeblich nicht primär durch Umwelteinwirkungen, sondern „von innen" durch genetisch bedingte Prozesse oder funktionelle Veränderungen hervorgerufen. An der Entstehung *psychogener Störungen* (z.B. Neurosen) sind zurückliegende oder aktuelle Umweltbedingungen sowie psychische Prozesse (Wahrnehmung, Denken, Lernen) und psychische Strukturen (Persönlichkeitseigenschaften, Einstellungen etc.) maßgeblich beteiligt.

In der modernen ätiologischen Literatur besteht Konsens über die multikausale Determiniertheit psychischer Störungen. Diese bilden in der Regel das Endglied einer *Kausalkette*, innerhalb derer prädisponierende, auslösende und aufrechterhaltende Bedingungen additiv, multiplikativ oder in anderer komplexer Weise zusammenwirken. Zu den *prädisponierenden Bedingungen* zählen ungünstige Erbanlagen, prä-, peri- und postnatale biologische Schädigungen sowie pathogene psychosoziale Lernbedingungen in der Kindheit, die ihren Niederschlag in den psychischen und physischen Merkmalen des Individuums finden. Als *auslösende Bedingungen* für die Manifestation von Symptomen kommen externe oder interne physische oder psychische Stressoren (z.B. Verluste von Angehörigen, hormonelle Veränderungen) in Frage. Unter *aufrechterhaltenden Bedingungen* werden Reaktionen seitens der Umwelt oder des Individuums verstanden, die als Verstärkungen symptomatischen Verhaltens oder als „Bestrafungen" von Versuchen, sich wieder normal zu verhalten, wirken. Um zu erklären, weshalb bestimmte „unverwundbare" Menschen, die mehreren belastenden Bedingungen (Risikofaktoren) ausgesetzt waren, dennoch ihre seelische Gesundheit bewahrten, verweisen manche Autoren auf *„protektive Bedingungen"* (z. B. besondere Kompetenzen oder stabile freundschaftliche Beziehungen) (vgl. RUTTER 1979).

2 Ausgewählte ätiologische Modelle

Psychische Störungen werden aus den sich ergänzenden Perspektiven mehrerer Wissenschaften und wissenschaftlicher Teildisziplinen erforscht. Die ätiologischen Theorien unterscheiden sich hinsichtlich der Analyseebenen (biologische, intrapsychische, interpersonale, gesellschaftliche Ebene) bzw. darin, ob sie die Ursachen psychischer Störungen primär im Individuum, in seiner Umwelt oder in Individuum-Umwelt-Systemen lokalisieren (vgl. PRICE 1972).

2.1 Krankheitsmodelle

Die Auffassung, daß es sich bei (den meisten) psychischen Störungen um „Krankheiten" handele, ist weitverbreitet (→**Normalität**). Unter Krankheit im engeren (organmedizinischen) Sinn wird dabei ein abnormer Zustand oder Prozeß eines Organismus verstanden, der durch Veränderungen der biologischen Substanz und Organisation des menschlichen Körpers verursacht wird. Das klassische Beispiel wäre eine Infektionskrankheit. In diesem strengen Sinn handelt es sich bei nur sehr wenigen psychischen Störungen (z. B. körperlich begründbaren Psychosen) um Krankheiten. Lassen sich keine körperlichen Ursachen nachweisen, so spricht man von *funktionellen Störungen*. Neben der organmedizinischen Betrachtungsweise existiert eine Reihe weiterer Krankheitsbegriffe, die sich meist an folgenden Kriterien orientieren: Funktionsstörungen, beeinträchtigtes Wohlbefinden, Nachteile für das Individuum, Arbeitsunfähigkeit, Behandlungsbedürftigkeit. Zu den Kennzeichen fast aller Krankheitsmodelle gehört, daß die Störung im Individuum lokalisiert und Symptome als Hinweiszeichen auf zugrundeliegende biologische oder psychodynamische Prozesse betrachtet werden. Zur Zeit wird lebhaft und kontrovers diskutiert, ob die aus der Medizin stammenden Krankheitsmodelle psychischer Störungen durch andere (psychosoziale oder biopsychosoziale) Modelle abgelöst oder zumindest in ihrem Geltungsbereich stark eingeschränkt werden sollten (vgl. KEUPP 1979).

2.2 Psychoanalytisches Modell

FREUDS komplexe Theorie psychischer Störungen (→**Psychoanalyse**) basiert auf entwicklungs-, motivations-, emotions- und persönlichkeitspsychologischen Hypothesen. Jeder Mensch durchläuft eine feste Sequenz von Entwicklungsstufen, in deren Verlauf er psychische Strukturen (Es, Ich, Über-Ich) ausbildet und durch bestimmte Erfahrungen auf dem Gebiet der sexuellen und aggressiven Triebbefriedigung und der Eltern-Kind-Beziehung geprägt wird. Ungünstige (z. B. traumatische) Erlebnisse führen zu „Fixierungen" und Beeinträchtigungen der Ichentwicklung. Ein geschwächtes Ich ist nicht in der Lage, unter belastenden Bedingungen seine Aufgaben adäquat zu erfüllen. Es reagiert angesichts intrapsychischer oder externer Konflikte mit Angst und Abwehrmechanismen. Wenn diese automatisch und unbewußt einsetzenden Abwehrmechanismen versagen, kommt es zu Regressionen auf frühere Entwicklungsstufen und zu Symptombildungen. Die starke Betonung innerorganismischer (intrapsychischer) Prozesse und die Unterscheidung von Symptomen und zugrundeliegenden Ursachen rücken die FREUDsche Theorie in die Nähe von medizinischen Krankheitsmodellen. Trotz großer Verdienste um die Entwicklung der Psychopathologie und Psychotherapie ist der wissenschaftliche Status der Psychoanalyse umstritten.

2.3 MOWRERS moralisches Modell

Während man aus FREUDS Theorie den Eindruck gewinnt, Neurosen und andere psychische Störungen seien in vielen Fällen nicht nur das Produkt einer Ichschwäche, sondern einer „Übersozialisiertheit" bzw. eines zu strengen Über-Ichs, hebt MOWRER die Bedeutung der „Untersozialisiertheit" und des unmoralischen Verhaltens hervor. Starke Emotionen und Symptome resultieren nach MOWRER auch nicht aus dem unangemessenen Verhalten von Sozialpartnern, sondern – religiös gesprochen – aus dem „sündigen" Verhalten des betreffenden Menschen. In diesem Sinn trägt der Neurotiker selbst die Verantwortung für seine emotionalen Schwierigkeiten. Bisher liegen nur wenige empirische Studien zur MOWRERschen Theorie vor (vgl. PRICE 1972). Diese lassen den vorsichtigen Schluß zu, daß MOWRERs Hypothesen Beachtung verdienen und zum Verständnis, zur Therapie und Prävention zumindest einzelner psychischer Störungen beitragen können.

2.4 ROGERS' humanistisches Modell

ROGERS' Theorie weist eine gewisse Verwandtschaft zur Psychoanalyse auf. Psychische Störungen werden als „Wachstumsstörungen" aufgefaßt, die durch einengende Sozialisationserfahrungen verursacht werden (→**Gesprächspsychotherapie**). Der Mensch besitzt von Natur aus ein Bedürfnis nach bedingungsloser Wertschätzung und nach Selbstverwirklichung. Werden diese Bedürfnisse nicht befriedigt, so kommt ein Prozeß der Selbstentfremdung in Gang: Das Individuum wehrt bestimmte organismische Erfahrungen, die mit seinem Selbstkonzept nicht im Einklang stehen, aus Angst ab, verliert seine Spontaneität, Echtheit und Selbstachtung und entwickelt unter Belastungsbedingungen psychische Symptome. ROGERS' Theorie bildet die Grundlage der klientenzentrierten Gesprächspsychotherapie sowie bestimmter Formen der Gruppentherapie.

2.5 Kognitive Modelle

Die Wurzeln kognitiver Modelle psychischer Störungen reichen bis zur Philosophie des Stoizismus zurück (→**kognitive Therapien**). Wichtige Vertreter dieser an Bedeutung gewinnenden Richtung sind KELLY, ELLIS und BECK. Diese Theoretiker stimmen in der Grundannahme überein, daß emotionale Reaktionen und psychische Störungen durch in der Vergangenheit erworbene kognitive Strukturen und aktuelle kognitive Prozesse vermittelt werden. Nicht externe Ereignisse als solche, sondern die spezifischen Fehlinterpretationen und irrationalen Bewertungen solcher Ereignisse sind für psychische Störungen verantwortlich. BECK (1979) geht so weit, daß er die verschiedenen Arten psychischer Störungen mit je idiosynkratischen kognitiven Schemata in Verbindung bringt: So resultiert eine Depression beispielsweise aus der Überbewertung eines Verlustes und einer einseitigen negativen Sicht der eigenen Person, der Umwelt und der Zukunft.

2.6 Lerntheoretische Modelle

Diese ätiologischen und therapeutischen Modelle erwiesen sich als besonders einflußreich (→**Verhaltenstherapie**). Sie beanspruchen, auf den wissenschaftlichen Erkenntnissen der psychologischen Grundlagenforschung zu basieren. Psychische Symptome werden nicht auf psychodynamische Prozesse oder innerorganismische Krankheitsursachen zurückgeführt, sondern als gelernte unzweckmäßige Verhaltensweisen aufgefaßt. Häufig wird zwischen exzessiven Reaktionen (z. B. unangemessener Angst) und Verhaltensdefiziten (z. B. Fehlen von Kompetenzen) unterschieden. Einen zentralen Erklärungswert erhalten die frühere und die aktuelle Lernumwelt sowie die Prozesse der klassischen und instrumentellen Konditionierung und des Lernens am Modell. Maßgebliche Vertreter dieser Richtung sind u. a. WOLPE, SKINNER, ULLMANN & KRASNER, EYSENCK und BANDURA (vgl. BLÖSCHL 1977). Die Grenzen der Modelle ergeben sich aus den Schwierigkeiten der Übertragung von präzisen Konzepten der experimentellen Lernpsychologie auf die komplexe Realität menschlicher Lebensbedingungen und aus der teilweise ungenügenden Berücksichtigung der biologischen, persönlichkeitspsychologischen und entwicklungspsychologischen Grundlagen des Verhaltens.

2.7 Kognitive soziale Lerntheorie von MISCHEL

MISCHEL (1973) entwarf ein persönlichkeitspsychologisches Modell, das auf einer Synthese verschiedener Lerntheorien (vor allem ROTTER und BANDURA) sowie kognitiver Theorien (vor allem KELLY) basiert. Zwar fehlt bei MISCHEL eine ausgearbeitete Ätiologietheorie, jedoch läßt sich sein Rahmenkonzept mit Gewinn auf die Analyse psychischer Störungen übertragen. Innerhalb der kognitiven sozialen Lerntheorie können psychische Störungen unter anderem auf folgende, weitgehend durch Lernen erworbenen Merkmale eines Individuums zurückgeführt werden:

- ungenügend ausgebildete (kognitive und soziale) Kompetenzen
- verzerrte Symbolisierungen der Realität bzw. ineffiziente „persönliche Konstrukte"
- unrealistische Erwartungen (Einschätzungen von Verhaltens-Ergebnis- und Stimulus-Ergebnis-Beziehungen)
- Überbewertungen von Ereignissen und daraus resultierende unangemessene Emotionen,
- ungenügende Selbstkontrolle des Verhaltens und inadäquate Verhaltenspläne.

Der Ansatz von MISCHEL besitzt zwar ein beachtliches integratives Potential, weist jedoch auch folgende Schwächen auf:

- relativ starke Vernachlässigung der biologischen Grundlagen des Verhaltens
- ungenügende Einbeziehung von (pathogenen) Umweltbedingungen und Transaktionen zwischen einem Individuum und seiner (aktuellen) sozialen Umwelt
- Fehlen von Aussagen über die spezifischen Verursachungsbedingungen spezifischer Klassen psychischer Störungen.

2.8 Diathese-Streß-Modell

EYSENCK gehört neben vielen Genetikern und Streßforschern zu den bekanntesten Vertretern des Diathese-Streß-Modells. Psychische Störungen resultieren nach diesem Ansatz aus dem (multiplikativen?) Zusammenwirken spezifischer persönlicher Prädispositionen oder Vulnerabilitäten und streßerzeugender Bedingungen. Genetiker und empirische Persönlichkeitsforscher konnten den Nachweis erbringen, daß bestimmte Prädispositionen (wie ein erhöhter Neurotizismus oder eine Hypersekretion von Magensäure) das Risiko für bestimmte psychische oder psychosomatische Störungen erhöhen. Andererseits belasten Stressoren (wie z. B. einschneidende Lebensveränderungen) die Anpassungs- und Bewältigungsmechanismen eines Menschen und führen umso eher zu massiven Störungen, je ausgeprägter die Vulnerabilität des betreffenden Individuums ist.

2.9 Transmissionsmodell

Ausgehend vom Problem der Differentialätiologie formulierte BECKER (1978) die These, daß eine bestimmte psychische Störung vom Typ A in einer gewissen Anzahl von Fällen von Eltern auf ihre Nachkommen „übertragen" wird. An diesem Transmissionsprozeß sind genetische Faktoren sowie das Lernen am Modell maßgeblich beteiligt. Aus vorliegenden Untersuchungsergebnissen läßt sich die Transmissionshypothese für eine ganze Reihe psychischer Störungen (z. B. Schizophrenien, Neurosen, psychosomatische Störungen, Alkoholismus) stützen.

2.10 Soziologische Modelle

Diese heben den Einfluß der Gesellschaft auf die Entstehung und Verfestigung psychischer Störungen hervor. Ein solcher Einfluß zeigt sich u. a. in der Festlegung von Normen und Toleranzgrenzen für angemessenes Verhalten, in schichtspezifischen Lebensbedingungen, in den Reaktionen auf abweichendes Verhalten und in der Behandlung psychisch Gestörter. Eine besondere Beachtung fanden die erhöhte Prävalenzrate mancher psychischer Störungen in der untersten sozialen Schicht, die negativen Auswirkungen diagnostischer Etikettierungen, institutionsbedingte Sekundärschäden bei Hospitalisierten sowie Analysen von Patientenkarrieren. Eine Einseitigkeit vieler soziologischer Modelle besteht in der Vernachlässigung der individuellen Bedingungen für das erste Auftreten abweichenden Verhaltens und in der Ausklammerung der differentialätiologischen Fragestellung.

2.11 Systemtheoretische Modelle

Die systemtheoretische Betrachtung psychischer Störungen gewinnt als integratives ätiologisches Rahmenkonzept zunehmend an Bedeutung. MILLER (1975) bezeichnet als System eine Menge von Einheiten, zwischen denen Beziehungen bestehen. Lebende Systeme können auf verschiedenen Ebenen, von der Zelle, über Organe, Organismen bis zu Gruppen und gesellschaftlichen Organisationen analysiert werden. Offene Systeme stehen mit ihrer Umgebung in einem Prozeß des Austauschs von Materie, Energie und Information (vgl. MILLER 1975). Dabei unternimmt das System den Versuch, sich gegenüber störenden Einflüssen von außen und innen zu stabilisieren. Hierzu dienen Adaptions-, Bewältigungs- und Regulationsmechanismen (vgl. SCHÖNPFLUG 1979). Einige Regulationsprozesse wurden beispielsweise auf der biologischen Ebene von SELYE als „allgemeines Adaptionssyndrom", auf der intrapsychischen Ebene von FREUD als Abwehrmechanismen und auf der innerfamiliären Ebene von Familientheoretikern als Kommunikations- und Übertragungsprozesse beschrieben. Psychische Störungen treten nach systemtheoretischer Sicht dann auf, wenn die normalen Regulationsprozesse eines Systems versagen. Die in solchen Fällen beobachtbaren Störungen oder „Erkrankungen" eines oder mehrerer Systemelemente sind Ausdruck der Überforderung des gesamten Systems sowie eventuell des übergeordneten Suprasystems. In der Psychopathologie eröffnet die Systemtheorie u. a. den Zugang zum besseren Verständnis pathogener familiärer Beziehungs- und Kommunikationsstrukturen (vgl. z. B. die Doppelbindungs-Theorie der Schizophrenie (→**Schizophrenie**).

3 Bedeutung ätiologischer Modelle für die Therapie

Die Aufgabe eines Psychotherapeuten besteht darin, in geeigneter direkter oder indirekter Weise auf die Verhaltens-, Erlebens- und Beziehungsmuster eines Klienten „einzuwirken", um auf diesem Weg einen Beitrag zur Beseitigung einer psychischen oder psychosomatischen Störung zu leisten. Hierfür benötigt der Therapeut zunächst einmal „technologische Kompetenzen", d. h. Kenntnisse auf dem Gebiet der Verhaltensbeeinflussung (vgl. BRANDSTÄDTER 1980). Im Extremfall ist es denkbar, daß eine bestimmte Maßnahme bei bestimmten Klienten nachweislich den gewünschten Erfolg zeitigt, selbst wenn der zugrunde liegende Wirkungsmechanismus gänzlich unbekannt ist. Normalerweise wird jedoch ein Therapeut die Wahl seiner Mittel davon abhängig machen, welche Bedingungen er für das gestörte Verhalten oder Erleben verantwortlich hält. Dabei greift er explizit oder implizit auf Theorien zurück. Ätiologische Modelle repräsentieren derartige Theorien des gestörten Verhaltens und Erlebens. Keine dieser Theorien reicht zum gegenwärtigen Zeitpunkt als Grundlage für die Erklärung der verschiedensten Formen psychischer Störungen aus. Sie erweisen sich lediglich für bestimmte Fragestellungen als hilfreich. Diese These sei mit gewissen Verkürzungen an einigen Beispielen erläutert: Diathese-Streß-Modelle tragen in besonderem Maße zum Verständnis *psychosomatischer Störungen* und endogener *Psychosen* bei. Soziologische Modelle besitzen vor allem im Zusammenhang mit bestimmten Unterformen der *Delinquenz* und der *Drogenabhängigkeit* einen hohen Erklärungswert. Lerntheoretische Modelle stellen auf den Gebieten der neurotischen Störungen und der *Drogenabhängigkeiten* (inklusive *Alkoholismus*) ihre ätiologische und therapeutische Fruchtbarkeit unter Beweis (→**psychosomatische Störungen**; →**Delinquenz**; →**Drogenabhängigkeit**; →**Alkoholismus**). Die Psychoanalyse leistet für das Verständnis hysterischer Symptome und pathologischer Abwehrmechanismen Bedeutendes. Der bisher nur wenig ausgearbeitete systemtheoretische Ansatz könnte sich in Zukunft durch eine besonders breite Anwendbarkeit auszeichnen. Bereits jetzt erweitert er den Zugang zum Verständnis pathogener Kommunikations- und Interaktionsprozesse zwischen Familienmitgliedern. Der Beitrag der ätiologischen Forschung für die Therapie besteht mithin darin, daß die spezifischen Entstehungs- und Aufrechterhaltungsmechanismen ausgewählter Klassen psychischer Störungen untersucht werden und der Therapeut Hinweise auf Ansatzpunkte für seine Interventionsmaßnahmen erhält (vgl. auch BLÖSCHL 1977). Darüber hinaus sind ätiologische Kenntnisse oder Hypothesen für die Planung primärpräventiver Maßnahmen weitgehend unverzichtbar (vgl. ELLMANN 1980) (→**Prävention**).

Literatur

Beck, A. T. *Wahrnehmung der Wirklichkeit und Neurose – Kognitive Psychotherapie emotionaler Störungen.* München: Pfeiffer, 1979.

Becker, P. Differentialätiologie. In L. R. Schmidt (Hrsg.). *Lehrbuch der Klinischen Psychologie.* Stuttgart: Enke, 1978, 100–127.

Blöschl, L. Lerntheoretische Grundlagen. In L. J. Pongratz (Hrsg.). *Klinische Psychologie* (= Handbuch der Psychologie in 12 Bänden, Band 8, 1. Halbband). Göttingen: Hogrefe, 1977, 634–663.

Brandstädter, J. Relationships between life-span developmental theory, research, and intervention: A revision of some stereotypes. In R. R. Turner & H. W. Reese (Hrsg.). *Life-span developmental psychology. Intervention.* New York: Academic Press, 1980, 3–28.

Ellmann, R., Koch, H. J., Meyer-Plath, S. & Butollo, W. Im Schnittpunkt von Entwicklungspsychologie und Klinischer Psychologie: Entwicklungsverläufe und Prävention kindlicher Verhaltensstörungen. In U. Baumann, H. Berbalk & G. Seidenstücker, (Hrsg.). *Klinische Psychologie.* Trends in Forschung und Praxis. Band 3. Bern: Huber, 1980, 220–250.

Keupp, H. *Normalität und Abweichung. Fortsetzung einer notwendigen Kontroverse.* München: Urban & Schwarzenberg, 1979.

Miller, J. G. General systems theory. In A. M. Freedman, H. J. Kaplan & B. J. Sadock (Hrsg.). *Comprehensive textbook of Psychiatry* – II. Band 1. Baltimore: Williams & Wilkins, 1975, 75–88.

Mischel, W. Toward a cognitive social learning reconceptualization of personality. *Psychological Review,* 1973, *80,* 252–283.

Pongratz, L. J. (Hrsg.) *Klinische Psychologie* (= Handbuch der Psychologie in 12 Bänden, Band 8, 1. Halbband). Göttingen: Hogrefe, 1977.

Price, R. H. *Abnormal behavior:* Perspectives in conflict. New York: Holt, Rinehart & Winston, 1972.

Rutter, M. Protective factors in children's responses to stress and disadvantage. In M. W. Kent & G. L. Rolf *Primary prevention of psychopathology.* Band 3: Social competence in children. Hanover, New Hampshire: University Press of New England, 1979, 49–74.

Schönpflug, W. Regulation und Fehlregulation im Verhalten. I. Verhaltensstruktur, Effizienz und Belastung – theoretische Grundlagen eines Untersuchungsprogrammes. *Psychologische Beiträge,* 1979, *21,* 74–202.

Psychotherapie bei Alkoholismus

Wolfgang Feuerlein, Elisabeth Brenk-Schulte

1 Einleitung

1.1 Definition

Alkoholismus wird einerseits durch körperliche und psychische Abhängigkeit, andererseits durch seine Folgen auf körperlichem, psychischem und sozialem Gebiet definiert.

1.2 Ansatz

Die Komplexität des Alkoholismus in Verlauf und Entstehungsbedingungen fordert unterschiedliche therapeutische Zugänge.

Zeitpunkt: Die Therapie sollte so früh wie möglich beginnen; oft ist jedoch aus verschiedenerlei Gründen (z. B. vor allem wegen zu geringen Leidensdrucks) eine Therapie erst bei einem Tiefpunkt in körperlicher oder sozialer Hinsicht möglich.

1.3 Zielsetzung

Erstes Ziel ist eine Symptomreduktion, d. h. eine Veränderung des Trinkverhaltens, die in der Mehrzahl der Programme als Abstinenz definiert wird. Reduktion oder kontrolliertes Trinken werden von einigen verhaltenstherapeutischen Programmen angestrebt. Ferner wird zumeist die Wiedererlangung psychosozialer Gesundheit bei sozialer Stabilität und Kompetenz zu erreichen gesucht. Erhöhte Sensibilität für eigene und fremde Gefühle, Experimentieren mit neuen Verhaltensweisen, Konfliktbearbeitung, Verbesserung des Selbstbildes u. a. sind als Teilziele anzusehen.

Feuerlein (1979) nennt sechs pragmatische Zwischenschritte:

- Erkennen der Notwendigkeit einer Änderung der gegenwärtigen Situation
- Anerkennen der eigenen Hilfsbedürftigkeit
- Akzeptieren der angebotenen Hilfe
- Anerkennen des Alkoholikerstatus
- Anerkennen des Abstinenzzieles
- Anerkennen des Ziels des allgemeinen Verhaltenswandels.

1.4 Therapeuten und therapeutische Einrichtungen

Ein multidisziplinärer Ansatz (Arzt, Psychologe, Sozialarbeiter) ist notwendig. Nach der disziplinspezifischen Ausbildung werden eine alkoholismus-spezifische Weiterbildung und längere praktische Arbeit verlangt. Die Behandlungseinrichtungen sollen in einer Behandlungskette bzw. einem Behandlungsnetz zusammenwirken.

2 Behandlungsansätze

2.1 Behandlung

Sie läßt sich in die vier Phasen Kontaktphase, Entgiftungsphase, Entwöhnungsphase, Nachsorge- oder Rehabilitationsphase einteilen. In der *Kontaktphase* ist das Ziel Klärung der Alkoholdiagnose und der Alkoholfolgekrankheiten, der psychologischen und sozialen Situation, der Behandlungsmotivation und -fähigkeit. Besonders wichtig sind der Aufbau eines tragfähigen Kontaktes und die Verstärkung der Motivation bei dem Patienten und seinen Angehörigen sowie die Vermittlung von Informationen über die Alkoholkrankheit und ihre Behandlung. Die *Entgiftungsphase* ist psychotherapeutisch weniger relevant. Ziele der *Entwöhnungsphase* sind der Abbruch des Abhängigkeitsprozesses und das Einüben neuer Sozialisationsformen („Leben ohne Alkohol"). Ziel der *Nachsorge-* oder *Rehabilitationsphase* ist die Stabilisierung der Entwöhnung. Diese Phase erstreckt sich über Jahre und ist unabdingbar.

2.2 Formen der Therapie

Einzel- und Gruppenarbeit haben ihren eigenständigen Stellenwert. Einzelgespräche sind in der Kontaktphase angebracht, um eine tragende Beziehung aufzubauen; sie sind auch als Form der Krisenintervention indiziert (→**Krisenintervention**). Die Gruppentherapie hat sich insbesondere als Ort der Solidarisierung zur Veränderung von Einstellungen und Normen durchgesetzt; sie ermöglicht darüber hinaus Spiegelfunktion, Realitätskontrolle und Verstärkerfunktion (→**Gruppentherapie**).

2.3 Methoden

Sie variieren je nach Konzeption, Zeit und Phase der Therapie. Sie werden meist kombiniert eingesetzt. Elemente werden aus folgenden Therapieformen entnommen (vgl. ANTONS & SCHULZ 1977):
Verhaltenstherapie: Bedingungsanalyse, Lernen von Selbstkontrolle und Alternativreaktionen; *Psychoanalyse*: Beachtung der Psychodynamik der Sucht, Stärkung der Ich-Funktionen, der Frustrationstoleranz und der emotionalen Reife; *gruppenpsychotherapeutische Verfahren, Themenzentrierte Interaktion (TZI)*: Regeln und Hilfestellungen zu Selbstverantwortung und offener Kommunikation, themenzentrierte Arbeit; *Gesprächspsychotherapie*: Selbstexploration, Stärkung des Selbstbewußtseins; *Gruppendynamik*: Übungen zur Transparenz des Gruppenprozesses und zur Förderung der Gruppenkohäsion und des sozialen Lernens; *Psychodrama*: Rollenspiel zur Verdeutlichung von kritischen sozialen Situationen und zur Einübung von Alternativverhalten; *Gestalttherapie*: bewußtes Wahrnehmen eigener und fremder Gefühle, Arbeit mit Widerstand (→**Verhaltenstherapie**; →**Psychoanalyse**; →**Themenzentrierte Interaktion**; →**Gesprächspsychotherapie**; →**Gruppendynamik**; →**Psychodrama**; →**Gestalttherapie**).

2.4 Arbeit mit Angehörigen

Die Einbeziehung des sozialen Umfeldes des Alkoholkranken, insbesondere seiner Bezugspersonen muß Teil der Therapie sein. Information über die Alkoholkrankheit, Erleichterung durch Gespräche und Reflexion des eigenen Verhaltens sind zu vermitteln. In Einzel-, Partner- oder Gruppengesprächen sollen die Funktionen des Alkohols und die daraus folgenden Verhaltensweisen analysiert und Veränderungen aufgezeigt werden.

3 Spezielle Behandlungsgesichtspunkte

3.1 Phasen des Behandlungsprozesses

- *Initialphase:* Sie strebt Informationsübermittlung, Aufbau einer tragfähigen, positiven Beziehung; Diskussion über Therapieziel, Therapievertrag und Therapieerwartungen an.
- *Mittlere Phase:* Sie beinhaltet Arbeit an der Konfliktbewältigung, an Abwehrmechanismen, an positiven und negativen Gefühlen, an Ambivalenzen, an Rückfällen und an individuellen Krisensituationen.
- *Endphase:* Rückschau auf das bisher Erarbeitete und Ausblick auf noch zu bewältigende Probleme stehen im Mittelpunkt (vgl. KISSIN & BEGLEITER 1977).

3.2 Krisenintervention

Sie ist in allen Phasen der Behandlung als Rückfallprophylaxe in einer kritischen Situation oder als Hilfe bei bereits erfolgtem Rückfall angebracht (→ **Krisenintervention**).

3.3 Ort der Therapie

Ambulante und stationäre Therapie sollen nebeneinander bestehen und sich ergänzen. Genaue, empirisch begründete Indikationskriterien gibt es nicht. In der Praxis ist eine ambulante Therapie eher angebracht bei noch bestehender sozialer Stabilität und Kompetenz und einem nicht zu stark beeinträchtigten physischen Zustand.

3.4 Dauer der Therapie

Die Vorgehensweise entspringt praktischen Erwägungen, nicht einer empirisch erhärteten Indikation. Bei stationärer Therapie wird zwischen kurzfristiger (4–8 Wochen), mittelfristiger (2–6 Monate) und langfristiger Behandlung (länger als 6 Monate) unterschieden. Die ambulante Therapie erstreckt sich meistens über 12 Monate.

3.5 Techniken

Sie variieren je nach Methode, Therapiephase, Persönlichkeit des Alkoholkranken und aktueller Problematik: Interpretieren, Deuten, Reflektieren, Konfrontieren, Durchführen von Verhaltensanalysen, Geben von Hausaufgaben, Einüben von Regeln und Techniken, Rollenspiel u. a.

3.6 Dominierende Konflikte

Als Themen kehren nach ZIMBERG, WALLACE & BLUME immer wieder: Bedingungen, die zum Alkohol führen, die Funktionen des Alkohols, die sekundären Probleme, die durch das Trinken entstehen, die erwarteten Probleme bei Abstinenz. Hauptsächliche Konfliktfelder sind: Abhängigkeit vs. Unabhängigkeit, Größenideen vs. Selbstunwertgefühle, Zurückgezogensein vs. übertriebene Geselligkeit, Schuldgefühle vs. Projektion auf andere, Depression vs. Rückfall, Flucht vs. Auseinandersetzung, Rebellion vs. Unterwerfung.

4 Abschließende Bewertung

4.1 Ergebnisse

Studien zur Effektivität der Behandlung beschränken sich im deutschen Sprachraum bislang auf Untersuchungen einzelner Institutionen. In den angelsächsischen Ländern sind auch verschiedene Behandlungsinstitutionen verglichen worden. Dabei zeigte es sich, daß sich die Chance eines Alkoholikers, sein Trinkproblem zumindest zu reduzieren, wenn nicht zu lösen, durch Behandlung merklich erhöht (CRONKITE & MOOS 1978; FEUERLEIN 1979): Bei katamnestischen Studien erwiesen sich $\frac{1}{3}$ der Patienten als abstinent, $\frac{1}{3}$ als gebessert und $\frac{1}{3}$ als ungebessert. Im Durchschnitt liegen die Abstinenz- und Erfolgsraten zwischen 10–53%. Der therapeutische Prozeß wird durch Programm- und Patientenvariable beeinflußt; allerdings sind wichtige Variablenbereiche hinsichtlich ihres Einflusses auf die Behandlung noch ungeklärt (50–80% der aufgeklärten Varianz von Effizienzuntersuchungen), auch sind die Ergebnisse verschiedener Untersuchungen über psychologische Variable in ihrem Einfluß auf das Behandlungsergebnis eher bescheiden: Trotz zahlreicher Studien zur Indikation für die Behandlung haben sich noch keine Schlußfolgerungen für die praktische Anwendung ergeben.

4.2 Schwierigkeiten und Probleme

- in der Person des Alkoholkranken: meist besteht Ambivalenz gegenüber der Therapie; es fehlen Krankheitseinsicht und Leidensdruck, der Widerstand äußert sich in Abwehrmechanismen (Verleugnung, Rationalisierung, Projektion)

- in der Person des Therapeuten: neben Unzulänglichkeiten im Wissensstand gibt es Probleme der bewußten oder unbewußten Ablehnung (Wertung, Gegenübertragung)
- in den therapeutischen Methoden und der Effektivitätsbeurteilung: Es fehlen optimale therapeutische Verfahren und geeignete Methoden zur Prüfung ihrer Effektivität.

LITERATUR

ANTONS, K., SCHULZ, W. *Normales Trinken und Suchtentwicklung.* Bd. 2. Göttingen: Hogrefe, 1977.

CRONKITE, R. C., MOOS, B. H. Evaluating alcoholism treatment. *J. Consult. Clin. Psychol.*, 1978, *46*, 1105–1119.

FEUERLEIN, W. *Alkoholismus – Mißbrauch und Abhängigkeit.* Stuttgart: Thieme, 1979^2.

FEUERLEIN, W. Auswertung und Ergebnisse von Behandlungsprogrammen bei Alkoholismus. Vortrag: Basel, 27. 9. 1979.

KISSIN, B., BEGLEITER, H. *Treatment and rehabilitation of the chronic alcoholic.* The Biology of Alcoholism, Vol. 5, New York: Plenum Press, 1977.

ZIMBERG, S., WALLACE, J., BLUME, S. *Practical approaches to alcoholism psychotherapy* New York: Plenum Press, 1978.

Psychotherapie bei Angst

GISELA BARTLING

Angst als elementare Erfahrung des täglichen Lebens beschäftigt die Psychologie seit ihren Anfängen. Ist die Angst der jeweiligen Situation nicht mehr angemessen und verliert damit ihre grundsätzliche Schutzfunktion, wird sie Gegenstand der Klinischen Psychologie und Psychotherapie. Ängste begleiten in unterschiedlicher Ausprägung und Intensität eine Vielzahl von psychischen Problemen (z. B. Depressionen, Partnerprobleme); an dieser Stelle sollen jedoch nur solche Störungen betrachtet werden, bei denen die Angstsymptome im Mittelpunkt stehen.

1 Definitionen

Es wird allgemein unterschieden zwischen „habitueller Angst" als realtiv überdauernder Persönlichkeitseigenschaft („Ängstlichkeit") und „transitorischer Angst", womit eine begrenzte aktuelle Angstreaktion bezeichnet wird.

Ein solcher aktueller Angstzustand ist eine komplexe *emotionale* Reaktion des Organismus, die gekennzeichnet ist durch einen als unangenehm erlebten *Erregungsanstieg*. Er tritt auf angesichts einer vom Individuum als *Bedrohung* wahrgenommenen – häufig mehrdeutigen – Situation, in der dem Betroffenen keine angemessenen Bewältigungsmöglichkeiten zur Verfügung stehen. Angst zeigt sich auf der *verbal-subjektiven* Ebene (z. B. durch das Erleben und Äußern von Angst und Bedrohung), auf der *physiologischen* Ebene (Erhöhung von Herzfrequenz, muskulärer Spannung, Hautwiderstand, usw.) und der *verhaltensmäßig-motorischen* Ebene (Vermeidungs- und Fluchtverhalten, spezifische Ausdrucksreaktionen wie starrer Blick, usw.). Wenn auch die Art der Angstäußerung inter- und intraindividuell unterschiedlich und auch die Beziehung der Angstreaktionen auf den verschiedenen Ebenen zueinander sehr uneinheitlich ist – vor allem eine zeitliche Verschiebung der Reaktionsebenen ist zu berücksichtigen – sollte eine Beschreibung und Messung von Angst möglichst mehrere Reaktionsklassen umfassen.

Als chronifizierte Angst bzw. *Phobie* gelten Angstzustände, die

- der Situation nicht angemessen sind,
- durch rationale Erklärungen nicht beseitigt werden können,
- außerhalb der willentlichen Kontrolle des Betroffenen stehen,
- zur Vermeidung der gefürchteten Situation führen und persistent, d. h. überdauernd auftreten.

Die entscheidenden Kennzeichen einer chronifizierten Angst in Abgrenzung zur Angst mit sinnvoller Schutzfunktion sind das wiederholte Auftreten und die *Unangemessenheit* der Reaktion.

2 Theoretische Erklärungen

Die Erklärungsmodelle zur Entstehung von chronifizierten Ängsten betrachten je nach theoretischer Schwerpunktsetzung vorwiegend eine der verschiedenen Reaktionsebenen der Angst.

Reiz-Reaktions-Theorien gehen davon aus, daß Angst in zwei Stufen mittels klassischer und instrumenteller Konditionierung erworben wird

(MOWRER 1950). Auf dem Wege der klassischen Konditionierung erhalten vormals neutrale Ereignisse (Stimuli) durch Koppelung mit Schmerz-Furcht-Reizen Auslösequalität für Schmerz-Furcht-ähnliche (Angst-) Reaktionen und werden damit zu konditionierten Reizen. Die Aufrechterhaltung und Dauerhaftigkeit der Angstreaktion wird durch den Erwerb der Vermeidungs- oder Fluchtreaktion mittels instrumentellen Lernens erklärt: Angst motiviert Verhalten zur Beseitigung von Gefahr (Flucht), und die Beendigung der Gefahr wirkt negativ verstärkend auf die zuvor ausgeführte Verhaltensweise (→ **operante Interventionsmethoden**). Wenn auch das diesem Modell zugrundeliegende Konzept zur Löschungsresistenz von Angstreaktionen korrigiert werden mußte, so wird doch MOWRER's Auffassung von der zentralen Bedeutung des *Flucht-* bzw. *Vermeidungsverhaltens* für den Erwerb chronifizierter Ängste von einer Vielzahl von Autoren geteilt.

Die *sozialen Lerntheorien* gehen davon aus, daß Verhalten, also auch emotionale Reaktionen wie z. B. Angst, nicht nur aus der eigenen Erfahrung, sondern auch aus der Betrachtung des Verhaltens anderer Personen erworben werden kann (*Modellernen* bzw. stellvertretendes Konditionieren (→ **Verhaltenstherapie**).

Kognitive Angsttheorien stellen die psychischen Verarbeitungsprozesse in den Mittelpunkt ihrer Betrachtungen. Sie erklären unangemessene Ängste durch eine – in einem mehrstufigen Prozeß entstandene – fehlerhafte *Bewertung* der angstauslösenden Situation und der Einschätzung der eigenen Fähigkeit zur Bewältigung (z. B. LAZARUS 1966). Wenngleich die kognitiven Angsttheorien der Komplexität des Phänomens Angst sicher eher gerecht werden als andere Modelle, so ist doch festzuhalten, daß hier noch erhebliche Probleme bei der empirischen Validierung dieser Konzepte bestehen (→ **kognitive Therapien**).

3 Behandlung

Zur *Behandlung von Ängsten* sind in den letzten Jahren weitgehend standardisierte Behandlungs„pakete" entwickelt worden, die entsprechend ihrer theoretischen Orientierung auf unterschiedlichen Angstreduktionsprinzipien aufbauen, wie reziproke Hemmung, Habituation, Modellernen und Erwerb neuer Strategien zur Angstbewältigung. Die Entwicklung solcher Behandlungspakete hat den Vorteil, daß der Psychotherapeut über recht konkrete Handlungsanweisungen verfügt. Ihr Nachteil liegt darin, daß sie wenig auf individuelle Entstehungs- und Veränderungsbedingungen eingehen. Zudem geraten die gemeinsamen Prinzipien zur Behandlung von Ängsten in den Hintergrund zugunsten des für das jeweilige „Paket" als zentral angenommenen Prinzips. Darum sollen nach einer Darstellung der unterschiedlichen Angstbehandlungsmethoden deren Gemeinsamkeiten herausgearbeitet werden.

Die vier wichtigsten Methoden zur Behandlung von Ängsten sind:

3.1 Systematische Desensibilisierung

Die früheste und bisher am umfangreichsten empirisch untersuchte Methode ist die von WOLPE entwickelte Systematische Desensibilisierung. Sie besteht aus drei wesentlichen Komponenten:

- Es werden eine oder mehrere Hierarchien angstauslösender Reize konstruiert. Die Reize werden dabei in Stufen mit ansteigender Schwierigkeit angeordnet.
- Der Klient erhält ein Training in (Muskel-) Entspannung, am häufigsten nach der Methode von JACOBSON. Es werden z. T. aber auch Hypnose, Autogenes Training oder Medikamente zur Entspannung eingesetzt.
- Dem Klienten werden im entspannten Zustand die Angstreize mit steigender Schwierigkeit vorstellungsmäßig dargeboten. Hierbei wird erst dann zum jeweils nächsten Item weitergegangen, wenn das vorherige mehrfach angstfrei vorgestellt werden konnte. Häufig werden – ebenfalls unter Entspannung und mit steigender Schwierigkeit – Übungen in der Realität angeschlossen (Systematische Desensibilisierung in Vivo).

Die Modellvorstellungen zu den Wirkmechanismen der Systematischen Desensibilisierung sind bis heute umstritten. Das von WOLPE angenommene Prinzip der „reziproken Hemmung" wurde grundlegend kritisiert. Am meisten Beachtung finden z. Zt. solche theoretischen Modelle, die kognitive Neubewertungsprozesse (hier: Neubewertung der früher angstauslösenden Situation) unter optimalen Lernbedingungen (hier: niedriges bis mittleres Erregungsniveau aufgrund der Entspannung) in den Mittelpunkt der Überlegungen stellen (BIRBAUMER 1977).

3.2 Modellernen und operantes Lernen
Ebenso wie Angst durch die Beobachtung einer Modellperson gelernt (s.o.), kann sie auch so wieder verlernt werden. Für die Behandlung von Ängsten folgt daraus, daß die Beobachtung einer Modellperson, die angstfrei mit den angstauslösenden Reizen umgeht, zu einer Reduktion von Angst- und Vermeidungsverhalten beim beobachtenden Klienten führen kann. Dem reinen Modellernen überlegen erwies sich eine erweiterte Behandlungsmethode, die „teilnehmendes Modellernen" oder auch „Kontaktdesensibilisierung" genannt wird. Hierbei beobachtet der Klient nicht nur das angstfreie Modell, sondern ahmt schrittweise die Annäherung der Modellperson an das angstauslösende Objekt nach. Als wesentliche Bedingungen für die erfolgreiche Durchführung einer solchen Behandlung gelten ein allmähliches Ansteigen der Schwierigkeit, wiederholtes Üben und Verstärkung für Annäherungsverhalten an die angstauslösenden Bedingungen. Damit werden auch Elemente des operanten Lernens einbezogen. Operante Techniken werden z. T. auch ohne Modellernen zur Angstbehandlung eingesetzt und werden häufig unter dem Begriff ‚reinforced practice' zusammengefaßt. Dieses Verfahren unterscheidet sich von der Desensibilisierung in Vivo lediglich durch den systematischen Einsatz von Eigen- und Fremdverstärkung. Dabei haben sich u.a. solche Modelle als besonders wirksam herausgestellt, bei denen der Klient sein (allmählich besser werdendes) Bewältigungsverhalten laut kommentiert, d.h. sich durch Selbstinstruktionen anleitet (→ kognitive Therapien; → operante Interventionsmethoden).

3.3 Selbstinstruktionstherapie
Ein Beispiel für eine Therapieform, in der die kognitiven Variablen einen besonderen Stellenwert erhalten, ist die sog. Selbstinstruktionstherapie von MEICHENBAUM (1975), die sowohl für die Behandlung chronifizierter Ängste als auch allgemein für den Umgang mit Streß- und Belastungssituationen konkrete Handlungsanweisungen bietet. MEICHENBAUM sieht im inneren Dialog, den Selbstgesprächen des Individuums, eine entscheidende kognitive Variable zur Aufrechterhaltung von Angstreaktionen. Ziel ist es darum, die Selbstinstruktionen derart zu verändern, daß sie zu angstbewältigenden Verhaltensweisen anleiten. Das Selbstinstruktionstraining wird in der Regel mit anderen Techniken, vor allem der Systematischen Desensibilisierung, kombiniert. Wie in der Systematischen Desensibilisierung findet eine Vorstellung angstauslösender Situationen unter Entspannung statt. Das Auftreten von Angst ist hier jedoch nicht Signal für das Abbrechen der Vorstellung, sondern für das Vorstellen (Probeagieren) von Bewältigungsreaktionen.

Die angstauslösende Vorstellung wird zur Ausbildung von differenzierten Bewältigungsreaktionen in vier Stufen mit entsprechenden Selbstinstruktionen zerlegt: 1. Annäherung an, Vorbereitung auf die angstauslösende Situation; 2. Konfrontation und Umgang mit der Bedrohung; 3. Instruktionen für ein mögliches Überwältigtwerden von der Angst; 4. anschließende Selbstverstärkung für Aufsuchen und Umgang mit der Situation. Dem Probeagieren von Bewältigungsreaktionen folgt ein Üben unter realen Angstbedingungen.

3.4 Methoden der Reizüberflutung
Reizüberflutungsverfahren werden vor allem bei multiplen Situationsphobien (Ängste, die sich auf eine Vielzahl verschiedener Situationen beziehen, die für den Klienten *subjektive Gemeinsamkeiten* wie z.B. ein Gefühl des Eingeschlossenseins aufweisen) mit großem Erfolg eingesetzt. In Abhebung zu anderen Angstbehandlungsmethoden weisen sie drei wesentliche Prinzipien auf:

- Es findet eine direkte Konfrontation mit den angstauslösenden Reizen statt,
- wobei die Konfrontation im Vergleich zu anderen Verfahren stark verlängert ist

- und jegliches Vermeidungsverhalten unterbunden wird.

An Erklärungsmodellen für den Wirkmechanismus der Reizüberflutung werden genannt: Löschung durch Verhinderung der Vermeidungsreaktion, das Prinzip der (physiologischen) Habituation bei konstanter oder wiederholter Reizdarbietung und kognitive Modelle, die das Schwergewicht auf die Beseitigung kognitiver Dissonanz, die Wirkung paradoxer Instruktionen und den Erwerb neuer Bewältigungsstrategien legen (vgl. hierzu BARTLING, FIEGENBAUM & KRAUSE 1980).

Reizüberflutungstherapien werden in unterschiedlichen Variationen durchgeführt. So beginnen manche Therapeuten mit den maximal angstauslösenden Reizen, während andere die Schwierigkeit schrittweise steigern. Beim letztgenannten Vorgehen wird der Unterschied zu anderen Verfahren wie der Kontaktdesensibilisierung oder der „reinforced practice" fließend. Die Konfrontation kann in der Realität und in der Vorstellung erfolgen; die Praxisübungen erwiesen sich jedoch als die effektiveren und stellen neben der verlängerten Darbietung möglicherweise die entscheidende therapeutische Variable dar. Grundbedingung für den Erfolg des Verfahrens ist die angemessene kognitive Vorbereitung des Klienten auf die Behandlung (→ **Konfrontationsverfahren**).

4 Unterschiede und Gemeinsamkeiten der Verfahren; Überlegungen zur Indikation

Die unterschiedlichen hier aufgeführten Angstbehandlungsmethoden weisen gemeinsame Prinzipien auf.

- *Dem Klienten wird ein Erklärungsmodell zur Entstehung der Ängste vermittelt,* aus dem sich stringent das jeweilige Vorgehen in der Therapie ableiten läßt. Hierbei ist nicht so sehr die wissenschaftliche „Richtigkeit" des Modells von Bedeutung, sondern vielmehr, daß es für den Klienten verständlich ist und möglichst viele seiner eigenen Erfahrungen aufgreift.
- *Der Klient wird mit den angstauslösenden Situationen vertraut gemacht* im Sinne einer offensiven und realistischen Informationsaufnahme. Dies kann sowohl mit Hilfe einer vorstellungsmäßigen Auseinandersetzung als auch einer realen Auseinandersetzung in Praxisübungen geschehen. Dabei wird die gedankliche Auseinandersetzung überwiegend als Vorbereitung für die reale Erprobung zu verstehen sein.
- *Der Klient gibt sein bisheriges Vermeidungsverhalten auf.* Hier unterscheiden sich die genannten Behandlungsmethoden. Während in der Reizüberflutung das *Vermeidungsverhalten* direkt angegangen und unterbunden wird, wird bei anderen Verfahren das *Annäherungsverhalten* stufenweise aufgebaut. *Es werden angstbewältigende Strategien aufgebaut,* in dem Sinne, daß der Betroffene das Gefühl von Kontrolle über die angstbesetzte Situation erlangt anstelle des vorher erlebten Kontrollverlustes. Je allgemeiner diese Strategien für den Umgang mit bedrohlichen Situationen formuliert werden, umso breiter wird die Generalisierung sein.

Die Entscheidung für eine der genannten Angstbehandlungsmethoden kann nur aufgrund einer sorgfältigen Problemanalyse erfolgen (→ **Problemanalyse**). Hierbei sind zu berücksichtigen:

- das Ausmaß der realen Bedrohung: je größer die reale Gefahr, umso mehr sollten bewältigende Strategien geübt und die Erregung niedrig gehalten werden (Selbstinstruktionstraining und Desensibilisierung);
- die Stärke des Vermeidungsverhaltens: bei stark ausgeprägtem Vermeidungsverhalten sind Reizüberflutungsverfahren besonders effektiv;
- das Ausmaß der Generalisierung der Ängste: je ausgeweiteter die Ängste, umso eher empfiehlt sich eine Reizüberflutung;
- der Einfluß von gedanklichen Auslösern: die Konzentration auf veränderte Gedanken und Selbstgespräche, wie dies im Selbstinstruktionstraining geübt wird, kann hilfreich sein;

- die Notwendigkeit von differenzierten Handlungskompetenzen für die befürchtete Situation: mit Hilfe von Selbstinstruktionstraining, Modellernen und operanten Techniken können differenzierte Kompetenzen aufgebaut werden.

Bei Kindern empfiehlt es sich, mit verschiedenen Varianten des Modellernens und operanter Techniken, – evtl. auch unterstützt durch lautes Verbalisieren – zu arbeiten (→**Kindertherapie**).

Bei den wenigsten Klienten reicht allein eine symptomzentrierte Angstbehandlung aus, da chronifizierte Ängste einerseits eine Funktion in anderen Problemzusammenhängen aufweisen können, andererseits erhebliche Folgeprobleme nach sich ziehen.

LITERATUR

BARTLING, G.; FIEGENBAUM, W. & KRAUSE, R. **Reizüberflutung, Theorie und Praxis.** Stuttgart: Kohlhammer, 1980.

BIRBAUMER, N. (Hrsg.) **Psychophysiologie der Angst.** München: Urban & Schwarzenberg, 1977.

FLORIN, I. Praxis der Systematischen Desensibilisierung. In J. FLORIN & W. TUNNER, (Hrsg.). **Therapie der Angst – Systematische Desensibilisierung.** München: Urban & Schwarzenberg, 1975.

LAZARUS, R. S. **Psychological stress and the coping process.** New York: McGraw-Hill, 1966.

MARKS, I. M. **Fears and phobias.** London: Heinemann, 1969.

MEICHENBAUM, D. A self-instructional approach to stress management: A proposal for stress inoculation training. In C. D. SPIELBERGER, J. G. SARASON, (Hrsg.). **Stress and anxiety,** Vol. 1. Washington: Hemisphere Publ., 1975.

MOWRER, O. H. **Learning theory and personality dynamics.** New York: Ronald, 1950.

WOLPE, J. **Praxis der Verhaltenstherapie.** Bern: Huber, 1972.

Universitäre Ausbildung in Psychotherapie

Vera Birtsch

1 Organisation der Ausbildung

Psychotherapeuten sind nach ihrer Grundausbildung in der gegenwärtigen Praxis Psychologen und Mediziner, aber auch Sozialarbeiter, Theologen und Pädagogen. Im Anschluß an die fachspezifische Ausbildung erfolgt dann die Ausbildung zum Psychotherapeuten. Die eigentliche wissenschaftliche Basis der Psychotherapie ist in der Psychologie zu sehen, Psychologen erhalten deshalb mit dem Universitätsstudium eine Berufseingangsqualifikation für Psychotherapie und bedürfen im Vergleich zu den anderen Berufsgruppen zur vollverantwortlichen Berufsausübung nur der Weiterbildung. Allerdings sind diese Fragen gesetzlich nicht geregelt, der Titel Psychotherapeut ist bisher gesetzlich nicht geschützt, die psychotherapeutische Berufsausübung für Psychologen bisher trotz der Ausbildungsvoraussetzungen illegal (→**rechtliche Grundlagen**).

Eine Grundausbildung zum Psychotherapeuten erfolgt im Rahmen des Diplom-Studiengangs Psychologie als Schwerpunktbildung in Klinischer Psychologie nach dem Vordiplom (→ *Klinische Psychologie*). Die Möglichkeit der Schwerpunktbildung für Klinische Psychologie gibt es bei ca. 80% der psychologischen Institute der BRD (Groeger, Wittchen, Dvorac & Fichter 1979). Die Basis für diese Schwerpunktbildung bilden nach der Rahmenprüfungsordnung (RPO) für die Diplomprüfung in Psychologie Kenntnisse in den wichtigsten Grundlagendisziplinen der Psychologie sowie Kenntnisse in den Prinzipien erfahrungswissenschaftlicher Erkenntnisgewinnung und Evaluation. Diese werden im Grundstudium erworben.

Im Anschluß an die Universitätsausbildung werden weitere psychotherapeutische Qualifikationen bei den *Psychotherapieverbänden* (Deutsche Gesellschaft für Verhaltenstherapie, DGVT; Gesellschaft für wissenschaftliche Gesprächspsychotherapie, GwG; Deutsche Gesellschaft für Psychotherapie, Psychosomatik und Tiefenpsychologie, DGPPT u. a.) oder besonderen Ausbildungsinstituten erworben. Diese Verbände oder Institutionen vertreten meistens ein bestimmtes theoretisches Konzept psychischer Störungen, ihrer Ursachen und Veränderungsmöglichkeiten. Aspekte einer bedarfsgerechten psychosozialen Versorgung werden hierbei meistens unterbewertet (→**Gemeindepsychologie**, →**psychosoziale Versorgung**). Auf die Universitätsausbildung in Klinischer Psychologie wird in den folgenden Abschnitten differenzierter eingegangen, da sie einen wichtigen Kern der Psychotherapieausbildung darstellt.

2 Lernziele der Ausbildung

Die Lernziele der Ausbildung in Klinischer Psychologie orientieren sich an zwei Leitlinien. Die traditionelle Leitlinie akademischer Ausbildung ist die des inhaltlich breiten, theorien- und methodenübergreifenden Wissensspektrums. Das Ziel ist, dem Studierenden eine kritische Urteilsfähigkeit bezüglich psychologischer Ansätze zu vermitteln und ihm zu ermöglichen, neuere Entwicklungen einzuleiten sowie die eigene Tätigkeit nach wissenschaftlichen Kriterien zu evaluieren. Die zweite Leitlinie wird durch die konkreten beruflichen Anforderungen in den Tätigkeitsfeldern der Klinischen Psychologie bestimmt.

Haupttätigkeitsbereiche von Klinischen Psychologen sind Psychodiagnostik und Psychotherapie in allen Anwendungsfeldern, ferner sind es spezifische Beratungsformen in der Ehe-, Erziehungs- und Suchtberatung, sowie im Bereich der Prävention und Rehabilitation die Vermittlung von Kompetenzen zur effektiven Auseinandersetzung mit konkreten Lebenssituationen. Weitere Tätigkeitsfelder sind gemeindenahe Interventionen, die Hilfe zur Selbsthilfe und Unterstützung von Nicht-Professionellen (→ **Laientherapie**). Ein wichtiges Arbeitsfeld ist ferner das der Forschung auf den Gebieten der Ätiologie, Epidemiologie, der Evaluation von Interventionsangeboten (SOMMER & KALLINKE 1980) (→ **Ätiologie**, → **Epidemiologie**).

Die Universitätsausbildung in Klinischer Psychologie vermittelt als Ausbildungsziel eine Berufseingangsqualifikation. Die *Berufseingangsqualifikation* konkretisiert sich in folgenden Kompetenzen (SOMMER & KALLINKE 1980):

- über klinisch-psychologisches Wissen verfügen und wissenschaftlich denken können
- über praktische Fertigkeiten in klinisch-psychologischen Basiskompetenzen verfügen
- über praktische Fertigkeiten in ausgewählten Interventionstechniken verfügen.

Wichtigste Bestandteile der Basiskompetenzen des Klinischen Psychologen sind das therapeutische Basisverhalten und grundlegende Strategien der Differentiellen Therapie (TSCHEULIN 1980). Mit dem therapeutischen Basisverhalten werden Grundfertigkeiten und Grundeinstellungen ausgebildet, die für alle Tätigkeiten Klinischer Psychologen und Psychotherapeuten wesentlich sind: eine therapeutische Beziehung aufzubauen und aufrechtzuerhalten. TSCHEULIN (1980) beschreibt drei inhaltliche Dimensionen des therapeutischen Basisverhaltens, die in verschiedenen Schulrichtungen gleichermaßen repräsentiert zu sein scheinen.

- *Realitätsbezogenheit* ist das Ausmaß der Offenheit für die persönliche Wirklichkeit und die reale Situation der Interaktionspartner.
- *Personenbezogenheit* ist das Ausmaß des korrekten Verstehens der persönlichen Eigenart der Interaktionspartner.
- *Bedingungsfreiheit* ist das Ausmaß der Achtung vor der individuellen Eigenart der Interaktionspartner.

Für die Anwendung *differentieller Therapien* ist nach dem Konzept von TSCHEULIN (1980) die Anwendung fallspezifischer Interventionen und Strategien notwendig, die eine genaue Kenntnis der Genese von psychischen Störungen und ihren bestimmenden Bedingungen sowie das Wissen und die Fertigkeiten zur konstruktiven Veränderung erfordert. Die Vermittlung von Grundkenntnissen und Fertigkeiten für die Verwirklichung therapeutischen Basisverhaltens und differentieller Therapie gehört zu den Lernzielen der Universitätsausbildung.

Ein weiteres Lernziel ist die *Selbsterfahrung* der Auszubildenden: Die Kenntnis der eigenen Reaktionsweisen, der Wirkung eigenen Verhaltens auf andere und das Wissen um persönliche Empfindlichkeiten und „blinde Flecken" durch eigene Problematiken. Während der Ausbildung muß dem Studierenden ferner die Möglichkeit gegeben werden, seine Eignung für psychotherapeutische Tätigkeit einzuschätzen und den Umgang mit der therapeutischen Rolle zu erproben und zu reflektieren.

3 Methoden der Ausbildung

Die Vermittlung von Wissen erfolgt zu Beginn der Ausbildung in Vorlesungen und Seminaren. Hierauf wird aufgebaut in Praxisdemonstrationen und in Fallseminaren. Erste eigene Übungen werden in Praktika durchgeführt, in denen Studenten therapeutische Verhaltensweisen untereinander üben und sich in der Klientenrolle erfahren. In weiteren Praktika wird therapeutisches Handeln unter Supervision möglichst eines erfahrenen Therapeuten und Hochschullehrers eingeübt. Die Ausbildung erfolgt also in aufeinander aufbauenden Stufen zunehmend realistischeren Praxiskontakts. Hierbei kann auch berücksichtigt werden, daß Ernstklienten aus ethischen Gründen nur begrenzt mit Anfängertherapeuten konfrontiert werden sollten.

In Diplomarbeiten sollen klinisch-psychologisch relevante Fragestellungen in enger Kooperation mit Praxisstellen bearbeitet werden. Hierbei werden wesentliche Erfahrungen mit Methoden und Problemen der Evaluation praktischer Arbeit gesammelt.

In Abhebung von der bisher skizzierten Ausbildung beabsichtigen *Projektstudiengänge*, dem Studierenden einen stärkeren Praxiskontakt zu vermitteln. Die Mitarbeit in einem Praxisfeld steht im Zentrum der Ausbildung. Der Studierende soll hier einen genaueren Einblick in die Probleme und Anforderungen therapeutischer Arbeit und deren institutionelle Bedingungen erhalten und intensive Erfahrungen im Umgang mit Klienten machen. Es soll ferner ein stärkerer Bezug zwischen Theoriewissen und Praxistätigkeit als in traditionellen Lehrveranstaltungen hergestellt werden. Nachteile des Projektstudiums ergeben sich möglicherweise aus der Spezialisierung auf das jeweilige Praxisfeld, aus dem eine Einengung des Wissens folgen kann. Die Personalintensität bedingt ferner nur eine geringe Kapazität von Studienplätzen im Projektstudium.

4 Probleme der Ausbildung

In der gegenwärtigen Ausbildungspraxis liegt eine Reihe von Problemen.

Ein wichtiger Problempunkt ist der *Theorie-Praxis-Bezug.* Der Theorie-Praxis-Bezug soll dem Studierenden ermöglichen, theoretische Erkenntnisse auf Praxissituationen zu übertragen und auszuwerten, praktische Erfahrungen theoretisch zu reflektieren und eigenes Handeln weiterzuentwickeln. Theorieausbildung und Praxistätigkeit müssen also aufeinander bezogen sein. Die Organisation dieses Bezugs bringt vor allem dann Probleme mit sich, wenn die Praxiskontakte in universitätsfremden Institutionen durchgeführt werden und wenn die Supervision leistenden Therapeuten nicht in die Theorieausbildung eingebunden sind.

Darüber hinaus ist die Herstellung der Praxiskontakte generell für die Universitätsausbildung ein Problem. Nur ca. ein Drittel der Psychologischen Institute mit Schwerpunktbildung in Klinischer Psychologie verfügen gegenwärtig über eigene Versorgungseinrichtungen (GROEGER u. a. 1979). Die intensive Zusammenarbeit von Universitäten und Praxisinstitutionen in ihrem regionalen Umkreis wird allerdings an vielen Hochschulorten betrieben und aufgebaut. Die Grenzen der Praxisausbildung liegen z. Zt. hauptsächlich in geringen Personalkapazitäten. Die Supervision der einzelnen Auszubildenden im Klientenkontakt erfordert den stärksten Betreuungsaufwand im Rahmen der Universitätsausbildung überhaupt.

Beim praktischen Üben therapeutischen Handelns sind verschiedene Vorgehensweisen möglich, die die Universitätsinstitute unterschiedlich praktizieren.

Zwei Formen unterscheidet BASTINE (1980) als Methodenlernen und Praxislernen. Das *Methodenlernen* bedeutet die Vermittlung einzelner therapeutischer Techniken, konkreter Verhaltensweisen und Interventionen in der Interaktion mit Klienten. Methodenlernen geschieht meist in Kursen durch Einüben der Teilnehmer untereinander im Rollenspiel. Schwierigkeiten können hier didaktisch abgestuft eingebracht werden. In der Regel wird im Methodenlernen zunächst Therapeutisches Basisverhalten vermittelt, anschließend werden schwierige Methoden und Strategien eingeübt.

Das *Praxislernen* erfolgt in direktem Kontakt mit Klienten in Beratungsstellen, Psychiatrischen Kliniken etc. Hier werden von Studierenden komplexe Reaktionen in Ernstsituationen verlangt, der Schwierigkeitsgrad ist also höher. Der Auszubildende lernt jedoch die realistischen Rahmenbedingungen von psychotherapeutischer Arbeit kennen und die konkreten Wirkmöglichkeiten der Therapeuten einzuschätzen. Idealiter sollten beide Formen des Lernens nacheinander und aufeinander aufbauend angeboten werden.

Unterschieden wird in der Praxisausbildung auch zwischen schulenspezifischer oder *technikorientierter* und schulenübergreifender oder *problemorientierter* Ausbildung (BIRTSCH 1980). Das soeben beschriebene Methodenlernen ist in der Regel an einzelnen therapeutischen Richtungen oder Schulen orientiert. Therapeutische Schulen setzen in ihrem Theoriegebäude und daraus abgeleitet im praktischen Vorgehen bestimmte Schwerpunkte: z. B. im emotionalen Bereich, im Bereich des aktuellen Verhaltens oder im kognitiven Bereich. Damit laufen sie Gefahr, die Person als Ganzes und die Verankerung in ihrer Lebensrealität nicht ausreichend zu beachten. Einzelne Ansätze zur Integration der schulenspezifischen Vorgehensweisen werden diskutiert. Bisher konnte jedoch kein überzeugendes Konzept vorgelegt werden, so daß auch die Ausbildung noch weitgehend schulenorientiert ist. Die Probleme der technikorientierten Ausbildung liegen vor allem darin, daß der Studierende die Begrenztheit der jeweils erlernten Technik häufig erst in der eigenen Berufstätigkeit erfährt. Praktiker versuchen dann häufig, durch das Anschließen anderer technikorientierter Ausbildungen die Begrenztheit des erlernten Ansatzes zu kompensieren. Die Integration verschiedener Interventionen in eine Gesamtstrategie therapeutischen Handelns geschieht dann nach eigenem Gutdünken und ungerichtet eklektizistisch.

Als Alternative zum technikorientierten Vorgehen bietet sich das *problemorientierte Vorgehen* an. Das Ziel dieses Ansatzes ist es, daß der Studierende Theorien und Techniken psychotherapeutischer Schulen als verschiedene Zugangsweisen zur Analyse und Bearbeitung von Klientenproblemen erkennt und systematisch einsetzen kann. Ansatzpunkt ist vor allem das Verstehen des dargebotenen Problems, das Sicheinlassen auf das Bezugsystem des Klienten. Notwendig ist ein bisher unzureichend erarbeitetes leitendes Theoriesystem, in das sich die anderen Ansätze einordnen lassen. Dieses System muß in gleicher Weise den emotionalen, den kognitiven und den behavioralen Bereich berücksichtigen.

Die Vorteile der problemorientierten Ausbildung liegen darin, daß eine Systematik in der Bewertung einzelner Interventionen bezüglich ihrer Wirkungen erworben wird. Sie ergibt sich durch die Anleitung des Ausbilders und die theoretische Einordnung, die der Ausbilder vornimmt. Vorteile sind auch darin zu sehen, daß Strategien gefunden werden, die dem Problem des Klienten möglicherweise adäquater sind.

Ein weiterer Problempunkt in der Universitätsausbildung in Klinischer Psychologie kann bei manchen Instituten in der *Schwerpunktsetzung und damit gleichzeitig in der Begrenzung auf Psychotherapie* gesehen werden. Aus der Entwicklung der Tätigkeitsfelder der Klinischen Psychologen heraus muß diese Schwerpunktsetzung problematisiert werden. Psychotherapie so stark in den Mittelpunkt der Klinischen Psychologie zu stellen, wird dadurch begründet, daß die psychotherapeutische Beziehung die Grundlage aller klinisch-psychologischen Arbeit und gleichzeitig ihr schwierigster und persönlich forderndster Anteil ist. Andere Anteile sind jedoch gleichermaßen wichtig. Ausgehend von den Notwendigkeiten der psychosozialen Versorgung sollten als Ausbildungsinhalte neben dem Erwerb therapeutischen Basisverhaltens z. B. Beratungsansätze für unterprivilegierte Zielgruppen verbunden mit Stadtteilarbeit, Kompetenztraining, Informationsvermittlung und Hilfe zur Selbsthilfe im Bereich Prävention, aber auch Wissensgebiete wie Ätiologie, Epidemiologie und eigene Forschungspraxis in diesen Bereichen einschließlich Handlungsforschung sein. Einem solchen Ausbildungsangebot läge die Annahme zugrunde, daß Psychotherapie nur eine Hilfeform unter anderen darstellt. Dem Studierenden müssen die besonderen Probleme unterschiedlicher Zielgruppen in ihren Zusammenhängen mit Lebensbedingungen verdeutlicht und die dafür notwendigen Änderungen aufgezeigt werden. Ein wesentlicher Bestandteil dieses Ausbildungsansatzes wäre auch die Einübung in Kooperation mit angrenzenden Berufsgruppen, vor allem mit Sozialarbeitern und Medizinern, aber auch mit Lehrern und Verwaltungsbeamten (→ **Gemeindepsychologie**, → **psychosoziale Versorgung**).

5 Weiterbildung

Die Universitätsausbildung vermittelt keine abgeschlossene Qualifikation zur Ausübung psychotherapeutischer Tätigkeit. Nach Auffassung der Ständigen Konferenz für Klinische Psychologie und Psychotherapie (1978) stellt sie eine Berufseingangsqualifikation dar. Für eigenverantwortliche, selbständige psychotherapeutische Tätigkeit sei eine berufsbegleitende Weiterbildung von zwei bis drei Jahren nach Ablegung des Diploms in Psychologie erforderlich. Berufsbegleitende Weiterbildung bedeutet u. a. *Supervi-*

sion durch erfahrene Klinische Psychologen im Rahmen einer Institution der psychosozialen Versorgung. Die erworbenen Basiskompetenzen werden im Kontakt mit Klienten differenziert und erweitert, Erfahrungen im Praxisfeld werden in der Supervision reflektiert. Die Organisation der Weiterbildung ist jedoch bisher unzureichend geregelt.

Berufsbegleitende Weiterbildung wird in der Regel im Rahmen der Psychotherapieausbildung der schulengebundenen Psychotherapieverbände durchgeführt, die mit besonderen Zertifikaten abschließen (vgl. 1. Organisation der Ausbildung). Die Voraussetzungen zum Erwerb des Zertifikats sind unterschiedlich. Wie bereits beschrieben tragen derartige Weiterbildungen alle Nachteile schulengebundener Ausbildung in sich. Die Psychologischen Universitätsinstitute sollten sich deshalb intensiv darum bemühen, Kontaktstudien für die berufsbegleitende Weiterbildung zu etablieren, in denen Kompetenzen schulenübergreifend und auf einem breiteren theoretischen Hintergrund weiterentwickelt werden können.

LITERATUR

BASTINE, R. Ausbildung in psychotherapeutischen Methoden und Strategien. In V. BIRTSCH & D. TSCHEULIN (Hrsg.) *Ausbildung in Klinischer Psychologie und Psychotherapie*. Weinheim: Beltz, 1980, 71–85.

BIRTSCH, V. Problem-orientierte Ausbildung als Anleitung zur Integration psychotherapeutischer Modell und Techniken. In V. BIRTSCH & D. TSCHEULIN, a.a.O., 229–239.

GROEGER, W. M., WITTCHEN, H. U., DVORAC, A. & FICHTER, M. Zur klinisch-psychologischen Schwerpunktbildung im Rahmen des Diplomstudiengangs „Psychologie", Teil 1. *Psych. Rdsch.*, 1979, *30*, 180–197.

SOMMER, G. & KALLINKE, G. Zukünftige klinisch-psychologische Tätigkeiten und Ausbildung. In V. BIRTSCH & D. TSCHEULIN, a.a.O., 54–67.

Ständige Konferenz für Klinische Psychologie und Psychotherapie an Hochschuleinrichtungen für Psychologie (Hrsg.): Ausbildungsinhalte in Klinischer Psychologie und Psychotherapie im Diplom-Studiengang Psychologie an den Psychologischen Instituten der Bundesrepublik Deutschland und West-Berlin. *Psych. Rdsch.*, 1978, *29*, 169–171.

TSCHEULIN, D. Lernziel Therapeutisches Basisverhalten. In V. BIRTSCH & D. TSCHEULIN, a.a.O., 109–128.

Außeruniversitäre Ausbildung in Psychotherapie

Hans-Ulrich Wittchen, Manfred M. Fichter und Wolfgang Maier-Diewald

1 Einleitung

Eine einheitliche Darstellung der universitären und außeruniversitären Ausbildung in Psychotherapie ist aus einer Reihe von Gründen nicht möglich

- Das Wissenschafts- und Praxisfeld der Psychotherapie ist durch eine Vielzahl unterschiedlicher psychotherapeutischer Ansätze und Theorien gekennzeichnet, die z. T. erhebliche Unterschiede in den Ausbildungsstrukturen und Richtlinien bedingen
- Veränderung des Forschungsfeldes: Die wissenschaftliche Weiterentwicklung der Psychologie hat in den vergangenen zwei Jahrzehnten zu einem ungeheuren Anwachsen verschiedenartigster Interventions- und Behandlungsansätze geführt. Damit verbunden war nicht nur eine Ausweitung der Inhalte universitärer Curricula in der Ausbildung zum Diplom-Psychologen, sondern v. a. eine Vervielfachung psychotherapeutischer Weiterbildungsinhalte (→ **Ausbildung**, →**Psychotherapie**, →**Klinische Psychologie**)
- Nachwievor bestehen in der Psychotherapie erhebliche Definitions- und Abgrenzungsprobleme, z. B. in den Fragen, was ein Psychotherapeut überhaupt ist, was die angemessenen Ausbildungsziele sind und welche Aufgaben der universitären und außeruniversitären Ausbildung zukommen
- Gesetzliche Bestimmungen zur Ausübung von Psychotherapie wie auch zur Ausbildung hierzu fehlen.

Da zudem das Universitätsstudium im Schwerpunkt Klinische Psychologie keine Qualifikation zu einem „fertigen" Psychotherapeuten oder klinischen Psychologen vermitteln kann, kommt der außeruniversitären Weiterbildung durch verschiedenartige Träger derzeit eine zentrale Rolle zu. Die Situation der außeruniversitären Weiterbildung ist schwer überschaubar und kaum zu evaluieren. Fast jährlich ändern sich mit wenigen Ausnahmen die Richtlinien der Weiterbildungscurricula verschiedener Verbände und Institutionen. Zudem ist der „Markt" durch ein schwer durchschaubares System von Neugründungen, Zusammenschlüssen, Abspaltungen und Auflösungen gekennzeichnet. Deshalb kann nur ein Überblick über den Status Quo gegeben werden (Stand 1979), der möglicherweise schon in einigen Jahren überholt sein kann.

2 Struktur und Inhalt der Weiterbildung

Der überwiegende Teil psychotherapeutisch Tätiger in der BRD erwirbt die Qualifikation zum Psychotherapeuten dreistufig:

1. *Ausbildung* im Grundberuf. Dies ist, wie repräsentative Stichprobenerhebungen gezeigt haben, in der Regel das Studium der Psychologie mit Schwerpunkt Klinische Psychologie, oder das Studium der Medizin mit anschließender Zusatzausbildung über die kassenrechtlich anerkannten psychoanalytisch orientierten Weiterbildungsinstitute. Demgegenüber sind andere Ausbildungsvoraussetzungen in Hinblick auf eine

allgemeine psychotherapeutische Qualifikation deutlich seltener (Pädagogik, Sozialarbeit) (Wittchen & Fichter 1980).

2. Methoden- und tätigkeitsspezifische *Weiterbildung* bei zumeist außeruniversitären Instituten, Vereinen und Organisationen.

3. *Fortbildung* bei zumeist außeruniversitären Instituten, Vereinen und Organisationen.

Dabei wird unter *Weiterbildung* eine berufliche Spezialisierung nach abgeschlossener Ausbildung in einem Grundberuf verstanden. Sie schließt mit einer Anerkennung durch bestimmte Berufs- bzw. Standesorganisationen oder staatliche Stellen ab. *Fortbildung* hingegen umfaßt alle berufsbezogenen weiterführenden Kurse und Veranstaltungen, die der Verbesserung der beruflichen Kenntnisse und Fähigkeiten dienen. Weiterbildung muß im Gegensatz zur Fortbildung in einem zumindest einjährigen kontinuierlichen Curriculum formalisiert sein (vgl. Definitionsempfehlung im Bericht über die Lage der Psychiatrie 1975).

Art und Umfang der notwendigen Weiter- und Fortbildung hängen wesentlich davon ab, welche der notwendigen Qualifikationsanteile bereits in der Ausbildung zum Grundberuf erworben wurden. Deshalb variiert die Dauer der Weiterbildung zwischen den einzelnen Berufsgruppen erheblich. Als wesentliche Bestandteile jeder Weiterbildung in Psychotherapie gelten allgemein (Strotzka 1978):

- Fundierte theoretische Kenntnisse über Erscheinungsformen (Psychopathologie), Entstehung (Ätiologie), Diagnostik und die Behandlung psychischer Störungen (vgl. Bericht über die Lage der Psychiatrie 1975, Fichter & Wittchen 1980; →**Ätiologie**; →**Problemanalyse**)
- Anwendungsbezogene methodische Kenntnisse und praktische Fertigkeiten in psychotherapeutischen Behandlungsmaßnahmen. Diese dürfen jedoch nicht nur auf die Vermittlung einer spezifischen therapeutischen Technik beschränkt sein, sondern müssen darüber hinaus die Bereiche Diagnostik und Indikation einer Psychotherapie bei verschiedenen Störungen einschließen (Strotzka 1978, Birtsch & Tscheulin 1980; →**Indikation**)
- Praktische Berufserfahrung unter Supervision (→**Supervision**)
- Selbsterfahrung (z. B. Training in Selbstwahrnehmung, Einzel- bzw. Gruppenanalyse)

Der Schwerpunkt aller Weiterbildungsgänge liegt im praktischen, anwendungsbezogenen Bereich. Dies um so mehr als in der universitären Ausbildung in Klinischer Psychologie (und in sehr viel stärkerem Maße in Medizin, Sozialpädagogik etc.) ein allgemeiner Mangel an psychotherapeutischem Praxisbezug und Praxiserfahrung zu konstatieren ist. Die Universitätsinstitute für Psychologie sind zwar verstärkt dazu übergegangen, auch praktische Ausbildungsanteile in psychologischen Behandlungsverfahren zu vermitteln, jedoch ist eine Ausbildung zum fertigen Psychotherapeuten weder konzipiert noch in dem Studienzeitraum von in der Regel 10 Semestern überhaupt möglich. Eine stärkere berufspraktische Spezialisierung würde ohne den gleichzeitigen Ausbau der Kapazitäten und Verlängerung der Studienzeit zu einer Vernachlässigung anderer grundlegender psychologischer Ausbildungsinhalte führen. Von der Breite des klinisch-psychologischen Tätigkeitsfeldes können nur in mehr oder minder großem Umfang Fähigkeits- und Wissensbausteine vermittelt werden. Erhebliche Mängel bestehen demgegenüber in der Verbindung der Ausbildung zur realen psychosozialen Versorgungssituation (Wittchen & Fichter 1980).

Die Stellungnahme der *Ständigen Konferenz der Hochschulvertreter für Klinische Psychologie und Psychotherapie* kommt zu dem Schluß, daß eine eigenverantwortliche und selbständige psychotherapeutische Tätigkeit eine berufsbegleitende Weiterbildung von 2–3 Jahren nach Ablegen der Diplomprüfung in Psychologie erfordert. Ähnliches gilt in sehr viel stärkerem Maße für andere psychosoziale Ausbildungsgänge (Sozialarbeit, Medizin etc.).

3 Überblick über Weiterbildungsverbände und -Institutionen

Abbildung 1 gibt einen Überblick über die Verbände und Gesellschaften, die über ein Weiterbildungscurriculum verfügen und für verschiedene Berufsgruppen der psychosozialen Versorgung eine Weiterbildung in Psychotherapie anbieten. Die Übersicht stützt sich ausschließlich auf formale Charakteristika der Verbände und bedeutet keine Qualitätsbeurteilung. Verbände, die nur Fortbildung anbieten, sind nicht berücksichtigt.

Verbandsbezeichnungen	Titel/Abschlußbezeichnungen	Mindestdauer der Weiterbildung Jahre/Stunden		Struktur der Weiterbildungsgänge	Eingangsvoraussetzungen	Therapierichtung
Gesellschaft für wissenschaftliche Gesprächspsychotherapie (GwG)	a) Zertifikat „Gesprächspsychotherapeut in der GwG"	3	700	Theorie: Kurse bzw. Scheine der Universität im Rahmen des Schwerpunkts für Klinische Psychologie Praxis: Kurse u. Supervision bei verbandsanerkannten Ausbildern	Psychologie, Medizin	Wissenschaftliche Gesprächspsychotherapie
	b) Zertifikat für klientenzentrierte Gesprächsführg.	2	180	Kurse bei anerkannten Ausbildern	Berufe der psychosozialen Versorgung	
Deutsche Gesellschaft für Verhaltenstherapie (DGVT)	Bescheinigung der erfolgreichen Teilnahme an der Weiterbildung in Verhaltenstherapie	3	850	Theorie: Kurse/ Scheine der Universität im Rahmen des Schwerpunkts für Klinische Psychologie Praxis: Verbandanerkannte, kollegiale Arbeits- und Supervisionsgruppen	Berufe der psychosozialen Versorgung	Verhaltenstherapie
Deutsche Gesellschaft für Psychotherapie, Psychosomatik und Tiefenpsychologie (DGPPT)	„analytischer Psychotherapeut" s.a. DAGG analyt. Gruppentherapeut	4	1500	18 Ausbildungsinstitute, Vorlesungen, Seminare, Lehr-Kontrollanalyse, Supervisionsgruppen	Psychologie, Medizin u.e. 2jähr. Berufstätigkeit	Psychoanalyse
	Psychagoge (Kinder- und Jugendlichen-Psychotherapeut)	3	1100	2 Institute, theoretische und praktische Seminare, Lehranalyse und Kontrollbehandlungen	Berufsausbildg. im soz. päd. Bereich u. prakt. Berufserfahrung m. Kindern u. Jugendlichen (mind. 3 Jahre)	
Deutsche Gesellschaft für Individualpsychologie (4 Institute) (DGIP)	a) Psychotherapeut (IP) (Kinder- u. Jugendlichen-Psychotherapeut)	3	800	4 regionale Ausbildungsinstitute, Vorlesungen, Seminare, Kontroll- und Lehranalyse	Medizin, Psychologie	individualpsychologische Therapie (Adler)

Abbildung 1. Verbände und Gesellschaften mit einem psychotherapeutischen Weiterbildungscurriculum.

Verbandsbezeichnungen	Titel/Abschlußbezeichnungen	Mindestdauer der Weiterbildung Jahre, Stunden		Struktur der Weiterbildungsgänge	Eingangsvoraussetzungen	Therapierichtung
	b) Individualpsychologischer Berater	3	450		Berufe der psychosozial. Versorgung	
Gesellschaft für analytische Gruppendynamik (Sektion Psychotherapie) (GaG)	a) Gruppendynamiker	2–3	800	Verbandsinterne Arbeits- und Supervisionsgruppen (Lehrtherapeuten) Selbsterfahrung	Universitätsstudium in e. soz. wiss./ päd. Bereich	Psychoanalyse (analytische Gruppentherapie)
	b) Psychotherapeut	5	1100		Medizin, Psychologie	
Deutsche Akademie für Psychoanalyse (DAP)	a) Psychoanalytiker und Gruppenpsychotherapeut	4	1500	4 Ausbildungsinstitute, Vorlesungen, Seminare, Lehr- u. Kontrollanalyse, Supervisionsgruppen	„in der Regel" Medizin, Psychologie	Psychoanalyse
	b) Kinderanalytiker					
Arbeitsgemeinschaft für katathymes Bilderleben (AGKB)	„Katathymes Bilderleben" Therapeut (KB-Therapeut)	3	400	Weiterbildungsseminare, Arbeitsgruppen mit Fallkontroll-Seminaren	Psychologie, Medizin, „n. a. Psychoanalytiker Psychagogen"	Tiefenpsychologisch fundierte Psychotherapie
Deutsche Gesellschaft für Gestalttherapie u. Kreativitätsförderung (Fritz-Perls-Institut) (DGGK)	Gestaltpsychotherapeut	4	900	Selbsterfahrungs-, theoretische u. praktische Ausbildungsgruppen, Supervision durch verbandsinterne Supervision, Gestalt- u. Kontrollanalyse, 5 Regionalinstitute	Medizin, Psychologie u. mind. 1 Jahr prakt. Berufserfahrung	Integrierte Gestalttherapie
	Gestaltsoziotherapeut	3	600		Berufe der psychosozial. Versorgung	
Moreno-Institute	Psychodrama-Therapeut	4	600	2 in den ersten Ausbildungsstufen gleich strukturierte Lehrinhalte, theoretisch, Selbsterfahrungsgruppen, Fallarbeit unter Supervision 2 Institute: Ausbildungsgruppen	Psychologie, Medizin	Psychodrama als Instrument der Psychotherap.
	Psychodrama-Leiter				Berufe der psychosozialen Versorgung	Psychodrama als Mittel d. probl. or. Beratung
Deutsche Gesellschaft für Transaktionsanalyse (DGTA)	Transaktionsanalytischer Psychotherapeut	4	900	Lehranalyse bei verbandsinternem Transaktionsanalytiker, Kontrollfälle, theoret. Ausbildungsgruppen, Supervision	Medizin, Psychologie	Transaktionsanalyse
	„Berufsspezif. Anwendung von Transaktionsanalyse"				Berufe der psychosozial. Versorgung	

Abbildung 1. (Fortsetzung) Verbände und Gesellschaften mit einem psychotherapeutischen Weiterbildungscurriculum.

Verbands-bezeichnungen	Titel/Abschluß-bezeichnungen	Mindestdauer der Weiterbildung Jahre, Stunden		Struktur der Weiterbildungsgänge	Eingangsvor-aussetzungen	Therapierichtung
Institut für Forschung und Ausbildung in Kommunikationstherapie (IFAKT)	keine eigene Bezeichnung			1 Institut, Einzel- und Gruppen-Supervision, Selbsterfahrung, Schwerpunkt auf der praktischen Fallarbeit und Supervis.	Medizin, Psychologie (Ausnahme-regelungen)	Kommunik.therapie als integrative Psychotherapie
Deutscher Arbeitskreis für Jugend-, Ehe- und Familienberatung (DAK)	Eheberater	2–3	500	Theoretische und praktische fallzentrierte Ausbildung durch Verbandsanerkannte Mentoren in Seminaren durch die unterschiedlichen Träger (in anerkannten Beratungsstellen)	Berufsausbildung als Arzt, Psychologe, Sozialarbeiter, Soz.-pädagoge, Theologe oder gleichwertige	Ehe-, Familien- und Jugendberatung auf eklektischer Grundlage
Gesamtverband für Suchtkrankenhilfe im Diakonischen Werk	a) Suchtkrankentherapeut b) (Suchtkrankenhelfer)	3 2	330 100	Verbandsanerkannte, überregionale, theoretische und praktische Ausbildung in einem analytischen und einem verhaltenstherapeutischen Zweig, Seminare, Selbsterfahrung, Therapeutische Fertigkeiten	Berufsausbildung als Soz.-arbeiter (grad.) Soz.-päd. (grad), Mediziner, Pädagoge, Theologe, Dipl.-Psych.	analytisch orientierte Suchtkrankenbehandlung / verhaltensther-ap. orientierte Suchtkrankenbehandlg.
Deutsche Gesellschaft für Pastoralpsychologie (Sektion Klinische Seelsorgeausbildung, Sektion Tiefenpsychologie) (DGFT)	Pastoralpsychologe Pastoralpsychologischer Berater	3		z.T. universitäre (12) Ausbildungskurse durch anerkannte Ausbilder analytischer und anderer Fachverbände. Einzel-Gruppensupervision, theoretische praktische Seminare	Theologe	Psychoanalyse (Sektion), Tiefenpsychologie, klientenzentrierte Gesprächspsychotherapie, Verhaltenstherapie, Kommunikationstherapie
Berufsverband Deutscher Psychologen (BDP)	Klinische Psychologie BDP	2		mind. 2 Jahre Berufspraxis, Kurse, Psychotherapieweiterbildung bei einem in der AGTV organisierten Verband klinischpsychologische Tätigkeit unter Supervision	Psychologie	keine; es gibt lediglich die formale Rahmenvoraussetzung f. eine psychotherapeut. Tätigkeit

Abbildung 1. (Fortsetzung) Verbände und Gesellschaften mit einem psychotherapeutischen Weiterbildungscurriculum.

Verbands- bezeichnungen	Titel/Abschluß- bezeichnungen	Mindestdauer der Weiter- bildung Jahre, Stunden		Struktur der Weiter- bildungsgänge	Eingangsvor- aussetzungen	Therapie- richtung
Deutsche Gesellschaft für Soziale Psychiatrie (DGSP)	Bescheinigung der erfolgreichen Teilnahme	2	200	Theoretische u. prakt., regional organisierte Kurse. Vom Ausbildungsschluß des Verbandes bestimmtes Lehrpersonal	Berufe der psychosozialen Versorgung	Psych. soz. Arbeitsweisen und Grundlagenvermittlung
Deutscher Arbeitskreis für Gruppendynamik und Gruppenpsychotherapie (DAGG)	Trainer für Gruppendynamik	2	470	Trainingskurse u. Lehrveranstaltungen durch verbandsinterne Trainer nach Kriterien der DGPPT, Moreno Institute	Berufsausbildung in Human- u./oder Soz.-wissenschaften, Eignungsbeurteilg.	Psychoanalytisch, tiefenpsychologisch orientierte Gruppentherapie (in Sektion eklektisch)

Abbildung 1. (Fortsetzung) Verbände und Gesellschaften mit einem psychotherapeutischen Weiterbildungscurriculum.

Aufgrund formaler Kriterien lassen sich drei Gruppen von Weiterbildungsgängen unterscheiden:

- Weiterbildungsgänge, die eine allgemeine, nicht auf bestimmte Versorgungsbereiche spezialisierte psychotherapeutische Qualifikation vermitteln (z.B. DGPPT, GwG, DGVT, DGIP);
- Weiterbildungsgänge, die auf eine psychotherapeutische Spezialisierung in bestimmten Versorgungsbereichen abzielen (DAK, IFAKT, Gesamtverband für Suchtkrankenhilfe, Zusatzausbildung zum Psychagogen in der DGPPT);
- Allgemeine Weiterbildungsgänge für psychosoziale Berufe (DGSP, DGTA, FPI/DGGK, GwG, DGVT).

Mehrfachnennungen hierbei bedeuten, daß einzelne Verbände mehrere verschiedene Curricula anbieten, so z.B. die Zusatzausbildung der DGPPT-Institute zum Psychagogen und Weiterbildung zum Psychoanalytiker.

Die beiden Weiterbildungsgruppen, die keine allgemeine psychotherapeutische Qualifikation vermitteln, sind dadurch gekennzeichnet, daß sie eine geringere Weiterbildungsdauer und einen geringeren Anteil an Selbsterfahrung oder Lehranalyse aufweisen sowie weniger restriktiven Eingangsvoraussetzungen unterworfen sind.

Zu einem Teil der Angaben muß kritisch vermerkt werden, daß einige Verbände erst relativ kurze Erfahrungen (2 Jahre) mit ihren Ausbildungsrichtlinien gesammelt haben. Darüber hinaus sind sie häufig Fluktuationen unterworfen. Dies gilt insbesondere für die jüngeren Entwicklungen im Rahmen der humanistischen Psychologie (Gestalttherapie, Transaktionsanalyse etc.).

Abbildung 2 gibt einen differenzierteren Überblick über einige der zahlenmäßig größten und wichtigsten Weiterbildungsverbände.

Trotz einiger prinzipieller Gemeinsamkeiten variieren die konkreten Durchführungsmodalitäten z.T. erheblich zwischen den einzelnen Verbänden.

So werden:

- bei einem Teil der beschriebenen Verbände die theoretischen Lehrinhalte außerhalb des Verbands vermittelt, so z.B. im Rahmen der Universitätsausbildung zum Klinischen Psychologen (DGVT, GwG)

Weiterbildungs-verband	Selbsterfahrung/ Lehranalyse Stundenzahl		Theorie-elemente	Patienten-stunden	von diesen Patienten werden supervisiert		Kosten[5]
	Einzel	Gruppe			Einzel	Gruppe	
GWG	80[1]		320	200	100	70	N
DGVT	ohne zeitliche Festlegung		714	3jähr. Praxis o. genaue Definierung d. Stundenzahl, mind. jedoch 140 Std.	120[1]		N
DGPPT	300	—	400	600	100[1]		H
DGIP	100	100	300	300	ohne zeitl. Festlegung		M
DAP	600	465	ca. 500	mind. 3 Fälle[3]	Kotherapie, Einzel-, Gruppen-Kontrollanalyse ohne zeitliche Festlegung		H
Moreno	540[1]		—	200	20	54	M
FPI (DGGK)	450[1]		260	520	120[1]		M
DGTA	200[1]		100	150	150[1]		N

Anm.: Die Zahlenangaben wurden aus den offiziellen Verbandsorganen erhoben; soweit sie nicht hervorgingen, über telefonische Befragung ergänzt. Sie stellen Mindestangaben dar.
Die einzelnen Kategorien lassen sich nicht scharf voneinander trennen.
[1] wurde nicht getrennt mitgeteilt
[2] Kotherapie
[3] Supervisionsdauer nicht genau zu ermitteln
[4] wird außerhalb des Verbandes durchgeführt
[5] Angabe nur in groben Kategorien.
N (niedrig): bis 20 000 DM; M (mittel): 20 000–40 000 DM; H (hoch): über 40 000 DM

Abbildung 2. Theoretische und praktische Elemente in den Weiterbildungscurricula einiger Verbände und Kosten.

- auch bestehen Unterschiede in der Form der Selbsterfahrung: bei psychoanalytischen Verbänden wird sie als Lehranalyse oder Selbsterfahrungsgruppe durchgeführt, bei anderen psychotherapeutischen Richtungen werden Rollenspielgruppen, dynamische Selbsterfahrung und verhaltenstherapeutische Selbsterfahrung angegeben
- Die Supervision wird bei psychoanalytischen Verbänden in Form der Kontrollanalyse, bei anderen Verbänden z.T. als Kotherapie bzw. Tonband-/Videosupervision durchgeführt
- Die Frage der Prüfung: Die Abschlußkriterien sind bei den meisten Verbänden unklar geregelt. Sie lassen sich z.T. weder aus den Verbandsunterlagen noch durch Befragung verläßlich erheben. Eine Ausnahme stellen hier die psychoanalytischen Ausbildungsgänge der DGPPT dar
- Insbesondere psychoanalytische Verbände betonen als wesentliches Zulassungskriterium bestimmte (nicht näher bezeichnete) charakterliche Eigenschaften
- Letztlich müssen als ein wesentliches Unterscheidungsmerkmal auch die Kosten angeführt werden, die sich einerseits aus direkten Kosten für die Kontroll- und Supervisionsstunden zusammensetzen und andererseits durch die Gesamtdauer der Weiterbildung und den dadurch bedingten Berufsstatus. Hier sollte überlegt werden, inwieweit die z.T. erheblichen Weiterbildungskosten der möglichen späteren Effizienz in der Versorgungssituation auch entsprechen.

Quantitativ besitzen die Weiterbildung in Verhaltenstherapie und in Gesprächspsychotherapie, gefolgt von Psychoanalyse und von Individualpsychologie die größte Bedeutung. Sie werden von den meisten psychotherapeutisch Tätigen als Qualifikation angegeben. Wachsende Bedeutung hat als therapieschulenübergreifende

Weiterbildungsorganisation das Bildungswerk des Berufsverbandes Deutscher Psychologen in der Weiterbildung Klinischer Psychologen.

4 Diskussion – Probleme der außeruniversitären Weiterbildung

Dieser Überblick über den „Status Quo" der Weiterbildung im Bereich der Psychotherapie spiegelt die Heterogenität im Ausbildungs- und Forschungsfeld wider. Deutlich treten die Schwächen dieser Situation hervor:

- Der Mangel an einheitlichen und verbindlichen Kriterien
- Der Mangel an Koordination der Weiterbildungsmaßnahmen verschiedener Träger. Trotz einzelner Kooperationsansätze (AGTV = Arbeitsgemeinschaft der Therapieverbände) schlagen sich diese noch nicht inhaltlich nieder
- Der Mangel an Integration der verschiedenen Ansätze. Die Auslagerung der Weiterbildung von der Universität auf den freien Markt schreibt die bestehenden Unterschiede der Therapieschulen fest und fördert nicht die bestehenden Integrationsmodelle. Obwohl ein Großteil der psychotherapeutisch Tätigen (35%) mehr als eine Therapieweiterbildung absolvieren, bleibt die Integration der Ansätze doch arbiträr
- Durch die Auslagerung und die fehlende Kooperation mit Universitäten und Universitätskliniken besteht zudem die Gefahr, daß das junge Forschungsgebiet der Psychotherapie von der wissenschaftlichen Weiterentwicklung abgeschnitten wird. Zudem muß die Hauptaufgabe der Weiterbildung – praktisch und praxisnah zu unterrichten – oft in ihrer Effizienz bezweifelt werden
- Schließlich ist das Fehlen eines auf die verschiedenen Berufsgruppen abgestimmten Konzepts zu erwähnen, das die unterschiedlichen Berufseingangsvoraussetzungen dieser Berufsgruppen berücksichtigt.

Mit diesem Überblick wird die Notwendigkeit einer wissenschaftlich fundierten Curricularforschung deutlich, deren Ergebnisse durch entsprechende gesetzliche Regelungen festgelegt werden sollten. Im inner- und außereuropäischen Ausland, das in vielerlei Hinsicht hier sehr viel fortschrittlicher erscheint, sind eine Reihe von praktikablen Modellen entwickelt und erprobt worden, auf deren Erfahrungswerte zurückgegriffen werden kann (USA, Großbritannien, Norwegen; FICHTER & WITTCHEN 1980).

LITERATUR

Bericht über die Lage der Psychiatrie: Zur psychiatrischen und psychotherapeutisch-psychosomatischen Versorgung der Bevölkerung. Bundesdrucksache BT 7/4200, 1975.
BIRTSCH, V. & TSCHEULIN, D. (Hrsg.) *Klinische Psychologie und Psychotherapie in Lehre und Studium.* Weinheim: Beltz, 1980.
FICHTER, M. M. & WITTCHEN, H. U. *Nichtärztliche Psychotherapie im In- und Ausland.* Weinheim: Beltz, 1980.
STROTZKA, H. Psychotherapieausbildung. In H. STROTZKA (Hrsg.) *Psychotherapie: Grundlagen, Verfahren, Indikationen.* München: Urban & Schwarzenberg, 1978^2, 137–142.
WITTCHEN, H. U. & FICHTER, M. M. *Psychotherapie in der Bundesrepublik.* Materialien und Analysen zur psychosozialen und psychotherapeutischen Versorgung. Weinheim: Beltz, 1980.

Psychotherapie bei Autismus

BERND MILLER

1 Definition

Im klinischen Blickwinkel stellt sich der „Frühkindliche Autismus" (= kindlicher Autismus, Autistisches Syndrom, KANNER-Syndrom, Autismus Infantum) als eine der schwerwiegensten Entwicklungsstörungen bei Kindern dar.

Im Verhalten des autistischen Kindes, das gekennzeichnet ist von Indifferenz oder Abwehr gegenüber „normalen" Kontaktangeboten; zwanghaft-ängstlichem Festhalten an bestimmten Ordnungen und Abläufen im alltäglichen Geschehen; einförmigen, selbst-stimulatorischen Praktiken; unvollkommener Entwicklung kommunikativer Ausdrucksmittel (Sprechen, Körpersprache) und zahlreichen Fertigkeitsdefiziten im Bereich lebenspraktischer Anforderungen, konkretisiert sich der Zustand einer hochgradigen sozial-affektiven und kognitiven Unreife, der von Vertretern neurophysiologischer Konzepte (vgl. RIMLAND 1964) primär als Ausdruck zentral gestörter Reizverarbeitungsvorgänge verstanden wird.

Dagegen wird von tiefenpsychologischer Seite (vgl. BETTELHEIM 1977) die Bedeutung einer fehlgeleiteten Mutter-Kind-Beziehung in der frühesten Kindheit als wesentlicher Erklärungshintergrund angeboten.

Nach dem gegenwärtigen Stand der Forschung, der einen polyätiologischen Wirkungszusammenhang erkennen läßt, kann keine der an der Theorienbildung beteiligten Schulen für sich in Anspruch nehmen, das Wesen des Syndroms verbindlich zu erklären.

2 Tiefenpsychologische Behandlungsansätze

Basierend auf teilweise unterschiedlichen psychoanalytischen Grundannahmen konvergiert das praktische Vorgehen in dem Aufbau eines emotionalen Beziehungsverhältnisses zum Therapeuten auf der Ebene frühkindlicher Erfahrungs- und Ausdrucksmöglichkeiten.

Angebote im taktilen, kinästhetischen und propriozeptiven Wahrnehmungs- und Erlebnisbereich sollen es dem Kind ermöglichen, zu einer Auflösung intrapsychischer Konfliktvorgänge zugunsten der Herausbildung eines stabilen Ich-Bewußtseins und differenzierter Umweltbezüge zu gelangen.

In einem darauf folgenden Therapiestadium, das eher sach- oder aufgabenorientiert angelegt ist, erweist sich die permissive, abwartende Grundhaltung des Therapeuten als wichtiges therapeutisches Agens (vgl. RUTTENBERG 1971) (→ **Psychoanalyse**).

In einem wissenschaftlichen Bewertungsrahmen sollten tiefenpsychologische Therapieuntersuchungen eher mit Skepsis betrachtet werden.

Dieses gründet sich zum einen auf die noch ausstehende empirische Bestätigung der tiefenpsychologischen Erklärungsmodelle des *Frühkindlichen Autismus*, zum anderen weisen die Therapiestudien m. E. bedenkliche methodische Unzulänglichkeiten auf (unscharfe diagnostische Angaben, anekdotisch-deskriptive Verlaufsbeschreibungen, Verzicht auf empirisch zugängliche Variablenbestimmung).

3 Behavioristische Behandlungsansätze

Im Spiegel der behavioristischen Sichtweise erklären sich die Probleme des autistischen Kindes als „falsch" oder „nicht"-gelernte Verhaltensweisen und münden in Versuche, ungünstige Lernzusammenhänge aufzudecken und durch systematische Modifizierungen zu korrigieren.

Die Grundlage hierfür liefern Techniken des operanten Konditionierens sowie Prinzipien des Modellernens (→ **operante Interventionsverfahren**).

Der therapeutische Einsatz dieser lerntheoretischen Modelle orientiert sich am beobachtbaren Verhaltensbild des Kindes, wo es gilt, als „unerwünscht" deklarierte Verhaltensweisen abzubauen und bestimmte Fähigkeiten und Fertigkeiten i. S. „erwünschter" Verhaltensmuster herauszubilden (→ **Verhaltenstherapie**).

Die Effektivität lerntheoretisch begründeten Vorgehens verbindet sich mit einer weitestgehend vom Therapeuten strukturierten Arbeitssituation: Die in ihr erzielten Veränderungen (Verringerung stereotyper und autoaggressiver Verhaltensmuster; Aufbau elementarer lebenspraktischer Fertigkeiten und kommunikativer Ausdrucksmittel (vgl. LOVAAS, KOEGEL, SIMMONS, LONG 1973) können in außertherapeutischen Situationen nur schwer aufrechterhalten werden. Aus diesem Grunde wird von behavioristischer Seite die Fortsetzung der Therapie im Elternhaus unter therapeutischer Mitarbeit der Eltern für unbedingt notwendig gehalten (vgl. LOVAAS 1978).

Im Rückblick auf die nahezu zwanzigjährige therapeutische Erprobung lerntheoretischer Konzepte kann ihr Stellenwert in der Schaffung elementarer funktionaler Voraussetzungen für eine erfolgreiche Daseinsbewältigung autistischer Kinder gesehen werden. In diesem Anspruchsrahmen liegen die Vorzüge dieses Vorgehens aus praktischer Sicht in der systematischen Planbarkeit des therapeutischen Prozesses, der Transparenz des Bedingungsgefüges und der relativ einfachen Vermittelbarkeit der Methoden an elterliche und schulische Bezugspersonen; aus wissenschaftlicher Sicht imponiert das Bemühen um klare Versuchsanordnungen und präzise Variablenkontrollen.

Die Grenzen dieses Ansatzes werden durch die relativ enge psychologische Erklärungsvarianz der lerntheoretischen Grundprinzipien für bestimmte symbolhafte und emotionale Phänomene des autistischen Kindes und das vergröberte Verständnis motivationaler Aspekte kindlichen Lernens gesetzt. Erkennt man hierin die eigentlich maßgeblichen Variablen der therapeutischen Arbeit, läßt sich das eher funktions- und fertigkeitsorientierte behavioristische Konzept grundsätzlich kritisch hinterfragen.

4 Eklektische Behandlungsansätze

Tiefenpsychologisch und behavioristisch begründete Vorgehensweisen werden gelegentlich kombiniert durchgeführt (HELM 1976). Weitere Varianten ergeben sich durch Einbeziehung funktionsspezifischer Ansätze wie etwa Bewegungstherapie und bestimmter sprachtherapeutischer Methoden (→ **Musiktherapie**).

Trotz des Anscheins einer höheren Nützlichkeit für das einzelne Kind zeichnet sich hinter kombinierten Anwendungsformen eher eine gewisse Orientierungslosigkeit in dem Bemühen um die Entwicklung praktisch und wissenschaftlich zufriedenstellender Therapiekonzepte ab.

5 Ausblick

Wesentliche Fortschritte sind in der auf Verfeinerung und Perfektionierung der traditionellen Paradigma ausgerichteten wissenschaftlichen Auseinandersetzung kaum zu erkennen.

Dies sollte Anlaß geben, die bisherigen Erfahrungen als Nährboden für die Entwicklung bzw. Heranziehung alternativer Modelle zu nutzen.

Als Ausgangspunkt empfehlen sich entwicklungspsychologische Erklärungsversuche autistischen Verhaltens, die – im Unterschied zu klinisch-phänomenologischen Modellen – das Kind in tätiger Auseinandersetzung mit seiner Umgebung sehen (vgl. FEUSER 1979).

Dem so verstandenen Kind zu differenzierten, ihm gemäßen Möglichkeiten der tätigen Einwirkung auf sein Umfeld zu verhelfen, wäre die sich daraus ableitende therapeutische Maxime, deren praktische Auflösung in einem handlungstheoretisch konzipierten Therapierahmen vielversprechend erscheint (vgl. MILLER 1980; MILLER 1980).

LITERATUR

BETTELHEIM, B. *Die Geburt des Selbst.* München: Kindler, 1977.
FEUSER, G. *Grundlagen zur Pädagogik autistischer Kinder.* Weinheim: Beltz, Forschungsberichte, 1979.
HELM, D. Psychodynamic and Behavior Modification Approaches to the Treatment of Infantile Autism. *Journal of Autism and Childhood Schizophrenia,* Vol. 6, 1976, *1.*
LOVAAS, O. I. KOEGEL, R. L. SIMMONS, J. Q. LONG, J. Some Generalization and Follow-Up Measures on Autistic Children in Behavior Therapy. *Journal of Applied Behavior Analysis, 6,* 1973.
LOVAAS, O. I. Parents as Therapists. In M. RUTTER, E. SCHOPLER. *Autism.* New York Plenum Press 1978.
MILLER, B. Verhaltenstherapie bei „behinderten" Kindern. In E. WURST (Hrsg.) *Psychodiagnostische und psychotherapeutische Methoden in der klinischen Kinder- und Jugendpsychologie.* Bern: Huber, 1980.
MILLER, B. Zur Therapie „autistischer" Kinder. In *Autism Europe* 1980. Bundesverband Hilfe für das autistische Kind, 1980.
RIMLAND, B. *Infantile Autism.* New York: Appleton-Century-Crofts, 1964.
RUTTENBERG, B. A. A Psychoanalytical Understanding of Infantile Autism and its Treatment. In CHURCHILL-ALPERN-DEMYER (Hrsg.). *Infantile Autism.* Springfield: Charles Thomas, 1971.

Beschäftigungs- und Arbeitstherapie

Christiane Haerlin

1 Definition

Die Beschäftigungs- und Arbeitstherapie ist eine vorwiegend nicht-verbale Therapieform, die mit handwerklichen, künstlerischen und industriellen Techniken arbeitet und durch verbale Begleitung zur vollen Wirkung gelangt. Sie hilft dem Patienten bzw. Klienten durch zielgerichtete geistige und körperliche Betätigung und Arbeit, Krankheit bzw. Störungen zu meistern und wieder am gesellschaftlichen Leben teilzunehmen.

2 Geschichtliche Entwicklung

Die heutige Beschäftigungstherapie und Arbeitstherapie ist nur auf dem Hintergrund ihrer speziellen, historischen Entwicklung zu begreifen. Zu einer eigenständigen Therapieform wurde sie erstmals in den angelsächsischen Ländern nach dem 1. Weltkrieg unter dem Namen *Occupational Therapy*. In Deutschland gilt der Gütersloher Psychiater Hermann SIMON als ihr Pionier. In den zwanziger Jahren beschäftigte er die Mehrzahl seiner Anstaltspatienten mit sinnvoll gestufter Arbeit (SIMON 1929; KAYSER 1973). Während die Arbeitstherapie in den folgenden Jahrzehnten und größtenteils heute noch von angelernten Pflegern und Handwerkern vor allem in psychiatrischen Einrichtungen praktiziert wird, professionalisierte sich die Beschäftigungstherapie durch Gründung erster Fachschulen in den fünfziger Jahren. Dies führte zur Spaltung zwischen dem mehr musisch-künstlerisch bestimmten Zweig der Beschäftigungstherapie und dem stagnierenden Zweig der Arbeitstherapie, die durch monotone Industrieaufträge mit minimaler Bezahlung häufig zur Arbeit ohne Therapie und zur Ausbeutung der Patienten führte.

Heute hat sich die Beschäftigungstherapie in allen Bereichen der Medizin, stationär und ambulant, zu differenzierten Therapieformen entwickelt.

Jedoch führte besonders im Bereich der Psychiatrie die Spaltung zwischen Beschäftigungs- und Arbeitstherapie zur starken Abgrenzung und verhinderte integrierte Therapiepläne. Heute noch bricht zuweilen im Behandlungsteam der ideologisch gefärbte Streit aus zwischen den mehr psychoanalytisch orientierten Verfechtern der Beschäftigungstherapie und den an realer Rehabilitation interessierten Befürwortern der Arbeitstherapie.

Erst die Sozialpsychiatrie seit Ende der sechziger Jahre betonte wieder, daß Beschäftigungs- und Arbeitstherapie gleichermaßen zu integrierten Stufen eines Rehabilitationsplanes gehören (Sozialpsychiatrische Informationen 1979ff.). Das neue Bundesgesetz der Beschäftigungs- und Arbeitstherapeuten (1977) unterstützt diese Entwicklung (HOHM 1978). Es schreibt eine gemeinsame dreijährige Fachschulausbildung vor und schützt gesetzlich den Doppelberuf.

3 Indikation

Beschäftigungs- und Arbeitstherapie ist bei allen Erkrankungen und Störungen angezeigt, die mehr als einige Wochen fortdauern und den Patienten oder Klienten aus seinem normalen Lebensrhythmus von Arbeit und häuslichen Pflichten herausreißen. Diese Indikation wird durch Erfahrungswerte und empirische Untersuchungen (WING 1964) unterstützt, die gezeigt haben, daß eine sinnvolle Betätigung die Sekundärschäden einer Erkrankung verhindern oder beseitigen und zusätzlich positiven Einfluß auf die primären Krankheitssymptome nehmen kann.

4 Anwendungsformen

Hier können nur einige Beispiele genannt werden. Im Bereich der *Körpermedizin* befaßt sich die Beschäftigungs- und Arbeitstherapie z. B. mit

- Wahrnehmungstraining für hirnorganisch gestörte Kinder und Erwachsene
- Prothesenschulung und Funktionstraining für dysmeliegeschädigte Kinder und unfallgeschädigte Erwachsene
- Selbsthilfetraining für querschnittsgelähmte Patienten (JENTSCHURA 1979)

Im Bereich der Psychiatrie, Psychotherapie und Psychosomatik hat die Beschäftigungs- und Arbeitstherapie z. B. Gestalttherapeutische Techniken entwickelt, die sich mit den Medien Farbe, Papier, Ton, Bewegung befassen; durch einzel- oder gruppentherapeutische Aktivitäten werden diese Medien eingesetzt, um Konflikte und Lebenssituationen wahrzunehmen und auszudrücken und dadurch bearbeiten zu können.

5 Stufen der Beschäftigungs- und Arbeitstherapie

1. Stufe: Sie beginnt mit dem Wahrnehmen und Ausdrücken der Probleme, die Auslöser für die vorhandenen Störungen sind oder die während der Krankheitszeit erst entwickelt wurden. Dabei ist das Zusammenspiel verbaler Einzel- und Gruppentherapien und der nonverbalen „handgreiflichen" und „sichtbaren" Formen der Beschäftigungstherapie höchst fruchtbar. Deshalb ist eine Zusammenarbeit von Medizinern, Psychologen und anderen Therapeuten mit Beschäftigungs- und Arbeitstherapeuten unabdingbar. Auf dieser Stufe steht die Aktivierung durch handwerklich-künstlerische Materialien wie Holz, Ton, Papier, Farben etc. Wird dies in psychodynamischen Einzel- und Gruppensitzungen verwandt, begleitet durch verbale Aufarbeitung, so spricht man von Gestaltungstherapie. Im Rahmen einer ambulanten Behandlung, an der sich durch neue kassenärztliche Verhandlungen in Zukunft auch Beschäftigungs- und Arbeitstherapeuten beteiligen können, oder im Rahmen einer stationären psychotherapeutischen Kurzbehandlung kann diese Stufe ausreichen. Bei länger dauernden Therapien schließen sich weitere Stufen an.

2. Stufe: Nachdem der Patient bereits aufgrund von Arbeitsanamnese und Zielsetzungen für die Zeit nach seiner Entlassung motiviert wurde, an längerfristigen Störungen zu arbeiten, schließt sich ein Training allgemeiner Arbeitsfähigkeiten an, zum Beispiel Training von Zeiteinteilung, Konzentration, Auffassungsvermögen, Kontaktfähigkeit, Selbstvertrauen. Im Rahmen von handwerklichen, später industrieorientierten Arbeitsübungen, aber auch bei Wohnungs- und Haushaltstraining zum Beispiel für Hausfrauen und bei freizeitorientierten Aktivitäten, können stundenweise Programme aufgebaut werden.

3. Stufe: Bei Patienten, die einer längerfristigen Rehabilitation bedürfen, wird nun so realistisch wie möglich in der Beschäftigungstherapie und vor allem in der Arbeitstherapie ein Tagesablauf simuliert, der demjenigen nach der Entlassung nahekommt. Sofern das Ziel besteht, daß der Patient wieder voll berufstätig wird, soll sich die Arbeitstherapie bis zu einem 8-Stundentag steigern in einer Tätigkeit, die dem angestrebten Berufsfeld entspricht (dies wird mancherorts als *Berufstherapie* oder *Berufspädagogik* bezeichnet). Geht ein Patient zu häuslichen Pflichten zurück, soll er auch mit diesen so real wie möglich konfrontiert werden (JENTSCHURA 1979).

6 Erfolge und Kritik

Mit zunehmendem Einfluß der Sozialwissenschaften auf Medizin und Therapie ist es schon seit dem Ende der sechziger Jahre unumstritten, daß Arbeit und Betätigung insofern therapeutisch wirken können, als sie dazu beitragen, daß der Patient die recht- und pflichtlose Patientenrolle überwindet und wieder ein verantwortungsbewußter Bürger mit Einfluß auf das eigene Geschick wird. Im therapeutischen Team von Ärzten, Psychologen, Sozialarbeitern, Pflegepersonal und Pädagogen können die Beschäftigungs- und Arbeitstherapeuten „Botschafter" dieser Erkenntnisse sein. Tatsächlich sind sie aber mit wenig Status und geringen praktischen Mitteln ausgerüstet, um vor allem die Stufen 2 und 3 sinnvoll zu gestalten. Stattdessen sind häufig kunstvolles Basteln oder eintönige Arbeit anzutreffen. Isolierung der Beschäftigungs- und Arbeitstherapeuten anstelle gemeinsamer Strategien im Team sind die Folge. Grund dafür ist nicht nur eine bisher noch mangelhafte Ausbildung, sondern auch die Einschätzung, daß Arbeit nur aus dem instrumentellen, technischen, oft monotonen und krankmachenden Anteil bestehe und nicht auch aus sozio-emotionalen Anteilen, die dem Menschen Würde und Selbständigkeit ermöglichen.

Wenn es gelingt, daß in therapeutischen und rehabilitativen Einrichtungen diese Anteile integriert gesehen werden, dann kann sich auch eine Beschäftigungs- und Arbeitstherapie entwickeln, die für die kommenden Jahre einen entscheidenden Beitrag zu Therapie und Rehabilitation leistet. Außer der bereits zitierten allgemeinen Untersuchung von WING u. a. (1964) über die Auswirkung von Betätigung auf chronisch psychisch Kranke, gibt es kaum spezielle Untersuchungen über die Erfolge von Beschäftigungs- und Arbeitstherapie (siehe dazu die Zeitschrift Beschäftigungstherapie und Rehabilitation). Das erklärt sich einerseits dadurch, daß diese Disziplin erst seit ungefähr 10 Jahren systematisch arbeitet, andererseits dadurch, daß in diesem Berufsbereich vor allem Praktiker und kaum Wissenschaftler tätig sind.

LITERATUR

HOHM, H. *Berufliche Rehabilitation von psychisch Kranken.* Weinheim: Beltz, 1978.
JENTSCHURA, G. *Beschäftigungstherapie,* Band 1 u. 2. Stuttgart: Thieme, 1979.
KAYSER, H. u.a. *Gruppenarbeit in der Psychiatrie.* Stuttgart: Thieme, 1973.
SIMON, H. *Aktive Krankenbehandlung.* Gütersloh: Landeskrankenhaus, 1929.
Sozialpsychiatrische Informationen. Wunstorf: Psychiatrie-Verlag.
Beschäftigungstherapie und Rehabilitation. Fachzeitschrift der Ergotherapeuten e. V. Dortmund: Modernes Lernen.
WING, J. K., BENNETT, D. H. & DENHAM, J. Industrial rehabilitation of longstay schizophrenic patients. *HMSO Medical Research Council Memo, 42,* 1964.

Biofeedback

POLA ENGEL-SITTENFELD

1 Grundprobleme

Als Biofeedback oder Rückmeldung biologischer Signale wird eine Kombination psychologischer, lerntheoretischer und technologischer Methoden bezeichnet, mit deren Hilfe Körperfunktionen, die üblicherweise nicht der bewußten Steuerung unterliegen, wie der *Blutdruck* oder die *Körpertemperatur*, willkürlich kontrollierbar gemacht werden sollen.

Auf physiologischer und technologischer Seite ist hierfür neben der grundsätzlichen Modifizierbarkeit der jeweiligen Funktion ihre gute Meßbarkeit notwendig. Auf psychologischer Seite ist eine Grundbedingung die ausreichende Motivierung und das Vorhandensein effizienter Verstärker. Im Tierversuch kann eine Erhöhung der *Herzschlagfrequenz* beispielsweise dadurch erzielt werden, daß das Tier für eine Änderung in die erwünschte Richtung durch die Stimulierung bestimmter Hirnareale positiv verstärkt und dadurch „motiviert" wird.

Für die experimental-psychologische Grundlagenforschung erlangt diese Erweiterung des methodischen Repertoires beträchtliche Bedeutung, da hier die instrumentelle Konditionierbarkeit von vegetativen Funktionen nachgewiesen werden muß, die bislang als ausschließlich klassisch konditionierbar galten.

In therapeutischen Situationen wird die abgeleitete Körperfunktion in eine besser wahrnehmbare Sinnesmodalität – meist *optische oder akustische Signale* – umgewandelt, die dem Patienten über einen Bildschirm oder Lautsprecher rückgemeldet wird. Ein Beispiel hierfür ist eine Serie von Klicks, die mit ansteigendem *Blutdruck* in ihrer Frequenz zunimmt. Die Motivation muß hier also alleine durch das Wissen um Erfolg oder Mißerfolg bei der Bewältigung der Aufgaben aufrecht erhalten werden.

2 Theoretische Einordnung

Aufsehen erregten vor allem die ersten Tierversuche, in denen die instrumentelle Konditionierbarkeit des *Speichelflusses* bei Hunden, der *Herzschlagfrequenz, Urinmenge, Magenkontraktion* sowie die Verbesserung der *Durchblutung* nur eines Ohres bei Ratten beschrieben wurde (MILLER 1978). Bedeutsam erschien vor allem, daß bei einigen dieser Experimente mit curarisierten und künstlich beatmeten Tieren gearbeitet wurde, wodurch die mittelbare Herbeiführung der autonomen Veränderungen durch muskuläre Manöver ausgeschlossen wurde und damit der Beweis für die instrumentelle Konditionierbarkeit unbewußt innervierter Hirnvorgänge geführt war.

Auch im Humanbereich ließ sich die prinzipielle Modifizierbarkeit einer Vielzahl vegetativer Funktionen wie des systolischen und diastolischen *Blutdrucks*, der *Herzschlagfrequenz* und *Körpertemperatur*, der *peripheren Durchblutung* und des *Hautwiderstandes* und anderer Körperfunktionen wie z. B. des *Elektroencephalogramms* (EEG) demonstrieren. Bei einigen Untersuchungen an bestimmten Patientengruppen, die an Poliomyelitis oder Muskelatrophien litten, konnte die Vermittlung durch die Willkürmotorik ebenfalls ausgeschlossen werden.

3 Therapeutische Anwendung

Eine wesentliche geringere Bedeutung hat die Vermittlungsproblematik im Bereich der klinischen Anwendung von Biofeedbackmethoden. Beim Gesunden wird Biofeedback eingesetzt, um die *quergestreifte Muskulatur*, deren Aktivität im Elektromyogramm (EMG) ihren Ausdruck findet, mit dem Ziel zu beeinflussen, eine tiefe Muskelentspannung zu erreichen, physiologische Bewegungsabläufe zu beeinflussen oder verlorene Muskelkontrolle wieder herzustellen. Beim Einsatz von Biofeedbackmethoden zur Erzeugung eines parasympathisch dominierten Zustands im menschlichen Organismus („tiefe Entspannung") wird deutlich, daß hier die Grenze zwischen Biofeedbackmethoden und althergebrachten Entspannungsverfahren wie dem Autogenen Training oder der Progressiven Relaxation fließend wird. Dies wird z.B. bei der Behandlung von *Spannungskopfschmerz* oder *Hypertonie* durch Rückmeldung des EMG (Entspannung, Schwere) und der Behandlung von *Migräne* durch Temperaturfeedback von den Fingerspitzen sichtbar. Eine spezifischere Anwendung findet die EMG-Rückmeldung im Bereich der neuromuskulären Rehabilitation, die als einer der vielversprechendsten klinischen Bereiche der Biofeedbackmethodologie gilt und in der Behandlung ätiologisch unklarer Bilder wie *vegetativer Dystonie* und *Torticollis*.

Aus der Vielfalt der zum größten Teil experimentell ungenügend überprüften klinischen Untersuchungen (vgl. LEGEWIE & NUSSELT 1975) sei auf zwei besonders interessante Anwendungsgebiete hingewiesen. Im Bereich *cardiovaskulärer Erkrankungen* konnten durch eine langfristige Therapie mit Herzfrequenzrückmeldung nicht nur klinisch bedeutsame Resultate für die Therapie von *Herzrhythmusstörungen* nachgewiesen werden. Außerdem wurde der Wert der Biofeedbackmethode für die psychophysiologische Mechanismenforschung demonstriert (ENGEL 1973). Ebenfalls bedeutsam sind die Arbeiten zur Behandlung von *Epileptikern* durch das Training in der Produktion einer EEG-Frequenz zwischen 12 und 15 Hz, die möglicherweise über die Beeinflussung bestimmter Schlafzentren im Gehirn die Anzahl von grand mal Anfällen reduzieren kann (STERMAN 1975).

4 Diskussion

Die vorzeitige klinische Ausbeutung der Biofeedbackmethode als Anwendungsgebiet psychophysiologischer und lerntheoretischer Methoden bei psychosomatischen Erkrankungen hat ihrer Weiterentwicklung geschadet. Im Bereich der Grundlagenforschung konnten die wichtigsten Ergebnisse zur Demonstration der instrumentellen Konditionierbarkeit vegetativer Funktionen nicht repliziert werden (MILLER 1978). Im Bereich der klinischen Anwendung zeigt sich in der Mehrzahl der besser kontrollierten Untersuchungen keine Überlegenheit der Biofeedbackmethode gegenüber älteren, häufig ökonomischeren Entspannungs- und übenden Verfahren. Die meisten Autoren betonen die Notwendigkeit der Einbettung von Biofeedbackverfahren in einen generellen Therapieplan (z.B. BIRBAUMER 1977). Nur sehr vereinzelt, beispielsweise bei der Therapie *funktioneller Stuhlinkontinenz*, kann Biofeedback heute als die Therapie der Wahl betrachtet werden (s. ENGEL-SITTENFELD 1977). Das eigentliche Verdienst der Biofeedbackforschung liegt meiner Meinung nach in der Betonung homöostatischer Selbstregulationsprozesse und damit im Wiedererwecken des Interesses an älteren Selbstregulationsverfahren. Weiterhin kann die Biofeedbackmethode bei der Erforschung von Mechanismen im Ablauf psychophysiologischer Fehlregulationen von besonderem Wert sein.

LITERATUR

BIRBAUMER, N. Biofeedback training: a critical review of its clinical applications and some possible future directions. *European Journal of Behavioural Analysis and Modification*, 1977, *1*, 235–251.

ENGEL, B. T. Clinical applications of operant conditioning techniques in the control of the cardiac arrhythmias. *Seminars in Psychiatry*, 1973, *5*, 433–438.

ENGEL-SITTENFELD, P. Biofeedback und die Kontrolle autonomer Funktionen: Therapeutische Anwendungen. *Medizinische Klinik*, 1977, *72*, 840–847.

LEGEWIE, H. & NUSSELT, L. (Hrsg.) *Biofeedback-Therapie Lernmethoden in der Psychosomatik, Neurologie und Rehabilitation*. München: Urban & Schwarzenberg, 1975.

MILLER, N. E. Biofeedback and visceral learning. *Annual Review of Psychology,* 1978, *29,* 373–404.

STERMAN, M. B. Neurophysiologische und klinische Studien zum sensomotorischen EEG-Biofeedback-Training: Effekte bei Epilepsie. In H. LEGEWIE & NUSSELT (Hrsg.). *Biofeedback-Therapie. Lernmethoden in der Psychosomatik, Neurologie und Rehabilitation*. München: Urban & Schwarzenberg, 1975, 239–254.

Psychotherapie bei Delinquenz

Ingrid Michelitsch-Traeger

1 Delinquenz

Der Terminus Delinquenz (engl. „delinquency" = Verwahrlosung) wird im deutschen Sprachraum synonym für Kriminalität verwendet. Er bezieht sich auf abweichende Verhaltensweisen, die strafrechtlich relevant sind. Mit ihrer Erforschung befaßt sich die Kriminologie. Sie ist noch nicht als eigenständige und etablierte Disziplin aufzufassen, sondern definiert sich aus ihren Bezugswissenschaften Soziologie, Psychologie, Psychiatrie, Biologie und Strafrechtswissenschaft. Dabei konnte sich erst auf dem Hintergrund der sozialwissenschaftlichen Ansätze zur Ursachenerklärung von Kriminalität der Gedanke an eine Behandlung delinquenter Personen entwickeln.

2 Etikettierung

Nur ein Teil derjenigen, die delinquente Handlungen begehen, werden auch gefaßt, verurteilt und öffentlich als „Kriminelle" abgestempelt (vgl. Problem des Dunkelfeldes sowie den sog. *„labeling approach"* → **Etikettierung**). Auf dieser Basis kann man zwischen primärer und sekundärer Abweichung unterscheiden, wobei letztere die Rückwirkungen des Etikettiertwerdens auf das Verhalten des Betroffenen mit einschließt.

3 Institutionalisierung

Die Psychotherapie von Delinquenz bezieht sich auf aktenkundig gewordene, d. h. sekundär deviante Personen. Sie erfolgt in der Regel in den Instanzen sozialer Kontrolle: Je nach Fortschritt der kriminellen Karriere stationär in Heimen, Jugendstrafanstalten, Justizvollzugsanstalten für Erwachsene oder in Spezialeinrichtungen der „Besserung und Sicherung" (gem. § 64 Strafgesetzbuch). Ambulante Therapien sind die Ausnahme, da Delinquente von sich aus kaum um Behandlung nachsuchen und Richter nur selten unter der Auflage einer Therapie von einer Haftstrafe absehen; eine nennenswerte Betreuung außerhalb der Anstalten findet lediglich im Rahmen der Bewährungshilfe statt. Nach § 2 des Strafvollzugsgesetzes haben alle Justizvollzugsanstalten einen Behandlungsauftrag zu erfüllen; aus personellen Gründen finden Psychotherapien im engeren Sinn aber hauptsächlich in den platzmäßig begrenzten Modelleinrichtungen der Sozialtherapeutischen Anstalten statt (gem. § 65 des Strafgesetzbuches und § 9 des Strafvollzugsgesetzes). Für alle Anstalten gilt, daß es sich um mehr oder weniger geschlossene („totale") Institutionen handelt. Sie lassen sich kennzeichnen durch ein Spannungsfeld aus verschiedenen, teilweise inkompatiblen Intentionen: Auf der einen Seite soll der Delinquente dort behandelt und resozialisiert werden, auf der anderen Seite soll er aber auch für begangenes Unrecht sühnen, bestraft und von der Begehung weiterer Delikte abgeschreckt werden (Spezialprävention). Zur allgemeinen Sicherheit soll er zudem von der Öffentlichkeit ferngehalten und diese durch die Inhaftierung des Rechtsbrechers ihrerseits von der Begehung von Straftaten abgehalten werden (Generalprävention). Kennzeichnend ist des weiteren die streng hierarchische Struktur und die Personalzusammensetzung: Unter meist juristischer Leitung arbeiten wenige Angehörige des Sozialdienstes mit primär therapeutischer Funktion und viele Angehörige des allgemeinen Vollzugsdienstes mit primär Sicherungs- und Versorgungsaufgaben sowie einer eher konservativen Einstellung dem Gefangenen gegenüber. Diese Organisationsstruktur, die damit zusammenhängende Insassensubkultur und die Situation der Haft sind einschränkende Rahmenbedingungen für das therapeutische Handeln.

4 Klientenmerkmale

Von entscheidender Bedeutung für das Verständnis der Behandlung von Delinquenz ist die Kenntnis der wichtigsten therapierelevanten Klientenmerkmale der Anstaltsinsassen. Dabei handelt es sich überwiegend um Personen, die der Unterschicht entstammen und die in gestörten Familien und/oder in Heimen aufwachsen mußten. Aufgrund schulischen und beruflichen Scheiterns verfügen sie oft über einen nur geringen Bildungsstand und weisen damit insgesamt meist nicht die Charakteristika auf - etwa Verbalisierungsgeschick, Durchhaltevermögen, Fähigkeit zur Selbstreflektion - die traditionelle Behandlungsmethoden verlangen. Deshalb sind sie identisch mit dem Personenkreis, den GOLDSTEIN als Non-Yavis-Patienten bezeichnet (Nonyavis = nicht *y*oung, *a*ttractive, *v*erbal, *i*ntelligent, *s*uccessful) und für den er bereits 1973 die Entwicklung spezieller, nicht an Mittelschichtsklienten orientierter Therapieverfahren forderte. Delinquente verfügen oft auch nicht über eine primäre Behandlungsmotivation, wie sie sich der an Mittelschichtsklienten gewöhnte Therapeut vorstellt: In der Haftsituation überwiegen Mißtrauen und Resignation. Das durch persönliche Probleme verursachte Unbehagen (Leidensdruck) kann ohne Schwierigkeiten auf die Situation des Freiheitsentzugs attribuiert werden.

Zur Symptomatik ist anzumerken, daß es „die" Störung bei Delinquenten nicht gibt: Es handelt sich vielmehr um eine heterogene Population mit ebenso heterogenen Schwierigkeiten. Auch wenn juristische Definitionen nicht unmittelbar therapierelevant sind, verdeutlichen bereits die verschiedenen Deliktgruppen diesen Sachverhalt (z. B. Diebstahl, Sexualstraftaten, Mord etc.). Unabhängig vom jeweiligen Delikt liegen außerdem komplexe, multifaktorielle und multimodale Problematiken vor, die viele Lebensbereiche tangieren und für die die kriminellen Handlungen unter Umständen nur einen Aspekt unter anderem darstellen. Charakteristisch ist auch, daß die Störungen bereits ein hohes Ausmaß an Chronifizierung aufweisen: Bevor schließlich „die Delinquenz" behandelt werden soll, haben meist schon die Sozialisationsinstanzen der Familie, Schule und Berufsausbildung ebenso versagt wie Korrekturversuche in Erziehungsberatungsstellen oder in der öffentlichen Heimerziehung.

5 Therapieziele

Gemessen an diesen ungünstigen Voraussetzungen werden mit einer Therapie bei Delinquenten sehr ehrgeizige Zielvorstellungen verknüpft. Die Öffentlichkeit erwartet eine völlige (Re-)Sozialisierung bzw. zukünftige Deliktfreiheit. Experten dagegen werten bereits eine Reduktion der Deliktschwere, Delikthäufigkeit oder der Rückfallgeschwindigkeit als einen Teilerfolg. Diese kriminalpolitischen Ziele gilt es, durch individuelle Behandlungsziele zu untergliedern; wie bei jeder anderen Klientel können diese in Abhängigkeit vom Einzelfall oder von der therapeutischen Schule des Behandlers variieren. Am häufigsten wird es allerdings darum gehen, dem Gefangenen Einsicht in die eigenen Schwierigkeiten und deren Zusammenhänge mit den delinquenten Handlungen zu vermitteln, Selbstkontrolle und Frustrationstoleranz zu entwickeln, soziales Verhalten, Kommunikations- und Interaktionsfähigkeiten einzuüben, sowie eine Stärkung sozialer Normen und Einstellungen herbeizuführen. Der Klient soll damit emotionale, kognitive und verhaltensbezogene Lebensbewältigungstechniken und Konfliktlösungsstrategien erwerben, auf deren Basis er Selbstvertrauen gewinnen, die bisher im Vollzug entstandenen Schäden überwinden und eine alternative Lebensplanung konzeptualisieren kann. Während diese Ziele gleichermaßen für erwachsene wie für jugendliche Straftäter gelten, kommt allerdings bei letzterem oft auch eine allgemeine „Nacherziehung" hinzu (→ **Ziele der Psychotherapie**).

6 Psychotherapeutische Methoden

Erst seit Mitte der 60iger Jahre konnte sich der Behandlungsgedanke in der Bundesrepublik Deutschland in größerem Umfang etablieren (vermutlich deshalb so spät, weil Delinquenten traditionsgemäß ein geringes Veränderungspotential, wenig Motivation und kaum Eignung für therapeutische Bemühungen zugeschrieben wurde). Da sich diese Entwicklung unter weitgehender Abstinenz der klinischen Psychologie vollzog, entstand die prekäre Situation, daß eine Behandlung nach dem Strafvollzugsgesetz zwar gesetzlich vorgeschrieben ist, daß gleichzeitig aber nur relativ wenig gesicherte Erkenntnisse über die Praktikabilität und Effizienz psychotherapeutischer Maßnahmen bei Delinquenten vorliegen. Ungeklärt ist vor allem die Frage der Indikation spezieller Techniken bei bestimmten Delikten, Altersgruppen oder Störungsbereichen. Deshalb erfolgt die Auswahl der Therapieform weniger auf der Basis bestimmter Klientenmerkmale als auf der der Ausbildung und theoretischen Position des Therapeuten (→ **Indikation**).

Die meisten Erfahrungsberichte über Behandlungsmaßnahmen beziehen sich auf Jugendliche und betreffen die *Psychoanalyse*, die *Gesprächspsychotherapie* sowie die *Verhaltenstherapie*. Dabei ist festzuhalten, daß diese Ansätze grundsätzlich anwendbar sind, für sich genommen aber nicht ausreichen. So erweisen sich beispielsweise die Psychoanalyse und Gesprächspsychotherapie aufgrund der erwähnten Klientenmerkmale als schwierig, so daß deren Vertreter Modifikationen vorschlagen (z.B. eine Reduktion der Therapeuten-Abstinenz, stärkere Einbeziehung der Zukunftsdimension, Vis-a-vis-Behandlung im Sitzen anstatt im Liegen bei der Psychoanalyse; oder stärkere Direktivität durch Stellen von Fragen, Vorschläge von Themen bei der Gesprächspsychotherapie). Die Verhaltenstherapie kommt zwar durch ihre größere Strukturiertheit den Bedürfnissen von Unterschichtklienten stärker entgegen, stößt dafür aber insbesondere bei komplexen Störungsbildern an ihre Grenzen. In der Praxis dürften deshalb – unabhängig vom jeweils benutzten Etikett – modifizierte Techniken bzw. Mischstrategien überwiegen mit teilweise fließenden Übergängen zur Sozialarbeit. Dies entspricht den Forderungen GOLDSTEINS (1973) nach unterschichtsadäquaten Therapieverfahren und spiegelt sich auch in den Erfahrungen der Sozialtherapeutischen Anstalten wieder: Diese sind jeweils unter einer spezifischen therapeutischen Schule angetreten, waren aber zunehmend gezwungen, von einer puristischen Auffassung abzurücken – eine Entwicklung, die ähnlich auch in der klinischen Psychologie als Formulierung integrativer Ansätze zu beobachten war. (→ **Klinische Psychologie**; → **Psychoanalyse**; → **Gesprächspsychotherapie**; → **Verhaltenstherapie**).

Welche psychotherapeutischen Bemühungen kommen nun – unabhängig von der theoretischen Ausrichtung des Behandlers – zur Anwendung? Einzeltherapien mit Langzeitcharakter sind möglich und sinnvoll, finden aber fast nur in den personell besser ausgerüsteten Sozialtherapeutischen Anstalten statt. Deren Angebot wird in der Regel durch Gruppentherapien ergänzt, weil sich diese zur Einübung von sozialem und interpersonellem Verhalten besonders eignen. Gruppen kommen auch in einigen Anstalten des Regelvollzugs zur Anwendung, weil sie insofern ökonomisch sind, als eine größere Zahl von Gefangenen gleichzeitig behandelt werden kann; in großen Anstalten mit ungünstigem Personalschlüssel bleiben therapeutische Maßnahmen allerdings häufig auf Kriseninterventionen beschränkt (→ **Gruppentherapie**; → **Krisenintervention**). Die Einbeziehung von Familienangehörigen wird insgesamt als sinnvoll angesehen – in der Praxis jedoch nur selten realisiert, da die Anstalten häufig weit vom Wohnort des Inhaftierten entfernt liegen können. Als besonders wichtig gilt die Verbesserung der institutionellen Rahmenbedingungen: Analog zur Entwicklung in der Psychiatrie wird – zumindest in den neueren und den Modellanstalten – versucht, das Konzept der therapeutischen Gemeinschaft durch die Einrichtung von Wohngruppen wenigstens annährungsweise zu verwirklichen.

7 Grenzen

Der Psychotherapie von Delinquenz sind nicht nur durch die erwähnten gesellschaftlichen Vorstellungen von der Strafe, der ungünstigen Organisationsstruktur der Anstalten und deren Personalknappheit Grenzen gesetzt. Gegenüber den immensen Lebensproblemen, mit denen ein Straftäter nach der Entlassung konfrontiert wird – Abstempelung als „Verbrecher", Schwierigkeiten bei der Arbeits- und Wohnungssuche, Alleinsein oder Rückkehr in belastete Verhältnisse, Abtragen der durch die Delikte entstandenen, oft erheblichen Schuldenlast, etc. – kann sie oft nicht mehr sein, als der berühmte Tropfen auf den heißen Stein.

8 Erfolgssicherung

Zur Effektivität der therapeutischen Maßnahmen bei Delinquenten können aufgrund der erst kurzen Behandlungs- und der noch kürzeren Behandlungsforschungs-Tradition noch keine endgültigen Aussagen gemacht werden. Doch liegen Ansätze vor, die im Zusammenhang mit meist kleineren universitären Forschungsprojekten entstanden sind. Sie untersuchen einzelne, kurzfristig eingesetzte – in der Hauptsache verhaltenstherapeutische – Behandlungsformen und definieren Veränderungskriterien, anhand derer indirekt auf einen Erfolg geschlossen wird (z. B. Aggressivitäts- oder Impulsivitätsskalen, Selbstbild etc.). Aufgrund eingeschränkter externer Validität und mangelnder Verbindung zur Legalbewährung kann aus ihnen lediglich abgelesen werden, daß entsprechende Maßnahmen durchführbar sind und Veränderungsprozesse immerhin in Gang setzen. Auf der anderen Seite liegen umfangsreicher projektierte Rückfalluntersuchungen vor, in der „der" Behandlungsvollzug – so unterschiedlich er im einzelnen auch sein mag, mit allen konfundierenden Aspekten auf seine Überlegenheit hin untersucht wird. Trotz methodischer Einschränkungen, – diesmal in Bezug auf die interne Validität – kann aus ihnen vorsichtiger Optimismus abgeleitet werden, insofern als die Rückfallquote um etwa 10 bis 20% gesenkt werden kann.

LITERATUR

BERICHT des Fachausschusses „Sozialtherapie und Sozialtherapeutische Anstalt" des Bundeszusammenschlusses für Straffälligenhilfe. Sozialtherapeutische Anstalten – Konzepte und Erfahrungen. Schriftenreihe des Bundeszusammenschlusses für Straffälligenhilfe, Heft 19, 1977.

DECHÊNE, H. C. *Verwahrlosung und Delinquenz*. Profil einer Kriminalpsychologie. München: Fink, 1975.

GOLDSTEIN, A. P. *Structured learning therapy: Toward a psychotherapy for the poor*. New York: Academic press, 1973.

MAI, K. (Hrsg.) *Strafvollzugspsychologie*. Weinheim: Beltz (im Druck).

SACK, F. & KÖNIG, R. (Hrsg.) *Kriminalsoziologie*. Frankfurt: Akademische Verlagsgesellschaft, 1968.

SCHMITT, G. *Sozialtherapie – eine Gratwanderung im Strafvollzug. Konzepte, Alltag und Organisationsstruktur einer Sozialtherapeutischen Anstalt*. Frankfurt: Haag & Herchen, 1980.

Psychotherapie bei Depressionen

Nicolas Hoffmann

1 Einleitung

Depressionen erweisen sich, psychologisch gesehen, als komplexe Muster „offener" und „verdeckter" Verhaltensweisen, die sich, wie BECK (1972) vorgeschlagen hat, in fünf Hauptbereiche einteilen lassen: *emotionale Manifestationen*, wie Äußerungen über Gefühle der Niedergeschlagenheit, der Trauer und der Hoffnungslosigkeit; *kognitive Manifestationen*, wie eine stark verminderte Selbstbewertung und negative Erwartungen bezüglich der Zukunft; *motivationale Manifestationen*, wie ein herabgesetzter Handlungsantrieb, Interesse- und Entschlußlosigkeit; *somatische Manifestationen*, wie Appetitverlust und Schlaflosigkeit, sowie *motorische Manifestationen*, wie eine stark reduzierte und verlangsamte Aktivität.

Während in der Psychatrie eine große Anzahl von Klassifikationssystemen entwickelt wurden, um verschiedene Depressionsarten nach Symptombild, Ätiologie, Verlauf usw. zu unterscheiden, ist eine genauere Differenzierung von verschiedenen Untergruppen in der psychologischen Forschung noch nicht weit fortgeschritten (LINDEN 1979).

2 Ursachenforschung

Seit über das depressive Störungsbild berichtet wird (HIPPOKRATES 4. Jhd. v. Chr.) werden gleichzeitig Überlegungen über die Entstehungsbedingungen angestellt. Die wissenschaftlich fundierten Bemühungen um dieses Problem lassen sich in physiologische und in psychologische Forschung einteilen (→ **Ätiologie**).

2.1 Physiologische Forschung

Ein Schwerpunkt der Depressionsforschung liegt in der Suche nach biochemischen und physiologischen Ursachen der depressiven Störungen; sie gehen von der Annahme aus, daß es sich zumindest bei bestimmten Formen um eine primär organische Erkrankung handelt. Dabei haben besonders Forschungen über die Rolle sogenannter biogener Amine weitreichende Konsequenzen, so z. B. die Katecholamin-Hypothese und die Serotonin-Hypothese, die beide von dem Mangel der betreffenden Substanzen im Gehirn ausgehen (vgl. HOFFMANN 1976). Trotz vieler wichtiger Ergebnisse sind anhand der ermittelten Befunde dennoch keine eindeutigen Kausalaussagen möglich (→ **Psychopharmaka**).

2.2 Psychologische Forschung

Die ersten systematischen Versuche, die Entstehung einiger Formen von Depression psychologisch zu erklären, stammen aus dem Bereich der *Psychoanalyse*. Ausgangspunkt dafür waren grundlegende Arbeiten von FREUD und ABRAHAM, die Melancholie als eine Reaktion auf Verluste beschreiben, bei der das Ich sich nicht aus der Verknüpfung mit dem verlorenen Objekt zu lösen vermag (→ **Psychoanalyse**).

In den letzten Jahren haben *verhaltenstheoretische* Modelle einen beträchtlichen Beitrag zum Verständnis von depressiven Reaktionen geleistet. LEWINSOHN identifiziert als kritisches Moment bei der Entstehung eine zeitweilige Reduktion der positiven Verstärker, die ein Individium im Anschluß an sein Verhalten erlangt. Dabei kann dieser Verstärkerdefizit teilweise auf Umweltbedingungen zurückgeführt werden, in dem Sinne, daß durch Ereignisse wie Verluste usw. die Verfügbarkeit der Verstärker reduziert wird, teilweise auf Verhaltensmerkmale des Individuums selber, wie soziale Defizite und geringe „soziale Fertigkeiten" (→**Verhaltenstherapie**).

Für BECK (1972) liegen *kognitive Momente* an der Basis von Depressionen. Durch zahlreiche Untersuchungen konnte er belegen, daß Depressive sich durch charakteristische Denkschemata auszeichnen, die er als „kognitive Triade" bezeichnet; sie vermitteln eine negative Sicht der eigenen Person, der Umwelt und der Zukunft, wobei Reizgegebenheiten durch typische Kognitionen („automatische Gedanken") in spezifischer Weise verzerrt werden (selektive Wahrnehmung von negativen Reizen, Unterschätzung von positiven Ereignissen usw.). Parallel dazu hat SELIGMAN (1979), ausgehend von Tierversuchen, eine Einstellung beschrieben, die er als „gelernte Hilflosigkeit" bezeichnet; sie entsteht, auch beim Menschen, durch Erfahrungen der Nichtkontrolle über unangenehme Ereignisse und hindert das Individium daran, in Situationen, die durchaus positiv beeinflußbar wären, seine Lage durch aktives Verhalten zu verbessern (→**Kognitive Psychotherapie**).

REHM (1977) hat Depressionen im Rahmen eines Modells zur Selbststeuerung beschrieben. Danach sind Depressive u. a. gekennzeichnet durch: selektive Wahrnehmung negativer Ereignisse; überhöhte Ansprüche an sich selbst; unangemessene Attribuierung von Verantwortlichkeit; geringe Selbstverstärkung und erhöhte Selbstbestrafung.

Durch die auf dem Boden der experimentellen Psychologie entstandenen neueren Ätiologiemodelle ist das Verständnis der Entstehung von Depression zweifellos vergrößert worden (→ **Ätiologie**). Sie haben darüber hinaus wertvolle therapeutische Anregungen geliefert (für eine Darstellung der psychologischen Modelle vgl. HOFFMANN 1976; BLÖSCH 1978; HAUTZINGER & HOFFMANN 1979).

3 Psychotherapie bei Depressionen

Als Standardtherapieverfahren bei Depressionen haben, zum jetzigen Zeitpunkt, noch immer *somatische Therapieformen* zu gelten, sowohl wegen der großen Rolle, die sie in der täglichen Praxis spielen, als auch wegen der Quantität und Qualität der vorliegenden Wirksamkeitsuntersuchungen (LINDEN 1980). Die wichtigsten sind Elektrokrampftherapie und Psychopharmakotherapie (Antidepressiva und prophylaktische Lithium-Therapie; →**Psychopharmaka**).

Daneben ist man seit jeher bestrebt, psychologische Therapiemaßnahmen als Ergänzung oder als Alternative zu somatisch orientierter Therapie für solche Depressionsformen zu entwickeln, bei denen psychische Faktoren als Ursachen mit angenommen werden müssen.

Die ersten systematischen Versuche zur Psychotherapie Depressiver waren *psychoanalytisch* orientiert. Obwohl eine Anzahl interessanter Einzelfallstudien vorliegen, gibt es kaum Untersuchungen über die Wirksamkeit dieser Maßnahme. Darüber hinaus wird die Indikation für Psychoanalytische Therapie bei Depressionen von den maßgeblichen Autoren neuerdings in zunehmendem Maße eingeschränkt. So ist nach BRÄUTIGAM (1968) eine solche Behandlung lediglich im störungsfreien Intervall angebracht (Intervaltherapie), und zum zweiten nur bei Klienten mit intakten Entwicklungsmöglichkeiten d. h. bei relativ jungen Personen.

In den letzten Jahren wurden zum Problem Depression Therapieverfahren entwickelt, die auf psychologischen Ätiologiemodellen aufbauen. Dabei wird, zumindest bei schwierigen Fällen, ein sogenannter multi-modaler Ansatz bevorzugt, der aus einer Kombination von verhaltenstherapeutischen und kognitiven Maßnahmen besteht. Im folgenden soll ein solches integriertes Konzept übersichtsartig dargestellt werden.

3.1 Zielsetzungen

Die Zielsetzung einer Verhaltensmodifikation bei Depressionen implizieren einen zweiphasigen Ansatz (HOFFMANN 1976). In einem *ersten Therapieabschnitt* stehen Ziele mehr kurzfristiger Natur im Vordergrund. Es geht hauptsächlich darum, das Befinden des Klienten zu verbessern und ihn zu motivieren, aktiv in der Therapie mitzuarbeiten.

In der *zweiten Phase* der Therapie wird versucht, die organismusinternen und externen Bedingungen, die für den jetzigen depressiven Zustand verantwortlich sind und zu weiteren depressiven Phasen führen können, zu verändern.

Die Therapie hat dabei folgende Schwerpunkte:

- Ein aktives, die Umwelt ausreichend kontrollierendes Verhalten wird aufgebaut.
- Depressionsfördernde Bedingungen in der Umwelt des Klienten, wie soziale Isolation oder Situationen, die zu chronischem Streß führen, sollen möglichst abgebaut werden.
- Verhaltensweisen, die im Sinne von mangelnden sozialen Fertigkeiten depressionsfördernd sind, sollen durch situationsadäquateres Verhalten ersetzt werden.
- Depressionsfördernde Gedanken und Einstellungen sollen korrigiert werden.

3.2 Therapeutische Mittel

Der *erste Therapieabschnitt* erfordert in der Regel eine sehr intensive Betreuung des Klienten (HOFFMANN 1980). Im Vordergrund der angstreduzierenden und motivierenden Maßnahmen stehen „beruhigende Versicherungen", durch die dem Klienten realistische Informationen über seinen Zustand, über die Möglichkeit einer Heilung sowie über Mitgefühl, Hilfsbereitschaft und Kompetenz des Therapeuten vermittelt werden. Parallel dazu findet eine exakt und kurzfristig angelegte Tages- und Aktivitätenplanung statt, durch die der Klient angeleitet wird, depressionsinkompatible Aktivitäten auszuführen und erste Erfolgserlebnisse zu erzielen. In dieser Phase ist es oft notwendig, Sozialpartner als Mediatoren in die Therapie miteinzubeziehen und sie zu instruieren, den Klienten zu Aktivitäten und sozialer Kontaktaufnahme zu motivieren und ihn dafür zu verstärken.

Im *zweiten Therapieabschnitt* sind auf längerfristige Zielsetzungen angelegte therapeutische Strategien indiziert. Nach einer ausführlichen Verhaltensanalyse der störungsfördernden Bedingungen eines jeden Falles wird ein individueller Therapieplan Schritt für Schritt verwirklicht. Dabei finden eine ganze Anzahl auf die einzelnen Unterziele gerichteten therapeutische Verfahren Anwendung.

Einen Schwerpunkt bildet der Auf- und Ausbau derjenigen Aktivitäten, die in der Lage sind, langfristig die Lebenssituation des Klienten positiv zu beeinflussen. Oft ist es notwendig, komplexere Aktivitäten sukzessive, in Form von „gestuften Aufgaben", aufzubauen und Ängste vor bestimmten Situationen, etwa mit Hilfe von Desensibilisierungsverfahren abzubauen. Ein zweiter wichtiger Ansatzpunkt sind evtl. Defizite im Sozialverhalten des Klienten, die ihn daran hindern, adäquate Sozialbeziehungen aufzubauen und sich in kritischen Situationen zu behaupten. Methoden wie Selbstsicherheitstraining, Training von sozialen Fertigkeiten mittels Rollenspiel und Modellernen oder in therapeutischen Gruppen kommen häufig in diesem Zusammenhang zur Anwendung. Ein weiterer Teil zielt auf die Behandlung depressionsfördernde Momente in Partnerschaften. Mit Hilfe von verhaltens- oder kommunikationstherapeutischen Übungen können problematische Interaktionsmuster abgebaut und durch alternatives, partnerschaftliches Verhalten ersetzt werden. Ein letzter zentraler Ansatzpunkt bilden kognitive Therapiemaßnahmen. Hier geht es darum, depressionsfördernde Denkchemata zu identifizieren und schrittweise abzubauen, eine adäquate Selbstverstärkung zu etablieren und „irrationale Annahmen" (im Sinne von ELLIS) durch rationalere Sichtweisen zu ersetzen (→ **Verhaltenstherapie**; → **Kognitive Psychotherapie**).

Bei einer solchen komplexen multi-modalen Vorgehensweise, wie sie eben kurz skizziert wurde, ist es unbedingt notwendig, daß die sukzessive zur Anwendung kommenden Maßnahmen dem Klienten in jeder Phase der Therapie ausführlich erläutert werden und ihre Wirkung laufend an Hand möglichst objektiver Kriterien überprüft wird.

3.3 Wirksamkeitsuntersuchungen

Verglichen mit den Erfolgen, die bislang für die biologischen Therapieverfahren nachgewiesen wurden, sind die Effektivitätsuntersuchungen für Verhaltensmodifikation noch selten und in der Regel methodisch wenig zufriedenstellend (siehe dazu: DE JONG, HOFFMANN & LINDEN 1980). Die meisten der vorliegenden Untersuchungen sind Einzelfallstudien oder Gruppenuntersuchungen ohne adäquate Kontrolle. Einige neuere Arbeiten allerdings geben Anlaß zu berechtigten Hoffnungen, so z.B. eine Studie von RUSH, BECK, KOWACS & HOLLON (1980), die nachweist, daß eine Kombination von verhaltenstherapeutischen und kognitiven Therapiemaßnahmen bei ambulanten depressiven Klienten einer konventionellen Pharmakotherapie überlegen ist.

4 Psychotherapie und Pharmakotherapie

Ein wenig bearbeitetes Problem betrifft die Möglichkeiten einer Kombination von antidepressiver Pharmakotherapie und Verhaltensmodifikation (→**Psychopharmaka**; →**Verhaltenstherapie**).

Während eine medikamentöse anti-depressive Behandlung zweifellos als akut wirksam angesehen werden muß (so wird bei etwa 75% der Patienten nach einer vierwöchigen Behandlung eine Besserung erzielt), bleibt immerhin das Problem, daß sich etwa 25% als „therapieresistent" erweisen und zwischen 60 und 90% im Jahr nach einer überstandenen Depression einen Rückfall erleiden (siehe dazu: LINDEN 1980).

Inwieweit psychologische Therapie gezielt bei Therapieresistenz gegenüber medikamentösen Maßnahmen eingesetzt werden kann oder inwieweit sie in Kombination mit Antidepressiva die Rückfallquote vermindert, bleibt gegenwärtig ungeklärt.

Bei vielen Fällen von akuter Depression scheint eine erfolgreiche Pharmakotherapie zumindest partiell die Voraussetzung für eine erfolgreiche Psychotherapie zu sein, in dem Sinne, als Antrieb und affektive Resonanz bei Klienten soweit verbessert werden, daß psychologische Therapie überhaupt „greifen" kann.

Andererseits können sich durch eine gleichzeitige Pharmakotherapie auch Erschwernisse für psychotherapeutische Maßnahmen ergeben, etwa in dem Sinne, daß Eigenaktivität und Eigenverantwortung des Klienten durch Warten auf die Wirkung der „Pille" verzögert werden, und daß evtl. Verbesserungen nicht den eigenen Anstrengungen und vermehrter Kompetenz, sondern dem Eingriff von außen zugeschrieben werden.

Eine erfolgreiche Bearbeitung des Problems einer optimalen kombinierten Therapie gehört zu den vorrangigsten Aufgaben für die Zukunft; allerdings ist es Voraussetzung dafür, daß sowohl auf der medizinischen als auch auf der psychotherapeutischen Seite viele Vorurteile abgebaut werden.

LITERATUR

BECK, A. T. *Depression*. Philadelphia: Univ. of Pennsylvania Press, 1972.
BLÖSCH, L. *Psychosoziale Aspekte der Depression*. Bern: Huber, 1978.
BRÄUTIGAM, W. *Psychotherapie der Depression*. In HIPPIUS & H. SELBACH. *Das depressive Syndrom*. München: Urban und Schwarzenberg, 1969.
HAUTZINGER, M. & HOFFMANN, N. (Hrsg.) *Depression und Umwelt*. Salzburg: Müller, 1979.
HOFFMANN, N. *Depressives Verhalten*. Salzburg: Müller, 1976.
DE JONG, R., HOFFMANN, N. & LINDEN, M. *Verhaltensmodifikation bei Depressionen*. München: Urban und Schwarzenberg 1980. (darin Artikel von HOFFMANN, N.; LINDEN, M.; RUSH, U. et al.)
LINDEN, M. Psychiatrische und psychologische Klassifikation depressiver Störungen. In HAUTZINGER & HOFFMANN (Hrsg.). *Depression und Umwelt*. Salzburg: Müller, 1979.
REHM, L. P. A self control model of depression. *Behavior Therapy*, 1977, *8*, 787.
SELIGMAN, M. E. P. *Erlernte Hilflosigkeit*. München: Urban & Schwarzenberg, 1979.

Psychotherapie bei Drogenabhängigkeit

Franz-Josef Feldhege

1 Definition

Nach einem auch international anerkannten *Definitionsvorschlag* der WHO wird Drogenabhängigkeit definiert als ‚ein Zustand von psychischer und/oder physischer Abhängigkeit von einer Droge, die in einem Menschen entsteht, der diese Droge periodisch oder fortlaufend zu sich nimmt. Die Merkmale eines solchen Zustandes werden je nach der betreffenden Substanz variieren' (nach Eddy et al. 1965).

Zur näheren Charakterisierung der jeweiligen Abhängigkeitsform wurde eine Einteilung – entsprechend den pharmakologischen Effekten der Wirksubstanzen – in sieben *Abhängigkeitstypen* vorgenommen. Danach gibt es eine Abhängigkeit nach (a) dem Morphin- oder Opiattyp, (b) dem Barbiturattyp, (c) dem Kokaintyp, (d) dem Cannabistyp, (e) dem Amphetamintyp, (f) dem Khattyp und (g) dem Halluzinogentyp (nach Eddy et al. 1965).

2 Entstehung und Behandlung der Drogenabhängigkeit

Die wichtigsten Beiträge zur *Entstehung der Drogenabhängigkeit* stammen aus der *Psychoanalyse* und der *Lerntheorie*. Gleichwohl existiert gegenwärtig noch kein geschlossener theoretischer Ansatz zur Genese der Abhängigkeiten (→**Psychoanalyse**).

2.1 Der psychoanalytische Ansatz

Im *psychoanalytischen Modell* wird die Drogenabhängigkeit auf eine in der frühen Kindheit grundgelegte Störung in der Persönlichkeitsentwicklung zurückgeführt. Durch eine Erschütterung des Urvertrauens in der oralen Phase, in der das Kind entweder zuwenig Zuwendung von der Mutter erfahren hat oder durch ein Zuviel an Zuwendung nicht in die Lage versetzt wurde, eine gesunde Frustrationstoleranz zu entwickeln, ergibt sich eine Fixierung des Jugendlichen auf diese Entwicklungsstufe. Diese äußert sich in dem permanenten Wunsch, in diese – versagte – frühkindliche Erlebniswelt zurückzukehren (Gabriel 1962). Als Folge dieser Störung ergibt sich beim Drogenabhängigen der mißtrauische Rückzug aus sozialen Bindungen, der Wunsch nach passiver Abhängigkeit sowie das Bedürfnis nach Omnipotenz und unrealistischen Besitzansprüchen (Bräutigam 1968).

In der psychoanalytischen Therapie wird daher versucht, die frühkindlichen Defiziterfahrungen durch die Ermöglichung einer regressiven Mutter-Kind-Beziehung auszugleichen, die schwachen Ich-Funktionen zu stärken, eine realitätsgerechte Frustrationstoleranz aufzubauen und damit eine emotionale Nachreifung zu ermöglichen.

Neben der analytischen Gruppenpsychotherapie kommen noch Sonderformen der Gruppenbehandlung wie das Soziodrama, die Marathonbehandlung und die analytische Familientherapie zur Anwendung (→**Gruppentherapie**; →**Familientherapie**).

2.2 Der lerntheoretisch orientierte Ansatz

Nach dem *lerntheoretischen Erklärungsmodell* wird Drogenabhängigkeit als das Ergebnis gestörter Lernprozesse angesehen, deren Entstehung und Aufrechterhaltung bestimmten Lernprinzipien folgen. Der Beginn der Abhängigkeitsentwicklung resultiert aus einem Sozialisationsdefizit, das im Elternhaus erworben wurde und sich vor allem im Fehlen von Selbstkontrolle sowie in der Unfähigkeit, die eigenen emotionalen Bedürfnisse zu äußern, ausdrückt. Durch die Nachahmung bewunderter Idole der Subkultur oder Personen aus dem Freundeskreis erfolgt meist der erste Drogenkonsum des Jugendlichen. Neben das als angenehm erlebte Rauscherlebnis (positive Verstärkung) tritt bald danach die Erfahrung, durch den Drogenkonsum auch unangenehme Gefühle und Situationen beenden oder vermeiden zu können (negative Verstärkung). Infolge der sofortigen Wirkung der Droge werden die erst später eintretenden, negativen Konsequenzen des Drogenkonsums wie z. B. Leistungsverschlechterung, Verlust der Arbeitsstelle, oder Verlust von Partnern und Freunden beim Drogenabhängigen nicht verhaltenswirksam (CROWLEY 1972). Dieser Lernprozeß hat zur Folge, daß der Drogenabhängige mit der Zeit wichtige soziale Bezüge wie z. B. die Familie, den Partner, den Beruf und seine Freunde verliert, da sein Verhaltensrepertoire fast ausschließlich auf den Erwerb und Konsum von Drogen eingeengt ist.

Daraus ergeben sich zwei grundlegende *Therapieziele*, zum einen die *Behebung der sozialisationsbedingten Verhaltensdefizite*, d. h. vor allem die Verbesserung der Kommunikation, der Kontaktfähigkeit, der Selbstsicherheit und der Belastungsfähigkeit sowie andererseits die Behebung der *drogenkonsumbedingten Verhaltensdefizite*, d. h. der Aufbau der Fähigkeit, die Auslöser und Konsequenzen des Drogenkonsums selbständig erkennen und durch adäquates Alternativverhalten ersetzen zu können, einer beruflichen Tätigkeit regelmäßig nachgehen zu können, die Freizeit selbständig und aktiv gestalten sowie realistische Zukunftsvorstellungen entwickeln und verwirklichen zu können (→**Selbstkontrolle**). Zur Behandlung dieses breiten Problemspektrums wendet die moderne Verhaltenstherapie sog. Breitbandprogramme (FELDHEGE 1978) an, in denen versucht wird, alle Problemaspekte beim einzelnen Klienten durch ein differenziertes Angebot psychotherapeutischer und organisationstherapeutischer Maßnahmen zu erfassen (→**Verhaltenstherapie**). Dabei kommen die folgenden *Verfahren* zur Anwendung: Anleitung zur Selbstbeobachtung und Registrierung des eigenen Problemverhaltens (z. B. Art, Menge und Häufigkeit des Drogenkonsums sowie Auslösesituationen und Konsequenzen des Konsumverhaltens), der Aufbau von Selbstkontrolle durch Verfahren wie den therapeutischen Vertrag, das Ablehnungstraining, die Gedankenstoptechnik, die verdeckte Sensibilisierung oder Techniken zur Stimuluskontrolle (FELDHEGE 1980), weiterhin der Aufbau sozialer Kompetenz durch das verhaltenstherapeutische Rollenspiel, in dem das Zielverhalten durch kontinuierliche Rückmeldung und therapeutische Führung schrittweise ausgeformt wird, ebenso der gezielte Einsatz von Personen aus der natürlichen Umwelt des Klienten wie z. B. Familienangehörige, Partner und Laienhelfer sowie die Unterstützung bei der Arbeits- und Wohnungsbeschaffung und allgemeine Sozialberatung als organisationstherapeutische Maßnahmen. Diese Verfahren werden in der Regel in der verhaltenstherapeutischen Gruppentherapie angewandt, sind aber auch in der Einzeltherapie anwendbar.

3 Aktuelle Entwicklungen: Differentielle Behandlungsangebote

Die *Hauptprobleme* in der Behandlung Drogenabhängiger liegen gegenwärtig

- in der großen Bandbreite der von den meisten Drogenabhängigen gleichzeitig oder in Kombination benutzten Drogensubstanzen (Polytoxikomanie)
- in der Art und dem Schweregrad der mit der Drogenabhängigkeit meist assoziierten Sekundärsymptome wie Depressionen, psychotische Zustände, Suicidalität, Angstzustände und Sexualstörungen

- in der infolge von Arbeitslosigkeit, Kriminalität und Verlust stabiler sozialer Kontakte auftretenden sozialen Verwahrlosung (WANKE 1975) der Drogenabhängigen und
- in den organischen Begleit- und Folgeschäden des Drogenkonsums.

Dies macht einen ebenso intensiven wie differenzierten Therapieansatz notwendig, der nur innerhalb eines *integrierten Versorgungsnetzes,* das aus ambulanten, teilstationären und stationären Versorgungseinheiten bestehen muß, erfolgreich realisiert werden kann. Die zur Wiedereingliederung des Drogenabhängigen notwendigen Behandlungsmaßnahmen bestehen in der Kontaktaufnahme, der ambulanten Therapie, der körperlichen Entgiftungsbehandlung, der stationären psychischen Entwöhnungsbehandlung sowie der ambulanten oder stationären Nachsorge. Diese Maßnahmen kommen an verschiedenen Stellen des Versorgungsnetzes bzw. einer „*Therapiekette*" zum Einsatz (→**Therapeutische Gemeinschaft und Milieutherapie**). Im ambulanten Bereich liegt der Schwerpunkt auf einer *Suchtfachambulanz,* die - in Kooperation mit Beratungsstellen, niedergelassenen Ärzten und Selbsthilfeorganisationen - den Aufgabenbereich der Kontaktaufnahme, der Motivationsarbeit, der ambulanten Intensivtherapie und der ambulanten Vor- und Nachbetreuung von stationär behandelten Klienten übernimmt. Die *kurzfristige stationäre Entgiftungsbehandlung* findet in internistischen Stationen von Allgemeinkrankenhäusern oder Aufnahme- bzw. Intensivstationen von psychiatrischen Krankenhäusern statt. Die *mittelfristige stationäre Entwöhnungsbehandlung* erfolgt in sog. Drogen- oder Kurkliniken bzw. Therapiezentren oder in den Suchtabteilungen psychiatrischer Krankenhäuser. Die *stationäre Nachsorge* findet in Übergangseinrichtungen wie z. B. Wohnheimen, therapeutischen Wohngemeinschaften oder sog. Tages- und Nachtkliniken statt. Für Klienten, deren Rehabilitationsfähigkeit infolge des körperlichen und psychischen Abbaus stark eingeschränkt ist, erfolgt die Behandlung in geschlossenen Stationen psychiatrischer Krankenhäuser oder in geschlossenen Pflegeheimen.

Neben den psychotherapeutischen Verfahren kommen innerhalb dieses Versorgungsnetzes - vor allem im stationären Rehabilitationsbereich - Beschäftigungs- und Arbeits- sowie Musiktherapie und physikalische Therapie zur Anwendung (→**Beschäftigungs- und Arbeitstherapie**; →**Musiktherapie**). Weiterhin gehört das multidisziplinär zusammengesetzte Mitarbeiterteam (bestehend aus einem Arzt, Psychologen, Sozialpädagogen und Beschäftigungstherapeuten) sowie die Arbeit in der therapeutischen Gemeinschaft zu den wichtigsten Voraussetzungen für eine effiziente Therapie der Drogenabhängigkeit.

Die Rehabilitationschancen werden gegenwärtig mit 30-40% angegeben. Eine sichere Erfolgsbeurteilung ist vor allem wegen mangelnder langfristiger Katamnesen und sehr unterschiedlicher Erfolgskriterien nicht möglich.

Verbesserungsmöglichkeiten werden vor allem in einer Integration der verschiedenen therapeutischen Ansätze, im Ausbau von Kooperationsmöglichkeiten zwischen und innerhalb von Therapieeinrichtungen sowie in einer intensiveren Ausbildung und Supervision des therapeutischen Personals gesehen.

LITERATUR

BRÄUTIGAM, W. *Reaktionen - Neurosen - Psychopathien.* Stuttgart: Thieme, 1968.
CROWLEY, T.-J. The reinforcers for drug abuse: Why people take drugs. *Compreh. Psychiat.,* 1972, *13*, 51-62.
EDDY, N.-B., HALBACH, H., ISBELL, H. & SIEVERS, M.-H. Drug dependence: Its significance and characteristics. *Bull. World. Health Organ.,* 1965, *32*, 721-733.
FELDHEGE, F.-J. Verhaltenstherapie bei Drogenabhängigkeit. Eine Übersicht über bisherige Anwendungsformen und neuere Entwicklungstrends. *Wiener Zeitschrift für Suchtforschung,* 1978, *2*, 1,3-9 und 1979, *2*, 1,15-25.
FELDHEGE, F.-J. *Selbstkontrolle bei rauschmittelabhängigen Klienten - Eine praktische Anleitung für Therapeuten -.* Berlin: Springer, 1980.
GABRIEL, E. *Die Süchtigkeit*: Psychopathologie der Suchten. Hamburg: Neuland, 1962.
WANKE, K. Möglichkeiten der stationären Behandlung Suchtkranker. *Rehabilitation,* 1975, *28*, 1-2, 4-13.

Eklektizismus

Detlev Kommer

1 Herkunft des Begriffs

Die Bezeichnung „eklektisch" bzw. „Eklektiker" (abgeleitet von dem altgriechischen Adjektiv: eklektikos = ausgewählt) geht wortgeschichtlich auf antike Philosophen und Theologen zurück, die Teildoktrinen unterschiedlicher philosophischer Schulen kombinierten, ohne dabei auf grundlegende Widersprüche zwischen den theoretischen Kernannahmen der verschiedenen Schulrichtungen zu achten. Eklektische Denkansätze weisen daher häufig theoretische Inkonsistenzen auf und verletzen damit eines der zentralen wissenschaftstheoretischen Kriterien einer systematischen Theorieentwicklung. Im heutigen wissenschaftlichen Sprachgebrauch impliziert die Bezeichnung Eklektizismus häufig eine negative Bewertung. Dabei wird übersehen, daß eklektische Tendenzen insbesondere dann zunehmen, wenn der Geltungsanspruch von theoretischen Modellen durch widersprüchliche Evidenzen infrage gestellt wird und konkurrierende Denkansätze noch nicht soweit entwickelt sind, daß sie den Platz der alten theoretischen Perspektive einnehmen könnten. Unter wissenschaftsgeschichtlichem Aspekt stellen eklektische Denkansätze häufig ein Übergangsstadium zwischen der endgültigen Ablösung überholter und der Etablierung neuer theoretischer Perspektiven dar.

2 Eklektizismus in der Psychotherapie

Je nach Schwerpunktbildung lassen sich in der Psychotherapie theoretische und interventionsbezogene Eklektizismuspositionen unterscheiden.

Als Beispiel für einen theoretischen Eklektiker kann Thorne (1967) gelten. Er verfolgt das Ziel, eine klinisch-psychologische Rahmentheorie zu entwickeln, bei der Organisation, Integration und Selbstkonsistenz zentrale Kategorien darstellen, die er zur Kombination von biologischen, psychologischen und soziologischen Theorieansätzen verwendet. Bei diesem Integrationsversuch werden allerdings weder die zentralen Konzepte hinreichend definiert noch werden eindeutige Regeln entwickelt, nach denen unterschiedliche theoretische Komponenten ausgewählt und miteinander verknüpft werden können. Der theoretische Eklektizismus von Thorne hat daher bisher keine größere Beachtung gefunden.

Interventionsbezogene Eklektiker vertreten den Standpunkt, daß die Effektivität einer Intervention in der therapeutischen Praxis wichtiger sei als die theoretische Erklärung ihrer Wirksamkeit. Prominente Vertreter dieser Auffassung sind z. B. Lazarus (1978) und London (1977). Lazarus betrachtet die theoretische Orientierung eines Therapeuten als dessen Privatangelegenheit, die keinen Einfluß auf die Auswahl und Kombination von therapeutischen Methoden haben soll. Das entscheidende Auswahlkriterium ist für ihn die empirisch geprüfte bzw. klinisch ermittelte Effektivität einer therapeutischen Technik. Mit dieser Auffassung ist die Hypothese verbunden, daß therapeutische Methoden unterschiedlicher Herkunft komplementär sind, d. h. sich wechselseitig ergänzen sollen. In seiner therapeutischen Arbeit kombiniert er daher Interventionskonzepte aus unterschiedlichen Therapieschulen wie z. B. der Verhaltens-, Gestalt-, oder Kommunikationstherapie unter dem Gesichtspunkt, Klienten möglichst vielfältige und effektive Lernanregungen zu vermitteln. LONDON (1977) setzt sich mit dem inzwischen weitgehend aufgegebenen Anspruch auseinander, Verhaltenstherapie als Anwendung von Lerntheorien aufzufassen. Aufgrund des Scheiterns dieses Begründungsversuchs befürwortet er wie LAZARUS einen technischen Eklektizismus in der therapeutischen Praxis, der sich an der Effektivität der zur Verfügung stehenden Techniken orientieren soll (vgl. →**Psychotherapie-Effekte**).

3 Verbreitung der eklektizistischen Orientierung

Umfragen unter therapeutisch tätigen Klinischen Psychologen in der BRD und den USA zeigen, daß der technische Eklektizismus in der therapeutischen Praxis weit verbreitet ist (vgl. z. B. DVORAK, FICHTER & WITTCHEN 1978; GARFIELD & KURTZ 1977). Einer der entscheidenden Beweggründe für die Aufgabe von Schulbindungen zugunsten einer eklektischen Orientierung scheint die Unzufriedenheit vieler Psychotherapeuten mit der theoretischen Einseitigkeit und praktischen Unzulänglichkeit der verschiedenen Therapieschulen zu sein (vgl. GARFIELD & KURTZ 1977). Die mit dem zunehmenden Theorien- und Methodenpluralismus einhergehenden Korrosionserscheinungen der therapeutischen Schulrichtungen dürften den Eklektizismustrend in der Praxis zukünftig noch verstärken (vgl. LINSENHOFF, BASTINE & KOMMER 1980). Inwiefern diese Integrationsversuche in der Praxis tatsächlich zu einer Effektivitätssteigerung beitragen, ist gegenwärtig allerdings eine offene Frage, da methodisch hinreichend kontrollierte Vergleichsuntersuchungen mit schulorientierten Vorgehensweisen fehlen.

4 Probleme des technischen Eklektizismus

Derartige Untersuchungen sind umso dringlicher, weil die zentralen Argumente, die zur Begründung eines technischen Eklektizismus angeführt werden: Komplementarität und Auswahl von therapeutischen Methoden unterschiedlicher Herkunft nach Effektivitätskriterien – problematisch sind und für eine wissenschaftlich fundierte Anleitung therapeutischen Handelns nicht ausreichen.

So sind z. B. die Aufgaben eines Therapeuten bei der Realisierung von Interventionen durch schulspezifische Konventionen definiert: Instruieren, Modellvorgaben und Rückmeldung sind für Verhaltenstherapeuten zentrale Aspekte bei der Implementation ihrer Methoden. Das Aufgabenspektrum eines Gesprächstherapeuten ist dagegen mehr auf die nicht-direktive Reflexion von Klientenäußerungen beschränkt. Gestalttherapeuten haben wiederum andere Aufgaben wie das Arrangieren erlebnisaktivierender Situationen und deren Interpretation oder die Berücksichtigung von nonverbalen Ausdruckshandlungen u. a. m. (vgl. →**Psychotherapie**; →**Wirkfaktoren**; →**Therapeutenmerkmale**). Will ein Therapeut Methoden aus diesen Therapierichtungen kombinieren, um deren Unzulänglichkeiten auszugleichen, muß er daher die dabei auftretenden Widersprüche zwischen den unterschiedlichen Aufgabenstellungen psychologisch bewältigen. Gelingt ihm dies nur unzureichend, wird der Klient Inkonsistenzen im therapeutischen Vorgehen entdecken und möglicherweise sein Vertrauen in die Kompetenz des Therapeuten verlieren. Die Ergänzungsfunktion bzw. Komplementarität therapeutischer Methoden ergibt sich daher nicht durch eine einfache additive Kombination, sondern hängt von dem Vermögen des Therapeuten ab, divergente therapeutische Aufgabenstellungen persönlich zu integrieren und für den therapeutischen Prozeß fruchtbar zu machen.

Therapeutische Problemlösestrategien dieser Art (vgl. BROMME 1978) führen dann zu neuartigen Behandlungskompositionen, so daß sich deren Wirksamkeit ebenfalls nicht durch eine Addition der schulspezifisch ermittelten Effektivitätswerte vorhersagen läßt.

Schon bei der Auswahl von Therapietechniken bedeutet im übrigen die einseitige Orientierung an Effektivitätskriterien keine Entscheidungshilfe, wenn z. B. unterschiedliche Methoden mit vergleichbaren Effektivitätswerten zur Verfügung stehen, wie sich dies bei kognitiven und verhaltensbezogenen Interventionen abzeichnet (vgl. →**Psychotherapie-Effekte**).

Solange hier keine brauchbaren Indikationsregeln entwickelt werden, mit deren Hilfe rationale Entscheidungen getroffen werden können, lassen sich eklektische Vorgehensweisen daher nur auf der Basis von subjektiven Präferenzen begründen (→**Indikation**). Die theoretische Abstinenz technischer Eklektizismuspositionen führt hier in eine vorwissenschaftliche Sackgasse, die erst im Rahmen einer konsistenten und empirisch gehaltvollen integrativen Therapietheorie vermieden werden kann. Während die theoretischen Argumente des technischen Eklektizismus wenig befriedigen, erscheint eine systematische Erforschung und Rekonstruktion des Problemlösepotentials eklektischer Vorgehensweisen in der Praxis dennoch vielversprechend, weil die damit verbundene theoretische Aufarbeitung der praktischen Integrationstendenzen zu einer Überwindung des Schulenstreits in der Psychotherapie und zur Entwicklung einer integrativen Rahmentheorie beitragen kann.

LITERATUR

BROMME, R. Wissen als Grundlage und Gegenstand therapeutischen Handelns. In H. KEUPP & M. ZAUMSEIL (Hrsg.); *Die gesellschaftliche Organisierung psychischen Leidens*. Frankfurt: Suhrkamp, 1978, 469-498.

DVORAK, A., FICHTER, M. & WITTCHEN, H.-U. Zur psychotherapeutischen Versorgung durch „nichtärztliche" Berufsgruppen in der Bundesrepublik Deutschland. *Unveröffentlichte Studie im Auftrag des Bundesministeriums für Jugend, Familie und Gesundheit*. Bonn 1978.

GARFIELD, S. L. & KURTZ, R. A study of eclectic views. *J. Consult. & Clinical Psychol.*, 1977, *45*, 78-83.

LAZARUS, A. A. *Multimodale Verhaltenstherapie*. Frankfurt: Fachbuchhandlung für Psychologie, 1978.

LINSENHOFF, A., BASTINE, R. & KOMMER, D. Schulenübergreifende Perspektiven in der Psychotherapie. Integrative Psychotherapie 1980, *6, 302-322*.

LONDON, P. Das Ende der Ideologie in der Verhaltenstherapie. In H. WESTMEYER & N. HOFFMANN; *Verhaltenstherapie*. Hamburg: Hoffmann & Campe, 1977, 172-184.

THORNE, F. C. The structure of integrative psychology. *J. Clin. Psychol.*, 1961, *23*, 1-11.

Eltern-Kind-Therapie

Paul Innerhofer

Den Begriff ‚Eltern-Kind-Therapie' gibt es bisher als wissenschaftlichen Terminus nicht. Faßt man darunter die verschiedenen Bemühungen zusammen, dem verhaltensauffälligen und/oder behinderten Kind unter Einbeziehung der Familie zu helfen, so schält sich unter einem weit gefaßten Oberbegriff ‚Eltern-Kind-Therapie' eine Reihe pädagogisch-therapeutischer Ansätze heraus. Diese sind – historisch gesehen – jeweils in einer bestimmten Tradition und im Rahmen einer spezifischen Aufgabe gewachsen und lassen sich dementsprechend hinsichtlich der theoretischen Ausgangsposition, der engeren Zielsetzung und der Methodologie unterscheiden und in fünf Gruppen zusammenfassen.

1 Eltern- und Familienbildung

Darunter fallen die vielfältigen Bemühungen, in Büchern, Zeitschriftenartikeln, Vorträgen, Konferenzen und Filmen Erkenntnisse über Erziehungsvorgänge, über Entwicklungspsychologie und über klinische Erfahrung an Eltern zu vermitteln (→**Entwicklungspsychologische Grundlagen**; →**Klinische Psychologie**). Dabei wird die gesamte Breite erziehungsspezifischer Probleme angesprochen. Das unmittelbare Ziel ist die Aufklärung der Eltern, um damit einen Beitrag zur Prävention von Verhaltensauffälligkeiten zu leisten (→**Prävention**). Theoretisch bewegt sich diese Form der Elternbildung häufig auf dem Niveau der persönlichen Erfahrung und des Allgemeinwissens über Erziehung.

Der Übergang zu einer mehr strukturierten und theoriegeleiteten Elternarbeit (z. B. Gordon 1972 u. a.) ist fließend. Eine weitere Variante dieses Ansatzes der Eltern- und Familienbildung stellen Elternvereine und Selbsthilfegruppen dar, in denen oft ohne fachliche Beratung persönliche Erziehungserfahrung weitergegeben wird (→**Selbsthilfegruppen**).

2 Sozialarbeit

Auch aus der Sozialarbeit ist eine eigenständige Form der Elternarbeit hervorgegangen (→*Sozialarbeit*). Vor allem in sozialen ‚Brennpunkten' bemühen sich Sozialarbeiter, obdachlosen Familien bei der Lösung ihrer familiären Probleme (Wohnung, Beruf, finanzielle Unterstützung, juristische Beratung u. a.) zu helfen. Bei dieser Zielgruppe, die durch andere soziale Einrichtungen wie Kinderarzt, Erziehungsberatung, Schule kaum zu erreichen ist, kann der Sozialarbeiter oft als einziger den Kontakt zu sozialen Institutionen herstellen. Gespräch, Beratung und vor allem aktives Helfen gehören zu den Hauptaufgaben des Sozialarbeiters bei der Elternbetreuung (Wilfing 1976).

3 Eltern als Cotherapeuten

Eine dritte Form der Elternarbeit entwickelte sich aus der Verhaltenstherapie bei schwerbehinderten Kindern (→**Verhaltenstherapie**). Hauptproblem der therapeutischen Arbeit mit Schwerbehinderten ist der enorme Aufwand an Fachpersonal, wenn ein befriedigendes Lernergebnis erzielt werden soll. So hat man wegen der hohen Kosten schon früh begonnen, Laien in einfache Methoden der Schwerbehindertentherapie nach einem Mediatorenmodell (THARP & WETZEL 1969) einzuweisen.

Dafür wurde eine Reihe recht unterschiedlicher und variabel einsetzbarer Einzeltechniken entwickelt, spezifisch für bestimmte Störungen, aber auch variabel in der Art und im Umfang der Teilnahme der Eltern.

In den bis jetzt erwähnten Formen werden die Eltern nicht als Klienten betrachtet. Sie sind Lernende, die Fachkenntnisse für die pädagogisch-therapeutische Erziehung ihres Kindes erwerben, oder sie erfahren Hilfe bei einer Aufgabe, die sie allein überfordern würde. Daher können diese Formen nur im weitesten Sinne zur „Eltern-Kind-Therapie" gezählt werden. Dies ist anders bei der Familientherapie und der „Eltern-Kind-Therapie" im engeren Sinne.

Die Vorgehensweise ist uneinheitlich; häufig wird das Kind für kurze Zeit stationär aufgenommen, um diagnostisch zu klären, auf welche Methoden es anspricht. Darauf aufbauend wird ein Therapieplan mit eng formulierten Therapiezielen entwickelt. Nach kurzer Therapie in der Klinik, in deren Verlauf man die Effizienz der Methoden testen kann, werden die Eltern oder andere Bezugspersonen des Kindes in die Therapiemethode eingewiesen, und die Therapie wird ihnen weitgehend übertragen. Die Einweisung der Eltern, die jeweils ganz individuell auf die Erfordernisse des Kindes zugeschnitten ist, umfaßt eine Einführung in die Theorie der Verhaltenstherapie und vermittelt Grundkenntnisse über die Störung des Kindes. Der Hauptteil jedoch besteht im Üben unter Supervision. Meistens beginnt man mit Beobachtungsübungen und geht dann dazu über, das therapeutische Verhalten einzuüben.

Auch dieses Konzept verkörpert nur einen Typus der Gewinnung der Eltern als Cotherapeuten, der in der Praxis je nach den Möglichkeiten der einzelnen Familie und den therapeutischen Erfordernissen variiert und abgewandelt wird. Insbesondere hinsichtlich des Umfangs der Einbeziehung der Eltern und des Umfangs an Verantwortung, der ihnen übertragen wird, gibt es keine generelle Regelung (vgl. dazu CALLIAS 1980).

4 Familientherapie

Auch die Familientherapie fächert sich in eine Vielzahl theoretisch und praktisch recht unterschiedlicher Ansätze auf (→ **Familie**; → **Familientherapie**). Im allgemeinen unterscheidet man einen psychoanalytischen von einem kommunikationstheoretischen Ansatz, wobei das Gemeinsame vor dem Trennenden überwiegt. Beiden Richtungen gemeinsam ist die Neuinterpretation des Krankheitsbegriffes (→ **Krankheitsbegriff**). Die Familie wird gesehen als ein System, in dem alle Mitglieder untereinander in strukturell festgelegtem Austausch stehen und versuchen, ein Gleichgewicht herzustellen. Gelingt dies mit den ‚normalen' Mitteln nicht, so kommt es zu pathologischen Stabilisierungsversuchen In: ein Mitglied wird auffällig. Der designierte Patient ist in dieser Auffassung von psychischer Störung nur ‚Symptomträger'; krank – im übertragenen Sinne – ist die gesamte Familie oder – wie neuere Autoren betonen – die sozio-ökonomische Situation der Familie. Entsprechend dieser Vorstellung von psychischer Auffälligkeit im Kindesalter werden die Eltern als Patienten in die Therapie ihres Kindes miteinbezogen; oder genauer: Nicht das Kind, sondern die Familie – oft samt ihrer weiteren Umwelt – wird in Therapie genommen (RICHTER 1970).

5 Eltern-Kind-Therapie im engeren Sinne

In früheren Jahren standen sich die Vertreter der Familientherapie/Kommunikationstherapie und der Verhaltenstherapie in dogmatischer Haltung gegenüber (→ **Familie**; → **Familientherapie**; → **Kommunikationstherapie**; → **Verhaltenstherapie**). Diese starren Fronten sind aufgrund von Weiterentwicklungen auf beiden Seiten zumindest aufgeweicht worden. Dabei spielt ein diagnostisches Verfahren eine zentrale Rolle, das früher hauptsächlich in soziologischen Studien Verwendung fand, die *„soziale Interaktionsanalyse'*. Dieser Begriff steht für eine Reihe recht unterschiedlicher diagnostischer Ansätze, die häufig genug nicht einmal den Gegenstand gemeinsam haben (→ **Psychodiagnostische Verfahren**). In der Regel wollen die Autoren mit dem Terminus ‚soziale Interaktion' die wechselseitige Einflußnahme und die Reziprozität des Verhaltens von Menschen in Gruppen zum Ausdruck bringen. Wenn Familientherapeuten einfach von ‚Interaktionsanalyse' sprechen, verstehen sie darunter ein interpretatives Verfahren. Es soll den Austausch von Informationen, Interpretationen, Erfahrungen und Gefühlen in der Familie systematisch erfassen, um damit Aussagen über den Gleichgewichtszustand der Familie und seiner Veränderungen machen zu können (so z. B. LAING, PHILIPPSON & LEE 1973). Verhaltenstherapeuten bevorzugten lange Zeit den Terminus *‚Verhaltensanalyse'* und verstanden darunter die Zuordnung von diskriminativem Reiz und verstärkender Konsequenz zu einer Reaktion, die in der Regel Verhaltensereignisse des Partners darstellten (vgl. auch → **Problemanalyse**). Da Signalreiz und Verstärkung wechselseitig gesetzt werden können, kann auch die Verhaltensanalyse als eine Art Interaktionsanalyse angesehen werden. Doch schon bald zeigte sich, daß diese Kontingenzmatrizen für den Therapeuten wenig hilfreich waren, und man begann, neue Variablen hinzuzunehmen, wie z. B. ‚erleichternde' oder ‚hemmende Ereignisse', die der zu kontrollierenden Reaktion vorausgehen (PATTERSON, RAY, SHAW & COBB 1969).

Die Unterschiede in der Handhabung der sozialen Interaktionsanalyse im Rahmen der Familientherapie oder der Verhaltenstherapie sind nicht zu übersehen; dort die Konzentration auf Aussagen des Klienten über Erfahrungen und Interpretationen von Erfahrungen, Gefühlen und Absichten; hier die Beobachtung von Verhaltensabläufen und die Berechnung von Wahrscheinlichkeiten der beobachteten Ereignisfolgen. Zwischen beiden entdeckt man jedoch Zusammenhänge, die in den alten Paradigmata nicht mehr beschrieben und begriffen werden können. So beobachtet man, daß soziale Interaktionen weitgehend unausgesprochenen *Regeln* folgen. Diese Regeln sind nicht identisch mit den Lerngesetzen oder anderen Verhaltensgesetzen, denn sie haben keine allgemeine Gültigkeit und charakterisieren nur eine Paarbeziehung, eine Gemeinschaft oder eine ethnische Gruppe. Diese Regelmäßigkeiten sind zudem situations- und personspezifisch, d.h. je nach situativem Kontext und Interaktionspartner trifft man auf verschiedene Regelmäßigkeiten. Man ist daher bestrebt, die Situations-, Handlungs-, Interaktions- und Motivationsanalyse zu einem neuen, therapiebezogenen diagnostischen Instrumentarium auszubauen. Daraus ergibt sich eine neue Sicht der Familie und der Verhaltensauffälligkeiten (→ **Ätiologie**; → **Krankheitsbegriff**). Die Familie als die bedeutsamste soziale Umwelt des Kindes lebt in einer bestimmten sozio-ökonomischen Umwelt, die sie aufgrund einer eigenen Tradition wahrnimmt, interpretiert und gestaltet. Die Tradition, die ein Repertoire an Verhaltensformen, Werten und Zielen vermittelt, ist einer Gemeinschaft weitgehend gemeinsam, bestimmt mithin das Leben der Familie genauso wie die ebenfalls vorgegebenen materiellen Bedingungen. Die sozialen Interaktionen unter den Familienmitgliedern zeigen, wie diese den ihnen noch verbleibenden Handlungsspielraum nutzen. Störungen werden daher als vielfach verursacht angesehen, wobei auch die Ursachen selbst wiederum untereinander verschränkte Abhängigkeiten zeigen.

Für die *Praxis der Therapie* hat dies erhebliche Folgen: Sozialarbeiter, Kinderarzt, Erziehungsberatung und Schule sollten sich nicht wie bisher als unabhängig arbeitende Institutionen betrachten und ihre Arbeit möglicherweise sogar gegenseitig hemmen, sondern zusammenarbeiten (→ **Gemeindepsychologie**). Wenn verschiedene Methoden zur Anwendung kommen, so entspricht dies nicht dem heute anderswo propagierten Methodeneklektizismus (→ **Eklektizismus**), sondern der Erkenntnis, daß zu verschiedenen Zielen unter verschiedenen Bedingungen unterschiedliche Wege einzuschlagen sind. Damit treten wieder die Aufgaben der Diagnostik und der Indikation in den Vordergrund therapeutischer Arbeit (→ **Psychodiagnostik**; → **Indikation**). Die Veränderung des Verhaltens, der Einstellungen und der materiellen Umwelt der Familie ist nicht primär die alleinige Aufgabe des Therapeuten, sondern eine Aufgabe, die in Kooperation mit den Klienten gelöst wird. Die Eltern-Kind-Therapie ist daher weniger eine feste Methode als vielmehr ein Programm, dem eine Vielzahl von Methoden zur Verfügung steht und bei dessen Durchführung die Rollen und Aufgaben jeweils individuell verteilt und festgelegt werden (INNERHOFER 1977).

LITERATUR

CALLIAS, M. Teaching parents, teachers and nurses. In W. YULE & J. CARR (Hrsg.) *Behaviour modification for the mentally handicapped.* London: Croom Helm, 1980, 175–200.

GORDON, T. *Familienkonferenz.* Hamburg: Hoffmann & Campe, 1972.

INNERHOFER, P. *Das Münchner Trainingsmodell.* Beobachtung – Interaktionsanalyse – Verhaltensänderung. Berlin: Springer, 1977.

LAING, R. D., PHILIPPSON, H. & LEE, A. R. *Interpersonelle Wahrnehmung.* Frankfurt: Suhrkamp, 1973.

PATTERSON, G. R., RAY, R. S., SHAW, D. A. & COBB, J. A. *Manual for coding of familiy interaction.* Unveröff. Manuskript, 1969.

RICHTER, H. E. *Patient Familie.* Hamburg: Rowohlt, 1970.

THARP, R. G. & WETZEL, R. J. *Behavior modification in the natural environment.* New York: Academic Press, 1969.

WILFING, H. Über familientherapeutische Orientierung vom Standpunkt des Sozialarbeiters. In H. E. RICHTER, H. STROTZKA & J. WILLI (Hrsg.) *Familie und seelische Krankheit.* Hamburg: Rowohlt, 1976, 111–122.

Encountergruppen

REINHOLD SCHWAB

1 Definition und gegenwärtige Bedeutung

Encountergruppen (auch: Selbsterfahrungs-, Kontaktgruppen u. ä.) sind eine weit verbreitete Form der Gruppenbegegnung mit dem Hauptziel der persönlichen Weiterentwicklung der Teilnehmer („Therapie für Normale"). Zunehmend verdienen sie auch als moderne Form von Gruppenpsychotherapie Beachtung (→ **Gruppentherapie**). Initiatoren der Encounter-„Bewegung" sind vor allem W. C. SCHUTZ (1967, 1973) und C. R. ROGERS (1970), die sich von der klassischen *Psychoanalyse* einerseits und vom *Behaviorismus* andererseits distanzieren. Je nach Vorherrschen bestimmter Einflüsse (z. B. → **Gestalttherapie,** → **Körpertherapie,** östliche Philosophen) verstehen sich recht unterschiedliche Gruppen als Encounter. Gemeinsam sind jedoch den meisten:

- Ganzheitliche und optimistische Sichtweise der Natur des Menschen; die Gruppe soll Selbstverwirklichungskräfte des Individuums freisetzen.
- Das Bemühen um ehrliche, fassadenfreie und risikobereite Interaktion.
- Betonung des unmittelbaren Erlebens im „Hier und Jetzt" (vgl. PFEIFFER & HANNICH 1979).

Die Gruppengröße liegt meist bei 8–15 Teilnehmern. Eine gewisse Heterogenität hinsichtlich der Probleme, des Alters, der Schulbildung etc. gilt als förderlich. Anwendungsbereiche sind vor allem: psychotherapeutische Gruppen in Kliniken und Beratungsstellen, Selbsterfahrungsgruppen für Angehörige sozialer Berufe und Gruppen zur Förderung des Zusammenlebens in Institutionen (Heime, Betriebe, Schulen). Ausbildung, Verhalten und Selbstverständnis der Leiter variieren beträchtlich; neben Psychotherapeuten sind auch Laien tätig (→ **Laientherapie**).

2 Wesentliche Formen von Encountergruppen

- Personenzentrierte Gesprächsgruppen nach ROGERS (1970) und R. u. A. TAUSCH (1979): Hier liegt eine Ausweitung des Konzepts der klientenzentrierten Einzeltherapie auf die Gruppe vor: Der „Helfer" vermeidet steuernde Einflußnahmen; er ist lediglich „Facilitator" („Erleichterer") des Gruppenprozesses. In erster Linie wirkt er durch sein echtes, wertschätzendes und einfühlend-verstehendes Verhalten (→ **Gesprächspsychotherapie**). Bislang am besten erprobte Form: 2½tägige Wochenendgruppe mit mehreren Nachtreffen im einwöchigen Abstand. Der Helfer wird meist durch einen Co-Helfer (in Ausbildung) unterstützt.
- Strukturierte Encountergruppen nach W. C. SCHUTZ (1967, 1973): Unmittelbares Ziel ist hier vor allem die Herstellung einer vermehrten Selbstbewußtheit („awareness") bei gesteigerter Sinneserfahrung. Hierzu setzt der Leiter eine Reihe von Übungen ein, die z. B. den nonverbal-körperli-

chen Ausdruck von Gefühlen betreffen. Ferner gelten bestimmte Regeln; z. B. achte streng auf deinen Körper, sprich die Person direkt an, um die es geht.

3 Prozesse und Heilfaktoren in Encountergruppen

Wesentliche psychologische Wirkfaktoren sind: wechselseitige Selbstöffnung und Selbstauseinandersetzung, Erfahren von Bestätigung und Geborgenheit, Erkennen der „Universalität des Leidens", intensives gefühlsmäßiges Erleben, Lernen neuer Verhaltensweisen im sozialen Mikrokosmos der Gruppe (→**Wirkfaktoren**). Die Entwicklung des Gruppenprozesses läßt sich in einzelne Phasen einteilen. Als Beispiel sei hier das 4-Stadien-Modell der Entwicklung klientenzentrierter Selbsterfahrungsgruppen von SPEIERER (1976) genannt: (1) Einleitungsphase: Spannung, längeres Schweigen, vorsichtiges Reden, Äußerungen von Frustration (2) Stadium des Mitteilens von Gefühlen (3) Stadium therapeutischer Selbsterfahrung: Erkennen des realen und idealen Selbst, Aufgeben fassadenhafter Haltungen (4) Stadium der Entwicklung neuartiger zwischenmenschlicher Beziehungen auf der Basis von Ehrlichkeit, Mitgefühl, Hilfsbereitschaft und Toleranz. – Zum Encounterprozeß siehe auch MANN (1979).

4 Forschungsergebnisse und Bewertung

Encountergruppen sind gegenwärtig noch sehr umstritten. Während Befürworter wie ROGERS (1970) sie als die möglicherweise bedeutsamste soziale Erfindung des Jahrhunderts preisen, sehen andere darin einen Angriff auf die Individualität und Freiheit des Menschen (KOCH 1977). Viele der vorliegenden empirischen Untersuchungen sind methodisch angreifbar und liefern unklare Ergebnisse (Überblick: KILMANN & SOTILE 1976).

R. und A. TAUSCH (1979, 284 ff.) stellen einige – meist eigene bzw. selbstinitiierte – Arbeiten über personenzentrierte Gruppen vor. Danach sind derartige Gruppen vielseitig anwendbar und erzielen beispielsweise bei Klienten einer psychotherapeutischen Beratungsstelle ähnliche Effekte wie klientenzentrierte Einzelgespräche (hierzu BRUHN, SCHWAB & TAUSCH 1980). Auch LIEBERMAN, YALOM & MILES (1973) berichten in einer großangelegten und relativ sorgfältigen Studie über positive Effekte bei ca. 60% der Teilnehmer (Studenten). Allerdings zeigte diese Arbeit auch, daß Encountergruppen psychische Schäden bewirken können. Die diesbezüglichen Prozentsätze schwanken in verschiedenen Arbeiten von unter 1% bis nahezu 50% – Median ca. 6% – (Überblick: HARTLEY, ROBACK & ABRAMOWITZ 1976), (→**Psychotherapieeffekte**).

Aufgrund vorliegender Untersuchungen (vor allem LIEBERMAN et al. 1973; R. u. A. TAUSCH 1979) lassen sich folgende Hauptaussagen machen:

- Encountergruppen können bei vielen Menschen zu konstruktiven seelischen Änderungen führen (vor allem gemäß der meist üblichen Selbsteinschätzung). Dabei spielen der spezielle Gruppentyp kaum eine Rolle, wohl aber das Leiterverhalten und die Charakteristiken der Teilnehmer (→**Gruppen**).
- Günstiges Leiterverhalten ist gekennzeichnet durch ein hohes Ausmaß an gefühlsmäßiger Wärme, Besorgtheit und Echtheit, ein mittleres Ausmaß an emotionaler Stimulierung, ein hohes Ausmaß an verstehendem und sinnvermittelndem Verhalten („Meaning-Attribution") und ein mittleres Ausmaß an Lenkung. Beeinträchtigend dagegen ist u. a. das Anstacheln zu aggressiver Konfrontation, aber auch ein Laissez-faire-Verhalten (→**Therapeutenmerkmale**).
- Auf Seiten der Teilnehmer erhöhen u. a. menschenfeindliche Einstellungen und zu hohe Erwartungen das Risiko eines Mißerfolgs (→**Klientenvariablen**).

Weitere Forschungsbemühungen sind dringend nötig, um eine befriedigendere Theorie, exaktere Meßverfahren, mehr Kenntnisse zur Indikation, mehr Wissen über optimales Leiterverhalten etc. zu erhalten und auf diese Weise die Encountergruppe als seriöses gruppenpsychotherapeutisches Verfahren weiter zu etablieren.

LITERATUR

BRUHN, M., SCHWAB, R. & TAUSCH, R. Die Auswirkungen intensiver personenzentrierter Gesprächsgruppen bei Klienten mit seelischen Beeinträchtigungen. *Zeitschr. f. Klin. Psychol.* 1980, *9*, 266–280.

HARTLEY, D., ROBACK, H. B. & ABRAMOWITZ, S. I. Deterioration effects in encounter groups. *Am. Psychologist* 1976, *31*, 247–255.

KILMANN, P. R. & SOTILE, W. M. The marathon encounter group: A review of the outcome literature. *Psychol. Bull.* 1976, *83*, 827–850.

KOCH, S. An implicit image of man. In L. N. SOLOMON & B. BERZON (Hrsg.). *New perspectives on encounter groups*. San Francisco: Jossey-Bass 1977, 30–52.

LIEBERMAN, M. A., YALOM, I. D. & MILES, M. B. *Encounter groups: First facts*. New York: Basic Books, 1973.

MANN, F. Personenzentrierte Encounter-Gruppen. In K. HEINERTH (Hrsg.). *Einstellungs- und Verhaltensänderung*. München: Ernst Reinhardt, 1979, 234–250.

PFEIFFER, W. M. & HANNICH, H.-J. Klientenzentrierte Therapie- und Selbsterfahrungsgruppen. Encounter. In A. HEIGL-EVERS, V. STREECK (Hrsg.). *Die Psychologie des 20. Jahrhunderts*. Bd. VIII Lewin und die Folgen. Zürich: Kindler, 1979, 859–867.

ROGERS, C. R. *On encounter groups*. New York: Harper & Row, 1970 (Dt.: Encountergruppen. München: Kindler, 1974).

SCHUTZ, W. C. *Joy*. New York: Grove Press, 1967 (Dt.: Freude. Reinbek: Rowohlt, 1973).

SCHUTZ, W. C. Encounter. In R. CORSINI (Hrsg.). *Current psychotherapies*. Itasca: F. E. Peacock, 1973, 401–443.

SPEIERER, G.-W. *Dimensionen des Erlebens in Selbsterfahrungsgruppen*. Göttingen: Vandenhoeck & Ruprecht, 1976.

TAUSCH, R. & TAUSCH, A.-M. *Gesprächspsychotherapie*. Einfühlsame hilfreiche Gruppen- und Einzelgespräche in Psychotherapie und alltäglichem Leben. Göttingen: Hogrefe, 1979.

Entspannungsverfahren

Dieter Vaitl

1 Entspannungsreaktion

Entspannungsverfahren sind unspezifische psychotherapeutische Methoden, mit denen sich sowohl physiologische als auch psychische Prozesse beeinflussen lassen. Durch sie werden dabei gezielt jene Vorgänge im Menschen unterstützt, die zur Entlastung und Wiederherstellung seiner körperlichen und seelischen Funktionen biologisch wichtig sind. Ihr Ziel ist der systematische Aufbau einer Entspannungsreaktion (= Entspannungsinduktion) sowie deren Einüben mit Hilfe bestimmter Trainingsprozeduren (= Entspannungsstabilisation).

Die angestrebte *Entspannungsreaktion* besteht:

- in einer Reduktion der *sympathikotonen Erregungsbereitschaft*, die sich in peripher-physiologischen Veränderungen manifestiert (z. B. Senkung des Muskeltonus, langsame und gleichmäßige Atmung, Verlangsamung der Herzfrequenz, vermehrte Durchblutung der Hautgefäße in den Extremitäten) und
- in *psychischen Funktionsänderungen* (z. B. Vigilanzminderung, geringere Störbarkeit durch interne und externe Reize, Gefühl der Ruhe und Entspannung, affektive Indifferenz).

Entspannungsverfahren unterscheiden sich hinsichtlich der Art und Weise,

- wie sie die Entspannungsreaktion herbeiführen, entweder durch vorwiegend körperbezogene (z. B. Progressive Muskelrelaxation nach Jacobson, Unterstufen-Übungen des autogenen Trainings, Biofeedback) oder kognitive Übungen (z. B. Meditationsverfahren, Hypnose) und
- inwieweit der Klient aktiv oder passiv am Entspannungsvorgang beteiligt ist.

Trotz der oft meist ideengeschichtlich bedingten Heterogenität ihrer Induktionsmethoden und Verfahrensvorschriften sind die einzelnen Entspannungsverfahren funktional miteinander kombinierbar (Vaitl 1978).

2 Verfahren zur Entspannungsinduktion

Zu den erprobtesten Verfahren zählen das autogene Training, die aus fernöstlichen Meditationsübungen abgeleiteten Methoden (Transzendentale Meditation, zen-buddhistische Meditation, Joga-ähnliche Praktiken), die progressive Muskelrelaxation nach Jacobson und die Biofeedback-Verfahren.

2.1 Autogenes Training

Das autogene Training besteht aus sechs körperbezogenen Unterstufen-Übungen (Schwere-, Wärme-, Herz-, Atem-, Sonnengeflecht- und Stirnkühle-Übung) und meditationsähnlichen Oberstufen-Übungen (Schultz 1974, Luthe 1969/70). Im klinischen Bereich werden vor allem die *Unterstufen-Übungen* eingesetzt. In sitzender oder liegender Position versucht der

Übende mit Hilfe bestimmter Formeln (z. B. „Mein rechter Arm ist warm") physiologische Effekte in verschiedenen Funktionsbereichen (neuromuskulären, respiratorischen, kardiovaskulären) ohne fremdsuggestive Unterstützung (= autogen) hervorzurufen. Als fördernd für die Ausbildung einer Entspannungsreaktion haben sich die Schwere-Übung (neuromuskuläre Entspannung), die Wärme-Übung (Gefäßerweiterung) und die Atem-Übung (gleichmäßig ruhige Atmung) erwiesen. Sie werden in relativ kurzer Zeit von fast allen Klienten beherrscht. Schwierigkeiten bereiten in der Regel die restlichen drei Übungen, sei es nun, daß sie nur nach längerem Üben zu realisieren sind (z. B. Sonnengeflecht-Übung), zu Störungen des Entspannungsverlaufs führen (z. B. Herz-Übung) oder ihre physiologische Basis unklar ist (z. B. Stirnkühle-Übung).

Im idealen Fall stellen die *Oberstufen-Übungen* eine Fortführung der Unterstufen-Übungen auf einer kognitiven und inhaltlich anspruchsvolleren Ebene dar (Meditation über Eigenfarbe, Objekte, Personen). Sie setzen jedoch voraus, daß die Unterstufen-Übungen so beherrscht werden, daß der Übende eine halbe Stunde und länger störungsfrei in einem körperlich und geistig entspannten Zustand verharren kann.

Von LUTHE (1969/70) wurde das autogene Training als psychokathartische Methode weiterentwickelt (→**Psychoanalyse**).

2.2 Meditationsverfahren

Sie enthalten sowohl körperbezogene (z. B. Lotus-Sitz, Atem-Kontrolle) als auch kognitive Übungsteile. Letztere haben die Ausrichtung der Aufmerksamkeit auf eine monotone, sich wiederholende Reizquelle (z. B. Mantra, Mandala, Rhythmus) sowie eine Unterbrechung erlernter Denk- und Erlebnisweisen zum Ziel (BROWN 1977). Eine Entspannungsreaktion kann die Folge sein.

2.3 Progressive Muskelrelaxation (nach JACOBSON)

Die Grundmethode besteht darin, daß nacheinander einzelne Muskelpartien des Oberkörpers, des Rumpfes und der Beine kurzfristig willentlich angespannt und anschließend wieder gelockert werden. Der Klient lernt hierdurch, seinen „Muskelsinn" auszubilden, der ihm Spannungs- und Entspannungszustände in verschiedenen Körperbereichen zu diskriminieren hilft.

2.4 Biofeedback-Verfahren

Dem Übenden wird hierbei über optische oder akustische Signale eine Rückmeldung über den Verlauf bestimmter Körperprozesse gegeben. Als entspannungsfördernd hat sich das Feedback folgender peripher-physiologischer Meßgrößen erwiesen: Elektromyogramm, Hauttemperatur (als Indikator für Gefäßerweiterung), Atmung und Herzfrequenz.

Neben diesen Grundverfahren existieren noch zahlreiche andere Methoden. Größtenteils handelt es sich dabei aber um Abwandlungen oder Kombinationen der geschilderten Techniken (STOKVIS & WIESENHÜTTER 1971).

3 Anwendung in der Psychotherapie – Indikation

Die klinischen Einsatzmöglichkeiten von Entspannungstechniken sind vielfältig. Man unterscheidet zwischen direkter bzw. indirekter und spezifischer bzw. unspezifischer Indikation.

3.1 Direkte, spezifische Indikation

Hierbei handelt es sich um die direkte Kontrolle einer spezifischen neuromuskulären oder vasomotorischen *Verspannungssymptomatik* (z. B. Schiefhals, Schreibkrampf, Raynaud'sche Krankheit). Solche Störungen lassen sich unmittelbar mit Biofeedback-Verfahren (z. B. Muskel- bzw. Temperatur-Feedback) günstig beeinflussen. Andere Entspannungsverfahren haben demgegenüber nur einen allgemein relaxierenden Effekt.

3.2 Indirekte, spezifische Indikation

Entspannungstechniken werden hier zur Behandlung einer begrenzten, spezifischen körperlichen Störung eingesetzt, wobei eine Besserung der Symptomatik indirekt durch die allgemeine Entspannungsreaktion angestrebt wird (z. B. Senkung des Bluthochdrucks durch Kombinationsverfahren aus autogenem Training und Meditationstechniken). Gemeinsam ist diesen Störungsformen eine allgemeine psychovegetative *Übererregbarkeit* (z. B. bei Störungen der Magen-Darm-Funktionen, der Atemtätigkeit, Spannungskopfschmerz und Geburtsvorgang). Positive Effekte sind hier vor allem für das autogene Training und die Biofeedback-Techniken nachgewiesen worden.

3.3 Direkte, unspezifische Indikation

Insofern Entspannungstechniken primär schlafanstoßende Wirkung haben, eignen sie sich als Einschlafhilfen bei Patienten mit *Einschlafstörungen*, selbst wenn die spezifischen Ursachen dieser Störung unbekannt sind. Sowohl spezifische Methoden wie Biofeedback und progressive Relaxation als auch allgemein erregungsdämpfende Verfahren wie autogenes Training sind einzeln oder in Kombination therapeutisch hilfreich.

3.4 Indirekte, unspezifische Indikation

Ist weder das Bedingungsgefüge einer Störung noch der mögliche direkte symptombezogene Angriffspunkt eines Entspannungsverfahrens bekannt, kann dennoch versucht werden, mit diesen Methoden eine Besserung der Symptomatik herbeizuführen. In diesem Fall dienen sie als *Zusatzverfahren* im Rahmen eines übergeordneten psychologischen oder medizinischen Behandlungsprogramms (z. B. bei Systematischer Desensibilisierung, medikamentöser Therapie psychosomatischer Erkrankungen, kardiovaskulärer oder neuromuskulärer Rehabilitation).

Ein anderes Indikationsschema wurde von DAVIDSON und SCHWARTZ (1976) vorgeschlagen, welches zwischen vorwiegend somatischen und kognitiven Störungsformen und den hierfür geeigneten Methoden einer Entspannungsinduktion unterscheidet.

4 Probleme

Die absoluten und relativen *Kontraindikationen* der Entspannungsverfahren sind äußerst selten (z. B. Hypochondrie, Zwangsdenken, symbiotische Tendenzen, zerebrovaskuläre Insulte, vgl. VAITL 1978). Problematischer sind demgegenüber jene Faktoren, die dazu beitragen, daß diese Verfahren ihre volle Wirksamkeit entfalten. Der *Therapeut* spielt dabei eine entscheidende Rolle. Außer der sachgerechten Vermittlung und technisch korrekten Abwendung der Methoden ist Voraussetzung, daß er a) kurzfristig die während des Entspannungszustands auftretenden physiologischen und psychischen Störeinflüsse (sog. paradoxe Phänomene, vgl. LUTHE 1969/70) richtig einschätzt und darauf reagiert und b) langfristig im Dialog mit dem Patienten dafür sorgt, daß die Entspannungsreaktion stabilisiert und in alltägliche Aktivitäten integriert wird. Dies setzt notwendigerweise ein *übergeordnetes Behandlungskonzept* voraus, durch welches der Stellenwert einer Alternativreaktion wie der Entspannung bestimmt wird.

LITERATUR

BROWN, D. P. A model for the levels of concentrative meditation. *The International Journal of Clinical and Experimental Hypnosis 1977*, Vol. XXV, 236–273.

DAVIDSON, R. J. & SCHWARTZ, G. E. The psychobiology of relaxation and related states: A multiprocess theory. In D. I. MOSTOFSKY (Hrsg.) *Behavioral control and modification of physiological activity*. Englewood: Prentice Hall, 1976.

LUTHE, W. (Hrsg.) *Autogenic training*. Vol. I–V. New York: Grune & Stratton, 1969/70.

SCHULTZ, J. H. *Das autogene Training*. Stuttgart: Thieme, 1974[14].

STOKVIS, B. & WIESENHÜTTER, E. *Der Mensch in der Entspannung*. Stuttgart: Hippokrates, 1971[3].

VAITL, D.: Entspannungstechniken. In L. J. PONGRATZ (Hrsg.) *Klinische Psychologie*. Handbuch der Psychologie, Band 8, 2. Halbband. Göttingen: Hogrefe, 1978.

Entwicklungspsychologische Fragestellungen bei psychotherapeutischen Entscheidungen

Leo Montada

1 Allgemeine Orientierung: Entwicklung unter der Perspektive der gesamten Lebensspanne

Im letzten Jahrzehnt hat sich die Entwicklungspsychologie aus einer traditionellen Beschränkung gelöst. Sie war lange Zeit auf Lebensperioden (Kindheit und Jugend) konzentriert, in denen universelle, mit dem Alter korrelierende, auf ein definierbares Endniveau gerichtete Veränderungen ins Auge fallen. Heute finden die beträchtlichen Veränderungen im Erwachsenenalter vermehrt Interesse, die meist keine universelle Richtung aufweisen. Das hat eine Liberalisierung des Entwicklungsbegriffes und eine für die psychologische Praxis sehr fruchtbare Ausweitung der Fragestellungen zur Folge (Baltes, Reese & Lipsitt 1980).

Der Schwerpunkt der Forschung verlagerte sich von der Beschreibung allgemeiner phasentypischer Phänomene und Stadienabfolgen auf die Prognose und Erklärung differentieller Verläufe, die kultur-, subkultur-, epochen- oder personspezifisch sein können. Der Aufschwung der psychologischen Gerontologie (Lehr & Thomae 1979), das Interesse an „kritischen Ereignissen und Übergängen im Leben" (Filipp im Druck) und Erweiterungen der Praxisbezüge der Entwicklungspsychologie (Montada 1980) sind Folgen dieses Orientierungswandels.

Es wird nicht geleugnet, daß es allgemeine Entwicklungssequenzen gibt, daß es wichtig ist, diese zu kennen, und zu wissen, was man *im allgemeinen* von einem Säugling, einem Schulkind, einem Jugendlichen oder einem Greis zu erwarten hat, welche Anforderungen in welchen „Lebensphasen" angemessen sind. Wissen um *differentielle Entwicklungen* und ihre Bedingungen ist aber praktisch und theoretisch eher von noch größerer Bedeutung, so daß die Forderung nach entwicklungspsychologisch angelegter Forschung gerade auch in der Klinischen Psychologie immer häufiger erhoben wird (Ellmann, Koch, Meyer-Plath & Butollo 1980, Gräser 1980). Man erhofft sich dadurch Beiträge zu vier Problemklassen: (a) differentielle Prognose von Stabilität und Veränderung, (b) Begründung von Entwicklungs- und Interventionszielen, (c) Bewertung von Entwicklungsbedingungen sowie (d) Planung und Evaluation von Interventionsmaßnahmen (Montada 1980).

Psychotherapeutische Entscheidungen erfordern entwicklungspsychologisches Wissen. Störungsdiagnosen und die Konzeption von Zielen orientieren sich an Entwicklungsnormen und -gesetzen. Therapeutisches Handeln setzt Prognosen voraus. In der Interaktion mit Klienten und bei der Wahl von Strategien haben Therapeuten die kognitiven oder kommunikativen Kompetenzen der Adressaten zu berücksichtigen: Hinweise auf Besonderheiten des Entwicklungsniveaus finden sich z. B. in allen Adaptationen von „Therapiegrundformen" für das Kindesalter, meist bleiben diese aber auf die kursorische Darstellung phasentypischer Voraussetzungen beschränkt.

Obwohl einschlägige entwicklungspsychologisch angelegte Forschung in raschem Aufschwung begriffen ist, kann heute noch nicht auf ein breites Angebot an gesichertem Grundwissen verwiesen werden. Die vielen für klinisch-psychologische Fragestellungen interessanten Einzelbefunde können hier nicht dokumentiert werden. Stattdessen werden die wichtigsten Forschungsansätze thesenartig skizziert und durch Verweis auf Übersichtsarbeiten belegt.

2 Schnittpunkte zwischen Entwicklungspsychologie und Psychotherapie

2.1 Entwicklungsdiagnostik

Entwicklungstests liefern Orientierungen für Störungsdiagnosen, für die Festlegung von Interventionszielen und die Evaluation von Maßnahmen, die nicht selten – wie etwa Förderungsprogramme für die sensumotorische, sprachliche und kognitive Entwicklung – an den Aufgabenserien von Entwicklungstests ausgerichtet sind. Entwicklungstests erlauben jedoch nur die Beschreibung des Entwicklungsstandes und -verlaufs, die Ätiologie und Genese von Störungen muß durch epidemiologisch und bedingungsanalytische Studien abgeklärt werden (→**Psychodiagnostische Verfahren**; →**Problemanalyse**).

2.2 Entwicklungspsychologische Epidemiologie

Epidemiologische Studien geben Aufschluß über die Häufigkeit und Verteilung von Störungen, differenziert unter anderem nach Merkmalen der Umwelt oder der genetischen Ausstattung von Personen, nach historischen Perioden und kritischen Lebensereignissen, auch nach dem Lebensalter. Die *Entwicklungsepidemiologie* ermittelt alterstypische Problemklassen, die neuerdings als fehlschlagende Versuche der Bewältigung von „Entwicklungsaufgaben" gedeutet werden (OERTER 1977). Sowohl die Analyse typischer Entwicklungsanforderungen wie notwendiger Bewältigungskompetenzen ist für präventive und korrektive Interventionen bedeutsam. Einen Überblick vermittelt FILIPP (im Druck); (→**Epidemiologie**).

Entwicklungsepidemiologische Studien sollten aus mehreren Gründen längsschnittlich angelegt sein:

- Nur so wird der Verlauf von Störungen erfaßbar. Für Interventionsentscheidungen sollte die Wahrscheinlichkeit von „Spontanremissionen" (z. B. LAMBERT 1976) oder Verschlimmerungen sowie die Persistenz von Störungen bekannt sein (→**Spontanremission**)
- Durch Längsschnittforschung lassen sich die Bedingungen für Persistenz und Veränderungen von Störungen valider ermitteln, da die zeitliche Abfolge von Einflußfaktoren und Auswirkungen kontrolliert werden kann
- Veränderungen des Bedingungsgefüges mit dem Alter werden sichtbar
- Veränderungen des Zusammenhangsmusters und Schweregrades von Störungen (über Korrelate erfaßt) fallen eher ins Auge als in Querschnittsuntersuchungen (einen Überblick über die Forschungsliteratur vermittelt der Sammelband von RUTTER & HERSOV 1977).

2.3 Entwicklungspsychologische Bedingungsanalyse

Spezifikum einer entwicklungspsychologischen Betrachtungsweise ist die Ausdehnung der Zeitperspektive, so daß einmal zeitlich zurückliegende ätiologisch wichtige Faktoren in den Blick kommen, zum anderen Veränderungen des Gewichtes einzelner Einflußfaktoren im Verlauf des Lebens (u. U. unterschiedlich für verschiedene Generationen).

So hat sich die Forschung zu kritischen Lebensereignissen als Risikofaktoren zunächst auf die Untersuchung der aktuell belastenden Ereignisse konzentriert. Ein entwicklungspsychologischer Ansatz sucht auch nach distalen prädisponierenden Faktoren (z. B. nach traumatischen Erfahrungen oder dem Fehlen von Lebenserfahrungen). Die individuelle Bewältigungsgeschichte kann dann zum Prädiktor für die Bewältigung künftiger Problemsituationen gewählt werden. Auch der präventive Aufbau von Kompetenzen kann sich an solchen Forschungsergebnissen orientieren (FILIPP im Druck). Nur durch entwicklungspsychologische Ätiologieforschung kann der Nachweis erbracht werden, ob das für die Entstehung von Störungen verantwortliche Bedingungsgefüge sich im Verlauf des Lebens ändert oder nicht. In vielen Fällen muß eine *Diskontinuität des Bedingungsgefüges* angenommen werden (GRAHAM & RUTTER in RUTTER & HERSOV 1977), was insbesondere für die Entscheidungen bezüglich der Ansatzpunkte von Interventionen von großer Bedeutung ist. Bezieht sich beispielsweise die Intervention auch auf das soziale Umfeld des Klienten, muß man wissen, welche sozialen Bezüge für welche Klasse von Personen in einer bestimmten Lebensperiode einflußreich sind (→ **Ätiologie**).

2.4 Entwicklungsprognosen

Jede Intervention setzt Prognosen voraus, sonst kann nicht entschieden werden, ob sie notwendig oder überflüssig ist. Als Grundlage dienen einmal Daten über die Stabilität von Merkmalen oder Störungen, wie sie aus Längsschnittstudien gewonnen werden. Der Sammelband von BRIM & KAGAN (1980) gibt den heutigen Wissensstand in mehreren Forschungsbereichen wieder (Intelligenz, Schulleistung, Berufserfolg, diverse Persönlichkeitsmerkmale, Delinquenz usw.), KOHLBERG, LACROSSE & RICKS (1972) vermitteln einen Gesamtüberblick über Frühprognosen pathologischer Entwicklung.

In Zusammenfassung dieser Untersuchungen sind folgende vorläufige Generalisierungen möglich:

- Die Unsicherheit der Prognose nimmt mit der Ausdehnung des Prognosezeitraumes zu
- Die Stabilitätsmaße verschiedener Merkmale sind sehr unterschiedlich: So sind neurotische Störungen instabiler als antisoziale Verhaltensprobleme; unter den Personvariablen sind die kognitiven die stabilsten

- Die Stabilität ist nicht nur merkmalsspezifisch sondern auch spezifisch für verschiedene Lebensperioden: Die Frage, ab wann und für wie lange Merkmale stabil bleiben, muß für verschiedene Variablen unterschiedlich beantwortet werden. Auch zu diesem Fragenkomplex sind verschiedene Beiträge im Sammelband von RUTTER & HERSOV (1977) informativ.

Für eine Optimierung der Vorhersagemöglichkeiten ist die Frage nach unterschiedlichen Verläufen und deren Bedingungen zentral. Gibt es Personklassen mit hoher Kontinuität und solche mit geringer? Können die Personklassen mit unterschiedlichen Verläufen identifiziert werden, so daß eine Basis für die Klassifikation einzelner Personen und damit für eine differentielle oder individuelle Prognose gegeben ist? Viele Einzeluntersuchungen weisen darauf hin, daß in der Regel der Entwicklungsverlauf nicht vordeterminiert ist, daß viele Faktoren in der Person und ihrer Umgebung und viele Ereignisse (das Gewinnen und Verlieren von Freunden und Partnern, schulischer und beruflicher Erfolg bzw. Mißerfolg, systematische oder unsystematische Interventionen usw.) zu vielen Zeitpunkten im Leben die Richtung der Entwicklung zum besseren oder schlechteren wenden können. Entwicklungsprognosen können daher meist nicht ein für allemal, sondern sollten sequentiell jeweils neu gestellt werden, unter Berücksichtigung der für jede Altersstufe besten Prädiktoren (ELLMANN, KOCH, MEYER-PLATH & BUTOLLO 1980) und unter Berücksichtigung der wahrscheinlich gegebenen Risiko- und Schutzfaktoren.

Prognosen werden treffsicherer, wenn sie nicht nur auf deskriptiven Stabilitäts- oder Persistenzdaten beruhen, sondern Bedingungsfaktoren der Stabilität und Veränderung und die Inzidenz von Störungen sowie nach Möglichkeit auch Zeitpunkt und Dauer ihrer Einwirkung einschließen (MONTADA 1980). Als methodisch gelungenes Beispiel für die Möglichkeiten der sequentiellen Prognose von Fehlverhalten im Jugendalter sei die Studie von JESSOR & JESSOR (1977) genannt, die die Wahrscheinlichkeit und den Zeitpunkt des Auftretens von Problemverhalten (Alkohol- und Drogenmißbrauch) als Funktion der Motivstruktur, des Wertesystems und der perzipierten Einstellung des Freundeskreises zum problematischen Verhalten schätzen.

2.5 Entwicklungsvoraussetzungen für den Einsatz spezifischer Interventionsverfahren

Nicht nur für die Wahl von Ansatzpunkten der Intervention ist entwicklungspsychologisches Wissen notwendig, sondern selbstverständlich auch für die Entscheidung für die Interventionsformen und ihre Implementierung (→**Indikation**). Die Vielfalt therapeutischer Strategien und die für ihre Anwendung notwendigen Voraussetzungen beim Adressaten ist so groß, daß eine differenzierte Erörterung einschlägigen entwicklungspsychologischen Grundlagenwissens für therapeutisches Handeln ein sehr umfangreiches Unternehmen wäre.

Daher sei nur ein Beispiel erwähnt: Wer Selbstkontrolle im Kindesalter aufbauen will, kann aus Forschungen zur Entwicklung der Handlungssteuerung, z.B. der sprachlichen Selbststeuerung, wertvolle Hinweise gewinnen (BRAUN & TITTELBACH 1978 vermitteln einen guten Überblick). Wer Selbstkontrollmodelle zur Problemlösetherapie ausbaut und den Klienten komplexe Problemanalyse- und -lösungsstrukturen vermitteln will, muß – um es in PIAGETs Sprache zu sagen – das Stadium formaloperatorischen Denkens voraussetzen (→**Selbstkontrolle**; →**Selbstbehandlung**).

In der Praxis beziehen sich Therapeuten meist nicht systematisch auf wissenschaftlich gewonnene Erkenntnisse der Entwicklungspsychologie, sondern verlassen sich in ihren Entscheidungen und in ihren Interaktionen mit Klienten auf ihr Handlungswissen. Dabei mögen allerdings gelegentlich fragwürdige vorgefaßte Meinungen durchschlagen. So verwundert es, daß es bedauerlicherweise in der Lernbehindertenpädagogik bislang kaum Ansätze zum therapeutischen Aufbau von Selbstkontrolle gibt, was vermutlich auf das Vorurteil zurückzuführen ist, daß es in dieser Population an den notwendigen Entwicklungsvoraussetzungen fehlt.

2.6 Entwicklungspsychologisch angelegte Therapieforschung

Statt der vorherrschenden kurzfristigen und meist univariaten Erfolgskontrollen wären langfristige Erfolgskontrollen wünschenswert, idealerweise mit randomisierten Interventions- und Kontrollgruppen und mit mehreren Meßvariablen zur breiten Nebenwirkungskontrolle.

Ein in dieser Hinsicht modellhaft geplantes Projekt ist das Vermont Child Development Project (ROLF & HASAZI 1977), ein auf Gemeindeebene realisiertes Programm. Grundlage ist eine längsschnittlich angelegte epidemiologische Erhebung über die gesamte Kindheit, die sich auf die Gesamtpopulation einer Gemeinde erstreckt. Ziel ist die Erfassung von Verhaltensstörungen und zugeordneten Risikofaktoren. Diese Erhebung erlaubt die Identifikation von „Risikokindern" zu jedem Zeitpunkt der Entwicklung. Diese werden dem Zufall nach auf eine Kontrollgruppe und eine Interventionsgruppe aufgeteilt. Die Interventionseffekte sind damit kurz- und langfristig im Vergleich zum „normalen" Entwicklungsverlauf und im Vergleich zur Entwicklung der nicht spezifisch betreuten Kontrollgruppe abzuschätzen.

Nur mit solchen Forschungsstrategien ist es möglich, die Stabilität von Therapieerfolgen und die Stabilitätsbedingungen zu erfassen, die z.T. in Personmerkmalen, z.T. in Person-Umwelt-Systemen (wie z.B. Stützsystemen), z.T. in der gegebenen Belastungs- und Anforderungsstruktur (kritische Lebensereignisse, kritische Übergänge) liegen mögen (zum Überblick FILIPP im Druck).

Langfristige follow up-Studien zu Interventionen sind selten, mit z.T. enttäuschenden Ergebnissen (→**Psychotherapieforschung**). Man sollte sich aber die Frage stellen, welche *Entwicklungsmodelle* hinter welchen Erfolgserwartungen stehen. Glaubt man durch einmalige kurzfristige Förderung eine normale weitere Entwicklung sichern zu können, oder sieht man Entwicklung als einen ständigen Prozeß geleiteter oder ungeleiteter Selbstoptimierung an. Geht man von letzterem aus, wird man in der Regel durch eine einmalige Intervention noch keine dauerhafte Entwicklungsförderung erwarten, es sei denn, die Lebensbedingungen würden durch die getroffenen Maßnahmen nachhaltig verändert (wie beispielsweise bei Adoptionen). In anderen Fällen wird man nach einer Initialförderung eine nachfolgende Betreuung (z.B. durch ein follow-through-Programm, durch Eingliederung in

Selbsthilfegruppen, den Aufbau sozialer Stützsysteme und Nachsorgeprogramme, usw.) einzurichten versuchen (→**Psychotherapie**, →**Organisationsformen**).

LITERATUR

BALTES, P. B., REESE, H. W. & LIPSITT, L. P. Life-span developmental psychology. *Annual Review of Psychology,* 1980, *31,* 65–110.

BRAUN, P. & TITTELBACH, E. Verhaltenstherapie. In L. J. PONGRATZ (Hrsg.) *Handbuch der Psychologie.* Bd. 8, 2. Halbband, Klinische Psychologie. Göttingen: Hogrefe, 1978.

BRIM, O. G. JR. & KAGAN, J. (Hrsg.) *Constancy and change in human development.* Cambridge, Mass.: Harvard University Press, 1980, 675–738.

ELLMANN, R., KOCH, H. J., MEYER-PLATH, S. & BUTOLLO, W. Im Schnittpunkt von Entwicklungspsychologie und Klinischer Psychologie: Entwicklungsverläufe und Prävention kindlicher Verhaltensstörungen. In U. BAUMANN, H. BERBALK & G. SEIDENSTÜCKER (Hrsg.) *Klinische Psychologie:* Trends in Forschung und Praxis, Band 3. Bern: Huber, 1980, 220–250.

FILIPP, S.-H. (Hrsg.) *Kritische Lebensereignisse.* München: Urban & Schwarzenberg, im Druck.

GRÄSER, H. Entwicklungsintervention. In W. WITTLING (Hrsg.) *Handbuch der Klinischen Psychologie.* Hamburg: Hoffmann & Campe, 1980, 16–49.

JESSOR, R. & JESSOR, S. L. *Problem behavior and psychosocial development.* A longitudinal study of youth. New York: Academic Press, 1977.

KOHLBERG, L., LACROSSE, J. & RICKS, D. The predictability of adult mental health from childhood behavior. In B. WOLMAN (Hrsg.) Manual of child psychology. New York: McGraw Hill, 1972, 1217–1284.

LAMBERT, M. J. Spontaneous remission in adult neurotic disorders: A revision and summary. *Psychological Bulletin,* 1976, *83,* 107–119.

LEHR, U. & THOMAE, H. Altersstörungen. In U. BAUMANN, H. BERBALK & G. SEIDENSTÜCKER (Hrsg.) *Klinische Psychologie:* Trends in Forschung und Praxis, Bd. 2. Bern: Huber, 1979, 227–266.

MONTADA, L. Überlegungen zu einer Angewandten Entwicklungspsychologie. In R. K. SILBEREISEN (Hrsg.) *Bericht über die 4. Tagung Entwicklungspsychologie in Berlin 1979.* Berlin: TUB-Dokumentation, 1980, *4,* 9–38.

OERTER, R. *Entwicklung und Sozialisation.* Donauwörth: Auer, 1977.

ROLF, J. E. & HASAZI, J. E. Identification of preschool children at risk and some guidelines for primary prevention. In G. W. ALBEE & J. M. JOFFE (Hrsg.) *Primary prevention of psychopathology.* Vol. I: The issues. Hanover, N. H.: University Press of New England, 1979, 121–152.

RUTTER, M. & HERSOV, L. (Hrsg.) *Child Psychiatry: Modern Approaches.* Oxford: Blackwell, 1977, 407–427.

Epidemiologie

Peter Kaiser

1 Begriff

Epidemiologie (von griechisch epi demou = was im Volke ist) ist die Wissenschaft von Ursachen, Erscheinungsweisen, Häufigkeit und Verbreitung von Krankheiten. Anfangs auf die Erforschung infektiöser Massenerkrankungen (Epidemien) beschränkt, wurde der Anwendungsbereich epidemiologischer Methoden schon zu Beginn des 20. Jahrhunderts auf nichtinfektiöse Krankheiten und psychische Störungen ausgedehnt. Diese wird bei Orientierung am medizinischen Krankheitsmodell als „psychiatrische", bei soziopsychologischer Ausrichtung als „soziale" Epidemiologie bezeichnet.

Ihre theoretischen und methodischen Grundlagen hat die Epidemiologie u. a. in Psychologie, Psychiatrie und Soziologie, aber auch in der Ökologie, Geographie und Ethnologie. (Ausführliche Darstellungen des Gesamtgebietes der Epidemiologie geben u. a. Cooper & Morgan (1977), Häfner (1978), Keupp (1974).)

2 Aufgaben und Funktionen epidemiologischer Forschung

Zu den Aufgaben der Epidemiologie gehört die Erforschung von

- Art und Verbreitung bestimmter Störungen (Studien zur wahren Prävalenz);
- Verteilung einzelner Störungen auf bestimmte Gruppen, Gegenden oder andere Merkmale;
- Verlauf und Dauer von Störungen (z. B. chronischer, periodischer, vorübergehender Verlauf);
- Häufigkeit ihres erstmaligen Auftretens (Inzidenz-Studien).

In engem Zusammenhang damit stehen weitere Funktionen epidemiologischer Forschung, die zunehmend an Bedeutung gewinnen:

- die Analyse des Versorgungsbedarfs bezüglich Art und Umfang (z. B. ambulanter und stationärer) psychosozialer Dienste; hier wird geprüft, ob Art und Zahl der Behandlungsplätze Art und Zahl der behandlungsbedürftigen Personen entsprechen;
- Untersuchungen der Qualität und Effizenz des vorhandenen Angebots an psychosozialer Versorgung (Evaluation).

3 Methoden der Epidemiologie

Um z. B. den Bedarf an psychosozialer Versorgung bestimmen zu können, wird die Prävalenz, die Verteilung und Intensität einer Störung innerhalb einer Population, untersucht (→ **Versorgung**). *Prävalenz* erfaßt die Zahl und den Zustand der bereits Erkrankten. Man unterscheidet zwischen behandelter Prävalenz und wahrer Prävalenz. Die *behandelte Prävalenz* bezeichnet den bereits vom Versorgungswesen erfaßten Krankenstand. Da viele Personen mit psychischen Störungen entweder keine professionelle Hilfe aufsuchen und/oder ihre Störung unerkannt bleibt (was vielerlei Ursachen haben kann), wird durch die behandelte Prävalenz nur ein Teil der Erkrankten (die „Spitze des Eisbergs") erfaßt.

Demgegenüber bezeichnet die *„wahre" Prävalenz* den tatsächlichen Krankenstand innerhalb einer Population unabhängig davon, ob die erkrankten Personen sich in Behandlung befinden oder nicht. Um den tatsächlichen Bedarf an psychosozialer Versorgung innerhalb einer Population festzustellen, muß daher die wahre Prävalenz erfaßt werden. Die Prävalenzrate wird u. a. bedingt durch Langwierigkeit und Auftretenshäufigkeit der betreffenden Störungen.

Unter *Inzidenz* versteht man die Zahl der Neuerkrankten in einem bestimmten Zeitraum. Die Neuerkrankungsrate innerhalb einer Population spiegelt zugleich das Erkrankungsrisiko wieder. Bei Untersuchungen der *behandelten Inzidenz* werden diejenigen Patienten untersucht, die während des Erhebungszeitraums erstmalig in einer Versorgungseinrichtung vorgestellt werden.

Die *wahre Inzidenz* stellt die Neuerkrankungsrate unabhängig von ihrer Erfassung durch psychosoziale Einrichtungen dar. Wegen der Schwierigkeiten, den Beginn einer psychischen Störung zu definieren und zu diagnostizieren, sind Untersuchungen der wahren Inzidenz selten. Die Ursache hierfür liegt in den mannigfachen Problemen, die sich epidemiologischer Feldforschung entgegenstellen.

Zunächst soll jedoch ein kurzer Überblick über die Ergebnisse bisheriger epidemiologischer Forschung gegeben werden.

4 Ergebnisse epidemiologischer Forschung

Da es im allgemeinen leichter ist, Informationen über bereits vom Gesundheitssystem erfaßte Personen zu erhalten, überwiegen die Untersuchungen der *behandelten Prävalenz*.

Zu den umfangreichsten Studien der behandelten Prävalenz zählt die New Haven-Studie von HOLLINGSHEAD & REDLICH (1958). In ihr wurden knapp 1900 Patienten verschiedener psychiatrischer Einrichtungen aus dem Einzugsgebiet von New Haven, das 250 000 Menschen umfaßt, untersucht. Dabei zeigte sich u. a., daß die Häufigkeit psychischer Krankheit signifikant mit der Schichtzugehörigkeit variiert. Obwohl die unterste soziale Schicht nur 18,4% der Gesamtpopulation ausmachte, fanden sich in ihr 38,2% der psychiatrischen Patienten. Zugleich waren in der untersten Schicht achtmal soviele ‚psychotische' Patienten zu finden wie in den oberen Schichten.

In den 130 psychiatrischen Kliniken der Bundesrepublik Deutschland waren am 30. Mai 1973 94 197 „Betten" belegt (Enquête der Bundesregierung, 1975). Den größten Anteil der Patienten stellten mit 36,7% die „Schizophrenen", gefolgt von „geistig Behinderten" (18,5%) und geriatrischen Patienten (13%). An vierter Stelle der Häufigkeitshierarchie lagen mit 9,6% die Suchtkranken (für die es allerdings zusätzlich eine größere Zahl von Spezialkliniken gibt, die nicht den psychiatrischen Fachkliniken zugerechnet werden).

8,7% der im Jahre 1972 in Köln schulpflichtig gewordenen Kinder wurden wegen ihrer psychischen Auffälligkeit in Sonderschulen und Heime eingewiesen. Weitere 6% wurden von der Einschulung zurückgestellt, weil sich dies wegen ihrer Verhaltensprobleme als notwendig erwies.

Alarmierend ist auch die hohe Zahl von Kindesmißhandlungen. Nach einer Hochrechnung des Bundesministeriums für Jugend, Familie und Gesundheit (1980) werden jährlich ca. 63 000 Fälle schwerer Kindesmißhandlung behördlich bekannt. Davon sind besonders Kleinkinder und Säuglinge betroffen.

Um die *wahre Prävalenz* zu erforschen, werden alle Mitglieder einer Population oder eine für diese repräsentative Stichprobe untersucht.

Zu den wenigen derartigen Arbeiten zählt die sog. Midtown Manhattan Study von SROLE, LANGNER, MICHAEL, OPKER & RENNIE (1962). Diese Untersuchung zeigt, daß ein weit größerer Anteil von Unterschichtangehörigen an der Zahl psychisch Gestörter ermittelt werden kann, wenn man die wahre statt der behandelten Prävalenz untersucht. Mit Hilfe eines Fragebogens wurde ermittelt, daß in der Gruppe der psychisch Gesunden die Angehörigen der obersten sozialen Schicht sechsmal so häufig vertreten waren wie die Angehörigen der Unterschicht. Umgekehrt zählten zur Gruppe der psychisch Gestörten viermal so viele Angehörige der untersten Schicht wie Angehörige der Oberschicht.

Zu ähnlichen Ergebnissen kamen auch andere Studien, die zeigen, daß schwere psychische Störungen wie „Psychopathie", „Schizophrenie" und „Schwachsinn" sich gehäuft in den unteren sozialen Schichten, neurotische „Krankheitsbilder" in verschiedenen Schichten etwa gleich verteilt finden.

Eine Untersuchung im Rahmen der Psychiatrie-Enquête der Bundesregierung ergab, daß ca. 25 bis 30% der über 65jährigen an psychischen Störungen leiden.

Betrug die geschätzte Zahl der *Alkoholiker* 1969 noch 600 000, so waren es 1973 schon 1,2–1,8 Millionen Alkoholabhängige. Die Zahl der *Medikamentenabhängigen* betrug nach Schätzungen der Deutschen Hauptstelle für Suchtgefahren 1979 200 000 bis 500 000, von den 2/3 Frauen sind.

Die Zahl der *Selbstmordversuche* wird von der Enquête-Kommission auf mindestens 100 000 pro Jahr, die der Selbsttötungen von der Deutschen Gesellschaft für

Selbstmordverhütung auf ca. 15 000 pro Jahr geschätzt.

10 000 Menschen erleiden jedes Jahr schwere Hirnverletzungen, die sie überleben und deretwegen sie einer Rehabilitationsbehandlung bedürfen.

Ein Personenkreis, der sich in besonderer Weise durch psychische Störungen, Krankheiten, Kriminalität etc. auszeichnet sind die ca. 70 000 Nichtseßhaften in der Bundesrepublik.

Psychische Störungen sind bereits im Kindesalter weit verbreitet: 31% der neu eingeschulten Kinder der Stadt Köln im Jahre 1972 waren verhaltensauffällig und behandlungsbedürftig. Die meisten Störungen waren im „sozialen Bereich der Familie" entstanden. So wurden bei 40% der verhaltensauffälligen Kinder eine gestörte Mutter-Kind-Beziehung, bei 35,3% eine gestörte Vater-Kind-Beziehung festgestellt. Mehr als ein Drittel der auffälligen Kinder zeigt ein „mangelndes Leistungsvertrauen" und starke „Trennungs-, Gewissens- und Mißerfolgsängste". Weiterhin zeigte sich, daß unter den als auffällig eingestuften Kindern 69,2 Jungen und nur 30,8 Mädchen waren.

Auch die meisten Untersuchungen der *behandelten Inzidenz* stimmen darin überein, daß Erstkonsultationen für die meisten schweren psychischen Störungen, wie z. B. „Schizophrenie", in den untersten sozialen Schichten am häufigsten waren und mit zunehmendem Sozialstatus abnahmen.

BRENNER (1979) konnte z. B. aufgrund von Daten, die 1940–1973 in den USA, Schweden und England erhoben wurden, feststellen, daß die Erhöhung der Arbeitslosenrate mit der Erhöhung der Inzidenz verschiedenster psychischer Störungen einherging.

Der Enquête-Bericht der Bundesregierung (1975) stellt fest: „Etwa jeder dritte Bundesbürger hat bereits einmal in seinem Leben irgendeine psychische Krankheit durchgemacht oder leidet noch daran" (1975, S. 7). Dies sind/waren etwa 20 Millionen Menschen.

10 bis 20% der Patienten, die innerhalb eines Jahres einen praktischen Arzt konsultieren (also 4 bis 8 Millionen), leiden an psychischen Störungen oder hierdurch bedingten körperlichen Beschwerden. Für dringend psychiatrisch bzw. psychotherapeutisch behandlungsbedürftig innerhalb eines Jahres hält der Enquête-Bericht 1,8 bis 2% der Bevölkerung (ca. eine Million Menschen).

Etwa 600 000 Personen nehmen jährlich wegen psychischer Störungen erstmals Kontakt zu einer psychosozialen Versorgungseinrichtung auf.

Die Ursachen für die Anhäufung psychischer Störungen in den unteren Schichten werden z. T. auf größere Belastungen von Unterschichtangehörigen im Bereich der Arbeit sowie der sozialen und materiellen Lebensbedingungen (Hypothese der sozialen Verursachung), z. T. aber auch auf einen störungsbedingten sozialen Abstieg zurückgeführt (Segretationshypothese; vgl. KEUPP 1974; COOPER & MORGAN 1978). In jedem Falle wirkt sich die qualitative wie quantitative Benachteiligung unterer Schichten bei der psychosozialen Versorgung aus (vgl. KEUPP 1974; Psychiatriebericht der Bundesregierung, 1975) (→**Versorgung**). Welcher Erklärungshypothese welcher Stellenwert zukommt, kann aufgrund fehlender Längsschnittstudien zu dieser Frage z. Zt. noch nicht entschieden werden. Die vorliegenden Querschnittstudien liefern Belege für beide Erklärungsansätze. Wahrscheinlich erklären die beiden Hypothesen jeweils einen unterschiedlich großen Teil der bei verschiedenen Störungen auftretenden Variableninteraktionen (vgl. auch COOPER & MORGAN 1978).

In neueren Studien hat sich verschiedentlich gezeigt, daß zur Erstaufnahme in psychiatrische Behandlung signifikant häufiger solche Personen kommen, die sich zuvor mit einem *kritischen Lebensereignis* (z. B. Tod eines Angehörigen, Scheidung etc.) auseinanderzusetzen hatten (z. B. KATSCHNIG 1980) oder die einer monotonen, verarmten und starken Zwängen unterliegenden *Arbeit* nachgingen (→**Ätiologie**). Letzteres weist auf einen deutlichen Zusammenhang zwischen Beschäftigungsniveau und psychischer Gesundheit hin. Andere Autoren zeigten die Bedeutung der *sozialen Unterstützung* für die Bewältigung von Lebenskrisen auf: Personen, die verständnisvolle Partner, Freunde etc. hatten und die bereits Erfahrung in der Bewältigung schwieriger Situationen besaßen, waren im Anschluß an kritische Lebenssituationen weit weniger psychisch beeinträchtigt als andere (→**Gemeindepsychologie**).

Die bislang vorliegenden epidemiologischen Forschungsergebnisse müssen mit Vorsicht interpretiert werden. Dies liegt vor allem daran, daß es sich um sehr komplexe empirische Fragestellungen handelt und die untersuchten Phänomene vielfältigen Einflüssen unterliegen.

5 Probleme epidemiologischer Forschungsmethodik

Eine der Hauptschwierigkeiten epidemiologischer Forschung liegt in der mangelnden Vergleichbarkeit der einzelnen Studien und ihrer Ergebnisse. Solange es die „International Classification of Diseases" der Weltgesundheitsorganisation noch nicht gab, verwandten die verschiedenen Autoren jeweils eigene Begriffs- und Diagnosensysteme von psychischen Störungen, die auf unterschiedlichen theoretischen Ansätzen basierten. Es besteht auch heute noch keine Übereinstimmung darüber, was unter einer psychischen Störung zu verstehen sei und welche Kriterien dabei von Bedeutung sind (Problem der Falldefinition; →**Krankheitsbegriff**; →**Falldokumentation**).

Die in der epidemiologischen Forschung vorherrschende psychiatrische Richtung orientiert sich am sogenannten „Medizinischen Krankheitsmodell". Im Mittelpunkt dieser Betrachtungsweise steht das Individuum und seine vor allem aufgrund krankhafter körperlicher Veränderungen (z.B. Stoffwechselstörungen, Hirnschäden) abnormen Verhaltens- und Erlebensweisen (→**Krankheitsbegriff**). Dabei bleiben das Interaktionsgeschehen zwischen Individuum und Umwelt und damit auch pathogene Umweltfaktoren (z.B. Arbeitsbedingungen) außer Betracht. Das medizinische Modell führt ‚abnormes' Verhalten ausschließlich auf stabile Person-Merkmale und nicht auf das Interaktionsgeschehen zwischen Person und Umwelt bzw. Situation zurück. Der Komplexität und Vielfalt von Interaktionen zwischen individuellem Verhalten und situativen bzw. Umweltgegebenheiten unterschiedlicher Ebenen wird zu wenig Rechnung getragen. Epidemiologische Forschung ist aufgrund dieser ‚dispositionistischen' Haltung zu wenig handlungsorientiert und liefert eher diagnostische Etiketten als therapie- bzw. präventionsrelevante Informationen.

Darüberhinaus ist die epidemiologische Forschung ausschließlich an der Erfassung und Erklärung psychischer Krankheit orientiert. Formen, Ursachen, Verbreitung und Förderungsmöglichkeiten psychischer *Gesundheit* dagegen werden fast gänzlich vernachlässigt.

Nicht nur Krankheitsbegriff und Diagnosensystem vieler epidemiologischer Studien sind kritikwürdig, sondern auch die Methoden der Datenerhebung. Da bei epidemiologischen Studien oft große Zahlen von Problemen zu untersuchen sind, kommen meist Kurzinterview bzw. Fragebögen zur Anwendung, anhand derer die Zuweisung zu einer Diagnosegruppe (z.B. Schizophrenie, endogene Depression) erfolgt. Dabei bleiben Aussagekraft (Validität) und Zuverlässigkeit (Reliabilität) der Erhebungsinstrumente nicht selten ungeprüft. Auch lassen sich mittels Standard-Interview oder -Fragebogen nur bedingt Information über Lebenssituationen bzw. Umweltfaktoren erheben. Derlei Einwände legen es nahe, sich Gedanken über alternative Forschungskonzepte in der Epidemiologie zu machen.

6 Kompetenz-Epidemiologie

Als Erweiterung und Ergänzung einer ausschließlich an Störungen orientierten Epidemiologie scheint es sinnvoll, auch Lebenssituationen und die zu ihrer Bewältigung notwendigen Kompetenzen zum Gegenstand epidemiologischer Forschung zu machen. Es sind ja konkrete Lebenssituationen, deren Bewältigung einer Person gelingt oder nicht gelingt. Anhand des Verhaltens in Lebenssituationen wird (von wem auch immer) entschieden, ob jemand sich „normal" oder „abweichend" verhält. Handeln in Situationen ist aber eine Funktion von Person- und von Umwelt-Variablen (vgl. LANTERMANN 1980). Diese müssen in ihrer Interaktion auf verschiedenen Ebenen (individuelle, institutionelle, gesellschaftliche Ebene) untersucht werden (vgl. BELSCHNER & KAISER 1981).

Eine wesentliche Rolle für die Bewältigung von Lebenssituationen spielen die *Kompetenzen* des Individuums. Kompetenzen befähigen eine Person, Lebenssituationen kurz-, mittel- und langfristig so zu bewältigen, daß sie sowohl für sich selbst als auch für ihre Umwelt ein Minimum an negativen und ein Maximum an positiven Effekten erzielt (SOMMER 1977; BELSCHNER & KAISER 1981). Kompetenzen bzw. Fertigkeiten sind daher z.T. inkompatibel mit Verhaltensstörungen. Psychische Störungen und abweichendes Verhalten sind häufig Zeichen für Kompetenz-Defizite oder Kompetenz-Störungen (KAISER 1977) des Individuums und/oder seiner Bezugspersonen sowie anderer beeinträchtigender Bedingungen verschiedener Ebenen.

Kompetenz-Epidemiologie hätte sich um Fragen zu kümmern wie diese (vgl. KAISER 1977; BELSCHNER & KAISER 1981):

Bestandsaufnahme:

- Welche Variablen interagieren in welchen Situationen innerhalb einer Population?
- Wie ist dies zu bewerten?
- Welche Umwelt- und personalen Voraussetzungen auf welcher Ebene müssen zur Situations-Bewältigung durch das Individuum erfüllt sein (z. B. Kompetenzen, Wohn-, Arbeitsbedingungen)?
- Welche Voraussetzungen hierfür sind bereits erfüllt, welche noch nicht?

Zielbestimmung:

- Welche Situationen sollten innerhalb einer Population häufiger, welche seltener auftreten (z. B. Wohnungs-, Arbeitsplatzwechsel; Sozialkontakte)?
- Welche Bedingungen müßten dafür geschaffen bzw. beseitigt werden (Vermittlung von Kompetenzen, bürgerfreundliche Gesetze und Planungen usw.)?

Auf diese Weise können pathogene Lebensbedingungen, Verhaltensweisen und damit zusammenhängende Situationen identifiziert und geeignete Präventionsmaßnahmen eingeleitet werden.

LITERATUR

BELSCHNER, W. & KAISER, P. Kritische Lebenssituationen und Primäre Prävention. In S. H. FILIPP (Hrsg.) *Kritische Lebensereignisse und ihre Bewältigung.* München: Urban & Schwarzenberg (i. Druck).

Bericht über die Lage der Psychiatrie in der Bundesrepublik Deutschland - Zur psychiatrischen und psychotherapeutischen/psychosomatischen Versorgung der Bevölkerung. Bundestags-Drucksache 7/4200; 7/4201. Bonn: 1975.

BRENNER, M. H. (Hrsg.) *Wirtschaftskrisen, Arbeitslosigkeit und psychischer Erkrankung.* München: Urban & Schwarzenberg, 1979.

BUNDESMINISTERIUM für Jugend, Familie und Gesundheit (Hrsg.) *Kindesmißhandlung - Kinderschutz.* Bonn, 1980.

COOPER, B. & MORGAN, H. G. *Epidemiologische Psychiatrie.* München: Urban & Schwarzenberg, 1977.

HÄFNER, H. (Hrsg.) *Psychiatrische Epidemiologie.* Heidelberg: Springer, 1978.

HOLLINGSHEAD, A. B. & REDLICH, F. C. *Der Sozialcharakter psychischer Störungen.* Frankfurt: Fischer, 1975 (orig. 1958).

KAISER, P.: Kompetenzepidemiologie – Überlegungen zu einer Epidemiologie psychosozialer Fertigkeiten. In G. SOMMER & H. ERNST (Hrsg.) *Gemeindepsychologie.* München: Urban & Schwarzenberg, 1977, 99–119.

KEUPP, H. (Hrsg.) *Verhaltensstörungen und Sozialstruktur.* München: Urban & Schwarzenberg, 1974.

LANTERMANN, E. D. *Interaktionen. Person, Situation und Handlung.* München: Urban & Schwarzenberg, 1980.

SOMMER, G. Kompetenzerwerb in der Schule als Primäre Prävention. In G. SOMMER & H. ERNST, (Hrsg.) *Gemeindepsychologie.* München: Urban & Schwarzenberg, 1977, 70–98.

SROLE, L., LANGNER, T. S., MICHAEL, S. T., OPKER, M. K. & RENNIE, T. A. C. *Mental Health in the Metropolis:* The Midtown Manhattan Study. New York: McGraw Hill, 1962.

Erziehungsberatung

Hanko Bommert und Ulf Plessen

1 Begriffsbestimmung

Beratungen im Sinne einer spezifischen *psychologischen Beratung* werden u.a. in der Berufs-, Bildungs-, Ehe-, Erziehungs-, Familien-, Lebens-, Schul- oder Sexualberatung durchgeführt; doch läßt sich aus einer solchen Aufzählung verschiedener Praxisbereiche noch keine Begriffsbestimmung der psychologischen Beratung bzw. des *engeren Begriffs der psychologischen Erziehungsberatung* ableiten. Soll die Begriffsbestimmung nicht nur auf sehr stark verallgemeinerte Beschreibungen der äußeren Situation beschränkt bleiben, bietet es sich an, von den Zielen psychologischer Beratung auszugehen: Diese können in der Änderung von Verhaltensweisen, Gewohnheiten oder Einstellungen liegen oder sie können in der Lösung emotionaler Konflikte, in der Verarbeitung von Spannungen und Ängsten bestehen (vgl. z.B. Duhm 1965; Lüders 1974); vor allem in der amerikanischen Literatur wird als Ziel der Beratung die Einleitung eines Lernprozesses beim Klienten in den Vordergrund gestellt (vgl. z.B. Shertzer & Stone 1976) (→ **Ziele**).

Eine andere Möglichkeit zur Begriffsbestimmung liegt in der Abgrenzung von ähnlichen Begriffen; dabei ist besonders die Abgrenzung von „Beratung" und „Psychotherapie" sehr schwierig. Das ist zum einen sicher in den ähnlichen Zielen von beiden Formen der Verhaltensmodifikation begründet. Vor allem aber müssen umfassende Bestimmungen beider Begriffe so allgemein gehalten werden, daß dann keine sinnvolle Differenzierung zwischen ihnen mehr möglich ist (vgl. Bommert & Plessen 1978).

Wenn dennoch die Begriffe *Beratung* und *Psychotherapie* nicht synonym gebraucht werden, so entspricht dies eher einer Konzession an den derzeitigen Sprachgebrauch. Dabei ist es u.E. – wenn überhaupt – noch am sinnvollsten, als Unterscheidungsmerkmal die *zeitliche Dauer* der beratenden/behandelnden Maßnahmen heranzuziehen: Maßnahmen, die in kürzeren Zeitabschnitten erfolgreich abgeschlossen werden, können dann als Beratung und alle länger dauernden Maßnahmen als Psychotherapie bezeichnet werden. In diesem Sinne bedeutet *Beratung allgemein die wissenschaftlich fundierte Klärung und Beeinflussung individuellen menschlichen Verhaltens mit dem Ziel der Behandlung und Prophylaxe von Fehlentwicklungen*. Dazu werden wissenschaftliche Erkenntnisse der Psychologie, Soziologie, Medizin oder Pädagogik in der Praxis genutzt.

Soll die Begriffsbestimmung der psychologischen Erziehungsberatung nicht nur deskriptiv auf Aufgaben und Ziele beschränkt bleiben (vgl. z.B. Keil 1975), so ist psychologische Erziehungsberatung als Sonderfall psychologischer Beratung bezogen auf die umschriebene Klientengruppe von Kindern, Jugendlichen und Eltern/Erzieher anzusehen. Im Sinne des Begriffs der psychologischen Beratung umfaßt sie alle aus psychologischer Sicht notwendigen Maßnahmen. Sie kann selbstverständlich auch eine länger andauernde Behandlung ausmachen und damit zur eher quantitativ abgegrenzten Psychotherapie werden (→ **Psychotherapie**).

2 Prozeßmodell von Erziehungsberatung

Das Vorgehen in der psychologischen Erziehungsberatung kann durch ein *Prozeßmodell* beschrieben werden, das sich aus der Analyse der für diesen Prozeß erforderlichen Schritte und ihres funktionalen Zusammenhangs ergibt (vgl. BOMMERT & PLESSEN 1978). Das Modell ist so allgemein gehalten, daß durch seine Anwendung keine Beschränkung auf bestimmte Fragestellun-

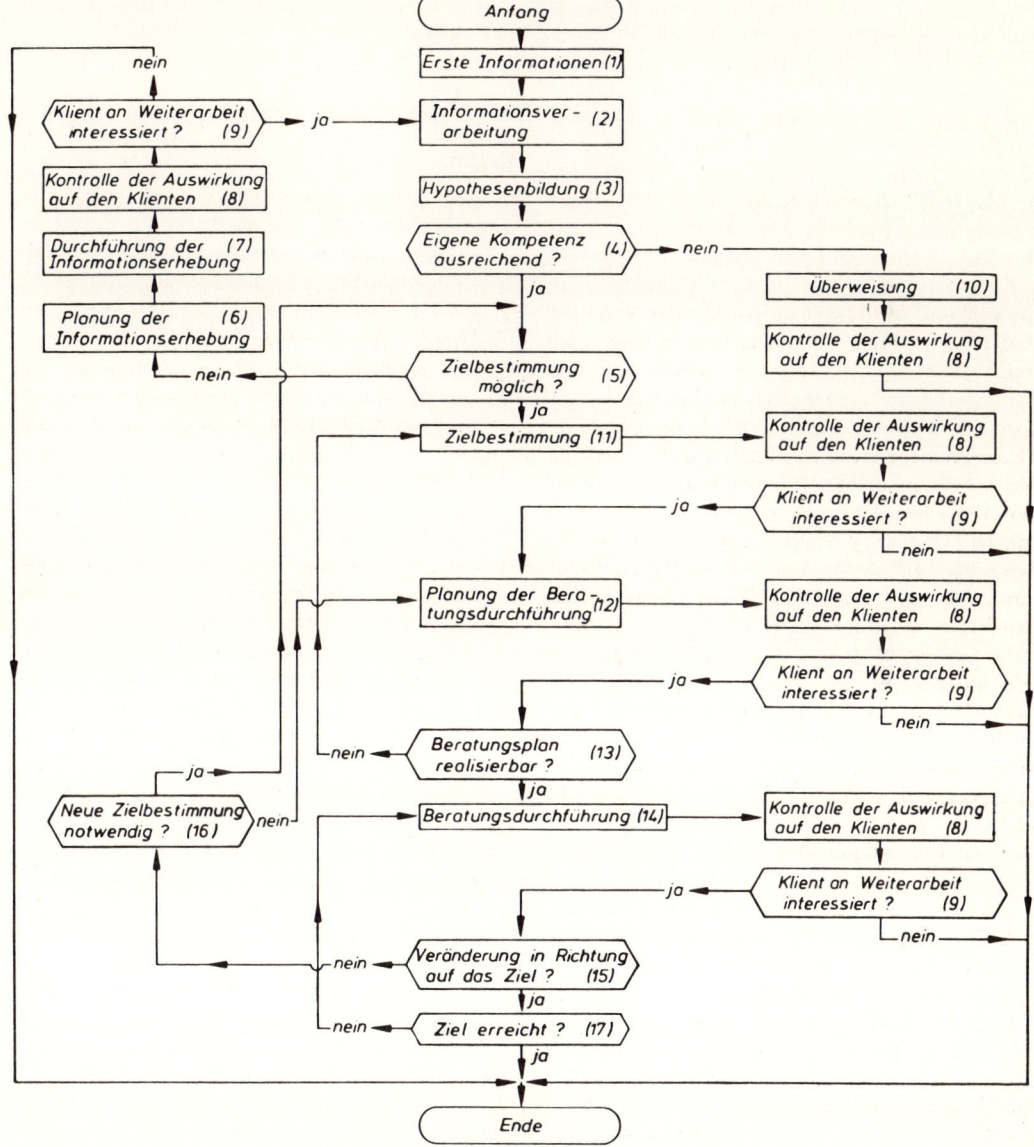

Abbildung 1. Prozeßmodell psychologischer Erziehungsberatung.

gen oder Theorien der psychologischen Beratung vorgegeben wird.

Psychologische Erziehungsberatung beschränkt sich auf der *Ebene des praktischen Handelns* heute also nicht mehr nur auf die Tätigkeit des Diagnostizierens und Informierens, sondern muß als ein komplexes Gefüge aus Diagnostik, Beratung und Modifikation verstanden werden (vgl. zur Abfolge der einzelnen Schritte und ihres Zusammenhangs die Abbildung 1).

Dabei gehen in das Modell folgende Grundvoraussetzungen ein: Einerseits wird die grundsätzliche *Eigenverantwortlichkeit des Klienten* für sich und die Lösung seiner Probleme betont. Der Berater wird dabei als unterstützende Person verstanden, deren helfende Maßnahmen kein Ersatz für verantwortliche Eigenaktivitäten des Klienten sein können. Es wird vielmehr angesteuert, daß der Klient möglichst frühzeitig wieder ohne Hilfe des Beraters auskommen kann. Zum anderen wird davon ausgegangen, daß die Entstehung und Behandlung von Problemen als in einem Feld sozialer Bedingungen eingebettet zu sehen ist. Daraus ergibt sich vor allem, daß Veränderungsprozesse nicht einseitig in Richtung des Kindes bzw. Jugendlichen vorzunehmen sind, sondern daß die *Erzieher* im weitesten Sinne *in die Problem- und Zieldefinition* einbezogen werden müssen (→ **Ziele**, → **Kinderpsychotherapie**).

3 Ziele der Erziehungsberatung

Erziehungsberatung hat, wie jede Form der Beratung und Therapie, das Ziel, geplante Veränderungsprozesse einzuleiten und zu unterstützen. Diese Veränderungsprozesse sind dabei – unabhängig von den jeweils spezifischen Veränderungszielen – als *komplexe Prozesse des Lernens* aufzufassen, wobei Lernen in diesem Kontext nicht als Reiz-/Reaktionslernen im Sinne früher Verhaltenstheoretiker verstanden wird, sondern als ein komplexer Vorgang, der sich auf mehreren, nur recht willkürlich voneinander zu trennenden Ebenen vollzieht: Grundsätzlich ist davon auszugehen, daß die Entstehung, Aufrechterhaltung und die Veränderung von Problemen durch kognitive, aktionale *und* emotionale Komponenten beeinflußt wird. Diese Komponenten stehen in interdependenten Relationen, wobei die Berücksichtigung gerade dieser Interdependenzen in allen Stadien des Veränderungsprozesses (Problemanalyse, Zieldefinition, Auswahl und Einsatz von Modifikationselementen, Evaluation) ein wesentliches Charakteristikum verantwortungsvoller und wirksamer Beratungspraxis ist (vgl. BOMMERT & PLESSEN 1978).

4 Praxis der Erziehungsberatung

Für das praktische Vorgehen im Veränderungsprozeß bedeutet dies, daß der Erziehungsberater die jeweils spezifischen Bedingungen des vorliegenden Problems unter Berücksichtigung mindestens der Bereiche Kognition, Emotion und Verhalten zu analysieren hat und auf der Basis dieser Analysen die jeweils wirksamsten Modifikationselemente zur Erreichung definierter Ziele einzusetzen hat.

Diesem Postulat nach *problemorientiertem Vorgehen* wird in der Praxis der Erziehungsberatung jedoch heute noch oftmals zuwidergehandelt, wenn auch ein Trend zu schulübergreifendem, eklektischem Vorgehen unverkennbar ist (vgl. GARFIELD & KURTZ 1977; BREUER 1979). Anstelle einer Orientierung an dem jeweils spezifischen Problem eines Klienten erfolgt vielmehr eine Orientierung an einer „Schule" beratisch-therapeutischer Tätigkeit, wie etwa einer *psychoanalytischen*, *gesprächspsychotherapeutischen* oder *verhaltenstherapeutischen* Orientierung. Diese beratisch-therapeutischen Schulen betonen jeweils spezifische Aspekte des Veränderungsprozesses in besonderer Weise, vernachlässigen jedoch andere ebenfalls wichtige Aspekte.

Mit der Entscheidung für einen bestimmten Einstieg in die Beratung ist meist auch (implizit oder explizit) eine Entscheidung z. B. über Art und Einsatz diagnostischer Prozeduren (vgl. BOMMERT 1980 a, b; BOMMERT & PLESSEN 1978) sowie über die Anwendung oder Nichtanwendung spezifischer Veränderungselemente festgelegt. Durch die Orientierung an einer bestimmten Beratungsschule wird aber das Spektrum möglicher Hilfsansätze für den Klienten eingeschränkt, da bereits a priori „blinde Flecken" (im Sinne einer frühzeitigen Ausblendung von Aspekten der Kognition oder der Emotion oder des Verhaltens) in den Veränderungsprozeß hineingetragen werden.

Deshalb sollte als Voraussetzung für eine stärkere Problemorientierung im praktischen Vorgehen angestrebt werden, daß in der Ausbildung von Beratern/Therapeuten schulübergreifenden Aspekten mehr Raum gegeben wird und die negativen Konsequenzen eines ausschließlich schulorientierten Vorgehens stärker thematisiert werden.

LITERATUR

BOMMERT, H. Ausbildung in klinisch-psychologischer Diagnostik. In V. BIRTSCH & D. TSCHEULIN (Hrsg.) *Ausbildung in klinischer Psychologie und Psychotherapie*. Weinheim: Beltz, 1980a, 86–108.

BOMMERT, H. Problemschwerpunkte klinisch-psychologischer Diagnostik. In H. BOMMERT & M. HOCKEL (Hrsg.) *Therapie-orientierte Diagnostik*. Stuttgart: Kohlhammer, 1980b.

BOMMERT, H. & PLESSEN, U. *Psychologische Erziehungsberatung*. Stuttgart: Kohlhammer, 1978.

BREUER, F. *Psychologische Beratung und Therapie in der Praxis*. Heidelberg: Quelle & Meier, 1979.

DUHM, E. Das Beratungsgespräch als Lernsituation. *Psychol. Beiträge,* 1965, *8,* 222–236.

GARFIELD, S. L. & KURTZ, R. A study of eclectic views. *J. Consult. & Clinical Psychol.,* 1977, *45,* 78–83.

KEIL, S. (Hrsg.) *Familien- und Lebensberatung. Ein Handbuch*. Stuttgart: Kreuz-Verlag, 1975.

LÜDERS, W. *Psychotherapeutische Beratung*. Göttingen: Vandenhoek & Ruprecht, 1974.

SHERTZER, B. & STONE, S. C. *Fundamentals of guidance*. Boston: Houghton Mifflin Company, 1976.

Psychotherapie bei Eßstörungen

Sabine Wedel

Unter Eßstörungen psychosomatischer Genese werden im allgemeinen *Adipositas* und *Anorexia nervosa* zusammengefaßt.

1 Adipositas

1.1 Definition und Epidemiologie

Für die *Adipositas* (syn. Überernährung) sollte nicht mehr der Begriff „Fettsucht" verwendet werden, da die Störung die nach der heutigen Terminologie von Sucht strengen Kriterien nicht erfüllt. Außerdem suggeriert der Begriff Fettsucht eine nicht zulässige Polarität zur Magersucht und ist auch wegen seiner negativen Besetztheit als Etikettierung für die ohnehin sozial diskriminierten adipösen Patienten ungeeignet.

Von Adipositas wird gesprochen, wenn etwa 20% des Idealgewichts (bemessen nach Alter, Geschlecht, Größe und Körperbau) infolge übermäßiger Fettansammlung überschritten werden. Die Adipositas stellt einen bedeutsamen Risikofaktor für degenerative Gefäßkrankheiten dar und schränkt damit die Lebenserwartung ein.

In allen Industrieländern hat die Adipositas in den letzten Jahrzehnten erheblich zugenommen; in der westdeutschen Bevölkerung wird die Häufigkeit bei Männern mit etwa 40%, bei Frauen mit 50% angegeben.

Neuere epidemiologische Untersuchungen haben die Bedeutung sozialer Faktoren für die gesellschaftliche Verteilung des Übergewichts aufzeigen können. Danach sind die unteren Sozialschichten signifikant häufiger betroffen. Mit höherem sozioökonomischem Status nimmt die Häufigkeit proportional ab, ein Zusammenhang, der bei Frauen und Kindern besonders deutlich ist.

1.2 Ätiologie

Die *Ätiologie* der Adipositas ist multifaktoriell, bzw. im individuellen Fall in der Regel mehrfaktoriell. Folgende pathogenetische Faktoren sind von Bedeutung:

- Genetische Faktoren
- Soziale Umwelt: familiäre Ernährungsgewohnheiten, Bezugsgruppennorm, Image der Adipositas, sozioökonomischer Status
- Mangelndes Diskriminationslernen hinsichtlich Appetit- und Sättigungsgefühl
- Überhöhte Abhängigkeit von Außenreizen
- Intrapsychische Konflikte
- Körperliche Aktivität

Aus psychoanalytischer Sicht wird bei Adipösen eine orale Fixierung angenommen, die zu einer unbewußten Gleichsetzung von Essen mit Geliebtwerden und Sicherheitsgefühl führt. Nach H. Bruch sind die Bedürfnisse Adipöser im Säuglingsalter mit einem permanenten Nahrungsangebot befriedigt worden, so daß sie nicht zwischen unterschiedlichen Körpersensationen zu differenzieren gelernt haben.

Untersuchungen zur Persönlichkeitsstruktur Adipöser zeigen, daß diese hinsichtlich neurotischer Probleme und Eßverhalten heterogen sind und sich nur zum Teil von schlanken Normalpersonen unterscheiden, z. B. durch höhere Angstbereitschaft, Passivität und Abhängigkeit, sowie ein stärker durch Außenreize als durch physiologische Bedingungen bestimmtes Eßverhalten.

1.3 Behandlung

Die *Behandlung* der Adipositas bestand – abgesehen von Einzelfällen psychoanalytischer Therapie – bis zum Ende der sechziger Jahre im Wesentlichen in der Gewichtsreduktion durch Einschränkung der Kalorienzufuhr mit Hilfe diäthetischer Maßnahmen. Die unbefriedigenden Ergebnisse charakterisiert am treffendsten der amerikanische Adipositasforscher STUNKARD: „Die meisten Adipösen kommen nicht in Behandlung. Von denen, die sich behandeln lassen, brechen die meisten die Behandlung ab. Von denen, die in Behandlung bleiben, verlieren die meisten kaum an Gewicht. Die meisten, die an Gewicht verlieren, nehmen wieder zu" (1979, S. 515).

Seit 1962 wurden verhaltenstherapeutische Konzepte zunehmend differenzierter erarbeitet, auf ihre Effizienz hin untersucht und in den siebziger Jahren breiteren Kreisen von Betroffenen zugänglich gemacht. Allen Programmen gemeinsam ist das Ziel, den Eßstil Adipöser so zu beeinflussen, daß längerfristig Gewichtskonstanz erreicht wird. Folgende Prinzipien bilden die Grundlage:

- Kontrolle der Nahrungsaufnahme und des Gewichtsverlaufs mit Hilfe von Patientenprotokollen
- Kontrolle der dem Essen vorausgehenden Reizbedingungen
- Modifikation des Eßvorganges (kleine Bissen, sorgfältiges Kauen, Pausen)
- Verstärkung des erwünschten Verhaltens durch unmittelbare Belohnung
- Aufbau von Alternativreaktionen
- Selbständige Kalorienplanung

Die Behandlung wird meist in Gruppen durchgeführt, bewährt haben sich auch sog. Ferntherapien (mit nur schriftlichem Kontakt zu Therapeuten). Ebenfalls mit Erfolg bieten große Organisationen, kommerziell (z. B. die Weight-Watchers) oder als Selbsthilfegruppen tausenden von Mitgliedern Hilfe an.

Bei kritischer Betrachtung haben die Ergebnisse der Verhaltenstherapie den anfänglichen Optimismus allerdings nicht bestätigt. Der Therapieerfolg ist ausgesprochen variabel, die Abbrecherquoten sind je nach Patientenauswahl teilweise hoch und die Langzeitergebnisse weniger befriedigend als erhofft. Insbesondere scheinen auch die verhaltenstherapeutischen Verfahren die Bedürfnis- und Motivationsstruktur der unteren Sozialschichten nicht ausreichend zu berücksichtigen.

Für eine effizientere verhaltenstherapeutische Bekämpfung der „Volkskrankheit" Adipositas ergeben sich folgende Forderungen: weitere sozialepidemiologische Untersuchungen und differentielle Therapiestudien mit dem Ziel differenzierterer Berücksichtigung von Strukturen bestimmter sozialer Gruppen und individueller Bedürfnisse.

2 Anorexia nervosa

2.1 Symptomatik

An der *Anorexia nervosa* (treffender sind die syn. deutschen Begriffe Pubertätsmagersucht und psychogene Magersucht) erkranken am häufigsten junge Mädchen von 12–25 Jahren mit einem Gipfel im Alter von 15–18 Jahren. Die Abmagerung beginnt mit einer zunächst harmlos erscheinenden Diät, die nach Wochen oder wenigen Monaten Eigendynamik entwickelt und zu einer Abnahme von 20–50% des bisherigen Körpergewichts führt. Die erwünschte Abmagerung wird nicht selten durch Einnahme bzw. Mißbrauch von Abführmitteln und Appetitzüglern sowie selbst provoziertem Erbrechen unterstützt. Die Erkrankung ist außerdem durch folgende psychosomatische Auffälligkeiten charakterisiert:

- eindrucksvolle Hyperaktivität
- bizarre Eßgewohnheiten
- Verleugnung der Bedeutung der Kachexie
- oft quälende Besetztheit durch Phantasien, die sich auf Nahrung beziehen

- fehlende Autarkie hinsichtlich des eigenen Fühlens, Denkens und Handelns
- Körperschemastörung und extreme Unsicherheit gegenüber den eigenen Körperfunktionen
- Rückzug aus sozialen Kontakten
- Amennorhoe, meistens sekundär und mit Einsetzen vor Beginn der extremen Hungerphase

Ohne oder bei unzureichender Behandlung liegt die Sterblichkeitsrate bei etwa 10%. Von der Kerngruppe der Magersüchtigen sollten Verläufe mit mehr oder weniger ausgeprägten psychotischen Störungen abgegrenzt werden, eine Abgrenzung, die besonders bei männlichen Anorexiepatienten wichtig ist.

2.2 Epidemiologie

Die *Epidemiologie* der Anorexia nervosa ist bisher noch unzureichend untersucht worden. Die Krankheit wird in allen Ländern mit Nahrungsüberfluß beobachtet und kommt in den oberen Sozialschichten häufiger vor. Die Angaben über Häufigkeit und Geschlechtsverteilung differieren stark. Es wird geschätzt, daß während der Adoleszenz etwa 1% der Mädchen und 0,1% der Jungen an der Anorexie erkranken. Nach anderen Angaben ist der Anteil männlicher Patienten (deren Altersgipfel bei der Erstmanifestation mit 12 Jahren auffällig früher liegt) wesentlich geringer.

2.3 Ätiologie

Für die *Pathogenese* sind gesellschaftlich-kulturelle, familiäre und intrapsychische Faktoren von Bedeutung.

Die Anorexia nervosa wird seit dem Ende des 19. Jahrhunderts zunehmend häufiger beobachtet. Es ist wahrscheinlich, daß ihr Auftreten mit dem Aufkommen des Industriezeitalters und der damit einhergehenden Erschütterung traditioneller Familienstrukturen zusammenhängt. (So erfüllt die Magersüchtige in ihrem anorektischen Widerspruch zwar einerseits patriarchalische Ideale von der passiven, gehorsamen, sich aufopfernden oder an Schlankheitsdiktate angepaßten Frau in übertriebener Weise, verweigert aber andererseits die Übernahme der weiblichen Geschlechtsrolle bis in biologische Funktionen hinein).

In den letzten Jahren sind Familientherapeuten wie SELVINI PALAZZOLI und MINUCHIN zu einem konsequent interaktionellen Verständnis der Anorexia nervosa gekommen. „Magersuchtfamilien" zeichnen sich durch eine eigentümliche Familienideologie und Rollenverteilung aus: Vorrang von Familienzielen gegenüber der Selbstverwirklichung einzelner Mitglieder; starker Zusammenhalt mit übermäßiger Abhängigkeit voneinander; über-protektive Haltung; starre Fixierung auf bestimmte moralische Prinzipien; komplementäre Beziehung zwischen Eltern und Kindern; geringe Lustbetonung. Die Kranke selbst rebelliert zwar mit ihrem „Hungerstreik", unterstützt aber andererseits die homöostatische Tendenz der Familie, indem sie diese in ihrer gemeinsamen Sorge um ihre Magerkeit noch ausweglos zusammenschweißt.

Nach psychoanalytischem Modell wird die Motivation für die anorektische Eßstörung in einer früh gestörten Mutterbeziehung gesehen, die zu einem in der Pubertät reaktivierten Triebkonflikt führt. Dieser wird „gelöst" durch die Ablehnung weiblicher Geschlechtsmerkmale und die Regression auf die orale Geschlechtsstufe. Von Analytikern, wie z. B. BRUCH wird die einseitig intrapsychische heute auch durch eine familiendynamische Sichtweise erweitert.

2.4 Behandlung

Die *Behandlung* besteht bei vital bedrohlicher Unterernährung in einer medizinischen Notfallversorgung. Zur längerfristigen Therapie sind bis heute folgende Konzepte entwickelt worden, die ausschließlich oder kombiniert angewendet werden:

- Stationäre Behandlung mit „Wiederauffütterung" über eine Magen-Dauersonde bei mehrwöchiger Bettruhe, hoch dosierter Neuroleptikamedikation und einem insgesamt strengen Regime im Umgang mit der Patientin, um deren manipulative und selbstschädigende Tendenzen einzuschränken

- Stationäre Behandlung mit verhaltenstherapeutischen Programmen, in denen das Schwergewicht auf operanter Reizkontrolle des Essens- und Gewichtsverhaltens liegt
- Einer psychoanalytischen Einzeltherapie sind wegen ihrer Widerstände nur wenige Magersüchtige zugänglich. Sie ist in der Regel nur in modifizierter Form und in Kombination mit einer auf Gewichtszunahme ausgerichteten Behandlung erfolgversprechend
- Die familientherapeutische Behandlung – in leichteren Fällen primär ambulant, in schwereren Fällen in Kombination mit einer anfänglich stationären verhaltenstherapeutischen Behandlung – erweist sich, wie die guten Ergebnisse von MINUCHIN u. a. nahelegen, zunehmend als die Methode der Wahl. Sie kann allerdings bisher erst in wenigen Zentren durchgeführt werden

Die *Prognose* ist in der letzten Zeit bei systematischer Behandlung besser geworden. Sie ist günstiger bei frühem Krankheitsbeginn, kurzer Krankheitsdauer bei Behandlungsbeginn, bei weniger tiefgehender neurotischer Störung mit Überwiegen hysterischer gegenüber zwanghaft-depressiven Persönlichkeitsanteilen und abgrenzbarer traumatischer Situation.

LITERATUR

BRUCH, H. *Eating disorders:* Obesity, anorexia and the person within. New York: Basic Books, 1973.
KÖHLE, K. und SIMONS, C. Anorexia nervosa. In T. v. UEXKÜLL (Hrsg.) *Lehrbuch der psychosomatischen Medizin.* München: Urban und Schwarzenberg, 1979.
MEYER, J. E. und FELDMANN, H. (Hrsg.) *Anorexia nervosa.* Stuttgart: Thieme, 1965.
MINUCHIN, S., ROSMAN, B. L. und BAKER, L. *Psychosomatic Families.* Cambridge: Harvard University Press, 1978.
PUDEL, V. *Zur Psychogenese und Therapie der Adipositas.* Berlin, Heidelberg, New York: Springer, 1978.
SELVINI PALAZZOLI, M. *Self-starvation.* London: Chaucer, 1974.
STUNKARD, A. J. Fettsucht. In T. v. UEXKÜLL (Hrsg.) *Lehrbuch der psychosomatischen Medizin.* München: Urban und Schwarzenberg, 1979.

Ethische Probleme der Psychotherapie

REINER BASTINE

1 Ethische Grundbegriffe

Die Ethik (= griech. die Lehre vom Sittlichen) beschäftigt sich allgemein mit dem moralischen Bewußtsein und Verhalten des Menschen. Psychologisch kann zwischen den grundlegenden Werthaltungen als abstrakten Konstrukten (*Ethos*), dem Wissen um diese Werthaltungen (*Wertbewußtsein*; *Gewissen*), den das praktisch sittliche Handeln regulierenden Verhaltensvorschriften (*moralischen Normen*) und dem ethisch verantwortlichen Verhalten (*moralisches Handeln*) unterschieden werden.

Es fällt dabei nicht leicht, bei der Begründung oder der Rechtfertigung psychotherapeutischen Handelns ethische von anderen Argumenten zu trennen, z. B. von wissenschaftlichen, juristischen, politischen, ökonomischen, pragmatischen. Zum Beispiel kann das „Prinzip der minimalen Intervention" (d. h. das Ziel, den Fremdeinfluß auf den Klienten möglichst gering zu halten) ebenso unter ethischem Aspekt („möglichst geringes Eindringen in persönliche Bereiche"), wie unter wissenschaftlichen („selbstgesteuerte Veränderungen sind dauerhafter als fremdgesteuerte") und ökonomischen („möglichst wenig Inanspruchnahme an therapeutischer Kapazität") Gesichtspunkten betrachtet werden.

Grundsätzlich lassen sich zwei ethische Argumentationsweisen unterscheiden (vgl. SCHULER 1980):

Die *utilitaristische Ethik* beurteilt den moralischen Wert einer Handlung allein nach ihren Konsequenzen, die in ihrer Gesamtheit gegeneinander abgewogen werden, z. B. indem ihre Auswirkungen für die betroffenen Personen, für die Gesellschaft und schließlich für die gesamte Menschheit beurteilt werden. Eine Handlungsweise wird dann für moralisch vertretbar gehalten, wenn sie unter Abschätzung ihrer verschiedenen Auswirkungen insgesamt als nützlich bewertet wird. In der Psychotherapie erscheint unter diesem Blickwinkel z. B. eine Behandlung dann vertretbar, wenn sie zu den angestrebten Veränderungen führt und gleichzeitig mögliche negative Begleiterscheinungen gering gehalten werden können.

Die *deontologische Ethik* geht von absoluten Grundwerten aus, die für sich genommen als moralische Wertmaßstäbe („Pflichten") angesehen werden. Derartige Grundwerte stellen z. B. die im Grundgesetz verankerten Menschenrechte dar. Der Anspruch einer ethischen Verbindlichkeit wird aber auch für rechtlich nicht fixierte Normen erhoben, die dann häufig ideologisch oder religiös begründet werden oder die aus einer wissenschaftlichen oder berufspraktischen Tradition erwachsen sind. Als deontologisch begründet kann das „Prinzip der Selbstanwendung" gelten, nach dem nur solche Behandlungen ethisch gerechtfertigt sind, denen sich der Therapeut auch selber unterziehen würde.

In der psychotherapeutischen Praxis sind utilitaristische oder deontologische Positionen selten in reiner Form anzutreffen. Häufiger werden beide Aspekte miteinander verbunden, z. B. in der ethisch begründeten Position, den Klienten grundsätzlich an der Zielbestimmung und den Behandlungsentscheidungen zu beteiligen, jedoch nur unter der Voraussetzung, daß dadurch der Behandlungserfolg nicht verhindert oder gefährdet wird. Eine andere Mischform ist der sog. *Regel-Utilitarismus*, nach dem Handlungen dann als moralisch richtig bewertet werden, wenn sie mit einem für die Menschheit als nützlich angesehenen Prinzip übereinstimmen. So kann das Therapieziel „Förderung der Selbsterkenntnis" damit begründet werden, daß selbsterkenntnisfähige Personen psychisch insgesamt funktionsfähiger und damit für die Gesellschaft nützlicher sind.

Diese Beispiele machen schon deutlich, daß die in der Psychotherapie vertretenen moralischen Werte sich keineswegs nur auf *eine* ethische Grundhaltung zurückführen lassen. Unterschiedliche ethische Positionen vermitteln bereits die Therapieschulen, die aufgrund ihrer historischen Entwicklung ethische Akzente setzen und verschiedene Wertmaßstäbe als für sich verbindlich ansehen (→**Menschenbilder**). Dabei sind auch ähnliche Behandlungsziele oder -mittel durchaus ethisch unterschiedlich zu begründen. Die ethischen Normen und Regelungen sind gleichzeitig im Zusammenhang mit gesellschaftlichen Entwicklungen zu sehen und können als Ausdruck der gesellschaftlichen Stellung der Psychotherapie betrachtet werden.

2 Probleme der psychotherapeutischen Praxis

Bei allen psychotherapeutischen Entscheidungen sind ethische Gesichtspunkte beteiligt, da sich das praktische Handeln an Zielen und Normen orientiert und damit Wertungen einschließt (GROEBEN & SCHEELE 1977). Ethische Probleme sind ein Teil der selbstverständlichen und alltäglichen psychotherapeutischen Berufspraxis, und sie werden nicht nur in extremen Fällen sichtbar. Bereits die Entscheidung, welche Person als psychotherapeutisch behandlungsbedürftig angesehen wird, hat ethische Implikationen, die u. a. mit der Theorie psychischer Störungen (→**Krankheitsbegriff**) und mit Versorgungsaspekten (→**Versorgung**) zusammenhängen.

In der Psychotherapie stellen die Entscheidungen über Behandlungsziele und -methoden sowie die Beziehungen zu den Auftraggebern wichtige ethische Problembereiche für den Therapeuten dar.

2.1 Auswahl von Zielen und Methoden

Im Zusammenhang mit den Behandlungszielen treten ethische Probleme in erster Linie bei der Zielbestimmung auf: welche Ziele sollen in der Behandlung erreicht werden und von wem und in welcher Weise sind diese Ziele festzulegen? Eine leider zu einfache Antwort – die gleichwohl von einigen Therapieschulen vertreten und theoretisch begründet wird – ist, daß der Klient die Behandlungsziele selbst bestimmen soll. In vielen Fällen wird der Klient jedoch gerade in der Zielbestimmung Schwierigkeiten haben, wenn beispielsweise seine Ziele im Widerspruch mit sozialen Anforderungen stehen oder wenn er sich Ziele setzt, die seine psychischen Probleme eher fördern als beseitigen (z. B. durch zu hohe Ansprüche an sich selbst). Klienten können auch im Konflikt zwischen verschiedenen Zielen stehen oder so verunsichert sein, daß sie sich eine klare Perspektive nicht zutrauen (zu Prozessen der Zielbestimmung vgl. BASTINE 1978, 1980) (→**Ziele**).

Für den Therapeuten stellt sich dabei die ethische Frage, inwieweit er sich in die Zielbestimmung des Klienten „einmischen" darf oder sogar muß. Die Positionen variieren beträchtlich: von der Ablehnung jeglicher Direktive reicht das Spektrum bis hin zur Auffassung, daß der Therapeut dafür verantwortlich ist, dem Klienten bei der Zielbestimmung aktiv zu helfen. Als ethische Norm wird dabei häufig die *Transparenz* der Zielbestimmung unter dem Gesichtspunkt gefordert, dem Klienten eine weitgehende Beteiligung und damit Gleichberechtigung bei wichtigen Behandlungsentscheidungen zu ermöglichen.

In ähnlicher Weise stellen sich bei der Auswahl der Behandlungsmethoden ethische Probleme: Inwieweit kann oder soll der Klient bei diesen Entscheidungen beteiligt sein? An den Therapeuten wird häufig die ethisch begründete Anforderung gestellt, in der Auswahl der Behandlungsverfahren möglichst geringe Risiken einzugehen („primum nihil nocere"; Ausschalten unerwünschter Nebenwirkungen; Verhindern negativer Konsequenzen). Aus den gleichen Gründen sollte er ein möglichst effektives (= wirksames) und effizientes (= ökonomisch wirksames) Verfahren wählen (→**Psychotherapie-Effekte**). Erst durch die genaue Begründung dieser normativen ethischen Regeln ließe sich entscheiden, ob hier utilitaristische oder deontologische Positionen vertreten werden, etwa wenn sich die Argumentation auf die Nützlichkeit oder auf die Humanität dieses Vorgehens stützen würde.

Ethische Vorbehalte werden vor allem gegenüber massiv beeinflußenden Methoden gemacht, deren Wirkung erst bei Überschreiten einer bestimmten Schwelle einsetzt und die daher nicht graduell abzustufen sind (unter medizinischen Methoden z.B. Elektroschocks, aber auch *Konfrontationsverfahren*, suggestive Techniken (→**Hypnose**) oder Bestrafungsmethoden).

Aber auch die schleichende, fast unmerkliche *Manipulation* des Klienten in der Psychotherapie wird ethisch problematisiert: bei diesen subtilen und undramatischen Beeinflussungen, in denen der Therapeut häufig den individuellen Bezugsrahmen des Klienten aufnimmt und die allmählich zu einer Veränderung des Klienten führen, wird die Gefahr der Anpassung des Klienten – insbesondere an die Normen des Therapeuten – als besonders groß eingeschätzt. Ethisch erscheint ein sich unter der Bewußtwerdensschwelle des Klienten sich vollziehender Veränderungsprozeß bedenklich („manipulativ"), weil der Klient den normierenden Einfluß nicht bemerkt und sich deshalb gegen ihn auch nicht zur Wehr setzen kann.

Die ethischen Probleme der Behandlungsziele und -verfahren sind auf die strukturellen Bedingungen der Psychotherapie zurückzuführen: eine prinzipiell psychisch intakte Person soll einer anderen Person, die in der Bewältigung ihrer (psychischen) Probleme nicht zurecht kommt, helfen. Die intakte Person ist für diese Hilfe speziell ausgebildet und setzt ihre geschulten Kenntnisse und Fertigkeiten in professionellem Rahmen ein. Die dadurch definierte spezifische Rollenungleichheit von Klient und Therapeut führt zu Wertkonflikten mit Menschenrechten, die ein ethisch verantwortliches Abwägen verschiedener Normen notwendig machen.

2.2 Beziehungen zu Auftraggebern

In der ambulanten Behandlung von Erwachsenen ist der Klient meist unmittelbarer Auftraggeber des Therapeuten. Daneben ist der Therapeut aber auch anderen, nicht so offensichtlichen Auftraggebern verpflichtet, die in Konfliktfällen ihre Ansprüche anmelden. In Frage kommen hier vor allem die Träger der therapeutischen Institutionen sowie Partner oder Familie des Klienten, nicht zuletzt jedoch auch Staat und Gesellschaft. Aus diesen mehrfachen Verpflichtungen und den damit verbundenen verschiedenen Interessen können Probleme erwachsen: Der Therapeut wird Informationen von und über den Klienten erhalten, die für die anderen Auftraggeber von großer Bedeutung sein können, z.B. wenn der Klient sich selbst oder anderen Personen Schaden zufügen will, oder wenn es sich in der Behandlung herausstellt, daß er nicht mehr selbstverantwortlich handlungsfähig ist.

Der Therapeut wird hier zwischen dem Schutz des Klienten (vor sich selbst und vor anderen) und dem Schutz anderer Personen abwägen müssen, wobei er sich auch an den rechtlichen Grundlagen seiner Berufstätigkeit orientieren muß (→**rechtliche Grundlagen**).

3 Ethische Probleme in der Psychotherapie-Forschung

Auf den ersten Blick rechtfertigen sich psychotherapeutische Forschungsvorhaben häufig durch ihre direkte gesellschaftliche und praktische Relevanz, da sie Wirksamkeit und Wirkungsweisen der Psychotherapie festzustellen suchen, die dann zu einer Verbesserung der psychotherapeutischen Versorgung beitragen können (→**Psychotherapieforschung**, →**Psychotherapie-Effekte**). Bei der Durchführung dieser Forschungen ergeben sich allerdings eine Reihe von ethischen Fragen, deren Beantwortung nicht nur von den individuellen Behandlungsinteressen ausgehen darf, sondern auch die angestrebten Forschungsergebnisse berücksichtigen muß, die ja einer größeren Anzahl von zukünftigen Klienten zugute kommen sollen.

Die ethische Vertretbarkeit eines Forschungsvorhabens kann unter vielen Gesichtspunkten überprüft werden: So wird vorgeschlagen, daß bei einem Vergleich von Therapieformen die Behandlungsalternativen möglichst gleichwertig sein sollen. Kontrollgruppen sind nur dort einzusetzen, wo über die Wirksamkeit einer neuen Behandlung noch keine gesicherten Erkenntnisse vorliegen (BIEFANG, KÖPCKE & SCHREIBER 1979). Bei der Auswahl von Klienten bei riskanten Interventionen dürfen unterprivilegierte Personen (z.B. Gefängnis- und Anstaltsinsassen, Angehörige der sozialen Unterschicht, Kinder) nicht überproportional häufig zu Untersuchungen herangezogen werden. Zudem sollen der Forschungsplan wissenschaftlich sinnvoll, Schäden und Nutzen der Untersuchung ausgewogen und die Forscher kompetent sein. Aber selbst durch diese Maximen und operativen Regeln sind nicht alle ethischen Probleme zu entscheiden. Als übergeordnetes Prinzip kann z.B. gelten, ob der Forscher bereit ist, die Untersuchung an sich selbst oder an seinen Angehörigen durchzuführen (*Prinzip der Selbstanwendung*). Als Möglichkeiten der ethischen Sicherung und Entlastung (vgl. SCHULER 1980) werden drei Wege vorgeschlagen: Die Einwilligung des Klienten zur Teilnahme, nachdem dieser über Ziele, Vorgehen und Risiken des Forschungsvorhabens aufgeklärt ist (*Zustimmung nach Information*), die Sicherung der *Freiwilligkeit* der Teilnahme und die umfassende *Aufklärung* nach Abschluß der Untersuchung. Betrachtet man unter diesen Aspekten die Psychotherapie-Forschung, dürften wahrscheinlich nur wenige Forschungsprogramme den hier formulierten ethischen Prinzipien in strikter Weise entsprechen.

4 Ethische Normen für Psychotherapeuten

Psychologische und ärztliche Berufsverbände haben ethische Standards entwickelt, die auch die Tätigkeit von Psychotherapeuten regeln (vgl. auch AABT 1977).

Für die *American Psychological Association* (APA 1977) sind „Ethische Standards für Psychologen" verbindlich, die in einer Präambel die grundsätzliche Bereitschaft des Psychologen bekräftigen, die Würde und den Wert des Individuums zu respektieren und die fundamentalen Menschenrechte zu wahren und zu schützen. Danach werden neun Prinzipien für die berufliche Tätigkeit formuliert; einige dieser Prinzipien sind:

- *Verantwortlichkeit* (Objektivität und Integrität, Übernahme von Verantwortung für die Konsequenzen der eigenen Arbeit)
- *Kompetenz* (Tätigwerden im Rahmen der wissenschaftlichen Erkenntnisse, Erkennen der Grenzen der eigenen Kompetenz)
- *Vertraulichkeit* (Sicherung der Informationen über Klienten gegen äußeren Zugriff)
- *Wohlergehen des Klienten* (Respektieren und Sichern des Wohlergehens des Klienten, volle Information über Ziele und Mittel der psychologischen Maßnahmen).

Die „Berufsethischen Verpflichtungen für Psychologen" des *Berufsverbandes deutscher Psychologen* (BdP 1980) enthalten ethische Normen, die sich – insbesondere in ihren allgemeinen Grundsätzen – eng an die Prinzipien des APA-Kodex anlehnen. In speziellen Tätigkeitsbereichen des Psychologen werden ethische Normen entwickelt in Hinblick auf Beziehungen zum Klienten, Beziehungen zum Auftraggeber, Forschungstätigkeit, Lehrtätigkeit und Publikation, Anbieten psychologischer Dienste in der Öffentlichkeit und Beziehungen zu Berufskollegen und Fachleuten verwandter Berufsrichtungen. Diese speziellen Grundsätze sind soweit expliziert, daß sie dem Psychotherapeuten konkrete Entscheidungshilfen geben können. So regeln die Grundsätze für die Beziehung zum Klienten im einzelnen das Verhalten bei Interessenkonflikten mit Auftraggebern, die Informationsverpflichtung über Möglichkeiten und Grenzen der psychologischen Arbeit, die Honorarregelungen, den Verzicht auf die Behandlung von Verwandten und Freunden, den Verzicht auf das Verfolgen persönlicher Interessen, die rechtzeitige Beendigung der Beziehung zum Klienten usw.

5 Probleme der Umsetzung ethischer Normen

Die berufsständischen Normenkataloge haben – insbesondere durch die Verbindung von ethischen Grundsätzen mit berufsspezifischen Interessenskonflikten – zunächst eine problemsensibilisierende Funktion. Der Psychotherapeut findet hier eine Reihe von alltäglichen Situationen seiner Berufspraxis wieder, deren ethische Problematik verdeutlicht wird und die sein ethisches Problembewußtsein schärfen.

Dieser berufsbezogene Ethik-Kodex wird in Lehre und Ausbildung auch eine normenbildende Funktion erhalten, da den auszubildenden Therapeuten Handlungsmodelle angeboten werden, die bestimmte ethische Grundsätze verwirklichen (→ **Ausbildung**). Diese ethischen Aspekte nehmen auch Einfluß auf die berufsbegleitende *Supervision*.

Probleme mit der Umsetzung ergeben sich u. a. durch die teilweise idealistisch hohen Anforderungen, die an die Beteiligten gestellt werden (z. B. auf Seiten des Therapeuten: „Verzicht auf persönliche Interessen") und durch Konflikte, in denen unterschiedliche ethische Auffassungen aufeinandertreffen.

Treten derartige Konflikte auf, können verschiedene Bewältigungsstrategien gewählt werden; eine Übereinstimmung darüber, welche Wege eingeschlagen werden sollen, besteht allerdings nicht. Die vermutlich häufigste Form der Konfliktregelung zwischen Klient und Therapeut, die allerdings meist nicht als solche sichtbar wird, besteht in der Auflösung des therapeutischen Vertrages, indem z. B. Klient oder Therapeut die Behandlung abbrechen oder beenden. Ein anderer Lösungsweg kann darin bestehen, daß ein Einverständnis darüber entwickelt wird, einer der beteiligten Personen eine primäre Verantwortung einzuräumen. Denkbar erscheinen auch andere Möglichkeiten, die allerdings wohl seltener gewählt werden. So kann ein offener Meinungsbildungsprozeß in Gang gesetzt werden, der das Ziel hat, einen Konsens unter den Beteiligten zu erreichen. Andererseits könnten auch unabhängige Personen oder Gremien zur Entscheidungshilfe und zur Einleitung von Konsequenzen herangezogen werden.

Der Umgang mit fundamentalen Wertekonflikten ist auch im Bereich der Psychotherapie noch nicht genügend weit entwickelt, obwohl die Probleme gerade in diesem Bereich häufig auftreten. Immerhin ist in den letzten Jahren das Bewußtsein gestiegen, daß hier Defizite bestehen, über die intensiv nachgedacht werden muß.

LITERATUR

AMERICAN PSYCHOLOGICAL ASSOCIATION (APA) *Ethical standards of psychologists*. Washington, D. C.: APA, 1977.
ASSOCIATION OF ADVANCEMENT OF BEHAVIOR THERAPY (AABT) Ethical issues for human services. *Behavior Therapy*, 1977, 8, V–VI.
BASTINE, R. Strategien psychotherapeutischen Handelns. In F. REIMER (Hrsg.): *Möglichkeiten und Grenzen der Psychotherapie im psychiatrischen Krankenhaus*. Stuttgart: Thieme, 1978, 59–66.
BASTINE, R. Adaptive Indikationen in der zielorientierten Psychotherapie. In U. BAUMANN (Hrsg.): *Indikation zur Therapie psychischer Störungen*. München: Urban und Schwarzenberg, 1980 (im Druck).
BERUFSVERBAND DEUTSCHER PSYCHOLOGEN (BdP) Berufsethische Verpflichtungen für Psychologen. *Report Psychologie*, 1980, *1*, 18–21.
BIEFANG, S., KÖPCKE, W. & SCHREIBER, M. A. *Manual für die Planung und Durchführung von Theoriestudien*. Heidelberg: Springer, 1979.
GROEBEN, N. & SCHEELE, B. *Argumente für eine Psychologie des reflexiven Subjekts*. Darmstadt: Steinkopff, 1977.
HELMCHEN, H. & MÜLLER-OERLINGHAUSEN, B. (Hrsg.) *Psychiatrische Therapie-Forschung. Ethische und juristische Probleme*. Berlin: Springer, 1978.
SCHULER, H. *Ethische Probleme psychologischer Forschung*. Göttingen: Verlag für Psychologie, 1980.
VAN HOOSE, W. E. & KOTTLER, J. A. *Ethical and legal issues in counseling and psychotherapy*. San Francisco: Jossey-Bass, 1977.

Etikettierung

Heinrich Keupp

1 Begriff

Im Rahmen psychotherapeutischer Konzeptbildung erlangt der Prozeß der Etikettierung dadurch Bedeutung, daß er als wichtige Variable im Entstehungs- und Stabilisierungsprozeß *abweichenden Verhaltens* nachgewiesen worden ist. Vor allem die sog. *Labeling-Perspektive* (auch „Etikettierungstheorie" genannt) hat einer rein ätiologisch ansetzenden Erklärung psychopathologischer Phänomene die Legitimität ihres Anspruchs bestritten, psychische Störungen als Phänomen zureichend erklären zu können.

Etikettierung steht als Kürzel für eine Form des allgemeinen Vorgangs der Kategorisierung von Ereignissen. Der negative Bedeutungshof von Etikettierung bezieht sich auf jene Kategorisierungsprozesse, die auch als *Stereotypenbildung* bekannt sind. In ihnen herrscht eine Orientierung auf bestimmte Objektbereiche oder Personen vor, die eine Übervereinfachung von Informationsvielfalt und eine reduktive Vernachlässigung von Realität zur Voraussetzung hat. Etikettierung bedeutet die Anwendung eines Kategoriensystems auf eine komplexe Ereignisvielfalt, in der über das notwendige Ausmaß einer ordnenden Komplexitätsreduktion hinaus in einer Form Typen gebildet werden, die für notwendige Differenzierungen keine Abbildungsmöglichkeiten mehr haben. Im Vorgang der Etikettierung steckt zugleich eine Tendenz der Überverallgemeinerung einer Handlungsweise oder eines Persönlichkeitsmerkmals auf die gesamte Person (z. B. wird aus einer übermäßig Alkohol konsumierenden Person ein „Alkoholiker").

Etikettierung ist ein Prozeß, der im sozialen Handeln des Alltags beständig zum Einsatz kommt (Steinert 1979). Bezogen auf psychische Probleme wirkt er in der Weise, daß er Verhaltensweisen, die aus den Normalitätserwartungen herausfallen, einer Spezialkategorie zurechenbar macht. Ungewöhnliche Handlungen verlieren erheblich dadurch von ihrer bedrohlichen Qualität, daß sie als „psychisch krank" bezeichnet und damit einer Kategorie zugerechnet werden können, für die eigene Ursachenerklärungen in „pragmatischen Alltagstheorien" (Keupp 1976) verfügbar sind und für die es spezialisierte Institutionen und professionelle Zuständigkeiten gibt.

2 Diagnostik und Etikettierung

In der Diskussion um Etikettierungsprozesse in der Klinischen Psychologie und Psychiatrie und speziell gegen ihre Diagnoseverfahren tauchen zunehmend Einwände auf, die den negativen Einfluß diagnostischer Aussagen für die betroffene Person für gewichtiger halten als den möglicherweise positiven einer professionellen Intervention, der aus einer spezifischen Diagnosestellung folgt. Die Einwände sind sehr unterschiedlich radikal in ihrer *Ablehnung diagnostischer Kategorisierung:*

- In der *antipsychiatrischen Bewegung* wird jede Diagnose als Form der Gewaltausübung bezeichnet. Über eine Diagnose wird eine Person der Zuständigkeit der Psychiatrie überantwortet und damit einem gewaltförmigen System sozialer Kontrolle.

- In der Kritik der theoretischen Grundlagen psychiatrischer und psychologischer Diagnostik (z. B. des „medizinischen Modells" oder einer statischen Persönlichkeitstheorie) wird der routinehaften Durchführung diagnostischer Urteils- und Entscheidungsprozesse die Basis bestritten (→**Krankheitsbegriff**). In der wiederholt nachgewiesenen *mangelhaften Validität* klinischer Diagnosen wird der Beweis für die Berechtigung dieser Kritik gesehen. Die Kritik hat besondere empirische Substanz dort, wo es um die Fragwürdigkeit einer *„dispositionellen Diagnostik"* geht, die in Eigenschaften der Person die alleinige Ursache für Verhaltensauffälligkeiten sieht. Dieser Form der Diagnostik haben Weiterentwicklungen in der Persönlichkeitspsychologie, Testtheorie und Klinischen Psychologie ihre Legitimation genommen.
- Mit den vielfältig geführten empirischen Nachweisen, daß in die psychiatrische und klinisch-psychologische Urteilsbildung *soziale Einflüsse* eingehen, die mit der spezifischen Verhaltensauffälligkeit nichts zu tun haben, wird dem Vorwurf der Etikettierungsfolgen von klinischen Diagnosen weitere Nahrung gegeben. So konnte gezeigt werden, daß bei einer spezifischen Devianz der Schweregrad in Abhängigkeit von der Schichtzugehörigkeit des Klienten unterschiedlich beurteilt wurde.
- Die *institutionellen Routinen* in der Diagnosestellung bieten einen weiteren Angriffspunkt. So konnte empirisch nachgewiesen werden, daß das behandelnde Personal in psychiatrischen Kliniken nicht in der Lage ist, Versuchspersonen, die ein Krankheitsbild simulieren, von echten psychiatrischen Patienten während der Aufnahmegespräche oder während des stationären Aufenthalts zu unterscheiden. Der bloße Akt der Überweisung einer Person an eine psychiatrische Klinik enthält einen hohen Grad an Wahrscheinlichkeit, daß die betreffende Person einer Krankheitskategorie diagnostisch zugeordnet wird.
- Der vielleicht gewichtigste Einwand gegen diagnostische Etikettierung leitet sich von der Tatsache ab, daß eine psychiatrische Diagnose nicht nur einen Behandlungsstatus innerhalb der Institutionen der psychosozialen Versorgung festlegt, sondern einen in hohem Maße *stigmatisierten Status* im gesellschaftlichen Alltag bedingt. Die Probleme der sozialen Wiedereingliederung ehemaliger psychiatrischer Patienten in alltägliche soziale Beziehungen und in den Beruf beweisen dies sehr deutlich.

3 Konsequenzen

Die angeführten Punkte zeigen, daß die Diskussion um die Etikettierung sich nicht ausschließlich auf den Kategorisierungsprozeß und seine fragwürdigen kognitiven Reduktionen bezieht, sondern die Anwendung von Kategorien auf eine bestimmte Handlung oder Person ebenso einbegriffen wie die Konsequenzen dieser Anwendung für die Person und ihren sozialen Status. Den Zusammenhang dieser Variablen versucht der *Labeling-Ansatz* (SCHEFF 1973, TROJAN 1978) in eine geschlossene theoretische Perspektive zu integrieren. Den zentralen Kern der Labeling-Perspektive bildet die Frage, durch welche alltäglichen, professionellen und institutionalisierten Verfahrensweisen jene Wirklichkeit hergestellt wird, die psychisches Leiden ausmacht. Von dieser Frage her werden weitere Fragen möglich, die sich auf unterschiedliche Reaktionsweisen auf Devianz beziehen und auf Alternativen zu einer bestehenden Praxis, die in einem Übermaß zu etikettierenden Nebenwirkungen führt.

- Stereotypen über psychische Krankheit in der Bevölkerung können durch aufklärerische *Medienarbeit* erheblich verändert werden in Richtung auf mehr Toleranz und Einstellungen, die aus Abweichung nicht sofort das „qualitativ Andere" machen, sondern sie als nachvollziehbare Reaktion auf spezifische Lebensbedingungen verständlich zu machen suchen.
- Verzicht auf eine dispositionell attribuierende Diagnostik und Entwicklung von professionellen Verständigungssystemen über psychische Probleme, die den komplexen Einwirkungszusammenhang von persönlichkeitspsychologischen, situativen und sozioökonomischen Faktoren wiederzugeben vermag. Für eine kompe-

tente professionelle Tätigkeit ist *eine auf therapeutische Handlungsmöglichkeiten orientierte problemlösende Diagnostik* erforderlich und keine einen Zustand festschreibende Kategorienbildung (→**Problemanalyse**). Unter therapeutischen Imperativen ist ebenso eine Verwendung von diagnostischen Etiketten in der Aktenführung über Patienten verzichtbar. Sie würde nur eine administrative Verfahrenspraxis begünstigen, die den sozialen Status einer Person erheblich negativ beeinflussen könnte.

- Abbau von Institutionen, die ihrer inneren Logik folgend zu diagnostischer Sortierung zwingen, die zugleich ohne gezielte therapeutische Konsequenzen bleibt. Großkliniken mit mehreren hundert oder tausend Betten haben keine Chance, auf die spezifischen Lebensschwierigkeiten einer eingewiesenen Person einzugehen und sie haben ebenso keine Möglichkeit, Alltagsbedingungen und die spezifischen Belastungen in der Lebenswelt des Patienten aufzunehmen. Daraus folgt eine von der Spezifik des Einzelfalls abstrahierende Form der Krankheitsfeststellung, die ein nicht mehr kontrollierbares Übermaß stigmatisierender Etikettierung zur Folge hat. In gemeindenahen ambulanten und stationären Diensten läßt sich eine Form helfender Interaktion aufbauen, die auf die traditionelle Diagnostik tendenziell zu verzichten vermag (→**Gemeindepsychologie**, →**Sozialpsychiatrie**, →**Organisationsformen**, →**Versorgung**).

Literatur

Keupp, H. *Abweichung und Alltagsroutine*. Hamburg: Hoffmann und Campe, 1976.

Scheff, T. J. *Das Etikett „Geisteskrankheit"*. Soziale Interaktion und psychische Störung. Frankfurt: Fischer, 1973.

Steinert, H.: Etikettierung im Alltag. In A. Heigl-Evers (Hrsg.) *Lewin und die Folgen. Die Psychologie des 20. Jahrhunderts*. Bd. VIII. Zürich: Kindler, 1979, S. 388–404.

Stumme, W. *Psychische Erkrankungen im Urteil der Bevölkerung*. München: Urban & Schwarzenberg, 1975.

Trojan, A. *Psychisch krank durch Etikettierung?* Die Bedeutung des Labeling-Ansatzes für die Sozialpsychiatrie. München: Urban & Schwarzenberg, 1978.

Exploration in der Psychotherapie

Bernd H. Kessler

1 Begriff

Der Begriff „Exploration" umfaßt im psychotherapeutischen Bereich im weitesten Sinne eine mündliche oder schriftliche Interaktion zwischen dem Therapeuten (Explorator) und einem oder mehreren Klienten (Befragten), mit dem Ziel, Informationen zur Planung und Steuerung des diagnostisch-therapeutischen Prozesses zu erhalten. Eine solche weite Definition bringt Abgrenzungsprobleme zu anderen Vorgehensweisen eines Therapeuten, etwa der therapeutisch orientierten Gesprächsführung oder der Fragebogen- und Testdiagnostik. Im engeren Sinne kann unter der Exploration eine eher diagnostisch ausgerichtete Informationssammlung in mündlicher Form verstanden werden. Benachbarte Begriffe mit ähnlicher Bedeutung sind: Anamnese, Gespräch, biographische Erhebung, Interview (vgl. SCHMIDT & KESSLER 1976).

Die Bedeutung der Exploration als diagnostische Strategie ist in den Berufsfeldern mit psychotherapeutischen Aufgaben sehr hoch anzusetzen. Sie ist das am meisten benutzte diagnostische Verfahren. Der vermutlich überwiegende Teil der Diagnosen und Entscheidungen basiert alleine auf den in der Exploration erhaltenen Aussagen und gemachten Beobachtungen.

Die Durchführung von Explorationen im klinischen Bereich ist sehr vielgestaltig. Befragungen können bei einem Klienten selbst, bei seiner sozialen Umwelt (Ehepartner, Eltern, Lehrer), von einzelnen oder mehreren Exploratoren und mit unterschiedlichen Zielsetzungen durchgeführt werden, wie z. B. anfängliche Präzisierung von Problemstellungen, Vorselektionen, Hypothesenbildungen und -abklärungen, Lenkung und Kontrolle therapeutischer Maßnahmen oder Katamnesen. Die wesentlichsten inhaltlichen, kommunikations- und trainingsbezogenen Aspekte des Verfahrens seien im folgenden kurz zusammengefaßt.

2 Inhalte der Exploration

Die Inhalte der Exploration richten sich einerseits nach der psychotherapeutischen Methode und den ihr zugrundeliegenden theoretischen Annahmen. Ein verhaltenstherapeutisches Eingangsgespräch setzt beispielsweise gänzlich andere Schwerpunkte als ein psychoanalytisches Interview. Ersteres betont die gegenwärtigen Bedingungen, u. a. in der Umwelt, letzteres ist eher vergangenheits- und kindheitszentriert (→**Psychoanalyse**; →**Verhaltenstherapie**). Andererseits werden die Inhalte der Exploration auch von den Problemstellungen der Klienten, den Zielsetzungen der Therapie und den Anwendungsfeldern determiniert (→**Problemanalyse**). Die jeweils als relevant angesehenen Daten können sich unterscheiden, je nachdem, ob Phobien, Süchte oder Depressionen zu behandeln sind oder ob familienanamnestische oder kindertherapeutische, forschungs- oder praxisorientierte Befragungen anstehen (SCHMIDT & KESSLER 1976; LUTZ 1978) (→**Ängste**; →**Alkoholismus**; →**Drogenabhängigkeit**; →**Depression**).

2.1 Strukturiertheit

Die Inhalte einer Exploration können in Schemata und Leitfäden vorstrukturiert sein. Bei solchen *strukturierten Explorationen* werden die Fragen thematisch und in ihrer Abfolge festgelegt. Auch Auswertungen und Interpretationen sind oft mehr oder weniger standardisiert. *Halbstrukturierte Explorationen* weisen neben festgelegten Formulierungen Möglichkeiten zu freien Nachfragen auf. *Unstrukturierte Befragungen* legen den Explorator nicht durch vorgegebene Schemata fest. Die Nachteile der vollstrukturierten Befragungen liegen vornehmlich in der zwangsläufigen Begrenzung der Inhalte, in der mangelnden Flexibilität des Vorgehens und in dem Verlust der Spontaneität und Dynamik. Die Vorteile sind neben der günstigen Dokumentation primär in einer erhöhten Vergleichbarkeit und damit einer für Forschungszwecke größeren Angemessenheit zu sehen. Daraus ergeben sich entsprechend die Vor- und Nachteile gänzlich unstrukturierter Explorationen. In den letzten Jahren werden halbstrukturierte Befragungen wegen der ihnen in gleichem Maße eigenen Objektivität und Flexibilität vielfach bevorzugt. Mitzubedenken ist, daß die Ziele einer Exploration das Maß der Strukturiertheit bestimmen sollten. In den Eingangsphasen eines Interviews sind unstrukturierte Erhebungen zur Problemabklärung, -einengung und Hypothesenbildung günstiger.

2.2 Diagnostische Gütekriterien

Auch die Frage nach den *Gütekriterien* der Exploration ist weitgehend inhaltsbezogen. Die einfache Übertragung der Testgütekriterien (Validität, Reliabilität, Objektivität) auf die Exploration im therapeutischen Bereich ist nicht unproblematisch. Die Forderung, nur gültige und zuverlässige Informationen zu berücksichtigen, muß illusorisch bleiben. So fehlen, betrachtet man die Güte von einzelnen Informationen, weitgehend die Möglichkeiten zur Überprüfung der „wahren" Sachverhalte. Auch ist oft zu fragen, welche Bedeutung dem objektiven, überprüfbaren Sachverhalt gegenüber dem subjektiven (im obigen Sinne „falschen") Eindruck eines Befragten über diesen Sachverhalt zugemessen werden kann. Nicht zuletzt ist zu berücksichtigen, daß Begriffe zur Kennzeichnung von Sachverhalten und diagnostischen Kategorien in den einzelnen therapeutischen Schulen uneinheitlich und oft unklar definiert sind. Bewertet man somit die Exploration auf der Basis der klassischen Testgütekriterien, insbesondere mit Betonung der Einzelinformationen, muß das Urteil über die Güte des Verfahrens unbefriedigend sein (vgl. SCHMIDT & KESSLER 1976). Bezieht man das Urteil jedoch auf die Exploration als „Breitbandverfahren" und schließt das Kriterium der „*Nützlichkeit*" mit ein, so dürfte sie, vor allem bei *sequentiellen Strategien* (also bei mehrstufigen diagnostischen Entscheidungsabläufen) wesentlich günstiger zu bewerten sein. Auf der Grundlage der Befragung können Hypothesen gebildet werden, die gegebenenfalls durch spezifischere Verfahren abgeklärt werden können (CRONBACH & GLESER 1965). Auch kann zugunsten der Befragung eingeräumt werden, daß der übliche Klient, zumal er Hilfestellungen des Explorators erhält, im allgemeinen den guten Willen besitzt, Informationen nicht zu verfälschen (LINEHAN 1977).

3 Exploration als Kommunikation

Die klinische Exploration ist eine asymmetrische Kommunikation zweier Partner, eine verbale und nonverbale Interaktion von Experten und Hilfesuchenden. Die Qualität dieser *Beziehung* entscheidet bis zu einem gewissen Grade auch über die möglichen therapeutischen Fortschritte (→ **Therapeut-Klient-Beziehung**).

Die Einwirkung von Merkmalen des *Explorators* auf die Klienten ist häufig untersucht worden. Trotzdem fällt es schwer, die Ergebnisse so zusammenzustellen, daß allgemeingültige Regeln beschrieben werden können. Die Einflüsse der *Person* des Explorators (z. B. Alter, Geschlecht, Rasse, Ausbildungsstand) werden oft unter dem Aspekt systematischer Fehler überprüft, also bezüglich der generellen Neigung eines Explorators, einer bestimmten Aussage eine andere Bedeutung zuzumessen, als es ähnlich qualifizierte

Exploratoren tun würden. Der *Befragungsstil* des Explorators wird zumeist auf den Kontinua direktiv-nichtdirektiv und warm-kalt angeordnet. Besonderheiten der *Befragungstechniken* umfassen etwa die Art von Frageformulierungen, Antwortgeschwindigkeiten, Schweigen, Äußerungsdauer, Abstraktions- und Strukturiertheitsgrad oder Ausmaß des Nachfragens. Die Zusammenhänge zwischen Exploratorenmerkmalen einerseits und der Qualität diagnostischer Schlüsse, therapeutischen Erfolgskriterien oder auch nur bestimmter Verhaltensweisen des Befragten andererseits sind komplex (→**Therapeutenmerkmale**). Zwar sind in Teilbereichen einzelne Ergebnisse wiederholt bestätigt worden – so etwa, daß Selbstexplorationen von Befragten umso stärker auftreten, je ausgeprägter die gesprächstherapeutischen Kernvariablen auf Seiten des Explorators sind oder daß das Schweigen des Explorators bei Befragten mit hoher Auskunftsbereitschaft mehr Mitteilungen über persönliche Probleme erbringt, als wenn stark auf die Informationen eingegangen wird – aber diese Ergebnisse sind sicherlich nicht auf alle Problemstellungen und Klientenmerkmale zu verallgemeinern (→**Gesprächspsychotherapie**).

Die Effekte, die vom *Befragten* auf den Explorator oder aus der *Gesamtsituation* auf beide Partner ausgehen, sind gleichfalls oft, aber leider wenig unter differentiellen Gesichtspunkten, beschrieben worden. Ein hier zu erwähnender Untersuchungsbereich umfaßt die Effekte von Voreinstellungen des Explorators bei bestimmten Merkmalen des Befragten – wie Schichtzugehörigkeit, Geschlecht – oder bei Diagnosen, die dem Probanden zuvor von anderen Klinikern „angeheftet" wurden. LANGER & ABELSON (1974) zeigten beispielsweise in einem Experiment, daß dann, wenn Befragte als „Patienten" vorgestellt werden, einige Exploratoren mehr Auffälligkeiten bei ihnen zu erkennen glauben, als wenn diese Vorinformation nicht erfolgt.

4 Training für Exploration

Auf dem Felde der Unterrichtung in klinischen Explorationstechniken wird kontrovers argumentiert.

Eine erste gelegentlich formulierte Feststellung tituliert das Explorieren als „Kunst". Damit wird suggeriert, daß eine besondere Explorationsfertigkeit existiere, deren Erwerb jedoch Grenzen gesetzt seien. Inwieweit eine solche Annahme zutrifft, ist schwerlich zu beantworten, so lange unklar bleibt, was unter optimalem Explorationsverhalten zu verstehen ist. Andere argumentieren und belegen mit Daten, daß insbesondere bei weniger komplexen Fragestellungen erfahrene Experten sich hinsichtlich der Ergebnisse nicht von Anfängern unterscheiden. Solche Argumente würden ausgedehnte Interviewertrainings nicht allzu wichtig erscheinen lassen. Eine dritte Position unterstreicht die Notwendigkeit und die Möglichkeit des Eintrainierens der Interviewführung.

In der Regel werden in den Trainingsprogrammen einzelne Geschicklichkeiten über „*Microteaching*" unter Zuhilfenahme der Videotechnik eingeübt (z. B. KAGAN 1975). Dabei wird das gesamte Exploratorenverhalten in Einzelfertigkeiten aufgeschlüsselt (z. B. Reflektieren, aktives Zuhören, Zusammenfassen, Stellen offener Fragen) und systematisch und in kleinen Einheiten in Rollenspielen mit häufigem Feedback trainiert. Kritisch kann dazu gesagt werden, daß in den Trainingsprogrammen einzelne Lernziele und Fertigkeiten a priori als bedeutsam bezeichnet werden, ohne daß klar ist, in welchem Ausmaß ihre spätere Anwendung in einem Interview von Vorteil ist (vgl. auch GARFIELD 1979).

Damit die zweifelsohne notwendige Ausbildung im Explorieren der sehr komplexen und vielgestaltigen Praxis gerecht werden kann, sind daher vor allem sowohl experimentelle als auch naturalistische Untersuchungen mit Berücksichtigung differentieller Aspekte wichtig.

LITERATUR

CRONBACH, L. J. & GLESER, G. C. *Psychological tests and personal decisions*. Urbana: University of Illinois Press, 1965.
GARFIELD, S. L. Research on the training of professional psychotherapists. In A. S. GURMAN & A. M. RAZIN (Hrsg.) *Effective psychotherapy: A handbook of research*. Oxford: Pergamon, 1977, 63–83.
KAGAN, N. *Interpersonal process recall: A method of influencing human interaction*. Mason: Mason Media, 1975

LANGER, E. J. & ABELSON, R. P. A patient by any other name ...: Clinician group difference in labeling bias. *Journal of Consulting and Clinical Psychology*, 1974, *42*, 4-9.

LINEHAN, M. M. Issues in behavioral interviewing. In I. D. CONE & R. P. HAWKINS (Hrsg.) *Behavioral assessment: New directions in clinical psychology.* New York: Brunner/Mazel, 1977, 30-51.

LUTZ, R. *Das verhaltensdiagnostische Interview.* Stuttgart: Kohlhammer, 1978.

SCHMIDT, L. R. & KESSLER, B. H. *Anamnese.* Weinheim: Beltz, 1976.

Falldokumentationssysteme in Psychiatrie und Klinischer Psychologie

Hans Jochen Windheuser

1 Einleitung

Die klassische Psychiatrie kennt Falldokumentation als administrative Notwendigkeit und als mögliche empirische Grundlage für klinische Forschung und Theoriebildung (Jungebloed 1978). Seit die elektronische Datenverarbeitung den Umgang mit Daten und ihre Mitteilung sehr erleichtert hat, wird die Falldokumentation stärker systematisiert und koordiniert. Es entstanden computergerechte Systeme wie das „Psychiatric Case History Event System" in den USA (Eiduson, Brooks & Motto 1969) oder das System der „Arbeitsgemeinschaft für Methodik und Dokumentation in der Psychiatrie" (Scharfetter 1971). Sie enthalten in der Regel Ziffern zur Identifikation der Patienten, Verwaltungsangaben, verschlüsselte Diagnosen sowie eine Dokumentation der Befunde. Diese umfaßt, neben Spezialdaten für Forschungsprojekte, im Kernbereich immer: die Entwicklungsgeschichte des Patienten sowie seinen körperlichen und psychischen Zustand in sehr gekürzter, schematisierter Form, die Medikation und den Zustand bei Entlassung – alles nicht mehr veränderliche, standardisierte und möglichst nur einmalig zu erhebende Befunde.

Ähnliche Versuche in der Klinischen Psychologie, etwa der Bundeskonferenz für Erziehungsberatung e.V. (ohne Jahrgang) oder des Arbeitskreises Psychotherapie, Psychosomatik in der Deutschen Gesellschaft für Medizinische Dokumentation und Statistik in der DGD e.V., betonen die ebenfalls möglichst nur einmalig zu erhebenden, in Ziffern ausdrückbaren Ergebnisse objektiver psychologischer Tests. Die Dokumentation dient hier offensichtlich eher der Bewertung des Nutzens solcher Tests als der Verbesserung von Psychotherapie. Kurz gesagt: bei diesem üblichen Begriff von Falldokumentation bedingen sich gegenseitig negativ die Ziele der klassischen psychiatrisch-psychologischen Methodik auf der einen Seite, so etwa

- bei der Befunderhebung soll die Subjektivität des Therapeuten möglichst ausgeschlossen sein,
- die Patienten müssen letztlich diagnostischen Kategorien zugeordnet werden,
- therapeutische Maßnahmen lassen sich standardisieren, sind nicht je einmalig-individuell,

und die einengenden Erfordernisse der elektronischen Datenverarbeitung auf der anderen Seite, so etwa

- Informationen müssen in Ziffern ausdrückbar sein,
- sie dürfen nicht zu vielschichtig und komplex, sondern müssen in eindeutigen Kategorien faßbar sein,
- die Daten müssen unabhängig von der Subjektivität des Benutzers auswertbar sein.

2 Ziele der Falldokumentation in der Psychotherapie

Je stärker nun die Belange der Psychotherapie bei der Falldokumentation berücksichtigt werden, umso komplexer wird das Problem. Therapiedaten sträuben sich gegen automatisierte Verarbeitung – sie sind subjektiver, klienten-spezifischer, oft nicht quantifizierbar. Nicht erst Krankheitskategorien, sondern schon Symptomkategorien sind, je nach verschiedener therapeutischer Theorie, ganz unterschiedlich formuliert – zum Nachteil ihrer Vergleichbarkeit. Außerdem müßte die Dokumentation einer Psychotherapie deren Verlauf nachzeichnen, dürfte sich also nicht auf prinzipiell einmalig zu erhebende Daten beschränken. Dies aber potenziert die inhaltlichen, meßtheoretischen und statistischen Probleme. Vor allem jedoch: die Falldokumentation in der Psychotherapie dient erheblich mehr Zielen als in Psychiatrie oder Klinischer Psychologie allgemein (vgl. LUTZ & WINDHEUSER 1976). Diese Ziele lassen sich zuordnen (a) dem Therapeuten selbst, (b) seiner Umwelt, (c) dem therapeutischen Prozeß, (d) dem Klienten und (e) dessen Umwelt:

a) Falldokumentation soll den Therapeuten zur Vereinfachung und zu einer kontrollierten Reflektion zwingen. Dies erleichtert strukturierte Erfahrungsbildung. Regelmäßige dokumentierte Rückmeldung dient auch der Motivation des Therapeuten (→**Indikation**).

b) Falldokumentation soll dem Anstellungs- oder Kostenträger die Tätigkeit des Therapeuten bzw. die Effekte dieser Tätigkeit nachweisen. Oder sie dient der Kenntniserweiterung Dritter bei Delegation, Supervision, Demonstration oder Veröffentlichung von Therapie oder bei Überweisung des Klienten (→**Organisationsformen**).

c) Der therapeutische Prozeß ist eine Folge von Entscheidungen wie Indikationsstellung, Beendigung, vor allem Beibehaltung oder Veränderung einzelner Interventionen. Falldokumentation kann die aktuelle Notwendigkeit solcher Entscheidungen verdeutlichen (z. B. bei Stagnation), erleichtert sie in der Regel aber auch. Weiterhin soll sie Effekte beurteilen helfen, und zwar nicht nur der gesamten Therapie (sogenannte outcome-Forschung), sondern auch einzelner Teilprozesse, die durch gezielten, der Struktur eines Experiments nicht unähnlichen Aufbau der Therapie unterscheidbar gemacht werden (→**Psychotherapie-Effekte**).

d) Falldokumentation soll die Wahrnehmung des Klienten schärfen, auf das Wesentliche lenken, seine Selbstverantwortlichkeit fördern und seine Therapiemotivation stützen. Sie soll sogar selbst im Sinne des Therapieziels verändern (sogenannte „Reaktivität": Verhaltensänderung durch Symptomregistrierung (→**Selbstkontrolle**).

e) Bezugspersonen des Klienten, denen in einzelnen Fällen dokumentierte Therapiedaten vermittelt werden, können dadurch ihre Einstellung zum Klienten und zur Therapie verbessern.

3 Methoden der Falldokumentation in der Psychotherapie

Dieser Zielkatalog erfordert eine Methodenvielfalt, die weit über die computergerechten Befundkarten der Falldokumentation in der Psychiatrie hinausgeht. Man kann in dieser Vielfalt grob unterscheiden zwischen Tests, Beobachtungsverfahren, Protokollen, Ratings, Selbstbeobachtung und verschiedenen exakten Messungen (vgl. CIMINERO, CALHOUN & ADAMS 1976, GOTTMAN & LEIBLUM 1974, LUTZ & WINDHEUSER 1976).

Tests dienen fast durchweg der Wirkungsprüfung, insbesondere Persönlichkeitsinventare oder Fragebögen zur Erfassung einzelner Persönlichkeitsdimensionen. Spezielle Tests wurden aus der Theorie bestimmter Therapierichtungen abgeleitet, so der Gießen-Test aus der Psychoanalyse (BECKMANN & RICHTER 1972) oder vielerlei sogenannter Reiz- und Reaktionslisten aus der Verhaltenstherapie (Beispiele in SCHULTE 1976). Letztere dienen oft als Entscheidungshilfe für den Therapeuten, ähnlich wie projektive Tests bei anderen Therapierichtungen (→**Psychodiagnostische Verfahren**; →**Psychoanalyse**).

Beobachtungen finden sich, soweit dokumentiert, als unsystematische Notizen, Tonband- (→**Gesprächspsychotherapie**) und Videoaufzeichnungen (sehr verbreitet), seltener als Berichte über Feldbeobachtungen oder standardisierte Verhaltensproben (→**Verhaltenstherapie**).

Das klassische Dokument tiefenpsychologischer Fallberichte ist das vom Therapeuten verfaßte *Protokoll* einer Sitzung oder einer gesamten Therapie, wobei sich gewisse Standardformen herausschälen (etwa bei BLANK 1965). Es wird, auch in anderen Therapierichtungen, v. a. für die unter (a) und (b) genannten Ziele unverzichtbar bleiben.

Einschätzungen durch den Therapeuten auf vorgegebenen *Rating*-Skalen sind bei der psychiatrischen Falldokumentation, zunehmend aber auch in Gesprächspsychotherapie und Verhaltenstherapie (hier meist als standardisierte Sitzungsreflektion) üblich; ebenso Sitzungsbeurteilungen durch den Klienten in Rating-Form.

Selbstbeobachtung durch den Klienten ist in keiner psychotherapeutischen Richtung etwas Neues – deren Dokumentation als Selbstüberwachung mit therapeutischer Intention ist jedoch, wenn man von Traumprotokollen absieht, ein Spezifikum der Verhaltenstherapie (NELSON 1977). Diese Dokumentation durch den Klienten selbst ist eng mit den unter (d) genannten Zielen verknüpft und reicht vom schlichten Symptomzählen über für den Einzelfall zusammengestellte „Checklisten" und Reiz-Reaktions-Diagramme bis zu detaillierten Tagebüchern (→**Selbstkontrolle**).

Exakte *Messungen* schließlich beschränken sich bisher auf psychosomatische Phänomene und auf die Analyse von Sprechanteilen, Pausen und anderen Aspekten des Verbalverhaltens von Therapeut und Klient.

4 Problempunkte

Diskussion und Forschung zur Falldokumentation in der Psychotherapie entzünden sich immer wieder an den Problemen der Gütekriterien, nach denen die Qualität von Datenerhebungen zu beurteilen ist. Einzelne Aspekte klassischer Gütekriterien, etwa der Test-Zuverlässigkeit, verlieren an Gewicht (Kann ein Fragebogen zur Beziehung zwischen Therapeut und Klient „stabil" sein?) oder müssen in einen neuen Zusammenhang eingebettet werden (Ist eine Verstärkerliste unabhängig von ihrer therapeutischen Verwendung „valide", oder erst dadurch, daß die therapeutische Umsetzung dieser Ergebnisse effektiv ist?).

Andere Aspekte werden wichtiger, besonders die der Nützlichkeit und Ergiebigkeit von Dokumentationsmethoden für die einzelnen oben genannten Ziele. Neue Zielkonflikte zwischen verschiedenen Gütekriterien tauchen auf; so kann eine Messung nicht gleichzeitig stabil bei Wiederholungen sein und ein hohes Ausmaß an Reaktivität (s. o.) bewirken.

Ohne Falldokumentation wird Psychotherapie leicht zur wissenschaftlich unzugänglichen Geheimlehre. Wünschenswert wäre dabei, daß es gelänge, den Reichtum idiographischer Fallberichte aus tiefenpsychologischen Therapierichtungen mit der methodischen Genauigkeit anderer Richtungen bzw. der anfangs beschriebenen Computerdokumentation zu verbinden.

LITERATUR

BECKMANN, D. & RICHTER, H. *Der Gießen-Test.* Bern: Huber, 1972.
BLANK, L. *Psychological Evaluation in Psychotherapy. Ten Case Histories.* Chicago: Aldine, 1965.
Bundeskonferenz für Erziehungsberatung e.V. *Statistischer Erhebungsbogen für Erziehungsberatungsstellen.* Fürth, 2. Auflage o.J.
CIMINERO, A. R., CALHOUN, K. S. & ADAMS, H. E. (Hrsg.) *Handbook für Behavioral Assessment.* New York: Wiley, 1976.
EIDUSON, B. T., BROOKS, S. H. & MOTTO, R. L. A generalized psychiatric information-processing system. In B. KLEINMUNTZ (Hrsg.) *Clinical Information Processing by Computer.* New York 1969, 129–148.
GOTTMAN, J. & LEIBLUM, S. *How to Do Psychotherapy and How to Evaluate It.* New York: Holt, Rinehart & Winston, 1974.
JUNGEBLOED, F. Möglichkeiten und Probleme der Dokumentation. In: *Handbuch der Psychologie* Bd. VIII, 2. Halbbd., Göttingen: Hogrefe, 1978, 1471–1495.
LUTZ, R. & WINDHEUSER, H. J. Therapiebegleitende Diagnostik. In D. SCHULTE *Diagnostik in der Verhaltenstherapie.* München: Urban & Schwarzenberg, 1976².
NELSON, R. Assessment and therapeutic functions of selfmonitoring. In M. HERSEN, R. M. EISLER & P. M. MILLER (Hrsg.) *Progress in Behavior Modification.* New York: Academic Press 1977, 5, 263–308.
SCHARFETTER, CH. *Das AMP-System. Manual zur Dokumentation psychiatrischer Befunde.* Berlin: Springer, 1971.
SCHULTE, D. *Diagnostik in der Verhaltenstherapie.* München: Urban & Schwarzenberg, 1976².

Psychotherapie in der Familie

PAUL PROBST

1 Soziologische und historische Zusammenhänge

Die Internalisierung von Normen, die für die Existenz eines jeden sozialen Systems notwendig sind, erfolgt in unserer Gesellschaft vorrangig innerhalb der Institution der Familie. Die Frage, ob in unserer modernen Industriegesellschaft heute die Familie vom Verfall bedroht ist, ist in den Sozialwissenschaften strittig. Immerhin ist ein zunehmendes öffentliches Bewußtsein für eine Krise der Familie festzustellen. Ausbreitung und Attraktion der *Familientherapie* dürften mit dieser kulturkritischen Strömung in Zusammenhang stehen. Der soziale Sektor, zu dem die Familie gehört, erfährt zunehmend staatliche Beeinflussung, weil die Wichtigkeit seiner stabilisierenden Funktion erkannt wurde (vgl. DONZELOT 1980).

Vor rund 30 Jahren entstand aus Denkansätzen der *Kommunikationstheorie* und *Psychoanalyse* die Familientherapie. Daraus entwickelten sich im Laufe der Zeit heterogene familientherapeutische Definitionen und Strategien, welche vielfach beim therapeutischen Handeln eklektisch verknüpft werden (vgl. PROBST 1981). Formal läßt sich die Familientherapie dadurch kennzeichnen, daß außer demjenigen in der Familie, der eine seelische Störung aufweist, auch die übrigen Familienmitglieder, mindestens die der Kernfamilie, in die Therapie einbezogen werden.

Inhaltlich läßt sich die Familientherapie durch einen Störungsbegriff kennzeichnen, der die enge Verzahnung zwischen der seelischen Störung des Individuums und der Kommunikation sowie Organisation seiner Familie erheblich stärker als die anderen Therapieschulen in den Vordergrund stellt. Es gibt Formen, wo alle Familienmitglieder gleichzeitig bei den Familiengesprächen gegenwärtig sind und andere, wo sich der Therapeut nacheinander auf familiäre Untergruppen oder einzelne Familienmitglieder konzentriert. Zahl, Dauer und Abstand der Familiensitzungen variieren erheblich: Häufig wird eine Anzahl von 10 bis 20 Sitzungen im Abstand von 2 bis 4 Wochen genannt.

Der *Indikationsbereich* der Familientherapie ist sehr breit: Ähnlich wie bei den anderen großen Therapierichtungen reicht er von den leichteren Störungen, wie z. B. Leistungsproblemen in der Schule, bis zu schweren und chronischen seelischen Störungen, z. B. der Zwangssymptomatik oder der jugendlichen Schizophrenie. Bislang werden in erster Linie Kinder und Jugendliche und deren Herkunftsfamilien dem Geltungsbereich der Familientherapie zugerechnet. Grundsätzlich lassen sich jedoch auch Erwachsene und alte Menschen mit ihren Familien dem Behandlungskonzept zuordnen (→**Indikation**). Die Indikationsstellung zur Familientherapie wird erheblich durch schulenspezifische Überlegungen beeinflußt (vgl. FRAMO 1972); außerdem findet die Indikation dann ihre reale Begrenzung, wenn Familienmitglieder nicht in der Lage oder nicht willens sind, sich an den gemeinsamen Sitzungen zu beteiligen.

2 Formen der Familientherapie

Der *systembezogene Ansatz* beinhaltet im wesentlichen die Aussage, daß die seelische Störung eines Familienmitglieds als Ausdruck einer Beziehungsstörung in der Familie angesehen wird. Dieses Familienmitglied wird Symptomträger genannt. Außer der Kernfamilie wird häufig auch die Generation der Großeltern in die Behandlung einbezogen (BOSZORMENYI-NAGY 1976). Innerhalb des systembezogenen Ansatzes betont die *strukturelle Richtung*, bei der Konzepte aus der *Verhaltenstherapie* eine wesentliche Rolle spielen, die aktive Einflußnahme des Therapeuten auf die familiäre Organisation (→ **Verhaltenstherapie**). Sie hat zum Ziel, die Erfahrungen und das Verhalten der Familienmitglieder nachhaltig zu verändern. MINUCHIN (1979) sagt hierzu: „Strukturelle Familientherapie ist Aktionstherapie."

Der *psychodynamische Ansatz* (vgl. GERLICHER 1977) richtet den Blick auf das „familiäre Unbewußte", d.h. auf unbewußte Konflikte, deren Entstehung häufig weit in die Familiengeschichte zurückreicht. Nach diesem Konzept kann die Rolle des identifizierten Patienten in der Familie durch unbewußte Rollenerwartungen – und Zuschreibungen bedingt sein. Hier ist der Familientherapeut in erster Linie Beobachter und Zuhörer, der durch Kommentieren das Gespräch in Gang hält, und das Ziel verfolgt, unbewußte Prozesse der Familienmitglieder ins Bewußtsein zu heben und dadurch das Symptom zu mildern oder zu beseitigen. Nicht selten werden innerhalb des Systemansatzes strukturelle und psychodynamische Begriffe miteinander verknüpft (vgl. BOSZORMENYI-NAGY 1976).

Die an der *humanistischen Psychologie* orientierten Familientherapieformen stellen den Begriff des *Wachstums* in den Vordergrund. Die Rolle des Therapeuten ist die des Katalysators und Vermittlers, der die einzelnen Familienmitglieder unterstützt, ihr Potential zur Selbstverwirklichung auszuschöpfen und der dadurch dem ganzen Familiensystem zum Wachstum verhilft (vgl. LUTHMAN & KIRSCHENBAUM 1977). Deutlicher als bei den systemanalytischen Therapieformen findet der Gedanke der unauflösbaren Eigenart des individuellen Verhaltens und Handelns Eingang in das Therapiekonzept. Im Mittelpunkt des therapeutischen Handelns stehen die von CARL ROGERS beschriebenen Grundhaltungen: das Deutlichmachen von Wertschätzung, das empathische Verstehen des einzelnen Familienmitglieds sowie der Beziehungen zwischen den Familienmitgliedern, und das Zeigen einer echten und kongruenten Haltung gegenüber der Familie.

3 Kritik des Systemansatzes

Familientherapeutische Ansätze, die die psychische Symptomatik allein aus abweichenden sozialen Beziehungsstrukturen herleiten, können in zweierlei Hinsicht kritisiert werden: Einmal fehlt bislang die empirische Bestätigung, denn Familienforscher weisen darauf hin, daß sie immer wieder beeindruckt sind, wie Individuen in der Familie sich ändern können, ohne daß sich der Rest der Familie ändert. Dies wäre aber vom Systemansatz her zu erwarten (vgl. FRAMO 1972). Zum zweiten vernachlässigt der dogmatische Systemansatz Ergebnisse der differentiellen Psychologie. Interindividuelle Differenzen bei Persönlichkeitsmerkmalen wie z.B. solchen der Psychopathologie sind nämlich auch mit genetischen und biologischen Faktoren verknüpft (SCHULSINGER 1980). Wenn man von einer multikausalen Störungsverursachung ausgeht, verbietet sich die einseitige Reduktion auf Struktureigenschaften sozialer Gruppen.

4 Bewertung der Familientherapie

Kontrollierte klinische Erfolgsstudien zur Familientherapie liegen erst in geringer Zahl vor (DE WITT 1978). Eine Überlegenheit der familientherapeutischen Methode gegenüber traditionellen Verfahren der Elternberatung, Kinderpsychotherapie und Gruppentherapiemethoden läßt sich bis jetzt nicht nachweisen (vgl. SCHMIDTCHEN & SCHLÜTER 1980). Die Familientherapie kann gegenwärtig als ein bemerkenswerter neuer Ansatz innerhalb der Klinischen Psychologie betrachtet werden, dessen Erforschung und Erprobung jedoch noch weitgehend vor uns liegen.

LITERATUR

BOSZORMENYI-NAGY, I. Dialektische Betrachtung der Intergenerationen-Familientherapie. *Ehe: Zentralblatt für Ehe- und Familienkunde,* 1976, *12,* 117–131.

DE WITT, N. K. The Effectiveness of Family Therapy. *Arch. Gen. Psychiatry,* 1978, *35,* 549–561.

DONZELOT, J. *Die Ordnung der Familie.* Frankfurt: Suhrkamp, 1980.

FRAMO, I. *Family Interaction.* New York: Springer 1972.

GERLICHER, K. *Familientherapie in der Erziehungsberatung.* Weinheim: Beltz 1977.

LUTHMAN, S. & KIRSCHENBAUM, M. *Familiensysteme.* München: Pfeiffer 1977.

MINUCHIN, S. *Familie und Familientherapie.* Freiburg: Lambertus 1977.

PROBST, P., ALBRECHT, M., DOSE, H. & HAMBECK, G. Familientherapie aus der Sicht der Gesprächspsychotherapie. In E. WURST (Hrsg.) *Klinische Kinder- und Jugendpsychologie.* Bern: Huber, 1981.

SCHMIDTCHEN, S. & SCHLÜTER, A. Kinderpsychotherapie. In U. BAUMANN, H. BERBALK & G. SEIDENSTÜCKER (Hrsg.) *Klinische Psychologie.* Band 3. Bern: Huber 1980, 251–288.

SCHULSINGER, F. Biological Psychopathology. *Ann. Rev. Psychol.* 1980, *31,* 583–606.

Dynamische Familientherapie

HELM STIERLIN

Familientherapie bedeutet einerseits ein therapeutisches Grundkonzept: Ursache und Behandlung psychischer Störungen zeigen sich in neuer Sicht. Behandlungseinheit ist nicht mehr das Individuum, auch wenn nur ein Einzelgespräch geführt wird, sondern das Beziehungssystem, in das dieses Individuum eingebettet ist (→ **Krankheitsbegriff**).

Familientherapie bedeutet andererseits einen *bestimmten* Behandlungsansatz (Familientherapie im engeren Sinne). Darin steht das Gespräch mit der Familie – der ganzen Familie oder einem Untersystem wie dem Ehepaar – im Mittelpunkt. Die jeweiligen (von der Familie und vom Therapeuten) verfolgten Therapieziele, die Gesamtsituation sowie die Phasen des therapeutischen Prozesses bestimmen, wann am zweckmäßigsten mit welchem System oder Untersystem (ganzer Familie, Ehepaar, Individuum, etc.) zu arbeiten ist. Wichtige familientherapeutische Ansätze verdanken wir u. a. HALEY (1977), WATZLAWICK, WEAKLAND & FISCH (1974), MINUCHIN (1978), SELVINI-PALAZZOLI, BOSCOLO, CECCHIN & PRATA (1977), BOSZORMENYI-NAGY & SPARK (1973) und PAUL & PAUL (1977). Die vier erstgenannten Autorengruppen erscheinen sowohl durch die Kommunikationstheorie als auch durch die Gesprächs- und Verhaltenstherapie beeinflußt (→ **Gesprächspsychotherapie**; → **Verhaltenstherapie**). BOSZORMENYI-NAGY und PAUL machten dagegen eher Anleihen bei der Psychoanalyse. Die einzelnen Ansätze wurden unter verschiedenen Namen bekannt. HALEY spricht etwa von *direktiver Familientherapie*, MINUCHIN von *struktureller Familientherapie*; BOSZORMENYI-NAGY von *kontextueller Familientherapie*. Am Beispiel der Arbeit unserer Heidelberger Gruppe sollen Konzepte der *dynamischen Familientherapie*, die eine mehrdimensionale Systemanalyse erlauben, dargestellt werden (vgl. STIERLIN 1971, 1975a+b, STIERLIN, RÜCKER-EMBDEN, WETZEL & WIRSCHING 1980). Dieses Konzept umfaßt z. Z. fünf, sich z. T. überschneidende Hauptperspektiven, die jeweils zentrale Systemkräfte des familientherapeutischen Prozesses erfassen.

1 Systemkräfte des familientherapeutischen Prozesses

1.1 Bezogene Individuation

Bezogene Individuation macht es möglich, uns in den verschiedensten zwischenmenschlichen Kontexten als getrennt und zugleich bezogen zu erleben. Das schließt die Differenzierung der Innenwelt in bewußte und unbewußte Bereiche, in klar artikulierte Gefühle, Bedürfnisse, Erwartungen, innere und äußere Wahrnehmungen usw. und die Abgrenzung einer solchen differenzierten Innenwelt von der Außenwelt, insbesondere von den Ideen, Bedürfnissen, Erwartungen und Ansprüchen anderer ein.

Es lassen sich zwei Hauptstörungen der bezogenen Individuation unterscheiden: Überindividuation und Unterindividuation. Bei der Überindividuation kapseln sich Individuen starr und kommunikationsfeindlich voneinander ab, bei der Unterindividuation mißlingt deren Abgrenzung voneinander, die Partner verschwimmen miteinander symbiotisch. Beide Elemente der bezogenen Individuation zeigen sich am klarsten in der Fähigkeit und Bereitschaft der Partner zum Dialog.

Die wichtigste therapeutische Konsequenz dieser Perspektive ist somit die Ermöglichung solchen Dialoges. Das verlangt in der Regel erstens Training in dialogischer Kommunikation: die Mitglieder des (Familien-)Systems müssen lernen, sich klar von einander abzugrenzen, nur im eigenen Namen und in der Ich-Form zu sprechen, kognitive Verzerrungen, unangemessene Verallgemeinerungen, Auslassungen usw. wahrzunehmen und zu korrigieren (→ **Kommunikationstherapie**).

Ermöglichung des Dialoges bedeutet aber nicht nur Kommunikationstraining. Auch die *Bereitschaft* zum Dialog ist zu fördern. In vielen Familien fehlt solche Bereitschaft: Das Zerwürfnis der Mitglieder ist zu groß, es mangelt an gutem Willen zum Dialog.

1.2 Die Beziehungsweisen von Bindung und Ausstoßung

Es geht um Bindungen oder Vernachlässigungen (Ausstoßung) auf verschiedenen psychologischen Ebenen (STIERLIN 1975, 1978). Es zeigen sich unter anderem Verwöhnungen oder Entbehrungen durch zu reichliche oder zu karge Bedürfnisbefriedigung (Es-Ebene). Interaktionen auf der Ich-Ebene beinhalten etwa „mystifizierende" und bindend wirkende Zuschreibungen bestimmter Eigenschaften, wie Schwächen, Bosheit, Verrücktheit usw., oder im Gegensatz dazu das völlige Desinteresse an den Gedanken, Gefühlen, Wahrnehmungen des anderen. Auf der Überich-Ebene offenbaren sich einerseits Bindungen durch strikte Loyalitätsverpflichtungen, andererseits Vernachlässigungen, die etwa ein fehlendes „moralisches" Gewissen der Kinder mitbedingen können.

Die therapeutische Erfahrung hat uns gelehrt, daß sowohl bei der Bindung wie bei der Ausstoßung versäumte bzw. nicht geleistete *Trauer* eine zentrale Rolle spielt. Aus dieser Sicht ergibt sich daher als wohl wichtigste therapeutische Konsequenz, solche ungeleistete Trauerarbeit zu ermöglichen (vgl. FREUD 1950).

Wir beobachten typischerweise, daß ein Elternteil nicht Abschied von den eigenen Eltern nahm, somit an diese gebunden blieb. Er überspielt und kompensiert nun den nicht geleisteten Abschied, indem er sich massiv an eine andere Person – sehr häufig ein Kind – bindet. Soll jetzt diese Bindung gelockert werden, muß die Therapie darauf abzielen, die versäumte Trauerarbeit nachzuholen (vgl. STIERLIN u. a. 1980).

Ausstoßung findet sich häufig bei zerbrochenen (Scheidungs-)Familien: Kinder aus früheren Ehen erinnern ihre Eltern, die sich in neuen Beziehungen investieren möchten, irritierend an eine unangenehme Vergangenheit. Daher werden solche Kinder ausgestoßen, das heißt dauernd emotional vernachlässigt. Das bedeutet also therapeutisch: Die verlorenen, vielleicht niemals besessenen Eltern müssen, soweit es möglich ist, „real" werden – entweder durch Wiederermöglichung abgebrochener Kontakte oder, als Voraussetzung für ein Abschiednehmen durch Trauerarbeit, durch Wiederbelebung von Erinnerungen oder emotionales Hinführen zu ihren Eltern oder anderen wichtigen Bezugspersonen.

1.3 Delegation

Diese Perspektive eröffnet den Blick für Aufträge und Vermächtnisse, die oft über Generationen hinweg wirksam werden. Bei jedem neurotischen und psychotischen Konflikt stellt sich die Frage: wieweit spielen darin entgleiste, bzw. pathologische Delegationen eine Rolle?

Das Delegationsmodell vermag unsere Wahrnehmung eines bestimmten, als abwegig (z. B. als delinquent, psychotisch etc.) etikettierten Verhaltens grundlegend zu ändern. Solches Verhalten zeigt sich nun nicht mehr (bloß) negativ, z. B. als Ausdruck einer Ich- oder Überich-Schwäche, Haltlosigkeit, Verführbarkeit, seelischen Unreife, Psychopathie etc., sondern positiv als Leistung, ja möglicherweise als Opferleistung des Delegierten für seine Eltern und Familie. Durch sein abwegiges und häufig selbstdestruktives Verhalten ermöglicht solch Delegierter nun das psychologische Überleben eines oder beider Eltern. Zugleich entlastet er sie von Angst, Scham und Schuld. Denn der Kranke, Versager, ist ja er, und nicht die Eltern. Er ist weiter oft das einzige Familienmitglied, das Probleme und Konflikte auf sich zu nehmen und darzustellen vermag, die die anderen verbergen müssen. Deshalb fungiert er häufig als Initiator und Katalysator einer Familientherapie, von der alle Angehörigen profitieren.

Eine wichtige therapeutische Konsequenz dieser Sicht ist die gerechte Rück- bzw. Umverteilung der Aufträge innerhalb der Familie, sowie die Ermöglichung der Anerkennung der Opferleistung des Delegierten. Wo solche Anerkennung vorenthalten wird, entwickelt sich oft eine typische Trotz- und Rachedynamik, bei der der Delegierte gerade dadurch, daß er sich als Versager und Beweis der Schlechtigkeit der Eltern erweist, am längeren Hebelarm der Schuldauslösung sitzt.

1.4 Vermächtnis und Verdienst

Innerhalb dieser Perspektive (BOSZORMENYI-NAGY & SPARK 1973) zeigen sich uns bestimmte Delegationen, Vermächtnisse und Loyalitätskonflikte in einer *Mehrgenerationendynamik* verankert. Dabei wird neben dem Begriff des Vermächtnisses auch der des Verdienstes zentral; dem Verdienst – bzw. dem Bewußtsein des Verdienstes – wird eine ähnlich motivierende Kraft beigemessen, wie individuumzentrierte psychodynamische Theorien diese dem Trieb oder Bedürfnis zuerkennen (→**Psychoanalyse**). Je nachdem, ob Vermächtnisse erfüllt oder nicht erfüllt wurden, weist jedes Familienmitglied einen negativen oder positiven „Verdienstkontenstand" auf.

Aus dieser Perspektive ergibt sich als Therapieziel, in den neu oder wieder zu ermöglichenden Dialog, falls notwendig auch die Großelterngeneration einzubeziehen, und in solchem Dialog vor allem widersprüchliche Vermächtnisse und unausgeglichene Verdienstkonten zur Sprache zu bringen.

1.5 Status der Gegenseitigkeit

Diese Perspektive eröffnet den Blick für die Art und den Grad der Stagnation des Systems oder die Starre der Homöostase. Solch „maligner Clinch" ist oft Folge und Ausdruck dessen, was BATESON (1973) eine „symmetrische Eskalation" nannte, eines sich ständig anheizenden Machtkampfes. In Familien läßt sich nun von einem Beziehungsmachtkampf sprechen. Besonders bestimmte Familien mit schizophrenen (bzw. als schizophren diagnostizierten) Mitgliedern vermögen zu verdeutlichen, welche vielgestalteten Waffen sich in solchem Machtkampf einsetzen lassen (→**Schizophrenie**). Dazu rechnet etwa das Hilflosmachen und Unter-Schulddruck-Setzen des Gegners durch Ausspielen von Symptomen, Schwäche und Unfähigkeit, weiter das Disqualifizieren der eigenen und fremden Kommunikation, das Auslegen von „Double-Binds", d.h. von Beziehungsfallen, das Vermeiden einer Definition der Beziehung, das Ausweichen vor Führerrolle und Eigenverantwortung, eben das ganze Arsenal jener oft subtilen Macht-, Verunsicherungs-, Abwertungs- und Demaskierungstaktiken, mit denen uns eine wachsende Familienliteratur vertraut gemacht hat.

Bei solchen maligne verklammerten Familien ergibt sich als wichtigstes Therapieziel, den Clinch aufzubrechen, und damit den auf emotionales Wachstum, auf Veränderung, auf gegenseitige Abgrenzung und Individuation hinwirkenden Beziehungskräften eine neue Chance zu geben. Die effektivste Intervention zur Sprengung eines solchen Clinches ist oft eine das ganze System einbeziehende paradoxe Verschreibung (vgl. auch PALAZZOLI-SELVINI u.a. 1977).

2 Zwei Grundmodelle familientherapeutischer Arbeit: Heilung durch Begegnung und Heilung durch Systemveränderung

Die genannten fünf Systemperspektiven stecken zwar einen Rahmen für die familientherapeutische Arbeit ab, im einzelnen kann sich diese Arbeit jedoch sehr unterschiedlich gestalten. Sie richtet sich dann wesentlich nach dem dynamischen familientherapeutischen Grundmodell, das – explicite oder implicite – die Arbeit eines Therapeuten oder Teams bestimmt.

2.1 Allgemeine Grundlagen familientherapeutischer Arbeit

Zu den allgemeinen Grundlagen der familientherapeutischen Arbeit rechnen:

Allparteilichkeit: Der Therapeut sucht sich aktiv in die Position eines jeden Familienmitgliedes einzufühlen, sich diese zu eigen zu machen. Solche Allparteilichkeit schafft die Basis dafür, daß sich die ganze Familie überhaupt längerfristig auf einen Behandlungsprozeß einläßt. Die Kunst der Familientherapie besteht zum großen Teil darin, daß der Therapeut seine Allparteilichkeit schon sehr früh und wirksam – sowohl durch verbale wie averbale Kommunikation – zu bezeugen vermag.

Aktivität: Die Aktivität des Therapeuten ist in der Familientherapie wesentlich mehr gefordert als in den meisten Formen der Einzel- oder Gruppentherapie. Läßt der Therapeut der Sitzung freien Lauf, so verstärken sich regelmäßig die destruktiven Beziehungsmuster und es verfestigt sich ein maligner Clinch. Unter dem Streß der Gesprächssituation zementieren sich die gewohnten Abwehrmanöver, die Pathologie des Systems verstärkend.

Betonung des Positiven: Eine Wahrnehmung, wie sie etwa durch das Delegationsmodell ermöglicht wird, erlaubt häufig auch dort positive Kräfte oder Aspekte zu erkennen und anzuerkennen, wo ein einzeltherapeutisch geschulter Beobachter zunächst Pathologie wahrnehmen würde. Der Blick für, und die Betonung des Positiven sind in der Familientherapie zentral wichtig, damit möglichst schnell Scham, Schuld und Angst abgebaut und dadurch Möglichkeiten für effektive Interventionen geschaffen werden können.

Mobilisierung der Ressourcen der Familie: Einhergehend mit der Betonung des Positiven, versucht der Familientherapeut wo immer möglich verborgene oder verschüttete positive Familienressourcen – z. B. Ressourcen von Opferbereitschaft, Einsatzfreudigkeit, Bereitschaft zum Trauern etc. – zu mobilisieren. Gelingt die Freilegung solcher Familienressourcen, lassen sich tiefgreifende Veränderungen des Systems in oft relativ kurzer Zeit erreichen.

In unserer Heidelberger Arbeit leiten uns heute wesentlich zwei Grundmodelle bzw. -konzepte, die unterschiedliche Zielsetzungen verfolgen: Die Modelle „Heilung durch Begegnung" und „Heilung durch Systemveränderung". Demgemäß sprechen wir kurz von familientherapeutischer *Begegnungs-* oder *Systemarbeit.*

2.2 Begegnungsarbeit

Beim Begegnungsmodell geht es darum, möglichst schnell einen befreienden, individuierenden innerfamiliären Dialog in Gang zu bringen. Der Therapeut ermöglicht den Familienmitgliedern, miteinander über bisher tabuisierte, weil massiv mit Angst und Scham besetzte Dinge zu sprechen – z. B. Familiengeheimnisse, enttäuschte Erwartungen, vorenthaltene Gerechtigkeit, abgewehrte, nicht geleistete Trauer. Weniger durch seine Worte als seine Handlung und Haltung vermittelt er: Wir können über alles sprechen, können alle Ängste durchstehen.

2.3 Systemarbeit

Die von uns praktizierte (dynamische) Systemarbeit zielt darauf ab, möglichst schnell die wesentlichen, in der Familie zum Zug kommenden Beziehungs- bzw. Systemkräfte zu erfassen und sie durch maximale Ausnutzung der Ressourcen eines erfahrenen Therapeuten- und Beobachterteams zu verändern. Dabei nehmen die Beobachter jeweils eine Meta-Position gegenüber dem Therapeuten und der Familie ein. Sie beobachten etwa das Familiengespräch hinter einem Einwegspiegel und konzentrieren sich dabei auf die Reaktionen der Interviewer nicht weniger als auf die der Familienmitglieder. Alle Teammitglieder erarbeiten gemeinsam die schließliche, auf eine Systemänderung abzielende Intervention, häufig in Form einer paradoxen Verschreibung. Systemarbeit im genannten Sinne scheint immer dann angezeigt, wenn ein massiver maligner Clinch im Sinne der fünften Perspektive unseres Konzeptes vorliegt.

Im Gegensatz zum Modell „Heilung durch Begegnung" beinhaltet das Modell „Heilung durch Systemänderung" relativ lange (vier- bis sechswöchige) Intervalle zwischen den therapeutischen Sitzungen. Ist einmal die Intervention erfolgt, die das System am Punkte PS aus den Angeln heben soll, muß dem System auch Zeit gegeben werden sich zu ändern. Eine stagnierte Familie, die bisher jede Ablösung ihrer heranwachsenden Kinder blockierte, erlebt nun möglicherweise massive „Stürme": das bisher anorektische Mädchen bleibt von zuhause fort, experimentiert mit der Sexualität; die alleine gelassenen Eltern, die nicht mehr die Kinder als Problemlieferanten zur Verfügung haben, müssen sich ihren eigenen Problemen stellen, die Depression ihrer mittleren Lebensjahre durchstehen, etc.

Ist solches System einmal aufgebrochen, bleibt abzuwarten, inwieweit die in der Familie freigesetzten, auf positive Veränderung und allseitige Individuation gerichteten Kräfte ohne Außenhilfe zum Zuge kommen. Möglicherweise hat nun die Therapie in eine neue Phase einzutreten, bei der eine Gruppen- oder Einzeltherapie helfen kann, versäumte (soziale wie praktische) Fertigkeiten zu lernen und versäumte Erfahrungen nachzuholen. Letzten Endes dient auch die skizzierte Systemarbeit – oder vielleicht richtiger: Systemsprengung – der Ermöglichung eines befreienden Dialogs bzw. einer positiven Gegenseitigkeit. In vielen Fällen läßt sich somit Systemarbeit als Einleitung einer – mit oder ohne therapeutische Hilfe ausgeführten – Begegnungsarbeit verstehen.

3 Indikationen zur Familientherapie

Die Indikationen für eine Familientherapie, die sich in gemeinsamen Gesprächen abspielt, sind weit gestellt (→**Indikation**). In einer Reihe von Situationen erscheint die aktive Arbeit mit der ganzen Familie jedoch besonders dringlich. Das ist immer dann der Fall, wenn die zu behandelnden Probleme aus starken Bindungen und Abhängigkeitsverhältnissen erwachsen. Da die meisten Kinder und Jugendlichen zwangsläufig familiengebundener sind als Erwachsene, ist besonders die Kinder- und Jugendpsychiatrie eine Domäne der Familientherapie. Bei den genannten Bindungen kann es sich um starke, unsichtbare Loyalitätsbindungen handeln, deretwegen die vertrauensvolle Zuwendung zu einem Therapeuten automatisch als Loyalitätsverrat gegenüber der Familie erlebt wird. Oder es kann sich um Bindungen handeln, die Ausdruck und Folge eines malignen Clinches sind. Diese finden sich unserer Erfahrung nach besonders häufig in Familien, in denen sich bei einem oder mehreren Mitgliedern eine schizophrene Störung, eine schwere psychosomatische Krankheit, oder Suizidalität entwickelt hat. Eine Familientherapie erscheint aber auch immer dann indiziert, wenn es ganz allgemein darum geht, einer tiefen Vereinsamung und Ausstoßung, wie sie uns besonders bei vielen kranken, alten und sterbenden Menschen begegnet, entgegenzuwirken. Die Familientherapie ist daher nicht nur eine Domäne der Kinder- und Jugend-, sondern auch der Alterspsychiatrie (→**Gerontologie**).

4 Häufigkeit der Sitzungen und Dauer der Therapie

Für Familientherapeuten, die bis heute überwiegend nach dem Modell „Heilung durch Begegnung" arbeiten, erscheint eine Familiensitzung von ein bis eineinhalb Stunden pro Woche die Regel. Die Dauer der Behandlung richtet sich nach der Schwere der Störung, den Zielen (z. B. Symptombeseitigung versus thematisierender Aufarbeitung der bestehenden Konflikte) sowie der vorhandenen Motivation. Sie kann demgemäß Wochen, Monate oder Jahre betragen.

Wo das Modell „Heilung durch Systemänderung" angewendet wird, hat es sich als zweckmäßig erwiesen, die therapeutischen Sitzungen in

Abständen von vier bis sechs Wochen anzusetzen. Für diese Arbeit erscheint ein gut kooperierendes Team besonders wünschenswert. Dabei lassen sich nicht selten eingreifende und dauernde Systemveränderungen nach wenigen Sitzungen ermöglichen. In anderen Fällen wird sich die Therapie unter Umständen über mehrere Jahre hinziehen (wobei jedoch wegen der langen Abstände zwischen den Sitzungen deren Gesamtzahl relativ gering bleibt).

5 Ergebnisse

Die Schwierigkeiten bei der Bewertung von Ergebnissen sind in der Familientherapie noch größer als in den verschiedenen Formen der Einzeltherapie (→ **Psychotherapie-Effekte**). Denn nicht nur die Veränderung eines einzelnen, sondern auch die der mitbehandelten oder mitbetroffenen Systemangehörigen sind zu bewerten. Die Probleme dieser Forschung sind bisher nur ungenügend bewältigt worden. Die bisherigen, bereits zahlreichen Arbeiten zur Wirksamkeit der Familientherapie legen jedoch nahe, daß eine Familientherapie einer Einzeltherapie zumindest nicht unterlegen ist, oft aber zeit- und kostenwirksamer arbeitet. Eine neuere, auch dem deutschen Leser zugängliche Übersicht über Untersuchungen zur Erfolgskontrolle in der Familientherapie liefert etwa KATHRYN NASH DE WITT (1980).

LITERATUR

BATESON, G. *Steps to an Ecology of Mind.* New York: Ballantine Books, 1973.
BOSZORMENYI-NAGY, I. & SPARK, G. *Invisible Loyalties.* New York: Hoeber & Harper, 1973.
FREUD, S. *Trauer und Melancholie.* Gesammelte Werke, Bd. X. Frankfurt: Fischer, 1950.
HALEY, J. *Direktive Familientherapie.* München: Pfeiffer, 1977.
MINUCHIN, S. *Familien und Familientherapie.* Freiburg: Lambertus, 1978.
NASH DE WITT, K. Die Wirksamkeit von Familientherapie. *Familiendynamik 5,* 73–103, 1980.
PAUL, N. L. & PAUL, B. *Puzzle einer Ehe.* Stuttgart: Klett, 1977.
SELVINI-PALAZZOLI, M., BOSCOLO, L., CECCHIN, G. & PRATA, G. *Paradoxon und Gegenparadoxon.* Stuttgart: Klett, 1977.
STIERLIN, H. *Das Tun des Einen ist das Tun des anderen.* Frankfurt: Suhrkamp, 1971.
STIERLIN, H. *Von der Psychoanalyse zur Familientherapie.* Stuttgart: Klett, 1975a.
STIERLIN, H. *Eltern und Kinder im Prozeß der Ablösung.* Frankfurt: Suhrkamp, 1975b.
STIERLIN, H. *Delegation und Familie.* Frankfurt: Suhrkamp, 1978.
STIERLIN, H., RÜCKER-EMBDEN, I., WETZEL, N. & WIRSCHING, M. *Das erste Familiengespräch.* Stuttgart: Klett, 1980[2].
WATZLAWICK, P., WEAKLAND, J. H. & FISCH, L. *Lösungen.* Bern: Huber, 1974.

Finanzierung von Psychotherapie

Jürgen Leistikow

Die Finanzierung von Psychotherapie ist eng mit den rechtlichen Grundlagen verbunden (→ **rechtliche Grundlagen**). Die hier gemachten Aussagen beziehen sich auf die im Januar 1981 gültige Rechtsordnung der Bundesrepublik Deutschland. Eine Anpassung an neue Gegebenheiten wird spätestens nach Inkrafttreten eines jetzt im Referentenentwurf vorliegenden Psychotherapeutengesetzes notwendig sein.

Zum gegenwärtigen Zeitpunkt ist zu unterscheiden zwischen Psychotherapie im Rahmen der kassenärztlichen Versorgung und Psychotherapie außerhalb dieses Versorgungsrahmens.

1 Psychotherapie im Rahmen der kassenärztlichen Versorgung

Im Rahmen der kassenärztlichen Versorgung haben alle pflichtversicherten Bundesbürger Anspruch auf Sachleistungen (Behandlung durch dafür qualifizierte Personen) zur Heilung oder Linderung von Krankheiten im Sinne der Reichsversicherungsordnung (RVO). Dient Psychotherapie nicht der Heilung oder Linderung von Krankheiten, sondern eventuell der besseren sozialen Anpassung, der Erziehungsberatung o. ä., so ist sie keine Leistung im Rahmen der kassenärztlichen Versorgung.

Grundlagen für die Abrechnung psychotherapeutischer Leistungen sind allgemein die „Gebührenordnung für Ärzte" (GOÄ), insbesondere der „Bewertungsmaßstab für kassenärztliche Leistungen" (BMÄ) für die sogenannten RVO-Kassen und die „Ersatzkassengebührenordnung" (E-GO) für die Arbeiter- und Angestelltenersatzkassen (vgl. Wezel & Liebold 1981). Diese Gebührenordnungen enthalten feste Sätze für die einzelnen psychotherapeutischen Leistungen. In den entsprechenden Erläuterungen trennen diese Gebührenordnungen zwischen der sogenannten „Kleinen Psychotherapie" (dazu gehören das autogene Training und andere übende Verfahren sowie situationsregulierende Gespräche, Kurztherapie, u. a.), zu deren Ausübung jeder Kassenarzt befähigt ist, und der sogenannten „Großen Psychotherapie". Zur sogenannten „Großen Psychotherapie" gehören zum gegenwärtigen Zeitpunkt die „Tiefenpsychologisch fundierte Psychotherapie" und die „Analytische Psychotherapie" (→ **Psychoanalyse**). Über die Ausübung der sogenannten „Großen Psychotherapie" hat die Kassenärztliche Bundesvereinigung (KBV) mit den Spitzenverbänden der gesetzlichen Krankenkassen eine besondere Vereinbarung getroffen (Vereinbarung über die Ausübung von tiefenpsychologisch fundierter und analytischer Psychotherapie in der kassenärztlichen Versorgung – Sonderdruck: „Deutsches Ärzteblatt – Ärztliche Mitteilungen" – 73. Jahrgang/Heft 26, S. 1768–1774/24. Juni 1976). Dort wird in den einzelnen Paragraphen insbesondere die Durchführung des sogenannten Delegationsverfahrens (Einbeziehung sogenannter „nichtärztlicher Psychotherapeuten" in die psychotherapeutische Versorgung) sowie die Durchführung des Gutachterverfahrens geregelt. D. h., vor Beginn der psychotherapeutischen Behandlung muß ein Gutachter anhand der vom Psychotherapeuten vorgelegten schriftlichen Unterlagen die Notwendigkeit der Behandlung prüfen. Die Verantwortung für die Behandlung trägt in jedem Fall der delegierende ärztliche Psychotherapeut. Die Abrechnung erfolgt gegebenenfalls direkt zwischen der „Kassenärztlichen Vereinigung" (KV) des Landes und dem nichtärztlichen Psychotherapeuten.

Seit dem 1. Oktober 1980 haben die Kassenärztliche Bundesvereinigung und der Verband der Angestellten-Krankenkassen sowie der Verband der Arbeiter-Ersatzkassen (VdAK) eine Vereinbarung geschlossen, in der sie den Arzt-Ersatzkassenvertrag vom 20. Juli 1963 durch eine Anlage 5a über die *„Anwendung von Verhaltenstherapie"* erweitern. In dieser Anlage 5a wird analog zur o.g. Psychotherapievereinbarung die Delegation und Abrechnung verhaltenstherapeutischer Leistungen geregelt. Außerdem werden die Voraussetzungen genannt, die ein „nichtärztlicher Psychotherapeut" erfüllen muß, wenn er im Rahmen dieses Vertrages Verhaltenstherapie durchführen will. Die Gebühren werden analog zur sogenannten „Großen Psychotherapie" errechnet (→ **Verhaltenstherapie**).

Die RVO-Kassen beraten zur Zeit darüber, ob sie ebenfalls mit der kassenärztlichen Bundesvereinigung eine Vereinbarung über die Anwendung von Verhaltenstherapie treffen.

Sowohl bei der Durchführung der sogenannten „Großen Psychotherapie" als auch bei der Durchführung der Verhaltenstherapie wird so verfahren, daß dem sogenannten „nichtärztlichen Psychotherapeuten" nicht die Gebühren in voller Höhe laut Gebührenordnung, sondern abzüglich eines Abschlages erstattet werden. Dieser Abschlag schwankt von Kasse zu Kasse etwa zwischen 10% und 30%.

2 Psychotherapie außerhalb der kassenärztlichen Versorgung

Außerhalb der kassenärztlichen Versorgung ist Psychotherapie grundsätzlich eine Leistung, die privat zwischen dem Behandler und dem Behandelten abgerechnet wird. Dabei setzt der Behandler sein Honorar selbst fest. Er schließt mit dem zu Behandelnden einen *Dienstvertrag* im Sinne des bürgerlichen Gesetzbuches (BGB).

Die Techniker-Krankenkasse und die Schwäbisch Gmünder Ersatzkasse haben mit dem Berufsverband Deutscher Psychologen (BDP) eine Vereinbarung getroffen, nach der sie sich an den Kosten, die ihren Mitgliedern durch die Behandlung bei Diplom-Psychologen entstehen, entsprechend einer mit dem BDP vereinbarten Gebührenordnung mit feststehenden Sätzen pro Leistung beteiligen. Notwendige Voraussetzung hierfür ist die Vorlage der Bescheinigung eines Arztes, die die jeweilige Diagnose und eine Aussage über Notwendigkeit, Art und etwaige Dauer der Psychotherapie enthält. Die Fortführung dieser Vereinbarung ist seit Inkrafttreten der „Anlage 5a" des Arzt-Ersatzkassenvertrages strittig.

Einige private Krankenkassen beteiligen sich unter ähnlichen Voraussetzungen wie die beiden letztgenannten Ersatzkassen an den Kosten, die ihren Mitgliedern durch die Psychotherapie bei einem Diplom-Psychologen entstehen. Andere private Krankenkassen verfahren ähnlich wie die gesetzlichen Krankenkassen und orientieren sich an der Psychotherapie-Vereinbarung zwischen kassenärztlicher Bundesvereinigung und gesetzlichen Krankenkassen.

Nach den Beihilfevorschriften des Bundes (Rundschreiben des Bundesinnenministers vom 21. Juni 1971 – D III 6-213 104-1/1-, veröffentlicht im „Gemeinsamen Ministerialblatt 1976", S. 356), entsprechendes gilt für die Länder und Kommunen, sind Aufwendungen für eine psychotherapeutische Behandlung *beihilfefähig*, wenn die Behandlung von einem Arzt verordnet und durch ihn selbst oder nach seiner Anordnung durch „medizinische Hilfspersonen" durchgeführt wird.

Das heißt, Beamte und andere öffentlich Bedienstete, die nicht pflichtversichert sind, haben die Möglichkeit, sich unter den genannten Bedingungen die Kosten für eine psychotherapeutische Behandlung anteilmäßig erstatten zu lassen.

In einigen Bundesländern (z.B. Berlin) werden die Vorschriften des Bundessozialhilfegesetzes (BSHG) von den Behörden so ausgelegt, daß Personen, die zum Kreis der Berechtigten gehören, die Kosten für die Inanspruchnahme psychotherapeutischer Leistungen durch Diplom-Psychologen erstattet bekommen. Auskunft hierüber erteilen die jeweiligen Landes- und die kommunalen Behörden (z. B. Sozialämter).

Psychotherapie wird auch von Behörden selbst (Sozialämter, Jugendämter, Gesundheitsämter, Erziehungsberatungsstellen) und von den Verbänden der freien Wohlfahrtspflege (Kirchen, u. a.) angeboten. Für den Inanspruchnehmer ist diese Behandlung grundsätzlich kostenlos. Die Finanzierung erfolgt über die Etats der jeweiligen Behörden bzw. Verbände.

LITERATUR

WEZEL, H., & LIEBOLD, R. *Handkommentar zum einheitlichen Punkt-Bewertungsmaßstab-Ärzte*. Sankt Augustin: Asgard, 1981.

Fokaltherapie

Alois M. Becker

„Fokus" bedeutet Brennpunkt oder Herd, mit der speziellen Einengung auf Störungs- oder Krankheits-Herde im Zusammenhang unseres Themas. Ein „Fokus" im Sinne einer psychoanalytisch (oder, allgemeiner gesagt: psychodynamisch) orientierten Kurzpsychotherapie meint einen störenden Konfliktherd, von dessen Sanierung günstige Auswirkungen für den Patienten erwartet werden. Die therapeutische Anwendung dieser Metapher setzt voraus, daß sich ein relativ umschriebener Konfliktherd abgrenzen läßt, dem tatsächlich Störwirkungen zuschreibbar sind.

1 Entwicklung der Fokaltherapie

T. M. French hatte bereits, unter dem Gesichtspunkt der Notwendigkeit von Problemlösungsleistungen, die Bearbeitung relativ aktueller, von ihm „Fokal-Konflikte" genannter Störungen im Gegensatz zur Befassung mit frühkindlichen Erlebnissen vorgezogen. Auf M. Balints Anregung hin hatte D. Malan die für eine „Psychoanalytische Kurztherapie" (1963) wichtigsten Merkmale festgehalten. Unabhängig davon, ungefähr gleichzeitig, wurde von P. E. Sifneos eine in wesentlichen Zügen mit Malan übereinstimmende kurzzeitige, psychodynamisch orientierte „angstprovozierende Psychotherapie" ausgearbeitet, wobei der Ausdruck „provozierend" den Gegensatz zu überwiegend „supportiven", stützenden Vorgehensweisen betonen sollte.

2 Verhältnis zur Psychoanalyse

Gemeinsames Ziel aller dieser Verfahren ist der Versuch, wichtige therapieverlängernde Faktoren der Freudschen Psychoanalyse auszuschalten. So zum Beispiel die regressiven, durch die Couchlage verschärften, in Richtung auf eine therapieinduzierte „Übertragungsneurose" vertieften Abhängigkeitszustände mit dem oft perfektionistischen Zwang zum Sich-Durcharbeiten in immer weiter zurückliegende, frühkindliche Erlebnisbereiche. Mit der Verkürzungsabsicht gleichfalls unvereinbar ist die Unbegrenztheit, die „Zeitlosigkeit" des psychoanalytischen Verlaufes, der sich aus der Freiheit zu ungehinderter assoziativer Materialproduktion ergibt (→**Psychoanalyse**).

Der Anspruch der Fokaltherapie, sich trotzdem auf einem Kontinuum mit der Psychoanalyse zu befinden, leitet sie von dem Umstand ab, daß sich alle Aktivität des Therapeuten auf deutende Interventionen beschränken.

3 Die Technik

Aus dem Material der Patientenäußerungen wird eine Hypothese über den vermutlich störungsbedingenden Konfliktherd konstruiert. Die therapeutische Ergiebigkeit des Fokus, der vom Patienten und Therapeuten gemeinsam festgelegt wurde, muß relativ bald zur Entscheidung führen, ob er zur weiteren Bearbeitung beibehalten werden kann, ob er zu modifizieren, oder gegebenenfalls neuzuformulieren sei. Ein auswählendes Sich-Einstimmen auf ein fokales Thema, das von vielen Seiten aus angesprochen wird, korrespondiert mit selektivem Nichtbeachten aller anderen möglichen Themen.

MALAN betont aufgrund seiner Erfahrungen, daß ein Hinweisen auf die Vorerfahrungsbedingtheit aktueller, in der Behandlungssituation ablaufender zwischenpersoneller Gefühlsvorgänge, d. h. ein Deuten von Übertragungsprozessen, mit der Verkürzungsabsicht nicht nur verträglich sei, sondern sie noch fördere. Derartige Übertragungsdeutungen seien besonders fruchtbar, wenn sie „Verbindungslinien" zwischen Elternbeziehungen der Vergangenheit und der aktuellen Behandlungsrelation träfen. Es ist verständlich, daß ein sorgfältiges, auf entsprechenden Deutungsinterventionen beruhendes Vorbereiten des Patienten in Richtung auf Bewältigung jener negativen Emotionen (Groll, Trauer), die mit dem vorgesehenen Behandlungsende verbunden sind, von großer Wichtigkeit erscheint.

Aus der Forderung, beide Behandlungspartner mögen sich in die Wechselbeziehung „tief einlassen", um die daraus „unvermeidlich entstehende Spannung" zu ertragen, ergeben sich in meiner Auffassung Situationen, die das Üben und Erwerben von Fähigkeiten sozialer Konfliktbewältigungen und deren Ausdehnung auf weitere analoge Gegebenheiten erwarten lassen. Die Autonomie des Patienten unterstreicht SIFNEOS, indem sich der Patient, bezogen auf die Lösung seiner Probleme, Eigendeutungen erarbeitet, wodurch die zuweilen lähmende Autorität des Therapeuten reduziert würde.

4 Die Indikationsstellung

In dem Maße, in dem die Fokaltherapie der klassischen Psychoanalyse ähnelt, muß sie eine entsprechend reduzierte Indikationsbreite bezüglich der in Frage kommenden Patienten haben. Eine Voraussetzung besteht darin, daß die Störungsbilder überhaupt auf einem Fokalkonflikt beruhen. Dazu muß aber die Fähig- und Willigkeit der Patienten kommen, im Rahmen eines deutend-konfrontierenden Verfahrens, während dessen sie emotionalen Spannungen exponiert werden, entsprechend zu kooperieren. Ob und inwieweit diese Bedingungen vorliegen, wird durch Probedeutungen im Laufe der ersten Sitzungen herauszufinden versucht. Als Deutungen werden Interventionen bezeichnet, die ausdrücklich oder implizit über den vom Patienten unmittelbar gebrachten „gefühlsmäßigen Inhalt" insoferne hinausgehen, als sie – z. B. durch Aufzeigen von Übertragungslinien – auf Zusammenhänge mit anderen Vorgängen oder Zuständen verweisen.

Eine auf zureichendem Leidensdruck beruhende Behandlungsmotivation sowie das Fehlen eines übermäßigen sekundären Leidensgewinnes (durch Einbau von Symptomen in sozial-ökonomische Systemzusammenhänge) stellen weitere Indikationsbedingungen dar. Überraschend erscheint auf ersten Blick die Versicherung MALANS, daß Patienten mit relativ langdauernden und schweren Störungen von dieser Art fokalen Vorgehens profitieren könnten und somit, bei sonst gegebenen Voraussetzungen, nicht von vornherein von der Behandlung auszuschließen seien.

5 Beziehungen zu anderen Therapieformen

Die Nahestellung zu den von ALEXANDER und FRENCH herausgestellten „korrigierenden emotionalen Erlebnissen/Erfahrungen" ist ziemlich deutlich. Auch der Zusammenhang mit den blitzartig-intensiv ablaufenden Einfühlungs- und Verständnisprozessen, die BALINT als „flash" zwischen Patient und Therapeut beschrieben hat, kann als gegeben angenommen werden.

Die Bedeutung der bekannten Therapeuten-Einstellungsvariablen einerseits, der Klienten-Prozeßvariablen von „Selbstexploration" und „Experiencing" in C. ROGERS' Gesprächspsychotherapie andererseits, für die hier thematisierte Kurztherapietechnik ist offenkundig. Dazu paßt die Beobachtung, daß nach MALAN der „Enthusiasmus des Therapeuten" eine beachtliche Rolle als sogenannter unspezifischer Faktor spielt, der vielleicht besser als „noch schwer zu spezifizierend" bezeichnet werden sollte. Je eher der Patient dazu gebracht wird, aus naheliegend gewordenen Zusammenhängen zu Eigendeutungen zu kommen, umso näher rückt das Verfahren der ROGERSschen Technik. Je mehr der Therapeut, nicht unbedingt in ausdrücklicher Weise, darauf Wert legt, daß aus Einsichten auch ihnen entsprechende Konsequenzen gezogen werden, umso verwandter wird das Verfahren vielfältigen supportiv-übenden Techniken.

6 Der Zeitfaktor

Es erscheint mir von grundlegender Bedeutung wenn eine Therapie von Anbeginn den Anspruch auf eine Zeit- und Zielbegrenzung erhebt, weil damit der heilsame Zwang zu einer Therapieziel- und Therapieplansetzung inbegriffen ist, selbst wenn es sich anfänglich nur um vermutbare Annahmen handelt. Darin liegt ein nicht zu unterschätzender Unterschied zur un- oder offenendlichen Psychoanalyse. Demgegenüber ist die Frage zweitrangig, ob MALAN die Häufigkeit zwischen 10 bis 40, SIFNEOS bis zu 20 Sitzungen angibt.

7 Effizienz

Wenn man von MALANs eigenen Überlegungen zu Verlauf und Effizienz der Fokaltherapie absieht, läßt sich auf eine gut kontrollierte empirische Vergleichsstudie hinweisen (SLOANE et al. 1975). In dieser Untersuchung wurde eine viermonatige psychoanalytische Kurztherapie, deren Vorgehen dem der Fokaltherapie ähnlich war, mit einer Breitband-Verhaltenstherapie und einer unbehandelten Kontrollgruppe verglichen. Es zeigte sich dabei, daß beide Therapiemethoden im Vergleich zur Kontrollbedingung sehr wirksam waren und sich im Mittel in ihrer Wirkung kaum unterschieden. Es ist sicher kein Zufall, daß von allen psychoanalytischen Therapieverfahren gerade über die Fokaltherapie die überzeugendsten Wirksamkeitsnachweise vorliegen. Ihre Kürze und Zielorientierung machen sie sehr viel leichter kontrollierten empirischen Studien zugänglich als das für andere Formen psychoanalytischer Therapie zutrifft. So befinden sich weitere empirische Untersuchungen zur Wirksamkeit der Fokaltherapie zur Zeit im Stadium der Durchführung, liegen aber noch nicht veröffentlicht vor.

LITERATUR

BALINT, M., ORNSTEIN P. H. & BALINT, E. *Fokaltherapie. Ein Beispiel angewandter Psychoanalyse*. Frankfurt: Suhrkamp, 1973.

MALAN, D. H. *Psychoanalytische Kurztherapie*. Bern: Huber, 1965.

MALAN, D. H. *The Frontier of Brief Psychotherapy*. An Example of the Convergence of Research and Clinical Practice. New York: Plenum, 1976.

SIFNEOS, P. E. *Short-Term Psychotherapy and Emotional Crisis*. Cambridge: Harvard U. P., 1972.

SIFNEOS, P. E. *Short-Term Dynamic Psychotherapy*. Evaluation and Technique. New York: Plenum, 1979.

SLOANE, R. B., STAPLES, F. R., CRISTOL, A. H., YORKSTON, N. J. & WHIPPLE, K. *Psychotherapie versus Behavior Therapy*. Cambridge: Harvard Univ. Press, 1975.

Psychotherapie bei geistiger Behinderung

Paul Probst

1 Definition

Der heute in Psychologie und Pädagogik übliche Begriff der *geistigen Behinderung* wurde 1958 durch die Elternvereinigung „Lebenshilfe für das geistigbehinderte Kind" geprägt und löste ältere Bezeichnungen mit erheblich stigmatisierendem Charakter wie „schwachsinnig", „imbezill" und „idiotisch" ab. Die Rolle des Geistigbehinderten in der Geschichte ist durch Einsperren in Armen-, Toll- und Zuchthäuser und während des Nationalsozialismus durch „Ausmerzung kranker Erbgänge und unwerten Lebens" gekennzeichnet.

Der Geistigbehinderte war zu allen Zeiten auf die kirchliche und öffentliche Fürsorge angewiesen. Nach der Definition des Deutschen Bildungsrates (1974) liegt „geistige Behinderung vor, wenn die seelisch-geistige Gesamtsituation eines Menschen auf Dauer und trotz optimaler erzieherischer Bemühungen den Rahmen dessen nicht überschreitet, was bei einem Intelligenzquotienten (IQ) unter 60 ± 5 zu erwarten ist." Mit solcher am medizinischen Modell orientierten Klassifikation ist die Gefahr der statischen Betrachtungsweise verknüpft, welche Veränderungen des Individuums blockiert, statt Hinweise auf Förderung oder Therapie zu geben (→ **Etikettierung**).

2 Psychodiagnostik

Psychodiagnostische Verfahren des Geistigbehinderten sollten mehrdimensional angelegt sein und neben *Denk- und Lernfähigkeit* auch *Emotionalität* und *soziale Kompetenz* beinhalten. Dabei ist eine „*schädigungsfaszinierte*" (Eggert 1980) Betrachtung des Geistigbehinderten zu vermeiden, welche die Erkenntnis ausblendet, daß die kognitive, emotionale und soziale Entwicklung auch von der Pathologie des Sozialisationsverlaufs, mithin von der Reaktion der Umwelt auf den Behinderten und dessen Familie beeinflußt wird. Die häufig beklagten Verhaltensstörungen des Geistigbehinderten stellen nicht selten Reaktionen, also sinnhafte Handlungen, auf Überforderungs- und Ausstoßungstendenzen der Gesellschaft dar.

3 Psychotherapie und Beratung

Die hier aufgeführten Therapieansätze werden nicht altersgemäß unterteilt, da innerhalb der Altersbereiche bei Geistigbehinderten bekanntlich eine besonders große Variabilität in der psychischen Entwicklung und damit auch in der Einsetzbarkeit psychotherapeutischer Verfahren vorliegt. Es werden sowohl Verfahren, die sich auf den Behinderten als Individuum konzentrieren als auch solche mit milieuzentrierter Betrachtungsweise vorgestellt (→ **Kinderpsychotherapie**).

Auch wenn in den letzten Jahren die Bedeutsamkeit des sozialen Umfelds mit Recht in den Vordergrund des Interesses rückte, wird eine dogmatische Bevorzugung milieutherapeutischer Ansätze abgelehnt, weil sich auch vom veränderten Individuum Rückkoppelungen auf das soziale Umfeld ergeben und sich beide Ansätze mithin nicht ausschließen.

Der *psychoanalytische Ansatz* überprüft in programmatischen Äußerungen die These, ob die häufig bizarren Verhaltensweisen des Geistigbehinderten als Anpassungsversuch, – nicht einfach nur als Funktion des geschädigten Gehirns –, zu verstehen sind, welcher nur auf anderem Niveau als dies dem Gesunden gelingt, erfolgt. Unter dieser Annahme würde im Rahmen einer psychoanalytisch orientierten Behandlung innerhalb von Medien wie Spiel, Rhythmik oder Musik die Ich-Funktion gestärkt mit dem Ziel, daß der geistigbehinderte Mensch etwas von seinem Unbewußten erlebt. Hierzu liegen jedoch bis heute kaum Erfahrungen vor (→**Musiktherapie**).

Bei der *Spieltherapie* ergaben sich in einer Reihe von kontrollierten klinischen Studien (SIMEONSSON, 1978) sowohl im einzel- als auch im gruppentherapeutischen Rahmen bei Geistigbehinderten positive Wirkungen im emotionalen und sozialen Bereich. LELAND & SMITH (1973) betonen die Notwendigkeit der Anpassung der Spieltherapie an die Entwicklung der Geistigbehinderten und unterscheiden verschiedene Therapietypen, die nach dem Formaspekt (Ausmaß der Strukturiertheit des verwendeten Spielmaterials) und dem Ordnungsaspekt (Ausmaß der Strukturiertheit des therapeutischen Vorgehens) unterteilt werden (→**Spieltherapie**).

Eine Reihe von Untersuchungen zur *Gruppenpsychotherapie*, die Verhaltensübungen, Rollenspiele und Gespräche beinhalten kann, haben deren günstige Auswirkung auf Geistigbehinderte in Form von „Verbesserung des Selbstkonzepts, Erfahrung sozialer Gegenseitigkeit und Förderung der schulischen und beruflichen Anpassung" nachgewiesen (SIMEONSSON 1978; →**Gruppentherapie**).

Verhaltenstherapeutische Verfahren spielen bei Geistigbehinderten eine bedeutsame Rolle (SPRAU-KUHLEN 1979). Ihre Erprobung hat zum Nachweis beigetragen, daß auch Schwerstbehinderte in kleinen Lernschritten gefördert werden können. Verhaltenstherapeutische Methoden orientieren sich an den Prinzipien der *operanten Konditionierung* und des *Modellernens* (→**Verhaltenstherapie**). Die Verhaltenstherapie konzentriert ihre Bemühungen im wesentlichen auf zwei Bereiche: Einmal auf die Entwicklung primärer Fähigkeiten zur Selbständigkeit, zur sozialen Kontaktfähigkeit und zum Spracherwerb. Zum anderen auf die Reduktion störender Verhaltensweisen, die die Weiterentwicklung des Geistigbehinderten stagnieren lassen: Z.B. motorische Stereotypien, Echolalie, autoaggressives Verhalten, antisoziales oder durch hohe Ängstlichkeit charakterisiertes Verhalten (→**Autismus**).

Beispiel: Beim Modellernen wird durch sukzessive Annäherung des Modells (des Therapeuten) an das Angstobjekt, unter zunehmender Partizipation des Geistigbehinderten, eine Veränderung im emotionalen Verhalten angestrebt.

Milieutherapeutische Maßnahmen konzentrieren sich auf das soziale Umfeld des Geistigbehinderten. EGGERT (1980) erläutert am Beispiel der Elternberatung, daß die Übertragung therapeutischer Aufgaben (Filialtherapie) an bedeutsame Bezugspersonen deshalb erfolgversprechend und notwendig ist, weil sie eine Multiplizierung der Wirksamkeit des professionellen Potentials ermöglicht (→**Eltern-Kind-Therapie**).

Bei der *Elternberatung* wird das Ziel verfolgt, daß die Eltern erzieherisches Wissen erwerben, um das Kind in seiner Gesamtpersönlichkeit zu fördern. Sie sollen in einer angstfreien Atmosphäre in die Lage versetzt werden, sich ihrer Einstellungen zum geistigbehinderten Kind, die häufig durch Schuldgefühle, Enttäuschung und Verbitterung geprägt sind, bewußt zu werden. Die Behinderung soll als individuelles und gleichzeitig als gesellschaftliches Problem gesehen werden. Bei der Elternberatung werden Elemente der *Didaktik*, der *Gruppendynamik* und der *Gesprächspsychotherapie* eingesetzt (→**Gruppendynamik**; →**Gesprächspsychotherapie**).

Nach BACH (1979) ist die Einbeziehung der Familie deshalb so wichtig, damit nicht der Geistigbehinderte als „eigentlicher" Gegenstand pädagogischer Bemühungen isoliert wird. In ausgedehnten klinischen Studien konnte nachgewiesen werden, daß Mütter aus der unteren Sozialschicht mit sehr jungen geistigbehinderten Kindern durch frühe und intensive Beratungsprogramme einen für die Entwicklung ihrer Kinder förderlichen Erziehungsstil entwickeln konnten. HUBER und STRIEBEL (1978) belegen durch eine Reihe von Beispielen, daß durch Veränderungen des sozialen Umfelds (etwa Einstellungen und Erziehungspraxis von Pflegepersonal im Heim) ein drastischer Abbau störenden antisozialen Verhaltens herbeigeführt werden konnte.

Es sei noch auf ein übergeordnetes Problem hingewiesen (vgl. KEUPP und ZAUMSEIL 1979): Mit der Professionalisierung des Helfens ist die Gefahr gegeben, daß natürliche soziale Hilfsquellen entmündigt werden und daß Institutionen entstehen, die, ohne es zu wollen, eher sich selbst genügen als daß sie den Betroffenen nützen. Dieser Gefahr muß durch Aufklärung, die sich an die gesamte Gesellschaft wendet, begegnet werden. Nur so kann verhindert werden, daß die Ausgrenzung des geistigbehinderten Menschen aus der Gemeinschaft weiter fortschreitet (→ **Selbsthilfegruppen**; → **Laientherapie**; → **Etikettierung**).

LITERATUR

BACH, H. *Pädagogik der Geistigbehinderten.* Berlin: Marhold, 1979.
BITTNER, G. Psychotherapeutische Maßnahmen. In H. BACH (Hrsg.) *Pädagogik der Geistigbehinderten.* Berlin: Marhold, 1979.
DEUTSCHER BILDUNGSRAT *Sonderpädagogik 3.* Stuttgart: Klett, 1974.
EGGERT, D. *Familie, Umwelt u. Persönlichkeit geistig Behinderter.* Bern: Huber, 1980.
HUBER, N. & STRIEBEL, M. *Aggressivität und Hyperaktivität bei geistig Behinderten.* Freiburg: Lambertus, 1978.
KEUPP, H. & ZAUMSEIL, M. *Die gesellschaftliche Organisierung psychischen Leidens.* Frankfurt: Suhrkamp 1978.
LELAND, H. & SMITH, D. E. Spieltherapie mit geistigschwachbegabten Kindern. In BIERMANN, G.: *Handbuch der Kinderpsychotherapie.* Bd. II. München: Reinhardt, 1973.
SIMEONSSON, R. J. Social Competence. In J. WORTIS *Mental Retardation,* Vol. X. New York: Brunner / Mazel, 1978.
SPRAU-KUHLEN, V. Verhaltenstherapeutische Methoden. In H. BACH (Hrsg.) *Pädagogik der Geistigbehinderten.* Berlin: Marhold, 1979.

Gemeindepsychologie

Gert Sommer

1 Aufgabenstellung

Gemeindepsychologie ist eine relativ junge und doch schon sehr komplexe und kaum noch überschaubare Teildisziplin der Psychologie. Mit dem folgenden Beitrag können daher nur wenige einführende Hinweise gegeben werden.

Als große *Aufgabenbereiche* innerhalb der Gemeindepsychologie, die Berührungspunkte zur Psychotherapie haben, können genannt werden:

- Beschreibung, Analyse und Verminderung psychosozialer Probleme von Individuen und Bevölkerungsgruppen im Zusammenhang mit deren Lebensbedingungen, sowie
- Beschreibung, Analyse und Erhöhung psychosozialen Wohlbefindens von Individuen und Bevölkerungsgruppen.

Das Ziel gemeindepsychologischer Arbeit ist die Herstellung von möglichst weitreichender und umfassender psychosozialer Gesundheit der Bevölkerung. Dieses Ziel wird einerseits angestrebt durch (primäre) *Prävention*, also dadurch, daß psychische Störungen von vornherein verhindert werden, und andererseits durch therapeutische und rehabilitative Interventionen, wenn sich bereits psychische Störungen herausgebildet haben.

Im folgenden möchte ich zunächst verschiedene gemeindepsychologische Ansätze zur Bewältigung psychosozialer Probleme und anschließend allgemeiner einige Prinzipien und Kennzeichen der Gemeindepsychologie darstellen.

2 Ansätze zur Bewältigung psychosozialer Probleme

Bei den folgenden gemeindepsychologischen Ansätzen gehe ich vom Standpunkt eines von psychosozialen Problemen betroffenen Menschen aus. Die Reihenfolge der Ansätze ist gekennzeichnet durch ein zunehmendes Ausmaß an Fremdhilfe, Formalisierung und Professionalisierung der Hilfe; dadurch werden z. T. auch immer weniger Menschen „versorgt", so daß man auch von einer „*Gesundheitspyramide*" sprechen kann. Es lassen sich die folgenden fünf Ansätze zur Problembewältigung unterscheiden:

1. Eigensteuerung
2. Soziale Unterstützungssysteme
3. Selbsthilfegruppen
4. Laien
5. Professionelle Hilfen

2.1 Eigensteuerung

Die meisten Menschen versuchen ihre psychosozialen Probleme zunächst selbständig zu bearbeiten. Das Ausmaß an erfolgreicher Problembewältigung und psychosozialem Wohlbefinden hängt somit auf seiten des Individuums von dessen Kompetenzen ab. Mit *Kompetenzen* sind motorische, kognitive und emotionale Verhaltensweisen gemeint, die es dem Individuum ermöglichen, sich effektiv mit seinen Lebenssituationen auseinanderzusetzen (Sommer 1977).

Einige Beispiele für kognitive Kompetenzen: Welche positiven und negativen Ereignisse bei sich und seiner Umwelt nimmt ein Individuum selbst wahr (Selbstbeobachtung); mit welchen Ursachen werden Ereignisse erklärt (Kausalattribuierung); welche Ansprüche stellt ein Individuum an sich und seine Umwelt; welche Ziele verfolgt es und welchen Sinn sieht es darin; für welche Ereignisse belohnt (Selbstverstärkung) und bestraft es sich selbst; welche Problemfinde- und Problemlöse-Strategien hat es; welche Erwartungen an die eigenen Fähigkeiten und an die Umwelt sind ausgebildet?

Einige der genannten Aspekte werden in den kognitiven Therapieansätzen und in der Eigensteuerung wissenschaftlich analysiert (→ **kognitive Therapien**, →**Selbstbehandlung**, →**Selbstkontrolle**) und allmählich auch bei komplexeren psychischen Störungsbereichen angewandt, z. B. bei depressiven Störungen und sozialen Problemen.

Eigensteuerung ist ein grundlegender Ansatz, mit psychosozialen Problemen umzugehen. Wir wissen bisher aber noch wenig darüber, in welcher Weise die Menschen ihre Alltagsprobleme natürlicherweise – ohne Hilfe von Professionellen – erfolgreich lösen. Bisher gibt es auch nur wenige Überlegungen und Ansätze dazu, wie Kompetenzen in der Sozialisation (insbesondere in Familie und Schule) systematisch vermittelt und damit auch präventiv genutzt werden können.

2.2 Soziale Unterstützungssysteme

Kann oder möchte ein Mensch seine Lebensprobleme nicht eigenständig bewältigen, dann wird er sich zunächst an erreichbare Hilfsquellen wenden, die wenig kosten und zu keiner Stigmatisierung führen, also an vertrauenswürdige Menschen in seiner natürlichen Umgebung. Somit sind für das psychosoziale Wohlbefinden und für die Bewältigung psychosozialer Probleme die Hilfen und Unterstützungen wesentlich, die ein Individuum in seiner natürlichen Umwelt vorfindet oder aufbaut und zu nutzen versteht. Unter *sozialem Netzwerk* wird das Gesamt an Beziehungen verstanden, das ein Individuum zu einzelnen Menschen und Gruppen hat, also u. a. in Familie, Freundeskreis und Nachbarschaft, am Arbeitsplatz, in Vereinen, in politischen Organisationen und in der Kirche. Sind diese Beziehungen so beschaffen, daß sie die psychosozialen Probleme eines Individuums mindern und sein Wohlbefinden erhöhen, dann kann man sie als (natürliche) *soziale Unterstützungssysteme* bezeichnen.

2.2.1 Funktionen sozialer Unterstützungssysteme

Soziale Unterstützungssysteme können unterschiedliche Funktionen haben. Eine erste wesentliche Funktion besteht darin, daß sie *Auswirkungen von Belastungen mindern* können. Hinweise dazu gibt es u. a. bei Belastungen durch Arbeitslosigkeit und während der Schwangerschaft, die je nach Unterstützung zu unterschiedlich intensiven psychosozialen und körperlichen Problemen führen. Weitere Hinweise ergeben sich durch die Auswirkungen von Unterstützungs-Verlust. So ist der Verlust eines Partners ein wichtiger *Risikofaktor*, u. a. für Depression, Suizid und psychosomatische Probleme (→**Ätiologie**). Die Wahrscheinlichkeit negativer Auswirkungen bei Partnerverlust wiederum ist besonders groß bei den Betroffenen, die ihre soziale Umwelt als sehr wenig hilfreich bzw. unterstützend in dieser Krisensituation erleben. Auch in der Schizophrenieforschung konnte die große Bedeutung von (fehlender) sozialer Unterstützung nachgewiesen werden: Die Wahrscheinlichkeit des Wiederauftretens schizophrener Symptome ist besonders hoch bei einer negativen emotionalen Atmosphäre in der Beziehung zu Angehörigen (→**Schizophrenie**). Eine weitere wichtige Funktion sozialer Unterstützungssysteme dürfte darin bestehen, daß sie es dem Individuum erleichtern oder sogar erst ermöglichen, *Positives*, z. B. Freude, zu *erleben*. Die möglichen präventiven und therapeutischen Wirkungen von Freude sind in der Psychopathologie bisher wenig berücksichtigt worden; wir sollten daher Freude als Forschungsproblem ernster nehmen.

Findet ein Individuum in seiner sozialen Umwelt keine (hinreichende) Unterstützung, dann besteht eine weitere Funktion des sozialen Netzwerks darin, die *Einstellung* des Betroffenen *zu anderen Hilfsangeboten zu beeinflussen*; damit wird auch die Entscheidung beeinflußt, ob z. B. eine Selbsthilfegruppe aufgesucht wird oder ein professioneller Psychotherapeut oder keine weitere Hilfe.

Zusätzlich zu den bisher beschriebenen Funktionen sozialer Systeme haben einige Organisationen (z. B. Gewerkschaften) die weitere wesentliche Funktion, *gemeinsam Interessen durchzusetzen*, Belastungen zu reduzieren, die Lebensqualität zu erhöhen, und damit vermutlich auch präventiv zu wirken.

2.2.2 Charakteristika unterstützenden Verhaltens

Die wenigen Untersuchungen zur Charakterisierung hilfreichen Verhaltens lassen vermuten, daß (passives) Zuhören allein nicht ausreicht. Es scheint vielmehr wichtig, daß der Betroffene sich emotional akzeptiert und unterstützt fühlt und daß ihm aktiv bei der Klärung und Lösung seiner Probleme geholfen wird (vgl. ähnliche Ergebnisse aus der →**Laientherapie**; vgl. auch die therapeutischen Prinzipien bei →**Gesprächspsychotherapie** und →**Verhaltenstherapie**).

2.2.3 Bedingungen unterstützenden Verhaltens

Bestimmte Wohnbedingungen (z. B. Hochhäuser) und bestimmte Arbeitsbedingungen (z. B. Lärm) erschweren bzw. erleichtern (z. B. halb-öffentliche Räume) Kommunikation und somit auch die Entstehung von Unterstützungssystemen.

Auf seiten des Individuums sind *soziale Kompetenzen* als wichtige Bedingungen anzusehen: Sozial kompetente Individuen werden eher in der Lage sein, soziale Unterstützungssysteme aufzubauen, aufzusuchen und zu nutzen.

2.3 Selbsthilfegruppen

Sofern ein Individuum seine Probleme nicht eigenständig lösen kann und sofern es keine hinreichende Unterstützung in seiner natürlichen Umwelt findet, kann es seine Probleme mit Hilfe einer Selbsthilfegruppe oder mit Hilfe von Laien zu lösen versuchen. Unter Selbsthilfegruppen versteht man den Zusammenschluß einer (meist) kleinen Anzahl von Menschen, die persönlich von psychosozialen Problemen betroffen sind, und die sich gegenseitig zu helfen versuchen (häufig ohne zusätzliche Hilfe von Professionellen). Inzwischen suchen in manchen Bereichen mehr Menschen Hilfe in Selbsthilfegruppen als bei professionellen Helfern (→**Selbsthilfegruppen**). Von diesen i. e. S. „therapeutischen" Selbsthilfegruppen (z. B. Anonyme Alkoholiker) kann man u. a. bewußtseinsbildende (z. B. Frauengruppen) und politische Selbsthilfegruppen (z. B. Bürgerinitiativen) unterscheiden.

2.4 Laien

Laien oder Nichtprofessionelle sind Personen, die sich mit Klienten beschäftigen (teilweise bis hin zu zielgerichteten therapeutischen Interventionen), ohne dafür ein akademisches Training erhalten zu haben (→**Laientherapie**); Laien arbeiten häufig unter Anleitung eines Professionellen, also eines Psychologen, Psychiaters oder Sozialarbeiters.

2.5 Professionelle Hilfen

Führten die Selbsthilfeversuche eines Individuums zu keiner Problembewältigung, dann hängt es u. a. von der Organisation des Gesundheitssystems ab, ob die erforderlichen professionellen Hilfen bereitgestellt und auch in Anspruch genommen werden. Für eine optimale Organisation des Gesundheitssystems müßte es zusätzlich zur Versorgungsplanung eine präventive Planung geben, die in der Bundesrepublik aber bestenfalls in Ansätzen vorhanden sind. (SOMMER, KOMMER, KOMMER, MALCHOW & QUACK 1978).

2.5.1 Versorgungsplanung

Ziel der Versorgungsplanung ist eine Optimierung von Behandlungseinrichtungen. Dazu ist eine Analyse des Versorgungsbedarfs erforderlich, insbesondere durch epidemiologische und kompetenzepidemiologische Untersuchungen, die beide in der Bundesrepublik weitgehend fehlen (→**Epidemiologie**). Zudem ist eine Analyse des vorhandenen Angebots erforderlich, also von Institutionen, Interventionsmethoden, Personal und deren Effizienz. Wegen der unzureichenden Versorgungsplanung ist es leicht möglich, daß psychosoziale Probleme, die von (spezialisierten) Professionellen therapiert werden müßten, nicht oder falsch behandelt werden. Dadurch kann es zur Verschlechterung oder Chronifizierung kommen; solche Folgen konnten z. B. für sexuelle Funktionsstörungen und psychosomatische Störungen nachgewiesen werden.

2.5.2 Präventive Planung

Die *präventive Planung* hat weiterreichende Ziele, nämlich die Gestaltung von Lebensbedingungen, die die Wahrscheinlichkeit von psychosozialen Problemen verringern und die Wahrscheinlichkeit von kompetentem Verhalten und psychosozialem Wohlbefinden erhöhen. Der entsprechende Forschungsansatz kann so aussehen, daß solche Mensch-Umwelt-Systeme identifiziert und analysiert werden, die eine vergleichsweise geringe Häufigkeit psychosozialer Probleme und eine hohe Rate an Kompetenzen aufweisen. Dabei ist die Relevanz sowohl von Kleingruppen als auch von komplexen sozialen Systemen zu berücksichtigen; neben der sozialen Dimension auch die ökonomische, räumliche und politische. Forschung dieser Art hat aber kaum erst begonnen.

Gesundheitsplanung wird durch rechtliche und finanzielle Unklarheiten und Zersplitterungen erheblich behindert: So konnten beispielsweise in einer mittelgroßen Universitätsstadt über ein Dutzend verschiedene Träger von psychosozialen Einrichtungen identifiziert werden. Durch diese Vielfalt an Trägern, aber auch durch die Vielfalt an Krankenkassen und deren begrenzte Einflußmöglichkeiten auf die Planung ist eine Kooperation und Koordination psychosozialer Einrichtungen erheblich erschwert (→**Finanzierung**, →**Versorgung**).

Psychosoziale Arbeitsgemeinschaften stellen *einen* wichtigen Ansatz dar, diese Planungsprobleme anzugehen (→**Organisationsformen**, →**Anhang**). Psychosoziale Arbeitsgemeinschaften sind freiwillige Zusammenschlüsse von Professionellen (bisweilen sind auch Laien und Klienten beteiligt), die in einer Region im psychosozialen Bereich tätig sind. Probleme der Psychosozialen Arbeitsgemeinschaften sind vor allem, daß sie rechtlich und finanziell nicht abgesichert sind; damit ist ihr Einfluß weitgehend von der Kooperationsbereitschaft der Geldgeber und der Entscheidungsinstanzen abhängig.

Nachdem wir bisher vom Standpunkt eines von psychosozialen Problemen betroffenen Individuums unterschiedliche Problemlösungsansätze dargestellt und problematisiert haben, gehen wir im folgenden allgemeiner auf einige Kennzeichen und Prinzipien der Gemeindepsychologie ein.

3 Kennzeichen der Gemeindepsychologie

3.1 Prävention

Ein – wenn auch bisher nur in Ansätzen realisiertes – Prinzip der Gemeindepsychologie ist die Hervorhebung der (Primären) Prävention im Vergleich zur Therapie.

Ansatzmöglichkeiten zur Prävention bieten sich sowohl am Individuum als auch an der Umwelt. Auf seiten der *Umwelt* bedeutet Prävention zum einen, solche Bedingungen zu reduzieren und zu minimieren, die psychische Störungen verursachen, erleichtern, auslösen und aufrecht erhalten; und zum anderen solche Bedingungen zu induzieren und zu maximieren, die psychisches Wohlbefinden herstellen, fördern und erhalten, die z. B. Möglichkeiten zum Kompetenzerwerb bieten. Mit „Umwelt" ist dabei nicht lediglich die unmittelbare soziale Umwelt gemeint, also z. B. die Familie. Dazu zählen vielmehr auch andere Merkmale der Umwelt, z. B. Wohnung und bebaute Umwelt; Nahrungsmittel und Wasser; Nachbarschaft; Arbeitswelt; Institutionen und Organisationen; Kommunikations- und Transportsystem; Massenmedien; das politische, ökonomische und juristische System; das Bildungs- und Kultursystem. Auf seiten des *Individuums* bedeutet Prävention den Erwerb und das angemessene Einsetzen von Kompetenzen (→ **Prävention**).

3.2 Selbsthilfe

Zur Erreichung eines hohen Ausmaßes an psychosozialer Gesundheit der Bevölkerung sind zunächst die Möglichkeiten der Selbsthilfe (Eigensteuerung und Selbsthilfegruppen), der Hilfe in der natürlichen Umwelt (soziale Unterstützungssysteme) und der Laien stärker als bisher zu nutzen. Hilfe durch sog. Professionelle (u. a. Psychologen, Psychiater, Sozialarbeiter) ist erst als sekundärer Lösungsweg anzusehen (DÖRNER, KÖCHERT, VAN LAER & SCHERER 1979).

Eine Möglichkeit zur Stärkung des Selbsthilfepotentials ist eine angemessenere *Information* der Bevölkerung über den psychosozialen Bereich, also u. a. über Entstehungs- und Veränderungsbedingungen von psychosozialen Problemen, über die Funktion von Normen in einer Gesellschaft und über wissenschaftliche und gesellschaftliche Konzepte bezüglich psychosozialer Probleme (→**Etikettierung**, →**Psychotherapie**, →**Krankheitsbegriff**).

3.3 Ressourcen

Zugänge zu solchen Möglichkeiten und Einrichtungen („Ressourcen"), die zu Entwicklung, Erhaltung und Wiederherstellung von psychosozialer Gesundheit beitragen, sind möglichst vielen Menschen zu ermöglichen und zu erleichtern; die bestehenden Ungleichheiten sind abzubauen (GLEISS, SEIDEL & ABHOLZ 1973).

3.4 Forschung

Die empirische Forschung der Gemeindepsychologie hat zum Teil andere Schwerpunkte als die Forschung in der Psychotherapie. Die Begrenztheit der Psychotherapieforschung, die sich z. B. auf die Wirksamkeit einer bestimmten Intervention bezieht, läßt sich beispielhaft verdeutlichen:

Der Nachweis, daß eine Intervention effektiv und effizient ist, nutzt der psychosozialen Gesundheit der Bevölkerung wenig, wenn diese Intervention bei entsprechend großer Nachfrage von nur wenigen Experten beherrscht wird – oder aber, wenn nur wenige Betroffene eine solche Intervention von sich aus aufsuchen; diese Probleme sind derzeit besonders augenfällig u. a. bei Drogenabhängigen.

Empirische Forschung im Sinne der Gemeindepsychologie behandelt daher u. a. folgende Fragenbereiche:

1. Wie ist der psychosoziale *Gesundheitszustand* in einem Sektor, einer Gemeinde, einem Land zu charakterisieren? Als mögliche *Indikatoren* für die Beantwortung dieser Frage – die jeweils noch weiter konkretisiert und im einzelnen bewertet werden müssen – können herangezogen werden:

- Ausmaß an neu entstandenen Störungen und an Störungen insgesamt (→**Epidemiologie**);
- Ausmaß an Kompetenzen und Wohlbefinden;
- Anzahl an Langzeitklienten und Rückfälligen, an Etikettierten und Ausgegliederten.

2. Wie sind die *psychosozialen Dienste* organisiert? Mögliche Indikatoren sind:

- Sektorisierung (kontinuierliche, bedarfsgerechte Versorgung);
- Gemeindenähe (u. a. Nutzung der angebotenen Interventionen durch die vorgesehene Zielpopulation);
- Verantwortlichkeit der Dienste gegenüber der Gemeinde;
- Mittel, die für das Gesundheitssystem bereitgestellt werden und deren Effizienz (Kosten-Nutzen-Analyse).

3. Wer sind die *Adressaten* und was sind die *Inhalte der Interventionen*?

- Ansätze der Interventionen am identifizierten Klienten oder an seiner sozialen Umwelt, an Mensch-Umwelt-Systemen, an der „Lebensqualität";
- Arbeit mit Risikogruppen, mit bislang vernachlässigten Klienten;

- Berücksichtigung sozialwissenschaftlicher Konzepte bei Analysen und Interventionen;
- Mitbestimmung der Bevölkerung bzw. ihrer Interessenvertreter bei Organisation und Inhalt der Dienste; Zufriedenheit mit dem Angebot („Benutzerzufriedenheit").

Gemeindpsychologen betonen die Notwendigkeit, Betroffene aktiver als bisher an der Forschung zu beteiligen.

3.5 Organisation

Zur Organisation (insbesondere) des professionellen Hilfsangebots können zwei Prinzipien wichtige Orientierungshilfen geben: Sektorisierung und Gemeindenähe.

3.5.1 Sektorisierung

Sektorisierung bedeutet die Zuständigkeit von psychosozialen Diensten für einen umschriebenen geographischen Bereich, z.B. einen Stadtsektor. In der Psychiatrie-Enquête wurde dazu ein Standardversorgungsgebiet von ca. 250 000 Einwohnern vorgeschlagen. Ein wichtiger Aspekt der Sektorisierung ist, daß die psychosozialen Dienste eines Sektors eng miteinander kooperieren und ihre Angebote koordinieren. Dadurch soll insbesondere die *Kontinuität der Versorgung* gewährleistet werden. Dieses Prinzip, z.B. in Form einer Behandlungskette, ist bislang kaum realisiert. Ein anderer wichtiger Aspekt der Sektorisierung ist eine *bedarfsgerechte Versorgung*, die es ermöglicht, daß Klienten innerhalb ihres Sektors behandelt und damit Probleme wie Ausgliederung und Chronifizierung vermindert werden. Auch das Prinzip einer bedarfsgerechten Versorgung ist in der Bundesrepublik bisher kaum realisiert. Dies liegt insbesondere daran, daß neben dem erforderlichen Personal mit entsprechender Qualifikation meist auch die erforderlichen Einrichtungen fehlen. So fehlen insbesondere Tageskliniken, Heime, multiprofessionell besetzte ambulante Dienste, Krisenintervensionsdienste und Einrichtungen für spezifische Klientengruppen wie Alkohol- und Drogenabhängige.

3.5.2 Gemeindenähe

Das Prinzip der *Gemeindenähe* meint, daß psychosoziale Interventionen sowohl räumlich-zeitlich als auch psychisch nahe bei den Betroffenen sind. Während der erste Aspekt u.a. durch das Prinzip der Sektorisierung erreicht werden kann, ist es zur Realisierung des zweiten Aspekts zusätzlich erforderlich, daß die Institutionen in der Öffentlichkeit bekannt sind und daß sie von der Bevölkerung auch als Hilfsangebote – sofern sie das wirklich sind – angenommen werden. Die häufig nachgewiesene Ungleichheit der Versorgung – insbesondere die schlechtere Versorgung von Klienten aus niedriger sozio-ökonomischer Schicht – verdeutlicht, daß hier noch viele Probleme zu lösen sind.

Daher sind an der Planung in erheblich größerem Ausmaß als bisher die verschiedenen Bevölkerungsgruppen bzw. ihre Interessenvertreter zu beteiligen (RAPPAPORT 1977).

4 Ausblick

Gemeindpsychologie bezieht sich auf psychosoziale Gesundheit und psychosoziale Probleme im Zusammenhang mit konkreten Lebensbedingungen; dabei werden gesundheitspolitische und gesellschaftliche Bedingungen mitberücksichtigt. Ein so komplexer Gegenstandsbereich erfordert, daß Psychologen zum einen eng mit der betroffenen Bevölkerung zusammenarbeiten, zum anderen mit Experten aus anderen wissenschaftlichen Disziplinen, also u.a. Soziologen, Ökologen, Pädagogen, Medizinern, Architekten. Entsprechend gehen die theoretischen Bezüge über das Gebiet der Psychologie hinaus. Aus dem noch relativ jungen Gebiet der Gemeindpsychologie sind bereits wichtige Anregungen ausgegangen. Probleme der Realisierung gemeindepsychologischer Konzepte beginnen aber bereits beim Selbstverständnis von (Klinischen) Psychologen und Psychotherapeuten sowie bei Wissenschaftskriterien, und sie gehen hin bis zu (gesundheits)politischen Barrieren.

LITERATUR

DÖRNER, K., KÖCHERT, T., VON LAER, G. & SCHERER, K. *Gemeindepsychiatrie: Gemeindegesundheit zwischen Psychiatrie und Umweltschutz.* Stuttgart: Kohlhammer, 1979.
GIBBS, M. S., LACHENMEYER, J. R. & SIGAL, J. (Hrsg.) *Community psychology.* New York: Gardner, 1980.
GLEISS, I., SEIDEL, R. & ABHOLZ, H. H. *Soziale Psychiatrie.* Frankfurt: Fischer, 1973.
RAPPAPORT, J. *Community psychology.* New York: Holt, 1977.
SOMMER, G. Kompetenzerwerb in der Schule als Primäre Prävention. In G. SOMMER & H. ERNST (Hrsg.) *Gemeindepsychologie.* München: Urban & Schwarzenberg, 1977, 70–98.
SOMMER, G. & ERNST, H. (Hrsg.) *Gemeindepsychologie.* München: Urban & Schwarzenberg, 1977.
SOMMER, G., KOMMER, B., KOMMER, D., MALCHOW, C. & QUACK, L.: Gemeindepsychologie. In L. J. PONGRATZ (Hrsg.) *Handbuch der Psychologie.* Bd. 8: Klinische Psychologie, 2. Hbd., Göttingen: Hogrefe, 1978, 2913–2979.

Intervention im Rahmen der Gerontologie

Ursula Lehr

1 Zum Begriff

Der Begriff der *Gerointervention* oder *Interventionsgerontologie* umfaßt das Insgesamt der Maßnahmen, bei psychophysischem Wohlbefinden ein hohes Lebensalter zu erreichen. Vier Gruppen von Maßnahmen zur Beeinflussung der Alternsprozesse werden unterschieden:

- *Optimierung*: hierunter versteht man die Schaffung günstiger Entwicklungsbedingungen schon in Kindheit und Jugend
- *Prävention* oder *Prophylaxe*: hierunter versteht man das Training körperlicher, seelisch-geistiger und sozialer Fähigkeit während des mittleren Lebensalters. Derartige Maßnahmen beziehen sich auf „gesunde Lebensführung", richtige Ernährung, Sport, Pflege von Freizeitinteressen, psychische und physische Hygiene, Gesundheitsvorsorge
- *Rehabilitation* im Sinne von einer Reaktivierung körperlicher, seelisch-geistiger und sozialer Fähigkeiten durch gezieltes Neueinüben und Trainieren nach eingetretenen Störungen
- *Management* von Problemsituationen umfaßt Maßnahmen der Hilfe für den Einzelnen, mit irreversiblen Gegebenheiten fertig zu werden und das durch Rehabilitation Erreichte zu sichern.

2 Voraussetzungen einer Interventionsgerontologie

Erkenntnisse der *gerontologischen Grundlagenforschung*, auf denen die Interventionsgerontologie basiert, sind

- Widerlegung des Defizitmodells des Alters; es wurde nachgewiesen, daß es weder einen generellen noch einen universellen Altersabbau gibt (Lehr 1972/79)
- Die Beachtung differentieller Aspekte im Hinblick auf inter- und intraindividuelle Unterschiede in Alterszustand und Alternsverlauf (Thomae 1976)
- Der Nachweis mehrfacher Determinierung von Alternsprozessen wurde erbracht. Vergangenheit (biographische Aspekte), Gegenwart (situative Momente) und Zukunftsausrichtung bestimmen Erleben und Verhalten. Altern erwies sich als soziales, biologisches, finanziell-ökonomisches, epochales und ökologisches „Schicksal"
- Die Bedeutung kognitiver Repräsentanz ist durch viele Studien belegt. Nicht objektive Gegebenheiten der Situation sind verhaltensbestimmend, sondern die Art und Weise, wie diese subjektiv erlebt werden.

3 Praktische Konsequenzen theoretischer Erkenntnisse

Eine *detaillierte Analyse* der jeweils spezifischen Situation und deren *kognitiver* Repräsentanz ist notwendig, ebenso wie die *Mehrgleisigkeit von Interventionsmaßnahmen*. Medizinische, physikalische, pharmazeutische, psychologische, soziale, ökologische und prothetische Maßnahmen müssen zusammenwirken in gegenseitiger Abstimmung. *Individuelle* persönlichkeits- und situationsspezifische *Programme* müssen entwickelt werden und eine Abkehr von allgemeinen Programmen hat zu erfolgen. Eine Aktivierung und Reaktivierung, ein „Fördern durch Fordern" ist notwendig, wobei auf die Gefahr der Unterforderung und der Übersorge besonders zu achten ist. Funktionen, die nicht gebraucht werden, verkümmern („dis-use-Hypothese").

4 Intervention im Sinne einer Optimierung und Prävention

Interventionsmaßnahmen im Sinne einer Optimierung und Prävention, die das Ziel haben, Voraussetzungen für ein psychophysisches Wohlergehen im höheren Alter zu schaffen und die somit Altersstörungen zu vermeiden helfen, wären innerhalb des *körperlichen Bereiches* zu richten auf Sauberkeitserziehung und Hygiene, auf Gesundheitspflege, Teilnahme an Vorsorgeuntersuchungen, auf körperliche Aktivitäten, wie Turnen und Gymnastik, und auf eine richtige Ernährungsweise.

Innerhalb des *psychischen Bereiches* haben sich Interventionsmaßnahmen zu richten auf eine möglichst optimale Entwicklung geistiger Fähigkeiten und auf deren lebenslanges Training. Lebenslanges Lernen ist heutzutage existenznotwendig. Es gilt Erfahrungen zu sammeln und bis ins hohe Alter um Anregungen bemüht zu sein und für Stimulation zu sorgen. Die Entwicklung und Erhaltung von Selbständigkeit und Kompetenz und damit eingehend die Gewinnung von Selbstsicherheit, die Schaffung eines positiven Selbstbildes, die Entwicklung und Pflege weitreichender Interessen, wie auch die Schaffung und Pflege sozialer Kontakte, auch außerhalb des familiären Bereichs, dienen einer Prävention eines Altersabbaus ebenso wie die Suche nach Aufgaben, die dem Leben einen Sinn geben. Wichtig ist auch die Antizipation zukünftiger Lebenssituationen, welche dann die Auseinandersetzung mit diesen erleichtern.

5 Interventionsstrategien im Sinne einer Rehabilitation

- *Gruppentherapeutische Ansätze* haben das Ziel einer Herbeiführung bzw. Verstärkung sozialer Interaktion, einer Verstärkung eines positiven Selbstbildes, einer zunehmenden Realitätsorientierung und zunehmender Unabhängigkeit. Die Anwendung erfolgt vor allem in Institutionen und auch in geriatrischen Tageskliniken.
- *Realitätsorientierungstherapie* umfaßt das sog. „24-Stunden-Programm", Gruppensitzungen und Einstellungstherapie beim Pflegepersonal.
- *Resensibilisierung*: Die Wiederbelebung der Sinne durch spezifisches Training und sensorische Anregung gehört zu weiteren Interventionsmaßnahmen (visuell: Farbgestaltung der Räume, Wandschmuck häufiger wechselnd; akustisch: Musikprogramme, auch Selbsterzeugen von Geräuschen; Geruchs- und Geschmackssinn: Kontraste bieten, desgleichen Förderung taktiler Sensibilisierung).
- *Remotivation* und *Resozialisierung* haben das Ziel, die interpersonale Interaktion herbeizuführen oder zu verstärken und die Teilnahme und das Interesse am Umweltgeschehen zu fördern.
- *Revitalisierung* umfaßt die Formen der Musiktherapie, Tanztherapie und des Altersturnens. Hierbei sollte man beachten, daß eine expressive Motivation wichtiger ist als eine instrumentelle.
- *Selbstbildtherapie*, zum Teil als Krisenintervention, wäre weiterhin zu nennen (→ **Krisenintervention**).
- *Milieutherapie*, die zum Teil auch die anderen genannten Techniken mit einschließt, hat vor allem die Veränderung der räumlichen Umgebung im Sinne zunehmender Stimulation im psychophysischen und sozialen Bereich zum Ziel wie auch die Bereitstellung von Aktivitätsmöglichkeiten und die Schaffung von Anregungen zur geistigen, sozialen und körperlichen Aktivität. Man unterscheidet hier zwischen prothetischen und therapeutischen Maßnahmen.

- *Operantes Konditionieren*: Techniken der Verhaltensmodifikation bei geriatrischen Patienten gewinnen zunehmend an Bedeutung. Untersuchungen wiesen nach, daß vielfach in Institutionen nicht-erwünschtes Verhalten verstärkt wird (wie z. B. soziale Zuwendung durch Hilfe beim Anziehen, beim Waschen, Füttern und Rollstuhlfahren) und daß damit eine Förderung abhängigen Verhaltens mit zunehmender Unselbständigkeit erreicht wird. Hier sind ein Training und eine verbesserte Ausbildung des Personals äußerst wichtig. Beim operanten Konditionieren gilt es, individuelle positive Verstärker zu finden, Teilziele zu definieren und deren Erreichung zu belohnen (→**Operante Interventionsmethoden**).

6 Erfolgskontrolle

Fragen der Erfolgskontrolle sind noch nicht optimal gelöst. Verbesserungen in verschiedenen Verhaltens- und Erlebnisbereichen sind zwar nachgewiesen, doch läßt sich schwer feststellen, welche konkreten Einzelmaßnahmen zu welchen konkreten Einzelresultaten führen.

LITERATUR

BALTES, P. B. Strategies for psychological intervention in old age. *Gerontologist,* 1973, *13,* 4–6.
BARNS, E. K. Guidelines to treatment approaches. *Gerontologist,* 1973, *13,* 513–527.
LEHR, U. *Psychologie des Alterns.* Heidelberg: Quelle & Meyer, 1979[4].
LEHR, U. *Interventionsgerontologie.* Darmstadt: Steinkopff, 1979.
THOMAE, H. (Hrsg.) *Patterns of aging.* Basel: Karger, 1976.

Geschichte der Psychotherapie

Ludwig J. Pongratz

1 Zum Gegenstand

Der Begriff Psychotherapie taucht erst gegen Ende des 19. Jahrhunderts auf. J. M. Charcot, J. Breuer und anfangs auch S. Freud gebrauchten ihn für die suggestiven und hypnotischen Heilmethoden. In diesem engen Sinne wird er heute nicht mehr verwendet. In der häufigen Gegenüberstellung „Psychotherapie und Klinische Psychologie" wird sein Umfang auf die Psychoanalyse und ihre Tochterschulen erweitert (→**Psychotherapie**; →**Klinische Psychologie**). In der weitesten Bedeutung schließlich wird er zum Überbegriff für alle Verfahren der systematischen Modifikation psychoneurotischer, psychosomatischer, teilweise auch psychotischer, und sozialer Störungen erhoben. Er umfaßt dann zwei große Gruppen von Therapien: die tiefenpsychologischen und die klinisch-psychologischen.

2 Tiefenpsychologische Therapien

Sigmund Freud (1856-1939) bezeichnet die Psychotherapie als „die älteste Therapie, deren sich die Medizin bedient hat" (GW V,14). Er will damit sagen, daß Krankheiten aller Art schon in der phylogenetischen Frühzeit psychisch behandelt wurden. Als er auf dem Weg zur Psychoanalyse war, herrschte in der Medizin nicht die psychologische, sondern die somatologische Erklärung vor - auch in der Psychiatrie (→**Krankheitsbegriff**).

2.1 Hypnotherapie

Die psychologische Gegenbewegung wurde von Franz A. Mesmer (1734-1815) eingeleitet. Er nahm ein universelles Fluidum an, das durch Magneten, magnetisierte Gegenstände und durch leibliche Kontakte wie Berühren, Streicheln, Handauflegen übertragen wird. Seine überraschenden Erfolge dürften aber weniger dem Magnetismus, als suggestiven und hypnotischen Einwirkungen zu danken sein. Deshalb gilt er als Vorläufer der *Hypnotherapie*, die Jean M. Charcot (1825-1893) in der Behandlung der Hysterie erfolgreich angewandt hat (→**Hypnose**).

2.2 Psychoanalyse

Mit der Hypnotherapie begann auch die Psychoanalyse (→**Psychoanalyse**). In Anschluß an Joseph Breuer (1842-1925) wandte sie Freud als Mittel zur *Psychokartharsis* bei hysterischen Patienten an. Da aber die Hypnose nicht für alle geeignet war und sie außerdem eine starke Abhängigkeit vom Therapeuten bewirkte, kam Freud über einige Zwischenstationen schließlich zur Methode des freien Einfalles. Ziel dieser Methode war die Bewußtmachung verdrängt-unbewußter Erlebnisse, die gedeutet und neu verarbeitet werden sollten. Als weiteres tiefenpsychologisches Diagnostikum erschloß FREUD den Traum, den er als „via regia" zum Unbewußten bezeichnete. Mit Hilfe dieser Methoden und seines säkularen Genies konnte er in seiner Praxis das Material für das psychoanalytische Lehrgebäude finden; es umfaßt die folgenden Hauptteile (vgl. auch →**Psychoanalyse**):

- Die These von der *Verdrängung*, d.h. die Abweisung von verpönten Erinnerungen, Vorstellungen, Affekten, Triebregungen vom Bewußtsein,
- die Lehre vom *Unbewußten*, das durch den Verdrängungsprozeß in der frühen Kindheit entsteht, somit als ontogenetisches oder individuelles Unbewußtes zu beschreiben ist,
- die Phänomene des *Widerstandes* gegen das eigene Wohl (gegen „die Kur") und der *Übertragung* erlernter affektiver Einstellungen zu Beziehungspersonen auf andere, „neutrale" Personen (→**Widerstand**),
- die dualistische *Trieblehre*: Sexualität und Aggresivität, Lebens- und Todestriebe sind die Hauptmotivatoren des psychischen Geschehens,
- die Psychologie der *sexuellen Entwicklung* mit den Hauptthesen der kindlichen Sexualität und des Ödipuskomplexes,
- eine dynamische *Persönlichkeitspsychologie*: sie umfaßt die nach dem Grad der Luzidität und nach dem Schwellenprinzip konzipierten „Systeme" unbewußt, vorbewußt, bewußt, und eine in die psychischen Instanzen Es, Ich, Über-Ich gegliederte Persönlichkeitsstruktur (→**Persönlichkeitspsychologische Grundlagen**),
- eine *Neurosenlehre*: sie baut auf dem Verdrängungsvorgang auf, der im Fall der Neurose unvollständig geblieben („mißglückt") ist, so daß ein Störungsherd in Gestalt eines unbewußten Konfliktes zwischen Trieb und Abwehr entsteht. Da in Freuds Sicht in erster Linie sexuelle Triebansprüche abgewehrt werden, ist „die sexuelle Ätiologie der Neurose" fester Grundbestand der psychoanalytischen Neurosenlehre. Die neurotische Symptomatik wird als Kompromißlösung des Trieb-Abwehr-Konfliktes verstanden,
- eine *Kulturkritik*: die triebfeindlichen Normen und Institutionen der Kultur sind die eigentlichen Verdrängungsmächte und Neurosenstifter. Das Über-Ich, in dessen Auftrag das Ich verdrängt, ist deren verinnerlichter Repräsentant.

2.3 Individualtherapie

Alfred ADLER (1870-1937), der sich 1911 von FREUD gelöst hat, hält an der Lehre vom Unbewußten fest, sieht aber die Unbewußtheit psychischer Vorgänge als ein Mittel, einen Trick, um ichhafte Ziele und Fiktionen aufrechtzuerhalten (→**Individualtherapie**). „Das Unbewußte" ist für ihn keine Domäne des Es, sondern ein Instrument des Ich. Diese Auffassung hängt mit seiner Persönlichkeitspsychologie zusammen. ADLER denkt nicht schichttheoretisch, sondern definiert die Persönlichkeit als zielstrebige Einheit. Damit kommt die für die Individualpsychologie zentrale Kategorie der Finalität ins Spiel. „Unnütze" Ziele bestimmen das neurotische Verhalten im Unterschied zu traumatischen Erfahrungen in der Psychoanalyse. Die in der frühen Kindheit erlernte generelle Zielrichtung kommt in der „*Lebensleitlinie*" (Lebensstil), einer Art Strukturformel der Persönlichkeit, zum Ausdruck. Diese ist entscheidend nicht vom Eros, sondern vom Streben nach Geltung und Macht bestimmt. Der ichhafte Machttrieb wird aber von ADLER und seiner Schule als abhängige Größe verstanden – abhängig vom teils angeborenen, teils erworbenen Minderwertigkeitsgefühl; dieses wird durch das Streben nach Überlegenheit und Icherhöhung kompensiert, im Falle der Neurose „überkompensiert". Das positive, der Menschennatur eigene Ziel, ist das Gemeinschaftsgefühl, auf das alle Entwicklung und Therapie hinstrebt. Damit ist schon ADLERS Beitrag zur Kultur- und Gesellschaftstheorie angesprochen. Sie hat ihren Wesenskern letztlich in der Gemeinschaft aller Menschen und Völker. So gesehen ist Kultur idealiter eine heilsame Macht, nicht wie bei FREUD eine Störungsquelle.

Sieht man Psychoanalyse und Individualpsychologie nicht als feindliche Schulen, sondern unter dem Aspekt der Entfaltung der tiefenpsychologischen Therapie, dann leuchtet die alternative Einseitigkeit als Ergänzung und Fortschritt auf: Eros und Macht, eshafte und ichnahe Strebungen, Kausalität und Finalität beherrschen die Lebensbewegung des Menschen gleichermaßen. Und die Kultur kann durch ihre Normen und Wertvorstellungen ebenso krank machen wie heilen.

2.4 Analytische Psychologie

Für Carl Gustav JUNG (1875-1961) und die nach der Trennung von FREUD gegründete „Analytische Psychologie" erhält die Kultur einen neuen theoretischen Stellenwert: Sie wird von ihm nicht als ein dem einzelnen von außen introjiziertes Überich gesehen, sondern als eingeborenes archetypisches Erbe. Dadurch wird das Menschenbild bereichert: Das Individuum ist Resultat der Lebensgeschichte *und* der Menschheitsgeschichte, die sich in allen Menschen gemeinsamen Urbildern, den Archetypen, dokumentiert.

Durch die *Archetypenlehre* wird die Lehre vom Unbewußten erweitert: An das persönliche Unbewußte fügt sich als tiefere Schicht das kollektive Unbewußte an. JUNGs bedeutendster Beitrag zur Persönlichkeitspsychologie ist die Typenlehre: Introversion und Extraversion werden als übergreifende Persönlichkeitsdimensionen beschrieben und durch die jeweils vorherrschenden psychischen Funktionen des Denkens und Fühlens, des Empfindens und Intuierens differenziert.

In seiner Neurosenlehre rückt JUNG wie ADLER vom Dogma der sexuellen Ätiologie der Neurose ab; an seine Stelle tritt die Komplextheorie. Der Komplexbegriff, der sich auch in der Alltagssprache eingebürgert hat, bezeichnet affektive, energiegeladene Assoziationsbündel, die vom Bewußtsein abgespalten sind und den psychischen Haushalt stören.

Aus der Archetypentheorie ergeben schließlich sich Konsequenzen für die Behandlungsmethode. Die Assoziationstechnik wird um das Verfahren der Amplifikation vermehrt: Der Therapeut gibt zu den individuellen Einfällen sein symbolkundliches Wissen hinzu. Auch die von JUNG eingeführte aktive Imagination und das freie Gestalten aus dem Unbewußten sind z. T. aus dem Archetypenkonzept abzuleiten. Das gilt auch für eine weitere technische Zugabe, die Deutung auf der Subjektstufe; sie unterscheidet sich von der auf der Objektstufe, sofern sie nicht auf die äußeren (vergangenen) Erlebnisse Bezug nimmt, sondern auf die symbolisch abgebildete innere Dramatik, die den Appell des „tua res agitur" enthält.

2.5 Schicksalsanalyse

Im Zusammenhang mit der Erweiterung der Region des Unbewußten um das kollektive Unbewußte ist Leopold SZONDI (geb. 1893) zu erwähnen, dessen Theorie vom familiären Unbewußten sich zwischen das verdrängte und das kollektive Unbewußte schiebt. Sitz des familiären Unbewußten sind die latenten Gene, die beim einzelnen nicht in den Phänotyp eingegangen sind, aber den Anspruch haben, im Erscheinungsbild repräsentiert zu sein. Sie beeinflussen vor allem die Wahlhandlungen, die lebenswichtigen Entscheidungen. Um Inhalte des familiären Unbewußten bewußt zu machen, bedarf es einer sehr aktiven Technik. SZONDI steht nicht an, von einer „Hammerschlag-Methode" zu sprechen.

2.6 Neoanalyse

Die Neoanalyse hat einen deutschen und einen amerikanischen Zweig (→**Neoanalyse**). Begründer der deutschen Neopsychoanalyse ist Harald SCHULTZ-HENCKE (1892–1953). Ihm geht es um die Einheit der Tiefenpsychologie, die er durch ein „Amalgam" zu erreichen sucht. Er entwickelt eine triadische Motivationspsychologie: Besitz-, Geltungs- und Liebesstreben – diese drei bewegen die Menschennatur. Die Realität erlaubt nur eine teilweise Verlebendigung dieser Antriebe. Deshalb ist der Mensch grundsätzlich ein „gehemmter Mensch". Der Begriff der Hemmung ist weiter als die Verdrängung, die erst dann gegeben ist, wenn die Antriebe nicht mehr gespürt und die traumatische Situation nicht mehr erinnert wird. Neurotische Symptome und Träume sind „Sprengstücke" der verdrängten Bedürfnisse. In den Lehrbüchern der analytischen Psychotherapie und der Traumanalyse hat SCHULTZ-HENCKE die psychoanalytische Behandlungsmethode detailliert dargestellt und vertieft.

SCHULTZ-HENCKE hat sein Ziel der „Amalgamierung" der Schulen nicht erreicht. Statt dessen entstand eine neue Schule. Aber es bleibt sein Hauptverdienst, die tiefenpsychologische Motivationslehre auf ein breiteres, realitätsangemesseneres Fundament gestellt zu haben.

Die amerikanische Neoanalyse, die sogenannte Chicagoer „sociological school", ist vertreten durch Kareen HORNEY (1885–1952), Erich FROMM (1900–1980) – beide FREUDschüler – und Harry Stack SULLIVAN (1892–1949). Sie betrachteten die soziokulturellen Gegebenheiten als die wichtigsten Störfaktoren und bekämpften FREUDS „Biologismus", seine Instinkt- und Libidotheorie und damit das triebenergetische Prinzip. „Es ist der soziale Prozeß, der den Menschen schafft", formuliert FROMM. Die Aggression z. B. ist kein angeborener Trieb, sondern Folge von Kultureinflüssen. Der Penisneid ist kein biologisches Schicksal, sondern bedingt durch die patriarchalische Gesellschaft. An die Stelle der sexuellen tritt die soziale Ätiologie der Neurose. Nicht sexuelle Bedürfnisse stehen beim Menschen oben an, sondern das Streben nach Sicherheit, die nach HORNEY und SULLIVAN in der mitmenschlichen Beziehung gefunden wird. FROMM betont die ethisch-religiösen Werte, die FREUD verkannte; Neurose ist in seiner Sicht immer auch ein moralischer Zusammenbruch.

Der zum Teil recht tiefgreifende Wandel im theoretischen Konzept berührt auch die Behandlungsmethode. Die „Spiegelhaltung" wird als zu unpersönlich abgelehnt, der Therapeut soll die Rolle des „participant observer" einnehmen.

2.7 Philosophisch orientierte Therapien

Bei den philosophisch fundierten Richtungen müssen wir zwei unterscheiden: Die eine wird von Viktor E. FRANKL (geb. 1905) vertreten. In seiner *„Logotherapie"* steht die Frage nach dem Sinn im Zentrum. Die Suche nach dem Sinn des Daseins ist ihm zufolge ein Urmotiv des Menschen. Viele Neurosen des modernen Menschen sind Sinnkrankheiten. Sinnfindung erscheint dann als therapeutisches Ziel. Wichtig ist sein Beitrag zur Theorie des Unbewußten. Nach seiner Auffassung verfallen heute nicht so sehr die sexuellen und aggressiven Triebe der Verdrängung, sondern die ethisch-religiösen: Der Mensch verdrängt sein Urwissen und seine Gottessehnsucht. Er stellt sonach die Ansicht FREUDS gleichsam auf den Kopf: Das Überich ist unten, die Triebe oben.

Anderer Art ist die von Ludwig BINSWANGER (1881-1966) und Medard BOSS (geb. 1903) entwickelte *Existenzanalyse.* Sie beziehen sich auf Edmund HUSSERL (1859-1938) und Martin HEIDEGGER (1889-1976). Ihr Anliegen ist nicht wie bei FRANKL primär anthropologischer, sondern methodischer Natur. Mittels der phänomenologischen Methode versuchen sie allgemeinmenschliche und individuelle „Weltentwürfe" und „Daseinsmodi" zu finden, die viel Ähnlichkeit mit dem ADLERschen „Lebensstil" zeigen. Theoretische Voreingenommenheit und Reduktionismus auf Triebe oder Symbole werden – vor allem von BOSS – zurückgewiesen. Es ist bemerkenswert, daß BINSWANGER ein früher FREUDschüler gewesen und BOSS auf der Couch in FREUDS Ordinationszimmer gelegen hat.

2.8 Charakteranalyse

Von den FREUDschülern, die zum Fortschritt der Psychoanalyse beigetragen, aber keine eigene Schule gebildet haben, verdient Wilhelm REICH (1897-1957) aus zwei Gründen erwähnt zu werden: In seinem 1933 erschienenen Buch „Charakteranalyse" stellt er einen zweiphasigen Heilungsprozeß dar. Der erste Schritt ist ihm zufolge die Aufbrechung des „Charakterpanzers". Erst in einem zweiten Schritt kann dann die Tiefenanalyse beginnen. REICHS zweites in die Gegenwart wirkendes Verdienst ist die Einbeziehung des Leibes in die Therapie. Libido, so lehrt er, sei nicht an die genitalen Zonen gebunden, sondern erfülle den ganzen Leib. Ist sie gehemmt, dann sind auch der Leib oder bestimmte Teile von ihm mitbetroffen. Darum muß jede Therapie auch am Leibe ansetzen. Dieser Gedanke lebt heute in der *Bioenergetik* fort, als deren Begründer er gilt (→ **Körpertherapie**).

Über allem Wandel in der tiefenpsychologischen Therapie bleiben drei *Grundannahmen* bestehen: die Lehre von der Dynamik unbewußter Vorgänge, die These, daß sich diese im Erleben und Verhalten manifestieren, und die genetische Annahme, wonach die (neurotische) Einstellung zu sich und zu andern in der frühen Kindheit grundgelegt wird.

3 Klinisch-psychologische Therapien

3.1 Anfänge

Wenn nun von der klinisch-psychologischen Strömung in der Psychotherapie die Rede ist, dann fallen dem Historiker Jahreszahlen auf:

Die Begründung der tiefenpsychologischen Therapie wird auf das Jahr 1895 datiert, dem Erscheinungsjahr der „Studien über Hysterie". Die Klinische Psychologie ist ein Jahr später, 1896, an der Pennsylvania University geboren. Ihr Vater, Lightner WITMER (1867-1956), Schüler WUNDTs und Nachfolger von McKeen CATTELL, dem ersten Assistenten WUNDTs, errichtete die erste psychologische Klinik, führte den Namen „Klinische Psychologie" ein, gab ab 1907 die erste Zeitschrift mit dem Titel „Psychological Clinic" heraus, bildete als erster Fachpsychologen für Klinische Psychologie („psychological experts") aus, arbeitete mit Fachärzten zusammen. Seine Klientel bestand vornehmlich aus Kindern, seine Behandlungsmethode war noch stark pädagogisch orientiert, die Psychoanalyse lehnte er ab. Er wies dem neuen Fachgebiet ein breites Aufgabenfeld zu: social and public service, original research, psychological orthogenic (= vocational, educational, correctional, hygienic, industrial and social guidance).

Dem Beispiel WITMERs folgten viele Universitäten der USA - im Unterschied zu Deutschland, wo Emil KRAEPELIN (1856-1926), ebenfalls ein Schüler WUNDTs, die wissenschaftliche Psychologie in seine Psychiatrische Klinik holte, ein psychologisches Labor einrichtete, experimentelle Untersuchungen durchführte und die Pharmakopsychologie begründete. Auch KRAEPELINs Pionierarbeit läßt sich auf das Jahr 1896 datieren, das Jahr, da die Schrift „Der psychologische Versuch in der Psychiatrie" erschienen ist. KRAEPELINs Vormarsch fand wenig Anhänger und die von WITMER bewegte Welle verebbte, spätestens in den 30iger Jahren (1935 war der letzte Jahrgang des Journals „Psychological Clinic"). Warum? Einmal, weil die Psychologie für die Übernahme therapeutischer Aufgaben noch nicht gerüstet war. Erst galt es die Grundlagen zu erweitern und zu sichern, vor allem aber eine solide Psychodiagnostik als Voraussetzung aufzubauen. Ein zweiter Grund war das Aufkommen und die rasche Verbreitung der Psychoanalyse und ihrer Tochterschulen, die spezifische Methoden zur Behandlung psychischer Störungen anzubieten hatte. Der dritte Grund war standespolitischer Art. Er betrifft den Monopolanspruch der Medizin auch in Sachen Psychotherapie.

Anfang der 40iger Jahre nahm die inzwischen gutfundierte und selbstbewußte Psychologie einen zweiten Anlauf in Richtung Klinischer Psychologie. Diesmal mit weit größerem und voraussichtlich dauerhaftem Erfolg.

3.2 Client-centered Therapy

Diese zweite Phase wird durch Carl ROGERS (geb. 1902), den Begründer der Client Centered Therapy, eingeleitet (klientenzentrierte →**Gesprächspsychotherapie**). Ihn verbanden noch Beziehungen zur Psychoanalyse über den FREUD-schüler Otto RANK (1884-1939). Das entscheidende Jahr war 1942, als ROGERS sein Buch „Counseling and Psychotherapy" veröffentlichte. Es ist von dem Gedanken einer nondirektiven Behandlungstechnik beherrscht, in der die Spiegelhaltung des Psychoanalytikers zum Prinzip des „reflecting of feelings" erhoben wird. Das Deutungsaxiom der Psychoanalyse wird abgelehnt, da es die natürliche Selbstaktualisierung der Person beeinträchtige. Im Laufe der Entwicklung werden dann die Therapeutenvariablen aufgestellt und überprüft: Non-possessive warmth, genuiness (Echtheit) und das verbalisierte „accurate empathic understanding". Durch diese drei Grundvariablen wird der Faktor Therapeut durch wesentliche Merkmale definiert und die therapeutische Situation strukturiert (→**Therapeutenvariablen**).

Unter historischem Gesichtspunkt steht die Forschungsinitiative von ROGERS oben an. Er war der erste, der durch Tonbandaufnahmen seiner Therapien das Tabu des psychotherapeutischen Sprechzimmers durchbrochen und damit der Forschung auf diesem Gebiet das Tor geöffnet hat.

Das theoretische Fundament seiner Therapieform ist eine Persönlichkeitspsychologie, die am Zielbild der „fully functioning person" ausgerichtet ist. ROGERS geht dabei vom Ideal der autonomen Persönlichkeit aus, die ihre Werte eigenständig wählen oder mit Hilfe einer klientzentrierten Therapie finden kann.

Die Gesprächspsychotherapie ist auf ihrem klassischen Konzept nicht sitzen geblieben. Sie hat ihre theoretischen Grundlagen um lernpsychologische Anleihen bereichert und ist aufgerufen, die Ergebnisse der Kommunikationsforschung miteinzubeziehen. Fortschritte sind auch in der Behandlungstechnik zu verzeichnen, vor allem zu gunsten einer größeren Aktivität des Therapeuten und eines flexibleren Therapiestiles. Akte wie Konfrontieren, Konkretisieren, Interpretieren stehen nicht mehr unter Verdikt. Die Lehre vom „*Experiencing*", dem Prozeß des unmittelbaren Verstehens, ist für die Behandlung fruchtbar geworden. Neuere Ansätze weisen von einer allgemeinen zu einer differentiellen klientzentrierten Therapie.

3.3 Verhaltenstherapie

Augenfälliger als an der ROGERS-Therapie ist die Abkunft der Klinischen Psychologie von der psychologischen Forschung an der Verhaltenstherapie zu erkennen. Als ihre Väter zeichnen Ivan P. PAWLOW (1849-1936) und John B. WATSON (1878-1958): Sie haben die *experimentelle Neurosenforschung* begründet, indem sie zeigten, daß sich psychische Störungen experimentell erzeugen und beheben lassen. Von Pawlow nahm eine auf der Konflikthypothese basierende tierexperimentelle Störungsforschung ihren Anfang bis hin zu Joseph WOLPE (geb. 1915), der als Begründer der Behaviortherapie (1958) gilt. Er konnte in einem entscheidenden Experiment zeigen, daß nicht der Konflikt, sondern die Angst in einer ausweglosen Situation zu neurotischen Vermeidungsreaktionen führt – und, daß diese phobischen Verhaltensweisen nach den Prinzipien der reziproken Hemmung und der kleinen Schritte zu beheben sind. Er stützte sich vor allem auf die Konditionierungsmethode PAWLOWS und auf dessen neurophysiologische Theorie der kortikalen Erregung und Hemmung.

Die Begründung der Verhaltenstherapie ist aber nicht allein sein Werk. Schon 1953 hatte Burrhus F. SKINNER (geb. 1904) in seinem Buch „Science and Human Behavior" eine auf dem Verstärkungslernen beruhende Theorie der Verhaltensmodifikation entwickelt. Außerdem hat an der Wiege der Verhaltenstherapie Hans J. EYSENCK (geb. 1916) gestanden. 1959 veröffentlichte er einen Artikel über „Learning Theory and Behaviour Therapy". Er hat damit unabhängig von A. A. LAZARUS den englischen Namen für Verhaltenstherapie gebraucht. Sein spezielles Verdienst um die Verhaltenstherapie und im weiteren der Klinischen Psychologie ist die persönlichkeitspsychologische Grundlegung durch die Dimensionen Extraversion, Introversion und Neurotizismus. Neurotizismus ist ein Anlagefaktor, der bei ungünstigen Milieueinflüssen zu Störungen führt.

Die einseitige Ausrichtung der Verhaltenstherapie an den Lerntheorien erwies sich bald als unzureichend. Beziehungen zur Allgemeinen Psychologie, insbesondere zur Wahrnehmungs- und Motivationspsychologie, sowie zur Sozialpsychologie wurden notwendig (→**Grundlegung**).

Fortschrittliche Veränderungen sind auch im Bereich der Störungen zu verzeichnen. War die „Einstiegsneurose" die Phobie gewesen – wie für die Psychoanalyse die Hysterie –, so wurde das Behandlungsgebiet bald auf Zwänge, hysterische Symptome, Depressionen, psychotische Verhaltensweisen, Suchtkrankheiten, Erziehungs-, Ehe- und Familienprobleme ausgedehnt. Hand in Hand damit ging die Vermehrung und Differenzierung der Intervention, die bald am Reiz, bald an der Reaktion, bald an den Folgen abweichenden Verhaltens angreifen kann.

Geradezu revolutionär wirkte sich auf Theorie und Technik die sogenannte „*kognitive Wende*" aus (vgl. auch →**Kognitive Therapien**). Sie bedeutet die Einbeziehung der Vorgänge in der „black box", der bewußten und unbewußten „inneren" Prozesse im System der Persönlichkeit. Jetzt waren „Selbstkontrollmethoden" sanktioniert (→**Selbstkontrolle**). Sie sollen den Gestörten befähigen, die Bedingungen und Konsequenzen seines abnormalen Verhaltens wahrzunehmen und so sein Verhalten und Handeln selbst zu kontrollieren, seine Konflikte in eigener Regie zu bewältigen. Ab da ist die Verhaltenstherapie nicht mehr nur „Symptombehandlung"; sie setzt an den Wurzeln, den Schaltstellen an: am Wahrnehmen, Vorstellen, Denken, Fühlen, Wollen.

Psychologiegeschichtlich betrachtet gewinnt die kognitive Wende epochale Bedeutung: Für den Behaviorismus, dem eine Psychologie more physico vorschwebte, sollte nur das sichtbare,

„objektive" Verhalten Forschungsgegenstand sein. Nun kommen wider alle Theorie unter dem Druck der Praxis die subjektiven Variablen, kommt die so verpönte Introspektion wieder zu Ehren.

Die Client centered- und die Behavior Therapie hatten sich bei ihrem Eintritt in die Psychotherapie polemisch gegen die tiefenpsychologische Therapie gewandt. Der gegenwärtige Entwicklungspegel zeigt auf eine Annäherung tiefenpsychologischer und klinisch-psychologischer Positionen (→**Psychotherapie**; → *Wirkfaktoren*).

LITERATUR

ALEXANDER, F. G. & SELESNICK, S. J. *The History of Psychiatry*. New York: Harper & Row, 1966.

FREUD, S. *Zur Geschichte der psychoanalytischen Bewegung*. Gesammelte Werke, Band X, 44–113 (Londoner Ausgabe).

GARFIELD, S. L. Historical Introduction. In B. B. WOLMAN (Hrsg.) *Handbook of Clinical Psychology*, New York: McGraw-Hill, 1965, 124–140.

PONGRATZ, L. J. Geschichte der Klinischen Psychologie. In *Handbuch der Psychologie*. 8. Band/1. Halbband. Göttingen: Verlag für Psychologie 1977, 1–37.

PONGRATZ, L. J. Die historische Entwicklung des Berufsfeldes Klinische Psychologie. In V. BIRTSCH & D. TSCHEULIN (Hrsg.) *Ausbildung in Klinischer Psychologie und Psychotherapie*. Weinheim: Beltz Verlag, 1980, 23–36.

WYSS, D. *Die tiefenpsychologischen Schulen von den Anfängen bis zur Gegenwart*. Göttingen: Vandenhoeck & Ruprecht, 1966.

Gesellschaftliche Funktionen der Psychotherapie

Eva Jaeggi

1 Historischer Überblick

Moderne Psychotherapie als Handlungsanleitung zur Behebung psychischer Leiden entstand im Zusammenhang mit der Entfaltung einer kapitalistischen Ökonomie. In einer von Leistung, Rationalität und ökonomischer Produktivität bestimmten Gesellschaft mußte dafür gesorgt werden, daß psychisch gestörte Menschen möglichst bald wieder in den Arbeitsprozeß eingegliedert werden konnten. Erst der in einer kapitalistischen Gesellschaft produzierte Reichtum ist aber die ökonomische Basis für die Einrichtung der Psychotherapie als Wissenschaft und soziale Institution (DÖRNER 1969).

Der gesellschaftliche Auftrag an die Psychotherapie (Wiederherstellung der Arbeitskraft) verhinderte allerdings nicht, daß sie – in einer relativ autonomen Entwicklung – relevante kritische Betrachtungen zum Verhältnis zwischen Individuum und Gesellschaft liefern konnte, die einer Infragestellung der Humanität einer von Leistungs- und Effizienzdenken bestimmten Gesellschaft oft nahekamen. Die verschiedenen Funktionen der Psychotherapie sind daher in allen westlich-industriellen Gesellschaften in der *Doppelrolle von Systemstabilisierung und emanzipatorischer Aufklärung* über das gesellschaftliche System zu sehen. Diesen Widerspruch teilt die Psychotherapie mit allen Wissenschaften vom Menschen.

Psychotherapie als Praxis ist in ihrem Verhältnis zur Theorie auf zweierlei Arten zu bestimmen. Einerseits ist sie geprägt von *Theorien über den Menschen* (die ihrerseits auch Ausdruck ökonomisch-gesellschaftlicher Strukturen sind), andererseits *wirkt sie selbst* durch die Form ihrer Ausübung wieder *zurück* auf diese Theorienbildung und z. T. auf den gesellschaftlichen Prozeß selbst. So ist beispielsweise die Betonung von Gruppenverfahren nicht nur Ausdruck eines entsprechenden Menschenbildes (das den Menschen wesentlich als Brennpunkt sozialer Beziehungen ansieht), sondern auch gesteuert von gesellschaftlich-ökonomischen Notwendigkeiten, die eine Verbilligung der Therapien erzwingen, was wiederum die Theorienbildung modifiziert (→**Menschenbild**).

Wir können folgende gesellschaftliche Funktionen der Psychotherapie unterscheiden:

1.1 Die Beeinflussung des Menschenbildes

Die mit der Entwicklung der Psychoanalyse einhergehende Verdichtung der systematischen Beobachtung des menschlichen Alltagslebens (gebrochen durch den Bericht in der Sprechstunde) war für die Theorienbildung FREUDS sowie seiner Schüler und Nachfolger von großer Wichtigkeit (→**Psychoanalyse**). Schon oft wurde die Bedeutung der Psychoanalyse auch für das laienhafte Verständnis psychischer Prozesse (aber auch: Kunstwerke, gesellschaftliche Ereignisse etc.) hervorgehoben. Die Funktion der Psychotherapie bestand in ihren psychoanalytischen Anfängen neben der Heilwirkung vor allem in einer Veränderung der Vorstellung vom Wesen des

Menschen, seiner Entwicklung und seiner Veränderbarkeit, so daß sich sowohl in privaten als auch in institutionellen Bereichen z. B. eine Wandlung des Erziehungsstils vollziehen konnte (Liberalisierung sexueller Tabus, Freizügigkeit in bezug auf Bedürfnisse von Kindern und Jugendlichen, zumindest in der Mittelschicht).

Die nachanalytische Psychotherapie-Ära hat sicher nicht in demselben Maß das Laienbewußtsein bestimmt (→ **Geschichte**). Trotzdem können wir auch hier Folgen für das Bewußtsein der Einzelnen nachzeichnen. Dies gilt vor allem für die Gruppentherapien humanistischer Prägung (Encountergruppe, Gestaltgruppe etc.), die ihrer weiten Verbreitung wegen vor allem in den USA sowohl das Denken über den Menschen als auch bestimmte Umgangsformen verändert haben (Wichtigkeit, sein unmittelbares Erleben zu kommunizieren, Aggressionen ausdrücken, „echt" sein etc.). Die Verhaltenstherapie hat einige psychologische Alltagskenntnisse (z. B. Erziehung durch Belohnung und Bestrafung) verwissenschaftlicht ausgedrückt, ihr Einfluß auf das Alltagsbewußtsein ist jedoch sicher geringer als das anderer Therapieschulen (→ **Gruppentherapie**; → **Verhaltenstherapie**; → **Encounter-Gruppen**).

1.2 Die Verschleierung nicht-privater Ursachen von psychischen Störungen

Jede Form von Psychotherapie geht davon aus, daß das Individuum selbst imstande ist, Veränderungen seines Zustandes einzuleiten. Die „Therapierbarkeit" eines Menschen ist daher sozusagen das Maß für sein Potential an Eigeninitiative bei diesem Prozeß der Veränderung. Diese Konzentration auf das Subjekt führt aber dazu, daß die in der gesellschaftlichen Situation liegenden Faktoren für psychische Störungen leicht übersehen oder privatisiert werden. Dies gipfelte in den USA in dem (von vielen Menschen allerdings schon als grotesk empfundenen) Vorschlag von ROGERS, man möge – um die Gesellschaft zu verändern – vor allem Politiker, Wirtschaftsführer und andere gesellschaftlich relevanten Gruppierungen therapieren. Demgegenüber betonen die meisten Soziologen die *überindividuelle Struktur* gesellschaftlicher Institutionen, deren Wirkung *nicht durch* eine „*Psychologisierung*" aufgehoben werden kann.

Die sozialpsychiatrische und gemeindepsychologische Bewegung hat – ausgehend von sozialepidemiologischen Untersuchungen – auf diesen Fehler hingewiesen und sich vor allem mit dem Umfeld psychisch Gestörter befaßt. Unter diesem Aspekt wurde auch immer wieder auf die Notwendigkeit der präventiven Aufgaben psychozozialer Berufe hingewiesen (→ **Gemeindepsychologie**, → **Epidemiologie**, → **Sozialpsychiatrie**, → **Prävention**). Der nächste Aspekt hängt mit diesem Problemkreis eng zusammen.

1.3 Die Verschleierung der Tatsache der Untherapierbarkeit vieler Menschen

Die große öffentliche Verbreitung von therapeutischen und quasitherapeutischen Methoden in den Massenmedien steht in keinem Verhältnis zu den erwiesenen Erfolgen der Psychotherapie. Bei jeder Methode erweist sich nur ein kleiner Teil der Gesamtbevölkerung als gut therapierbar. Es sind dies vor allem jüngere Klienten aus der Mittelschicht mit einigermaßen gutem Bildungsniveau und nicht allzu schweren psychischen Beeinträchtigungen. Unterschichtangehörige, soziale Randgruppen, Patienten des schizophrenen Formenkreises, sog. border-line-Fälle, Suchtkranke etc. erweisen sich häufig als therapieresistent. Gerade sie aber stellen das Gros der Insassen von Versorgungseinrichtungen dar und belasten die Gesellschaft in hohem Ausmaß. Ihre Heilungschancen durch Psychotherapie sind bisher minimal, weshalb nach anderen Wegen gesucht werden muß, um diesen Gruppen zu helfen. Da diese Wege kurzfristig außerordentlich kostenaufwendig sind (Beschützende Werkstätten, Übergangswohnheime, therapeutische Wohngemeinschaften usw.) werden diese Möglichkeiten von staatlicher Seite her oft nicht mit dem nötigen Nachdruck gefördert (GLEISS, SEIDEL & ABHOLZ 1973; KEUPP & ZAUMSEIL 1978).

1.4 Schaffung einer Alternativkultur

In einer Situation gesellschaftlicher Verunsicherung wie sie in der spätindustriellen Gesellschaft auftritt, werden subkulturelle Ghettos, die dem einzelnen ein „Zugehörigkeitsgefühl" verschaffen, immer wichtiger. Vor allem die Form der Gruppentherapie eignet sich sehr gut zur Bildung einer solchen Alternativkultur. Es herrschen dort bestimmte Regeln und Riten, deren Beherrschung das Gefühl der Zusammengehörigkeit herstellt, die im „normalen" Leben oft nicht mehr gegeben ist. Unter diesem Gesichtspunkt muß man therapeutischen Gruppen, die sich zum Teil in wechselnder Zusammensetzung, z.T. in festen Gruppierungen treffen, auch präventiven Charakter zubilligen (RICHTER 1980). Eine Reduktion psychischen Leidens wird hier allerdings meist durch eine Negierung der realen gesellschaftlichen Verhältnisse und ihrer pathogenetischen Strukturen versucht.

1.5 Die Lebenshilfe

Psychotherapie ist schon seit längerem dabei, sich zu einer Lehre vom „richtigen Leben" zu entwickeln. Sie übernimmt damit das Erbe jenes Zweiges der Philosophie, die als „Praktische Philosophie" schon von jeher Anleitung zum richtigen (moralischen, vernünftigen) Handeln in allgemeinverbindlicher Form gegeben und begründet hat. Voraussetzung dafür ist eine präzise Vorstellung vom „Wesen" des Menschen. Diese läßt sich explizit und implizit auch aus den jeweiligen Systemen, die der Psychotherapie zugrunde liegen, ablesen. Moderne Psychotherapie wird so mehr und mehr zu einer Art „praktischer Lebensphilosophie" zugunsten der ursprünglich geplanten medizinisch-naturwissenschaftlichen Heilungstechnik. Im Sinne der Entprofessionalisierung soll dabei jeder sein eigener Therapeut oder derjenige seiner unmittelbaren Lebensgruppe werden. Die überaus große Beliebtheit, derer sich Fallberichte und populäre Beschreibungen psychotherapeutischer Verfahren erfreuen, liegt sicher zum Teil in dieser Funktion der Lebenshilfe begründet. Dies bedeutet in neuerer Zeit teilweise die Aufhebung der ursprünglichen Konzeption des Psychotherapeuten als „Experten" in Fragen der Lebenshilfe.

1.6 Kritische Gesellschaftsbetrachtung

Psychotherapie erlaubt den Zugang zu sehr privaten, oft tabuisierten Bezirken der Seele. Offenbar sind aber gerade die als besonders intim empfundenen Probleme (z.B. Beziehungs- und Sexualprobleme, Selbstwertprobleme) als universaler „Typus" vorhanden, so daß die Annahme einer überindividuellen Determination auf der Hand liegt. Psychotherapie gibt daher sowohl dem Patienten als auch dem erkennenden Therapeuten die Möglichkeit, den Klienten als konfliktbeladenen Kampfplatz zwischen gesellschaftlichen Zwängen und individuellen Bedürfnissen zu erleben, so daß die Beschäftigung mit dem „Privaten" gleichzeitig Ausblick auf das „Gesellschaftliche" bieten kann.

Seit ADORNO haben vorwiegend Psychoanalytiker den gesellschaftskritischen Aspekt aufgegriffen und theorieimmanent verarbeitet. Die ihrem System inhärente Spannung von Ursache und Symptom scheint besonders geeignet, eine an MARX orientierte Gesellschaftskritik (mit ihrer Spannung zwischen „Basis" und „Überbau") zu explizieren (HORN & STIERLIN 1980). Von gemeindepsychologischer Seite wird solche Kritik weitergeführt, indem z.B. der Zusammenhang von Gebührenordnungen, Sozialhilfegesetzen, Jugendgesetzen u.ä. mit dem Ansteigen bestimmter Störungsformen in Zusammenhang gebracht wird.

1.7 Die Anpassung

Andererseits hat man allen Psychotherapieformen (vor allem der Verhaltenstherapie, in der Zeit der Studentenrevolte aber auch der Psychoanalyse als „bürgerlicher" Wissenschaft) immer wieder vorgeworfen, sie erleichtere mittels Symptomheilung oder „Seelenbeschau" (statt revolutionärer Taten) die Anpassung an bestehende gesellschaftliche Bedingungen. Nichts als ein unkritisches „Funktionieren" sei die Folge psychotherapeutischer Behandlung. Offenbar wird von vielen kritischen Therapeuten und Theoretikern des therapeutischen Prozesses die Meinung geteilt, daß Psychotherapie sowohl die Funktion der Aufklärung als auch die der Anpassung erfüllen könne. Es erscheint allerdings schwierig, Kriterien anzugeben, unter welchen Bedingungen die eine oder die andere Funktion überwiegt. Einige Psychoanalytiker (MOELLER 1977) scheinen der von Fachkompetenz emanzipierten Selbsthilfegruppe mit Initiative-Charakter mehr Chancen zur Emanzipation einzuräumen als der klassischen Form der Einzeltherapie, ohne daß sie aber jede Form von Einzeltherapie als gesellschaftsstabilisierend-anpasserisch denunzieren.

Psychotherapie als Wissenschaft und Praxis vermag also trotz ihrer systemstabilisierenden Potentiale wichtige Hinweise zu geben auf die Erzeugung psychischen Leidens durch gesellschaftliche Strukturen. Eine Veränderung dieser Strukturen übersteigt allerdings ihre Möglichkeiten. Wo sie versucht wurden (wie z. B. im Sozialistischen Patientenkollektiv in Heidelberg), verliert sie offenbar sowohl den Anspruch auf die Begegnung mit dem Individuum als auch die Möglichkeit gesellschaftlicher Duldung.

LITERATUR

DÖRNER, K. *Bürger und Irre*. Zur Sozialgeschichte und Wissenschaftssoziologie der Psychiatrie, Frankfurt: Fischer, 1969.
GLEISS, I., SEIDEL, R. & ABHOLZ, H. *Soziale Psychiatrie*. Frankfurt: Fischer, 1973.
HORN, K. & STIERLIN, H. Freud heute. In *Merkur, 34*, Februar 1980.
KEUPP, H. & ZAUMSEIL, M. (Hrsg.) *Die gesellschaftliche Organisierung psychischen Leidens*. Zum Arbeitsfeld klinischer Psychologen. Frankfurt: Suhrkamp, 1978.
MOELLER, M. L. Selbsthilfegruppen in der Psychotherapie. In *Sozialpsychiatrische Informationen,* 1977, 7, 42. 41–51.
RICHTER, H. E. Psychotherapie in der Krise. In *Merkur, 34*, Februar 1980.

Gesprächspsychotherapie

Hanko Bommert

1 Einleitung

Eine konkrete Beschreibung und Analyse *der* Gesprächspsychotherapie zum derzeitigen Zeitpunkt abschließend vorzunehmen ist schon aus dem Grunde nicht möglich, weil es *die* Gesprächspsychotherapie als einheitliches und in sich geschlossenes Konzept nicht gibt. Vielmehr zeigt sich diese Behandlungsform in einer Reihe recht unterschiedlicher Facetten theoretischer Ansätze und Erklärungsmöglichkeiten sowie praktisch-therapeutischer Interventionen, die alle nicht in der Lage sind, den theoretischen und praktischen Erfordernissen psychologisch-therapeutischen Vorgehens in vollem Umfang zu entsprechen. Zudem ist auch eine genaue Abgrenzung gesprächspsychotherapeutischen Vorgehens gegenüber anderen Ansätzen präzise kaum möglich, da es sich in der Regel einerseits um fließende Übergänge handelt, und da andererseits auch diese alternativen Behandlungsansätze nicht eindeutig eingrenzbar sind.

Während etwa die Verhaltenstherapie von weniger Skrupeln geplagt ist, wenn es darum geht, eine Konzeptausweitung vorzunehmen (wobei dann z. B. ELLIS mit seiner rational-emotiven Therapie zu einem der bekanntesten Verhaltenstherapeuten deklariert wird) (→**rational-emotive Therapie**), tut sich die Gesprächspsychotherapie schwer, ihren Konzeptbereich zu bestimmen. Hier stellt sich vielmehr oftmals der Eindruck ein, dieser Konzeptbereich dürfte ausschließlich das theoretische Gedankengut von CARL ROGERS als Orientierungsrahmen verwenden, und jede Abweichung von diesem Rahmen sei per se verwerflich.

Hier wird von folgender *Definition* ausgegangen:

Die Gesprächspsychotherapie ist eine geplante, systematische und selektive Form verbaler und non-verbaler Kommunikation und sozialer Interaktion zwischen zwei oder mehreren Personen – Psychotherapeut(en) und Klient(en) – mit dem Ziel einer Verminderung der vom Klienten erlebten psychischen Beeinträchtigungen durch eine als Folge differenzierter Selbst- und Fremdwahrnehmung sowie expandierter Handlungsspielräume eintretende Neuorientierung des (der) Klienten im Erleben und Verhalten, auf der Basis grundlegender Erkenntnisse der wissenschaftlichen Psychologie, insbesondere der Lern- und Sozialpsychologie.

2 Der orthodoxe Ansatz der Gesprächspsychotherapie

Im Mittelpunkt der *theoretischen Überlegungen* von CARL ROGERS (1951) steht die Theorie der Therapie, neben der er weiterhin eine Theorie der Persönlichkeit, eine Theorie der interpersonellen Beziehungen sowie Theorien der Anwendung formuliert hat (vgl. BOMMERT 1979). Bei dieser Theorie der Therapie geht er davon aus, daß ein „gesundes" Individuum, das nicht nach therapeutischer Hilfe sucht, eine organisierte Struktur der Wahrnehmungen von seinem Selbst und von diesem Selbst in Beziehung zur Umwelt hat. Diese Selbststruktur wird als ein System von Hypothesen zur Lebensbewältigung verstanden, wobei diese Hypothesen von einem *objektiven* Standpunkt aus auch ungenau oder falsch sein können. Solange eine Widersprüchlichkeit nicht wahrgenommen wird, kann das Selbst positiv bewertet und akzeptiert werden, das Verhalten stimmt mit den Hypothesen und den Konzepten der Selbststruktur überein, und das Ausmaß einer bewußten Spannung bleibt minimal.

Nimmt nun aber eine Person beim Zusammentreffen seiner Bedürfnisse mit der Realitätssituation Widersprüche wahr (Inkongruenz zwischen Selbst und Erfahrung), oder wird die Organisation der Selbststruktur dabei nicht mehr wirksam, so müssen Wahrnehmungen und Erfahrungen, die im Widerspruch zur gegenwärtigen Struktur des Selbst stehen, verleugnet oder verzerrt werden, da sie ansonsten als bedrohlich erlebt werden.

In der Gesprächspsychotherapie wird einer solchen Person nunmehr eine entspannte, einfühlende und akzeptierende Atmosphäre zugänglich gemacht, in der sie allmählich weniger ängstlich und angespannt wird, und es sich daher „leisten" kann, ihr Wahrnehmungsfeld neu zu erforschen, dabei Widersprüche zu klären und auch Wahrnehmungen in das Selbst zu übernehmen, die bisher verleugnet oder verzerrt werden mußten.

Auf der Ebene des *praktisch-therapeutischen Handelns* ergibt sich für die orthodoxe Therapieform daraus, daß zum einen sämtliches Änderungspotential sinnvollerweise nur aus dem Klienten selbst hervorgehen kann, da seine persönlich-subjektive Realität, nicht aber irgendeine objektive Realität für ihn wesentlich ist, zum anderen, daß die ausschließliche Aufgabe des Psychotherapeuten in der Herstellung der Bedingungen besteht, die für den – unter diesen Bedingungen weitgehend autonom ablaufenden – Änderungsprozeß (d. h. Ermöglichung neuer Erfahrungen) notwendig sind.

Diese Bedingungen werden von ROGERS (1957) in drei Verhaltensdimensionen des Psychotherapeuten operationalisiert, die er als „notwendig und hinreichend" postulierte: „*Accurate empathic understanding*", „*Unconditional positive regard*" sowie „*genuineness*". Im Zusammenspiel mit den verbalen und non-verbalen Äußerungen des Klienten über sein momentanes Erleben (operationalisiert in dem Konzept der „*Selbstexploration des Klienten*") bewirken diese drei Dimensionen des Psychotherapeutenverhaltens nach den Vorstellungen der orthodoxen Gesprächspsychotherapie die Änderungen, die einen Klienten zu einer voll funktionsfähigen Person (*fully functioning person*) werden lassen.

Diese „fully functioning person" ist dabei als eine hypothetische Person zu verstehen, als ein hypothetischer Endzustand, dem sich eine Person asymptotisch nähern kann. Diese Person ist offen für alle Erfahrungen, d. h. alle Erfahrungen sind ihrem Bewußtsein zugänglich. Sie lebt im Mittelpunkt sich ständig ändernder Gegebenheiten und erfährt sich selbst als den Maßstab ihres Verhaltens (vgl. ROGERS 1969).

Dieses Ziel der voll funktionsfähigen Person wird in der Therapiesitzung dadurch angesteuert, daß der Therapeut versucht, die vom Klienten geäußerten bedeutsamen Erlebnisinhalte in der Weise nachzuvollziehen und zu formulieren, wie sie offensichtlich vom Klienten selbst erlebt werden. Durch diese Ausformulierung der eigenen Erlebnisinhalte des Klienten durch das Medium Psychotherapeut wird dem Klienten die Möglichkeit gegeben, sich über seine eigenen Sichtweisen und Gefühle klarer zu werden, neue Sichtweisen zu gewinnen und (aufgrund der Unbedrohlichkeit der therapeutischen Situation) auch zuvor verleugnete oder verzerrte Wahrnehmungen in sein Selbst zu integrieren.

Der orthodoxe Grundansatz der Gesprächspsychotherapie ist von ROGERS selbst im Laufe der Jahre nur in Nuancen, nicht aber prinzipiell verändert worden (vgl. z. B. HOLDSTOCK & ROGERS 1977). Dieser Ansatz ist nachfolgend erheblicher Kritik ausgesetzt worden, einer Kritik, die sich sowohl auf die theoretischen Grundlagen als auch auf das praktisch-therapeutische Vorgehen bezieht.

Auf seiten der theoretischen Konzeption ist dabei insbesondere die starke Überbetonung einer individualistischen Komponente zurückzuweisen, die sich u. a. in der Annahme einer angeborenen Aktualisierungstendenz des menschlichen Organismus, die den Menschen in eine konstruktive Richtung bewege, niederschlägt, oder auch in dem Postulat, daß das Verhalten einer psychisch gesunden Person durch einen organismischen Bewertungsprozeß reguliert werde (vgl. dazu BOMMERT 1979).

Auf seiten des praktisch-therapeutischen Vorgehens können die von ROGERS als „notwendige und hinreichende" Bedingungen formulierten Verhaltensdimensionen des Psychotherapeuten in der Regel zwar als notwendig, angesichts der qualitativ stark divergierenden Problemqualitäten in der therapeutischen Praxis keinesfalls aber als hinreichend betrachtet werden.

3 Weiterentwicklungen des orthodoxen Ansatzes

Die Kritik des orthodoxen gesprächspsychotherapeutischen Ansatzes hat zwar zu einer Reihe von Änderungen und Ergänzungen sowohl der theoretischen Konzeption als auch der praktischen Vorgehensweise geführt. Diese sind allerdings teilweise in recht divergierende Richtungen verlaufen, so daß es derzeit trotz dieser Weiterentwicklungen noch nicht möglich ist, ein allgemeingültiges, in sich geschlossenes Konzept der Gesprächspsychotherapie zu formulieren.

Das Problem der veränderten bzw. ergänzten Grundlegung der Gesprächspsychotherapie tangiert dabei insbesondere die Frage nach der Wertigkeit einerseits naturwissenschaftlicher, andererseits humanistisch-phänomenologischer Denk- und Handlungsansätze für theoretische und praktische Fragen der Gesprächspsychotherapie.

Dieses für die heutige Gesprächspsychotherapie kennzeichnende uneinheitliche Wissenschaftsverständnis ist dabei nicht zuletzt auf CARL ROGERS zurückzuführen: Bei der von ihm vorgenommenen Einordnung seiner theoretischen Position (etwa 1951) bezieht er sich eindeutig auf die Humanistische Psychologie, die selbst wiederum enge Verbindungen zur existentiellen/phänomenologischen Philosophie aufweist. Andererseits ist die Gesprächspsychotherapie diejenige Psychotherapieform gewesen, die als erste das therapeutische Geschehen aus der individuellen Beliebigkeit herausgeführt und empirisch-psychologische Prozeduren zur Analyse therapeutischer Interventionen angewandt hat.

Diese bereits in den Arbeiten von ROGERS frühzeitig angelegte Zweigleisigkeit (oder auch: Widersprüchlichkeit) wirkt bis heute nach, d. h. ein einheitlicher Orientierungsrahmen fehlt bisher. In der historischen Entwicklung der Gesprächspsychotherapie stand anfänglich die empirische Überprüfung insbesondere der von ROGERS postulierten Grundvariablen (s. o.) im Mittelpunkt des Erkenntnisinteresses, erst im Laufe der letzten Jahre wurde dann zunehmend die mangelnde theoretische Grundlegung stärker thematisiert und führte dann auch zu einer stärkeren Beachtung der humanistischen Anteile des Ausgangskonzepts zurück.

Das wesentliche Verdienst des humanistischen Konzepts liegt in der Fokussierung der menschlichen Subjektivität als bedeutsamem Faktor therapeutischen Handelns, wobei einerseits der Mensch in seiner Subjektivität erforscht wird und andererseits der Wissenschaftler selbst als Subjekt verstanden wird (vgl. KWIATKOWSKI 1980). Diese grundsätzlich für soziale Tätigkeiten zu akzeptierende Sichtweise wird allerdings dadurch in ihrer Funktion als Orientierungsrahmen wieder fragwürdig, daß eine allzustarke Betonung *individueller* Erfahrungen und Fähigkeiten vorgenommen wird, Umwelteinflüsse, die in erheblichem Maße erlebens- und verhaltensrelevant sein können, jedoch kaum Berücksichtigung finden.

Dem naturwissenschaftlichen Vorgehen wird in der Regel zwar zugestanden, in einzelnen Bereichen zur Fortentwicklung der gesprächspsychotherapeutischen Praxis beigetragen zu haben, dies aber auf Kosten einer Verkürzung und Einengung des Gegenstandsbereichs, etwa durch die Gleichsetzung von naturwissenschaftlichem Erfahrungsmodus mit Wissenschaft schlechthin.

Beide Ansätze sind in der Tat mit spezifischen Nachteilen verbunden, die sie zumindest in der bisher vertretenen Form nicht als widerspruchsfreies und umfassendes Orientierungskonzept gültig erscheinen lassen. Allerdings muß die Frage nach den Alternativen bisher unbeantwortet bleiben, da auch bei neueren, sich als alternative Ansätze verstehenden Konzepten, Mängel oder ungelöste Probleme die Regel sind.

So hat kürzlich KWIATKOWSKI (1980) eine sehr differenzierte Kritik sowohl des humanistisch/phänomenologischen als auch des naturwissenschaftlichen Ansatzes der Gesprächspsychotherapie vorgelegt, der in vielen grundlegenden Punkten zuzustimmen ist, und darauf aufbauend für die Gesprächspsychotherapieforschung ein allgemeines interaktionales/phänomenales/prozessuales/soziales Denkmuster (vgl. S. 138) skizziert. Ziel dabei war, einerseits den humanistischen Denkansatz grundsätzlich beizubehalten, andererseits seine Nachteile (s. oben) aber durch die Einbringung sozialpsychologischer/interaktionstheoretischer Gesichtspunkte zu überwinden.

So zutreffend ein solcher Ansatz auch sein mag – gegen die oben genannten vier Bestimmungsstücke dieses Denkmusters wird kaum ein Gesprächspsychotherapeut ernsthaft Einwände erheben wollen – so bleibt dieser Ansatz in der für phänomenologische Therapiekonzepte oftmals kennzeichnenden Unverbindlichkeit stecken, zwar mit dem üblichen Verweis auf den derzeitigen Entwicklungsstand der Überlegungen, aber eben ohne *konkrete* Aussagen über Bedingungen, Methoden und Konsequenzen für das praktisch-therapeutische Handeln.

4 Methodische Probleme der Gesprächspsychotherapie

Die Begriffe „geplant" und „systematisch" in der oben genannten Definition von Gesprächspsychotherapie verweisen darauf, daß das Vorgehen in der Gesprächspsychotherapie nach bestimmten Regeln verläuft, die eine Steuerungsfunktion für das praktisch-therapeutische Handeln beinhalten sollen. Eine derartige Steuerungsfunktion hat die Festlegung von Ist-Wert und Soll-Wert zur Voraussetzung, da nur dann die Richtung und das Ausmaß der Steuerung zu präzisieren sind. Bei der Festlegung von Ist- und Soll-Werten hat sich die Gesprächspsychotherapie jedoch lange Zeit recht schwer getan, was sich auf Forschung und Praxis nachteilig niedergeschlagen hat: So wurden lange Zeit z. B. diagnostische Prozeduren im Rahmen der Gesprächspsychotherapie nur zum Nachweis der generellen Wirksamkeit dieser Psychotherapieform akzeptiert, eine weitere Verwendung (etwa zur differentiellen Indikationsstellung) wurde weitgehend abgelehnt, zum einen wegen der Befürchtung, dies könne sich nachteilig auf den therapeutischen Prozeß auswirken, zum anderen, weil von einer weitgehend universellen Wirksamkeit dieser Psychotherapieform ausgegangen wurde.

So wurden z. B. auch die Ziele des therapeutischen Handelns lediglich in sehr globaler Form (etwa im Sinne der „fully functioning person" - vgl. oben - oder in Form der Endstufen der Prozeßskala von ROGERS (1958) erörtert, (→**Ziele**).

In diesem Bereich ist in den letzten Jahren jedoch ein erheblicher Umdenkungsprozeß in Gang gekommen: Zwar werden weiterhin die notwendigen Untersuchungen zur Erfolgskontrolle durchgeführt (wobei zunehmend auch die Fragen einer Therapieziel-Orientierung der diagnostischen Verfahren in den Blickpunkt rücken - vgl. BOMMERT 1980; BOMMERT & HOCKEL 1981), darüberhinaus werden jedoch theoretische und praktische Fragen der Indikation thematisiert, Zielbestimmungen analysiert (z. B. ZIELKE 1979), die konkreten therapeutischen Interventionen untersucht und „Konzepterweiterungen" erprobt. Dabei wird u. a. auch die Frage einer Klärung zugeführt, ob überhaupt eine Gesprächspsychotherapie angezeigt ist, d. h. ob die als notwendig erachteten Eingangsvoraussetzungen (z. B. bestimmte Klientenmerkmale) gegeben sind. Wie insgesamt im Bereich der Psychotherapieforschung ist aber auch im Bereich der Gesprächspsychotherapie noch keine eindeutige Indikationsaussage möglich (→**Indikation**).

Dies hängt sowohl damit zusammen, daß in den Anfängen der gesprächspsychotherapeutischen Entwicklung davon ausgegangen wurde, daß dieses Verfahren weitgehend universell anwendbar sei (s. o.), womit sich eine nähere Untersuchung der Indikationsfrage erübrigte, als auch damit, daß - im Kontext dieser Sichtweise - empirische Untersuchungen zum Vergleich der Wirksamkeit verschiedener Psychotherapieformen bei vergleichbaren Störungsbildern lange Zeit nicht durchgeführt wurden. Neuere Untersuchungen (z. B. ZIELKE 1979) deuten allerdings darauf hin, daß die Gesprächspsychotherapie offensichtlich bei sog. Verstimmungsstörungen indiziert ist, die dadurch gekennzeichnet sind, daß die erlebnismäßigen Zustände situations- und tätigkeits*un*spezifisch auftreten, wobei die Auslösebedingungen sich kaum in Situations- oder Tätigkeitshierarchien abbilden lassen.

Wird die Gesprächspsychotherapie analog der o. g. Definition ferner als „selektives" Medium der Veränderung aufgefaßt, so bedeutet dies, daß es im Prozeß der Psychotherapie eine bestimmte Auswahl aus dem Universum möglicher Interventionen zu treffen gilt.

So ist bereits bei dem engeren Konzept der Gesprächspsychotherapie davon auszugehen, daß diese Behandlungsform mehrere therapeutisch wirksame Einzelkomponenten umfaßt, die in den Therapieprozeß einfließen - z. B. Aktivierung des momentanen Erlebensprozesses, kognitive Umstrukturierung des phänomenalen Feldes, Konfrontation mit der Art der Selbstkommunikation u. ä. m. (vgl. BOMMERT 1979, 1981). Ob nun aber diese einzelnen therapeutischen Elemente grundsätzlich als gleich gewichtig anzusehen sind, ob sie als isolierte Interventionselemente gesehen und angewandt oder lediglich in Kombination mit anderen Elementen wirksam werden, dies ist derzeit weitgehend ungeklärt.

Die gesprächspsychotherapeutische Praxis zeigt sich von dieser Problematik jedoch weitgehend unbeeindruckt. Hier wird die aus dem Universum möglicher Interventionen realisierte Auswahl derzeit durch eine erhebliche Vielfalt gekennzeichnet, wobei die Frage der Erfaßbarkeit dieser Interventionen kaum eine Rolle spielt, und die Selektionskriterien in der Regel vom einzelnen Therapeuten unter impliziter oder expliziter Bezugnahme auf ein mehr oder weniger konkret ausgeformtes Modell therapeutischen Handelns individuell vorgenommen wird.

Überwiegend in *diesem* Sinne wird in der derzeitigen Praxis geplant, systematisch und selektiv vorgegangen, interindividuelle Übereinstimmung ist jedoch höchstens innerhalb unterschiedlicher „Cluster" von Gesprächspsychotherapeuten (z. B. „Naturwissenschaftler", „Phänomenologen", Kognitionen oder Emotionen betonende Therapeuten o. ä. m.) zu konstatieren.

Ein interindividuell konkordantes Selektionsmuster wird zudem auch dadurch verhindert, daß Gesprächspsychotherapeuten zunehmend ‚Anleihen' bei anderen Behandlungsformen vornehmen, was bedeutet, daß sie in ihrem praktischen Handeln den ohnehin nicht präzise festzulegenden Rahmen gesprächspsychotherapeutischen Handelns verlassen, mit dem Ziel einer problemangemesseneren Vorgehensweise. Hier liegt die offensichtliche Erkenntnis zugrunde, daß eine Vielzahl von Problemen der Klienten eben nicht mit den wenigen, aus den ROGERS-Postulaten abgeleiteten Verhaltensdimensionen anzugehen ist. Dies wiederum ist daraus zu erklären, daß Probleme von Klienten nicht nur eine *emotionale* Komponente haben, die im orthodoxen gesprächspsychotherapeutischen Konzept überbetont wird, sondern daß auch *kognitive* und *aktionale* (sowie physiologische) Komponenten ein Problem definieren können.

Gesprächspsychotherapeutisches Handeln, das verantwortbar sein soll, muß sich dieser Situation stellen, und Interventionselemente aktivieren können, die eine gezielte Einflußnahme auf die unterschiedlichen Störungsdimensionen ermöglichen. Dies bedeutet, daß die - in der Definition der Gesprächspsychotherapie genannte - *Neuorientierung des Klienten im Erleben und Verhalten* nicht nur durch eine enge emotionale Auseinandersetzung mit belastenden Situationen und/oder durch eine kognitive Umstrukturierung von Wahrnehmungs- und Erlebensinhalten, sondern beispielsweise auch durch Rollenspiele, Coaching o. ä. initiiert und gefördert werden muß.

5 Ausblick

Keine Erweiterung oder Neuformulierung des gesprächspsychotherapeutischen Konzepts ist derzeit in der Lage, insbesondere den eben genannten Anforderungen zu entsprechen: Sowohl Überlegungen und Ansätze phänomenologischer Betonung als auch eher naturwissenschaftlich orientierte Konzeptveränderungen sind bislang mit spezifischen Nachteilen und Einschränkungen verbunden und betonen *a priori* einzelne Störungsdimensionen.

So wird im Rahmen des eher phänomenologisch orientierten Ansatzes die Gestaltung der therapeutischen Beziehung in Richtung auf eine Entprofessionalisierung verschoben (vgl. z. B. TAUSCH & TAUSCH 1979) (→ **Encountergruppen**); im Rahmen der eher naturwissenschaftlich orientierten Herangehensweise werden allgemeinpsychologische Konzepte auf die Gesprächspsychotherapie bezogen (etwa konflikttheoretische Konzepte - MARTIN 1972, lerntheoretische Konzepte - BOMMERT 1975 oder kognitionspsychologische Konzepte - z. B. WEXLER 1974). Eine Lösung des Grundproblems, d. h. die Verhinderung einer einseitigen a priori Überbetonung einzelner Problemkomponenten, kann mit diesen Ansätzen ebensowenig erreicht werden, wie durch das sich gleichzeitig als übergreifendes Therapiekonzept und als therapeutische Handlungsanweisung verstehende Experiencing-Konzept von GENDLIN (vgl. BOMMERT & DAHLHOFF 1978).

Derartige Ansätze bilden lediglich bruchstückhaft einzelne Aspekte des therapeutischen Prozesses ab, sind jedoch nicht in der Lage, den notwendigen Gesamtrahmen einer theoretischen Orientierung und eines daraus abgeleiteten praktisch-therapeutischen Handelns zu formulieren. Aus dem derzeitigen Dilemma wird die Gesprächspsychotherapie nur mit Hilfe einer grundlegenden Neukonzeption theoretischer und praktisch-therapeutischer Ansätze herauskommen können.

Auf der theoretischen Seite ist dazu die Formulierung einer *übergreifenden Psychotherapie-Theorie* notwendig, die psychotherapeutisches Handeln unter Einschluß unterschiedlicher Therapie-Schulen neu formuliert; auf der praktischen Seite ist ein daraus abgeleitetes *breit gefächertes Methodeninventar* anzusteuern, das - unter empirischer Absicherung - eine *differentielle Indikation* ermöglicht. In das Methodeninventar können und sollen dabei auch Interventionen einer eher phänomenologischen Sichtweise einbezogen werden. Die hierbei von theoretischer Seite formulierten Bedenken der Unvereinbarkeit phänomenologischer und naturwissenschaftlicher Vorgehensweisen dürften auf der Ebene des praktischen Handelns weniger gewichtig werden, zumal auch phänomenologische Konzepte sich einer (zugegebenermaßen verkürzenden) Operationalisierung stellen müssen, sofern sie vom Stadium eher unverbindlicher Überlegungen in den praktischen Therapieprozeß übertragen werden sollen.

LITERATUR

BOMMERT, H. Der therapeutische Prozeß unter dem Gesichtspunkt des Lernens. In Gesellschaft für Wissenschaftliche Gesprächspsychotherapie (Hrsg.) *Die klientenzentrierte Gesprächspsychotherapie*. München: Kindler, 1975, 79–85.

BOMMERT, H. *Grundlagen der Gesprächspsychotherapie. Theorie – Praxis – Forschung*. Stuttgart: Kohlhammer, 1979².

BOMMERT, H. Therapie-orientierte Diagnostik in der Gesprächspsychotherapie. In W. SCHULZ & M. HAUTZINGER (Hrsg.) *Klinische Psychologie und Psychotherapie,* Bd. 2. Tübingen, 1980, 177–185.

BOMMERT, H. Problemschwerpunkte klinisch-psychologischer Diagnostik. In H. BOMMERT & M. HOCKEL (Hrsg.) *Therapie-orientierte Diagnostik*. Stuttgart: Kohlhammer, 1981, 17–33.

BOMMERT, H. & DAHLHOFF, H. D. (Hrsg.) *Das Selbsterleben in der Psychotherapie*. München: Urban & Schwarzenberg, 1978.

BOMMERT, H. & HOCKEL, M. (Hrsg.) *Therapieorientierte Diagnostik*. Stuttgart: Kohlhammer 1981.

HOLDSTOCK, T. L. & ROGERS, C. R. Person-centered theory. In R. CORSINI (Hrsg.) *Current personality theories*. Itasca, Ill.: Peacock, 1977, 125–151.

KWIATKOWSKI, E. *Psychotherapie als subjektiver Prozeß*. Weinheim: Beltz, 1980.

MARTIN, D. G. *Learning-based client-centered therapy*. Belmont, Calif.: Brooks/Cole, 1972; dt.: *Gesprächspsychotherapie als Lernprozeß*. Salzburg: O. Müller, 1975.

ROGERS, C. R. *Client-centered therapy*. Boston: Houghton Mifflin, 1951; dt.: *Die klientbezogene Gesprächspsychotherapie*. München: Kindler, 1973.

ROGERS, C. R. The necessary and sufficient conditions of therapeutic personality change. *J. Consult. Psychol.* 1957, *21*, 95–103.

ROGERS, C. R. The process conception of psychotherapy. *Am. Psychologist,* 1958, *13*, 142–149.

ROGERS, C. R. *Freedom to learn: A view of what education might become*. Columbus: Merrill, 1969; *Lernen in Freiheit*. München: Kösel, 1974.

TAUSCH, R. & TAUSCH, A.-M. *Gesprächspsychotherapie*. Göttingen: Hogrefe, 1979⁷.

WEXLER, D. A. A cognitive theory of experiencing, self-actualization, and therapeutic process. In D. A. WEXLER & L. N. RICE (Hrsg.) *Innovations in client-centered therapy*. New York: Wiley, 1974, 49–116.

ZIELKE, M. *Indikation zur Gesprächspsychotherapie*. Stuttgart: Kohlhammer, 1979.

Gestalttherapie

Hilarion Petzold

Gestalttherapie ist ein Verfahren tiefenpsychologisch begründeter und existentialistisch-phänomenologisch ausgerichteter Einzel-, Gruppen- und Familientherapie, das den Therapieverfahren der „Humanistischen Psychologie" zugerechnet wird. Es wurde von dem Berliner Psychoanalytiker und Psychiater Friedrich S. Perls (1893–1970), seiner Frau Lore Perls, Gestaltpsychologin und Psychoanalytikerin, und Paul Goodman, Psychologe, Alternativpädagoge und Sozialphilosoph, entwickelt, zunächst unter den Namen „concentration" und dann „integration therapy".

1 Quellen

In der Gestalttherapie kommen neben dem Einfluß der Psychoanalyse über Perls' Lehranalytiker Horney, Happel, Reich u.a. die Einflüsse der Phänomenologie und der Gestalttheorie (Husserl, Köhler, Koffka, Wertheimer) zum Tragen: das Figur/Grund-Prinzip, das Prinzip der Prägnanztendenz, der Tendenz zur „guten Gestalt", das Prinzip der guten Kontinuität, die Tendenz zur Vervollständigung (Zeigarnik-Effekt).

Perls hat versucht, diese aus der Wahrnehmungspsychologie stammenden Prinzipien für die Psychotherapie umzusetzen und fruchtbar zu machen. Es ging ihm vor allem um die Überwindung eines atomistischen, elementenpsychologischen Ansatzes, wie er der klassischen Psychoanalyse zugrundelag, der Subjekt/Objekt-Spaltung des cartesianischen Denkens, der Trennung von Mensch und Welt: Figur und Hintergrund sind nicht voneinander zu trennen, sie sind aufeinander bezogen. Dieser Denkansatz wurde besonders durch Kurt Goldstein, bei dem Perls als Assistenzarzt arbeitete, entwickelt. Er wird in den neueren, als „Integrative Therapie" bezeichneten Strömungen der Gestalttherapie (Petzold 1974, 1980) durch den Bezug auf das Werk von M. Merleau-Ponty, sein Konzept, daß Mensch und Welt aufeinander gerichtet sind (être-au-monde), fundiert.

2 Anthropologische Position und Persönlichkeitstheorie

Von hierher wird auch der anthropologische Ansatz der Gestalttherapie begründet, die *holistisch-organismische Theorie*. Der Mensch wird als Ganzer gesehen; Organismus und Umwelt bilden ein Feld. Der Mensch ist ein Körper-Seele-Geist-Subjekt in einem sozialen und ökologischen Umfeld. Leibsubjekt und Lebenswelt sind miteinander verschränkt. Die Beziehung von Mensch und Welt wird durch das Prinzip der *organismischen Selbstregulation* erklärt, d.h. durch die jedem lebendigen Wesen innewohnende Tendenz zur Bedürfnisbefriedigung und zum Wachstum bzw. zur Selbstverwirklichung. Die Organismus-Umfeld-Interaktion folgt demnach einer homöostatischen Steuerung, die eine „kreative Anpassung" (Perls et al. 1951) an die jeweils gegebene Situation ermöglicht. Darüberhinaus wird heute die Möglichkeit zur „kreativen Veränderung" von Situationen durch Korrespondenz und Kooperation betont (PETZOLD 1980) in Absetzung von der Individiumszentriertheit des gestalttherapeutischen Stils der amerikanischen Westküste, der dem feld- bzw. systemtheoretischen Ansatz der Gestalttherapie nicht entspricht (PERLS 1980).

Im Unterschied zur Psychoanalyse geht die Gestalttherapie von einer Vorstellung vom gesunden Menschen aus und ist nicht am medizinischen Krankheitsmodell orientiert. Wachstum und Selbstverwirklichung im persönlichen und gemeinschaftlichen Leben sind zentrale Therapieziele. Die Person als Ganzes wird als Leib-Selbst aufgefaßt, die sich im *Kontakt* – er ist Berührung und Grenzziehung zugleich – findet und Identität gewinnt. Identität wird aufgefaßt als das *„Zusammenwirken von Leib (L) und Kontext (Kn) im Zeitkontinuum (Kt)": I = Kt (L,Kn)*. In der Identität sind „außen" und „innen" verschränkt, konvergieren individuelle und gesellschaftliche Verfaßtheit des Menschen (HEINL, PETZOLD 1980). Für die therapeutische Praxis hat das folgende Konsequenzen: Gestalttherapie ist nicht nur individiumzentriert, sie muß den sozialen und ökologischen Kontext und die individuelle und gesellschaftliche Geschichte einbeziehen. Sie ist nicht nur *reparativ*, sie will auch Gesundes erhalten (*konservatorischer Aspekt*) und Potentiale fördern und entwickeln (*evolutiver Aspekt*). Sie hat deshalb in ihrem ganzheitlichen und integrativen Ansatz nicht nur psychotherapeutisches und leibtherapeutisches Vorgehen eingeschlossen, sondern auch Gestaltsoziotherapie, die Gestaltpädagogik, die Gestaltfamilientherapie (RAHM 1979; PETZOLD, BROWN 1976) und Modelle alternativen Lebens und alternativer Behandlung entwickelt, wie z. B. den Gestaltkibbuz und die gestalttherapeutische *Wohngemeinschaft*.

Die Forderung nach einem komplexen, disziplinübergreifenden Ansatz der Intervention ergibt sich für den Gestaltansatz also aus dem Identitäts-Konzept, aus der vielfältigen Verflochtenheit des Menschen in seinen Kontext, aus seiner Geschichtlichkeit, d.h. seiner Verwobenheit in das Zeitkontinuum, das sich in einem jeweiligen Hier-und-Jetzt manifestiert, aber immer Vergangenheit und Zukunft als Horizont hat, also die Zeitperspektive einbezieht (HEINL, PETZOLD 1980).

3 Behandlungsmethodik

Die Gestalttherapie ist ein Verfahren der Einzel-, Gruppen- und Familientherapie. Sie arbeitet *aus der Beziehung* und der jeweiligen Situation in einem „perspektivischen Hier-und-Jetzt". Die Aufmerksamkeit wird auf die im Bewußtheitskontinuum (continuum of awareness) ablaufenden Phänomene gerichtet. Von den Phänomenen sucht man zu Strukturen, d. h. in der Zeit überdauernden und sich reproduzierenden Erlebens- und Handlungsmustern, zu gelangen. So wird differentiell für und mit jedem Patienten aus dem von ihm gebrachten Material seine spezifische Dynamik und strukturelle Determiniertheit erarbeitet ohne schematischen Rückgriff auf generalisierte Strukturmodelle etwa der psychosexuellen Entwicklung etc. Die Vergangenheit wird, soweit sie sich in ihren Auswirkungen in der Gegenwart zeigt, im phänomenologischen Vorgehen durch „erlebnisaktivierende Methoden" (leerer Stuhl, Rollenspiel, Gestaltdrama, Körperarbeit, Arbeit mit kreativen Medien) gegenwärtig-gesetzt, verdeutlicht, noch einmal durchlebt – oft unter großer affektiver Beteiligung – und schließlich durchgearbeitet und kognitiv integriert. In ähnlicher Weise wird Zukunft in hier-und-jetzt konkretisiert, so daß Ängste, Hoffnungen, Lebenspläne in die Behandlung einbezogen werden können mit dem Ziel, Identität zu restituieren, zu erhalten und zu entfalten. Es soll dem Patienten, Klienten oder Schüler geholfen werden, sich im Lebensganzen, in Kontext und Kontinuum zu verstehen und regulieren zu lernen. Der therapeutischen Beziehung kommt dabei eminente Bedeutung zu. Übertragungen werden aufgedeckt mit dem Ziel, sie abzubauen und intersubjektive Beziehungen möglich zu machen (PETZOLD 1980).

4 Indikationen

Aufgrund des reichen Repertoires an nonverbalen Verfahren kann die Gestalttherapie auch bei

Klienten aus unterprivilegierten Schichten eingesetzt werden.

Dabei muß betont werden, daß sich die klinische Form der Gestalttherapie erheblich von der Vorgehensweise in Wachstumsgruppen unterscheidet, wie sie z.T. auch durch Protokolle von PERLS (1980) dokumentiert wird. Die Festlegung der Gestalttherapie auf diesen Stil des „Hot Seat" und der Marathongruppe und der Mißbrauch der effektiven Gestaltmethoden durch klinisch unerfahrene „Trainer" ohne Ausbildung hat verschiedentlich zu Fehleinschätzungen des Verfahrens geführt.

Im klinischen Bereich wird Gestalttherapie in der Arbeit mit psychiatrischen Patienten, psychosomatischen, Sucht- und Neuroseerkrankungen eingesetzt, wobei empirische Untersuchungen positive Ergebnisse zeigen. Im soziotherapeutischen und agogischen Bereich findet sie in der Beratung, in der Randgruppenarbeit und in der Arbeit mit Familien und Kindern Verwendung (RAHM 1979). Besonders in der Drogen- und Gerontotherapie haben empirische Untersuchungen die Gestaltmethoden als effektive Form der Behandlung ausgewiesen.

LITERATUR

HEINL, H., PETZOLD, H. G. Gestalttherapeutische Fokaldiagnose und Fokalintervention. *Integrative Therapie.* Paderborn: Junfermann, 1980.

PERLS, F. S., HEFFERLINE, R. & GOODMAN, P. *Gestalt Therapy.* New York: Julian Press, 1951, deutsch: Stuttgart: Klett, 1979.

PERLS, F. S. *Gestalt, Wachstum, Integration.* Paderborn: Junfermann, 1980.

PETZOLD, H. G. *Psychotherapie und Körperdynamik.* Paderborn: Junfermann, 1974.

PETZOLD, H. G. *Die Rolle des Therapeuten und die therapeutische Beziehung in der Psychotherapie.* Paderborn: Junfermann, 1980.

PETZOLD, H. G. & BROWN, G. I. *Gestaltpädagogik.* München: Pfeiffer, 1977.

RAHM, D. *Gestaltberatung.* Paderborn: Junfermann, 1979.

Psychotherapie und ihre allgemein-psychologische Grundlegung

BRIGITTE SCHEELE

1 Allgemeinpsychologische Forschung und therapeutische Praxis: wissenschaftstheoretische Beziehung

Fragt man nach der Grundlegung von Psychotherapie durch Allgemeine Psychologie, so kann man damit unter wissenschaftstheoretischer Perspektive sowohl den *Entstehungs-* (‚Genese-‘, ‚Entdeckungs-‘) *Zusammenhang* als auch den *Geltungs-* (‚Begründungs-‘) *Zusammenhang* meinen. Die Feststellung, daß Interventionsmaßnahmen (wie es vermutlich überwiegend der Fall ist) nicht von vornherein aus empirisch bewährten Sätzen abgeleitet werden, sondern unter dem Problemdruck praktischer Tätigkeit entwickelt und erst nach ihrer Erprobung sozusagen ‚rückwirkend‘ theoretisch-empirisch eingebettet werden, bezieht sich auf den Entstehungszusammenhang. Diese Genese der Verbindung von Allgemeiner Psychologie (als Grundlagenforschung) und Psychotherapie (als Technologie und Praxis) ist jedoch für das Funktionieren psychotherapeutischer Technologien weitgehend irrelevant.

Therapeutische Technologien sollen ‚funktionieren‘, weil sie aus bewährten (allgemein-)psychologischen Theorien bzw. Gesetzmäßigkeiten abgeleitet wurden. Dieses ist das Problem des *Geltungszusammenhangs,* mit dem die Ableitungsrelation zwischen Psychotherapie und Allgemeiner Psychologie angesprochen ist. Im herkömmlichen wissenschaftstheoretischen Verständnis wird diese Relation als ‚strikt‘ angesetzt. Praktisch heißt das: Allgemeinpsychologische ‚Wenn ..., dann ...‘-Aussagen werden so angewendet, daß ihre ‚Dann‘-Komponente (Sukzedensbedingung) mit dem therapeutisch angestrebten *Ziel* gleichgesetzt und dementsprechend ihre ‚Wenn‘-Komponente (Antezedensbedingung) als (zielerreichendes) *Mittel* verwirklicht wird (PRIM & TILMANN 1973).

Neuere Analysen dieser Beziehung von Technologie und Grundlagenforschung haben allerdings gezeigt, daß eine solche strikte Relation nur in den seltensten Fällen vorkommt. In der Regel sind zusätzlich erhebliche Anstrengungen notwendig, um zu einer Verbindung der fundierenden Gesetzmäßigkeiten mit den praktischen Therapieaufgaben zu gelangen. Daher ist die stringente Fundierung der psychotherapeutischen Praxis in den meisten Fällen nicht aufrechtzuerhalten; vielmehr ergeben sich für die allgemeinpsychologische Grundlegung der Psychotherapie mehrere Liberalisierungsstufen von strikter Ableitungsrelation bis hin zu einem nur heuristischen Zusammenhang, bei dem allgemeinpsychologische Gesetzmäßigkeiten lediglich als Anregung zur Entwicklung von Veränderungsmaßnahmen dienen.

Die folgende Darstellung der Art und Weise, wie Allgemeine Psychologie eine Grundlage für Psychotherapie bildet, verbindet die historische mit der systematischen Perspektive: Die derzeit wichtigsten Möglichkeiten der Ableitungsrelation werden in der Reihenfolge ausgeführt, in der sie sich ‚liberalisiert‘, d.h. vom ursprünglichen Modell strikter Ableitung entfernt haben.

Besonders an der Verhaltenstherapie wird dabei die Veränderung des Verständnisses von Grundlagenfundierung deutlich.

Inhaltlich ist zu berücksichtigen, daß Psychotherapie (unabhängig von der schulenmäßigen Ausrichtung) letztlich ein sehr umfassendes therapeutisches Oberziel verfolgt: die (Re)Integration individuellen Handelns und Erlebens des Klienten (vgl. STRUPP 1978); das führt dazu, daß zur Fundierung des psychotherapeutischen Vorgehens vor allem Konzepte mit einem entsprechend umfassenden Erklärungsanspruch (Quasiparadigmen sensu HERRMANN 1976: behavioristische Lerntheorie, Gestalttheorie, humanistische Psychologie etc.) herangezogen werden. In diesen verbinden sich die Allgemeinpsychologischen Theorien mit Forschungsprogrammen aus anderen Teildisziplinen der Psychologie (→ **Entwicklungspsychologische Grundlagen,** → **Persönlichkeitspsychologische Grundlagen,** → **Sozialpsychologische Grundlagen**).

Innerhalb des Gegenstandsbereichs stellt die Lernfähigkeit des Menschen eine für Psychotherapie zentrale Kernannahme dar: Entsprechend stehen bei den inhaltlichen Bereichen der Fundierungsdiskussion häufig lern- und denktheoretische Aspekte im Vordergrund, während andere Gebiete der Allgemeinen Psychologie wie Wahrnehmungs-, Emotions- und Motivationspsychologie weniger stark berücksichtigt werden.

Diese Perspektiven sind im folgenden in vier *Kategorien der Grundlegungsrelation von Allgemeiner Psychologie und Psychotherapie* zusammengefaßt: der strikten Ableitungsrelation, der indirekt fundierten Ableitungsrelation, der heuristischen Anwendungsrelation; die letzte Kategorie der Entwicklungsmöglichkeiten kehrt die Grundlegungsrichtung u.a. um und thematisiert mögliche konstruktive Funktionen der Psychotherapie für allgemeinpsychologische Fragestellungen.

2 Die strikte Ableitungsrelation

Sie wurde ursprünglich für alle Grundlegungen angenommen (vgl. WESTMEYER 1977), ist aber heute nur noch für solche (allgemeinpsychologischen) Theorien aufrechtzuerhalten, die speziell für Therapie oder im Zusammenhang mit dieser konzipiert worden sind. Zu den prominentesten dieser Entwürfe gehören die Psychoanalyse und die Theorie der personalen Konstrukte (‚Personal-Construct-Theory‘: KELLY).

2.1 Psychoanalytische Ansätze

In psychoanalytischen Ansätzen werden vorliegende Störungen als Ergebnis einer frühkindlich einsetzenden, weitgehend unbewußten Konfliktentwicklung aufgefaßt. Psychoanalytische Intervention versucht über Anleitung zur Assoziation sowie über Deutungshilfen die verstehende Bewußtmachung der jeweils angenommenen Konflikte (→**Psychoanalyse**). Auf diese Weise soll eine wirklichkeitsgerechte Selbst- und Weltsicht für ein konflikt‚kompetenteres‘ Erleben und Handeln auf seiten des Klienten erreicht werden. Dieses Interventionsprinzip wird darüber hinaus als Forschungsmethodik für die Geltungsbegründung psychoanalytischer Hypothesen angesetzt, was die strikte Ableitungsrelation von theoretischen Annahmen und Technologien ermöglicht. Damit liegt der psychoanalytischen Gegenstandsauffassung allerdings ein Empirisierungsverständnis zugrunde, das mit dem der empirischen Psychologie und ihren klassischen Überprüfungsverfahren (z.B. experimentelle Bedingungsvariation, systematisch-intersubjektive Beobachtung) nicht oder nur zu geringen Teilen übereinstimmt. Folglich stufen einerseits Psychoanalytiker empirisch-psychologische Überprüfungen ihrer Annahmen zumeist als gegenstandsverfehlend ein; andererseits sehen empirische Psychologen psychoanalytische Hypothesen überwiegend als präzisierungs- und konkretisierungsbedürftig an. Das sind (komplementäre) Indikatoren dafür, daß das psychoanalytische System bisher für die Beantwortung allgemeinpsychologischer Fragestellungen nicht umfassend und konstruktiv in die traditionell empirische Psychologie integriert werden konnte. Unbestritten ist dagegen sein Anregungsgehalt für allgemeinpsychologische Gegenstandsbereiche (z.B. zum Verständnis psychischer Phänomene wie Aggression, Angst, Sexualität).

2.2 Die ‚Theorie der personalen Konstrukte'

Sie postuliert ein Menschenbild, das von der konstruktiven kognitiven Aktivität des Menschen und seinen Möglichkeiten zur rationalen Kontrolle über Umwelt ausgeht: Der Mensch wird als ‚subjektiver' Wissenschaftler konzipiert, der Hypothesen aufstellt, überprüft und verändert (‚man as scientist': KELLY s. auch →**persönlichkeitspsychologische Grundlagen**). Zentrale Ansatzpunkte sind die erlebens- und handlungsrelevanten Reflexionen des Individuums. Diese sogenannten *subjektiven Theorien* werden unter inhaltlichen, strukturellen sowie prozessualen Aspekten auf Störungspotentiale bzw. Verbesserungsmöglichkeiten hin analysiert. Dabei sind vor allem subjektive Bedeutsamkeit der (Konstrukt-)Inhalte, logische Konsistenz, Realitätsgehalt, Verfügbarkeit etc. zu ermitteln (vgl. BANNISTER & FRANSELLA 1980). Die Veränderungsmaßnahmen werden dementsprechend nach den individuellen Möglichkeiten des (Um)Lernens im Problembereich ausgewählt, wobei im Prinzip alle einsichtsfördernden Veränderungstechniken zur Anwendung kommen können. Obwohl diese Konzeption im Unterschied zu psychoanalytischen Ansätzen mit Methoden arbeitet, die dem Empirieverständnis der empirischen Psychologie grundsätzlich nicht widersprechen, blieb sie von der allgemeinpsychologischen Theorienbildung unter der Vorherrschaft behavioristischer Lerntheorien weitgehend unberücksichtigt. Nach deren Erweiterung und teilweise vollzogener Überwindung (‚kognitive Wende') bemüht man sich daher erst seit kurzem auch grundlagenwissenschaftlich um eine Integration des KELLY'schen Ansatzes, derzeit jedoch noch vor allem in der Differentiellen Psychologie (→**Persönlichkeitspsychologische Grundlagen**).

3 Die indirekt fundierte Ableitungsrelation

Prominentestes Beispiel dafür ist zweifellos die Verhaltenstherapie (→**Verhaltenstherapie**). Sie bezeichnet eine ursprünglich behavioristisch orientierte Technologiekonzeption, in der man von der Notwendigkeit und Möglichkeit einer logisch-systematischen Grundlegung durch empirische Ergebnisse insbesondere der experimentellen Grundlagenforschung ausging. Inhaltlich sah man Ableitungsmöglichkeiten vor allem in bewährten konditionierungstheoretischen Aussagen über den Erwerb und die Aufrechterhaltung von Verhalten (*Verhaltenstheorien*). Der Einsatz der experimentellen Methodik in Diagnostik und Therapie sollte die wissenschaftliche Durchführung der grundlagentheoretisch fundierten Maßnahmen garantieren (WESTMEYER & HOFFMANN 1977). Man sah darin nicht nur eine Möglichkeit, die Effektivität psychotherapeutischen Handelns systematisch zu erhöhen, sondern grundsätzlicher die wissenschaftliche Lösung des Indikationsproblems. An der Entwicklung entsprechender Technologien zeigte sich jedoch: Zur Anwendung des verfügbaren Grundlagenwissens muß eine Fülle zusätzlicher Annahmen entwickelt werden; die praktische Behandlung multideterminierter Störungen führt zu einer immer mehr metaphorisierenden Auslegung behavioristischer Aussagen; außerdem erfordert sie die zusätzliche Verwendung anderer, auch der Verhaltenstheorie konträrer, grundlagenwissenschaftlicher Ansätze. Daraus resultiert eine uneinheitliche Befundlage, die dem verhaltenstheoretischen Ausgangswissen sogar teilweise widerspricht. Metatheoretische Analysen bestätigen und präzisieren diese Diskrepanz zwischen Anspruch und Leistung:

- Erste Voraussetzung für die Ableitung von Technologien aus Grundlagenforschung ist, daß überhaupt therapierelevante Gesetzmäßigkeiten vorliegen. Dies ist für eine Vielzahl psychotherapeutisch zu lösender Probleme bisher noch nicht der Fall.
- Grundlagenwissen liegt vor in Form von *nomologischen* Aussagen. Es handelt sich dabei um universelle Hypothesen, die aufgrund idealisierender Bedingungen gewonnen wurden; d.h. einzelne, theoretisch hervorgehobene Aspekte der Antezedens- und Sukzedensbedingungen wurden experimentell bzw. quasi-experimentell so überprüft, daß die nicht unmittelbar relevanten Aspekte vernachlässigt

bzw. sogar als ‚störende' Bedingungen eliminiert wurden. Eine extreme Ausprägung dieses Vorgehens liegt z. B. mit tierexperimentellen Untersuchungen in der Psychologie vor.

Für die Anwendung wird deswegen eine Umformung der nomologischen in *nomopragmatische* Aussagen nötig (BUNGE 1967), die die Verbindung zwischen experimenteller (idealisierter) Realität und Alltagsrealität (z. B. Therapiesituation) herstellen. Dazu sind (derzeit mindestens drei) Spezifizierungen erforderlich, mit denen das Modell einer strikten Ableitungsrelation allerdings überschritten wird:

- Die nomologische Aussage muß realitätsentsprechend operationalisiert werden, indem für ihre Konstrukte valide Indikatoren angegeben werden. Beispiel: Die nomologische Aussage „Wenn auf eine Reaktion ein positiver Verstärker folgt, erhöht sich die Auftrittswahrscheinlichkeit einer Reaktion" wird operationalisiert durch die nomopragmatische Aussage „Wenn der Therapeut den Patienten für assertives Verhalten lobt, erhöht sich die Auftrittswahrscheinlichkeit von assertivem Verhalten (des Patienten; B. S.) in der therapeutischen Situation" (WESTMEYER 1977, 196).
- Für eine solche Operationalisierung werden (in der Regel) überprüfte (überprüfbare) Zusatzannahmen benötigt, die die spezifischen Bedingungen des Anwendungsfalls berücksichtigen (z. B. „idiographische', d. h. auf den Einzelfall bezogene Hypothesen über die Wirksamkeit von Verstärkern).
- Nicht zuletzt müssen jene Bedingungen, die bei der Überprüfung der nomologischen Aussagen als störend eliminiert wurden, für die Alltagsrealität jedoch unvermeidbar ‚dazugehören', wieder eingeführt werden (z. B. ‚Lob ist in der gewünschten Richtung nur dann wirksam, wenn der Patient das Lob akzeptiert und auf sein assertives Verhalten zurückführt'). Fehlt geeignetes Grundlagenwissen zur vollständigen Produktion nomopragmatischer Aussagen, wird es durch therapeutisches Alltagswissen ergänzt.

Die Überprüfung nomopragmatischer Aussagen (nach WESTMEYER 1977: der technologischen Regeln) erfolgt durch die Anwendungsforschung (hier: Klinische Psychologie) im Sinne einer Effektivitätsprüfung (→ **Klinische Psychologie**, → **Psychotherapie-Effekte**, → **Psychotherapie-Forschung**). Dabei sprechen hohe Effektivitätswerte für eine (pragmatisch) brauchbare Übereinstimmung zwischen nomopragmatischen Aussagen und Alltagsrealität. Im Optimalfall stehen damit der praktischen Anwendung technologische Regeln zur Verfügung, die aus den nomopragmatischen Aussagen direkt herleitbar sind – und zwar durch Umformulierung der kausalen in eine final-präskriptive Form; wegen dieser präskriptiv-finalen Formulierung ist die Effektivitätsprüfung m. E. besser für die nomopragmatischen Aussagen vorzunehmen. Die umformulierten technologischen Regeln sind dann dennoch wenigstens partiell und indirekt durch Grundlagenforschung fundiert.

- Die empirische Anwendungsforschung hat sich mit der Ausarbeitung dieses Dreischritts zur Entwicklung von Technologien (nämlich: nomologische Aussagen – nomopragmatische Aussagen – technologische Regeln) de facto aus ihrer Anbindung an den orthodox-behavioristischen Ansatz gelöst; daher kann an der Verhaltenstherapie auch die Entwicklung des Verständnisses der allgemeinpsychologischen Grundlegung exemplarisch verdeutlicht werden. Diese Loslösung ist zwangsläufig mit der inhaltlich-methodischen Ausweitung der anfänglichen, durch den Behaviorismus vorgegebenen Theorieansätze verbunden; das schlägt sich konstruktiv in der inhaltlichen Veränderung ihrer Programmatik nieder (s. ‚kognitive Verhaltenstherapie' mit der Einbeziehung subjektiver Wahrnehmungs-, Bewertungs- und Entscheidungsprozesse, mit der Berücksichtigung subjektiver Erklärungs- und Handlungstheorien; → **Kognitive Therapien**). Daß die Anwendung dabei in weiten Bereichen auf allgemeinpsychologische Aussagenlücken stößt, erklärt sich u. a. mit der jahrzehntelangen Beherrschung der empirischen Psychologie durch das behavioristische Paradigma, das mit seinem Subjektmodell den Menschen als weitgehend reiz-reaktives, unter Umweltkontrolle stehendes Individuum ohne Autonomie und Reflexion konstituiert hat (→ **Menschenbilder**).

4 Die heuristische Anwendungsrelation

Sie konzentriert sich auf den *Anregungsgehalt* von allgemeinpsychologischen Grundlagen für psychotherapeutische Forschung und Praxis. Damit ist zum einen eine realitätsadäquatere Beschreibung der jeweils vorliegenden theoretischen Defizite zugelassen (s. z. B. die Defizite der Emotionsforschung in Relation zur klientenzentrierten Gesprächspsychotherapie sensu ROGERS, die vorwiegend auf einer subjektiven Interpretation allgemeinpsychologischer Resultate aufbaut); zum anderen wird der Anspruch, psychotherapeutisches Handeln durch das jeweils theoretisch vorgeordnete Programm zu legitimieren, nicht etwa grundsätzlich aufgegeben; er wird jedoch relativiert: Der Legitimationsanspruch ist nur mehr als regulative Zielidee für Psychotherapie Aufrechtzuerhalten.

Von diesem Verständnis einer allgemeinpsychologischen Grundlegung gehen derzeit vor allem Technologieansätze aus, die ‚Hilfe zur Selbsthilfe' für den Klienten entwickeln (vgl. STRUPP 1978; →**Selbstkontrolle**, →**Selbstbehandlung**). Solche Selbstanwendungen reichen von einfachen, relativ autonomiearmen Selbstinstruktionen zur Modifikation unerwünschter Verhaltensautomatismen bis hin zu hochkomplexen, maximal autonomiehaltigen Strategien zum Lernen von Lernen, s. z. B. die Programmentwicklungen zur ‚Selbstkontrolle' und zum ‚Problemlösen' (vgl. SCHEELE 1980). Heuristisch genutzt werden hierfür neben differentialpsychologischen Befunden der ‚Ability'-Forschung (→**Persönlichkeitspsychologische Grundlagen**) allgemeinpsychologische Ergebnisse kognitionstheoretischer Ansätze, die im Unterschied zu behavioristischen von einem epistemologischen Subjektmodell ausgehen (s. zusammenfassend GROEBEN & SCHEELE 1977). Entsprechend werden vor allem Forschungsprogramme herangezogen, die mit der kognitions- und motivationspsychologischen Aufarbeitung von Aufmerksamkeit, Informationsaufnahme und -verarbeitung, mit Behaltensprozessen, Planbildung und deren handlungseffektiver Umsetzbarkeit, mit der Bewertung von Handlungsergebnissen und ihrer Wirksamkeit für zukünftiges Handeln und Erleben befaßt sind (→**Kognitive Therapien**). Die Verknüpfung dieser eher bereichsspezifischen Befunde bleibt dabei allerdings noch weitgehend der Anwendungsforschung selbst überlassen. Sie versucht die für sie relevanten Integrationen mit Hilfe übergreifender, metatheoretischer Ansätze, wie z. B. durch informations-, system- und handlungstheoretische Heuristiken (vgl. HOFFMANN 1978).

Die durch einen solchen Eklektizismus charakterisierte Anwendungsforschung hat damit grundsätzlich ihre schulenfixierten Problemlösungsbeschränkungen überwunden. Gemessen an der Optimalvorstellung einer theoriegeleiteten Technologieentwicklung stellt ihr augenblicklich jedoch die Grundlagenforschung zu wenig an Theorieleitung zur Verfügung; sie kann deshalb nicht so lösungskompetent arbeiten, wie es angesichts der von ihr konstatierten Problemkomplexität erforderlich wäre (→**Eklektizismus**).

5 Entwicklungsmöglichkeiten

Bisherige Grundlegungsvorstellungen akzentuieren eine einseitige Fundierungsbeziehung: die *nomologische* Aussage abstrahiert von gesellschaftlich-historischen Bezügen; die *nomopragmatische* Aussage nimmt dann diese Bedingungen mit auf und leitet über zur konkreten Anwendungsform, der *technologischen Regel*. Da nomopragmatische Aussagen entsprechend ihrer größeren Realitätsnähe eher gegenüber historischen Veränderungen anfällig sind, wird von der Anwendungsforschung zusätzlich zu den notwendigen Ableitungs-, Integrations- und Transformationsaufgaben auch noch die permanente Überprüfung der Effektivitätswerte verlangt (vgl. WESTMEYER 1977; →**Psychotherapie-Effekte**). Diesem einseitig gerichteten Modell ist ein *Interaktionsmodell der Technologiegewinnung* entgegenzustellen, das Grundlagen- und Anwendungsforschung durch einen Austausch von Anregungen miteinander verbindet. Daraus ergeben sich folgende konstruktive Möglichkeiten:

- Grundlagenforschung entwickelt (zusätzlich) dort nomologische Hypothesen, wo technolo-

gische Problemstellungen ein Grundlagendefizit aufgedeckt haben.
- Der geforderte Austausch zwischen Anwendungs- und Grundlagenforschung macht für letztere die Zugrundelegung anderer Menschenbildannahmen nötig: Die entsprechenden Forschungsprogramme dürfen die zentralen Bedingungen von Alltagsrealität nicht als störende Bedingungen eliminieren, sondern müssen sie theoretisch-methodisch einbeziehen (vgl. die Arbeiten zur ‚kognitiven Wende‘, zum Paradigmawechsel in der Psychologie; GROEBEN & SCHEELE 1977). Damit entsteht insgesamt ein Hypothesensatz mit im einzelnen unterschiedlichem Abstraktionsgrad hinsichtlich der Alltagsrealität.
- Ein solcher Wechsel der Problemperspektive in der Grundlagenforschung strebt auf lange Sicht auch eine Theorie des historischen Wandels von psychologischen Aspekten der Alltagsrealität an, mit deren Hilfe die Anwendungsforschung von der theoriefreien Wiederholung ihrer Effektivitätsprüfungen entlastet werden könnte.
- Als Ausgangspunkt für einen solchen Wechsel bietet sich derzeit die kognitionstheoretische Perspektive an. Die Nutzung ihres Integrationspotentials manifestiert sich bereits zum einen in grundlagentheoretischen Ansätzen, die die Überwindung der traditionellen Trennung von situationszentrierter (s. Allgemeine Psychologie) und dispositionszentrierter (s. Differentielle Psychologie) durch eine interaktionszentrierte Gegenstandskonstituierung ermöglichen (vgl. MISCHEL 1973); zum anderen sind hier grundlagentheoretische Modelle einzuordnen, die bereichsspezifische Ergebnisse von ‚Kognition‘, ‚Emotion-Motivation‘ und ‚Verhalten‘ zu verbinden versuchen (vgl. HECKHAUSEN 1980).
- Nicht zuletzt sollte ein solches Interaktionsmodell von Grundlagen- und Anwendungsforschung auf die Dauer die Generierung und Überprüfung von Hypothesen für verschiedene (Komplexitäts-)Ebenen von Denken und Verhalten ermöglichen. Über die ‚ebenenspezifische Zuordnung von Verhaltensstörungen‘ (SEMMER & FRESE 1979) könnten solche spezifischen Hypothesen dann für eine differenziertere Lösung des Indikationsproblems genutzt werden (vgl. BASTINE 1981).

LITERATUR

BANNISTER, D. & FRANSELLA, F. *Inquiring man.* The psychology of personal constructs. Harmondsworth: Penguin, 1980².

BASTINE, R., Adaptive Indikationen in der zielorientierten Psychotherapie. In U. BAUMANN (Hrsg.) *Indikation zur Therapie psychischer Störungen.* München: Urban & Schwarzenberg, 1981, 158–168.

BUNGE, M. *Scientific research II.* The search for truth. Berlin/Heidelberg/New York: Springer, 1967.

GROEBEN, N. & SCHEELE, B. *Argumente für eine Psychologie des reflexiven Subjekts.* Paradigmawechsel vom behavioralen zum epistemologischen Menschenbild. Darmstadt: Steinkopff, 1977.

HECKHAUSEN, H. *Motivation und Handeln.* Berlin/Heidelberg/New York: Springer, 1980.

HERRMANN, TH. *Die Psychologie und ihre Forschungsprogramme.* Göttingen: Hogrefe, 1980.

HOFFMANN, N. (Hrsg.) *Grundlagen kognitiver Therapie.* Theoretische Modelle und praktische Anwendung. Bern: Huber, 1978.

MISCHEL, W. Toward a cognitive social learning reconceptualization of personality. *Psychological Review* 1973, *80*, 252–283.

PRIM, R. & TILMANN, H. *Grundlagen einer kritisch-rationalen Sozialwissenschaft.* Heidelberg: Quelle & Meyer, 1973.

SEMMER, N. & FRESE, M. Handlungstheoretische Implikationen für kognitive Therapie. In N. HOFFMANN (Hrsg.) 115–153.

SCHEELE, B. *Selbstkontrolle als kognitive Interventionsstrategie.* Manifestationen und Konsequenzen eines Forschungsprogrammwechsels. Phil. Diss. Heidelberg, 1980.

STRUPP, H. H. Psychotherapy research and practice: An overview. In S. L. GARFIELD & A. E. BERGIN (Hrsg.): *Handbook of psychotherapy and behavior change*: An empirical analysis. New York: Wiley, 1978, 1–22.

WESTMEYER, H. Verhaltenstherapie: Anwendung von Verhaltenstheorien oder kontrollierte Praxis? In H. WESTMEYER & N. HOFFMANN (Hrsg.) 187–203.

WESTMEYER, H. & HOFFMANN, N. (Hrsg.) *Verhaltenstherapie.* Grundlegende Texte. Hamburg: Hoffmann und Campe, 1977.

Psychotherapie in Gruppen

KLAUS GRAWE und PETER A. FIEDLER

1 Einleitung

Es gibt heute eine schwer überschaubare Fülle verschiedenartiger psychologischer Gruppen. LIEBERMAN (1977) versucht, diese Vielzahl nach Zweck und Grad der Professionalisierung in vier verschiedene Kategorien einzuteilen, nämlich in

- *Selbsthilfegruppen*, wie z. B. die Anonymen Alkoholiker
- *Wachstumsgruppen*, wie z. B. Sensitivity-Trainings-Gruppen und Encountergruppen
- *Bewußtseinserweiternde Gruppen*, die sich meist um ein bestimmtes demographisches Merkmal bilden (wie etwa Frauengruppen)
- *Psychotherapiegruppen*

Psychotherapiegruppen unterscheiden sich von den anderen genannten Gruppenformen dadurch, daß sie ausdrücklich einen heilenden Zweck verfolgen und von einem professionellen Psychotherapeuten geleitet werden. Unter diese Definition fällt dann immer noch eine sehr große Vielfalt verschiedener Formen der psychologischen Gruppen. Zu nennen wären hier neben den psychoanalytischen und konfliktorientierten Gruppen u. a. Psychodramagruppen, gesprächspsychotherapeutische und Encountergruppen, Gestalttherapiegruppen sowie verschiedene verhaltenstherapeutische Gruppenansätze. Bis auf die verhaltenstherapeutischen Ansätze (vgl. FIEDLER 1978, GRAWE 1980) sind die genannten Gruppenformen in diesem Buch dargestellt, so daß wir hier auf Spezifika einzelner Verfahren nicht ausführlicher eingehen (→**Psychodrama**, →**Gestalttherapie**, →**Encountergruppen**, →**konfliktorientierte Gruppentherapie**). Stattdessen wird darzustellen versucht, welche Gründe überhaupt für die Durchführung von Psychotherapie in Gruppen sprechen, welche gemeinsamen Wirkfaktoren verschiedenen Formen der Gruppentherapie zugrundeliegen können und wie es um die Wirksamkeit und Indikation von Psychotherapie in Gruppen bestellt ist.

2 Gründe für die Durchführung von Psychotherapie in Gruppen

Häufig werden in Psychotherapiegruppen ökonomische Vorteile gegenüber der Einzelfallbehandlung vermutet. Dieser Aspekt wird jedoch oft überbetont und scheint wohl nur selten ein ausschlaggebender Grund für die Zusammenstellung von Therapiegruppen zu sein. Unseres Erachtens gibt es hauptsächlich zwei Argumente, die dafür sprechen Psychotherapie in Gruppen durchzuführen, nämlich zum einen die Gruppe als sozialer Mikrokosmos für die Diagnostik und Veränderung zwischenmenschlicher Beziehungsstörungen und zum anderen die Mobilisierung von Gruppenkräften für die Herbeiführung individueller Verhaltensänderungen.

2.1 Die Gruppe als sozialer Mikrokosmos für die Diagnostik und Veränderung zwischenmenschlicher Beziehungsstörungen

Der eigentliche Kernbereich der Gruppentherapie wird in der Behandlung zwischenmenschlicher Beziehungsstörungen gesehen. Für viele dieser Störungen wird Gruppentherapie heute als *die* Methode der Wahl betrachtet. Die Gruppe wird dabei als *sozialer Mikrokosmos* betrachtet, in dem die Schwierigkeiten, die der einzelne Patient in seinem täglichen Leben mit anderen Menschen hat, früher oder später in irgendeiner Weise in Erscheinung treten werden. Die Gruppe dient daher als ungefähres Abbild der realen zwischenmenschlichen Umwelt im Kleinen. Es wird erwartet, daß der einzelne Patient auf einige der anderen Gruppenmitglieder in ähnlicher Weise reagieren wird, wie er außerhalb der Gruppe auf andere Menschen reagiert. Tritt dies ein, so ist damit die Möglichkeit gegeben, in der Gruppe genauer zu analysieren, womit das problematische Beziehungsverhalten des Patienten zusammenhängt. Diese Analyse kann dann die Grundlage für eine bewußtere Kontrolle über das problematische Beziehungsverhalten und für evtl. gezielte Veränderungsmaßnahmen abgeben.

Die Art und Weise, in der diese Analyse und Veränderung des Beziehungsverhaltens der Gruppe durchgeführt wird, unterscheidet sich allerdings zwischen verschiedenen Gruppentherapieformen sehr stark. Sie hängt hauptsächlich davon ab, wie die einzelnen therapeutischen Ansätze die Genese, Aufrechterhaltung und Veränderungsmöglichkeit psychischer Störungen überhaupt konzipieren. Diese Unterschiede decken sich dabei weitgehend mit den grundsätzlichen Unterschieden zwischen den verschiedenen Therapieansätzen, wie sie in einer Vielzahl von Beiträgen in diesem Buch hinlänglich zum Ausdruck kommen.

2.2 Die Mobilisierung von Gruppenkräften für die Herbeiführung individueller Verhaltensänderungen

Es entspricht nicht nur unserer Alltagserfahrung, daß es oft in Gruppen besser gelingt, ein bestimmtes Ziel zu erreichen. Auch für Therapiegruppen scheint zu gelten, daß die gemeinsame Ausrichtung auf ein Ziel im Sinne einer *kooperativen Zusammenarbeit* hilfreich dazu sein kann, daß der Einzelne sein Ziel in der Gruppe erreicht (LIEBERMAN 1977). Wichtigste Grundlage dafür ist ein ausreichendes Maß an *Gruppenkohäsion*, das sich in der Gruppe heranbilden muß. Unter Gruppenkohäsion wird die Gesamtheit derjenigen Kräfte verstanden, die die einzelnen Gruppenmitglieder zur Gruppe hinziehen und die bewirken, daß sie sich als Teil der Gruppe fühlen und als solche aktiv am Gruppenleben teilnehmen. Die Gruppenkohäsion hat sich in einer ganzen Anzahl empirischer Untersuchungen für verschiedene Formen der Gruppentherapie als ein bedeutsamer Einflußfaktor für den Therapieerfolg des einzelnen Patienten erwiesen. Es ist daher vor allem in den Anfangsstadien einer Gruppentherapie eine wichtige Aufgabe des Gruppenleiters, das Zustandekommen eines optimalen Ausmaßes von Gruppenkohäsion aktiv zu fördern. – Ein weiterer Faktor, der sich förderlich auf das einzelne Gruppenmitglied auswirken kann, kann das Erlebnis sein, sich in gegenseitiger Offenheit über intime, peinliche, angstbesetzte Inhalte und persönliche Schwierigkeiten mit anderen austauschen zu können. Das Ausmaß, in dem dies in einer Gruppe möglich ist, hängt wiederum von dem gegenseitigen Vertrauen ab, das die Gruppenmitglieder einander entgegenbringen.

All diese Gruppenkräfte (Kooperation, Kohäsion, Offenheit und Vertrauen), die auch als *instrumentelle Gruppenbedingungen* bezeichnet werden, können vom Gruppenleiter durch geeignete Maßnahmen, etwa schon durch eine geeignete Gruppenzusammenstellung sowie durch systematische Anleitungen, Regeleingaben, Verstärkung bestimmter Verhaltensweisen vor allem im Anfangsstadium des Gruppenlebens gezielt gefördert werden. In einer Gruppe, in der dies gut gelingt, bestehen dann oft optimale Möglichkeiten für das inhaltliche Arbeiten an den Problemen der einzelnen Gruppenmitglieder.

3 Wirkfaktoren der Gruppentherapie

Für die oben aufgeführten instrumentellen Gruppenbedingungen wie Vertrauen, Offenheit usw. kann nur sehr grob entschieden werden, inwieweit es sich dabei um notwendige oder günstige Voraussetzungen für die Herbeiführung von Verhaltensänderungen in Gruppen handelt oder inwieweit sie selbst als spezifische Wirkungsmechanismen angesehen werden können (LIEBERMAN 1977). Spezifischere Annahmen werden dagegen von den einzelnen Therapieschulen über die Wirkungsmechanismen des therapeutischen Vorgehens gemacht; sie hängen zumeist jedoch mehr mit der allgemeinen Konzeption dieser Therapierichtungen zusammen als mit der speziellen Situation der Gruppentherapie. Dennoch wird von den allermeisten Therapierichtungen unterstellt, daß es spezifische Wirkmechanismen der Gruppentherapie gibt, die in der Einzelfallbehandlung nicht oder nur sehr schwierig genutzt werden können. Wie sehen diese aus?

YALOM (1974), einer der führenden Gruppentherapieforscher, unterscheidet zwölf „Heilfaktoren", die im Rahmen einer Gruppentherapie, je nach Art des Vorgehens, mehr oder weniger ausgeprägt zur Wirkung kommen können. In einer Untersuchung ließ er Gruppentherapiepatienten, die an einer psychodynamisch-interaktionell orientierten Gruppentherapie teilgenommen hatten, diese zwölf Faktoren nach ihrer relativen Bedeutung einschätzen. Dabei ergab sich folgende Reihenfolge:

1. Offene Rückmeldung darüber, welche Wirkung man mit seinem eigenen Verhalten bei anderen erzielt
2. Das offene Äußern von Gefühlen in der Gruppe
3. Das Gefühl der Zusammengehörigkeit in der Gruppe (Gruppenkohäsion)
4. Einsichten in das eigene seelische Funktionieren
5. Die Möglichkeit, in der Gruppe neues zwischenmenschliches Verhalten zu lernen und zu erproben
6. „Existentielles Bewußtwerden", z. B. die Erkenntnis, daß man im Leben letztlich selbst allein verantwortlich ist
7. Die Erkenntnis, mit seinem Leiden nicht alleine dazustehen, sondern es mit anderen zu teilen
8. Hoffnung schöpfen durch das Erleben, wie andere mit ihren Problemen allmählich besser fertig werden
9. Das Erlebnis, für andere wichtig zu sein und ihnen helfen zu können
10. Das Wiedererleben ähnlicher Beziehungssituationen, wie sie in der eigenen Familie bestanden
11. Ratschläge und Anleitungen durch andere Gruppenmitglieder oder des Therapeuten
12. Die Möglichkeit, neue Lernerfahrungen zu machen, wie man sich mit einem anderen Gruppenmitglied identifiziert

Die angegebene Reihenfolge der Faktoren gilt natürlich nur für die von YALOM untersuchten Formen der Gruppentherapie. YALOM nimmt selbst an, daß sich die relative Bedeutung der Wirkfaktoren je nach der speziellen Form der Gruppentherapie unterscheidet und daß verschiedene Formen der Gruppentherapie am besten danach unterschieden werden können, welches relative Gewicht sie den einzelnen Faktoren zumessen. YALOMS Ansatz scheint uns ein erster wichtiger Versuch, von Schulunterschieden absehend, danach zu fragen, was denn nun wirklich die gemeinsamen und differentiellen Wirkfaktoren von verschiedenen Gruppentherapieformen sein könnten. Wirklich gesicherte Erkenntnisse über die spezifischen Wirkfaktoren bei verschiedenen Formen der Gruppentherapie liegen heute erst sehr wenig vor. Die Gruppentherapieforschung unterscheidet sich in dieser Hinsicht nicht von dem Stand der übrigen Psychotherapieforschung (→**Psychotherapieeffekte**, →**Psychotherapieforschung**).

4 Wirksamkeit und Indikation

Die generelle Wirksamkeit von Psychotherapie in Gruppen ist inzwischen durch eine Fülle empirischer Therapiestudien belegt. Das vorliegende Material ist jedoch zu umfangreich, als daß hier eine ausführliche Bewertung des gegenwärtigen Forschungsstandes erfolgen könnte. Festgestellt werden muß zunächst, daß die verschiedenen Formen der Gruppentherapie allerdings in sehr unterschiedlichem Maße empirisch untersucht worden sind. Generalisierbare Aussagen über die Wirksamkeit von Gruppentherapie lassen sich kaum machen. Es liegen aber drei größere Übersichtsarbeiten vor, die jede für sich auf einen bestimmten Bereich von Gruppenmethoden beschränkt sind und die zusammen einen guten Überblick über den bisherigen Forschungsstand geben (BEDNAR & KAUL 1978, GRAWE 1978, SPEIERER 1978).

Als relativ gut gesichert kann die Aussage gelten, daß es keinerlei Hinweise dafür gibt, daß Gruppentherapie insgesamt weniger wirksam ist als Einzeltherapie (→**Indikation**). Dies bedeutet jedoch nicht, daß sich die Effekte einer Einzeltherapie und einer Gruppentherapie überhaupt nicht voneinander unterscheiden. Es muß vielmehr als sehr wahrscheinlich angesehen werden, daß Gruppentherapie zum Teil qualitativ andere Therapieeffekte bewirkt als eine Einzeltherapie nach gleichem Konzept. Empirische Belege dafür gibt es aber bisher erst sehr vereinzelt, da in der Psychotherapieforschung bisher generell der Frage der qualitativen Unterschiedlichkeit von Therapieeffekten wenig ausdrückliche Beachtung geschenkt wurde (→**Wirkfaktoren**).

Weiter ist es als wahrscheinlich anzusehen, daß Gruppen auch für Personen und/oder Problemstellungen unterschiedlich indiziert sind. Entsprechende Aussagen zur *diffentiellen Indikation*, die in der Literatur recht häufig gemacht werden, können sich bisher jedoch fast nur auf Plausibilitätsüberlegungen stützen. Es leuchtet etwa ein, daß Gruppentherapie vor allem für Menschen mit generalisierten Störungen ihres Beziehungsverhaltens möglich sein könnte. Auch gilt zu bedenken, daß Gruppentherapie für bestimmte Patienten kontraindiziert scheinen, weil diese nicht „gruppenfähig" sind. In Ermangelung empirisch gesicherter Indikationskriterien richtet sich die Praxis der Indikationsstellung gegenwärtig überwiegend nach dem Vorhandensein von Therapieplätzen und den individuellen klinischen Erfahrungen des jeweiligen Indikationsstellers. Auch in diesem Punkt unterscheiden sich die Verhältnisse im Gruppentherapiebereich jedoch kaum von den Verhältnissen, die für die Praxis der Psychotherapie gegenwärtig fast noch allgemein gelten (→**Organisationsformen**, →**Psychotherapie**).

5 Zusammenfassende Betrachtung

Die Durchführung von Psychotherapien in Gruppen nimmt inzwischen einen erheblichen Stellenwert in der klinischen Versorgungspraxis ein. Sie kann für sehr viele Störungen als eine mindestens gleichrangige Alternative zur Einzeltherapie und für eine ganze Reihe von psychischen Problemen wahrscheinlich als *die* Methode der Wahl angesehen werden. Während die allgemeine Wirksamkeit von Gruppentherapie im Vergleich zur Einzelfallbehandlung inzwischen als gesichert angesehen werden kann, fehlen noch weitgehend empirische Forschungsbefunde, die eine gesicherte differentielle Indikation für diese beiden alternativen Therapiemethoden ermöglichen würden. Sicher falsch ist die manchmal vertretene Auffassung, daß Gruppentherapie eine Behandlung zweiter Wahl sei, die nur wegen ihrer größeren Ökonomie von manchen Institutionen gewissermaßen als Notlösung offeriert würde. Unter dem Gesichtspunkt, daß die Abhängigkeit vom Therapeuten in einer Gruppentherapie meist geringer ist als in einer Einzeltherapie und daß eine Gruppe mehr Möglichkeiten beinhaltet, das Selbsthilfepotential vom Klienten zu nutzen und zu fördern, ist eine Psychotherapie in Gruppen einer Einzeltherapie in der Regel vorzuziehen, wenn nicht schwerwiegende Gründe speziell gegen eine Gruppentherapie sprechen. Der größere Öffentlichkeitscharakter des therapeutischen Geschehens, das Vorhandensein anderer Teilnehmer am Therapieprozeß kann darüberhinaus als ein gewisser Schutz gegen mißbräuchliches Verhalten einzelner Therapeuten angesehen werden.

LITERATUR

BEDNAR, R. L., KAUL, T. J. Experiential group research. In S. L. GARFIELD & A. T. BERGIN (Hrsg.) *Handbook of psychotherapy and behaviour change.* New York: Wiley, 1978², 769–815.

FIEDLER, P. A. Zur Theorie und Praxis verhaltenstherapeutischer Gruppen. In A. HEIGL-EVERS & K. STREECK (Hrsg.) *Die Psychologie des 20. Jahrhunderts.* Band III: Lewin und die Folgen. Zürich: Kindler, 1979, 900–910.

GRAWE, K. Verhaltenstherapeutische Gruppentherapie. In L. PONGRATZ (Hrsg.) *Handbuch der Psychologie*, Band 8/2, Klinische Psychologie. Göttingen: Hogrefe, 1978, 2696–2724.

GRAWE, K. *Verhaltenstherapie in Gruppen*. München: Urban & Schwarzenberg, 1980.

LIEBERMAN, M. A. Gruppenmethoden. In F. KANFER & A. P. GOLDSTEIN (Hrsg.) *Möglichkeiten der Verhaltensänderung*. München: Urban & Schwarzenberg, 1977, 503–567.

SPEIERER, G.-W. Gruppenpsychotherapie. In U. BAUMANN, H. BERBALK & G. SEIDENSTÜCKER (Hrsg.) *Klinische Psychologie, Trends in Forschung und Praxis*. Band I, Bern: Huber, 1978.

YALOM, I. D. *Gruppenpsychotherapie*. München: Kindler, 1974.

Gruppendynamik

Jörg Fengler

1 Definition

Gruppendynamik ist die Lehre von den Kräften, Strukturen und Prozessen, die in Gruppen auftreten. Als Gruppen werden dabei im allgemeinen Zusammenschlüsse von Menschen bezeichnet, die sich durch begrenzte Mitgliederzahl (3 bis maximal 20 Personen), unmittelbaren Kontakt, Rollen- und Positionsverteilung, gegenseitige Abhängigkeit, gemeinsame Ziele, Werte und Normen sowie Kontinuität der Mitgliedschaft charakterisieren lassen. Im einzelnen ist Gruppendynamik drei Disziplinen der Psychologie zuzuordnen:

- Gruppendynamik ist als *Forschungsbereich* ein *Teilgebiet der Sozialpsychologie*. Ihre Gegenstände sind das Individuum, soweit es in Erleben, Verhalten und Kognitionen von Gruppen beeinflußt wird oder diese beeinflußt, sowie die Gruppe selbst als überindividuelle und übersummative Einheit einschließlich ihrer Beziehungen zu anderen Gruppen, ferner dyadische Interaktionen und die Beziehung zwischen Individuum, Gruppe und Institution.
- Gruppendynamik bezeichnet eine größere Zahl von Lehr-Lern-Verfahren zur *Vermittlung der sozialpsychologischen Gruppenforschung*. Dabei bilden Inhalt und Methode eine Einheit: Das Lernen über die Gruppe erfolgt durch Teilnahme an einer Gruppe. Der Lernende ist zugleich Teilnehmer und Beobachter, er verhält sich in der Gruppe und studiert zugleich, was in der Gruppe geschieht. Der Lernprozeß erfolgt nicht auf kognitiver Ebene allein, sondern auch in Form einer intensiven Selbsterfahrung. Gruppendynamik ist unter diesem Aspekt der *Pädagogischen Psychologie* zuzuordnen.
- Gruppendynamik ist ein Teilgebiet der *Klinischen Psychologie*. Ihre Gegenstände sind Theorien und Techniken zur *Änderung zwischenmenschlicher Beziehungen in Gruppen*.

Pädagogische und klinische Aspekte der Gruppendynamik werden in neuerer Zeit unter dem Terminus „Angewandte Gruppendynamik" zusammengefaßt (Däumling, Fengler, Nellessen & Svensson 1974).

2 Theoretische Grundlagen

Die ersten theoriegeleiteten Untersuchungen über Gesetzmäßigkeiten und Beeinflußbarkeit des Gruppenverhaltens wurden von Lewin (1944) initiiert. Die Gruppe gilt hier als quasistationäres Gleichgewicht, in dem jede individuelle Handlung aus dem Parallelogramm aller gegenwärtig wirksamen Feldkräfte determiniert ist. Inzwischen existiert eine Vielzahl von Gruppenmodellen, die gemäß einer Zusammenstellung von Mills (1976) sechs Modelltypen zuzuordnen sind. Das *mechanische Gruppenmodell* beschreibt die Gruppe als eine Art Interaktionsmaschine, in der jede Handlung die nächste anstößt oder auslöst. Im *Organismus-Modell* wird die Gruppe als entstehende, wachsende, sich entfaltende Einheit verstanden. Das *Konflikt-Modell* akzentuiert die Tatsache, daß die Gruppe der Ort ist, an dem die Auseinandersetzungen um knappe Güter wie Redezeit, Status, Zeit usw. geführt wird. Im *Gleichgewichtsmodell* wird die Gruppe als subtil ausbalanciertes Gebilde beschrieben, das auf ‚Störungen' in allen Teilen reagiert und eine neue Balance herstellt. Das *Funktionsmodell* erfaßt die Gruppe über die Funktionen, die angesichts bestimmter Aufgaben und Ziele übernommen bzw. vernachlässigt werden. Im *kybernetischen Wachstumsmodell* werden der Gruppe Fähigkeiten zu Rückkoppelung und Selbstkorrektur angesichts interner und externer Änderungen sowie die Fähigkeit der Selbst-Bewußtheit zugesprochen. Jedes dieser Modelle vermag mit unterschiedlicher Akzentuierung zum Verständnis von Gruppenphänomenen beizutragen.

3 Gruppendynamische Laboratorien

Gruppendynamische Laboratorien sind Klausurtagungen mit einer Dauer von 2 bis 20 Tagen, in denen Gruppenphänomene in den Gruppen der Teilnehmer erforscht und in ihren Gesetzmäßigkeiten vermittelt sowie Änderungen bzw. Verbesserungen der *sozialen Kompetenz* der Teilnehmer angestrebt werden. Als langfristig stabile Auswirkungen der Teilnahme an Gruppendynamischen Laboratorien konnten wiederholt Zunahme der Selbstreflexion, Differenzierung der Selbstwahrnehmung, Steigerung der Einfühlung in fremdseelisches Geschehen, Zunahme von Innenlenkung, Rollenflexibilität und Risikobereitschaft sowie Abnahme rassischer Vorurteile nachgewiesen werden (CAMPBELL & DUNETTE 1968).

In Abgrenzung zur Gruppenpsychotherapie besteht die Zielgruppe Gruppendynamischer Laboratorien nicht aus Klienten mit seelischen Beeinträchtigungen oder Verhaltensstörungen, sondern aus Berufstätigen in sozialen Arbeitsfeldern: Psychologen, Psychotherapeuten, Ärzte und andere Klinikangehörige, Pädagogen, Theologen, Sozialarbeiter, Sozialpädagogen und Bewährungshelfer und Jugendgruppenleiter, aber auch Vorgesetzte in Wirtschaft und Verwaltung.

Ein solches Training in gruppendynamischen Laboratorien kann in Entsprechung zur Lehranalyse für zukünftige Psychoanalytiker als adäquate allgemeine *Vorbereitung für professionelles Handeln in Gruppen* angesehen werden. Der Gruppenleiter übernimmt im Gruppendynamischen Laboratorium (im Gegensatz zum Therapeuten) für die Teilnehmer weder Schutz- noch Schonhaltung, identifiziert ihr Verhalten nicht als Manifestation einer zugrundeliegenden Neurose, rekurriert nicht auf Anamnese und Biographie und formuliert keine Veränderungsziele. Stattdessen werden Spannungen und Konflikte im Gruppengeschehen als Resultat der gegenwärtigen Gruppeninteraktion verdeutlicht und dienen dem Aufweis von Gesetzmäßigkeiten, die in Gruppen universell zum Tragen kommen. Ebenfalls in Abgrenzung zur Gruppenpsychotherapie wird kein verbindlicher Kommunikationsstil eingeführt wie z.B. allseitige gegenseitige Akzeptierung und Offenheit, freies Aussprechen von Einfällen u.a.; stattdessen werden die Äußerungen der Teilnehmer in ihrer Bedeutung für den weiteren Gruppenprozeß untersucht. Dennoch, die Abgrenzung zur Gruppenpsychotherapie gelingt nicht immer zufriedenstellend, wie z.B. aus der Definition, das Laboratorium sei „Therapie für Normale", ersichtlich ist (BRADFORD, GIBB & BENNE 1972).

4 Bedeutung der Gruppendynamik für therapeutisches Handeln

Gruppendynamik ist also nicht in erster Linie ein psychotherapeutisches Verfahren neben anderen (→**Psychoanalyse**, →**Gesprächspsychotherapie**, →**Verhaltenstherapie**, →**Gestalttherapie**). Vielmehr stellt sie eine Grundlagenwissenschaft für therapeutisches Handeln in Gruppen dar. Alle Gruppenphänomene finden auch in Therapiegruppen ihren Niederschlag; in den Theorien der Psychotherapie finden sie aber entweder gar nicht oder nur passager Berücksichtigung. Der Therapeut, der mit Gruppen arbeitet, muß demgemäß damit rechnen, daß nicht allein seine professionelle Kompetenz und die Mitarbeit der Klienten für Verlauf und Erfolg der Therapie ausschlaggebend sind. Vielmehr nehmen Gesetzmäßigkeit der Gruppen auf das Verhalten jedes Klienten und, nicht zuletzt, auch auf das Verhalten des Therapeuten selbst Einfluß. Wer in einem solchen Fall die Dynamik der Gruppe nicht wahrnimmt, mag zu falschen Zuschreibungen von Phänomenen gelangen; er wird vielleicht an der Richtigkeit seines Handelns oder seiner Theorie zweifeln oder ein aktuelles Verhalten des Klienten dessen Symptomatik oder Persönlichkeitsstruktur zurechnen, während tatsächlich Kräfte der Gruppe in gesetzmäßiger Weise zum Tragen kommen und für das Verhalten bestimmend sind.

Dies sei für Therapeut, Klient und Gruppe getrennt erläutert.

4.1 Therapeut

Der Therapeut übernimmt innerhalb der Therapiegruppe anfänglich kraft Amtes eine Führungsfunktion. Im Laufe der Therapie muß sich erweisen, ob er ihren Einzelaspekten (Tüchtigkeit, Beliebtheit, Kenntnis der Gruppenbedürfnisse, hohe Kontaktrate mit jedem Mitglied) gerecht wird. In vielen Gruppen bildet sich ein Führungsdual heraus, wobei Tüchtigkeit und Beliebtheit durch unterschiedliche Personen (z. B. Therapeut und Klient) repräsentiert werden. Prozesse der Meinungsbildung und Einstellungsänderung in der Klientengruppe sind ohne Mitwirkung des zweiten informellen Mitführers nicht herbeizuführen.

Die Führungsfunktion ist Identifikationen und Projektionen ausgesetzt. Der Therapeut wird zum Ziel überhöhter Ängste, Wünsche und Erwartungen. Die Klienten rücken stärker zusammen als aus den tatsächlichen Berührungspunkten in ihrem Alltag erklärbar ist. Führung kann Reaktionen wie Abhängigkeit, Kampf, Flucht und Paarbildung hervorrufen (BION 1971), die weder in der Person des Therapeuten noch in der des Klienten begründet sind, sondern aus ihrer Interaktion entstehen.

Viele Führungsfunktionen, die dem professionellen Wissen des Therapeuten entstammen (Deutung, Verbalisierung, Interview, Konfrontation) werden im Laufe der Therapie von einzelnen Klienten übernommen. Dies entlastet den Therapeuten von einigen Interventionen und kann ein Hinweis auf die beginnende Autonomie der Gruppe sein.

4.2 Klient

Auch das Verhalten des Klienten ist in vielfältiger Weise durch die Anwesenheit der Gruppe determiniert. So steht etwa das Ausmaß der ausgedrückten Akzeptanz in enger Beziehung zur Selbstakzeptanz und zum vermuteten Akzeptiertwerden durch die anderen Gruppenmitglieder. Mitgliedschaft in der Gruppe läßt sich u. a. mit der Attraktivität der Gruppe und mit dem Fehlen attraktiver Alternativen erklären. Dem Therapeuten ergibt sich daraus eine unter mehreren Hypothesen darüber, warum Klienten die Gruppe aufsuchen, in ihr verbleiben oder sie verlassen.

LEWIN (1944) beschreibt den Prozeß der Veränderung von Klienten in den Phasen *Auflockern bisheriger Verhaltensweisen, eigentliche Änderung, Stabilisierung*. Dabei treten zumal in der ersten Phase erhebliche Widerstände auf. Die Stabilisierungsphase hat außer dem Klienten selbst auch diejenigen Bezugsgruppen in die therapeutischen Überlegungen einzubeziehen, die in Form von Normen und Rollenzuschreibungen antitherapeutisch zu wirken vermögen.

4.3 Gruppe

Während die Rolle des Therapeuten in einer neuen Gruppe ansatzweise definiert ist, finden die Klienten Status und Position erst im Laufe der Therapie. Dabei entwickelt sich zunächst eine Machtstruktur. Erst danach bildet sich ein Geflecht vertrauter persönlicher Beziehungen. Beide Phasen sind durch Konflikte gekennzeichnet (Abhängige vs. Gegenabhängige, Befürworter vs. Gegner persönlicher Beziehungen; BENNIS & SHEPHARD 1956). Die Position eines Außenseiters einzunehmen ist nicht nur Resultat individuellen Verhaltens, sondern zugleich das eines gruppeninternen Zuschreibungsprozesses. Verläßt ein Klient die Gruppe oder kommt ein neuer hinzu, so erfahren alle bisherigen Rollen einschließlich der des Therapeuten eine Änderung und Neugewichtung.

Die *Kommunikationsstruktur* der Gruppe gibt Aufschluß darüber, in welchem Umfang jeder Klient Gelegenheit hat, sich zu äußern. Der Einfluß jedes Klienten auf Meinungen und Verhaltensweisen der Gruppe läßt sich u. a. daran ablesen, in welchem Umfang ihm zugehört, seinen Vorschlägen gefolgt und sein Fehlen in einer Sitzung registriert wird. Die Frage, ob die Gespräche konstruktiv verlaufen und den Zielen der Therapie entsprechen, ist manchmal leichter zu beantworten, wenn der Therapeut die Klientengruppe in Gedanken mit einem Arbeitsteam vergleicht, das an Kriterien wie Kohäsion, Kooperation und Produktivität gemessen wird.

In allen Gruppen existieren Normen, die, anfänglich sinnvoll sind, später aber eine Neigung haben, ein von den Mitgliedern und den Sachzielen unabhängiges Eigenleben zu entwickeln. Sie können dann, zumal wenn sie nicht explizit ausgesprochen werden, gleichsam unsichtbar wirksam werden und die Vielfalt der Äußerungen einschränken (z. B. Normen der Art, jeder Klient habe unkontrolliert authentisch zu sein, habe ausschließlich von Ängsten und Problemen zu berichten, müsse in jeder Sitzung ausgiebig zu Wort kommen usw.). Gruppen weisen eine Tendenz zu Spaltung und Polarisierung in Subgruppen auf (ältere – jüngere Klienten; Männer – Frauen; Klienten mit längerer – kürzerer Therapieerfahrung; Symptomgruppen usw.), die ihre innere Kohäsion u. a. mithilfe von Aggressionen und vorurteilshaften Einstellungen der Außengruppe gegenüber sichern.

Darüberhinaus treten in der Gruppe weitere therapierelevante Phänomene in Erscheinung (LIEBERMAN 1977):

- Die Gruppe entwickelt Kohäsion, gibt jedem Mitglied ein Gefühl der Zugehörigkeit und bindet es damit in persönlicher und arbeitsbezogener Hinsicht.
- Sie kontrolliert das Verhalten jeden Mitglieds durch Belohnung und Bestrafung.
- Die Gruppe definiert für ihre Mitglieder Realitäten. Angesichts einer Problemschilderung durch einen Klienten fügen sich die Beiträge der Mitklienten mosaikförmig zu einer Stellungnahme zusammen, die die einseitige Sicht des einzelnen korrigiert. „Überlegenheit der Gruppe bei Such- und Bestimmungsleistungen" sowie „Fehlerausgleich" nach HOFSTÄTTER 1971). Insofern trägt die Gruppe zur Festigung des eigenen „Wesens und Meinens" bei (HOFSTÄTTER 1971).
- Die Gruppe provoziert starke Gefühle und setzt sie frei. Die individuelle Symptomatik zeigt sich in der Gruppe mit besonderer Deutlichkeit. Das problematische Verhalten kann so in dem Augenblick, da es in Erscheinung tritt, aufgewiesen und in Übungsschritten modifiziert werden. Erleben, Verhalten und Kognitionen jedes Klienten sind i. S. einer „Ansteckung" auch für alle Mitklienten von Bedeutung. Jedes Mitglied der Gruppe übernimmt für jedes andere Modellfunktion.
- Die Gruppe schafft einen Kontrast für den sozialen Vergleich. Der Mitklient wird nicht ausschließlich imitiert, sondern ermöglicht durch seine Selbstdarstellung den anderen auch eine Abgrenzung der eigenen Identität. Das Feedback aus der Gruppe macht die Ähnlichkeit der Klienten mit anderen, aber auch seine Einzigartigkeit sichtbar.

Bedingungen dafür, daß die Gruppe generell und auch die Therapiegruppe und die Selbsthilfe-Gruppe (MOELLER 1978) die letztgenannten Leistungen erbringt, sind aus sozialpsychologischer Sicht Unabhängigkeit vs. Anpassung der Mitglieder, Kommunikation vs. Zurückhalten von Äußerungen und Akzeptierung vs. Ablehnung abweichender Standpunkte (HOFSTÄTTER 1971).

5 Ausblick

Es hat sich gezeigt, daß sich gruppendynamische Interventionen sehr wirksam mit Interventionen anderer Schulrichtungen kombinieren lassen:

Gruppendynamik und Verhaltensmodifikation, Gruppendynamik und Meditation, Gruppendynamik und Gestalt usw. Im allgemeinen fehlt bei solchem Tun aber ein konsensfähiger gemeinsamer theoretischer Bezugsrahmen. Vermutlich läßt sich ein solcher gegenwärtig eher auf Interventionsebene als auf der Ebene einer Persönlichkeits- oder Verhaltenstheorie finden. Beruflicher Werdegang und Ausbildungsstand von Gruppenleitern weisen beträchtliche Variationsbreiten auf. In Entsprechung zu Ausbildungsgängen von Therapieverbänden existiert im Deutschen Arbeitskreis für Gruppenpsychotherapie und Gruppendynamik (DAGG) ein auf ca. drei Jahre angelegter Ausbildungsgang zum ‚Trainer für Gruppendynamik' – diesen haben freilich schätzungsweise nicht mehr als 1% der Personen absolviert, die gegenwärtig Gruppendynamik betreiben. Korrigierende oder Einhalt gebietende rechtliche Maßnahmen stehen hier nicht in Aussicht.

Die Bedeutung gruppendynamischer Verfahren innerhalb der Klinischen Psychologie und Psychotherapie wird zukünftig daran gemessen werden, in welchem Umfang diese Arbeitsweise sich als lehr- und lernbar erweist, zielgruppenspezifische Arbeitsmethoden entwickelt und kontrollierte Evaluationsstudien vorgelegt werden.

LITERATUR

BENNIS, W. G., SCHEIN, E. H., BERLEW, D. E. & STEELE, F. J. *Interpersonal dynamics.* Essays and readings on human interaction. Homewood, Ill.: Dorsey Press, 1964.
BION, W. R. *Erfahrungen in Gruppen und andere Schriften.* Stuttgart: Klett, 1971.
BRADFORD, L. P., GIBB, J. R. & BENNE, K. D. *Gruppen-Training.* T-Gruppentheorie und Laboratoriumsmethode. Stuttgart: Klett, 1967.
CAMPBELL, J. P. & DUNETTE, M. D. Effectiveness of t-group experiences in managerial training and development. *Psychological Bulletin,* 1968, *70,* 73–104.
DÄUMLING, A. M., FENGLER, J., NELLESSEN, L. & SVENSSON, A. *Angewandte Gruppendynamik.* Stuttgart: Klett, 1974.
HOFSTÄTTER, P. R. *Gruppendynamik.* Kritik der Massenpsychologie. Hamburg: Rowohlt, 1971.
LEWIN, K. Science, power, and education. In G.W. LEWIN (Hrsg.) *Studies in tropological psychology and vector psychology.* New York: McGraw Hill, 1947, 5–41.
LIEBERMAN, M. A. Gruppenmethoden: In F. H. KANFER & A. P. GOLDSTEIN (Hrsg.) *Möglichkeiten der Verhaltensänderung.* München: Urban & Schwarzenberg, 1977, 503–567.
MILLS, T. M. *Soziologie der Gruppen.* München: Juventa, 1970.
MOELLER, L. M. *Selbsthilfe-Gruppen.* Hamburg: Rowohlt, 1978.

Psychoanalytische und konfliktorientierte Gruppenpsychotherapie

Franz Heigl

1 Theoretische Basis

Die psychoanalytischen oder psychoanalytisch orientierten Gruppenmethoden basieren auf der psychoanalytischen Theorie psychogener Krankheiten und ihrer Behandlung. Danach ist der Mensch in seiner Frühphase einem Spannungsfeld zwischen dem Streben nach einem eigenständigen Selbst einerseits und dem aus Hilflosigkeit resultierenden Angewiesensein auf die unmittelbaren Anderen (Objekte) ausgesetzt. In der so resultierenden Entwicklung kommt es regelhaft zu Konflikten, die entweder die Stabilität des Selbsterlebens oder die der Überleben-garantierenden Objektbeziehungen infrage stellen. Diese Konflikte werden wegen der Unerträglichkeit der mit ihnen verbundenen Angst-, Scham- und Schuldgefühle ins Unbewußte verwiesen. Weil unbewußt, und daher nicht beeinflußbar, persistieren solche Konflikte im Inneren des Individuums und führen unter der Einwirkung spezifisch-mobilisierender psychosozialer Konstellationen zu psychogenen Symptomen mit seelischer, körperlicher oder mit Verhaltensmanifestation. Neben überwiegend konfliktpathologisch bedingten Symptombildungen (Übertragungsneurosen) sind vornehmlich ichpathologisch bedingte Formen des psychogenen Krankseins zu beobachten (narzißtische Persönlichkeitsstörungen), die sich in strukturellen Ich-Störungen bzw. in defizitären Ichfunktionen von Krankheitswert kundtun.

Die Psychoanalyse als Heilmethode versucht, das Bewußtsein des Patienten, ausgehend von der seelischen Oberfläche, zu erweitern; das geschieht von seiten des Patienten durch schrittweises Wahrnehmen und Verarbeiten der Konfliktabwehr, die als Behandlungswiderstand erkennbar wird. Es geht ferner um regressives Erschließen der um Triebabwehr, Objektbeziehung und Selbstwertregulierung kristallisierten Konfliktinhalte und ihrer frühkindlichen Wurzeln. Die Regression wird dadurch gefördert, daß sich der Therapeut mittels Anonymität und Abstinenz der sog. Übertragung des Patienten verfügbar macht, wobei er gleichzeitig seine Gegenübertragung als Instrument des Erkennens einsetzt (→ **Klient-Therapeut-Beziehung**; → **Psychoanalyse**). Dadurch wird es dem Patienten ermöglicht, die konflikthaft erlebten frühen Beziehungspartner in der Person des Therapeuten wiederzuerleben und die entsprechenden Konflikte in dieser wiederbelebten Beziehung mit dem Ziel besserer Lösung auszutragen. Bei der Behandlung defizitärer Ichfunktionen geht es darum, deren Nachreifung durch Übernahme einer Art mütterlicher Schutzschildfunktion oder der Funktion eines mütterlichen Hilfsichs von seiten des Therapeuten zu fördern.

2 Erste Ansätze einer Anwendung von Psychoanalyse in Gruppen

Die ersten Versuche, psychoanalytische Konzepte und Deutungstechniken in der Psychotherapie von Patienten-Gruppen anzuwenden, wurden von Burrow in den Zwanziger Jahren unternommen. Es ging ihm darum, Gefühserlebnisse in der Gruppe den Prinzipien der Psychoanalyse entsprechend zu verstehen und zu deuten. In den frühen Dreißiger Jahren wurde von WENDER bei leichteren Formen psychischer Erkrankungen eine psychoanalytisch orientierte Gruppentherapie im klinischen Rahmen erprobt. Im gleichen Zeitraum führte auch SCHILDER psychoanalytische Vorgehensweisen in die Behandlung von Patienten-Gruppen ein. Er legte es vornehmlich darauf an, Einsicht zu vermitteln, worunter er die Fähigkeit verstand, die Struktur der realen Welt zu erkennen und das eigene Handeln darauf abzustimmen. Dabei schien es ihm ganz besonders wichtig, die Ideologien der Patienten in Konfrontation mit der Gruppe diskutieren zu lassen. In den Vierziger Jahren entwickelte SLAVSON (1956) als Anwendung der Psychoanalyse in Gruppen, die nunmehr ausdrücklich als Kleingruppen (5-8 Personen) definiert wurden, eine psychoanalytische Gruppentherapie. MORENO, der das Psychodrama als eine wichtige Form der Gruppentherapie ausbildete, führte den *Terminus Gruppenpsychotherapie* ein. (→**Psychodrama**).

3 Modelle psychoanalytischer Gruppentherapie

Bei der Bemühung, die psychoanalytische Methode und ihre Techniken in Patienten-Gruppen anzuwenden, wurden verschiedene theoretische Modelle entwickelt, aus denen Variationen im Stil der therapeutischen Einflußnahme resultierten.

So gibt es Konzepte, in denen die therapeutische Gruppe soweit wie möglich einer dyadischen Situation angenähert wird insofern, als Psychoanalyse des Einzelnen in Gegenwart anderer betrieben wird. Dabei wird die multipersonale Situation der Gruppe nur als Möglichkeit gegenseitiger Stimulierung im Behandlungsprozeß des jeweils einzelnen Patienten benutzt. Eine Annäherung an die dyadische Psychoanalyse wird im Rahmen eines anderen Konzeptes dadurch angestrebt, daß durch eine auf die *Gruppe als Ganzes* ausgerichtete Wahrnehmungseinstellung des Therapeuten regressive Homogenisierungsphasen des Erlebens und Verhaltens der Patienten gefördert und therapeutisch bearbeitet werden. Die Gruppe wird aus dieser Sicht als eine Quasi-Person wahrgenommen, die als Adressat therapeutischer Bemühungen in einer Quasi-Dyade fungiert. Die Bezeichnung einer solchen Therapie als *Gruppenanalyse* erscheint folgerichtig. Dagegen abgegrenzt sind Konzepte, bei denen es darum geht, die Prinzipien der Psychoanalyse an die Pluralität der Gruppe zu adaptieren und dabei psychoanalytische und sozialpsychologische Begriffe zu integrieren (s. dazu HEIGL-EVERS 1978).

Zu den modernen Konzepten der Gruppenpsychotherapie gehört das *topische Schichtenmodell* (sog. *Göttinger Modell*), wonach sich das Verhalten von Menschen in Kleingruppen gleichzeitig auf drei einander überlagerten Ebenen unterschiedlicher Regressionstiefe vollzieht. Das manifeste Verhalten der Gruppenteilnehmer entfaltet sich jeweils vorwiegend auf einer der drei Ebenen. Entsprechend der gestellten Indikation kann der Prozeß vom Therapeuten entweder in mehr vertikaler oder in mehr horizontaler Richtung gefördert werden. So resultieren drei durch unterschiedliche Regressionstiefe gekennzeichnete Varianten der Indikations-gelenkten Anwendung von Psychoanalyse mittels des Mediums Gruppe

- die *interaktionelle Gruppentherapie*, mittels derer auf der Ebene bewußter, aber nicht ausreichend reflektierter (normativer) Verhaltensregulierung vor allem defizitärer Ichfunktionen der Gruppenpatienten nachentwickelt werden sollen
- die *tiefenpsychologisch fundierte Gruppenpsychotherapie*, bei der es vorwiegend um die Aufdeckung und Aufarbeitung pathogener Konflikte auf der Ebene psychosozialer (interpersonaler) Kompromißbildungen geht
- die *analytische Gruppenpsychotherapie*, die besonders die Entwicklung und deutende Aufdeckung gemeinsamer unbewußter Fantasien der Gruppenmitglieder auf der gleichsam tiefsten regressiven Schicht zum Ziel hat

Bei allen drei Gruppenmethoden spielt das Konzept der Arbeitsbeziehungen, das eine Adaptation des Arbeitsbündnisses der Psychoanalyse an die Gruppe bedeutet, eine Rolle (HEIGL-EVERS 1978) (→ **Patient-Therapeut-Beziehung**).

4 Praxis der psychoanalytischen Gruppentherapie

Bei der praktischen Anwendung analytischer Gruppenpsychotherapien bewegt sich die Zahl der Teilnehmer zwischen 7–10. Bei der Gruppenzusammensetzung wird auf Heterogenität hinsichtlich psychogener Symptomatik, Persönlichkeitsstruktur, Alter, Geschlecht und Berufsgruppe geachtet. Analytische Gruppenpsychotherapie wird sowohl im stationären Rahmen wie in der Ambulanz angewandt (Frequenz in der Klinik 3–5 Sitzungen wöchentlich, Frequenz in der Ambulanz 1–2 Sitzungen wöchentlich). Die Sitzungsdauer beläuft sich auf eineinhalb Stunden (90–100 Minuten), die Gesamtdauer der Gruppenbehandlung bemißt sich je nach Schwere der psychogenen Erkrankung und der damit verbundenen therapeutischen Zielsetzung auf 2–4 Monate bei stationärer Anwendung und auf ein bis mehrere Jahre in der ambulanten Praxis. Neuerdings wird häufiger eine unmittelbare ambulante Weiterführung einer zunächst stationären Gruppenpsychotherapie erprobt.

Gruppentherapie wird sowohl in *geschlossenen* Gruppen, das heißt bei unveränderter Zusammensetzung der Teilnehmer; durchgeführt wie in *offenen* Gruppen mit einer wechselnden Zusammensetzung, bedingt durch unterschiedliche Behandlungsdauer einzelner Teilnehmer. Eine in der ambulanten Praxis häufig verwandte Form ist die halboffene Gruppe, bei der ein Wechsel in der Zusammensetzung in relativ großen Abständen stattfindet.

Nach erfolgter Diagnostik, Prognostik und Indikationsstellung wird der Patient auf die Gruppentherapie in Einzelgesprächen vorbereitet und dabei mit den Grundzügen und den Zielen dieser Therapieform vertraut gemacht (→ *Indikation*). Es geht dabei um das Prinzip der Minimalstrukturierung und der dazugehörigen Regel der freien Interaktion (mit dem Primat der Sprache als Kommunikationsmittel) sowie um das Prinzip der Arbeitsbeziehungen innerhalb der Gruppe.

5 Definition psychoanalytischer Gruppentherapie

Durch Deutungen und ihre Vorformen, ergänzt durch klärende Fragen und Rekonstruktionen, von seiten des teilnehmend-beobachtenden Psychoanalytikers sowie mittels der Prinzipien der Minimalstrukturierung, der Anonymität und der Abstinenz bei Handhabung von Übertragung und Gegenübertragung sowie bei Fokussierung auf Widerstandsphänomene wird das gemeinsame Handeln einer Pluralität von Patienten geplant beeinflußt. Dieses gemeinsame Handeln wickelt sich über Interaktionen ab, die vorwiegend über die Sprache mitsamt mimisch-gestischem Ausdrucksverhalten vermittelt werden. Die so entstehenden Kommunikationsstrukturen werden als Handlungsmodelle unterschiedlicher Prägung, auf jeden Fall unter Einbeziehung der unbewußten Dimension, erfaßt, sie werden in einem durch die Aufdeckung unbewußter Konflikte gekennzeichneten Prozeß verändert, der Veränderung der beteiligten Individuen im Sinne der Aufdeckung und Integrierung konflikthafter unbewußter Inhalte einschließt. Diese Veränderungen – die Aufdeckung und Aufarbeitung unbewußter Konflikte – heben pathogene Wirkungen auf und führen zur Lösung oder zur Beseitigung der so bedingten Störungen, die den Patienten zur Teilnahme an einer analytischen Gruppenpsychotherapie veranlaßt haben.

6 Effekte psychoanalytischer Gruppentherapie

Empirische Untersuchungen zur Überprüfung der Behandlungsergebnisse bei psychoanalytischen Gruppentherapien sind selten. Die Gründe für diesen Mangel sind neben Methodenproblemen angesichts der Vielzahl dynamisch relevanter Variablen die praktisch nicht gelöste Forderung nach einer angemessenen

Kontroll-Gruppe, die Menge der erzielten Daten im Sinne widersprechender Einzelbefunde und die Zeitaufwendigkeit (→**Psychotherapieforschung**).

VON RAD und WERNER (1981) haben 52 von ursprünglich 57 Patienten, die in geschlossenen Gruppen von psychoneurotisch und psychosomatisch Kranken drei Monate stationär und anschließend zwei Jahre ambulant (bei demselben Therapeuten) behandelt wurden, jeweils vor Beginn und nach Abschluß der Therapie mit dem Gießen-Test untersucht. Beim Gesamtkollektiv zeigten sich als spezifische Veränderungen eine deutliche Abnahme der Depressivität, eine erhebliche Stärkung des Selbstwertgefühls sowie eine Zunahme der Fähigkeit zu Objektbeziehungen. Bei der getrennten Untersuchung der beiden Krankheitsgruppen war bei den Neurose-Kranken vor allem eine signifikante Veränderung in Richtung einer verstärkten Fähigkeit zu stabilen Partnerbeziehungen, eine Veränderung also im genitalen Bereich, zu beobachten; die psychosomatisch Kranken zeichneten sich dagegen durch eine verstärkte Fähigkeit zur Unabhängigkeit und zur Abgrenzung gegen andere Personen beiderlei Geschlechts, d. h. also durch Veränderungen im prägenitalen Bereich aus.

Eine weitere Ergebnisstudie von Langzeitgruppen über insgesamt 24 Patienten stammt von RÜGER (1981). Die angewandte Therapie war die psychoanalytisch orientierte Gruppenpsychotherapie. Sie wurde zunächst drei Monate stationär und danach in derselben Zusammensetzung und bei demselben Therapeuten für zwei Jahre ambulant forgesetzt. Die Ergebnisse wurden klinisch und psychometrisch (z. B. Gießen-Test, FPI, Beschwerdefragebogen, gruppenspezifische Meßmittel) überprüft und mit denen einer rein ambulant behandelten Gruppe verglichen (→**psychodiagnostische Verfahren**). Es zeigten sich Verbesserungen der Grundstimmung, der psychosomatischen Beschwerden und im Bereich der Gehemmtheiten sowie eine deutliche Verringerung klinischer Auffälligkeiten. Die rein ambulant behandelte Vergleichsgruppe wies keine Veränderungen des Ich-Ideal-Anspruchs bei ihren Mitgliedern auf, während diese Ansprüche bei den Teilnehmern der stationär-ambulanten Gruppenpsychotherapie verringert waren. Als für den Therapieerfolg wichtige Prozeß-Variablen des kombinierten Verfahrens erwiesen sich die Schutzfunktion der Klinik und die Intensität der stationären Behandlungsphase mit vier Gruppenstunden pro Woche.

7 Weitere konfliktorientierte Gruppentherapien

Neben der psychoanalytischen sind weitere Gruppenmethoden entwickelt worden, die gleichfalls am Konflikt orientiert sind. Hinsichtlich der theoretischen Begründung findet sich bei diesen Methoden entweder eine Anlehnung an die Psychoanalyse oder eine Begründung durch Konzepte, die in Abgrenzung gegen die Psychoanalyse entwickelt wurden. So gilt bei der Psychodrama-Therapie im Gegensatz zur Psychoanalyse und dem von ihr geltend gemachten Primat der Sprache ganzheitliches Handeln als das heilende Prinzip (→**Psychodrama**); die Gesprächspsychotherapie in Gruppen strebt eine Begegnung (Encounter) als ganzheitliche leibseelische Erfahrung an (→**Gesprächspsychotherapie;** →**Encountergruppen**); bei Anwendung des katathymen Bilderlebens in Gruppen wird mit aktiver Steuerung der Fantasieprozesse der Patienten durch den Leiter gearbeitet (→**katathymes Bilderleben**); in der Transaktionsanalyse in Gruppen konfrontiert der Therapeut den Patienten aktiv mit seinen verschiedenen Ich-Zuständen (→**Transaktionsanalyse**); bei der Gestalttherapie in Gruppen tritt an die Stelle der Gruppen-Interaktion der Dialog jeweils eines Patienten in der Gruppe mit seinen verschiedenen Persönlichkeitsanteilen im Sinne eines Rollenspieles unter aktiver Führung des Therapeuten (→**Gestalttherapie**).

8 Generelle Gruppenpsychotherapie-Definition

Eine Definition der Gruppenpsychotherapie, die alle hier genannten Methoden abdeckt, kann wie folgt formuliert werden: durch therapeutische Interventionen des teilnehmenden Beobachters wird das gemeinsame Handeln einer Pluralität von Individuen, das sich über Interaktionen abwickelt, die nach einem bestimmten Modus vermittelt werden, so beeinflußt, daß sich die entstandenen, als Handlungsmodelle erfaßten Kommunikationsstrukturen in Verlaufszusammenhängen, in einem Prozeß verändern, der Veränderungen des beteiligten Individuums einschließt; diese Veränderungen sind so geartet, daß sie die Minderung oder Aufhebung der psychisch bedingten Störungen ermöglichen, die das Individuum motivieren, eine Therapie durchzuführen.

LITERATUR

HEIGL-EVERS, A. *Konzepte der analytischen Gruppenpsychotherapie.* Vandenhoeck & Ruprecht, Göttingen: 1978².

RÜGER, U.: *Die stationär-ambulante Gruppenpsychotherapie.* Konzeptualisierung und Überprüfung eines psychotherapeutischen Behandlungsverfahrens. Berlin: Springer 1981.

SLAVSON, S. R.: *Einführung in die Gruppentherapie von Kindern und Jugendlichen.* Dtsch. Übers. (Original: An introduction to group therapy. The Commonwealth Fund, 1943). Göttingen: Vandenhoeck & Ruprecht, 1956.

VON RAD, M & WERNER, K. H.: Kombinierte analytische Gruppentherapie bei psychosomatischen und psychoneurotischen Patienten – eine Nachuntersuchung. *Z. f. Gruppenpsychother. Gruppendyn.* 16, 1981.

Psychotherapie in der Heimerziehung

Peter A. Fiedler

1 Einleitung

Delinquenz, Verwahrlosung, Kriminalität und Dissozialität: Dies sind die vorrangigen Begründungen für die Zuweisung von Kindern und Jugendlichen zur freiwilligen Erziehungshilfe (zumeist den Erziehungsberechtigten angeraten oder durch sie erbeten), zur gerichtlich angeordneten Fürsorgeerziehung bzw. zur Heimunterbringung nach Sorgerechtsentzug. Die institutionalisierte Heimerziehung übernimmt zeitweilig oder durchgängig die Aufgaben der Erziehung von Kindern und Jugendlichen, wenn diese in der Herkunftsfamilie aus den verschiedensten Gründen nicht mehr gewährleistet ist *und* wenn es bereits zu Auffälligkeiten gekommen ist. Dabei werden von der Heimerziehung nicht mehr nur erzieherisch-pädagogische Aufgaben, sondern auch *psychotherapeutische Hilfestellungen* erwartet. In den letzten Jahren werden deshalb zunehmend Klinische Psychologen und Psychotherapeuten in Heimen der Fürsorgeerziehung tätig.

2 Bisherige Ansatzpunkte für eine Psychotherapie in der Heimerziehung

Bis heute haben sich zwar vor allem die drei psychotherapeutischen Richtungen Psychoanalyse, klientenzentrierte Gesprächspsychotherapie und Verhaltenstherapie mit ihren Behandlungskonzepten durchsetzen können. Die weite Altersspanne der Heimzöglinge (von der frühen Kindheit bis zum jungen Erwachsensein) sowie die Eigenarten der zur Behandlung anstehenden Verwahrlosung, Delinquenz und Dissozialität erfordern jedoch erhebliche Zugeständnisse und damit recht bedeutsame Veränderungen der für die genannten Verfahren typischen Vorgehensweisen. Dabei führt die Entwicklung zunehmend weg von der Anwendung spezifischer Verfahren (etwa in der Einzelfallbehandlung) hin zu einer therapeutisch-pädagogischen Gestaltung der Erziehungssituation (z. B. als therapeutische Wohngemeinschaften).

2.1 Die psychoanalytisch orientierte Einzelfall- und Gruppenbehandlung mit dissozialen Kindern und Jugendlichen

Gegenüber einigen der klassischen Prinzipien der Psychoanalyse werden in der *Einzelfallbehandlung* mit *jugendlichen* Heimzöglingen erhebliche Veränderungen notwendig (→**Psychoanalyse**): So fordert Hartmann (1973) vom Heimtherapeuten, auf abstrakt analysierende, interpretierende und reflektierende Verbalisierungen möglichst zu verzichten und sich auf die Sprach- und Interaktionsgewohnheiten der Klienten weitgehend einzulassen. Auch die üblichen Kooperationsforderungen sollen zugunsten motivierender Therapiestrategien aufgegeben werden. Als wünschenswert wird ein Engagement auf seiten des Therapeuten angesehen, das dem hohen Bestätigungsbedürfnis der Heimjugendlichen weitgehend Rechnung trägt. Auch die Durchführung von Psychotherapie*gruppen* mit Jugendlichen stellt besondere Anforderungen an das Therapeutenhandeln, zumal kaum mit erheblichen Motivationen zur Mitarbeit gerechnet werden darf (hierzu u. a. EPSTEIN & SLAVSON 1962 sowie JOCHUM 1976).

Schließlich hängt die Auswahl geeigneter Therapiestrategien entscheidend vom *Alter* und *Entwicklungsstand* der Kinder und Jugendlichen ab. Während mit zunehmendem Alter die Sprache wesentliche therapeutische Funktionen übernehmen kann, werden bei *Kindern* aktionale, musische und spielerische Elemente als therapeutische Agenzien bevorzugt (vgl. GINOTT 1973).

Über die Wirksamkeit psychoanalytisch orientierter Therapieansätze im Erziehungsheim liegen vor allem Erfahrungsberichte praktisch arbeitender Therapeuten vor; dort werden die Möglichkeiten der therapeutischen Einzelfallarbeit mit einem eher verhaltenen Optimismus eingeschätzt und nur im Zusammenhang mit stützenden Maßnahmen im Heimalltag empfohlen (z. B. HARTMANN 1973). Es fehlen empirische Untersuchungen.

2.2 Die klientenzentrierte Gesprächspsychotherapie im Heim

Die aus der klientenzentrierten Gesprächspsychotherapie hervorgegangenen Behandlungsansätze für Heimzöglinge haben gegenüber psychoanalytischen Vorgehensweisen den Vorteil, daß sie einige Voraussetzungen (wie die eines engagierten und motivierenden Therapeutenhandelns und die der empathischen Ausrichtung am Erleben und Befinden der Klienten) *a priori* konzeptuell fordern und nicht erst herausstellen müssen (→ **Gesprächspsychotherapie**). Nach den wenigen bisher vorliegenden empirischen Befunden ist durch sie in der Einzelfall- und Gruppenbehandlung bei dissozialen *Jugendlichen* eine positive Auswirkung auf die Persönlichkeit, die Einstellungen sowie auf die innere und äußere Anpassung der Jugendlichen zu erwarten (z. B. MINSEL 1973; GOETZE 1980).

Die aus der klientenzentrierten Gesprächspsychotherapie hervorgegangenen Formen der Spieltherapie erlangen zunehmend Bedeutung für die Behandlung *kindlicher* Verhaltensstörungen im Heim. Aktuelle Fortentwicklungen wie die problem- und handlungsorientierte Kindertherapie (SCHMIDTCHEN 1978) versuchen, durch eine konzeptuelle Breite kindgemäße therapeutische Ansatzpunkte unterschiedlicher Richtungen zu integrieren; auch wenn diese noch einer empirischen Absicherung bedürfen, versprechen sie eine gute Übertragbarkeit auf die spezifischen Problemstellungen in der Heimerziehung (→ **Spieltherapie**; → **Kindertherapie**).

2.3 Verhaltenstherapie bei dissozialen Jugendlichen

Das Prinzip der Verhaltenstherapie ist die Anwendung und Übertragung der Ergebnisse der empirisch arbeitenden psychologischen Grundlagenforschung auf den Bereich der Verhaltensauffälligkeiten (→ **Verhaltenstherapie**). Seit Mitte der 60er Jahre wird mit diesem Ansatz auch in der Heimerziehung gearbeitet (vgl. SCHULTE 1973). In ersten Untersuchungen (dies waren insbesondere Einzelfallbehandlungen), in denen dissoziale Verhaltensweisen von Heimzöglingen mit Verstärkungsprogrammen und Formen des Imitationslernens behandelt wurden, zeigten sich – wenn überhaupt – nur geringe Erfolge, die auch nach Behandlungsabschluß stabil blieben. Konsequenter als in den anderen Therapierichtungen wurde deshalb von Verhaltenstherapeuten schon früh der Versuch unternommen, Bezugspersonen (Erzieher, Sozialarbeiter, Lehrer, Ausbilder) als sog. *Mediatoren* in therapeutischen Fertigkeiten zu unterweisen. Durch Ausbildung und Supervision wurde eine z. T. grundlegende Veränderung erzieherisch-therapeutischen Handelns der Mediatoren als Kotherapeuten bzw. Primärtherapeuten angezielt, um so einen längerfristigen Behandlungserfolg sicherzustellen (hierzu etwa THARP & WETZEL 1975).

Aufgrund ihrer oft recht mechanistisch anmutenden Therapieverfahren (vor allem einiger Bekräftigungsentzugs- und Verstärkungs-Programme wie etwa der Token-Systeme) wurde die Verhaltenstherapie wegen der Gefahr einer massiven Manipulation und unreflektierten Anpassung in Heimen vielfach abgelehnt. Mag diese Kritik gegenüber einigen frühen Konditionierungsprogrammen durchaus berechtigt sein, so ist in der ausdrücklichen Einbeziehung der Erziehungsgesamtsituation in die Therapieplanung und -durchführung dennoch ein erheblicher Fortschritt gegenüber den aus dem Erziehungsalltag herausgenommenen Einzelfallbehandlungen zu sehen.

3 Aktuelle Entwicklungen: Auf dem Weg zu einer psychotherapeutischen Heimerziehung

In den vergangenen Jahren hat das Wissen um die *Voraussetzungen* und die Formen eines geeigneten *psychotherapeutischen Arrangements* zur Behandlung delinquenter, dissozialer und verwahrloster Kinder und Jugendlicher beträchtlich zugenommen (vgl. HILSHEIMER 1975). Zunehmend wird gesehen, daß psychotherapeutische Maßnahmen nutzbringend nur in enger Abstimmung und Verzahnung mit den pädagogisch-erzieherischen Konzepten für das Leben, Lernen und Arbeiten im Heim eingesetzt werden können. Psychologische Therapie sollte integraler Bestandteil der sozialpädagogischen Arbeit des Heimes sein. Dieses Ziel wird gegenwärtig über unterschiedliche Ansatzpunkte zu realisieren versucht: über das Supervisionsmodell wie über die Einrichtung therapeutischer Wohngemeinschaften.

3.1 Mediatorenausbildung und Praxissupervision

Dieser u.a. aus der Verhaltenstherapie hervorgegangene Ansatzpunkt findet gegenwärtig beachtliche Zustimmung und auch Verbreitung, da seine Anwendung von der Größe einer Institution relativ unabhängig ist. In der Regel im Anschluß an eine Ausbildungseinheit, in der die Bezugspersonen der Heimzöglinge (Erzieher, Lehrer, Ausbilder) in psychotherapeutischen Grundfertigkeiten unterwiesen werden, versuchen diese unter Anleitung eines Supervisors (zumeist ein im Heim tätiger oder aber auch von außen in die Institution kommender Klinischer Psychologe), die im Mediatorentraining erworbenen psychotherapeutischen Fertigkeiten auf Erziehungsschwierigkeiten und weitere Alltagsprobleme hin anzuwenden (EMMINGHAUS, KUHNLE & EMMINGHAUS 1980). Psychotherapie greift dabei verändernd in den *laufenden* Erziehungsprozeß ein. Sie muß an bestehende Erziehungskonzepte angepaßt und im Sinne vorfindbarer Realitäten optimiert werden. Dabei wird zunehmend angestrebt, auch die Kinder und Jugendlichen an diesem Prozeß der therapeutischen Einflußnahme auf die Erziehungssituation kooperativ zu beteiligen (PÜTZ & MÖSSLEIN 1977; → **Schule**). Eigene Erfahrungen verdeutlichen, daß ein von außerhalb der Institution kommender Supervisor zwar eine größere Kooperationsbereitschaft erwarten kann, daß er jedoch mehr als der zur Institution gehörende Supervisor in der Gefahr steht, die Eigenarten und Regeln institutionsinterner Problemlösung etwa in Fragen der Erziehungskonzeptplanung sowie bei (Selbst-)Verwaltungsangelegenheiten nicht angemessen zu berücksichtigen (vgl. BÖCKER, FIEDLER, GIESE, KRIWETT, LESZKE, ROHLFS & SCHÄUBLE & SÜSS 1978).

3.2 Therapeutische Wohngemeinschaften und Jugendwohnhäuser

Mit der Einrichtung erzieherisch-therapeutischer Wohngemeinschaften wird angestrebt, eine familienähnliche Erziehungssituation mit den Möglichkeiten gut kontrollierbarer Hilfestellungen zu verbinden. So gibt es das Bemühen, in möglichst kleinen Gruppen, die als längerfristige Lebensgemeinschaften geplant sind, heranwachsen zu lassen. Dies erfolgt innerhalb eines erzieherisch-therapeutisch durchdachten gut kontrollierbaren Tagesablaufs (als Behandlungsplan der auf die spezifischen Bedürfnisse des Kindes und Jugendlichen sensibel zugeschnitten wird (z.B. FISCHER, FISCHER-FLECKE & LÜDDE 1976).

Kinder- und Jugendwohngemeinschaften sind inzwischen in einigen Großheimen an die Stelle der Großhäuser getreten; sie können sich jedoch dort offensichtlich schwer durchsetzen, weil sie die Realisierung einiger eigenwilliger Organisationsprinzipien erfordern, die dem bisherigen Verwaltungsmechanismus der Großheime entgegenstehen. Vor allem deshalb haben sich Kinder- und Jugendwohnhäuser *außerhalb* der Großinstitutionen in der eigenverantwortlichen Regie engagierter Pädagogen und Psychologen etabliert. Vielfach findet sich auch der regionale Zusammenschluß mehrerer solcher Häuser, die in ihren jeweiligen Erziehungskonzeptionen zwar autark bleiben, sich aber einige verwaltungsmäßige und organisatorische Arbeiten teilen. Insbesondere die von den einzelnen Häusern unabhängige klinisch-psychologische und psychotherapeutische Beratung und Supervision wird auf diese Weise erschwinglich.

4 Ausblick

Insbesondere die institutionsungebundenen Kinder- und Jugendwohnhäuser kommen einer Reihe von Grundanforderungen an eine moderne pädagogische und psychotherapeutische Heimerziehung entgegen. Deshalb scheinen die mancherorts angezielten Bestrebungen unverständlich, die öffentliche Unterstützung dieser Erziehungskonzeption einzuschränken. Denn durch die Herstellung enger und dauerhafter Bindungen an wenige Erziehungspersonen lassen sich verlorengegangene Lebensmuster und Wertvorstellungen neu entfalten, die in der Ursprungsfamilie gestört waren. Auch kann erheblich besser als in den Großheimen ein altersgemäßer Kompromiß zwischen Fremdversorgung und Selbstverantwortung des Kindes gefunden werden. Schließlich kann die relative Ungebundenheit in bezug auf den geographischen Standort ermöglichen, ein gemeindenahes Konzept zu verwirklichen, ja günstigstenfalls Eltern und Angehörige an der Erziehungsarbeit zu beteiligen und so eine Rückführung in die natürliche Umwelt zu erleichtern (→ **Gemeindepsychologie**). Genau an diesem Punkt jedoch tritt auch ein bislang kaum gelöstes Problem jedweder Heimerziehung besonders in Erscheinung: daß nämlich aus einer konzeptuell-bedingten Diskrepanz zwischen dem schonenden, therapeutischen Erziehungskontext „Heim" und dem späteren konfliktreichen Lebensumfeld vielfältige Ursachen für das Scheitern der Wiedereingliederung angelegt sind. Auf dieses Problem wird die zukünftige Entwicklung erzieherisch-therapeutischer Konzepte für die Heimerziehung erheblich gründlicher, als dies bisher der Fall ist, eingehen müssen.

Literatur

Böcker, P., Fiedler, P. A., Giese, E., Kriwett, M., Leszke, H., Rohlfs, S., Schäuble, W. & Süss, R. Entwicklung und Durchführung eines Mediatorentrainings für Mitarbeiter in der Heimerziehung. *Sonderheft II/1978 der „Mitteilungen der DGVT",* Tübingen, 1978, 213–228.

Emminghaus, W. B., Kuhnle, W. & Emminghaus, B. Verhaltenstherapeutische Erzieherfortbildung in der Praxis. *Sonderheft I/1980 der „Mitteilungen der DGVT",* Tübingen: 1980.

Epstein, N. & Slavson, S. R. „Break through" in group treatment of hardened delinquent adolescent boys. *International Journal of Group Psychotherapy,* 1962, *12,* 199–210.

Fischer, H. G., Fischer-Flecke, M. Psychotherapie in Gruppen. *Betrifft: Erziehung,* 1976, *11,* 56–59.

Ginott, H. G. *Gruppenpsychotherapie mit Kindern.* Weinheim: Beltz, 1973.

Goetze, H. Möglichkeiten und Grenzen der Institutionsberatung und des Personaltrainings in Heimen – Nichtdirektive Heimerziehung. In S. Schmidtchen & F. Baumgärtel (Hrsg.) *Methoden der Kinderpsychotherapie.* Stuttgart: Kohlhammer, 1980, 145–158.

Hartmann, K. Möglichkeiten und Grenzen der Psychotherapie dissozialer Jugendlicher. *Praxis der Kinderpsychologie und Kinderpsychiatrie,* 1973, *22,* 125–131.

Hilsheimer, G. v. *Verhaltensgestörte Kinder und Jugendliche.* Ravensburg: Otto Maier, 1975.

Jochum, M. Heimerziehung und Therapie. In F. Dietl, M. Heitger, M. Jochum (Hrsg.) *Heimerziehung.* Wien/München: Jugend und Volk, 1976, 104–119.

Minsel, W.-R. Gesprächspsychotherapie bei dissozialen Jugendlichen. *Praxis der Kinderpsychologie und Kinderpsychiatrie,* 1973, *22,* 131–135.

Pütz, A. & Mösslein, A. *Therapie in Heim und Internat.* München: Pfeiffer, 1977.

Schmidtchen, S. *Handeln in der Kinderpsychotherapie.* Stuttgart: Kohlhammer, 1978.

Schulte, D. Verhaltenstherapie bei dissozialen Jugendlichen. *Praxis der Kinderpsychologie und Kinderpsychiatrie,* 1973, *22,* 136–143.

Tharp, R. G. & Wetzel, R. J. *Verhaltensänderung im gegebenen Sozialfeld.* München: Urban & Schwarzenberg, 1975.

Hypnose

Dieter Vaitl

1 Das Phänomen

Wohl kaum ein psychologisches Verfahren hat zu solch heftigen Kontroversen geführt wie die Hypnose. Die Vorläufer der Hypnose-Forschung (Mesmer, Braid, Charcot, Liébault) postulierten einen schlafähnlichen (griech. hypnos = Schlaf) Zustand, in den das Individuum kraft der Suggestionen des Hypnotiseurs versetzt wird und in dem es zu außergewöhnlichen, der Alltagserfahrung fremden Verhaltensweisen kommt (Katalepsie, z. B. Armsteifheit; Levitation, z. B. Hochsteigen des Armes; Amnesie, d. h. Erinnerungslücken; Halluzinationen; Schmerzunempfindlichkeit; Schlafwandeln).

Die *empirische Hypnose-Forschung*, die in den vergangenen Jahrzehnten vor allem in den USA eine erstaunliche Renaissance erlebt hat, konnte weitgehend zu einer Entmythologisierung dieses Phänomens beitragen und die Hypnose als psychotherapeutische Methode wieder akzeptabel machen. Unklar aber ist nach wie vor, welche Mechanismen für die unter Hypnose auftretenden psychischen und physiologischen Veränderungen verantwortlich sind. Ist ein Patient bereit, sich hypnotisieren zu lassen, treten nach der *Hypnose-Einleitung* (Fixationsmethode) in der Regel folgende psychophysische Funktionsänderungen auf: körperliche Entspannung und Immobilität, erhöhte Suggestibilität, Verlagerung der Aufmerksamkeit auf die verbalen Instruktionen des Hypnotiseurs, Nachlassen der willentlichen Kontrolle, zunehmende Toleranz für Verzerrungen der Wahrnehmung und des Denkens (Hilgard 1965). In zunehmendem Maß verhält sich der Patient instruktionskonform, wobei ihm dies teilweise bewußt sein kann, er sich aber außerstande fühlt, diese Instruktionen nicht zu befolgen.

2 Hypnotisierbarkeit

Man nimmt an, daß jedes Individuum hypnotisierbar ist. Unterschiede bestehen jedoch im Grade der *Hypnotisierbarkeit*. Sie läßt sich mit Hilfe von *Testverfahren* bestimmen, bei denen während einer standardisierten Probe-Hypnose die Reaktionen auf verschiedene motorische, sensorische und komplexe Suggestionen getestet werden. Die bekannteste Skala ist die Stanford Hypnotic Susceptibility Scale (Weitzenhoffer & Hilgard 1963). Daneben existieren zahlreiche andere Testverfahren, die im wesentlichen nach demselben Prinzip aufgebaut sind. Sowohl Hypnose- als auch Suggestionsforschung bedienten sich vorwiegend dieser Instrumente. Es zeigte sich, daß die Empfänglichkeit für hypnotische Suggestionen wahrscheinlich kein stabiles Persönlichkeitsmerkmal darstellt, sondern altersabhängig ist und weitgehend durch gezielte Trainingsprozeduren verändert werden kann (z. B. durch Korrektur von unzutreffenden Erwartungen und Befürchtungen, Aufmerksamkeits- und Vorstellungstraining). Hypnotisierbarkeit korreliert mit anderen Persönlichkeitsmerkmalen kaum oder gar nicht. Einzig die Fähigkeit des Individuums, sich lebhafte Vorstellungen zu machen und sich eigenen Phantasien überlassen zu können, zeigt einen Zusammenhang mit der

Hypnose-Empfänglichkeit. Suggestibilität an sich scheint kein Zeichen mangelnder Selbstkontrolle, sondern eher eine Vorbedingung sozialer Kommunikation überhaupt zu sein.

Daß Hypnose keinen psychischen Ausnahmezustand erzeugt oder gar ein solcher zu ihrer Erklärung wissenschaftlich nützlich und notwendig wäre, wurde von BARBER (1969) in zahlreichen Experimenten bestätigt. Jene Reaktionen, die im allgemeinen als durch Hypnose herbeigeführt angesehen wurden, lassen sich auch bei Versuchspersonen erzeugen, die keiner hypnotischen Induktion ausgesetzt waren. Außerdem wies er nach, daß das Konzept eines Hypnose-Zustandes logisch einen Zirkelschluß darstellt (z. B. wird Immobilisation gleichzeitig sowohl als Anzeichen als auch als Ergebnis der Hypnose interpretiert!).

3 Anwendung in der Psychotherapie

Obschon kontroverse Erklärungsansätze (Übersicht bei SHEEHAN & PERRY 1976) weiterbestehen, ist die klinische Brauchbarkeit der Hypnose als psychotherapeutische Methode nicht in gleicher Weise in Frage gestellt worden. Sie wird klinisch zu diagnostisch-analytischen und therapeutischen Zwecken eingesetzt.

3.1 Hypnoanalyse

Sie stellt eine Amalgamierung aus hypnotischen und psychoanalytischen Techniken dar, von deren Einsatz man sich ein rascheres Aufdecken bewußtseinsferner Erlebnis- und Konfliktinhalte verspricht. Ihr wird teilweise eine psychokathartische Funktion zugeschrieben.

3.2 Relaxation durch Hypnose

Wie durch Entspannungstechniken kann durch gezielte Heterosuggestionen ein Zustand körperlicher Entspannung erzeugt werden, der durch peripher-physiologische und psychologische Veränderungen gekennzeichnet ist (→**Entspannungsverfahren**). Hypnose-Techniken eignen sich vor allem zur Behandlung von Patienten, die autosuggestiven Entspannungsmethoden gegenüber refraktär sind.

3.3 Symptom-Unterdrückung

Da sich durch Hypnose *Schmerzzustände* lindern lassen, wurde sie als unterstützende Maßnahme in der Zahnheilkunde, bei operativen Eingriffen und in der Geburtshilfe eingesetzt. Ihre Effekte sind nachweisbar, jedoch von relativ kurzer Dauer.

3.4 Hypnose-Techniken in der Verhaltenstherapie

Je mehr sich die Verhaltenstherapie auf kognitive Behandlungsstrategien konzentrierte, umso häufiger fanden der Hypnose entlehnte Methoden Berücksichtigung, um internale Prozesse (Vorstellungen, Selbstinstruktionen) in Gang zu setzen und auszuformen (KROGER & FEZLER 1976) (→**Verhaltenstherapie**).

3.5 Hypnose bei psychosomatischen Dysfunktionen

Zu drei Erkrankungsformen liegt ausreichendes empirisches Material vor: Hauterkrankungen, Kopfschmerzen und Asthma bronchiale (→**psychosomatische Störungen**). Durch Hypnose lassen sich autonome Körperfunktionen zwar beeinflussen, die Symptomatik aber nicht restlos beseitigen. Sie hilft als Zusatzverfahren dem Patienten, Entwicklung und Verlauf seiner Symptomatik besser zu verstehen. Darüberhinaus ist eine indirekte Symptombesserung durch hypnotisch veränderte Wahrnehmung der Symptomatik möglich (FRANK, DEPIANO & SALZBERG, 1979).

3.6 Hypnose bei psychischen Störungen

Hypnose wurde vor allem zur Behandlung von hysterischen Reaktionen, unspezifischen Angstzuständen, Phobien, Zwangshandlungen und Zwangsdenken erfolgreich eingesetzt. Ihr Effekt bei depressiven und psychotischen Erkrankungen ist unklar.

Die klinische Indikation der Hypnose scheint mehr vom Patienten als von der Störungsform abzuhängen. Die Risiken einer Hypnose-Behandlung sind relativ gering, sofern sie von einem klinisch erfahrenen Fachmann durchgeführt wird.

LITERATUR

BARBER, T. X. *Hypnosis: A scientific approach.* New York: Van Nostrand, 1969.

FRANK, A., DEPIANO, W. & SALZBERG, H. C. Clinical applications of hypnosis to three psychosomatic disorders. *Psychological Bulletin,* 1979, *86,* 1223–1235.

HILGARD, E. R. *Hypnotic Susceptibility.* New York: Harcourt Brace Javanovich, 1965.

LANGEN, D. *Kompendium der medizinischen Hypnose.* Basel: Karger, 1972³.

KROGER, W. S. & FEZLER, W. D. *Hypnosis and behavior modification: Imagery conditioning.* Philadelphia: Lippincott, 1976.

SHEEHAN, P. W. & PERRY, C. W. *Methodologies of hypnosis. A critical appraisal of contemporary paradigms of hypnosis.* New York: L. Erlbaum, 1976.

WEITZENHOFFER, A. M. & HILGARD, E. R. *Stanford Hypnotic Susceptibility Scale,* Forms I and II. Palo Alto: Consulting Psychologists Press, 1963.

Indikation in der Psychotherapie

Klaus Grawe

1 Zur Problemstellung

Indikation meint in der Medizin, welche Behandlungsmaßnahme für welche Krankheit angezeigt ist. In dieser Bedeutung ist der Begriff schon fast Bestandteil der Umgangssprache geworden. Wenn wir nun von Indikation in der Psychotherapie sprechen, dann liegt es nahe, den Begriff im Sinne seiner in der Medizin gebräuchlichen Bedeutung aufzufassen, zumal Psychotherapie ja bis vor kurzer Zeit ausschließlich als eine Sparte der Medizin angesehen wurde. Indikation in der Psychotherapie meint dann, welche psychotherapeutische Behandlungsmethode für welche psychischen Störungen angezeigt ist.

In einer solchen unreflektierten Übertragung der im medizinischen Bereich geläufigen Bedeutung des Begriffes auf den Bereich der Psychotherapie liegt jedoch eine Gefahr. Sie legt die Vorstellung nahe, daß es sich bei psychischen Störungen um Krankheiten handelt, denen ein bestimmter Krankheitsprozeß zugrundeliegt, auf dessen Beseitigung als Ursache der beobachtbaren Symptome die Behandlung ausgerichtet sein müsse. Diese oft als „medizinisches Krankheitsmodell" bezeichnete Vorstellung ist inzwischen als für den Psychotherapiebereich inadäquat erkannt worden (→ **Krankheitsbegriff**). Der Übergang von psychologischen Hilfestellungen im Alltag über eine fachliche Beratung bis zu einer förmlichen Psychotherapie ist ebenso fließend wie der Übergang von allgegenwärtigen Lebensproblemen bis zur Etikettierung „psychisch gestört". Psychische Störungen müssen nach heutiger Auffassung in engem Zusammenhang mit der gesamten Lebenssituation des betroffenen Individuums gesehen werden. Sie sind nicht als Krankheiten mit einem einheitlichen zugrundeliegenden Krankheitsprozeß zu verstehen.

Es geht daher in der Psychotherapie hauptsächlich um eine Veränderung der persönlichen Lebensgestaltung des Individuums und nicht um die Heilung einer Krankheit. Infolgedessen gibt es auch in der Regel mehrere mögliche Herangehensweisen an eine psychische Problematik. Diese unterscheiden sich nicht nur in ihrer Methodik, sondern auch in ihren Wert- und Zielvorstellungen. Je nach unterschiedlichen Welt- und Menschenbildern und damit verbundenen Zielvorstellungen gibt es für eine gegebene psychische Problemsituation durchaus verschiedene potentielle Lösungen. Die Entscheidung für eine dieser Lösungen (und damit für oder gegen bestimmte Therapiemethoden) beinhaltet immer auch eine Wertentscheidung (→ **Menschenbild**).

Indikationsaussagen im Sinne einer festen Zuordnung von psychischen Störungsbildern und psychotherapeutischen Behandlungsmethoden sind daher der Sache nach unangemessen. Die Entscheidung für bestimmte psychotherapeutische Methoden kann immer nur in bezug auf die von einer psychischen Störung betroffene *Person* in ihrer konkreten Lebenssituation getroffen werden.

Bei der Indikationsfrage im Bereich der Psychotherapie geht es also um die Frage, welche noch zu findende Problemlösung für den betroffenen Menschen in seiner konkreten Lebenssituation und unter Berücksichtigung all seiner individuellen Besonderheiten gleichzeitig

- qualitativ angemessen und
- tatsächlich herbeiführbar sein könnte.

Daher gehen alle Versuche, das Indikationsproblem in der Psychotherapie analog der Medizin als Zuordnung bestimmter Therapieverfahren zu bestimmten Störungsbildern zu lösen, von irreführenden Voraussetzungen aus. Auf eine angemessenere Konzeption der Indikationsproblematik wird weiter unten noch näher eingegangen.

2 Der Stellenwert „fachlicher" Indikationsentscheidungen in der Versorgungspraxis

Die bisherige Diskussion um die Indikationsproblematik konzentrierte sich hauptsächlich auf die Frage nach den empirisch „richtigen" Kriterien für die fachlichen Indikationsentscheidungen von Psychiatern, Psychologen usw. Dahinter steht implizit die Annahme, das Indikationsproblem wäre gelöst, wenn erst einmal wissenschaftlich gesicherte Indikationskriterien erarbeitet wären.

Dies ist jedoch eine Illusion, denn in Wirklichkeit wird die Frage, ob, wo und wie ein Mensch mit psychischen Problemen „behandelt" wird, nur zu einem geringeren Teil durch fachliche Entscheidungen von professionellen Indikationsstellern bestimmt.

Ein Großteil der Entscheidungen wird bereits durch die Strukturen unseres Versorgungssystems vorweggenommen. Institutionen, in denen qualifizierte psychotherapeutische Hilfe angeboten wird, sind für verschiedene Bevölkerungsgruppen in sehr unterschiedlichem Maße zugänglich. Es findet z.B. eine Selektion nach Schichtzugehörigkeit, finanziellem Vermögen, Wohngegend (unterversorgte ländliche Gebiete gegenüber gut versorgten städtischen Gebieten mit Universitätsinstitutionen) u.a. statt. Viele dieser de-facto-Indikationsentscheidungen im Sinne einer Selbstselektion sind sicher nicht rational begründbar. Da sie jedoch im Vorfeld expliziter fachlicher Indikationsentscheidungen stattfinden, professionelle Indikationssteller mit ihnen also kaum konfrontiert werden, werden sie als wesentlicher Bestandteil der Indikationsproblematik leicht übersehen. Nach neueren epidemiologischen Untersuchungen muß man jedoch davon ausgehen, daß ein großer Teil der gesamten „Entscheidungsvarianz" im Zusammenhang mit der Frage, wie nun ein gegebener Patient tatsächlich behandelt wird, durch solche nichtfachlichen Vorentscheidungen bestimmt ist (→**Epidemiologie**).

Wenn ein potentieller Psychotherapiepatient schließlich einem fachlichen Indikationssteller, wie z.B. einem Psychiater in einer Poliklinik, zum Erstinterview gegenübersitzt, sind also bereits viele Vorentscheidungen gefallen. Besonders betrifft dies natürlich diejenigen potentiellen Psychotherapiepatienten, die vom Versorgungssystem vorher schon auf andere Wege geleitet wurden.

Auch den weiteren Entscheidungsprozeß darf man sich allerdings nicht so vorstellen, daß er überwiegend von wissenschaftlich begründbaren fachlichen Gesichtspunkten bestimmt wird. Bei der gegenwärtig vorherrschenden schulorientierten Ausbildung in der Psychotherapie ist das Spektrum an Behandlungsmöglichkeiten, das ein einzelner Indikationssteller in Betracht zieht, in aller Regel stark eingeschränkt im Sinne der Ausbildung, die er selbst genossen hat, sowie im Sinne der Ausrichtung der Institution, der er angehört. Ein Psychoanalytiker zum Beispiel wird für denselben Patienten, den auch ein Verhaltenstherapeut gerne in Behandlung nähme, für seine Indikationsentscheidung wahrscheinlich vor allem an das Spektrum psychoanalytisch fundierter Behandlungsmethoden denken. Umgekehrt gilt natürlich dasselbe. Die in Betracht gezogenen Entscheidungsalternativen sind weiterhin abhängig vom Wissen des Indikationsstellers über das Vorhandensein anderer Therapiemöglichkeiten, vom real existierenden Behandlungsangebot in der jeweiligen Region, vom Ausbau der Kommunikationskanäle zwischen verschiedenen Institutionen innerhalb einer Region usw.

Ohne allzu große Übertreibung kann man daher sagen, daß ein potentieller Psychotherapiepatient bei der gegenwärtigen Praxis der Indikationsstellung in der Regel mit den Methoden behandelt wird, die an der Institution, an die er mehr oder weniger zufällig das erste Mal gerät, favorisiert werden.

Erst innerhalb dieses bereits sehr eingeschränkten Spektrums möglicher Behandlungsalternativen findet dann die eigentliche fachliche Indikationsstellung statt. Wenn daher im folgenden die Indikationsstellung durch fachliche Indikationssteller näher erörtert wird, dann ist dies immer vor dem Hintergrund der soeben beschriebenen, bis dahin bereits erfolgten nichtfachlich begründeten Vorentscheidungen zu sehen. Eine Verbesserung der gegenwärtigen Indikationspraxis kann daher nicht allein durch eine Verbesserung fachlicher Indikationsentscheidungen bewirkt werden, sondern erfordert auch Veränderungen der Struktur des Versorgungssystems nach fachlich begründbaren Gesichtspunkten.

Entsprechende Veränderungen mit dem Ziel auch bisher vernachlässigten Bevölkerungsgruppen eine ihrer Lebenssituation angemessene psychologische Hilfestellung zukommen zu lassen, ist ausdrückliches Programm der Gemeindepsychologie und Sozialpsychiatrie. Auch wenn es hierbei ganz ausdrücklich um ein breiteres Spektrum von Hilfeleistungen als den Bereich professioneller Psychotherapie geht, so wird die angestrebte Annäherung des Versorgungssystems an die Bedürfnisse und Voraussetzungen bisher vernachlässigter Bevölkerungsgruppen doch auch die tatsächlichen Indikationsentscheidungen zur Psychotherapie ändern in dem Sinne, daß diejenigen Personen, für die eine Psychotherapie sinnvoll erscheint, auch eine größere Chance haben, sie tatsächlich zu erhalten. Es bliebe dann allerdings immer noch die Entscheidung zu fällen, welche Psychotherapie für einen gegebenen Patienten am angemessensten wäre (→ **Gemeindepsychologie**; →**Sozialpsychiatrie**).

3 Die Indikationsstellung im engeren Sinne

3.1 Indikation als Zuweisung zu verschiedenen Therapieformen

Unter der Annahme, daß für einen bestimmten Menschen mit psychischen Störungen eine der vorhandenen unterschiedlichen Therapiemethoden wohl die beste sein müsse, hat die bisherige Indikationsforschung sich hauptsächlich darum bemüht, Kriterien zu finden, nach denen man einen bestimmten Patienten mit bestimmten Merkmalen einer bestimmten Therapiemethode, und nur dieser, zuweisen sollte. Das Ziel ist also, unter den zu versorgenden Patienten eine solche Auswahl zu treffen, daß hinsichtlich der Prognose eine optimale Zuordnung von Patient und Therapiemethode gewährleistet ist. Diese Art der Indikation hat man auch als *selektive oder prognostische Indikation* bezeichnet.

Ideale Grundlage für solche Aussagen wären empirische Therapievergleichsstudien, in denen Therapiemerkmale einerseits und Patientenmerkmale andererseits kontrolliert variiert werden und sich als Ergebnis zeigte, daß die eine Therapiemethode für die einen Patienten, die andere Therapiemethode aber für Patienten mit anderen Merkmalen die beste ist. Würden erst einmal genügend Ergebnisse dieser Art vorliegen, so wären damit die empirischen Grundlagen für eine differentielle Indikationsstellung gegeben.

Die wissenschaftliche Realität sieht jedoch anders aus. Obwohl inzwischen über tausend empirische Therapievergleichsstudien durchgeführt wurden, haben nur verschwindend wenige einen Versuchsplan realisiert, der solche differentiellen Aussagen überhaupt zulassen würde. In den meisten Untersuchungen werden lediglich verschiedene Therapiemethoden miteinander verglichen, ohne daß gleichzeitig hinsichtlich von Patientenmerkmalen Unterscheidungen getroffen werden. Die Auswertung beschränkt sich dementsprechend zumeist auf die Prüfung, ob eine der Behandlungsmethoden der oder den anderen im Mittel überlegen ist.

An dieser Sachlage hat sich auch in der letzten Zeit wenig geändert. Trotz der seit Mitte der sechziger Jahre immer wieder formulierten Einsicht dafür, daß in Therapiestudien grundsätzlich explizite und operationalisierte Unterscheidungen getroffen werden müssen hinsichtlich der untersuchten Therapiemethoden einerseits sowie verschiedenen Arten von Therapeuten, Patienten und Therapieeffekten andererseits. Diese Einsicht fand ihren Niederschlag in der sogenannten *differentiellen Indikationsfrage:* „welche

Therapiemethode, durch wen angewandt, bewirkt unter welchen Bedingungen bei welchen Patienten welche Effekte?"

Daß die methodischen Folgerungen, die sich aus dieser Frage ergeben, bisher kaum realisiert werden und daß dieser programmatischen Grundfrage der Psychotherapieforschung de facto mit so geringem Engagement nachgegangen wird wie es der Fall ist, hängt sicher nur zum Teil mit den methodischen Schwierigkeiten zusammen, die der Realisierung mehrfaktorieller Versuchspläne in der klinischen Versorgungspraxis entgegenstehen (→ **Psychotherapieforschung**).

Mitverantwortlich dafür ist sicher auch, daß psychotherapeutische Praxisinstitutionen und praktisch tätige Psychotherapeuten, ohne deren Mitwirkung solche Untersuchungen nicht durchgeführt werden können, in Wirklichkeit kein echtes Interesse an empirisch gesicherten differentiellen Indikationen haben, da dadurch die gegenwärtige Praxis, in der jeder weitgehend unangefochten das tun kann, was er gelernt hat, in Frage gestellt werden könnte. Weil Antworten auf die differentielle Indikationsfrage vielleicht angestammte Gewohnheitsrechte der psychotherapeutisch Tätigen, die von diesen als eine Art von persönlichem Besitzstand empfunden werden, gefährden könnten, sind Fortschritte in der Indikationsfrage wohl generell nur gegen einen hinhaltenden Widerstand und ein interessengeleitetes Desinteresse des psychotherapeutischen Establishments zu erreichen.

Von vielen wird allerdings überhaupt bezweifelt, daß durch vergleichende Psychotherapiestudien einmal differentielle Indikationsaussagen ermöglicht werden könnten. Diese pessimistische Einschätzung gründet sich hauptsächlich auf Übersichtsarbeiten über die bisherigen Psychotherapievergleichsstudien wie z. B. von SMITH & GLASS (1977), in der keine Unterschiede in der Wirkung der verschiedenen Therapiemethoden gefunden werden konnten.

Solange er sich auf den bisherigen Stand der Psychotherapieforschung bezieht, erscheint dieser Pessimismus allerdings verfrüht. Die wenigen Therapiestudien, in denen tatsächlich einer differentiellen Fragestellung nachgegangen wurde, haben durchaus differenzierte Hinweise auf die differentielle Wirkungsweise und Indikation der untersuchten Therapiemethoden erbracht (z. B. GRAWE 1976; PLOG 1976). Es besteht daher berechtigte Aussicht, daß eine sehr viel größere Anzahl dafür geeigneter Therapiestudien auch wichtige Hinweise auf differentielle Indikationen liefern könnte. Voraussetzung dafür erscheint allerdings außer einer entsprechenden Fragestellung, untersucht mit einem angemessenen Versuchsplan, eine Auswertung, die über einen quantitativen Vergleich im Sinne eines „mehr oder weniger Erfolg" hinausgeht und auch einen Vergleich der *qualitativen* Wirkung der Therapiemethoden beinhaltet sowie einen differenzierten Vergleich der zugrundeliegenden Therapieprozesse. Qualitative Unterschiede in der Wirkung verschiedener Therapiemethoden können z. B. darin bestehen, daß die untersuchten Therapien außer einer Reduktion der Symptomatik und einer Verbesserung des klinischen Zustandsbildes in ganz unterschiedlichen Bereichen mehr oder weniger wünschenswerte „Nebenwirkungen" haben, daß die Veränderungen in verschiedenen Bereichen bei den verschiedenen Therapien in ganz unterschiedlicher Weise miteinander zusammenhängen, also in unterschiedlichen Wirkzusammenhängen erfolgen u. a. m.

Abgesehen von den Mängeln der einzelnen Therapiestudien selbst fehlt bis heute im übrigen auch eine gründliche Analyse sämtlicher bisher durchgeführter vergleichender Therapiestudien mit ausdrücklicher Blickrichtung auf solche Ergebnisse, die für die Frage der differentiellen Indikation relevant sein könnten.

Faßt man den gegenwärtigen Forschungsstand zur Frage der selektiven Indikation zusammen, so muß festgestellt werden, daß bis heute bei weitem nicht alle Möglichkeiten einer differentiell ausgerichteten Indikationsforschung ausgeschöpft worden sind. Eine Einschränkung ist allerdings untrennbar mit diesem Forschungsansatz verbunden: Indikationsforschung im Sinne der selektiven oder prognostischen Indikation kann immer nur ausgehen von den jeweils bestehenden Therapiemethoden. Es besteht damit die Gefahr, daß eine Abgrenzung zwischen Therapiemethoden festgeschrieben wird, die nicht rational begründbar und nicht optimal ist. Aus diesen Gründen wird neuerdings von einigen Psychotherapieforschern eine grundsätzlich andere Strategie zur Lösung des Indikationsproblems vorgeschlagen.

3.2 Indikation als Weichenstellung im Therapieverlauf

Wegen der Schwierigkeiten, die mit der Frage der selektiven Indikation verbunden sind, wird in der letzten Zeit immer wieder der Vorschlag gemacht, das Indikationsproblem von Grund auf anders zu konzipieren. Die Indikationsstellung soll danach nicht nur einmal vor Beginn der Therapie im Sinne einer Zuweisung des Patienten zu einer bestimmten Therapieform vorgenommen werden, sondern Indikationsentscheidungen sollen fortlaufend im Therapieprozeß erfolgen im Sinne von Entscheidungen darüber, wie von einem gegebenen Punkt aus weiter vorgegangen werden sollte. Diese Konzeption des Indikationsproblems wird auch als *adaptive Indikation* bezeichnet.

Auf den ersten Blick erscheint dieser Vorschlag als außerordentlich vernünftig. Schließlich sind nicht bestimmte Therapiemethoden vorgegeben, für die geeignete Patienten gefunden werden müssen, sondern es stehen Menschen mit bestimmten Problemen zur Behandlung an, für die jeweils die richtige Form der Behandlung gefunden oder entwickelt werden sollte.

Man kann ja mit einiger Plausibilität behaupten, daß die Problemkonstellation bei jedem einzelnen Menschen so individuell sei, daß für jeden Patienten neu ein für ihn optimal passendes therapeutisches Vorgehen entwickelt werden müsse. Warum sollte man sich in dem Bemühen, ein optimales Vorgehen für den einzelnen Patienten zu entwickeln, von den Grenzen zwischen verschiedenen Therapieformen in seinen Möglichkeiten beschneiden lassen? Wäre es nicht viel vernünftiger, für bestimmte Problemkonstellationen, die sich im Therapieprozeß ergeben können, nach Entscheidungskriterien dafür zu suchen, wie von dieser Stelle aus am besten vorzugehen wäre, ohne Rücksicht darauf, woher die dann eventuell in Betracht gezogenen Schritte

ursprünglich stammen? Tatsächlich erfreut sich ein derartig eklektisches Vorgehen in der Praxis ziemlicher Beliebtheit (→**Eklektizismus**). Wenn man dieses durch die Praxis offensichtlich ohnehin nahegelegte Vorgehen zu einem wissenschaftlichen Programm erhöbe, dann wäre Ziel dieses Programms die Entwicklung eines empirisch fundierten Regelsystems, nach dem an einzelnen Punkten des Therapieprozesses entschieden werden kann, wie weiter vorgegangen werden soll. Das konsequente Resultat dieses Denkansatzes wäre der „*integrative Supertherapeut*", der nicht an eine bestimmte Therapieschule gebunden ist, sondern alle Vorgehensweisen, die sich empirisch als wirksam erwiesen haben, beherrscht und sie nach einem ebenfalls empirisch fundierten Regelsystem in einer jeweils optimal auf den einzelnen Fall abgestimmten Kombination zum Einsatz bringt.

So vernünftig diese Konzeption der Indikationsproblematik auch klingt, so stehen ihr doch einige schwerwiegende Hindernisse entgegen, nämlich:

- Die Verwirklichung dieses Ansatzes würde Therapeuten erfordern, die in allen nur in Frage kommenden therapeutischen Techniken nicht nur ausgebildet wurden, sondern so routiniert sind, daß sie sehr flexibel damit umgehen können. Dies erscheint angesichts des stark an Therapieschulen gebundenen gegenwärtigen Ausbildungssystems vorerst eine Illusion.
- Viel mehr noch als für die selektive Indikation fehlt für die adaptive Indikation bisher das erforderliche empirische Fundament. Die adaptive Indikation ist bisher eine wissenschaftliche Idee und vielleicht zum Teil eine Beschreibung der tatsächlichen Praxis, aber sie ist gegenwärtig noch weit entfernt von einem klaren Forschungsprogramm.
- Ein grundsätzlicheres Problem besteht darin, daß die adaptive Indikationskonzeption einige Aspekte unberücksichtigt läßt, die für die Wirkung von Psychotherapiemethoden aber wahrscheinlich außerordentlich wichtig sind. Es gibt gute Gründe für die Annahme, daß einer der wichtigsten Wirkfaktoren der Psychotherapie darin besteht, daß Patient und Therapeut

ein gemeinsames Überzeugungssystem entwickeln, aus dem sich eine bestimmte Sichtweise der Problematik und daraus wiederum ein bestimmtes Vorgehen ableiten (→**Wirkfaktoren**). Es ist klar, daß solche bevorzugten Überzeugungssysteme von Therapeuten eng mit ihren Welt- und Menschenbildern zusammenhängen. Derartig grundsätzliche Überzeugungen können aber nicht nach bestimmten Zweckgesichtspunkten von Patient zu Patient gewechselt werden. Von daher ist der Spielraum der Ziele, und damit auch der Vorgehensweisen, die ein einzelner Therapeut ins Auge fassen wird, notwendigerweise von vornherein durch seine grundlegenden Werthaltungen eingeschränkt. Adaptive Indikationsentscheidungen können daher nur innerhalb dieses persönlich determinierten Spektrums stattfinden. Damit nicht übereinstimmende Ziele und Vorgehensweisen blieben somit außer Betracht. Sie würden aber – unabhängig von diesem speziellen Therapeuten – natürlich weiterhin als alternative Versorgungsangebote bestehen bleiben, womit sich aufs Neue die Frage der selektiven Indikation, nunmehr zwischen verschiedenen adaptiven Regelsystemen, stellen würde.

4 Ausblick

Die intensivere Diskussion von schulübergreifenden Indikationsfragen in der Psychotherapie in den letzten Jahren hat für das Indikationsproblem bis jetzt noch keine Lösung gebracht, aber doch zu einer fortgeschritteneren Problemsicht geführt. Es ist klar geworden, daß die Indikationsfrage nicht im Sinne einer festen Zuordnung bestimmter Patientengruppen zu bestimmten vorgegebenen Therapiemethoden zu lösen ist. Immer mehr setzt sich die Erkenntnis durch, daß nicht von den heute vorliegenden Techniken, sondern von den vorgegebenen Problemstellungen auszugehen ist. Aus dieser Erkenntnis erwächst auch die heute oft vertretene Auffassung, daß es als ein erster pragmatischer Entscheidungsschritt im Sinne der selektiven Indikation sinnvoll erscheint, Patienten je nach der vorherrschenden Problematik (z. B. Alkohol-, Drogenprobleme; Kinder; alte Menschen ...) an einen Fachmann, der sich speziell mit diesen Problemen befaßt hat und nicht an den Vertreter einer bestimmten Therapierichtung zu überweisen. Der Vorteil dieser Konzeption besteht darin, daß sehr viel bereichsspezifisches Wissen in die weitere Indikationsstellung eingehen und daß dadurch eine stärkere Verschränkung von ätiologischen Erkenntnissen und therapeutischen Vorgehensweisen gefördert werden kann. Eine Schwierigkeit dieses Ansatzes besteht jedoch darin, daß in die Definition der vorherrschenden Problematik Vorentscheidungen eingehen, von denen unklar ist, ob sie tatsächlich die sinnvollsten Ordnungsgesichtspunkte darstellen.

Auch diese bewußte Abkehr vom schulorientierten Denken löst die Indikationsproblematik jedoch noch nicht auf. Auch innerhalb des problemspezifischen Ansatzes bleibt die Tatsache bestehen, daß es in der Psychotherapie auch um die Entscheidung zwischen grundlegenden Werten geht. Wenn man von der Voraussetzung ausgeht, daß jeder Patient mit bestimmten mehr oder weniger ausdrücklichen Werthaltungen in eine Psychotherapie hineingeht, daß für ein erfolgreiches Zusammenarbeiten von Patient und Therapeut ein Mindestmaß an Übereinstimmung ihrer Werthaltungen erforderlich ist und daß ein Therapeut seine persönlichen Werthaltungen nicht wie irgendein spezielles therapeutisch-technisches Vorgehen von Fall zu Fall beliebig wechseln kann, dann erscheint es naheliegend, selektive Indikationsentscheidungen vor allem nach diesem Gesichtspunkt, der Übereinstimmung in grundlegenden Werthaltungen, wie z. B. den Menschenbildern von Patient und Therapeut vorzunehmen.

Da die Übereinstimmung in solchen Wertpositionen nicht die konkreten Therapieeffekte selbst herbeiführt, sondern nur Voraussetzung für eine erfolgreiche Zusammenarbeit zwischen Therapeut und Patient ist, erscheint es darüber hinaus logischer, selektive Indikationsentscheidungen nach *Kontraindikationen* und nicht nach positiven Indikationen vorzunehmen.

Als aussichtsreiche Variablengruppen für derartige Kontraindikationen kämen meiner Ansicht nach vor allem die genannten grundsätzlichen Werthaltungen sowie die habituellen Interaktionsstile von Patient und Therapeut in Betracht. Für letztere dürfte ebenfalls gelten, daß ein Minimum an Vereinbarkeit Voraussetzung für eine effektive Zusammenarbeit in der Psychotherapie ist.

Durch eine solche selektive Indikationsstellung nach Kontraindikationen könnten vermutlich vor allem ausgesprochene therapeutische Mißerfolge wirksamer verhindert werden. Entscheidungen darüber, wie innerhalb des therapeutischen Settings, das nach der selektiven Indikationsentscheidung zustande gekommen ist, die konkreten therapeutischen Veränderungen dann tatsächlich optimal herbeigeführt werden können, wären dann wohl am besten im Sinne der adaptiven Indikation zu konzipieren.

Nach dieser Konzeption würden sich der Indikationsforschung für die Zukunft zwei Gruppen von Fragen mit unterschiedlichen Schwerpunkten stellen.

Fragen der *ersten Art* würden sich auf empirisch begründete Kontraindikationen richten, die für eine relativ einfach strukturierte selektive Indikationsentscheidung herangezogen werden könnten. Eine entsprechend ausgerichtete Forschung hätte sich dabei von vornherein auf solche Variablengruppen zu konzentrieren, von denen man annehmen kann, daß sie für die Zusammenarbeit von Therapeut und Patient von entscheidender Wichtigkeit sind. Vermutlich kommen dafür vor allem grundlegende Werthaltungen und Interaktionsziele von Therapeut und Patient in Betracht.

Es liegt auf der Hand, daß für Fragen der *zweiten Art*, die sich auf die Kriterien für adaptive Indikationsentscheidungen im Zuge des Therapieprozesses richten, das Konzept der bisherigen differentiellen Indikationsforschung nicht optimal zugeschnitten ist. Für Fragen dieser Art erschiene es erfolgversprechender, die Forschungsbemühungen direkter auf eine Analyse der Entscheidungsprozesse von Therapeuten bei der Indikationsstellung und der Therapiedurchführung zu richten, um optimale Entscheidungsregeln herauszuarbeiten.

In dieser Richtung liegen bisher allerdings fast keine Forschungsansätze vor. Zwei Untersuchungen, die den Entscheidungsprozeß bei der Indikationsstellung selbst in den Mittelpunkt rücken (BLASER 1977; LEUZINGER 1980), enthalten erste Ansätze, wie man an diese Fragen herangehen könnte. Sie beziehen sich aber vorerst noch auf einmalige Indikationsstellungen vor dem Beginn einer Therapie, bleiben also im Rahmen der selektiven Indikationsstellung. Vor allem die Untersuchung von LEUZINGER, die eine detaillierte Analyse der kognitiven Prozesse enthält, die bei den Indikationsstellern ablaufen, eröffnet jedoch fruchtbare Perspektiven, wie an die Frage adaptiver Indikationsentscheidungen im Therapieprozeß mit neuen Forschungsmethoden herangegangen werden könnte.

Wenn auf die Indikationsfrage als eine der Kernfragen der Psychotherapie bis heute kaum inhaltliche Antworten gegeben werden können, dann wirft dies ein Licht auf den Entwicklungsstand einer wissenschaftlich fundierten Psychotherapie überhaupt. Da die Indikationsfrage ihrer Natur nach den Rahmen einzelner Therapieschulen überschreitet, kann sie zwar einerseits als Schrittmacher für die Überwindung der unwissenschaftlichen „Verschulung" im Bereich der Psychotherapie fungieren. Andererseits kann sie aber auch als Gradmesser für den bisher erreichten Stand der Zusammenarbeit, Kommunikation und Integration dienen. Im letzteren Punkt zeigt die intensivere Diskussion um die Indikationsfrage in den vergangenen Jahren eine gewisse klimatische Erwärmung an. Einstweilen ist es allerdings nur eine Hoffnung, daß diese Vorbote eines kommenden Frühlings ist, denn der erreichte Forschungsstand und die reale psychotherapeutische Praxis bewegen sich, was die Indikationsfrage angeht, immer noch in der Nähe des Gefrierpunktes.

LITERATUR

BAUMANN, U. (Hrsg.) *Indikation zur Therapie psychischer Störungen*. München: Urban und Schwarzenberg, 1981.

BLASER, A. *Der Urteilsprozeß bei der Indikationsstellung zur Psychotherapie*. Bern: Huber, 1977.

GOLDSTEIN, A. P. & STEIN, N. (Hrsg.) *Prescriptive psychotherapies*. New York: Pergamon Press, 1976. Deutsch: *Maßgeschneiderte Psychotherapien*. Darmstadt: Steinkopf, 1980.

GRAWE, K. *Differentielle Psychotherapie I*. Indikation und spezifische Wirkung von Verhaltenstherapie und Gesprächstherapie. Eine Untersuchung an phobischen Patienten. Bern, 1976.

GRAWE, K. Indikation in der Psychotherapie. In L. PONGRATZ (Hrsg.) *Handbuch der Psychologie,* Band 8. Klinische Psychologie 2. Halbband. Göttingen: Hogrefe, 1978.
HEIGL, F. *Indikation und Prognose in der Psychoanalyse und Psychotherapie.* Göttingen: Vandenhoeck und Rupprecht, 1972.
LEUZINGER, M. *Kognitive Prozesse bei der Indikation psychotherapeutischer Verfahren.* Unveröffentlichte Dissertation, Universität Zürich, 1980.

SMITH, M. & GLASS, G. Meta-analysis of psychotherapy outcome studies. *American Psychologist,* 1977, *32,* 752–760.
ZIELKE, M. *Indikation zur Gesprächspsychotherapie.* Stuttgart: Kohlhammer, 1979.

Individualtherapie

FRIEDEMANN SCHULZ VON THUN

Die Individualtherapie gründet sich auf die Individualpsychologie ALFRED ADLERs (1870–1937), der Anfang des Jahrhunderts zum psychoanalytischen Arbeitskreis SIGMUND FREUDs in Wien gehörte, sich dann aber von FREUDs Auffassungen soweit entfernte, daß es zum Bruch kam.

1 Persönlichkeitstheorie und Menschenbild

1.1 Zielstrebige Einheit der Persönlichkeit

Die Individualpsychologie (von in-dividuum = das Unteilbare) betont die Einheit der Persönlichkeit. Während FREUD das Seelenleben als konfliktreichen Kampf zwischen verschiedenen psychischen Instanzen (Es, Ich, Über-Ich) beschreibt, geht ADLER davon aus, daß das gesamte seelische Geschehen gleichsam an einem Strang ziehe und ein „fiktives Endziel" anstrebe. In der Individualtherapie geht es um die Aufdeckung dieser unbewußten Zielstrebigkeit.

1.2 Minderwertigkeitsgefühl

Die für die Charakterbildung folgenschwere Erfahrung ist nach Adler die unausbleibliche Begegnung des Kleinkindes mit seiner Unzulänglichkeit: Ohnmächtig und klein sieht es sich einer Welt von Größeren, Stärkeren, Kompetenteren gegenüber. Diese Erfahrung begründet das Minderwertigkeitsgefühl, von dessen Bewältigung das weitere seelische Schicksal eines Menschen weithin abhängt. Günstigenfalls gelingt eine weitgehende Überwindung (*Kompensation*) des Minderwertigkeitsgefühles, vor allem, wenn durch eine ermutigende und kooperative Erziehung das *Gemeinschaftsgefühl* des Kindes gestärkt wird. Häufig jedoch führen einschlägige Kindheitserfahrungen zu einer Verstärkung und Verfestigung des Minderwertigkeitsgefühles. Der frühe, noch mehr medizinisch orientierte ADLER sah vor allem in organischen Handicaps („Organminderwertigkeiten") eine Beeinträchtigung des Selbstwertgefühles. Später betonte er mehr psychologische Faktoren, vor allem die Entmutigung durch einen überprotektiven („verzärtelnden") Erziehungsstil sowie durch ungünstige Positionen in der Geschwisterreihe (gefährdet vor allem Einzelkinder).

1.3 Lebensstil

Dieser Begriff bezeichnet die dem Individuum eigene Art, sich der Welt zu stellen und mit dem Erlebnis der eigenen Unzulänglichkeit fertig zu werden. Der Lebensstil, der sich mit 4–5 Jahren herausgebildet hat, umfaßt einerseits das Selbstkonzept (die „Meinung von sich selbst"), andererseits aber auch eine Zielrichtung (*Leitlinie*), verbunden mit aktiven oder passiven Strategien der Zielverfolgung. Die seelischen Funktionen dienen nicht zuletzt der Sicherung des Lebensstiles; so nimmt das Individuum das wahr, was ihm „in den Kram paßt" (*tendenziöse Apperzeption*).

Der Entwurf des Lebensstiles vollzieht sich im Spannungsfeld von Determination und Freiheit. Zwar prägen Umweltbedingungen (s. o.) den Charakter. Doch handelt es sich hier um einen sehr „durchlöcherten Determinismus": Das Kind ist kein passiver Empfänger von Umwelteinflüssen, denen es bloß unterliegt, sondern ein schöpferischer und aktiver Verarbeiter dieser Faktoren und damit ein Gestalter seines eigenen Lebensstils. Es komme nicht darauf an, was jemand habe (z. B. einen Klumpfuß, einen autoritären Vater, einen jüngeren Bruder), sondern was er daraus mache („Gebrauchspsychologie"). Diese individuelle Freiheit und Verantwortung impliziert die Möglichkeit zur Änderung des Lebensstiles unter therapeutischen Bedingungen.

1.4 Finale Betrachtungsweise

Zur Ergründung des Lebensstiles und um seelische Vorgänge aller Art (Verhaltensweisen, Gefühle, Träume, neurotische Symptome etc.) verstehbar zu machen, bedient sich ADLER durchweg der *finalen Betrachtungsweise*: Gefragt wird nicht nach den (in der Vergangenheit liegenden) Gründen, sondern nach dem (teils unbewußten) Zweck – nicht: „Woher kommt es?", sondern: „Wozu dient es?"

1.5 Gemeinschaftsgefühl

Im Falle einer geglückten psychosozialen Entwicklung bildet sich das für das Menschengeschlecht typische Gemeinschaftsgefühl heraus (optimistisches Menschenbild). Wie alle ADLERschen Konzepte ist auch dieser Begriff sehr umfassend; gemeint ist die Fähigkeit und die Bereitschaft auf andere Menschen zuzugehen, mit ihnen gleichberechtigt zu kooperieren, für sie dazusein und überhaupt das Interesse, eine ideale Gemeinschaft bzw. Gesellschaft anzustreben. Für ADLER war das Gemeinschaftsgefühl nicht nur gleichbedeutend mit seelischer Gesundheit, sondern stellte überhaupt die Antwort auf die Frage nach dem Lebenssinn dar. Hieraus wird deutlich, daß der „Machtmensch", der oftmals fälschlich als kennzeichnend für das Menschenbild ADLERs angesehen wird, nur ein (allerdings häufiges) Resultat von Fehlentwicklungen darstellt (→ **Menschenbilder**).

2 Individualpsychologische Neurosenlehre

2.1 Fehlentwickelte Kompensationen

Im Falle eines verstärkten Minderwertigkeitsgefühles wird die Überwindung bzw. Geheimhaltung der eigenen vermeintlichen Unzulänglichkeit zum zentralen Lebensthema. Die Kompensationsbemühungen fallen übersteigert und ungesund aus. Bei der *Überkompensation* handelt es sich um das Bemühen, aus der gefühlten Schwäche eine besonders überwertige Stärke zu machen. Das zeigt sich im sachlichen Bereich etwa durch Perfektionismus, im mitmenschlichen Bereich im Streben nach Überlegenheit, Geltung und Macht, oft verbunden mit starker Empfindlichkeit und der aggressiven Tendenz, andere abzuwerten. Oft wird der übertriebene Ehrgeiz auf einem Spezialgebiet („Nebenkriegsschauplatz") gesucht, bei gleichzeitigem Rückzug von anderen Lebensaufgaben. Unter Umständen bewährt sich auch eine passive Strategie, über andere die Oberhand zu gewinnen: Durch demonstrative Übertreibung der eigenen Inkompetenz und Hilflosigkeit kann es gelingen, sich andere in den Dienst zu stellen („sich einen Hofstaat zu halten") und sich selbst zum Mittelpunkt zu machen.

2.2 Finaler Charakter neurotischer Symptome

Wird die Spannung zwischen Minderwertigkeitsgefühl und Geltungsbedürfnis zu groß (Neurotiker als „entmutigter Ehrgeiziger"), dann können neurotische Symptome dazu dienen, den teilweisen Rückzug vor den Anforderungen des Lebens zu sichern, ohne vor sich selbst und anderen als Versager dazustehen. Die Neurose stellt somit eine Art „Entschuldigungssystem" dar, welches das Selbstgefühl erhalten und die Verantwortlichkeit aufheben soll („Was könnte ich alles zustande bringen, wenn ich dieses verfluchte Leiden nicht hätte" – etwa die nervösen Herzattacken beim Betreten einer belebten Straße oder dieser fürchterliche Waschzwang). Der heuristische Zugang zu den Symptomen des Klienten besteht somit nicht in der Frage: „Was schaden sie ihm?", sondern in der für Laien verblüffenden Frage: „Was nützen sie ihm?". Der Vorteil des Symptoms liegt einmal im prestigeerhaltenden Rückzug vor den Bewährungsfeldern des Lebens, auf denen eine Entlarvung der eigenen Minderwertigkeit droht, zum anderen in der Macht, die der Symptomträger über seine Mitmenschen mit Hilfe seines „Leidens" erlangt.

Durch den „Kunstgriff" der Neurose wählt der Klient das vermeintlich geringere Übel; jedoch führt dieses Mittel letztlich immer tiefer in die Krise. Denn das dabei verfolgte Ziel der Ich-Erhöhung erweist sich als „irrtümlich": Die „Ichhaftigkeit" bedingt eine Unterentwicklung des Gemeinschaftsgefühles – des Lebens Leitmotiv wird zum „Leid-Motiv"!

3 Individualpsychologische Psychotherapie

In der tiefenpsychologisch angelegten Gesprächstherapie (Einzel- oder Gruppentherapie) geht es darum, dem Klienten auf der Grundlage von Ermutigung zu einem Verständnis seines Lebensstiles und seiner „privaten Logik" zu verhelfen, so daß er sich selbst „auf die Schliche" kommt und eine Richtungsänderung seiner Persönlichkeit vornehmen kann.

3.1 Ermutigung

Da ja das verstärkte Minderwertigkeitsgefühl gleichsam den Mutterboden der Neurose abgibt, geht es in der Therapie zunächst darum, dem Klienten Mut zu machen und ihm zu helfen, sich selbst als wertvoll zu sehen. Er soll auch ermutigt werden, bisher vermiedene Bewährungsfelder des Lebens zu betreten und persönliche Niederlagen nicht als Beweis seiner Wertlosigkeit zu interpretieren.

3.2 Lebensstilanalyse

Hier geht es darum, Sinn und Zweck der Neurose im Rahmen der „privaten Logik" des Klienten zu erhellen; ihm Selbsterkenntnis und Einsicht in die Art seines psychischen Funktionierens zu vermitteln (heute auch „Teleoanalyse" genannt). Das Vorgehen ist stark an den gegenwärtigen Problemen und Verhaltensweisen des Klienten orientiert und ähnelt damit der Verhaltensanalyse der modernen Verhaltenstherapie (→ **Verhaltenstherapie**). Lebensgeschichtliche Daten, kindliche Erlebnisse werden insoweit erhoben, als sie Anhaltspunkte darüber zu geben vermögen, wie die heutigen Symptome zu verstehen sind. Früheste Kindheitserinnerungen geben Aufschluß darüber, welche Sichtweisen jemand von der Welt und von sich selbst entwickelt hat und als Wegweiser für den Lebensstil benutzt.

3.3 Zieländerung

Hier geht es dem Therapeuten darum, dem Klienten klar zu machen, daß sein Ziel der Ich-Erhöhung irrtümlich ist und zum Leiden führt. Der Klient kann unter Umständen entdecken, daß der „Sinn des Lebens" nicht in der Erhöhung des eigenen Ichs liegt, sondern in der Hingabe an den anderen Menschen (Gemeinschaftsgefühl) und an die Aufgaben des Lebens (Sachlichkeit), und daß er seine Seelenenergie in der übertriebenen Sorge um den Wert der eigenen Person verschwendet hat. – Somit geht es der ADLERianischen Therapie nicht in erster Linie um Symptombeseitigung, sondern um eine generelle Neuausrichtung der Persönlichkeit, im Zuge derer die Symptome überflüssig werden (→ **Ziele**).

Moderne Weiterentwicklungen der Individualtherapie haben verschiedene Arten von Gruppentherapien sowie Formen der Familien- und Ehetherapien hervorgebracht (s. DINKMEYER, PEW & DINKMEYER 1979).

4 Würdigung und Kritik

Die derzeit aktuellen Bemühungen um Integration verschiedener therapeutischer Schulrichtungen finden in der ADLERschen Individualpsychologie einen intuitiven Vorläufer, da sie Wesenszüge der drei psychotherapeutischen Hauptrichtungen (*Psychoanalyse, Behaviorismus, Humanistische Psychologie*) miteinander verbindet: Bei aller „Abtrünnigkeit" von FREUD bleibt doch die gemeinsame Grundauffassung, daß seelische Störungen bereits in früher Kindheit angelegt sind und daß sie von weithin unbewußten Vorgängen bestimmt werden (→**Psychoanalyse**). Dagegen hat ADLER die Abkehr von der Überbewertung elementarer Triebe (vor allem des Sexualtriebes) und die Betonung zwischenmenschlicher Beziehungen als Urheber seelischer Fehlentwicklungen mit den Neo-Freudianern gemein. Mit der modernen Verhaltenstherapie besteht Einigkeit im Hinblick auf den möglichen instrumentellen (Vermeidungs- bzw. Appell-)Charakter neurotischer Symptome (→**Verhaltenstherapie**). Mit der Humanistischen Psychologie bestehen wichtige Gemeinsamkeiten bezüglich der ganzheitlichen Beziehung zwischen Therapeut und Klient, der Betonung der Freiheit und der Verantwortung des Individuums und hinsichtlich der Einbeziehung der Sinnfrage des Lebens.

Die Schwächen der Individualtherapie dürften in der Überbetonung einiger Aspekte des Seelenlebens liegen, mit der Gefahr, seelische Erscheinungen vorschnell theoriegemäß (z. B. ausschließlich final) zu interpretieren. Zwar sind Minderwertigkeit und Geltungsstreben für das Verständnis des heutigen Menschen von großer Bedeutung, ebenso das Dilemma von Ichhaftigkeit und Solidarität – aber sicher gibt es auch andere Grundlegungen der Neurose. Nachteilig ist auch, daß die individualpsychologische Lehre nicht so formuliert ist, daß empirische Kontrolluntersuchungen leicht möglich wären. Von Vorteil ist andererseits, daß die Individualpsychologie durch Verständlichkeit und Anknüpfung an den common sense eine wirksame psycho-hygienische Aufklärung und Ausbildung von Eltern und Personen in Sozial-, Erziehungs- und Heilberufen ermöglicht.

LITERATUR

ADLER, A. *Über den nervösen Charakter* (1911). Frankfurt: Fischer TB, 1973.
ADLER, A. *Menschenkenntnis* (1927). Frankfurt: Fischer TB, 1966.
ADLER, A. *Der Sinn des Lebens* (1933), Frankfurt: Fischer TB, 1973.
ANSBACHER, H. & ANSBACHER, R. *Alfred Adlers Individualpsychologie.* München: Reinhardt, 1972.
DINKMEYER, D. C., PEW, W. L. & DINKMEYER, D. C. JR. *Adlerian Counseling and Psychotherapy.* Monterey, Cal.: Brooks / Cole, 1979.
JACOBY, H. *A. Adlers Individualpsychologie und dialektische Charakterkunde,* Frankfurt: Fischer TB, 1974.
SPERBER, M. *A. Adler oder das Elend der Psychologie.* Frankfurt: Fischer TB, 1971.

Katathymes Bilderleben

Hanscarl Leuner

1 Definition und Anwendung

Das Verfahren, auch Symboldrama genannt, gilt im internationalen Schrifttum als die „am besten organisierte und systematisierte" Tagtraumtechnik der Psychotherapie (Singer 1974). Auf unsystematischen Voruntersuchungen (Silberer 1909, Frank 1914, Kretschmer 1922, Happich 1932) aufbauend stellt es ein System gestaffelter Methoden und Regieprinzipien des Tagtraumes dar. Konzeptuell wird das Modell der analytischen Psychodynamik zugrunde gelegt. Domäne des Katathymen Bilderlebens ist die Kurztherapie von 15–50 Sitzungen bei klinischen (auch chronischen) Fällen von Neurosen und psychosomatischen Zustandsbildern.

2 Technik

In entspannter Lage werden bei dem Patienten durch Induktion von Vorstellungsmotiven plastisch erlebte Imaginationen angeregt, die als projektive Phänomene unbewußter Konfliktkonstellationen i. S. der tiefenpsychologischen Traumlehre bzw. des tiefenpsychologischen Symbolismus aufgefaßt werden. Die experimentell erprobten (experimentelles Katathymes Bilderleben) 10 Standardmotive (Wiese, Verfolgung eines Bachlaufes, Besteigung eines Berges, Besichtigung eines Hauses, Blick in das Dunkel des Waldes, Begegnung mit Beziehungspersonen, Prüfung der Einstellung zur Sexualität und Aggressivität, des Ich-Ideals und die Evokation archaischer Symbolgestalten) regen typische tiefenpsychologische Konfliktbereiche thematisch zur imaginativen Darstellung an. Schwerpunktmäßig stellen sich dabei infantile Objektbeziehungen, Fixierungen in den emotionalen Phasen bzw. Konflikte in den Antriebsbereichen (narzißtisch, oral, anal, genital, ödipal), Abwehrmechanismen, Verhaltensstereotypien usw. dar.

3 Diagnostischer Aspekt

Systematische Exploration unbewußter Konfliktkonstellationen innerhalb weniger Sitzungen, Verlaufskontrolle des therapeutischen Prozesses infolge Wiederholbarkeit der projektiven Einstellungen und an ihnen zu beobachtende Wandlungsphänomene im Sinne der „mobilen Projektion".

4 Wissenschaftlicher Aspekt

Entdeckung einer Anzahl psychodynamischer Phänomene, die therapeutisch systematisch genutzt werden, wie fixierte Bilder als projektiver Ausdruck von Konfliktkernen, Fokussierung relevanter Probleme, Funktionseinheit von Imagination und intrapsychischem Konflikt und Entwicklung therapeutischer Regieprinzipien daraus („Operation am Symbol"). Damit werden unmittelbare Eingriffe in Konfliktstrukturen mit Korrektur infantiler Objektbeziehungen, Befriedigung archaischer Bedürfnisse (Nachholbedarf) im narzißtischen, oralen und analen Erlebnisbereich möglich. Der experimentelle Nachweis einer Reihe tiefenpsychologischer Grundannahmen gelingt, wie: infantile Determination neurotischer Konflikte, Relevanz emotionaler Phasen und zentraler Konfliktthemata, Ichpsychologische Annahmen, Übertragungs-Gegenübertragungs-Relation u.a. (LEUNER 1980).

5 Therapeutischer Aspekt

Die therapeutisch relevanten Strategien sind aus didaktischen Gründen für die Therapeutenausbildung in drei Stufen eingeteilt. Die *Grundstufe* konzentriert sich auf ein übendes Vorgehen unter Einstellung der ersten fünf Motive (s.o.) und der kreativen Entfaltung des Tagtraumes. Das Therapeutenverhalten ist durch eine mehr protektive Einstellung unter Wahrung der basalen psychotherapeutischen Haltung (Echtheit, Empathie, Wärme) bestimmt. Schwerpunkt der ergänzenden *Mittelstufe* ist die freie assoziative Entfaltung des Tagtraumes, ergänzt durch Einfälle zur Genese und zum Realverhalten. Polar dazu stehen spezifische, Konfliktstrukturen fokussierende Strategien sowie die Aktivierung der Altersregression in und vor die infantile Konfliktszene. Das Durcharbeiten neurotischer Charakterstrukturen und die Analyse störender Übertragungsprojektionen werden gelehrt. Die *Oberstufe* ergänzt dazu dynamisch brisante Standardmotive und führt psychoanalytische Techniken ein.

Das Verfahren wurde vom Autor 1954 erstmals publiziert und schrittweise weiterentwickelt. Im internationalen Schrifttum liegen bislang mehr als 80 Publikationen vor.

6 Vergleiche zu anderen Therapien

Im Vergleich zur *Gesprächspsychotherapie* wird der erlebnisaktivierende Aspekt des Katathymen Bilderlebens betont und nachgewiesen (WEBER 1980). In *verhaltenspsychotherapeutischer Hinsicht* werden Parallelen zu gewissen Strategien zum Katathymen Bilderleben diskutiert. Der Unterschied liegt vor allem darin, daß im Katathymen Bilderleben die Symbolfunktionen gegenüber der Imagination von Realsituationen (z.B. bei Wolpe) und in den verhaltenstherapeutischen Techniken akzentuiert werden. Im Vergleich zur *klassischen psychoanalytischen Technik* wird die dort sehr langsame Entwicklung der emotionalen Regression im Katathymen Bilderleben von der ersten Sitzung an induziert (Entspannung) und führt zu einer sofortigen Einstellung der unbewußten Konfliktbereiche. Daraus folgt eine erhebliche Abkürzung der Therapie (auch bei chronischen Fällen). Vergleichsuntersuchungen der Effizienz gegenüber der *Gesprächspsychotherapie* und *Verhaltenstherapie* liegen bislang noch nicht vor. Die klinische Evidenz spricht jedoch bei Betrachtung der Effizienzkontrollen für eine erhebliche Abkürzung der Therapie besonders bei multisymptomatischen Störungen mit Behandlungsperioden von 20–50 Sitzungen ein- bis zweimal wöchentlich (→**Gesprächspsychotherapie**; →**Verhaltenstherapie**; →**Psychoanalyse**).

LITERATUR

LEUNER, H. *Katathymes Bilderleben, Ergebnisse in Theorie und Praxis.* Bern: Huber, 1980.
LEUNER, H. *Katathymes Bilderleben, Grundstufe, ein Seminar.* Stuttgart: Thieme, 1981.
LEUNER, H. *Katathymes Bilderleben-Lehrbuch.* Bern: Huber, 1981.
SINGER, J. L. & POPE, K. P. *The power of human imagination.* New York: Plenum, 1978.
WEBER, K. *Die Wirkung des katathymen Bilderlebens auf das Selbstkonzept.* Unveröffentl. Diplomarbeit Psychologie, Würzburg, 1980.

Kindertherapie

STEFAN SCHMIDTCHEN

1 Definition und Beschreibung

Unter Kinderpsychotherapie oder kurz Kindertherapie versteht man die psychologische Behandlung psychisch oder psychosomatisch gestörter Kinder und Jugendlicher. Sie beinhaltet die qualifizierte und planvolle Anwendung von Verfahren zur therapieorientierten Störungsdiagnostik, zur Therapiezielbildung, zur Zielerreichung und zur Effektkontrolle (vgl. SCHMIDTCHEN 1978).

Die gesonderte Entwicklung einer Therapie für Kinder, Jugendliche und Familien (bzw. Bezugspersonen) entspringt den zunehmenden Erfordernissen der Praxis und der Erkenntnis, daß die Übertragung von Methoden der psychologischen Erwachsenenbehandlung auf Kinder nicht oder nur in Grenzen gelingt. Sie setzt historisch im Jahr 1909 an, in dem S. FREUD die „Geschichte des kleinen Hans" veröffentlichte und hat ihren ersten größeren Niederschlag im Buch „Zur Technik der Kinderanalyse" von Hermine von HUG-HELLMUTH gefunden (vgl. BIERMANN 1969 S. 1ff.).

Anwendung findet die Kinderpsychotherapie in Erziehungsberatungsstellen, kinderpsychiatrischen und psychosomatischen Kliniken, privaten Praxen, Heimen, schulpsychologischen Diensten etc. Das Berufsbild des Kinderpsychotherapeuten ist im Moment noch nicht einheitlich. Ähnlich wie in der Erwachsenenpsychotherapie gibt es unterschiedliche Ausbildungsgänge, die von unterschiedlichen theoretischen Richtungen ausgehen. So gibt es den Ausbildungsgang des Psychagogen (psychoanalytische Richtung), des Kinder- und Jugendlichenpsychotherapeuten (individualpsychologische Richtung), des Verhaltenstherapeuten für Kinder und Jugendliche und des klientenzentrierten Kinderpsychotherapeuten. Die verschiedenen Ausbildungsgänge werden durch ein Abschlußzertifikat oder durch Angabe der absolvierten Ausbildungsinhalte bescheinigt.

2 Art der Störungsproblematik bei Kindern und Jugendlichen

Die Besonderheiten des Kinderklienten kommen in den ersten *Lebensjahren* vorwiegend in der unterschiedlichen sensorischen, motorischen, sprachlichen und kognitiven Reife zum Ausdruck. Sie können zu einer Reihe von Störungen führen, die sich aus der Interdependenz von Wachstums- und Umwelteinflüssen ergeben. Häufige Störungen manifestieren sich in den ersten Lebensjahren im Bereich der *Nahrungsaufnahme und -verarbeitung* (z. B. Nahrungsverweigerung, Erbrechen, Aufstoßen, Bauchschmerzen, Durchfall etc.), der *motorischen Entwicklung* (z. B. grob- und feinmotorische Ungeschicklichkeiten, zu spätes Laufenlernen, etc.), der *affektiven Entwicklung* (z. B. emotionale Unruhe, häufiges Weinen, Stimmungsschwankungen, Ängste, Deprivation etc.) und der *kognitiven Entwicklung* (z. B. Wahrnehmungsstörungen, Lernstörungen, Sprech- und Sprachstörungen etc.). Die Störungen sind in ihren ersten Anzeichen häufig nicht von schweren organischen Erkrankungen oder

Hirnschädigungen (z. B. autistischen Störungen, geistigen Behinderungen) unterscheidbar. Zum anderen können sie in leichterer Ausprägung auch Ausdruck natürlicher, vorübergehender Entwicklungsprobleme sein. Von daher erfordert eine exakte Diagnostik frühkindlicher Störungen eine Langzeitbetrachtung.

Im *Vorschul- und Schulalter* überwiegen soziale Störungen, emotionale Störungen und Leistungsstörungen. Durch den zunehmenden Zwang, eigene Interessen denen einer Gruppe Gleichaltriger unterordnen und mit vielen Erwachsenen (z. B. Kindergärtnerinnen, Lehrerinnen etc.) leben zu müssen, können eine Reihe von *sozialen Störungen* entstehen, die sich in Ungehorsam, regelüberschreitendem Verhalten (z. B. Lügen, Stehlen, aggressivem Verhalten), Weglaufen, Trotzverhalten, Verweigerungsverhalten etc. ausdrücken können. Im *emotionalen Bereich* werden Sprech- und Sprachstörungen (z. B. Poltern, Stammeln, Stottern, elektiver Mutismus etc.), Ängste, Minderwertigkeitsgefühle, Resignationsverhalten, Stimmungsschwankungen sichtbar. Häufig ist auch das Einnässen und Einkoten. Im *Leistungsbereich* prägen sich Störungen als Konzentrationsprobleme, partielle Lern- und Leistungsstörungen (z. B. Legasthenie) oder generelle Lern- und Leistungsstörungen aus.

Im *Jugendlichenalter* beeinflußt die Pubertät und die Loslösung von der Kinderrolle mit dem Ziel des Erwerbs einer Erwachsenenrolle die Entwicklung sehr stark. *Psychische und psychosomatische Störungen* treten als Unruhezustände, starke Verstimmungen, Eßstörungen (z. B. Magersucht, Übergewicht), sexuelle Störungen, Beginn einer Drogen- oder Alkoholsucht auf. *Soziale Störungen* treten als Verweigerungshaltung, Aggressivität, Dissozialität und Aussteigeverhalten auf.

Erschwerend für die Psychotherapie dieser Störungen ist, daß die Jugendlichen wegen ihrer Loslösung aus dem familiären Verband wenig bereit sind, institutionelle gesellschaftliche Hilfe von Psychotherapeuten in Anspruch zu nehmen. Sie zeigen trotz eines hohen Leidensdruckes wenig Bereitschaft, sich von Therapeuten helfen zu lassen. Die Hilfe muß deshalb *unprofessionell* in Form von gemeindenaher Gruppenarbeit (z. B. in Sportgruppen, in Jugendzentren, in ad hoc Gruppen etc.) gegeben werden. Zudem muß die Umwelt über die Probleme der Jugendlichen und ihre im wesentlichen vorübergehende Dauer aufgeklärt werden. Damit soll eine größere Toleranz ermöglicht und eine zu frühe Etikettierung (z. B. als Versager, Drogensüchtiger, Krimineller etc.) verhindert werden.

Generell gilt für die Kinder- und Jugendlichenpsychotherapie, daß sie in ihrer Zielsetzung immer natürliche *Selbstheilungs- und Entwicklungspotenzen* freisetzen sollte und daß sie darauf ausgerichtet sein sollte, hemmende und entwicklungsbehindernde familiäre, soziale und Umwelteinflüsse auszuschalten. Wegen der starken soziologischen Abhängigkeit der Kinder von Bezugspersonen, sollte die Therapie primär am *sozialen Umfeld* der Klienten ansetzen und nicht vorrangig am gestörten Kind. Daraus folgt, daß umfeldzentrierte Therapieverfahren vorrangig vor kindzentrierten Verfahren bzw. gemeinsam mit diesen angewendet werden sollten.

Im folgenden soll ein kurzer Überblick über verschiedene Kindertherapieverfahren gegeben werden.

3 Taxonomie von Kindertherapieverfahren

Die in der Tabelle 1 angeführten Kindertherapieverfahren (vgl. SCHMIDTCHEN 1980, SCHMIDTCHEN & BAUMGÄRTEL 1980) implizieren ein breiteres Verständnis von Kindertherapie als es zuweilen üblich ist.

Unter den Begriff fallen nach meiner Meinung alle psychologischen Behandlungsverfahren, die helfen, psychische Krankheiten und Störungen, die bei Kindern und Jugendlichen auftreten, zu behandeln. Dazu gehören Verfahren, die direkt mit dem Kind oder Jugendlichen arbeiten (kindzentrierte Verfahren) und/oder Verfahren, die mit seinem Umfeld arbeiten. Als Umfeld wird dabei die Familie, der Freundeskreis, die Schule etc. verstanden, aber auch die Wohnung und die Wohngegend.

Die für die Verfahren verwendeten Namen wie z. B. Spieltherapie oder Familientherapie sollen

Tabelle 1. Taxonomie von Kindertherapieverfahren.

Kindzentrierte Verfahren		
motivational-affektive Ebene	kognitive Ebene	aktional, psychophysiologische Ebene
Spieltherapie; erlebnisaktivierende Psychotherapie (z. B. Theaterspielen, Musiktherapie, Gestaltungstherapie etc.)	gesprächszentrierte Therapie	operante und respondente Konditionierungsverfahren; Übungs- und Funktionstherapie; Biofeedback-Verfahren

Umfeld- und interaktionszentrierte Verfahren		
motivational-affektive Ebene	kognitive Ebene	aktional, psychophysiologische Ebene
Familientherapie; Elterngruppen (Selbsterfahrungsgruppen)	Elternberatung; Verhaltensverträge	Elterntrainings; Umweltveränderungen (z. B. Klinikaufenthalt; Heimerziehung; Wohnungswechsel etc.)

Beschreibungsfunktion haben. Sie beschreiben die Therapieverfahren nach dem Hauptmedium ihrer Kommunikation (z. B. Spiel, Gespräch, Stimulus- oder Verstärkerkonditionierung), nach personalen Rahmenbedingungen (z. B. Familie, Eltern) oder nach Zielsetzungen (z. B. Erlebnisaktivierung, Funktionstraining, Vertragsabschlüsse, Umweltveränderungen). Die Namen implizieren eine Sichtweise, die den verschiedenen Therapierichtungen (wie z. B. Psychoanalyse, klientenzentrierte Therapietheorie, Verhaltenstherapietheorie, Gestalttherapietheorie etc.) übergeordnet ist. In der Praxis zeigt es sich, daß fast jede der genannten Therapierichtungen Beiträge zu den einzelnen Verfahren geliefert hat.

Die Verfahren sind aus Orientierungsgründen vier *Betrachtungsebenen* zugeordnet worden: einer motivational-affektiven Ebene, einer kognitiven Ebene, einer aktionalen Ebene und einer psychophysiologischen Ebene (vgl. SCHMIDTCHEN 1978a). Die Ebenen sollen *den* Persönlichkeits- oder Verhaltensbereich angeben, den die Verfahren vorrangig ansprechen wollen. Diese Betrachtungsweise ist relativ pointiert und beansprucht keine ausschließenden Aussagen. So können z. B. in der Spieltherapie oder Familientherapie auch andere als die zugeordneten Ebenen angesprochen werden. Da jedes Therapieverfahren eine *ganzheitliche Wirkung* anstreben sollte, müssen bei einer erfolgreichen Therapie Veränderungen auf allen Ebenen stattgefunden haben, denn das Ziel ist ein störungsfreies und integriertes Zusammenwirken aller Persönlichkeits- und Verhaltensebenen.

Die Therapieverfahren sind bereits an anderer Stelle ausführlich beschrieben worden: →**Spieltherapie**; →**Gesprächstherapie**; →**operante Interventionsverfahren**; →**Bewegungstherapie**; →**Geistige Behinderung**; →**Autismus**; →**Biofeedback**; →**Entspannungsverfahren**; →**Familientherapie**; →**Encountergruppen**; →**Erziehungsberatung**; →**Eltern-Kind-Therapie**; →**Psychosomatische Störungen**; →**Schule, Heimerziehung**; →**Delinquenz**. In den meisten Fällen werden sie in den genannten Stichworten auch für den Bereich kindlicher Störungen (→**Verhaltensstörungen**) besprochen. Weniger detailliert werden dort erlebnisaktivierende Verfahren, Biofeedbackverfahren und Übungs- und Funktionstherapien für Kinder und Jugendliche beschrieben. Sie sollen hier kurz in ihren wesentlichen Merkmalen skizziert werden.

Zu den *erlebnisaktivierenden Verfahren* für Kinder möchte ich alle Einzel- und Gruppenverfahren zählen, in denen Erlebnisse von Kindern wachgerufen, differenziert und bearbeitet werden. Dies kann in Form von Theaterspielen, Werken, Matschen, Musizieren, Malen, Basteln etc. geschehen. Das Ziel der Therapie besteht in einer Weckung der verschütteten Sinne, in der Lösung von Blockierungen, im Nacherleben von Bedürfnissen und in der kathartischen Befreiung von Spannungen.

Die *Biofeedbackverfahren* werden bei Kindern und Jugendlichen eingesetzt, um durch Rückmeldungen von Körpersignalen (z. B. Urinfluß, Muskelspannungen am Kopf, Herzschlag etc.) eine Kontrolle von Verhaltensstörungen zu ermöglichen. Behandelt werden Bettnässen, Kopfschmerzen, Unruhe etc. Auch das Erlernen von selbstinduzierter Entspannung wird durch Biofeedback erleichtert.

In der *Übungs- und Funktionstherapie* werden spezielle Funktionstrainings vorgenommen. Es können sensorische, motorische, kognitive und andere Funktionen geübt werden. Die Therapie wird eingesetzt, um durch Erkrankungen geschwächte Sinne und Funktionen zu stärken und um Leistungsstörungen zu beheben. Im Rahmen der Autismusbehandlung werden z. B. ganz bestimmte Sinne und motorische Fertigkeiten geschult. Bei Hirnschädigungen werden kognitive Fertigkeiten geübt. Bei neurotischen Sprach- und Sprechstörungen werden Sprach- und Sprechfunktionen geübt (→**Sprach- und Sprechstörungen**).

4 Forschung und Ausblick

Der Forschungsstand in der Kindertherapie ist immer noch unbefriedigend. Es mangelt an empirisch kontrollierten Arbeiten zu fast allen Verfahren. Etwas ausführlicher sind die Spieltherapie, die operanten und respondenten Konditionierungsverfahren, Familientherapie und Elterntrainings erforscht worden (vgl. SCHMIDTCHEN & SCHLÜTER 1980). Ziel der Forschung sollte es sein, die Einfluß-, Rahmen- und Verlaufsbedingungen der Verfahren näher zu beschreiben, katamnestische Untersuchungen vorzunehmen, das Zusammenwirken von Verfahren zu untersuchen (insbesondere in der Kombination: kindzentrierte und umfeldzentrierte Verfahren) und Hinweise zur Indikation zu liefern.

Der Ausblick auf die Zukunft der Kindertherapie ist für mich relativ optimistisch. Es deutet sich an, daß die Besonderheiten der Kindertherapie in Abhebung zur Erwachsenentherapie immer stärker gesehen werden. Auch nimmt die Zahl der Ausbilder für den Bereich Kindertherapie an Universitäten, Hochschulen und anderen Institutionen beständig zu. Erfreulich scheint mir, daß in der Kindertherapie der Streit zwischen den Therapieschulen nicht so sehr im Vordergrund steht und daß stärker integrativ gearbeitet wird. Dies hängt vermutlich damit zusammen, daß ein größeres Bewußtsein darüber besteht, daß sowohl das Kind als auch die soziale und physikalische Umwelt in die Behandlung mit einbezogen werden müssen.

LITERATUR

BIERMANN, G. Geschichtliche Entwicklung. In G. BIERMANN (Hrsg.) *Handbuch der Kinderpsychotherapie*. Band 1. München: Reinhardt, 1969, 1–14.

SCHMIDTCHEN, S. *Handeln in der Kinderpsychotherapie*. Stuttgart: Kohlhammer, 1978.

SCHMIDTCHEN, S. Indikation in der Kinderpsychotherapie. In W. SCHULZ & M. HAUTZINGER (Hrsg.) *Klinische Psychologie u. Psychotherapie*, Band 2, Deutsche Gesellschaft für Verhaltenstherapie: Tübingen/Köln 1980, 67–76.

SCHMIDTCHEN, S. & SCHLÜTER, A. Kinderpsychotherapie. In U. BAUMANN, H. BERBALK & G. SEIDENSTÜCKER (Hrsg.) *Klinische Psychologie*. Trends in Forschung und Praxis. Band 3. Kapitel 6.1. Bern: Huber, 1980, 251–288.

SCHMIDTCHEN, S. & BAUMGÄRTEL, F. (Hrsg.) *Methoden der Kinderpsychotherapie*. Stuttgart: Kohlhammer, 1980.

Klientenvariablen der Psychotherapie

Wolf-Rüdiger Minsel

Der Begriff *Klientenvariablen* ist ein Sammelbegriff für alle denkbaren Beschreibungsmöglichkeiten eines Menschen, der sich in eine psychotherapeutische Situation begibt. Oft werden mit *Klientenvariablen* allerdings nur solche personalen Charakteristika umschrieben, die der empirisch-analytischen Forschung zugänglich sind. Allein zu dem letztgenannten Aspekt liegt eine nahezu unüberschaubare Menge an Literatur vor (s. Garfield 1978).

Ziel dieses Beitrages soll es sein, sytematisierend einige grundlegende Fragestellungen aus der Psychotherapieforschung vorzustellen, die schwerpunktmäßig den Klienten betreffen. Dabei muß beachtet werden, daß Klientenvariablen nur sinnvoll in der Interdependenz mit anderen für die Psychotherapie wichtigen Merkmalen untersucht werden sollten. Differenzierte Betrachtungsweisen einzelner Klientenvariablen möchte ich in dem vorliegenden Aufsatz nicht vornehmen.

1 Definition des Klienten

„Klient" und gleichermaßen „Psychotherapeut" können als soziale Rollen verstanden werden (vgl. Argyle 1972) → **Therapeutenmerkmale.** Eine soziale Rolle ist eine in sich zusammenhängende Verhaltenssequenz, die auf die Verhaltenssequenz anderer Personen abgestimmt ist. Sie muß klar erkennbar, deutbar und systembezogen sein. Zudem wird von jeder beteiligten Person erwartet, daß sie die eigene Rolle darstellen und die Rolle des anderen wahrnehmen kann. Für die Beantwortung unserer Frage ist die Orientierung an der Rollentheorie aus wenigstens drei Gründen günstig.

Mit der Rolle des Klienten sind bestimmte Erwartungen verbunden. Es wird ihm eine *Fehlanpassung* bei Verhaltensweisen im Rahmen seiner Alltagsbewältigung unterstellt (affektiv, kognitiv, behavioral oder physisch), die psychisch verursacht oder von psychischen Konsequenzen begleitet sein soll. Der Diagnose liegt ein deskriptiv-statistischer oder präskriptiv-wertbezogener Normbegriff zugrunde (vgl. Pongratz 1973). Der Klient selbst, Personen seiner Umwelt oder Personal aus Institutionen (u.a. Krankenhäuser, Gerichte, Beratungsstellen) nehmen diese Diagnostik vor. Neben dem remedialen oder rehabilitativen Konzept ist darin auch ein präventiver Aspekt enthalten (vgl. Caplan 1964). Dementsprechend setzt man sich in der Psychotherapiepraxis respektive Psychotherapieforschung mit solchen Merkmalen auseinander, in denen der Klient den gesetzten Erwartungen entspricht oder nicht entspricht (z.B. *Alter, soziale Herkunftsschicht, Nachsuchen um Psychotherapie, Krankheitseinsicht* usw.).

Darüber hinaus sind mit jeder Psychotherapiemethode verschiedenartige Anforderungen verbunden. So werden Klienten u.a. dazu aufgefordert, über ihre Gefühle zu sprechen, ihre Gefühle durch Schreien oder Körperübungen zu artikulieren, im Liegen frei zu assoziieren, während des Wanderns über Probleme zu diskutieren, emotionale Probleme mit Hilfe von Materialien kreativ zu veranschaulichen und zu verarbeiten, Situationen zu imaginieren usw. Für den Klienten ist es wichtig zu prüfen, inwieweit er diesen Anforderungen genügen kann. Dementsprechend beschäftigt man sich mit Problemen der *Passung* zwischen Klientenverhaltensweisen und den methodischen Setzungen der Therapie z. B. der *Fähigkeit, sich sprachlich auszudrücken, dem Ausmaß an Selbstkontrolle oder der Bereitschaft zu regelmäßiger Zusammenarbeit.*

Letztlich setzt der Psychotherapeut selbst Anforderungen. Diese können seine Person selbst, (z. B. Geschlecht, Alter, soziale Gruppenzugehörigkeit, menschliche Reife usw.) oder seine berufliche Qualifikation (z. B. Art der Ausbildung, Erfahrung, Flexibilität im Umgang mit sich und anderen usw.) betreffen. Auch diesen Bedingungen muß sich der Klient anpassen. Dementsprechend werden Probleme beschrieben und untersucht, wie z. B. die „Passung" zwischen *u. a. Geschlecht, Rasse, sozialer Gruppenzugehörigkeit, Klient und Therapeut* oder *Abwehrmechanismen* seitens des Klienten usw. (→ **Therapeut-Klient-Beziehung;** → **Wiederstand**).

2 Beschreibung des Klienten mit Hilfe wissenschaftlicher Methoden

Wird der Mensch zum Gegenstand der Forschung, so sind sehr unterschiedliche wissenschaftliche Methoden und Modelle denkbar. Ob der Klient als theoretisches Konstrukt, als Versuchsperson oder als dem Psychotherapeuten gleichwertiger Mitmensch gesehen wird, hängt im wesentlichen von der zugrundeliegenden wissenschaftstheoretischen Orientierung ab (vgl. SCHNEEWIND 1977) →**Menschenbild**. In einem Extrem führt das dazu, daß der Klient elementarisiert, d. h. in operationalisierten Merkmalen dargestellt wird, im anderen, daß er als ein ganzheitliches Wesen betrachtet und phänomenologisch beschrieben wird. Psychotherapieergebnisse werden in Form von *Erlebensprotokollen* durch die Klienten selbst oder durch Kennzeichnung von *Veränderungen in standardisierten psychologischen Testdaten* beschrieben oder Klienten werden zu *emanzipatorischer Aktivität* oder zur *Anpassung an selbst gesetzte oder vorgegebene situative Zielbedingungen* angehalten.

Weitere Hinweise zum Finden von Klientenvariablen liefert die Differentielle Psychologie die sich der Beschreibung und Erklärung von Unterschieden im Erleben und Verhalten von Menschen widmet (→**Persönlichkeitspsychologische Grundlagen**). In ihr können grob drei Ansätze zum Finden von Merkmalen differenziert werden: Der Personalismus, der Situationismus und der Interaktionismus (vgl. EKEHAMMAR 1974). Im Personalismus werden inter- und intraindividuelle Differenzen aufgrund von Personencharakteristika erklärt. Es finden sich differentielle Hinweise für die psychotherapeutische Behandlung von u. a. *rigiden, hysterischen* oder *dissozialen* Klienten. Im Situationismus werden Situationen für inter- und intraindividuelle Unterschiede im Erleben und Verhalten verantwortlich gemacht. Entsprechend wird unterschiedliches Klientenverhalten beispielsweise nach der Art der *Übertragungssituation*, dem *Zeitpunkt des Psychotherapieprozesses* (Anfang/Mitte/Ende) oder dem Ausmaß an *Realitätsannäherung* differenziert. Im Interaktionismus werden inter- und intraindividuelle Unterschiede aus der Interaktion zwischen Personen- und Situationscharakteristika aufgedeckt, aus denen Hinweise auf die *Psychotherapieerwartung*, das *Vertrauen in den Psychotherapeuten* oder die *Bereitschaft zur Offenheit gegenüber den eigenen Gefühlen* abgeleitet werden können.

3 Wichtige Beschreibungsmerkmale des Klienten

Ohne auf die Relevanzproblematik einzugehen (vgl. ISELER & PERREZ 1976), wollen wir uns der Frage einer *Systematik von Klientenvariablen* widmen. Will man der Vielfalt der vorfindbaren Differenzierungen gerecht werden, entfallen taxonomische Überlegungen und ein pragmatisches Vorgehen scheint die Methode der Wahl zu sein. Vier Wege wurden bisher in der Literatur gewählt: Das Systematisieren von Klientenvariablen anhand von Forschungskonzepten (vgl.

MINSEL 1974), das differenzierte Abhandeln von Falldarstellungen (vgl. POSER 1978), die Zusammenstellung von Forschungsbefunden unter dem Aspekt der praktischen Arbeit mit Klienten (vgl. GARFIELD 1978) und das Zusammenstellen von Forschungsbefunden zu einzelnen untersuchten Klientenmerkmalen (vgl. GURMAN & RAZIN 1977).

Unter *pragmatischen Erwägungen* scheinen mir drei Fragenkomplexe wesentlich: Prozeßfragen, Ergebnisfragen und Theoriefragen. Innerhalb dieser Komplexe können nochmals statische und dynamische Klientenmerkmale unterschieden werden.

Prozeßfragen kennzeichnen den Weg eines Klienten über die Entscheidung zur Psychotherapie, die Wahl einer Behandlungsmethode, das Aufsuchen der Psychotherapie, das Verbleiben in der Behandlung bis hin zum Erfolg oder Mißerfolg der Behandlung. In all diesen Prozeßstadien kann die Frage nach den Ausgangsbedingungen und den Veränderungsbedingungen eines Klienten gestellt werden. Beispielsweise: Welche *demographischen Variablen* von Klienten korrelieren mit der *Wahl einer Behandlungsmethode*?; oder welche *psychischen Ausgangsbedingungen* (z.B. pathologische Trauer) lassen den Klienten in der *Behandlung verbleiben* und welche korrelieren mit dem *Abbruch der Behandlung*?; oder welcher Art müssen die *Veränderungen im Sprechen über vorliegende psychische Probleme* bei psychosomatisch beeinträchtigten Klienten sein?

Ergebnisfragen sind auf die Indikationsstellungen von Behandlungsverfahren ausgerichtet. Die implizierten Fragestellungen können von unterschiedlichen Ausgangspunkten her verfolgt werden: Vom Klienten selbst, von dessen Lebenswelt oder von der Psychotherapiesituation her. Im ersten Fall wird die Indikationsstellung von der *Störung des Klienten* bzw. von seinem *Erleben der therapeutischen Bedingung* her versucht. Im zweiten Fall geht man von der *personellen Umwelt* bzw. von den *Umweltbedingungen des Klienten* aus und beurteilt von daher deren Einfluß auf den Erfolg der Behandlungsmethode. Auch die Psychotherapiesituation setzt Anforderungen an den Klienten. Sie beziehen sich auf die „Passung" zwischen *Therapeutenmerkmalen*, *Prozeßvariablen, äußeren Rahmenbedingungen* und den *persönlichen Bedingungen*, die der Klient in die Behandlung einbringt (→**Therapeutenmerkmale**; →**Therapeut-Klient-Beziehung**). Die Indikationsfrage impliziert gleichzeitig die Untersuchung der Kontraindikation bzw. das Aufspüren von Nebeneffekten der Behandlung. Hinzu kommt im Falle der Psychotherapie, daß diese nicht nur zu remedialen Zwecken eingesetzt wird, sondern auch die Funktion der Vorsorge im Sinne der Persönlichkeitsentwicklung hat. Diese Differenzierungen machen es notwendig, bei der Anwendung von Psychotherapie die Realität des Klienten so breit wie möglich zu evaluieren. Das kann z.B. bedeuten, daß *physiologische Meßwerte* erhoben werden, *psychologische Testungen* und *Verhaltensbeobachtungen* durchgeführt oder *ökologische Lebensbedingungen* erfaßt werden.

Theoriefragen sind als übergeordnet anzusehen. In diesem Kontext wird die Suche nach Klientenmerkmalen umschrieben, die für eine Psychotherapie förderlich bzw. hinderlich sind. Derartige Klientenvariablen beziehen sich auf Aufnahme, Prozeß und Ergebnis der Behandlung. Solche Merkmale können zur Zeit nur spekulativ zusammengestellt werden: Sie betreffen u.a. die *Veränderungsbereitschaft*; sein *Sich-Einlassen auf Anregungen des Psychotherapeuten*; die *Kompetenzzuschreibung für den Psychotherapeuten*; seine *Bereitschaft, vergangene Erfahrungen zu aktualisieren*; das *Ausmaß der Störung* oder *Personencharakteristika* (z.B. jung, attraktiv, verbal geschickt, intelligent, erfolgreich).

Zusammenfassend sei festgestellt: erstens, die verschiedenen Aspekte zu den Klientenvariablen ergänzen sich inhaltlich; zweitens, Klientenvariablen sind nur sinnvoll in ihren Interaktionen mit anderen Psychotherapievariablen zu untersuchen; drittens, um von praktischer Relevanz zu sein, dürfen die a priori untersuchten Interdependenzen nicht zu komplex sein.

LITERATUR

ARGYLE, M. *Soziale Interaktion.* Köln: Kiepenheuer & Witsch, 1972.
CAPLAN, G. *Principles of preventive psychiatry.* New York: Basic Books, 1964.

EKEHAMMAR, B. Interactionismus in personality from a historical perspective. *Psychological Bulletin* 1974, *81*, 1026–1048.

ENELOW, A. J. *Elements of psychotherapy.* New York: Oxford University Press, 1977.

GARFIELD, S. L. Research on client variables in psychotherapy. In S. L. GARFIELD & A. E. BERGIN (Hrsg.) *Handbook of psychotherapy and behavior change.* New York: Wiley 1978, 191–232.

GURMAN, A. S. & RAZIN, A. M. (Hrsg.) *Effective psychotherapy.* Oxford: Pergamon, 1977.

ISELER, A. & PERREZ, M. (Hrsg.) *Relevanz in der Psychologie.* München: Reinhardt, 1976.

MINSEL, W. R. *Praxis der Gesprächspsychotherapie.* Wien: Böhlau, 1974.

PONGRATZ, L. *Lehrbuch der Klinischen Psychologie.* Göttingen: Hogrefe, 1973.

POSER, E. G. *Verhaltenstherapie in der Klinischen Praxis.* München: Urban & Schwarzenberg, 1978.

SCHNEEWIND, K. A. (Hrsg.) *Wissenschaftstheoretische Grundlagen der Psychologie.* München: Reinhardt, 1977.

Klinische Psychologie

STEFAN SCHMIDTCHEN und REINER BASTINE

1 Gegenstandsbestimmung und Aufgaben

Eine allgemein akzeptierte Auffassung über die Gegenstände der Klinischen Psychologie gibt es – wie bei allen größeren Fachgebieten – nicht. Sie versteht sich als ein wichtiger und eigenständiger Zweig der Psychologie mit engen Beziehungen zu der Allgemeinen, der Differentiellen, der Sozial- und der Entwicklungspsychologie, sowie der Psychologischen Methodenlehre. Ihre Aufgaben in Forschung, Anwendung und Lehre beziehen sich auf zwei Problemfelder:

- Die psychologische Beschreibung, Erklärung, Beurteilung, Diagnostik und Klassifikation psychischer und psychosomatischer Störungen. Dieser Bereich wird durch den Begriff *Pathopsychologie* (d. h. Psychologie des abweichenden Verhaltens; amerikanisch „Abnormal Psychology") umgrenzt.
- Die Beschreibung, Erklärung, Bereitstellung, Durchführung, Entwicklung und Evaluation psychologischer Beiträge zur Prävention, Therapie und Rehabilitation psychischer und psychosomatischer Störungen. Dieser Bereich umfaßt psychologische *Interventionsmethoden* und psychologische Beiträge zur psychosozialen *Gesundheitsversorgung*.

Beide Problemfelder hängen eng mit Nachbardisziplinen der Psychologie zusammen, vor allem mit einer Reihe von Teildisziplinen der Medizin. Insbesondere der Psychiatrie, Psychosomatik, Inneren Medizin, Physiologie. Des weiteren mit der Anthropologie, Pädagogik, Soziologie u. a. Durch die teilweise bestehende Überlappung der Aufgabenfelder dieser Disziplinen erwachsen einerseits fruchtbare Anregungen für Forschung, Praxis und Lehre der Klinischen Psychologie, andererseits aber auch wissenschaftliche Kontroversen, rechtliche Probleme und Schwierigkeiten in Kooperation und Abgrenzung der Berufsfelder. Aufgrund der historischen Entwicklung – und bedingt durch die Tatsache, daß die Klinische Psychologie ein relativ junges wissenschaftliches Fachgebiet mit geringen sozialen Einflußmöglichkeiten, aber hohem wissenschaftlichen Potential ist – sind die Auseinandersetzungen mit medizinischen Teilgebieten besonders intensiv, so z. B. in bezug auf das Verständnis psychischer Störungen als Krankheiten (→**Normalität, Krankheitsbegriff**), in bezug auf zentrale wissenschaftliche Begriffe wie →**Ätiologie**, →**Epidemiologie**, →**Indikation**, →**Prävention**, →**Symptom** u. a., schließlich auch in bezug auf Aspekte der Versorgung und rechtlichen Regelung (→**Organisationsformen**, →**psychotherapeutische und psychosoziale Versorgung**, →**rechtliche Grundlagen**).

Vom Phänomenbereich, den theoretischen Ansätzen und den institutionalisierten Praxisbereichen her ist die Verknüpfung der Klinischen Psychologie besonders eng mit der *Psychiatrie*, die die Entstehung und Behandlung psychischer Krankheiten aus medizinischer Sicht und mit Hilfe medizinischer Mittel analysiert und behandelt, und der *Psychosomatik*, deren Gebiet die Beschäftigung mit den Wechselbeziehungen von psychischen und somatischen Störungen und deren Bedingungen ist. Nicht zu verwechseln ist die klinische Psychologie mit der *Medizinischen Psychologie,* die als „Psychologie für Mediziner" ein Pflichtfach in der vorklinischen Ausbildung für Ärzte ist.

2 Selbstverständnis und Bedeutung der Klinischen Psychologie

Das Selbstverständnis der Klinischen Psychologie hat sich in der Bundesrepublik Deutschland nach dem Kriege sehr verändert. Ursprünglich wird sie als ein Nebenbereich der Medizin gesehen, der sich auf die Beschäftigung mit nichtpsychiatrischen Störungen bezieht (vgl. HELLPACH 1946) und primär diagnostische Zubringerdienste für den Arzt hat. Die psychotherapeutische Tätigkeit liegt dabei ausschließlich in der Hand des Arztes (STERN 1954-1958), obwohl mit der Psychoanalyse schon seit Jahrzehnten eine psychologische Behandlungsform ausgearbeitet ist, die allerdings keinen nennenswerten Einfluß auf die Ausbildung von Psychologen gewinnen konnte (→**Psychoanalyse**). Erst seit Ende der 60er Jahre wird – bedingt vor allem durch die Entwicklung der Gesprächspsychotherapie, der Verhaltenstherapie und die universitäre Therapieausbildung und -erforschung – das Problemfeld breiter und die Beschäftigung mit der Therapie gewinnt die Oberhand (vgl. SCHRAML, 1970; SCHRAML & BAUMANN 1974/1975) (→**Gesprächspsychotherapie;** →**Verhaltenstherapie**). Nunmehr liegt eine Breite und Differenzierung des Faches vor (vgl. PONGRATZ 1977/1978), das dem anglo-amerikanischen Konzept von Klinischer Psychologie entspricht (z. B. WOLMAN 1965, DAVISON & NEALE 1979). *Klinische* Psychologie bezeichnet dabei – im Unterschied zum Sprachgebrauch in der Medizin – keineswegs ein Tätigkeitsfeld in Kliniken, sondern definiert ihren Gegenstand – die psychischen Störungen – in einem allgemeinen Sinne als ein „zu behandelndes" Phänomen. Die Klinische Psychologie beschäftigt sich heute mit der Erforschung psychologischer und psychophysiologischer Grundlagen, der Symptomatologie, Ätiologie, Psychodiagnostik, Klassifikation, Prävention, Therapie und Rehabilitation psychischer Störungen. Zugleich ist sie beteiligt bei der Erforschung und Behandlung von Psychosen, geistigen Behinderungen oder psychischen Bedingungen und Folgen somatischer Erkrankungen.

Die Bedeutung der Klinischen Psychologie wird u. a. durch die Breite ihrer Anwendungsfelder und durch die große Zahl von Diplom-Psychologen deutlich, die klinisch-psychologisch arbeiten. Im Jahr 1977 waren in der Bundesrepublik Deutschland unter den psychotherapeutisch/beratend tätigen Nichtärzten 72% Diplom-Psychologen. Vom *Berufsverband deutscher Psychologen* (BdP) wird geschätzt, daß im Jahr 1980 etwa 15 000 Diplom-Psychologen in der Bundesrepublik Deutschland erwerbstätig sind, von denen mindestens 60% (ca. 9000) einen klinisch-psychologischen Beruf ausüben. Die Zahl der im engeren Sinne beratend und/oder psychotherapeutisch tätigen Psychologen wurde für das Jahr 1978 mit knapp 6000 Personen geschätzt. Im Jahr 1978 waren in der Bundesrepublik Deutschland 12,3 psychotherapeutisch tätige Psychologen für 100 000 Einwohner vorhanden; unter vergleichbaren Ländern Nordeuropas und Amerikas steht dieses Versorgungsangebot an 3. Stelle (Die Spannweite in anderen westlichen Ländern liegt zwischen 5 und 20 psychologischen Psychotherapeuten pro 100 000 Einwohner). In der Bundesrepublik Deutschland üben damit erheblich mehr Diplom-Psychologen eine psychotherapeutische Tätigkeit aus als in diesem Bereich arbeitende Allgemein-Ärzte und Psychiater (FICHTER & WITTCHEN 1980).

Im Rahmen der Ausbildung von Diplom-Psychologen hat das Berufsbild des Klinischen Psychologen als Anreiz zum Studium eine entscheidende motivationale Funktion. Der Klinische Psychologe prägt in seinen Tätigkeiten als Psychotherapeut, Berater und Helfer das Bild des Diplom-Psychologen in der Öffentlichkeit schlechthin. Es ist daher nicht verwunderlich, daß die meisten Psychologie-Studenten (im Jahr 1978 ca. 70%) an den Universitäten eine Spezialisierung auf die Klinische Psychologie anstreben.

Im Folgenden werden einige zentrale Themenbereiche der Klinischen Psychologie näher beschrieben und problematisiert:

3 Psychische Störungen

Der Gegenstand der Klinischen Psychologie ist „gestörtes", „abweichendes" oder „krankes" Verhalten, das sich in kognitiven, emotionalen, motivationalen, aktionalen Auffälligkeiten (Defiziten oder Exzessen) äußern kann und häufig auch mit körperlich abnormen Reaktionen einhergeht. Die Beurteilung eines Verhaltens als *gestört* oder als *normal* erfolgt häufig durch die betreffende Person selbst oder gelegentlich (bei fehlender „Krankheitseinsicht") durch Angehörige dafür zuständiger Berufsgruppen (meist Ärzte, Richter). Die Übergänge zwischen gestörtem und normalem Verhalten sind fließend; die Beurteilung der Abnormität eines Verhaltens wird durch soziale Normen und Werte mitbestimmt, die zu einer Etikettierung und zur Einleitung von Änderungsmaßnahmen führen (→ **Krankheitsbegriff**).

Es ist ein Kennzeichen für den Forschungsstand der Klinischen Psychologie wie aber auch der Psychiatrie, daß es keine allgemein akzeptierten *Erklärungen für die Entstehung* von psychischen Störungen gibt. Zur Zeit konkurrieren psychoanalytische, humanistische und verhaltenstheoretische Erklärungsmodelle – wobei in letztere die soziale Lerntheorie einbezogen wird. Im Rahmen dieser Modelle werden affektive, motivationale, kognitive, biologische, physiologische, aktionale und Umweltkomponenten menschlichen Verhaltens unterschiedlich gewichtet und in unterschiedlicher Wechselwirkung gesehen. Aus der jeweils gewählten Sichtweise werden verschiedene diagnostische und therapeutische Zugehensweisen abgeleitet (→ **Ätiologie**).

Im Zusammenhang mit der Definition und Entstehung psychischer Störungen haben sich zwei kontroverse Positionen entwickelt, die auf der einen Seite *organisch-medizinischen Bedingungen* Priorität geben (medizinisches Krankheitsmodell), auf der anderen Seite *psychologischen und sozialen Bedingungen* (psychosoziales Störungsmodell). In den letzten Jahren lassen sich Annäherungen dieser Standpunkte verzeichnen (z. B.: im Bereich der Sozialpsychiatrie), die vielleicht einmal zu allgemein akzeptierten differenzierten Analysen von psychischen und psychosomatischen Störungen führen werden.

Für die *Psychodiagnostik* von Störungen erfolgt aus der Vielfalt der Erklärungsansätze, daß ein und dieselbe Störung mit verschiedenen diagnostischen Modellen und Methoden untersucht werden kann. Welche dieser Modelle und Methoden gewählt werden, hängt häufig von der Ausbildung und der theoretischen Vorliebe des jeweiligen klinischen Psychologen ab. Um diese Willkürlichkeit und die daraus entstehenden Fehler auszugleichen, empfiehlt es sich, die Störungsdiagnostik unter dem Gesichtspunkt der für die Störung jeweils relevanten Theorien durchzuführen. Ein multitheoretischer Zugang erscheint beim jetzigen Kenntnisstand sinnvoll. Die Psychodiagnostik kann dabei sowohl strukturelle Ziele (z. B. Beschreibung von Persönlichkeitscharakteristika), funktionale Ziele (z. B. funktionale Zusammenhänge des gestörten Verhaltens, → **Problemanalyse**) wie auch prozessuale Ziele (z. B. Feststellung der Veränderungen unter der Einwirkung von Behandlungsmaßnahmen) verfolgen.

Entsprechend den verschiedenen Modellen über psychische Störungen sind auch eine Reihe von *Klassifikationssystemen* entwickelt worden, in die das als gestört bezeichnete Verhalten eingeordnet werden kann. Von der Weltgesundheitsorganisation wird das Klassifikationssystem International Classification of Deseases-(ICD) (s. DEGKWITZ, HELMCHEN & MOMBOUR 1973) empfohlen. Es dürfte auch in der Bundesrepublik Deutschland am weitesten verbreitet sein. Dieses System basiert auf der psychiatrischen Nosologie (Krankheitslehre) und unterscheidet drei Störungsgruppen: (1) *Psychosen*, (2) *Neurosen, Persönlichkeitsstörungen, nicht-psychotische psychische Störungen* und (3) *Oligophrenien* (Schwachsinnsformen).

Eine allgemein akzeptierte Unterteilung psychischer Störungen, die nützliche und valide Informationen für eine psychologische *Behandlungsentscheidung* liefert, gibt es bisher nicht. Die gebräuchlichen Klassifikationssysteme erfüllen gegenwärtig eine primär beschreibende und kommunikative Funktion.

4 Klinisch-psychologische Intervention und psychosoziale Gesundheitsversorgung

Unter den klinisch-psychologischen Interventionen werden im allgemeinen drei Zielsetzungen unterschieden, die in unterschiedliche Phasen der Entwicklung einer psychischen Störung eingreifen: Die *Prävention* dient der Verhinderung von psychischen Störungen (*Primäre Prävention*) →**Prävention**. Die *Therapie* im weitesten Sinne beschäftigt sich mit der Behandlung bereits aufgetretener psychischer Beeinträchtigungen. Sofern es sich um früh erkannte Beeinträchtigungen handelt, steht die Therapie im Dienst der *sekundären Prävention*. Die *Rehabilitation* ist auf die soziale und berufliche Wiedereingliederung ehemals psychisch behinderter Personen gerichtet (→**Rehabilitation**). Idealerweise sollen die verschiedenen Ansätze in der Anwendung auf bestimmte Problemfelder, z. B. bei Neurosen, Verhaltensstörungen, Psychosen oder der psychosozialen Versorgung von Drogen- und Alkoholgefährdeten und -abhängigen, gleichzeitig eingesetzt und in ihren Maßnahmen aufeinander abgestimmt werden. Gegenwärtig ist jedoch der Bereich der Therapie in Forschung, Ausbildung und Praxis am weitesten entwickelt und sie prägt präventive und rehabilitative Ansätze in starkem Maße durch ihre Theorien, Methoden und Ergebnisse. Dieses Ungleichgewicht wird durch die *Gemeindepsychologie* und die *Sozialpsychiatrie* zu korrigieren versucht, die beide zu einer systematischen und geplanten Gesundheitsversorgung im Bereich psychischer Störungen beizutragen versuchen (→**Gemeindepsychologie**; →**Sozialpsychiatrie**).

Die *therapeutischen Zielsetzungen* werden in verschiedener Weise anzustreben versucht: Neben den verschiedenen Formen der →**Psychotherapie** kommen →**Arbeits- und Beschäftigungstherapie**, →**Bewegungstherapie**, →**Körpertherapie**, →**Krisenintervention**, verschiedene Formen der Beratung (→**Erziehungsberatung**, →**Partnerberatung**, →**Studentenberatung** u. a.), →**therapeutische Gemeinschaften** und **Milieutherapie** und verschiedene Formen der Selbsthilfe und Behandlung durch Laien (z. B. →**Selbstbehandlung**, →**Selbsthilfegruppen**, →**Laientherapie**) zum Einsatz. Der Grad der Professionalisierung und der wissenschaftlichen Erforschung ist zweifellos bei der Psychotherapie am größten. Da eine Bewältigung der therapeutischen Versorgung allein durch Verfahren der Psychotherapie nicht erwartet werden kann, sind in den letzten Jahren die Bemühungen um einen Ausbau der genannten anderen therapeutischen Vorgehensweisen und deren wissenschaftliche Erforschung und Evaluation verstärkt worden.

In der Praxis und teilweise auch in der Forschung ist eine deutliche Entwicklung zu verzeichnen, die klinisch-psychologischen Maßnahmen auf die spezifischen Problemfelder abzustimmen und von einem methoden- oder theorieschulen-orientierten Vorgehen abzurücken. Diese *problemorientierte Intervention* ist sowohl bei umfassenden Problembereichen wie z. B. bei der →**Alkohol-** und →**Drogenabhängigkeit**, →**Delinquenz**, →**Gerontologie**, bei Interventionen in der →**Heimerziehung**, in der →**Schule** etc. zu beobachten wie auch bei „klassischen" Störungen der psychiatrischen Nosologie, z. B. bei →**Autismus**, bei →**Depressionen**, bei →**geistig behinderten Kindern**, →**sexuellen Störungen**, →**Schizophrenie**, →**Sprachstörungen**, →**Suizidprophylaxe**, →**Zwängen**. Für eine angemessene psychosoziale Versorgung ist hier eine Kooperation verschiedener Berufsgruppen notwendig, die jeweils über spezifische Kenntnisse und Fertigkeiten verfügen und diese im Rahmen präventiver, therapeutischer und rehabilitativer Aufgaben einsetzen können.

Die Interventionsmethoden müssen das Alter ihrer Zielgruppen berücksichtigen. Bei Kindern und Jugendlichen stehen Methoden der Einflußnahme auf Eltern, Familien, Erziehern und institutionelle Umwelten – häufig auch im Sinne einer primären und sekundären *Prävention* – im Vordergrund (→**Prävention**). Bei Erwachsenen und Senioren werden im allgemeinen Methoden bevorzugt, die direkt mit dem Patienten arbeiten und vor allem dessen Selbsthilfemöglichkeiten nutzen und fördern.

5 Anwendungsfelder

Die Anwendungsfelder der Klinischen Psychologie sind sehr vielfältig und reichen von den klassischen Bereichen klinisch-psychologischer Tätigkeiten in *medizinischen Kliniken* (z. B. psychiatrischen, neurologischen, psychosomatischen Kliniken oder Kliniken aus dem Kur-, Sucht- und Rehabilitationsbereich), in *Erziehungsberatungsstellen*, in *Schulen und Heimen* zu neuen Anwendungsbereichen wie der *pastoralen Psychologie* (z. B. Telefonseelsorge), der *psychologischen Lebenshilfe, Elternschulung*, dem *Kommunikationstraining* für Paare und der Vermittlung von *Selbsterfahrung* etc. Zunehmende Bedeutung gewinnen private Praxen, die jedoch an der unzureichenden Möglichkeit der *Finanzierung* und den *rechtlichen Beschränkungen* psychotherapeutischer Berufstätigkeit leiden (→**Finanzierung, →Rechtliche Grundlagen**).

Weitere Berufsfelder liegen im *Strafvollzug*, im Bereich von *Arbeit und Betrieben*, der Gestaltung *städtischer und ländlicher Umwelt* usw. Hier ergeben sich jedoch starke Überschneidungen mit Berufsfeldern der Pädagogischen, Arbeits- und Betriebs-, Verkehrs- und Ökopsychologie. Ein weiteres Anwendungsfeld ist die klinisch-psychologische *Forschung*, die vorwiegend im Rahmen von Forschungsinstituten, Universitäten, Hochschulen oder privaten Institutionen erfolgt.

6 Forschung

Die Forschung hat im Bereich der Klinischen Psychologie vor allem in den letzten zwei Jahrzehnten einen enormen Zuwachs erfahren. Im Jahr 1971 wurden im anglo-amerikanischen Raum allein über 6000 Arbeiten mit klinisch-psychologischer Themenstellung publiziert (MELTZER 1974). Diese Flut der wissenschaftlichen Informationen wird durch eine Reihe von jährlichen Literaturüberblicken zu bewältigen versucht (u. a.: Annual Review of Psychology; Annual Review of Behavior Therapy; s. BAUMANN, BERBALK & SEIDENSTÜCKER 1978, 1979, 1980). Der Aufschwung der Forschung wird vermutlich durch den hohen Bedarf an klinisch-psychologischen Dienstleistungen in den verschiedensten Lebensbereichen mit verursacht, der international beobachtet werden kann.

Die Methoden klinisch-psychologischer Forschung sind keineswegs einheitlich: Die Entstehungsbedingungen psychischer Störungen werden z. B. durch so divergente Ansätze wie die Zwillings- und genetische Familienforschung, die Epidemiologie, die Streßforschung, Vergleiche gestörter mit normalen Personen etc. erforscht; im Bereich der Psychotherapie stellt sich die Situation nicht wesentlich anders dar (→**Epidemiologie; →Psychotherapieforschung**). Diese Konkurrenz wissenschaftlicher Ansätze und theoretischer Konstrukte erschwert die Zusammenfassung und Nutzbarmachung des gesammelten Wissens. Gegenwärtig werden jedoch große Bemühungen unternommen, übergreifende Theorien z. B. im Rahmen der sozial-kognitiven Lerntheorie oder Handlungstheorie zu entwickeln. In diesem Zusammenhang stehen auch die Bestrebungen zur Überwindung der psychotherapeutischen Theorie-Schulen (s. auch →**Psychotherapie**).

Kontroverse Forschungspositionen bestehen vor allem erstens im *anthropologischen Vorverständnis* (→**Menschenbild**) des Forschers und Therapeuten (vgl. GROEBEN & SCHEELE 1977, zweitens in der *Kluft* zwischen klinisch-psychologischer *Grundlagenforschung* und *angewandter Forschung* und drittens in der Ausrichtung auf entweder psychophysiologische, aktionale, emotional-motivationale oder sozial-kognitive Struktur- und Prozeßmerkmale.

7 Ausbildung

Die Ausbildung erfolgt im Rahmen des Diplom-Studienganges Psychologie an den Universitäten, wobei an den meisten Universitäten nach dem Vordiplom eine Ausbildung im Bereich der Klinischen Psychologie (meist als Methoden- und

Anwendungsfach) erfolgen kann. Im Anschluß an das Studium wird nach den Vorstellungen des Berufsverbandes eine mindestens zweijährige umfangreiche Praxiserfahrung in klinisch-psychologischen Berufsfeldern für notwendig gehalten, bevor eine eigenständige psychologische Behandlungsberechtigung vorliegt.

Ausbildungsprobleme ergeben sich u. a. durch

- eine zu kurze Studienzeit im Verhältnis zur Breite des Faches
- einen zu begrenzten Praxisbezug im Studium
- eine zu starke Orientierung an psychotherapeutische Ausbildungsinhalte im Verhältnis zu den anderen Bereichen der Klinischen Psychologie
- eine fehlende Verbindung des Studiums mit Fort- und Weiterbildungserfordernissen.

8 Ausblick

Aus der großen Zahl der Problemfelder im Bereich der Klinischen Psychologie wollen wir zum Abschluß einige herausgreifen, von denen wir annehmen, daß sie sich zukünftig verändern werden. Wir sind uns bei der Darstellung dieser Aspekte jedoch bewußt, daß erstens unsere Zukunftserwartungen falsch sein könnten und daß zweitens auch andere als die von uns gewählten Problemfelder Entwicklungstrends aufweisen können. Wir sehen vor allem Entwicklungstendenzen in drei Bereichen:

- Die wissenschaftliche Themenstellung der Klinischen Psychologie wird sich vermutlich vermehrt auf *sozioökologische* und *biopsychologische* Fragestellungen konzentrieren. Im ersten Bereich interessieren die sozialen und ökologischen Faktoren bei der Entstehung und Behandlung psychischer Störungen, einschließlich der subjektiven Wahrnehmung und Verarbeitung dieser Faktoren; im zweiten Bereich interessieren die organischen Voraussetzungen, Korrelate und Beeinflussungsmöglichkeiten bei der Entstehung und Behandlung von psychischen Störungen.
  Beide Bereiche stehen vor so umfassenden Problemstellungen und arbeiten in so unterschiedlichen Forschungsprogrammen und -methodologien, daß ihre Verbindung zweifellos zu einer der großen Aufgaben der künftigen Klinischen Psychologie gehören würde.
- Wie auch bisher schon deutlich erkennbar, wird sich die Klinische Psychologie in noch stärkerem Maße mit *Versorgungsproblemen* auseinandersetzen müssen. Stichworte hierzu sind z. B. Prävention, epidemilogische Analysen von Angebot und Bedarf der Versorgung, Entwicklung und Evaluation neuer Behandlungsansätze, Förderung der Kooperation mit anderen Berufsgruppen, Verbesserung der rechtlichen Position von Behandelten und Behandelnden. – Inhaltlich sind in den nächsten Jahren Probleme von Kindern und Jugendlichen, von Senioren und Familien, sowie Alkohol- und Drogenabhängigkeit, Suizidprophylaxe und psychosoziale Anteile an akuten und chronischen Erkrankungen von besonderer Relevanz.
- Schließlich, so hoffen wir, wird sich nach langen Jahren erheblicher und konzentrierter Anstrengungen das Interesse von *Lehre und Ausbildung* wieder etwas mehr auf den Bereich der *Forschung* verschieben. Die letzten Jahre waren geprägt von einer rasanten Erschließung des Berufsfeldes für Klinische Psychologen, begleitet von einem enormen Anstieg der Studentenzahlen und einem Ausbau vor allem der Lehrkapazitäten. Es muß Ziel der Hochschulpolitik werden, daß mehr Zeit und Kapazität für Forschungsvorhaben geschaffen wird und daß eine bessere Verbindung zwischen Lehre und Forschung stattfindet. – Des weiteren ist in diesem Zusammenhang als Wunsch zu formulieren, daß sich Tendenzen der Ausbildungstrennung von Klinischer Psychologie und Psychologie anderer Richtungen nicht durchsetzen werden. Die Klinische Psychologie sollte weiterhin Teil eines allgemeinen Studiums zum Diplom-Psychologen bleiben.

LITERATUR

BAUMANN, U., BERBALK, H. & SEIDENSTÜCKER, G. (Hrsg.) *Klinische Psychologie. Trends in Forschung und Praxis.* Band 1, 1978; Band 2, 1979; Band 3, 1980. Bern: Huber.

DAVISON, G. G. & NEALE, J. M. *Klinische Psychologie. Ein Lehrbuch*. München: Urban und Schwarzenberg, 1979.

DEGKWITZ, R., HELMCHEN, H. & MOMBOUR, W. (Hrsg.) *Diagnoseschlüssel und Glossar psychiatrischer Krankheiten*. Berlin: Springer, 1973.

FICHTER, M. M. & WITTCHEN, H. U. Clinical psychology and psychotherapy: A survey of the present state of professionalization in 23 countries. *Annual Review of Psychology*, 1980, *35*, 16-25.

GROEBEN, N. & SCHEELE, B. *Argumente für eine Psychologie des reflexiven Subjektes*. Darmstadt: Steinkopf, 1977.

HELLPACH, W. *Klinische Psychologie*. Thieme: Stuttgart, 1946.

MELTZER, H. Subject matter of clinical psychology from 1927-1971. *Journal of Clinical Psychology*, 1974, *30*, 3-17.

PONGRATZ, L. J. (Hrsg.) *Klinische Psychologie* (1. Halbband 1977, 2. Halbband 1978). *Handbuch der Psychologie*. Göttingen: Hogrefe, 1977-1978.

SCHMIDT, L. R. Klinische Psychologie. In L. R. SCHMIDT (Hrsg.) *Lehrbuch der Klinischen Psychologie*. Enke: Stuttgart, 1978.

SCHRAML, W. J. (Hrsg.) *Klinische Psychologie*. Bern: Huber, 1970.

SCHRAML, W. J. & BAUMANN, U. (Hrsg.) *Klinische Psychologie*. Band 1 und Band 2. Bern: Huber, 1974-1975.

STERN, E. (Hrsg.) *Handbuch der Klinischen Psychologie*. Band 1 und Band 2. Zürich: Rascher, 1954-1958.

WOLMAN, B. B. (Hrsg.) *Handbook of clinical psychology*. New York: McGraw Hill, 1965.

WITTLING, W. (Hrsg.) *Handbuch der Klinischen Psychologie, Band 1-6*. Hamburg: Hoffmann & Campe, 1980.

Psychotherapie bei chronisch körperlichen Krankheiten

DIETER KALLINKE

1 Allgemeine Merkmale chronischer Krankheiten

Akute Krankheiten sind mehr oder weniger plötzlich einsetzende, zeitlich umschriebene Störungen des körperlichen Funktionierens und Befindens, die in der Regel einen erkennbaren Abschluß haben, dem eine völlige oder weitgehende Wiederherstellung des vor Beginn der Erkrankung bestehenden Gesundheitszustandes folgt. Gelegentlich kann es auf dem Höhepunkt der Störung zu organisch bedingten Verhaltensauffälligkeiten kommen, die eine psychiatrische Behandlung nötig machen. Reaktive, für die weitere Entwicklung bedeutsame Verhaltensprobleme, die eine psychotherapeutische Intervention nahelegen, sind eher selten (LIPOWSKI 1977).

Chronische körperliche Erkrankungen lassen ein eindeutiges Ende vermissen, sie setzen den akuten Krankheitsprozeß in anderer Form fort, bzw. entwickeln sich ohne klar erkennbaren Beginn unmerklich zu einem krankhaften Dauerzustand, der sich seinerseits mit bestimmten Symptomen manifestiert. Chronische Krankheiten stellen also keine Krankheits*episoden*, sondern meist unklar abzugrenzende Krankheits*verläufe* dar. So kommt es bei einigen Krankheiten zwar zum Abschluß der akuten Krankheitsphase, nicht jedoch zur völligen Wiederherstellung des früheren Zustandes. Es bleiben dauerhafte Funktionseinschränkungen bestehen, die den Patienten auch weiterhin beeinträchtigen und zu andauernden therapeutischen Anstrengungen nötigen (vgl. Lähmungen oder Defekte nach operativen Eingriffen). Bei anderen Krankheiten kommt der akute Krankheitsprozeß nur zu einem vorläufigen Stillstand, dem in schwer absehbaren zeitlichen Abständen schmerzhafte, den Zustand des Patienten weiterhin verschlechternde „akute Schübe" folgen (wie z. B. beim chronischen Gelenkrheumatismus). Wieder andere Krankheiten (Bluthochdruck, Koronarsklerose, kompensiertes Nierenversagen) entwickeln sich über lange Jahre „schleichend" d. h. ohne wahrnehmbare Hinweise auf einen Krankheitsbeginn, bis sie schließlich durch ein akutes Ereignis (Schlaganfall bzw. Herzinfarkt bzw. die klinischen Zeichen eines Nierenversagens) nachdrücklich in Erscheinung treten und den Patienten mit dem Bestehen einer chronischen Krankheit bzw. sogar weiteren Bedrohungen der körperlichen Integrität (wie operativen Eingriffen am Herzen oder einer Dauerbehandlung an einer künstlichen Niere) konfrontieren.

In allen genannten Fällen wird der Patient nie wieder völlig gesund, er bleibt dauerhaft, d. h. chronisch krank. Er muß auf weitere Störungen seines Wohlbefindens und einen fortschreitenden Verlust seiner Leistungsfähigkeit gefaßt sein bzw. sich mit der Tatsache abfinden, daß er nicht mehr wie früher alles tun kann. Mit diesen „*funktionellen Einschränkungen*" gerät der Patient nicht selten in Widerspruch zu dem, was er selbst von sich und andere von ihm erwarten. In diesem Falle droht der chronisch Kranke durch die psychosozialen Auswirkungen seiner funktionellen Einschränkungen (die Reaktion der Familie, die Verminderung des sozialen Verhaltensspielraumes, das Nachlassen der beruflichen Leistungsfähigkeit etc.) zum „Behinderten" zu werden.

2 Die Bewältigung von chronischen Krankheiten: passive vs. aktive Strategien

Diese insgesamt veränderte Lebenssituation muß der chronisch kranke Mensch erkennen, akzeptieren und durch neue, mit der Krankheit vereinbare Lebensgewohnheiten aktiv zu bewältigen versuchen. Diese Aufforderung zu einem „*Leben mit der Krankheit*" scheint sich jedoch leichter erheben als einlösen zu lassen, denn viele Menschen reagieren auf die Belastung durch eine chronische Krankheit mit Beanspruchungserscheinungen in Form von psychischen Auffälligkeiten (wie z. B. →**Angst, Apathie,** →**Depression**), die vom organisch orientierten Kliniker oft als isolierte psychopathologische Erscheinung gewertet und mit Psychopharmaka symptomatisch behandelt bzw. als Ausdruck einer mangelnden Kooperationsbereitschaft (*Compliance*) der Patienten interpretiert werden. Tatsächlich sind diese psychischen Störungen eher als sichtbarer Ausdruck dafür anzusehen, daß die Patienten sich in einem Prozeß der Auseinandersetzung mit der chronischen Krankheit und ihren sozialen Auswirkungen befinden. Zu diesen Versuchen, die chronische Krankheit zu bewältigen, werden alle „kognitiven und motorischen Anstrengungen" gezählt, „die eine kranke Person unternimmt, um ihre körperliche und seelische Integrität zu bewahren, reversibel gestörte Funktionen zurückzugewinnen bzw. irreversible Schädigungen so weitgehend wie möglich auszugleichen" (LIPOWSKI 1970).

Zu diesen „kognitiven Anstrengungen" gehören zunächst einmal jene *passiven* Bewältigungsversuche, die aus der Neurosenlehre als Abwehrmechanismen bekannt sind (bagatellisierende Reaktionen wie Ignorieren, Verleugnen, Rationalisieren bzw. auch überwaches Kontrollieren →**Widerstand**). Diese Verhaltensweisen wurden bei verschiedenen schweren Krankheitszuständen beschrieben und als sinnvolle Notfallreaktionen interpretiert. Zweifelhaft wird die Funktion dieser passiven Bewältigungsversuche in bezug auf längerfristige Anpassungsziele, die sich nur erreichen lassen, wenn das Individuum *aktive* Lösungsanstrengungen unternimmt. Im einzelnen muß der chronisch Kranke aktiv werden, um auf die Dauer

- schädliche Umweltbedingungen zu mildern und die Chancen für eine Verbesserung des Zustandes zu erhöhen,
- unangenehme Ereignisse und Realitäten zu tolerieren und sich daran anzupassen,
- ein positives Selbstbild zu erhalten,
- das emotionale Gleichgewicht zu wahren und
- befriedigende Beziehungen zu anderen aufrechtzuerhalten.

Er wird dies am ehesten dadurch erreichen, daß er

- Informationen über die Krankheit einholt,
- Zuspruch und emotionale Unterstützung bei Fachleuten, Bezugspersonen bzw. Leidensgenossen sucht (→**Selbsthilfegruppen**)
- Fertigkeiten zur selbständigen Versorgung bei bestimmten Krankheitsauswirkungen erlernt und dadurch unnötige Abhängigkeiten vermeidet und
- sich neue, mit der Krankheit vereinbare Ziele setzt und in kleinen Schritten zu erreichen versucht.

3 Die Bewältigung von chronischen Krankheiten als Prozeß

Tatsächlich stecken die meisten Patienten aber angesichts dieser Anforderungen lange Zeit den Kopf in den Sand. Sie tun so, als ob sie im Prinzip gesund wären oder würden. Erst nach Wochen oder Monaten können sie zeitweise auf verleugnende bzw. bagatellisierende Bewältigungsansätze verzichten, um immer öfter, zumindest für Augenblicke, der Realität ins Gesicht zu sehen. Dabei werden den Kranken natürlich alle erlittenen Verluste bzw. die oben beschriebenen Einschränkungen bedrohlich sichtbar, wodurch es zu Zuständen von Trauer, Angst und Depression kommt. Dieser schmerzliche Prozeß der Konfrontation mit der Wirklichkeit (vgl. LINDEMANN's Konzept der „*Trauerarbeit*") vollzieht sich wellenförmig und über längere Zeiträume hinweg (→**Konfrontation**). Immer wieder nehmen die Patienten Zuflucht bei verleugnenden bzw. vermeidenden Formen der Auseinandersetzung, bis sie sich den Veränderungen der körperlichen und sozialen Integrität und den dadurch ausgelösten schmerzlichen Gefühlen von neuem stellen können. Dabei geraten sie zusätzlich in ein Spannungsfeld zwischen den eigenen Anpassungsbemühungen und den Erwartungen der *sozialen Umwelt*, die zunächst einmal den verleugnenden Patienten als relativ unproblematischen Menschen schätzt und in diesen Verhaltenstendenzen bestärkt, andererseits jedoch früher oder später von ihm erwartet, daß er sein Schicksal selbst in die Hand nimmt. Diesen Erwartungen kann der Kranke letztlich nur gerecht werden, wenn er für seine Vermeidungstendenzen Verständnis, aber auch taktvoll dosierte Korrekturen bzw. für alle aktiven Lösungsbeiträge nachhaltige Unterstützung und Anerkennung findet.

4 Theoretische Bezugspunkte für ein Konzept der Bewältigung von chronischen Krankheiten

Die meisten Studien zur Auswirkung organischer Krankheiten auf das Erleben und Verhalten von Betroffenen sind kasuistischer Natur, wobei nur wenige dieser Arbeiten den Charakter von Erfahrungsberichten über *Gruppen* von Patienten mit ähnlichen Problemen haben (z. B. HAMBURG, HAMBURG & DE GOZA 1953, über Patienten mit schweren Verbrennungen; VISOTSKY, HAMBURG, GOOS & LEBOVITS 1961, über Patienten mit Atemlähmungen auf der Grundlage einer spinalen Kinderlähmung; REICHSMAN & MC KEGNEY 1978, über Dialyseabhängige).

Im Vordergrund des Interesses steht meist die Frage nach den „intrapsychischen" Mechanismen, mit denen die Kranken den unangenehmen Zustand „innerlich" zu verarbeiten versuchen („*Abwehrmechanismen*"). Dieser psychoanalytische Gesichtspunkt ist in der jüngeren Zeit wesentlich durch Phasenmodelle der Krankheitsverarbeitung erweitert worden, die sich aus dem Bereich der sogenannten *Krisentheorie* bzw. der LAZARUS'schen Kognitionspsychologie ableiten (→**Krisenintervention**) (vgl. SHONTZ 1975, MOOS 1977, COHEN & LAZARUS 1979).

Als defensive Reaktionen auf Krisen, d. h. auf nachhaltig wirksame „Einbrüche" im Lebenslauf, werden insbesondere zum einen die von psychoanalytischen Theoretikern hervorgehobenen Abwehrreaktionen in der dem akuten Ereignis unmittelbar folgenden Schockphase und zum anderen in der von der LAZARUS-Gruppe besonders herausgearbeiteten Phase der „sekundären kognitiven Bewertung" beschrieben. In der neueren Literatur wird stärker auf aktive *Problemlösungsansätze* eingegangen, die mit der Zeit in Erscheinung treten und der Unterstützung bedürfen: Aktivitäten, bzw. Unterlassung von impulsiven Aktionen, Einholen relevanter Informationen über die Erkrankung, Kontakte mit Dritten (Familienangehörigen, Freunden, Selbsthilfegruppen), die Trost und Hilfe geben können etc.

5 Praktische Anregungen für den Umgang mit chronisch Kranken

Angesichts des Mangels an gesichertem Wissen über die beschriebenen Anpassungsprozesse bzw. des Fehlens von Interventionsstudien wäre es verfrüht, praktische Empfehlungen zu geben. Auf der Basis klinischer Erfahrung verdienen jedoch folgende Anregungen Aufmerksamkeit:

- *Verleugnungstendenzen* scheinen eine häufige erste Reaktion auf erhebliche körperliche Veränderungen darzustellen. Der Behandelnde sollte sie kennen, erkennen und bei der Behandlung berücksichtigen, indem er sie akzeptiert und erst allmählich durch dosierte *Konfrontation* mit den Gegebenheiten und Erfordernissen problematisiert. Die dabei auftretenden psychischen Erscheinungen wie Ärger, Trauer, Angst und Depression sind als Hinweise dafür zu werten, daß der Kranke sich mit seiner neuen Lebenssituation auseinanderzusetzen versucht (→**Konfrontationsverfahren**).
- Auf die beschriebenen Gefühlsreaktionen sollten die Behandelnden einfühlsam und klientenzentriert ein-

gehen. Dadurch erhält das Individuum die Möglichkeit, seine passiven Problemlösestrategien zu überwinden und sich den neuen Gegebenheiten zu stellen und dadurch eine Ausgangsbasis für aktive Lösungsansätze zu finden.
- Selbst geringste Ansätze des Patienten zur selbständigen Lösung seiner Probleme (Entwickeln und Anwenden von Problemlösestrategien) sollten aufmerksam registriert und aktiv unterstützt werden. Dies gilt für die Mitarbeit in der Therapie ebenso wie für alle Ansätze der Neuregelung des familiären, beruflichen und Freizeitverhaltens.

6 Einige Konsequenzen für Klinische Psychologie, Psychosomatik und Verhaltensmedizin

In der Praxis wird sich der psychologische Beitrag zur Behandlung von chronisch Kranken am häufigsten darauf beschränken, daß Ärzte von psychotherapeutisch geschulten Fachleuten lernen, wie man beim Patienten in einer klientenzentrierten Atmosphäre Verständnis für Art und Verlauf der Krankheit wecken, die Bereitschaft zur Kooperation bei der Behandlung fördern und Ansätze des Patienten zur Kooperation bei der Behandlung (*Compliance*) systematisch beachten und verstärken kann (z. B. bei einer Langzeitbehandlung mit blutdrucksenkenden Medikamenten bzw. bei der Durchführung von funktionserhaltenden Übungen bei Patienten mit Erkrankungen des rheumatischen Formenkreises).

Bei vielen anderen Patienten, z. B. der Mehrzahl von Herz-Kreislauf-Patienten, ist es außerdem nötig, den weiteren Verlauf der Krankheit durch die gezielte psychologische Behandlung von gesundheitsschädigenden Verhaltensweisen zu beeinflussen. Dies wird heute bereits ansatzweise durch verhaltenstherapeutische Behandlungsangebote zur Steuerung des Eß-, Rauchbzw. Bewegungsverhaltens sowie des sogenannten Typ A-Verhaltensmusters (leistungsorientiertes, dominierendes Verhalten in sozialen Situationen, hastiges Arbeiten und Reden etc.) versucht (→**Eßstörungen**; →**Rauchen**). Ähnliches gilt für die psychologische Behandlung von chronischen Schmerzzuständen bei rheumatischen Erkrankungen, die dem Patienten ein starkes Gefühl von Hilflosigkeit vermitteln können und dadurch vermutlich auch wesentlich zur Entwicklung der Persönlichkeitsmerkmale der sogenannten Rheumapersönlichkeit beitragen können, die die ärztliche Behandlung häufig erschweren.

Folgende Fragestellungen lassen sich schließlich meist nur mit Hilfe von psychotherapeutisch besonders qualifizierten Ärzten und Klinischen Psychologen bearbeiten:

- die Aufklärung von „Rückfällen" während der Behandlung bzw. Erhellung von Lebensumständen, die den Verlauf der Krankheit ungünstig beeinflussen,
- die Einbeziehung von Familienangehörigen in die Behandlung (wenn z. B. die Familie die Anstrengungen des Patienten behindert bzw. wenn der Patient seine Situation nur mit Hilfe der Familie erfolgreich bewältigen kann),
- Die Unterstützung und Supervision von Behandlungsteams, die sich auf die Behandlung von chronisch kranken Patienten spezialisiert haben (wie z. B. Stationen für Tumorkranke bzw. für Patienten, die eine Dauerbehandlung an der künstlichen Niere benötigen).

LITERATUR

COHEN, F. & LAZARUS, R. S. Coping with the stresses of illness. In G. C. STONE, F. COHEN & N. E. ADLER *Health Psychology – A Handbook*. London: Jossey-Bass, 1979.
HAMBURG, D. A., HAMBURG, B. & DE GOZA, S. Adaptive problems and mechanisms in severely burned patients. *Psychiatry*, 1953, *16*, 1–20.
LINDEMANN, E. Symptomatology and management of acute grief. *American Journal of Psychiatry*, 1944, *101*, 141–148.
LIPOWSKI, Z. J. Physical illness, the individual and the coping process. *Psychiatry in Medicine*, 1970, *1*, 91–102.
LIPOWSKI, Z. J. Physical illness and psychopathology. In Z. J. LIPOWSKI, D. R. LIPSITT & P. C. WHYBROW *Psychosomatic Medicine. Current trends and clinical applications*. New York: Oxford University Press, 1977.
MOOS, R. H. *Coping with physical illness*. New York: Plenum, 1977.
REICHSMAN, F. & MC KEGNEY, F. P. Psychosocial aspects of maintenance hemodialysis. In E. A. FRIEDMAN *Strategy in Renal Failure*. New York: Wiley, 1978.
SHONTZ, F. C. *The psychological aspects of physical illness and disability*. New York: Macmillan, 1975.
VISOTSKY, H. M., HAMBURG, D. A., GOSS, M. E. & LEBOVITS, B. Z. Coping under extreme stress. Observations of patients with severe poliomylitis. *Archives of General Psychiatry*, 1961, *5*, 27–52.

Psychotherapie und Körpermedizin

Hubert Speidel

1 Problemstellung

Geschichte, Theoriebildung, Pragmatik, Institutionalisierung sowie Aus- und Weiterbildung haben dazu geführt, daß Körpermedizin und Psychotherapie eher als personell und materiell alternative Wege zur Heilung und Besserung von Leiden gesehen und verfolgt werden (→ **Ausbildung**). Die psychosomatische Medizin (s. Punkt 6) hat theoretisch und praktisch versucht, die Trennung von Somato- und Psychotherapie aufzuheben (→ **Psychosomatische Störungen**). Für einige Krankheiten aus dem Bereich der Psychosomatosen, also derjenigen psychisch mitdeterminierten Erkrankungen, bei denen im Körper substantielle Defekte auftreten, hat sich nachweisen bzw. wahrscheinlich machen lassen, daß die Kombination körpermedizinischer und psychologischer Heilmaßnahmen bessere Ergebnisse ermöglicht als je die eine oder die andere. Für viele als ursächlich körperlich definierte Leiden kann dies ebenfalls gelten (→ **Chronische Erkrankungen**, → **Rehabilitation**).

2 Geschichte

Bei primitiven Völkern waren Körpermedizin und Psychotherapie offenbar institutionell getrennt; für die erstere waren die Geisterbanner, für letztere Medizinmänner, die Vorfahren der Priester, zuständig. Die letztere Tradition setzte sich in dem Kult um Imhotep (3000 v. Chr.) fort, der ab 600 v. Chr. als Gott der Medizin verehrt wurde. Ein Analogon der griechischen Antike sind die Asklepios-Heiligtümer. Im Mittelalter war die Kirche als Erbe der kulturellen Tradition der Antike zuständig für psychische Störungen. Die damals sehr fortschrittlichen Gründungen von Asylen im Spanien des 15. Jahrhunderts sind Ausdruck und Höhepunkt dieser Entwicklung. Daneben entstanden seit 1500 v. Chr. in Ägypten, Assyro-Babylonien, Persien, Indien, China, Japan und im Aztekenreich medizinische Schulen einer vorwissenschaftlichen rationalen, aber nicht empirischen Medizin, die sich für seelische wie körperliche Störungen zuständig erklärten, deren für das Abendland wichtigste die Schule von Knidos (Hippokrates und die ihm zugeschriebenen Schriften) und später Galen (2. Jahrhundert n. Chr.) wurden. Ihre u. a. humoralpathologischen Vorstellungen, die in gewisser Weise durch die moderne Medizin bestätigt werden, verknüpften Körpermedizin und psychologische Medizin mittels einer psychosomatischen Typologie (z. B. schwarze Galle und Melancholie). Die griechische Medizin, die im übrigen aufgrund sehr heterogener Konzepte ein künstliches System z.T. abstruser Dogmen war, wurde erst im 16. Jahrhundert (Vesalius, Paracelsus, Platter, Harvey) teilweise durch eine empirisch orientierte abgelöst, die bis ins 20. Jahrhundert als die eigentliche, d.h. naturwissenschaftlich orientierte Medizin galt. Neben ihr und innerhalb ihrer konnte sich allerdings Psychotherapie kaum entfalten. So entwickelten sich die wichtigsten psychotherapeutischen Richtungen außerhalb der Schulmedizin (→ **Psychoanalyse**, → **Gesprächspsychotherapie**, → **Verhaltentherapie) und auch außerhalb der Psychiatrie, weil diese sich (besonders in Mitteleuropa) bis in die jüngste Zeit naturwissenschaftlichen Kategorien und Dogmen verpflichtet fühlte und verhaltenspsychologische resp. psychodynamische Kategorien erst spät und bis heute nur partiell integrierte.

3 Theoriebildung

Hatte das Humoralkonzept eine einheitliche Theorie für Körper- und Seelenmedizin geliefert, so brachte die Renaissance (GALILEI, NEWTON) die Hinwendung zum Empirismus der naturwissenschaftlichen Methode und damit der Auflösung der Phänomene in einfache Kausalbeziehungen. Die Philosophie der naturwissenschaftlichen Betrachtung der körperlich-seelischen Zusammenhänge ist dem Dualismus DESCARTES' (*res cogitans* und *res extensa*) verpflichtet, dessen Folge auch die herrschende institutionelle Trennung in Körpermedizin und Psychotherapie war. Sie war der Integration psychologischer Aspekte in die Krankheitslehre nicht förderlich. Ihr entsprach die Entwicklung einer Psychiatrie seit dem 19. Jahrhundert und vor allem in Mitteleuropa, die versuchte, psychische Krankheitsphänomene auf hypostasierte körperliche Vorgänge zurückzuführen (Endogenitätslehre). Die naturwissenschaftliche Methode beherrschte auch die akademische Psychologie und die von ihr entwickelten Formen der Psychotherapie, also vor allem die klassische Verhaltenstherapie.

Ein erster wichtiger Ansatz zur Überwindung dieses theoretischen und pragmatischen Dualismus und der erste Nachweis für die pathogene Bedeutung psychischer Vorgänge (Phantasien!) auf die Entstehung körperlicher Krankheit waren FREUDS Hysteriestudien und sein Konversionskonzept. Weil die im Konversionsmodell nötige Annahme eines „Sprunges" vom seelischen in den körperlichen Bereich eine unbefriedigende Lösung des Dualismusproblems war und die im Grenzbereich Körpermedizin/Psychotherapie beobachteten „psychosomatischen" Phänomene nicht hinreichend zu erklären schien, entwickelte die psychoanalytisch orientierte psychosomatische Medizin weiterführende Modelle (DUNBAR, F. ALEXANDER, SCHUR, G. F. ENGEL, A. MITSCHERLICH, die französische Schule der psychosomatischen Medizin u. a. →**Psychosomatische Störungen**). Zuletzt hat konsequent TH. V. UEXKÜLL in Anlehnung an die seit EINSTEIN, PLANCK und HEISENBERG erfolgte Wende der naturwissenschaftlichen Vorstellungen und unter Einführung des Informationsbegriffes und des kybernetischen Modelles ein systemtheoretisches Konzept vorgeschlagen.

4 Pragmatik und Institutionalisierung

Die mit der Weiterentwicklung im Bereich der Körpermedizin wie der Psychotherapie verbundene Notwendigkeit, spezifische *Techniken* zu erlernen, erschwert bzw. verhindert die pragmatische Integration von Körpermedizin und Psychotherapie, weil nicht alle Techniken beider Gebiete gleichzeitig erlernt und beherrscht werden können, und weil die Handhabung der Techniken durch eine dazugehörige *Identitäts*bildung und entsprechende Haltungen getragen wird, die nicht ohne weiteres in einer Person vereinbar sind.

Grundsätzlich können drei verschiedene *therapeutische Ideale* vertreten werden:

- ein *integratives*: es vereinigt körperliche und seelische Behandlung in einem Therapeuten. Ein solches Ideal kann in der Praxis nur von Ärzten angestrebt werden und ist eher bei geringerer technischer Spezialisierung zu verwirklichen.
- ein *spezialisiertes*: der Therapeut strebt die Verwirklichung von hoher spezifischer Technik und Kompetenz an. Solche Techniken schließen in der Regel die körperliche und seelische Therapie durch einen Therapeuten aus. Die Zusammenarbeit zwischen Spezialisten geschieht hier über Funktionsdelegation (Überweisung) und in Berichtform.
- ein *kooperatives*: der Nachteil des spezialistischen wie des integrativen Modells wird durch das Zusammenwirken von Spezialisten unter-

schiedlicher Kompetenz vermieden. Ein solches Modell hat aber das Funktionieren geeigneter organisatorischer und gruppendynamischer Mechanismen zur Voraussetzung (→ **Organisationsformen**; →**Gemeindepsychologie**).

Die Distanz bzw. Nähe von Körpermedizin und Psychotherapie und ihre Formen wechselseitiger Integration und Kooperation hängen in hohem Maße von den jeweiligen Bedingungen der Institutionen ab. Psychologische Institute haben es wegen ihrer üblichen Klinikferne schwer, näheren Kontakt zur Körpermedizin zu bekommen. Für medizin-psychologische und noch mehr für psychosomatische Abteilungen ist dies wegen ihres durch die Approbationsordnung für Ärzte festgelegten Ausbildungsauftrages in Vorklinik und Klinik leichter möglich. Dennoch gibt es das Problem der gegenseitigen Schwellenangst. Deshalb sind spezifisch auf die Integration von Körpermedizin und Psychotherapie hin angelegte Aus- und Weiterbildungsangebote von besonderer Bedeutung. Als erprobteste und wichtigste können die BALINT-Gruppe und das Liaison-Consultation-Konzept gelten. Die erstere ist eher für die Vermehrung der individuellen psychosomatischen Kompetenz, das letztere eher zur Vermehrung der psychosomatischen Kompetenz der Institution (Klinikstation) und ihrer Mitarbeiter geeignet. Als drittes Modell kann die psychosomatisch orientierte körpermedizinische (z. B. internistische) Station gelten.

In der BALINT-Gruppe ist der Gegenstand der Arbeit die Beziehung zwischen dem jeweiligen Gruppenteilnehmer und seinem Patienten bzw. Klienten, der im klassischen Fall den Gruppenteilnehmern nicht persönlich, sondern durch die Darstellung des Berichtenden bekannt ist. Zum Prinzip des Liaison-Service gehört die regelmäßige persönliche Anwesenheit des psychosomatisch tätigen Arztes oder Psychologen auf einer Station und die Arbeit auf verschiedenen Ebenen (Fall- und Stationsbesprechungen, Arbeit mit Patienten, z. B. Notfallpsychotherapie, und mit Angehörigen). In der psychosomatischen Station soll die organmedizinische Arbeit systematisch um die psychosomatische Dimension angereichert werden.

Alle diese Modelle sind ursprünglich von psychotherapeutisch tätigen Ärzten für Ärzte und Institutionen entwickelt worden. Sie sind aber im Prinzip ebenso für klinisch-psychotherapeutisch arbeitende Psychologen verwendbar. Ein speziell in der Zusammenarbeit zwischen Ärzten und Psychologen entwickeltes und vor allem von letzteren gefördertes Modell ist die Zusammenarbeit von Ärzten und psychologischen Psychotherapeuten in ärztlichen Praxen. Die institutionellen Bedingungen werden hier bisher hauptsächlich durch die ärztliche Gebührenordnung geliefert.

5 Aus-, Weiter- und Fortbildung

Mit der Einführung der neuen Approbationsordnung für Ärzte werden medizinische Psychologie vor dem ersten Abschnitt, Psychosomatik/Psychotherapie vor dem zweiten Abschnitt des Staatsexamens als Pflichtfächer gelehrt, und vor dem dritten Abschnitt des Staatsexamens kann Psychosomatik/Psychotherapie, soweit es die örtlichen Verhältnisse erlauben, als Wahlfach praktiziert werden. Dadurch hat sich die Möglichkeit der Medizinstudenten, Aspekte von körper- und psychologischer Medizin zu integrieren, verbessert. Inwieweit dies in die ärztliche Praxis umgesetzt werden kann, läßt sich noch nicht endgültig beurteilen. Die ärztliche Weiterbildung weist hier z. T. erhebliche Lücken auf, weniger für Psychiater und ärztliche Psychotherapeuten (Zusatzbezeichnungen „Psychoanalyse" und „Psychotherapie"), weil sie eine Ausbildung in Körpermedizin erhalten haben, als vielmehr für alle Fachärzte außer Psychiatern und Neurologen. So müssen Fachärzte für innere Medizin in der Bundesrepublik Deutschland nichts über psychische Probleme und Erkrankungen gelernt haben, obwohl nach übereinstimmenden Schätzungen 30 bis 50% ihrer Klientel unter (larvierten) psychosozialen Problemen leidet.

Die Ausbildung der Psychologen ist in Deutschland, verglichen mit manchen anderen Ländern, meist klinikfern und im Hinblick auf den Aspekt dieses Kapitels verbesserungsbedürftig, ebenfalls die Weiterbildung nach dem bisherigen Stand. Die Einführung der medizinischen

Psychologie als Pflichtfach im Rahmen der ärztlichen Ausbildung hat allerdings insofern eine Verbesserung gebracht, als die Integration der Psychologen in die vorklinische Ausbildung auch eine größere Nähe zu klinisch-therapeutischen Fragestellungen ermöglicht. Eine weitere Verbesserung kann von dem zukünftigen Psychologengesetz erhofft werden.

6 Psychosomatische Medizin

6.1 Theorie

Die psychosomatische Medizin hat seit dem Ende des 19. Jahrhunderts versucht, in theoretischen Konzeptionalisierungen Brücken zwischen Körpermedizin und Psychotherapie zu schlagen bzw. die Grenzen aufzuheben. Beispiele sind FREUDS Konversionsmodell, V. V. WEIZSÄCKERS Gestaltkreis, F. ALEXANDERS Spezifitätstheorie, SCHURS Theorie der De- und Resomatisierung, G. F. ENGELS Konzept der Hilfs- und Hoffnungslosigkeit, MITSCHERLICHS Konzept der zweiphasigen Verdrängung, das Konzept der *pensée opératoire* der französischen psychosomatischen Schule (MARTY, DE M'UZAN, DAVID), TH. V. UEXKÜLLS Situationskreis und die Einführung der Systemtheorie, SELYES Stress-Modell u. a.

6.2 Praxis

In der Praxis hat dies zu einer Veränderung der Routine geführt: mit der Ersetzung des klinischen Konsiliardienstes durch das Konzept des Liaison-Service, der Erprobung von integrierten klinischen Modellen und mit ärztlich-psychologischen Kooperationsbeziehungen in Kliniken und Praxen.

6.3 Behandlung von Psychosomatosen

Bei vielen Erkrankungen, deren psychische und soziale Bedingungsfaktoren wir zu kennen bzw. mit hinreichender Begründung annehmen zu können glauben, ist dennoch eine körperliche Behandlung notwendig (Asthmaanfall, Gallenkolik und Gallensteinleiden, floride Colitis ulcerosa, M. Crohn, Ulcus pepticum, Herzinfarkt, Bluthochdruck, Tuberkulose, Krebs, Hyperthyreose, Neurodermitis) und oft lebensrettend (Status asthmaticus, Magen-Darmblutungen u. a.). In anderen Fällen empfiehlt sie sich fallweise (Herzneurose, Herzrhythmusstörungen, Hyperventilationsanfall u. a.). Obwohl alle Psychotherapeuten grundsätzlich daran interessiert sind, nach Möglichkeit die Behandlung auf rein psychotherapeutische Maßnahmen zu beschränken, müssen folgende Ausnahmen von dieser Regel beachtet werden:

- Wenn die Aktualisierung der Symptome lebensbedrohlich ist (z. B. Status asthmaticus, Colitis ulcerosa, Ulcus duodeni und Ulcus gastricum, Anorexia nervosa (→**Eßstörungen**).
- Wenn der subjektive Leidenszustand dies erfordert und der Stand der Psychotherapie es dem Patienten noch nicht ermöglicht, konstruktiv mit der Situation umzugehen (manche akute funktionelle Zustände wie schwere Angst).
- Wenn nachgewiesen ist, daß kombinierte Behandlungen effektiver sind (z. B. Colitis ulcerosa).

6.4 Psychotherapeutische Maßnahmen bei körperlichen Leiden

Bei einer Reihe von Krankheiten, bei denen körperliche Aspekte als führend angesehen werden, gewinnen psychotherapeutische Ansätze zunehmend an Bedeutung, insbesondere bei chronischen Krankheiten und in der Rehabilitation. Menschen an der künstlichen Niere, nach Herzinfarkt, Krebskranke und Herzoperierte sind Beispiele hierfür. Bei den letzteren hat sich wahrscheinlich machen lassen, daß die Rate psychischer Störungen nach der Operation einschließlich schwerer psychotischer Zustände (bei ca. der Hälfte der Patienten!), die nach Herzrhythmusstörungen die zweithäufigste Art postoperativer Komplikationen sind, durch systematische psychotherapeutische Betreuung und entsprechende

Personalschulung reduziert werden kann. Die im Verhältnis zum chirurgischen Erfolg enttäuschende berufliche Rehabilitation der Herzoperierten ist wahrscheinlich z. T. die Folge ungenügender psychotherapeutischer Betreuung. Derartigen Problemen, in denen Körpermedizin und Psychotherapie intensiv zusammenzuarbeiten hätten, müßte sich eine Rehabilitationspsychologie widmen, die in der Bundesrepublik Deutschland bisher erst durch einen Lehrstuhl (Freiburg i. Br.) vertreten ist.

LITERATUR

BAHNSON, C. B. Das Krebsproblem in psychosomatischer Dimension. In TH. V. UEXKÜLL (Hrsg.) *Lehrbuch der Psychosomatischen Medizin*. München: Urban & Schwarzenberg, 1979, 685–698.

BALCK, F. B., KOCH, U. & SPEIDEL, H. (Hrsg.) *Psychosoziale Probleme der chronischen Hämodialyse*. Berlin: Springer, (im Druck).

ELLENBERGER, H. F. Psychiatry from Ancient to Modern Times. In S. ARIETI (Hrsg.) *American Handbook of Psychiatry*, Vol. I, S. 3–27. New York: Basic Books, Inc., 1974.

KÖHLE, K., BÖCK, D. & GRAUHAN, A. *Die internistisch-psychosomatische Krankenstation*. Basel: Editiones „Roche", 1977.

KÖHLE, K. & GAUS, E. Psychotherapie von Herzinfarkt-Patienten während der stationären und poststationären Behandlungsphase. In TH. V. UEXKÜLL (Hrsg.) *Lehrbuch der Psychosomatischen Medizin*. München: Urban & Schwarzenberg, 1979, 571–594.

SPEIDEL, H. Die Balint-Gruppe. Voraussetzungen, Theorie und Methodik. *Therapiewoche,* 1977, *27,* 6946–6961.

SPEIDEL, H. *Konsultations- und Liaisondienste*. Verh. Dtsch. Ges. Inn. Med., 86 Bd., 1980, 1503–1506.

SPEIDEL, H. Probleme der Zusammenarbeit zwischen Organmedizin und psychosomatischer Medizin. *Therapiewoche,* 1981, *31,* 980–986.

SPEIDEL, H. Relation between Psychiatrists and Colleagues in Parapsychiatric Professions. In J. J. LOPEZ-IBOR ALIÑO (Hrsg.) *Training and Education in Psychiatry*. Barcelona: Torquai, (im Druck).

SPEIDEL, H., DAHME, B., FLEMMING, B., GÖTZE, P., HUSE-KLEINSTOLL, G., MEFFERT, H. J., RODEWALD, G. & SPEHR, W. Open-Heart Surgery Unit. In H. FREYBERGER (Hrsg.) *Advances in Psychosomatic Medicine*, Vol. X. Basel: Karger, 1980, 30–56.

V. UEXKÜLL, TH., WESIACK, W. Wissenschaftstheorie und Psychosomatik. In TH. V. UEXKÜLL (Hrsg.) *Lehrbuch der Psychosomatischen Medizin*. München: Urban & Schwarzenberg, 1979, 5–92.

Körpertherapie

Hilarion Petzold und Hildegund Heinl

1 Anthropologische Grundpositionen

Unter dem Oberbegriff Körpertherapie werden eine Reihe von Verfahren zusammengefaßt, die von dem Grundaxiom ausgehen, daß der Mensch der jeweilige Leib *ist*. Der phänomenale Leib als „sujet incarné" (Merleau-Ponty), wird vom Körper (corps objectiv) unterschieden. Leib und Person sind nicht voneinander zu trennen. Der Leib ist Anfang und Ende persönlicher Existenz. In ihm konvergieren Sein und Erkenntnis. Durch seine Sinne wird jeglicher Sinn konstituiert, er ist das *a priori* aller Erkenntnis. Diese anthropologische und erkenntnistheoretische Position ist in den einzelnen Verfahren mehr oder weniger präzise ausgeführt. Sie greift auf phänomenologische und existentialphilosophische Konzepte zurück und impliziert, daß in der Therapie mit dem *ganzen Menschen in seinem sozialen und ökologischen Kontext* gearbeitet wird, nicht nur mit seinem Körper oder seiner seelischen oder sozialen Realität.

2 Formen der Körpertherapie

Es können drei Gruppen leiborientierter Therapieverfahren unterschieden werden:

2.1 Funktionale Verfahren

Zu ihnen gehören die Atemtherapie, die verschiedenen bewegungstherapeutischen Schulen, z.B. Konzentrative und Integrative Bewegungstherapie, Sensory Awareness, Eutonie, Relaxationsmethoden, verschiedene Massageverfahren (s. insgesamt Kirchmann 1974; Petzold 1979 sowie Stockvis & Wiesenhütter 1979). Die funktionalen Ansätze sind auf die Förderung und Verbesserung psychophysischer Funktionen gerichtet. Sie fördern das Körpererleben, den Bezug zur eigenen Leiblichkeit, die Prägnanz des Körperschemas, die Sensibilität, Expressivität und Entspannungsfähigkeit. Da diese Bereiche bei Patienten mit psychischen oder psychosomatischen Störungen und Erkrankungen häufig erheblich beeinträchtigt sind, kommt den funktionalen Methoden der Bewegungs-, Atem-, Entspannungstherapie erhebliche Bedeutung zu. Besonders bei langzeitig hospitalisierten psychiatrischen und geriatrischen Patienten bieten sie einen ausgezeichneten therapeutischen Zugang. Der Behandlungsansatz über den Leib wirkt nicht nur mobilisierend, er vermag auch verbal eingeschränkte Patienten in der nonverbalen Kommunikation zu erreichen. Die Behandlungsmöglichkeiten werden erweitert, wenn über das vorwiegend funktionale Training hinaus psychodynamische Aspekte in die Leibtherapie einbezogen werden oder eine Kombination mit Einzel- oder Gruppentherapie im Rahmen eines klinischen Therapieprogrammes durchgeführt werden kann.

2.2 Konfliktorientierte Verfahren der Körpertherapie

Diese Verfahren gehen in der Regel auf die Arbeiten von Wilhelm Reich zurück, der die Zusammenhänge von „Charakterstruktur" und Körperlichkeit herausarbeitete. Neurotische Konflikte schlagen sich nach REICH in bestimmten Mustern muskulärer Verspannung nieder, der „Charakterpanzerung", die nur durch unmittelbare Einbeziehung des Körpers in die Behandlung, z.T. durch direkte Körperinterventionen, aufgelöst werden kann. Es geht bei diesem Ansatz nicht um funktionales Training, sondern um das Aufdecken traumatischen Materials, das „in den Körper verdrängt" wurde. REICH beobachtete schon 1935, daß sich der Widerstand gegen den analytischen Prozeß im unbewußten Anhalten des Atems manifestierte und daß mit einer Mobilisierung der Atmung verdrängtes Material und die dazugehörigen Gefühle teilweise mit großer Heftigkeit freigesetzt wurden. Die mit der Atembewegung verbundenen Formen emotionalen Ausdrucks werden bei Enttäuschungen, Bedrohung, Liebesentzug unterdrückt, so daß eine Erstarrung eintritt, die den freien Fluß vitaler Bewegung und „*Lebensenergie*" verhindert. Abfuhr der festgehaltenen und aufgestauten bzw. verdrängten Energie sah REICH im erfüllten orgastischen Sexualerleben, das damit für ihn zur Grundlage psychophysischer Gesundheit wurde. In seinem Spätwerk ging es ihm vorwiegend um die Manipulation der von ihm als Orgon bezeichneten Lebensenergie. Aus der aufdeckenden, konfliktzentrierten analytischen Arbeit am Leibe, der vegetotherapeutischen Charakteranalyse, war die Orgontherapie geworden. Einige seiner Schüler folgten ihm auf diesem wenig gesicherten und strittigen Weg nicht, sondern entwickelten seine geniale Idee des Ineinanderwirkens von physischer und psychischer Struktur wie z.B. A. LOWEN und J. PIERRAKOS in der *Bioenergetischen Analyse*. Dieses ist auf das Wahrnehmen muskulärer Verspannungen, das Aufdecken ihres biographischen Ursprungs, das Fördern eines adäquaten Ausdrucks blockierter Emotionen und den Gewinn von Lust als über bloße orgastische Potenz hinausgehende Lebensfreude gerichtet. LOWEN baut den charakteranalytischen Ansatz von REICH weiter aus. Die Grundstrukturen „schizoid, oral, psychopathisch, masochistisch, rigide" werden in ihren Manifestationen für eine Körperdiagnostik beschrieben, auf deren Grundlage Interventionsstrategien und spezifische Übungen für die Behandlung entwickelt wurde. Die Gefahr einer starren Typologie und einer Reifizierung von Psychodynamik liegt bei der Bioenergetischen Analyse und den übrigen reichianischen und neoreichianischen Verfahren nahe. Ihre Bedeutung für eine ganzheitliche Behandlung sollte jedoch nicht unterschätzt werden. Neben LOWEN haben noch andere Vertreter einer konfliktorientierten neoreichianischen Körpertherapie eigene Formen der Behandlung entwickelt (vgl. PETZOLD 1977).

2.3 Integrative bzw. multimodale Verfahren der Körpertherapie

Das Verfahren LOWENS verbindet schon konfliktzentrierte und funktionale Ansätze. Noch deutlicher findet sich eine derartige Integration bei der Lomi-Therapie, einer Verbindung von Gestalttherapie und funktionalen Übungen aus dem Yoga und anderen Ansätzen fernöstlicher Atem- und Bewegungstherapie, und bei der *Thymopraktik*, einer aufdeckenden Form der Körperarbeit, die je nach Indikation auch übungszentriertes Vorgehen einbezieht.

Thymopraktik will durch direkte Körperinterventionen, Einwirkung auf Muskulatur und Atmung die im Körpergedächtnis festgehaltenen Szenen aktivieren und erlebbar machen. Z.B. werden mit Verspannungen verbundene biographischen Situationen evoziert und durchgearbeitet. Besonders frühe Störungen aus der Zeit vor der Sprachentwicklung können auf diese Weise integriert werden. Defizitäre Ich-Entwicklung als Folge von Störungen in der Mutter-Kind-Dyade erweisen sich häufig als in einem mangelhaft ausgebildeten Körperich begründet. Die direkte Körperintervention vermag derartige Defizite bis zu einem gewissen Grade „nachzusozialisieren". Im Zentrum der Arbeit steht das Erschließen von „Evidenzerlebnissen" als einem Zusammenwirken von körperlichem Erleben, emotionaler Erfahrung und kognitiver Einsicht. Theoretischer Hintergrund des Verfahrens ist zum einen die phänomenologische Leibtheorie: Mein Leib ist meine Geschichte (G. MARCEL), mein Bezug zur Welt, meine Identität, mein Ort in der Zeit (M.

MERLEAU – PONTY) – zum anderen eine Theorie szenischen Gedächtnisses: mein Leib ist ein Reservoir von Szenen, Sozialisation die Internalisierung von Szenen und Szenensequenzen, die bei entsprechender Stimulierung evoziert werden können.

Die Integrativen Verfahren der Leibtherapie wurden bislang in folgenden Indikationsbereichen eingesetzt: Neuroseerkrankungen, frühe Störungen und hier besonders die verschiedenen psychosomatischen Krankheitsbilder. Durch die Integration von verbalem und nonverbalem Vorgehen wird versucht, für die Psychosomatik eine Behandlungsmethodologie und -technik bereitzustellen, die über den sprachlichen Ansatz herkömmlicher Psychotherapie hinausgeht und den Menschen als Ganzen, als Leib-Subjekt erreicht. Die verschiedenen Formen der Leib- bzw. Körpertherapie werden in Zukunft, insbesondere mit besserer Erforschung der in ihnen wirksam werdenden Faktoren, zunehmend an Bedeutung gewinnen. Bislang wurden durch empirische Untersuchungen die positive Wirkung körpertherapeutischer Verfahren in der Behandlung psychiatrischer Akut- und Langzeitpatienten nachgewiesen, z. B. Steigerung der Kommunikationsfähigkeit, des Körpererlebens, Veränderung im Erleben des Körperschemas, Beseitigung bzw. Reduktion von Symptomatik.

LITERATUR

KIRCHMANN, E. *Moderne Verfahren der Bewegungstherapie*. Paderborn: Junfermann, 1979.
LOWEN, A. *Bioenergetik*. München: Scherz, 1976.
PETZOLD, H. G. *Die neuen Körpertherapien*. Paderborn: Junfermann, 1977.
PETZOLD, H. G. *Psychotherapie und Körperdynamik*. Paderborn: Junfermann, 1979³.
REICH, W. *Charakteranalyse*. Frankfurt: Fischer, 1973.
STOCKVIS, B. & WIESENHÜTTER, E. *Lehrbuch der Entspannungstherapien*. Stuttgart: Hipokrates, 1979.

Kognitive Therapien

Renaud van Quekelberghe

1 Ansätze und Definition

Eine einheitliche Kognitive (Psycho-)Therapie gibt es nicht. Vielmehr gibt es z. Zt. verschiedenartige Ansätze, die man mehr oder weniger zutreffend als „kognitiv" bezeichnen kann. Ob und inwieweit diese Bezeichnung zutrifft, hängt sicherlich von der definitorischen Einführung von Ausdrücken wie „Kognition, kognitiv" ab.

Kognitive Therapien befassen sich vorrangig mit den individuellen Einschätzungsprozessen und -strukturen von Ereignissen durch den Klienten. Dabei wird versucht, realitätsadäquatere Neueinschätzungen zu entwickeln und sie durch die Aktualisierung von entsprechenden Bewältigungsfertigkeiten handlungsrelevant zu machen. Die Entwicklung realer Neueinschätzungen bzw. Neubewertungen macht folgende Therapieschritte notwendig:

- Die inadaptiven Einschätzungen müssen aufgedeckt werden; deren Strukturen und Entstehungsbedingungen sollen entsprechend den jeweiligen Therapiezielen analysiert werden.
- Neueinschätzungs- bzw. Bewertungsmuster müssen entwickelt werden. Begründungen und zu erwartende Konsequenzen sollen dabei näher analysiert werden.
- Diese Neueinschätzungen müssen in verschiedenen problematischen Situationen und unter unterschiedlichen Streßbedingungen als wesentliche Bestandteile von Bewältigungsfertigkeiten eingeübt werden.

Kognitive Therapien betonen im Gegensatz zum Konditionierungslernen komplexe Formen des Regellernens und des Problemlöseverhaltens. Der Klient wird dazu aufgefordert, möglichst aktiv durch Selbstbeobachtung und Selbstkontrollverfahren an der Gewinnung, Planung und Bewertung der für die Lösung seiner Lebensprobleme relevanten Informationen mitzuarbeiten. Wenn auch vielfältige Gesprächstechniken und -stile von kognitiven Therapeuten erarbeitet und angewandt werden, wird doch eine direkte Einübung von Handlungssequenzen meist als unerläßlich betrachtet, wie z. B. die Realitätsüberprüfung von im Gespräch erarbeiteten Hypothesen; die direkte Erfahrung von bestehenden Diskrepanzen zwischen Einsicht und Handeln; die Verfeinerung und Verfestigung neuer Einschätzungsmuster etc.

Trotz der Vielfalt ihrer Therapietechniken tragen die Kognitiven Therapien zur Integration der Psychotherapieforschung wesentlich bei. Dies hängt nicht zuletzt mit ihrer – zumindest implizit – kognitiv-psychologischen bzw. handlungstheoretischen Grundkonzeption zusammen. Es ist sicher anzunehmen, daß eine explizite Ausarbeitung dieser Grundkonzeption die integrierende Wirkung der kognitiven Therapieansätze in therapietechnischer wie -theoretischer Hinsicht noch steigern würde.

Unter kognitiver Therapie wird also die Entwicklung von therapeutischen Methoden verstanden, die auf den Ergebnissen der Grundlagenforschung über die Rolle kognitiver Prozesse und Strukturen bei der Steuerung und Regulation des Verhaltens aufbauen und die in erster Linie auf die Aufdeckung und Veränderung von kognitiven Prozessen und Strukturen abzielen. Sofern sich die Kognitiven Therapien auch mit der Ätiologie und Definition psychischer Störungen beschäftigt haben, haben sie dies vorwiegend für einzelne Störungsbereiche, z. B. die Depression, getan.

2 Forschungsbereiche Kognitiver Therapien

Im folgenden werden verschiedene Ansätze besprochen, die explizite Verbindungslinien zu kognitiv-psychologischen Modellen oder Forschungsfeldern (VAN QUEKELBERGHE 1979a, 1979b) aufweisen. Obgleich sich die aufgeführten Ansätze – wissenschaftsgeschichtlich betrachtet – in keiner oder nur loser Beziehung zueinander entwickelten, gibt es doch zwischen ihnen zahlreiche gemeinsame Merkmale.

Bei einer groben Durchsicht von Kognitiven Therapieansätzen lassen sich zwei Forschungsbereiche auf Anhieb voneinander unterscheiden:

- Kognitive Therapiemodelle und -faktoren innerhalb traditioneller Verhaltens- und Einsichtstherapien
- Kognitive Therapietechniken und -theorien

Zum ersten Bereich gehören zahlreiche Untersuchungen über die Relevanz „kognitiver Prozesse" für traditionelle Verhaltens- und Einsichtstherapien. In der Verhaltenstherapieforschung wurden z. B. kognitive Faktoren wie die Erfolgserwartung und -rückmeldung, die Außen- und Selbstattribuierung, die theoretische Konzeptualisierung der Therapiewirkung experimentell untersucht. (Näheres über diesen Forschungsbereich: VAN QUEKELBERGHE 1979a).

Für den zweiten Forschungsbereich lassen sich – orientiert an der Entwicklungsgeschichte dieses Forschungsgebiets – drei größere Gruppen von kognitiven Therapietechniken unterscheiden:

- rational-emotive Therapieverfahren (nach ELLIS)
- kognitive Therapie i. e. S. (nach BECK)
- kognitive Verhaltensmodifikation bzw. verhaltenstherapeutisch orientierte kognitive Therapie. Hierzu gehören Ansätze wie: Selbstinstruktions- und Streßimpfungstraining (MEICHENBAUM 1979); systematische kognitive Restrukturierung (GOLDFRIED & GOLDFRIED 1977). Weiterhin Ansätze wie Problemlösungstraining, Attributionstherapie, Training kognitiver Bewältigungsfertigkeiten (s. HOFFMANN 1979, FIEDLER 1981).

3 Kognitive Therapietechniken

3.1 Rational-emotive Therapieverfahren

Die Rational-emotive Therapie geht auf Albert ELLIS zurück (→ **Rational-emotive Therapie**). Die RET versteht sich als eine integrative Therapieform, die rationale, emotional-expressive und verhaltenszentrierte Techniken anwendet. Zu den rationalen oder „kognitiven" Techniken als hervorstehenden RET-Verfahren zählen z. B.: die argumentative Gesprächsführung in Form eines „rationalen Disputs" oder eines „sokratischen Dialogs"; die systematische Beobachtung von Selbstgesprächen mit dem Ziel, rationaler zu denken und zu handeln; die Herausarbeitung und Infragestellung von „irrationalen" Glaubenshaltungen; die Situations- und Handlungsanalyse bzw. -planung auf der Grundlage realistischer Annahmen und Glaubenshaltungen.

Die RET bietet außer therapeutischen Techniken auch Modelle zur Theorie psychischer Störungen sowie eine Lebensphilosophie an. Ein ätiologisches Modell hebt die zentrale Stellung von individuellen „belief systems" bei Wahrnehmungs-, Emotions- oder Leistungsvorgängen hervor (sogen. „A-B-C-Modell"; vgl. → **Rational-emotive Therapie**). In Übereinstimmung mit diesem Modell besteht die Hauptaufgabe der rational-emotiven Therapie darin, die unrealistischen oder „irrationalen" Überzeugungen (Annahmen, Bewertungen, u. ä. m.) durch realistischere oder „vernünftigere" Überzeugungen zu ersetzen.

3.2 Die kognitive Therapie nach Beck

Nach BECK (1979) kann die Kognitive Therapie als ein Bündel von Vorgehensweisen definiert werden, die sich auf die verbalen oder bildhaften Kognitionen eines Klienten konzentrieren sowie auf die Prämissen, Annahmen oder Einstellungsmuster, die diesen Kognitionen zugrundeliegen. Die von BECK – vorrangig bei Depressiven – angewandten kognitiven Therapietechniken lassen sich in drei Gruppen einteilen:

3.2.1 Techniken zur Erfassung von realitäts- oder zielinadäquaten Vorstellungen oder Gedanken

Systematische Instruktionen und Übungen sind im allgemeinen notwendig, um die Identifizierung solcher oft automatisch ablaufender Kognitionen zu schulen. Z. B. kann der Klient aufgefordert werden, eine Handlung im Zeitlupentempo ablaufen zu lassen und dann nach den Bildern und Gedanken zu suchen, die ihm währenddessen durch den Kopf gegangen waren.

3.2.2 Techniken zur Analyse, Prüfung und Bewertung von „fehlangepaßten" oder „dysfunktionalen Kognitionen"

Bei der Analyse und Kontrolle von dysfunktionalen Kognitionen unterscheidet BECK drei Ansätze. Die *logische* Analyse untersucht, ob logische Fehler wie Übergeneralisierung, willkürliches Folgern, selektive Abstraktion etc. die Gültigkeit emotionsrelevanter Schlußfolgerungen beeinträchtigen. Die *empirische* Analyse untersucht die Übereinstimmung von Annahmen mit den realen Gegebenheiten. Die *pragmatische* Analyse beantwortet die Frage nach den praktischen Konsequenzen bestimmter Überzeugungen und Annahmen.

3.2.3 Techniken zur Veränderung von Überzeugungen und Verhaltensregeln

Therapeuten und Klienten erarbeiten alternative, problemgerechte Kognitionen. Exemplarische „Zielsymptome" und „Problembereiche" werden zur Einübung der neu erarbeiteten Kognitionen ausgewählt. Hierzu gehören auch besondere Verfahren wie „Neuattribuierung", „induzierte Phantasie", „Zweispalten-Technik" (s. HOFFMANN, 1979).

3.3 Kognitive Verhaltensmodifikation

GOLDFRIED (1977), MAHONEY (1977) und MEICHENBAUM (1979) gehören zu den Hauptvertretern der verhaltenstherapeutisch orientierten kognitiven Therapie. In den letzten Jahren wurde eine Reihe von kognitiv-verhaltenstherapeutischen Techniken neu entwickelt und klinisch-experimentell erprobt (vgl. VAN QUEKELBERGHE 1979b). Folgende vier Verfahren seien hier lediglich als für solche Techniken relativ typische Beispiele angeführt.

3.3.1 Selbstinstruktionstraining

Zentrale Annahmen des Selbstinstruktionstrainings kann man wie folgt zusammenfassen: Handlungen werden durch innere „Selbstgespräche" vorbereitet, begleitet und nachträglich bewertet; fehlende oder fehlangepaßte Selbstgespräche können erheblich zur Entstehung und Aufrechterhaltung von Verhaltensstörungen beitragen; es gilt daher, handlungsadäquate „innere Dialoge" aufzubauen. Durch systematische Modellierung und wiederholte Übung geeigneter Selbstinstruktionen können sinnvolle Bewältigungsfertigkeiten gefördert bzw. reguliert werden.

3.3.2 Streßimpfungstraining

Dieses Verfahren wurde vorrangig zur Behandlung von Ängsten konzipiert. MEICHENBAUM (1979) unterscheidet drei Phasen:

In der *Erziehungsphase* versucht der Therapeut, dem Klienten eine kognitiv-psychologische Sicht seiner Verhaltensweisen und eine dieser Sicht entsprechende Therapiekonzeption beizubringen;

In der *Erprobungsphase* werden Selbstgespräche als kognitive Bewältigungsprozesse in einer exemplarischen Problemsituation eingeübt.

In der *Anwendungsphase* werden die Bewältigungsprozesse unter wirklichen und vielfältigen Streßbedingungen getestet und verfestigt.

Außer bei Ängsten wurde das Streßimpfungstraining zur Selbstkontrolle und Steuerung von Ärger und Wutausbrüchen erfolgreich angewandt. Das Vorgehen scheint auch bei der Schmerzbehandlung erfolgversprechend zu sein.

3.3.3 Systematische kognitive Restrukturierung

GOLDFRIED & GOLDFRIED (1977) unterscheiden vier Schritte: Darlegen der Grundannahmen des Verfahrens; Konfrontation mit realitätsinadäquaten Annahmen; Rationale Problemanalyse; Modifikation von aufgedeckten „irrationalen" Annahmen. Diese Technik wurde vor allem für die Gruppenbehandlung von sozialen Ängsten konzipiert. In erweiterter Fassung kann man sie als eine besondere Form von „Problemlösungstraining" auffassen.

3.3.4 Problemlösungstraining

Seit den Aufsätzen von D'ZURILLA & GOLDFRIED (1971) und URBAN & FORD (1971) gelangten denkpsychologische „Problemlösungsmodelle" zunehmend in den Blickpunkt des Interesses von Psychotherapeuten. Das Training allgemeiner Problemlösungsstrategien soll Klienten dazu befähigen, verschiedene Problemsituationen im täglichen Leben selbständig zu lösen. Demnach geht es beim Problemlösungstraining nicht so sehr um das Erlernen spezifischer Verhaltensweisen, sondern vielmehr um die Entwicklung von Strategien zur Bewältigung von Problemsituationen.

Denkpsychologische Stufenmodelle, die verschiedene Abschnitte oder Grundprozesse beim Problemlösen unterscheiden helfen, dienen in der Regel als formale Orientierungsgrundlage für die Gestaltung von Problemlösungstrainings. Solche Grundprozesse sind beispielsweise:

- *Allgemeine Orientierung*
  Zwecks Klärung von subjektiven Erwartungen bzw. Einstellungen gegenüber den zu überwindenden Lebensschwierigkeiten.
- *Problemanalyse*
  Sie gliedert sich in eine *Situations-* und eine *Zielanalyse*. Bei der Zielanalyse wird außer der Begründung der vorgebrachten Ziele eine übergreifende Zielbestimmung (und -planung) angestrebt.
- *Erzeugung und Bewertung von Alternativen*
  Hierbei können verschiedenartige heuristische Methoden zur Anwendung kommen, wie z. B. „brainstorming", simulierte Modellsituation, systematische Variation einzelner Situationsaspekte, ...
- *Entscheidung treffen*
  Der Klient soll lernen, auf der Grundlage bewußt gemachter Argumentationen sich für eine Lösungsstrategie zu entscheiden und sie dann näher zu konkretisieren.
- *Verwirklichung der Entscheidung*
  Einüben der „Strategie" unter möglichst verschiedenen Bedingungen und in unterschiedlichen Situationen.
- *Bewertung der angewandten Lösungsstrategie*
  Der Klient lernt, sachliche Bewertungen zu benutzen. Falls erforderlich, wird der Problemlösungsvorgang ab einem bestimmten Punkt wieder aufgenommen.

Solche Grundprozesse bedürfen sicherlich einer weiteren Differenzierung bzw. Konkretisierung. Ihre bisherige Ausarbeitung hat schon zahlreiche inhaltliche Anregungen für die Gestaltung von Einzel- oder Gruppentherapien geliefert (z. B. FIEDLER 1978; 1981; GRAWE, K., DZIEWAS, H. & WEDEL, S. 1980).

Es ist allerdings fraglich, ob und inwieweit denkpsychologische Stufenmodelle des Problemlösens für die Analyse und Bewältigung von Lebensproblemen geeignet sind. Trotz etlicher berechtigter Bedenken vermögen Modelle des Problemlösens wichtige Vermittlungs- und Integrationsfunktionen zwischen kognitiv-psychologischer Grundlagenforschung und Therapiepraxis zu erfüllen.

4 Zur Bewertung

Die o. a. Ansätze machen deutlich, daß es z. Z. keine einheitliche Kognitive Therapie gibt. Die heterogene Vielfalt der Ansätze mag zunächst befremden oder irritieren. Bei näherer Betrachtung zeigen sich genügend Konvergenzpunkte, um daraus eine stärkere Integration und stringentere Begründung der Kognitiven Therapie erzielen zu können. Hierfür erscheinen mir folgende zwei Forschungsaufgaben dringend erforderlich: eine kritische Analyse der theoretischen Annahmen und der klinischen Effizienz bisheriger kognitiver Therapieansätze; eine genauere Ausarbeitung und Vereinheitlichung der diesen

Ansätzen zugrundeliegenden kognitiv-psychologischen Grundmodelle. Abschließend möchte ich einige Probleme dieser beiden Forschungsaufgaben besprechen.

Die *Rational-emotive Therapie* hat zweifellos viele Impulse zur Entwicklung von kognitiven Therapietechniken gegeben, ihre theoretischen Annahmen aber bisher kaum expliziert. So könnte eine naive, alltags-psychologische Anwendung ihres ätiologischen Modells sehr schnell zu wissenschaftlich unhaltbaren Erklärungen verleiten. Die nicht näher definierten Unterscheidungskriterien zwischen „Rationalität" und „Irrationalität" könnten leicht zu Fehlanalysen und -eingriffen führen. In diesem Zusammenhang sind die von ELLIS besprochenen „irrationalen Ideen" nur als bedingt nützliche Heuristikregeln aufzufassen. Was die existentialistisch anmutende RET-Ideologie betrifft, ist ihre kaum entwickelte Reflexion über gesellschaftshistorische Bedingungen menschlicher Subjektivität dermaßen auffallend, daß mir eine kritische Analyse der RET-Ideologie als dringend geboten erscheint (→**Rational-emotive Therapie**).

Die Vielfalt der von BECK vorgeschlagenen und teilweise empirisch erprobten Techniken birgt in sich die Gefahr einer eklektischen, theoriearmen – wenn nicht gar theorielosen – Anwendung. Eine Herausarbeitung der in diesen Techniken implizierten theoretischen Prinzipien ist bisher nur partiell geschehen, z.B. im Rahmen einer Ätiologie des depressiven Verhaltens. Die von BECK hervorgehobene pathogene Funktion von „automatischen Gedanken", die unbemerkt zu vereinseitigenden Wahrnehmungen oder Beurteilungen von Ereignissen führen können, ist bisher wenig experimentell untersucht worden. Gleiches gilt bezüglich solcher Informationsverarbeitungsprozesse wie „willkürliche Schlußfolgerung", „Übergeneralisierung" oder „Dezentrierung" (s. BECK 1979).

Die Ansätze aus der *kognitiven Verhaltensmodifikation* machen besonders deutlich, daß die traditionellen Lerntheorien (z.B. Theorien des klassischen und operanten Konditionierens) kaum noch als theoretische Grundlagen für die Veränderung kognitiver Prozesse oder Strukturen in Frage kommen. Die vielfältigen Wechselwirkungen zwischen „Umwelt, Kognition, Verhalten und Person", worauf sich die Kognitiven Therapien beziehen, werden z.Z. am ehesten durch kognitiv-psychologische und handlungstheoretische Modelle beschrieben und erklärt. Hierzu gehören z.B.: sozial-kognitive Lerntheorien; kognitive Motivations- und Emotionstheorien; interaktionistische Persönlichkeitsmodelle; attributionstheoretische Ansätze; Problemlösungsmodelle und Handlungstheorien. Die Handlungstheorien scheinen besonders geeignet zu sein, integrierende Funktionen sowohl hinsichtlich der eben erwähnten kognitiv-psychologischen Modelle als auch hinsichtlich der kognitiv-therapeutischen Verfahren zu leisten. Im Rahmen von Handlungstheorien wird das Verhalten nicht konzipiert als nur von außen durch Belohnungen oder Bestrafungen gesteuert, noch werden die Kognitionen (Einsichten, Meinungen, Einstellungen ...) als a priori handlungswirksam gedacht. Die Handlungstheorien sind insofern geeignet, die alten Kontroversen zwischen Behavioristen und Kognitivisten bzw. den klassischen Dualismus von Erleben (Bewußtsein) und Verhalten zu überwinden. Damit einhergehend können sie wesentlich dazu beitragen, Integrationsmodelle von einsichts- und verhaltensorientierten Therapietechniken zu entwickeln helfen. Bis heute gibt es noch keine wohlbegründete Handlungstheorie, die als wissenschaftliche Grundlage für das therapeutische Tun dienen könnte. Wichtige, für die Kognitiven Therapien relevante handlungstheoretische Ansätze findet man z.B. bei HACKER (1978), HOFFMANN (1979) oder WERBIK (1978).

5 Effizienz und Indikationen

Die Frage nach der Effizienz der Kognitiven Therapien sollte nicht unbeantwortet bleiben. Erste empirisch-experimentelle Untersuchungen haben zu positiven, durchaus ermutigenden Ergebnissen geführt. Dies gilt einmal für die empirische Überprüfung von therapietheoretischen und ätiologischen Modellen und zum anderen für die Wirkung von Therapietechniken im Vergleich zu Kontrollgruppen ohne Behandlung oder zu anderen Einsichts- und Verhaltenstherapien (→**Verhaltenstherapie**). Eine über eher globale Effizienznachweise hinausgehende systematische Suche nach den wirksamen Komponenten kognitiver Therapietechniken hat erst jetzt begonnen. Empirische Effizienzuntersuchungen über Kognitive Therapien werden u.a. in der amerikanischen Fachzeitschrift „Cognitive Therapy and Research" veröffentlicht.

Analog zum Stand der Effizienzforschung gibt es bisher wenig Anhaltspunkte, Indikationsfragen kognitiver Therapien umfassend zu beantworten. Es ist z.B. klar, daß ihre Anwendung eine Reihe von Fähigkeiten und Fertigkeiten der Selbstverbalisierung und -kommunikation voraussetzt, was ihren Einsatz bei der Behandlung von Störungen mit schwerwiegenden Verbalisierungs- oder Kommunikationsmängeln (z.B. Autismus, geistige Behinderung) nicht sinnvoll erscheinen läßt.

Die Kognitiven Therapien stehen erst am Anfang ihrer Entwicklung. Bisherige Versuche ihrer kognitiv-psychologischen bzw. handlungstheoretischen Begründung und Integration scheinen erfolgversprechend zu sein. Bisherige Effizienzuntersuchungen haben zu ermutigenden Ergebnissen geführt. Es ist zu hoffen, daß aus beiden Forschungsbereichen neue Impulse für eine intensivere und wirksamere Integration der Kognitiven Therapien kommen werden.

LITERATUR

BECK, A. T. *Wahrnehmung der Wirklichkeit und Neurose*. München: Pfeiffer, 1979.

D'ZURILLA, T. J. & GOLDFRIED, M. R. Problem solving and behavior modification. J. abnorm. Psychol., 1971, *78*, 107–126.

ELLIS, A. *Die rational-emotive Therapie*. München: Pfeiffer, 1979.

FIEDLER, P. A. Zur Theorie und Praxis verhaltenstherapeutischer Gruppen. In A. HEIGL-EVERS & U. STREECK (Hrsg.), *Psychologie des 20. Jahrhunderts,* Bd. VIII, Zürich, 1978.

FIEDLER, P. A. (Hg.), *Psychotherapieziel Selbstbehandlung,* Weinheim: edition psychologie, 1981.

GOLDFRIED, M. R. & GOLDFRIED, A. P. Kognitive Methoden der Verhaltensänderung. In F. H. KANFER & A. P. GOLDSTEIN, *Möglichkeiten der Verhaltensänderung*. München: Urban & Schwarzenberg, 1977.

GRAWE, K., DZIEWAS, H. & WEDEL, S. Interaktionelle Problemlösungsgruppen – ein verhaltenstherapeutisches Gruppenkonzept. In K. GRAWE (Hrsg.) *Verhaltenstheraphie in Gruppen*. München: Urban & Schwarzenberg, 1980.

HACKER, W. *Allgemeine Arbeits- und Ingenieurspsychologie*. Bern: Huber, 1978.

HOFFMANN, N. (Hrsg.) *Grundlagen kognitiver Therapie*. Bern: Huber, 1979.

MAHONEY, M. J. *Kognitive Verhaltenstherapie*. München: Pfeiffer, 1977.

MEICHENBAUM, D. W. *Kognitive Verhaltensmodifikation*. München: Urban & Schwarzenberg, 1979.

URBAN, H. B. & FORD, D. H. Some historical and conceptual perspectives on psychotherapy and behavior change. In A. E. BERGIN & S. L. GARFIELD (Hrsg.). *Handbook of Psychotherapy and behavior change*. New York, 1971.

VAN QUEKELBERGHE, R. *Systematik der Psychotherapie*. München: Urban & Schwarzenberg, 1979a.

VAN QUEKELBERGHE, R. (Hrsg.) *Modelle kognitiver Therapien*. München: Urban & Schwarzenberg, 1979b.

WERBIK, H. *Handlungstheorien*. Stuttgart: Kohlhammer, 1978.

Kommunikationstherapie

Dirk Zimmer

1 Hintergrund und Überblick

Der Ansatz der Kommunikationstherapie geht zurück auf frühe Versuche von Autoren wie Bateson, Haley u.a., die Entstehung von Schizophrenie auf pathogene Interaktions-Strukturen in der Familie zurückzuführen (→**Schizophrenie**). Die Hypothese, das erkrankte Familienmitglied sei längere Zeit widersprüchlichen Botschaften ausgesetzt gewesen, ohne die Widersprüchlichkeit auflösen oder die Situation verlassen zu können, konnte jedoch nicht aufrechterhalten werden. Später versuchten Watzlawick, Gearin & Jackson (1969) in ihrem vielbeachteten Buch diesen Ansatz zu einem allgemeinen systemtheoretischen Modell zwischenmenschlicher Interaktion auszubauen. Anwendung fanden die daraus abgeleiteten Prinzipien v.a. in der Familien- und Sexualtherapie, auch wenn das Modell und die Interventionen bislang einer empirischen Fundierung weitgehend entbehren.

2 Grundbegriffe

Kommunikationstherapie (Mandel) wird in ähnlicher Bedeutung auch *strategische* (Haley) oder *systemische* (Selvini-Palazzoli) Therapie genannt und definiert einen Ansatz, der individuelles Verhalten vorrangig als Strategie innerhalb eines Beziehungsnetzes begreift und weniger als historisch zu verstehendes Charakteristikum des individuellen Menschen. Eine Änderung der Regeln dieses Beziehungsnetzes soll die Aufgabe problematischer Verhaltensstrategien zugunsten neuer befriedigenderer Lösungen ermöglichen. *Paradoxe Intention* (Frankl) bzw. *Symptomverschreibung* (Watzlawick) werden zu Unrecht gelegentlich mit dem Gesamt-Ansatz identifiziert. Sie stellen vielmehr Unterbegriffe zur Beschreibung möglicher Interventionen dar (siehe unten).

3 Grundannahmen des Modells

In der systemtheoretischen Betrachtungsweise erscheinen zwischenmenschliche Beziehungen als ein Regelsystem, das oft über negative Feedbackschleifen (d.h. Rückmeldung von Ist-Soll-Abweichungen und entsprechende Gegensteuerung) zur Normeinhaltung und Systemstabilisierung tendiert. Zwischenmenschliches Verhalten oder Kommunikation ist demnach ein Versuch, Einfluß auf andere Mitglieder des Systems auszuüben, Selbstdefinitionen bzw. Definitionen des Gegenübers oder der Beziehung zu setzen und auf den Einfluß und die Definitionen des Partners zu reagieren.

Watzlawick betont in seinen Axiomen der Kommunikation u.a., daß es unmöglich sei, ‚nicht' zu kommunizieren, daß die wechselseitige Abhängigkeit oder Zirkularität der Interaktion nur willkürliche Setzungen eines Anfangs erlaube (*Interpunktion*) und daß v.a. zwei Ebenen der Kommunikation unterschieden werden müßten: Neben der klaren, direkten Botschaft die „*Metakommunikation*", die über nonverbale und paralinguistische Aspekte angibt, mit welcher impliziten Beziehungsdefinition eine Aussage verstanden werden soll. Später brachte er diese nonverbalen, „analogen" Kommunikationsanteile mit der spezifischen Informationsverarbeitung der rechten Hirnhemisphäre in Verbindung. Die linke Hemisphäre sei dagegen für die Verarbeitung der mehr logisch klaren, „digitalen" Aussagen zuständig.

In der systemtheoretischen Sichtweise wird das Augenmerk nicht nur auf das präsentierte Symptom, sondern vor allem auf die Eigenschaften und Regeln des umgebenden Beziehungssystems gelegt. Dabei werden die bisherigen Lösungsversuche und das Krankheitsselbstbild daraufhin analysiert, inwieweit sie selbst Problem-aufrechterhaltenden Charakter haben. Das Symptom erscheint als problematische Strategie eines von der Familie designierten Symptomträgers, auf die Familie Einfluß zu nehmen. *Symptomverschiebung* (v.a. auf andere Familienmitglieder) wird befürchtet, wenn es nicht gelingt, durch eine Änderung der Interaktionsregeln den vermuteten System-stabilisierenden Charakter des Symptoms überflüssig zu machen. Die *Diagnose* sollte demgemäß weniger zu einer Etikettierung individuellen Verhaltens taugen als zu einer Aufklärung von Interaktionsmustern und „Spielen" führen. So könnte das Rückzugsverhalten eines Ehemannes weniger Ausdruck einer schizoiden Charakterstruktur, sondern Teil eines „komplementären" Spieles sein, bei dem der Mann sich (aus seiner Sicht) zurückzieht, weil die Frau ihn bedrängt und nörgelt, die Frau (aus ihrer Sicht) jedoch drängen muß, damit er sich nicht vollständig zurückzieht. Beide Verhaltensmuster werden hier verstanden als Problemlöseversuche, die sich gegenseitig bedingen, also „komplementär" sind, und die zusammengenommen das Problem aufrechterhalten.

4 Grundideen kommunikationstherapeutischer Praxis

Die Praxis ist strukturiert, direktiv und vor allem gegenwartsorientiert, ähnlich dem Vorgehen der Verhaltenstherapie (→ **Verhaltenstherapie**). Veränderungen werden durch neue, positive Erfahrungen erwartet. Diese sollen dadurch ermöglicht werden, daß der Therapeut mit neuen Erklärungen für bestimmte Verhaltensweisen und mit Verschreibungen destruktive Lösungen verhindert. Auf diese Weise kommen für den Klienten oft überraschende neue Perspektiven und Ansätze auf. Aus den oft anekdotischen Therapieberichten lassen sich einige immer wiederkehrende Prinzipien extrahieren.

4.1 Anfangsphase (Joining)

Zunächst versucht der Therapeut, sich auf die Art einzustellen, wie Klienten die Welt und ihr Verhalten kategorisieren bzw. in Sprachbildern beschreiben. Er versucht, die zentralen Steuerungsprozesse und interaktionellen Regeln zu begreifen.

4.2 Neukonzeptualisierung alten Verhaltens

Um einen Ansatzpunkt für die Blockierung Problem-aufrechterhaltender Problemlöseversuche und destruktiver interaktioneller Kämpfe zu finden, versucht er nun, „gute Gründe für das Symptom" und seine Aufrechterhaltung herauszuarbeiten. Beispielsweise kann ein „selbstunsicherer" Klient auf seine besondere Fähigkeit zur Rücksichtnahme aufmerksam gemacht werden. Das Herausarbeiten positiver Aspekte erlaubt Änderungen, ohne daß der Klient sein gesamtes bisheriges Verhalten als negativ etikettieren und ein entsprechendes negatives Selbstbild haben muß.

4.3 Symptomverschreibung oder paradoxe Intention

Die schwierige Aufgabe des Therapeuten besteht darin, den Klienten aufzufordern, das zentrale Element des bisherigen Problem-Verhaltens unverändert weiterzuführen, dies jedoch mit neuen Konzepten und Erklärungen, die die innere Bewertung von Situation und Verhalten völlig verändern. Dies verlangt viel Geschick und Erfahrung. Von einer *therapeutischen Doppelbindung* wird dann gesprochen, wenn die paradoxen Aufforderungen nur positive Neuerfahrungen zulassen unabhängig davon, ob der Klient ihnen nachkommt oder nicht. Wird beispielsweise einem Paar mit exzessivem Streitverhalten verdeutlicht, daß dies Verhalten momentan ihre einzige Möglichkeit sei, Zuneigung und Liebe auszudrücken und wird die Aufforderung ausgesprochen, zunächst für die kommende Zeit überhaupt nichts an dem Streitverhalten zu ändern, kann dies zu folgenden Möglichkeiten führen: Beide streiten weiter unter der neuen Begründung und entdecken, daß das Streitverhalten zunehmend einem positiven Austausch weicht. Oder sie versuchen zu demonstrieren, daß die therapeutische Unterstellung falsch ist und hören auf zu streiten und machen auf diesem Weg neue, oft überraschend positive Erfahrungen.

4.4 Weitere Verfahren

In den meist unsystematischen Berichten werden viele interessante Gesprächsführungsprinzipien, v.a. zur Beeinflussung der Therapie-Motivation berichtet. Oft werden metaphorische Bilder und Geschichten eingesetzt und implizite Mitteilungen gemacht um schwer akzeptierbare und angstbesetzte Gedanken einzuführen. Hier wurde v.a. der Therapeut Milton ERICKSON berühmt.

4.5 Das Konzept der Therapeut-Klient-Beziehung

Ein Grund-Dilemma jeder Therapie liegt in der paradoxen Rolle des Helfers, d.h. in seinem Bemühen, Selbständigkeit und Autonomie durch Fremdbeeinflussung erreichen zu wollen. Der Einfluß kann nicht geleugnet werden, ein Therapeut kann nicht „nicht beeinflussen". Ziel ist jedoch, daß der Klient gegen Ende der Arbeit den Erfolg nicht dankbar auf den Therapeuten, sondern auf sich selbst bezieht. Um dies zu erreichen, versucht man hier, den direkten Weg der Hilfe zu vermeiden. Vielmehr werden Klienten in Situationen gebracht, in denen alte Lösungen unmöglich werden und so neue Lösungen vom Klienten selbst (manchmal gegen den Therapeuten) entwickelt werden (z.B. „Es tut mir leid, aber ich wollte mich an ihr Verbot von sexuellem Verkehr einfach nicht mehr halten").

In der Kommunikationstherapie wird sehr darauf geachtet, die Therapeut-Klient-Beziehung flexibel zu gestalten. Der oft vorgebrachte Vorwurf mangelnder Transparenz wird insoweit akzeptiert, als darauf geachtet wird, daß der Therapeut immer eine Planungsebene über dem Geschehen stehen muß. Der Vorwurf der Manipulation wird mit der Behauptung zurückgewiesen, daß paradoxe Verschreibungen auf reale Paradoxien des Lebens bezogen seien und nur dann wirksam seien. Dieser Punkt ist jedoch umstritten (ZIMMER 1977).

5 Abschließende Einschätzung der Kommunikationstherapie

Der theoretische Ansatz: Die Übertragung von Systemtheorie und Informationstheorie auf zwischenmenschliches Verhalten fand zunächst viel Zustimmung, stieß aber wegen einiger Inkonsistenzen auch auf Widerspruch. Noch wenig abgesichert ist der Versuch, das Konzept der unterschiedlichen Informationsverarbeitung der beiden Hirnhemisphären in das Konzept einzubauen. Weiterführend sind erste linguistische Analysen der komplizierten und hintersinnigen Gesprächführungsstrategien (v.a. von M. ERICKSON). Insgesamt ist der Ansatz nicht frei von Widersprüchen.

Empirische Absicherung: Es mag von Bedeutung sein, daß gerade Therapeuten, die mit besonders schwer gestörten Paaren arbeiten, diesen Ansatz aufgreifen. Die begeisterten Erfolgsberichte werden jedoch bisher nicht durch kontrollierte Studien untermauert. Zwar liegen empirische Berichte vor, daß die deskriptiven Kommunikations-Kategorien gut zur Diagnose gestörter Beziehungen taugen, auch gibt es Hinweise, daß paradoxe Intention bei Schlafstörungen effektiv ist. Darüberhinaus liegen keine sauber kontrollierten Arbeiten vor. Angesichts der zunehmenden Popularität des Ansatzes liegt hier eine dringende Forschungsaufgabe, damit die vielversprechenden Verfahren in das Repertoire einer Wissenschaftlich fundierten klinischen Psychologie aufgenommen werden können.

LITERATUR

HALEY, J. *Gemeinsamer Nenner Interaktion.* München: Pfeiffer, 1978.

HALEY, J. *Direktive Familientherapie.* München: Pfeiffer, 1977.

MANDEL, A., MANDEL, K. H., STADTER, E. & ZIMMER, D. *Einübung in Partnerschaft.* München: Pfeiffer, 1971.

WATZLAWICK, P., BEAVIN, J. & JACKSON, D. D. *Menschliche Kommunikation.* Stuttgart: Huber, 1969.

ZIMMER, D. Kommunikationstherapeutische Formen der Therapeut-Klient-Beziehung in der Verhaltenstherapie. *Partnerberatung* 1978, *1*, 1–10, auch in: Kongreßbericht der DGVT (Berlin 1977), Tübingen 1978.

Konfrontationsverfahren

WOLFGANG FIEGENBAUM

1 Begriff

Der Begriff Konfrontationsverfahren hat eine jeweils schulenspezifische Bedeutung, er umschreibt also keine eng umgrenzte Klasse therapeutischer Strategien. Gemeinsames Merkmal ist die Darbietung von Inhalten, die der Klient aufgrund seiner speziellen Problematik *nicht wahrnehmen kann oder will* oder die er bewußt vermeidet (BASTINE & KOMMER 1978). Von bestimmten Formen der Selbstkonfrontation abgesehen, implizieren konfrontative Verfahren ein vergleichsweise aktives Handeln des Therapeuten. Vom Standpunkt des Therapeuten aus sind unter Konfrontation alle therapeutischen Interventionen zu verstehen, in denen er *gewohnte Muster des Klienten im Verhalten, Denken und Erleben bewußt und gezielt in Frage stellt*. Ein solches In-Frage-Stellen kann natürlich auch unbeabsichtigt geschehen. Die Grenze zwischen konfrontativen Interventionen und solchen, in denen lediglich z. B. die Wahrnehmung des Klienten auf bisher wenig berücksichtigte Aspekte gelenkt wird oder sein Verhalten modifiziert wird, ist fließend.

2 Aspekte von Konfrontation

Die *Darbietung* durch den Therapeuten kann auf verbalem Wege (z. B. Aufgreifen von Widersprüchen zwischen explizierten Normen und Verhalten), mit Hilfe von aufgezeichnetem beobachtbaren Verhalten (z. B. Videofeedback bei diskrepantem Verbal- und Mimikverhalten) oder durch Konfrontation mit realen Situationen oder Objekten (z. B. angstauslösende Umgebung) erfolgen.

Die *Inhalte* der Konfrontation variieren stark (z. B. nichteingestandene Gefühle, irrationale Gedanken, Widersprüche in Normvorstellungen, angstauslösende Situationen in der Vorstellung und in der Realität) und sind von der jeweiligen Problemanalyse abhängig. Vom Klienten werden diese Inhalte entweder *nicht wahrgenommen* oder aber (bewußt) *vermieden*. Ursache hierfür können einerseits bisherige mangelnde Rückmeldung der Umwelt, fehlende oder falsche Informationen zum Problem und seinen Ursachen (mangelnde Problemanalyse) oder aber Ängste sein, die zur Vermeidung führen (→**Problemanalyse**; →**Ängste**). Therapeutische Schulrichtungen unterscheiden sich bei konfrontativem Vorgehen hauptsächlich nach dem *bevorzugten Ansatzpunkt* der Konfrontation. Gestalttherapeutische Konfrontationsverfahren setzen auf der Erlebensebene an, wobei wiederum ein besonderer Schwerpunkt auf dem Körperempfinden oder nonverbal geäußerten Gefühlen liegt. Konfrontationen in der Gesprächspsychotherapie beziehen sich demgegenüber meist auf verbal vermittelte emotionale Inhalte, während in der Verhaltenstherapie häufig neue konkrete Erfahrungen durch die Verhinderung von Vermeidungsverhalten ermöglicht werden sollen. Die kognitive Verhaltensmodifikation legt den Schwerpunkt auf die das Verhalten und Erleben steuernden Gedanken, Bewertungen und Vorstellungen (→**Gesprächspsychotherapie**; →**Gestalttherapie**;

→Kognitive Therapien; →Verhaltenstherapie). Diese Unterscheidung ist einerseits weitgehend theoretischer Natur, sie berücksichtigt andererseits nicht, daß durch Konfrontation auf einer der genannten Ebenen in der Regel auch Veränderungen auf den anderen Ebenen zu erwarten sind.

3 Beispiele für konfrontative Methoden

3.1 Anleitung zur Selbstkonfrontation

Als eher indirekte Konfrontationen sind Verfahren zu verstehen, in denen der Klient zu einer Selbstkonfrontation angeleitet wird. Dies ist z. B. beim Rollentausch, bei der sogenannten einstellungskonträren Argumentation oder bei spezifischen Beobachtungs- oder Protokollierungsaufgaben hinsichtlich verzerrt wahrgenommener Aspekte des eigenen Verhaltens oder des Verhaltens der Umwelt der Fall. Ziele solcher Interventionen sind veränderte Wahrnehmung, Betrachtung der eigenen Problematik aus einem anderen (sozialen) Blickwinkel, Auseinandersetzung mit Argumenten für andere Einstellungen und Werte. Der Therapeut greift hier vergleichsweise wenig in den Therapieprozeß ein. Das Veränderungsergebnis ist nicht explizit festgelegt, eine allgemein breitere Problemwahrnehmung soll erreicht werden.

3.2 Konfrontation mit aufgezeichnetem beobachtbaren Verhalten des Klienten

Hier sind Videofeedback und Tonbandfeedback zu nennen. Allerdings sollte man bei diesen Rückmeldeverfahren nur von Konfrontation sprechen, wenn dem Klienten bisher nicht wahrgenommene Aspekte seines Verhaltens oder Erlebens bewußt gemacht werden sollen. Beispiele sind Diskrepanzen im verbalen oder nonverbalen Verhalten, oder die Demonstration einer für das Problem typischen Interaktion,

3.3 Verbale Konfrontation durch spezifische Formen der Gesprächsführung

Verbale Konfrontation wird häufig nur in umschriebenen Situationen eingesetzt, z. B. wenn innerhalb eines Gespräches Diskrepanzen auftauchen. Als allgemeineres verbales Konfrontationsverfahren kann die Rational-emotive Therapie von ELLIS (1977) verstanden werden, die davon ausgeht, daß Störungen im Verhalten und Erleben auf sogenannte „irrationale" Gedanken oder Glaubenssätze zurückzuführen sind (→**Rational-emotive Therapie**). Mit Hilfe verbaler Argumentation und Selbstbeobachtungsaufgaben versucht der Therapeut den Klienten von der Irrationalität seiner Annahmen zu überzeugen und rationale Gedanken aufzubauen.

3.4 Konfrontation mit realen Situationen und Objekten

Empirische Untersuchungen zur Wirkung und konkreten Ausgestaltung von Konfrontationsverfahren liegen im größeren Ausmaß nur bei der Gruppe der *Reizüberflutungsverfahren* vor (LEVIS & HARE 1977). Diese Techniken (‚flooding', Expositionstherapie, Habituationstraining, Implosion, ‚prolonged exposure', usw.) sind charakterisiert durch

- eine direkte Konfrontation des Klienten mit angstauslösenden Reizen;
- eine vergleichsweise lange Darbietung der Reize
- ein mehr oder weniger striktes Verhindern der *Vermeidungsreaktionen*.

Mit Reizüberflutung wurden bisher erfolgreich Klienten mit Ängsten, phobischen Symptomen und Zwängen behandelt, wobei das Verfahren bei komplexen Phobien mit jahrelangem Vermeidungsverhalten anderen Angstbehandlungsmethoden überlegen zu sein scheint (BARTLING, FIEGENBAUM & KRAUSE 1980; BUTOLLO 1980) (→**Ängste**; →**Zwänge**). Für die Behandlung mit Reizüberflutung weniger geeignet sind überwiegend sozial determinierte Ängste und solche

Ängste, bei denen die vom Klienten befürchteten Ereignisse mit einer gewissen Wahrscheinlichkeit eintreten können bzw. von differenzierten Leistungen des Klienten abhängig sind (z. B. bei Prüfungsängsten). Praxisübungen (*in-vivo*-Konfrontation) erwiesen sich in zahlreichen Untersuchungen gegenüber den Konfrontationen in der Vorstellung als wirkungsvoller. Gleichzeitig geht die Tendenz zu stark verlängerten Darbietungszeiten – bis zu mehreren Stunden – und einer möglichst realistischen Ausgestaltung der angstauslösenden Situation. Grundsätzlich sollte kein fixes Abbruchkriterium (z. B. festgelegte Zeitdauer), sondern ein flexibles gewählt werden, das sich am angstfreien Erleben der Situation und der Erregungsreduktion orientiert.

Das anfangs hohe Ausmaß an Fremdkontrolle für den Klienten verlangt zur Generalisierung der Erfolge einen frühzeitigen, gezielten Einsatz von Selbstkontrolltechniken (→**Selbstbehandlung**; →**Selbstkontrolle**). So sollte der Klient, der an einer Reizüberflutung teilnimmt, relativ schnell lernen, sich selber zu konfrontieren, das heißt, eigenständig angstauslösende Situationen aufzusuchen und damit inkompatible Verhaltensmuster zum bisherigen Vermeidungsverhalten aufzubauen. Die Bereitschaft, an einer Reizüberflutungstherapie teilzunehmen, kann nur durch eine sorgfältige *kognitive Vorbereitung* des Klienten geweckt werden. Hierzu gehören Vermittlung der Therapierationale, d.h. genaue Erläuterung der Wirkmechanismen, Transparenz aller Therapieschritte, Vorbereitung auf Erwartungsängste sowie eine Abklärung der Therapeut-Klient-Beziehung (→**Therapeut-Klient-Beziehung**). Bei den wenigsten Klienten wird eine alleinige Behandlung mit Reizüberflutung indiziert sein. Zwar lassen sich relativ schnell gute Erfolge erzielen; die langfristige Sicherung des Therapieerfolges erfordert jedoch weitere Maßnahmen besonders im sozialen Umfeld (→**Familientherapie**).

4 Therapeutenverhalten

Konfrontative Verfahren verlangen vom Therapeuten Erfahrung, Flexibilität, eine genaue Beobachtung des Klienten, vor allem aber eine sorgfältige *Problemanalyse* und eine Abklärung der eigenen Wahrnehmungsfehler und Wertvorstellungen bei der Beurteilung von Diskrepanzen beim Klienten (→**Problemanalyse**). Auch ist die Gefahr nicht zu verkennen, daß unerfahrene Therapeuten manchmal eigene Unsicherheiten durch Konfrontation des Klienten auszugleichen suchen (→**Therapeutenverhalten**). Gehen wir davon aus, daß alle Therapieschulen eine akzeptierende Grundhaltung des Therapeuten zum Klienten als wesentliche Veränderungsvoraussetzung betrachten, dann wird deutlich, daß bei allen konfrontativen Verfahren

- der Klient deutlich unterscheiden können muß, daß nicht seine Person, sondern lediglich Aspekte seines Denkens, Erlebens und Verhaltens in Frage gestellt werden (Trennung von Inhalts- und Beziehungsaspekt einer Konfrontation)
- bereits eine vertrauensvolle Therapeut-Klient-Beziehung aufgebaut sein muß (→**Therapeut-Klient-Beziehung**).

Je umfangreicher konfrontative Verfahren eingesetzt werden und je diskrepanter die Aussagen des Therapeuten zu denen des Klienten sind, umso bedeutsamer sind die genannten Bedingungen.

LITERATUR

BARTLING, G., FIEGENBAUM, W. & KRAUSE, R. *Reizüberflutung – Theorie und Praxis*. Stuttgart: Kohlhammer, 1980.

BASTINE, R. & KOMMER, D. *Konfrontation als Strategie psychotherapeutischen Handelns*. In L. H. ECKENSBERGER (Hrsg.). Bericht über den 31. Kongreß der DGfPs in Mannheim 1978. Band 2. Göttingen: Hogrefe, 1979, 412–416.

BUTOLLO, W. *Chronische Angst*. München: Urban & Schwarzenberg, 1980.

ELLIS, A. *Die rational emotive Therapie*. München: Pfeiffer, 1977.

LEVIS, D. J. & HARE, N. A Review of the theoretical rationale and empirical support for the extinction approach of implosive (flooding) therapy. In M. HERSEN, R. M. EISLER & P. M. MILLER (Hrsg.). *Progress in behavior modification*, Vol. 4. New York: Academic Press, 1977, 299–376.

Krankheitsbegriff und Normalität

Heinrich Keupp

1 Einleitung

Der Krankheits- oder Normalitätsbegriff bezeichnet die grundlegende Perspektive klinischen Handelns, die für eine Profession oder für eine spezifische Schule leitend ist. Er stellt ein kognitives Ordnungsmodell dar, in dem sich der Handlungsstrom menschlicher Tätigkeit strukturieren läßt in Ereignisse, die erwünscht oder unerwünscht, normal oder abweichend, akzeptabel oder behandlungsbedürftig sind. Der Krankheitsbegriff enthält Annahmen über die Ursachen, den Verlauf und die Behandlungsmöglichkeiten bei psychisch abweichendem Verhalten.

In dem jeweils als gültig betrachteten Krankheitsbegriff verbinden sich verschiedene Einflußgrößen: *einzelwissenschaftliche Paradigmen* (z. B. Lerntheorie, Psychoanalyse, humanistische Psychologie, biogenetische Theorien); *institutionelle Anforderungsprofile* für die klinische Tätigkeit (z. B. die gesetzlichen Normierungen der Reichsversicherungsordnung; Arbeitsroutinen in spezifischen Einrichtungen); in einer Gesellschaft dominierende *Menschen- und Gesellschaftsbilder* (z. B. Autonomie und Ich-Stärke als Normen der Selbstverwirklichung; protestantische Ethik; →**Menschenbilder**). Aus der Vielzahl der in einen Krankheitsbegriff eingehenden Determinanten und ihrer Veränderbarkeit wird einsichtig, daß es eine Vielzahl von konkurrierenden Perspektiven für einen adäquaten Krankheitsbegriff geben kann. Es wird auch verständlich, daß eine lediglich mit wissenschaftlich begründeten Argumenten geführte Auseinandersetzung den Geltungsanspruch einer Perspektive nur begrenzt in Frage stellen kann, wenn sie zugleich durch institutionelle Normierungen abgestützt ist oder sich in Übereinstimmung mit allgemeinen gesellschaftlichen Ideologien befindet.

2 Das „medizinische Modell" und seine Kritik

Die Auseinandersetzung um ein adäquates Krankheitsverständnis hat sich in den letzten Jahren schwerpunktmäßig auf das sog. *„medizinische Modell"* konzentriert. Es repräsentiert das in der Psychiatrie vorherrschende Krankheitsverständnis, das durch die berufliche Vorrangstellung der Psychiatrie im System der psychosozialen Versorgung und durch seine gesetzlich abgesicherte Verordnung im Leistungskatalog der gesetzlichen Krankenversicherung und der Sozialhilfe den Status eines allgemeinverbindlichen Krankheitsbegriffes erlangt hatte (→**Finanzierung**; →**Versorgung**). Entsprechend der mehrdimensionalen Determination des Krankheitsbegriffs fand die Auseinandersetzung um das „medizinische Modell" auf mehreren Ebenen statt.

2.1 Wissenschaftlicher Diskurs

Dem nach biologisch-genetischen Ursachen suchenden oder diese unterstellenden Krankheitskonzept der psychiatrischen Psychopathologie wurden Erklärungsansätze entgegengehalten, die dem Einfluß lebensgeschichtlicher Faktoren

(z. B. im Sinne der Lerntheorie oder der Life event-Forschung) oder sozioökonomischer Lebensbedingungen (entsprechend dem Ansatz der Epidemiologie) einen wesentlich höheren Erklärungsanspruch zumaßen (→ **Ätiologie**; → **Epidemiologie**).

2.2 Konkurrenz der Professionen

Die Versorgung, Behandlung oder Verwahrung psychischer Devianz gehörte über Jahrzehnte in die alleinige professionelle Kompetenz der Medizin und ihrer Teildisziplinen. In den letzten 20 Jahren erfolgte ein außerordentlich expansiver Professionalisierungsschub von Klinischen Psychologen und Sozialarbeitern/Sozialpädagogen. In die Auseinandersetzung um das „medizinische Modell" gingen die daraus resultierenden Konkurrenzprobleme mit ein. Es ging um den Beweis, daß Psychologen und Sozialarbeiter auf der Grundlage ihrer beruflichen Kompetenzen einen eigenständigen und dem medizinischen Handlungsmuster überlegenen Beitrag zur Behandlung psychischer Störungen zu leisten vermögen. In dem Kampf um eine gesetzliche Regelung der eigenständigen Behandlungskompetenz für Diplom-Psychologen (das „Psychotherapeuten-Gesetz") hatte die Propagierung eines alternativen „sozialwissenschaftlichen" Krankheitsmodells einen besonderen Stellenwert (→ **Rechtliche Grundlagen**).

2.3 Sozialpolitische Tendenzen

In allen westlich-kapitalistischen Ländern vollzieht sich eine mehr oder weniger beschleunigte Strukturveränderung der sozialpolitischen Organisierung der psychosozialen Versorgung. Mit einer Tendenz zur Einrichtung von psychosozialen Dienstleistungen im geografischen und lebensweltlichen Nahbereich der Menschen (das Prinzip der „gemeindenahen Versorgung") wird ein Krankheitsbegriff problematisch, der einer ausgrenzenden und Devianz isolierenden psychiatrischen Versorgung als Perspektive diente. In multiprofessionell arbeitenden Ambulatorien (z. B. sozialpsychiatrische Dienste) werden der sozialarbeiterische und psychologische Handlungsansatz gegenüber dem rein medizinischen erheblich aufgewertet (→ **Gemeindepsychologie**; → **Sozialpsychiatrie**; → **Sozialarbeit**).

2.4 Ideologiekritische Ebene

In den 60er Jahren hat sich weltweit eine kritische Grundhaltung gegenüber der Ökonomie, Kultur und Ideologie der spätkapitalistischen Herrschaftsform herausgebildet, die sich mit besonderer Schärfe auch auf die Psychiatrie richtete (in der Gestalt der „antipsychiatrischen Bewegung"). Deren Krankheitsmodell wurde mit der Zielrichtung attackiert, seine repressiven und sozial kontrollierenden Funktionen aufzudecken, die sich in seiner naturwissenschaftlichen Schein-Rechtfertigung nicht mehr erkennen lassen. Der Kampf gegen diesen Krankheitsbegriff richtete sich gegen die Ordnungs- und Kontrollfunktionen der Psychiatrie als Institution und Ideologie. Die differenzierter werdende ideologiekritische Richtung bezog zunehmend auch die Psychologie und Psychotherapie ein, die einem neuen, „weichen" Kontrollmodus über die Tendenzen der Psychologisierung aller sozialer Probleme zum Durchbruch verhelfen. Die Auseinandersetzung um das „medizinische Modell" hat zu einer Reihe von Vorschlägen für alternative Störungsmodelle geführt, die aber keine allgemein anerkannte alternative Perspektive begründen konnten. Es ist im Gegenteil eine neue Konjunktur des traditionellen Krankheitsverständnisses erkennbar, die sozialpolitische, forschungspolitische und berufspolitische Konsequenzen zeitigt.

3 Elemente eines sozialwissenschaftlichen Modells

Aus der produktiven Kontroverse um den Krankheitsbegriff in den letzten Jahren haben sich einige *Elemente einer umfassenderen Perspektive* für die Erfassung psychischer Störungen ergeben, die eine eher sozialwissenschaftliche Orientierung vermitteln:

- Psychisches Leiden ist nur angemessen verstehbar aus der individuellen Auseinandersetzung einer Person mit den Anforderungen, Möglichkeiten und Belastungen seiner objektiven Lebenslage. In diese Auseinandersetzung bringt ein Individiuum seine lebensgeschichtlich begründeten psychischen Ressourcen und Kompetenzen und die ihm verfügbaren sozialen und materiellen Ressourcen ein.
- Aus dem jeweilgen Verhältnis objektiver gesellschaftlicher Anforderungen und Belastungen und den individuell verfügbaren psychischen, sozialen und materiellen Ressourcen ergeben sich die Möglichkeiten eines Individuums zur Lebensplanung, zur Bedürfnisbefriedigung und zur Bewältigung von psychischen Problemen, die aus der alltäglichen Lebensführung resultieren.
- Es ist notwendig, die Angemessenheit der Lebensbewältigung einer Person aus den Möglichkeiten und normativen Vorgaben ihrer spezifischen Lebenswelt zu beurteilen und nicht nach Maßgabe von universellen diagnostischen Standards für Gesundheit oder Krankheit.

Erst wenn psychische Probleme in den alltäglichen Netzwerken nicht mehr bewältigt oder „normalisiert" werden können, werden sie an Institutionen der psychosozialen Versorgung adressiert. Für eine angemessene Problemperspektive der professionellen Dienstleistungen ist es notwendig, das Problem eines Klienten nicht nur als persongebundenes Defizit zu sehen (das wäre die Sichtweise des „medizinischen Modells"), sondern als einen Versuch der Bewältigung objektiver Lebensprobleme, für den die verfügbaren psychischen, sozialen und materiellen Ressourcen unzureichend waren.

- Je stärker professionelles psychosoziales Handeln solche Zusammenhänge ausblendet und je mehr es sich auf diagnostische und interventionistische Routinen verläßt, desto größer ist sein stigmatisierendes und zusätzliches Leiden produzierendes Potential (→ **Etikettierung**).
- Psychisches Leiden ist Resultat der lebensweltlich erfahrenen Belastungen, die für eine Person nicht mehr produktiv bewältigt werden können, und der Erfahrungen mit den verfügbaren psychosozialen Dienstleistungen, die das Leiden mindern, aber auch steigern können.

LITERATUR

AHMED, P. I. & COELHO, G. V. (Hrsg.) *Toward a new definition of health.* New York: Plenum Press, 1979.
DÖRNER, K. & PLOG, U. *Irren ist menschlich oder Lehrbuch der Psychiatrie/Psychotherapie.* Wunstorf: Psychiatrie-Verlag, 1978.
JERVIS, G. *Kritisches Handbuch der Psychiatrie.* Frankfurt: Syndikat, 1978.
KEUPP, H. (Hrsg.) *Normalität und Abweichung.* München: Urban & Schwarzenberg, 1979.
KEUPP, H. & ZAUMSEIL, M. (Hrsg.) *Die gesellschaftliche Organisierung psychischen Leidens.* Frankfurt: Suhrkamp, 1978.

Krisenintervention

GERNOT SONNECK

1 Begriff

Krisenintervention ist jene Form psychosozialer Betreuung und Behandlung, die sich mit Symptomen, Krankheiten und Fehlhaltungen befaßt, deren Auftreten in engerem Zusammenhang mit Krisen steht. Krisen sind Ereignisse und Erlebnisse, die von den Betroffenen nicht mehr sinnvoll bearbeitet und bewältigt werden können und daher die Gefahr einer pathologischen Entwicklung in sich tragen; sie sind also der durch einen inneren und/oder äußeren Anlaß hervorgerufene Verlust des „seelischen Gleichgewichtes" (HÄFNER 1974). Die Krisenintervention, wohl unterschieden von Maßnahmen der Akutpsychiatrie, die bei akuten Psychosen, akuten Bewußtseinsstörungen, Intoxikationen und dergleichen zu setzen sind, umfaßt Aktionen zur Linderung krisenbedingter Leidenszustände und zur Verhütung ihrer sozialen, psychologischen und medizinischen Folgen, insbesondere zur Reduzierung krisengebundener Krankheitsrisiken. Stehen als Krisenanlässe (belastende Lebensereignisse; DOHRENWEND & DOHRENWEND 1974) psychologische Faktoren im Vordergrund, spricht man von psychosozialen (gelegentlich auch psychiatrischen) Krisen; finden sich vorwiegend soziale Auslöser, so handelt es sich um sozialpsychologische Krisen. Von praktischem Wert ist auch die Einteilung von CULLBERG (1978) in traumatische Krisen, die durch Krankheit, plötzliche Invalidität, Tod eines Nahestehenden, Trennung, Kündigung und dergleichen bedingt sind und in Lebensänderungskrisen, im Zusammenhang mit zum Beispiel Verlassen des Elternhauses, Heirat, Geburt, Umzug und Ähnlichem. Lebensänderungskrisen gehören gleichsam zum „normalen" Lebensablauf, und eine Vorbereitung darauf ist relativ gut möglich, während traumatische Krisen meist überraschend kommen, so daß erstere für den Betroffenen leichter verarbeitbar sind.

Der *Krisenbegriff* steht nicht auf der Basis der traditionellen psychiatrischen Diagnostik und stellt auch keine eigene „Krankheitseinheit" dar, er beruht vielmehr auf der Akuität des Zustandsbildes, wenn therapeutisches Handeln im weitesten Sinne unverzüglich einsetzen muß, um nicht reversible Schäden, zum Beispiel Chronifizierungen (festgefahrene Reaktionsphasen nach CULLBERG) oder Suizide zu verhindern. Daher ist es schwierig, eine diagnostische Indikationsliste zu erstellen: Wenn man ursprünglich unter Krisen nur psychogene Störungen verstand, so zeigt sich in letzterer Zeit eine sehr deutliche und durchaus praktikable Tendenz, Krise als akuten Zustand im Verlauf verschiedener Störungen und auch Erkrankungen zu bestimmen. Damit wird die Intervention auf dem Kontinuum von der psychosozialen Krise zum akutpsychiatrischen Notfall hin verschoben. Es ist eine primär organisatorische Frage, ob diese Ausweitung des an sich schon wenig präzisen Krisenbegriffes von einer Kriseninterventionsstelle geleistet werden kann.

Krisen treten in jedem Lebensalter auf, besonders häufig jedoch bei Jugendlichen (Pubertätskrisen) sowie bei älteren Menschen, bei denen als Folge starker innerer und äußerer Isolierung und Mehrfachbelastungen chronische Krisen beobachtet werden können. Ob die sogenannte

„Midlife-Crisis" aufgrund der Häufigkeit des Auftretens oder der Schwere des Zustandes auch in unseren Breiten berechtigterweise gesondert hervorgehoben werden muß, läßt sich derzeit noch nicht feststellen.

2 Aspekte von Krisen

Von besonderer Bedeutung für die *Intervention* ist die Kenntnis

- des Krisenanlasses (Lebensveränderungskrise oder traumatische Krise)
- der inneren Bedeutung (aktuelle Lebensphase, zum Beispiel Pubertät oder Involution und frühe Entwicklungsgeschichte wie etwa Identitätsentwicklung, psychosozialer Werdegang),
- des Verlaufes von Krisen (Schock-, Reaktions-, Bearbeitungs- und Neuorientierungsphase, gegebenenfalls Fixierung, Neurotisierung etc.) und
- der sozialen Situation (funktionsfähige Familie oder Isolation).

Die individuelle Krisenanfälligkeit (Disposition) ist abhängig von der inneren Bedeutung des Krisenanlasses und der Fähigkeit, sich damit auseinanderzusetzen.

3 Ziel der Krisenintervention

Das *Ziel der Krisenintervention* ist die Unterstützung der eigenen Fähigkeiten des Betroffenen und seiner Umgebung, sich selbst zu helfen. Nicht der Ersatz von Verlorenem oder die Verleugnung der schmerzlichen Realität, sondern die Stütze und das Mitgefühl (Empathie), sowie die Ermutigung, Gefühle von Trauer, Schmerz, Feindseligkeit und Aggression zu zeigen, ist die Funktion des Helfers. Dieses Ziel muß kurzfristig realisierbar sein, eine tiefergreifende Persönlichkeitsänderung zu diesem Zeitpunkt anzustreben wäre nicht sinnvoll. Die Mehrzahl der Kriseninterventionen geht außerhalb des professionellen Systems zum Beispiel im Verband der Familie, der Schule, des Betriebes, der Gemeinde etc. durchaus effizient vor sich (→ **Gemeindepsychologie**). Gerade in der Schockphase, in der es darauf ankommt, den Betroffenen nicht allein zu lassen, ist meistens die unmittelbare Umgebung wirkungsvoller und auch leichter in der Lage, präsent zu sein und die Rolle der „stellvertretenden Hoffnung" zu übernehmen, während der professionelle Helfer, der, sei es durch Über- oder durch mangelnde Identifikation, die eigentlichen Bedürfnisse des Patienten und seine Fähigkeit, die Krise durchzustehen, häufig falsch einschätzt.

4 Technik der Krisenintervention

Zur *Technik* der Krisenintervention sind verschiedenste Modelle entworfen worden, die in einem Fünfstufenplan zusammengefaßt werden können (SONNECK & RINGEL 1977):

- Errichten einer Beziehung durch Vermittlung von Präsenz, Verständnis, Hilfsbereitschaft und Zuversicht.
- Abschätzen des Zustandes des Betroffenen und des Schweregrades der Problematik, insbesondere Abschätzen eventueller Suizidalität (Präsuizidales Syndrom nach RINGEL 1969, mit Einengung und Suizidphantasien); dazu kommt die Abklärung des aktuellen Problems beziehungsweise der Beschwerden, der beteiligten Personen (Umwelt), der existenziellen Situation, früherer oder bestehender Krankheiten, früherer Krisen und deren Bewältigung, bereits versuchter Lösungsstrategien, spezifischer Gefährdungen, der wichtigsten Hilfsmöglichkeiten und der Selbsthilfemöglichkeiten (Eigeninitiative und Aktivität). In der Krise ist der Klient viel abhängiger von Helfern und Unterstützung von außen als zu jeder anderen Zeit (CAPLAN 1964), es besteht daher die Gefahr, nicht nur alles *für* den Betroffenen zu tun sondern auch an seiner Stelle. Letzteres Vorgehen wird den Klienten jedoch eher entmutigen und ihn in seinem Abhängigkeitsbedürfnis bestärken. Nach Überlegungen hinsichtlich der Möglichkeiten, die dem Helfer zur Verfügung stehen, kommt es zur Erstellung des Aktionsplanes.

- Die eigentliche Intervention besteht zum einen aus der Entlastung von emotionalem Druck durch das Aus- und Besprechen von Ängsten, Gefühlen der Hoffnungslosigkeit, Suizidgedanken etc. – gegebenenfalls unter Zuhilfenahme von Psychopharmaka, aus der Konfrontation mit der Realität sowie aus der Reflexion des Krisenanlasses und seiner Konsequenzen. Gleichzeitig erfolgt die Stützung des Selbstwertgefühles, die Förderung von Eigeninitiativen, die Zusammenarbeit mit Angehörigen und die vorbereitende Planung für eine Neuorientierung im Sinne eines weniger krisenanfälligen Lebensstils als postventive Maßnahme.
- Beendigung der Intervention, wenn der Betroffene selbst merkt, daß er seine Probleme ohne Betreuung wiederum bewältigen kann. Bei chronischen Krisen, wie sie besonders häufig ab dem Klimakterium auftreten, muß dieses Konzept entsprechend modifiziert werden, da häufig in die Bearbeitung eines Krisenereignisses weitere neue fallen.
- Der Nachkontakt, der für Hilfesuchenden und Helfer eine gewisse Sicherheit darstellt und darüberhinaus wichtige Hinweise über Erfolg oder Mißerfolg der Intervention gibt.

5 Ergebnisse

Im Wiener Kriseninterventionszentrum zum Beispiel, in dem nur ambulant behandelt wird und jährlich etwa tausend Personen direkt betreut werden, sind rund ein Drittel der Klienten beim Erstkontakt in einer akuten Krise. Ergebnisse einer Einjahreskatamnese: 62% fühlten sich beim Erstkontakt stark beeinträchtigt (persönlich, beruflich und privat), nach einem Jahr 18%. Die Gruppe jener, die sich nur minimal beeinträchtigt fühlte stieg von 4 auf 38%. Im Jahr werden insgesamt 1% unmittelbar einer Hospitalisierung zugeführt. Die durchschnittliche Anzahl der Kontakte inklusive der Gruppenkontakte liegt bei 20 (SONNECK, TILL & STRAUSS 1978). Ähnliche Evaluierungsstudien werden gegenwärtig forciert betrieben, die Ergebnisse allerdings zu vergleichen ist aufgrund der oft sehr unterschiedlichen Arbeitsweise und Struktur nicht möglich (COOPER 1979).

6 Ausblick

Da Krisenintervention möglicherweise eine Alternative, jedenfalls aber eine wichtige Ergänzung zur kustodialen Psychiatrie aber auch zur gegenwärtigen psychotherapeutisch-psychosozialen Versorgung darstellen kann, sind die Aufgaben einer Kriseninterventionsstelle außerordentlich vielfältig: sie reichen von Gemeinwesenarbeit, Selbsthilfeinitiativen, Zusammenarbeit in psychosozialen Gemeinschaften über Begleitforschung und wissenschaftliche Tätigkeit, Ausbildung, Lehrtätigkeit, Öffentlichkeitsarbeit und Information bis zur eigentlichen therapeutischen Tätigkeit. Krisenintervention nimmt heute einen festen und vielfach bahnbrechenden Platz in der Beratung, Betreuung und Versorgung von Menschen in schwierigen Situationen ein. Doch darf diese Tatsache nicht darüber hinwegtäuschen, daß einerseits der Krisenbegriff noch wenig präzisiert sowie unser theoretisches Wissen über Krisen und Krisentherapie (insbesondere bei schweren psychischen Erkrankungen) noch lückenhaft ist, und daß andererseits erst in den letzten Jahren das Hauptgewicht der Intervention auf das *Selbsthilfepotential* und die Einbeziehung der Umwelt und der Angehörigen gelegt wird: Familienarbeit, Zusammenarbeit mit der Schule, dem Arbeitsplatz sowie Mobilisierung der Hilfsmöglichkeiten der Gemeinde stellen einen wesentlichen Schwerpunkt dar. Zweifellos setzte die Einführung des Krisenkonzeptes in die Psychiatrie, Psychotherapie, Sozialarbeit etc. wesentliche Akzente in der Berücksichtigung der multifaktoriellen Genese psychischer Störungen. Die Entwicklung neuer Modellvorstellungen über Entstehung, Verlauf und Behandlungsmöglichkeiten drängte somit sowohl den organischen als auch den psychischen Determinismus psychoanalytischer Prägung zurück. Ein großer Teil der empirischen Forschung beschäftigt sich heute mit Lebensveränderungen und deren Beziehungen zu psychischen oder organischen Störungen. Durch die undogmatische, also keiner psychiatrischen bzw. psychotherapeutischen Richtung allein verhaftete Beschäftigung mit der aktuellen Konfliktkonstellation wird das Behandlungs- und Betreuungsangebot verbreitert. Kurztherapeutische Techniken und Kombinationen zum Beispiel somatischer und psychologischer Verfahren, die die tatsächlichen Bedürfnisse des Betroffenen im Vordergrund sehen, bedingen enge *interdisziplinäre Zusammenarbeit* sowohl innerhalb einer Versorgungseinrichtung aber auch zwischen den verschiedenen Hilfsstellen. Da schließlich durch frühzeitigen Einsatz der Krisenintervention schwere psychische Leidenszustände häufig verhindert und bereits aufgetretene behandelt werden können, und da auch Nachsorge bis zu einem gewissen Grad betrieben werden kann, erfährt primäre, sekundäre und tertiäre Prävention (CAPLAN 1964) besondere Berücksichtigung und hat dadurch Einfluß auf die Organisation psychosozialer Versorgung.

LITERATUR

CAPLAN, G. *Principles of preventive psychiatry*. London: Tavistock, 1964.
COOPER, J. E. *Crisis admission units and emergency psychiatric services*. Copenhagen: WHO, 1979.
CULLBERG, J. Krisen und Krisentherapie. *Psychiatrische Praxis*, 1978, *5*, 25-34.
DOHRENWEND, B. S. & DOHRENWEND, B. P. (Hrsg.) *Stressful life events: Their nature and effects*. New York: Wiley, 1974.
HÄFNER, H. Krisenintervention. *Psychiatrische Praxis*, 1974, *1*, 139-150.
RINGEL, E. *Selbstmordverhütung*. Bern: Huber, 1969.
SONNECK, G. & RINGEL, E. Technik der Krisenintervention. *Psychiatria clinica* 1977, *10*, 85-95.
SONNECK, G., TILL, W. & STRAUSS, F. Krisenintervention im Rahmen einer psychiatrischen Ambulanz, verglichen mit einem extramuralen Kriseninterventionszentrum. In H. J. HAASE (Hrsg.) *Krisenintervention in der Psychiatrie*. Stuttgart: Schattauer, 1978, 137-155.

Laientherapie

Manfred Zielke

1 Definition

Selten wurde ein Anwendungsgebiet der Psychologie so sehr von verschiedenen Interessengruppen für eigene Zwecke in Anspruch genommen wie das der Psychotherapie. Man könnte hier die gesamte Palette sozialer Berufe oder sozialer Tätigkeitsfelder nennen, innerhalb derer die Anwendung psychologischer Prinzipien in einem zwischenmenschlichen Kontakt bereits als psychotherapeutische Tätigkeit bezeichnet wird. In der Tat ist es häufig mit erheblichen Schwierigkeiten verbunden, eindeutige Abgrenzungen zwischen einem guten zwischenmenschlichen Kontakt und einer therapeutischen Tätigkeit im Einzelfall vorzunehmen, wenn man die Tätigkeit selbst als Beurteilungsgegenstand heranzieht. Meines Erachtens ist es eine falsche Frage, welche Interaktionen zwischen Individuen als Therapie zu bezeichnen sind; vielmehr sollte festgelegt werden, unter welchen Ausbildungsvoraussetzungen und unter welchen Kontrollbedingungen psychologische Tätigkeiten als Psychotherapie verantwortbar und vertretbar sind (→ **Psychotherapie**).

Laien oder *Nicht-Professionelle* sind Personen, die mit Klienten mehr oder weniger zielgerichtet arbeiten, ohne dazu ein umfangreiches professionelles Training erhalten zu haben. Sie können für ihre Tätigkeit unterschiedlich aufwendig ausgebildet sein, selbst Mitglieder oder ehemalige Mitglieder der betroffenen Zielgruppen sein und unentgeltlich auf freiwilliger Basis arbeiten oder fest angestellt sein.

Es erscheint sinnvoll, zwischen therapeutischem Hilfspersonal und Laienpsychotherapeuten zu unterscheiden. Mit *therapeutischem Hilfspersonal* sind Personen gemeint, die zum Zwecke der unsystematischen Unterstützung allgemeiner Maßnahmen eingesetzt werden. Hierzu gehören z. B. Krankenschwestern, Gemeindeschwestern, Pflegepersonal in Kliniken sowie Lehrer, Erzieher und auch Eltern, die vornehmlich in ihren sonstigen Berufen tätig sind, gleichzeitig jedoch ein Training zur Verbesserung der emotionalen Kontaktnahme erfahren haben und in allgemeine therapeutische Prinzipien eingeführt worden sind.

Laienpsychotherapeuten sind Personen, die in einem speziellen Fertigkeitstraining für eine bestimmte Zielgruppe von Hilfesuchenden ausgebildet werden. Die Zielsetzungen ihrer therapeutischen Interventionen sind dabei relativ eindeutig eingrenzbar. Das Ausmaß der Eigenverantwortlichkeit für das therapeutische Handeln ist unterschiedlich hoch und hängt von dem Grad der erworbenen psychotherapeutischen Qualifikation ab. Sie üben ihre therapeutische Tätigkeit überwiegend nicht hauptberuflich und nicht in ihrem sonstigen Arbeitsbereich aus. Laien in dem vorgenannten Sinn verfügen aufgrund ihrer beruflichen Qualifikation nicht über die umfangreichen psychologischen Kenntnisse, die in einem psychologischen Fachstudium erworben werden und die als Grundlage für eine eigenverantwortliche psychotherapeutische Tätigkeit notwendig erscheinen. Laienpsychotherapeuten erfahren ein intensives Training, das sie befähigen soll, auf eine eng begrenzte Patientengruppe verändernd einzuwirken. Die Ergebnisse detaillierter Untersuchungen belegen nachdrücklich, daß Laientherapeuten bei verschiedenen klinischen Störungen, z. B. ambulante Nachsorge nach stationären psychiatrischen Aufenthalten, Verhaltensstörungen in der Klasse, neurotischen Störungen deutliche psychische Besserungen bewirken können (KATKIN u. GINSBURG 1971). Allgemein wird diese Tatsache als ein gewichtiger Nachweis für einen wirksamen Einsatz von Laientherapeuten gewertet. Es wird jedoch ausdrücklich darauf hingewiesen (ZIELKE 1979b), daß ein solcher Einsatz der Überwachung von Fachleuten bedarf, da Laientherapeuten die Angemessenheit ihres Verhaltens nicht wissenschaftlich verantwortungsvoll beurteilen können (→ **Therapeutenmerkmale**).

Zur Frage, unter welchen Bedingungen Interaktionen zwischen Individuen als *Psychotherapie* bezeichnet werden können, bieten sich folgende Eingrenzungen an:

- Durch ein systematisches Training und eine qualifizierte Erfahrungsbildung sollen die therapeutisch tätigen Personen in der Lage sein, die gelernten Verhaltensweisen planvoll anzuwenden und in ihrem Verlauf zu kontrollieren.
- Sie sollen ein formales Abkommen mit dem Klienten darüber treffen, wie die soziale Interaktion ablaufen und die Rollenverteilung aussehen soll. Dabei müssen Vereinbarungen getroffen werden über Ort, Zeit und Dauer der Zusammenkünfte sowie deren Bedingung; weiterhin über die Art des Therapeuten- und Klientenverhaltens sowie über Veränderungsziele und über externe Kontrollmaßnahmen des therapeutischen Prozesses (→ **Psychotherapie**).

Wenn Personen diese Bedingungen erfüllen, üben sie nach unserer Auffassung eine psychotherapeutische Tätigkeit aus. Leider wird dieser Aspekt der Definition von Psychotherapie z. B. in der gegenwärtigen Diskussion zum „Psychotherapeutengesetz" allzu oft unzulässig vermengt mit der Frage der Eigenverantwortlichkeit des therapeutischen Handelns. Hier wird man wohl zu der Auffassung gelangen, daß die Eigenverantwortlichkeit neben der therapeutischen Qualifikation abhängig ist vom Umfang und der Qualität der beruflichen psychologischen Ausbildung und Prüfung (→ **Ausbildung**).

2 Tätigkeitsbereiche

Tätigkeitsbereiche für „Nicht-Professionelle" lassen sich nach verschiedenen Kriterien klassifizieren. Die Gruppierung ist davon abhängig, ob man den Einsatzort (z. B. Schule, Familie, Klinik, Heim), die Bezugspopulation (Eltern, Lehrer, Krankenschwestern, Pastoren, Pflegepersonal), die Zielgruppe (z. B. hospitalisierte Patienten, verhaltensgestörte Kinder), den Grad der Professionalität oder die verwendeten therapeutischen Methoden (Gesprächspsychotherapie, Verhaltenstherapie) als Klassifikationsmerkmal heranzieht. Bei der folgenden Einteilung werden mehrere Kriterien kombiniert verwendet, wobei der Grad der Professionalität und die Zielgruppe übergeordnete Merkmale sind.

2.1 Laien im natürlichen Erziehungsfeld

Die Vermittlung von entwicklungs- und pädagogisch-psychologischen Erkenntnissen für den erzieherischen Alltag und die Verbesserung der Erziehungskompetenz von Personengruppen, die in natürlichen Erziehungsbereichen tätig sind, sind wichtige präventive und kurative Strategien (SOMMER & ERNST 1977). Als eine wesentliche Zielgruppe werden dabei besonders Eltern vorgesehen. Zur angemessenen Erfüllung ihrer Erziehungsaufgaben benötigen Eltern Vorbereitung und Unterstützung, denn sie bilden einen wesentlichen Bestandteil der kindlichen Umwelt. Kompetentes Erziehungsverhalten ist somit von zentraler Bedeutung für Prävention und Reduktion abweichender Verhaltensweisen, insbesondere, wenn man in Betracht zieht, welche Folgen sich aus manifest gewordenen Erziehungsfehlern ergeben können. Verständlicherweise werden *Eltern* als *Laien* im *natürlichen Erziehungsfeld* bevorzugt zur Behandlung und Betreuung ihrer eigenen Kinder angeleitet. Die Bedeutung dieser Laiengruppen ergibt sich zwangsläufig aus den Nachweisen ihrer therapeutischen Wirksamkeit auch bei Störungen, die unter Verwendung herkömmlicher Konventionen bereits Krankheitswert besitzen (z. B. DUEHN & MAYADAS 1976; WAGNER 1976). Allgemein könnte gefolgert werden, daß Eltern als therapeutische Mitarbeiter gewonnen werden sollten, wenn die kindlichen Verhaltensstörungen durch das Erziehungsverhalten der Eltern kontrolliert oder mitkontrolliert werden. Dabei sollte berücksichtigt werden, daß die Kontrolle der Veränderungsbedingungen so früh wie nur irgendwie vertretbar den Laien im natürlichen Erziehungsfeld übertragen werden sollte. Ein solches Vorgehen ist jedoch nur möglich, wenn die Eltern als therapeutische Mitarbeiter von Anfang an in den therapeutischen Änderungsprozeß einbezogen werden (→ **Eltern-Kind-Therapie**).

2.2 Telefonberatung

Die Telefonberatung (Telefonseelsorge) ist ein Angebot, Tag und Nacht ohne Unterbrechung und Warteliste in Krisensituationen ein Gespräch zu führen. Ihre vorrangige Funktion besteht darin, „aufzufangen, Kontakt und mitmenschliche Wärme anzubieten, zu klären und Orientierungshilfe zu geben, wo und wie diese Probleme bearbeitet werden können" (HARSCH 1976, S. 213). Das Personal besteht vornehmlich aus Laien, die überwiegend nebenamtlich arbeiten, sowie aus einigen Professionellen für die Ausbildung, Beratung und Supervision. Telefondienste erfüllen eher die Funktion von Kontaktpunkten zwischen Hilfesuchenden und therapeutischen und beratenden Institutionen. Dies wäre jedoch bereits ein hinreichender Grund für die Entwicklung dieses Kontaktsystems. Inwieweit Telefondienste selbst therapeutisch wirksam sind, entzieht sich vor allem wegen untersuchungsmethodischer und ethischer Probleme der Erkenntnis.

Geht man von der eingangs erwähnten Definition von Psychotherapie aus, sind Gespräche im Rahmen der Telefonberatung keine Psychotherapie, da die in Abschnitt 1 genannten Bedingungen nur schwerlich erfüllbar sind. Solange die Schwerpunkte der Laienberatung bei der Telefonberatung darin gesehen werden, daß Laien mehr Möglichkeiten zu spontanem Handeln haben, eine geringere Kontaktschwelle für Anrufer und mehr Möglichkeiten zur Identifikation für den Ratsuchenden bieten, dürfte diese Dienstleistung mit einer gewissen Berechtigung auch eine Domäne von „Nicht-Professionellen" im eingangs genannten Sinne bleiben. Ergibt sich jedoch ein Funktionswandel der Telefondienste dahingehend, daß die Erarbeitung therapeutischer Pläne unter Verwendung differenzierter therapeutischer Techniken zunehmend Bedeutung gewinnt, wird eine stärkere Professionalisierung dieser kurativen Tätigkeit unumgänglich.

2.3 Therapeutisches Hilfspersonal

Das therapeutische Hilfspersonal, ohne das eine funktionsgerechte Versorgung in therapeutischen Kliniken heute kaum noch denkbar ist, erfährt überwiegend ein Training zur Verbesserung zwischenmenschlicher Verhaltensweisen. Es wird erwartet, daß ein verbessertes Sozialverhalten des Betreuungspersonals die Wirkung therapeutischer Maßnahmen erhöht (z.B. KALISH 1971) und Hospitalisierungsschäden mindert. Gleichzeitig wird therapeutisches Hilfspersonal eingesetzt, um an dem jeweiligen Arbeitsplatz vorbeugend oder nachsorgend tätig zu werden. Die therapeutischen Hilfsfunktionen werden dabei unterschiedlich weit gefaßt. Wenn das Betreuungspersonal in einer Klinik z. B. lernt, sich den Patienten gegenüber empathisch zu verhalten oder deren Selbständigkeit zu fördern, erfordert diese Tätigkeit keine spezifischen therapeutischen Qualifikationen, kann jedoch erheblich zu einer größeren Effizienz der therapeutischen Maßnahmen beitragen. Eine längerfristige Nachbetreuung durch das Pflegepersonal etwa nach stationären Behandlungen durch regelmäßige Besuchskontakte mit den Patienten außerhalb der Klinik (MARLER 1971) erfordert jedoch bereits eine größere therapeutische Qualifikation, wenn z. B. Entscheidungen über zusätzliche Maßnahmen notwendig werden.

3 Folgerungen

Auf der Grundlage der genannten Einsatzmöglichkeiten von Laien ergeben sich gesundheitspolitische und ausbildungspolitische *Konsequenzen* dahingehend, mehr als bisher Personengruppen ohne eine umfassende wissenschaftliche Vorbildung dafür auszubilden, die klinisch-psychologische Versorgung der Bevölkerung zu ergänzen und zu unterstützen. Aus Nützlichkeitserwägungen heraus stehen einem solchen Vorgehen keine Bedenken entgegen. Allerdings sei ebenfalls davor gewarnt, den Erklärungen psychotherapeutischer Fachverbände zu folgen, in denen darauf hingewiesen wird, wie einfach es doch sei, bestimmte Behandlungsmethoden zu erlernen und wie wenig an Voraussetzungen man dafür mitbringen müsse.

Nach unserer Auffassung geht es bei der Verwendung von Laienpsychotherapeuten nicht so sehr um die Frage, welche Patientengruppen durch Laientherapeuten behandelbar sind, sondern darum, unter welchen Kontrollbedingungen Therapie durch Laien mit welchen Ausbildungsvoraussetzungen vertretbar ist. Dabei sollte berücksichtigt werden, daß die Anforderungen an die therapeutische und psychologische Qualifikation um so höher anzusetzen sind, je größer die geforderte Eigenverantwortlichkeit der Laientherapeuten für das eigene therapeutische Handeln ist. Es steht außer Zweifel, daß Laien infolge ihres eingeschränkten Wissens nur schwerlich in der Lage sind, die Angemessenheit des therapeutischen Vorgehens selbstverantwortlich zu beurteilen. Diese Einschränkung gilt um so mehr, je stärker im Rahmen psychologischer Therapien die vielfältigen Wirkungen und Nebenwirkungen der therapeutischen Maßnahmen auf das gesamte soziale Feld von Patienten auch bei relativ isolierten Einflußnahmen zu berücksichtigen sind, denn mit zunehmender Differenziertheit der therapeutischen Methoden wächst auch das erforderliche Hintergrundwissen.

Das Abschätzen von Risiken im Therapieverlauf, die Bewertung von Komplikationen, die Berücksichtigung von Rückwirkungen auch bei Einzeltherapien auf das soziale Feld des Patienten, die stärkere Gewichtung diagnostischer Informationen über den Behandlungsverlauf und zur Störungsdiagnostik (ZIELKE 1979a) erfordern eine fachliche Kompetenz in nahezu allen psychologischen Disziplinen, die nicht nur durch die Einübung von psychotherapeutischen Methoden erworben werden kann. Einer eigenverantwortlichen therapeutischen Tätigkeit von Laien ist daher nachdrücklich entgegenzutreten. Gleichwohl sind Laientherapeuten durchaus in der Lage, unter der kompetenten Kontrolle von Fachleuten wirksam psychotherapeutisch tätig zu sein.

LITERATUR

DUEHN, W. D. & MAYADAS, N. S. Behavioral rehearsals in group counseling with parents. *Journal of Group Dynamics and Psychotherapy*, 1976, 7, 13–23.

HARSCH, H. Ausbildung zur Telefonseelsorge. In W. BECHER (Hrsg.) *Seelsorgeausbildung.* Göttingen: Vandenhoeck & Ruprecht, 1976, 210–220.

KALISH, B. J. Strategies for developing nurse empathy. *Nursing Outlook,* 1971, 19, 714–718.

KATKIN, S. & GINSBURG, M. Effectiveness of female volunteers in the treatment of outpatients. *Journal of Counseling Psychology,* 1971, 18, 97–100.

MARLER, D. C. The non-professionalization of the war on metal illness. *Mental Hygiene,* 1971, 55, 291–294.

SOMMER, G. & ERNST, H. (Hrsg.) *Gemeindepsychologie.* München: Urban & Schwarzenberg, 1977.

WAGNER, J. *Aufmerksamkeitstraining mit impulsiven Kindern,* Stuttgart: Klett, 1976.

ZIELKE, M. *Indikation zur Gesprächspsychotherapie.* Stuttgart: Kohlhammer, 1979a.

ZIELKE, M. *Laienpsychotherapeuten in der klientenzentrierten Psychotherapie.* Salzburg: Otto Müller, 1979b.

Menschenbilder in der Psychotherapie

Ursula Plog

1 Zur Bedeutung von Menschenbildern in der Psychotherapie

In vielen wissenschaftlichen und politischen Diskussionen wird die Bedeutung, der Wert einer therapeutischen Technik daran bemessen, ob und in welchem Maße sie Symptome reduziert (→**Symptom**). Der ganze Kampf um die Marktanteile und die gesamte Beeinflussung der Krankenkassen als Kostenträger geschieht mit diesem Argument der Symptomreduzierung (→**Finanzierung**). Überlegungen, die zu dem Thema „Menschenbilder in der Psychotherapie" gemacht werden, müssen ausgehen von dem Wissen, daß oft die Symptomreduzierung nur ein Beweis ist, daß die Therapie ein anderes, immanentes Ziel erreicht: die gute Gestalt herstellen, den voll-funktionierenden Menschen bewirken, die Ich-Funktionen stärken. Besonders die Verhaltenstherapie wird oft gesehen als eine psychotherapeutische Methode, die nichts anderes will als Symptome beseitigen (→**Verhaltenstherapie**). Jedoch bewirkt auch diese Technik noch etwas anderes. Jede Psychotherapie beeinflußt die Art und Weise, wie ein Mensch sich, seine Störungen, seine Beziehungen zu Anderen, zur Welt der Arbeit u.s.w. wahrnimmt. Damit kann Psychotherapie als prägende „Erziehungsweise" bezeichnet werden, da die Wirkung auf die Sicht der Lebensbedingungen u. U. lang anhält (→**Psychotherapie**).

Ein empirischer Vergleich von Gesprächspsychotherapie und Verhaltenstherapie hinsichtlich der Art und Weise wie Menschen sich und ihre Symptome in Zusammenhang mit ihren Lebensbedingungen sehen, zeigte z. B. noch zwei Jahre nach der Therapie die unterschiedliche Wirkung der therapeutischen Verfahren (Plog, 1976; →**Gesprächspsychotherapie**). Damit wird deutlich, daß die Frage nach dem, was dem Menschen durch die Therapie als Wissen vom Menschen vermittelt wird, nicht als „spekulierend, philosophisch" abgetan werden darf. Spätestens mit dem Problem der (erwünschten oder unerwünschten) „Nebenwirkungen" von psychotherapeutischer Behandlung, dem sich die Psychotherapie-Forschung bisher entzogen hat, taucht die Frage nach der weitreichenden Beeinflussung wieder auf (→**Psychotherapie-Forschung**).

Für das therapeutische Geschehen ist sicher sehr wichtig, wie sich die Menschenbilder von Therapeut und Klient vereinbaren lassen. Vermutlich ist die Vereinbarkeit der Menschenbilder eine Voraussetzung für erfolgreiche Zusammenarbeit (→**Indikation**). So kann es zu schwerwiegenden Störungen und zum Scheitern der therapeutischen Beziehung kommen, falls zum Beispiel ein Therapeut einem Menschen nicht dessen Einzigartigkeit abnimmt, wenn dieser sie braucht. Ein inneres „ach, das Übliche", was lediglich die Routine des Therapeuten andeutet, kann den Klienten, der sein Leid noch als geheimnisvoll und rätselhaft betrachtet, zurückweisen.

2 Statt „Bild vom Menschen" lieber „Erfahrung vom Menschen"

Ich möchte hier anmerken, daß ich die Wortwahl „Bild vom Menschen" problematisch finde, weil sich der Ausdruck so anhört, als sei etwas Statisches, Unverrückbares gemeint. Genauer trifft das Wort von der „Erfahrung vom Menschen" das, was gemeint ist. Jedoch ist die Bejahung der Erfahrung, die ja auch das Scheitern beinhaltet, bereits an das kritische Nachdenken über theoretische, explizite oder implizite, wissenschaftlich begründete oder aus dem Alltag gezogene „Bilder" vom Menschen geknüpft.

3 Unterschiedliche Erfahrungen von Menschen in unterschiedlicher psychotherapeutischer Vorgehensweise

Ich habe für die folgenden Überlegungen diejenigen drei Psychotherapien als Beispiel ausgesucht, die im psychiatrischen Alltag zur Zeit am bedeutsamsten sind. An den Beispielen möchte ich zeigen, um welche Gesichtspunkte es geht. Diese sind ganz selbstverständlich auch auf die Menschenbilder anderer psychotherapeutischer Schulen oder auch der Medikamentenbehandlung anzuwenden.

3.1 Psychoanalyse

FREUDS Menschenbild hatte zwei Aspekte, die später massiv in Frage gestellt wurden. Zum einen fand er, daß es sich lohne mit einem einzigen Menschen unzählige Stunden zu sprechen, weil ein einziger Mensch so wichtig ist. Diese Einstellung macht den Menschen zu etwas sehr Wertvollem. In Frage gestellt worden ist der Aspekt von FREUDS Menschenbild vor allem unter ökonomischen Gesichtspunkten. Daran knüpft sich oft auch das Argument, FREUDS Haltung entstamme dem vorindustriellen Zeitalter. Heute wollen Kunden und Professionelle effizient und schnell arbeiten wie es dem industriellen Prinzip entspricht. Schon hat man – unkritisch – ein anderes Menschenbild eingeführt.

Der zweite Aspekt des FREUDschen Menschenbildes, der wesentlich seine Theorie begründet, ist am ehesten beleuchtet in dem Satz: wo Es war, soll Ich werden. FREUD sah die Menschen in Abhängigkeit von ihren Trieben, und er sah das Therapieren als ein Bemühen, diese Abhängigkeiten und die resultierenden Störungen individuell zu analysieren und aufzulösen. Sein Ziel, und das ist das der Psychoanalytiker immer noch, ist ein autonomer Mensch, der sich und seine Abhängigkeiten kennengelernt hat und freier entscheiden kann, bzw. sein Versagen gegenüber der Abhängigkeit als leidvolle menschliche Gegebenheit akzeptieren gelernt hat. Ich denke, die analytische Praxis entspricht dem weitgehend (→ **Psychoanalyse**).

3.2 Verhaltenstherapie

Dieser Einheit von Abhängigkeit (im Sinne lebenslanger Gebundenheit an die eigenen Triebimpulse) und Bemühen um innere Freiheit, um Autonomie wurde von den Verhaltenswissenschaftlern, SKINNER vor allem, heftig widersprochen. Dies nicht, um den enthaltenen Widerspruch aufzulösen, sondern um sein eigenes Menschenbild, das die Ablehnung der Begriffe von Freiheit und Würde und die Ablehnung der Vorstellung vom autonomen Menschen beinhaltet, zu begründen. SKINNER schlägt vor, exakt die inneren und äußeren Kontingenzen eines Menschen und aller Menschen zu erforschen und die positiven systematisch anzuwenden. So könnte eine harmonische, konfliktfreie Kultur mit zufriedenen Menschen entstehen. SKINNER sieht, daß viele Verhaltenstechnologien zum Schlechten des Menschen angewendet werden, und daß Menschen sich oft nur mittels der Konstrukte von Freiheit und Würde widersetzen können. Er möchte die systematische Anwendung der Verhaltenstechnologie zum Guten des Menschen.

Die von SKINNER befürwortete „wissenschaftliche Sicht des Menschen" beruht auf einer möglichst umfassenden Kontrolle mittels einer Technologie des Verhaltens. Danach ist das Verhalten eines Menschen abhängig von der systematischen Anwendung positiver Verstärker. Und so es erwünschtes Verhalten ist, ist die Abhängigkeit herstellbar. So ist eine einsichtsvolle Planung einer besseren Art zu leben erreichbar.

Die Diskrepanz zwischen dem vorgestellten Anspruch und der verhaltenstherapeutischen Praxis, wie sie heute oftmals immer noch betrieben wird, irritiert allerdings.

Verhaltenstherapeuten weichen der Wertfrage häufig aus und beschränken sich darauf, daß die mittels Technologie bewirkte Verminderung des Fehlverhaltens einziges Ziel einer therapeutischen Einflußnahme ist. Diese Beschreibung ist oft untermauert mit dem ökonomischen Argument, mit dem geringsten Mittel den größten Erfolg zu erzielen. Dies führt sehr wahrscheinlich dazu, daß der Klient sich nur in seiner Abhängigkeit vom störenden Verhalten erfährt. Es beinhaltet eine ganz starke Einengung des Spielraumes eines Menschen, wenn er lernt, diese oder jene Lebensbedingungen zu variieren, diese oder jene Abhängigkeit zu verändern, um ein Symptom zu verlieren. Und dahinter verbirgt sich eine ziemlich totalitäre Gesundheitsideologie.

In der Verhaltenstechnologie, vor allem in der Art der Anwendung wie sie SKINNER vorschwebt, ist das Maß der Kontrolle total.

3.3 Gesprächspsychotherapie

Mit dem Kontrollaspekt hat sich auf der Seite der klienten-zentrierten, nicht-direktiven Therapeuten vor allem ROGERS auseinandergesetzt. Die tragende Idee des Menschenbildes bei Rogers, d. h. für die klienten-zentrierte Gesprächspsychotherapie, ist die Selbst-Aktualisierung. Selbst-Aktualisierung ist ein Prozeß der Differenzierung, ein Prozeß der Umgestaltung und Neugestaltung von Erfahrensweisen. Selbstaktualisierung ist der Vorgang, durch den das Individuum sich schöpferisch einer jeweils neuen und sich ändernden Welt anpaßt. Menschen, die ein so getragenes Menschenbild haben, müssen sich gegen das große Maß an Kontrolle, auch an Aufklärung, wie es SKINNER vorschwebt, wehren.

Die Bedingungen, die in der klientenzentrierten Therapie bedeutsam sind, Empathie, einfühlendes Verbalisieren emotionaler Erlebnisinhalte des Klienten, Echtheit und Wärme, führen zu offenerem, flexiblerem, empfindsamerem, selbstbestimmendem Verhalten, der Klient wird offener für die Belange seiner Sinne, ähnlicher den Idealen, die er für sich selbst gewählt hat. In der Lehre und in der Praxis wird eine Übereinstimmung mit dem hier angedeuteten Menschenbild angestrebt (→ **Gesprächspsychotherapie**).

4 Bemerkungen zur aktuellen Diskussion

Zwei Anmerkungen möchte ich an dieser Stelle einführen:

- Es ist wissenschaftlich hinlänglich erwiesen, daß auch die Gesprächspsychotherapie im Durchschnitt, gewissermaßen im Fahrwasser ihres Menschenbildes, schwerwiegende Symptome reduzieren hilft. Dennoch ist es der Lobby der Verhaltenstherapeuten mit der Idee der „Wissenschaftlichkeit" und der Ökonomie gelungen, weiter in unser Gesundheitssystem einzudringen. Dem Gesprächstherapeuten wird der Platz in Lebensberatung zugewiesen. Hier wären kritische Untersuchungen notwendig, die einem differentiellen Ansatz folgen.
- Die „Integration" unterschiedlicher therapeutischer Verfahren ist sehr beliebt. Vor allem wird die Integration von Verhaltenstherapie und Gesprächspsychotherapie in Lehre und Praxis betrieben.

Dabei ist die Neigung zur Integration wesentlich an den Wunsch der größeren Schlagkraft der Therapeuten gebunden. Es wurde bisher versäumt, ein „integriertes" Menschenbild zu formulieren. So wie es sich historisch unter dem Aspekt des Menschenbildes darstellt, ist Integration von Verhaltenstherapie und Gesprächspsychotherapie eigentlich ausgeschlossen. Zum Zwecke der geringeren geistigen Dissonanz der Therapeuten wird – wie gesagt, zum Zwecke größerer Schlagkraft – versäumt, eine Theorie, ein Menschenbild, eine Vorstellung von Hilfe zu entwickeln, mit der man der *Realität der Wirkung* und nicht nur der Realität der Anwendung gerecht wird.

5 Erforderlich: Suchhaltung

Ich denke, daß eine therapeutische Technik nur dann einen Sinn hat, wenn sie nicht verabsolutiert wird. Eine solche Absolut-Setzung geschieht z. B. dort, wo Verhaltenstherapeuten mittels Kassenvertrag den ganzen Tag und mit jedem ihnen zugewiesenen Menschen Verhaltenstherapie machen sollen. Dasselbe gilt natürlich für andere Therapieformen in gleicher Weise. Eine therapeutische Technik hat nur dann einen Sinn, wenn sie eingebettet ist in eine eigene *Suchhaltung*, in das Bemühen, das Leben, sich selbst, den anderen Menschen zu verstehen und zu achten. Zur Suchhaltung gehört auch, zu akzeptieren, daß das bisherige Leben des Klienten von dem Bemühen getragen war, es zu meistern.

Die Suchhaltung gilt auch mir, dem Therapeuten. Genauso wie ich mich zu verstehen suche, mein Leben zu ändern suche, sollte ich dem Anderen begegnen. Dies zu akzeptieren heißt, nachdenklich, erfahrend, begegnend, nicht „machend" oder „anwendend" zu sein. Das hat die praktische Konsequenz, systematische Psychotherapie seltener und später anzuwenden, nicht immer gleich mit der einen Methode zuzuschlagen. Gleichzeitig heißt das Wahrmachen dieser Konsequenz, daß ich in einem Team arbeiten sollte, wo Psychotherapie als ein Spezialfall von Hilfe möglich ist.

Hier jedoch würde das Thema „Menschenbilder in der Psychotherapie" umschlagen in das Thema „Erfahrungen vom Menschen in der Psychiatrie".

LITERATUR

DÖRNER, K. & PLOG, U. *Irren ist menschlich*. Lehrbuch der Psychiatrie/Psychotherapie. Rehberg-Loccum: Psychiatrie Verl., 1980⁴.

GRAWE, K. *Differentielle Psychotherapie I*. Bern: Huber, 1976.

GROSS, J., DÖRNER, K. & PLOG, U. (Hrsg.) *Die Erfahrungen vom Menschen in der Psychiatrie*. München: Urban & Schwarzenberg, 1980.

LONDON, P. *Der gesteuerte Mensch*. München: Ehrenwirten, 1973.

PLOG, U. *Differentielle Psychotherapie II*. Bern: Huber, 1976.

ROGERS, C. R. & SKINNER, B. F. Some Issues Concerning the control of Human Behavior, *Science*, 1956, *124*, 1331, 1057–1066.

SKINNER, B. F. *Futurum II*. Rheinbeck: Rowohlt, 1970. *Jenseits von Freiheit und Würde*. Rheinbeck: Rowohlt, 1973.

SPERBER, M. *Individuum und Gemeinschaft*. Versuch einer sozialen Charakterologie. Stuttgart: Klett, 1978.

Motivation in der Psychotherapie

Rainer Künzel

1 Psychoanalytische Konzepte

Motivation wurde schon zu einem frühen Zeitpunkt im Zusammenhang mit Psychotherapie genannt. Ohne den Begriff explizit zu verwenden, wurde „Leidensdruck" als Voraussetzung der Therapierbarkeit von Klienten von Freud in seiner Schrift „Über Psychotherapie" (1905) angenommen (→**Psychoanalyse**), er schreibt: „Sie (Psychotherapie, Anm. d. V.) ist auch bei Personen nicht anwendbar, die sich nicht selbst durch ihre Leiden zur Therapie gedrängt fühlen" (S. 21). 1913 schreibt Freud in seiner Schrift „Zur Einleitung der Behandlung" detaillierter über die Funktion von Leidensdruck und Therapiemotivation bei psychotherapeutischer Behandlung: „Der nächste Motor der Therapie ist das Leiden des Patienten und sein daraus entspringender Heilungswunsch. Von der Größe dieser Triebkraft zieht sich mancherlei ab, was erst im Laufe der Analyse aufgedeckt wird, vor allem aber der sekundäre Krankheitsgewinn, aber die Triebkraft selbst muß bis zum Ende der Behandlung erhalten bleiben; jede Besserung ruft eine Verringerung derselben hervor" (S. 477). Das Verhältnis von Therapiemotivation zu Leidensdruck wird an Freuds Aussage deutlich: Psychische Störungen bewirken Einschränkungen und Leiden (emotionale Komponente). Leidensdruck wirkt allgemein motivierend und führt zu einem Heilungswunsch (Therapiemotivation). Therapiemotivation verursacht beim Klienten Aktivitäten in Richtung auf eine positive Veränderung, wodurch der Leidensdruck beseitigt wird. Entgegengesetzt, d. h. im Sinne einer konstruktiven Veränderung negativ, wirkt vor allem der *sekundäre Krankheitsgewinn*. Nach diesem Kräftemodell ist eine Veränderung nur dann möglich, wenn die Therapiemotivation größer ist als der sekundäre Krankheitsgewinn.

Freuds Konzept von Leidensdruck und Therapiemotivation wurde als allgemeines Modell von späteren Autoren nicht wesentlich verändert. Die beiden entgegengesetzten Tendenzen „Therapiemotivation" und „sekundärer Krankheitsgewinn" wurden weiter ausdifferenziert, vor allem wurden Vorschläge gemacht, wie Therapeuten im Laufe einer Behandlung die Therapiemotivation ihrer Klienten berücksichtigen sollten. Dollard und Miller (1950) haben das Konzept aufgegriffen und entsprechend ihres Modells des *Annäherungs-Vermeidungs-Konfliktes* eine sehr ausführliche Analyse der beiden Tendenzen „motivation to seek therapy" und „motivation to avoid therapy" gegeben. Die Meidungstendenz ist bedingt durch Stolz, durch Scham zugeben zu müssen, daß man Probleme nicht selbst lösen kann, durch die Furcht, verrückt zu sein oder es zu werden, durch das ungute Gefühl, hilflos zu sein, durch Furcht vor Klatsch; die Aufsuchetendenz ist durch Leidensdruck, die Einschränkungen durch die Störung, den Wunsch nach Veränderung, eigene Zielsetzungen und nicht zuletzt durch den Druck von sozialen Interaktionspartnern bedingt.

2 Klientenzentriertes Konzept

Rogers (1973) betrachtet als heilende Kraft in der Psychotherapie „das Bestreben des Menschen, sich selbst zu aktualisieren, seine Möglichkeiten zu werden. ... die Tendenz, alle Kapazitäten des Organismus oder des Selbst zum Ausdruck zu bringen und zu aktivieren" (S. 340) (→**Gesprächspsychotherapie**). Wenn auch durch verschiedene Umstände die Tendenz zum Selbst verschüttet sein kann, hat nach ROGERS jeder Mensch diese *Selbstverwirklichungstendenz.* In der Gesprächspsychotherapie müssen solche Umstände hergestellt werden, die eine Entfaltung dieser Kraft ermöglichen. Es wird deutlich, daß diese Auffassung dem Modell FREUDS entspricht. Auch bei ROGERS ist die Tendenz zum idealen Selbst der „Motor" der Veränderung und Behandlung. Im Gegensatz zu FREUD erscheint dieser Motor jedoch in positiver Gestalt als Kraft, die entwickelt und heilt, während bei Freud die Therapiemotivation als Kraft verstanden wird, die dem Klienten hilft, sich einer Behandlung zu unterziehen, indem sie den Vorteil des sekundären Krankheitsgewinns aufhebt.

3 Verhaltenstherapeutische Konzepte

Von Verhaltenstherapeuten wurde die Motivation von Klienten lange Zeit wenig berücksichtigt, da die Entwicklung und Evaluation von verhaltenstherapeutischen Methoden und Techniken im Vordergrund stand (→**Verhaltenstherapie**). Die Motivation des Klienten zur Therapie wurde in gewisser Weise als notwendig vorausgesetzt und auf verstärkende Bedingungen des Therapieprozesses zurückgeführt (vgl. EYSENCK & RACHMAN 1971).

Obwohl noch kein umfassendes Konzept der Therapiemotivation von verhaltenstherapeutischer Seite vorliegt, wird in jüngerer Zeit die Bedeutung der Motivation stärker betont, wobei vor allem die Beteiligung der Diagnostik, der Gesprächsführung und kognitiver Interventionen herausgestellt werden:

Im Rahmen der verhaltenstherapeutischen Diagnostik werden bereits die Erfahrungen des Klienten akzentuiert, die für ihn mit positiven Veränderungen verbunden sind (→**Problemanalyse**).

Die motivierende Funktion der verhaltenstherapeutischen Gesprächsführung (FIEDLER 1974) erstreckt sich vor allem darin, die Therapieerwartungen der Klienten abzuklären und auf seine aktive Beteiligung am Therapieprozeß hinzuwirken.

Eine besondere Bedeutung hat die Motivation des Klienten durch die starke Beachtung kognitiver Prozesse und Interventionen erhalten (vgl. auch →**Kognitive Therapien**).

Vor allem die Betonung der selbständigen Mitarbeit des Klienten in der Verhaltenstherapie akzentuiert die Therapiemotivation, die durch spezifische Maßnahmen gefördert wird (vgl. HALDER 1977; PÜTZ 1980). Grundlegend ist dafür das Konzept, daß Klienten, die bei dem Entwurf des Therapieplanes aktiv beteiligt werden und denen das Vorgehen einsichtig ist, eine besonders günstige Veränderungsmotivation einbringen können (SEIDERER-HARTIG 1980) (→**Selbstkontrolle**).

Zusammenfassend muß man feststellen, daß Therapeuten unterschiedlicher Schulen Therapiemotivation ihrer Klienten als notwendig für eine Behandlung voraussetzen und daß die Modellvorstellungen über Therapiemotivation sich nicht unterscheiden.

Für Klienten hat Therapiemotivation vor allem eine *unterstützende* Funktion: vor einer therapeutischen Behandlung treibt sie die Informationssuche über die Störung und mögliche Behandlungsstellen voran; zu Beginn einer Behandlung hilft sie, die Klientenrolle zu übernehmen und falsche Erwartungen zu korrigieren; während einer Behandlung hilft sie dem Klienten, Mühen, Anstrengungen und vor allem Veränderungen durch die Therapie zu ertragen und bei Rückschlägen nicht aufzugeben.

Für Therapeuten hat die Therapiemotivation von Klienten eine *prognostische* und eine *therapeutische* Funktion: Die Prognose für einen Behandlungserfolg ist umso günstiger, je stärker die Therapiemotivation im Verhältnis zur - vor allem durch den sekundären Krankheitsgewinn verursachten - Meidungstendenz ist; diese Beziehung gilt allerdings nur dann, wenn *keine zu starke* Therapiemotivation des Klienten vorliegt.

Während der Therapie wird der Therapeut die angemessene Motivation des Klienten fördern, um die Voraussetzung für eine konstruktive Veränderung zu schaffen.

LITERATUR

DOLLARD, J. & MILLER, N. E. *Personality and Psychotherapy*. New York: McGraw-Hill, 1950.

EYSENCK, H.-J. & RACHMAN, S. *Neurosen – Ursachen und Heilmethoden*. Berlin: VEB Deutscher Verlag der Wissenschaften, 1971.

FIEDLER, P. A. Gesprächsführung bei verhaltenstherapeutischen Explorationen. In D. SCHULTE (Hrsg.) *Diagnostik in der Verhaltenstherapie*. München: Urban & Schwarzenberg, 1974, 128–151.

FREUD, S. *Über Psychotherapie*. Gesammelte Werke, Bd. V. London–Frankfurt: Imago, 1940.

FREUD, S. *Weitere Ratschläge zur Technik der Psychoanalyse:* I. *Zur Einleitung der Behandlung*. Gesammelte Werke, Bd. VIII. London–Frankfurt: Imago, 1940.

HALDER, P. *Verhaltenstherapie und Patientenerwartung*. Bern: Huber, 1977.

PÜTZ, A. *Therapiemotivation und Selbstkontrolle*. Frankfurt: Fachbuchhandlung für Psychologie, 1980.

ROGERS, C. *Entwicklung der Persönlichkeit*. Stuttgart: Klett, 1973.

SEIDERER-HARTIG, M. *Beziehung und Interaktion in der Verhaltenstherapie*. München: Pfeiffer, 1980.

Musiktherapie

Karl Hörmann

1 Einleitung

Obgleich bereits im Alten Testament, bei Homer und Hippokrates sowie seit dem ausgehenden Mittelalter der Musik Heilwirkung zugeschrieben wurde, wird Musiktherapie erst seit dem Ende des 2. Weltkriegs als mögliche Behandlungsmethode im klinischen Bereich betrachtet. Grund hierfür war die Erkenntnis, daß bei vielerlei psychosomatischen Störungen die Ermöglichung emotional-affektiver Erfahrungen wichtiger ist als Behandlung mit Psychopharmaka und verbalen Therapieformen.

1950 wurde in den USA die „National Association for Music Therapy" gegründet. Seit 1958 kann in London, seit 1959 in Wien Musiktherapie studiert werden. Seit der Gründung der „Deutschen Gesellschaft für Musiktherapie" 1971 bestehen Bestrebungen, in der BRD Studiengänge für Musiktherapie einzurichten. Es lassen sich etwa folgende Richtungen sondieren:

- die *neupythagoreische* Richtung Pontviks (1948), wonach die sich in der Musik J. S. Bachs widerspiegelnde „kosmische Harmonie" auf die durcheinander geratene menschliche Psyche einen Einfluß haben soll
- die *tiefenpsychologischen* Richtungen, die die Regressionsfunktion der Musik nützen (Willms 1975)
- die *experimentelle Untersuchung* und Kontrolle neurophysiologischer Verhaltensweisen mit Hilfe hochentwickelter Meßverfahren (Harrer 1975)
- die *Einstellungsforschung* etwa mit Hilfe von Adjektivlisten, um aus abweichendem Musikurteilsverhalten Schlüsse auf psychische Befindlichkeit ziehen zu können (Böttcher 1971)
- Musik als *nonverbales Kommunikationsmittel*, wie sie besonders Schwabe (1979) und Vertreter der humanistischen Psychologie praktizieren.
- *Integrative Musiktherapie*, die sich als ein multimodales und komplexes Therapieverfahren begreift (Canacakis-Canás & Petzold 1981).

2 Eigenarten und Formen der musiktherapeutischen Arbeit

Während in der musikpsychologischen Forschung nach dem Zusammenhang von organisiertem akustischem Material und seiner Wirkung auf den Hörer sowie nach den Bedingungen und Einflußvariablen beim Musizieren gefragt wird, werden in den verschiedenen musiktherapeutischen Tätigkeitsfeldern diese Erkenntnisse zum Wohle der Therapiebedürftigen umgesetzt. Einerseits wird hier auf die unmittelbare Wirkung der Musik selbst vertraut, die zwischen Ordnung und Unordnung, Heiterkeit und Ernst, Kraft und Zartheit usw. liegen kann. In der *rezeptiven* Musiktherapie überlassen sich die Patienten solchem Klangstrom. Andrerseits eignet sich Musik besonders gut als Medium zur Projektion von Gefühlen und subjektiven Befindlichkeiten. Daher dient sie sowohl zur Aktivierung von Gefühlsprozessen wie auch zur psychischen Verarbeitung und anschließenden Analyse von persönlichen Konfliktzusammenhängen. Am häufigsten befürwortet und praktiziert wird gegenwärtig das *aktive* Musizieren. Dies sollte möglichst in einer Gruppe geschehen. Im Musizieren werden nicht nur Konzentration und Bewegungskoordination trainiert. Der aktive Umgang mit musikalischen Elementen fördert im gemeinsamen Singen, instrumentalen Improvisieren und Musizieren die Kommunikationsbereitschaft und die Regulation von psychophysischen Spannungszuständen. Durch das Besprechen der Erlebnisse während des Musikhörens und durch die Hinwendung des Interesses auf den Gehalt der Musik bzw. auf die gemeinsam produzierte Komposition, die gegebenenfalls graphisch festgehalten und auf Tonband gespeichert werden kann, soll die Erlebnisfähigkeit erweitert werden. Diese Ziele können mit den einzelnen Verfahren zielgerichtet oder ungerichtet angegangen werden. Der situations- und persönlichkeitsbezogenen Methode im *gerichteten* Verfahren sollte eine genaue Indikationsstellung und ein zeitlich begrenzter Behandlungsplan zugrundeliegen. Daher eignet sich hierfür vorwiegend die *Einzeltherapie*. Solche Forderungen können bei den *ungerichteten* Formen nicht gestellt werden, da diese nicht diagnosespezifisch verwendet werden. In der Hoffnung, zur selben Zeit ein breites Spektrum von Störungen zu erfassen, werden sie zur *Gruppentherapie* mit vielen Teilnehmern verwendet.

3 Wirkungen der musiktherapeutischen Intervention

In den verschiedenen Richtungen hat die Musik vor allem die Phantasie anregende, Affekte auslösende, die Mitteilung des Klienten beschleunigende und eine Zentrierung auf seine Probleme unterstützende Funktion. Als besonders geeignet hat sich die Verbindung von Musik und Entspannungstechniken erwiesen. Das Ruhe-, Schwere- und Wärmeerlebnis wird dadurch intensiviert. In der sog. „regulativen Musiktherapie" SCHWABES (1979) wird zwischen der Aufmerksamkeit auf die gehörte Musik und der Beobachtung der dabei auftretenden körperlichen Vorgänge gewechselt. Der Patient soll hierbei bewußt genießen. Im musikalisch-katathymen Bilderleben nach LEUNER (1970) schildert der sich im entspannten Zustand befindliche Hörer zum verbalen Reizbild des Therapeuten seine während der Wahrnehmung eines drei- bis fünfteiligen Musikprogramms von ruhiger, dramatischer und wieder gelöster Musik assoziierten Erlebnisse (→**Katathymes Bilderleben**). Die in einem solcherart musikalischen, sog. Symboldrama erhoffte kathartische Wirkung wird anschließend analysiert. Als geeignetste Musik für die hier angeführten Therapieverfahren wird ausschließlich Instrumentalmusik, vor allem des 18. und 19. Jahrhunderts empfohlen. Trophotrope, beruhigende Effekte werden den langsamen Sätzen aus Sonaten, Symphonien und musikalischen Stimmungsbildern zugeschrieben. Ergotrope, erregende Effekte dagegen soll schnelle Barockmusik bewirken. Als konfliktauslösende und -verarbeitende, taratakische Musik gilt die Instrumentalmusik, die nach dem Schema der Sonatensatzform komponiert ist; die gegensätzlich angelegten Themen sollen den beim Patienten vorhandenen Widerstreit seiner Gefühle aktivieren.

4 Bewegung und Tanz in der Musiktherapie

Einen bedeutsamen Stellenwert in der Musiktherapie nimmt die Beachtung der körperlichen Bewegung ein. So wird in der *Bewegungstherapie* bereits das gestischmimische Engagement als Ersatz für verbale Schwächen, als Innervierung von Lebenskräften bei mutlos gewordenen Patienten, als Möglichkeit zur Spannungsabfuhr und als Gelegenheit zur Kontaktaufnahme und zum nonverbalen Kommunikationstraining gesehen. Die Verbindung der Musik- und Bewegungstherapie erlaubt eine gefühlsmäßige Vertiefung, Steuerung und Regulierung der in der Bewegungstherapie angestrebten Ziele. Bewegungs-, Ordnungs-, soziale, begriffsbildende und Phantasieübungen werden mit einfachen Musikinstrumenten und elementaren Spielmaterialien unterstützt. In der produktiven, improvisierenden oder *elementaren Musik-Bewegungs-Therapie* wird unter wechselseitiger Animation zwischen Pantomimen und Instrumentalisten ein Musik-Bewegungs-Spiel erarbeitet. Die rhythmisch-musikalischen Impulse fordern zur entsprechenden tänzerischen Reaktion heraus. Im *Tanz* ist ein subjektiv gefärbtes reaktives Verhalten ebenso angebracht wie die bewußte Gestaltung von tänzerischen Schwingungsformen, die den Eigenheiten der jeweiligen Musik nachempfunden werden. Die verschiedenen wahrnehmungsbedingten Möglichkeiten der tänzerischen Musikinterpretation erlauben im kommunikativen Imitieren anderer Personen das Erweitern des eigenen Auffassungs-, Bewegungs- und Verhaltensrepertoires. Der *Einzeltanz* regt zur Entladung von motorischen Spannungen, zum Ausdruck der eigenen Befindlichkeit und zur Darstellung subjektiver Wahrnehmung an. Der *Gruppentanz* veranlaßt zur Einhaltung formaler und sozial gebundener Regeln. Er ist besonders für sich isolierende Personen angebracht. Mit den *reproduktiven* Standard-, Gesellschafts- und Volkstänzen und der *produktiven* Synthese von Musik und Bewegung erfährt der Tänzer sich selbst in seinem leiblichen Ich, die anderen sowie seine Beziehung zu anderen Personen.

5 Schlußbemerkung

Die breite Palette musiktherapeutischer Ansätze wird von ihren Befürwortern für mannigfaltige Störungen empfohlen. Integriert ergeben sie ein übungs-, erlebnis- und konfliktzentriertes Verfahren, „das durch die Integration von spezifischen Musikelementen und geeigneten Therapieverfahren den Menschen als Subjekt in seiner leib-seelisch-geistigen, sozialen und ökologischen Ganzheit anspricht, seine Defizite, Störungen, Traumatisierungen, gesunden Anteile und kreativen Potentiale reparativ, konservierend, evolutorisch und präventiv angeht und ihm durch Erfahrung, Einsicht und Handeln zu kreativer Veränderung und kreativer Anpassung verhilft" (CANACAKIS-CANÁS & PETZOLD 1981).

Trotz ermunternder Ansätze in Bereichen von Heilpädagogik und Psychiatrie ist noch viel Arbeit im Grundlagenbereich und mittels kontrollierter Erfolgsstudien zu leisten. So etwa wäre zu prüfen, ob die Musikprogramme, die ein Verhaftetsein in den vorigen Jahrhunderten verraten, durch zeitgemäßere ergänzt werden können. Interdisziplinäre Anstrengungen der im klinischen Bereich Tätigen sind erforderlich, um in dem weiten Gebiet dieses jungen Therapiezweiges zu gesicherten Erkenntnissen zu gelangen, die gegenwärtig noch fehlen.

LITERATUR

BÖTTCHER, H. F. Die Dimensionen des Erlebens und des Musikerlebens. In CH. KOHLER (Hrsg.) *Musiktherapie.* Jena: Fischer, 1971, 34–37.

BRINER, F. Tanztherapie. In *Integrative Therapie,* 1977, 2.

CANACAKIS-CANÁS, J. & PETZOLD, H. *Konzepte einer integrativen Musiktherapie.* Paderborn: Jungfermann, 1981.

HARRER, G. & HARRER, H. (Hrsg.) *Grundlagen der Musiktherapie und Musikpsychologie.* Stuttgart: Fischer, 1975.

HÖRMANN, K. Kaum gesicherte Erkenntnisse. In *psychologie heute* 12/1978.

LEUNER, H. *Katathymes Bilderleben.* Stuttgart: Klett, 1970.

SCHWABE, CH. *Regulative Musiktherapie.* Jena: Fischer, 1979.

STROBEL, W. & HUPPMANN, G. *Musiktherapie.* Göttingen: Hogrefe, 1980.

WILLMS, H. *Musiktherapie bei psychotischen Erkrankungen.* Stuttgart: Fischer, 1975.

Neo-Psychoanalyse

Alois M. Becker

Unter diesem Titel können relativ zwanglos drei Gruppen unterschieden werden, die sich in unterschiedlichen Ausmaßen vom Hauptstrom der orthodoxen Freudschen Analyse getrennt haben. Dabei sollen die frühen, vor Beginn des ersten Weltkrieges abgeschlossenen, von Alfred Adler (→**Individualpsychologie** bzw. **-therapie**) und von C. G. Jung (komplexe Psychologie) angeführten Abspaltungen nicht in Betracht gezogen werden, weil sie einen zu hohen Grad von Eigenständigkeit erreicht haben und nur unter dem Begriff einer allgemeinen Tiefenpsychologie zusammen subsumierbar wären.

1 Die Neo-Psychoanalyse im engeren Sinn

Die *Neo-Psychoanalyse* im engeren Sinne, als Gruppe um und nach H. Schultz-Hencke. Dieser unternahm bereits 1927 eine Abwendung von Freuds sehr weitgefaßtem Triebkonzept der Libido, indem er ihm autochthone Antriebserlebnisse bzw. expansive Strebungen gegenüberstellte. Diese werden in oral-kaptative, in anal-retentive, weiters in aggressiv-geltungsstrebige, in solche sexuellen bzw. zärtlichen Charakters und schließlich in sehr weitgefaßte intentionale, der Welt zugewandte Antriebsarten unterschieden. An die Stelle des Begriffes der Abwehr tritt der einer Hemmung verschiedenartiger Strebungen. Mit dem Titel des Buches „Der gehemmte Mensch" wurde etwas wie eine Grund-Charakterstörung angesprochen, aus der neurotische Symptome entspringen. Der psychoanalytische Begriff des Unbewußten wird als Gesamtheit aller Schwererinnerlichkeiten aufgefaßt. Dieses Hervorheben des Erinnerungsmoments steht in einem gewissen Gegensatz zu der starken Betonung der therapeutischen Wirksamkeit des unmittelbaren Erlebens aktueller Lebensprobleme. Diesem Zweck dient z. B. die Aufforderung, zu Träumen sogenannte Realeinfälle aus der Gegenwart zu bringen, die nicht hinsichtlich ihrer Vergangenheitsaspekte, sondern auch bezüglich ihrer prospektiven Zukunftbezogenheit interpretiert werden sollten. Bei Bearbeitung der „Übertragung" wird nicht so sehr auf ihre Rolle in der Behandlungssituation Wert gelegt, als vielmehr, darüber hinaus, im Alltag. Die Einflüsse von Adler und F. Künkel, mit deren Begriffe wie Überkompensation, Leitlinien der Lebensführung, bzw. Riesen- und Bequemlichkeitsansprüche, sind sehr deutlich. Dem stark in den Vordergrund gestellten Begriff der Lücke im Erleben, die eine therapeutische Bearbeitung erfordert, entspricht die Gehemmtheit als Effekt der Hemmung im Handlungsbereich. Die der besprochenen Gruppe zugehörige Annemarie Dührssen konnte an großen Fallzahlen gewisse Belege für die Wirksamkeit neo-psychoanalytischer Psychotherapie bei Krankenkassenpatienten erbringen.

2 Die sogenannten „Neo-Freudianer"

Unter dieser Bezeichnung werden bereits traditionellerweise drei Autoren zusammengefaßt, denen im besonderen die Betonung soziokultureller Faktoren gemeinsam ist.

2.1 Karen Horney

Karen HORNEY kritisierte FREUDS Auffassung der sexuellen Rolle der Frau als zu einseitig biologistisch und paternalistisch. Ihr ideologischer und therapeutischer Optimismus rückt sie besonders nahe an A. ADLER (→ **Individualtherapie**). Mit ihm teilt sie z. B. die Arrangement-Auffassung der Neurotiker, deren unbewußte Fiktionen auf Selbsttäuschungen hinausliefen. Ihre typischen Selbstanklagen dienten, in Verbindung mit Perfektionismus, häufig dazu, Veränderungen der eigenen Person zu verhindern. Der Grundkonflikt wird in den einander fundamental widerstrebenden Haltungen gesehen, die Neurotiker anderen Menschen gegenüber einnehmen. Die Heftigkeit dieses Konfliktes zeige sich im Übermaß jener Grundangst, die sich aus Hilflosigkeit, Feindseligkeit und sozialer Absonderung ergäbe. Sobald die Spannung zwischen „eigentlichem" Selbst und idealisiertem Eigen- bzw. Selbstbild ein unerträgliches Maß erreicht, kommt es zur Flucht in den Vorgang des Externalisierens (analog dem der „Projektion"), mit dementsprechenden negativen sozialen Konsequenzen.

2.2 Erich Fromm

Erich FROMM kann mit dem Schwerpunkt seiner Aktivitäten als Moralist und Kulturphilosoph gekennzeichnet werden. Die Bibel, MARX (besonders in seinen Frühschriften) und FREUD bestimmen die Dialektik seines Denkens. „Escape from Freedom" (1941) zeigt, wie prekär der Autor die Situation seiner Zeit sah. Die an sich bejahte Entscheidungsfreiheit des Individuums, das sich selbst bestimmt, kann durch Überspitzung dieser Entwicklung das Individuum isolieren und es in weiterer Folge zur Selbstaufgabe bringen. Eigene charakterologische Bezeichnungen drücken die Ablehnung bestimmter nicht-produktiver Einstellungen aus. Diese sind in bloß rezeptiv-hortenden Orientierungen verkörpert, die auf Ausbeutung und merkantile Verwertung von Menschen und deren Tätigkeiten gerichtet sind. Sie gipfeln in dem von FROMM als „Nekrophilie" charakterisierten Prinzip der Menschen- und Lebensfeindlichkeit. Ihm steht der schöpferisch-produktive Charakter gegenüber, der imstande ist, Fähigkeiten der Zuwendung und Selbstverwirklichung zu bilden. „The Sane Society" (1955) stellt den Idealfall sozialer Prozesse einer Gesellschaft dar, die imstande sind, Kreativität zu fördern und Destruktivität zu hemmen.

2.3 Harry S. Sullivan

Harry S. SULLIVAN deklarierte sein Programm durch den Titel des posthum erschienenen Werkes „The Interpersonal Theory of Psychiatry" (1953). Störungen in den Wechselbeziehungen von Menschen werden auf die von ihm als „parataktisch" bezeichneten Verzerrungen der Relationsauffassung bezogen. Ihnen gehen zeitlich die vorsprachlichen, „prototaktisch" genannten Erfahrungsweisen voran, aus denen sich die späteren syntaktischen Kommunikationsfähigkeiten entwickeln. Der Therapeut wird als ein Experte in zwischenmenschlichen Beziehungen definiert. Der Autor spricht von der Entwicklung des „Selbstsystems" eines Individuums, das durch seine Manöver (dieser Ausdruck erinnert an ADLER) imstande wäre, das von Einflüssen wichtiger Bezugspersonen abhängige Wohlbefinden des Subjekts vor einem kritischen Absinken zu schützen. „Das psychotherapeutische Gespräch" (1954) ist meines Erachtens, seinem Untertitel entsprechend, ein noch immer origineller, mit Gewinn zu lesender „Beitrag zur modernen Psychoanalyse und Psychotherapie".

3 Psychoanalytische Neuerer innerhalb eines relativierten freudianischen Rahmens

Es ist eine Frage nomenklatorischen Ermessens, inwieweit die im folgenden Genannten den „neoanalytischen Richtungen" einzufügen seien. Dafür sprechen ihre beträchtlichen Neigungen zur Heterodoxie und -pragmasie.

3.1 Sandor Ferenczi

Sandor FERENCZI hatte die erklärte Absicht, die ihrer Tendenz nach zu endlosen Assoziationsexperimenten sich ausweitenden und im Intellektualisieren stagnierenden psychoanalytischen Prozeduren durch das, was er „aktive Techniken" nannte, wirkungsvoller werden zu lassen. Zu diesem Zwecke schlug er unter anderem vor, daß in geeigneten Fällen zum Beispiel

- Handlungsanweisungen gegeben werden, denen gemäß Phobiker ihre meidungsbedingten Sicherheiten verlassen und unlustvolle Handlungen aktiv bewältigend vollziehen sollten
- bei Lampenfieber psychodramatische Übungen entgegen bestehendem Unlustwiderstand bis zu ihrer Durchführung intensiv nahegelegt, somit fast erzwungen werden sollten
- bei Potenzstörungen paradoxe Verhaltensverschreibungen zu deren Behebung zu erteilen
- „forcierte Phantasien" mittels suggestiver Übungshilfe in der Absicht zu provozieren, damit Emotionsbarrieren zu überwinden, die einer Veränderung im Wegen stehen.

Dies zeigt, daß in den frühen Zwanzigerjahren bereits Techniken der Angstbewältigung (nach Art von: Desensibilisierung, Selbstbehauptung, Implosion, Paradoxiewirkungen) in Ansätzen probiert, doch nicht systematisch fortgeführt wurden.

Eine gemeinsame Publikation mit O. RANK („Entwicklungsziele der Psychoanalyse" 1924) sei herausgestellt, weil der Letztgenannte, sich von der Psychoanalyse wegentwickelnd, einen nicht unbeträchtlichen Einfluß auf C. Rogers ausübte, der allerdings in besonderem Maße das relativ indirektive, nicht-interpretative Moment in den Vordergrund stellte (→**Gesprächspsychotherapie**).

3.2 Michael Balint

Michael BALINT ist in seinem Wirken sehr gut als Schüler FERENCZI's zu verstehen. Er verlagerte das theoretische Gewicht vom eher monadisch angelegten FREUDschen Konzept der Einpersonen-Triebpsychologie in die Richtung einer interaktiven, zwei und mehr Personen-„Objekte" umfassenden Beziehungspsychologie. Die Anwendung solcher psychoanalytischer Beziehungsaspekte auf die Arzt-Patient-Relation führte zur Entwicklung und Ausbreitung der sogenannten Balint-Gruppenarbeit. Eine schlagwortartige Formulierung, wie zum Beispiel „die Droge Arzt", macht drastisch auf das nutzbare Einflußpotential der Therapeutenpersönlichkeit und ihrer Tätigkeit aufmerksam. Der Satz, daß Patienten immer auch ihre Ärzte behandelten, verweist auf jenen Teil der Wechselbeziehung, der sich Reflexionen und Kontrollen erfahrungsgemäß erfolgreich entzieht. Und der Hinweis: wer fragt, der bekommt nur Antworten, zeigt die Grenzen eindringlicher Explorationstechniken bei bestimmten problematischen Patienten. Eine solche Befassung mit Fragen der ärztlichen Allgemeinpraxis führt unweigerlich zum Bestreben, Elemente kurzer und kürzester therapeutischer Einwirkungen herauszufinden. Mit dem Ausdruck „flash" wird der Ablauf eines sehr kurzdauernden, aber überaus intensiven emotionalen Einfühlungs- und Verständnisvorganges zwischen Therapeuten und Patienten bezeichnet, dem relativ starke verändernde Folgewirkungen zuzuschreiben seien. Im BALINT-*workshop* hat D. MALAN die Grundzüge seiner kurztherapeutischen Techniken auszuarbeiten begonnen (→**Fokaltherapie**).

3.3 Franz Alexander und Thomas M. French

Franz ALEXANDER und Thomas M. FRENCH verbanden sowohl theoretische Interessen in gemeinsamen Publikationen als auch das Bestreben, die Elemente psychoanalytischer Technik veränderungseffizienter anzuwenden. Zu diesem Zweck schlug ALEXANDER unter anderem eine erhöhte Flexibilität der zeitlichen Behandlungsaufteilung vor, die unnötig tiefe Regressionen in eine artifiziell therapeutisch erzeugte „Übertragungsneurose" (d.h.: analytische Situation als intensivierter Austragungsort aller, auch reaktivierter frühkindlicher Konflikte) verhindern sollte. Seine techniktheoretische Anwendung des

Prinzips der korrigierenden emotionalen Erlebnisse, bzw. erlebnisbedingter Erfahrungen besagt: der Umstand, daß ein Patient in der psychoanalytischen Therapie planmäßig Situationen ausgesetzt wird, die in keines seiner bis dahin vorhandenen zwischenmenschlichen Erfahrungsmuster passen, veranlaßt ihn, seine bisher gegebenen Handlungs- und Erlebensvoraussetzungen in Prozessen allmählichen Umlernens zu verändern. FRENCHs Trilogie „The Integration of Behavior" (1952–58) enthält eine Fülle damals aktueller lernpsychologischer Überlegungen. Das Erleben von Ereignissen, die als psychische Traumata zu bezeichnen wären, habe eine Unterbrechung diskriminativer emotionaler Lernprozesse zur Folge. Die therapeutische Mobilisierung durch Hoffnung auf mögliche Lösungen erhöhe die integrative Kapazität des Patienten, wodurch in graduiertem Verfahren sowohl Wiedererleben als auch Verarbeiten unerledigter Konflikte erfolgen könnten.

LITERATUR

ALEXANDER, F. & FRENCH, TH. M. *Psychoanalytic Therapy*. New York: Ronald, 1946.

BALINT, M. & DÜHRSSEN, A. *Der Arzt, sein Patient und die Krankheit*. Stuttgart: Klett, 1967. *Analytische Psychotherapie in Theorie, Praxis und Ergebnissen*. Göttingen: Vandennsek, 1972.

FERENCZI, S. Zur Frage der Beeinflussung des Patienten in der Psychoanalyse. (1919) Weiterer Ausbau der „aktiven Technik", in der Psychoanalyse. (1921); Über forcierte Phantasien. (1924) In *Bausteine zur Psychoanalyse*. Bern–Stuttgart: Huber, 1964.

FERENCZI, S. & RANK, I. *Entwicklungsziele der Psychoanalyse;* zur Wechselbeziehung von Theorie und Praxis. Wien: Int. Psa. Verlag, 1923.

FRENCH, TH. M. The Integration of Behavior. Univ. Chicago Press. Vol. 1: Basic Postulates; Vol. 2: The Integrative Process in Dreams; Vol. 3: The Reintegrativ Process in a Psychoanalytic Treatment. Chicago, 1952/54/58.

FROMM, E. & FROMM, E. *Escape from Freedom*. New York: Farrar & Rinchart, 1941. *The Sane Society*. New York: Rinehart, 1955. Dtsch.: *Der moderne Mensch und seine Zukunft*. Frankfurt: Europ. Verlagsanstalt, 1972.

HORNEY, K. *New Ways in Psychoanalysis*. New York: Norton, 1939. Dtsch.: *Neue Wege in der Psychoanalyse*. München: Kindler „Geist und Psyche", o. J.

SCHULTZ-HENCKE, H. *Der gehemmte Mensch*. Stuttgart: Thieme, 1940.

SULLIVAN, H. S. *The Interpersonal Theory of Psychiatry*. New York: Norton, 1953.

SULLIVAN, H. S. *The Psychiatric Interview*. New York: Norton, 1954. Dtsch.: *Das psychotherapeutische Gespräch*. (Beitrag zur modernen Psychoanalyse und Psychotherapie). Frankfurt: Fischer, 1976.

Operante Interventionsverfahren

Johannes Rojahn

1 Begriff

Operante Interventionsverfahren werden solche Methoden der systematischen Verhaltensänderung genannt, deren Wirkungsweise vornehmlich auf *Lernprinzipien der operanten Konditionierung* zurückgeführt werden. In der Literatur erscheinen diese Formen auch unter Sammelbegriffen wie Verhaltensmodifikation, angewandte Verhaltensanalyse, Kontingenzmanagement oder operante Verhaltenstherapie.

Die operante Konditionierung ist einerseits ein Lernprinzip, andererseits hat sich – aufbauend auf diesem Prinzip – eine Forschungsrichtung entwickelt, die sich als experimentelle Wissenschaft vom Verhalten versteht. Dabei wird Verhalten dadurch verständlich zu machen versucht, daß man die Wirkung seiner bedingenden Faktoren überprüft und beschreibt. Es werden also solche Ereignisse untersucht, die nachweislich einen systematischen Einfluß auf das bestimmte Verhalten haben. Diese Ereignisse werden bei der operanten Konditionierung primär in *unmittelbarer räumlicher und zeitlicher Nähe* zu dem Operanten gesucht. *Operanten* bezeichnet man solche beobachtbaren Verhaltenseinheiten, die vorwiegend von ihren unmittelbaren Konsequenzen abhängen, bzw. mit ihnen in einem funktionalen Verhältnis stehen. Mit anderen Worten: Zukünftiges Verhalten wird hauptsächlich von seinen Konsequenzen in der Vergangenheit bestimmt.

Die Grundlagenkenntnisse über operantes Lernen sind zunächst vorwiegend in Tierlaboratorien bearbeitet worden (*experimentelle Verhaltensanalyse*). Dies beruht auf der Ansicht, daß die Prinzipien der systematischen Verhaltensänderung im wesentlichen bei Individuen der verschiedenen Arten analog sind. Erst in den 60er Jahren kam es zu weit verbreiteten Anwendungen der in der Grundlagenforschung erkannten Prinzipien auf menschliches Verhalten (*angewandte Verhaltensanalyse*). Wissenschaftstheoretisch und -historisch basiert der operante Ansatz auf dem Behaviorismus B. F. Skinner's.

2 Allgemeine Grundlagen

Auf der Grundlage der operanten Lernprinzipien und des Behaviorismus haben sich weitere Merkmale herausgebildet, welche die operanten Interventionsverfahren charakterisieren. Dazu gehört der *empirisch-experimentelle* Anspruch. Dies trifft für die Grundlagenforschung ebenso wie für die therapeutische Intervention zu. Therapie wird als Hypothesenüberprüfung verstanden, bei der die Abhängigkeit der Verhaltensmaße von systematisch variierten Umweltbedingungen nachgewiesen werden muß. Die Angewandte Verhaltensanalyse ist pragmatisch und unterscheidet sich dadurch auch von anderen experimentellen Forschungsrichtungen. Einsatzmotiv für eine operante Intervention sind weniger theoretische Zusammenhänge, sondern die „unmittelbare Dringlichkeit" erkannter Probleme. Das Verständnis dieser „Dringlichkeit" jedoch war es u. a., welche die operanten Verfahren in Verruf brachten –

man denke z. B. an schmerzhafte Aversionsbehandlungen bei Homosexuellen.

Als wichtigster Parameter operanter Methoden gilt die *Auftrittswahrscheinlichkeit* des Verhaltens. Die funktionale Beziehung und damit der therapeutische Erfolg gelten dann als erwiesen, wenn die Auftrittswahrscheinlichkeit des Zielverhaltens von der systematischen Veränderung bestimmter Variablen abhängt. Als bevorzugte Datenerhebungsmethode gilt die *direkte Verhaltensbeobachtung* (→**Verhaltensbeobachtung**). Mittels solcher Beobachtungen wird das Zielverhalten quantifiziert und vergleichbar gemacht. Um nun Verhaltensabhängigkeiten nachweisen zu können, bedarf es experimenteller Versuchs- bzw. Therapieanordnungen (→**Psychotherapieforschung**). Da Zweifel an der Brauchbarkeit des herkömmlichen Gruppenvergleichsansatzes aufgetreten waren (z. B. auf Grund von Dilemma wie: je homogener die Gruppe, umso weniger repräsentativ ist sie), wurden für die operante Forschung spezielle *Einzelfalldesigns* entwickelt. Diese bilden die Grundlage für logisch-experimentelle Aussagen und bestimmen die zeitliche Abfolge der therapeutischen Intervention. Ebenso wie die Skepsis über den herkömmlichen Gruppenvergleich anwuchs, verlor auch die statistische Datenanalyse ihren Einfluß, deren Logik ja auf dem Gruppenvergleich basierte. Trotzdem sind in jüngster Zeit mehr und mehr spezielle Verfahren auch zur statistischen Analyse von Einzelfalldaten entwickelt worden. Tradition ist es, die erhobenen Verhaltensdaten in Schaubildern festzuhalten und diese direkt zu interpretieren.

Ein weiteres typisches Merkmal operanter Interventionsmethoden ist die Abwendung vom medizinisch-psychiatrischen *Krankheitsmodell* (→**Krankheitsmodell**). Der behaviorale Ansatz unterscheidet sich von der herkömmlichen Orientierung dadurch, daß Verhalten nicht durch zugrundeliegende, hypothetische Impulse, Triebe etc. erklärt wird, sondern durch den Einfluß situationaler, umweltbedingter Determinanten. Ebenso wie „normales" Verhalten wird auch „abweichendes" Verhalten gelernt. Folglich ist abweichendes Verhalten nicht Symptom einer zentralen Dysfunktion, sondern Ergebnis einer Summe von Lernerfahrungen (→**Symptom**).

3 Prinzipien operanter Interventionsmethoden

Üblicherweise werden operante Verfahren in verhaltensaufbauende und verhaltensabbauende eingeteilt, obwohl diese Gliederung, wie man noch sehen wird, nicht immer nahtlos paßt und manchmal sogar verwirrt.

3.1 Verhaltensaufbauende Verfahren

Verhaltensaufbauende Interventionen basieren auf dem Prinzip der *Verstärkung*. Verstärkung ist definiert als Anstieg der Auftrittswahrscheinlichkeit eines bestimmten Verhaltens, auf welches spezifische Konsequenzen folgen. Das erhöhte Auftreten eines bestimmten Verhaltens ist die notwendige Konsequenz von *positiver* als auch von *negativer* Verstärkung. Von positiver Verstärkung spricht man bei einer verhaltenskontingenten (d. h. einer unmittelbar auf das Verhalten folgenden) Darbietung eines positiven *Verstärkers* (z. B. das Erscheinen der Zigarettenpackung nach dem Münzeinwurf in den Automaten); von negativer Verstärkung bei kontingentem Entzug von negativen Verstärkern bzw. Strafreizen (z. B. das Nachlassen des Kältegefühls nach dem Ankleiden). Bei negativer Verstärkung wird die Verhaltensweise gestärkt, die den unerwünschten Zustand beendet (in unserem Beispiel also das Ankleiden). Das Konzept der *negativen Verstärkung* hat zur Erklärung vieler problematischer Verhaltensweisen eine große Bedeutung: Unangenehme Zustände werden beendet, indem sich der Klient aus der Situation zurückzieht (*Fluchtverhalten*; sozial Ängstliche z. B. verlassen Situationen mit Anforderungen an soziales Verhalten; – dadurch wird die aversive Angst beendet oder vermindert). Entsprechend wird beim *Vermeidungsverhalten* von vornherein das Eintreten eines aversiven Reizes oder Ereignisses verhindert (z. B. durch Vermeiden sozialer Situationen wie Parties u. ä.).

Positive und *negative* Verstärker sind ausschließlich durch ihre Verstärkerwirkung auf das Verhalten definiert. Erst die Zunahme der Verhaltenshäufigkeit macht ein kontingent auf dieses Verhalten dargebotenes Ereignis zu einem Verstärker. Nicht nur Umweltreize können Verstärkerwirkung annehmen, sondern auch Handlungen des Individuums. In diesem Fall spricht man von PREMACK-*Verstärkern* (z. B. das Spielen an dem Flipperautomaten als Premack-Verstärker für das Einwerfen der Münzen). Häufiger als Premack-Verstärker findet man jedoch in der therapeutischen Literatur und Praxis die Anwendung von Reizen als Verstärker. Dabei lassen sich *ungelernte, konditionierte,* und *generalisiert konditionierte* Verstärker unterscheiden. Ungelernte Verstärker wirken direkt auf die vitalen Bedürfnisse des Organismus, wie z. B. Nahrung. Konditionierte Verstärker sind ursprünglich neutrale Reize, die durch wiederholt paarweises Auftreten mit einem Verstärker selbst Verstärkerwirkung erlangten. Davon unterschieden werden generalisiert konditionierte Verstärker, welche durch wiederholt paarweises Auftreten mit vielen verschiedenen Verstärkern ihre verhaltensbeeinflussende Wirkung erreicht haben, z. B. Geld.

Eine vielfach verwendete Interventionsform solcher generalisierter Verstärker sind die *Münzsysteme*. Dabei werden für spezifische Verhaltensweisen Münzen, Sterne oder Punkte verteilt, die einen bestimmten Austauschwert gegen bevorzugte Privilegien oder sonstige Belohnungen haben. Anwendung finden Münzsysteme häufig in Schulklassen, in Heimen für geistig behinderte Kinder, in Psychiatrischen Kliniken und Strafanstalten. Besondere Vorteile solcher Münzen gegenüber direkten, nicht generalisierten Verstärkern beruhen auf ihrer hohen und überdauernden Wirksamkeit (da sie ja durch eine Reihe unterschiedlicher Eintausch-Verstärker gestützt sind), auf der Möglichkeit exakter Verabreichung, und auf der ähnlichen Wirksamkeit bei vielen verschiedenen Individuen. Es hat sich gezeigt, daß Münzsysteme bei einer Reihe von Einsatzgebieten nachweisbare Erfolge erzielt haben. Allerdings sind Fragen nach der Übertragbarkeit der Interventionseffekte auf therapieunabhängige Situationen und nach der Dauerwirksamkeit über die Behandlungsphase hinaus nicht selten negativ zu beantworten. Ob diese Mängel allerdings am Münzsystem schlechthin oder an den Planungsschwerpunkten der jeweiligen Programme liegen, ist ungeklärt. Problematisch erscheint aber – und das kann man den Inhalten einiger veröffentlichter Studien entnehmen – die Verlockung, mittels Münzsystemen institutionale Zwänge unkritisch und effizient durchzusetzen.

Die *Wirkung von Verstärkern* hängt von verschiedenen Umständen ab, wie z. B. der Art und Intensität des Reizes, dem zeitlichen Abstand zwischen Verhalten und Verstärker, der Regelmäßigkeit, mit der das Verhalten von einem Verstärker belohnt wird (*Verstärkerpläne*) und dem Zustand des Organismus (z. B. Nahrung wird auf einen gesättigten Organismus nur geringe oder keine Verstärkerwirkung ausüben).

Verstärker bewirken aber nicht bloß die Erhöhung der Auftretenswahrscheinlichkeit eines Verhalten, sondern sie können auch an der Entstehung qualitativ neuen Verhaltens beteiligt sein. Dabei sind vor allem die Verfahren in der Verhaltensausformung und der Verhaltensverkettung zu nennen. Neues Verhalten wird bei der *Verhaltensausformung* dadurch erreicht, daß jeweils solche Verhaltenseinheiten verstärkt werden, die dem endgültigen Verhaltensprodukt am ähnlichsten sind. Dadurch formt man aus anfänglich unscheinbaren Elementen das angestrebte Zielverhalten. So konnte man z. B. durch Verhaltensausformung bei mutistischen Psychotikern, ausgehend von rudimentären Stammellauten, sinnvolle Spracheinheiten ausbilden. Ein weiteres therapeutisches Beispiel der Verhaltensausformung ist die Verstärkung der schrittweisen Annäherungen an gefürchtete, phobische Reize. Unter *Verhaltensverkettung* versteht man die Verknüpfung einer Reihe von Verhaltenseinheiten zu einem zielgerichteten Handlungsablauf, wobei erst das letzte Glied den eigentlichen Verstärker erreicht. Die einzelnen Einheiten werden schon vor der Verkettung vom Individuum beherrscht.

Verstärkermethoden können aber auch dazu eingesetzt werden, unerwünschtes Verhalten indirekt zu reduzieren. Beim *Unterlassungstraining* werden umschriebene zeitliche Perioden dann mit einem Verstärker abgeschlossen, wenn ein vorher definiertes Problemverhalten nicht aufgetreten war. Etwas schneller allerdings wirkt die *differentielle Verstärkung unvereinbaren Verhaltens*, bei der ein bestimmtes, mit dem Problemverhalten unvereinbares Verhalten verstärkt wird.

3.2 Verhaltensabbauende Verfahren

Aus der Sicht der Lerntheorie sind zwei Prinzipien für den Verhaltensabbau verantwortlich: Bestrafung und Löschung. Die *Bestrafung* wirkt entweder durch das verhaltenskontingente Darbieten eines Strafreizes oder durch das Entziehen eines positiven Reizes bzw. Zustandes. Wie bei Verstärkern sind diese Reize ebenfalls erst durch ihre Wirkung definiert. Der Einsatz von bestrafenden Reizen in Therapien wurde vor allem in den Anfängen der Verhaltensmodifikation bei verschiedenen Störungsbereichen verwendet, z. B. Aggression und Selbstverletzungen bei psychiatrischen Patienten. Heute hat die Erfahrung gezeigt, daß nicht nur moralische, sondern auch behandlungstheoretische und -praktische Bedenken den Einsatz schmerzhafter, bestrafender Reize höchstens in extremen Situationen rechtfertigen. Allerdings, Strafreize müssen nicht unbedingt körperlich schmerzhaft sein, wie z. B. konditionierte Strafreize in Form verbaler Äußerungen („nein", „laß das", etc.). Es konnte auch nachgewiesen werden, daß kontingente Verabreichung eines Tropfens Zitronensäure auf die Zunge, eines Spritzers Wasser ins Gesicht und viele andere harmlose Reize verhaltensreduzierend, d. h. bestrafend wirkte. Trotzdem bleibt für alle Variationen der Bestrafungsverfahren die Gefahr unerwünschter Nebeneffekte, wie Vermeidungsverhalten, Angst gegenüber dem Therapeuten und Problemverschiebung. Zudem wird durch Bestrafung zwar unerwünschtes Verhalten reduziert, erwünschtes aber nicht automatisch aufgebaut. Ein häufig verwendetes Bestrafungsverfahren durch Entzug positiver Reizbedingungen ist das *Ausschlußverfahren*. Nach dem Auftreten des unerwünschten Verhaltens wird versucht, für eine bestimmte Zeit jegliche Verstärkung zu entziehen. Diese Isolation von positiven Umweltbedingungen kann vielerlei Formen haben und hinsichtlich verschiedener Parameter variiert werden. Besonders wichtig für die Wirksamkeit dieses Verfahrens ist die relative Attraktivität jener Situation, aus der der Klient ausgeschlossen werden soll. Ein Ausschluß wird nur dann das Problemverhalten reduzieren, wenn etwas, für den Klienten Angenehmes, entziehbar ist.

Eine Form „milder" Bestrafung stellen die *Überkorrekturmethoden* dar. Diese sind, ihrem Wirkmechanismus nach, multiple Programme, die einen Sinnzusammenhang zwischen der Art des „Vergehens" und der strafenden Konsequenzen anstreben. Damit soll über dies Verantwortung für eigenes Handeln vermittelt werden. Diese Verfahren sind bislang hauptsächlich gegen schwere Verhaltensstörungen bei geistig Behinderten und psychiatrischen Patienten verwendet worden, z. B. bei aggressivem Verhalten. Den verschiedenen Verfahren gemeinsam ist die Tatsache, daß gleichzeitig mit der Unterbindung des Störverhaltens in einem ritualisierten Ablauf alternative Verhaltensweisen aufgebaut werden. Zunächst soll derjenige Zustand so wiederhergestellt werden, wie er vor dem Störverhalten war und dann darüber hinaus verbessert werden. Im Verlauf dieser Wiederherstellung werden neue Fertigkeiten vermittelt. Z. B. beim Sauberkeitstraining: Zunächst umkleiden und säubern der Kleidung sowie des unmittelbaren Bereiches, an dem der Klient eingenäßt hatte; dann muß er die Säuberung des gesamten Raumes übernehmen und an der Wäschereinigung anderer mithelfen.

Bei der *Löschung* muß man zwischen positiv und negativ verstärktem Verhalten unterscheiden. Bei positiv Verstärktem bleiben bei der Löschung die erwarteten positiven Konsequenzen aus, wodurch das Verhalten graduell seltener wird. Typisch ist eine Steigerung der Auftretenshäufigkeit unmittelbar zu Beginn der Löschungsphase. Löschung von negativ verstärktem Verhalten bzw. Vermeidungsverhalten tritt dann auf, wenn dieses nicht mehr nötig ist, um einen erwarteten, aversiven Reiz zu verhindern. D. h. der konditionierte Ankündigungsreiz ist nicht mehr mit dem unkonditionierten aversiven Reiz gekoppelt. Dieses Paradigma findet man u. a. in Erklärungsmodellen der *Reizüberflutungsverfahren* (→**Konfrontation**).

3.3 Generalisation und Diskrimination

Generalisation und Diskrimination sind wesentliche Merkmale erfolgreichen Lernens. Es ist für jeden Organismus nicht bloß wichtig, einen Zusammenhang zwischen einem bestimmten Reiz, einer zu wählenden Reaktion und der daraufhin auftretenden Bekräftigung herzustellen. Er muß über den Erwerb dieses Zusammenhangs hinaus in der Lage sein, zwischen solchen Reizbedingungen zu unterscheiden, die eine mögliche Bekräftigung ankündigen (S^D) und solchen, die damit nicht in Verbindung gebracht werden können (S^Δ). Dies nennt man *Diskrimination.* Reizdiskrimination wird durch hohe Komplexitätsgrade der Reizbedingungen und die oft verschwommenen Übergänge von S^D und S^Δ in der natürlichen Umgebung noch erschwert (man denke z.B. an die oft minimalen Reize, die soziales Verhalten steuern).

Andererseits wäre es jedoch abträglich, bloß eine starre Abgrenzung zwischen Reizen zu lernen. Es ist ebenso wichtig, Gemeinsamkeiten von Reizen zu erfassen. Durch *Stimulusgeneralisierung* gelingt es, auch auf solche Reize entsprechend zu reagieren, die ursprünglich beim Lernen mit den Originalreizen nicht vorhanden waren. Von *Verhaltensgeneralisierung* spricht man, wenn nicht nur eine bestimmte, starre Verhaltenskonfiguration beibehalten wird, wie sie vielleicht in den ersten Lernschritten aufgetreten war, sondern auch solche Verhaltensweisen „automatisch" mitgelernt werden, die dem Ursprünglichen ähnlich sind.

Das Erreichen so einer Flexibilität im Umgang mit dem eigenen Verhaltensrepertoire durch Generalisation und Diskrimination ist gerade für den Erfolg einer therapeutischen Intervention von großer Bedeutung.

4 Schlußbemerkungen

Die operanten Verfahren sind Entwicklungen der experimentellen Forschung einer Verhaltenstechnologie. Ihre Effizienz bei der Verhaltenssteuerung ist oft nachgewiesen worden und wird nicht zuletzt durch den Einfluß von Geld, dem Inbegriff des generalisierten konditionierten Verstärkers, illustriert. Diese Wirksamkeit soll jedoch nicht darüber hinwegtäuschen, daß ihre wissenschaftstheoretischen Grundlagen kontrovers sind. Vor allem die Überbewertung der Umwelt, insbesondere der aktuellen Umwelt, und die Vernachlässigung des internen psychischen Geschehens werden oft kritisiert.

Operante Verfahren finden aber nicht nur im klinischen Bereich ihre Anwendung. Sie werden auch für so unterschiedliche Gebiete wie kommunale Interessen (Energiesparen, Abfallbeseitigung, Parkprobleme, etc.), Schul- und akademischen Unterricht, bis hin zur Erschließung neuer Lebensformen (experimentelle Kommunen) weiter entwickelt.

Neuere Trends findet man unter anderem bei der Erforschung der *Stimuluskontrolle.* So wird im Bereich der *Umweltplanung* der Einfluß äußerer Gegebenheiten (architektonische Charakteristika, Umgangsmaterial, Gruppenbedingungen, etc.) auf das Verhalten experimentell untersucht. Hier zeigt sich eine Annäherung an Methoden und Fragestellungen der ökologischen Psychologie. Der systemorientierte Ansatz der *Ökobehavioralen Analyse* versucht Modelle zu entwickeln, die menschliches Verhalten in seinen komplexen Organismus-Umwelt-Interdependenzen beschreiben.

Es ist wichtig abschließend nochmals zu betonen, daß die hier dargestellten Interventionsmethoden, die aus Gründen des beschränkten Umfangs vorwiegend auf die herkömmliche Handlungsdyade Therapeut-Klient und auf bekanntere Verfahren beschränkt werden mußten, nur einen kleinen Teil des Forschungs- und Anwendungsspektrums operanter Ansätze bilden. Sinn der operanten Forschung ist es, menschliches Verhalten ganz allgemein in seinen funktionalen Abhängigkeiten zu untersuchen, und sie beschränkt sich daher nicht nur auf die hier hauptsächlich diskutierte Interventionsebene.

LITERATUR

ANGERMEIER, W. F. *Kontrolle des Verhaltens.* Heidelberg: Springer, 1972.
HERSEN, M. & BARLOW, D. H. *Single Case Experimental Designs.* New York: Pergamon Press, 1976.
HONIG, W. K. & STADDON, J. E. R. (Hrsg.) *Handbook of Operant Behavior.* Englewood Cliffs, N. J.: Prentice Hall, 1977.
KAZDIN, A. E. *Behavior Modification in Applied Settings.* Homewood, Ill.: Dorsey Press, 1975.
SKINNER, B. F. *Was ist Behaviorismus?* Reinbek: Rowohlt, 1978.
SKINNER, B. F. Die Wissenschaft vom menschlichen Verhalten. München: Kindler, 1973.
Journal of Applied Behavior Analysis, 1968ff.

Organisationsformen von Psychotherapie

Frido Mann

1 Grundlegende Organisationsbereiche

Faßt man die verschiedenen Organisationsformen von Psychotherapie vor allem in der Bundesrepublik auf einige wesentliche und übergreifende Bereiche zusammen, so lassen sich insgesamt drei Hauptbereiche ermitteln.

1.1 Die öffentlichen psychosozialen Institutionen

Fast alle öffentlichen psychosozialen Institutionen in unserem Gesundheitswesen führen im Rahmen ihrer diagnostischen, beratenden und z. T. behandelnden Tätigkeit auch *Psychotherapie* im Sinne einer systematischen psychologischen Behandlung bestimmter umgrenzter psychischer Krankheits- und Problembereiche durch (vgl. dazu Deutscher Bundestag 1975). Dies gilt einmal für die verschiedenen *ambulanten Institutionen*. Dabei sind zu nennen die an Psychiatrische Kliniken angegliederten Psychiatrischen *Ambulanzen und Polikliniken*, in denen vor allem Ärzte aus dem Klinikbereich arbeiten (vereinzelt zusätzlich Psychologen und/oder Sozialarbeiter). Zum anderen gehören dazu die verschiedenen Arten von *Beratungsstellen* (u.a. Erziehungs-, Ehe- und Familien- sowie Schulpsychologische Beratungsstellen), die vor allem mit Psychologen und Sozialarbeitern besetzt sind. Dort, wo akute Krisenintervention und psychiatrische Kurzbehandlungen (Ambulanzen/Polikliniken) sowie eigentliche Beratungstätigkeit (Beratungsstellen) zur Lösung psychosozialer Probleme nicht ausreichen, bieten beide genannten Typen öffentlicher ambulanter Versorgung ihren Klienten in der Regel verschiedene Formen einer längerdauernden und systematischen Einzel- und Gruppenpsychotherapie an (z. B. Erwachsenen- oder Kinder-Einzeltherapie, Partner-, Familien- und Gruppentherapie, therapeutische Selbsterfahrungsgruppen etc.). Dabei sind jene Institutionen in ihrer psychotherapeutischen Arbeit entweder mehr oder weniger auf einzelne Therapierichtungen festgelegt (z. B. Psychoanalyse, Gesprächspsychotherapie, Verhaltenstherapie, Gestalttherapie u. a. m.) oder – was heute zunehmend mehr der Fall ist – sie wenden je nach Ziel und Aufgabenstellung in ihrer Therapie verschiedene Methoden an oder kombinieren diese beim selben Klienten. In öffentlichen Einrichtungen der *stationären Psychiatrie* (psychiatrische Landeskrankenhäuser und Universitätskliniken, psychiatrische Abteilungen an Allgemeinkrankenhäusern) besteht für Psychotherapie im oben angegebenen engeren Sinn insgesamt entschieden weniger Raum (besonders wenig in psychiatrischen Landeskrankenhäusern). Im *rehabilitativen* Sektor psychosozialer Versorgung (Wohnheime und Wohngemeinschaften, beschützende Werkstätten etc.) wird Psychotherapie nur sehr vereinzelt durchgeführt (am ehesten noch in Übergangswohnheimen).

1.2 Die Therapieverbände

Das gemeinsame Ziel aller öffentlich etablierter *Therapieverbände* in der Bundesrepublik (verschiedene Psychoanalytische Gesellschaften, die Gesellschaft für wissenschaftliche Gesprächspsychotherapie, die Deutsche Gesellschaft für Verhaltenstherapie; →**Anhang**) ist die Förderung der Ausbildung und – bei entsprechender empirisch-wissenschaftlicher Orientierung wie z. B. bei der Gesellschaft für wissenschaftliche Gesprächspsychotherapie und der Deutschen Gesellschaft für Verhaltenstherapie – auch der Forschung auf dem jeweils vertretenen Gebiet der Psychotherapie.

1.3 Der „freie Psychomarkt"

Von einer geradezu explosionsartigen Vermehrungen psychotherapeutischer Verfahren kann man im sog. „freien Psychomarkt" sprechen. Hier findet sich in den verschiedenen privatwirtschaftlich organisierten Therapiepraxen *niedergelassener Nervenärzte* und *freipraktizierender Psychologen* sowie in entsprechenden *privaten Instituten und Clubs* ein reiches Angebot an Therapiemethoden. Dazu gehören neben den wissenschaftlich „bewährten" Therapieformen wie Verhaltens- und Gesprächspsychotherapie sowie von Psychoanalyse, Gestalt, Encounter und Bioenergetik auch Erscheinungen wie Tanztherapie, Yoga, Sensory Awareness, dynamische Meditationen, Massage und anderes. Dabei ist insbesondere bei den Angeboten in Gruppenmethoden zu vermerken, daß eine grundsätzliche Unterscheidung zwischen Gruppentherapie, gruppendynamischen Trainings und Encounterbewegung bzw. zwischen einer „Therapie für Kranke" und einer „Therapie für Normale" kaum mehr getroffen werden kann (vgl. WINKLER 1978). Zu erwähnen sind in diesem Zusammenhang auch die zunehmenden therapeutischen Initiativen und Aktivitäten im Bereich der Laientherapie insbesondere bei der Versorgung von Suchtkranken (Anonyme Alkoholiker und andere Selbsthilfegruppen). Die dort geleisteten psychologischen Hilfestellungen wird man freilich kaum als Psychotherapie im engeren Sinn bezeichnen können (→**Verhaltenstherapie**; →**Gesprächstherapie**; →**Psychoanalyse**; →**Gestalttherapie**; →**Encounter-Gruppen**; →**Gruppentherapie**; →**Gruppendynamik**).

2 Gegenwärtige Situation und Problemlage

Bei der kritischen Durchleuchtung des heutigen Standes institutioneller und gesellschaftlicher Organisation von Psychotherapie müssen zwei grundlegende Voraussetzungen für die dort geleistete therapeutische Arbeit beachtet werden: einmal die grundlegenden anthropologischen und wissenschaftstheoretischen Positionen der therapeutisch Tätigen (Krankheitsverständnis, inhaltliche Therapiezielbestimmung und daraus resultierende schichtenspezifische Selektionsprinzipien etc.), und zum anderen die strukturellen Bedingungen therapeutischer Praxis (institutionell-organisatorische und gesundheitspolitische Möglichkeiten und Grenzen in unserer Gesellschaft) (vgl. KEUPP & ZAUMSEIL 1978). Geht man die drei obengenannten Organisationsbereiche durch, so kann man zu folgenden Feststellungen gelangen:

- Als ausgesprochener Mangel in der Arbeit *öffentlicher psychosozialer Institutionen* wird die allgemeine Tendenz gesehen, die zu bearbeitenden Klientenprobleme sowohl auf Aspekte körperlicher Erkrankungen zu reduzieren (Somatisierung) als sie auch vor allem als individuelles Problem des hilfesuchenden psychisch Beeinträchtigten zu sehen (Individualisierung). Eine oft weitgehende Ausklammerung der realen Lebensverhältnisse des Klienten (Arbeits- und Wohnbereich, alltägliche Kommunikationsstrukturen etc.) aus der Pathogenese von Störungen und die entsprechend einseitige Psychologisierung von Problemen in Diagnostik und Therapie kann dabei einmal zurückgeführt werden auf Einstellungen der psychosozial tätigen Fachkräfte bzw. auf deren einseitiges Krankheitsverständnis (vgl. KEUPP 1978; ZAUMSEIL 1978). Zum anderen muß aber auch die Struktur und die Organisation psychosozialer Institutionen dafür verantwortlich gemacht werden. Diese Institutionen arbeiten insgesamt mehr oder weniger ohne gegenseitige Kooperation und zusammenhanglos nebeneinander, gehören verschiedenen Trägern an und sind meist für sehr unterschiedliche Aufgaben und Personenkreise zuständig (z. B. Beratungsstellen nur für Kinder, nur für Jugendliche, für Ehepaare, alte Leute, Suizidgefährdete etc.). Dies führt oft zu einer inadäquaten Auseinanderdividierung „natürlicher" Gruppen, z. B. von Klientenfamilien, auf unterschiedliche psychosoziale Einrichtungen und verstellt so leicht den Blick für diagnostisch und therapeutisch relevante Gegebenheiten aus dem alltäglichen Lebenszusammenhang der Klienten. Dieser Parzellierung von Kompetenzen entspricht einerseits die für die Bundesrepublik typische Organisierung der Abrechnung von Krankheitskosten mit den Krankenkassen, orientiert an einem, dem sog. medizinischen Modell folgenden und deshalb vielfach kritisierten Diagnoseschlüssel (→**Krankheitsbegriff**). Andererseits wird sie gefördert durch ein weitgehend professionalistisches Vorgehen, d.h. die Gestaltung von psychosozialen Hilfeleistungen vorwiegend aus der Perspektive expertengeleiteter und ständischer Interessenwahrung. Eine in diesem Sinne mangelnde Orientierung an den realen Krankheitsbedingungen und Therapiebedürfnissen der Klienten zeigt sich nicht nur in der diagnostischen und therapeutischen Arbeit am einzelnen konkreten Fall, sondern beginnt bereits bei epidemiologischen Bedarfserhebungen. Die zu behandelnden psychischen Störungen werden überwiegend anhand derjenigen Personen erfaßt, die bei psychosozialen Institutionen explizit um Therapie nachsuchen, und die psychosoziale Situation sowie die Bedürfnisse der übrigen Bevölkerung bleiben nicht genügend berücksichtigt (→ **Epidemiologie**). Die unzureichende Erfassung auch des „verdeckten Teils des Eisberges" (KEUPP 1978) ist ihrerseits wieder strukturbedingt. Auch die für eine kurzfristige therapeutische Konflikt- und Problembearbeitung zuständigen ambulanten „Auffangstellen" (ambulante Institutionen, s. o.) sind – abgesehen davon, daß es deren zu wenige gibt – in der Öffentlichkeit zu wenig bekannt. Sie werden außerdem wegen des mit psychischer Krankheit verbundenen gesellschaftlichen Stigmas eher ängstlich gemieden und werden daher – falls überhaupt – oft erst in einem so fortgeschrittenen Krankheitsstadium aufgesucht, daß entweder sehr zeitraubende Therapien angesetzt werden müssen, die die Wartelisten unnötig verlängern, oder daß stationäre Einweisungen unabwendbar werden.

- Von den in der Bundesrepublik etablierten *Therapieverbänden* wird zwar eine Förderung einer psychosozialen Versorgung im Sinne der Interessen der Bevölkerung u. a. durch methodisch fundierte Ausbildungs- und Supervisionsmaßnahmen angestrebt. Bisher können jene Verbände weitgehend nur für eine methodenorientierte und kaum noch für eine problem- und arbeitsfeldorientierte therapeutische Ausbildung garantieren. Und sie sind zudem noch nicht in genügendem Maße fähig, Kooperationsformen für verschiedene Berufsgruppen im Sinn gemeinsamer praxisorientierter Fortbildung in gleichen Arbeitsfeldern zu vermitteln (vgl. ZAUMSEIL 1978).
- Der am wenigsten kontrollierbare Sektor organisierter Psychotherapie dürfte der sog. „*freie Psychomarkt*" der niedergelassenen sowie der frei praktizierenden Psychotherapeuten sein. Bei den dort vorhandenen vielfachen Angeboten an einzel- und gruppentherapeutischen Verfahren läßt sich oft nur schwer unterscheiden zwischen seriöser therapeutischer Arbeit und Scharlatanerie. Was dort als Chance zu „individuellem Wachstum" und „Selbstentfaltung" angepriesen wird, dient oft mehr der Selbstbestätigung der Therapeuten sowie deren ökonomischem Wohlergehen als den tatsächlichen Interessen und Bedürfnissen der Klienten (vgl. WINKLER 1978).

3 Ansätze zu Verbesserungen und Alternativen

Die 1971 von der Bundesregierung eingesetzte Enquête-Kommission hat die z. T. schwerwiegenden Mängel der psychosozialen Versorgung der Bevölkerung offengelegt und einen Empfehlungskatalog vor allem zur organisatorischen Neuordnung des Gesundheitswesens zusammengestellt (vgl. Deutscher Bundestag 1975). Diesem Empfehlungskatalog fehlt zwar ein stringentes Gesamtkonzept auf sozial- und gesellschaftskritischer Basis. Er enthält jedoch eine Reihe von Verbesserungsvorschlägen vor allem auf der Ebene der Organisation psychiatrischer und psychotherapeutischer Tätigkeit. Vorgeschlagen wird neben dem quantitativen Ausbau psychosozialer Dienste u. a. auch eine verstärkte Kooperation und Koordination verschiedener Dienste im kommunalen und regionalen Maßstab. Forderungen nach einer grundsätzlichen Einbeziehung des sozialen und gesellschaftlichen Lebenszusammenhanges von Klienten in die diagnostische und therapeutische Arbeit sowie nach multiprofessioneller Gestaltung jener Arbeit unter Einbeziehung auch von Laien gehen freilich über den Enquête-Bericht hinaus. Sie sind vielmehr zunehmend von einzelnen Vertretern einer kritischen Sozialpsychiatrie erhoben worden (vgl. REBELL 1976). Die Realisierung jener Forderungen wurde maßgeblich unterstützt durch die „Deutsche Gesellschaft für Soziale Psychiatrie" und ihre einzelnen Landesverbände (→ **Anhang**). In diesem Sinne konnten bereits zu Beginn der Siebzigerjahre sog. *gemeinde-psychiatrische Versorgungssysteme* (vgl. PÖRKSEN 1974) sowie Modelle für eine *psychiatrische Sektorisierung* (vgl. z. B. BAUER & LEHTOMIES 1977) aufgebaut werden. Es zeigte sich dabei freilich zunehmend, daß eine organisatorische Bedingung für eine Erfüllung der obengenannten Forderungen (Einbeziehung möglichst aller sozialer Faktoren in die therapeutische Arbeit, multiprofessionelle und z. T. nichtprofessionelle Gestaltung von Therapie) in einer weitgehenden Dezentralisierung therapeutischer Arbeit aus Krankenhäusern oder sonstigen therapeutischen Institutionen hinaus in den kommunalen Bereich hinein lag. In diesem Sinn zeigten sich an mehreren Orten der BRD zunehmend Bestrebungen, eine therapeutische und präventive Arbeit gemeinsam von mehreren verschiedenartigen – z. T. auch nicht spezifisch therapeutischen Einrichtungen und Gruppen einer umgrenzten Region unter Einbeziehung verschiedenartiger Berufsgruppen zu leisten (→ **Gemeindepsychologie**; → **Prävention**). Organisatorisch konkretisierten sich diese Bestrebungen im Modell der sog. *psychosozialen Arbeitsgemeinschaft* auf regionaler Ebene. Bei minimaler Strukturierung seitens bestimmter – u. a. auch nichttherapeutischer – Institutionen (z. B. Gesundheitsamt) beruhen jene Arbeitsgemeinschaften grundsätzlich auf der Selbstorganisation ihrer Mitglieder. Zu diesen gehören häufig nicht nur Fachkräfte aus dem therapeutisch-beratenden sowie aus dem administrativen Bereich (Krankenhäuser, Beratungsstellen, niedergelassene Ärzte, Familienfürsorger, Wohlfahrtsverbände und sonstige soziale Dienste, Ordnungs- und Sozialbehörden, Justiz, Kirche, Schulwesen etc.), sondern auch Laien (freie Bürgervereinigungen, ehrenamtliche Helfergruppen bzw. Selbsthilfegruppen) sowie vereinzelt auch politische Gruppierungen (z. B. Kinderschutzbund, Parteien etc.). Gerade die Laien können in diesen Arbeitsgemeinschaften zahlenmäßig durchaus überwiegen. Durch ihre aktive Mitarbeit in den Arbeitsgemeinschaften können sie grundsätzlich zu einer Überwindung der oft vorhandenen sprachlichen und emotionalen Barrieren zwischen psychosozialen Fachkräften einerseits und psychisch Kranken und Bevölkerung andererseits beitragen. Eine verbesserte Kommunikation zwischen therapeutischen Fachkräften und Bevölkerung wiederum kann psychologistische Verengungen in der Diagnostik und Therapie vermeiden helfen, und sie kann in diesem Sinn eine wichtige Grundlage sein für ein effektiveres Gewähren praktischer Lebenshilfen, für eine Prävention psychischer Krankheit gleichsam an der „sozialen Wurzel" sowie für realistischere epidemiologische Bedarfserhebungen. Insbesondere die präventive Arbeit in jenem weiteren Sinne (z. B. allgemeine Verringerung von Krankheitsrisiken im Arbeits- und Wohnbereich) kann ansatzweise auch auf struktureller Ebene durch kommunalpolitische Arbeit innerhalb der gesellschaftlich vorgegebenen Grenzen geleistet werden (vgl. MANN 1979). Die letztgenannten Aufgaben können u. E. freilich um so gezielter in Angriff genommen werden, wenn die Praxis jener Arbeitsgemeinschaft auf einer stringenten theoretischen Grundlage ruht und mit systematisch daraus abgeleiteten (u. a. sozialtherapeutischen) Praxismodellen arbeitet. Fundamentales Merkmal einer solchen theoretischen Grundlegung sollte in erster Linie eine entschiedene Abkehr vom einseitig psychologischen bzw. psychologistischen Blick sein sowie der Versuch, generell einen Vermittlungszusammenhang zwischen individuellem Handeln und vorgegebener gesellschaftlicher Realität herzustellen (KEUPP 1978). Das allgemeine Fehlen ganzheitlicher und tragfähiger anthropologischer und gesellschaftstheoretischer Fundamente in der traditionellen bürgerlichen Psychologie hat Vertreter der sog. „Kritischen Psychologie" in der Bundesrepublik dazu veranlaßt, auf einigen Grundannahmen der in den sozialistischen Ländern vertretenen „marxistischen Psychologie" mit eigenen theoretischen Überlegungen aufzubauen und diese Überlegungen zum methodologischen Prinzip auch einer klinisch-therapeutischen Praxis zu machen, in welcher vor allem eine enge Zuordnung zwischen psychologischer Therapie und politischem Handeln gefordert wird (vgl. KAPPELER, HOLZKAMP & HOLZKAMP-OSTERKAMP 1977). Versuche, kommunale psychosoziale Praxis mit handlungstheoretischen Konzepten zu fundieren, verstehen sich als eine Möglichkeit einer konkreten Weiterführung und Spezifizierung der noch recht allgemein gehaltenen Reflexionen aus dem Bereich der „Kritischen Psychologie" (vgl. MANN 1979), sind jedoch bisher erst in ersten Ansätzen entwickelt worden.

LITERATUR

BAUER, M. & LEHTOMIES, T. Psychiatrische Dienste in einem Standardversorgungsgebiet (Sektor) - auf dem Wege zu einem integrierten Versorgungssystem. In *Psychiatrische Praxis 4* 1, 1977.

Deutscher Bundestag, 7. Wahlperiode. (1975). Unterrichtung durch die Bundesregierung. Bericht über die Lage der Psychiatrie in der Bundesrepublik Deutschland - zur psychiatrischen und psychotherapeutisch/psychosomatischen Versorgung der Bevölkerung. Bonn.

KAPPELER, M., HOLZKAMP, K. & HOLZKAMP-OSTERKAMP, U. *Psychologische Therapie und politisches Handeln*. Frankfurt/New York: Campus, 1977.

KEUPP, H. & ZAUMSEIL, M. (Hrsg.) *Die gesellschaftliche Organisierung psychischen Leidens*. Zum Arbeitsfeld klinischer Psychologen. Frankfurt: Suhrkamp, 1978.

MANN, F. *Psychiatrie ohne Mauern*. Zu einer neuen psychosozialen Praxis. Frankfurt/New York: Campus, 1979.

PÖRKSEN, N. *Kommunale Psychiatrie*. Reinbek: Rowohlt, 1974.

REBELL, C. *Sozialpsychiatrie in der Industriegesellschaft*. Arbeitsbedingungen, psychische Erkrankungen und psychiatrische Versorgung. Frankfurt/New York: Campus, 1976.

WINKLER, B. Humanistische Psychologie und Gruppenbewegung in der Psychoszene. In H. KEUPP & M. ZAUMSEIL (Hrsg.) *Die gesellschaftliche Organisierung psychischen Leidens*. Frankfurt: Suhrkamp, 1978.

Partnertherapie

Simone Grawe

1 Definition von Partnertherapie und Problemstellung

Partnertherapie, auch Paar- oder Ehetherapie genannt, ist eine geplante therapeutische Aktivität, die die Modifikation einer gestörten partnerschaftlichen Beziehung zum Ziel hat. Die Definition „gestört" wird dabei subjektiv von zumindestens einem Partner, von beiden Partnern oder vom Therapeuten vorgenommen. Unter Partnertherapie wird also eine Therapie oder Beratung verstanden, die sich nicht in erster Linie mit dem Individuum befaßt, sondern das Paar mit seinem spezifischen Interaktionssystem im Auge hat. Therapeutische Interventionen richten sich demnach eher auf eine Veränderung des Paarsystems und erwarten als Folge dessen Änderungen im Verhalten des Individuums.

Während psychodynamisch orientierte Paartherapie ihr Augenmerk fast ausschließlich auf die *Analyse* des Interaktionssystems richtet und annimmt, daß dies allein ausreicht, um den Partnern zu verändertem Handeln zu verhelfen, versuchen andere Ansätze, wie z. B. verhaltenstherapeutische und gestalttherapeutische, auch ganz gezielt bei beiden Partnern Veränderungen auf der Verhaltensebene herbeizuführen. Mitunter wird sogar der Schwerpunkt der therapeutischen Arbeit hauptsächlich auf die Herbeiführung individueller Verhaltensänderungen gelegt, um auf diese Weise die übergeordneten Regeln des interaktionellen Zusammenspiels zu verändern.

Unabhängig von der therapeutischen Grundauffassung spielt sich Partnertherapie immer in einem dialektischen Prozeß ab zwischen der Person als Individuum und als Teil einer Dyade, also zwischen der Fähigkeit des Individuums, eine eigenständige Persönlichkeit zu sein und seiner Fähigkeit zum Aufeinanderbezogensein, zwischen Im-andern-Aufgehen und individueller Abgrenzung, zwischen Ähnlichkeit mit dem Partner und persönlicher Differenzierung. Das Verhalten eines jeden Partners bewegt sich in der Regel nicht dauerhaft um nur einen dieser beiden Pole, sondern ist viel eher gekennzeichnet durch ein Oszillieren von einem Pol zum andern. In Partnerbeziehungen ist immer beides vorhanden: Symbiose und Eigenständigkeit genauso wie gut-miteinander-zurechtkommen und Störungen im Zusammenleben.

2 Therapeutische Inhalte und Therapieziele

Ein Hauptanliegen der Partnertherapie ist es, vor allem bei längerdauernden Beziehungen, den sogenannten „Zwangsprozeß" (coercion-process) aufzuhalten. Mit Zwangsprozeß ist derjenige Prozeß gemeint, der den Umschwung von einer „guten" in eine „schlechte" Beziehung kennzeichnet.

Eine gute Beziehung wird aufrechterhalten auf freiwilliger Basis. Die einander gewährten Freuden und Befriedigungen überwiegen bei weitem eventuell empfundene Nachteile oder Einbußen wie zum Beispiel die Einschränkung individueller Freiheit. Eine gute Beziehung wird definiert durch ein hohes Ausmaß an persönlicher Zufriedenheit mit der Beziehung und durch Optimismus im Hinblick auf ihre Stabilität. Das subjektive Empfinden von Glücklichsein, das Ausmaß des Aufeinanderbezogenseins, die Anzahl und Intensität der Änderungswünsche an den anderen sind weitere Hinweiskriterien für die Güte einer Partnerschaft und bilden damit zugleich therapeutische Inhalte der Partnertherapie.

Indikatoren für die Güte einer Partnerbeziehung auf der Verhaltensebene sind etwa die Zeit, die miteinander verbracht wird und die Intensität, mit der sich die Partner über persönlich wichtige Belange austauschen; ferner wie häufig sie ein für den anderen wünschenswertes Kommunikationsverhalten zeigen, zum Beispiel wie häufig sie einander anlächeln, sich anschauen usw. Als ein wichtiger Indikator für die Güte einer Partnerbeziehung gilt ferner, wie zufriedenstellend die Partner gegenseitig ihre sexuellen Kontakte einschätzen.

Der Zwangsprozeß tritt dann ein, wenn die Beziehung nicht mehr überwiegend auf freiwilliger Basis aufrechterhalten wird; wenn die Änderungswünsche an den anderen bei weitem die Zufriedenheit mit dem Partner überwiegen, wenn das Zusammenspiel in erster Linie mittels aversiver Kontrolle gewährleistet wird, zum Beispiel mit gegenseitiger Demoralisierung, mit einer Verwerfung der Selbstdefinition des Partners oder durch ein gegenseitiges Sich-unter-Drucksetzen, zum Beispiel durch Drohungen, durch Vorenthalten von relevanten Informationen, durch Lächerlichmachen, Bloßstellen, durch „Therapie", d.h. durch übertriebene und nicht erwünschte Hilfeleistungen. Der Zwangsprozeß kann umso besser funktionieren, je mehr die Partner aufeinander bezogen sind, je weniger ihnen eine Abgrenzung der eigenen Persönlichkeit möglich ist; aber auch, je isolierter sie miteinander leben, weil es dann nahezu unmöglich wird, die „Wirklichkeit" des Partners in Frage zu stellen oder durch andere Personen verwerfen zu lassen. Das ausschließliche Ausgerichtetsein auf die Welt der Partnerschaft oder der Kleinfamilie begünstigt daher die Entstehung und Aufrechterhaltung des Zwangsprozesses, sie macht ihn häufig überhaupt erst möglich.

Parallel zu der Verbesserung der Partnerbeziehung, in der es darum geht, wieder befriedigende Bedingungen für beide Partner zu schaffen, also dem zerstörerischen Einfluß des Zwangsprozesses entgegenzuwirken, ist daher ein weiteres wichtiges Anliegen der Partnertherapie, Voraussetzungen zu schaffen, die dem Individuum innerhalb der Dyade die Selbstfindung ermöglichen und seine Selbstdifferenzierung fördern.

3 Techniken und Anwendungsgebiete

Im Rahmen der *psychoanalytischen Orientierung* wird vor allem eine Analyse des interaktionellen Beziehungssystems des Paares vorgenommen. Partnerschaftliche Krisen werden dabei aufgefaßt als ein unbewußtes Zusammenspiel innerhalb verschiedener komplementärer Grundmuster, die gekennzeichnet sind durch eine gewisse Starre in der Rollenübernahme, zum Beispiel in Form eines immer umsorgenden Partners gegenüber einem immer hilfsbedürftigen Partner. Die Therapie zielt auf die Bewußtmachung dieses unflexiblen Zusammenspiels ab. Als Folge davon wird eine Änderung der Beziehungsstruktur erwartet.

Als therapeutische Techniken kommen ferner in Betracht eine gezielte Konfliktbearbeitung, die Konfrontation mit Verhaltensweisen oder Einstellungen, die der Partner als störend empfindet, und das Ermöglichen einer individuellen Änderung durch Herbeiführen von Einsichten über Deutungen.

Bei den *verhaltenstherapeutischen Techniken* sind vor allem verschiedene Trainingsprogramme zum Erlernen bestimmter Aspekte partnerschaftlichen Verhaltens zu nennen, wie z.B. Trainings zum Erlernen eines verbesserten Kommunikationsverhaltens, Trainings zum Aufbau eines effektiveren gemeinsamen Problemlöseverhaltens, Trainings zur genaueren Spezifizierung „störender" Verhaltensweisen usw.

Wünschenswertes Verhalten der Interaktionspartner wird dabei häufig unterstützt durch den Einsatz von Verstärkungsprinzipien oder durch sogenanntes „Kontraktmanagement", also Verhaltensverträge, die dazu dienen, unerwünschte Verhaltensweisen unter Kontrolle zu bringen.

Neben diesen unterschiedlich stark strukturierten Trainingsprogrammen gibt es jedoch auch in der Verhaltenstherapie Ansätze dazu, zunächst eine genaue Analyse des gestörten interaktionellen Zusammenspiels vorzunehmen, um erst daraus Veränderungsmaßnahmen auf der Verhaltensebene abzuleiten.

Als *Anwendungsgebiete* der Partnertherapie kommen vor allem natürlich alle Formen akuter oder langdauernder Ehekrisen in Betracht. Darüber hinaus werden heute auch viele sexuelle Störungen im Rahmen von Partnertherapien behandelt (→**sexuelle Störungen**). Auch bei einigen anderen Problematiken, wie z. B. Problemen im Zusammenhang mit gewünschter oder ungewollter Konzeption, Problemen vor oder nach Abtreibungen oder beim Vorhandensein einer sekundären Sterilität wird Partnertherapie heute zumindest als zusätzliche Behandlung in Erwägung gezogen.

Als Erweiterung des einzeltherapeutischen Ansatzes wird Partnertherapie ferner angewandt bei Patienten mit psychischen Störungen wie Depressionen, Zwängen, Phobien, psychosomatischen Erkrankungen, sofern diese Patienten in einer von ihnen als relevant empfundenen Partnerschaft leben. Auch im Rahmen der Erziehungsberatung und Jugendpsychiatrie wird Partnertherapie oft als eine sinnvolle Maßnahme angesehen.

4 Gegenwärtiger Stand der Forschung

Aus einschlägigen Übersichtsreferaten (z. B. GURMAN 1973, STUART & ROPER 1979) geht hervor, daß bisher erst sehr wenige empirische Untersuchungen zur Effektivität, Wirkungsweise und Indikation von Partnertherapien vorliegen. Die meisten Studien sind darüber hinaus wegen methodischer Mängel wenig aussagekräftig (zu geringe Fallzahlen, keine Kontrollgruppen, zu einseitige Erfolgsmessung, keine ausreichende Stichprobenbeschreibung, überwiegend eigens für die Untersuchungszwecke rekrutierte freiwillige Versuchspersonen, d. h. nicht-klinische Populationen).

Sieht man von der Unterschiedlichkeit der Therapieformen und der verschiedenartigen Erfolgskriterien einmal ab, so lauten die bisherigen Ergebnisse, daß etwa $2/3$ der behandelten Paare sich als „sehr" bis „ein wenig gebessert" einstufen. Die wenigen Nachkontrollen, die durchgeführt wurden, ließen kein nennenswertes Absinken des Erfolges erkennen. Die Behandlungsdauer lag im Mittel bei 17 Stunden. 40% aller Therapien dauerten jedoch weniger als 10 Stunden.

Diese Zahlen sind jedoch wegen der oben aufgeführten Mängel vorerst mit Vorsicht zu beurteilen. Konkrete Schlußfolgerungen für die therapeutische Praxis können daraus jedenfalls bisher nicht abgeleitet werden.

Für die weitere Forschung auf dem Gebiet der Partnertherapie ergeben sich aus dem bisherigen Stand ähnliche Forderungen wie in den meisten anderen Bereichen der Psychotherapie: Eine Abklärung der Indikation der verschiedenen Formen der Partnertherapie sowie eine genauere Analyse der wirksamen Variablen unter der Leitfrage: Welches Vorgehen bewirkt unter welchen Bedingungen bei welchen Zielgruppen welche Effekte? (→**Indikation**).

Die Erfolgsmessung sollte dabei auf jeden Fall mehrdimensional erfolgen, da der Änderungsprozeß, den ein Paar in der Behandlung durchläuft, erwiesenermaßen viele verschiedene Verhaltensaspekte umfaßt. Als günstig hat sich ferner erwiesen, auch Paarmaße (z. B. das Ausmaß von Übereinstimmung oder Diskrepanz) in die Effektmessung mit einzubeziehen.

Die Ergebnisse der Forschung der letzten Jahre geben dem praktisch tätigen Therapeuten zwar einige Hinweise auf die Wirksamkeit einzelner therapeutischer Vorgehensweisen. Z. B. kann die Wirksamkeit bestimmter Kommunikationsprogramme für die Veränderung bestimmter Aspekte des Kommunikationsverhaltens als relativ gesichert gelten. Über die genaue Wirkungsweise der einzelnen Verfahren ist jedoch noch wenig bekannt. Festzustehen scheint auch, daß durch die Veränderung in einem Bereich (z. B. Aufbau für den Partner wünschenswerter Verhaltensweisen) ein gewisser Transfer stattfindet, d. h. auch Veränderungen in nicht ausdrücklich behandelten Bereichen bewirkt werden.

5 Probleme der Partnertherapie und die Frage der Therapierbarkeit von Belastungen in der Partnerschaft

Angesichts der realen Belastungen, denen Partnerbeziehungen unter unseren gegenwärtigen gesellschaftlichen Verhältnissen ausgesetzt sind und die durch zahlreiche Berichte über mißhandelte Frauen, orientierungslos aufwachsende Jugendliche und zunehmend krankheitsgefährdete Männer dokumentiert werden, muß man die grundsätzliche Frage nach der Angemessenheit psychotherapeutischer Maßnahmen für Probleme dieser Art aufwerfen. Forschungsuntersuchungen, in denen mit freiwilligen Versuchspersonen eheliches Interaktionsverhalten zu verbessern versucht wird und die dann als Grundlage für ein allgemeines therapeutisches Vorgehen gelten sollen, muten unter diesen Gesichtspunkten ziemlich inadäquat an. Selbst für eine anfänglich gute, d.h. für beide Partner zufriedenstellende Beziehung sind materielle Sorgen, Sorgen um einen Arbeitsplatz, Enge der Wohnungen und tägliches Scheitern an der Erziehung der Kinder auf die Dauer Belastungen, die über die Kräfte der Partner hinausgehen und zu einer Krise innerhalb der Beziehung führen können. Hinsichtlich der Frage nach der Psychotherapierbarkeit solchermaßen „gestörter", weil belasteter Beziehungen, scheint eher Skepsis angebracht. Zudem besteht die Gefahr, daß die nahezu umfassende Isolation, in der sich heute viele eheliche Beziehungen abspielen, in der Abgeschiedenheit einer therapeutischen Beziehung fortgesetzt wird. Die „Erfolge" einer solchen Therapie bestehen häufig aus mühselig erworbenen „positiv veränderten Verhaltenskontingenzen", wie z.B. vermehrter gegenseitiger Anerkennung, mit Hilfe derer sich die Partner vorübergehend solidarisieren können gegen den vielfachen Außendruck. Angesichts dieses Außendruckes erscheinen die Chancen für die Haltbarkeit solcher Erfolge jedoch eher gering. Solange es nicht gelingt, grundlegende Änderungen in der gesamten Lebenssituation und der Lebensführung beider Partner herbeizuführen, was sich angesichts der realen Verhältnisse oft als nicht zu verwirklichende Utopie erweist, so lange ist Partnertherapie stets in Gefahr, als eher kosmetisches Mittel zu fungieren, um individuellen, nicht mehr aushaltbaren Druck vorübergehend abzumildern.

LITERATUR

GUGGENHEIMER, M. & OTTOMEYER, K. (Hrsg.) *Die Zerstörung einer Familie*. Reinbek: Rowohlt, 1980.
GURMAN, A. S. The effects and effectiveness of marital therapy: A review of outcome. *Family Process,* 1973, *12,* 145-170 (Übersichtsreferat).
MANDEL, A. *Einübung in Partnerschaft durch Kommunikationstherapie und Verhaltenstherapie*. München: Pfeiffer, 1971, 1975[8].
STUART, R. B. & ROPER, B. L. Marital behavior therapy: A research reconnaissance. In P. O. SJÖDÉN, S. BATES & W. S. DOCKENS (Hrsg.) *Trends in Behavior Therapy*. New York: Academic Press, 1979 (Übersichtsreferat).
WILLI, J. *Die Zweierbeziehung*. Rowohlt 1975, 1976[6].

Persönlichkeitspsychologische Grundlagen

Manfred Sader

1 Persönlichkeit und Persönlichkeitspsychologie

Der Begriff Persönlichkeit wird innerhalb der Psychologie uneinheitlich verwendet; vor allem wird der Bereich dessen, was unter diesem Begriff gefaßt werden sollte, unterschiedlich weit oder eng gefaßt: Im Anschluß an den allgemeinen Sprachgebrauch sind *enge* Bereichsabgrenzungen üblich: Persönlichkeit meint dabei nur den *Kern*bereich einer Person, oft vor allem seine Werthaltungen, weniger hingegen seine Fähigkeiten und Fertigkeiten. In der Psychologie sind dagegen gegenwärtig *weite* Bereichsabgrenzungen häufiger. So wird etwa von GUILFORD (1964, 6ff.) alles das zu Persönlichkeitsbezügen gezählt, „hinsichtlich dessen eine Person von anderen Personen unterscheidbar ist". In ihrem Selbstverständnis – vor allem im Rahmen der psychologischen Ausbildung – ist Persönlichkeitspsychologie ein *Grundlagenfach*: Es will die theoretische, begriffliche und inhaltliche Basis für Erkenntnis des Menschen liefern und versteht sich dabei als eine den Anwendungen etwa in der Pädagogik oder Therapie logisch vorgeordnete Disziplin. Um den Menschen als Pädagoge beeinflussen oder ihm als Psychotherapeut bei seiner Veränderung behilflich sein zu können, muß man ihn in seinem So-sein zunächst erkennen, muß die Vielfalt der Strukturen und Prozesse mit Begriffen beschreiben, in Theorien erklären und in inhaltlichen Zusammenhängen erforschen.

Die Persönlichkeitspsychologie in ihrem gegenwärtigen Stand betrachtet, vermag solche Ansprüche jedoch nur sehr eingeschränkt einzulösen. Zumal die großen charakterologischen Systeme, wie etwa die von KLAGES, WELLEK, KRETSCHMER oder LERSCH, waren zu verhaltensfern, zu stark mit Vorannahmen und Ideologien befrachtet, als daß sie als Hilfen für die Erfassung von Strukturen und Prozessen im Bereich des Psychischen hätten dienen können; auch die naturwissenschaftlich empirischen Systeme etwa von CATTELL, GUILFORD oder EYSENCK haben sich hier als wenig handlich erwiesen. Unter den großen persönlichkeitspsychologischen Denkansätzen sind bislang im wesentlichen diejenigen als Strukturierung für Psychotherapie nützlich gewesen, die aus der psychotherapeutischen Arbeit oder in unmittelbarem Zusammenhang mit ihr entstanden sind, vor allem die psychoanalytischen Ansätze von FREUD und den Neofreudianern und die Ansätze von ADLER und C. G. JUNG. Da diese psychoanalytischen Systeme in anderen Beiträgen behandelt werden, lasse ich sie hier außer Betracht (→ **Psychoanalyse**; → **Neopsychoanalyse**). Auch auf die zentrale Bedeutung des Ansatzes von CARL ROGERS und der lerntheoretischen Ansätze für die Psychotherapie ganz allgemein will ich in diesem Rahmen nicht eingehen (→ **Gesprächspsychotherapie**; → **Verhaltenstherapie**). Stattdessen will ich versuchen, einige neuere Entwicklungen in der Persönlichkeitspsychologie aufzuzeigen und dabei vor allem mögliche Aufgaben und Funktionen dieses Teilbereichs für die psychotherapeutische Arbeit zu kennzeichnen.

2 Inhaltliche oder formale Aussagen?

Zunächst: Laien (und auch noch manche Fachkollegen) erwarten von der Persönlichkeitspsychologie zumeist konkrete inhaltliche Aussagen, vor allem Aussagen über kausale Beziehungen oder zumindest korrelative Zusammenhänge, etwa zwischen Merkmalen des Körperbaus und des Charakters, Aussagen hinsichtlich der Begründung von Verhalten oder Aussagen über Zusammenhänge von Eigenschaften. Wenn solche Aussagen *wissenschaftlich* (im Selbstverständnis einer empirisch arbeitenden Psychologie) sein sollen, müssen sie aus Experimenten oder systematischen Beobachtungen abgeleitet sein. Nun gibt es zwar viele solcher empirischer Befunde, aber sie sind nur in sehr begrenztem Umfang als Handlungsanweisungen nützlich: sie sind jeweils in bestimmtem raumzeitlichen Kontext gewonnen, oft unter reduzierten Laboratoriumsbedingungen; und sie sind selten auf andere (Anwendungs-) Bereiche hin verallgemeinerbar. Wenn jemand daher für psychotherapeutisches Handeln in der Persönlichkeitspsychologie nach wissenschaftlich abgesicherten Handlungsanweisungen sucht oder auf theoriegeleitetes Handeln mit Hilfe einschlägiger Persönlichkeitstheorien aus ist, dann hat ihm die Persönlichkeitspsychologie wenig zu bieten. Das läßt sich am gegenwärtigen Forschungsstand demonstrieren, gilt aber vermutlich grundsätzlich: Handeln geschieht immer im Kontext von konkreten gesellschaftlichen Bedingungen, kontextfreie Allgemeinaussagen führen nicht weit, und theoretische Aussagen für jede raumzeitliche Konstellation der relevanten Variablen sind auch kaum vorstellbar.

Folgerichtig befassen sich die neueren *theoretischen* Ansätze der Persönlichkeitspsychologie denn auch nicht mehr so sehr mit *inhaltlichen* Einzelaussagen, sondern mehr mit logisch vorgeordneten *formalen* Aussagen. Aufgabe und Funktion einer so verstandenen Persönlichkeitspsychologie mag es denn wohl auch einmal sein, Wahrscheinlichkeitsaussagen über inhaltliche Verknüpfungen zu machen, im wesentlichen bleibt sie aber gewissermaßen im Vorfeld der Inhalte und beschränkt sich auf die *Schaffung von Begriffen* und *Begriffssystemen*, nach denen wir Inhalte ordnen können, auf *Heuristiken* und auf die *Thematisierung von Sachverhalten*.

Die Denkansätze, Paradigmen, Verlaufsschemata oder Theorien der Persönlichkeitspsychologie sind dabei – nach gängigem wissenschaftstheoretischen Selbstverständnis der Psychologie – nicht einfach Abbilder der Realität oder aus der Realität gefundene Gesetzmäßigkeiten, sondern sind *unsere* privaten Strukturierungs-, Kategorisierungs- oder Ordnungsversuche, die *wir* an die komplexe und vielschichtige Welt um uns herum herantragen. Solche Denkansätze oder Theorien sind bei dieser Sichtweise nicht richtig oder falsch, sondern mehr oder weniger nützlich für einen bestimmten Zweck, und sie sind prinzipiell nicht durch empirische Daten als richtig oder falsch erweisbar.

3 Explizite Theorien und implizite Annahmen

Wo liegt nun der mögliche Nutzen für den Bereich der Psychotherapie? Warum sollte jemand, der auf diesem Gebiet arbeitet oder zu arbeiten beabsichtigt, sich mit Persönlichkeitstheorien auseinandersetzen? Ist es nicht sinnvoller und ökonomischer, sich unvoreingenommen mit den Sachverhalten und Fakten selbst zu befassen, anstatt sich den Blick durch die Begriffe und Sätze einer Theorie einengen zu lassen? Wer so fragt, der muß freilich von der Annahme ausgehen, daß eine solche theoriefreie und unvoreingenommene Zuwendung zur Realität selbst möglich ist. In der Psychologie herrscht weitgehend Einverständnis darüber, daß das nicht der Fall ist. Auch wenn wir keine expliziten Persönlichkeitstheorien verwenden, so strukturieren wir unser Erleben und Verhalten doch nach impliziten theoretischen Vorannahmen, stillschweigenden Selbstverständlichkeiten, ideologischen Gewißheiten und Vorurteilen der verschiedensten Art. Die Auseinandersetzung mit Persönlichkeitspsychologie und insbesondere das Kennenlernen thematischer theoretischer Strukturierungen kann uns daher erstens diesen Sachverhalt deutlich machen, indem wir die bisherigen Implikationen mit bestimmten Theorien vergleichen. Zweitens ermöglicht uns ein solcher Vergleich, zwischen verschiedenen theoretischen Strukturierungen zu wählen. Bei einer solchen Sichtweise sowohl der eigenen Implikationen als auch alternativer Theorien ist es dann naheliegend, sich nicht auf *eine* theoretische Sicht zu versteifen, sondern über mehrere Strukturierungsmöglichkeiten zu verfügen. Eine davon wird sicher die psychoanalytische Sichtweise sein, daneben gibt es inzwischen eine Reihe neuerer Ansätze mit unterschiedlichen Schwerpunkten und Implikationen. Ich muß mich in diesem Zusammenhang darauf beschränken, zwei dieser Ansätze als Beispiele kurz vorzustellen (→**Psychoanalyse**).

3.1 Walter Mischel: Sozial-kognitive Lerntheorie als Persönlichkeitspsychologie

Es ist ganz allgemein ein naheliegender Ansatz, lerntheoretische Paradigmen und Denkmodelle zur Strukturierung einer Persönlichkeitspsychologie zu verwenden: Denn ein großer Teil unseres Handelns und Verhaltens ist gelernt, und vieles, was uns bei unbefangener Betrachtung anderer Leute als Persönlichkeitseigenschaft erscheint, kann von der Genese her mit Nutzen im Rahmen von Gesetzen und Erkenntnissen der Lernpsychologie gesehen werden (→**Verhaltenstherapie**). Unter den lerntheoretisch orientierten Persönlichkeitstheorien ist der Ansatz von Mischel wohl der bedeutendste, zumal er auf neueren lerntheoretischen Modellen basiert, also auch Kognitionen einbezieht. Gleichzeitig ist es einer der jüngsten persönlichkeitstheoretischen Ansätze; die erste Darstellung findet sich bei Mischel 1973; in die persönlichkeitspsychologischen Lehrbücher hat der Ansatz noch kaum Eingang gefunden. Er selbst nennt seine Theorie eine sozial-kognitive Lerntheorie. Es ist erstens eine *Lerntheorie*, es ist zweitens eine solche Theorie, die das Individuum nicht isoliert betrachtet (wie die meisten Persönlichkeitstheorien) sondern *im sozialen Kontext*, und es ist drittens eine *kognitive Theorie*, also eine solche, die die kognitiven Verarbeitungsprozesse und die kognitiven Repräsentationen des Individuums nicht ignoriert, sondern einbezieht. Ganz allgemein könnte man seine Theorie als einen Versuch bezeichnen, Paradigmen und Forschungsergebnisse der Allgemeinen und der Sozialpsychologie für die Persönlichkeitspsychologie nützlich zu machen (→**Allgemeinpsychologische Grundlagen**; →**Sozialpsychologische Grundlagen**).

Das Kernstück seines theoretischen Ansatzes sind fünf Person-Variablen, die dazu beitragen sollen, „Person-Situation-Interaktionen in einem theoretischen Bezugsrahmen zu konstruieren, der auf Beiträgen der kognitiven und der Verhaltens-Theorien basiert" (Mischel 1973, S. 265). Diese Variablen lassen sich beschreiben als Kompetenzen zur Strukturierung im Bereich von Kognitionen und Verhalten, Kodierungsstrategien und personale Konstrukte, Erwartungen hinsichtlich der Verhaltens- und Stimulus-Folgen, phänomenale Stimulus-Bewertungen und selbstregulatorische Systeme und Pläne. Gleichzeitig handelt es sich um einen *verhaltenszentrierten* Ansatz: Anstelle globaler Eigenschaften, die aus Verhalten erschlossen werden, interessiert er sich für die faktischen kognitiven Aktivitäten in bestimmten Situationen: Verhaltensbeschreibungen anstelle von Eigenschaftszuordnungen. Er will nicht wissen, wie Individuen sind, sondern er will wissen, was sie tun. Für eine Vielzahl von Problemen und Aufgaben in der Psychotherapie erscheint es mir außerordentlich nützlich, von den impliziten Vorstellungen eines Eigenschaftsdenkens abzugehen und stattdessen in höherem Maße Erkenntnisse der Allgemeinen Psychologie zu verwenden: Unsere Klienten denken und lernen, sie erinnern sich, sie speichern ihre Erlebnisse nach Gesetzen der Gedächtnispsychologie, und es scheint mir insgesamt ein aussichtsreicher Ansatz, diese Strukturierungen und Erkenntnisse in höherem Maße auch für die Klinische Psychologie nutzbar zu machen.

3.2 George A. Kelly: Die Psychologie der personalen Konstrukte

Wenn die theorie- und implikationsfreie Zuwendung zu den Sachen selbst nicht möglich ist, vielmehr jede Theorie die Sichtweise zugleich fokussiert und einengt, dann ist es ein naheliegendes Auswahlkriterium, nach der Theorie zu suchen, die vergleichsweise am wenigsten Implikationen macht und die Sichtweisen am wenigsten einengt. Unter einem solchen Auswahlgesichtspunkt ist in erster Linie auf die Theorie hinzuweisen, die G. A. KELLY 1955 vorgelegt hat und die unter der Bezeichnung „personale Konstrukttheorie" zunächst lange Zeit ignoriert, inzwischen aber vielfältig verwendet worden ist. Die Theorie ist in der Fachwelt weitgehend als Persönlichkeitspsychologie rezipiert worden, obgleich sie von KELLY als allgemein-psychologische Theorie konzipiert worden ist. Ihr Ausgangspunkt sind die phänomenalen Konstrukte des einzelnen Individuums, wobei der Konstruktbegriff sehr weit gefaßt und nicht auf verbalisierte oder verbalisierbare Begriffe beschränkt ist. Konstrukte sind für KELLY ganz allgemein Unterscheidungen, die man machen kann, seien sie begrifflich explizierbar, nur vorsprachlich gedacht oder ganz implizite unscharfe Vorstellungen möglicher Dichotomien. Ganz allgemein und grob kann man KELLYs Theorie als einen Versuch ansehen, Verhalten in Abhängigkeit dieser Konstrukte zu erklären. Während üblicherweise eine persönlichkeitspsychologische Theorie - etwa im Rahmen psychotherapeutischer Arbeit - in der Weise benutzt wird, Informationen in der Sprache und in den Begriffen dieser Theorie zu sammeln und anschließend Hilfen, Ratschläge, Anregungen wiederum nach Maßgabe dieser Theorie zu geben, werden wir bei KELLY umgekehrt dazu angehalten, uns nicht nach unserem Konstruktsystem, sondern nach dem unseres Gegenübers zu richten: Der grundsätzlich andere Denkansatz KELLYs besteht also darin, daß bei ihm Konstrukte, Dimensionen, Hypothesen und Kategorien *nicht vorgegeben*, sondern *vom zu untersuchenden Individuum erfragt* werden. Theorien dieser Art nennt man „phänomenologische Theorien", und KELLYs Ansatz ist sicher der radikalste phänomenologische Ansatz in der Persönlichkeitspsychologie. Dieser Ansatz, sich wesentlich weiter auf die Phänomene seines Gegenübers einzulassen, hat sich in den letzten Jahren vor allem in der Psychotherapie in vielen Bereichen bewährt. Während KELLY selbst vor allem klinisch mit Studenten gearbeitet hat, liegen mittlerweile vor allem überzeugende Befunde in der Schizophrenietherapie, der Stotterer- und Suizidforschung vor. (BANNISTER & FRANSELLA 1971, SADER 1980).

4 Schlußbemerkung

MISCHEL und KELLY sind nicht die einzigen, die - ausgehend von der Allgemeinen Psychologie - neuere Strukturierungen in die Persönlichkeitsforschung eingebracht haben. Vor allem ist in diesem Zusammenhang auf die Soziale Lerntheorie von BANDURA hinzuweisen (Darstellung in BANDURA 1977, persönlichkeitspsychologische Akzentsetzung etwa in BANDURA 1978). Auch ROTTER verdient mit seiner Sozialen Lerntheorie der Persönlichkeit in diesem Zusammenhang Erwähnung (vgl. ROTTER, CHANCE & PHARES 1972); und schließlich können auch attributionstheoretische Strukturierungen (vgl. etwa SHAVER 1979 & KELLEY 1973) nützlich sein.

Allen diesen Ansätzen ist gemeinsam, daß sie innerhalb der Persönlichkeitspsychologie vor allem deshalb aussichtsreiche fruchtbare und anregende Strukturierungen bieten können, weil sie - inhaltlichen Einzelbefunden logisch vorgeordnet - wesentliche theoretische und empirische Substanz aus der *Allgemeinen Psychologie* in die Persönlichkeitspsychologie einbringen können (→**Allgemeinpsychologische Grundlagen**). Solche Ansätze können sicher in erster Linie dort von Nutzen sein, wo eine *übergreifende Gesamtstrukturierung* des Psychischen gefordert ist: bei der Anlage von Forschungsdesigns und bei der Reflexion über therapeutische Strategien. Wenn wir Psychotherapie nicht als Reparaturbetrieb und Mängelbeseitigung ansehen, sondern die therapeutische Arbeit als Hilfe zur Selbsthilfe verstehen, dann ist die Herausarbeitung von Prämissen, das in Frage stellen von unbezweifelten Annahmen, die geduldige Hilfe beim Umstrukturieren von unzweckmäßigen impliziten Denkansätzen ein wichtiger Teil jeder psychotherapeutischen Arbeit (→**Selbstbehandlung**). Freilich: Bei Licht gesehen gehen persönlichkeitspsychologische Annahmen auch in jede *einzelne Handlung* des Therapeuten und des Klienten ein, und deswegen erscheint mir das gründliche Nachdenken über unsere eigenen und anderer Leute einschlägige Annahmen ganz allgemein unerläßlich.

LITERATUR

BANDURA, A. *Social learning theory.* Englewood Cliffs: Prentice-Hall, 1977.
BANDURA, A. The self system in reciprocal determinism, *Amer. Psychologist* 1978, *33*, 344–358.
BANNISTER, D. & FRANSELLA, F. *Inquiring man. The psychology of personal constructs,* Harmondsworth: Penguin, 1977.
GUILFORD, J. P. *Persönlichkeit,* Weinheim: Beltz, 1964.
KELLEY, H. H. The processes of causal attribution, *Amer. Psychologist* 1973, *28*, 107–128.
KELLY, G. A. *The psychology of personal constructs,* 2 Bde., New York: Norton, 1955.
KELLY, G. A. A brief introduction to personal construct theory. In D. BANNISTER (Hrsg.). *Perspectives in personal construct theory,* London: Academic Press 1970, S. 1–30.
MISCHEL, W. Toward a cognitive social learning reconceptualization of personality, *Psychological Review,* 1973, *80*, S. 252–283.
ROTTER, J. B., CHANCE, I. E. & PHARES, E. J. *Applications of a social learning theory of personality,* New York: Holt. Rinehart & Winston, 1972.
SHAVER, K. G. *An introduction to attribution processes* Cambridge, Mass.: Winthrop-Publishers, 1975.

Prävention

Heiner Legewie

1 Einleitung

Es erscheint weder sinnvoll noch machbar, auf die ständig wachsende Verbreitung psychischer Störungen lediglich mit einem immer ausgedehnteren therapeutischen Angebot zu antworten (→ **Epidemiologie**). Statt dessen ist eine schwerpunktmäßig auf *Prävention*, d.h. auf die *Sicherstellung psychischer Gesundheit und Verhütung psychischer Störungen*, gerichtete Neuorientierung erforderlich. Eine solche Neuorientierung findet sich im Ansatz in der Gemeindepsychiatrie und Gemeindepsychologie, aus denen heraus der Präventionsgedanke – insbesondere in den USA – entwickelt wurde (→ **Gemeindepsychologie**).

Caplan (1964) unterscheidet in seinem immer noch grundlegenden Buch *primäre Prävention* als Förderung psychischer Gesundheit und Verhütung des Auftretens psychischer Störungen, *sekundäre Prävention* als Frühbehandlung und Rückfallverhütung und *tertiäre Prävention* als Verhinderung oder Verminderung von Spätfolgen psychischer Störungen. Diese *Einbettung von Therapie und Rehabilitation in ein umfassenderes Präventionskonzept* soll verhindern helfen, daß therapeutische und rehabilitative Institutionen durch ihre „*unpräventive*" Struktur psychische Störungen oft erst erzeugen (Hospitalismusschäden). Im folgenden wird unter Prävention durchgängig primäre Prävention verstanden – die folgenden Gesichtspunkte gelten aber ebenso für die sekundäre und tertiäre Prävention, d.h. bei Therapie und Rehabilitation sollten die Bedingungen für Primärprävention als Basisvoraussetzung erfüllt sein, damit die zusätzlichen gezielten Maßnahmen wirken können.

2 Prävention und Gesundheitsbegriff

Mehr noch als in der Therapie, wo wir immerhin mit konkreten Störungen und Leiden konfrontiert sind, erfordert präventives Handeln eine Reflexion des zugrundeliegenden Menschenbildes bzw. des Gesundheits- und Krankheitsbegriffs (→ **Menschenbilder**; → **Krankheitsbegriff**). Soweit psychische Störungen und Leiden als Abweichungen von gesellschaftlichen Normen definiert werden, stellt sich die Frage, in wessen Interesse diese Normen stehen (→ **Gesellschaftliche Funktionen**). Präventionsprogramme werden gewöhnlich von Experten konzipiert, deren professionelle Normen weitgehend mit den herrschenden Mittelschichtnormen übereinstimmen, dementsprechend werden die Ziele der Prävention von den „Zielgruppen" oft nicht geteilt (besonders deutlich in der Arbeit mit Randgruppen) oder sie sind für die Lebenswelt der Betroffenen irrelevant oder sogar schädlich (daran scheiterte das großangelegte Präventionsprogramm der „kompensatorischen Erziehung"). Eine bisher kaum erfüllte Grundvoraussetzung für die Konzeption von Präventionsprogrammen wäre deshalb die *Erforschung des alltagsweltlichen Verständnisses* der Adressaten solcher Programme über Glück, Zufriedenheit, seelische Gesundheit auf der einen, Belastungen, Störungen, seelische Krankheiten auf der anderen Seite. Aus der Betroffenenperspektive wird Prävention oft nicht die als Abweichung etikettierten Verhaltensweisen, sondern die Änderung der sie definierenden Normen zum Ziel haben (z. B. bei Homosexualität oder bei den stark wachsenden Schulleistungsstörungen).

3 Merkmale präventiven Handelns

Zur begrifflichen Strukturierung des präventiven Handelns schlägt ERNST (1977) verschiedene Dimensionen vor:

3.1 Personorientierung gegenüber Systemorientierung

Personorientierte Prävention setzt beim einzelnen Individuum bzw. bei sogenannten Risikogruppen ein (z. B. durch kompensatorische Kompetenzvermittlung oder durch Krisenintervention s. d.). Systemorientierte Prävention versucht demgegenüber, psychische Gesundheit fördernde und Störungen verhindernde Lebensbedingungen zu schaffen durch Einwirken auf die Wohn- und Arbeitswelt und auf gesellschaftliche Institutionen wie Bildungs- und Gesundheitssystem. Unser personorientiertes „System der sozialen Sicherheit" wie unsere klientenorientierte Sozialisation zum Sozialarbeiter oder Klinischen Psychologen födern gleichermaßen eine einseitige Personorientierung – letzten Endes steht dahinter die Ideologie „Das Opfer ist schuld". Systemorientierte professionelle Ansätze, wie sie etwa in der aktivierenden Gemeinwesenarbeit entwickelt wurden (s. HINTE & KARRAS 1978), haben wegen ihrer politischen Brisanz wenig Chancen auf gesellschaftliche Unterstützung. Demgegenüber fordert heute insbesondere die ökologische Bewegung explizit eine systemorientierte Förderung der physischen und psychischen Gesundheit durch Erhaltung der Umweltressourcen, Abkehr von einer inhumanen Wachstumsideologie, Dezentralisation, partizipatorische Selbstverwaltung in überschaubaren Lebensbereichen, Aufbau von „kleinen Netzen". Diese Zielsetzungen decken sich teilweise mit denen der Gemeindepsychologie (→ **Gemeindepsychologie**).

3.2 Spezifität gegenüber Unspezifität

Bei Störungen mit genau bekannter, möglichst monokausaler Ätiologie sind spezifische, d. h. auf die Störung zugeschnittene Präventionsmaßnahmen sinnvoll und äußerst erfolgreich (z. B. bei stoffwechselbedingten Intelligenzdefekten). Bei Problemen wie z. B. der Drogenabhängigkeit wird jedoch die Fragwürdigkeit einer nur spezifischen Prävention deutlich: Die Störung tritt gewöhnlich auf dem Hintergrund hochkomplexer, der psychischen Gesundheit abträglicher Lebensbedingungen auf, demgegenüber die Symptomwahl (Drogenkonsum) zweitrangig erscheint (→ **Drogenabhängigkeit**). Hier muß das Schwergewicht auf unspezifischen, die Voraussetzungen für psychische Gesundheit im Familien-, Bildungs- und Arbeitsbereich schaffenden Präventivmaßnahmen liegen, die allerdings durch spezifische Maßnahmen wie Aufklärungsarbeit, Gefährdetenberatung und Blockierung des großen Dealergeschäfts wirkungsvoll ergänzt werden.

3.3 Eigeninitiative der Betroffenen gegenüber Engagement von Professionellen

Bei allen Präventivprogrammen sollte der Eigeninitiative der Betroffenen soweit als irgend möglich Vorrang vor der Expertenhilfe eingeräumt werden, weil Expertenhilfe in hohem Maße die Gefahr der Entmündigung und der Verkümmerung von Selbsthilfepotentialen in sich birgt und weil das aktive Eintreten für die Verbesserungen der eigenen Lebensbedingungen einen hohen zusätzlichen Präventionswert besitzt (→ **Selbstbehandlung**). Eine weitgehende Beteiligung der Betroffenen verträgt sich allerdings nicht mit dem Durchführen von Präventionsprogrammen, die von Experten vorgeplant sind, sondern erfordert schon in der Planungsphase ein Zusammenspiel zwischen Betroffenen und Experten, wie es etwa in der *Aktions-* oder *Handlungsforschung* angestrebt wird. In der aktivierenden Gemeinwesenarbeit wurde hier das „Katalysator-Konzept" der Expertenbeteiligung entwickelt. Dieser Forderung nach Selbstbeschränkung und wenn möglich Sich-Überflüssigmachen stehen allerdings das berufliche Selbstverständnis und auch Eigeninteresse der professionellen Helfer im Wege.

4 Ein Rahmenkonzept

Jede Präventivmaßnahme impliziert bestimmte Annahmen über die Entstehung psychischer Gesundheit und psychischer Störungen. Aus der ätiologischen Forschung ist insbesondere das multikausale Zusammenwirken ökologischer, biologischer, lebensgeschichtlicher und sozialer Faktoren bedeutsam (→ **Ätiologie**). CAPLAN & GRUNEBAUM (deutsch 1977) leiten aus diesen Erkenntnissen ein integratives Rahmenkonzept für die Prävention ab (Einzelheiten zu seiner Realisierung finden sich bei DÖRNER & PLOG 1979).

Danach fußt *kurzfristige Prävention* vorwiegend auf personorientierter Beratung bei der *Bewältigung von Lebenskrisen*, insbesondere durch Ausbildung informeller Helfer und mit verschiedenen Krisen konfrontierten Berufsgruppen (z. B. Gastwirte, Lehrer, Scheidungsanwälte, Bereitschaftspolizei, Notärzte, Leichenbestatter). Die *längerfristige Prävention* ist überwiegend systemorientiert und besteht in der Sicherstellung ausreichender *Basisressourcen für die Entwicklung psychosozialer Gesundheit* bei allen Mitgliedern eines Gemeinwesens.

Die *physikalisch-biologischen Ressourcen* beziehen sich auf ausreichende(*n*) Nahrung, Wohn- und Lebensraum, angemessene sensorische Stimulation, medizinische Versorgung und Schutz vor körperlichen Schäden durch Umwelteinflüsse. Hier setzen die Präventionsmaßnahmen der Gesundheitsvorsorge und des Umweltschutzes im Wohn- und Arbeitsbereich an.

Die *psychosozialen Ressourcen* umfassen die Voraussetzungen für eine gesunde emotionale und kognitive Entwicklung durch die möglichst kontinuierliche Interaktion mit den im Lebenszyklus wichtigen Bezugspersonen. Hier setzen insbesondere Präventivmaßnahmen zur Sicherstellung stabiler Vater-Mutter-Kindbeziehungen, aber auch Nachbarschafts-, Altersgenossen- und Partnerbeziehungen an, ebenso alle Maßnahmen, die der sozialen Isolation einzelner oder ganzer Gruppen, etwa der Alten, Kranken, Behinderten, entgegenwirken. Diese Maßnahmen reichen von der personorientierten Beratung und Kompetenzvermittlung über die Art der Organisation von Institutionen bis hin zu Städtebau und Arbeitsplatzgestaltung.

Die *sozioökonomischen und soziokulturellen Ressourcen* umfassen einerseits die gesellschaftlich zur Verfügung gestellten Chancen zur – im Grundgesetz verankerten – „Entfaltung der Persönlichkeit", wie Bildungssystem, „System der sozialen Sicherheit" einschließlich Gesundheitssystem, Arbeitsplatz und Wohnung, andererseits auch die in einem Gemeinwesen bzw. Gesellschaftssystem geteilten Werte und Normen, z. B. bezüglich Lebensglück, Gesundheit und Krankheit, Definition von Benachteiligungen und Ausgrenzungen. Präventive Ansätze haben hier die größte Breitenwirkung, da sie gleichzeitig die psychosozialen und physikalisch-biologischen Ressourcen mitbeeinflussen. Als Beispiel mag der Kampf der italienischen *„Demokratischen Psychiatrie"* gegen jede Form institutioneller Ausgrenzung Behinderter und psychisch Kranker dienen, der zu einer gesetzlich abgesicherten Umgestaltung des Schul- und Gesundheitssystems mit der Abschaffung von Sonderschulen und Psychiatrischen Krankenhäusern geführt hat.

Aus dem Gesagten sollte deutlich werden, daß längerfristige Prävention nicht durch isolierte Maßnahmen erreichbar ist, sondern einen ständigen *Prozeß sozialer Reformen* erfordert, die bei den konkreten Lebensbedingungen im Gemeinwesen einsetzen.

5 Schwierigkeiten bei der Durchsetzung

Bei aller Überzeugungskraft und den Lippenbekenntnissen der Gesundheitspolitiker steht die

Realisierung von Präventionsmaßnahmen vor bisher ungelösten Schwierigkeiten:

- Das Fehlen ausreichend fundierter ätiologischer Theorien verführt zur Taten- und Konzeptlosigkeit. (Das Fortbestehen der psychiatrischen Großkliniken trotz der seit 30 Jahren bekannten schweren Hospitalismusschäden zeigt jedoch, daß besseres Wissen allein keine Garantie für besseres Handeln ist.)
- Die Erfolgskontrolle ist bei Präventivmaßnahmen besonders schwierig, da keine manifesten Störungen vorliegen und ein epidemiologischer Erfolgsnachweis äußerst schwierig ist. Entsprechende Methoden zur Evaluation von Präventivmaßnahmen, die auch dem Prozeßcharakter und der Betroffenenbeteiligung Rechnung tragen, müssen weitgehend noch entwickelt werden (→ **Psychotherapieforschung**).
- Es besteht keine Nachfrage nach personorientierter Prävention, da bei den Betroffenen kein Leidensdruck vorliegt. Der systemorientierten Prävention stehen zusätzlich massive wirtschaftliche Interessen entgegen, z. B. in der Stadtentwicklung, Arbeitsplatzgestaltung, Energieversorgung.
- Unser „System der sozialen Sicherheit" erlaubt von seiner ganzen Struktur her nur die Finanzierung von fallbezogenen kurativen Maßnahmen (→ **Finanzierung**). Alternative Ansätze, wie etwa die Modellversuche des Bundesgesundheitsministeriums zur ambulanten Versorgung unter Einbeziehung von Prävention stoßen auf massiven Widerstand der etablierten Interessenvertreter.
- Zur Prävention wäre ein intensives Zusammenwirken verschiedener Berufsgruppen erforderlich, für das bisher kaum organisatorische Möglichkeiten bestehen, z. B. neben den Experten der psychosozialen Versorgung insbesondere Pädagogen, Arbeitsmediziner und -psychologen, Stadtplaner, Sozialpolitiker.
- Die Beteiligung der Betroffenen würde zudem neue Strukturen der dezentralen Selbstverwaltung erfordern, die dem Trend nach Zentralisierung, Bürokratisierung und Expertenherrschaft zuwiderlaufen.

LITERATUR

CAPLAN, G. *Principles of Preventive Psychiatry.* New York: Basic Books, 1964.

CAPLAN, G. & GRUNEBAUM, H. *Perspektiven Primärer Prävention.* In G. SOMMER & ERNST, H. *Gemeindepsychologie,* München: Urban & Schwarzenberg, 1977.

DÖRNER, K. & PLOG, U. Gemeindepsychiatrie. Berlin: Kohlhammer, 1979.

ERNST, H. Primäre Prävention: Möglichkeiten und Grenzen einer Strategie. In G. SOMMER & ERNST, H. *Gemeindepsychologie.* München: Urban & Schwarzenberg, 1977.

KARAS, F. & HINTE, W. *Grundprogramm Gemeinwesenarbeit* Wuppertal: Jugendbuchverlag, 1978.

Primärtherapie

Dieter Mittelsten Scheid

1 Herkunft und Konzept

Der Begriff „Primärtherapie" (primal therapy) oder „Urschrei-Therapie" stammt von dem amerikanischen Psychologen Arthur Janov (1970) und beschreibt eine regressions- und gefühlsorientierte psychotherapeutische Methode. Sie verbindet Ideen von Janov und Mitarbeitern mit dem frühen Freudschen Konzept der Katharsis und mit Ansätzen von Wilhelm Reich, der Bioenergetik und der Gestalttherapie. Primärtherapie basiert auf der Annahme, daß ein bewußtes Erleben physischer und psychischer Schmerz- und Entbehrungstraumata oberhalb einer bestimmten Toleranzschwelle für Säugling und Kleinkind unerträglich ist. Auf Grund einer fragwürdigen Hypothese Janovs erfolgt eine Abspaltung vom Bewußtsein (Hirnrinde) und eine Speicherung der Erinnerungen in einem „Urschmerz-Becken" im limbischen System und im Mittelhirn. Stimulieren spätere oder gegenwärtige Ereignisse durch ihre Ähnlichkeit solche „Ur-Traumata", können auch diese nicht mehr bewußt erlebt werden. Durch die Unfähigkeit, direkt zu fühlen, wird der Mensch neurotisch oder „irreal". Die abgespaltenen Gefühle bleiben jedoch aktiv und treiben den Menschen in einem „neurotischen Kampf" zum Versuch, die kindlichen Bedürfnisse später noch zu befriedigen.

2 Therapie

In der Primärtherapie geht es darum, diese Gefühle, z. B. Schmerz, Aggressionen, Angst, nach und nach in ihrem ursprünglichen Zusammenhang voll zu fühlen. In einem schallisolierten und abgepolsterten Raum kann über das Erleben der kognitiven und körperlichen Abwehr durch eine Vielzahl von Methoden ein Zustand erreicht werden, in dem der Patient mit allen Sinnen – wie halluzinatorisch – eine traumatische Kindheitsszene oder eine gefühlsmäßige Grundkonstellation wiedererleben kann. Dies nennt Janov ein „Ur-Erlebnis" (primal). Es wird von einem Gefühlsausbruch begleitet, der sich z. B. in Schreien, Weinen und ungesteuerten Körperbewegungen äußert. Der Patient fühlt bewußt wie ein Kind, ohne jedoch den Gegenwartsbezug zu verlieren. Im Anschluß an ein „Ur-Erlebnis" kommt es meist zu einer Fülle von Einsichten, die zu einem Abbau des neurotischen Wiederholungsverhaltens führen können. Die „Primärtherapie" beginnt meist mit einer 3- bis 4wöchigen „Intensivphase" mit mehrstündigen täglichen Einzelsitzungen und wird über ein bis eineinhalb Jahre mit Einzel- und Gruppensitzungen fortgesetzt. Sie wird bei neurotischen und psychosomatischen Störungen aller Art angewendet. Therapie-Ziel ist es, ein im Hier-und-Jetzt voll fühlender Mensch zu werden.

3 Praxis

In der Praxis hat sich Janovs Ansatz als ergänzungsbedürftig erwiesen. Sein methodischer Rahmen ist wirkungsvoll, um die kognitive und körperliche Abwehr zu bearbeiten und zu lösen und um eine gefühlsmäßige Öffnung und Intensivierung der Erlebnisfähigkeit zu erreichen. Hierbei können Methoden aus den Körpertherapien unterstützend wirken. Zusätzlich sind eine konkrete Bearbeitung von Gegenwartsproblemen und eine Stärkung des Realitätsbezugs im Anschluß an das regressiv-kathartische Erlebnis wesentlich. Es bedarf gleichzeitig eines neuen Lern- und Wachstumsprozesses, um die frei werdende Energie in eigene Kreativität und zwischenmenschliche Kontakte umsetzen zu können. So entwickelten sich unterschiedliche Formen einer erweiterten Primärtherapie, die in Deutschland z. B. Integrative Primärtherapie genannt wird.

LITERATUR

JANOV, A. *Der Urschrei*. Frankfurt: Fischer, 1973.
JANOV, A. *Primal Man, The New Consciousness*. New York: Crowell, 1975.
HART, C. & BINDER *Lebendiges Fühlen, Einführung in die Gefühlstherapie*. Frankfurt: Fachbuchhandlung für Psychologie, 1980.
MITTELSTEN SCHEID, D. Die therapeutische Beziehung und die Rolle des Therapeuten in der Integrativen Primärtherapie *Integrative Therapie* 3/4, 1978.
RABEN, J. G. Literaturliste zur Primärtherapie und verwandten Therapien. Inst. f. Psychotherapie und med. Psychologie Oberföhringerstr. 156 8 München 81, München 1980.

Problemanalyse

GISELA BARTLING und WOLFGANG FIEGENBAUM

Unter einer Problemanalyse versteht man die Beschreibung und Erklärung eines oder mehrerer Probleme einer Person oder Gruppe von Personen mit dem Ziel, der Bewältigung dieses Problems näherzukommen. Eine solche Problemanalyse kann von dem Betroffenen allein oder mit Hilfe anderer Personen, z. B. eines Psychotherapeuten, durchgeführt werden.

Im diagnostisch-therapeutischen Prozeß stellt die Problemanalyse eine wichtige Grundlage für Zielanalyse, Planung und Erprobung geeigneter Strategien zur Veränderung des Problems dar.

Dabei ist folgendes von Bedeutung:

- Stellenwert der Problemanalyse im diagnostisch-therapeutischen Prozeß
- Definition des Problems
- Modelle zur Beschreibung und Erklärung eines Problems
- Ableitung von Veränderungsstrategien aus der Problemanalyse
- Problemanalyse außerhalb eines therapeutischen Prozesses

1 Stellenwert der Problemanalyse im diagnostisch-therapeutischen Prozeß

Therapie und Beratung werden heute von zahlreichen Autoren als ein *gemeinsamer Problemlöseprozeß* von Klient und Therapeut (Berater) aufgefaßt. Zur Beschreibung dieses Prozesses wird häufig ein Modell herangezogen, das aus der Allgemeinen Psychologie, speziell der Denkpsychologie stammt (vgl. MILLER, GALANTER & PRIBRAM 1973; DÖRNER 1976), und seit Anfang der 70er Jahre auf die Psychotherapie übertragen wird (D'ZURILLA & GOLDFRIED 1971).

Der Problemlöseprozeß in Therapie und Beratung wird hiernach in sechs Phasen untergliedert: Allgemeine Orientierung, Problemanalyse, Zielanalyse, Veränderungsplanung, Handlungserprobung und Handlungsbewertung. Dieses Prozeßmodell weist einen hohen Integrationscharakter für verschiedene Therapieschulen auf, insbesondere für Vertreter der kognitiven Therapien, aber auch der Gesprächspsychotherapie und der „traditionellen" Verhaltenstherapie (→**Kognitive Therapie**; →**Gesprächspsychotherapie**; →**Verhaltenstherapie**). Vertreter der Gesprächspsychotherapie, die ja in der klassischen Form jede Art von Diagnostik und Veränderungsplanung durch den Therapeuten ablehnte, finden hier den Prozeß systematisiert, der im Gespräch zwischen Klient und Therapeut – mit Ausnahme der Handlungserprobung – idealerweise abläuft (vgl. ZIELKE 1979, S. 31 ff.). Die Abfolge der verschiedenen Stufen der Problemlösung ähnelt gleichzeitig der Systematik, mit der in der Verhaltenstherapie Störungen von Klienten behandelt werden (vgl. SCHULTE 1974).

Eine bisher erfolglose Problemlösung kann u.a. im unzureichenden oder fehlerhaften Durchlaufen der oben genannten sechs Schritte liegen. Die – gemeinsam erarbeitete – Problemanalyse dient daher nicht mehr (allein) dem Therapeuten als diagnostische Grundlage für die Wahl von Veränderungstrategien, sondern stellt für den Klienten selbst bereits einen Teil der Problemlösung dar. Liegen dessen Defizite vor allem in der konkreten Problembenennung und -analyse, so kann diese Phase den Schwerpunkt im Therapieprozeß erhalten.

Betrachtet man die Problemanalyse in diesem Sinne als einen Teil der Problemlösung, wird die Trennung zwischen diagnostischem und therapeutischem Prozeß in der Therapie gänzlich aufgehoben. Stattdessen muß Therapie als ein Prozeß verstanden werden, in dem die verschiedenen Schritte der Problemlösung ständig miteinander verwoben sein können.

2 Definition des Problems

Jedes Individuum wird mit Anforderungen und z. T. schwierigen Situationen konfrontiert. Diese können dann zu längerfristigen und belastenden Problemen führen, wenn die Kenntnisse oder Fertigkeiten zur Bewältigung der Anforderungen nicht vorhanden sind. Dabei sind drei prinzipielle Möglichkeiten und deren Kombinationen denkbar:

- Ein allgemeiner Mangel an Problemlösefertigkeiten, wobei die Art der Defizite sehr verschieden sein kann (z. B. das Fehlen einer differenzierten Wahrnehmung; die Unfähigkeit, sich zu entscheiden; oder die fehlerhafte Einordnung sozialer Rückmeldung).
- Eine Person wird nur mit spezifischen Problemen (z. B. Abhängigkeit vom Partner) oder nur zu bestimmten Zeiten (z. B. allgemeine Überlastung) mit den an sie gerichteten Anforderungen nicht fertig.
- Eine tatsächlich unlösbare oder schwer lösbare Problemkonstellation (z. B. ein Kind ist gegensätzlichen Anforderungen der Elternteile ausgesetzt).

Ein erster Schritt zur Bewältigung ist in allen drei Fällen die konkrete *Problembenennung*. In der therapeutischen Praxis taucht dabei allerdings eine Vielzahl von Fragen auf, die es zu klären bzw. zu berücksichtigen gilt:

1. Wer ist der Problemträger, d.h., wer hat das Problem?

Ausgangspunkt der Betrachtungen sollte zunächst derjenige sein, der augenscheinlich unter einer problematischen Situation leidet. In vielen Fällen erweist es sich dann aber als notwendig, Bezugspersonen oder auch das weitere soziale oder gesellschaftliche Umfeld entweder zur Behandlung hinzuzuziehen oder gar zum eigentlichen Zielpunkt der Veränderungen zu machen (→**Familientherapie**; →**Gemeindepsychologie**). So müssen z. B. nicht die Verhaltensweisen des Kindes, sondern eventuell die Beziehung der Eltern zueinander oder die Leistungsnormen der Schule als problematisch angesehen werden. Sofern Bedingungen des gesellschaftlichen Umfeldes mit psychotherapeutischen Mitteln nicht angehbar sind, sollte ihre Bedeutung zumindest mit reflektiert werden.

2. Wie läßt sich das Problem konzeptualisieren, d.h., worin besteht genau das Problem?

In der Art, das Problem zu benennen, unterscheiden sich nicht nur Fachmann (= Therapeut) und Laie (= Klient) voneinander. Je nach theoretischer und gesellschaftspolitischer Ausrichtung wird dieselbe Problemlage auch von verschiedenen Therapeuten unterschiedlich konzeptualisiert. Die Unterschiede können zum einen in der *Komplexität* der Problembenennung liegen (werden mehrere Probleme unabhängig voneinander beschrieben oder mit einem abstrakten Oberbegriff belegt), zum anderen in der *Ebene* der Problembeschreibung (werden z. B. beobachtbare Verhaltensweisen, interne steuernde Prozesse, überdauernde Persönlichkeitseigenschaften oder bestimmte Mensch-Umwelt-Konstellationen als problematisch bezeichnet). Hier wird deutlich, wie sehr die Begriffe, mit denen der Therapeut ein Problem benennt und damit die Problemsicht des Klienten beeinflußt, durch seine theoretische Ausrichtung, aber auch durch implizite Alltagstheorien geprägt sind.

Ausgangspunkt für die Problemanalyse sollte in jedem Fall die Konzeptualisierung der unmittelbar vom Problem Betroffenen sein, da allein hierin schon begründet sein mag, warum das Problem bisher als unlösbar betrachtet wurde (vgl. GRAWE 1980).

3 Modelle zur Beschreibung und Erklärung eines Problems

Die Erklärung eines Problems wird ebenso wie die Problembenennung vom fachgebundenen theoretischen Wissen als auch vom Alltagsverständnis bestimmt. Die wissenschaftlichen Theorien, die zur Problemanalyse herangezogen werden, sind zum einen Erklärungsmodelle für spezifische Störungsbereiche (z. B. →**psychosomatische Störungen bei Kindern**, →**Depressionen**, →**Ängste**).

Darüber hinaus wurden Konzepte entwickelt, die den Prozeß der Informationssammlung, -ordnung, -auswertung und -interpretation formal zu strukturieren versuchen. Eines der bekanntesten Modelle einer derartigen „normativen Diagnostik" (WESTMEYER 1972) ist das funktionale Bedingungsmodell der traditionellen *Verhaltensanalyse*. Hier wird das problematische Verhalten als abhängig von unmittelbaren physikalischen und sozialen Umweltreizen begriffen. Ziel der Verhaltensanalyse ist es, die unabhängigen Variablen (Reizbedingungen, Organismusvariablen, Konsequenzen und Kontingenzen) näher zu spezifizieren und Hypothesen über die Art ihres funktionalen Zusammenhangs mit dem Problemverhalten zu bilden (vgl. SCHULTE 1974, →**operante Interventionsmethoden**, →**Verhaltenstherapie**).

Dieses Modell wurde in den letzten Jahren kritisiert, u. a. wegen der mangelnden Berücksichtigung interner Steuerprozesse, der Betrachtung von Problemen in eng umschriebenen Ausschnitten und der Beschränkung des Verhaltensbegriffes, der kognitive Anteile nur ungenügend berücksichtigt. In der letzten Zeit hat es daher einige Erweiterungen und neue Ansätze gegeben, die insbesondere auf informationsverarbeitenden und handlungstheoretischen Modellen aufbauen (BRAUN 1978; SEMMER & FRESE 1978; GRAWE 1980).

Eine konkrete Anleitung für den Therapieprozeß bietet das Modell von BARTLING u.a. (1980), das eine Problemanalyse auf drei hierarchisch geordneten Problemebenen vorschlägt:

1. Auf der *Ebene des Verhaltens in Situationen* soll das Problem in ausgewählten, eng umschriebenen Verhaltensausschnitten betrachtet werden; so kann z. B. ein Klient mit sozialen Ängsten eine konkrete Situation, in der er versuchte, Kontakte zu knüpfen, schildern. Ziel ist es dabei abzuklären, ob sich bestimmte Merkmale der Situation, spezifische Erwartungen des Klienten, besondere Organismusbedingungen oder nachfolgende (sowohl kurz- als auch langfristige) Konsequenzen regelhaft wiederholen und das Problemverhalten evtl. steuern.

Wichtig ist es, daß das (Problem-)Verhalten in seiner Komplexität erfaßt wird, d. h. daß sowohl die motorischen wie auch die emotionalen, kognitiven und physiologischen Anteile berücksichtigt werden.

2. Auf der *Ebene von Regeln und Plänen* soll das Problem in einem größeren Planungs- und Handlungszusammenhang betrachtet werden. Übergreifende innere Prozesse werden als handlungssteuernd angenommen und sollten näher identifiziert werden; im Beispiel des Klienten mit sozialen Ängsten könnte der Gedanke „Nur wenn ich mich als fachlich kompetent erweise und klug rede, finden mich andere interessant" sein zurückhaltendes Verhalten in zahlreichen Gesprächen bedingen. Als Strukturierungshilfen werden die Konzepte „Oberplan" „Verhaltensplan" und „Verhaltensregel" eingeführt, die als hierarchisch angeordnet gelten.

Die Problemanalyse kann von unten nach oben (aber auch von oben nach unten) erfolgen: Ausgehend vom Verhalten in Situationen werden zunächst für ähnliche Situationen, dann situationsübergreifend in Form von Regeln, Plänen und Oberplänen die *Ziele* und *Strategien* des Klienten gemeinsam erarbeitet (→ **Ziele**). Umgekehrt können aus explizierten Oberplänen des Klienten Ableitungen bis hin zu konkreten Verhaltensregeln vorgenommen werden.

Hierbei kann z. B. deutlich werden, daß der Klient widersprüchliche Ziele verfolgt oder daß er die Ziele, nach denen er sein Verhalten ausrichtet, bisher nicht explizit überprüft hat oder daß er nicht über die notwendige Verhaltenskompetenz zur Erreichung seiner Ziele verfügt.

3. Auf der *Ebene von Systemregeln* wird das soziale System bzw. werden die verschiedenen Systeme, denen ein Klient zugehört, in bezug auf seine (ihre) *Normen-* und Rollenvorschriften betrachtet. Diese können implizit oder explizit formuliert sein, wobei ein Individuum meistens den Regeln verschiedener Systeme unterliegt.

Bei der Klärung von Problemursachen auf der Ebene von Systemregeln ist auch die Frage von Bedeutung, welche Funktion gerade dieses Problem für das System hat (vgl. SELVINI-PALAZZOLI u. a. 1977), ob z. B. das Problemverhalten eines Kindes die Ehe der Eltern stabilisiert.

Wichtige Hinweise zur Problemanalyse ergeben oft Informationen zur *Genese des Problems.* Diese sollten nicht allein die Frage beantworten, wann und unter welchen Bedingungen ein Problem entstand. Stattdessen kann, wie HOFFMANN (1978) vorschlägt, die Genese auch unter dem Blickwinkel fehlgeschlagener Problemlösungsversuche betrachtet werden, da auch das aktuell vorgestellte Problem ein – fehlgeschlagener – Lösungsversuch zeitlich oder inhaltlich vorgeordneter Probleme sein kann.

Die Problemanalyse wird i. d. R. im Gespräch zwischen Klient und Therapeut erarbeitet. Als ergänzende *Informationsquellen* kommen Verhaltensproben und Rollenspiele, Daten aus Fragebogen und Tests, Selbstbeobachtungen des Klienten (Diagramme, Protokolle) und Berichte von Bezugspersonen in Betracht (→**Exploration,** →**Verhaltensbeobachtung**). Beim Gespräch zwischen Therapeut und Klient sind nicht allein die verbal mitgeteilten Inhalte des Klienten von Bedeutung, sondern auch sein Verhalten in der Therapiesituation selber. Die Art, wie ein Klient über sein Problem spricht (non- und para-verbale Anteile), und sein Interaktionsverhalten dem Therapeuten gegenüber können wichtige Hinweise zur Problemlage geben und sollten ggf. vom Therapeuten rückgemeldet werden. Gleichzeitig können diese Inhalte unmittelbar aufgegriffen und eventuell bereits im Sinne einer Veränderung angegangen werden. Ein derartiges Aufgreifen der Hier- und Jetzt-Situation bietet einerseits die Chance einer unmittelbaren Handlungserprobung mit hoher Veränderungswahrscheinlichkeit, sollte andererseits jedoch nicht den Blick für größere – vor allem systembedingte – Zusammenhänge verstellen.

4 Ableitung von Veränderungsstrategien aus der Problemanalyse

Problembeschreibung und Problemanalyse sind notwendige, aber nicht hinreichende Voraussetzungen, um Veränderungsstrategien planen zu können.

Wie bei der allgemeinen Indikationsforschung, so muß auch in der individuellen Indikation im diagnostisch-therapeutischen Prozeß von einer Wechselwirkung zwischen Klientenvariablen (von denen das Problem selber wieder nur einen Teil darstellt), Methoden- oder Strategienvariablen, Therapeutenvariablen und institutionellen Variablen ausgegangen werden (→**Indikation**).

Auf der Seite der *Klientenvariablen* scheinen uns, abgesehen von der Problemlage des Klienten, besonders wichtig: seine Veränderungsmotivation, seine Erwartungen an Form, Ablauf und Ergebnis der Therapie, seine Einsatzbereitschaft, hemmende und fördernde Faktoren seiner sozialen und materiellen Umwelt. Nicht zuletzt sollten die vorhandenen Fähigkeiten und Kompetenzen des Klienten berücksichtigt werden (vgl. BARTLING u. a. 1980).

Für besonders wichtig halten wir die *Therapeut-Klient-Beziehung,* die als wesentliches Therapiemedium häufig viel zu wenig berücksichtigt wird (→**Therapeut-Klient-Beziehung**). Neben der Art der Beziehung zwischen Therapeut und Klient stellen Norm- und Wertsysteme, Einstellungen und Persönlichkeitsvariablen des Therapeuten wie auch seine fachlichen Kompetenzen, Ausbildungsrichtung und Erfahrung wesentliche Determinanten des Therapieprozesses dar (→**Therapeutenmerkmale**). Nur erwähnt werden sollen in diesem Zusammenhang die *institutionellen Rahmenbedingungen* (→**Gemeindepsychologie,** →**Sozialpsychiatrie**).

Die hier genannten Einflußgrößen gehen zusammen mit der Problemanalyse in die sogenannte „*Zielanalyse*" oder Zielbestimmung ein. Dabei kommen möglicherweise die verschiedenen Beteiligten (Klient(en), Therapeut, Bezugspersonen) zu unterschiedlichen Einschätzungen darüber, wie die Ziele einer Veränderung konkret aussehen sollen.

Eine explizite Erarbeitung von Zielen mit Bewußtmachung der dahinter liegenden Normen ist ein wesentlicher Teil des Problemlösungsprozesses und kann in manchen Fällen auch zum alleinigen Gegenstand der Therapie werden (→ Ziele).

5 Problemanalyse außerhalb eines therapeutischen Prozesses

Eine Problemanalyse mit dem Ziel, der Bewältigung einer Aufgabe oder eines Problems näherzukommen, ist natürlich nicht an einen therapeutischen Prozeß gebunden. Sie wird – häufig verkürzt oder automatisiert – bei vielen Aufgabenstellungen im täglichen Leben geführt. Springt z. B. mein Auto nicht an, muß ich (oder ein Spezialist) herausfinden, welches die Ursache hierfür ist – worin das Problem genau besteht.

Psychische Probleme zeichnen sich im Gegensatz zu vielen anderen Aufgabenstellungen dadurch aus, daß sie häufig diffus, wenig klar umschrieben und konfliktbeladen sind, – Faktoren, die eine Problemanalyse besonders schwierig gestalten.

Wichtige *Bedingungen* für eine erfolgversprechende Problemanalyse sind daher:

- die Fähigkeit, automatisiertes Handeln zu unterbrechen, um sich gezielt mit dem Problem oder dem eigenen ‚Unwohlsein' zu beschäftigen
- die Fähigkeit, eigene Empfindungen wahrzunehmen und zu beschreiben
- die Fähigkeit, zwischen Fakten und Meinungen/Bewertungen im Zusammenhang mit dem Problem zu unterscheiden

- Informationen zum Problem einzuholen, z. B.: Informationen zu Tatsachen und Fakten einholen; wahrnehmen, wie andere in Bezug auf das Problem empfinden
- lautes Denken (besser: sich einen Gesprächspartner suchen) bei der Analyse des Problems

Ziel einer Therapie sollte nicht nur die Lösung eines Problems sein, sondern auch der Erwerb oder die Verbesserung *allgemeiner Problemlösefähigkeiten*, wie z. B. die oben genannten zur Problemanalyse.

LITERATUR

BARTLING, G., ECHELMEYER, L., ENGBERDING, M. & KRAUSE, R. *Problemanalyse im therapeutischen Prozeß*. Stuttgart: Kohlhammer, 1980.
BRAUN, P. *Verhaltenstherapeutische Diagnostik*. In L. J. PONGRATZ (Hrsg.) *Handbuch der Psychologie – Klinische Psychologie*, 2. Halbband. Göttingen: Hogrefe, 1978, S. 1649–1725.
DÖRNER, D. *Problemlösen als Informationsverarbeitung*. Stuttgart: Kohlhammer, 1976.
D'ZURILLA, T. J., GOLDFRIED, M. R. Problem solving and behavior modification. *Journal of Abnormal Psychology*, 1971, 78, 107–126.
GRAWE, K. (Hrsg.) *Verhaltenstherapie in Gruppen*. München: Urban & Schwarzenberg, 1980.
HOFFMANN, M. Zur Genese von Verhaltensstörungen aufgrund fehlgeschlagener Problemlösestrategien. *Mitteilungen der DGVT*, Sonderheft I: Fortschritte in der Verhaltenstherapie, 1978, 139–152.
MILLER, G. A., GALANTER, E. H. & PRIBRAM, K. H. *Strategien des Handelns. Pläne und Strukturen des Verhaltens*. Stuttgart: Klett, 1973.
SCHULTE, D. (Hrsg.) *Diagnostik in der Verhaltenstherapie*. München: Urban & Schwarzenberg, 1974.
SELVINI-PALAZZOLI, M., BOSCOLO, L., CECCHIN, G. & PRATA, G. *Paradoxon und Gegenparadoxon. Ein neues Therapiemodell für die Familie mit schizophrener Störung*. Stuttgart: Klett, 1977.
SEMMER, N. & FRESE, M. Handlungstheoretische Implikationen für kognitive Therapie. In N. HOFFMANN (Hrsg.) *Grundlagen kognitiver Therapie*. Bern: Huber, 1979, S. 115–153.
WESTMEYER, H. *Logik der Diagnostik*. Stuttgart: Kohlhammer, 1972.
ZIELKE, M. *Indikation zur Gesprächspsychotherapie*. Stuttgart: Kohlhammer, 1979.

Psychoanalyse

Rainer Krause

1 Einleitung

Der folgende Beitrag behandelt vor allem die *psychoanalytische Psychotherapie*. Darunter verstehe ich eine sich stark auf die Sprache abstützende psychologische Behandlungsform mittlerer Dauer, die sich an eine „psychoanalytisch" genannte Handlungsanweisung anlehnt (in der psychoanalytischen Literatur werden diese Handlungsanweisungen „Theorie der Technik" genannt). Diese Handlungsanweisungen sollten sich idealiter auf die psychoanalytische Theorie der menschlichen „Natur", Metatheorie genannt, stützen.

Damit grenze ich den Beitrag ab, erstens gegen *psychoanalytische Kurzbehandlungen*, die in jüngster Zeit unter verschiedenen Namen wie Crisis Intervention, Fokaltherapie, Kurzpsychotherapie, psychoanalytische Beratung (Davanloo 1978, Malan 1976) eine stürmische Entwicklung durchgemacht haben und zwar in der Richtung, daß auf der einen Seite die Behandlungen immer kürzer und intensiver werden und auf der anderen Seite immer schwerere Störungsbilder, z. B. Borderline-Störungen und Psychosen in den Behandlungskatalog aufgenommen werden. Diesen Behandlungsformen ist ein eigener Beitrag unter dem Stichwort Fokaltherapie gewidmet.

Ebensowenig gehe ich auf die Technik der „*großen Psychoanalyse*" ein. In ihr liegt der Analysand vom Analytiker abgewandt auf der Couch. Die Analysen sollten im allgemeinen 4 Stunden pro Woche statthaben und können sich über Jahre erstrecken. Heute sind die großen Psychoanalysen vorwiegend Forschungs- und Ausbildungsverfahren, die, auch wenn sie zu therapeutischen Zwecken gebraucht werden, andere Indikationen haben als die psychoanalytische Psychotherapie und die psychoanalytische Kurztherapie.

All diese verschiedenen Verfahren beruhen bis zu einem gewissen Grade auf gemeinsamen Handlungsmodellen, weswegen sie „psychoanalytisch" genannt werden. Ehe ich sie genauer zu definieren versuche, sei ein kurzer unvollkommener historischer Abriß der allgemeinen Entwicklung der Psychoanalyse versucht. Er soll den nicht psychoanalytisch versierten Leser in die Lage versetzen, den Stellenwert der psychoanalytischen Psychotherapie innerhalb der Psychoanalyse verständlich zu machen.

2 Historischer Exkurs

Wenn von „Psychoanalyse" gesprochen wird, muß man zumindest fünf Bereiche unterscheiden, die sich schon in Freud's Schriften thematisch finden lassen, nämlich Psychoanalyse als allgemein-psychologische Theorie des menschlichen Handelns und Funktionierens (Metatheorie), Psychoanalyse als sozialpsychologische und ethnologische Theorie, Psychoanalyse als Neurosen- und Krankheitslehre, Psychoanalyse als Behandlungsmodell und Verfahren und schließlich Psychoanalyse als standespolitische Organisation. Die historische Entwicklung dieser verschiedenen Bereiche läuft keineswegs synchron. Eine ähnliche Einteilung sowie die entsprechenden Literaturangaben sind bei Loch (1977) zu finden.

RAPPAPORT (1960) hat, was die Entwicklung der Metatheorie betrifft, fünf Phasen herausgearbeitet, die man wohl durch die neuere Narzißmus- und Borderline-Forschung mittlerweile auf sechs ergänzen muß. CREMERIUS hat gezeigt, wie sich die Theorie der Technik der Psychoanalyse im gleichen Zeitraum sehr entscheidend geändert hat. Jedes neu verstandene Störungsbild hat mit einiger Verzögerung erhebliche Veränderungen der Behandlungstechniken mit sich gebracht. Protokolle oder Gedächtnisprotokolle von FREUDS eigenen Analysen muten in mancher Hinsicht aus der heutigen Sicht befremdlich an. Damals wurde die Gegenübertragung, d.h. die Affektlage des Therapeuten, als zu unterdrückende, konstant zu haltende *Störvariable* betrachtet. Sie wurde weder diagnostisch noch behandlungstechnisch benutzt.

Die oben aufgeführten Teilgebiete der Psychoanalyse können sicher nicht die gleiche wissenschaftliche Dignität beanspruchen. So sind manche der allgemein-psychologischen und vor allem der ethnologischen und sozialpsychologischen Aussagen FREUDS heute nicht mehr haltbar. Gegenwärtig wird die Trieb- und Affekttheorie der Psychoanalyse einer grundlegenden Revision unterzogen (BLANK & BLANK 1980). Das empirische Kernstück der Psychoanalyse ist ihr Neurosen- und Krankheitsmodell und die sich daraus ableitenden Handlungsanweisungen. Nach wie vor stammen die meisten Daten für die psychoanalytische Theoriebildung und die Theorie der Technik aus der dyadischen Interaktion der Psychoanalysen. In diesem Sinne sind die langen Psychoanalysen auch das zentrale Forschungsmittel. In jüngerer Zeit haben sich aber eine ganze Reihe neuer Daten- und Forschungsfelder der Psychoanalyse erschlossen. Ich erwähne nur die systematische Beobachtung von Mutter-Kind-Interaktionen, die ethnopsychoanalytische Forschung, die empirische Traumforschung, Simulation komplexer psychischer Prozesse durch Computerprogramme und schließlich die systematische Beobachtung des interaktiven Verhaltens zwischen Patient und Therapeut in der psychoanalytischen Situation (KRAUSE 1979). Damit sind bestimmte Aussagen der psychoanalytischen Theorie, die teilweise rekonstruktiv und/oder spekulativ waren, einer empirischen Untersuchung zugänglich geworden. Man kann daher eine gewisse Konvergenz der empirisch orientierten Psychologie und der Psychoanalyse beobachten. Diese Annäherung wird allerdings von manchen Exponenten beider „Lager" mit Reserve beobachtet.

3 Definition der Kernbereiche psychoanalytischen Handelns

Auch unter dem Druck der neuen Erkenntnisse ist eine Totalrevision der psychoanalytischen Theorie und der Behandlungskonzepte, soweit ich sehen kann, nicht notwendig geworden. Dies spricht meines Erachtens dafür, daß gewisse Kernbereiche psychoanalytischen Handelns und Theoretisierens bis heute Gültigkeit beanspruchen können. Sie sollen im folgenden sehr kursorisch erläutert werden. Vorweg sei mir allerdings noch die Bemerkung erlaubt, daß in der naiven Auseinandersetzung mit der Psychoanalyse häufig die Entwicklung der Psychoanalyse als standespolitischer Organisation mit der Entwicklung der Theorie der Technik und der Metatheorie gleichgesetzt wird. Dies ist nicht weiter verwunderlich, da natürlich auch die Psychoanalyse als Standesorganisation wie jede andere Therapieschule einen Kernbereich therapeutischen Handelns als unverzichtbar für das Etikett Psychoanalyse definiert. Solche Festschreibungen erreichen immer einen größeren Öffentlichkeitsgrad als die tatsächlich praktizierten Techniken. Sie sind auch historisch träger und hinken der technischen Entwicklung hinterher. Auch hier macht die Psychoanalyse gegenüber anderen Therapieschulen keine Ausnahme. Häufig wird man die chronifizierten Schulungsgeister, die man rief, nicht mehr los.

Aufgrund der *metatheoretischen Definitionsversuche* sind die Kernbereiche psychoanalytischen Handelns nur sehr ungenau zu definieren. So ist FREUDS Bemerkung, daß das Anerkennen der Mechanismen von Übertragung und Widerstand die Quintessenz psychoanalytischen Handelns sei (FREUD 1914), nicht sehr trennscharf. Unter dieser Definition könnte man, wenn auch mit gewissen Einschränkungen, Gestalttherapien oder psychoanalytisches Psychodrama subsumieren.

KOHUTs neuere Definition, daß die „Essenz der Psychoanalyse im lang andauernden empathischen Eintauchen des wissenschaftlichen Beobachters in das zu beobachtende bestehe", läßt wiederum kaum sinnvolle Abgrenzungen zur klientenzentrierten Psychotherapie möglich scheinen, sieht man einmal von dem Adjektiv „lang andauernd" ab (KOHUT 1979).

Auf der *Ebene der therapeutischen und analytischen Handlungsmodelle*, also der Theorie der Technik, ist eher ein Konsens, was Psychoanalyse ausmache, feststellbar. So stimmen nach ALEXANDER (1980) wohl alle Psychoanalytiker darin überein, daß ihre Behandlungen auf den folgenden empirischen Beobachtungen beruhen:

„1. Während der Behandlung wird unbewußtes (verdrängtes) Material bewußt. Dieser Vorgang vergrößert den Handlungsspielraum des bewußten Ichs.

2. Die Aktivierung des unbewußten Materials geschieht über das emotionale Erleben der zwischenmenschlichen Beziehung zum Therapeuten und über freie Assoziationen. Auf diese Vorgänge stützen sich die Interpretationen. Die relativ objektive, nicht bewertende unpersönliche Haltung des Therapeuten ist ein grundlegender Faktor für die Mobilisierung des unbewußten Materials.

3. Jeder Patient entwickelt Widerstände gegen die Wahrnehmung unbewußten Materials. Diese Widerstände zu bearbeiten, ist eins der hauptsächlichen Probleme der Behandlungstechnik (→**Widerstand**).

4. Es ist nur natürlich, daß der neurotische Patient früher oder später seine typisch neurotische Haltung auf den Therapeuten überträgt. Er entwickelt eine Übertragung, welche die Wiederholung zwischenmenschlicher Haltungen, häufig der Gefühle des Kindes zu seinen Eltern, darstellt. Dieser Prozeß wird durch den Therapeuten gefördert ... Die ursprüngliche Neurose des Patienten, die auf Kindheitserfahrungen beruht, wird demgemäß in eine künstliche „Übertragungsneurose" verwandelt, welche eine weniger intensive Wiederholung der infantilen Neurose des Patienten darstellt. Die Auflösung dieser wiederbelebten Gefühle und Verhaltensmuster, die Auflösung der Übertragungsneurose, wird das Ziel der Behandlung" (ALEXANDER 1980, Seite 4, Übersetzung des Autors).

4 Übertragung, Gegenübertragung und der Wiederholungszwang

Im Rahmen dieses Behandlungsmodelles sind die Affekte, Verhaltenstendenzen und Phantasien des Therapeuten (unter dem Titel Gegenübertragung axiomatisiert) ein wesentlicher Bestandteil des Handlungs- und Diagnosemodells. Feststellungen wie „ich hatte plötzlich Lust, mit dem Patienten zu streiten oder mit ihm Liebe zu machen" tauchen in psychoanalytischen Supervisions- und Handlungsmodellen als wesentliche Steuerungs- und Führungsgrößen auf. Solche Phantasien des Therapeuten sind sicher zum Teil durch den Patienten induziert, vorausgesetzt, der Therapeut ist nicht allzu neurotisch und trägt nicht immer wieder seine eigenen Probleme an den Patienten heran. Hinter diesem Handlungsmodell steht die für die Psychoanalyse grundlegende Annahme, daß es einen *„Wiederholungszwang"* gäbe.

Damit ist gemeint, daß aufgrund vergangener frustraner sozialer Interaktionen Menschen, nicht nur Patienten, unbemerkt ein Verhalten an den Tag legen, mit dem sie ihre gegenwärtigen sozialen Interaktionspartner zu bestimmten Phantasien, Verhaltensweisen und Affekten bringen. Diese Verhaltensweisen sind Teil eines unbewußten Problemlösungsprozesses, der allerdings bei Neurotikern nicht erfolgreich ist, weil er der Realität des Erwachsenen nicht angemessen ist. Der *Übertragung* genannte Vorgang ist mit dieser Vorstellung des Wiederholungszwanges eng verbunden. Diese Affekt- und Stimmungsübertragung geschieht aufgrund von sozialen Mikro-Strategien des Patienten, also Verhaltensweisen, die, obgleich vom Patienten nicht bewußt intendiert, bestimmte Handlungsbereitschaften im sozialen Interaktionspartner auslösen. Die Wahrnehmung und Inrechnungstellung solcher Verhaltensweisen gehört zum elementaren Rüstzeug des „guten Psychoanalytikers". Sie sind die empirische Grundlage seines Handelns.

Weiter folgt aus der Annahme des Wiederholungszwanges, daß es zwischen Mikro-Handlungen in der Therapie und langzeitlichen Makro-Problemen eine Art von Entsprechung gibt, die man sich an folgendem Beispiel vorstellen kann: Wenn ich von einem sogenannten narzißtisch gestörten Patienten spreche, so meine ich unter anderem damit, daß er relativ langwielige Makro-Probleme mit der Selbstwertregulation, der Objektkonstanz und der Konstanz des affektiven Erlebens etc. hat.

Interaktiv werden diese Probleme aber an Mikro-Handlungen sichtbar, dergestalt, daß gewissermaßen jede dieser Mini-Handlungen mit dem Problem der Selbstdarstellung mehr oder weniger durchsättigt ist und den Sozialpartner ohne explizite verbalsprachliche Aufforderung zur Bewunderung einlädt. Beide Handlungsbereiche entziehen sich im allgemeinen der bewußten Steuerung, sind also in einem deskriptiven Sinne unbewußt. Dies im Gegensatz zu verbalsprachlich formulierbaren mittleren Handlungsbereichen, in denen die Patienten uns ihre Leiden schildern.

5 Einige Behandlungs-, Ausbildungs- und forschungstechnische Folgerungen

Alle weiteren technischen Probleme der psychoanalytischen Psychotherapie folgern aus den oben erwähnten Grundlagen. Sie werden im folgenden im Sinne von Forderungen an den Therapeuten und Fragen zum Therapiegeschehen kurz aufgeführt:

Der Therapeut muß das gesamte soziale Handlungsfeld des Patienten und seiner selbst von Mikro- bis zu Makro-Handlungen wahrnehmen können. Dies ist nur sehr beschränkt möglich, wird aber durch die therapeutische Haltung der *freischwebenden Aufmerksamkeit* erleichtert. Damit ist gemeint, daß das theoriegesteuerte Wahrnehmen der interaktiven Situation als therapeutischem Handlungsraster selten abgerufen werden soll.

Durch vorzeitiges Theoretisieren geht das empirische Fundament der Psychoanalyse verloren. Diese Art von Empirie beinhaltet introspektive Daten und „objektive" Daten. Der Therapeut muß in der Lage sein, Phantasien, Affekte und Handlungstendenzen in sich entstehen zu lassen. Damit ist gemeint, daß der Therapeut keine vorschnellen Bewertungen und Zensurphänomene in bezug auf seine eigenen Gefühlslagen und Handlungstendenzen nötig hat. Damit verknüpft ist die Forderung, daß er nicht selbstgeschaffene, selbstinduzierte Probleme an den Patienten heranträgt und als diejenigen des Patienten behandelt.

Die genannte Voraussetzung soll im allgemeinen durch die sogenannte *Lehranalyse* erreicht werden, die in diesem Sinne ebenso Wahrnehmungs- wie Handlungsschulung ist und dazu dienen soll, die eigenen Wiederholungszwänge zumindest kennenzulernen. Inwieweit dies immer erreicht wird und unter den bestehenden Ausbildungsbedingungen sinnvoll überprüft werden kann, steht zur Debatte. Wenn diese persönlichen Voraussetzungen gegeben sind, gibt es eine Fülle von technischen Regeln, Hilfsmittel und Handlungsanweisungen, die mittlerweile mehrere Bücher füllen und sich auf die verschiedenen Phasen der psychoanalytischen Psychotherapie, auf die Handhabung der Übertragung, der Gegenübertragung und des Widerstandes konzentrieren. Es ist völlig unmöglich, hier auch nur ansatzweise darauf einzugehen (GREENSON 1975).

Da aber Psychoanalysen, wie oben bereits gesagt, in sehr weitem Maße auf sogenannten *Deutungen* beruhen, ist eine der technischen Kernfragen, wann, wo, warum welche Art der Deutung opportun ist. Grundlegend kann gesagt werden, daß eine Deutung nur dann opportun ist, wenn sie dem Patienten „vorbewußt" ist. Damit ist gemeint, daß die „Einsicht über die Zusammenhänge" zwischen der sozialen Interaktion Psychotherapie und der vergangenen Interaktion bzw. der Interaktion mit dem Ehepartner oder anderen wichtigen Sozialpartnern ohnehin relativ bewußtseinsnah ist. Aus dieser grundlegenden Verhaltensanweisung folgern die folgenden anderen technischen Regeln, nämlich, daß eine vormals unbewußte Einsicht in Zusammenhänge nur dann bewußt werden kann, wenn die Ängste, Abwehrstrategien und Widerstände, die die Einsicht vom Bewußtsein ferngehalten haben, bearbeitet sind. Daraus folgert, daß in psychoanalytischen Behandlungen jeweils Ängste, Abwehr und dann erst die triebhaften Komponenten einer Handlungskette bearbeitet werden sollen. Diese Vorstellung beruht darauf, daß jede Übertragungshandlung aus den Komponenten Handlungsimpuls, Abwehr des Impulses und

Angst vor dem Impuls zusammengesetzt ist (MALAN 1976). Deutungen, die die Impulsanteile des Handlungsrasters in den Vordergrund bringen, ohne die Ängste und Abwehr bearbeitet zu haben, sind unzeitgemäß und führen zu keinen therapeutisch ergiebigen Veränderungen. Das wilde Analysieren der belesenen Intellektuellen läuft im allgemeinen nach diesem Handlungsmuster ab und hat eher sadistischen Charakter.

Eine weitere Voraussetzung für die psychoanalytische Deutung besteht darin, daß die *Übertragung*, nämlich die Wiederholung der vergangenen Sozialstrategie mit dem Therapeuten, vorhanden sein muß und dem Patienten relativ transparent werden kann. Dieser Vorgang benötigt eine gewisse Zeit, die, je nachdem, wie lange der Rahmen der Therapie gesetzt wird, unterschiedlich ist. In Kurztherapien wird man nicht vor der vierten oder fünften Stunde mit bewußtseinsfähigen Übertragungsneurosen rechnen können. In psychoanalytischen Psychotherapien wird dieser Vorgang länger. In langen Psychoanalysen rechnet man damit, daß erst im sechsten bis siebten Monat einer Psychoanalyse die Übertragung sich voll entwickelt. Was vorher abläuft, dient vorwiegend der Beruhigung von Ängsten und der Sicherstellung des Arrangements. Daraus folgert, daß Deutungen nur dann Sinn haben, wenn sie vom Patienten auf ein in seinem Sinne empirisches, d. h. erlebbares und erlebtes Material zurückgreifen können, d. h. der für Psychoanalyse so wichtige kurative Vorgang der Einsicht ist kein rein intellektueller Vorgang, wie dies die Konnotation des Begriffes nahelegen mag. Rein intellektuelle Einsichten führen zu „Scheinanalysen", die therapeutisch unergiebig sind (MOSER 1962).

Es dürfte klar geworden sein, daß die Psychoanalyse, wie die klientenzentrierte Therapie, „Empathie", nämlich die Befähigung, fremdinduzierte Handlungsimpulse und Affekte wahrzunehmen, voraussetzt. Allerdings hat sie zusätzlich einen Katalog an Handlungsregeln, wann die solchermaßen empathisch wahrgenommenen Daten handlungsrelevant für Deutungen oder Interventionen im Therapieprozeß werden sollen, wobei im allgemeinen gesagt werden kann, daß sie sehr viel weniger und seltener in Handlungen umgesetzt werden, als im Deutungsverfahren der klientenzentrierten Therapie, in der in relativ kleinen Zeitstichproben jeweils unmittelbar nach der Äußerung des Klienten verbalisiert und gesprochen wird. In diesem Sinne ist das so häufig monierte Schweigen des Analytikers Teil des Behandlungsverfahrens. Die Wahrscheinlichkeit zu voreiligen und daher therapeutischen unergiebigen Deutungen steigt natürlich bei hoher Eigenaktivität.

Es dürfte, wie ich hoffe, klar geworden sein, daß es keine Texte geben kann, die psychoanalytische Techniken wie Koch-Bücher vermitteln können. Diese Techniken können nur in einer komplexen Wechselwirkung mit der Person, die sie anwendet, fruchtbar werden. In der Psychoanalyse gibt es entgegen den Erwartungen mancher Patienten und ängstlicher Kritiker keine „richtigen Wunderdeutungen", die dazu führen würden, daß der Patient seine Couch nimmt und wandelt. Die Richtigkeitskriterien für die therapeutischen Interventionen können nur aus dem interaktiven Prozeß gewonnen werden. Ehe eine „richtige" und vom Patienten als relevant erlebte Deutung für das Handeln relevant wird, vergeht eine gewisse Zeit. Das sogenannte *Durcharbeiten* dient unter anderem diesem Transfer auf die Sozialpartner außerhalb der Psychotherapie. Bei Psychoanalysen ist meines Erachtens in Abhebung z. B. von der Verhaltenstherapie feststellbar, daß die „Erfolge" des psychoanalytischen Handelns bei Beendigung der Therapie häufig nicht voll umfänglich manifest sind. Dies gilt vor allem für Kurztherapien. Psychoanalytische Behandlungen, bei denen abrupte Heilungen zeitlich synchron mit dem Ende des Therapiegeschehens auftreten, machen skeptisch; es sind im allgemeinen sogenannte Übertragungsheilungen, bei denen das unanalysierte Verhältnis zum Therapeuten die Symptombeseitigung zeitigt. Die Latenzzeit für das Manifestwerden der „Erfolge" der Behandlung übersteigen nicht selten Monate oder Jahre. Dies liegt daran, daß die Psychoanalyse keine Verhaltensempfehlungen gibt und die Patienten die ihrer veränderten psychischen Lage entsprechenden Sozialstrategien teilweise selbst entwickeln müssen. Die Meßpunkte für katamnestische Untersuchungen müssen dementsprechend weit hinaus gelegt werden. (STRAKER 1978).

6 Überlegungen zur Indikation

Die Indikation für analytische Psychotherapie sollte idealerweise aufgrund von psychoanalytischen und psychodynamischen Diagnosen gegeben werden, die aufgrund von Interviews und manchmal projektiven Testverfahren erstellt werden. Sie schließt eine psychodynamische, genetische und strukturelle Diagnose, sowie Voraussagen über die zu erwartende Übertragungsneurose ein (DAVANLOO 1978).

Die *psychodynamische Diagnose* soll verständlich machen, inwieweit ein Lebensereignis, z. B. ein interpersoneller Konflikt, einen intrapsychischen Konflikt und die ihn begleitenden Affekte und Abwehrmechanismen hervorruft und steuert. In der *genetischen Diagnose* soll es möglich sein, die historischen Konflikte, die aufgrund des aktuellen Anlasses aktiviert wurden, zu bestimmen. Die *strukturelle Diagnose* kann in die folgenden Sub-Gruppen aufgeteilt werden: Einschätzungen der Ich-Funktionen; Einschätzungen der Struktur der Trieb-Organisationen und der psychosexuellen Entwicklung; Einschätzung der Über-Ich-Bildung, seiner Struktur und Funktionsweise. Aufgrund der nuancierten diagnostischen Hypothesen kann eine genauere Planung der psychoanalytischen Psychotherapie und der notwendigen Handlungsschritte erstellt werden.

Häufig wird die Indikation für analytische Verfahren, welcher Art auch immer, aufgrund von Indikationsstereotypen gegeben (BLASER 1977), denen Analytiker ebenso anhängen wie analytische Laien. So schien es lange klar, daß längere Behandlungen besser sind als kürzere. Damit galt es ebenso als ausgemacht, daß sogenannte schwere Fälle viel Zeit brauchen. Alles, was kurz war, wurde dementsprechend als eine aus Not eingegangene Minusvariante der idealen langen Psychoanalyse angesehen. Die ersten Vorschläge für kürzere Behandlungen im psychoanalytischen Rahmen stießen auf große Widerstände innerhalb der psychoanalytischen Gesellschaften. Diese Indikationsstereotype sind, solange man sich an sie hält, nicht widerlegbar. Wenn man keine „schwierigen Fälle" in kurze Behandlungen nimmt, kann man auch nicht die Erfahrung machen, daß sie behandelbar sind. Erst unter dem Druck konkurrierender Behandlungsangebote, z. B. der Verhaltenstherapie, und der Überfüllung der Kliniken, wurde dieses Indikationsstereotyp durchbrochen (siehe dazu MALAN 1976). Es ist aber in KOHUTs Arbeiten und den Ansichten vieler Psychoanalytiker nach wie vor zu finden (KOHUT 1979).

Die Indikationen für psychoanalytische Behandlungen im weitesten Sinne haben sich in den letzten Jahren sehr weit ausgedehnt. Es werden auch sogenannte Borderline-Fälle, Psychotiker, wie auch narzißtische Störungen, die ehedem als unbehandelbar galten, psychoanalytischen Behandlungen unterzogen. Allerdings wird die analytische Technik aufgrund des Störungsbildes erheblich modifiziert. Inwieweit Psychotiker, Borderline- oder sogenannte narzißtische Patienten, die historisch nicht unter Übertragungsneurosen abgehandelt wurden, unter das oben genannte Wiederholungszwangparadigma fallen, wird gegenwärtig einer grundlegenden Revision unterzogen. Auch diese Patienten entwickeln „Übertragungen", bei denen allerdings im Gegensatz zu den Neurotikern die personale Konstanz und Identität des Therapeuten und selbst des Patienten nicht notwendigerweise vorausgesetzt und zur Grundlage des Arbeitsbündnisses gemacht werden kann. Dieser Sachverhalt macht die psychoanalytischen Psychotherapien schwieriger, aber nicht unmöglich (siehe dazu BLANK & BLANK 1980, KERNBERG 1977).

Es ist nicht sinnvoll, psychoanalytische Indikationen für bestimmte psychiatrische oder aus anderen nosologischen Systemen stammende Störungsbilder zu versuchen. Die Indikation für psychoanalytische Behandlungen und wenn ja, für welche Form und welche Technik, kann nur aufgrund einer psychoanalytischen Diagnosestellung erfolgen, in der die Kapazitäten und Fähigkeiten des Patienten eine ebenso große Rolle spielen wie die oben erwähnten genetischen und psychodynamischen Diagnosen. Die Unterscheidung zwischen *aufdeckenden* und *zudeckenden* Psychotherapien, wobei man die Psychoanalyse den ersteren zuzählt, ist auch nur sehr begrenzt sinnvoll. Diese Unterscheidung geht darauf zurück, daß im Rahmen des psychoanalytischen Neurosenverständnisses gewisse Symptome stabilisierende Funktion für die Persönlichkeit und die Selbststruktur haben können, ihre forcierte

Beseitigung aus diesem Grunde zu Intensivierungen der Störung führen kann. Auch aus diesem Grunde sind symptom-orientierte Indikationsstellungen für psychoanalytische Verfahren nicht angebracht, weil verhaltensmäßig ähnliche Symptome, z. B. eine Zwangshandlung aufgrund völlig unterschiedlicher psychodynamischer und genetischer und struktureller Bedingungen zustande kommen können und einmal einen Entwicklungsfortschritt und das andere Mal eine Regression oder regressives Verhalten darstellen.

LITERATUR

BLANK, G. & BLANK, R. *Ich - Psychologie 2, Psychoanalytische Entwicklungspsychologie*. Stuttgart: Klett-Cotta, 1980.
BLASER, A. *Der Urteilsprozeß bei der Indikationsstellung zur Psychotherapie*. Bern: Huber, 1977.
DAVANLOO, H. *Basic principles and techniques in short-term dynamic psychotherapy*. New York: SP Medical + Scientific Books, 1978.
FREUD, S. Zur Geschichte der psychoanalytischen Bewegung. G. W. 10, 1914, 43-113.
GREENSON, R. R. *Technik und Praxis der Psychoanalyse*. Stuttgart: Klett, 1975.
KERNBERG, O. F. *Borderline conditions and pathological narcissism*. New York: Aronson, 1975.
KOHUT, H. Die Heilung des Selbst. Frankfurt: Suhrkamp, 1979.
KRAUSE, R. *Affekte und nonverbale Kommunikation*. Berichte aus der Abteilung für Klinische Psychologie, Nr. 8, 1979, Psychologisches Institut der Universität Zürich, Schmelzbergstr. 40, 8044 Zürich.
LOCH, E. *Die Krankheitslehre der Psychoanalyse*. Stuttgart: Hirzel, 1977.
MALAN, D. H. *The frontier of brief psychotherapy*. New York: Plenum, 1976.
MOSER, U. Der Prozeß der Einsicht im psychoanalytischen Heilverfahren. *Schweizerische Zeitschrift für Psychologie und ihre Anwendungen*, 1962, *21*, 196-221.
RAPPAPORT, D. *Die Struktur der psychoanalytischen Theorie*. Stuttgart: Klett, 1973.
STRAKER, M. Short-term dynamic Psychotherapy: A retrospective and perspective view. In H. DAVANLOO *Basic principles and techniques in short-term dynamic psychotherapy*. New York: SP Medical + Scientific Books, 1978.

Psychodiagnostische Verfahren zur Therapie-Indikation und Effektkontrolle

Urs Baumann

1 Allgemeine Gesichtspunkte zur Klinischen Diagnostik

Diagnostik hat in den 70er Jahren – zumindest was die wissenschaftliche Diskussion betrifft – einen stärkeren Wandel vollzogen. Dieser läßt sich wie folgt charakterisieren: Kritik an Eigenschaftskonzepten und Favorisierung von interaktionistischen Modellen, bei denen Situations- und Eigenschaftskomponenten bedeutsam sind; Relativierung der klassischen Testtheorie und Propagierung der probabilistischen Modelle; Übergang von der beschreibenden Diagnostik („Charakter-Gutachten") zur Verlaufsdiagnostik („wie verändert sich der Mensch?") (vgl. Pawlik, 1976).

Obwohl sich in der Wissenschaft das Bild der Diagnostik gewandelt hat, werden in der klinischen Praxis weiterhin Verfahren angeboten, die von ihrem Konzept her der klassischen Diagnostik verpflichtet und primär auch nicht für die Therapiediagnostik entwickelt worden sind. Dies ist z. T. dadurch begründet, daß ursprünglich sowohl in der Gesprächs-, als auch in der Verhaltenstherapie den diagnostischen Verfahren weniger Beachtung geschenkt worden ist als den therapeutischen Techniken, so daß sich keine eigene klinische Diagnostik entwickeln konnte. In den letzten Jahren hat sich das Bild aber gewandelt, indem eine Vielzahl an „Behavioral assessment"-Büchern erschienen ist, in denen zumindest verschiedenste Verfahren vorgestellt werden. Bislang stehen aber weiterhin theoretische Abhandlungen aus, die der klinischen Diagnostik neue Impulse verleihen würden.

Im Rahmen der klinischen Diagnostik stehen heute zwei Themenbereiche im Vordergrund: multimethodale Diagnostik und Verlaufsdiagnostik. Zum einen handelt es sich um die Frage, welche Daten zur Beschreibung eines Menschen benötigt werden. Zum andern geht es um das Problem, wie man die im Rahmen von Therapien sich ergebenden Veränderungen durch diagnostische Verfahren erfassen kann. Auf beide Punkte soll im folgenden näher eingegangen werden.

1.1 Multimethodale Diagnostik

Bei der multimethodalen Diagnostik lassen sich drei Aspekte unterscheiden: Datenebene, Datenquellen und Funktionsbereiche (Seidenstücker & Baumann 1978).

Menschliches Verhalten läßt sich unter verschiedenen Datenebenen konzipieren:
- ökologische Perspektive (relevante Parameter: z. B. Wohndichte, geographische Lage usw.)
- soziologische Perspektive (z. B. Berufsrollen, Schichtzugehörigkeit)
- psychologische Perspektive (z. B. Gefühle, Leistung)
- biologische Perspektive
- physiologische Aspekte
  (z. B. Vegetatives Nervensystem)
- biochemische Aspekte
  (z. B. Biogene Amine).

Bei der multimethodalen Betrachtungsweise geht man davon aus, daß die Beschreibung des Menschen in nur *einer* Bezugs-Datenebene unzureichend ist und durch andere Bezugsebenen ergänzt werden muß (vgl. Öko-Psychologie; Psycho-Physiologie usw.). Die multimethodale Betrachtungsweise ist nicht nur für die klinische Diagnostik (z. B. Erfolgskontrolle) relevant, sondern auch für das therapeutische Handeln, indem der Patient auf verschiedenen Bezugsebenen behandelt wird (→ **Verhaltenstherapie**).

Zur Datenebene kommt die *Datenquelle* hinzu, d. h. der Datengeber bei einer Person X. Es lassen sich für klinische Untersuchungen der Patient/Klient, Therapeut (Psychologe, Arzt usw.), soziale Bezugspersonen (Angehörige, Kollegen; bei stationären Patienten: Pflegepersonal, Mitpatienten usw.), unabhängige Beobachter und Instrumente (EEG, EKG usw.) unterscheiden. Eine vollständige Übereinstimmung verschiedener Datenquellen kann – wie theoretisch leicht zu begründen ist – nicht erwartet werden; empirische Untersuchungen bestätigen dies.

Während für Datenebenen und Datenquellen eindeutige Klassifikationen vorliegen, trifft dies für *Funktionsbereiche* nicht zu. Je nach theoretischem Hintergrund lassen sich die Daten innerhalb oder über die Datenebenen hinweg verschieden gruppieren, so daß keine eindeutigen Klassifikationen vorliegen. Oft ist es sinnvoll, den Erlebens-, Verhaltens- und Leistungsbereich zu unterscheiden und die Zeitperspektive (vergangen, gegenwärtig) hinzuzunehmen (vgl. SEIDENSTÜCKER & BAUMANN 1978).

Als weiterer Gesichtspunkt kommt die Taxonomie von diagnostischen Verfahren hinzu; ausführlicher wird in Punkt 2.2 auf die für die Effektkontrolle wichtigen Verfahrensklassen eingegangen.

Wird man für Forschungszwecke einen sehr differenzierten multimethodalen Ansatz wählen, so empfiehlt sich für die Praxis meist die Auswahl einiger Aspekte. Als Datenquellen sind zu nennen der Patient und der Therapeut, bei Kindern und Jugendlichen kommen noch Bezugspersonen hinzu. Bei den Datenebenen sind die ökologische, soziologische und psychologische Ebene sinnvoll; biologische Maße können nur in Speziallabors adäquat erhoben werden.

1.2 Veränderungsdiagnostik

Bei der Veränderungs-, resp. Prozeßdiagnostik geht es um die möglichst exakte Erfassung der bei einem Menschen eingetretenen Veränderung mittels diagnostischer Verfahren. Die Veränderung kann spontan eingetreten sein (z. B. Stimmungsschwankungen) oder durch äußere Maßnahmen (z. B. Psychotherapie, Pharmakon) bewirkt sein. Folgende Vorgehensweisen sind zur Veränderungsdiagnostik möglich:

1. Zwei- oder Mehrpunkterhebung mittels Tests, die auf der klassischen Testtheorie beruhen (z. B. Neurotizismus-Skalen), und Berechnung der Differenzwerte (z. B. Wert nach der Therapie minus Wert vor der Therapie). Zur Differenzbildung werden verschiedene Methoden empfohlen (absolute Differenzen, prozentuale, ausgangswertkorrigierte Differenzen usw.). Bei der Differenzberechnung im Rahmen von Therapien weiß man aber nicht, ob dies überhaupt angebracht ist, da die Therapien evtl. gerade die Merkmalskovariation verändern. Dies bedeutet bei einer Stichprobe, daß z. B. eine Faktorenanalyse der Daten des Therapiebeginns nicht zum gleichen Resultat führt wie die Faktorenanalyse der Daten des Therapieendes (vgl. z. B. Differenzierungshypothese der Entwicklungspsychologie, Faktorenstrukturänderung unter Psychopharmaka oder bei Lernvorgängen). Trifft dies zu, dann mißt der Test zu unterschiedlichen Zeitpunkten Unterschiedliches und die Differenzbildung ist problematisch.

Einige Untersuchungen zeigen, daß Globalwerte (g-Faktor) in den Testkennwerten (Trennschärfe, Ladungen usw.) eher zeitinvariant sind als Testprofile, die auf mehrfaktoriellen Lösungen beruhen. Die Differenzbildung ist danach bei Globalwerten angemessen, bei Testprofilen weniger angemessen. Ein weiterer Nachteil der „Differenzdiagnostik" liegt in der Vernachlässigung qualitativer Veränderungen, da diese einen wahren Nullwert voraussetzen (Übergang vom Wert 0 zum Wert X oder umgekehrt). Die herkömmlichen Testverfahren gehen aber von Intervalldaten aus. Begriffe wie Änderung des Lebensraumes, des Lebensstiles deuten auf Änderungskonzepte hin, die qualitative Aspekte zulassen (→ **Individualpsychologie**). Die dafür benötigte inhaltliche Diskussion des Veränderungsbegriffes müßte aber erst noch geleistet werden.

2. Zwei- oder Mehrpunkterhebung mittels *Tests*, die auf dem Konzept der *Änderungssensitivität* beruhen. Dieses Konzept, das auch der klassischen Testtheorie verpflichtet ist, favorisiert bei der Testkonstruktion Items, die zwischen Erst- und Zweitmessung möglichst gering korrelieren (Änderungssensitivität). Dadurch werden Items, die Trends anzeigen (Korrelation hoch), nicht berücksichtigt.

Da das theoretische Konzept von einer Zweipunkterhebung ausgeht, besteht bei der Mehrpunkterhebung ein Widerspruch zwischen Konstruktionsprinzip und Verwendung. Als weiterer Kritikpunkt ist zu nennen, daß Änderungssensitivität kein abstraktes Prinzip darstellt, sondern abhängig ist vom Ausgangswert, der vorgenommenen Intervention und der konkreten Intervalldauer zwischen Erst- und Zweitmessung. Die Übertragbarkeit auf andere Randbedingungen ist nicht ohne weiteres möglich. Wieweit änderungssensitive Items gegenüber Variante (1) zu präziseren Aussagen führen, müßte erst empirisch geklärt werden.

3. Einpunkterhebung („post-Messung"): *direkte Veränderungsdiagnostik.* Der Proband wird gebeten, die Veränderung gegenüber einem Bezugspunkt (z. B. Therapiebeginn) nach Ablauf z. B. einer Therapie direkt anzugeben. Dies stellt einen wichtigen Perspektivenwechsel bei der Veränderungsdiagnostik dar, indem der Proband sich direkt unter der Zeitperspektive darstellt und nicht mehr punktuell, wie in der Statusdiagnostik (Varianten 1 und 2).

Folgende Probleme ergeben sich aber: Für kurze Zeitintervalle (unter 1 Woche) scheint die Methode weniger geeignet zu sein als die wiederholte Statusdiagnostik (Variante 1 und 2). Im weiteren besteht die Gefahr, daß Probleme, die beim Anfangszustand relevant waren, nach einer bestimmten Zeit nicht mehr als Problem erinnert werden und daß damit die direkte Veränderungsdiagnostik diesen Bereich nicht erfaßt. Auch die direkte Veränderungsdiagnostik ist primär für Zweipunkterhebungen konzipiert, für Mehrpunkterhebungen ergeben sich verschiedene Auswertungsprobleme.

4. Verwendung von *kriterien-, zielorientierten Tests* (Zwei- und Mehrpunkterhebung) in Anlehnung an die Pädagogische Psychologie. Diese – für die Therapieforschung oft empfohlene Testvariante – hat bisher wenig Verbreitung gefunden. In der bisherigen Therapieforschung hat die Therapiezieldiskussion nur wenig Resonanz gefunden. Solange Therapieziele sehr global definiert werden, ist eine adäquate Operationalisierung nicht möglich (→**Ziele**). Die zur Testkonstruktion benötigten großen Stichproben sind ein weiteres Hindernis für die Konstruktion therapiezielorientierter Verfahren.

Obwohl die probabilistische Testtheorie – zumindest in ihrer Theorie – den Veränderungsansatz mit einbezieht, sind bisher für den klinischen Sektor keine Verfahren entwickelt worden. Im Gegensatz zum kognitiven Bereich, wo die probabilistische Testtheorie ihre Brauchbarkeit vielfach gezeigt hat, steht dieser Beweis im Sektor Persönlichkeitspsychologie/Klinische Psychologie noch aus. Es ist also auf dem Sektor der klinischen Veränderungsdiagnostik ein methodisches und inhaltliches Defizit (vgl. (1)) zu beklagen, so daß in der Praxis weiterhin mit unzureichenden Instrumenten gearbeitet werden muß.

2 Psychodiagnostische Verfahren in der Psychotherapie

Wenn im folgenden von psychodiagnostischen Verfahren die Rede ist, so sind nicht der allgemeine diagnostische Rahmen (Strategie der Datengewinnung und Datenintegration (klinische Urteilsbildung) und Umsetzung in Entscheidungen) gemeint (z. B. verhaltensorientierte Diagnostik), sondern einzelne Instrumente, die einen minimalen Strukturiertheitsgrad aufweisen. So beruht das Urteil „die Therapie X war erfolgreich" nicht auf einem expliziten psychodiagnostischen Verfahren, solange nicht die Regeln der Datengewinnung und Dateninterpretation bekannt sind. Interview, Anamnese und Exploration sind hier unter diagnostische Verfahren subsumiert, wenn sie zu einer strukturierten Datengewinnung führen, die sich z. B. in einem Rating oder Anamnesebogen niederschlägt (→**Exploration**).

In der Regel werden psychodiagnostische Verfahren (Tests im engeren Sinne) am Anfang und am Ende von Psychotherapien verwendet. In selteneren Fällen kommen katamnestische Untersuchungen hinzu. In der Gesprächspsychotherapie werden auch zur Prozeßforschung allgemeine Verfahren eingesetzt, während in der Verhaltenstherapie oft ad-hoc Instrumente während der Therapien Anwendung finden. Für zwei Fragestellungen kommen psychodiagnostische Verfahren vor allem in Frage: Therapieindikation und Effektkontrolle.

Die Benutzung der Verfahren in diesen Fragestellungen geschieht meist technologisch, d. h. einzelne Verfahren haben sich in Mittelwertsvergleichen (z. B. Veränderung im Neurotizismuswert nach Therapie gegen Nichtveränderung bei Kontrollgruppe) oder in Korrelationsstudien (z. B. Prädiktormerkmal X korreliert mit Veränderungswert) bewährt, ohne daß vielfach die Zusammenhänge auch theoretisch begründet werden könnten. Meist fehlen auch Angaben zur Bedeutsamkeit (ω^2), die abschätzen lassen, wie sinnvoll die erarbeiteten Zusammenhänge auch für den Einzelfall sind.

2.1 Psychodiagnostische Verfahren und Therapie-Indikation

Die Indikationsfrage kann man ganz allgemein als Frage nach den Gründen zur Wahl von bestimmten Maßnahmen (Psychotherapie) bei psychischen Störungen sehen (→**Indikation**). Die Gründe sind dabei primär in der Person des Patienten mit der konkret vorhandenen Störung, in der Person des Therapeuten und dessen Möglichkeiten, aber auch in Randbedingungen zu sehen. Die Gründe können dabei je nach Wahl und Bewertung der Zielvorstellungen unterschiedlich sein (vgl. BAUMANN 1980). Wird die Frage nach den Gründen am Therapiebeginn gestellt, spricht man von der *prognostischen Indikation* (z.T. auch *selektive Indikation*). Dabei geht es um die Erfolgswahrscheinlichkeit einer Maßnahme im Hinblick auf das Therapieende, resp. auf ein Therapieteilstück bei vorgegebenen Randbedingungen. Eine andere Sichtweise finden wir im Begriff der *adaptiven Indikation*, wonach der Therapieprozeß als Interaktion zwischen Therapeut und Patient verstanden wird, in dem fortlaufend Indikationsentscheidungen anhand situativer Verhaltensregistrierung im therapeutischen Prozeß erfolgen.

Der Einsatz diagnostischer Verfahren ist vor allem bei der prognostischen Indikation zu sehen. Bislang ist die Indikationsforschung aber theoretisch noch nicht so weit fortgeschritten, daß für praktische prognostische Indikationsentscheidungen Operationalisierungen vorliegen. Es werden zwar in der Literatur verschiedene Testbefunde (Ausgangswerte) diskutiert, die in Verbindung gebracht werden mit dem Therapieerfolg, doch sind diese Ergebnisse vielfach nicht repliziert und/oder die Bedeutsamkeit liegt nicht fest (z.B. Ichstärke im Rorschach-Test, starke Verstimmungsstörungen in Beschwerdenliste; Prozeßerfahrung, erfaßt in Klienten-Erfahrungsbögen in den ersten Therapiestunden). Es wird von der laufenden Indikationsforschung abhängen, wieweit psychodiagnostische Verfahren zusätzlich zur freien Exploration prognostische Entscheidungshilfen geben können. Dabei sind Indikatoren aus verschiedenen Datenebenen zu diskutieren.

2.2 Psychodiagnostische Verfahren zur Effektkontrolle von Psychotherapien

Im Gegensatz zur Indikationsfrage sind für Effektkontrollen eine Vielzahl an Testverfahren entwickelt und erprobt worden (→**Psychotherapie-Effekte**). Folgende Aufstellung gibt einen Überblick über die gegenwärtig häufig gebrauchten Meßmethoden in der Psychotherapieforschung (vgl. WASKOW & PARLOFF 1975; WOLMAN 1978 für den amerikanischen Raum. Aus Platzgründen wird hier nur die deutschsprachige Literatur angegeben). Es sollen vor allem Verfahren der psychischen Datenebene ausführlich dargestellt werden, da Methoden der biologischen Ebene nur im Rahmen von spezialisierten Labors und bei Forschungsfragen relevant sind. Auf die besonderen Probleme der Kinderdiagnostik kann hier nicht eingegangen werden (vgl. SCHMIDTCHEN, 1975).

2.2.1 Subjektive Tests

Fragebögen, die Selbstaussagen der Patienten über ihr gegenwärtiges und vergangenes Erleben und Verhalten beinhalten. Subjektive Tests haben den Stellenwert von Eigenschaftstests im Sinne des Trait-Ansatzes (z.B. Beschwerdenlisten, Neurotizismus-Skalen: „ich fühle mich oft unsicher"), sie dienen der Einstufung von situativ bedingten Verhaltensweisen („wenn ich mit vielen Leuten an der Kinokasse stehe, werde ich unruhig") und sie können die exakte Eigen-Beobachtung von umschriebenen Verhaltensweisen zum Zwecke haben (Anzahl gerauchter Zigaretten). Für Eigenschaftstests (VON ZERSSEN, 1979) stehen mehrere standardisierte Verfahren zur Verfügung: so dienen vor allem die verschiedenen Beschwerdenlisten (B-L, FBL, KASSL)* der Erfassung der durch körperliche oder psychische Beschwerden bedingten Beeinträchtigung. Daneben sind Befindlichkeits- (EWL, Bf)* und Neurotizismus-Skalen zu nennen (FPI)*. Als dritte

Gruppe kommen Fragebogen zur Psychopathologie hinzu (Depressions-, Angst-Skalen, Paranoid-Skalen usw.). Situationsspezifischere Tests sind vor allem in der Verhaltenstherapie von Interesse (vgl. SCHULTE 1974; SACHSE 1979). Vielfach werden diese Verfahren auf Item- und nicht auf Skalenebene ausgewertet. Subjektive Tests zur Erfassung der allgemeinen Lebensbedingungen sind erst in Ansätzen vorhanden.

2.2.2 Projektive Tests (Deuteverfahren)

Aussagen zu unstrukturiertem Material, was vielfach als Indikator für Motivausprägungen genommen wird (vgl. SPADA & SEIDENSTÜCKER 1980). Für Effektkontrolle bisher wenig geeignet, wären Deuteverfahren aber in Form von Situationstests durchaus sinnvolle Instrumente zur Erfassung von Einstellungen und Bewertungen.

2.2.3 Objektive Tests

Indikatoren für den Funktionszustand psychischer Subsysteme wie Wahrnehmung, Gedächtnis, Lernen, Denken, Psychomotorik. Sie ergeben Leistungsdaten und sind für Psychotherapie-Effektkontrolle nur dann sinnvoll, wenn Leistungsbereiche mittels psychotherapeutischer Maßnahmen verbessert werden sollten.

2.2.4 Ratingverfahren

Verfahren zur Fremdbeurteilung aktuellen und vergangenen Verhaltens, meist in Form von Einheiten mit hohem Allgemeinheitsgrad (z. B. depressive Verstimmung) (vgl. CIPS-Manual, 1979). Rating-Systeme sind vor allem in der psychiatrischen Effektforschung von großer Wichtigkeit und werden auf Item- und Skalenebene ausgewertet. Meist basieren diese Instrumente auf Interviews. Die Einstufung des Therapieerfolges durch den Therapeuten stellt immer ein Rating dar.

---

* *Testabkürzungen:* B-L Beschwerdenliste: von Zerssen; FBL Freiburger Beschwerdenliste: Fahrenberg; KASSL Kieler Änderungssensitive Symptomliste: Zielke; EWL Eigenschaftswörterliste: Janke, Debus; Bf Befindlichkeitsskala: von Zerssen; FPI Freiburger Persönlichkeitsinventar: Fahrenberg, Hampel, Selg.

2.2.5 Verhaltensbeobachtung

Beobachtung und Registrierung aktuellen Verhaltens durch Beobachter (vgl. FASSNACHT 1979). Gerade in der Verhaltenstherapie wird der Stellenwert der Verhaltensbeobachtung betont, doch erfolgt diese meist über die Selbstbeurteilung, weshalb in diesen Fällen besser von subjektiven Tests gesprochen werden sollte. Eigentliche Verfahren der Verhaltensbeobachtung, die in standardisierter und normierter Form vorliegen, sind wenig bekannt. Meist handelt es sich um ad-hoc Verfahren, für die es allgemeine Konstruktionsregeln gibt. Da kontrollierte Verhaltensbeobachtung meist einen hohen technischen Aufwand erfordert, wird sie für Therapieerfolgsmessung nur in Forschungsprojekten angewandt (→ **Verhaltensbeobachtung**).

2.2.6 Inhaltsanalytische Verfahren

Beobachtung und Registrierung aktuellen verbalen Verhaltens (z. B. GOTTSCHALK-GLESER-Sprachinhaltsanalyse). Die eigentliche Inhaltsanalyse wurde bisher nur vereinzelt, vor allem in der empirischen Psychoanalyse-Forschung verwendet (die Vielzahl an Untersuchungen zur Formalstruktur wie Pause, Ah ... sind eher als Verhaltensbeobachtung zu bewerten).

Als weitere Parameter seien erwähnt die Registrierung von objektiven Daten (z. B. Fehlzeiten am Arbeitsplatz), doch können diese nicht mehr als psychodiagnostische Verfahren im engeren Sinn bezeichnet werden. Bei den physiologischen Verfahren sind vor allem EEG, EMG, EKG zu nennen, die als Effektivitätswerte in der Therapieforschung herangezogen werden können.

Alle die genannten psychischen Verfahrensgruppen sind primär für Statusdiagnostik konstruiert und nicht für die Verlaufsmessung (s. Abschnitt 1.2).

In den USA wurde für die Psychotherapieforschung von einem Expertenteam (u.a. KANFER, KIESLER, LORR, SPITZER) eine *Testbatterie für die Veränderungserfassung von Psychotherapieeffekten* empfohlen, die folgenden „harten Kern" enthält (WASKOW & PARLOFF 1975):

Funktionsbereiche: Psychopathologie/Symptomatologie und Soziales Verhalten/Rollenverhalten.

Datenquelle: Patient, Therapeut, unabhängiger Beurteiler, Bezugsperson.
Instrumente: MMPI, Liste der Hauptbeschwerden, Psychiatric Status Schedule, Katz Adjustment Scales oder Personal adjustement and social skills scales.

Ähnliche Bestrebungen zur Standardisierung der Datenerhebung im deutschsprachigen Raum sind bisher nur in der Psychiatrie (vgl. CIPS, 1979) zu beobachten. Es wäre gerade für die Vergleichbarkeit der Therapieforschung wünschenswert, wenn auch im psychologischen Bereich entsprechende Bemühungen in Gange kämen.

3 Ausblick

Für die Effektkontrolle in der *Praxis* sind - trotz der in Abschnitt 1 vorgebrachten Bedenken - dennoch psychodiagnostische Verfahren zu empfehlen. Sie geben dem Therapeuten in standardisierter Form Auskunft über eingetretene Veränderungen. Die Testdaten liefern eine Ergänzung zum subjektiven Eindruck des Therapeuten, wodurch eine differenziertere Beurteilung des Therapieerfolges möglich wird. Da eine Effektkontrolle ohne Erhebung des Ausgangsbefundes nicht möglich ist (Ausnahme: direkte Veränderungsdiagnostik), sind bei Therapiebeginn und Therapieende die gleichen Tests zu verwenden. Die vorhandenen Testdaten ermöglichen gleichzeitig eine einfache Dokumentation der Therapie, indem das Ausmaß der vorhandenen Störung bei Therapiebeginn und die durch die Therapie bewirkte Änderung festgehalten wird.

Beim heutigen Testangebot ist es schwierig, für eine Testbatterie eine inhaltliche Empfehlung zu geben. Die Auswahl der Testverfahren ist von der Störung des Patienten und dem Therapiekonzept abhängig. Auf jeden Fall sind zumindest Beschwerdelisten als Grobindikatoren des Ausmaßes an subjektiver Beeinträchtigung für die Effektkontrolle heranzuziehen. Wünschenswert sind auch Skalen zur differenzierteren Erfassung der Störung („verhaltensnahe" Tests). Diese sind vor allem Büchern zur Verhaltensanalyse (z. B. SACHSE 1979) zu entnehmen.

Von der *Forschung* ist zu hoffen, daß sie in naher Zukunft vor allem folgende Probleme angeht: Entwicklung von Veränderungstheorien, die eine adäquate Fundierung von Veränderungstests abgeben; Konstruktion von nicht-redundanten Kurzverfahren, die auch für die Praxis anwendbar sind; Konstruktion von methodisch exakten Situationstests, die eine inhaltlich individuelle *und* formale Auswertung zulassen; Herstellen von Zusammenhängen zwischen Therapietheorien und diagnostischen Verfahren.

LITERATUR

BAUMANN, U. (Hrsg.) *Indikation zur Psychotherapie bei psychischen Störungen.* München: Urban & Schwarzenberg, 1980.

CIPS. *Internationale Skalen für Psychiatrie.* Weinheim: Beltz, 1979.

FASSNACHT, G. *Systematische Verhaltensbeobachtung.* UTB 889. München: Reinhardt, 1979.

PAWLIK, K. (Hrsg.) *Diagnose der Diagnostik.* Stuttgart: Klett, 1976.

SACHSE, R. *Praxis der Verhaltensanalyse.* Stuttgart: Kohlhammer, 1979.

SCHMIDTCHEN, S. *Psychologische Tests für Kinder und Jugendliche.* Göttingen: Hogrefe, 1975.

SCHULTE, D. (Hrsg.) *Diagnostik in der Verhaltenstherapie.* München: Urban & Schwarzenberg, 1974.

SEIDENSTÜCKER, G. & BAUMANN, U. Multimethodale Diagnostik. In U. BAUMANN, H. BERBALK & G. SEIDENSTÜCKER (Hrsg.) *Klinische Psychologie - Trends in Forschung und Praxis.* Band 1. Bern: Huber, 1978.

SPADA, H. & SEIDENSTÜCKER, G. Trends bei Deuteverfahren? In U. BAUMANN, H. BERBALK & G. SEIDENSTÜCKER (Hrsg.) *Klinische Psychologie - Trends in Forschung und Praxis.* Band 3. Bern: Huber, 1979.

WASKOW, I. E. & PARLOFF, M. B. (Hrsg.) *Psychotherapy change measures.* Rockville: National Institut of Mental Health, 1975.

WOLMAN, B. (Hrsg.) *Clinical diagnosis of mental disorders.* New York: Plenum Press, 1978.

ZERSSEN, D. VON. Klinisch-psychiatrische Selbstbeurteilungs-Fragebögen. In U. BAUMANN, H. BERBALK & G. SEIDENSTÜCKER (Hrsg.) *Klinische Psychologie - Trends in Forschung und Praxis.* Band 2. Bern: Huber, 1979.

Psychodrama

Ursula Knypers

Das Psychodrama will nach seinem Begründer J. L. Moreno (1889–1974) „... die Wahrheit der Seele durch Handeln ergründen" (Moreno 1959). Situationen, Konflikte und Vorstellungen werden im Psychodrama über eine Verbalisation hinausgehend in Aktion, in handelndes Tun übertragen. Durch das unmittelbare aktive Erleben machen die Beteiligten neue Erfahrungen, die Einstellungs- und Verhaltensänderungen ermöglichen. Das Psychodrama wird angewandt im Bereich der Klinischen Psychologie, der Sozialtherapie und der Pädagogik.

1 Grundlagen des Psychodramas

Der Wiener Philosoph und Psychiater Jacob Levi Moreno kam bereits in den zwanziger Jahren über Beobachtungen bei spielenden Kindern und einem von ihm gegründeten Stegreiftheater zur Entwicklung der Grundlagen des Psychodramas. Im Mittelpunkt steht das Verständnis vom Menschen als immer Handelndem. Moreno sieht den Menschen als von der körperlichen Struktur her zur Aktion bestimmt und von Natur aus auf Mitmenschen bezogen. Dies führte ihn zu vielfältigen Untersuchungen der zwischenmenschlichen Beziehungen; wodurch Moreno zu einem wichtigen Begründer der Soziometrie und Gruppenpsychotherapie wurde.

Weitere, dem Psychodrama zugehörige Grundlagen sind Morenos philosophische und anthropologische Konzepte sowie seine Rollentheorie und entsprechende psychopathologische Implikationen. Aus diesen heraus ergeben sich die Ziele des Psychodramas: Förderung der Verhaltensvariabilität und der Aktivität, Erweiterung der Spontanität, Kreativität und der Beziehungsfähigkeit bzw. die Behebung vorhandener Störungen in diesen Bereichen.

Eine wichtige Bedeutung im Psychodrama hat das Hier und Jetzt. Belastende Erfahrungen eines Menschen aus früheren Jahren drücken sich im Hier und Jetzt aus. Durch das handelnde Nacherleben dieser Situationen werden sie einer kathartischen Lösung und einer dadurch bewirkten neuen emotionalen und kognitiven Integration in die Persönlichkeit zugeführt: „... jedes wahre zweite Mal ist die Befreiung vom ersten" (Moreno 1924).

2 Praxis der Psychodrama-Therapie

Das Psychodrama wird vorwiegend in Gruppen angewandt, ist jedoch auch als Therapiemethode in Einzelbehandlungen zu finden. Psychodramagruppen haben zumeist 8–10 Mitglieder.

Das klassische Psychodrama nach Moreno kennt sechs Konstituenten: Bühne, Problemsteller (Protagonist), Leiter, Mitspieler, Teilnehmer der Gruppe und psychodramatische Techniken.

- *Die Bühne oder Spielfläche* ist da, wo psychodramatisch gehandelt wird. Der Kreis der Gruppenmitglieder wird zum Halbkreis geöffnet, um der Darstellung von Szenen aus Vergangenheit, Gegenwart und Zukunft Raum zu geben.

- *Der Protagonist, Problemsteller oder Hauptdarsteller* ist ein Gruppenmitglied, das seinen Konflikt darstellt und mit Hilfe der Gruppe, der psychodramatischen Techniken und des Leiters einer klärenden Bearbeitung zuführt.
- *Der Leiter oder Therapeut* hat im Psychodrama die Funktion, Aktivitäten und Prozesse in der Gruppe zu initiieren oder zu katalysieren. Zu Beginn einer Gruppe wird der Leiter die Teilnehmer mit der Methode vertraut machen, ihnen helfen, ihre Unsicherheiten zu überwinden und in kurzer Zeit zu einer vertrauensvollen Atmosphäre in der Gruppe zu finden. Je nach Problemstellung und Bedürfnissen der Gruppe stellt der Leiter das psychodramatische Instrumentarium zur Verfügung. Der Protagonist ist der Autor seines Psychodramas und der Leiter ist der Regisseur.
- *Die Mitspieler, Hilfs-Iche oder Assistenten* helfen dem Protagonisten und dem Leiter bei der Darstellung der psychodramatischen Szenen; sie übernehmen die Rollen von in der Gruppe nicht anwesenden Bezugspersonen des Protagonisten aus dessen Konfliktfeld, z. B. Vater, Mutter, Partner, Chef.
- *Die Teilnehmer der Gruppe* machen durch ihre Mithilfe das Psychodrama erst möglich. Sie haben eine wichtige Aufgabe bei der Rollenübernahme sowie der Vor- und Nachbereitung von Konfliktbearbeitungen. Nach einer Problembearbeitung geben die Gruppenmitglieder dem Protagonisten Feedback in dreifacher Weise:
  im Rollenfeedback: Hat ein Gruppenmitglied eine Rolle, z. B. die Mutter, übernommen, wird mitgeteilt, was in der Rolle erlebt bzw. wie der Protagonist in seinen Bedürfnissen und seinem Verhalten empfunden wurde;
  im Identifikations-Feedback: Gruppenmitglieder, die nicht unmittelbar durch Rollenübernahme beteiligt waren, können mitteilen, inwieweit sie sich mit dem Protagonisten oder den anderen Personen des Konfliktfeldes identifizieren konnten und wie es ihnen in dieser Einfühlung erging.
  im „Sharing" erfährt der Protagonist von den Gruppenmitgliedern, was seine Problembearbeitung bei den übrigen persönlich angesprochen hat. Inwieweit sie ähnliche Erlebnisse hatten und somit die Konflikte des Protagonisten gut verstehen und mitempfinden konnten.
- *Psychodramatische Techniken* sind die Hilfsmittel und Werkzeuge des Leiters, um protagonisten- oder gruppenzentrierte Fragestellungen deutlich werden zu lassen und einer Lösung zuzuführen.

Besonders zu nennen sind die Initialtechniken („Aufwärm-Techniken") und die Handlungstechniken:
Die Initialtechniken erleichtern den Gruppenmitgliedern den Einstieg in die Gruppe, stellen Beziehungen her und ermöglichen ein Gefühl der Gemeinsamkeit und des Vertrauens (z. B. gruppenzentrierte Spiele). Zahlreiche Aufwärm-Übungen haben eine diagnostische Zielstellung, z. B. leerer Stuhl, Fotoalbum, Wunschbrunnen. Sie machen deutlich, welche Menschen und welche Bedürfnisse die einzelnen Gruppenmitglieder gerade am meisten beschäftigen.
Die Handlungstechniken tragen zur unmittelbaren Problembearbeitung bei. Am häufigsten verwandt werden der Rollenwechsel und das Doppeln; bei letzterem treten der Leiter oder Gruppenmitglieder hinter den Protagonisten oder die Mitspieler, verbalisieren in der Identifikation mit dieser Person wahrgenommene Gefühle und geben damit oft wertvolle Anstöße zur weiteren Problembearbeitung.

Das Psychodrama ist in der Durchführung dreistufig: Es beginnt mit der Erwärmungs- oder Initialphase (Problemfindung), geht dann über in die Spiel- oder Aktionsphase (Problembearbeitung), und endet mit der Gesprächs- oder Integrationsphase, in der die Problembearbeitung verbal durch die verschiedenen Feedbacks ausgewertet wird. PETZOLD (1978) erweiterte das klassische Psychodrama um eine vierte Stufe, die Neuorientierungsphase, in der neue Verhaltensweisen erprobt werden können (Behaviourdrama).

3 Anwendung

Anwendung findet das Psychodrama in den verschiedensten ambulanten und klinischen Therapieeinrichtungen. Durch die aktionszentrierte Ausrichtung des Psychodramas können auch Personen mit geringerer Verbalisationsfähigkeit einbezogen werden.

4 Ergebnisse, Indikation

Erfahrungsberichte mit dem Psychodrama liegen vor mit psychiatrischen Patienten, Suchtkranken, Behinderten, Patienten mit Neuroseerkrankungen, mit Kindern und Jugendlichen; ebenfalls aus Tätigkeitsfeldern wie der Paar- und Familientherapie, dem Strafvollzug und der Ausbildung und Supervision medizinischer, sozialer und psychologischer Berufe.

Kontraindiziert ist die Anwendung des Psychodramas bei der ambulanten Behandlung präpsychotischer Zustände und akuter psychosomatischer Erkrankungen. Bei Patienten mit stärker hysterischen Zügen sowie bei Anfallserkrankungen und Infarktgefährdung ist ebenfalls eine Verbaltherapie der aktions-zentrierten Methode vorzuziehen. (PETZOLD 1978).

Empirische Arbeiten zur Wirksamkeit und zu den wirksamen Variablen des Psychodramas sind noch nicht ausreichend vorhanden. Da in Deutschland erst ab 1971 Psychodrama-Ausbildungen durchgeführt wurden, müssen noch mehr Erfahrungen gesammelt werden. Zudem sind die zu untersuchenden Prozesse so komplex, daß einzelne Variablen nur sehr schwer auf ihre Wirkweise untersucht werden können. Gerade deshalb wäre es wünschenswert, wenn das Psychodrama noch mehr Eingang in universitäre Forschungsinteressen und -institutionen finden würde, um empirische Untersuchungen in größerem Umfang zu ermöglichen.

LITERATUR

LEUTZ, G. A. *Psychodrama*. Das klassische Psychodrama nach J. L. Moreno. Theorie und Praxis, Bd. 1. Heidelberg: Springer, 1974.
MORENO, J. L. *Psychodrama* Bd. I, 1946, (3. Auflg. 1964) Bd. II, 1959, Bd. III, 1969, Beacon: Beacon House.
MORENO, J. L. *Gruppenpsychotherapie und Psychodrama*. Einleitung in die Theorie und Praxis, Stuttgart: Thieme, 1959.
PETZOLD, H. Das Psychodrama als Methode der klinischen Psychotherapie. In L. J. PONGRATZ (Hrsg.) *Handbuch der Psychologie*, Klinische Psychologie, Göttingen: Hogrefe, 1978, 2751–2795.
PETZOLD, H. (Hrsg.) Integrative Therapie *Zeitschrift für Verfahren Humanistischer Psychologie und Pädagogik,* Schwerpunktheft Psychodrama, 1979, *5*, 1-153.
YABLONSKY, L. *Psychodrama*. Die Lösung emotionaler Probleme durch das Rollenspiel, Stuttgart: Klett-Cotta, 1978.

Psychopharmaka

MICHAEL LINDEN

1 Definitionen

Chemische Stoffe, die wegen einer obligaten Wirkung auf das Zentralnervensystem eingenommen werden, werden als psychotrope Pharmaka bezeichnet. Dazu gehören beispielsweise Schmerzmittel (Analgetika), Schlafmittel (Hypnotika), anfallshemmende Medikamente (Antiepileptika), Rauschdrogen (z. B. Halluzinogene) und andere. Die psychotropen Pharmaka, die vor allem zur Behandlung psychiatrischer Erkrankungen und behandlungsbedürftiger psychischer Störungen eingesetzt werden, werden als Psychopharmaka bezeichnet. Es sind vor allem die Neuroleptika, die Antidepressiva und die Tranquilizer.

2 Neuroleptika

Neuroleptika sind Substanzen, die sogenannte psychotische Symptome, wie sie typischerweise bei schizophrenen Psychosen, aber auch beispielsweise nach Halluzinogenabusus (z. B. LSD) auftreten können, therapeutisch beeinflussen. Beispiele psychotischer Symptome sind Sinnestäuschungen, z. B. Halluzinationen (Stimmen hören, Farben sehen) oder Wahnvorstellungen (z. B. Vergiftungs- und Verfolgungswahn). Die Wirksamkeit von Neuroleptika auf solche paranoid-halluzinatorischen Symptome wird als „antipsychotische Wirkung" bezeichnet. Daneben haben Neuroleptika auch eine *„sedierende Wirkung"*, d. h. sie reduzieren den Antrieb, beruhigen und machen gegebenenfalls müde. Die wichtigsten chemischen Substanzklassen sind die Butyrophenon-Derivate und die Phenothiazin-Derivate (vgl. Abb. 1). Die wichtigste Indikation für Neuroleptika ist die Behandlung von schizophrenen Psychosen (→**Schizophrenie**). Die Rückfallquote läßt sich etwa um die Hälfte verringern. Die medikamentöse Behandlung schizophrener Psychosen ist in vielen Fällen eine Langzeitbehandlung, d. h. Neuroleptika werden auch unter prophylaktischem Gesichtspunkt als Dauermedikation nach Abklingen der akuten Erkrankungszustände für Jahre weiter gegeben.

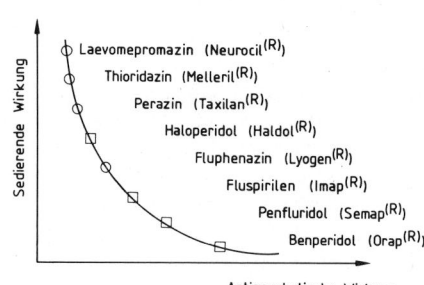

Abbildung 1. Neuroleptika, geordnet nach ihrer sedierenden und antipsychotischen Wirkung.

○ Chlorpromazinderivate   □ Butyrophenonderivate
(in Anlehnung an PÖLDINGER, W. Mod. Arzneimittel-Ther. Bd. 1, Nr. 1, 1976, S. 37)

Nebenwirkungen sind vor allem extrapyramidale Symptome. Das sind Störungen im motorischen Bereich wie Muskelsteifigkeit oder Herabsetzung von Mimik und Gestik. Besonders störend ist für viele Patienten die Akathisie. Dabei handelt es sich um eine innere Unruhe, die von den Patienten vorwiegend als Unruhe in den Beinen erlebt wird und die sich in dem Drang, ständig herumlaufen oder auf der Stelle trippeln zu müssen, äußert. Als Nebenwirkung bei hochdosierter Langzeitgabe kann es zu einer tardiven Dyskinesie kommen, d.h. zu unwillkürlichen Muskelbewegungen, etwa Schmatzbewegungen im Mundbereich oder unwillkürlichen Arm- und Beinbewegungen. Alle genannten Nebenwirkungen bilden sich in der Regel nach Absetzen oder teilweise auch Umsetzen auf andere Neuroleptika zurück. In Fällen, in denen ein Absetzen nicht möglich ist, können sie durch zusätzliche Gabe von Antiparkinsonmedikamenten (z. B. Biperiden) gebessert werden.

3 Antidepressiva

Antidepressiva sind alle Substanzen, die die Aufhellung einer depressiven Verstimmung und eine Verbesserung der Schwingungsfähigkeit der Stimmung bewirken. Neben dieser „stimmungsaufhellenden Wirkung" haben Antidepressiva auch noch eine „antriebssteigernde Wirkung" und eine „sedierende Wirkung" (Abb. 2). Antidepressiva werden bei allen psychischen Störungen eingesetzt, bei denen auch eine schwere depressive Verstimmung zu beobachten ist (→ **Depression**). Das sind in erster Linie affektive Psychosen. Antidepressiva sind jedoch auch bei depressiven Neurosen und bei depressiven Störungen im Zusammenhang mit anderen Erkrankungen wirksam. Chemisch sind die Antidepressiva eine heterogene Gruppe, wobei die im Hinblick auf ihre chemische Struktur tri- oder tetrazyklische Antidepressiva genannten Stoffe die wichtigste Gruppe darstellen.

Die *Nebenwirkungen* von Antidepressiva erklären sich vor allem aus Wirkungen auf das vegetative Nervensystem. Am häufigsten sind trockener Mund, Schweißneigung, Durchfall oder Verstopfung und Störungen der Akkommodationsfähigkeit, d.h. der Scharfeinstellung des Auges.

Besonders zu erwähnen sind die Lithiumsalze. Lithium ist ein natürlich vorkommendes Ele-

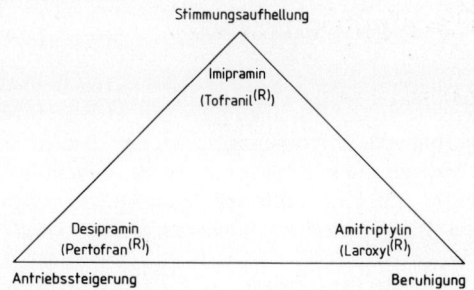

Abbildung 2. Tripolares Schema der antidepressiven Wirkung mit Beispielsubstanzen.

ment. Bei wiederkehrenden affektiven Psychosen führt die kontinuierliche Einnahme von Lithium über Jahre hin zu einer drastischen Reduktion der Rückfallrate. Lithium ist deshalb ein Medikament zur Vorbeugung gegen Rückfälle bei sogenannten bipolaren und unipolaren affektiven Psychosen. Die Rückfallquote bezogen auf ein Jahr wird etwa von 70% auf 20% reduziert.

4 Tranquilizer

Tranquilizer sind Medikamente, die vor allem die emotionale Erregung dämpfen, ohne in den therapeutischen Dosierungen gleichzeitig auch eine stärkere Wirkung auf höhere psychische Funktionen, wie z.B. die Denkfähigkeit auszuüben, wie es im Gegensatz dazu etwa die Sedativa tun. Tranquilizer sind chemisch meist Benzodiazepin-Derivate. Die wichtigsten Nebenwirkungen sind überstarke Beruhigung, Beeinträchtigungen der Konzentrations- und Reaktionsfähigkeit und Müdigkeit. Ein weiteres wichtiges Problem mit Tranquilizern ist die mißbräuchliche Verwendung. Während Neuroleptika und Antidepressiva von den Patienten häufig früher abgesetzt werden als es therapeutisch sinnvoll ist, werden Tranquilizer vielfach gewohnheitsmäßig, ohne strenge Indikationsstellung und länger als therapeutisch sinnvoll, häufig ohne oder gegen ärztlichen Rat eingenommen. Grundsätzlich gilt, daß eine Behandlung mit Tranquilizern, außer in sehr speziellen Fällen, stets eine kurzzeitige Behandlung sein sollte.

5 Schlußbemerkung

Psychopharmaka haben für den engeren Bereich psychiatrischer Erkrankungen, d.h. insbesondere psychotische Erkrankungen, in den letzten 20 Jahren zu einer Revolution in der Behandlung geführt, mit einer erheblich verbesserten Integration psychiatrischer Patienten in die Gesellschaft.

Trotz der ausgewiesenen Effizienz kann die Psychopharmakotherapie stets nur Teil in komplexen Gesamtbehandlungsplänen sein, die auch soziotherapeutische und psychotherapeutische Maßnahmen mit einschließen.

Probleme stellen sich mit Psychopharmaka vor allem dann, wenn die Indikationen nicht beachtet werden, d.h. wenn Behandlungsversuche von seiten der Ärzte oder Patienten in Fällen gemacht werden, in denen eigentlich alternative Behandlungsverfahren angezeigt wären.

LITERATUR

BENKERT, O. & HIPPIUS, H. *Psychiatrische Pharmakotherapie.* Berlin: Springer, 1976.
FINZEN, A. *Medikamentenbehandlung bei psychischen Störungen.* Rehburg: Psychiatrie Verlag, 1979.
HEINRICH, K. *Psychopharmaka in Klinik und Praxis.* Stuttgart: Thieme, 1976.
LINDEN, M. & MANNS, M. *Psychopharmakologie für Psychologen.* Salzburg: München, 1976.
LIPTON, M.A., DI MASCIO, A. & KILLAM, K.F. (Hrsg.) *Psychopharmacology.* New York: Raven, 1978.

Psychophysiologische Grundlagen der Psychotherapie

Niels Birbaumer

1 Psychotherapie und das Drei-Ebenen-Konzept emotionalen Verhaltens

Da Psychotherapie meist zur Modifikation primär *emotionaler Störungen* (→**psychosomatische Störungen,** →**Depressionen,** →**sexuelle Störungen,** →**Angst** usw.) und seltener zur Beeinflussung primär kognitiver Störungen (z. B. Intelligenzdefekte) eingesetzt wird, stellt die Psychophysiologie der Emotionen eine entscheidende Grundlage psychotherapeutischen Vorgehens dar (Izard 1977).

Emotionale Reaktionen können auf 3 Reaktionsebenen ablaufen: der a) physiologisch-endokrinen, b) der somatomotorischen und c) der subjektiv-verbalen Ebene (Lang 1971). Die 3 Ebenen beeinflussen sich gegenseitig und kovariieren zeitlich selten simultan, sondern zeitverschoben. Klinische Störungen sind häufig durch extreme Mangelkovariationen zwischen den Ebenen ausgezeichnet, die durch Psychotherapie wieder zu konkordanten und situationsangepaßten Kovariationen gebracht werden sollen. Dies gilt besonders für *psychosomatische Störungen*, bei denen häufig starke und lang anhaltende autonom-endokrine Aktivierung mit Hemmung der somato-motorischen Ausdrucksweisen der Emotionen einhergeht („Alexithymie"; →**psychosomatische Störungen**).

Genetisch determinierte und früh erworbene bevorzugte physiologische Reaktionsmuster (Reaktionsstereotypien) können durch Psychotherapie sehr viel schwerer modifiziert werden als situationsabhängige physiologische Reaktionsmuster (Situationsstereotypien). Trotzdem zeigt auch die Hemmung oder Anregung von Reaktionsstereotypien durch Psychotherapie (z. B. Biofeedback) bei somatischen Störungen experimentell belegbare Erfolge (z. B. Training extrakranieller Vasokonstriktion bei Migräne).

Die verbalen Psychotherapien (→**Psychoanalyse,** →**Gesprächspsychotherapie,** →**Kognitive Therapien** u. a.) versuchen emotionale und damit auch physiologische Prozesse (covert und overt) über Änderung der sprachlich-kognitiven Ebene zu beeinflussen. Dies dürfte aber bei klinischen Gruppen nur nach extrem langer Behandlungsdauer möglich sein, da emotionale Reaktionen weniger der Steuerung kortikal-kognitiver Prozesse unterliegen, sondern mehr dem Einfluß willentlich schwer beeinflußbarer autonomer Mechanismen und der Rückmeldung aus der Körperperipherie (einschließlich von Ausdrucksbewegungen). Dauerhafte Veränderungen auf einer oder möglicherweise allen drei Verhaltensebenen sind nur bei Änderung der determinierenden Kontingenzen (Verstärkerbedingungen) zu erzielen. Dies kann zwar über den „Umweg" des Patienten geschehen, wird aber häufig nur durch Beeinflussung der sozialen Bezugspersonen, Arbeits- und Lebensbedingungen des Patienten möglich sein.

2 Psychotherapie beeinflußt immer physiologische Prozesse im Patienten

Ein erheblicher Teil der Wirkung sogenannter Psychotherapien, wie auch vieler Pharmakotherapien beruht auf dem „*Placeboeffekt*". Beim Placeboeffekt handelt es sich nicht um einen einzelnen Wirkfaktor, sondern eine Vielzahl von unterschiedlich gut untersuchten positiv und negativ wirkenden Faktoren, die nicht auf die spezifischen Wirkfaktoren der jeweiligen Therapie (z. B. des Medikaments oder der Psychotherapiestrategie) zurückzuführen sind. Zu diesen unspezifischen Effekten gehören vor allem Erwartungen des Patienten an den Therapeuten, Erwartungen des Therapeuten an den Klienten, das aktuelle Verhalten des Therapeuten, Sympathie und Antipathie zwischen Klient und Therapeut, die physikalische und soziale therapeutische Situation, Vorinformationen von Klient und Therapeut usw. Sowohl die spezifischen als auch die unspezifischen Wirkfaktoren der Psychotherapie haben in der Regel einen dauerhaften Einfluß auf physiologische Reaktionen des Klienten. Dies wurde in einer Reihe von Studien zu verschiedenen Psychotherapieformen klar nachgewiesen (Zusammenfassungen siehe BIRBAUMER 1977). Die Wirkung einiger Placebofaktoren scheinen vom Vorhandensein bestimmter körpereigener Opiate im Gehirn (sogenannter Endorphine) abhängig zu sein. Die Placebowirkung von Medikamenten verschwindet, wenn man einen Endorphinantagonisten (Naloxon) verabreicht. Dies weist darauf hin, daß die dominierenden Placeboeffekte in der Psychotherapie aus endokrinen Änderungen im Synapsenstoffwechsel, vor allem sogenannter positiver Verstärkerstrukturen, die positives Erleben und positive Erwartungen vermitteln, bestehen. Viele der dauerhaften physiologischen Änderungen von Psychotherapie werden beim Menschen mit großer Wahrscheinlichkeit durch die Wirkung wiederholter, vom Therapeuten angeregter Vorstellungsinhalte auf bestimmte physiologische Systeme vermittelt. Dies wurde von LANG (1979) und anderen in einer Reihe von experimentellen Studien nahegelegt, die zeigen, daß das Training von emotionalen Vorstellungen, besonders, wenn diese Vorstellungen mit sprachlichen Elementen von motorischen und physiologischen Reaktionsmustern assoziiert sind, zu einer Änderung der jeweiligen mit dieser Emotion verbundenen physiologischen Muster führen. Psychotherapie beeinflußt nicht nur endokrine und autonome Variablen, sondern modifiziert vor allem die kortikalen Steuerprozesse des Zentralnervensystems. Dies konnte in Studien über den Verlauf bestimmter kortikaler Prozesse (z. B. der negativen Gleichspannungsverschiebungen am Kortex) während erfolgreicher und nicht erfolgreicher Verhaltensmodifikation nachgewiesen werden (siehe BIRBAUMER 1977). Psychotherapie kann nur dann einen dauerhaften Einfluß auf das Verhalten haben, wenn die physiologischen Grundlagen des gestörten Verhaltens modifiziert werden.

3 Die Quantifizierung physiologischer Effekte psychotherapeutischen Vorgehens

LANG und Mitarbeiter (in BIRBAUMER 1977) konnten zeigen, daß die Psychotherapie phobischer Reaktionen, aber möglicherweise auch die Behandlung psychosomatischer Störungen nur dann erfolgreich ist, wenn das Verhalten auf allen drei Ebenen modifiziert wird, bzw. extreme Diskordanzen zwischen den drei Ebenen durch die Psychotherapie reduziert werden. Personen, die bereits vor der Therapie, z. B. in Angstsituationen, hohe Zusammenhänge zwischen physiologischer, subjektiver und verhaltensmäßiger Erregung aufwiesen, zeigten eine bessere Behandlungsprognose als jene Patienten, bei denen die Erregung primär in einem der drei Systeme auftrat. Patienten mit extremen Diskordanzen in den drei Ebenen waren deutlich sensibler für Rückfälle. Dies wird im Bereich der Phobien besonders klar, wenn man sich vorstellt, daß sich ein Patient subjektiv gebessert fühlt, auch mutig der neuen Situation entgegentritt, aber die autonomen Reaktionen noch in unverminderter Stärke anhalten. Die starken autonomen Erregungen werden den entsprechenden autonomen und sensorischen Zentren des Gehirns gemeldet und verursachen dort wieder eine Neukonditionierung der vorübergehend reduzierten Angst auch auf subjektiver und verhaltensmäßiger Ebene. Die Quantifizierung physiologischer Veränderungen im Laufe der Psychotherapie gehört heute zumindest im Bereich der Verhaltensmodifikation bereits zu den Routinemethoden der Therapiedokumentation. Besonders bei psychosomatischen Störungen aber auch bei psychopathologischen Extremgruppen wie z. B. der Schizophrenie und schweren Depressionen ist eine Quantifizierung der physiologischen Veränderungen aus den genannten Gründen unerläßlich (→**psychosomatische Störungen,** →**Schizophrenie,** →**Depression**). Ein Behandlungserfolg ist nur dann ein Behandlungserfolg, wenn er sich auch im Bereich der physiologischen Ebene nachweisen läßt. In einer Reihe von kontrollierten Psychotherapiestudien an psychosomatischen Patienten konnten wir nachweisen, daß verbale Psychotherapien primär die verbale Ebene, physiologisch orientierte Psychotherapie (z. B. Biofeedback) primär die physiologische Ebene und sozialorientierte Psychotherapie (z. B. social-skills-Training) primär die Verhaltensebene beeinflussen. Die Kombination dieser drei Psychotherapieformen ergibt aber nicht zwangsläufig auch eine Kombination und Summation ihrer Wirkungen. Im Gegenteil: Die Kombination vieler Techniken, die auf verschiedenen Verhaltensebenen anzusetzen versuchen, dürfte in den meisten Fällen zu einer Subtraktion ihrer Wirkungen führen. Die Planung der spezifischen physiologischen, verhaltensmäßigen und kognitiven Wirkung einer bestimmten Psychotherapie setzt daher eine präzise Diagnose auf allen drei Ebenen voraus. Erst danach läßt sich eine für einen bestimmten Patienten und eine bestimmte Störung spezifische Behandlungsmethode planen, die zu einer durchgehenden und konsistenten Strategie, die der Patient möglichst häufig in seinem täglichen Leben applizieren kann, führen müßte. Die in der psychotherapeutischen Praxis, vor allem der nicht-psychoanalytischen Therapie übliche Kombination von Behandlungselementen aus verschiedenen Psychotherapieformen ist häufig mehr von der theoretischen Ratlosigkeit der Therapeuten als von einer sorgfältigen diagnostischen Analyse des Patienten und seiner Störungen bestimmt.

4 Psychotherapie als Modifikation des physiologischen Substrats von Verhalten

Bei einer Reihe von Störungsformen wird eine erfolgreiche Psychotherapie nur dann möglich sein, wenn das physiologische Substrat der Verhaltensstörung *direkt* beeinflußt wird. Psychopharmaka sind nur dann in der Lage, dauerhafte Veränderungen zu bewirken, wenn sie das Lernen neuer adaptiver Verhaltensstrategien erleichtern (→**Psychopharmaka**). Da dies in der Regel nicht der Fall ist, führt das Absetzen chronisch einzunehmender Medikamente in der Regel bei Verhaltensstörungen zu Rückfällen. Neben der medikamentösen Therapie verfügt die Verhaltensmodifikation aber zunehmend über Methoden, mit denen auf der Grundlage der bekannten Lernmechanismen eine dauerhafte Veränderung bestimmter physiologischer Substrate für Verhaltensweisen erzielt werden kann. Dies gilt in besonderem Maße für alle Techniken, die instrumentelles Konditionieren autonomer, zentralnervöser und endokriner Reaktionen zum Ziele haben. Die Biofeedbackforschung der letzten zwei Jahrzehnte (Zusammenfassung bei BIRBAUMER & KIMMEL 1979) zeigt, daß praktisch jede körperinterne Reaktion einer Modifikation durch instrumentelle Kontingenzmanipulation zugänglich ist (→**Biofeedback**). Dies gilt auch für schwer zugängliche Reaktionen wie z. B. Reaktionen des Immunsystems und/oder endokriner Reaktionen. Die instrumentelle Konditionierung autonomer Reaktionen kann zu Änderungen auf Verhaltensebene und subjektiver Ebene führen, ohne daß dies dem Patienten oder der Versuchsperson bewußt sein muß. Untersuchungen von CLYNES (1975) und anderen Autoren zeigen, daß die instrumentelle Konditionierung des physiologischen Substrats eines bestimmten Gefühls ohne Mitwirkung des Bewußtseins nach einigen Lerndurchgängen zum selbständigen Entstehen dieses Gefühls und den damit einhergehenden Verhaltensweisen führen kann. Diese Befunde stellen eine teilweise Bestätigung der JAMES-LANGE'schen Theorie der Emotionen dar, wenngleich natürlich eine dauerhafte Änderung und Modifikation der physiologischen Grundlagen von Gefühlen vor allem über eine Beeinflussung der zentralnervösen Steuermechanismen zu erfolgen hat. Biofeedback-Untersuchungen verschiedener kortikaler Reaktionen, die für die Steuerung des Verhaltens notwendig sind, zeigen, daß nach der Selbstregulation bestimmter elektrokortikaler Veränderungen (z. B. langsamer kortikaler Gleichspannungsverschiebungen oder anderer EEG-Reaktionen) sich das Verhalten in verschiedenen Bereichen von Leistung und emotionalen Reaktionen dauerhaft verändern kann. Dies gilt möglicherweise auch in besonderem Maße für die Beeinflussung von Schmerzen durch die Anregung schmerzhemmender physiologischer Mechanismen auf der Grundlage instrumentellen Lernens dieser Vorgänge. SHAPIRO u. a. (in BIRBAUMER & KIMMEL 1979) zeigten z. B., daß nach dem Erlernen tonischer Herzratenverlangsamung die subjektive Wahrnehmung von Schmerzreizen erheblich verringert war (bezüglich der psychologischen Steuerung elektrokortikaler Phänomene siehe ELBERT, ROCKSTROH, LUTZENBERGER & BIRBAUMER 1980). Die Methode des intrumentellen Konditionierens autonomer und somatischer physiologischer Reaktionen hat zu einer Reihe erfolgreicher Applikationen in verschiedenen Bereichen der Medizin und Psychiatrie geführt. Unter anderem konnten Behandlungserfolge bei *Migräne, Spannungskopfschmerz, Bluthochdruck, Schlaflosigkeit,* neurologischen Störungen wie *Epilepsie, Lähmungen* (aufgrund von Ausfällen verschiedener spinaler und supraspinaler Strukturen), *Schmerz,* und anderen Störungen erzielt werden.

LITERATUR

BIRBAUMER, N. (Hrsg.) *Psychophysiologie der Angst,* München: Urban & Schwarzenberg, 1977.

BIRBAUMER, N. & KIMMEL, H. D. (Hrsg.) *Biofeedback and Self-Regulation* Hillsdale: Erlbaum, 1979.

CLYNES, M. Communication and generation of emotion through essentic form. In L. LEVI (Hrsg.) *Emotions.* New York: Raven Press, 1975, S. 561–602.

ELBERT, T., ROCKSTROH, B., LUTZENBERGER, W. & BIRBAUMER, N. Biofeedback of slow cortical Potentials. In *Electroencephalography and Clinical Neurophysiology,*1980, *48,* 293–301.

LARBIG, W. & BIRBAUMER, N. Ängste. In W. WITTLING (Hrsg.) *Handbuch der Klinischen Psychologie,* Bd. II: Entstehung von Verhaltensstörungen. Stuttgart: Klett, 1981.

Psychotherapie bei psychosomatischen Störungen von Kindern

IRMELA FLORIN

1 Begriff

Psychosomatische Störungen sind körperliche Krankheitsbilder, an deren Entstehung oder Aufrechterhaltung psychische Faktoren wesentlichen Anteil haben. Während früher eine relativ umgrenzte Zahl von Krankheitsmanifestationen als psychosomatisch eingestuft wurde, wird der Begriff heute weiter gefaßt. Die Grenzen zwischen psychosomatischen und somatischen Störungen verschwimmen. Man weiß, daß psychische Belastungen ganz allgemein das körperliche Abwehrsystem schwächen und dadurch die Krankheitsanfälligkeit erhöhen, die Schmerztoleranz senken und die Genesung verzögern können. Man weiß auch, daß Konditionierungsprozesse zur Ausbildung und Verfestigung spezifischer, autonomer, endokriner und zentralnervöser Reaktionsmuster oder auch zur Stabilisierung komplexer somatischer Symptomatiken beitragen können. Organische Befunde sind bei psychosomatischen Störungen nicht ausgeschlossen. Die Zuordnung zum Bereich der Somatik oder Psychosomatik ist eine Frage der Schwerpunktsetzung: Je ausgeprägter die organische Beeinträchtigung ist, desto geringeres Gewicht wird in der Regel der funktionalen Abhängigkeit der Störung von psychischen Ereignissen beigemessen. Die Spannweite psychosomatischer Störungen reicht in diesem Sinne bei Kindern von Kopfschmerzen und Erbrechen über Bronchialasthma und Zwölffingerdarmgeschwüre bis hin zu Anfallsleiden und Diabetes.

2 Häufigkeit, Ursachen

Über die *Verbreitung* der verschiedenen Krankheitsbilder liegen präzise, generalisierbare Informationen nicht vor. Einheitlich wird jedoch beobachtet, daß im Säuglings- und Kleinkindalter *Ekzeme* sowie Störungen der *Nahrungsaufnahme* (Essensverweigerung, Erbrechen) und der *Verdauung* (Magen- oder Leibschmerzen, Obstipation, Durchfälle) vorherrschen (→ **Eßstörungen**). Gelegentlich treten asthmatische Reaktionen auf. Im Vorschul- und Schulalter kommen insbesondere *Kopfschmerzen* hinzu; Ekzeme werden seltener; bei Unterschichtkindern tritt gelegentlich *Fettsucht* auf, bei Mittel- und Oberschichtkindern schon ab dem 8./9. Lebensjahr auch psychogene *Magersucht*; selten beobachtet man Zwölffingerdarmgeschwüre oder Colitis ulcerosa.

Das *Auftreten* psychosomatischer Störungen wird offensichtlich durch Häufungen lebensverändernder Ereignisse bei Eltern oder Kind begünstigt. Die *Symptomspezifität* wird durch Annahme symbolischer Konfliktlösungsversuche, physiologischer Reaktionsstereotypien, Organschwächen und spezifischer Konditionierungen zu erklären versucht (DAVISON & NEALE 1979).

3 Therapie-orientierte psychologische Diagnostik

Eine detaillierte Problemanalyse hat die Aufgabe, den funktionalen Stellenwert der Symptomatik zu erhellen (→**Problemanalyse**). Wo die Störungen *diskontinuierlich*, d. h. mit beschwerdefreien Intervallen, auftreten (z. B. beim Bronchialasthma), werden die situativen Gegebenheiten (soziale Interaktionen, spezielle Anforderungen der sozialen Umwelt usw.) sowie das Erleben, die physiologischen Reaktionen und das offen beobachtbare Verhalten des Kindes vor, während und nach dem Auftreten der Symptomatik analysiert. Vorangehende Ereignisse können Hinweise auf Belastungen geben, denen das Kind aufgrund von Ängsten, unzureichenden Fertigkeiten oder ineffizienten kognitiven und emotionalen Bewältigungsstrategien nicht gewachsen ist. Ereignisse, die der psychosomatischen Störung folgen, weisen u. U. darauf hin, welche Bedingungen die Störung verstärken und dadurch aufrechterhalten. Sind die Eltern an der Auslösung oder an der Verstärkung der psychosomatischen Störung wesentlich beteiligt, so ist zu klären, inwieweit konflikthafte Einstellungen dem Kind gegenüber vorherrschen (BERGER 1977), welche Verstärkungsmöglichkeiten die Eltern dem Kind bieten, wenn die Symptomatik nicht auftritt, und welche Folgen eine Behebung der psychosomatischen Störung für das Leben der Eltern und des Kindes haben würde (→**Erziehungsberatung**; →**Familientherapie**; →**Eltern-Kind-Therapie**).

Bei *kontinuierlich* über längere Zeiträume auftretenden psychosomatischen Störungen (z. B. Ekzemen, Geschwüren) ist die Problemanalyse erschwert. Im Vordergrund steht die Analyse von Belastungserlebnissen, für deren Bewältigung Eltern und Kind keine hinreichenden Möglichkeiten zur Verfügung stehen. Beim Säugling konzentriert sich die Diagnostik auf mögliche Belastungen, Ängste, Unsicherheiten usw. der Mutter sowie auf die Mutter-Kind-Interaktionen.

Die Ergebnisse der *Problemanalyse* ermöglichen erste Entscheidungen darüber, welche Ziele durch die Therapie erreicht werden müssen und wo im funktionalen Gefüge der psychosomatischen Störung unmittelbar modifizierend eingegriffen werden soll: Es ist abzuwägen, ob die *äußeren Lebensumstände* des Kindes verändert werden sollen, ob Ängste, konflikthafte Einstellungen, Defizite in der Problembewältigung oder unzuträgliche Interaktionsmuster bei und mit den engsten *Bezugspersonen* behandelt werden sollen, ob verstärkende *Kontingenzen* zu verändern sind, oder ob das *Kind selbst* lernen soll, Ängste zu überwinden und neue emotionale und verhaltensmäßige Bewältigungsmöglichkeiten für den Umgang mit Belastungssituationen, ggf. auch speziell für den Umgang mit der psychosomatischen Störung, zu erwerben.

4 Zur Behandlung

Es ist offensichtlich, daß der Behandlung psychosomatischer Störungen im Kindesalter große Bedeutung zukommt: Die Störungen behindern die gesunde psychische und körperliche Entwicklung, und sie tendieren zur Ausweitung und Chronifizierung mit all ihren abträglichen Folgen.

4.1 Medikamentöse Behandlung

Medikamentös-internistische Maßnahmen sind unerläßlich, wenn gravierende organische Befunde vorliegen, wenn die Störung eine chronische Verlaufsform mit der ständigen Gefahr einer Verschlimmerung aufweist, und wenn akute Notsituationen (z. B. beim schweren Asthmaanfall) zu überbrücken sind oder die Linderung schwerer Beschwerden erreicht werden muß (vgl. BIERMANN 1971, S. 882). Während eine ausschließlich medikamentöse Behandlung in Anbetracht der psychischen Wirkfaktoren bei psychosomatischen Störungen nicht ausreicht, ist eine medikamentöse Unterstützung zu Beginn der psychologischen Therapie oft hilfreich. Eine langfristige Medikamentenvergabe, die auch die Gefahr der Gewöhnung und Abhängigkeit in sich birgt, ist um so weniger ratsam, je geringfügiger der organische Befund und je ausgeprägter der funktionale Zusammenhang der Symptomatik mit streßbegünstigenden inneren oder äußeren Bedingungen ist; denn Medikamente verbessern die Fähigkeit des Kindes zur Bewältigung von Belastungserlebnissen nicht, und psychophysiologische Selbstregulationsprozesse werden durch sie eher behindert als gefördert.

4.2 Psychotherapeutische Behandlungsformen

Die in der Literatur vorgestellten Möglichkeiten psychotherapeutischer Behandlung sind vielfältig. Je nach Ergebnis der psychologischen Diagnostik können alle Behandlungsverfahren zielführend sein, die geeignet sind, innerpsychische – möglicherweise in der frühkindlichen Sozialisation begründete – Konflikte zu lösen, Gelassenheit und Entspannung in bisher belastenden Situationen herbeizuführen, die Äußerung von Emotionen zu erleichtern, das Selbstvertrauen des Kindes zu stärken, seine Gemeinschaftsfähigkeit zu erhöhen und Spannungen zu den engsten Bezugspersonen abzubauen. Insbesondere über psychoanalytisch orientierte Therapien (BIERMANN 1971), Familientherapien (MINUCHIN, ROSMAN & BAKER 1978), Autogenes Training (LUTHE & SCHULTZ 1969) und verhaltenstherapeutische Maßnahmen im weitesten Sinne liegen reichhaltige Therapieberichte vor, in denen gute Erfolge aufgezeigt werden (→ **Psychoanalyse**; → **Familientherapie**; → **Verhaltenstherapie**). Noch überwiegen persönliche Erfahrungsberichte, während Dokumentationen systematischer Therapieforschung, in denen die spezifische Wirkungsweise bestimmter Behandlungsmaßnahmen nachgewiesen wurde, vergleichsweise selten sind (→ **Psychotherapieforschung**).

5 Systematisch überprüfte Therapieansätze bei psychosomatischen Störungen

An einigen psychosomatischen Störungen wurde die Wirksamkeit spezieller Interventionen bei Kleinkindern und Schulkindern systematisch überprüft, mit dem Ziel, sukzessiv zu einem empirisch abgesicherten therapeutischen Bausteinsystem beizutragen. Die überprüften Ansätze sind bisher meist noch eng und einseitig; sie stellen keine umfassenden Therapien dar, geben aber Hinweise auf wirksame Einzelmaßnahmen, die Bestandteil einer Therapie sein können.

Bronchialasthma (FLORIN 1980): Bewährt haben sich *Entspannungsverfahren* (Autogenes Training, Biofeedbackverfahren, Progressive Muskelentspannung), insbesondere wenn das Kind gezielt lernt, sich in den symptombegünstigenden Situationen oder bei beginnender Verkrampfung der Bronchien zu entspannen. Auch *Atemtrainings*, bei denen das Kind lernt, seine Bronchien zu erweitern, sind erfolgreich, wenn geübt wird, den neuen Atemmodus bei beginnender Verengung der Bronchien einzusetzen. Stabile Erfolge verzeichnen insbesonders solche Kinder, bei denen keine ausgeprägten Allergien vorliegen. Hilfreich kann bei offensichtlich operanter Verstärkung der psychosomatischen Störung auch eine Anleitung der Eltern zur Verstärkung asthma-ausschließenden Verhaltens und zu gleichzeitiger Löschung der asthmatischen Reaktionen sein.

Frühkindliches psychogenes Erbrechen (SIEGEL & RICHARDS 1978) wurde in solchen Fällen erfolgreich behandelt, in denen Voranzeichen der Symptomatik (z. B. charakteristische Zungenbewegungen) beobachtet werden konnten. In den meisten Fällen – es handelte sich fast ausnahmslos um Kleinkinder, die lebensbedrohlich unterernährt waren und bei denen das Erbrechen bereits chronifiziert war – wurden erste Voranzeichen der Symptomatik, z. B. durch einige Tropfen Zitronensaft oder Tabasco auf die Zunge, bestraft; die Beendigung oder das Ausbleiben dieser Reaktionen wurde gelegentlich systematisch durch Körperkontakt und freundlichen Zuspruch verstärkt. Diese Behandlungsansätze führten, meist innerhalb weniger Tage, zur Behebung der Symptomatik. Die Gewichtszunahme war von beträchtlichen Entwicklungsfortschritten und Stimmungsverbesserungen begleitet.

Fettsucht (STUNKARD 1979; SIEGEL & RICHARDS 1978) wurde in systematischen Studien überwiegend mit operanten Fremd- und Selbstkontrollmethoden angegangen. Man versuchte, die Stimuluskontrolle zu erhöhen, indem man Orte und Zeiten für die Nahrungsaufnahme beschränkte und ablenkende Aktivitäten beim Essen ausschloß; man leitete zur Veränderung des Eßvorganges selbst an: Kleinere Bissen, gründlicheres Kauen und mehr Pausen zwischen den Bissen sollten den Essensablauf dem von normalgewichtigen Kindern annähern und zugleich Gelegenheit zur Beachtung von Geschmacksempfindungen und von Sättigungsgefühlen bieten. Präzise Aufzeichnungen über Kalorien- und Speisenkonsum und über das Gewicht sollten außerdem positive Rückmeldung über das Eßverhalten und seine Auswirkung auf das Gewicht geben. Sportliche Aktivitäten schließlich sollten mit zum erhöhten Kalorienverbrauch beitragen. Da die Essensgewohnheiten des Kindes weitgehend durch die Ernährungspraktiken der Mutter mitbestimmt werden, wurden die Mütter fast immer mit in die Behandlung einbezogen; gelegentlich wurden nur sie beraten. Sie wurden angeleitet, die Beachtung der neuen Essensregeln durch das Kind positiv zu verstärken, und sie verloren Teilbeträge einer zuvor hinterlegten Kaution, wenn das Kind nicht in bestimmten Zeiträumen vereinbarte Gewichtsreduktionen erzielte. Die Erfolge dieser Programme waren mäßig und wenig beständig. Es ist offensichtlich, daß die innerpsychischen Bedingungen, aus denen heraus in der Familie Nahrung angeboten und konsumiert wird, in die Behandlung miteinbezogen werden müßten (BERGER 1977). Stärker individualisierte Behandlungsmaßnahmen, die auf differenzierteren und über das Eßverhalten hinausgehenden diagnostischen Erhebungen aufbauen, befinden sich jedoch erst im Erprobungsstadium.

Psychogene Magersucht (FLORIN 1980) wird meist stationär behandelt. Weitgehender Ausschluß der Patienten von ablenkenden Aktivitäten, wenn vereinbarte Gewichtszunahmen nicht pünktlich erreicht werden, und genaue Registrierungen von Kalorienkonsum und Gewicht durch den Patienten selbst charakterisieren meist die erste Behandlungsphase, die zu einem rapiden Gewichtsanstieg führt. Beendet man die Behandlung bereits hiernach, so sind Rückfälle wahrscheinlich. Meist folgt eine zweite Behandlungsphase, in der die Kontingenzen gelockert werden und dem Patienten mehr Selbstverantwortung für seine Ernährung übertragen wird. Schließt man vor der Entlassung einen Kontrakt über regelmäßige ärztliche Gewichtskontrollen ab, mit der Auflage einer Wiedereinweisung bei auch nur geringem Gewichtsverlust, so kommt es selten zu neuen stationären Aufnahmen. Gelegentlich werden Patienten nach ausschließlich operanter Behandlung jedoch suizidal; oft zeigen sie weiter unnormales Eßverhalten, haben noch Angst vor dem Zunehmen und sind psychisch auffällig. Dies zeigt die Notwendigkeit weiterführender Behandlung. Es gibt Hinweise darauf, daß Angstbehandlungsverfahren bei psychogener Magersucht hilfreich sind. Doch wurden in systematischen Untersuchungen kaum Programme überprüft, in denen individualisierte Zusatzmaßnahmen zur Überwindung der Angst vor Gewichtszunahme, zur Bewältigung sexueller oder auf Schwangerschaft und Geburt bezogener Ängste oder auch zur Verbesserung emotionaler Kommunikationsmöglichkeiten eingesetzt wurden. In einigen Fällen wird neuerdings die Familie im Rahmen strukturierter Familientherapie mit in die Behandlung einbezogen. Langzeitkontrollen mit breit angelegter Diagnostik zur Dokumentation der Überlegenheit dieser Vorgehensweisen stehen noch aus (→ **Eßstörungen**).

Anfallsleiden (SIEGEL & RICHARDS 1978; MELAMED 1980) mit und ohne organische Ursachen wurden bei Kindern mit charakteristischen Voranzeichen für Anfälle (Handbewegungen, Blinzeln) oder klar erkennbaren Auslösebedingungen (bestimmte optische Muster, Gerüche, Geräusche) durch psychologische Interventionen entscheidend beeinflußt. Teils wurden bei Auftreten der Voranzeichen Strafreize eingesetzt, teils lernten die Kinder im Anschluß an ein Entspannungstraining bei Auftreten der Vorsignale mit Hilfe eines konditionalen Schlüsselwortes Entspannung herbeizuführen und so Selbstkontrolle über die Anfälle zu erlangen. In einigen Fällen wurde mit Biofeedbackverfahren, unterstützt durch soziale und materielle positive Verstärkung, eine Veränderung der EEG-Muster erreicht, die zu therapeutisch bedeutsamen Verringerungen sowohl großer als auch kleiner Anfälle führte. In wieder anderen Therapien wurden die Kinder den anfallsauslösenden optischen Mustern etc. so lange kurzfristig oder bei geringer Stimulusintensität ausgesetzt, bis sie sich daran gewöhnt hatten, auf diese Bedingungen mit normaler Hirnstromaktivität zu reagieren. Allmählich wurden die Konfrontationszeiten länger, die Stimulation intensiver, bis die Toleranz des Kindes gegenüber den kritischen Reizen so groß geworden war, daß die Anfälle auch in Alltagssituationen ausblieben.

6 Resumé

Die Ausführungen zeigen, daß bei psychosomatischen Störungen im Kindesalter eine medikamentöse Behandlung oft notwendig, allein aber nicht ausreichend ist. Vielzählige Erfahrungsberichte zur psychotherapeutischen Behandlung psychosomatischer Störungen bei Kindern liegen vor. Arbeiten, in denen systematische Therapieforschung dokumentiert wird, belegen beeindruckend die Wirksamkeit spezifischer psychologischer Behandlungsansätze. Die überprüften Therapiemaßnahmen sind in der Regel noch recht eng. Aufgabe künftiger Therapieforschung wird es sein, die Wirkweise auch komplexerer Therapieformen zu untersuchen und dabei der Forderung, den Behandlungsplan individuell an den Ergebnissen einer therapieorientierten Diagnostik auszurichten, Rechnung zu tragen.

LITERATUR

BERGER, M. Psychosomatik des Kindesalters. In H. BOCK, W. GEROK & F. HARTMANN (Hrsg.) *Klinik der Gegenwart*. Handbuch der Praktischen Medizin. München: Urban & Schwarzenberg, 1977.

BIERMANN, G. (Hrsg.) *Handbuch der Kinderpsychotherapie*. Bd. II. München: Reinhardt, 1971.

DAVISON, G. & NEALE, J. *Klinische Psychologie*. München: Urban & Schwarzenberg, 1978.

FLORIN, I. Anorexia nervosa – Pubertätsmagersucht. In P. SCHLOTTKE & H. WETZEL (Hrsg.) *Psychologische Behandlung bei Kindern und Jugendlichen*. München: Urban & Schwarzenberg, 1980, 233–270.

FLORIN, I. Asthma bronchiale bei Kindern und Jugendlichen. In P. SCHLOTTKE & H. WETZEL (Hrsg.) *Psychologische Behandlung bei Kindern und Jugendlichen*. München: Urban & Schwarzenberg, 1980, 209–232.

LUTHE, W. & SCHULTZ, J. H. *Autogenic therapy*. Vol. II. Medical applications. New York: Grune & Stratton, 1969.

MELAMED, B. Verhaltenstherapie psychophysiologischer Störungen bei Kindern mit Krampfanfällen, Hyperkinese und Diabetes. In P. SCHLOTTKE & H. WETZEL (Hrsg.) *Psychologische Behandlung bei Kindern und Jugendlichen*. München: Urban & Schwarzenberg, 1980, S. 175–208.

MINUCHIN, S., ROSMAN, B. & BAKER, L. *Psychosomatic families: Anorexia nervosa in Context*. Cambridge, MA: Harvard University Press, 1978.

SIEGEL, L. & RICHARDS, C. Behavioral interventions with somatic disorders in children. In D. MARHOLIN (Hrsg.) *Child behavior therapy*. New York: Gardner Press, 1978, 339–394.

STUNKARD, A. J. Störungen des Eßverhaltens. In T. VON UEXKÜLL (Hrsg.) *Lehrbuch der psychosomatischen Medizin*. München: Urban & Schwarzenberg, 1979, 511–528.

Psychotherapie bei psychosomatischen Störungen von Erwachsenen

ALEXA FRANKE

1 Definition

Der Begriff „Psychosomatische Störung" verweist auf eine Störung in dem komplexen Wechselspiel von Körper, Psyche und Umwelt. Im weitesten Wortsinn werden als psychosomatische Störungen all jene körperlichen Fehlfunktionen und Organveränderungen verstanden, an deren Entstehung und Aufrechterhaltung psychische Faktoren einen entscheidenden Anteil haben. Über die Art dieses Einflusses jedoch gehen die Meinungen auseinander, und es gibt heute weder eine einheitliche Definition dieser Störungen noch eine allgemein anerkannte Krankheitstheorie.

Aufgrund psychophysiologischer, insbesondere endokriner Zusammenhänge, sind bestimmte Organsysteme wie z. B. Herz und Magen eher als andere gefährdet, von psychischen und sozialen Reizen geschädigt zu werden. Es ist jedoch unsinnig, bestimmte Krankheiten als psychosomatisch zu klassifizieren, da alle Körperorgane Teil des Gesamtgefüges sind und daher potentiell betroffen werden können (vgl. FRANKE 1981).

2 Psychologische Therapie

Auf der Liste der Behandlungsvorschläge für Patienten mit psychosomatischen Störungen stehen nahezu alle der heute vorhandenen therapeutischen Verfahren, ohne daß jedoch - weder theoretisch noch empirisch - deren besondere Eignung bei der Behandlung psychosomatischer Störungen nachgewiesen wäre. Entscheidende Impulse für die Behandlung gingen bisher nur von zwei Richtungen aus: der Psychoanalyse und der Verhaltenstherapie.

2.1 Psychoanalytische Ansätze

Im *psychoanalytischen Modell* unterscheiden sich psychosomatische Störungen ätiologisch nicht prinzipiell von psychoneurotischen: Die Krankheit ist Ausdruck eines nicht adäquat bewältigten psychischen Konflikts. Daher ist auch generell die gleiche Therapie indiziert, das heißt es gibt keine spezielle, für die Behandlung psychosomatischer Störungen entwickelte psychoanalytische Technik.

Als Therapieziele im einzelnen werden angegeben:

- Realitätsgerechte Erlebnisverarbeitung
- Ichstärkung
- Dämpfung der Affekte/ emotionelle Korrektur

Neben der klassischen psychoanalytischen Technik werden auch analytische Psychotherapie, Fokaltherapie, Flashtherapie nach BALINT und analytische Gruppenpsychotherapie verwendet (→ **Psychoanalyse**; → **Fokaltherapie**; → **konfliktorientierte Gruppentherapie**).

Psychosomatische Patienten sind psychoanalytischen Verfahren nur schwer zugänglich: Sie gelten als besonders ich-schwach und ich-fremd im Konflikterleben, unfähig, ihre Gefühle zu erkennen und auszudrücken und kaum in der Lage, eine Übertragungsneurose zu entwickeln. Viele Patienten mit psychosomatischen Störungen werden daher für nicht analysefähig erklärt.

Die Beurteilung des therapeutischen Vorgehens ist schwierig, da dieses in der Literatur kaum operationalisiert wird. Angaben über Erfolge sind recht widersprüchlich und wegen der geringen Operationalisierung und Vergleichbarkeit der Erfolgskriterien nur schwer zu beurteilen. Daten aus Langzeit-Follow-up-Untersuchungen geben ein weitaus pessimistischeres Bild wieder als Erfolgseinschätzungen unmittelbar nach Therapieende.

Zur Unterstützung psychoanalytischer Kurzmethoden bzw. als Ersatz für diese, wenn die Übertragung nicht möglich ist und/oder Aufdeckung nicht opportun erscheint, werden suggestive Verfahren wie Hypnose, Hypnokatharsis, Persuasion und übende Verfahren wie Autogenes Training, funktionelle Entspannung, konzentrative Bewegungstherapie erwähnt; diese sollen primär eine aktuelle Dämpfung der Affekte erreichen.

Zur Theorie und Praxis psychoanalytischer Therapie psychosomatischer Störungen vgl. insbesondere CREMERIUS 1978; MITSCHERLICH 1966/67; VON UEXKÜLL 1979, insbesondere Kap. 17, 19, 21 (→**Psychoanalyse**; →**Psychotherapie und Körpermedizin**).

2.2 Verhaltenstherapeutische Ansätze

In *verhaltenstheoretischen Ansätzen* gelten psychosomatische Störungen – hier auch „psychophysiologische Störungen" genannt – als gelerntes Fehlverhalten, zu dessen Erklärung alle bisher bekannten Lernparadigmen herangezogen werden. Die Störungen werden auf drei Ebenen betrachtet: der organisch-physiologischen, der motorisch-verhaltensmäßigen und der subjektiverlebnismäßigen. Diese Verhaltensebenen werden als interagierend, aber nicht konkordant angenommen. Der Schwerpunkt lag lange Zeit eindeutig auf der Erforschung der organisch-physiologischen Ebene. Erst in neuerer Zeit wird versucht, auch den Anteil der subjektiven und motorischen Ebene an der Entstehung und Aufrechterhaltung psychosomatischer Störungen zu explizieren, wobei Lernprozessen im emotionalen Bereich und deren organisch-physiologischen und biochemischen Korrelaten besondere Bedeutung beigemessen wird.

Die Palette der Störungen, die bisher mit Verhaltenstherapie behandelt wurden, umfaßt die überwiegende Mehrzahl der bekannten psychosomatischen Erkrankungen. Eine spezifische, nur für die Modifikation dieser Störungen entwickelte Technik gibt es nicht. Es lassen sich jedoch aus den theoretischen Annahmen über Entstehung und Aufrechterhaltung psychosomatischer Störungen wesentliche Behandlungsprinzipien ableiten:

- Die Behandlung muß auf die Modifikation aller drei Verhaltensebenen abzielen.
- Dabei scheint der Modifikation der physiologischen Ebene besonderes Gewicht zuzukommen. Gelingt es nicht, den tonischen oder phasischen Erregungsanstieg zu reduzieren, so ist eine wesentliche Verbesserung der körperlichen Symptomatik nicht zu erwarten und die Wahrscheinlichkeit des Rezidivs hoch.
- Die funktionale Bedeutung der Störung und ihre operanten Anteile müssen berücksichtigt werden.
- Verhaltensdefizite müssen aufgefüllt werden. Dabei sollen vor allem Reaktionen und Strategien für soziale Situationen vermittelt werden.

Diese Prinzipien wurden jedoch bisher in der Forschung nur unvollständig realisiert. Die meisten Therapiepläne zielen auf die Modifikation nur einer Ebene ab, wobei den einzelnen Ebenen bevorzugt folgende Verfahren zugeordnet werden:

Organisch-physiologische Ebene: Entspannungstraining; Desensibilisierung; Biofeedback.
Motorisch-verhaltensmäßige Ebene: Verhaltenstraining; operante Techniken.
Subjektiv-erlebnismäßige Ebene: Kognitives Rekonstruieren; Selbstkontrolle.

Einzelfallberichte allerdings lassen vermuten, daß insbesondere die Verbesserung der körperlichen Symptomatik und die funktionale Analyse der Störung in der Praxis angemessener realisiert werden als in großen Forschungsdesigns.

Die Möglichkeiten der Verhaltenstherapie bei der Behandlung psychosomatischer Störungen werden recht optimistisch beurteilt – eine zuverlässige Beurteilung ist allerdings zum gegenwärtigen Zeitpunkt vor allem wegen der mangelnden Vergleichbarkeit der Erfolgskriterien und fehlender Follow-up-Untersuchungen nicht möglich.

Zur verhaltenstherapeutischen Behandlung psychosomatischer Störungen vgl. BIRBAUMER 1977; BASLER, OTTE, SCHNELLER & SCHWOON 1979; FRANKE, HERTEL & HEYDEN 1981 (→**Verhaltenstherapie**; →**Verhaltensmedizin**).

3 Körper – Psyche – Umgebung

Unabhängig von der psychologischen Schulrichtung ist allen Behandlungskonzepten gemeinsam, daß sie der Variablen „Umgebung" viel zu geringe Bedeutung beimessen. Denn diese umfaßt bei psychosomatischen Störungen nicht nur solche gleichsam klassischen Variablen wie Sozialpartner und Arbeitsplatzbedingungen, sondern das Auftreten dieser Erkrankungen wird durch zahlreiche gesellschaftliche Bedingungen entscheidend begünstigt. So spielen z. B. folgende Sachverhalte eine wichtige Rolle:

- Das Versorgungsangebot ist für somatische Störungen weitaus besser als für psychische. Die Wahrscheinlichkeit somit, in einem frühen Krankheitsstadium eine medizinische Krankenkarriere einzuschlagen, ist um ein Vielfaches höher als die, frühzeitig eine psychotherapeutische Behandlung zu erhalten.
- Körperliche Krankheiten stellen die einzige arbeits- und versicherungsrechtlich anerkannte Möglichkeit dar, kurzfristig „auszusteigen" (etwa aus dem Beruf).
- Somatische Störungen unterliegen geringerer sozialer Stigmatisierung.

Psychosomatische Störungen werden nur dann effektiv bekämpft werden können, wenn diese Faktoren mitberücksichtigt werden.

LITERATUR

BASLER, H.-D., OTTE, H., SCHNELLER, T. & SCHWOON, D. *Verhaltenstherapie bei psychosomatischen Erkrankungen.* Stuttgart: Kohlhammer, 1979.
BIRBAUMER, N. *Psychophysiologie der Angst.* München: Urban & Schwarzenberg, 1977^2.
CREMERIUS, J. *Zur Theorie und Praxis der Psychosomatischen Medizin.* Frankfurt/M.: Suhrkamp, 1978.
FRANKE, A. *Psychosomatische Störungen.* Stuttgart: Kohlhammer, 1981.
FRANKE, A., HERTEL, G. & HEYDEN, T. *Grundlagen der Verhaltenstherapie bei psychosomatischen Störungen.* Tübingen: Deutsche Gesellschaft für Verhaltenstherapie – DGVT (Hrsg.): In Vorb., 1981.
MITSCHERLICH, A. *Krankheit als Konflikt.* Studien zur psychosomatischen Medizin 1,2. Frankfurt/M.: Suhrkamp, 1966, 1967.
UEXKÜLL, T. von (Hrsg.) *Lehrbuch der psychosomatischen Medizin.* München: Urban & Schwarzenberg, 1979.

Psychotherapie

REINER BASTINE

1 Definition und Gegenstandsbestimmung

Die Psychotherapie (= griech. Behandlung der Seele) ist heute noch kein einheitliches Fachgebiet, sondern ein Nebeneinander und nur teilweises Zusammenwirken von verschiedenen Ansätzen mit unterschiedlichen psychologischen, anthropologischen, sozioökonomischen, ökologischen und wissenschaftstheoretischen Vorverständnissen und einer außerordentlichen Breite verschiedener Anwendungen. Von daher bestehen Affinitäten zu verschiedenen Disziplinen, insbesondere zur Psychologie (vorwiegend als Grundlagenwissenschaft) und zu Bereichen der Medizin (vorwiegend als angewandte Wissenschaft). Die differenten Vorverständnisse und wissenschaftlichen Verankerungen, sowie der junge Status der Psychotherapie (→**Geschichte**) lassen erst allmählich eine Integration der verschiedenen Ansätze erwarten.

Allgemein kann Psychotherapie als eine spezifische Art der interpersonellen Beziehung definiert werden, in der Klienten eine professionelle psychologische Hilfe bei der Bewältigung ihrer Probleme oder psychischen Schwierigkeiten erhalten. Der psychotherapeutische *Prozeß* ist ein prinzipiell geplantes und strukturiertes Geschehen, in dem durch zielgerichtete Operationen des Psychotherapeuten und des Klienten konstruktive Änderungen im Erleben, im Verhalten und in den sozialen Beziehungen des Klienten herbeigeführt werden sollen (BASTINE 1978, LINSENHOFF, BASTINE & KOMMER 1980).

Die Psychotherapie grenzt sich somit von anderen Behandlungen in mindestens drei Aspekten ab:

- sie setzt *psychologische Veränderungsmittel* ein, die in Beziehung zum psychologischen Grundlagenwissen stehen (im Unterschied z.B. von medizinischen, pharmakologischen, sozialen, juristischen Mitteln)
- der Einsatz dieser Mittel erfolgt *professionell*, d.h. durch wissenschaftlich ausgebildetes Personal, das absichtlich und zielgerichtet vorgeht und seine Tätigkeit wissenschaftlich begründet und evaluiert
- es werden *psychisch beeinträchtigte Personen* (*Klienten* oder *Patienten*) behandelt.

Entsprechend der Uneinheitlichkeit des Fachgebietes sind auch zentrale Begriffe nicht ganz eindeutig definiert.

Von *Klienten* wird vor allem dann gesprochen, wenn Personen auf freiwilliger Basis in psychologischen, nicht-medizinischen Einrichtungen eine – meist ambulante – Psychotherapie in Anspruch nehmen. Als *Patienten* werden Personen bezeichnet, die in medizinischen Einrichtungen – häufig stationäre – psychotherapeutische Behandlung erhalten. Die letzte Gruppe ist häufig schwerer in ihrer psychischen Funktionsfähigkeit und ihren alltäglichen Lebensabläufen gestört. Im Zusammenhang mit dem Patienten-Begriff wird auch von „psychischen Krankheiten" oder „psychischen Störungen mit Krankheitswert" gesprochen. Der Krankheitsbegriff enthält einige Implikationen, die seine Übertragung auf psychische Störungen jedoch als wissenschaftlich wenig brauchbar erscheinen lassen (→**Krankheitsbegriff**); schließlich blieb auch die Hoffnung unerfüllt, durch diese Kennzeichnung eine genauere Indikation für die Psychotherapie treffen zu können (→**Indikation**). Aufgrund der unterschiedlichen Klientel und der jeweiligen institutionellen Rahmenbedingungen ist eine Unterscheidung zwischen *ambulanter* und *stationärer Psychotherapie* sinnvoll.

2 Theorien und Formen

Umfassendere Theorien der Psychotherapie, die neben einer Theorie psychologischer Veränderungen (Therapie-Theorien) auch eigene Konzepte über die Persönlichkeit (Persönlichkeitstheorien) und über psychische Störungen (Störungs-Theorien) entwickelt haben, lassen sich vor allem in fünf Ansätzen erkennen:

- die *psychoanalytischen Theorien* umfassen als historisch frühester Ansatz zahlreiche, miteinander verbundene Formen und „Schulen" (→**Psychoanalyse**, →**Fokaltherapie**, →**Individualtherapie**, →**Neo-Psychoanalyse**, →**konfliktorientierte Gruppentherapie** u. a.)
- die *humanistischen Theorien* (z. B. klientenzentrierte →**Gesprächspsychotherapie**, →**Gestalttherapie**, →**Transaktionsanalyse**)
- die *verhaltenstherapeutischen Theorien* (→**Verhaltenstherapie**, →**operante Intervention**, →**soziale Fertigkeiten**)
- die *kognitiven Theorien* (z. B. →**kognitive Therapien**, →**rational-emotive Psychotherapie**, →**Selbstkontrolle**)
- die *systemtheoretischen Ansätze* (z. B. →**Kommunikationstherapie**, →**Familientherapie**).

Daneben existiert eine unübersehbare Vielzahl von Verfahren, die jeweils nur Teilaspekte von psychischen Veränderungsprozessen theoretisch ausgearbeitet haben. Sie lehnen sich häufig an eine der umfassenderen theoretischen Perspektiven an (z. B. →**Bio-Feedback**, →**Hypnose**, →**katathymes Bilderleben**, →**Primärtherapie**, →**Psychodrama**, →**Spieltherapie**) oder zielen auf Veränderungen bei „normalen" psychisch weniger beeinträchtigten Personen ab (→**Encounter-Gruppen**, →**Gruppendynamik**, →**themenzentrierte Interaktion** u. a.).

2.1 Organisationsformen

Die umfassenden Therapien haben differenzierte Formen entwickelt, in denen die Behandlung nach spezifischen Indikationsvorstellungen durchgeführt werden sollen. Im allgemeinen ist die *Einzeltherapie* die häufigere und wissenschaftlich besser erforschte Behandlung, während die Gruppenbehandlung in unterschiedlichen Arrangements stattfindet (→**Gruppen**).

Am wichtigsten sind die *Gruppenverfahren*, die mit speziell auf die Gruppenbehandlung ausgewählten Klienten arbeiten, sowie die therapeutische Arbeit in natürlichen sozialen Konstellationen (→**Familientherapie**, →**Eltern-Kind-Therapie**, →**Partnertherapie**). Die letzteren Behandlungskonzepte sehen das Behandlungsziel weniger in der Veränderung einzelner Personen als vielmehr in der Veränderung der sozialen Beziehungen der Familie oder Partnerschaft oder des Sozialsystems insgesamt; die Störung kann zwar bei einem Mitglied der sozialen Gemeinschaft besonders evident werden (*identifizierter Patient*), jedoch wird diese Zuschreibung als Rollenverteilung verstanden und über die Beeinflussung von Interaktion und Kommunikation in der sozialen Einheit zu verändern versucht.

Bedingt durch ihre historische Entwicklung finden sich in der Verhaltenstherapie zwei organisatorische Strategien, die sich bei unterschiedlichen Klientengruppen herausgebildet haben (vgl. HOFFMANN 1977; →**Verhaltenstherapie**):

Das „*klassische*" *Psychotherapie-Schema* ist eine Sequenz von direkten Klient-Therapeut-Interaktionen, in der die psychotherapeutische Situation eine zeitweilig wirksame, „heilsame Umwelt" darstellt. Die natürliche Lebenssituation des Klienten wird lediglich in symbolisierter, sprachlicher oder simulierter Form (z. B. Konfrontation mit problematischen Objekten, Rollenspiel) in die Behandlung einbezogen. Demgegenüber steht ein anderes strategisches Schema, in dem direkt in die Realsituation des Klienten durch Gestaltung seiner Lebensbedingungen eingegriffen wird. Dies geschieht z. B. durch eine

Veränderung der natürlichen Umwelt des Klienten oder dadurch, daß der Klient durch bestimmte Institutionen geleitet wird, die für ihn eine Aufeinanderfolge von „therapeutischen Milieus" ergeben. Die Aufgabe des Therapeuten liegt hier vor allem in der Gestaltung der Umwelt, dem Provozieren der ersten Veränderungen und der begleitenden Supervision.

Beide Strategien werden in einem Behandlungsplan häufig aus der Erkenntnis gemeinsam angewendet, daß eine persönliche Veränderung ohne die Beseitigung schädigender Umweltbedingungen – wie auch umgekehrt eine Umweltveränderung ohne die Beteiligung der persönlichen Faktoren – kaum sinnvoll und erfolgversprechend ist. Diese Kombination bietet sich besonders dann an, wenn verschiedene Berufsgruppen an der Behandlung beteiligt sind (*Behandlungsteam*).

Die *zeitlichen Arrangements* der Psychotherapie weisen eine erhebliche Variation auf. Im ambulanten Bereich reicht die Spannweite von vier bis fünf festen Kontakten pro Woche von jeweils etwa 50 Minuten bis hin zu kurzen Kontakten nach Bedarf von etwa 20 Minuten Dauer. Am häufigsten ist vermutlich eine wöchentliche Sitzung zu einem festen Termin. Die zeitlichen Regelungen sind wahrscheinlich in stärkerem Maße von der theoretischen Orientierung des Therapeuten (und damit auch von dessen Zielvorstellungen) abhängig als von der Problematik des Klienten. Dennoch besteht eine deutliche Tendenz, die theoretischen Rahmenvorstellungen flexibler zu handhaben und z.B. bei aktuellen Anlässen eine psychotherapeutische Hilfe anzubieten, die Behandlung zeitlich zu begrenzen oder längere Zwischenräume zwischen einzelne Behandlungsphasen zu legen.

Die durchschnittliche *Behandlungsdauer* liegt nach Angaben von (nicht-ärztlichen) Psychotherapeuten zwischen sechs und dreißig Sitzungen (WITTCHEN & FICHTER 1980), wobei psychoanalytische Behandlungen häufig sehr viel länger dauern. Jahrelange psychotherapeutische Behandlungen sind inzwischen seltener, vermutlich auch deshalb, weil der Effekt kaum im Verhältnis zum Aufwand steht, nur wenige Klienten überhaupt eine solche Therapie erhalten können und die Gefahr der Abhängigkeit des Klienten von der Therapie groß ist (vgl. →**Psychotherapie-Effekte**).

2.2 Ziele

Die Psychotherapien nehmen für sich im allgemeinen recht umfassende Behandlungsziele in Anspruch: Neben der Besserung des problematischen Verhaltens soll so ein vertieftes Verständnis der Problematik, eine differenziertere Selbstwahrnehmung, eine größere Bewußtheit und Kontrolle über affektive Zustände und eine Veränderung der gesamten Persönlichkeit im Hinblick auf eine größere Selbstverwirklichung und Integration erreicht werden (→**Ziele**).

Außer diesen, beliebig zu erweiternden, auf die Person des Klienten bezogenen Zielkatalogen werden immer häufiger auch kontextuelle oder *System-Veränderungen* angestrebt. Mit der Veränderung des Klienten selbst ist auch die seiner Lebensumstände beabsichtigt. Am deutlichsten ist diese Zielsetzung in der Verhaltenstherapie und in den Therapien, die mit „natürlichen Gruppen" arbeiten, und die von der Annahme ausgehen, daß kontextuelle Bedingungen für die Entstehung, Definition und Veränderung psychischer Störungen von eminenter Bedeutung sind (→ *Verhaltenstherapie,* → *Familientherapie,* → *Partnertherapie*). Hier stellt sich schon zu Beginn der Behandlung die grundsätzliche Frage nach der zu behandelnden Einheit: soll eine einzelne *Person* (und welche?) behandelt werden oder die *Beziehung* zwischen Eltern und Kind, die gesamte *Familie* oder die Einbindung einer Person in ihre Lebensumstände?

Die Behandlungsziele werden in der Regel nicht nur zu Beginn der Therapie, sondern fortlaufend während der Behandlung weiterentwickelt und neu definiert. An diesen Entscheidungen ist der Klient oft maßgeblich beteiligt, wobei Klient und Therapeut einen gemeinsamen Prozeß von Zielfindung, Zielvereinbarung und Zielsetzung durchlaufen können (BASTINE 1978, 1981). Inhaltlich beziehen sich die handlungsleitenden Zielvorstellungen auf die Therapeut-Klient-Beziehung, auf das Problemverständnis von Klient und Therapeut sowie auf die methodische Problemverarbeitung (LINSENHOFF u.a.

1980, vgl. auch →**Therapeut-Klient-Beziehung**, →**Wirkfaktoren**, →**Ziele**).

2.3 Prozeß und Prozeduren

Die verschiedenen Therapie-Theorien erklären die Klientenveränderungen durch unterschiedliche psychische Prozesse; dementsprechend sollen die Veränderungsprozesse durch geeignete therapeutische Rahmenbedingungen und durch bestimmte Prozeduren oder Verhaltensregeln hergestellt und gefördert werden. Die Verschiedenheit der Therapiekonzepte basiert einerseits auf unterschiedlichen anthropologischen Vorverständnissen, in denen die jeweilige Störungs- ebenso wie die Behandlungstheorie verankert sind (→**Menschenbilder**). Andererseits sind die psychotherapeutischen Systeme in je unterschiedlichen Praxiszusammenhängen entstanden, so daß die Therapiekonzepte ursprünglich unterschiedliche „Zuständigkeiten" aufwiesen.

Die Heterogenität der Behandlungskonzepte kommt bereits bei zeitlichen Aspekten, bei der Relation der Psychotherapie zur natürlichen Lebenssituation des Klienten und bei der Relation zwischen Therapieprozeß und psychischen Veränderungen des Klienten zum Tragen.

Die Mehrzahl der psychotherapeutischen Konzepte ist besonders an der *Gegenwart* des Klienten, seinen aktuellen Problemen und Veränderungsmöglichkeiten orientiert, wobei funktionale Zusammenhänge zwischen der gegenwärtigen Problematik und äußeren Lebensumständen angenommen werden, die zugleich als Vehikel der Problemveränderung genutzt werden (z. B. →**Verhaltenstherapie**, →**Gesprächspsychotherapie**).

Andere Ansätze sind stärker an entwicklungsgeschichtlichen Aspekten der Probleme (der *Genese* der Probleme) interessiert und daher mit einer Aufarbeitung der vergangenen Erfahrungen beschäftigt. Ein Beispiel dafür ist die Psychoanalyse, die eine Veränderung über eine kognitiv-affektive Reaktivierung frühkindlicher Erfahrungen und eine daran anschließende Verarbeitung zu erreichen versucht (→**Psychoanalyse**).

Gegenwärtig wird auch den *Zukunfts- und Zielperspektiven* des Klienten wieder größere Aufmerksamkeit gewidmet, z. B. in der ADLERschen Teleoanalyse (→**Individualtherapie**) oder in einer zielorientierten Psychotherapie (BASTINE 1981).

Es ist sicherlich nicht überraschend, daß auch unterschiedliche Auffassungen darüber bestehen, welchen Stellenwert die Psychotherapie im Rahmen der *natürlichen Lebenssituation* des Klienten einnehmen soll. Die Konzepte reichen hier von einem völligen Verzicht auf ein Eingreifen in die reale Lebenssituation bis hin zu einer Behandlung durch die direkte und systematische Änderung der realen Lebenssituation des Klienten. Die „klassische" Form der Psychotherapie betont die Therapeut-Klient-Interaktion und sieht ihre Wirkungsweise darin, daß der Klient durch seine positiven Erfahrungen mit der psychotherapeutischen Beziehung seine Probleme verstehen lernt und - mehr oder weniger systematisch beeinflußt - zu einer grundlegenden Änderung von Einstellungen, Wahrnehmungen, emotionalen Reaktionsweisen etc. gelangt. Zunehmend gewinnen jedoch Konzepte Bedeutung, die von einem *Modell der Anregung* ausgehen (KANFER 1979): In der Behandlung wird der Klient lediglich zu Änderungen motiviert oder angeleitet, während die wesentlichen Aktivitäten von ihm selbst in seiner natürlichen Umgebung ergriffen werden (vgl. auch →**Gemeindepsychologie**, →**Selbstbehandlung**, →**Selbstkontrolle**, →**Wirkfaktoren**). Dieses Konzept fordert die Eigenverantwortung des Klienten für die Änderung und erleichtert gleichzeitig die Generalisation auf seine reale Lebenssituation (→**Psychotherapie-Effekte**; FIEDLER 1981).

Zentrales Feld der psychotherapeutischen Theorien ist es, die Relation zwischen den psychotherapeutischen Maßnahmen und den beim Klienten ausgelösten Veränderungsprozessen herauszuarbeiten. Letztlich ist dies die Frage nach der *Wirkungsweise* der Psychotherapie und nach der Entwicklung einer psychotherapeutischen *Veränderungstheorie*, die den Zusammenhang zwischen dem therapeutischen Prozeß und seinen Auswirkungen erklären soll (→**Wirkfaktoren**, →**Psychotherapie-Effekte**).

Die Entwicklung einer schulenübergreifenden Veränderungstheorie steckt noch in den Anfängen, während bereits viele Anstrengungen unternommen wurden, die Vielfalt der psychotherapeutischen Prozesse empirisch und konzeptuell zu kategorisieren. So unterscheiden ORLINSKY & HOWARD (1978) vier „Facetten" psychotherapeutischer Prozesse:

- Das *koorientierende Handeln* legt den Schwerpunkt auf die Beeinflussung der Aktivitäten und sozialen Handlungen des Klienten; kennzeichnend für dieses Vorgehen sind die Beobachtung und Analyse des Verhaltens in seinen funktionalen Bezügen, das Einüben bestimmter Verhaltensweisen, Rollenspiele, Verhaltensrückmeldungen etc.
- Das *unmittelbare Erleben* reaktiviert Gefühle und Körperempfindungen, die mit problematischen Erfahrungen zusammenhängen, um diese dann therapeutisch bearbeiten zu können.
- Die *Interpretation* geht von der symbolischen Bedeutung der Erfahrungen und der Werte des Klienten aus und versucht, diese durch verbale Zuspitzung zu beeinflussen.
- Die *Regelung der Therapeut-Klient-Beziehung* zielt auf die Weiterentwicklung des Klienten durch die spezifische Form der Beziehung zwischen Klient und Therapeut ab.

Selbstverständlich sind diese Komponenten oder Facetten bei allen psychotherapeutischen Einflußnahmen beteiligt, wenn auch in unterschiedlicher Akzentuierung. Ähnliche Gruppierungen lassen sich bei den schulenübergreifenden Erklärungen der Wirkungsweise der Psychotherapie wiederfinden (s. auch →**Wirkfaktoren,** →**Therapeutenvariablen**).

In den genannten Kategorien wird man unschwer die behavioralen, affektiven, kognitiven und interpersonellen Aspekte erkennen, die mit Hilfe der psychotherapeutischen Prozesse und Prozeduren verändert werden sollen. Sie stehen damit auch im Zusammenhang mit den Veränderungszielen (→**Ziele,** →**Psychotherapie-Effekte**). Die akzentuierte psychotherapeutische Beeinflussung soll jeweils nicht nur Veränderungen in dem zugehörigen Medium bewirken, sondern *Generalisierungen* in den anderen Bereichen in Gang setzen. So soll die Beeinflussung der Handlungsabläufe neben einem veränderten Verhalten auch Besserungen im affektiven, kognitiven und interpersonellen Bereich „anstoßen" und damit eine umfassende Problembewältigung möglich machen. Von den Zielsetzungen der Psychotherapieverfahren her wird dieser Anspruch auf Generalisierung häufig vertreten, ohne daß die Art und Weise des Veränderungsprozesses hinreichend begründet wird. Aufgrund dieser Überlegungen erscheint es sinnvoll, in der Veränderungstheorie zwischen Phasen der *Induktion* von Veränderungen und solchen der *Generalisation* (und möglicherweise auch der zeitlichen *Stabilisation*) zu unterscheiden.

BANDURA (1977) hat mit dem Konzept der *Kompetenzerwartung* oder der wahrgenommenen persönlichen Wirksamkeit (self-efficacy) einen wichtigen und empirisch gestützten Beitrag zu einer vereinheitlichenden Theorie geschaffen. Danach basiert die Veränderungswirksamkeit sämtlicher psychologischer Verfahren u. a. auf der Beeinflussung der Kompetenzerwartung, d. h. auf der Schaffung und Stärkung der Erwartung, ein als erfolgreich angesehenes Verhalten auch tatsächlich ausführen zu können. Es wird angenommen, daß die Kompetenzerwartung bestimmt, ob überhaupt Bewältigungsversuche initiiert werden und wie stark und ausdauernd diese Bemühungen sind, wenn bei der Problemlösung Hindernisse und aversive Erfahrungen auftreten. Damit müßten sich vor allem die psychotherapeutischen Maßnahmen als effektiv erweisen, die das Ausmaß, die Generalität oder die Stärke der Kompetenzerwartung verbessern; die empirische Psychotherapie-Forschung liefert dafür einige positive Anhaltspunkte.

3 Therapie als System

Betrachtet man die Psychotherapie in Anlehnung an PARSONS als ein institutionelles System (vgl. HOWARD & ORLINSKY 1972), dann interessieren hier besonders seine Eingangscharakteristika: welche sozialen, kulturellen und psychologischen Merkmale kennzeichnen die Psychotherapie?

Die Informationen darüber sind spärlich und decken jeweils nicht den gesamten Psychotherapiebereich ab. Durch die verschiedenen beteiligten Einrichtungen (z. B. Beratungsstellen, medizinische, stationäre und teilstationäre Einrichtungen, Privatpraxen), die unterschiedlichen Berufsgruppen (z. B. Diplom-Psychologen, Ärzte, Sozialarbeiter und -pädagogen), einen unübersehbaren „freien Psychomarkt" (→ **Organisationsformen**) und das Fehlen einer koordinierten und kooperativen Abstimmung in der psychosozialen Versorgung (→**Gemeindepsychologie**, →**Rechtliche Grundlagen**, →**Organisationsform**, →**Versorgung**) stellt sich die Psychotherapie als ein institutionell wenig geregeltes, unübersichtliches und sich dynamisch entwickelndes Berufsfeld dar, das in Teilsysteme aufgeteilt ist. So lassen sich in der Bundesrepublik Deutschland mindestens ein „medizinisch" und ein „psychosozial" orientiertes Teilsystem unterscheiden, die in theoretischer Ausrichtung, Ausbildung und institutionalisierter Berufspraxis differieren und deren Arbeitsweise selbst in staatlich geförderten Erhebungen separat erforscht werden (für den medizinisch-psychiatrischen Bereich: BERICHT 1975; für den psychosozialen Bereich: WITTCHEN & FICHTER 1980; → **Ausbildung**). Unter den Gesichtspunkten der Versorgung der Klienten, einer koordinierten, kooperativen und für Klienten transparenten Berufspraxis, einem ökonomischen Einsatz der Ausbildungskapazitäten und nicht zuletzt der wissenschaftlichen Weiterentwicklung der Psychotherapie ist diese Zersplitterung außerordentlich unglücklich. Angesichts dieser Versorgungssituation ist es nicht übertrieben zu sagen, daß dadurch die Zugänge zur Psychotherapie unnötig erschwert, Klienten vielen Irrwegen und Enttäuschungen ausgesetzt und frühzeitige und angemessene Behandlungen oftmals verhindert werden.

4 Probleme und Perspektiven

Die Psychotherapie hat in den vergangenen beiden Jahrzehnten davon profitiert, daß ihr Praxisbereich wenig reglementiert war und dadurch die Entwicklung neuer Ansätze möglich wurde. Es ist unverkennbar, daß die ursprünglich engen Grenzen der Therapieschulen teilweise überwunden und Erfahrungen aus schulfremden Bereichen aufgenommen wurden und erprobt werden (vgl. LINSENHOFF u. a. 1980).

Die gesellschaftliche Entwicklung hat der Profession und der Wissenschaft Psychotherapie zwar einen ungeheuren Antrieb gegeben, die jedoch nicht auf einer genügend fundierten Infrastruktur in Forschung, Ausbildung und institutionalisierter Berufspraxis aufbauen konnte. So ist die Psychotherapie in der Bundesrepublik mit allen damit verbundenen Vor- und Nachteilen eine ausgesprochen junge Profession: Die vorwiegend sozialwissenschaftlich ausgebildeten Therapeuten waren im Jahr 1977 im Durchschnitt 36 Jahre alt und hatten eine durchschnittliche Berufserfahrung von nur 6 Jahren (WITTCHEN & FICHTER 1980). Begleitet wurde diese Entwicklung von einem Psycho-Boom, indem sich die Grundhaltung eines „Therapismus" widerspiegelt: der Einstellung, daß alle Gesellschaftsmitglieder psychotherapeutisch zu behandeln sind und sich jeder aufgerufen fühlt, therapeutisch tätig zu werden. Es ist zu hoffen, daß sich das Berufsfeld insgesamt konsolidiert und manche, der stürmischen Entwicklung anheim gefallenen Versäumnisse nachgeholt und größere Fundierungen in Forschung, Ausbildung und Berufspraxis erreicht werden.

Auch in Zukunft wird die „*Integration*" der diversen Psychotherapie-Theorien und -verfahren weiterhin ein wichtiges Anliegen bleiben. Integration ist in dem Sinne zu verstehen, daß einerseits weitere Fortschritte in der Entwicklung einer schulübergreifenden Theorie der Veränderung erzielt, andererseits aber auch die Gemeinsamkeiten und Unterschiede zwischen den Ansätzen herausgearbeitet und empirisch abgesichert werden, um Grundlagen für differentielle Behandlungsentscheidungen zu erhalten (→**Indikation**). Eine Einheitstheorie der Psychotherapie ist allein wegen der mannigfaltigen anthropologischen Vorverständnisse (→**Menschenbilder**) nicht abzusehen und zur Erhaltung der Vielfalt wohl auch nicht wünschenswert. Insgesamt scheint sich jedoch eine interaktionelle Auffassung von der Psychotherapie durchzusetzen, die dadurch gekennzeichnet ist, daß Klient und Therapeut jeweils *gemeinsam* den therapeutischen Prozeß gestalten, und daß die Wirksamkeit der Verfahren von der erreichten Übereinstimmung im Vorgehen abhängig ist (→**Psychotherapie-Effekte**).

Viele der künftigen Aufgaben der Psychotherapie hängen mit ihren institutionellen Bedingungen zusammen („Psychotherapie als System"): Es ist schon seit langem offensichtlich, daß die Zugangswege zur Psychotherapie mit erheblichen institutionellen Hürden gespickt sind und daß - basierend auf einer genauen Analyse der verdeckten und offenen Selektionsprozesse - die Zugangsschwellen erniedrigt und die Versorgungsangebote für potentielle Klienten transparenter und spezifischer („problemorientierter") gestaltet werden müssen. Ferner sind durch differentielle Evaluationen therapeutischer Strategien die Grundlagen für Indikationsentscheidungen herzustellen. Schließlich sollte die Kooperation zwischen verschiedenen Berufsgruppen verbessert werden, indem Modelle etwa des *Behandlungsteams* und der fallspezifischen Zusammenarbeit, z. B. von Hausärzten und Psychotherapeuten, erprobt werden.

LITERATUR

(einführende Literatur ist mit einem Stern gekennzeichnet)

BANDURA, A. A. Self-efficacy: toward a unifying theory of behavioral change. *Psychological Review* 1977, *84*, 191-215.

BASTINE, R. Strategien psychotherapeutischen Handelns. In F. REIMER (Hrsg.) *Möglichkeiten und Grenzen der Psychotherapie im Psychiatrischen Krankenhaus*. Stuttgart: Thieme, 1978, 59-66.

BASTINE, R. Indikationen in der zielorientierten Psychotherapie. In U. BAUMANN (Hrsg.) *Indikation zur Therapie psychischer Störungen*. München: Urban & Schwarzenberg, 1981 (im Druck).

*BERGOLD, J. B. (Hrsg.) *Psychotherapie: Zwischen Selbstentfaltung und Kontrolle*. München: Urban & Schwarzenberg, 1973.

BERICHT über die Lage der Psychiatrie in der Bundesrepublik Deutschland. Bonn: Bundesdrucksache 7/4200, 1975.

FIEDLER, P. A. (Hrsg.) *Psychotherapieziel Selbstbehandlung: Grundlagen kooperativer Psychotherapie*. Weinheim: edition psychologie, 1981.

GARFIELD, S. L. & BERGIN, A. E. *Handbook of psychotherapy and behavior change*. New York: Wiley, 1978.

HOFFMANN, N. Einführung in den Problembereich. In H. WESTMEYER & N. HOFFMANN (Hrsg.) *Verhaltenstherapie - Grundlegende Texte*. Hamburg: Hoffmann & Campe, 1977.

*HORNSTEIN, W., BASTINE, R., JUNKER, H. & WULF, C. (Hrsg.) *Beratung in der Erziehung - Funkkolleg*. Bd. 1 u. 2. Frankfurt: Fischer, 1977.

HOWARD, K. I. & ORLINSKY, D. E. Psychotherapeutic processes. *Annual Review of Psychology* 1972, *23*, 615-668.

KANFER, F. H. Self-Management. strategies and tactics. In A. P. GOLDSTEIN & F. H. KANFER (Hrsg.) *Maximazing treatment gains*. New York: Academic Press, 1979, 185-224.

*KANFER, F. H. & GOLDSTEIN, A. P. (Hrsg.) *Möglichkeiten der Verhaltensänderung*. München: Urban & Schwarzenberg, 1977.

LINSENHOFF, A., BASTINE, R. & KOMMER, D. *Schulübergreifende Perspektiven in der Psychotherapie*. Integrative Psychotherapie (im Druck), 1980.

*LINSTER, H. W. & WETZEL, H. (Hrsg.) *Veränderung und Entwicklung der Person*. Hamburg: Hoffmann & Campe, 1980.

ORLINSKY, D. E. & HOWARD, K. I. The relation of process to outcome in psychotherapy. In S. L. GARFIELD & A. E. BERGIN (Hrsg.) *Handbook of psychotherapy and behavior change*. New York: Wiley, 1978, 2. Aufl., 283-329.

REITER, L. Werte, Ziele und Entscheidungen in der Psychotherapie. In H. H. STROTZKA (Hrsg.) *Psychotherapie. Grundlagen, Verfahren, Indikationen*. München: Urban & Schwarzenberg, 1975, 85-109.

*STROTZKA, H. H. (Hrsg.) *Psychotherapie: Grundlagen, Verfahren, Indikationen*. München: Urban & Schwarzenberg, 1975.

WITTCHEN, H.-U. & FICHTER, M. *Psychotherapie in der Bundesrepublik Deutschland*. Weinheim: Beltz, 1980.

Psychotherapie-Effekte

Reiner Bastine

1 Einleitung

Psychotherapie-Klienten sind verständlicherweise sehr daran interessiert, welchen Erfolg eine Psychotherapie bei ihnen haben und wie sich die Behandlung auswirken wird. Darüber hinaus hat die Frage nach den psychotherapeutischen Behandlungsergebnissen eine große Bedeutung für das Gesundheitswesen, für Krankenversicherungen und Sozialversicherungsträger, sowie für juristische und sozialpolitische Entscheidungen (→**Versorgung**; →**Rechtliche Grundlagen**; →**Finanzierung**).

Die Wirkungen der Psychotherapie umfassen verschiedene Aspekte: die umfassendste Definition erfolgt durch den Begriff der *Psychotherapie-Effekte*: damit werden sämtliche Auswirkungen der Anwendung der Psychotherapie bezeichnet, und zwar sowohl bezogen auf den Klienten und dessen Familie, wie auf den Therapeuten und schließlich auch in ihren Auswirkungen auf psychosoziales Gesundheitswesen u. a. gesellschaftliche Einrichtungen. Die Gesamtheit dieser psychologischen, kulturellen und sozialen Auswirkungen der Psychotherapie sind bisher erst in Ansätzen erforscht.

Die *Effektivität* bezeichnet die Wirksamkeit der Psychotherapie im Hinblick auf die angestrebten Behandlungsziele und im Vergleich zu Veränderungen, die ohne professionelle therapeutische Beeinflussung stattfinden (→**Spontanremission**). Der *Therapie-Erfolg* im engeren Sinne definiert, inwieweit die beabsichtigten Veränderungen beim Klienten oder Patienten erreicht werden; damit werden zugleich *Prognosen* über zu erwartende Behandlungsergebnisse ermöglicht.

Werden Kosten-Nutzen-Aspekte bei der Bewertung einer Psychotherapie berücksichtigt, sollte von *Effizienz* der Psychotherapie gesprochen werden: sie zielt auf die Beurteilung ab, inwieweit sich ein bestimmtes Behandlungsverfahren im Hinblick auf Ökonomie und vergleichbare Behandlungsalternativen als effektiv erweist. Die Wirksamkeit der Psychotherapie wird auf bestimmte Bedingungen zurückgeführt, z. B. durch welche Mittel die Behandlungseffekte zustande kommen oder wie allgemeiner die Wirkungsweise der Psychotherapie erklärt werden kann. Dieser Aspekt wird unter dem Begriff der *Effektdetermination* zusammengefaßt (vgl. Prozesse der →**Psychotherapie**; →**Wirkfaktoren**).

Die Kenntnis der Effektivität eines Verfahrens stellt eine Minimalforderung dar, während Effizienz und Effektdetermination differenziertere Aussagen ermöglichen. Dennoch ist die Frage der Effektivität „der" Psychotherapie schwierig zu beantworten, da die Psychotherapie selbst ein heterogenes, keineswegs einheitliches Gebilde darstellt und sehr unterschiedliche Kriterien an die Bewertung ihrer Erfolge herangezogen werden.

2 Erfolgskriterien

Die Vielfalt der Bewertungskriterien der Psychotherapie ist einmal begründet durch die Sichtweisen der verschiedenen Psychotherapie-Theorien, die jeweils unterschiedliche *Ziele* in der Behandlung anstreben (z. B. Förderung der Ich-Stärke;

Verminderung der Selbstbild-Idealbild-Diskrepanzen; Kontrolle der schädigenden Umweltbedingungen; vgl. →**Ziele**). Zum anderen sind die Auswirkungen von Therapien so komplex, daß eine Evaluation sehr verschiedene Aspekte zu berücksichtigen hat.

Im Rahmen einer *multimethodalen Diagnostik* sollen dabei unterschiedliche Datenebenen (z. B. ökologische, soziologische, psychologische und biologische Ebene), unterschiedliche Datenquellen (z. B. Klient, Bezugspersonen des Klienten, Therapeut, unabhängige Professionelle) und verschiedene Funktionsbereiche (z. B. affektive, kognitive und psychophysiologische Veränderungen) erfaßt werden (→**psychodiagnostische Verfahren**). Im Rahmen dieser psychodiagnostischen Ansätze soll jedoch nicht nur die *Anpassung* des Klienten an Normen einer Bezugsgruppe erfaßt werden, sondern auch das Erreichen seiner individuellen Zielsetzungen, die u. U. in einer emanzipativen Diskrepanz zu den Normen und gesellschaftlichen Zwängen stehen. Neben *normativen Kriterien* (z. B. Verminderung eines hohen Neurotizismus-Wertes; Reduktion einer Verhaltensauffälligkeit) sind daher auch *ipsative Kriterien* (z. B. Befreiung von subjektiv erlebten Beschwerden) für einen Behandlungserfolg festzulegen.

Im Zusammenhang mit dem psychosozialen Verständnis von psychischen Problemen wird eine erfolgreiche Psychotherapie als eine psychosoziale Veränderung in verschiedenen Lebensbereichen aufgefaßt (→**Krankheitsbegriff**). Verbunden ist damit eine radikale Abkehr von dem Krankheitsbegriff und der Vorstellung, mit der Psychotherapie eine *Heilung* von einer sog. Krankheit zu erreichen. Stattdessen wird die Bewältigung einer psychosozialen Problemsituation zum unmittelbaren Ziel der Psychotherapie, wobei der Klient generalisierte und stabile Strategien erwerben soll, die ihm effektive Problembewältigungen auch nach Abschluß der Behandlung sichern (vgl. BASTINE 1981).

Dieser theoretisch begründete Katalog an Erfolgskriterien wird in der Forschungspraxis nicht annähernd realisiert – so sind in psychotherapeutischen Erfolgsstudien im Mittel sogar nur 2,2 Erfolgsmasse erhoben worden (SMITH & GLASS 1977)! Bereits durch diese Forschungspraxis sind Aussagekraft und Vergleichbarkeit psychotherapeutischer Erfolgsuntersuchungen stark beeinträchtigt, und es ist zu erwarten, daß erst künftige differenziertere Analysen einen deutlichen Erkenntnisgewinn erbringen werden.

3 Globale Erfolgsbeurteilung und Behandlungsdauer

Bei einer allgemeinen Bewertung der Psychotherapie, die vor allem aus gesundheitspolitischen Gründen notwendig sein mag, erscheinen globale Erfolgsbeurteilungen angebracht, die auch Aussagen über die notwendige Behandlungsdauer einschließen sollen. Aus theoretischen, forschungsmethodischen und pragmatischen Gesichtspunkten sind derartige Bewertungen jedoch mit großer Vorsicht zu behandeln, und es ist zu erwarten, daß die Ergebnisse mit erheblichen Unsicherheiten behaftet sind.

Meta-Analysen und zusammenfassende Arbeiten kommen zu der entsprechend allgemeinen Schlußfolgerung, daß der durchschnittliche Psychotherapie-Klient größere Verbesserungen aufweist als 75% der unbehandelten Klienten (SMITH & GLASS 1977) oder daß im Mittel mäßig positive Effekte zu verzeichnen sind (z. B. BERGIN 1971; BERGIN & LAMBERT 1978). Daß die Psychotherapie überhaupt effektiv ist, kann demnach als gesichert gelten, wobei systematische Evaluationen in erster Linie für die Verfahren der Verhaltenstherapie, der klientenzentrierten Gesprächspsychotherapie und der Psychoanalyse (und begrenzt auch für kognitive Therapien) vorliegen (→**Verhaltenstherapie**; →**Gesprächspsychotherapie**; →**Psychoanalyse**; →**kognitive Therapien**). Verhältnismäßig günstige Veränderungen sind bei der Reduktion von Ängsten und bei der Verbesserung der Selbsteinschätzung zu beobachten, während im Bereich von Schul- oder Arbeitsleistungen erwartungsgemäß weniger von der Psychotherapie profitiert wird (SMITH & GLASS 1977).

Generell ist für den Behandlungserfolg eine erhebliche *Variabilität* festgestellt worden: Psychotherapie-Klienten können sehr deutliche Verbesserungen, aber auch geringe Veränderungen oder sogar Verschlechterungen in der Behandlung erfahren (auch im Vergleich mit unbehandelten Klienten). Dieses immer wieder beobachtete Ergebnis wird als *differentielle Effektivität* bezeichnet und ist auf die Indikationsstellung oder auf die zugrunde liegenden psychotherapeutischen Prozesse zurückzuführen (→**Psychotherapie**; →**Wirkfaktoren**; →**Indikation**). Die *Behandlungsdauer* bis zum Erreichen eines befriedigenden Ergebnisses variiert beträchtlich zwischen verschiedenen Therapieformen. In einer sorgfältig angelegten psychoanalytischen Langzeitstudie (KERNBERG 1973) erhielten 21 Psychoanalyse-Klienten im Durchschnitt 835 Behandlungsstunden, bis die Behandlung als beendet angesehen wurde. Dagegen konnten bei zeitlich begrenzten klientenzentrierten Gesprächspsychotherapien bereits in 6–12 Behandlungsstunden „erhebliche Verbesserungen" (TAUSCH 1974) festgestellt werden.

Beide Behandlungen verfolgten unterschiedliche Ziele und setzten unterschiedliche Kriterien für die Beendigung ein – abgesehen davon, daß sich wahrscheinlich auch die Klientele unterschieden hat. Jedoch besteht in allen Therapierichtungen der Trend, die Behandlungsdauer zu reduzieren und es ist keineswegs mehr selbstverständlich, daß von einer Langzeitbehandlung auch selbstverständlich größere Änderungen erwartet werden. Die Reduktion der Behandlungsdauer wird unter anderem auch durch eine von vorneherein festgelegte *Zeitbegrenzung* oder durch geplante zwischenzeitliche Behandlungspausen („Intervalltherapie") erreicht. Diese zeitliche Straffung mag möglicherweise auch einigen Klienten entgegenkommen: Aus amerikanischen Ambulatorien liegen Ergebnisse vor, in denen die Mehrzahl der Klienten nur für etwa fünf Gespräche in der Behandlung blieb, obwohl das therapeutische Personal längere Psychotherapien vorgesehen hatte (GARFIELD 1978). Aber auch hier sind noch genauere Aussagen nötig, welche Intensität und Dauer der Psychotherapie bei welchen Klienten am wirksamsten ist.

4 Schädigende Effekte

Schädigende Auswirkungen konnten bei allen untersuchten Formen der Psychotherapie und auch bei sehr unterschiedlichen Klientengruppen beobachtet werden. So haben Untersuchungen in bis zu 12% der behandelten Klienten bzw. der erhobenen Erfolgskriterien Verschlechterungen festgestellt (BERGIN & LAMBERT 1978; SMITH & GLASS 1977). Mögliche negative Auswirkungen können in einer Verschlechterung der Symptomatik und der psychischen Problemlage bestehen, sowie auch in der Förderung der Abhängigkeit des Klienten, den Effekten von unrealistischen Veränderungserwartungen oder in dem Unterlassen einer möglichen (besseren) Hilfeleistung. Jede Psychotherapie enthält somit ein gewisses Risiko für eine unerwünschte Entwicklung.

Die Risiken für schädigende Einflüsse liegen vor allem in der falschen Auswahl des Behandlungsverfahrens (→**Indikation**) und in der unsachgemäßen Durchführung der Behandlung durch den Therapeuten (→**Therapeuten-Variablen**). Bei schwer gestörten Personen (mit psychotischen Störungen oder sog. Borderline-Störungen) ist die Gefahr des Fehlschlagens der Psychotherapie besonders groß, insbesondere wenn sie als einziger Behandlungszugang gewählt wird. Risiken können auch von dem Verhalten des Therapeuten ausgehen, z. B. durch inadäquate Konfrontation, durch Ablehnung des Klienten, durch ausbleibende Korrektur unrealistischer Zielsetzungen, durch Ausüben von Druck oder durch Überforderung (für Gruppentherapien z. B. LIEBERMAN, YALOM & MILES 1973). Vermutlich können erfahrene Therapeuten, für die weniger Behandlungsabbrüche berichtet werden, den riskanten Einsatz dieser Strategien besser steuern. Ein Schutz vor den Risiken der Psychotherapie wird über die fortlaufende Kontrolle der Behandlungen durch erfahrene Therapeuten oder im Team (*Supervision*) angestrebt. Vorbeugend und langfristig tragen die intensive Ausbildung der Therapeuten und die Psychotherapieforschung zur Verminderung der Gefahren bei (→**Ausbildung**; →**Psychotherapieforschung**).

5 Aufklärung von Therapie-Effekten (Effektdetermination)

Die beträchtliche Varianz psychotherapeutischer Veränderungen weist darauf hin, daß eine Reihe von Einflußgrößen auf den Behandlungserfolg einwirkt. Im wesentlichen wurden drei Einflußquellen untersucht: Die Eingangsmerkmale von Klienten, von Therapeuten und Prozeßmerkmale.

5.1 Klientenmerkmale und Therapie-Erfolg

Die Ergebnisse über die Beziehung zwischen Klientenmerkmalen und dem Therapie-Erfolg sind häufig widersprüchlich und im Ergebnis spärlich (GARFIELD 1978). Ein offenbar eindeutiger Zusammenhang besteht zwischen hohem sozioökonomischen Status des Klienten und seiner Annahme zur (besonders qualifizierten) Behandlung sowie der Wahrscheinlichkeit, daß er die Behandlung beendet; jedoch scheint der Erfolg der Behandlung nicht mit dem Status zu korrelieren. Unter den Persönlichkeitsvariablen wurde eine Prognose aufgrund der „Gestörtheit" des Klienten zu ermitteln versucht. Einige Ergebnisse sprechen dafür, daß besser integrierte und weniger gestörte Personen stärker von (verbalen) Psychotherapien profitieren. Eine Differenzierung zwischen verschiedenen Therapieansätzen scheint hier jedoch ebenso notwendig zu sein wie bei der Frage nach der Beziehung zwischen Intelligenz und Therapie-Erfolg. Die unbeeinflußten Erwartungen des Klienten an die Therapie haben sich – entgegen früheren Vermutungen – nicht als ein Prädiktor des Therapie-Erfolgs bestätigt. Dagegen ist eine Vorbereitung der Klienten auf die Behandlung im Sinne einer Vorstrukturierung der Erwartungen (Prä-Training) für den Behandlungserfolg nachgewiesenermaßen günstig.

5.2 Therapeutenmerkmale und Therapie-Erfolg

In der empirischen Forschung (GURMAN & RAZIN 1977, PARLOFF, WASKOW & WOLFE 1978) war die Suche nach bestimmten Persönlichkeitsmerkmalen erfolgreicher Psychotherapeuten vergeblich, obwohl zahlreiche Listen über die angeblich erforderlichen persönlichen Qualitäten von Therapeuten existieren. Auch konnte die Annahme einer allgemeinen „therapeutischen Potenz", die unabhängig von der Art der Klienten und deren Problemen usw. wirksam sei, nicht bestätigt werden. Ausgeprägte psychische Gestörtheit des Therapeuten beeinflußt das Therapieergebnis negativ, während die Notwendigkeit einer Eigentherapie für erfolgreiche therapeutische Tätigkeit umstritten ist. Uneindeutig sind auch die Ergebnisse zur Therapieerfahrung: Obwohl eine Tendenz zur größeren Effektivität mit zunehmender Erfahrung besteht, variieren die Befunde erheblich, was wohl auch dadurch bedingt ist, daß viele Untersuchungen nur eine geringe absolute Erfahrung der Therapeuten erfassen und erhebliche Unterschiede in der Definition der Erfahrung bestehen.

5.3 Therapieprozeß und Therapie-Erfolg

Insgesamt hat die Forschung über die Zusammenhänge zwischen Ausgangsmerkmalen von Klient und Therapeut und den Behandlungsergebnissen bisher wenig stabile Beziehungen von größerer Relevanz nachweisen können. Vermutlich ist das begründet durch die globalen Forschungsansätze, die komplexe Problemstellungen mit zu einfachen Mitteln zu lösen versuchten. Vor allem ist das Zusammenwirken der Bedingungen von Klient und Therapeut in Hinblick auf den Behandlungserfolg stärker zu berücksichtigen (vgl. ORLINSKY & HOWARD 1978).

Große Hoffnungen für die Effektivitätsbestimmung lagen daher auf der Prozeßforschung, deren Bemühungen sich vor allem auf die Wirksamkeit kontinuierlich wirkender *Basisvariablen* des Therapeutenverhaltens (→**Therapeuten-Variablen**) und auf die Effekte therapeutischer *Techniken* konzentrierten. Die Wirkungsweise psychotherapeutischer Prozesse ist durch diese Arbeiten verständlicher geworden, insbesondere auf welche Weise psychotherapeutische Veränderungen eingeleitet werden. Unsere Kenntnisse sind jedoch begrenzt, wie *bestimmte* psychotherapeutische Ziele erreicht werden und – leider damit verbunden – wie sich unerwünschte Nebenwirkungen vermeiden lassen.

Darüber hinaus fehlen genauere Vorstellungen über die Prozesse der *Veränderung* und der *Generalisierung*, die bei einer erfolgreichen Therapie beteiligt sind. Auf welche Weise wandeln sich zum Beispiel in der Therapie erworbene Einsichten zu neuen Einstellungen, Fertigkeiten oder sozialen Beziehungen und wie erfolgt die Übertragung in die reale Lebenssituation des Klienten? Diese Fragen sind bis heute noch nicht konkret zu beantworten. So konnten vergleichende Analysen von so unterschiedlichen Ansätzen wie der Verhaltenstherapie, der klientenzentrierten Gesprächspsychotherapie und der Psychoanalyse bisher lediglich zeigen, daß ihre Effektivität im Mittel quantitativ kaum voneinander zu unterscheiden ist (gleichzeitig waren sie sämtlich gegenüber unbehandelten Klienten-Gruppen überlegen; BERGIN & LAMBERT 1978). Dagegen sind qualitative Unterschiede des therapeutischen Prozesses und auch der Therapie-Effekte nur mit wenigen Ausnahmen (vgl. GRAWE 1976) und zumeist unzureichend untersucht worden. Künftige Forschungsansätze werden einen wichtigen Beitrag zur Aufklärung der differenzierten Wirkungsweise der Psychotherapie leisten müssen.

LITERATUR

BASTINE, R. Indikationen in der zielorientierten Psychotherapie. In U. BAUMANN (Hrsg.). *Indikation zur Therapie psychischer Störungen*. München: Urban & Schwarzenberg, 1981.

BERGIN, A. E. The evaluation of therapeutic outcomes. In A. E. Bergin & S. L. GARFIELD (Hrsg.) *Handbook of psychotherapy and behavior change*. New York: Wiley, 1971, 217–270.

BERGIN, A. E. & LAMBERT, M. J. The evaluation of therapeutic outcomes. In S. L. GARFIELD & A. E. BERGIN (Hrsg.). *Handbook of psychotherapy and behavior change*. New York: Wiley, 1978^2, 139–189.

GARFIELD, S. L. Research on client variables in psychotherapy. In S. L. GARFIELD & A. E. BERGIN (Hrsg.). *Handbook of psychotherapy and behavior change*. New York: Wiley, 1978^2, 191–232.

GRAWE, K. *Differentielle Psychotherapie* I. Bern: Huber, 1976.

GURMAN, A. S. & RAZIN, A. M. (Hrsg.). *Effective Psychotherapy*. New York: Pergamon, 1977.

KERNBERG, O. F. Summary and conclusion of „Psychotherapy and psychoanalysis: Final report of the Menninger Foundation's Psychotherapy Research Project". *International J. of Psychiatry*, 1973, *11*, 62–77.

LIEBERMAN, M. A., YALOM, I. D. & MILES, M. B. *Encounter Groups: First facts*. New York: Basic Books, 1973.

ORLINSKY, D. E. & HOWARD, K. I. The relation of process to outcome in psychotherapy. In S. L. GARFIELD & A. E. BERGIN (Hrsg.). *Handbook of psychotherapy and behavior change*. New York: Wiley, 1978^2, 283–329.

PARLOFF, M. B., WASKOW, I. E. & WOLFE, B. E. Research on therapist variables in relation to process and outcome. In S. L. GARFIELD & A. E. BERGIN (Hrsg.). *Handbook of psychotherapy and behavior change*. New York: Wiley, 1978^2, 233–282.

ROGERS, C. R. The necessary and sufficient conditions of therapeutic personality change. *J. of Consulting Psychology*, 1957, *21*, 95–103.

SMITH, M. L. & GLASS, G. V. Meta-Analysis of psychotherapy outcome studies. *American Psychologist*, 1977, *32*, 752–760.

TAUSCH, R. *Gesprächspsychotherapie*. Göttingen: Verlag für Psychologie, 1974^6.

Psychotherapieforschung

Klaus Grawe

1 Einleitung

Psychotherapieforschung hat begonnen mit Freuds detailliertem Studium einiger Einzelfälle. Für ihn war die psychoanalytische Sitzung in gleicher Weise Forschungssituation wie Behandlung. In enger Wechselwirkung zwischen Beobachtung, Theorienbildung und therapeutischen Interventionen entstanden so gleichzeitig die Psychoanalyse als Theorie über den Menschen sowie die Psychoanalyse als Behandlungstechnik.

In ihren Anfängen konnte Psychotherapieforschung daher in zweierlei Weise verstanden werden:

- Als *psychologische Grundlagenforschung*, die sich die Besonderheiten der psychotherapeutischen Situation als Beobachtungssituation zunutze macht. Dazu gehören insbesondere der Zugang zu sonst sehr vertraulich behandelten Informationen, der Ernstcharakter des Geschehens für die unmittelbar daran Beteiligten sowie der ganzheitliche Zusammenhang und der unmittelbare Bezug auf eine natürliche Lebenssituation, in denen sich psychische Prozesse unter diesen Bedingungen dem Beobachter darstellen.
- Als *Anwendungsforschung* mit dem Ziel, möglichst effiziente Behandlungsmethoden für Menschen mit psychischen Störungen zu entwickeln.

Von den Inhalten her könnte man zunächst meinen, daß Psychotherapieforschung als psychologische Grundlagenforschung eher das Anliegen von Psychologen und Psychotherapieforschung als Anwendungsforschung mehr Aufgabe der Medizin sein sollten. Es ist nicht ganz ohne Ironie, aber historisch doch gut erklärbar, daß die tatsächlich bestehende Zuordnung fast genau umgekehrt ist. Es sind vor allem Psychologen, die mit Nachdruck die Frage nach der Effektivität psychotherapeutischer Methoden gestellt haben und die sich auch heute besonders intensiv mit dieser Frage befassen, und es waren in der Mehrzahl Ärzte, die die Psychotherapiesituation genutzt haben, um allgemeine Vorstellungen über das psychische Funktionieren des Menschen zu entwickeln.

2 Psychotherapieforschung als psychologische Grundlagenforschung

Zum Zeitpunkt des Entstehens der Psychoanalyse gab es noch keine klinische Psychologie in unserem heutigen Sinne (→ **Klinische Psychologie**). Die Behandlung von psychischen Störungen wurde daher mit Selbstverständlichkeit als eine Sache von Ärzten angesehen. Vor dem Hintergrund des damals noch weitgehend unerschütterten medizinischen Krankheitsmodells lag es somit nahe, als Grundlage für die Behandlung psychischer Störungen ein Modell zu entwickeln, das psychische Störungen zunächst ursächlich verständlich machte, um daraus dann geeignete, auf die Beseitigung der Ursachen ausgerichtete Behandlungsmethoden abzuleiten (→ **Krank-**

heitsbegriff). Wegen der untrennbaren Verquikkung psychischer Störungen mit den alltäglichen Lebensvollzügen der betroffenen Menschen und der daraus resultierenden Komplexität der zu erklärenden Phänomene lag es darüber hinaus nahe, sehr umfassende Theorien zu entwickeln, die das Funktionieren des ganzen Menschen und damit auch das Fehl-Funktionieren in einzelnen Teilbereichen aus einer ganzheitlichen Sichtweise heraus begreiflich machen konnten.

Diese Art von Psychologie stand in starkem Gegensatz zu der sich damals gerade entwickelnden „akademischen", d. h. empirisch-wissenschaftlichen Psychologie, die sich ganz überwiegend mit der Untersuchung einzelner psychischer Funktionen wie Wahrnehmung, Gedächtnis usw. in Laborsituationen befaßte. Es ist daher nicht erstaunlich, daß die von Psychotherapeuten entwickelten Theorien über das Funktionieren des Menschen beim Laien sehr viel mehr Anklang fanden und im öffentlichen Bewußtsein einen höheren Stellenwert errangen als die beschränkteren, aber methodisch sehr viel besser ausgearbeiteten Theorien der „akademischen" Psychologie.

Leider genügen umfassende Theorien von der Art, wie sie FREUD und später viele Nachfolger entwickelten, in vielen Punkten nicht den Kriterien, die unter wissenschaftstheoretischen Gesichtspunkten an psychologische Theorien zu stellen sind. Die hauptsächliche Schwäche von Theorien wie die der Psychoanalyse, um die erste und immer noch bedeutendste dieser Theorien als Beispiel zu nehmen, besteht darin, daß sich aus dieser Theorie keine Voraussagen ableiten lassen, durch deren Überprüfung sie wenigstens potentiell widerlegt werden könnte. Das Aussagensystem ist vielmehr so angelegt, daß praktisch jedes Ergebnis nachträglich plausibel erklärt werden kann. Diese für den klinischen Praktiker ungeheuer attraktive Eigenart der psychoanalytischen Theorie stellt sie außerhalb des Kodex, der für Theorien, die zur Erklärung empirischer Sachverhalte dienen sollen, unverzichtbar ist.

Psychotherapie als Forschungssituation ist bisher also vor allem benutzt worden, um umfassende theoretische Sichtweisen vom Menschen zu entwickeln. Das Ergebnis dieser Art von Psychotherapieforschung, also einer psychologischen Forschung, die sich die besonderen Möglichkeiten der Psychotherapiesituation zunutze macht, ist bis heute allerdings eher skeptisch zu beurteilen. Theorien dieser Art haben bisher fast keine empirische Forschungstätigkeit angeregt und auch der mit der Entwicklung dieser Theorien implizit verbundene Anspruch, daß damit eine Grundlage für wirksame psychotherapeutische Interventionen geschaffen wäre, konnte bis heute nicht eingelöst werden.

3 Psychotherapieforschung als Anwendungsforschung

Die Psychoanalyse verstand sich, wie eingangs bereits erläutert, von vornherein nicht nur als Theorie über den Menschen und als Krankheitslehre, sondern auch als Behandlungsmethode. Während für die Beurteilung der Güte einer Theorie über das allgemeine Funktionieren des Menschen nach wissenschaftstheoretischen Kriterien zu prüfen ist, ob die Theorie als wahr angesehen werden kann, kann die Güte einer Behandlungsmethode nur danach beurteilt werden, ob sie ihren Zweck erfüllt. Die Beurteilung der Nützlichkeit einer Behandlungsmethode ist aber prinzipiell eine Frage der Erfahrungen, die man mit ihrer Anwendung macht, und damit eine legitime und notwendige Aufgabe empirischer Forschung.

Es ist ein häufiges Mißverständnis, welches im Bereich der Psychotherapie zu vielen unfruchtbaren Auseinandersetzungen geführt hat, daß die empirische Überprüfung der Nützlichkeit einer Behandlungsmethode gleichzeitig etwas aussagt über die Wahrheit der Theorie, auf der die Behandlungsmethode angeblich beruht. Ein solcher Schluß würde voraussetzen, daß die untersuchten Behandlungsmethoden als stringent aus bestimmten Theorien abgeleitete Hypothesen aufgefaßt werden können. In Wirklichkeit stehen die heutigen Psychotherapiemethoden nur in einem sehr losen Zusammenhang mit der angeblich zugrundeliegenden Theorie. Dies ist für viele Psychotherapiemethoden immer wieder aufgewiesen worden. Unter dem Nützlichkeitsaspekt als Versorgungsmethoden sind Therapien daher unabhängig von ihrem theoretischen Hintergrund zu beurteilen.

Psychotherapieforschung als Anwendungsforschung ist daher im Sinne von HERRMANN (1979) technologische Forschung mit dem Ziel, möglichst effiziente Methoden für die Behandlung von Menschen mit psychischen Störungen zu entwickeln. Unter diesem Gesichtspunkt stellen sich der empirischen Psychotherapieforschung vor allem die Fragen nach der *Wirkung*, der *Wirkungsweise* und der *Indikation* psychotherapeutischer Behandlungsmethoden.

Natürlich hängen diese Fragen eng miteinander zusammen. Bei dem nachfolgenden Abriß der Entwicklung der Fragestellungen in der Psychotherapieforschung wird daher versucht, die engen Zusammenhänge aufzuzeigen, die zwischen den jeweils vorherrschenden Fragen nach der Wirkung der Therapiemethoden und den Fragen nach den Faktoren, von denen diese Wirkung abhängt, in der Entwicklung der Psychotherapieforschung bestanden haben.

3.1 Entwicklung der Fragestellungen in der Psychotherapieforschung

3.1.1 Phase der Legitimation

Mit der Etablierung der Psychoanalyse als erster und damals einziger Psychotherapieform im psychiatrischen Versorgungssystem tauchte bald die Frage nach ihrer Wirksamkeit auf. Zu Beginn war durch teilweise überschwengliche Veröffentlichungen über einzelne erfolgreich verlaufene Therapien eine sehr große Erfolgserwartung geweckt worden. Mit der zunehmenden Verbreitung psychoanalytischer Therapie reichten diese Berichte gegenüber der interessierten Öffentlichkeit und einer eher skeptischen Schulmedizin als Erfolgsnachweis aber nicht lange aus. Man ging von Einzelfallstudien auf die Dokumentation von Therapieerfolgen bei größeren Fallzahlen über. Dazu war es notwendig, den Erfolg in irgendeiner Weise zu quantifizieren. Gegenüber hartnäckigen Zweiflern an der Wirksamkeit von Psychotherapie waren aber auch die zunächst benutzten groben und subjektiven Erfolgseinschätzungen durch die Psychotherapeuten selbst auf Dauer kein ausreichender Wirksamkeitsnachweis. Von daher bestand ein Druck zu immer stichhaltigeren Belegen für die Erfolge von Psychotherapie, d. h. zu immer anspruchsvolleren Erfolgskriterien und Untersuchungsanordnungen.

Ein Markstein in dieser Entwicklung ist ein Artikel von EYSENCK aus dem Jahre 1952, in dem er die Behauptung aufstellte, es gebe bisher keinerlei wissenschaftliche Belege für die Wirksamkeit von Psychotherapie. Die beobachteten Veränderungen seien vielmehr durchweg als Spontanremissionen zu erklären (→**Spontanremission**). EYSENCKs Kritik setzte für die Zukunft den methodischen Standard, daß als unabdingbare Voraussetzung für den Nachweis der Wirksamkeit einer Psychotherapiemethode ein kontrollierter Vergleich mit einer unbehandelten Kontrollgruppe vorzunehmen sei.

EYSENCKs scharfe Kritik führte über eine langandauernde und intensive wissenschaftliche Diskussion zu einem verschärften Methodenbewußtsein und in der Folge zu verstärkten Bemühungen, die Wirksamkeit von Psychotherapie nunmehr zweifelsfrei nachzuweisen. Die Tatsache, daß die psychoanalytische Therapie in dieser ersten Phase praktisch die einzige Psychotherapieform war, bestimmte im übrigen auch stark die Richtung der Fragestellungen, die darauf abzielten zu klären, *wovon* die Wirkung der Psychotherapie abhinge. Die Gründe für Unterschiede im Behandlungserfolg wurden damals ganz überwiegend im Patienten gesucht, indem versucht wurde, Unterschiede im Therapieerfolg durch Korrelationen mit Ausgangsmerkmalen der Patienten, wie Ich-Stärke, Neurotizismus, Alter, Bildungsgrad, Intelligenz, Schichtzugehörigkeit usw. aufzuklären. Eine Zusammenfassung der bis heute vorliegenden Ergebnisse über Zusammenhänge zwischen Therapieeffekten und Patientenmerkmalen findet sich bei GARFIELD (1978) (→**Psychotherapie-Effekte**, →**Klientenmerkmale**).

Charakteristisch für diese erste Phase der Psychotherapieforschung war also die selbstverständliche Gleichsetzung von Psychotherapie mit einer bestimmten Psychotherapieform angesichts des Fehlens von Alternativen. Gegeben war die Psychotherapie und es wurde gesucht nach Patienten, die dafür geeignet waren, und nicht umgekehrt.

3.1.2 Phase der Konkurrenz

EYSENCKs (1960 wiederholte) Kritik hätte wohl nicht solche Wirkung erzielt, wäre nicht in weiten Psychotherapeutenkreisen der Boden dafür bereit gewesen. Mit der zunehmenden Anwendung psychoanalytischer Therapie in der klinischen Praxis auf immer mehr Störungsbilder war vielen Therapeuten die Begrenztheit ihrer Anwendbarkeit und der tatsächlich erzielten Erfolge immer deutlicher geworden. Die daraus entstandene Unsicherheit und Unzufriedenheit war der Nährboden für die Entwicklung zunächst immer neuer Formen psychoanalytischer Therapie (→ **Neo-Psychoanalyse,** → **Individualtherapie**) und das ebenfalls in diese Zeit fallende Aufkommen der nichtdirektiven (→) **Gesprächspsychotherapie** nach ROGERS und kurz darauf der (→) **Verhaltenstherapie.**

Mit dem Aufkommen neuer Therapiemethoden mit starker Anhängerschaft verlagerte sich das Schwergewicht der Fragestellungen in der Psychotherapieforschung. Es folgte jetzt eine Phase der Konkurrenz zwischen den verschiedenen Therapieschulen.

Das einfache Schema der vorangegangenen Phase der Legitimation, nach dem eine Therapiemethode verglichen wurde mit einer unbehandelten Kontrollgruppe, wurde jetzt erweitert durch den Vergleich verschiedener Therapiemethoden miteinander. Im Zuge der übergeordneten Forschungsinteressen in dieser Phase, die ganz durch eine scharfe ideologische Auseinandersetzung zwischen den Therapieschulen bestimmt waren, dienten diese Vergleichsstudien nicht so sehr dem Zweck, durch den Vergleich jede einzelne Methode in ihrer Wirkung besser kennenzulernen, sondern fast ausschließlich dem Zweck, die Überlegenheit einer bestimmten Therapiemethode gegenüber den anderen, mit ihr verglichen, zu beweisen. Der Vergleich beschränkte sich dabei, entsprechend der übergeordneten Fragestellung, auf ein „mehr oder weniger" in einem oder sehr wenigen von vornherein festgelegten Erfolgskriterien. Man erfuhr aus diesen Vergleichsstudien daher nicht mehr, als daß sich die favorisierte Therapiemethode entweder tatsächlich als wirksamer erwiesen hatte oder daß dies nicht gelungen war. Ein positives Ergebnis wurde dann typischerweise nicht nur als Zeichen einer höheren Wirksamkeit unter den untersuchten Bedingungen interpretiert, sondern als Beweis für die größere Richtigkeit der dahinterstehenden therapeutischen Theorie.

Durch das Aufkommen neuer Therapieformen bekam allerdings nicht nur die Frage des Erfolges eine andere Funktion, es verschob sich vielmehr auch die *Lokalisation der Ursachen für Unterschiede im Therapieerfolg.*

Vor allem die Gesprächspsychotherapie rückte *den Therapeuten* in den Mittelpunkt des Forschungsinteresses. In einer Reihe von kontrollierten empirischen Untersuchungen wurde gezeigt, daß die Therapeutenvariablen „Echtheit und Selbstkongruenz", „positive Zuwendung und Wertschätzung" und „einfühlendes Verstehen, Empathie" wichtige Determinanten des Therapieerfolges waren. Mit dieser Verschiebung des Forschungsinteresses auf den Therapeuten wurden auch andere Therapeutenvariablen, wie z. B. Aktivität, Erfahrung, Tiefe der Interpretationen u.a.m. auf ihren Zusammenhang mit dem Therapieerfolg untersucht. Eine Zusammenstellung über Forschungsbefunde zu Therapeutenvariablen findet sich bei GURMAN und RAZIN (1977) (→ **Therapeutenvariablen**).

Während in dieser vor allem durch die Gesprächspsychotherapie initiierten Forschungsrichtung die Gründe für Erfolg und Mißerfolg der Therapie hauptsächlich beim Therapeuten gesucht wurden, verschob sich mit dem Aufkommen der Verhaltenstherapie das Forschungsinteresse noch einmal, nämlich nunmehr auf Aspekte der angewandten *Therapietechnik.* Es wurde z. B. untersucht, ob der Therapieerfolg bei der Angstbehandlung durch systematische Desensibilisierung wesentlich davon mitbestimmt ist, ob der Patient eigens entspannt wird oder nicht, ob ihm Angstsituationen nach ansteigender Schwierigkeit oder in ungeordneter Reihenfolge dargeboten werden usw. Entsprechend dem damaligen Credo der Verhaltenstherapie, daß der Therapieerfolg eine Frage der Anwendung der richtigen Technik sei, wurde nunmehr die Variation von technischen Vorgehensweisen in den Mittelpunkt der Forschung gestellt.

Wir können aus dieser notwendigerweise etwas vergröbernden und überzeichneten Übersicht über die Entwicklung der Fragestellungen in der Psychotherapieforschung sehen, daß die Inhalte der bisher genannten Forschungsrichtungen, ebenso wie ihre blinden Flecken, eng mit den theoretischen Vorstellungen der jeweils gerade aufkommenden Therapiemethoden zusammenhingen. Auf diese Weise hatte sich ungefähr Mitte der sechziger Jahre ein Bewußtsein für die vielfältige Determiniertheit des Therapieprozesses entwickelt mit Patientenmerkmalen, Therapeutenmerkmalen und Technikmerkmalen als den drei wichtigsten Bestimmungsfaktoren. Nachdem jede dieser drei Variablengruppen zum Gegenstand ausdrücklicher Forschungsfragestellungen gemacht worden war, fiel es in der Folge schwerer, eine dieser Variablengruppen als Determinante des Therapieprozesses und -erfolges völlig außer acht zu lassen. Hiermit war der Boden für eine neue Ausrichtung der Forschungsfragestellungen und den Übergang in eine neue Phase der Therapieforschung geschaffen.

3.1.3 Beginn differentieller Fragestellungen in der Therapieforschung

Durch die allmähliche Anhäufung von Befunden, die zeigten, wie sehr die Wirkung einer Psychotherapie von relativ geringfügigen Variationen des therapeutischen Vorgehens, von der Art der behandelten Patienten, von der Person und dem Verhalten des Therapeuten usw. abhängt, verbot es sich allmählich, von „dem" Patienten, „der" Psychotherapie, „dem" Therapeuten usw. zu sprechen. KIESLER (1966) brandmarkte diese undifferenzierte Denkweise in einem einflußreichen Artikel als „Uniformitätsmythen" und stellte für zukünftige Psychotherapiestudien folgende Forderungen auf:

Aus jeder Psychotherapiestudie müsse genau erkennbar sein, auf welchen spezifischen Bereich sie sich beziehe. Das erfordert nicht nur, daß genau beschrieben wird, welche Art von Patienten behandelt wurde, wie das untersuchte therapeutische Vorgehen genau aussah, um was für Therapeuten es sich handelte, unter welchen institutionellen Bedingungen die Behandlung erfolgte, wie lange die Behandlungen dauerten usw., sondern daß alle genannten Bedingungen, außer den ausdrücklich und kontrolliert variierten, soweit wie nur möglich konstant gehalten werden müssen. Das bedeutet also im einzelnen z. B.

- Untersuchung möglichst homogener Patientengruppen,
- weitgehende Standardisierung des untersuchten therapeutischen Vorgehens,
- möglichst große Vergleichbarkeit der Therapeuten, der Dauer der Behandlung usw.,
- multidimensionale Erfassung der Therapieeffekte (→ **Psychotherapie-Effekte**).

Nach diesen Forderungen müssen für jede Psychotherapiestudie von vornherein ihr genauer Gültigkeitsbereich eingegrenzt und eventuell später daraus abgeleitete Aussagen auf diesen Bereich beschränkt werden.

Eine Psychotherapiestudie ist nach diesem Modell um so wertvoller, je mehr der genannten Variablen gleichzeitig experimentell kontrolliert werden können, d. h. entweder konstant gehalten oder ausdrücklich variiert werden. Jede einzelne Untersuchung bringt dann von vornherein einen Kenntnisgewinn nur für einen sehr kleinen Unterbereich des Raumes, der durch die wichtigsten Variablengruppen als Dimensionen aufgespannt wird. Ein Erkenntnisfortschritt im Bereich der Psychotherapie würde danach hauptsächlich durch das allmähliche Zusammentragen von „Bausteinen" erfolgen, die diesen Raum immer mehr auffüllen. Am wertvollsten wären dabei solche Versuchspläne, die hinsichtlich mehrerer Variablengruppen gleichzeitig kontrollierte Variationen vornehmen, so daß Aussagen über die wechselseitige Abhängigkeit zwischen bestimmten Variablen möglich werden, wie etwa über die differentielle Indikation verschiedener Psychotherapiemethoden bei verschiedenen Arten von Patienten (GOLDSTEIN & STEIN 1976; →**Indikation**).

Hinsichtlich der oben genannten Forderungen sind tatsächlich in den letzten Jahren große Fortschritte in der Psychotherapieforschung gemacht worden. Ein Problem besteht jedoch darin, die Befunde aus verschiedenen Therapiestudien zusammentragen oder aufeinander beziehen zu können. Es werden so verschiedene Kategorien zur Definition und zur Unterscheidung innerhalb einer einzelnen Variablengruppe, wie z. B. des Behandlungsvorgehens oder von Therapeutenmerkmalen verwendet, daß nachträglich nicht mehr ausgemacht werden kann, inwieweit es sich in verschiedenen Untersuchungen um vergleichbare oder unterschiedliche Behandlungsbedingungen handelt. Es wird eine der wichtigsten Aufgaben für die zukünftige differentielle Psychotherapieforschung sein, hinsichtlich der wichtigsten Variablengruppen, also Patienten, Therapeuten und therapeutischen Techniken zu gemeinsamen Beschreibungskategorien zu kommen, nach denen der Gültigkeitsbereich einer einzelnen Untersuchung einigermaßen eindeutig und objektiv spezifiziert werden kann.

4 Die wichtigsten Forschungsstrategien der gegenwärtigen Psychotherapieforschung

4.1 Klinische Vergleichsstudien

Von zentraler Bedeutung für eine anwendungsbezogene Psychotherapieforschung sind umfangreiche klinische Vergleichsstudien. Damit sind solche Studien gemeint, die an „echten" Patienten unter weitgehend realen klinischen Versorgungsbedingungen und mit vollgültigen Behandlungsmethoden durchgeführt werden. Zentrale Frage der *vergleichenden Psychotherapieforschung* ist die Frage, „welche Behandlungsmethoden, durch wen angewandt, bewirken unter welchen Bedingungen bei welchen Patienten welche Effekte?", die auch als differentielle Indikationsfrage bezeichnet wird (→**Indikation**).

Klinische Vergleichsstudien haben allerdings nur dann einen Sinn, wenn sie wirklich differentielle Fragen stellen und von der Anlage und Auswertung auf die Beantwortung differentieller Fragen zugeschnitten sind. Für die Mehrzahl der bisher durchgeführten vergleichenden klinischen Therapiestudien trifft dies nicht zu. Den in einer Übersicht von LUBORSKY, SINGER & LUBORSKY (1975) erfaßten Vergleichsstudien haften überwiegend noch die Mängel an, die aus der Konkurrenzphase der Therapieforschung stammen. Studien, die nicht nur fragen, welche Behandlungsmethode *besser* ist, sondern die das, was in der Therapie geschieht, vergleichend beschreiben; die die Effekte der Therapie nicht nur quantitativ, sondern auch qualitativ vergleichen; und die vergleichend zu analysieren versuchen, wovon die Effekte in den unterschiedlichen Behandlungsbedingungen abhängig sind, sind bis heute noch sehr selten. Die wenigen Untersuchungen, in denen ausdrücklich solchen differentiellen Fragestellungen nachgegangen wurde, wie z. B. die sogenannte Temple-Studie (SLOANE, STAPLES, CRISTOL, YORKSTON & WHIPPLE 1975) und die Studien von GRAWE (1976) und PLOG (1976) haben jedoch durchweg so differenzierte Aussagen über die miteinander verglichenen Therapiemethoden ermöglicht, daß der große Aufwand, der für die Durchführung einer solchen Untersuchung notwendig ist, durchaus gerechtfertigt erscheint. Ein ausführlicher Überblick über den Stand und die Probleme der vergleichenden Psychotherapieforschung findet sich bei GRAWE (1981).

4.2 Parameterstudien

Als Parameterstudien werden solche experimentellen Untersuchungen bezeichnet, in denen einzelne angenommene Wirkungsparameter eines therapeutischen Vorgehens kontrolliert variiert und in ihrer Auswirkung auf bestimmte erwartete Veränderungen untersucht werden. Solche Untersuchungen werden vor allem im Rahmen der Verhaltenstherapie in großer Anzahl durchgeführt. Besonders viele solcher Untersuchungen wurden z. B. für einzelne Parameter der systematischen Desensibilisierung und des Modellernens vorgenommen (→**Verhaltenstherapie**).

Charakteristisch für Parameterstudien ist, daß sie fast ausschließlich an eigens für die Untersuchung rekrutierten freiwilligen Versuchspersonen mit bestimmten isolierten Problemen, wie z. B. Schlangenphobien, Angst vor öffentlichem Sprechen usw. durchgeführt werden. Die untersuchten Prozeduren sind meist nicht als vollgültige klinische Versorgungsmethoden aufzufassen, sondern streben von vornherein nur die Veränderung eines ganz bestimmten Problemverhaltens an, so daß Maße für dieses Problemverhalten meist die einzigen untersuchten Effektvariablen sind. Untersuchungen dieser Art entsprechen häufig sehr gut den oben genannten Forderungen für eine genaue Spezifizierung des jeweiligen Untersuchungsbereiches. Dieser Vorzug wird allerdings in der Regel erkauft mit einer geringen Generalisierbarkeit der Untersuchungsergebnisse auf reale Therapiesituationen.

Parameterstudien sind deshalb vor allem geeignet, um bestimmte theoretische Annahmen bezüglich der Wirkfaktoren einer bestimmten Therapietechnik zu überprüfen und zu einer theoretischen Fundierung einzelner Interventionsmethoden beizutragen. Eine der wenigen empirisch fundierten Theorien der Verhaltensänderung, BANDURAS „Self-efficacy-Theory" (1977), beruht z. B. auf solchen Parameterstudien und kann als positives Beispiel dafür genannt werden, welchen Beitrag solche Untersuchungen zur Psychotherapieforschung leisten können.

Unberechtigt ist aber das starke Überwiegen von Parameterstudien in der Therapieforschung. Nach Angaben von SMITH & GLASS (1977) können etwa 90% aller durchgeführten Vergleichsstudien den Parameterstudien zugeordnet werden. Unter dem Gesichtspunkt der praktischen Relevanz erscheint dieses zahlenmäßige Verhältnis zu klinischen Vergleichsstudien nahezu absurd. Es ist denn wohl auch weniger inhaltlich als durch die wesentlich leichtere und schnellere Durchführbarkeit von Parameterstudien begründet.

Auch wenn für die Theorienentwicklung im Bereich der Psychotherapie Parameterstudien eine große Hilfe sind, so ist die simple Übertragung eines aus der Laborpsychologie stammenden experimentellen Paradigmas auf den Bereich der Phänomene, mit denen es die Psychotherapie zu tun hat, doch grundsätzlich in Frage zu stellen. Es spricht vieles dafür, daß die isolierte Betrachtung von Einzelvariablen, wie sie in Parameterstudien bisher meist geschieht, der komplexen Natur psychotherapeutischer Veränderungsprozesse selbst dann nicht gerecht wird, wenn es sich um scheinbar sehr eingeschränkte situative Bedingungen handelt. Eine mehr ökologische Betrachtungsweise, wie sie sich in anderen Bereichen der Psychologie allmählich durchzusetzen beginnt, dürfte auch für die Erforschung der Wirkfaktoren psychotherapeutischer Methoden in sogenannten Parameterstudien durchaus von Gewinn sein.

4.3 Kontrollierte Einzelfallstudien

Allen bisher besprochenen Forschungsansätzen liegt ein kontrollierter Gruppen-Versuchsplan mit gruppenstatistischer Auswertung zugrunde. Wegen einiger Schwierigkeiten, die mit diesem Ansatz verbunden sind (Gruppenkennwerte sagen nichts über die Veränderungsprozesse beim einzelnen Menschen aus; Zusammenstellung genügend großer homogener Behandlungsgruppen ist oft schwierig; Zuweisung von Patienten zu unbehandelten Kontrollgruppen wirft ethische Bedenken auf; Repräsentativität relativ kleiner Patientenstichproben für eine bestimmte Patientenpopulation erscheint fraglich), wird von manchen Forschern die Auffassung vertreten, daß kontrollierte Einzelfallstudien eine bessere Strategie für die Psychotherapieforschung darstellten (z. B. HERSEN & BARLOW 1976).

In kontrollierten Einzelfallstudien wird versucht, den unmittelbaren Einfluß einer bestimmten therapeutischen Intervention auf einen bestimmten Verhaltensbereich beim einzelnen Patienten schlüssig nachzuweisen. Die Schlußfolgerung auf einen kausalen Wirkzusammenhang soll dabei durch eine kontrollierte Manipulation der Intervention über die Zeit erreicht werden, indem untersucht wird, inwieweit Veränderungen im fraglichen Verhaltensbereich mit dem Einsetzen der Intervention zeitlich zusammengehen. Dabei wechseln entweder interventionsfreie Zeit (A) und kontrollierte Intervention (B) einander mehrfach ab (sog. ABAB-Design) oder eine Intervention wird zeitlich versetzt auf verschiedene Verhaltensklassen angewandt (sog. muliples Grundliniendesign). Fallen Veränderungen des angezielten Verhaltens mit Beginn und Ende der Intervention zeitlich zusammen, so gilt ein kausaler Wirkzusammenhang als gesichert.

In diese Schlußfolgerungen gehen allerdings die stillschweigenden Annahmen ein, daß der Effekt einer therapeutischen Intervention mit ihrer Beendigung wieder verschwindet (ABAB-Design) und daß Veränderungen in verschiedenen Verhaltensbereichen völlig unabhängig voneinander erfolgen (multiples Grundliniendesign). Beide Annahmen erscheinen für den Psychotherapiebereich höchst problematisch. Grundsätzlich ist zu den bisher entwickelten Modellen für kontrollierte Einzelfallstudien kritisch anzumerken, daß man ihnen ihre Herkunft aus der operanten Lernpsychologie und einer naiven Verhaltenstherapie noch deutlich ansieht. Sie erscheinen vorerst noch wenig geeignet für die Aufklärung komplexer Lernprozesse und damit auch wenig geeignet, unser Verständnis dafür zu erhöhen, wie sich psychotherapeutische Veränderungsprozesse beim einzelnen Menschen abspielen (→ **operante Intervention**, → **Verhaltenstherapie**).

5 Kritische Einschätzung des bisher erreichten Standes der Psychotherapieforschung und Ausblick

Eine kritische Betrachtung des bisherigen Standes der Psychotherapieforschung gibt wenig Anlaß zur Zufriedenheit. Der überwiegende Teil der Forschungsbemühungen ist von bemerkenswerter Irrelevanz für die psychotherapeutische Praxis und hat sich dementsprechend auf sie so gut wie gar nicht ausgewirkt. Untersuchungen im klinischen Bereich selbst, die wenigstens potentiell für die Praxis wichtige Ergebnisse erbringen könnten, leiden bisher zumeist allzu sehr unter schwerwiegenden methodischen Mängeln, und der Mangel an Eindeutigkeit verhindert auch hier eine Auswirkung auf die reale Praxis.

Die Psychotherapieforschung hat daher bislang weitgehend ihren eigentlichen Zweck verfehlt. Das, was in der psychotherapeutischen Praxis real geschieht, wird in der Regel von Entwicklungen und Einflüssen bestimmt, die nicht aus der Forschung stammen. Es ist daher kein Wunder, daß psychotherapeutische Praktiker geneigt sind, den Wert von Psychotherapieforschung für ihre Praxis grundsätzlich zu bezweifeln, und sich die für ihr Handeln notwendige Sicherheit aus anderen Quellen beziehen. Der Psychotherapieforscher auf der anderen Seite ist konfrontiert mit einer psychotherapeutischen Praxis, die so weit entfernt ist von dem, was aus Forschungsergebnissen legitimierbar ist, daß er seinerseits geneigt ist, sich von dieser Praxis zu distanzieren.

Auf beiden Seiten sind also die Weichen in Richtung auf eine weitere Trennung von Psychotherapieforschung und psychotherapeutischer Praxis gestellt. Diese Weichenstellung ist auch institutionell verankert, da methodisch anspruchsvollere Überlegungen zur Psychotherapieforschung überwiegend an psychologischen Instituten entwickelt werden, die nur selten einen unmittelbaren Zugang zur Versorgungspraxis haben, während in das Versorgungssystem integrierte Praxisinstitutionen in der Regel unter so starkem Versorgungsdruck stehen, daß methodisch anspruchsvolle kontrollierte Therapiestudien aus der Sicht der dort Tätigen gar nicht in Betracht gezogen bzw. für unmöglich gehalten werden.

Es wäre jedoch kurzsichtig, diesen Zustand mit mangelnder Einsicht, fehlendem guten Willen oder Unfähigkeit der psychotherapeutischen Praktiker oder Psychotherapieforscher zu erklären. Der miserable Stand der Psychotherapieforschung steht in engem Zusammenhang mit dem Stellenwert, den unsere Gesellschaft einer optimalen Versorgung von Menschen mit psychischen Störungen generell beimißt. Das Fortbestehen eklatanter Mißstände in der Psychiatrie trotz seit langem vorhandenen Wissens und konkreter Pläne, wie man diesen Zustand verbessern könnte (→ **Gemeindepsychologie**; → **Sozialpsychiatrie**) ist ein deutliches Zeichen dafür, wie wenig Interesse die Gesellschaft insgesamt daran hat, an diesem Zustand etwas zu ändern (→ **gesellschaftliche Funktionen der Psychotherapie**). Es darf daher auch nicht wundern, daß an einer Verbesserung der Psychotherapieforschung, die ja eines der Mittel zur Veränderung dieses Zustandes sein sollte, ebenfalls kein echtes Interesse besteht. Der jeweils mögliche Standard der psychosozialen Versorgung ist sicher auch vom

Stand der Psychotherapieforschung abhängig. Diese Abhängigkeit besteht jedoch auch umgekehrt. Es sind nicht nur und wahrscheinlich nicht einmal hauptsächlich inhaltliche Gründe, die für den sehr bescheidenen Stand der Psychotherapieforschung verantwortlich sind, sondern vor allem strukturelle Aspekte der Forschungsorganisation, die wiederum mit gesellschaftspolitischen Faktoren zusammenhängen.

Ein klares Bewußtsein für diese Zusammenhänge ist die erste Voraussetzung dafür, daß die Psychotherapieforscher selbst sich gezielt günstigere organisatorische Voraussetzungen für ihre inhaltliche Arbeit schaffen können. Zielrichtung muß dabei eine stärkere Integration von methodisch anspruchsvoller, und damit aufwendiger Therapieforschung und klinischer Versorgungspraxis sein. Dort, wo dies in der Vergangenheit in Einzelfällen bereits gelungen ist, sind in der Regel auch die wenigen praxisrelevanten Forschungsergebnisse entstanden, die die Psychotherapieforschung bisher hervorgebracht hat.

Gerade diese positiven Beispiele zeigen jedoch, daß diese Art von Psychotherapieforschung nicht von Einzelforschern, sondern nur als Gruppenleistung von relativ großen Forschergruppen erbracht werden kann. Die Psychotherapieforschung muß sich daher ganz bewußt abkehren von dem Leitbild des einsamen Forscher-Genies, das in der Person von FREUD an ihrem Anfang stand.

Den Aufbau unseres Sonnensystems zu entdecken und den Mond zu erobern, erfordert wissenschaftliche Leistungen von grundverschiedener Art. Ihren KOPERNIKUS hat die Psychotherapie bereits gehabt, ihr Cape Canaveral noch nicht.

Literatur

BANDURA, A. Towards a unifying theory of behavioral change. *Psychological Review,* 1977, *84,* 191–215. Auch abgedruckt in *Advances in Behaviour Research und Therapy,* 1978, *1,* 139–161.

EYSENCK, H. J. The effects of psychotherapy: an evaluation. *Journal Consult. Psychol,* 1952, *16,* 319–324.

EYSENCK, H. J. The effects of psychotherapy. In H. J. EYSENCK (Hrsg.) *Handbook of Abnormal Psychology,* London, 1960.

GARFIELD, S. L. Research on Client Variables in Psychotherapy. In S. L. GARFIELD & A. E. BERGIN (Hrsg.) *Handbook of Psychotherapy and Behavior Change.* New-York: Wiley, 1978^2.

GARFIELD, S. L. & BERGIN, A. E. (Hrsg.) *Handbook of Psychotherapy and Behavior Change.* New-York: Wiley, 1978^2.

GRAWE, K. *Differentielle Psychotherapie* I. Indikation und spezifische Wirkung von Verhaltenstherapie und Gesprächstherapie. Eine Untersuchung an phobischen Patienten. Bern, 1976.

GRAWE, K. Vergleichende Psychotherapieforschung. In W.-R. MINSEL & R. SCHELLER (Hrsg.) *Brennpunkte der Klinischen Psychologie,* Band I: Psychotherapie. München: Kösel, 1981.

GOLDSTEIN, A.-P. & STEIN, N. (Hrsg.) *Prescriptive psychotherapies.* New-York: Pergamon Press, 1976. Deutsch: *Maßgeschneiderte Psychotherapien.* Darmstadt: Steinkopf, 1980.

GURMAN, S. & RAZIN, A. *Effective Psychotherapy.* Oxford: Pergamon Press, 1977.

HARTIG, A. *Probleme und Methoden der Psychotherapieforschung.* München: Urban & Schwarzenberg, 1975.

HERRMANN, TH. *Psychologie als Problem.* Stuttgart: Klett, 1979.

HERSEN, M. & BARLOW, D. H. *Single case experimental designs.* New-York: Pergamon Press, 1976.

KIESLER, D. J. Some myths of psychotherapy research and the search for a paradigm. *Psych. Bull.,* 1966, *65,* 110–136.

LUBORSKY, L., SINGER, B. & LUBORSKY, L. Comparative studies of psychotherapy. *Arch. Gen. Psychiat.,* 1975, *32,* 995–1008.

PLOG, U. *Differentielle Psychotherapie* II. Bern: Huber, 1976.

SLOANE, B. R., STAPLES, F. R., CRISTOL, A. H., YORKSTON, N. J. & WHIPPLE, K. Psychotherapy versus Behavior Therapy. Cambridge: Harvard University Press, 1975.

SMITH, M. & GLASS, G. Meta-analysis of psychotherapy outcome studies. *American Psychologist,* 1977, *32,* 752–760.

Die Rational-emotive Therapie*

René F. W. Diekstra

1 Einleitung

Im Bereich der kognitiven Verhaltenstherapie wird die Rational-emotive Therapie als einer der wichtigsten und strukturiertesten Ansätze angesehen (→ **Kognitive Therapie**). Die Rational-emotive Therapie wurde in den fünfziger Jahren durch den amerikanischen Psychologen Albert Ellis als Alternative vor allem zur passiv-orthodoxen Psychoanalyse wie auch zu den orthodoxen behavioristischen Therapien eingeführt. Ellis machte von Anfang an deutlich, daß die der Rational-emotiven Therapie zugrundeliegenden Ideen nicht neu sind. Sie finden sich bereits bei den Stoikern, etwa bei Marcus Aurelius und Epictetus, von dem Ellis wiederholt den Satz zitiert: Die Menschen werden nicht durch Dinge selbst verwirrt, sondern durch die Art, wie sie über sie denken.

Innerhalb der modernen Philosophie betrachtet Ellis seine Auffassungen vor allem denen Bertrand Russels als verwandt. Auch weist er weiter darauf hin, daß eine ganze Reihe der Ideen Adlers in der Rational-emotiven Therapie wiederzufinden sind. Wie diese Denker setzt auch Ellis den Menschen in den Mittelpunkt des Universums, der sich so weitgehend selbstverantwortlich für ein wenig gestörtes Dasein entscheiden kann. Emotionale Störungen haben also in wesentlichen Anteilen eine ideologische oder philosophische Grundlage.

---

* aus dem Niederländischen übersetzt von Peter A. Fiedler

2 Die kognitive Theorie der Rational-emotiven Therapie

Das Gefühl eines Menschen ist nicht nur ein einfacher Prozeß, der sich lediglich aus internen physiologischen Reaktionen und aus äußerlich wahrnehmbaren motorischen Veränderungen zusammensetzt; es wird vielmehr durch eine subjektive Bewertung äußerer Reizbedingungen der internen Reaktionen ausgeformt. Dies verdeutlicht das sog. „ABC-Modell" der Gefühle: Ein wahrgenommenes Ereignis A als <u>a</u>ktivierende Erfahrung (z. B. jemand grüßt mich beim Eintreten nicht) wird durch mich auf eine bestimmte Weise B <u>b</u>ewertet (etwa „er bemerkt mich nicht"), was schließlich zu C als der „<u>C</u>onsequence" führt (ich fühle mich angespannt und versuche, der Person aus dem Weg zu gehen). Die Bewertungen, auch „Selbstgespräche" genannt, werden über Sozialisationsprozesse und durch kulturelle Indoktrination erworben; sie bilden schließlich die Grundlage der Ideologie oder Philosophie einer Person, aber auch die „guten Werte" des Zusammenlebens einer Gruppe oder Gemeinschaft. Dieses Lernen geschieht vorrangig verbal. Dabei kommt es auch zu verbalen Selbstindoktrinationen (über Selbstverstärkung), wodurch das Bestehenbleiben (oder auch Löschen) einmal gelernter Reaktionen innerhalb des Individuums erklärbar wird. Nicht alle neurotischen Verhaltensweisen wurden in den ersten Lebensjahren erworben, sondern eine Person kann sich selbst (auch im späteren Leben noch) mit Selbstinstruktionen in einer

Weise „indoktrinieren", daß diese als neurotische Reaktion einen integralen Anteil des gegenwärtigen Verhaltens ausmachen.

In der Rational-emotiven Therapie spricht ein Therapeut immer dann von neurotischem Verhalten oder emotionalem Gestörtsein, wenn diesem „Selbstgespräche" zugrundeliegen, die durch einen oder mehrere irrationale Gedanken charakterisierbar sind, was weiter heißt, daß sie auf irreale, nicht auf Tatsachen beruhende, nicht verifizierbare und selbstschädigende Gedanken zurückzuführen sind. Ein solcher Gedanke ist beispielsweise, daß man von jedem in seiner Umgebung verehrt und geliebt werden muß, um sich glücklich fühlen zu können.

3 Das therapeutische Vorgehen

Es war für die Rational-emotive Therapie ursprünglich charakteristisch, die irrationalen Bewertungen von dem „ABC-Modell" ausgehend im Gespräch aufzuspüren, zu begreifen, zu diskutieren und zu verändern. ELLIS und andere Rational-emotive Therapeuten formulierten zudem eine ganze Reihe allgemeiner irrationaler Gedanken, die dabei als Leitfaden dienen konnten. Im Verlauf der letzten Jahre hat sich die Rational-emotive Therapie – vor allem durch Einflüsse aus der Verhaltenstherapie – zu einem umfassenden Therapiesystem fortentwickelt, in das auch andere Verfahren der Emotions- und Verhaltensänderung einbezogen werden. Die gegenwärtige Rational-emotive Therapie kennt drei, sich mehr oder weniger überlappende Unterteilungen oder Stadien: Die kognitive Restrukturierung oder rationale (Selbst-)Analyse (RSA), rational-emotive Imaginations- oder Fantasieübungen (REI) sowie ein rationales Verhaltenstraining (RVT).

So wird beispielsweise einer Mutter nicht nur dazu verholfen, etwa einzusehen, welche Gedanken sie davon abhalten, ihrem Kind etwas zu verweigern, sondern auch, warum diese Gedanken irrational sind, wie sie sie zu verändern vermag und wie rationale alternative Gedanken generiert werden können (RSA). Im Verlauf der Therapie könnte der Mutter in gedanklichen Übungen ermöglicht werden, sich, – so sie möchte – auf eine neue Weise dem Kind gegenüber zu verhalten (REI).

Hieran anschließend werden Übungen für ein Verhaltenstraining ausgewählt, um eine Kongruenz zwischen rationalen Gedanken und gewünschten Verhaltensweisen zu erreichen (RVT).

In der Therapie wird sehr konkret so gearbeitet, daß das Vorgehen vom Klienten mit nur geringem Aufwand selbst erlernt werden kann. Es wird eine starke Eigenbeteiligung vom Klienten gefordert. Langfristiges Ziel ist die Ausbildung des Klienten zu seinem eigenen Therapeuten, der in der Lage ist, die Therapie auf neue Probleme eigenständig anzuwenden. Gerade die Konkretheit und der programmatische Charakter des Vorgehens der Rational-emotiven Therapie haben inzwischen auch die Entwicklung einer Reihe von Selbsthilfeprogrammen ermöglicht (s. Literaturangaben). Rational-emotive Therapie wird in der Regel mit Einzelfällen und in der Gruppe durchgeführt.

4 Abschließende Bewertung

In den letzten Jahren sind einige empirische Untersuchungen erschienen, aus deren Ergebnissen ELLIS schließt: „Rational-emotive Therapie ist bei einer ganzen Reihe untersuchter Gruppierungen im Vergleich zu nicht-behandelten Kontrollgruppen erfolgreich, eine Überlegenheit andersartigen Therapieprogrammen gegenüber ist bisher jedoch noch nicht erwiesen". Die weitere empirische Absicherung der Effektivität des Verfahrens – insbesondere auch ihrer Kombinierbarkeit mit anderen therapeutischen Ansätzen – erscheint gegenwärtig als eine der vordringlichsten Aufgaben.

LITERATUR

DIEKSTRA, R. F. W. *Ich kann denken/fühlen was ich will*. Lisse, Holland: Swets & Zeitlinger, 1979.
ELLIS, A. *Die Rational-emotive Therapie*. München: Pfeiffer, 1977.
ELLIS, A. & GRIEGER, R. *Handbuch der Rational-emotive therapy*. München: Urban & Schwarzenberg, 1979.
MAULTSBY, M., HENDRICKS, A. & DIEKSTRA, R. F. W. *Sie und ihre Gefühle*. Lisse, Holland: Swets & Zeitlinger, 1978.

Psychotherapie bei Rauchen

Elisabeth Sedlmayr-Länger

1 Einführung

In den letzten Jahren sind das Rauchen und die Möglichkeiten seiner Behandlung zunehmend in das öffentliche Interesse gerückt. Diese Aufmerksamkeit kann auf mindestens drei *Gründe* zurückgeführt werden:

- Rauchen stellt einen Risikofaktor für eine Vielzahl von Gesundheitsschäden dar (z. B. Erkrankungen der Atmungsorgane, des Magen-Darm-Trakts und Herz-Kreislaufkrankheiten)
- Epidemiologische Untersuchungen zeigen eine Zunahme des Zigarettenverbrauchs vor allem bei Frauen und Jugendlichen und eine Vorverlegung des Beginns des Rauchens ins Kindesalter
- Es stehen effiziente Behandlungsformen zur Verfügung.

2 Behandlungsansätze

Die Palette der Beeinflussungen reicht von Aufklärungskampagnen über medizinische Maßnahmen (Hypnose, Vergabe von Medikamenten) bis zu psychologischen Behandlungsformen. Die Wahl des jeweiligen Verfahrens ist abhängig von der theoretischen Position des Therapeuten (Forschers), seiner Auffassung vom Rauchen als körperliche Sucht, Abhängigkeit, Gewohnheit oder erlerntes unangepaßtes Verhalten.

Die wissenschaftlich am besten untersuchten Behandlungsformen stammen aus der Verhaltenstherapie. Zur Anwendung kommen einmal aversive Therapien (z. B. elektrische Aversionstherapie, negative oder massierte Übung durch heiße Rauchluft oder Vervielfachen des Zigarettenkonsums) und Selbstkontrolltherapien im engeren Sinn (→**Verhaltenstherapie**; →**Selbstkontrolle**). Die zuletzt genannten Verfahren leiten sich aus Selbstregulationsmodellen ab (z. B. KANFER 1973); sie werden – oft kombiniert mit anderen Therapiemaßnahmen – zunehmend häufiger bei der Behandlung des Rauchens eingesetzt. Die Selbstkontrollverfahren leiten die Raucher meist in Form eines schrittweisen Vorgehens zur Kontrolle über die auslösenden Bedingungen des Rauchens (Stimuluskontrolle) und über die Rauchhandlungen (Reaktionskontrolle) an, kontrollieren die positiven Konsequenzen des Rauchens und verstärken das Selbstkontrollverhalten (BRENGELMANN & SEDLMAYR 1976).

3 Ergebnisse

Die Erfolge bei der Behandlung des Rauchens lassen sich nach ELLIOTT & DENNEY (1978) wie folgt zusammenfassen:

- Jedes Behandlungsprogramm führt zu einer Reduktion des Zigarettenkonsums um 30 oder 40 Prozent
- Häufig ist 3 bis 6 Monate nach Therapieende ein Rückfall auf 75 Prozent des anfänglichen Zigarettenverbrauchs zu verzeichnen
- Selten sind mehr als 13 Prozent der Therapieteilnehmer nach 3 bis 6 Monaten abstinent

- Von den Nichtrauchern am Ende der Behandlung sind meist weniger als ein Drittel nach 3 bis 6 Monaten noch abstinent.

Eine solche Erfolgsbewertung führt unmittelbar zu dem Problem der Vergleichbarkeit von Therapieuntersuchungen; denn sie unterscheiden sich z. B. häufig in der Therapiedauer, der Art und Größe der Stichproben und in den Erfolgskriterien. Trotz der Einigung in der Literatur auf die Angabe von zwei Erfolgsmaßen (Prozent der Nichtraucher und der Reduktion des Zigarettenverbrauchs) sind Meßeinheit (Zahl der Schachteln oder Zigaretten z. B.), Meßzeitpunkte (täglich, wöchentlich), Meßsituation (Labor, natürliche Umgebung) und Meßart (Fremdbeobachtung, Selbstberichte als Schätzungen oder Zählungen) meist nicht vergleichbar (→ **Psychotherapieeffekte**).

Da die bisherigen Behandlungserfolge beim Rauchen relativ unabhängig von der spezifischen Therapie und eher kurzfristig waren, geht es in jüngster Zeit vor allem um die *Erhöhung der Wirksamkeit* der Behandlung und um die *Stabilität* (Langfristigkeit) der *Therapieerfolge*. Neuere Ansätze befassen sich daher mit der Verwendung und empirischen Überprüfung von Therapiepaketen (Kombination verschiedener Therapiemaßnahmen) und Therapiemanualen (GLASGOW & ROSEN 1978; SEDLMAYR 1977). Daneben zeichnet sich in der Literatur ein verstärktes Interesse an den Effekten von Motivationsvariablen, Erwartungshaltungen und anderen kognitiven Prozessen auf den Behandlungserfolg ab (z. B. HYND, STRATTON & SEVERSON 1978).

4 Probleme

Von den *ungelösten Problemen* in der Psychotherapie des Rauchens sind abschließend vor allem zu nennen:

- Formulierung einer Theorie über die Wirkung von kombinierten Therapien; angesprochen sind hier z. B. der Zeitpunkt des Einsatzes der Therapiekomponenten während der Therapie und das Problem, ob der Behandlungserfolg als Summe der Effekte der Einzelstrategien zu verstehen ist.
- Untersuchung der Bedingungen und Prozesse beim Beginn des Rauchens.
- Untersuchung von individuellen Differenzen in der Therapieansprechbarkeit (z. B. Frage nach den Ursachen von Therapieabbrüchen).
- Entwicklung einer wirksamen Prävention.

LITERATUR

BRENGELMANN, J. C. & SEDLMAYR, E. *Experimente zur Behandlung des Rauchens*. Schriftenreihe des Bundesministers für Jugend, Familie und Gesundheit, Band 35. Stuttgart: Kohlhammer, 1976.

ELLIOTT, CH. H. & DENNEY, D. R. A multiple-component treatment approach to smoking reduction. *Journal of consulting and clinical psychology,* 1978, 46, 1330-1339.

GLASGOW, R. E. & ROSEN, G. M. Behavioral bibliotherapy: A review of self-help behavior therapy manuals. *Psychological Bulletin,* 1978, 85, 1-23.

HYND, G. W., STRATTON, T. T. & SEVERSON, H. H. Smoking treatment strategies, expectancy outcomes and credibility in attention-placebo control conditions. *Journal of clinical psychology,* 1978, 34, 182-186.

KANFER, F. H. Die Aufrechterhaltung des Verhaltens durch selbsterzeugte Stimuli und Verstärkung. In M. HARTIG (Hrsg.), *Selbstkontrolle* München: Urban & Schwarzenberg, 1973, 77-98.

SEDLMAYR, E. *Eine Chance für Raucher. Nichtraucher in 10 Wochen. Ein Trainingsprogramm.* Hrsg.: Bundeszentrale für gesundheitliche Aufklärung, Köln, 1977.

Rechtliche Grundlagen der Psychotherapie

STEFFEN FLIEGEL und BERND RÖHRLE

1 Einleitung

Widersprüche, das Fehlen wichtiger gesetzlicher Regelungen, bestimmte Mängel und Lücken innerhalb bestehender Gesetze, Unübersichtlichkeit insbesondere in Hinsicht auf leistungsrechtliche Fragen, immer häufiger werden die Gerichte zur Klärung angerufen. So läßt sich die derzeitige unbefriedigende Rechtslage bei der psychotherapeutischen Versorgung in der Bundesrepublik Deutschland kennzeichnen.

Im folgenden wird zunächst der Rechtsstatus der Psychotherapie beschrieben, wobei versucht wird, folgende Fragen zu beantworten: In welchen Gesetzen und Verordnungen ist die rechtliche Stellung zur Ausübung und Finanzierung von Psychotherapie festgelegt, und wie ist sie gekennzeichnet? Wer hat Anspruch auf Psychotherapie? Welchen Schutz haben Klienten bei psychotherapeutischer Behandlung?

Anschließend sollen - ebenfalls unbefriedigende - Versuche zur Verbesserung und letztendlich wünschenswerte Ziele bei einer Neuordnung der psychotherapeutischen Versorgung beschrieben werden.

2 Welchen Rechtsstatus hat die Psychotherapie in der Bundesrepublik?

Die selbständige Ausübung von Diagnostik und Therapie psychischer Störungen ist nach dem *Heilpraktikergesetz* (HPG) als Ausübung der Heilkunde anzusehen und damit erlaubnispflichtig (§ 1 HPG). Dies ist in der Rechtsprechung unumstritten. Als Begründung wird angeführt, daß durch diese Tätigkeiten gesundheitliche Schäden hervorgerufen werden können. § 1 HPG läßt jedoch nur approbierte Ärzte und Heilpraktiker zur Ausübung der Heilkunde zu. Psychotherapie wird aber dennoch in vielen Beratungsstellen und Kliniken von Diplom-Psychologen, Sozialarbeitern und Pädagogen selbständig durchgeführt, ohne daß diese Berufsgruppen dazu gesetzlich abgesichert sind. Die Träger der Institutionen dulden und finanzieren diese Arbeit, da sie sich als effektiv erwiesen hat, wenngleich durch das HPG verboten. Das HPG hat sich nach juristischer Meinung als untauglich erwiesen, wenn es - wie vorgesehen - den Schutz des Klienten sichern soll: Es ist nicht auf Ausbildung, Qualifikation und berufliche Tätigkeit bei der Ausübung von Psychotherapie abgestimmt. Wer heute psychotherapeutisch arbeiten will, muß nicht unbedingt dafür qualifiziert sein (vgl. HEILAND & FREITAG 1978; KÜHNE & SCHWAIGER 1976).

Einer *Zulassungskontrolle* nach dem HPG - die in der Kompetenz des Bundes liegt - unterliegen nur Ärzte und Heilpraktiker. Dementsprechend existieren auch nur für diese Berufsgruppen Verordnungen zur *Kontrolle der Berufsausübung* (z.B. Bundesärzteordnung), geregelt in Länderkompetenz. Lediglich für psychoanalytisch tätige und kassenzugelassene Diplom-Psychologen und Psychagogen wird die Ausübung der Tätigkeit über versicherungsrechtliche Regelungen (Psychotherapie-Vereinbarung) privatrechtlich kontrolliert (s. u.).

2.1 Wie wird Psychotherapie finanziert?

Die *Reichsversicherungsordnung* (RVO) regelt die öffentlichen Versicherungszweige Kranken-, Unfall- und Rentenversicherung. Gemäß der RVO ist Psychotherapie Bestandteil der Krankenpflege (§ 182 RVO), und zwar *insbesondere als ärztliche Behandlung durch approbierte Ärzte*, als *Hilfeleistung durch andere Personen* nur dann, wenn der Arzt sie anordnet oder in dringenden Fällen kein approbierter Arzt erreichbar ist (§ 122 RVO).

Das Wort „insbesondere" (im Text der am 01.10.1974 neu gefaßten RVO) räumt nach Ansicht verschiedener Juristen den Versicherungsträgern die Möglichkeit ein, den Rahmen der zu erbringenden Leistungen an neue wissenschaftliche Erkenntnisse anzupassen und andere Berufsgruppen zuzulassen, ohne daß Gesetzesänderungen notwendig werden. (Zur Möglichkeit der Finanzierung im Rahmen der Unfall- und Rentenversicherung vgl. FREITAG & HEILAND 1978).

Im Rahmen der *Sozialhilfe* (geregelt nach dem Bundessozialhilfegesetz BSHG), wird körperlich, geistig oder seelisch Behinderten vorbeugende Gesundheitshilfe (§ 36 BSHG), Krankenhilfe (§ 37 BSHG), Eingliederungshilfe (§ 39 BSHG) bzw. Hilfe zur Überwindung besonderer sozialer Schwierigkeiten gewährt (§ 72 BSHG). Gezahlt wird Sozialhilfe, wenn der/die Betroffene sich weder selbst helfen kann, die notwendige Hilfe von Angehörigen nicht erhält und auch keine Ansprüche gegen andere Sozialleistungsträger (Krankenkassen, Renten-, Unfallversicherung) geltend machen kann. Damit schließt die Sozialhilfe Lücken im Netz der sozialen Sicherung.

In seltenen Fällen kommt – zumindest in der Praxis – das *Bundesversorgungsgesetz* (Voraussetzungen für soziale Entschädigung müssen gegeben sein) und das *Arbeitsförderungsgesetz* (wenn die Vermittlung von Arbeitslosen durch Krankheit bedingt erschwert ist) als leistungsrechtliche Grundlage für Psychotherapie in Frage.

Bei der Festlegung, wer für die Leistungsfinanzierung zuständig ist, hat der Krankheitsbegriff eine wichtige Funktion. Obwohl er in der *Gesetzlichen Krankenversicherung* (GKV) die Aufgabe hat, „Versicherungsfälle" festzulegen, hat die RVO den Krankheitsbegriff nicht definiert. BIEBACK (1978) stellt fest, daß auch heute noch der vom Preußischen Oberverwaltungsgericht festgelegte Krankheitsbegriff gilt: „Krankheit ist ein regelwidriger Körper- oder Geisteszustand, der ärztlicher Behandlung bedarf ..." (S. 265). Daß sich nach Aussagen des Bundessozialgerichts (BSG) Regelwidrigkeit am „Leitbild des gesunden Menschen" orientieren muß (BSGE 26, S. 240 f.), wurde in der GKV bisher jedoch kaum relevant.

2.2 Wer hat Anspruch auf Psychotherapie und welchen Schutz haben Klienten dabei?

Grundsätzlich hat jeder Bürger nach der Reichsversicherungsordnung Anspruch auf ausreichende und sachgerechte Behandlung, was sich auch auf Psychotherapie bezieht. Daß selbständige psychotherapeutische Tätigkeit – auch im Rahmen der Sozialversicherung – grundsätzlich Ärzten vorbehalten ist, haben Gerichtsurteile in hohen Instanzen gegen die Klagen betroffener Menschen entschieden: Das Bundessozialgericht (BSG) hat in seinem Urteil vom 25.07.1979 (3 RK 97/78) festgestellt, daß Krankenkassen für ihre Versicherten keine verhaltenstherapeutische Leistung zu zahlen brauchen, wenn diese durch Diplom-Psychologen erbracht wird. Das Gericht begründet den „Ausschluß von Nicht-Ärzten" mit dem Schutz wichtiger öffentlicher Interessen. Die Behandlungsmethoden von Diplom-Psychologen sind auch keine „Hilfeleistung betroffener Personen" i.S. des § 122 RVO, da bei Diplom-Psychologen „kein Arzt anleitend, mitwirkend oder beaufsichtigend tätig" wird. (KNISCHEWSKI 1979, S. I). Somit gilt weiter, daß Krankenkassen Psychotherapie durch Diplom-Psychologen zwar finanzieren können, aber nicht müssen (s.o.).

Das Oberverwaltungsgericht Berlin hat entschieden, daß – nach genauer Prüfung des Einzelfalls – Diplom-Psychologen ohne Zulassung nach dem Heilpraktikergesetz Heilkunde in Form von Verhaltenstherapie selbständig und eigenverantwortlich ausüben dürfen. Diese Leistung muß über die Sozialhilfe finanziert werden, falls die Krankenkasse nicht zahlt (AZ: OVG VI B 31/78). In der Begründung des Urteils ist zu lesen, daß die psychotherapeutische Versorgung durch Ärzte nicht gewährleistet ist, rasche und wirksame Hilfe nicht am Streit um Finanzierungsträger scheitern darf, Verhaltenstherapie medizinisch-fachwissenschaftlich indiziert ist und die benannte Diplom-Psychologin eine qualifizierte Ausbildung besitzt.

Weiterhin hat das Bundessozialgericht Krankenkassen von ihrer Leistungspflicht befreit, wenn psychotherapeutische Interventionen nicht beim Symptomträger, sondern in seinem sozialen Umfeld ansetzen. Und dies, obwohl die soziale Genese bei der Mehrzahl der psychischen Störungen außer Frage steht (BIEBACK 1978). Der dem Bürger gewährleistete Anspruch auf Psychotherapie kann nicht erfüllt werden. Der unbefriedigende Zustand ist dadurch gekennzeichnet, daß die in diesem Bereich legal tätige Berufsgruppe der Ärzte ihren Versorgungsauftrag qualitativ und quantitativ nicht erfüllen kann. Schon heute wird der weitaus größte psychotherapeutische Versorgungsanteil durch „nicht-ärztliche" Berufsgruppen geleistet (→ **Versorgung**). Um Klarheit in die widersprüchlichen Gesetze und Verordnungen zu bringen, wird versucht, Einzelfallentscheidungen durch Gerichtsurteile herbeizuführen.

2.3 Welchen Schutz haben Klienten?

Strafrechtlich und strafprozessuell unterscheiden sich Ärzte zum Teil von anderen psychotherapeutisch tätigen Berufsgruppen: Ärzte, Diplom-Psychologen, Sozialarbeiter, -pädagogen sowie Mitarbeiter von psychosozialen Beratungsstellen dürfen nach § 203 des Strafgesetzbuches (StGB) Daten, die ihnen bei der Ausübung des Berufs bekannt werden, nicht an Dritte ohne Zustimmung des Klienten weitergeben (Schweigepflicht). Dies gilt auch für innerbehördliche Instanzen sowie bei Zivil- und Verwaltungsprozessen. Da jedoch nur Ärzten Zeugnisverweigerungsrecht (*Schweigerecht*) nach § 53 der Strafprozeßordnung (StPO) sowie Schutz vor *zwangsweiser Aktenbeschlagnahme* nach § 97 StPO zugestanden wird, können alle anderen psychotherapeutisch Tätigen zur Auskunft über Klienten im Strafprozeß gezwungen werden. Das Bundesverwaltungsgericht (BVG) hat 1972 in letzter Instanz über eine Erweiterung des § 53 StPO für andere Berufsgruppen negativ entschieden.

Das Fehlen eines Zeugnisverweigerungsrechts für psychotherapeutisch Tätige führt dazu, daß die Vertrauensbeziehung zwischen Klient und Therapeut beeinträchtigt wird. Dies gilt insbesondere für Drogenabhängige und sozial auffällige Personen. Deshalb bleibt dieser unhaltbare Zustand seit Jahren weiter in der Diskussion, trotz des entsprechenden Urteils des Bundesverwaltungsgerichts von 1972, bisher jedoch ohne Erfolg (vgl. weitere Ausführungen bei FREITAG & HEILAND 1978).

Die Qualität der Tätigkeiten der verschiedenen Berufsgruppen in der psychosozialen Versorgung wird teilweise noch mangelhaft kontrolliert. Es fehlen hinreichend qualifizierende Aus- und Weiterbildungsgänge und teamorientierte rechtliche Regelungen zur Berufszulassung und zur Kontrolle der Berufsausübung.

3 Weitere Versuche zur Legalisierung

3.1 Berufsrechtliche Neuerungen

1978 legte das Bundesministerium für Jugend, Familie und Gesundheit der Fachöffentlichkeit den Entwurf eines *Gesetzes über den Beruf des Psychotherapeuten (PsychthG)* vor. Dadurch sollte der neue Beruf „Psychotherapeut" geschaffen werden, um die Berufstätigkeit von Diplom-Psychologen als Psychotherapeuten zu legalisieren (vgl. SCHULTE & TRENK-HINTERBERGER 1979). Zahlreiche gesundheitspolitische und fachwissenschaftliche Proteste führten schließlich zur Zurücknahme des Entwurfs.

3.2 Leistungsrechtliche Neuerungen

Schon seit 1970 können Krankenkassen im Rahmen der *Psychotherapie-Vereinbarung* (letzte Fassung vom 11.06.76) Diplom-Psychologen und Psychagogen an der Kassenärztlichen Versorgung beteiligen. Diese Vereinbarung betrifft die Ausübung tiefenpsychologischer und analytischer Therapie, wodurch „Nicht-Ärzten eine Mitwirkung im Rahmen der ärztlichen Behandlung" ermöglicht wird, „die unter der überwachenden Beobachtung des Kassenarztes stattfindet und von ihm zu verantworten ist" (KNISCHEWSKI 1979, S. II). Die ersten Kontakte hat der Klient mit dem ebenfalls in Tiefenpsychologie ausgebildeten Arzt, der nach Indikationsstellung eine Zuweisung (Delegation) an den Diplom-Psychologen oder Psychagogen veranlaßt. Ein an dieser Psychotherapie-Vereinbarung angelehnter Vertrag zwischen Ersatzkrankenkassen und Kassenärztlicher Bundesvereinigung über die *Ausübung von Verhaltenstherapie in der Kassenärztlichen Versorgung* ist ab 01.10.1980 in Kraft getreten und ermöglicht vornehmlich frei niedergelassenen Diplom-Psychologen mit Zusatzausbildung per Delegationsverfahren, d.h. unter ärztlicher Aufsicht, verhaltenstherapeutisch tätig zu werden. Dies erübrigt einerseits eine Zulassung als Heilpraktiker und gewährleistet andererseits für eine bestimmte Zahl von nicht-ärztlichen Psychotherapeuten, verhaltenstherapeutische Leistungen durch die Krankenkasse finanziert zu bekommen. Dieser Vertrag, den die anderen gesetzlichen Krankenkassen zunächst abgelehnt haben, erfuhr ebenfalls massiven Protest (u. a. durch Boykott-Aufrufe), da er einen Rückschritt noch hinter die gesundheitspolitischen Implikationen des oben angesprochenen Psychotherapeutengesetzes darstellt.

KEMPER (1979) sieht rechtswissenschaftlich mehrere Verstöße dieses Vertrages gegen geltendes Recht: Die Verhaltenstherapie wird ungerechtfertigt als ärztliche Behandlung angesehen, das dort gekennzeichnete Delegationsverfahren verletzt unter Qualifikationsgesichtspunkten den Gleichheitsgrundsatz zwischen den betroffenen Berufsgruppen und könnte daher grundgesetzwidrig sein.

3.3 Gefahren dieser Neuerungen

Die aufgeführten Regelungen versuchen, Gesetzeslücken zu stopfen und bergen dabei u. E. eine Reihe von Gefahren in sich. Sie bringen nur einige minimale, kurzfristige Verbesserungen, indem sie z. B. Illegalität der Tätigkeit nicht-ärztlicher Psychotherapeuten beseitigen können oder einen Teil der verschiedenen Formen von Psychotherapien und andere psychosoziale Dienstleistungen durch die Krankenkassenversicherung finanzierbar machen. Andererseits behindern diese Neuerungen notwendige Reformen und festigen bestehende Strukturen in der psychotherapeutischen Versorgung:

- Sie stärken das ärztliche Monopol und bauen die Möglichkeit zur freien Niederlassung ohne Bedarfsplanung aus. Sie helfen damit u. a. auch, die Desintegration zwischen stationärer und ambulanter Versorgung zu festigen.
- Berufsständisch orientierte nicht-ärztliche Psychotherapeuten werden durch die standesorientierten, monopolabsichernden und privatisierenden Funktionen dieser Regelungen gestärkt.
- Die Regelungen festigen einen Krankheits- und Psychotherapiebegriff, der den derzeitigen wissenschaftlichen Erkenntnissen nicht mehr entspricht, und behindern somit in gewisser Weise auch die wissenschaftliche Weiterentwicklung im Bereich der Klinischen Psychologie und Psychotherapie (→ **Krankheitsbegriff**; → **Klinische Psychologie**; → **Psychotherapie**).
- Sie sind negativ präjudizierend (vorweg festlegend) in bezug auf notwendige, in ein psychosoziales Reformkonzept eingebettete berufsrechtliche Regelungen und behindern wesentliche Reformschritte wie z. B. den Ausbau der öffentlich-ambulanten psychosozialen Versorgung.

4 Was soll erreicht werden?

Psychotherapie kann nicht losgelöst diskutiert werden von dem komplexen Bereich der psychosozialen Versorgung, sie ist ein Teil davon. Auch ihre rechtlichen Grundlagen haben sich daher an den Bedürfnissen der betroffenen Bevölkerung und nicht an berufsständischen Interessen zu orientieren. Der Gesetzgeber muß auf Bundesebene Rahmengesetze erlassen, die eine bedarfsorientierte psychosoziale Versorgung strukturieren. Innerhalb dieser Rahmengesetze sind auf Landesebene Gesetze und Verordnungen für die Ausübung und Finanzierung von Psychotherapie zu schaffen. Daß dabei auch eine Ausweitung des Schweigerechts auf alle Berufsgruppen vonnöten ist, die im psychosozialen Bereich Kontakt mit Klienten haben, ist selbstverständlich. Die unbefriedigende gesetzliche Situation hat auch im Bereich der Aus- und Weiterbildung in Psychotherapie zu großer Unsicherheit und Unkontrolliertheit geführt. Zu schaffende gesetzliche Regelungen müssen sich daher auch auf den Ausbildungssektor erstrecken und darüber hinaus auch genügend Raum für wissenschaftliche Weiterentwicklungen lassen. Gesellschaftspolitische Bedürfnisse und die wissenschaftliche Entwicklung von Psychotherapie sind die wesentlichsten Grundlagen für die zu erarbeitende Gesetzgebung. Es ist unverantwortbar, wenn erst Etikettierungen wie „krank", „Therapie" usw. geschaffen werden müssen, damit Menschen die ihnen zustehende Hilfe erhalten können.

LITERATUR

(Die Angaben 2 und 5 bieten einen umfassenden Überblick)

BIEBACK, K.-J. Zur Neubestimmung des Krankheitsbegriffs in der GKV. *Sozialer Fortschritt,* 1978, *12,* 266–272.
FREITAG, H. O. & HEILAND, C. P. Zur psychologischen Behandlung durch nicht-ärztliche Psychotherapeuten. *Rechtswissenschaftliches Gutachten.* Tübingen (DGVT), Köln (GwG), 1978.
KEMPER, P. Rechtliche Bedenken gegen den Entwurf des Vertrages zwischen den Ersatzkassen und der Kassenärztlichen Bundesvereinigung zur Anwendung von Verhaltenstherapie. *Rechtswissenschaftliches Gutachten.* Tübingen (DGVT), 1979.
KNISCHEWSKI, E. BSG-Urteile zur Frage der Leistungspflicht der Krankenkassen bei nichtärztlichen Therapeuten. *Partner,* 1979, *10,* I–VI.
KÜHNE, H. H. & SCHWAIGER, H. *Zum Recht der Heilbehandlung durch Psychologen.* Bern: Huber, 1976.
SCHULTE, B. & TRENK-HINTERBERGER, P. „Psychotherapeut" – ein neuer Heilberuf. *Zentralblatt für Sozialversicherung, Sozialhilfe und Versorgung,* 1979, 11–12.

Rehabilitation bei psychischen Störungen

GABRIELE LUCIUS und UWE KOCH

1 Begriffsbestimmungen und Ziele

Eine definitorische Festlegung des Begriffes „Rehabilitation" ist nicht möglich, da es sich nicht um eine wissenschaftlich-methodische Begriffsbildung handelt, sondern um ein politisches Tun, Benachteiligten eine Chance zu geben. Daher ist Rehabilitation gegenüber anderen Maßnahmen und Hilfsangeboten im sozialen, pädagogischen, medizinischen und psychologischen Bereich (wie z.B. Sozialhilfe, Psychotherapie, Umschulung) nur pragmatisch abgrenzbar. Die Maßnahmen sind darauf gerichtet, einer behinderten Person geistig, seelisch und körperlich zu verhelfen, im Rahmen ihrer Fähigkeiten einen möglichst normalen Platz in der Gemeinschaft einzunehmen.

Rehabilitation im Bereich psychischer Störungen bezieht sich auf den ‚seelisch Behinderten', der nach dem Bundessozialhilfegesetz definiert ist als eine Person, bei der infolge seelischer Störungen die Fähigkeit zur Eingliederung in die Gesellschaft in erheblichem Umfange beeinträchtigt ist. Gegenüber der körperlichen Behinderung stellen sich für die Rehabilitation psychischer Störungen zusätzliche Probleme:

- Fehlen von geeigneten Meßinstrumenten zur Erkennung und Einschätzung des Ausmaßes von psychischer Behinderung.
- Starke Fluktuation des Ausmaßes der Behinderung, häufige Rezidivneigung oder Neigung zu chronischer Verschlechterung.
- Schwierigkeiten der Prognosestellung bei wechselnden Verlaufsformen.
- Starke Abhängigkeit der Anpassung und Rehabilitationsmöglichkeiten vom sozialen Kontext.
- Überwiegen von Problemen der Rollenübernahme im sozialen Umfeld gegenüber instrumentellen Schwierigkeiten.

Die Art der beruflichen und sozialen Behinderung ist abhängig von verschiedenen Faktoren, die in gegenseitiger Wechselwirkung stehen und das Ausmaß der psychischen Behinderung bestimmen. Nach WING (1976) unterscheiden wir:

1. Die prämorbide Persönlichkeit (Ausmaß der prämorbiden psychischen Auffälligkeiten).

2. Primäre Behinderung (krankheitsbedingte Fähigkeitseinbuße).

3. Sekundäre Behinderung (Reaktion des Individuums und seiner Umwelt auf die primäre Behinderung, die zu Veränderungen des Selbstbilds und Selbstvertrauensverlust bis zu schweren Verhaltensstörungen als Folge des Hospitalismus führt.

4. Äußere Faktoren (soziales Umfeld, Berufsausbildung, Sozialschichtzugehörigkeit, Familienstand etc.).

2 Grundsätze einer Maßnahmenorganisation

Ein gezielter Rehabilitationsansatz setzt an verschiedenen Punkten der primären, sekundären und äußeren Behinderung an. Er läßt sich unter verschiedenen Gesichtspunkten auf einem Kontinuum einstufen:

Grad der Institutionalisierung:

Vollinstitutionalisierte Rehabilitationsmaßnahme — Selbsthilfekonzepte

Zielsetzung der Maßnahme:

Volle berufliche und soziale Wiedereingliederung — Erhaltung oder Verbesserung der Restfähigkeiten im instrumentellen und sozio-emotionalen Bereich

Ausdehnung der Maßnahme:

Einmalige Wiedereingliederungsmaßnahme — begleitende, stützende soziale und therapeutische Angebote zur Stabilisierung und Rezidivprophylaxe

Eine angemessene Rehabilitation muß danach streben,

- der Entwicklung von Behinderungen vorzubeugen und Folgen der Krankheit sowie ihrer Behandlung abzubauen,
- eine Person, wenn möglich, in ihrer normalen sozialen Rolle zu belassen oder ihr soziales Umfeld so zu verändern, daß sie sich darin zurechtfinden kann.
- verbleibende oder neu zu erlernende Fähigkeiten so einzusetzen, daß die psychischen und ökonomischen Belastungen für den Betroffenen selbst, seine Angehörigen und für die Gesellschaft möglichst gering bleiben,
- das Risiko von Krankheitsrückfällen und Wiederaufnahmen zu verringern.

(Nach BENNET 1975, HÄFNER 1976)

Um diese Ziele verwirklichen zu können, dürfen Rehabilitationsmaßnahmen nicht nur an dafür spezialisierte Einrichtungen gebunden werden, sondern sollten im Rahmen einer gemeindenahen psychiatrischen Versorgung in allen Diensten berücksichtigt werden (→ **Gemeindepsychologie**; → **Versorgung**). Rehabilitative Hilfeleistungen sollten flexibel handhabbar und für den Patienten durchschaubar sein und ihm jederzeit ein Voranschreiten oder eine Minderung der Belastungen ermöglichen. Während der Aufbau der Einrichtungen dem Konzept der stufenweisen Zunahme an Eigeninitiative, Selbstverantwortlichkeit und beruflicher wie sozialer Integration folgt, kann im Einzelfall nicht davon ausgegangen werden, daß jeder Patient die Stufenleitern der Rehabilitation in Richtung auf eine fortschreitende Besserung und Unabhängigkeit durchlaufen kann. Den aufwendigen, hochinstitutionalisierten und einmaligen Förderungsleistungen sind deshalb begleitende, dem jeweiligen Stand angepaßte Maßnahmen vorzuziehen, die auch ein mehrmaliges Durchlaufen von bestimmten Stufen gestatten. Wichtig ist dabei die Aufrechterhaltung der Kontinuität der Zielvorstellungen und der Kommunikation zwischen behandelndem Team und Patienten.

Entsprechend der Wiedereingliederungsbereiche Berufliches und Soziales Feld lassen sich zwei Rehabilitationsachsen bestimmen, die eine Versorgungskette von der institutionalisierten Vollversorgung bis zur völligen beruflichen und sozialen Selbständigkeit beinhalten:

1. Wohnmilieu:

geschlossene Krankenhausabteilung, offene Krankenhausabteilung, Tages- oder Nachtklinik, geschütztes Wohnheim, geschützte Wohngemeinschaft, halbgeschützte Wohngemeinschaft (Familienpflege, ambulante Betreuung), ungeschütztes Wohnmilieu

2. Arbeitsmilieu:

keine Arbeit, Beschäftigungstherapie, Arbeitstherapie im Krankenhaus, spezialisiertes Zentrum von Rehabilitationsvorbereitung, geschützte Werkstätte oder Rehabilitationszentrum, halbgeschützte Normalarbeit (Spezialarrangements), ungeschütztes Arbeitsmilieu

Arbeitsanforderungen und Bedingungen des sozialen Umfeldes sollten unabhängig voneinander variierbar sein, um in jedem Bereich das am meisten fördernde Milieu gewährleisten zu können.

3 Therapeutische Ansätze

Je nach Stellung in der Rehabilitationskette und therapeutischem Konzept kommen 3 Maßnahmengruppen in der psychiatrischen Rehabilitation in Frage:

- Beschäftigungs-, Arbeits- und Berufstherapie,
- Psycho- und Soziotherapie,
- Psychopharmakotherapie.

Beschäftigungs-, Arbeits- und Berufstherapie sind unter dem Aspekt der Arbeitsrehabilitation als Einübung in normale berufliche Rollen zu verstehen (→**Beschäftigungs- und Arbeitstherapie**). Konzeptuell vollzieht sich von der Beschäftigungstherapie bis zur vollen beruflichen Wiedereingliederung ein Übergang von spielerischer, der Konfliktdarstellung dienender Tätigkeit, unter Abnahme der Freiheitsgrade eine Zunahme der im normalen Berufsleben gestellten Anforderungen an Arbeitsqualität und Arbeitshaltung bis zur vollprofessionalisierten, am Arbeitsmarkt orientierten Leistung. Um den rehabilitativen Zielen zu dienen, sollte die Arbeit sinnvoll sein, entlohnt werden, graduell an den Arbeitsnormen der Gesellschaft orientiert werden sowie nach verschiedenen Graden und Arten der Behinderung und der früheren Qualifikation differenzierbar sein (vgl. HOHM 1977).

Therapeutische Ansätze im sozioemotionalen Bereich (→**Psychotherapie**) umfassen unterschiedliche Konzepte wie psychoanalytisch, gesprächs- oder verhaltenstherapeutisch geführte Einzel- und Gruppentherapie, therapeutische Gemeinschaft und Milieutherapie mit Rollenspiel und Psychodrama, Familientherapie und Social Skills-Training bis zur Durchführung spezieller Trainingsprogramme zur Verbesserung von kognitiven Defiziten (→**konfliktorientierte Gruppentherapie**; →**Psychodrama**; →**Familientherapie**; →**Soziale Fertigkeiten**; →**Therapeutische Gemeinschaft**). Je nach therapeutischer Ideologie zielen einige Ansätze mehr auf Auseinandersetzung mit Emotionen und Bedürfnissen, Initiierung von geistigen Reifungsprozessen und Erlernen von Problemlösestrategien in beschütztem Rahmen, während andere Verfahren größeren Wert auf strukturierte Programme zur Beseitigung von instrumentellen Defiziten legen (wie z. B. Token Economy Programme bei chronisch hospitalisierten Patienten).

Bei entsprechender Indikation werden Psychopharmaka zur Rezidivprophylaxe und unter therapeutischen Aspekten eingesetzt, sollten aber stets mit sozio- und psychotherapeutischen Maßnahmen zusammen in ein Rehabilitationskonzept eingebaut sein (→**Psychopharmaka**). Besonders bei Langzeitmedikation muß die *Patienten-Compliance* als besonderes Problem berücksichtigt werden.

Den heterogenen therapeutischen Ansätzen steht ein Mangel an spezifischen Indikationsstellungen und Wissen um die Wirksamkeit einzelner Methoden als auch komplexer Rehabilitationsansätze gegenüber (→**Indikation**). Nur wenige therapeutische Techniken basieren auf einem spezifischen Konzept der Behinderung, die sie beseitigen wollen. Erste Ansätze lassen sich im Bereich der Rehabilitation von schizophrenen Erkrankungen finden (→**Schizophrenie**). Basierend auf dem experimentalpsychologisch fundierten Konzept der schizophrenen Basisstörungen (SÜLLWOLD 1976) ergeben sich therapeutische Strategien, die spezifische kognitive Defizite ausgleichen wollen, eine optimale Stimulierung des durch Unter- oder Überforderung gefährdeten Patienten anstreben und den Folgen des Zerfalls der Gewohnheitshierarchien und Interferenz von Gedanken und motorischen Tendenzen durch strukturierte Instruktion und Rückmeldung entgegenzusteuern versuchen.

4 Zur gegenwärtigen Situation der psychiatrischen Rehabilitation in der Bundesrepublik

Dem Bericht der vom Deutschen Bundestag eingesetzten Sachverständigenkommission zur Lage der Psychiatrie von 1975 (Enquete) sind folgende Daten zu entnehmen:

- jährlich sind in der BRD ca. 1 Million Personen dringend psychiatrisch oder psychotherapeutisch behandlungsbedürftig, davon ca. 600 000 Neuerkrankungen, die sich auf folgende Diagnosegruppen verteilen:

Tabelle 1. Prozentuale Anteile der Hauptdiagnose-Gruppen bei psychisch Neuerkrankten in der BRD.

Diagnose	Anteil der Hauptdiagnose in %
Neurosen und Persönlichkeitsstörungen	30,2
Schizophrenien, manisch-depressive Erkrankungen und andere Psychosen	17,6
Abbauprozesse im Alter	13,8
Geistige Behinderungen	13,2
Alkoholismus und andere Suchten	6,2
Cerebrale Anfallsleiden	3,9

(Entnommen aus der ‚Enquete')

- jährlich werden ca. 200 000 Personen stationär in psychiatrische Facheinrichtungen aufgenommen
- von den am Stichtag 30. 5. 1973 stationär Behandelten wiesen 59% eine Aufenthaltsdauer in psychiatrischen Einrichtungen von mehr als 2 Jahren, 31% von mehr als 10 Jahren auf.

Zwar liegen keine Zahlen über den Umfang notwendiger rehabilitativer Maßnahmen vor; die obigen Daten lassen aber ihren Stellenwert erkennen. Bei der Analyse des bisherigen psychiatrischen Versorgungsangebots weist die Enquete auch im Bereich rehabilitativer Maßnahmen erhebliche Defizite nach und fordert im Rahmen einer gemeindenahen Orientierung der Versorgung u. a.:

- den Ausbau der ambulanten und komplementären Angebote,
- die Verbesserung der Koordination der verschiedenen Dienste.

Die Verbesserung der Versorgung setzt eine Reform der Aus-, Weiter- und Fortbildung im Bereich der psychiatrischen Rehabilitation für alle beteiligten Berufsgruppen voraus.

LITERATUR

BENNETT, D. *Einige Bemerkungen zur Rehabilitation psychisch und geistig Behinderter in Groß-Britannien.* Bundestagsdrucksache 5/4201, 1975, 797-827.
BERICHT über die Lage der Psychiatrie in der BRD. Bundestagsdrucksache 7/4200, 1975.
HÄFNER, H. Rehabilitation Schizophrener. In G. HUBER (Hrsg.). *Therapie, Rehabilitation und Prävention schizophrener Erkrankungen.* Stuttgart: Schattauer, 1976.
HOHM, H. *Berufliche Rehabilitation von psychisch Kranken.* Beltz: Weinheim, 1977.
SÜLLWOLD, L.: Uncharakteristische Basisstadien der Schizophrenie und deren Bedeutung für die Rehabilitation von Residualsyndromen. In G. HUBER (Hrsg.). *Therapie, Rehabilitation und Prävention schizophrener Erkrankungen.* Stuttgart: Schattauer, 1976.
WING, J. K. Eine praktische Grundlage für die Soziotherapie bei Schizophrenie. In G. HUBER (Hrsg.). *Therapie, Rehabilitation und Prävention schizophrener Erkrankungen.* Stuttgart: Schattauer, 1976.

Psychotherapie bei schizophrenen Störungen

Peter A. Fiedler und Gerd Buchkremer

1 Symptomatologie und Ätiologie: Ansatzpunkte für eine Psychotherapie

Der Begriff „Schizophrenie" kennzeichnet eine psychische Störung mit enormer Vielfältigkeit in ihrer Erscheinungsform. Die Diagnosestellung ist deshalb nicht immer leicht und führte häufig zu berechtigter Kritik. Inzwischen wird jedoch weltweit – insbesondere in der Folge einer Initiative der Weltgesundheitsorganisation 1973 – in der Diagnosepraxis das sehr enge Konzept eines „zentralen schizophrenen Syndroms" angestrebt. Danach scheinen sich Auffassungen durchzusetzen, die bereits zu Beginn des Jahrhunderts von E. Bleuler im Ansatz entwickelt wurden. Bleuler (1911) unterscheidet Grundsymptome von akzessorischen Symptomen. Unter den ersteren werden Störungen des Denkens, der Affektivität und des Antriebs verstanden, unter den letzteren vor allem Wahn, Halluzinationen und katatone Störungen. Insbesondere die psychologisch-experimentelle Forschung hat die *relative* Brauchbarkeit dieser Untergliederung bestätigt (zusammengefaßt etwa bei Süllwold 1977 und Crider 1979). So lassen sich bei schizophrenen Patienten einerseits sogenannte *Basisstörungen* finden; es sind dies vor allem Störungen der expressiven und rezeptiven Sprache, sensorische und Wahrnehmungsstörungen, Gedankeninterferenzen und motorische Reaktionsinterferenzen. Zumeist als Folge dieser Basisstörungen treten mit der hier sogenannten *Sekundärsymptomatik* eine ganze Reihe weiterer Verhaltensauffälligkeiten in Erscheinung; es sind dies etwa Interpretationen der Basisstörungen durch die Patienten wie Wahnäußerungen, zudem erhöhte Erregung, Angst, Panik, Aggressivität, aber auch Rückzug und Autismus. Diese z.T. sehr auffälligen Verhaltensweisen dienen vielfach der Kompensation der Basissymptome und lassen sich somit als verzweifelte Versuche der Erkrankten verstehen, sich selbst zu helfen.

Verursachung und Aufrechterhaltung der Schizophrenie können gegenwärtig gut durch ein sogenanntes *Diathese-Streß-Modell* aufgeklärt werden: Schizophrene Reaktionen lassen sich so verstehen aus einer Interaktion zwischen einer konstitutionellen Prädisposition – der Diathese – und bedeutsamen Umwelt- und Lebenserfahrungen, die auf den Menschen als Streß einwirken (→ **Ätiologie**). Obwohl Untersuchungen genetische Bedingungen als mitverantwortlich nahelegen, sind es zumeist erhöhte soziale Beanspruchungen, bedeutsame Lebensereignisse und Lebensveränderungen und vor allem alltäglicher, nicht vermeidbarer sozialer Streß, die beim Patienten auf eine intrapsychisch instabile Bewältigungsprädisposition treffen und die so das Auftreten akuter Basisstörungen begünstigen (hierzu Wing 1977; Katschnig 1977).

2 Psychotherapie in psychotischen Episoden

Die medikamentöse Therapie spielt in der Akutbehandlung schizophrener Störungen eine wesentliche Rolle (→**Psychopharmaka**). Insbesondere bei einer sehr schweren Symptomatik stellt die Neuroleptikabehandlung eine wichtige Möglichkeit dar, dem Patienten zu helfen. Es bleibt jedoch zu bedenken, daß schizophrene Psychosen bei geeigneter Psychotherapie nicht selten auch ohne Neuroleptika abklingen.

Die mögliche Psychotherapie in einem akut psychotischen Zustand richtet sich vorrangig auf eine intrapsychische Harmonisierung und Entspannung und sucht nach Möglichkeit affektive Belastungen zu vermeiden. Dabei gilt es in besonderer Weise zu erkennen und zu berücksichtigen, in welcher subjektiv schwierigen Situation sich der Patient befindet. Es sollte beobachtet werden, welchen Weg der Patient selbst wählt, sich aus der für ihn oft hoffnungslosen Lage zu befreien. Nur zu selten wird respektiert, daß viele der Sekundärsymptome Selbsthilfeversuche von Patienten darstellen, aus denen wertvolle Hinweise auch für eine psychotherapeutische Hilfestellung zu gewinnen sind.

Im Mittelpunkt therapeutischer Initiative steht der Versuch, die menschliche Beziehung als therapeutisches Instrument einzusetzen, in der Vertrauen, Offenheit und Verständnis für die akute Notsituation des Patienten wichtig sind. Der Aufbau einer günstigen therapeutischen Beziehung zu schizophrenen Patienten ist nicht ganz leicht. Mehr noch als bei anderen psychischen Störungen erweist sich eine zu große (oft gerade als „therapeutisch" intendierte) Nähe ebenso wenig förderlich wie eine zu große emotionale *Distanz*. Für die angemessene Organisation der Therapieinteraktion spielt es eine nicht zu unterschätzende Rolle, dem Patienten eine von ihm mitzugestaltende „Intimität auf Distanz" zu ermöglichen. Es spricht viel dafür, daß dieses therapeutische Prinzip auch in der Beziehung zwischen Angehörigen und ihrem schizophrenen Familienmitglied eine wesentliche Funktion für das Gelingen rehabilitativer Maßnahmen übernimmt.

Ziele einer Akutbehandlung werden sein, dem Patienten einen für ihn akzeptablen (kompensierenden) Umgang mit den Basisstörungen zu ermöglichen und ihm beim (Wieder-) Erlernen einer erfolgreichen Selbstkontrolle in lebenspraktischen Zusammenhängen zu unterstützen (zu diesem Abschnitt insbesondere SCHARFETTER 1976; CRANCO, FOX & SHAPIRO 1978).

3 Die Kombination psychotherapeutischer und rehabilitativer Maßnahmen in der Langzeitbehandlung

Inzwischen wird allgemein versucht, der komplexen Bedingungsstruktur schizophrener Störungen durch ein mehrdimensionales Behandlungskonzept *für den Einzelfall* gerecht zu werden. Ein solches Konzept nimmt einerseits sensibel Bezug auf die spezifischen individuellen Eigenarten des Patienten, auf Stressoren „schizophren" zu reagieren. Andererseits wird es an den lebensgeschichtlich wie aktuell verantwortlichen Streßerfahrungen des Patienten auszurichten sein. Ein solches Behandlungsprogramm für den Einzelfall kann folgende Elemente umfassen:

a) Verbesserung der Möglichkeiten des Patienten im Umgang mit seinen spezifischen („schizophrenen") Reaktionen auf Streß

Hier sind einerseits Übungen sinnvoll, die dem Patienten die Wiedererlangung von Selbst-Sicherheit im Anschluß an akut psychotische Erfahrungen ermöglichen. Andererseits ist ein Training zur Früherkennung von Symptomen und Belastungssituationen angezeigt, um Rückfallrisiken rechtzeitig zu erkennen und Maßnahmen zur Prophylaxe einleiten zu können. (Zu diesem Punkt u. a. SCHARFETTER 1976).

b) Verbesserung kognitiver-sozialer Fertigkeiten zur selbständigen Problemlösung

Insbesondere nach einem langen Klinikaufenthalt scheint die Wiederherstellung von Selbstkontrolle und Selbstverantwortlichkeit vielfach nur über eine sehr *strukturierte Lerntherapie* (GOLDSTEIN 1977) möglich, in der Verfahren der konkreten Hilfestellung, der helfenden Instruktion und des Modellernens sowie eine möglichst praktische Unterstützung eine große Rolle spielen (→**Selbstkontrolle**).

c) Verbesserung der interaktionellen und sozialen Kompetenz (insbesondere im Umgang mit sozialen Stressoren)

Ein solches Training sollte die sozialen Fertigkeiten von Patienten in unterschiedlichen Lebenskontexten verbessern helfen (z. B. in der Familie und im Freundeskreis und im Beruf und im Krankenhaus). Vor allem in Rollenspielen werden vielfältige Geschicklichkeiten eingeübt. In einem Kommunikationstraining werden interpersonelle Beziehungsprobleme (insbesondere Schwierigkeiten der Nähe und Distanz zu wichtigen Bezugspersonen) thematisiert, die soziale Wahrnehmung geschult und adäquates Handeln erprobt. (Zu diesem Punkt u.a. GOLDSTEIN 1977; →**Soziale Fertigkeiten**).

d) Psychotherapie der "Compliance" und Medikations-Mitbestimmung

Je nach der Fähigkeit von Patienten zur Eigenkontrolle sollten diese motiviert werden, eine sinnvolle Medikation insbesondere in Krisenzeiten zu akzeptieren (Compliance). Dies wird am günstigsten durch eine frühzeitige Beteiligung und selbstverantwortliche Mitarbeit von Patienten an der Entscheidung erreicht, ob und wieviele Medikamente indiziert scheinen (LINDEN 1979; →**Psychopharmaka**; →**Selbstbehandlung**).

e) Beteiligung und Einbeziehung von Angehörigen

Unter anderem wird in dem Ausmaß der in Familien schizophrener Patienten ausgedrückten Gefühle (insbesondere der Feindseligkeit, der Überfürsorglichkeit und einer Häufigkeit negativer Kritik) ein wesentlicher Prädikator für die Rückfallwahrscheinlichkeit gesehen. So scheint es nicht nur sinnvoll, die Angehörigen an der Planung von Rückfallprophylaxe und Krisenmanagement zu beteiligen, sondern ihnen auch Raum für die Behandlung ihrer familiären Schwierigkeiten insbesondere im Umgang mit dem Patienten zu eröffnen (DÖRNER & GROTH 1977).

f) Maßnahmen zur gesellschaftlich-sozialen und beruflichen Rehabilitation

Hier spielen Ansatzpunkte in der gemeindenahen psychiatrischen Versorgung eine wesentliche Rolle. Die Bereitstellung von Plätzen in Tageskliniken, Tageszentren und Wohnheimen ist dabei nicht nur einfache Alternative zum psychiatrischen Großkrankenhaus; sie ist vielfach auch eine sinnvolle Alternative zum Leben in der Primärgruppe mit seinen kaum vermeidbaren Streßbedingungen. Vor allem dort lassen sich in einzelnen Fällen jene abgestuften Rahmenbedingungen herstellen, die eine soziale und berufliche Rehabilitation ermöglichen (→**Beschäftigungs- und Arbeitstherapie**; →**Gemeindepsychologie**; →**Rehabilitation**; →**Therapeutische Gemeinschaft**).

5 Abschließende Bewertung

Seit Einführung der Psychopharmaka Mitte der fünfziger Jahre nimmt die durchschnittliche Aufenthaltsdauer schizophrener Patienten in Kliniken zunehmend ab. Die Anzahl der beruflich rehabilitierten schizophrenen Patienten mit annähernd 60% der Erkrankten hat sich seitdem fast verdoppelt. Andererseits ist die Zahl der Wiederaufnahmen in stationäre Behandlung in der gleichen Zeit im gleichen Maße angestiegen (sogenannte "Drehtürpsychiatrie"). Eine Neuroleptika-Behandlung reicht also allein nicht aus, Rückfälle zu verhindern. Zudem stellen sich bei einer Langzeitmedikation oft irreversible Nebenwirkungen ein. An die Entwicklung psychotherapeutischer und rehabilitativer Konzepte werden deshalb große Hoffnungen geknüpft. Die Psychotherapieforschung steht jedoch gegenwärtig noch so weit am Anfang, daß eine abschließende Bewertung der hier vorgeschlagenen Konzepte nur sehr begrenzt möglich ist. Es spricht sehr viel für die Notwendigkeit mehrdimensionaler Behandlungsansätze. Das Gelingen solcher Einzelfallbehandlungen ist jedoch sehr stark an institutionelle Bedingungen geknüpft. Der Ausbau einer gemeindenahen psychiatrischen Versorgung ist dazu die wohl wesentlichste Voraussetzung.

LITERATUR

BLEULER, E. Dementia Praecox oder die Gruppe der Schizophrenien. In G. ASCHAFFENBURG (Hrsg.) *Handbuch der Psychiatrie*. Leipzig: Deuticke, 1911.

CRANCO, R., FOX, N. & SHAPIRO, L. E. (Hrsg.) *Behandlungstechniken bei Schizophrenie*. München: Reinhardt, 1978.

CRIDER, A. *Schizophrenia*. A biopsychological perspective. Hillsdale, N.J.: Erlbaum, 1979.

DÖRNER, K. & GROTH, R. Gruppentherapie für Angehörige. In H. KATSCHNIG (Hrsg.) *Die andere Seite der Schizophrenie*. Patienten zu Hause. München: Urban & Schwarzenberg, 1977, S. 197-205.

GOLDSTEIN, A. P. *Strukturierte Lerntherapie*. München: Urban & Schwarzenberg, 1977.

KATSCHNIG, H. Die vielen Seiten der Schizophrenie. In H. KATSCHNIG (Hrsg.) *Die andere Seite der Schizophrenie*. Patienten zu Hause. München: Urban & Schwarzenberg, 1977, S. 1-18.

LINDEN, M. Therapeutische Ansätze zur Verbesserung der „Compliance". *Der Nervenarzt,* 1979, *50,* 109-114

SCHARFETTER, CH. Die Psychopathologie Schizophrener – ein Weg zur Therapie. *Therapeutische Umschau/ Revue thérapeutique* 1976, *33,* 465-471.

SÜLLWOLD, L. *Symptome schizophrener Erkrankungen*. Uncharakteristische Basisstörungen. Berlin: Springer, 1977.

WING, J. K. Einleitung zu „Schizophrenie in Selbstzeugnissen". In H. KATSCHNIG (Hrsg.) *Die andere Seite der Schizophrenie*. Patienten zu Hause. München: Urban & Schwarzenberg, 1977, S. 21-29.

Psychotherapie in der Schule

ALEXANDER REDLICH

1 Einleitung

Lehrer nehmen immer mehr Störungen im Verhalten und Erleben ihrer Schüler wahr. Sie werden durch Unterrichtsstörungen, Pausenprügeleien, Sachzerstörungen und motorische Unruhe der Schüler erheblich belastet und beklagen Konzentrationsschwierigkeiten, Unsicherheit und Ängstlichkeit der Kinder. Ob diese Ursachen in der „krankmachenden" Schule, in der häuslichen oder gesellschaftlichen Umwelt, den Medien oder in falscher Ernährung gesehen werden – die Schulen fordern mehr therapeutische Hilfe. Diesem Bedarf kommt die Klinische Psychologie nach, indem sie neben den üblichen Therapiemethoden für Kinder und Jugendliche auch solche Methoden entwickelt hat, die von trainierten Lehrern im Klassenzimmer angewendet werden können. Darüber hinaus befindet sich das Schulsystem gegenwärtig in einem Prozeß des zunehmenden Ausbaus der schulpsychologischen Dienste und Bildungsberatungsstellen: Schulpsychologen und Beratungslehrer tragen dazu bei, daß mehr Psychotherapie in der Schule stattfindet.

2 Psychotherapeutische Methoden im Unterricht

Obgleich nahezu alle Therapierichtungen aus ihrem jeweiligen Menschenbild und den Behandlungsprinzipien auch eine Erziehungslehre im Sinne psychosozialer Prävention entwickelt haben, sind sie bisher in keiner Weise systematisch in die Bildungsplanung einbezogen worden. Die Anwendung psychotherapeutischer Prinzipien im Unterricht bleibt dem individuellen Interesse des einzelnen Lehrers überlassen. In nennenswertem Umfange haben sich deshalb gegenwärtig nur zwei therapeutische Richtungen in der Schule etablieren können: die klientenzentrierte Gesprächstherapie und die lerntheoretisch orientierte Verhaltensmodifikation.

2.1 Gesprächstherapeutisch orientierte Unterrichtsführung

Unter dem Titel „Lehrer-Schüler-Konferenz" (amer. „Teacher effectiveness training") hat GORDON (1977) ein auf den Prinzipien der klientenzentrierten Gesprächstherapie beruhendes Training für Lehrer entwickelt. Diese lernen dabei, durch freundlich zugewandtes und echtwertschätzendes Reflektieren der Gefühle von Schülern („Aktives Zuhören") sowie durch die Äußerung eigener Gefühle und Wünsche („Ich-Botschaften") Konflikte und Probleme im Klassenraum ohne Niederlage für Lehrer oder Schüler zu lösen („Niederlagelose Methode"). Aktives Zuhören anstelle von bewertenden Ratschlägen und Ich-Botschaften anstelle von Befehlen oder indirekten Botschaften sind Grundlage einer mehrstufigen Problemlösungsstrategie. Die gesprächspsychotherapeutischen Grundprinzipien werden jedoch nicht nur in einer geplanten Strategie eingesetzt, sondern sollen den gesamten Erziehungsstil des Lehrers kennzeichnen (RO-

GERS 1974). Gesprächstherapeutische Methoden in der Schule haben sich in zahlreichen Untersuchungen als wirksam erwiesen (TAUSCH 1979), während die Vermittlung dieser Methoden in Lehrertrainings wegen ihrer technologischen Ausrichtung scharf kritisiert wurde (SIGNER 1977; → **Gesprächspsychotherapie**).

2.2 Verhaltensmodifikation im Unterricht

Seit 20 Jahren werden in den USA lerntheoretische Prinzipien unter dem Stichwort „behavior modification" zur Veränderung von Lern-, Leistungs- und Verhaltensstörungen einzelner Schüler und ganzer Schülergruppen gezielt eingesetzt (→**Verhaltenstherapie**). Anfang der 70iger Jahre wurde dieser Ansatz unter dem Titel „Verhaltenstherapie in Erziehung und Unterricht" von einer Gruppe Braunschweiger Psychologen in der BRD eingeführt (BELSCHNER, HOFFMANN, SCHOTT & SCHULZE 1976). Diesem Buch folgten zahlreiche Lehrbücher zur Pädagogischen Verhaltensmodifikation (z. B. ADAMEIT, HEINRICH, MOELLER & SOMMER 1977).

Unter Anleitung eines verhaltenstherapeutisch ausgebildeten Beraters führt der Lehrer im Unterricht ein Veränderungsprogramm durch, bei dem er die Schüler für angemessenes Verhalten positiv verstärkt und störendes Verhalten durch Verstärkerentzug bzw. Verstärkeraufschub oder Löschung abbaut (→**operante Intervention**). Dieser Art pädagogischer Verhaltensmodifikation wurde massive Manipulation der Schüler und unreflektierte Anpassung an schlechte Schulbedingungen vorgeworfen. Als Antwort auf die teilweise berechtigten Vorwürfe haben REDLICH & SCHLEY (1978) eine kooperative Verhaltensmodifikation entwickelt. Sie beruht auf einem Problemlösungsmodell, das sich an den Prinzipien der Lewinschen Handlungsforschung orientiert, indem es die subjektiven Sichtweisen und Interessen der betroffenen Schüler ebenso einbezieht wie die des Lehrers. Bei der *Kooperativen Verhaltensmodifikation* werden Lehrer und Schüler durch einen Berater angeleitet, die einzelnen Problemlösungsschritte (Problemdefinition und Zielfindung, Interventionsplanung, durchführung und Erfolgsbewertung) *gemeinsam* durchzuführen. Unter den Bedingungen der Kooperativen Verhaltensmodifikation erwiesen sich die klassischen Methoden der Fremdverstärkung von Schülern durch den Lehrer als zweitrangig gegenüber dem Prozeß der gemeinsamen Problemlösung und dem Einsatz von Selbststeuerungsmethoden im Sinne der kognitiven Verhaltenstherapie (→ **kognitive Verhaltenstherapie**).

3 Schulpsychologische Dienste

In den vergangenen Jahren haben alle Bundesländer erhebliche Anstrengungen unternommen, um die schulpsychologischen Dienste auszubauen. Insbesondere die Ausbildung von Beratungslehrern ist vorangetrieben worden. Neben der Schullaufbahnberatung (Orientierung von Eltern und Schülern über mögliche Bildungsangebote) haben Schulpsychologen und Beratungslehrer in den meisten Ländern die Möglichkeit, einzelnen Schülern auch außerhalb des Klassenraumes therapeutisch bei der Bewältigung von Lern-, Leistungs- und Verhaltensstörungen zu helfen (→**Verhaltensstörungen**). Beratungslehrer sind für diese Aufgaben von einem Teil ihrer Unterrichtsverpflichtungen befreit und arbeiten im Gegensatz zu den Schulpsychologen, die mehrere Schulen betreuen, vor Ort, d. h. direkt mit Schülern, Eltern und Lehrern ihrer Schule. Je nach Ausbildung und theoretischer Orientierung des Schulpsychologen bzw. Beratungslehrers werden dabei häufig gesprächs- und verhaltenstherapeutische sowie selten auch gestalt-, spiel-, kommunikationstherapeutische, gruppendynamische und/oder psychoanalytisch orientierte Methoden in den Therapie-/Beratungsprozeß einbezogen. Da es gegenwärtig an den Schulen der BRD zuwenig entsprechend ausgebildete Schulpsychologen und Beratungslehrer gibt, um eine ausreichend therapeutische Versorgung aller betroffenen Schüler zu gewährleisten, müssen viele Schüler an Erziehungsberatungsstellen, jugendpsychiatrische Dienste, Kinderkliniken oder frei praktizierende Therapeuten weitergeleitet werden. Schulpsychologische Dienste kooperieren mit diesen Institutionen, indem dort eingeleitete Änderungsprozesse der Schüler von Schulpsychologen und Beratungslehrern an den Schulen weitergetragen werden (→**Gestalttherapie**; →**Spieltherapie**; →**Kommunikationstherapie**).

4 Perspektiven

In den letzten beiden Jahrzehnten sind Lehrer fast zu reinen Wissensvermittlern geworden. Ihre Aufgabe zur Sozialerziehung der Schüler wird mehr und mehr vernachlässigt. In die dadurch entstandene „psychosoziale Lücke" drängen heute psychotherapeutische Spezialisten. Ich halte die sich hier abzeichnende Arbeitsteilung von Fachleuten für Wissensvermittlung (Lehrer) und Fachleuten für psychosoziale Entwicklung (Psychotherapeuten) für äußerst bedenklich, da sie einem medizinischen Denkmodell folgt, nach dem angenommen wird, daß etwas im Schüler „psychisch krank" ist, das außerhalb seiner natürlichen Umwelt behandelt und geheilt werden kann: in Kliniken, therapeutischer Einzelfallhilfe, Beratungsstellen usw. Aus dieser Annahme folgt auch, daß arbeitsteilig vorgegangen wird.

Aus sozialwissenschaftlicher Sicht liegen jedoch in den meisten Fällen die Ursachen psychosozialer Störungen nicht in der Person des Schülers, sondern in seiner sozialen Umwelt; in der sozialen Interaktion mit Eltern, Mitschülern und Lehrern sowie in schulischen und familiären Lebensbedingungen (→**Ätiologie**). Folgt man sozialwissenschaftlichem Denken, so wird man therapeutische Methoden soweit wie möglich in der natürlichen Umwelt der Schüler und unter Einbeziehung ihrer Bezugspersonen einsetzen. Aus diesen Überlegungen heraus ist die Arbeitsteilung von Lehrern und Therapeuten eher zu verringern als auszubauen und stattdessen die sozialerzieherische Kompetenz der Lehrer zu fördern. Damit könnte auch die Gefahr der Stigmatisierung von Schülern vermindert werden. Das bedeutet nicht, daß Psychotherapie im Sinne einer individuellen Hilfe überflüssig wäre. Wo Therapie außerhalb der Schulklasse durch therapeutische Spezialisten unumgänglich ist, muß die Kooperation mit Lehrern verbessert werden, damit diese die therapeutischen Bemühungen auch im Unterricht zielgerichtet stützen können.

LITERATUR

ADAMEIT, H., HEINRICH, W., MÖLLER, C. & SOMMER, H. *Grundkurs Verhaltensmodifikation.* Weinheim: Beltz, 1977.
BELSCHNER, W., HOFFMANN, M., SCHOTT, F. & SCHULZE, C. *Verhaltenstherapie in Erziehung und Unterricht.* Stuttgart: Kohlhammer, 1976.
GORDON, T. *Lehrer-Schüler-Konferenz.* Hamburg: Hoffmann & Campe, 1977.
REDLICH, A. & SCHLEY, W. *Kooperative Verhaltensmodifikation im Unterricht.* München: Urban & Schwarzenberg, 1978.
ROGERS, C. R. *Lernen in Freiheit.* München: Kindler, 1974.
SIGNER, R. *Verhaltenstraining für Lehrer.* Weinheim: Beltz, 1977.
TAUSCH, R. *Erziehungspsychologie.* Göttingen: Hogrefe, 1979.

Psychotherapie und Selbstbehandlung

PETER A. FIEDLER und HERMANN KONZ

1 Einleitung

Jeder kennt aus seinem Alltag heraus Versuche, sich selbst zu behandeln. Besonders vertraut sind Beispiele der medizinischen Selbsthilfe (etwa bei Erkältungskrankheiten, bei leichten Zahn- oder Kopfschmerzen, bei Verdauungsproblemen). Aber auch bei psychosozialen Problemen (in der Familie, am Arbeitsplatz, im Freundeskreis) stehen Versuche oben an, zunächst einmal aus eigener Kraft besser zurecht zu kommen. Es folgt das ebenfalls vielfach selbst initiierte hilfesuchende Gespräch mit den Familienmitgliedern, Nachbarn und Freunden. Nur wenige Menschen suchen externe Hilfestellung, noch weniger die beraterische und therapeutische Hilfe sog. Experten (Hausarzt, Pfarrer, Psychologe, Psychiater; →**Gemeindepsychologie**).

In der Forschung und in der Diskussion zum Selbstverständnis von Psychotherapie sind diese im Vorfeld professioneller Hilfestellung liegenden Selbstbehandlungsansätze bei psychisch-sozialen Problemen längere Zeit nicht oder nur am Rande thematisiert worden. Erst im Kontext neuerer Entwicklungen (→**Selbstkontrolle**; →**Selbsthilfegruppen**) nimmt das Interesse der eher etablierten Therapieschulen zu, von den bereits vorhandenen Impulsen und Kompetenzen der Selbsthilfe ausdrücklicher als bisher auszugehen, ja sie explizit zu einem wesentlichen therapeutischen Agenz zu erheben (FIEDLER 1981).

2 Behandlung, Modifikation und Heilung psychischer Störungen als Therapieziel

Die meisten Psychotherapien gehen primär von einem sog. Defizitkonzept psychischer Störungen aus. Sie haben sich konzeptuell vorrangig auf die Veränderung oder gar „Heilung" von Verhaltensstörungen konzentriert und vor allem (Fremd-)Behandlungsverfahren hervorgebracht, die für eine Selbstanwendung wenig geeignet sind. Auch in der Art, wie diese Verfahren verändernd die bisherigen Problemlösungsstrategien von Patienten aufgreifen, läßt sich der Fremdbehandlungscharakter der Verfahren gut verdeutlichen. Beispielhaft hierfür sind viele Verfahren und Vorgehensweisen der Verhaltenstherapie: so sind etwa die Interventionsmethoden zur Angstbehandlung wie die Systematische Desensibilisierung und die Reizüberflutung zunächst weniger geeignet, durch die Patienten selbst angewandt zu werden (→**Verhaltenstherapie**; →**Angst**). Aber auch die Therapiestrategien der Psychoanalyse (etwa die Deutungen oder das therapeutische Nutzbarmachen von Übertragungs- und Widerstandsphänomenen) ebenso wie der Gesprächspsychotherapie (etwa die Verfahren der Verbalisierung, der Konfrontation und Focussierung) bedürfen der kontrollierten empathischen Mitarbeit eines Psychotherapeuten (→**Psychoanalyse**; →**Gesprächspsychotherapie**).

In der seit Jahren von allen Therapieschulen beeinflußten Diskussion um die Ziele und Wirkfaktoren psychologischer Therapie werden zunehmend die *Grenzen psychotherapeutischer Beeinflussung* deutlicher (→ **Ziele**; → **Wirkfaktoren**). Auch zwingt eine kritische Bewertung der Effektivität von Psychotherapie zu einer deutlichen Zurücknahme des Heilungsanspruchs: Eine kritische Analyse der erfolgreicheren Therapien führt immer wieder auf einen sog. „unauflöslichen Rest" (WATZLAWICK 1977, S. 64/65) der behandelten Probleme von Patienten (→ **Psychotherapie-Effekte**). Und in der Folge widriger Lebensverläufe steht jeder erfolgreich behandelte Patient zumindest potentiell in der Gefahr, erneut rückfällig zu werden. Anderseits erfordert auch die psychosoziale Betrachtung psychischer Probleme (→ **Krankheitsbegriff**) eine veränderte Therapieauffassung: Psychische Störungen lassen sich danach nicht mehr nur als „abweichendes Verhalten" beschreiben, sondern sie sind als selbstinitiierte und selbstverantwortete, wenn auch als *fehlgeschlagene* Problemlösungsversuche aufzufassen, die vom Patienten zudem oft als letzte Möglichkeit einer Selbsthilfe eingesetzt werden (HOFFMANN 1978).

Eine solche Betrachtungsweise psychischer Störungen als Folge einer mißlungenen Problembewältigung trägt nicht nur zu einem besseren Verständnis ihrer Genese bei. Wie die beiden zuvor genannten prognostischen Gesichtspunkte (der sog. „unauflösliche Rest" psychischer Störungen sowie die Rückfallwahrscheinlichkeit) erfordern sie ein Überdenken der herkömmlichen, auf Behandlung, Modifikation oder gar Heilung abzielenden Therapieansprüche. So ist es zwar langfristiges Ziel einer jeden Psychotherapie, dem Patienten dazu zu verhelfen, sein weiteres Leben ohne Psychotherapie und Psychotherapeuten selbständig zu gestalten. Die hier aufgeworfenen Probleme setzen jedoch weiterreichende Akzente: Der Patient muß auch darin unterstützt werden, jene „unauflöslichen Reste" seiner Probleme zu akzeptieren, auf Rückfälle vorbereitet sein, schließlich angesichts eines eingetretenen Rückfalls zunächst auch von sich aus Maßnahmen zu ergreifen, mit den neu aufgetretenen Problemen *eigenständig* fertig zu werden. Erst in den vergangenen Jahren werden diese Ansprüche jedoch so explizit formuliert, daß sich auch konzeptuelle Konsequenzen zeigen (SOMMER 1976). So wird es als zunehmend bedeutsamer angesehen, Patienten in der Therapie mit einem Therapieverständnis der „Hilfe zur Selbsthilfe" zu konfrontieren; mehr noch: Patienten möglichst von Anfang an zu Therapeuten ihrer selbst auszubilden.

3 Selbstbehandlung als Therapieziel

Ein solcher Anspruch, Psychotherapie nur noch so weit zu betreiben, bis der Patient in der Lage ist, sich selbst weiterzuhelfen und ohne behandelnde Unterstützung des Psychotherapeuten auszukommen, führt zu veränderten Zielen. Ging es in den traditionellen Therapieverfahren darum, dem Patienten bei seinen konkreten inhaltlichen Problemen (wie z. B. bei Ängsten, Aggressivität, Stottern, Depression) eine therapeutische Hilfestellung zu ermöglichen und die Therapie dann zu beenden, wenn sich Verbesserungen bei diesen inhaltlich konkreten Problemen ergaben, so wird es nun im Rahmen von Psychotherapie zunehmend als wichtig erachtet, dem Patienten allgemeinere Strategien *für den Umgang mit seinen Problemen* zu vermitteln. Als über- oder gleichwertig nebengeordnetes Ziel bekommt Psychotherapie die Funktion, dem Patienten z. B. Selbstkontroll- und Selbsthilfestrategien zu vermitteln, die ihn in die Lage versetzen, zukünftige Problemstellungen wahrscheinlich erfolgreicher als bisher angehen zu können. Hierbei nimmt die Befähigung des Patienten zu produktivem Problemlösen eine zentrale Stellung ein (FIEDLER 1981).

Dieses Bemühen um eine Wendung der psychotherapeutischen (Fremd-)Behandlung hin zur Selbstbehandlung ist gegenwärtig schulübergreifend zu beobachten. So sind inzwischen variantenreiche Verfahren bekannt, die ebenso vielfältige Bezeichnungen tragen, wie z. B. Selbstanalyse, Selbstinstruktion, Selbstkontrolle, Selbstmodifikation, Selbstmanagement bis hin zur Selbstbehandlung. Allgemeines Ziel dieser Verfahren ist es, einer leidenden Person zu ermöglichen, *von sich aus* Maßnahmen zu ergreifen und kontrolliert einzusetzen, um Veränderungen ihres Erlebens und Handelns herbeizuführen.

In einer solchen, eben auf Verbesserung der Selbstbehandlungskompetenz hin angelegten Psychotherapie stellt sich jedoch ein Problem in besonderer Schärfe, dem sich eine eher auf „Heilung" abzielende Fremdbehandlungskonzeption weitgehend entziehen konnte: wenn der Patient in die Psychotherapie kommt, begibt er sich zwangsläufig in eine Abhängigkeit, um *Unabhängigkeit* zu lernen. Für dieses Grundproblem therapeutischer Kooperation gilt es geeignete Lösungskonzepte zu finden. STAUSS (1981) hat die Richtung gewiesen, in der diese zu suchen wären: In der therapeutischen Beziehung (gleich welcher Orientierung) ist die *Mitverantwortung des Patienten an seiner Therapie* wesentliches Anliegen, für das der *Abbau des Machtgefälles* vom Therapeuten zum Patienten und die *Entwicklung einer reziproken Kommunikation* zum grundlegenden Prozeßziel wird.

Diese Ansprüche sind nicht etwa neu. Angesichts der hier thematisierten Therapieziele erhalten sie jedoch eine ungleich größere Bedeutung, als ihnen dies im Kontext der schulenspezifischen Therapiekonzepte zugebilligt werden konnte, geht es ja um ein ausdrückliches Infragestellen der konzeptuellen Macht, Kontrolle und Kompetenz des Therapeuten. Eine Psychotherapie mit dem Ziel „Selbstbehandlung durch den Patienten" müßte es diesem in letzter Konsequenz nämlich ermöglichen, sich der therapeutischen Einflußnahme mehr und mehr zu entziehen, ja über diese hinaus zu wachsen.

Diese Forderung führt ganz offensichtlich an Grenzen des herkömmlichen Therapieverständnisses. Insbesondere jenes vielfach konzeptuell geforderte Machtgefälle zwischen Therapeut und Patient (etwa die Therapeutenrolle in der →**Psychoanalyse**) gibt dem Therapeuten selten Möglichkeiten an die Hand, sich einer Kritik und Einflußnahme von seiten des Patienten partnerschaftlich zu stellen. So wäre es sicherlich eine lohnende Aufgabe, die vorhandenen Therapiekonzepte im Lichte der hier formulierten Ansprüche zu bewerten und eventuell zu verbessern (beispielhaft hierfür etwa die sprachtheoretische Analyse einer *therapeutischen Gesprächsführung* von MAIWALD & FIEDLER 1981).

4 Einige aktuelle Entwicklungen und Perspektiven

Die geschilderte Problematik wird heute gesehen und breit diskutiert. Vor allem die verhaltenstherapeutischen Verfahren der Selbstkontrolle sind hier als Vorläufer und Wegbereiter einer Psychotherapie mit dem Ziel der Selbstbehandlung zu nennen (→**Selbstkontrolle**). Schulübergreifend werden zunehmend denkpsychologisch begründete Ansätze des *individuellen* und *interaktionellen Problemlösens* als mögliche Orientierungshilfe für eine Strukturierung und Systematisierung von Psychotherapie und Selbstbehandlung empfohlen (FIEDLER 1981). Auch wird die stärkere Nutzung *schon vorhandener Selbsthilfepotentiale* gefordert und dabei auf die Wichtigkeit der Alltagstheorien der Patienten über ihre Probleme für eine effektive Therapie hingewiesen (GROEBEN & SCHEELE 1977). Schließlich wird eine Erweiterung des Blickfeldes über die Interaktion von Therapeut und Patient hinaus und die stärkere Berücksichtigung therapiekontextueller, institutioneller und gesellschaftlicher Bedingungen gefordert und in diesem Zusammenhang auch auf allgemeine Grundrechte von Patienten, wie etwa das Recht auf die freie Entfaltung der Person, verwiesen, letzteres vor allem mit Blick auf eine diesen Grundsätzen immer noch wenig entsprechende psychotherapeutisch-psychiatrische Versorgung (etwa PLOG 1980). Eine wesentliche Funktion im Sinne der zuletzt genannten Weiterungen übernehmen die Konzepte der Gemeindepsychologie. Eine Umsetzung der dort entwickelten Ansprüche findet sich etwa in psychosozialen Beratungsstellen, die ihr Angebot ausdrücklich mit davon abhängig machen, *wo* die „sozialen Auffangnetze" nicht mehr ausreichend sind (→**Gemeindepsychologie**). Professionelle Hilfe setzt genau dort ein, wo alltägliche Problemlösungsversuche scheitern (etwa KEUPP 1978). Diese gemeindenahe, professionell initiierte „Hilfe zur Selbsthilfe" ist vielschichtig angelegt und zielt nicht mehr nur auf eine Unterstützung des Einzelnen, sondern auf die von Familien, Gruppen, Organisationen und Solidargemeinschaften. Hierher gehört auch die professionelle Anleitung und Ausbildung von Laientherapeuten (→**Laientherapie**; →**Sozialarbeit**).

Als ein noch weiter gehender Lösungsversuch sind schließlich die in jüngster Zeit immer häufiger werdenden *Selbsthilfegruppen* zu sehen. Hier wird von „Patienten" ohne Therapeuten (als kompetenten Experten für die Lösung psychischer Störungen) versucht, Lebensschwierigkeiten selbstverantwortlich und in eigener Regie anzugehen, letzteres vielfach mit einem Erfolg, hinter dem so manche professionelle Psychotherapie weit zurückbleibt. Gerade von den Erfahrungen in und mit Selbsthilfegruppen dürften die Versuche einer Neukonzeptualisierung herkömmlicher Psychotherapieansätze nicht unwesentlich profitieren (→**Selbsthilfegruppen**).

LITERATUR

FIEDLER, P. A. (Hrsg.) *Psychotherapieziel Selbstbehandlung. Grundlagen kooperativer Psychotherapie.* Weinheim: edition psychologie im Verlag Chemie, 1981.

GROEBEN, N., SCHEELE, B. *Argumente für eine Psychologie des reflexiven Subjekts.* Darmstadt: Steinkopff, 1977.

HOFFMANN, M. Zur Genese von Verhaltensstörungen aufgrund fehlgeschlagener Problemlösungsstrategien. In Fortschritte der Verhaltenstherapie. Sonderheft I/1978 der „*Mitteilungen der DGVT*", Tübingen, 1978, S. 134-152.

KEUPP, H. Gemeindepsychologie als Widerstandsanalyse des professionellen Selbstverständnisses. In H. KEUPP & M. ZAUMSEIL (Hrsg.) *Die gesellschaftliche Organisierung psychischen Leidens.* Frankfurt: Suhrkamp, 1978, 180-220.

MAIWALD, G. & FIEDLER, P. A. Die therapeutische Funktion kooperativer Sprachformen. In P. A. FIEDLER (Hrsg.) *Psychotherapieziel Selbstbehandlung. Grundlagen kooperativer Psychotherapie.* Weinheim: edition psychologie im Verlag Chemie, 1981, 97-132.

PLOG, U. Bedingungen der ambulanten psychosozialen Behandlung und Betreuung. In *Vorgänge 43,* 1980, 71-73.

SOMMER, G. Hilfe zur Selbsthilfe (Eigensteuerung). *Funkkolleg Beratung in der Erziehung.* Deutsches Institut für Fernstudien. Weinheim: Beltz, 1976, Heft 9, 37-63.

STAUSS, H. Psychotherapie zwischen Manipulation und engagiertem Dialog. In P. A. FIEDLER (Hrsg.) *Psychotherapieziel Selbstbehandlung. Grundlagen kooperativer Psychotherapie.* Weinheim: edition psychologie im Verlag Chemie, 1981, 11-24.

WATZLAWICK, P. *Die Möglichkeit des Anderssein.* Bern: Huber, 1977.

Selbsthilfegruppen

MICHAEL LUKAS MOELLER

1 Einleitung

Im Bereich der Psychotherapie gewinnen die psychologisch-therapeutisch arbeitenden Selbsthilfegruppen zunehmend an Bedeutung. Als moderne Ursprungsform können die *Anonymen Alkoholiker* gelten, deren Konzept vier Jahrzehnte nach ihrer Gründung (Mai 1935) von zahlreichen anderen Betroffenen-Gruppen übernommen wurde. Es gibt kaum noch eine psychosoziale Belastungssituation – von der Verarbeitung schwerer Erkrankungen (Krebs) über Krisen (Scheidung) bis hin zur alltäglichen leichten Behinderung (Schüchternheit) –, die nicht zu einer eigenen Selbsthilfeorganisation führte. Vierhundertfünfzig solcher Organisationen, mit jeweils zahlreichen regionalen Kleingruppen, wurden 1979 in USA beschrieben. In westlichen Industrienationen haben sie eine stille Revolution der psychosozialen Versorgung eingeleitet. Trotz unterschiedlicher Zielsetzung und Strukturierung arbeiten sie mehr oder weniger nach einheitlichen Prinzipien, die oft der konkreten Erfahrung mit der Gruppenarbeit entspringen und sozialpsychologisch gut begründbar sind (→**Sozialpsychologische Grundlagen**).

2 Beschreibung

Zu einer Selbsthilfegruppe im Sinne einer eigenständigen Gesprächsgruppe finden sich sechs bis zwölf Betroffene zusammen, um ohne einen professionellen Leiter gemeinsam ihre Probleme zu lösen. Sie treffen sich an einem möglichst neutralen Ort einmal in der Woche abends für etwa zwei Stunden über mehrere Jahre. Eine besondere Anleitung ist nicht nötig, weil ihr Arrangement indirekt zahlreiche Bedingungen festlegt, die einen selbstgesteuerten Gruppenprozeß begünstigen: die Prinzipien der Kleingruppe, der Regelmäßigkeit und der Selbstbetroffenheit u. a. Grundlegend für den Gruppenverlauf ist das demokratische, gleichgestellte Arbeitsbündnis. Empirische Untersuchungen zeigen, daß die Ergebnisse der Arbeit in Selbsthilfegruppen denen der professionellen Gruppenbehandlung gleichen. Trotz zahlloser Schwierigkeiten eröffnet der Verbund von Selbsthilfegruppen und Psychotherapeuten oder anderen Fachleuten aus den sozialen Berufen die günstigsten Entwicklungschancen. Diese Zusammenarbeit ist auf dem sogenannten Gesamttreffen möglich. Zu einem Gesamttreffen finden sich Vertreter regionaler Selbsthilfegruppen einmal monatlich zusammen, um wechselseitig ihre Erfahrungen auszutauschen und Probleme bzw. Krisen zu besprechen, die eine einzelne Gruppe nicht zu bewältigen glaubt. Das Gesamttreffen ist die Kontaktadresse für Neue. Nur über diesen Zusammenschluß können aber auch *sozialverändernde Initiativen* wirkungsvoll werden, die gleichrangig zur *Selbstveränderung* das Doppelziel der Selbsthilfegruppen bilden. Neben weiteren Aufgaben ist hier aber auch der Ort, an dem Experten als Selbsthilfegruppenberater mitwirken können. Dafür ist ein *neues Rollenverständnis* der Experten und Laien nötig. Denn im Kontrast zur traditionellen ungleichgewichtigen Beziehung zwischen Fachleuten und Klienten berät der Experte nicht die Gruppe, sondern berät mit den Gruppen (→**Laientherapie**). Über die Schwierigkeiten, die dieses neue Rollenverständnis auf beiden Seiten macht, geht der Gesamtwiderstand gegen eigenständige Gesprächsgruppen jedoch weit hinaus: Angst vor dem unbekannten Fremden; vor Arbeiten ohne Therapeuten; vor der Erörterung persönlicher Probleme in einer Gruppe; vor der Kränkung, es nicht allein zu schaffen; vor den eigenen Konflikten und vor übler Nachrede sind auf seiten möglicher Teilnehmer die größten Barrieren. Auf seiten der Fachleute entspricht ihnen die Angst vor Konkurrenz, vor Entbehrlichwerden, vor Verlust der stabilisierenden Versorgerrolle, aber auch vor zu aktivem Eingreifen und Steuern (→**Widerstand**).

3 Entwicklungstendenzen

Die brisante Entwicklung der Selbsthilfegruppen und die heute diskutierte Erschütterung der traditionellen Expertenrolle laufen nicht auf eine Selbstaufgabe des beruflichen Helfers hinaus, sondern auf die Realisierung derselben Aufgabe in einer neuen, gleichgestellten Beziehung. Die „Hilfe zur Selbsthilfe" entwickelt sich konsequent zu einer „Hilfe zur Gruppenselbsthilfe". Sofern die latente Expertendominanz und Klientenabhängigkeit vermieden werden können, dürfte die Zusammenarbeit mit eigenständigen Gesprächsgruppen ein wesentliches Zukunftskonzept der Psychotherapie und psychosozialen Versorgung darstellen. Die zunehmende Isolation der Menschen, das Ansteigen psychosozialer Notlagen, die immer schnelleren Veränderungen unserer Lebensbedingungen und die gleichzeitige Entwicklung zu mehr Selbstbestimmung und Demokratisierung verstärken den Druck zu einem solchen Vorgehen. Der Übergang ist leicht, da Selbsthilfegruppenarbeit in sehr unterschiedlicher Weise mit der professionellen Hilfe zu verbinden ist: So als Nachfolgeselbsthilfegruppen im Anschluß an eine psychotherapeutische Einzel- oder Gruppenbehandlung; oder nach einer professionellen Anleitungsphase, die von Anfang an die Bildung einer Selbsthilfegruppe anzielt; oder in Form professioneller Begleitphasen auf Wunsch der Selbsthilfegruppen; schließlich in der genannten wechselseitigen Beratung des monatlichen Gesamttreffens usw.

Von den psychotherapeutischen Selbsthilfegruppen lassen sich weitere Arten abgrenzen. Selbstbetroffenheit und Handeln in eigener Sache sind jedoch für alle die entscheidenden gemeinsamen Merkmale. Psychotherapeutische Wirkungen dürften auch dann eintreten, wenn die Ziele primär nicht therapeutischen Charakter haben.

Medizinische Selbsthilfegruppen – wie die Rheuma-Liga, die Frauenselbsthilfe nach Krebs und weitere achtundzwanzig Vereinigungen im Bundesverband „Hilfe für Behinderte" mit über einer Viertelmillion Mitgliedern – beschränken sich bisher weitgehend auf „äußere" Selbsthilfe (juristische und soziale Beratung, Forschungsförderung und Gesetzesarbeit). Zu den bewußtseinsverändernden Selbsthilfegruppen gehören Frauengruppen der Emanzipationsbewegung oder die homosexuellen Gruppen; zu den lebensgestaltenden Selbsthilfegruppen u. a. die Landkommunen. In arbeitsorientierten Selbsthilfegruppen haben sich jugendliche, aber auch ältere Arbeitslose zusammengefunden, um sich eine berufliche Tätigkeit zu erschließen. Mehr und mehr entwickeln sich auch ausbildungsorientierte Selbsthilfegruppen – etwa für Sozialarbeiter zur Vertiefung und emotionalen Integration des Studiums oder für Psychotherapeuten als selbstorganisierte Fortbildung. Schließlich sind alle Bürgerinitiativen zu den Selbsthilfegruppen zu zählen.

LITERATUR

GARTNER, A. & RIESSMAN, F. *Self-Help in the Human Services*. New York: Jossey Bass, 1977.
KATZ, A. H. & BENDER, E. J. (Hrsg.) *The Strength in Self-Help-Groups in the Modern World*. New York: New Viewpoints, 1976.
MOELLER, M. L. *Selbsthilfegruppen*. Reinbek: Rowohlt, 1978.
MOELLER, M. L. *Erfahren statt Geführtwerden*. Stuttgart: Klett-Cotta, 1981.
ROBINSON, D. & STUART, H. *Self-Help and Mutual Aid for Modern Problems*. Bungay, Suffolk: Richard Clay, 1977.

Selbstkontrolle

Frederick H. Kanfer

1 Begriff und Konzept

Seit Jahrhunderten versuchen Philosophen, Theologen und Pädagogen jene Prozesse zu verstehen, durch welche ein Mensch in der Lage ist, sein eigenes Verhalten angesichts entgegenwirkender Einflüsse aus seiner sozialen oder physischen Umgebung oder aber aus seinen eigenen biologischen Mechanismen zu steuern. Zur Erklärung wurden Konzepte wie Ichstärke, Moral oder Willensstärke herangezogen. Ganz allgemein faßte man früher Selbstkontrolle als individuellen Charakterzug auf. In der Psychotherapie wurden Neigung zu Suchtverhalten, schlechte Impulskontrolle und starke Abhängigkeit von äußeren Einflüssen mit mangelnder Selbstkontrolle in Verbindung gebracht.

Die neuere Forschung und die auf Selbstkontrollmodellen basierenden Verhaltensveränderungsprogramme wurden sehr stark von Skinners Definition der Selbstkontrolle beeinflußt. Gegenwärtig wenden Autoren den Begriff auf solche Situationen an, in denen ein Mensch versucht, die ursprüngliche Auftrittswahrscheinlichkeit eines Verhaltens (das *kontrollierte Verhalten*) zu verändern, welches zu *konflikthaften Konsequenzen* neigt. Dabei werden jene Variablen zu verändern gesucht, von denen dieses Verhalten funktional abhängig ist. Die Handlungen dieses Menschen, genannt *kontrollierende Verhaltensweisen*, können Umweltveränderungen, biologische Veränderungen, die Verwendung von Selbstbelohnung und Selbstbestrafung, oder das Hervorrufen konkurrierender kognitiver bzw. motorischer Verhaltensweisen beinhalten; und zwar so, daß die Wahrscheinlichkeit oder das Auftreten des kontrollierten Verhaltens verändert wird. So beschreibt Selbstkontrolle spezifische Verhaltensweisen, die von einer Person in einer konflikthaften Situation angewandt werden, um andere Handlungen oder Ereignisse zu beeinflussen, welche zum Konflikt beitragen. Dies kann also nicht vom behavioralen Inhalt allein bestimmt werden. Es erfordert ein Wissen über die frühere Geschichte dieser Person hinsichtlich der vorhandenen Auswahlmöglichkeiten in jener Situation. Für die Psychotherapie bedeutet diese Definition, daß man Klienten in einer Anzahl von Techniken schult, welche entweder ihre Umgebung oder ihr eigenes Verhalten verändern können.

Der *behaviorale Ansatz* impliziert, daß Selbstkontrolle ein Übergangsprozeß sei, der für eine begrenzte Auswahl von Situationen gilt und von unterschiedlicher Effektivität ist; diese hängt von den momentanen Umwelteinflüssen, den biologischen und den selbsthervorgebrachten (kognitiven) Einflüssen ab. Die empirische und theoretische Erweiterung dieses Modells führte zu einer detaillierteren Analyse dieses Prozesses. Man unterscheidet zwei Arten von Situationen: 1. eine Person versucht, die von ihm gezeigte Tendenz zu verändern, auf unmittelbar befriedigende oder attraktive Reize zu reagieren, wenn mit *aversiven Langzeiteffekten* zu rechnen ist (wie beim Rauchen, Stehlen, oder dem Überschreiten sozialer Tabus im sexuellen oder aggressiven Verhalten). Oder 2. jemand versucht, aversive, unangenehme Situationen zu ertragen, weil *positive Langzeiteffekte* zu erwarten sind (wie beim

Ertragen von Schmerz bei medizinischen oder zahnmedizinischen Eingriffen oder beim Erbringen unangenehmer Arbeit oder dem Tolerieren von Angst und Mühe, um soziale Ziele zu erreichen oder um anderen zu helfen).

2 Komponenten der Selbstkontrolle

Selbstkontrolle ist bisher auf die folgenden sukzessiven Komponenten hin analysiert worden: Erstens, jemand muß eine *Verpflichtung* eingehen, die Situation zu verändern, da eine Veränderung klar ersichtliche positive Auswirkungen für ihn haben wird. Dabei muß das Erreichen dieser Veränderung durch selbstkontrollierendes Verhalten als wünschenswertes Ziel angesehen werden. Zweitens, eine Person soll sich *selbst beobachten* oder auf ihr eigenes Verhalten in Konfliktsituationen aufmerksam werden. Drittens, sie muß imstande sein, ihr momentanes Verhalten mit jenem *Kriterium* in Beziehung zu setzen, welches sie sich zum Ziel der Verhaltensänderung gesteckt hat; und viertens, die Person muß Erfolg oder Mißerfolg im Erreichen dieses Kriteriums durch *Selbstverstärkung* oder *Selbstkritik* beantworten.

Es wird angenommen, daß der Prozeß der Selbstkontrolle dann beendet ist, wenn alternative Verhaltensweisen stark genug geworden sind, um das gesamte Verhaltensmuster, welches früher in Konfliktsituationen aufgetreten war, zu verändern (z. B. wenn ein ehemaliger Raucher nicht mehr auf interne Hinweisreize oder den Anblick oder Geruch von Zigarettenrauch reagiert). Während dieser Verhaltensveränderung durch Selbststeuerung ist eine beträchtliche *motivationale Unterstützung durch äußere Instanzen* notwendig – wie z. B. durch den Therapeuten oder Familienmitglieder, oder aber durch jene starke Motivation, die mit dem Erreichen des Zieles durch Selbstkontrolle verbunden ist, um die ursprüngliche Stärke des kontrollierten Verhaltens zu reduzieren. Da jedoch selbstkontrollierendes Verhalten nur eine Determinante kontrollierter Verhaltensweisen darstellt, können biologische Veränderungen oder solche von Umwelteinflüssen deren Effektivität in beide Richtungen stark beeinflussen. Z. B. können die fluktuierenden Effekte von Müdigkeit, Drogen, die anstiftenden Einflüsse von Freunden oder die physische Umwelt die Wahrscheinlichkeit des kontrollierten Verhaltens zeitweilig verändern.

3 Entscheidungs- und anhaltende Selbstkontrolle

Selbstkontrollsituationen unterscheiden sich zusätzlich nach der Zeitdauer, in der das kontrollierende Verhalten aufrecht erhalten werden muß. Bei der *Entscheidungs*selbstkontrolle wird man mit einer Reihe von Wahlmöglichkeiten konfrontiert. Ist die Entscheidung einmal getroffen, läuft eine Reihe von Ereignissen ab, welche von der Person nicht mehr kontrolliert werden können. So z. B. nimmt die Entscheidung, sich einer bestimmten Operation zu unterziehen, sich in eine Institution zum Drogenentzug oder zur Alkoholrehabilitation zu begeben oder soziale bzw. rechtliche Verpflichtungen einzugehen, die Person (wenn auch bloß für gewisse Zeit) aus der Konfliktsituation. Die kontrollierenden Verhaltensweisen wirken daher nur vor dieser Entscheidung.

Bei der *anhaltenden* Selbstkontrolle verbleibt die Person ununterbrochen in der Konfliktsituation, und die kontrollierenden Verhaltensweisen müssen über einen langen Zeitraum hinweg aufrechterhalten bleiben, um die Auftrittswahrscheinlichkeit des kontrollierten Verhaltens entsprechend zu verringern. So z. B. fordern eine Abmagerungskur, das Unterdrücken aggressiver Wutausbrüche bei feindseligen Sozialkontakten oder ein anstrengendes therapeutisches Programm den fortwährenden Einsatz des kontrollierenden Verhaltens.

4 Erweiterungen des Konzeptes

Variationen im Grundmodell unterscheiden sich hauptsächlich durch den Grad, in dem sie die Rolle von kognitiven, vermittelnden gegenüber externen Faktoren betonen. Einige Autoren betonen die entscheidende Bedeutung *kognitiver Prozesse*, wie etwa der Aufmerksamkeit, der Aufdeckung verschiedener Konsequenzen des Verhaltens, des Problemlösens oder der Entwicklung von Plänen und Strategien. Andere wiederum sehen darin im wesentlichen eine Abfolge von neu angeeigneten operanten Verhaltensweisen. Extrem behaviorale Ansätze weisen das gesamte Konzept zurück, und zwar mit dem Argument, daß jedes Verhalten auf die Kontrolle von Umweltvariablen zurückgeführt werden kann. Jüngste Ansichten betonen die Komplexität des Konzeptes und schlagen vor, folgende weitere Faktoren hinsichtlich ihres Einflusses auf die Effektivität der Selbstkontrolle hin zu untersuchen: Die Fertigkeit und die Erfahrung eines Menschen im Umgang mit verschiedenen kontrollierenden Verhaltensweisen; das Ausmaß an Umweltunterstützung für selbstkontrollierende Verhaltensweisen; die Motivation, ein bestimmtes Ziel zu erreichen; die Bedeutung des kontrollierten Verhaltens und des Erreichens von Selbststeuerung für das *Selbstbild* einer Person; sowie die *reziproken Interaktionen* zwischen Umwelt, biologischen und selbstbewirkten Faktoren (→ **Verhaltenstherapie**; → **Selbstbehandlung**).

5 Anwendungsbereiche

Laboruntersuchungen über Teilprozesse haben gezeigt, daß Verträge und Verpflichtungen, Zielsetzungen, Selbstbeobachtung und Selbstverstärkung zu diesem Prozeß der Verhaltenskontrolle beitragen. Im klinischen Bereich hat die Arbeit mit Selbstkontrolle zu einer Klärung der Grenzen der von außen gesteuerten Verhaltensmodifikationsprogramme (z. B. Münzsysteme) geführt. Es wurde die Bedeutung der Tatsache hervorgehoben, daß der Klient sich selbst als denjenigen wahrnehmen muß, der sowohl Kontrolle als auch Verantwortung für den Veränderungsprozeß hat (→ **Operante Interventionsmethoden**). Aufgrund extensiver Laborarbeit an Teilprozessen hat man in der klinischen Anwendung dazu tendiert, alle oder einige dieser Komponenten in die Entwicklung einer Behandlungstechnologie zu integrieren. Es wird berichtet, daß die folgenden Programme als Selbstkontrolltechniken klinisch erfolgversprechend seien: Selbstbeobachtung, Eigenverträge, Selbstverstärkung, Selbstinstruktion, selbstentwickelte Stimuluskontrolle, Methoden der verdeckten Konditionierung, Bewältigungsmechanismen und selbstgeleitete Desensibilisierung und Entspannung. Es wurde über den Einsatz von Selbstkontrolle für therapeutische Zwecke bei psychotischen, neurotischen und normalen Erwachsenen sowie bei Jugendlichen und Kindern berichtet. Einige Komponenten der Selbstkontrolle sind mit Erfolg in Behandlungsprogramme für emotional gestörte Kinder und geistig behinderte Menschen integriert worden. Außerdem wurden Selbstkontrolltechniken bei einer großen Zahl klinischer Störungsbereiche angewandt, die von psychosomatischen Störungen, Depression und Wahnverhalten bis zu Ängsten, Phobien, Leistungsstörungen, Abhängigkeit von Drogen, Tabak, Alkohol und übermäßigem Essen reichen. Selbstkontrolltechniken sind speziell für die Abschwächung der Klientenabhängigkeit vom Therapeuten, für die Förderung selbstentwickelter Motivation, für Veränderung und zur Aufrechterhaltung therapeutischer Erfolge nach Behandlungsbeendigung empfohlen worden (→ **Geistige Behinderung**; → **Angst**; → **Rauchen**; → **Eßstörungen**; → **Therapeut-Klient-Beziehung**).

6 Ausblick

Obwohl die Analyse des Konzepts und die Methoden nun bereits von Klinikern verschiedenster Ausrichtung angewandt werden, ist eine endgültige Bewertung der Forschungsergebnisse schwierig. Zunächst sind viele Verhaltenskomponenten nicht leicht beobachtbar und daher experimentell schwierig zu erfassen. Weiter ist eine experimentelle Kontrolle bei der Einführung oder Zurücknahme einer speziellen Komponente der Selbstkontrollsequenz nur schwer erreichbar, da in den meisten Studien die Selbstkontrolltechniken in ein therapeutisches Gesamtprogramm eingebettet sind, weshalb ihr isolierter Effekt nicht bewertet werden kann. Außerdem ist es unmöglich, Gewißheit darüber zu erlangen, ob nicht Klienten in den Kontrollgruppen ohne Instruktion ähnliche Selbstkontrolltechniken verwenden.

Die Kritik an einem behavioralen Konzept der Selbstkontrolle war primär auf den Einwand gestützt, daß ein Einbeziehen kognitiver Ereignisse, speziell solcher unzugänglicher Verhaltensweisen wie Gedanken oder Selbstinstruktionen, den Grundsätzen des klassisch-behavioristischen Paradigmas widersprechen, nämlich, daß letztlich jedes Verhalten durch das Verstehen der Input-Output-Beziehungen erklärt werden kann. Andererseits haben Theorie und Forschung auf diesem Gebiet zur genaueren Analyse und Untersuchung jener Phänomene geführt, die zuvor innerhalb des behavioralen Behandlungsansatzes entweder gänzlich ausgeschlossen, mißachtet, oder aber von anderen Therapieschulen in einer nicht empirischen Art verwendet wurden.

LITERATUR

HARTIG, M. *Selbstkontrolle: Lerntheoretische und verhaltenstherapeutische Ansätze*. München: Urban & Schwarzenberg, 1973.
KANFER, F. H. Selbstregulierung und Selbstkontrolle. In: *Die Psychologie des 20. Jahrhunderts: Pavlov und die Folgen* Band IV. München: Kindler, 1977, 793-827.
MAHONEY, M. & THORESEN, C. *Self-Control: Power to the Person*. Monterey, California: Brooks/Cole, 1974.
MEICHENBAUM, D. Teaching Children Self-Control. In B. LAHEY & A. KAZDIN (Hrsg.) *Advances in Child-Clinical Psychology*, Vol. 2. New York: Plenum, 1979.
REINECKER, H. *Selbstkontrolle*. Salzburg: Otto Müller Verlag, 1978.

Psychotherapie bei sexuellen Störungen

GUNTER SCHMIDT

1 Einleitung

Sexuelle Funktionsstörungen (hier: Erektionsstörungen, vorzeitige Ejakulation, ausbleibende Ejakulation, Vaginismus, Orgasmusstörungen, sexuelle Lustlosigkeit) sind fast immer psychogen. In den wenigen Fällen einer somatischen Beteiligung ist die Behandlung der Grundkrankheit erforderlich. In der Regel aber sind psychologische Beratung oder – bei chronischen Störungen – Psychotherapie die indizierten Behandlungsformen. Dabei werden allgemeine psychotherapeutische Prinzipien angewendet und lediglich auf die besondere Problematik hin spezialisiert. Eine „Sexualtherapie", das heißt eine spezifische, nur bei sexuellen Störungen anwendbare Form der Psychotherapie gibt es nicht.

2 Therapie nach Masters und Johnson

Die von MASTERS & JOHNSON (1973) vorgeschlagene Paartherapie und ihre zahlreichen Variationen sind die heute am meisten angewendete und vermutlich auch die erfolgversprechendste Psychotherapie sexueller Störungen. Das therapeutische Agens dieser Paarbehandlung besteht aus einer Reihe aufeinanderfolgender Verhaltensanweisungen für sogenannte „Übungen", die das Paar zwischen den Sitzungen durchführt. Die Erfahrungen mit diesen Übungen werden in der jeweils nächsten Therapiesitzung besprochen und ausgewertet. Der „Schwierigkeitsgrad" der Übungen steigt dabei im Laufe der Therapie an: vom wechselnden Streicheln des ganzen Körpers mit Ausnahme der Genitalregion („sensate focus") über 6 bis 8 Zwischenstufen (z. B. erkundendes Streicheln der Genitalien, stimulierendes Streicheln und spielen mit der Erregung, Petting bis Orgasmus, Einführung des Penis ohne Bewegung, Koitus mit erkundenden Bewegungen) bis hin zur nicht mehr durch Verhaltensanweisungen limitierten sexuellen Betätigung nach den individuellen Wünschen der Partner. Inzwischen ist dieses Grundschema der Verhaltensanleitungen durch die Konzipierung neuer Übungselemente erweitert worden (z. B. zur körperlichen Selbsterfahrung).

Die wichtigste inhaltliche Veränderung der Paartherapie von MASTERS und JOHNSON ist der Versuch, *psychodynamische und partnerdynamische Aspekte* stärker in die Therapie zu integrieren. Dadurch wird eine erhebliche Ausweitung der Indikation möglich. Kontraindikationen nach neurosenpsychologischen oder partnerdynamischen Gesichtspunkten entfallen, das heißt, es werden jetzt auch Paare mit ausgeprägt neurotischen Störungen oder gravierenden Partnerkonflikten aufgenommen, solange die sexuelle Symptomatik im Vordergrund steht oder von dem Paar als im Vordergrund stehend aufgefaßt wird.

3 Übungselemente

Die Übungen im Rahmen der so modifizierten Therapie dienen nicht dem sturen Eintrainieren sexueller Fertigkeiten und Rituale. Vielmehr verändern sie sexuelles Verhalten und Erleben auf folgende Weise:

- Sie geben dem Paar die Möglichkeit, Versagensängste und Leistungsorientiertheit zu verlernen und Zärtlichkeit und Sexualität allmählich wieder unbefangen angstfrei und schließlich ohne Störung zu erleben.
- Sie schließen Informationslücken, beheben Mißverständnisse, verändern hemmende Einstellungen wie z. B. Nacktheitstabus oder Geschlechtsrollenklischees, verbessern das offene Besprechen und die Auseinandersetzung über sexuelle Wünsche.
- Sie provozieren ein reichhaltiges psychodynamisches und partnerdynamisches Material, das therapeutisch genutzt werden kann (ähnlich wie andere Therapieformen freie Assoziationen, Träume oder die dramatische Darstellung von Erlebnissen hierfür nutzbar zu machen versuchen). Die Übungen geben den Partnern die Möglichkeit, den Realitätsgehalt irrationaler, oft sehr früh in der Biographie verankerter Ängste im Schutze der Therapie schrittweise zu überprüfen; z. B. Angst vor Nähe, vor Verlassenwerden oder davor, Kontrolle zu verlieren. Die Paare erleben in den Übungen die Probleme ihres Miteinanderumgehens und können durch sie die Bedeutung und Funktion der Störung für die Partnerschaft einsehen.

4 Therapie mit Alleinstehenden

Die Paartherapie sexueller Störungen setzt eine feste Beziehung voraus und kommt deshalb nicht in Frage für die vielen alleinstehenden Männer und Frauen mit sexuellen Störungen. Bei solchen Männern bevorzugt man in Gruppentherapien (Männergruppen) folgendes Vorgehen: Formen des assertiven Trainings, um die Fähigkeit zu fördern, Kontakte zu Frauen zu knüpfen; Beratungsgespräch über die stufenweise Entfaltung zärtlicher und sexueller Kontakte in einer neuen Partnerschaft; systematische Desensibilisierung – in vitro – von Erwartungs- und Versagensängsten; Antizipation ungestörter sexueller Kontakte in den Masturbationsphantasien.

Bei Frauen, die noch nie sexuelle Erregung oder Orgasmus erlebt haben und die nicht bereit sind, die Behebung ihrer Probleme von einer Beziehung zu einem Mann abhängig zu machen, wird mit besonders guten Ergebnissen in Frauengruppen mit weiblichen Therapeuten eine Beratung oder Behandlung durchgeführt. Sie zielt auf den Ausbau des Selbstvertrauens, die Entwicklung eines positiven Verhältnisses zum eigenen Körper, die Desensibilisierung von Ängsten und die Herbeiführung des Orgasmus durch Masturbation. Die Frauengruppen sind bei sogenannten primären Orgasmusschwierigkeiten (noch nie einen Orgasmus erlebt) auch dann eine Alternative zur Paartherapie, wenn die Frau in einer festen Partnerschaft lebt.

5 Ergebnisse

Die Paartherapie führt bei 70 bis 80% aller Paare im Hinblick auf ihre sexuelle Funktion mindestens zu einer „Besserung" des Symptoms. Die Besserung geht einher mit größerer Freude und Befriedigung an der Sexualität sowie mit einer konfliktfreieren Partnerbeziehung. Psychologische Testergebnisse zeigen nach der Therapie eine psychologische Stabilisierung beider Partner. Katamnesen nach 3 bis 4 Jahren ergeben einen leichten Rückgang anfänglich positiver Therapieergebnisse. Die Therapieergebnisse sind vom Setting (ein Therapeut vs. Therapeutenteam; Einzelpaartherapie vs. Paargruppe) weitgehend unabhängig. Trennungen der Beziehung im Zusammenhang mit der Therapie kommen etwa bei jedem zehnten Paar vor.

6 Resümee

Insgesamt ist durch die Paartherapie die Behandlungsmöglichkeit sexueller Störungen ganz erheblich verbessert worden. Gemessen an den Hoffnungen, die viele Partner an eine ihre Sexualität betreffende Therapie haben, führen die Therapieergebnisse auch bei den „geheilten" Paaren nicht selten zu Enttäuschungen. Die Therapie kann die Befreiung von sexuellen Ängsten und Partnerkonflikten, den Erwerb von sexuellem Wissen und Techniken und auch die Herstellung der sexuellen Funktion erreichen, nicht aber erotische Spannungen zwischen Partnern herstellen. Für Lust aufeinander, für intensive sexuelle Erlebnisse schafft sie bestenfalls die Voraussetzungen; ihre Realisierung hängt von der Art der Beziehung zwischen zwei Menschen ab und ist therapeutisch nicht manipulierbar.

LITERATUR

ARENTEWICZ, G. & SCHMIDT, G. *Sexuell gestörte Beziehungen*. Konzept und Technik der Paartherapie. Berlin: Springer, 1980.
KAPLAN, H. S. *The new sex therapy*. New York: Brunner & Mazel, 1974.
MASTERS, W. H. & JOHNSON, V. E. *Impotenz und Anorgasmie*. Frankfurt: Goverts, 1973.

Psychotherapie in der Sozialarbeit

Peter A. Fiedler

1 Einleitung

Dem gesellschaftlichen Auftrag entsprechend entwickeln und realisieren Sozialarbeiter spezifische Hilfen für individuell und gesellschaftlich bedingte soziale Probleme. Sozialarbeit ist Arbeit mit Minderheiten und Randgruppen, mit Behinderten und Obdachlosen, Arbeitslosen, gefährdeten Menschen, ist Arbeit mit und in den Familien, Arbeit in den Institutionen (etwa in der Jugend- und Erwachsenenbildung, in der Heimerziehung und Psychiatrie), ist schließlich Arbeit im Gemeinwesen (in der Sozialplanung und Öffentlichkeitsarbeit). Zur Bearbeitung solcher heterogener Aufgabenstellungen übernimmt der Sozialarbeiter sein Wissen aus recht unterschiedlichen Einzelwissenschaften, etwa aus der Soziologie, der Pädagogik, der Jurisprudenz. In den letzten zwei Jahrzehnten schließlich nahm das Interesse zu, auch klinisch-psychologische und psychotherapeutische Kenntnisse in die Methodik der Sozialarbeit zu integrieren. Dabei ist jedoch die anfängliche Euphorie, mit der insbesondere Ende der 60er Jahre und Anfang der 70er Jahre diese *Integration der Psychotherapie* angestrebt wurde, inzwischen einer deutlichen Ernüchterung gewichen. Vielmehr wird gegenwärtig innerhalb der Sozialarbeit eine Diskussion über die *Notwendigkeit*, den *Nutzen* und die *Praktikabilität* psychotherapeutischer Ansätze als vorrangig geführt. Diese soll hier nachgezeichnet werden.

2 Ansatzpunkte für eine psychotherapeutische Sozialarbeit

Dem beruflichen Selbstverständnis der Sozialarbeiter entsprechend ist Sozialarbeit als Prozeß angelegt, den Betroffenen einen besseren Einblick in ihre Lebenssituation und die Ursachen und Bedingungen ihrer aktuellen Schwierigkeiten zu verschaffen und sie in der Folge zu größerer Autonomie und Selbständigkeit und damit zu besserer und bewußterer Gestaltung ihrer gesellschaftlich-sozialen Beziehungen zu befähigen (Berufsbild, 1973). In einem solchen Hilfsprozeß kann der Sozialarbeiter nicht nur „instrumentell" als Fachmann für soziale Fragen wirken. Er muß vielmehr eine kooperative Beziehung herstellen, die konstitutiv für Hilfestellung ist. Hier wird der Nutzen psychotherapeutischer Vorgehensweisen unmittelbar evident.

2.1 Der differentielle Nutzen psychologisch-psychotherapeutischer Diagnostik

Auch wenn es der Sozialarbeiter oft mit komplexen Problemstellungen zu tun hat, ist zumindest in der Einzelfallarbeit die therapieorientierte psychodiagnostische Betrachtung hilfreich zur Identifizierung und Strukturierung therapeutischer Ansatzpunkte (→ **Problemanalyse**; → **Psychodiagnostik**). In vielen Fällen dient sie auch der Verbesserung und Ausgestaltung einer helfenden Beziehung (→**Therapeut-Klient-Beziehung**). Aufgrund seiner zusätzlichen Befähigung, Probleme sozioökonomisch, juristisch und administrativ zu beurteilen, ist es ihm in vielen Fällen zudem möglich, leichter an alltagsweltliche Bedürfnisse von Betroffenen anzuknüpfen. Er ist im Gegensatz zu den psychotherapeutisch ausgebildeten Berufsgruppen oftmals besser in der Lage, demographische und sozioökonomische Daten mit den psychologischen Informationen über eine Person oder sozialer Gruppen zu anderen Gruppen in eine sinnvolle Beziehung zu setzen (SPECKMANN 1974). Eine solche mehrdimensionale Analyse komplexer Problemstrukturen hat den Vorteil, jene Anteile einer Problemlösung genauer bestimmen zu können, für die sich neben einem juristischen oder administrativen Zugang auch eine psychotherapeutische Intervention empfiehlt.

2.2 Psychologisch-therapeutische Fallarbeit

Die Einzelfallarbeit (case-work) war immer schon auch therapeutisch orientiert. Lange Zeit dominierten *tiefenpsychologische* und *psychoanalytische* Konzepte, die neben ihrer diagnostischen Funktion zur Fallbeurteilung vor allem zum Aufbau und zur Strukturierung der helfenden Beziehung zwischen Sozialarbeitern und Klienten herangezogen wurden (KUTTER 1974; →**Psychoanalyse**). In den vergangenen Jahren wurde der Einfluß anderer Therapieverfahren größer (vgl. FIEDLER & HÖRMANN 1976; HOFFMANN 1977): Die Gesprächspsychotherapie beeinflußte vor allem die Konzeptbildung klientenbezogener Kooperation und Gesprächsführung (→**Gesprächspsychotherapie**). Das für die Verhaltenstherapie gebräuchliche Vorgehen „Problemanalyse-Zielanalyse-Änderungsplanung-Intervention" ließ sich zur Bearbeitung vieler Aufgabenstellungen fruchtbar umsetzen (HOFFMANN & FRESE 1975; →**Verhaltenstherapie**).

Vor allem die in der Kinder- und Jugendarbeit und die in den Beratungsdiensten tätigen Sozialarbeiter zogen aus den verhaltenstherapeutischen Bemühungen um die Entwicklung sog. *Mediatorenprogramme* großen Nutzen (vgl. THARP & WETZEL 1975). So gibt es in der psychotherapeutischen Elternarbeit und in der Heimerziehung vielversprechende Ansätze, die Erziehungsberechtigten direkt an der Therapie (als Kotherapeuten) zu beteiligen (→**Eltern-Kind-Therapie**; →**Heimerziehung**). Bedeutsam sind in diesem Zusammenhang Versuche, Sozialpartner von Betroffenen und sog. Laientherapeuten in therapeutische Vorhaben einzubeziehen (→**Laientherapie**).

2.3 Therapeutische Sozialarbeit in und mit Gruppen

Arbeit in und mit Gruppen ist seit eh beanspruchtes Tätigkeitsfeld der Sozialarbeit (NORTHEN 1977). Es sind vor allem gemeinsame äußere, sozioökonomische Zwänge von Betroffenen, die Sozialarbeiter zur Gruppenbildung nutzen (Aktionskreise, Arbeitsgruppen, Interessenvertretungen). Hier jedoch lassen sich Ansätze der psychotherapeutischen Arbeit mit und in Gruppen nur schwer übertragen (→**Gruppentherapie**). Einige der für therapeutische Gruppen wesentlichen Bedingungen der Begegnung, des gemeinsamen Erlebens und Erfühlens führen vielfach am sozialen Anliegen der Gruppenbildung vorbei. Notwendig sind dort geradezu nüchtern rationale Analysen der äußeren Problembedingungen, ein sorgfältiges Herausarbeiten von Interessenunterschieden und Interessengemeinsamkeiten. Dies ist bei einem Versuch der Integration psychotherapeutischer Gruppenmethodik deutlich im Auge zu behalten. Es ist jeweils zu bestimmen,

- ob die Modifikation von individuellen Problemen/Problemverhaltensweisen der Gruppenmitglieder im Vordergrund steht (möglich in Heimen, in der Rehabilitation, in Beratungsstellen etwa in Elterngruppen usw.): dann ist eher therapeutische Gruppenarbeit angezeigt (Sozialarbeiter in der Rolle des Ko-/Therapeuten)
- ob (Gruppen-)Aktionen in der Folge gemeinsamer Planung und/oder im Durchsetzen gemeinsamer Interessen anzustreben sind: hier

ist eine (engagierte) Unterstützung z. B. in Rechtsfragen, Verwaltungsproblemen und planerischen Fertigkeiten durch den Sozialarbeiter erforderlich, der hier weniger die Funktion des Therapeuten innehat.

3 Zu den Grenzen psychotherapeutischen Handelns in der Sozialarbeit

Am Beispiel der Gruppenarbeit lassen sich die Grenzen einer psychotherapeutischen Sozialarbeit recht gut herausarbeiten. Sie liegen dort, wo die institutionellen, juristischen und sozialpolitischen Aspekte der konkreten Problemstellungen überwiegen und wo gesellschaftliche Mißstände Auslöser für die Schwierigkeiten und Nöte des einzelnen sind. Einige weitere Beispiele mögen dies verdeutlichen: Die Bewohner in fehlgeplanten Mietshäusern, Arbeitslose als Angehörige einer benachteiligten Personengruppe, Fürsorgezöglinge und entlassene Strafgefangene, um deren unzulängliche Erziehungssituation und Rehabilitation sich niemand kümmert. Psychologische Therapie könnte hier zwar den Behandlungsspielraum von Personen relativ zu ihrem vorherigen Zustand erhöhen, aber die hier in der Regel notwendigen sozialpolitischen Maßnahmen nur selten initiieren, und sicherlich nicht ersetzen (FRESE 1974). Hier müssen Sozialarbeiter ihre administrativen und juristisch-politischen Ressourcen nutzen, etwa durch fachlich integrierende Mitwirkung in sozialpolitischen Arbeitskreisen, Aktionskreisen, Jugendwohlfahrtsausschüssen, Bürgerinitiativen, Gewerkschaften usw.

Eine andere Art Grenzziehung ergibt sich vielfach aus der besonderen beruflichen Situation des Sozialarbeiters: er befindet sich in einem multiplen Abhängigkeitsgefüge, das vor allem aus der Doppelfunktion entsteht, Anwalt und Interessenvertreter von Klienten einerseits und Ausführender im Sinne von Aufträgen, Vorschriften und Normen seiner dienstgebenden Institution andererseits zu sein. Dies wirkt vor allem dann behandlungseinschränkend auf die Ausschöpfung psychotherapeutischer Möglichkeiten, wenn die Ziele, Interessen und Möglichkeiten des Klienten(-Systems) nicht mit den Anweisungen der Institution in Übereinstimmung zu bringen sind *und* wenn der Sozialarbeiter aufgrund seiner eigenen Wert- und Zielvorstellungen gegen die Interessen des Patienten oder gegen den Dienstauftrag der Institution handeln müßte.

Leider gibt es bislang in der Bundesrepublik wenig Versuche und Modelle von der Art, wie sie seit geraumer Zeit in den USA praktiziert werden, wo sich einzelne Sozialarbeiter oder Teams institutionell ungebunden als sog. „changeagents" in den Dienst hilfesuchender Gruppen stellen. Diese der Berufsform des Anwalts vergleichbare Tätigkeit zeigt, daß und wie eine Verbindung psychotherapeutischer und sozialpolitisch-juristischer Hilfe im Auftrag der Betroffenen weitgehend herstellbar ist.

4 Resumé

Sozialarbeit ist niemals nur therapeutisch. Eine klinisch-psychologische und psychotherapeutische Betrachtungsweise wird dem Sozialarbeiter kein neues „Weltbild" vermitteln und ihn auch nicht in die Lage versetzen, die von ihm bis dahin nicht bewältigten Probleme plötzlich lösen zu können. Immerhin werden ihm durch das Wissen um psychologische Zusammenhänge und durch die Möglichkeiten einer psychologischen Analyse (von Problemen) sowie durch die sich aus solchermaßen identifizierten Zusammenhängen ableitbaren Psychotherapie-Strategien neue Bausteine zugänglich, die seine Arbeits- und Interventionsmöglichkeiten beträchtlich erweitern können.

Für die Sozialarbeiter ist es schon immer selbstverständlich, die Notwendigkeit von Wissen und Kompetenzen aus anderen Disziplinen anzuerkennen, ihre Grenzen für die Sozialarbeit auszuloten und ggf. Formen interdisziplinärer Arbeit und Ausbildung, Praxis und Forschung zu suchen. So sind sie aufgrund ihrer Ausbildung oft besser als Psychotherapeuten in der Lage, hinter dem Einzelfall die mitverantwortlichen sozialen und gesellschaftlichen Probleme zu sehen und entsprechende Initiativen zu ihrer Behebung einzuleiten. In dieser Funktion bieten sie sich als Kooperationspartner für Psychotherapeuten geradezu an, vor allem dort, wo psychotherapeutische Tätigkeit in gemeindepsychologischen oder sozialpsychiatrischen Zielsetzungen mündet (→ **Gemeindepsychologie**, → **Sozialpsychiatrie**, → **Rehabilitation**).

Leider werden diese Kooperationsangebote der Sozialarbeiter bis heute von den psychotherapeutisch arbeitenden Berufsgruppen nur selten angemessen gewürdigt. Vielmehr verstricken sich die Beteiligten allzu oft in Zuständigkeitsauseinandersetzungen, anstatt eine kooperative und arbeitsteilige Problemlösung anzustreben. Dabei könnte der Sozialarbeiter gerade aufgrund seines mehrdimensionalen Grundwissens sehr gut als integrative Kraft zwischen unterschiedlichen Professionen in die Praxis hineinwirken. Dieser wichtige Aspekt des beruflichen Selbstverständnisses wird vor allem dem Klinischen Psychologen und Psychotherapeuten gegenüber sehr bescheiden vertreten. Es bleibt zu hoffen, daß zur besseren Bestimmung des Verhältnisses von Psychotherapie und Sozialarbeit eine Diskussion in Gang kommt, die weniger vorrangig von Psychologen, vielmehr stärker von den Sozialarbeitern selbst geführt wird.

LITERATUR

DEUTSCHER BERUFSVERBAND DER SOZIALARBEITER UND SOZIALPÄDAGOGEN: Berufsbild des Sozialarbeiters und Sozialpädagogen: Essen, 1973
FIEDLER, P.A. & HÖRMANN, G. (Hrsg.) Therapeutische Sozialarbeit. Münster: *Mitteilungen der GVT,* Sonderheft II, 1976.
FRESE, M. Thesen zum gesellschaftlichen Stellenwert der psychologischen Therapie – speziell der Verhaltenstherapie in der Sozialarbeit. In P. A. FIEDLER & G. HÖRMANN (Hrsg.) Therapeutische Sozialarbeit. Münster: *Mitteilungen der GVT,* Sonderheft II, 1976.
HOFFMANN, N. (Hrsg.) *Therapeutische Methoden in der Sozialarbeit.* Salzburg: Otto Müller, 1977.
HOFFMANN, N. & FRESE, M. *Verhaltenstherapie in der Sozialarbeit.* Salzburg: Otto Müller, 1975.
KREFT, D. & MIELENZ, I. (Hrsg.) *Wörterbuch Soziale Arbeit.* Weinheim: Beltz, 1980.
KUTTER, P. *Sozialarbeit und Psychoanalyse.* Göttingen: Vandenhoeck, 1974.
NORTHEN, H. *Soziale Arbeit mit Gruppen.* Freiburg: Lambertus, 1977.
SPECKMANN, H. Überlegungen zum Handlungsmodell des Sozialarbeiters. In P.A. FIEDLER & G. HÖRMANN (Hrsg.) Therapeutische Sozialarbeit. Münster: *Mitteilungen der GVT,* Sonderheft II, 1976, 35–46.
THARP, R. G. & WETZEL, R. J. *Verhaltensänderungen im gegebenen Sozialfeld.* München: Urban & Schwarzenberg, 1975.

Training von Sozialen Fertigkeiten

Wolfgang Wendlandt

1 Einführung

Das Training sozialer Fertigkeiten ist ein psychologisch orientierter Interventionsansatz in der Psychotherapie, der vor allem in der Verhaltenstherapie entwickelt wurde und dort seit Jahren praktiziert und empirisch überprüft wird (→**Verhaltenstherapie**). Er kommt bei solchen Verhaltensauffälligkeiten zum Einsatz, die sich im interpersonalen Bereich zeigen und die insbesondere auf ein Fehlen eines angemessenen Interaktions- und Kommunikationsverhaltens zurückgeführt werden. Folglich geht es um eine systematische Erweiterung des individuellen Verhaltensrepertoires: Durch gezieltes verhaltenstherapeutisches Vorgehen werden neue Verhaltensweisen aufgebaut, instabile Verhaltensweisen gefestigt, unvollständig ausgebildete Verhaltensmuster ergänzt bzw. verfeinert und verschiedene (ggf. schon vorhandene) Verhaltens-Elemente zu einer größeren funktionalen Einheit integriert.

2 Definition

Unter sozialen Fertigkeiten wird im allgemeinen ein Repertoire an verbalen und nonverbalen Verhaltensweisen verstanden, durch das ein Individuum in seinen sozialen Beziehungen die Reaktionen anderer Individuen steuert. Dabei ist das Ausmaß an sozialen Fertigkeiten um so größer, je erfolgreicher das Individuum für es wünschenswerte Ergebnisse im sozialen Feld erreichen und ungewünschte zu beenden oder zu vermeiden vermag, ohne dabei anderen Schaden zuzufügen. Verhaltensweisen gelten also nur dann als soziale Fertigkeiten, wenn sie sozial akzeptiert sind und damit ein Mindestmaß an gesellschaftlichen Normen repräsentieren und gleichzeitig für das handelnde Individuum persönlich wohltuend und nützlich sind, in der Interaktion mit anderen wechselseitig das Wohlbefinden steigern oder sich wohltuend und nützlich vor allem für andere auswirken (RINN & MARKLE 1979).

Eine nähere inhaltliche Bestimmung sozialer Fertigkeiten wird in den empirischen Untersuchungen und klinischen Fallberichten durch die Verwendung sog. Verhaltensklassen vorgenommen (z. B. Ablehnung äußern), denen konkret beobachtbares Verhalten zugeordnet werden kann (z. B. Nein-sagen, Kopfschütteln). Diese Verhaltensklassen gelten im Rahmen therapeutischer Maßnahmen als Zielverhaltensklassen, um deren Aneignung es für die Klienten geht (→**Ziele**).

So finden sich in den unterschiedlichen Trainingskonzepten beispielsweise die folgenden – in geringfügigen Variationen immer wieder verwandten – Verhaltensklassen, die insbesondere im Rahmen der verhaltenstherapeutischen Methoden zum Selbstsicherheitstraining Verwendung finden:

- laut und deutlich sprechen
- nonverbales Ausdruckgeben (Mimik, Gestik, Bewegungsabläufe)
- positive Gefühle offen ausdrücken
- Wünsche und Forderungen äußern
- Nein-sagen

- Kritik äußern
- Ärger und Enttäuschung zeigen
- Fehler machen und eingestehen
- sich öffentlicher Beachtung aussetzen
- Komplimente annehmen, ihnen zustimmen
- Kontakte knüpfen und pflegen, wozu v. a. gehört, Gespräche zu beginnen, aber auch zu beenden

Diese Verhaltensklassen gehen auch in die von RINN & MARKLE (1979) vorgenommene Kategorisierung sozialer Fertigkeiten ein:

- Fertigkeiten, die auf die Darstellung bzw. Akzeptierung der eigenen Person gerichtet sind,
- Fertigkeiten, die auf die Stärkung anderer gerichtet sind,
- Fertigkeiten des Sich-Durchsetzens
- Fertigkeiten des Kommunizierens.

3 Diagnostik

Verfahren zur systematischen Erfassung bzw. Messung sozialer Fertigkeiten – und damit auch zur Erfolgskontrolle eines entsprechenden Trainings – liegen bereits in größerem Umfang vor. EISLER (1976) und BELLACK (1979) haben darüber ausführlich berichtet. Neben Interviewverfahren, Selbstbeurteilungen, Bezugspersonenfragebogen, Lehrer-Einschätzungen, Soziometrischen Tests, sozial-kognitiven Tests werden direkte Beobachtungen der sozialen Interaktionen des Klienten in dessen Alltag, zumindest aber im Behandlungsraum vorgenommen und gelegentlich Videoaufzeichnungen nach festgelegten Kategorien ausgewertet. Trotz der z. T. sehr differenzierten Beobachtungssysteme müssen dabei methodische Probleme in Kauf genommen werden, die u. a. auf Beobachtungsfehlern beruhen, welche z. B. durch die Erwartungen des Beobachters oder des Klienten induziert werden oder sich als Reaktion auf den Beobachtungsprozeß einstellen. Als Alternative zur Beobachtung des Klienten in seiner natürlichen Umwelt sind verschiedenartige Rollenspielverfahren entwickelt worden, bei denen – z. T. in standardisierter Form analog einem Test – simulierte soziale Alltagssituationen vorgegeben werden, auf die hin der Klient reagiert; dadurch kann der jeweilige Stand seines sozialen Verhaltensrepertoires erfaßt werden. Noch ist allerdings nicht endgültig geklärt, unter welchen Umständen und in welchem Ausmaß der im Rollenspielverfahren ermittelte Grad sozialer Fertigkeiten das tatsächlich im Alltag gezeigte Sozialverhalten repräsentiert.

4 Therapeutische Verfahren und ihre Anwendung

Unter „Training sozialer Fertigkeiten" ist keine einheitliche Methode zu verstehen, sondern Bündel verschiedenartiger Einzeltechniken, welche in unterschiedlichen Kombinationen – mit unterschiedlichen Zielsetzungen, bei Klienten mit unterschiedlichen Verhaltensauffälligkeiten und unter verschiedenartigen Durchführungsbedingungen – zum Einsatz kommen. Die wichtigsten Einzeltechniken sind: Verhaltensübung, Modellvorgabe, Instruktion, Herausarbeiten der Merkmale des Zielverhaltens mit Abgrenzung vom Nicht-Zielverhalten, gezielte Hilfestellung, Verhaltensrückmeldung, positive Verstärkung, Rollenspiel, Übungen in Alltagssituationen, Selbsttraining (vgl. WENDLANDT 1977). In den meisten Trainingsverfahren zum Aufbau sozialer Fertigkeiten sind jeweils nur einige dieser Techniken verwendet und nicht selten noch durch Bausteine ganz anderer Herkunft (z. B. Entspannungstraining, Elternberatung) ergänzt worden. Die Anwendung dieser unterschiedlichen Behandlungspakete bezogen sich bei Kindern bisher schwerpunktmäßig auf die als „sozialer Rückzug", „Unsicherheit" und „Aggression" klassifizierten Problemgruppen (vgl. VAN HASSELT, HERSEN, WHITEHILL & BELLACK 1979). Bei Erwachsenen sind solche Trainings darüber hinaus vor allem bei psychiatrischen Klienten unterschiedlicher Symptomatik (z. B. Schizophrenie, Alkoholismus), bei Ehepaaren mit Kommunikationsstörungen und bei Klienten mit Defiziten im gegengeschlechtlichen Verhaltensrepertoire zum Einsatz gekommen (vgl. BELLACK & HERSEN 1979). Im deutschen Sprachraum verbreitete Trainingsprogramme zur Erhöhung sozialer Kompetenz, die bei Einzelnen und in

Gruppen zur Anwendung kommen können, sind v. a. das Assertiveness-Training-Programm von ULLRICH DE MUYNCK & ULLRICH (1976; standardisiertes Verfahren, vorgegebene Trainingsziele und -situationen), das Verhaltenstrainingsprogramm von FELDHEGE & KRAUTHAN (1979; halbstandardisiertes Verfahren, vorgegebene Trainingsstruktur, Lernziele und Trainingssituationen im Rahmen vorgegebener Trainingsbereiche individuell auszugestalten), das Selbstsicherheitstraining von WENDLANDT (1976; konzipiert als Selbstkontrollprogramm mit kognitiver Ausrichtung, vorgegebener Trainingsablauf mit individuell offenen Zielen und Trainingssituationen) und das Konzept der interaktionellen Problemlösungsgruppen von GRAWE, DZIEWAS & WEDEL (1980; Erarbeitung des individuellen Problemverhaltens und individueller Problemlösungsmaßnahmen, wobei der Herstellung günstiger Gruppenbedingungen und der Beziehungsklärung und -veränderung zwischen den Gruppenmitgliedern besonderes Gewicht zukommt).

In den Trainings sozialer Fertigkeiten finden sich Unterschiede hinsichtlich

- der Klientenpopulationen, die – auch bei gleicher Symptomatik – nach Alter, Geschlecht und sozio-ökonomischem Status variieren.
- der Lerninhalte und Zielverhaltensweisen auch bei relativ gleichen Klientengruppen (Vermittlung komplexer Handlungsmuster mit Berücksichtigung kognitiver Elemente versus isolierter, z. B. motorischer Verhaltenselemente)
- der Durchführungsbedingungen (Anzahl wöchentlicher Sitzungen, Sitzungsdauer, Anzahl der Trainer, der Gruppenmitglieder)
- der Konzeption des Trainings als Einzelmaßnahme oder als Gruppenprogramm
- des Variabilitätsgrades im Trainingsvorgehen (standardisierte versus individuelle Programme)
- der Trainingssituationen, anhand derer das Zielverhalten ausgebildet werden soll (vorgegebene Stimuli ohne direkten Bezug zum individuellen Lebenszusammenhang des Klienten versus mit dem Klienten erarbeitete Situationen mit individueller Bedeutsamkeit)
- der notwendigen Eigenaktivität beim Trainingsvorgehen i. S. eines Selbstkontrollprogramms oder eines durch den Therapeuten angeleiteten Trainings (→ **Selbstkontrolle**).

5 Soziale Fertigkeiten als komplexe Handlungsabläufe

Bei aller Unterschiedlichkeit der verschiedenartigen Trainings und der darauf bezogenen Forschung muß doch für alle Konzepte in gleicher Weise die Forderung gelten, die Komplexität sozialen Verhaltens nicht aus den Augen zu verlieren: Soziale Fertigkeiten umfassen neben dem motorisch sichtbaren Handlungsvollzug immer auch emotionale und kognitive Handlungsbestandteile. Trainingskonzepte müssen daher soziale Qualifikationen gleichzeitig auf der Verhaltensebene und auf anderen Ebenen kompetenten Verhaltens (Wahrnehmung, Informationsverarbeitung, Entscheidungsprozesse, Selbstregulationsprozesse; vgl. ZIMMER 1978) vermitteln.

Wie handlungstheoretische Konzepte zeigen (MILLER, GALANTER & PRIBRAM 1973; vergl. auch SEMMER & FRESE 1980), bedeutet ein flexibles Verfügenkönnen über soziale Fertigkeiten z. B., daß das Individuum

- die jeweilige soziale Situation, in der es sich befindet, mit ihren relevanten Aspekten (Kontext, Reaktionen der Interaktionspartner) richtig wahrnimmt und einschätzt,
- selbständig eigene Bedürfnisse und Zielsetzungen in der Situation unverzerrt erkennt, daraus Handlungsmöglichkeiten in der Vorstellung entwirft, sie auf ihre Erfolgsaussichten, ihre Situationsbezogenheit und gesellschaftliche Akzeptanz hin gedanklich überprüft,
- eine Entscheidung für einen konkreten und vollständigen Handlungsplan trifft, der mit den eigenen Bedürfnissen und Zielsetzungen weitgehend übereinstimmt,
- nach der gezielten Ausführung der geplanten Handlung diese anschließend – aufgrund einer realistischen Wahrnehmung des Handlungsergebnisses – angemessen bewertet sowie ggf. als Folge eine Modifizierung der Handlungsabsichten, eine Korrektur des Hand-

lungsplanes oder eine Verbesserung der Handlungsausführung vornimmt.

6 Indikation

Im Behandlungsalltag muß für jeden Einzelfall die Indikation eines Trainings sozialer Fertigkeiten geklärt werden. Ist bei einem Individuum die Ausführung sozialer Fertigkeiten gestört, so sind neben dem Vorliegen eines Verhaltensdefizits stets weitere Hypothesen zu überprüfen: Trotz Vorhandenseins sozialer Fertigkeiten kann ihre Ausführung nämlich durch Ängste gehemmt, durch kognitive Störmechanismen unterbrochen (negative Selbstverbalisierungen, irrationale Ansprüche, Fehleinschätzungen der Umwelt), durch das Vorliegen anderer (nicht-sozialer) Verhaltensprobleme beeinträchtigt oder auch dadurch verhindert werden, daß die Ausführung sozialer Fertigkeiten für ein Individuum nicht mehr wirklich reizvoll ist (z. B. bei langjährig hospitalisierten psychiatrischen Klienten), oder daß andere (z. B. aggressive), als unsozial eingeschätzte Fertigkeiten aufgrund der individuellen Lerngeschichte eine höhere Auftretenswahrscheinlichkeit besitzen (→ **Schizophrenie**; → **kognitive Therapie**). Bei der Klärung der Indikationsfrage müssen diese ätiologischen Faktoren differenziert berücksichtigt und der sich zeigende Mangel sozialer Fertigkeiten bei einem Klienten durch eine gründliche Diagnostik erhellt werden.

7 Schlußbemerkung

Zusammenfassend kann gesagt werden, daß für die psychotherapeutische Praxis eine Vielzahl unterschiedlicher Interventionsverfahren vorliegen, die sich für ein Training sozialer Fertigkeiten bewährt haben. Die Effektivität vieler Trainingsansätze ist durch empirische Daten gesichert (vgl. ULLRICH DE MUYNCK, ULLRICH, GRAWE & ZIMMER 1980). Insbesondere Gruppenverfahren bieten sich hier als geeignete Instrumente zur Verhaltensmodifikation an. Auch bei besonders gravierenden und langjährig bestehenden Auffälligkeiten ist ein Training sozialer Fertigkeiten, wie z. B. viele Untersuchungen mit psychiatrischen Patienten gezeigt haben, notwendig und ausgesprochen erfolgsversprechend. Es kann in diesem Sinne bereits als ein Standard-Baustein klinisch-psychologischer Interventionsmaßnahmen gelten. Angesichts der Verschiedenartigkeiten der Trainings (s. o.) sind wir beim momentanen Forschungsstand allerdings noch nicht in der Lage, die einzelnen Trainingsansätze übergreifend miteinander vergleichen zu können und zu entscheiden, ob es spezifisch aufgebaute Verfahren gibt, die sich bei bestimmten Klientengruppen mit bestimmter Symptomatik unter bestimmten therapeutischen Rahmenbedingungen als Mittel der Wahl erweisen.

LITERATUR

BELLACK, A. Behavioral assessment of social skills. In A. BELLACK & M. HERSEN (Hrsg.) *Research and practice in social skills training.* New York: Plenum Press, 1979, 75–104.

BELLACK, A. & HERSEN, M. (Hrsg.) *Research and practice in social skills training.* New York: Plenum Press, 1979.

EISLER, R. The behavioral assessment of social skills. In M. HERSEN & A. BELLACK (Hrsg.) *Behavioral Assessment: a practical handbook.* New York: Pergamon Press, 1976, 369–395.

FELDHEGE, F.-J. & KRAUTHAN, G. *Verhaltenstrainingsprogramm zum Aufbau sozialer Kompetenz.* Berlin: Springer, 1979.

GRAWE, K., DZIEWAS, H. & WEDEL, S. Interaktionelle Problemlösungsgruppen – ein verhaltenstherapeutisches Gruppenkonzept. In K. GRAWE (Hrsg.) *Verhaltenstherapie in Gruppen,* München: Urban & Schwarzenberg, 1980, 266–306.

MILLER, G., GALANTER, E. & PRIBRAM, K. *Strategien des Handelns.* Pläne und Strukturen des Verhaltens. Stuttgart: Klett, 1973.

RINN, R. & MARKLE, A. Modification of social skill deficits in children. In BELLACK & M. HERSEN, s. o., 107–129.

SEMMER, N. FRESE, M. Handlungstheoretische Implikationen für kognitive Therapie. In N. HOFFMANN (Hrsg.) *Grundlagen kognitiver Therapie.* Bern: Huber, 1980, 115–153.

ULLRICH DE MUYNCK, R. & ULLRICH R. *Assertiveness-Training-Programm ATP:* Einübung von Selbstvertrauen und sozialer Kompetenz. Teil 1-3. München: Pfeiffer, 1976.

ULLRICH de MUYNCK, R. & ULLRICH, R., GRAWE, K., ZIMMER, D. (Hrsg.) *Soziale Kompetenz.* Experimentelle Ergebnisse zum Assertiveness-Training-Programm ATP. Band 2. München: Pfeiffer, 1980.

VAN HASSELT, V., HERSEN, M., WHITEHILL, M. & BELLACK, A. Social skill assessment and training for children: an evaluative review. *Behavior Research and Therapy, 1979, 17,* 413–437.

WENDLANDT, W. Selbstsicherheitstraining. Praktische Übungen. In H. WENDLANDT & H. W. HOFFERT (Hrsg.) *Selbstsicherheitstraining.* Salzburg: Otto Müller, 1976.

WENDLANDT, W. Verhaltensmodifikation durch Rollenspiele. In W. WENDLANDT (Hrsg.): *Rollenspiel in Erziehung und Unterricht.* München 1977, 15–49.

ZIMMER, D. Der Begriff der „Sozialen Kompetenz" und seine Bedeutung für die klinische Verhaltensmodifikation: Soziologische und klinische Aspekte. In R. ULLRICH & R. ULLRICH DE MUYNCK (Hrsg.) *Soziale Kompetenz,* Band 1. München: Pfeiffer, 1978, 483–503.

Sozialpsychiatrie

Ralf Seidel

1 Historisches

Schon Aristoteles trägt zur Grundlegung einer als gesellschaftskritisch zu betrachtenden Psychopathologie bei. Die Problematik des Psychophysischen findet bei ihm ihre Lösung im Sinne eines leibseelischen Konstitutionalismus, in dem über die Wahrnehmungslehre *soziale und psychische Belastungen* als psychopathogen bedeutsame Konfliktsituationen mitbedacht sind. Die Entwicklung der Psychiatrie als eigenständige medizinische Wissenschaft ist im engsten Zusammenhang mit der Klärung der „sozialen Frage" durch die bürgerliche Gesellschaft zu sehen, deren Problembewältigungsstrategien seit der Zeit der Aufklärung zu einer zunehmenden *Ausgrenzung der Unvernunft* führen. Psychiatrie ist somit stets „soziale Psychiatrie", sieht man von Perioden vulgärmaterialistischen, das Psychische ganz auf physiologische Funktionen reduzierenden Denkens ab. Sie nimmt von den sozialen Folgeerscheinungen der beginnenden Industrialisierung und der Rationalisierung und Ökonomisierung der Produktionsprozesse ihren Ausgang (Dörner 1969) und findet im „Irrenwesen" und der aufkommenden „moralischen Behandlung" ihre erste, schon im engeren Sinne sozialpsychiatrische Ausdrucksform. Griesingers dialektischer Ansatz zur Begründung einer theoretisch fundierten, an den Bedürfnissen der Betroffenen orientierten Psychiatrie versucht die Frage nach dem Gegenstand dessen, was Psychiatrie sei, erstmals anhand einzelwissenschaftlicher Erfahrung zu erfassen und sie als *medizinische wie soziale Disziplin* handlungsfähig zu machen. In der Praxis fordert er eine „gemeindenahe" Behandlung und lehnt die Anwendung physischer Zwangsmittel ab.

2 Psychiatrie und Sozialwissenschaft

Sozialpsychiatrie im engeren Sinne kann als zwischen Sozialwissenschaften und naturwissenschaftlich determinierter klinischer Psychiatrie angesiedelte Disziplin betrachtet werden. Ihre Forschungsschwerpunkte liegen auf der Ergründung sozialer Faktoren bei Entstehung, Verlauf und Ausgang psychiatrischer Erkrankungen.

Die psychiatrische *Epidemiologie* fragt nach Inzidenz, Prävalenz und Verteilung psychiatrischer Erkrankungen in der Bevölkerung allgemein und in speziellen Bevölkerungsschichten im besonderen. Die - erkenntniskritisch durchaus problematische - Suche nach pathogenetischen Mechanismen führt - zum Teil über die Suizidforschung - zur Aufdeckung des Zusammenhangs zwischen psychischer Erkrankung und sozialem Status, sozialer Isolierung, Überbevölkerung, Arbeitslosigkeit u.ä. Großangelegte epidemiologische Studien ergeben Andeutungen über Zusammenhänge zwischen Schichtzugehörigkeit und dem Auftreten psychischer Störungen, sowie Hinweise auf Therapiebedarf und Versorgungsplanung (→ **Epidemiologie**).

Die Frage, was *abweichendes Verhalten* überhaupt sei, zeitigt einen strukturellen, dem Entstehen von Devianz nachgehenden und einen prozessualen Ansatz; letzterer beschreibt die Entwicklung zum Patienten über die Wahrnehmung seines Verhaltens als abweichend von der Norm durch die Umwelt, seine Zuweisung zum Begriff „psychisch krank" bis zur sich selbst erfüllenden Prophezeiung (→**Etikettierung**).

Wesentlich ist, daß psychische Krankheit sich hier nicht als individuelles Schicksal einer Person, sondern als Resultat der Interaktion zwischen einem Menschen und der Gesellschaft darstellt. Sozialwissenschaftliche Untersuchungen über die Krankenrolle und den Sinn krankhaften Handelns können wertvolle Hinweise für die Planung psychiatrischer Dienste bieten.

Ein weiteres wesentliches Beispiel der Bedeutung soziologischer Untersuchungen für die Psychiatrie sind die Beschreibung psychiatrischer Großeinrichtungen als *„totale Institutionen"* (GOFFMAN). Diese stellen sich als Zwangsinstrumente – ähnlich Gefängnissen – dar, in denen sich der Patient auf der untersten Stufe einer wohlgegliederten Machtpyramide findet und schon somit dem ursprünglichen Zweck einer Unterbringung zur Behandlung seines seelischen Leidens völlig entfremdet erscheint.

3 Psychopathologie und Diagnostik

Nachdem einseitig biologistische Erklärungsversuche psychischen Krankseins – der Logik des Forschungsgegenstandes entsprechend – gescheitert waren, hat die deskriptive Psychopathologie scheinbar erreicht, das Phänomen Geisteskrankheit ordnend in den Griff zu nehmen. Durch diese den menschlichen Grundbedürfnissen der Patienten (BASAGLIA) eher entrückte Psychopathologie und der aus ihr resultierenden therapeutisch inaktiven Haltung wurde der Boden für die Duldung des Euthanasieprogrammes während des 3. Reiches durch weite Kreise der Psychiatrie mitbereitet. Dennoch kann die Bedeutung der deskriptiven Psychopathologie nicht übersehen werden. Sie schafft erstmals in der Geschichte der Psychiatrie als Wissenschaft die Möglichkeit, Phänomene psychischen Krankseins in eine halbwegs allgemeingültige Sprache zu übersetzen. Daß psychiatrische Diagnosen nur zu einem geringen Umfang die hinter Etiketten verborgene Realität subjektiven und gesellschaftlichen Leidens widerspiegeln und gerade aufgrund ihres individualisierenden Charakters soziale Isolierung verstärken, ist hingegen kaum zu bestreiten. Heute finden sich erste Ansätze für eine auch sozialpsychiatrisch zu verstehende Psychopathologie, die seelische Störungen als Reflektion der gesellschaftlichen Lebensbedingungen im materialistischen Sinne abzubilden versucht (BACH, FELDES, THOM, WEISE 1976), und die sich einem die sozialen Nöte der Betroffenen einbeziehenden Menschenbild offen halten kann (→**Menschenbild**).

4 Therapie

Sozialpsychiatrie – nimmt sie ihren Anspruch ernst, Ausgrenzung zu vermeiden – muß einem Therapieverständnis kritisch gegenüberstehen, das Therapie als meist verordnete, häufig entmündigende und nicht selten repressive soziale Technik realisiert. Sie versucht daher eine Grundhaltung zu entwickeln, die den Behandelten selbst als Partner in den Behandlungsablauf mit einbezieht. Die Rezeption der Erfahrungen mit „therapeutischen Gemeinschaften" und milieutherapeutischen Techniken in England (insbesondere mit chronisch Kranken), aber auch antipsychiatrische Erlebnisberichte in ihrer Sensibilisierung für die persönlichsten Anliegen pyschisch Leidender, bilden einen wesentlichen Ausgangspunkt zur Bildung dieser Einstellung. (→**therapeutische Gemeinschaft**).

Soziotherapie als Förderung alltagsgemäßen normalen, oft regelhaften Handelns ist die Basis aller sich sozialpsychiatrisch verstehenden therapeutischen Techniken. Sie zielt darauf ab, die Entfaltung zwischenmenschlicher Interaktion zu fördern und das *soziale Umfeld* des Betroffenen – seine Familie, seinen Arbeitsplatz oder seine engere Umgebung im Stadtteil – in das therapeutische Geschehen mit einzubeziehen (→**Gemeindepsychologie**). Psychotherapeutische Verfahren stellen – kritisch im angedeuteten Sinn reflektiert – eine wesentliche Bereicherung sozialpsychiatrischer Praxis dar. Medikamentöse Behandlung (→**Psychopharmaka**) kann „richtig angewandt, als Instrument der Befreiung dienen" (BASAGLIA 1973). Selbst der Elektroschocktherapie bleibt heute noch in den extremsten Situationen ein – allerdings äußerst streng zu begrenzendes – Anwendungsfeld. Unerläßlich im Rahmen der beschriebenen Grundhaltung ist die eindeutige Aufklärung von Patienten und Angehörigen über Möglichkeiten und Risiken therapeutischen Handelns. Dies gilt insbesondere für jegliche Behandlung unter Zwang.

5 Rehabilitation und Prävention

Rehabilitation meint die Wiederherstellung einer behinderten Person auf das Funktionsniveau vor Ausbruch der Erkrankung oder zumindest soweit, daß sie so normal als möglich mit ihren verbliebenen Fähigkeiten in der gewohnten Umgebung leben kann. Sie soll sekundäre – im Zusammenhang mit der Krankenrolle erworbene – Behinderung vermindern und ist in ihren Möglichkeiten durch die primäre Behinderung begrenzt, d. h. durch die Grundkrankheit und deren Behandlungsmöglichkeiten. Rehabilitation verwirklicht sich in Übergangseinrichtungen wie Wohnheimen, beschützenden Werkstätten oder, wie in Italien, in Sonderformen kollektiven Arbeitens.

Auch Beschäftigungs- und Arbeitstherapie bilden – kritisch reflektiert – wesentliche Hilfen im Rehabilitationsprozeß (→**Beschäftigungs- und Arbeitstherapie**). Die Hilfen im Arbeitsgestaltungsprozeß müssen fast stets von therapeutischer Unterstützung im häuslichen Milieu – Familie, Übergangswohnheim oder Nachtklinik – begleitet sein. Schwierig erscheint in der BRD oft die finanztechnische Regulierung rehabilitativer Maßnahmen, da diese nicht oder nur begrenzt als Heilmaßnahmen im Sinne der Reichsversicherungsordnung gelten und damit anderen Kostenträgern als den Krankenkassen, wie z. B. Arbeitsverwaltung, Rentenversicherung oder Sozialhilfe angelastet werden (→**Finanzierung, rechtliche Grundlagen**). Der Prävention psychischer Erkrankungen kommt eine hervorragende Stellung im Rahmen der Sozialpsychiatrie zu, insbesondere dadurch, daß sie die Nahtstelle zur politischen Einflußnahme über Sozialgesetzgebung und die Gestaltung sozioökonomischer Bedingungen insgesamt besetzt (→**Prävention**).

6 Gemeindepsychiatrie

Gemeindepsychiatrie will psychiatrische Hilfeleistungen möglichst bürgernah und umfassend im natürlichen Lebensraum der Hilfesuchenden gewährleisten; dies erfordert eine Vielfalt von miteinander zu koordinierenden stationären, teilstationären und ambulanten Diensten (→**Gemeindepsychologie**). Ansätze gemeindepsychiatrischer Praxis in der BRD verdanken ihr Entstehen zunächst politisch-administrativen Gremien, deren Aktivierung der Psychiatrie-Enquête zu verdanken ist (Psychiatriebericht, 1975). Auf diesem Weg ist es z. B. in Mönchengladbach-Rheydt gelungen, von der Institution „Psychiatrische Klinik" ausgehend die Versorgung eines Großstadtsektors weitgehend autonom zu betreiben und zwar über die Verlagerung therapeutischer Potentiale in die Bereiche Tagesklinik, Wohnheim, Wohngemeinschaften, nachgehende ambulante Tätigkeit und Selbsthilfegruppen, sowie Beratung in der Gemeinde. Auch schwerstgestörte Patienten können – im Gegensatz zu gelegentlich anderslautenden Erfahrungen – von psychiatrischen Abteilungen an Allgemeinkrankenhäusern in das offene Versorgungs- und Beratungssystem mit einbezogen werden. In Häcklingen/Uelzen z. B. wird die Betreuung eines Landkreises besonders über Beratungsangebote an die primären Bezugsgruppen der Patienten (Angehörige, Lehrer usw.) gefördert, während in Hannover (BAUER, 1977) sozialpsychiatrische Dienste mit Behandlungsberechtigung und Wohnheime im Stadtteil die Entwicklung psychiatrischer Hilfsangebote in Richtung unmittelbarer Lebenswelt der Betroffenen markieren.

Dennoch kranken auch diese Reformmodelle – dem Entstehungsmechanismus und dem fixierten Ergebnissen der Enquête entsprechend – an ihren eher bürokratisch entwickelten Konzepten und deren politisch allzu behutsamer Verwirklichung. Alternativer sozialpsychiatrischer Praxis, die enger an den Bedürfnissen der Betroffenen orientiert ist, ist es bisher allerdings nicht gelungen, eine durchgehende Verantwortung auch für schwerstgestörte Patienten mitzutragen (→**Krisenintervention**). Erst dieser noch ausstehende Schritt hin auf eine umfassende Sorge für alle in der Gemeinde anzutreffenden seelisch Leidenden, kann den Anspruch nach Auflösung der Großkrankenhäuser vor Ort verwirklichen helfen.

7 Sinn psychiatrischer Praxis

Diskutiert man den Sinn psychiatrischen Handelns, dann muß man die tatsächlichen Funktionen der Psychiatrie mit berücksichtigen, insbesondere die der Heilung einerseits und die der Repression und Kontrolle andererseits. Ebenso ist die gesellschaftliche Organisierung psychischen Leidens zu analysieren (KEUPP & ZAUMSEIL 1978). Der Sinn psychiatrischen Handelns sollte bei allen beteiligten Berufsgruppen diskutiert werden, insbesondere auch beim Pflegepersonal, das stets die Hauptlast der Reformbewegung getragen hat. Dabei müssen die von der Psychiatrie betroffenen Bürger – und das sind potentiell wir alle – eingeschlossen werden.

LITERATUR

BACH, O., FELDES, D., THOM, A. & WEISE, K. (Hrsg.) *Sozialpsychiatrische Forschung und Praxis.* Leipzig: Thieme, 1976.
BASAGLIA, F. *Die negierte Institution.* Frankfurt: Suhrkamp, 1973.
BAUER, M. *Sektorisierte Psychiatrie.* Stuttgart: Enke, 1977.
CRANACH, M. V., & FINZEN, A. *Sozialpsychiatrische Texte.* Berlin: Springer, 1972.
DEUTSCHER Bundestag. Drucksache 7/4200/4201. Bericht über die Lage der Psychiatrie in der Bundesrepublik Deutschland. Bonn. 1975.
DÖRNER, K. *Bürger und Irre.* Zur Sozialgeschichte und Wissenschaftssoziologie der Psychiatrie. Frankfurt: Europäische Verlagsanstalt, (Taschenbuch: Frankfurt: Fischer, 1975).
DÖRNER, K., KÖCHERT, R., LAER VON, G., SCHERER, K. *Gemeindepsychiatrie.* Stuttgart: Kohlhammer, 1979.
JERVIS, G. *Kritisches Handbuch der Psychiatrie.* Frankfurt: Syndikat, 1979.
KEUPP, H. v., ZAUMSEIL, M. *Die gesellschaftliche Organisierung psychischen Leidens.* Frankfurt: Suhrkamp, 1978.

Sozialpsychologische Grundlagen der Psychotherapie

Erich H. Witte

1 Vorbemerkung

Das Gespräch zwischen Sozial- und Klinischer Psychologie beginnt sich langsam zu entwickeln. Das ist für beide Teildisziplinen sehr zu begrüßen. Einerseits ist Psychotherapie im großen Umfang *angewandte* Sozialpsychologie – man vergleiche z. B. die Definition von Psychotherapie bei STROTZKA (1975, S.4) – andererseits muß sich bei einem intensiveren Kontakt die Sozialpsychologie auch in der Praxis bewähren.

Letztlich wird die Forderung nach Integration therapeutischer Schulen nur über eine umfassendere sozialpsychologische Theorienbildung möglich sein, weil nach meiner Auffassung in der Psychotherapie die Vorgänge des Alltagsverhaltens in verstärkter oder selegierter Form Anwendung finden. Dementsprechend kann die Sozialpsychologie – die das Alltagsverhalten zum Gegenstand hat – als Grundlage zur theoretischen Integration herangezogen werden, genauso wie man die Umgangssprache als Hilfsmittel beim direkten Vergleich zweier verschiedener theoretischer Konzepte verwenden muß. Nach dieser Vorstellung kann eigentlich die *gesamte* Sozialpsychologie Grundlage für Psychotherapie sein und folglich wäre es für die Bearbeitung des Themas konsequent, auf sozialpsychologische Lehr- und Handbücher zu verweisen. Um die Fruchtbarkeit dieser Kooperation jedoch zu verdeutlichen, sollen an einigen Schwerpunkten exemplarisch Ergebnisse aus der Sozialpsychologie als Grundlage für psychotherapeutische Interventionen angedeutet werden.

2 Die Bedeutung der sozialpsychologischen Forschung und ihrer Ergebnisse für die Psychotherapie

Häufig wird der Sozialpsychologie vorgeworfen, sie sei allzu experimentell. Aus diesem Vorwurf heraus entsteht dann eine Ablehnung sozialpsychologischer Kenntnisse für die Psychotherapie, weil letztere nicht in Verbindung mit einer experimentellen Methodik gesehen wird. Um nun diese Behinderung der Kooperation zwischen Sozial- und Klinischer Psychologie zu überwinden, soll die Ähnlichkeit zwischen der Durchführung einer Therapie mit dem experimentellen Vorgehen in der Sozialpsychologie kurz angedeutet werden.

Eine Kurzdefinition des (Quasi-)Experiments könnte man in folgender Weise geben: Es werden zur Überprüfung von Gesetzen spezielle situative Randbedingungen hergestellt und spezielle Handlungen registriert, die zur Überprüfung der Gesetzmäßigkeiten relevant sind (ZIMMERMANN 1972).

Aus funktionaler Sicht könnte man in Anlehnung an die obige Kurzdefinition folgende *Beschreibung der Psychotherapie* geben: Es wird zur Verringerung des Leidensdrucks eine Therapiesituation durch ein spezielles Setting und bestimmte Therapeutenvariablen geschaffen, die aufgrund angenommener Gesetzmäßigkeiten für den Klienten im Hinblick auf eine bestimmte Zielsetzung hilfreich ist (→**Psychotherapie**).

Die Aufgabenstellung von Psychotherapie und Experiment ist natürlich völlig verschieden, zum einen steht die konkrete *Hilfeleistung* bei *akzeptierten* Gesetzmäßigkeiten im Vordergrund, zum anderen werden die *Gesetze* selber in Frage gestellt. Falls man trotz der verschiedenen Funktionen die Ähnlichkeit in vielen Aspekten akzeptieren kann, dann muß sich die Psychotherapie in gewissen Teilen selbst der Kritik des Experiments aus sozialpsychologischer Sicht stellen. Aus dieser sehr umfangreichen Forschung sollen nur *zwei* Aspekte angedeutet werden.

Erstens stehen prinzipiell interne und externe Validität eines Experiments im Widerspruch (GADENNE 1976), d. h. bezogen auf die Psychotherapie, wird eine sehr *spezifische* Art von Symptombehandlung über andere Bereiche *kaum generalisierbar* sein und eine sehr unspezifische Behandlungsform ist in ihren Auswirkungen kaum *prognostizierbar*.

Zweitens muß man im Experiment und damit auch in der Therapie mit Störeffekten rechnen (GNIECH 1976), die bezogen auf die Therapie aus der Sozialpsychologie des Experiments bekannt sind:

- Voreinstellung des Klienten
- Aufforderungscharakter der Situation
- Aufklärung über den Zweck der Therapie
- Faktoren der sozialen Distanz
- Interpretationsverzerrungen des Therapeuten
- unbeabsichtigte Konditionierungen durch den Therapeuten
- Motive der Klienten
- Rollen der Klienten etc.

Viele dieser Aspekte gehören bereits zur Therapieforschung, aber eine systematische Verbindung dieser beiden Forschungsrichtungen – der Sozialpsychologie des Experiments und der Einflüsse in der Psychotherapie – erscheint mir als fruchtbar.

Schaut man sich nun detaillierter die in der Therapie gewünschten Rahmenbedingungen an, so wird in fast allen Therapieformen gefordert, daß der Therapeut eine *vertrauensvolle, wertschätzende* etc. Situation für den Klienten als notwendige Voraussetzung anzustreben hat. Um das zu erreichen, kann man sich an den Forschungen der *interpersonalen Attraktion* orientieren. Recht gut bestätigt ist, daß man sich zu Personen hingezogen fühlt, von denen man selbst geschätzt wird und die ähnliche Vorstellungen haben, wie man selber. Hieraus läßt sich zur Beschleunigung des Therapieprozesses bei entsprechender Voraussetzung sicherlich auch eine gezielte Strategie entwickeln (→ **Klientenvariablen**).

Leider ist die einfache Strategie, die allein die Ähnlichkeit zwischen Therapeut und Klient betont, ungeeignet für ein einfaches Vorgehen, weil die Klienten bereits mit *Erwartungen* und *Einstellungen* zur Therapie und zum Therapeuten in die erste Sitzung kommen. Frauen der Mittel- und der Unterschicht erwarten z. B. von einem Psychotherapeuten, daß er ein gut ausgebildeter *Experte* mittleren Alters ist, der während der Sitzung eine persönliche Atmosphäre herstellen kann (MARTIN & SAUER 1980). Folglich wird man bereits durch die Einstellung als Therapeut in einer *Führungsrolle* gesehen. Ferner muß der Therapeut die von seiner Therapieschule erwarteten Handlungen herbeiführen und darauf achten, sich entsprechend gegenüber den Klienten zu verhalten (→ **Therapeutenmerkmale**).

Unter solchen Voraussetzungen kann man die *Führungsforschung* heranziehen (FIEDLER 1967, KUNCZIK 1972). Geht man einmal von dem FIEDLER'schen Kontingenzmodell aus, so wird die Situation eines Führers unterteilt in drei Aspekte: seine *Macht* (klein oder groß), seine *Beliebtheit* (gering oder groß) und die *Aufgabenstellung* (strukturiert oder unstrukturiert). Abhängig von der Situation sollte ein eher personenorientiertes oder aufgabenorientiertes Verhalten gezeigt werden. Nimmt man z. B. an, daß zu Beginn einer Therapie die Beliebtheit gering, die Aufgabenstellung unstrukturiert und die Macht klein ist, dann wird in dem Modell empfohlen, ein eher aufgabenorientiertes Verhalten zu zeigen, d. h. man sollte sich auf die Problemstellung konzentrieren, stärker lenken und das Beziehungsverhältnis aktiv verbessern. Hat man im weiteren Therapieverlauf speziell die Beziehung verbessert, dann sollte man weniger lenken. Wird schließlich die Aufgabe immer strukturierter und auch die Macht stärker, dann sollte zum Ende der Therapie auch wieder nach dem Kontingenzmodell stärker gelenkt werden.

Obwohl das Kontingenzmodell der Führung nur heuristischen Wert besitzt, erscheint mir dieser Ansatz, der das Therapeutenverhalten nicht statisch vorschreibt, sondern in einer dynamischen Theorie erfaßt, angemessen zu sein. Hier kann die Sozialpsychologie einen ersten Denkansatz liefern. Er ergibt sich im wesentlichen bei der Betrachtung der Therapiesituation aus einem Appetenz-Aversions-Konflikt des Klienten verbunden mit der Führungsforschung (GRUNWALD 1976).

In einer Therapiesituation spielt nicht nur die direkte Beziehung Klient-Therapeut eine Rolle, sondern auch die *Gestaltung der äußeren Gegebenheiten*. So kann man z. B. durch die Sitzordnung *non-verbal* das Beziehungsverhältnis beeinflussen. Außerdem hat die Einrichtung eine wesentliche Bedeutung, so daß man als Therapeut bereits bei diesen einfachen Rahmenbedingungen nach entsprechenden sozialpsychologischen Kenntnissen das emotionale Klima positiv gestalten kann. Als weiteres Forschungsergebnis aus dem Bereich der non-verbalen Kommunikation sind die Aspekte untersucht worden, von denen der Gesamteindruck einer Person, z. B. eines Therapeuten, abhängig ist. Aus Forschungsergebnissen von MEHRABIAN & WIENER (1967) kann man schließen, daß in etwa folgende Beziehung gilt: Gesamteindruck von einer Person = 7% Inhalt des Gesagten + 38% Tonfall + 55% Mimik.

In dieser Untersuchung sind Inhalt, Tonfall und Gesichtsausdruck nach den Kriterien freundlich, unfreundlich und neutral variiert worden. Entsprechend gab es konsistente und inkonsistente Mitteilungen, z. B. freundlicher Inhalt, freundlicher Tonfall und freundlicher Gesichtsausdruck gegenüber freundlichem Inhalt, freundlichem Tonfall und *un*freundlichem Gesichtsausdruck. In diesem Ergebnis scheinen Tonbänder nur bedingt zur Therapiekontrolle geeignet zu sein und ferner ist eine Therapieausbildung wohl nur über Video-Feedback sinnvoll.

Wenn ein Klient seine Probleme schildert, so sind diese in vielen Fällen durch *soziale Vergleichsprozesse* für ihn zur Belastung geworden, denn die empfundene Abweichung läßt sich häufig nur durch vermeintliche oder tatsächliche Normen einer Bezugsgruppe identifizieren. Bei einer solchen Perspektive ist das Symptom nicht mehr allein auf die Person zurückzuführen, sondern entsteht aus der Wechselwirkung zwischen individuellen Dispositionen und Vergleichsmaßstäben. Dann aber könnte sich das Problem in der Therapie stellen, wie der Therapeut es erreichen kann, dem Klienten eine neue Bezugsgruppe anzubieten, bei der das Symptom völlig normal ist. Z. B. kann er einem Homosexuellen zu einer veränderten Bezugsgruppe verhelfen, so daß er sich nicht mehr mit Heterosexuellen vergleichen muß. Man könnte das *Bezugsgruppen-Modifikations-Methode* nennen, bei der das Ziel der Therapie in der Veränderung von Vergleichsprozessen liegt (→**Etikettierung**).

Im folgenden möchte ich von den äußeren Bedingungen zu den *inneren* Prozessen der Psychotherapie übergehen.

3 Die Bedeutung des Einstellungskonzeptes für die Psychotherapie

Das Ziel der therapeutischen Maßnahmen wird in der überwiegenden Zahl der Fälle eine Kombination aus Handlungs- und Kognitionsänderungen sein, um den Leidensdruck des Klienten abzubauen. Als Sozialpsychologe erkennt man an dieser Stelle den theoretischen Begriff der Einstellung wieder, der sich in die drei Komponenten gliedert: *affektiver, kognitiver* und *konativer* (behavioraler) Aspekt. Wenn man diese Parallele akzeptiert, so sollte die gesamte Forschung zur Einstellungsänderung als Grundlage für die Psychotherapie Berücksichtigung finden (WITTE 1977).

In diesem Rahmen können nur zwei Punkte dieser umfangreichen Forschungsrichtung herausgegriffen werden. Zum einen handelt es sich um ein *Einstellungs-Verhaltens-Modell*, das sich im Rahmen der Vorhersage des Verhaltens durch Einstellungen im gewissen Umfang bewährt hat (AJZEN & FISHBEIN 1973), zum anderen soll ein *Informations-Abwehr-Modell* behandelt werden, das näher auf die Prozesse eingeht, die eine Einstellungsänderung verhindern (TANNENBAUM 1967).

Im ersten Ansatz wird das Problem behandelt, daß Einstellungen nicht direkt zur Verhaltensprognose geeignet sind, weil sie zu abstrakt sind, sich nicht auf Handlungen beziehen, die soziale Situation außer acht lassen und individuelle Motive vernachlässigen. Aus diesem Grunde ist ein komplexerer Ansatz entwickelt worden mit folgenden Komponenten:

- Einstellung gegenüber einer Handlung (und *nicht* einem Objekt)
- soziale Normen in der handlungsrelevanten Situation
- die individuelle Bereitschaft, diese Normen zu befolgen.

Im Folgenden nehme man diese drei Parameter als eine Leitidee für eine Psychotherapie einer depressiven unverheirateten Frau, die seit mehreren Jahren mit ihrer verwitweten Mutter in einer Wohnung lebt. Man würde nun das Zusammenleben mit ihrer Mutter in die drei Komponenten zerlegen. Die erste bezieht sich auf die Einstellung und Bewertung dieser *Handlung*. Bereits an dieser Stelle kann sich die Klientin mit anderen Personen vergleichen, die ähnlich wie sie handeln und deshalb für sich auch keine negative Bewertung zulassen. Eine realistischere Einschätzung des Zusammenlebens ist u. U. nur möglich, wenn sie sich nicht als jemand sehen muß, der altruistisch ist und sozial verantwortlich handelt. Man wird eher egoistische und weniger verantwortliche Personen als Vergleichsmaßstäbe in der Therapie anbieten. Das entspricht der Bezugsgruppen-Modifikationsmethode.

Die zweite Komponente betrifft die konkrete Situation mit ihren Normen. Zur Veränderung dieser Komponente gibt es einen sehr *direkten* Zugang, der die Situation als solche zu verändern sucht, indem der Therapeut die Klientin zu einem Auszug bewegt. Man könnte das *Situationstherapie* nennen. Die Idee, die sich hinter diesem Zugang verbirgt, besagt, daß zur Behebung der Probleme die Umstände geändert werden müssen.

Man könnte nun auch die Klientin gemäß der dritten Komponente darin unterstützen, sich gegen Zwänge im Zusammenleben mit ihrer Mutter besser zur Wehr zu setzen (Selbstbehauptungstraining). Da nun aber Interaktionsnormen am besten durch die Interaktionspartner gemeinsam neu bestimmt werden, könnte man auch zu diesem Zweck eine gemeinsame Therapie der Mutter-Tochter-Dyade durchführen. In diesem Fall werden auch Ergebnisse der Kleingruppenforschung relevant.

Da eine Handlung aus sozialpsychologischer Sicht nur aus den drei Komponenten *gemeinsam* vorhergesagt werden kann, würde auch ein entsprechend komplexer Therapieplan erforderlich sein.

Bemerkenswert an der zweiten Komponente – den sozialen Normen in der handlungsrelevanten Situation – ist der Übergang von individueller Situationstherapie zu genereller Prophylaxe. So wäre es z. B. denkbar, generell Einrichtungen zu schaffen, die das Zusammenleben der Generationen erleichtern, ohne sie zu einer Entscheidung – Altersheim gegenüber persönliche Belastung – zu zwingen.

Bekanntlich sind Einstellungsänderungen nicht immer leicht zu erreichen. Das liegt vor allem daran, daß *Widerstände* gegen die Veränderung auftreten (→ **Widerstand**). Hierfür gibt es in der Sozialpsychologie ein Informations-Abwehr-Modell, das diese Widerstände in folgende Komponenten zerlegt (TANNENBAUM 1967): (1) Leugnung einer Information, (2) Senderabwertung, (3) Widerlegung der Information, (4) Unterstützung der bestehenden Einstellung. Wenn man im Rahmen einer Therapie diese Prozesse beachtet, so wird man genauer die Widerstände eines Klienten gegen therapeutische Einstellungsänderungen charakterisieren und entsprechende Interventionen folgen lassen können. Auch in diesem Zusammenhang scheint wieder die *gemeinsame* Berücksichtigung *aller vier* Aspekte wichtig.

Nachdem die Verbindung zwischen äußeren Einflüssen und inneren Prozessen behandelt worden ist, wollen wir uns nun auf die innere kognitive Verarbeitung beziehen.

4 Die Bedeutung kognitiver Theorien der Sozialpsychologie für die Psychotherapie

In den letzten Jahren hat eine der wichtigsten Therapiekonzepte, die Verhaltenstherapie, eine „kognitive Wende" erfahren, was auf die besondere Bedeutung kognitiver Prozesse hinweist (→**Verhaltenstherapie**). Zu diesen kognitiven Prozessen liegen nun zahlreiche theoretische Konzepte in der Sozialpsychologie vor (FREY 1978), deren klinische Umsetzung schon eingehender behandelt worden ist (BREHM 1976; deutsch 1978). Weil auf diesem Gebiet die Beziehungen zwischen Sozial- und Klinischer Psychologie bereits offensichtlich sind, kann ich mich auf einige wenige Bemerkungen beschränken.

Bereits bei der Alltagsorientierung in unserer Umwelt stellt die Reizaufnahme einen komplexen Verarbeitungsprozeß dar, der auch sozialpsychologische Aspekte aufweist.

So ist die Wahrnehmung sozialer Vorgänge durch Hypothesen über die Umwelt, durch Kausalitätsannahmen und gewohnte Bezugspunkte vorstrukturiert. Wie diese Vorgänge detaillierter aussehen, versuchen folgende Theorien zu beschreiben:

- Hypothesentheorie der Wahrnehmung (ALLPORT 1955)
- Theorie der Kausalitätseindrücke (MICHOTTE 1966)
- Adaptationsniveau-Theorie (HELSON 1959)

Auf der Basis der ersten Theorie hat sich die *rational-emotive Therapie* von ELLIS (1962) entwickelt.

Die Theorie der *Kausalitätseindrücke* als verzerrender kognitiver Prozeß wird in der Bearbeitung von Interaktionen herangezogen, wenn z. B. Ehepartner jeweils ihr eigenes Verhalten als durch den anderen verursacht empfinden.

Die *Adaptationsniveau-Theorie* ist therapeutisch relevant, wenn man Wahrnehmungsunterschiede zwischen Klient und Therapeut z. B. bemerkt. Hier kann dann einfach die Gewöhnung unterschiedlich sein, denn es gibt keine absoluten Maßstäbe für freundlich–unfreundlich, agressiv–nicht aggressiv, häufig–selten etc.

Ferner gibt es kognitive Ansätze, die bis zu einem gewissen Grade nahelegen, daß Personen aus der Beobachtung ihrer Umwelt und ihres eigenen Verhaltens auf ihre Einstellungen, Emotionen und andere innere Zustände schließen. Dazu gehören die *Theorie der Selbst-Wahrnehmung* (BEM 1972) und die *kognitive Theorie der Emotion* (SCHACHTER & SINGER 1962).

Besondere Beachtung im Rahmen klinischer Fragen haben drei weitere kognitive Theorien gefunden die *Reaktanz-Theorie*, die *Dissonanz-Theorie* und die *Attributions-Theorie* (vgl. BREHM 1976, 1978).

- *Reaktanz* bezeichnet die Reaktion einer Person auf Freiheitseinengung. Diese Reaktion kann dabei verschiedene Effekte haben, z. B. Attraktivitätsänderung, Aktivierung und Aggression. Bekannt ist dieses Phänomen in der Psychotherapie bei der Symptom-Verschreibung. Dadurch verliert das Symptom an Attraktivität. Bleibt die Einschränkung der Freiheit über lange Zeit erhalten, so entsteht ein Zustand der „erlernten Hilflosigkeit" (SELIGMAN, 1975; WORTMAN & BREHM 1976).

- *Dissonanz* entsteht, wenn zwei Kognitionen, die durch eine Hypothese verbunden sind, im Widerspruch stehen. In der Psychotherapie kann man die Dissonanztheorie z. B. in der Form einsetzen, daß man die Therapie als persönlich belastend beschreibt und den Klienten fragt, ob er sich freiwillig dieser Belastung unterziehen möchte. Falls er zustimmt, dann erwartet er eine für ihn aufwendige Therapie und wird nach der Dissonanztheorie sich an die therapeutischen Maßnahmen halten, um dem erwarteten Aufwand gerecht zu werden.

- *Attribution* bezeichnet den Vorgang der Ursachenzuschreibung für soziale Ereignisse. Im Rahmen dieser Theorie ist die Erkenntnis für die Psychotherapie wichtig, daß Beobachter und Handelnde eine unterschiedliche Ursachenzuschreibung vornehmen: Handelnde sehen das Handeln durch die Situation und Beobachter durch die Persönlichkeitsmerkmale des Handelnden verursacht. Hier kann eine erhebliche Diskrepanz zwischen Klient und Therapeut entstehen, indem der Klient z. B. seine Handlungen auf seinen Ehepartner, seine Kinder, die Arbeit etc. zurückführt und der Therapeut die Verantwortung auf den Klienten als Person überträgt. Letztlich sind beide Sichtweisen zu ergänzen.

Um diesen Wechsel in der Ursachenzuschreibung beim Klienten zu erreichen, kann man ihn zum Beobachter seines eigenen Verhaltens durch Video-Feedback werden lassen.

Insgesamt ist die Verbindung der kognitiven Theorien mit der Psychotherapie erst in Ansätzen verwirklicht. Das liegt u. a. an den Schwierigkeiten, in denen die kognitiven Theorien selber stecken. Von den internen kognitiven Prozessen wollen wir zu der Beeinflussung von außen übergehen (→ **kognitive Therapien**).

5 Die Bedeutung des Kommunikators für die Psychotherapie

Innerhalb eines Kommunikationsprozesses sind die *Auswirkungen* einer Mitteilung auch von der *Einschätzung des Senders* abhängig. Für diesen Bereich wird ein *Kommunikator-Modell* von KELMAN (1961) relevant. Entsprechend diesem Ansatz wird der Sender nach seiner *Glaubwürdigkeit, Attraktivität* und *Macht* beurteilt. Abhängig von diesen drei Komponenten werden drei psychologische Prozesse angenommen: *Internalisation, Identifikation* und *Nachgiebigkeit.* Ersterer beschreibt die Übernahme einer Mitteilung, weil der Sender die „richtige" Position vertritt. Beim zweiten übernimmt der Empfänger die Mitteilung des Senders, um ihm ähnlich zu sein. Der dritte Prozeß beschreibt die öffentliche Äußerung einer vom Sender vertretenen Position, ohne sie privat übernommen zu haben.

Sicherlich können alle drei Mechanismen in der Therapie wirksam werden. Gezielt einsetzbar sind diese Prozesse aber nur, wenn der Therapeut die entsprechende Bewertung durch den Klienten kennt. So ist z.B. seine Glaubwürdigkeit davon abhängig, ob er als kompetent angesehen wird. Die Attraktivität läßt sich durch den Aufbau der emotionalen Beziehung in der Therapie herbeiführen. Schließlich ist die Machtkomponente auch nicht unwichtig – abgesehen davon, daß über diesen Aspekt zu wenig reflektiert wird – denn über eine vollzogene Handlung des Klienten kann eine Umbewertung der Person herbeigeführt werden, wie es die Selbst-Wahrnehmungstheorie von BEM (1972) beschreibt.

Dieser Punkt der einseitigen Mitteilung muß letztlich in jeder Therapiesituation ergänzt werden zu einem interaktiven Ansatz. Damit aber wird die *Kleingruppenforschung* mit ihren Ergebnissen relevant.

6 Die Bedeutung der Kleingruppenforschung für die Psychotherapie

Letztlich kann man davon ausgehen, daß auch eine Einzeltherapie bereits eine Gruppensituation darstellt, in der man sein eigenes Verhalten zu dem eines anderen in Beziehung setzt. Daß dann in anderen Settings wie Paar-, Familien- und Gruppentherapie, die Kleingruppenforschung eine wichtige Grundlage darstellt, ist zu erwarten (vgl. z.B. YALOM 1974). Gleichzeitig ist es bei dem Umfang dieser Forschung und ihrer Heterogenität – wie eigentlich auch an allen anderen Stellen – völlig unmöglich, eine systematische Auswahl zu treffen. Als Hilfskonstruktion seien deshalb exemplarisch zu den drei Aspekten: *Entstehung* einer Therapiegruppe, *Verlauf* einer Therapiegruppe und *Nachsorge* – jeweils Ergebnisse aus der Kleingruppenforschung als Grundlage referiert.

Bei der *Entstehung von Gruppen* unterscheidet man vier Phasen (TUCKMAN 1965): *forming, storming, norming, performing.*

Das *forming* beschreibt das Ausprobieren, welche Verhaltensweisen in der Gruppe akzeptiert werden. Als nächstes setzt das *storming* ein, das die Auseinandersetzungen zwischen den Gruppenmitgliedern beschreibt, wenn man zu freiheitseinschränkenden Normen kommen soll. Während des *norming* entwickelt sich die Gruppenkohäsion. Beim *performing* schließlich widmet man sich der Gruppenaufgabe. Dieses Vierphasen-Modell ist z.B. dem tetradischen System der Integrativen-Therapie recht ähnlich (PETZOLD 1979).

Während des *Verlaufs* einer Therapie wird als notwendige Voraussetzung ihrer Wirksamkeit eine gute *Gruppenkohäsion* gefordert. (In der Einzeltherapie wird das z.B. auch Wertschätzung genannt). Mit der Erhöhung des Zusammengehörigkeitsgefühls sind aber auch unerwünschte Einflüsse verbunden. Erstens erhöht die Kohäsion den Konformitätsdruck, zweitens kann eine kohäsive Gruppe sich leichter den therapeutischen Interventionen entziehen und drittens überbewertet eine kohäsive Gruppe ihre eigene Leistung und entwickelt u.U. Feindseligkeiten gegenüber anderen Gruppen.

In experimentellen Studien über den Umgang mit Angst zeigt sich, daß Personen lieber in Gruppen mit denselben Emotionen warten als allein oder mit beliebigen anderen Personen. Hieraus kann man Hinweise für *Selbsthilfegruppen* in der *Nachsorge* ablesen, d.h. es scheint günstig zu sein, die Selbsthilfegruppen entsprechend der Symptome zu homogenisieren. (Therapiegruppen sollte man nach den Ergebnissen von Gruppenleistungen eher heterogen zusammenstellen). Falls man ein komplexeres theoretisches Konzept als Ausgangspunkt wählen will, um Gruppenprozesse in der Psychotherapie zu analysieren, so kann man WITTE (1979) als Quelle heranziehen, der eine Theorie mittlerer Reichweite entwickelt hat.

7 Zusammenfassung

Die Hauptaufgabe meiner Überlegungen zu den sozialpsychologischen Grundlagen der Psychotherapie habe ich darin gesehen, die Tragfähigkeit dieser Kooperation exemplarisch aufzuzeigen. Hierzu habe ich einige Hinweise aus der Sozialpsychologie gegeben. Erwarten würde ich in der Zukunft bei intensiver Zusammenarbeit zwischen Sozialpsychologie und Klinischer Psychologie folgende positive Entwicklungen:

- Die Entmystifizierung unterschiedlicher therapeutischer Schulen
- Die Verdeutlichung der Zusammenhänge zwischen verschiedenen Therapien
- Eine Verbesserung der Möglichkeit, bei unterschiedlichen Symptomen gezielt Verfahren auszuwählen, ohne sich auf eine Methode zu beschränken
- Eine Orientierung der Psychotherapie an den experimentellen Studien und theoretischen Konzepten der Sozialpsychologie
- Eine Orientierung der Sozialpsychologie an den angewandten Problemen
- Die frühere Erkennung der Ähnlichkeit zwischen Alltagsinteraktion, Beratung, Rehabilitation und Therapie
- Die Konzentration der Behandlung auf die Behandlungseinheiten, die einen wesentlichen Einfluß auf Entstehung und Aufrechterhaltung der Symptome ausüben, z. B. auf die Behandlung von Familien
- Die bessere Erfassung der Krankheitsprobleme über die Einbeziehung von Referenzgruppen
- Die Erleichterung des Findens und Begründens prophylaktischer Maßnahmen
- Die Lösung von Problemen der psychotherapeutischen Versorgung, indem prä- und posttherapeutische Einrichtungen auf sozialpsychologischer Basis errichtet werden (Selbsthilfegruppen).

LITERATUR

AJZEN, I. & FISHBEIN, M. Attitudinal of normative variables as predictors of specific behaviors. *Journal of Personality and Social Psychology,* 1973, *21,* 41–57.
ALLPORT, F.H. *Theories of perception and the concept of structure.* New York: Wiley, 1955.
BEM, D.J. Self-Perception Theory. In L. BERKOWITZ (Hrsg.) *Advances in experimental social psychology,* Vol. 6. New York: Academic Press, 1972.
BREHM, S.S. *The application of social psychology to clinical practice.* New York: Wiley, 1976 (deutsch Huber, 1978).
ELLIS, A. *Reason and emotion in psychotherapy.* New York: Lyle Stuart, 1962.
FIEDLER, F.E. *A theory of leadership effectiveness.* New York: McGraw-Hill, 1967.
FREY, D. (Hrsg.) *Kognitive Theorien der Sozialpsychologie.* Bern: Huber, 1978.
GADENNE, V. *Die Gültigkeit psychologischer Untersuchungen.* Stuttgart: Kohlhammer, 1976.
GNIECH, G. *Störeffekte in psychologischen Experimenten.* Stuttgart: Kohlhammer, 1976.
GRUNWALD, W. *Psychotherapie und experimentelle Konfliktforschung.* München: Reinhardt, 1976.
HELSON, H. Adaptation level theory. In S. KOCH (Hrsg) Psychology: *A Study of Science.* Vol. 1, 565–621. New York: Mc Graw-Hill, 1959.
KELMAN, H.C. Processes of opinion change. *Public Opinion Quarterly,* 1961, *25,* 57–78.
KUNCZIK, M. (Hrsg.) *Führung. Theorien und Ergebnisse.* Düsseldorf: Econ, 1972.
MARTIN, G. & SAUER, R. *Einstellung von Frauen verschiedener sozialer Herkunft gegenüber professioneller Hilfe bei psychischen Problemen.* Hamburg: unveröffentlichte Diplomarbeit, 1980.
MEHRABIAN, A. & WIENER, M. Decoding of inconsistent communication. *Journal of Personality and Social Psychology,* 1967, *6,* 109–114.
MICHOTTE, A. Die Kausalitätswahrnehmung. In W. METZGER (Hrsg.) *Handbuch der Psychologie,* Bd. 1, 1. Halbband. Göttingen: Hogrefe, 1966, 954–977.
PETZOLD, H. Integrative Bewegungstherapie. In H. PETZOLD (Hrsg.) *Psychotherapie und Körperdynamik.* Paderborn: Junfermann, 1979.
SCHACHTER, S. & SINGER, J.E. Cognitive, social, and physiological determinants of emotional state. *Psychological Review,* 1962, *69,* 379–399.
STROTZKA, H. Einleitung. In H. STROTZKA (Hrsg.) *Psychotherapie: Grundlagen, Verfahren, Indikationen.* München: Urban und Schwarzenberg, 1975.
TANNENBAUM, P.H. The congruity principle revisited: Studies in the reduction, induction, and generalization of persuasion. In L. BERKOWITZ (Hrsg.) *Advances in experimental social psychology.* Vol. 3. New York: Academic Press, 1967.
TUCKMAN, B.W. Development sequence in small groups. Psychological Bulletin, 1965, 63, 384–389).
WITTE, E.H. Einstellung. In TH. HERRMANN (Hrsg.) *Handbuch psychologischer Grundbegriffe.* München: Kösel, 1977, 103–115.
WITTE, E.H. *Das Verhalten in Gruppensituationen. Ein theoretisches Konzept.* Göttingen: Hogrefe, 1979.
YALOM, I.D. *Gruppenpsychotherapie. Ein Handbuch.* München: Kindler, 1974.
ZIMMERMANN, E. *Das Experiment in den Sozialwissenschaften.* Stuttgart: Teubner, 1972.

Spieltherapie

Wolfgang Jaede

1 Theoretische Grundlagen

Die Spieltherapie ist ein eigenständiges psychologisches Behandlungskonzept für Kinder und Jugendliche mit Erlebens-, Beziehungs- und Verhaltensproblemen. Die besonderen Möglichkeiten des freien Spiels zur Erlebnisaktivierung, Konflikterfahrung und Informationsverarbeitung, zur Selbstdarstellung, Phantasieanregung und selbständigen Handlungsregulation bilden die Grundlage therapeutischer Zielsetzungen und Einflußnahmen.

Es liegen unterschiedliche Spieltherapieansätze vor, die – entsprechend der zugrundliegenden Persönlichkeits- und Therapietheorie – jeweils bestimmte Spielmerkmale als therapeutisch relevant hervorheben.

1.1 Psychoanalytische Modelle

Gemäß psychoanalytischer Auffassung erhält das Spiel in der Therapie die Funktion einer Alternativbefriedigung, einer aktiven Konfliktbewältigung, einer symbolischen Angstabwehr und einer Ich-Synthese. Vertreter der *deutenden Spieltherapie* betonen vorrangig die Bedeutung kindlicher Spielinhalte als Symbolträger unbewußter innerer Konflikte, analog zur freien Assoziation Erwachsener (Melanie Klein 1972; Anna Freud 1966). Demgegenüber bedeutet das Spiel in der *deutungsfreien Spieltherapie* eher Darstellung der inneren realen Erlebniswelt des Kindes. Dem Spielablauf selbst wird eine heilende Wirkung in Form einer „Katharsis" und „Sublimierung" zugeschrieben (Zulliger, 1952). Eine kombinierte Anwendung deutender und nichtdeutender Spieltherapieelemente findet sich sowohl in der Kinderanalyse C. G. Jungs (Fordham 1969) als auch im neo-analytischen Behandlungskonzept von Annemarie Dührssen (1963) (→ **Psychoanalyse**).

1.2 Klientenzentrierte Modelle

Der klientenzentrierte Spieltherapieansatz begreift – ausgehend von C. Rogers Persönlichkeitstheorie – den Therapieprozeß eher als eine Öffnung und Reintegration der Gesamtpersönlichkeit des Kindes im Wahrnehmen, Erleben und Handeln. Weniger die antriebsreduzierende Funktion des Spiels als seine erlebnisaktivierende und selbstaktualisierende Wirkung wird zum Ausgangspunkt personaler Reife- und Wachstumsprozesse (Virginia Axline 1947; Moustakas 1953; Goetze 1980) Weiterentwicklungen dieses Konzeptes basieren auf der Einbeziehung emotional-kognitiver sowie lern- und handlungstheoretischer Modelle (Goetze & Jaede 1978; Schmidtchen 1974, 1978; → **Gesprächspsychotherapie**).

Insgesamt wird eine konzeptionelle Uneinheitlichkeit in der Ableitung und Beschreibung spieltherapeutischer Prozesse deutlich. Sie spiegelt die Schwierigkeit wider, das Therapiemedium „Spiel" in seiner Komplexität und Entwicklungsbedingtheit ausreichend in bestehende Therapietheorien zu integrieren.

2 Therapiepraxis

In ihrer Anwendung weisen Spieltherapien dennoch zahlreiche grundlegende Übereinstimmungen im Ablauf der Durchführung, in der Situationsstrukturierung und in der Beziehungsgestaltung zwischen Therapeut und Kind auf:

- *Ablauf*
  Spieltherapien finden bei einzelnen oder bei Gruppen von Kindern in der Regel einmal wöchentlich in einem speziell ausgestatteten Spielzimmer statt. Primäres Ziel ist die Herstellung eines optimalen Beziehungsverhältnisses zum Kind sowie die Förderung seiner Spielaktivität. In einer zweiten Phase werden spezifische Probleme des Kindes erkennbar und über die Therapeut-Klient-Beziehung sowie das Spiel des Kindes bearbeitet. Hieran schließt sich die zunehmende Verselbständigung und Loslösung des Kindes vom Therapeuten an. Elterngespräche erfolgen parallel zur Einzel- oder Gruppentherapie.

- *Situationsstrukturierung*
  Optimale Spielanregungen des Kindes erfolgen über Spielmaterial mit hohem Aufforderungscharakter und Variationsmöglichkeiten. Der Therapeut garantiert den Spielrahmen für das Kind durch Grenzsetzungen, durch Beachtung einer angemessenen Körperdistanz sowie durch eine räumliche und zeitliche Begrenzung des Spiels.

- *Beziehungsgestaltung*
  Der Therapeut nimmt das Kind an, läßt es weitestgehend gewähren, vermittelt Ruhe und Zuversicht, zeigt sich kooperativ und selbstkongruent. Hierdurch unterstützt er den Abbau von Spielstörungen und erhöht die Selbstsicherheit des Kindes als Voraussetzung für die Einbeziehung neuartiger oder kritischer Verhaltensbereiche in das Spiel. Spielfreude, eine positive Beziehung zum Therapeuten und die Bereitschaft des Kindes zur Darstellung problematischer Erfahrungen im Spiel bilden somit die Voraussetzung für weitergehende Problemanalysen und gezielte Hilfestellungen in der Spieltherapie. Hierbei kommt der jeweilige theoretische Hintergrund des Spieltherapeuten deutlich zum Tragen.

- *Hypothesenbildung und Problemanalyse*
  Während in der analytischen Kinderspieltherapie dem Kind verbale Deutungen angeboten werden (ANNA FREUD, MELANIE KLEIN) bzw. eigene Interpretationen auf der Spielebene offeriert werden (ZULLIGER), beschränkt sich das klientenzentrierte Vorgehen weitestgehend auf ein empathisches Verstehen emotionaler Erlebnisinhalte (AXLINE), unterstützt auch durch ein Miterleben und Mitspielen (GOETZE). Die Abklärung realer Spielinhalte erfolgt zusätzlich durch ein Erfragen oder Ansprechen (SCHMIDTCHEN).

- *Problemlöse- und Lernhilfen*
  Von psychoanalytischer Seite her bieten Zulliger und Dührssen über Deutungen oder Spieleingriffe hinaus auch aktiv lenkende, pädagogisch-beratende Hilfen an. Klientenzentrierte Spieltherapeuten beschränken sich in entsprechender Weise nicht nur auf die Verbalisierung aktueller Gefühlsinhalte, sondern bekräftigen, stimulieren, fordern auf, hinterfragen, informieren, vermitteln Regeln (SCHMIDTCHEN) oder bieten dem Kind direkte Hilfen zur Selbstregulation an, etwa durch Demonstration von Modellverhalten im Mitspiel (GOETZE & JAEDE).

- *Elternarbeit*
  Frühere Spieltherapiekonzepte schließen die Einbeziehung der Eltern weitestgehend aus (ANNA FREUD, MELANIE KLEIN, VIRGINIA AXLINE). In neueren Konzepten erfolgen parallel zur Spieltherapie Elternberatungen. Die direkteste Form der Elternbeteiligung stellt die klientenzentrierte, simultane Eltern-Kind-Spieltherapie (*Filialtherapie*) dar (GUERNEY 1964).

Grundsätzlich lassen sich die Therapieprinzipien, die als Handlungshilfen für den Therapeuten in Form von Verhaltensnormen (AXLINE), Einstellungskonzepten (MOUSTAKAS), Prozeßskalen (GOETZE) und operationalisierten Therapietechniken (SCHMIDTCHEN) vorliegen, in der Praxis nur ganzheitlich und situativ abgestimmt verwirklichen. Eine *Standardisierung* des Therapieverlaufs erscheint weder möglich, noch wünschenswert. Förderlich für den Spieltherapieprozeß sind vielmehr eine vorausschauende und flexible Unterstützung des Kindes in Belastungssituationen, sowie eine Kontrolle des Therapeuten in seiner Selbst- und Fremdwahrnehmung. Supervisions- und Selbsterfahrungsgruppen sowie die Möglichkeit genauer Spielanalysen anhand von Aufzeichnungen können als fester Bestandteil spieltherapeutischer Praxis angesehen werden (→ **Supervision**).

3 Ergebnisse und Indikation

Eine empirische Kontrolle des Verlaufs und der Effekte von Spieltherapien liegt bisher vor allem innerhalb des klientenzentrierten Spieltherapiekonzeptes vor. Die Überprüfung von Therapieverläufen erfolgte mit Hilfe von Verhaltensbeobachtungen, Persönlichkeitsfragebögen sowie standardisierten Tests (einen Überblick geben GOETZE & JAEDE 1978).

Erfolgreiche klientenzentrierte Spieltherapien gehen einher mit einer Zunahme im ‚Äußeren von Gefühlen', in der Selbstexploration, in der Kontaktaufnahme zum Therapeuten und in der allgemeinen Handlungskompetenz der Kinder. Dabei stehen komplexe und phantasievolle Spiele in Zusammenhang mit einem Abbau von Angst und einem Aufbau größerer Selbstkontrolle des Kindes.

9- bis 14jährige Kinder zeigen wesentliche Veränderungen nach der Therapie in Form einer Verringerung von Psychoneurotizismus und Angst sowie einer Zunahme an intellektueller und sprachlicher Flexibilität und an sozialer Offenheit (SCHMIDTCHEN 1974). BEATE EHLERS (1978) stellt für sechs- bis 12jährige Kinder die Indikation einer Spieltherapie bei vorliegender ‚Emotionaler Labilität', ‚Kontaktangst', ‚Unrealistischem Selbstkonzept', ‚Instabilem Leistungsverhalten' und ‚Unsozialem Verhalten'. Auch Lernbehinderungen und Verhaltensprobleme sowie Mehrfachbehinderungen werden erfolgreich behandelt, sofern emotionale Störungen zugrunde liegen und die Kinder ein Mindestmaß an Spielfähigkeit in die Therapie einbringen. Parallele, transferfördernde Maßnahme zur Spieltherapie stellen Eltern- und Lehrerberatungen, Eltern-Kind-Therapien oder Elterngruppen dar (→**Erziehungsberatung**; →**Schule**; →**Eltern-Kind-Therapie**).

LITERATUR

AXLINE, V. *Play Therapy.* Boston: Houghton Mifflin, 1947.
DÜHRSSEN, A. *Psychotherapie bei Kindern und Jugendlichen.* Göttingen: Verlag für Medizin-Psychologie, 1963.
EHLERS, B., EHLERS, TH. & MAKUS, H. *Marburger Verhaltensliste.* Göttingen: Hogrefe, 1978.
FREUD, A. *Einführung in die Technik der Kinderanalyse.* München: Reinhardt, 1966.
FORDHAM, M. Theorie und Praxis der Kinderanalyse aus der Sicht der analytischen Psychologie. In G. BIERMANN (Hrsg.) *Handbuch der Kinderpsychotherapie.* Band I. München: Reinhardt, 1969.
GOETZE, H. *Personenzentrierte Spieltherapie.* Göttingen: Hogrefe, 1980.
GOETZE, H. & JAEDE, W. Nicht-direktive Kindertherapie. In L. PONGRATZ (Hrsg.) *Handbuch der Psychologie,* Band 8/2, Göttingen: Kindler, 1978.
GUERNY, B. G. Filial Therapie: description and rationale. *J. Consult. Psychol.* 1964, *28*, 304–310.
KLEIN, M. Die psychoanalytische Spieltechnik. *Psyche* 1959, *12.*
MOUSTAKAS, C. *Children in play therapy.* New York: Mc Graw Hill, 1953.
SCHMIDTCHEN, S. *Klientenzentrierte Spieltherapie.* Weinheim: Beltz, 1974.
SCHMIDTCHEN, S. *Handeln in der Kinderpsychotherapie.* Stuttgart: Kohlhammer, 1978.
ZULLIGER, H. *Heilende Kräfte im kindlichen Spiel.* Stuttgart: Klett, 1952.

Spontanremission

Wolfang Tunner

Man spricht von Spontanremission, wenn die neurotische Symptomatik sich ohne irgendeine Form professioneller Psychotherapie bessert. Die Schätzung eines generellen Ausmaßes spontaner Remission schwankt zwischen 30% (Bergin 1971), 43% (Lambert 1976, Bergin & Lambert 1978) und 66 bzw. 90% (Eysenck 1952).

1 Empirische Untersuchungen

Diese Zahlen gründen auf der Durchsicht empirischer Arbeiten, in denen psychisch gestörte Personen, die keine oder nur ein geringes Maß an Psychotherapie erhielten, über einen Zeitraum von meist mehreren Jahren katamnestisch untersucht wurden. Der Wert solcher Schätzungen ist von der Güte dieser Untersuchungen abhängig. Der Versuch, sie nach der Art ihrer Durchführung *global* einzuteilen, läßt vier Gruppen unterscheiden:

- Erhebungen von Anträgen wegen Arbeitsunfähigkeit aufgrund neurotischer Symptome bei Versicherungsgesellschaften. Kriterium für Spontanremission ist beispielsweise die Wiederaufnahme einer regulären Beschäftigung, ohne daß zuvor eine von der Gesellschaft bezahlte Therapie erfolgt wäre
- Erhebungen bei Personen, die wegen neurotischer Störungen in einem Krankenhaus Aufnahme fanden, von dort aber wieder entlassen werden konnten, ohne daß eine Psychotherapie stattgefunden hätte
- Erhebungen bei Personen, die trotz ihres Versuches keine Aufnahme zur Psychotherapie fanden oder nach einem Erstgespräch der therapeutischen Institution fernblieben
- Untersuchungen von Personen auf Wartelisten für die Aufnahme zur Psychotherapie.

Die nachfolgende Tabelle ist einer Aufstellung von Bergin & Lambert 1978 entnommen. Sie umfaßt nur diejenigen Arbeiten, deren Patienten keine reguläre Psychotherapie erhielten und deren methodische Ausführung von Bergin und Lambert zumindest annäherungsweise akzeptiert werden konnte.

Die Durchsicht einer Reihe der in der Tabelle 1 aufgeführten und der Schätzung von 43% Spontanremission zugrundegelegten Arbeiten, führt zu erheblichem Zweifel, ob diese Zahl eine Verallgemeinerung erlaubt. Die Gründe hierfür liegen in der Selektivität der untersuchten Stichproben, in den mangelhaften und heterogenen diagnostischen Kriterien, der gesteuerten Zuordnung von Patienten zu den Kontrollgruppen, den großen Streuungen innerhalb der Gruppen und nicht zuletzt in der generellen Schwierigkeit, die Indikation für die Psychotherapie zu bestimmen. In der Studie von Agras, Chapin & Oliveau (1972) beispielsweise wurden 30 Personen untersucht, die mittels eines Fragebogens zur Erfassung phobischer Ängste aus einer Normalpopulation ausgewählt wurden. Ihre Symptome hatten klinisch gesehen nur schwache Ausprägung und es bestand bei keiner der Personen der Wunsch, sich einer Psychotherapie zu unterziehen. Diese Studie ist ein Beispiel für Selektivität,

Tabelle 1. Spontanremission bei unbehandelten Personen.

Autor	Stichprobe	N	Nachuntersuchung	Remissionsrate (in %)
Friess & Nelson (1942)	Psychoneurose	70	5 Jahre	29
	Psychoneurose	66	5 Jahre	35
Saslow & Peters (1956)	Psychoneurose	83	1–6 Jahre	37
Wallace & Whyte (1959)	Psychoneurose	49	3 Jahre	66
Cartwright & Vogel (1960)	Psychoneurose (?)	22	1–6 Monate	55
Endicott & Endicott (1963)	Psychoneurose	40	6 Monate	52
Paul (1967)	Redeangst	30	2 Jahre	18
Jurjevich (1968)	Störungen ambulanter Patienten	62	7 Monate	55
Schorer et al. (1968)	Psychoneurose	55	2–8 Jahre	65
Beiser (1971)	Neurotische Persönlichkeitsstörungen	113	5 Jahre	20–35
Agras et al. (1972)	Phobie	30	5 Jahre	43
Malan et al. (1975)	Psychoneurose	45	2–8 Jahre	27–51
Subotnik (1972b)	Verschiedenartige Störungen	166	9–33 Monate	45
Shore & Massimo (1973)	Verhaltensstörungen bei Jugendlichen	9	10 Jahre	22
Sloane et al. (1975)	Neurotische Persönlichkeitsstörungen	11	1 Jahr	48
Subotnik (1975)	Emotional Gestörte	59	3 Jahre	50
Tyrer & Steinberg	Phobie	13	2 Jahre	23
Noyes & Clancy	Angstsymptome	56	5 Jahre	67

Die Tabelle 1 ist aus Bergin & Lambert (1978, S. 147) entnommen. Die 18 aufgeführten Arbeiten liegen der Schätzung von 43% Spontanremission zugrunde.

mangelhafter diagnostischer Kriterien und einer gesteuerten Zuordnung zur untersuchten Gruppe – zumal diejenigen Personen, die eine Therapie wünschten, diese auch erhielten. Sie wurden von vorneherein aus der Stichprobe ausgeschieden. Ein ähnliches Vorgehen zeigt die Studie von Subotnik (1972). Auch hier handelt es sich um eine nichtklinische Gruppe, die lediglich mit einem Fragebogen (MMPI) untersucht wurde und aus der diejenigen Personen ausgeschieden wurden, die motiviert waren, eine Psychotherapie mitzumachen. Ein weiteres Beispiel für methodische Probleme gibt die Arbeit von Sloane, Staples, Cristol, Yorkston & Whipple (1975). Von den 30, ursprünglich per Zufall zugeordneten Personen der Kontrollgruppe, blieben zum Zeitpunkt der Nachuntersuchung nur noch 11 übrig. Der andere Teil begab sich im Laufe eines Jahres selbständig in Therapie. Die angegebene Remissionsrate von 48% muß daher auf eine Gruppe von Personen bezogen werden, die – aus welchen Gründen auch immer – den Hoffnungen der Autoren entsprachen, indem sie ein Jahr lang ihr Kontrollgruppenschicksal ertrugen.

Über Arbeiten, für die das Kriterium für Spontanremission die Entlassung aus Krankenhäusern darstellt, in denen keine Psychotherapie durchgeführt wurde, oder die Wiederaufnahme einer beruflichen Tätigkeit wurden ausführliche Kritiken veröffentlicht (vgl. Saslow & Peters 1956, Strupp 1963, Rosenzweig 1954 u. a.). Sie legen den Schluß nahe, daß von diesen Kriterien aus auf eine Remissionsrate einer neurotischen Störung nicht geschlossen werden kann. Die Feststellung muß deshalb hervorgehoben werden, weil es gerade diese Art von Untersuchungen war, die den Polemiken gegen die Effektivität von Psychotherapie diente (vgl. Eysenck 1952).

2 Ursachen der Spontanremission

Die Frage, welche Ursachen der Spontanremission zugrundeliegen, kann beim derzeitigen Stand der Forschung auf empirischer Grundlage nicht beantwortet werden. Vermutungen darüber zielen einmal auf den Einfluß nichtprofessioneller Intervention, zum Beispiel durch Familienmitglieder, Freunde, Geistliche, Arbeitskollegen oder Selbsthilfegruppen. Andere Möglichkeiten liegen in der Beeinflussung der Störung durch Veränderungen der Lebensumstände. Der Fall schließlich, daß die Störung spontan, das heißt von selbst – ohne jegliche äußeren Einflüsse – im Laufe der Zeit zurückgeht, stellt eine weitere Möglichkeit dar. Solche Vermutungen führen zu neuen Fragen, wie etwa nach Abgrenzungskriterien von Psychotherapie, Unterscheidung von relativ kurzzeitigen Schwankungen und dauerhaften Verbesserungen.

3 Spontanremission bei verschiedenen Störungen

Für eine Theorie der Spontanremission wäre die Frage zu beantworten, ob diese bei allen Arten neurotischer Störungen gleichermaßen auftreten kann. Der Großteil der in Tabelle 1 aufgeführten Arbeiten umfaßt sehr heterogene Symptome – einschließlich Psychosen und geistige Behinderung wie zum Beispiel in der Untersuchung von SASLOW & PETERS (1956). Die Bezeichnungen „Psychoneurose", „emotional Gestörte" oder „neurotische Persönlichkeitsstörungen" stellen Sammelbegriffe für nicht näher Definiertes dar. Hinzu kommt, daß die Remissionsraten vermutlich auch von Dauer und Intensität der Störungen abhängig sind. Die Forderung, diese Faktoren bei der Berechnung von Raten der Spontanremission zu berücksichtigen, führt zur Frage nach vergleichbaren diagnostischen Kriterien. Es liegt nahe, daß die subjektiven, motorischen und autonomen Merkmale einer Symptomatik nicht gleichermaßen von der Remission betroffen werden und daß ein spontanes Schwinden der Störung noch nichts darüber aussagt, ob dadurch auch Ursachen für einen spontanen Rückfall ausgeschaltet sind.

Literatur

AGRAS, W. S., CHAPIN, H. N. & OLIVEAU, D. C. The natural history of phobia: Course and prognosis. *Archives of General Psychiatry*, 1972, *26*, 315–317.

BERGIN, A. E. The evaluation of therapeutic outcomes. In A. E. BERGIN & S. L. GARFIELD (Hrsg.) *Handbook of psychotherapy and behavior change*. New York: Wiley, 1971.

BERGIN, A. E. & LAMBERT, M. J. The evaluation of therapeutic outcomes. In A. BERGIN & GARFIELD (Hrsg.) *Handbook of psychotherapy and behavior change* (2 Aufl.) New York: Wiley, 1978.

EYSENCK, H. J. The effects of psychotherapy: An evaluation. *Journ. of Consulting Psychology*, 1952, *16*, 319–324.

LAMBERT, M. J. Spontaneous remission in adult neurotic disorders: a revision and summary. *Psychol. Bulletin*, 1976, *83*, 107–119.

ROSENZWEIG, S. A transevaluation of psychotherapy – a reply to Hans Eysenck. *Journal of Abnormal and Social Psychology*, 1954, *49*, 298–304.

SASLOW, G. & PETERS, A. Follow-up of „untreated" patients with behavior disorders. *Psychiatric Quarterly*, 1956, *30*, 283–302.

SLOANE, R. B., STAPLES, F. R., CRISTOL, A. H., YORKSTON, N. J. & WHIPPLE, K. *Short-term analytically oriented psychotherapy vs. behavior therapy*. Cambridge, Mass.: Harvard University Press, 1975.

STRUPP, H. H. The outcome problem in psychotherapy revisited. *Psychotherapy*, 1963, *1*, 1–13.

SUBOTNIK, L. „Spontaneous remission" of deviant MMPI profiles among college students. *Journal of Consulting and Clinical Psychology*, 1972, *38*, 191–201.

Psychotherapie bei Störungen der Sprache und des Sprechens

Peter A. Fiedler und Edmund Westrich

1 Einleitung

Störungen der Sprache und des Sprechens entwickeln sich in der Regel, wenn beim Kind wesentliche *Voraussetzungen* zum Spracherwerb und Sprachvollzug nicht gegeben sind: Dies sind einerseits *organisch-somatische* Voraussetzungen (vor allem ein gesundes Gehör, intakte Sprechorgane und Zerebralfunktionen), andererseits *psychisch-soziale Entwicklungsbedingungen* (eine normale geistige Entfaltung, geeignete Sprachvorbilder und eine angemessene Sprecherziehung). Es lassen sich grob drei Arten von Beeinträchtigungen unterscheiden (vgl. Westrich 1978), auf die wir im folgenden wegen der Vielfalt im Erscheinungsbild nur kursorisch näher eingehen:

a) Störungen der Sprache: hier wird die Muttersprache *inhaltlich* (semantisch und syntaktisch) nicht altersentsprechend erworben
b) Störungen der Aussprache: hier ist die *formale* Seite der artikulatorisch-phonatorischen Sprachverwirklichung beeinträchtigt
c) Störungen der Rede: sie betreffen den *dialogischen* (pragmatischen) Gebrauch der Sprache und die damit zusammenhängenden Auffälligkeiten in der Koordination von Atmung, Stimmgebung und Artikulationsmotorik.

2 Die Störungen der Sprache und ihre Behandlung

Bei den Störungen der Sprache liegt stets ein komplexes Syndrom sowohl hinsichtlich der sprachlichen Erscheinungsbilder als auch hinsichtlich ihrer Folgeerscheinungen im psychosozialen Verhalten der Sprachbehinderten vor. Zumeist handelt es sich dabei um sog. *Sprachentwicklungsstörungen*, also um eine nicht altersgemäß entwickelte Sprache. Zur Diagnose: Die verzögerte Sprachentwicklung wird häufig bei Lippen-, Gaumen- und Kieferanomalien beobachtet, aber auch in der Folge von Hördefekten, bei Beschädigung der zentralnervösen Sprachzentren und bei extrapyramidalen Erkrankungen des Gehirns (aphatische, spastische und ataxische Auffälligkeiten). Schließlich kann eine sprachliche Rückständigkeit bei geistiger Behinderung und infolge einer vernachläßigten Sprecherziehung auftreten. Weiter werden die Asthenie (körperliche Schwäche) im Kindesalter, und die akustische Agnosie (die konstitutionell bedingte Unfähigkeit, akustische Erscheinungen nach ihrem Klang zu beurteilen) als Ursachen genannt.

Die *therapeutische Behandlung* der Sprachentwicklungsstörungen zielt vorrangig auf eine Sprachanbahnung und Sprachförderung hin (vgl. Schilling 1962). Spielt bei der Auswahl von Maßnahmen die jeweils zugrunde liegende Verursachung zwar eine wesentliche Rolle, so müssen doch sämtliche Therapieschritte auf die individuelle Sprachentwicklungsstufe zugeschnitten sein. Auch die nonverbalen und präverbalen Aspekte sozialer Kommunikation müssen einbezogen werden (etwa Church 1971). Dem Einsatz technischer Hilfen hingegen sind zumeist deutliche Grenzen gesetzt. Westrich (1978) schlägt ein mehrdimensionales Behandlungsprogramm vor, in dem die Förderung der Kontaktfähigkeit, des Wahrnehmungserlebens, der Wahrnehmungsdifferenzierung, der Ausdrucksfreudigkeit und des Erfolgserlebens bestimmende Elemente sind. Die Beteiligung der Eltern und weiterer Bezugspersonen in der Therapie und ihre Ausbildung zu Ko-Therapeuten ist in jedem Fall eine günstige Voraussetzung für eine Rehabilitation (→**Eltern-Kind-Therapie**).

3 Störungen der Aussprache und ihre Behandlung

Bei den Beeinträchtigungen der Aussprache lassen sich Artikulationsstörungen (das Stammeln) und phonatorische Störungen (das Näseln) unterscheiden.

3.1 Das Stammeln

Beim *Stammeln* ist diagnostisch die Beachtung folgender Eigenarten von Bedeutung: Laute können nicht gebildet werden, werden falsch gesprochen oder entstellt oder durch andere Laute ersetzt. Bekanntestes Phänomen ist der Sigmatismus (Aussprachefehler der S- und Zisch-Laute, etwa das Lispeln). Stammelnde Menschen sind oft in ihrer auditiven Erfassung und Merkfähigkeit benachteiligt, scheinen (fein)motorisch beeinträchtigt und besitzen eine gewisse Affinität zum Amusischen. Vielfach werden als mitverantwortlich eine ungenügende Modellwirkung der Eltern während der Sprecherziehung wie auch ihre Unter- bzw. Überfürsorglichkeit genannt.

Für eine *therapeutische Behandlung* des Stammelns ist von Bedeutung, daß das Vormachen (Aussprache-Modelle) kaum therapeutische Effekte zeitigt, da stammelnde Personen überzeugt scheinen, daß ihre gestammelten Laute genauso klingen wie normal gesprochene. ARNOLD (1970) schlägt deshalb vor, Lautkorrekturen etwa mit optischen (Spiegel), taktilen (Spachtel) wie kinästhetischen Hilfen (Abtasten der eigenen sowie der korrekten Artikulationsbewegungen des Therapeuten) anzustreben. In der Praxis erfolgreich durchgesetzt haben sich die sog. „Ableitungsmethoden" (FÜHRING-LETTMAYER 1973). Ausgehend von gekonnten Lauten wird ein gestammelter Laut neu ausgebildet (beim Sigmatismus etwa von F-Lauten zu S-Lauten). Nach VAN RIPER & IRWIN (1970) muß bei stammelnden Personen sowohl der „interpersonelle" (Interesse an Klangvorlagen) als auch der „intrapersonelle Kreislauf" (Vergleich der Eigenproduktion mit dem Vorbild) wieder neu inszeniert werden.

3.2 Das Näseln

Unter *Näseln* versteht man ein auffälliges Über- oder Unterschreiten der normalen Nasalität beim Sprechen, das in erster Linie von der Führung der Sprechluft abhängig zu machen ist. Näseln kann organische Ursachen haben (etwa Verengungen oder Spalten im Nasen-Rachen-Raum). *Sprachtherapeutische Maßnahmen* folgen in der Regel den medizinischen, vor allem operativen Eingriffen. Sie bestehen in der Bewußtmachung der Nasenatmung (Luftführung) und dem Einüben neuer auditiver Klangmuster. Je nach dem Grad der Unverständlichkeit ist eine multisensuelle Differenzierungshilfe zur Durchgliederung (Binnengliederung) des Wahrgenommenen in allen Sinnesbereichen erforderlich (WESTRICH 1974a).

4 Die Störungen der Rede und ihre Behandlung

Bei den Redestörungen ist der dialogische Gebrauch der Sprache beeinträchtigt. Obwohl die Sprache von den Betroffenen in der Regel adäquat formuliert und artikuliert zu werden vermag, ist das Sprechen in Abhängigkeit von vor allem interaktionellen Eigenarten der Gesprächssituation mehr oder weniger stark gestört. Nosologisch wird zwischen dem *Stottern* (einem verspannten Blockieren und auffälligem Wiederholen von Lauten, Silben und Wörtern), dem *Poltern* (einem überstürzten, oft unverständlichen Reden) und dem *Mutismus* (ein Verweigern der Rede bis zum Schweigen) unterschieden. Vor allem wegen der zugrunde liegenden multiplen, zum Teil unklaren Verursachungsbedingungen wie auch wegen der situativen Abhängigkeit und Variabilität der Redestörungen, die sich im Einzelfall oft als hochkomplex manifestieren, prallen bis in die jüngste Gegenwart hinein nirgendwo sonst im Bereich der Sprach- und Sprechstörungen so unterschiedliche heterogene Sichtweisen von Medizin und Psychologie aufeinander, wie gerade bei der Klärung dieser Fragen und den damit zusammenhängenden therapeutischen Konsequenzen. Erst in jüngster Zeit setzen sich Betrachtungsweisen durch, die zu einer etwas einheitlicheren Analyse der Entstehung, Entwicklung und Aufrechterhaltung der Redestörungen und damit auch zu einer Vereinheitlichung der Behandlungskonzeptionen beizutragen vermögen.

4.1 Das Stottern

Es besteht inzwischen weitgehend Einigkeit darüber, daß für die Entwicklung und Aufrechterhaltung des Stotterns vor allem erzieherische und weitere soziale Faktoren verantwortlich zeichnen. Eine ausdrückliche Beachtung (Diagnose), Korrektur und Bestrafung von Sprechunflüssigkeiten durch Bezugspersonen verhindert, daß das Kind eine normalerweise (automatisierte) ideomotorische Aussprachekontrolle erlernt. Es ist vielmehr gezwungen, seine Aussprache kontinuierlich bewußt zu kontrollieren, will es fehlerfrei sprechen.

Die psychophysiologische Erforschung des Stotterns (vgl. FIEDLER & STANDOP 1978) belegt, daß bei willentlicher Beibehaltung der (vor allem akustischen) Aussprache-Selbstkontrolle eine Integration der für die Aussprachekontrolle bedeutsame akustischen und weiteren Rückmeldesignale mißlingt und daß in der Folge das Stottern auftritt. So stottern Stotternde seltener oder gar nicht, wenn man ihnen die Möglichkeit der akustischen Aussprachekontrolle nimmt (etwa beim Sprechen unter maskierendem weißen Rauschen oder bei Lärm) oder ihre Aufmerksamkeit von der Aussprache ablenkt (etwa beim Sprechen zum Taktschlag eines Metronoms).

In der Folge des zumeist frühkindlich entwickelten Stotterns kommt es mit dem Älterwerden bei der zunehmenden sozialen Anforderung, fehlerfrei zu sprechen, zu weiteren, oft extremen Verhaltensstörungen, sozialen Ängsten und (bei Vermeidung sozial geforderter Aufgabenstellungen in Kindergarten, Schule, Beruf) zu erheblichen Entwicklungs- und Leistungsrückständen.

Auf die altersabhängige und individuell mögliche Komplexität des „Stotter-Syndroms" hat eine *therapeutische Behandlung* sensibel Bezug zu nehmen. Die frühkindliche Behandlung richtet sich vorrangig auf das Erziehungsverhalten der Eltern. Bei Kindern wird die Behandlung der Sprechstörung selbst selten im Mittelpunkt stehen, vielmehr unter Einbezug spielerischer Elemente auf eine Verbesserung des allgemeinen sozial-interaktiven Erlebens und Handelns abzielen. Lediglich bei extremeren und bereits verfestigten Sprechunflüssigkeiten, insbesondere bei Jugendlichen und Erwachsenen, werden Sprechhilfen (wie Sprechtechniken, Metronomunterstützung, Ausbildung einer Gebärden- und Körpersprache) hinzugenommen. Zentrales Anliegen bleibt jedoch, dem Stotterndem seine Sprechangst zu nehmen und vor allem seine soziale und berufliche Handlungskompetenz zu verbessern (VAN RIPER 1973, WESTRICH 1974b, FIEDLER & STANDOP 1978). Als vielversprechende Alternative zur professionellen Behandlung hat sich inzwischen die Zusammenarbeit von Stotternden in Selbsthilfegruppen erwiesen (→**soziale Fertigkeiten**; →**Selbsthilfegruppen**).

4.2 Das Poltern

Vom Stottern ist das *Poltern* diagnostisch als eine überstürzte, hastige, oft verwirrte Redeweise zu unterscheiden. Man hat den Eindruck, als könne der Polternde seinen Gedankenablauf sprechend nur unter Verzicht auf Genauigkeit des Gesprochenen nachkommen. Wegen ihrer geringen Belegbarkeit sind Hypothesen, die eine Verursachung des Polterns in der Vererbung oder einer dispositionellen Ausspracheschwäche sehen, sehr zurückhaltend aufgenommen worden. Vor allem die situative Variabilität des Polterns verweist auch hier eher auf psychologische und soziale Faktoren. Im Unterschied zum Stotternden werden bei Polternden Sprechängste und soziale

Verhaltensstörungen seltener beobachtet. Die *therapeutischen Maßnahmen* zielen deshalb vorrangig auf ein Bewußtmachen der Störung hin, auf eine Verbesserung der Konzentration, auf ein Anleiten zur Selbstbeherrschung und auf eine Selbstkontrolle und Selbstkorrektur des Gesprochenen.

4.3 Der Mutismus

Unter *Mutismus* versteht man ein Nichtsprechen bei erhaltenem Sprachvermögen. Der sog. *totale* Mutismus (andauerndes Schweigen) ist von dem häufigeren, sog. *elektiven* Mutismus (sprachlicher Kontakt mit einem ausgewählten Personenkreis möglich) zu unterscheiden. Auch beim Mutismus werden vorrangig Erziehungsfaktoren, aber auch Milieubedingungen und bedrohliche Erlebnisse als verursachend angenommen; hin und wieder werden Krankheiten, auch das Stottern, selten die Schizophrenie als mitverantwortlich betrachtet (→**Schizophrenie**). Für eine *Therapie* haben sich folgende Grundsätze herausgebildet:

- Sprache nicht erzwingen; konstante Zuwendung der Therapeuten und Bezugspersonen ohne sprachliche Anforderung
- indizierter Milieuwechsel
- für Ausdrucksmöglichkeiten in nichtsprachlichen Bereichen sorgen (vgl. WESTRICH 1978).

5 Abschließende Betrachtung

Störungen der Sprache und des Sprechens sind – gleichgültig, ob sie eher somatische oder eher psychologische Ursachen haben – immer auch Beeinträchtigungen der psychosozialen Handlungskompetenz des Menschen. Sie können eine normale Persönlichkeitsentwicklung erheblich beeinträchtigen und die Folgen dieser Beeinträchtigungen, wie etwa soziale Unsicherheit und Angst, wirken nicht selten verstärkend auf die Ausprägung der Sprach- und Sprechstörungen zurück. Eine Behandlung dieser Störungen beinhaltet immer auch eine (Psycho-)Therapie ihrer psychosozialen Folgen und der für sie verantwortlichen wie mitverantwortlichen Bedingungen.

Störungen des Sprechens treten fast nur in dialogischen Situationen auf. Sie führen vielfach zu negativen Dialogerfahrungen und werden damit zwangsläufig zu einem sozialen Problem, wenn verunsicherte Selbstgefühle das Sprachgeschehen steuern. Atmung und Stimme sind sehr feine Indikatoren für die psychische Befindlichkeit. Und situative Auffälligkeiten (wie sie sich insbesondere bei den Redestörungen finden lassen) verweisen stets auf eine entsprechende Partnerrelation. Analysiert man das Verhalten von sprech- und sprachgestörten Menschen, dann stößt man bei ihnen allenthalben auf Ambivalenzkonflikte, was und wie sie etwas machen sollen, um vor den Partnern zu bestehen. Die Symptomatik erweist sich so auch als verstehbare Reaktion, als ein individuelles Notlösungsverhalten aufgrund einer aktuellen Verunsicherung. Auch hierauf hat eine Therapie immer Rücksicht zu nehmen. So besteht eine wesentliche Aufgabe des Therapeuten eben darin, dem sprach/sprechgestörten Menschen über neue und vielleicht andersartige Dialogerfahrungen Sicherheitsgefühle zu vermitteln, die Voraussetzung zur Wiedererlangung einer allgemeinen größeren Selbstsicherheit nicht nur in dialogischen Kontexten darstellen. Sprechtherapeutische Methoden und Hilfsmittel bleiben dabei oft sekundär.

LITERATUR

ARNOLD, G. E. Die Sprache und ihre Störungen. In R. LUCHSINGER & G. E. ARNOLD (Hrsg.) *Stimm- und Sprachheilkunde*. Bd. 2. Wien: Springer, 1970.

CHURCH, J. Language and the discovery of reality. New York, 1961. Deutsch: Sprache und die Entdeckung der Wirklichkeit. Frankfurt: Suhrkamp, 1971.

FIEDLER, P. A. & STANDOP, R. *Stottern*. Wege zu einer integrativen Theorie und Behandlung. München: Urban & Schwarzenberg, 1978.

FÜHRING, A. & LETTMAYER, O. *Die Sprachfehler des Kindes*. Wien: Bundesverlag f. Unterr., Wissensch. & Kunst, 1973 (5).

SCHILLING, A. Zwei Rundfunkvorträge über verzögerte Sprachentwicklung. *Zeitschrift für Heilpädagogik*, 1962, 230–234 und 267–271.

VAN RIPER, C. *The treatment of stuttering*. Englewood-Cliffs: Prentice-Hall, 1973.

VAN RIPER, C. & IRWING, J. *Artikulationsstörungen*. Berlin: C. Marhold, 1970.

WESTRICH, E. *Der Stammler*. Bonn: Dürrsche Buchhandlung, 1974a.

WESTRICH, E. *Der Stotterer*. Bonn: Dürrsche Buchhandlung, 1974b.

WESTRICH, E. Sprach- und Sprechstörungen (Sprachbehinderungen). In L. PONGRATZ (Hrsg.) *Handbuch der Psychologie*. 8/2. Klinische Psychologie. Göttingen: Hogrefe, 1978, S. 2372–2418.

Studentenberatung

Klaus Sander

Studentenberatung soll sich hier auf eine bestimmte Art der Beratung von Studierenden beziehen, bei der durch Anwendung psychologischen Wissens eine positive Veränderung der psychosozialen Situation eines Klienten angestrebt wird. Neben einer solchen, vorwiegend psychotherapeutisch orientierten Beschreibung, verbinden sich noch einige andere inhaltliche Aktivitäten mit dem Begriff „Studentenberatung": So spricht man von Studentenberatung im Sinne der Beratung und Information in Studien- und Fachfragen (sog. Studienberatung im engeren Sinn), Studentenberatung bei sozialen, finanziellen und wirtschaftlichen Problemstellungen (sog. Sozialberatung) und schließlich Studentenberatung im Sinne der Information in studien- und berufsvorbereitenden Problemstellungen (sog. Akademische Berufsberatung).

1 Entwicklung der Studentenberatung in der BRD

Während in den USA spätestens seit der Mental-Health-Bewegung an den Hochschulen umfassende Einrichtungen bestehen, die neben präventiven, behandelnden und rehabilitativen Ansätzen auch beachtliche Forschungsaktivitäten im Bereich neuer Beratungsansätze und im Bereich epidemiologischer Erhebungen zur Studienumwelt durchführen (Dörner 1967), blieb die Studentenberatung bis weit in die sechziger Jahre hinein in der BRD nahezu unbeachtet. Erst die Tatsache, daß – parallel zu anderen gesellschaftlichen Bereichen – die Zahl psychisch gestörter Studenten immer mehr anstieg, bewog die Studentenwerke (als für die Gesundheitsversorgung der Studenten zuständige Institution) zur Gründung psychotherapeutischer Beratungsstellen und zu einer verstärkten Öffentlichkeitsarbeit durch Abhaltung von Symposien und Fachtagungen (Ziolko 1969). Die Ursachen für den nun erfolgenden Aufbau von Beratungseinrichtungen lagen aber auch darin, daß die zunehmend politisierte Hochschulöffentlichkeit die Probleme der modernen Massenuniversität wie Anonymität des Lernbetriebes, Undurchschaubarkeit der Studiengänge, Ausrichtung auf Wissenserwerb unter Vernachlässigung zwischenmenschlicher und emotionaler Prozesse, soziale Isolierung usw. erkannte und nach Abhilfe suchte. Psychische Störungen und Konflikte von Studenten wurden – anders als klassische neurosenpsychologische oder psychiatrische Erklärungsansätze – als Ergebnis einer Wechselwirkung von Person und gegenwärtigen Umwelterfahrungen konzipiert, ja sogar als alleiniges Ergebnis „krankmachender Strukturen" und einer „objektiven Studiensituation als eine Streß-Situation" (Goldschmidt 1969).

Vorwiegend aus bildungsökonomischen Gründen erfolgte Anfang der siebziger Jahre der Aufbau sog. „Zentraler Studienberatungsstellen" (organisatorisch häufig dem Rektorat angebunden oder als zentrale Einrichtungen der Hochschule). Ziel war vor allem, die hohe Rate von Fachwechslern und Studienabbrechern zu vermindern. Andere Aufgabenstellungen lagen in der Verbesserung der Studieninformation sowie in begleitenden Hilfestellungen nicht ausschließlich psychologischer Art zu Fragen von Studieneignung und -neigung, Lernhilfen, Studientechniken, Prüfungsproblemen usw.

Obwohl derartige Aufgabenstellungen, die von den Zentralen Studienberatungsstellen und teilweise von Studentenwerks-Beratungsstellen angeboten werden, methodisch untrennbar mit „psychotherapeutischer Beratung" verbunden sind, so besteht doch gegenwärtig weder in den Studentenwerksgesetzen noch in den Hochschulgesetzen eine gesetzgeberische Legitimation. Der § 18 des Hochschulrahmengesetzes legt fest: „Bei psychisch bedingten Störungen im Studienverlauf vermittelt die Hochschule die Möglichkeit einer psychotherapeutischen Behandlung durch fachkundige Stellen außerhalb des Studienberatungssystems". Einmal wird hier nicht mehr gefragt, ob derartige fachkundige Stellen überhaupt bestehen, sondern es wird auf die Zuständigkeit anderer Stellen verwiesen. Zum anderen unterliegt u. E. der Konzeption des Gesetzgebers eine Unkenntnis über Entstehungsbedingungen psychischer Störungen. Der Ansatz, „psychische Bedingungen von Störungen" einer „Umweltbedingung von Störungen" gegenüberzustellen ist angesichts des neueren epidemiologischen Forschungsstandes in keiner Weise aufrecht zu halten (KEUPP 1974; SOMMER & ERNST 1977). SANDER (1974) vermutet, daß das hier verwendete Krankheits- und Störungskonzept dazu dient, ungenügd „funktionierende" Studenten „in den Krankheitsbereich abzuschieben".

2 Klientel von Studentenberatungsstellen

Aus Jahresberichten von Beratungsstellen, die im allgemeinen nur etwa zwischen 1 und 6% der Gesamtheit der Studenten betreuen, geht übereinstimmend die Annahme einer Unterversorgung angesichts eines erheblichen Problemdruckes hervor. Einige charakteristische Abweichungen des Beratungsklientels von der Gesamtheit der Studenten werden immer wieder hervorgehoben (s. auch SANDER & LÜCK 1974): so die Häufung weiblicher Studenten, die Häufung von Studenten aus geisteswissenschaftlichen Fachrichtungen und – im weitesten Sinne – psychosozial ausgerichteten Fächern wie Pädagogik, Soziologie, Theologie, Psychologie. Überrepräsentiert scheinen auch Studenten in kritischen Phasen des Studienverlaufs (Studienanfang, Examen) sowie Studenten mit bisher abweichenden Bildungsverläufen im sekundären und tertiären Bereich (2. Bildungsweg, numerus clausus, Fachwechsler, sog. „Aufsteiger" usw.) zu sein.

Eine Aussage über die Problem- und Persönlichkeitsstruktur von Beratungsstudenten ist wegen unterschiedlich verwendeter Nomenklaturen außerordentlich schwierig. So kommen klassisch-neurosenpsychologische Kennzeichnungen ebenso zur Anwendung wie typisierende, gesellschaftspolitisch abgeleitete Bezeichnungen („Zwischen Apathie und Protest", SPERLING & JAHNKE 1974). Nach einem Anlaßkatalog von SORGATZ & SORGATZ (1977) zentrieren die meisten Störungen um die Bereiche „Kontakt" und „Arbeits/Studienfragen" (70%). Erst dann folgen „Selbstbildprobleme", „Ängste/Phobien", „Psychosomatische Störungen", „Sexuelle Störungen", „Depressionen" und spezifische Verhaltensstörungen. Der Anteil an Psychosen wird mit 2% zumeist etwa so hoch veranschlagt wie in der Gesamtbevölkerung. Hinsichtlich der Zahl angebotener Beratungen ergibt sich für die meisten Beratungsstellen eine Häufung bei bis zu 6–8 Kontakten wobei ein geringer Teil von Studenten auch – wahrscheinlich im Zusammenhang fehlender sonstiger Behandlungsmöglichkeiten – Kontaktzahlen mittlerer Psychotherapien beansprucht. Wegen geringer Forschungsmöglichkeiten liegen wissenschaftliche Erhebungen mit umfassenden, problemspezifischen Änderungsmessungen der Beratungseffizienz kaum vor.

3 Typen von Beratungseinrichtungen

Da sich durch die Art des Trägers und der Institutionalisierung einer Studentenberatungsstelle ein überzufälliger Einfluß auf Auswahl der Mitarbeiter, Berufsvorbildung und Konzeptualisierung der Aufgabenstellungen ergibt, sollen einige wesentliche Schwerpunkte der Einrichtungen „Zentrale Studienberatungsstelle", „Beratungsstelle an Studentenwerken" und „Instituts- oder Klinik-angehörige Beratungsstelle" herausgestellt werden. Die hier verarbeiteten Informationen und Zusammenfassungen gründen sich auf die jährlichen Berichte der Arbeitsgemeinschaft der Studentenberater (LINDIG 1976).

Die unmittelbar universitäts-organisierten Zentralen Studienberatungsstellen als der zahlenmäßig am häufigsten vertretene Beratungstyp stellen das breiteste Arsenal an Beratungshilfen zur Verfügung. Hier wird am weitestgehenden eine Integration informatorischer, psychologisch-therapeutischer und pädagogischer Hilfestellungen vorangetrieben. Neben der klassischen psychologischen Einzelhilfe findet sich hier auch eine stärkere Beachtung der Studien- und Lernumwelt des Studenten bis hin zu einer Einflußnahme im Sinne einer Rückmeldung oder Intervention bei eindeutig störenden und problemauslösenden Hochschulbedingungen. Zur Anwendung kommen psychologische Methoden der Gesprächsführung und der Kommunikationstheorie, psychologische Gruppenmethoden, Methoden der Verhaltensmodifikation, gruppenpädagogische Ansätze sowie didaktische Lern- und Studienhilfen. Durch eine zumeist mehrprofessionelle personelle Zusammensetzung können die Beratungsanliegen einer Person in der gleichen Institution bearbeitet werden.

Beratungsstellen an Studentenwerken weisen demgegenüber inhaltlich und organisatorisch eine geringere Verklammerung mit der Studienumwelt auf. Darüber hinaus liegen die Aufgabenstellungen stärker im psychotherapeutischen Bereich. Die zumeist psychotherapeutisch vorgebildeten Mitarbeiter sehen ihre Hauptaufgabe in der auf den Einzelfall bezogenen psychotherapeutischen Beratung, der psychopathologischen Begutachtung und dem Versuch der Vermittlung von Psychotherapien außerhalb der Hochschule. Im Zuge finanzieller Einsparungen besteht für diese Einrichtungen immer wieder die Gefahr der Rückführungen auf Ein-Mann-Stationen mit überwiegenden Weiterüberweisungsfunktionen.

Studentenberatungsstellen an Kliniken oder Instituten (oft: Psychologische Institute oder Einrichtungen an Psychosomatischen Abteilungen) zeichnen sich dadurch aus, daß oft auch nicht-studentische Patienten und Klienten einbezogen werden können. Die Zusammensetzung des Beratungsklientels hängt von der Art der Versorgungseinrichtung ab. So ergibt sich für Klinikeinrichtungen ein größerer Anteil von Personen mit stärkeren psychopathologischen Abweichungen. Ein Kennzeichen dieser Art Einrichtung ist zweifellos auch die Möglichkeit einer größeren Nutzung als Forschungs- und Ausbildungseinrichtung.

4 Ausblick

So unterschiedlich die Entwicklung der Institutionen der Studentenberatung auch örtlich sein mag, so scheint sich doch folgender Trend abzuzeichnen: Beratung von „normalen" Studenten bei „studienbedingten Problemen und Störungen" findet *innerhalb* der Hochschule statt, Behandlung „kranker" Studenten *außerhalb* der Hochschule durch die Versorgungsinstitutionen des Gesundheitswesens, die z. T. kaum vorhanden sind. Nur so erklärt sich, daß neben zentralen Studienberatungsstellen am gleichen Ort psychotherapeutische Weiterüberweisungsstellen zunehmend existieren. Damit wird die gemeindepsychiatrische Forderung nach gemeindenaher Versorgung in einem Netz aufeinander bezogener rehabilitativer und präventiver Maßnahmen für den Hochschulbereich und für die Gemeinde „Hochschule" immer schwerer erfüllbar. Moderne wissenschaftliche Erklärungsmodelle zum Entstehen von Erlebens- und Verhaltensproblemen gehen davon aus, daß diese „in wechselseitiger Abhängigkeit von der Lerngeschichte des Individuums, den konkreten Umweltbedingungen und von sozialen Bewertungsprozessen zu sehen sind" (KOMMER in: SOMMER & ERNST, 1977, S. 266). Ein solcher, vom klassischen Krankheitsbegriff losgelöster Erklärungsansatz sollte entsprechende Beratungs- und Behandlungsansätze nach sich ziehen. Die Probleme der Institutionalisierung der Studentenberatung und Behandlung („Hochschulpsychiatrie") spiegeln daher als Teilaspekt die allgemeine Problematik einer unzureichenden und unzeitgemäßen Gesundheitsversorgung bei psychosozialen Problemen wider.

LITERATUR

DÖRNER, K. *Die Hochschulpsychiatrie.* Stuttgart, 1967.
GOLDSCHMIDT, D. Die objektive Studiensituation des Studierenden in der BRD als eine Streß-Situation, *Psyche,* 1969, *23,* 10.
LINDIG, U. (Hrsg.) *Liste der Beratungsstellen für Studierende an westdeutschen Universitäten,* unveröff. Broschüre, Beratungszentrum für Studenten, Universität Hamburg, 1976.
KEUPP, H. Verhaltensstörungen und Sozialstruktur, München: Schwarzenberg, 1974.
SANDER, K. Politiker gefährden Studentenberatung, *Psychologie Heute,* 1974, *3,* 1.
SANDER, K. & LÜCK, HELMUT E. *Psychische Konflikte bei Studenten.* Sonderdruck, Psychologische Beratungsstelle für Studenten der Univ. zu Köln, 1974.
SOMMER, G. & ERNST, H. *Gemeindepsychologie,* München: Urban & Schwarzenberg, 1977.
SORGATZ, G. & SORGATZ, H. Entwicklung und Validierung des Problemkatalogs für Studentenberatungsstellen (PKS) *Zeitschr. f. experim. u. angew. Psychol.,* 1977, *24,* 1.
SPERLING, E. & JAHNKE, J. *Zwischen Apathie und Protest.* Bern: Huber, 1974.
ZIOLKO, H. U. *Psychische Störungen bei Studenten.* Stuttgart: Thieme, 1969.

Suizidprophylaxe

CHRISTIAN REIMER

1 Einleitung

Das Selbstmordproblem hat in den letzten Jahren eine makabre Aktualität gewonnen: Die Selbstmordziffern steigen und Selbstmordversuche als Form mißglückter Konfliktbewältigung nehmen zu. Nach Schätzungen anhand internationaler Statistiken beträgt das Verhältnis von Selbstmord zu Selbstmordversuch etwa 1:10. Wahrscheinlich ist aber eine noch größere Zahl bei den Selbstmordversuchen zu veranschlagen, da die Dunkelziffer hoch ist. Selbstmord und Selbstmordversuch sind empirisch-wissenschaftlich vor allem aus soziologischer (DURKHEIM 1973) und psychiatrischer Sicht (u. a. RINGEL 1969, STENGEL 1969 u. v. a. m.) beforscht worden. Verschiedene Theorien über Selbstmordhandlungen waren die Folge (u. a. die *Anomie-Theorie* von DURKHEIM, die psychoanalytische *Aggressions-Depressionstheorie* von FREUD und die *Narzißmustheorie* der Selbstmordhandlung von HENSELER, 1974). Der Diskussion dieser Theorien kann hier zugunsten praktisch-therapeutischer Überlegungen nicht nachgegangen werden. Festzuhalten bleibt aber, daß Suizidalität nicht nur eindimensional (z. B. nur individualpsychologisch) gesehen werden sollte, sondern meist Ergebnis verschiedener ineinandergreifender Faktoren ist (multikonditionale Betrachtungsweise; Beispiel: Eine Sucht führt zum Verlust des Arbeitsplatzes und beides zur Lösung einer Partnerschaft und damit zum Suizid oder Suizidversuch usw.). Angesichts der Größe des Suizidproblems ist Fragen der Prophylaxe und Therapie besondere Aufmerksamkeit zu widmen.

2 Zum Problemfeld: Bedingungsanalyse

Suizidprophylaxe meint Verhütung von Selbstmord durch rechtzeitiges Erkennen und Behandeln suizidaler Impulse und Signale. Einem weit verbreiteten Vorurteil folgend könnte man jetzt fragen, ob Selbstmord wirklich verhindert werden kann und ob es nicht auch die Freiheit jedes einzelnen Individuums sei, sein Leben selbst zu beenden. Diese Diskussion ist in den letzten Jahren in fatalistischer Weise besonders von AMÉRY (1976) vorangetrieben worden, der den „Suizidär" als einen Menschen vorstellt und verherrlicht, der den „Weg ins Freie" geht und den man gehen lassen muß. Selbstgewählter Tod sei ein Ausdruck von „Humanität, Dignität und Liberalität". Dem Kliniker und allen Helfern, die mit Suizidanten zu tun haben, drängt sich allerdings ein grundsätzlich anderer Eindruck auf: Der „Suizidär" ist nicht gesund und frei, sondern oft krank und meistens eingeengt (RINGEL 1969). Er will sein Leben nicht so eindeutig beenden wie es scheint. Oft kann er so wie bisher nicht weiterleben und hat einen Wunsch nach Zäsur bzw. Pause (FEUERLEIN 1971), oder er ist in seinem Wunsch zu sterben zumindest unbewußt ambivalent. Das wird oft an den Todesphantasien von Suizidanten deutlich, die den Tod nicht als etwas Kaltes/Schreckliches/Endgültiges schildern, sondern als Ort und Zustand von Ruhe/Wärme/Geborgenheit – als Ausdruck eines starken regressiven Sogs in einen säuglingshaften „harmonischen Primärzustand", in dem Selbst und Objekt noch nicht getrennt wahrgenommen werden konnten und dementsprechend Kränkungen nicht existierten.

3 Therapierelevante Faktoren

Suizidprophylaxe kann nur sinnvoll betrieben werden, wenn man sich fragt, welcher Mensch suizidgefährdet sein könnte und woran dieses zu erkennen ist. Dabei sollte jede Form subjektiver Wertung (z. B. nach der klinischen Schwere eines Selbstmordversuchs auf seine „Ernsthaftigkeit" zu schließen) grundsätzlich entfallen. Die Benutzung der Vokabel „demonstrativ" rückt einen Suizidanten in die Nähe von „hysterisch" und ist abwertend-moralisierend. Jeder Suizidversuch, alle Suizidgedanken und -impulse sind gleichermaßen ernstzunehmen. Es gibt bestimmte Lebenssituationen und Ereignisse, die suizidales Verhalten provozieren können (sog. Motive). Diese äußerlich oft leicht erkennbaren und eher bewußtseinsnahen Motive sind aber bereits Endpunkt einer längeren problematischen psychosozialen Entwicklung und nur im zugehörigen Kontext zu verstehen; für den Betroffenen selbst daher oft entsprechend unbewußt. Dabei sind zwischenmenschliche Konflikte deutlich führend: Enttäuschungen am Partner, Trennungs-/Verlustsituationen, Probleme der Abfuhr von Aggressionen bzw. Wut u. v. a. m. Jeder kennt solche Gefühle/Situationen, aber nicht jeder reagiert darauf suizidal. Es gibt vielmehr bestimmte „*Risikogruppen*", die besonders anfällig für suizidale Reaktionen sind. Das sind vor allem:

- *Alte Menschen*, oft psychisch und sozial vereinsamt mit körperlichen Beschwerden, Depressivität und dem Gefühl der Sinnlosigkeit des Lebens, was ja oft genug auch sehr reale Züge hat.
- *Süchtige Menschen*, besonders Alkoholiker, die ein 12-75 Mal höheres Suizidrisiko als die vergleichbare Normalbevölkerung haben.
- *Depressive Menschen*, wobei die sog. endogene Depression mit etwa 10-15% bei Suizidversuchen nicht besonders stark repräsentiert ist. Es überwiegen psychoreaktive Depressionen, in deren Rahmen fast regelhaft Suizidgedanken bzw. -impulse und auch Suizidversuche und Suizide vorkommen.
- *Körperlich kranke Menschen*, besonders solche mit schweren lebensbedrohlichen Erkrankungen ohne begründbare Hoffnung auf Besserung oder Heilung. Ferner auch chronisch kranke Menschen, die keine grundlegenden Fortschritte in der Therapie mehr erleben und resignieren (z. B. chronische Schmerzsyndrome und chronifizierte psychosomatische Beschwerden).

Suizidprophylaxe kann nicht ohne einen Verständnisansatz für evtl. gemeinsame Grundkonflikte bei Suizidanten verwirklicht werden. Deshalb ist eine *allgemeine suizidale Psychodynamik* zu skizzieren, die praktisch – therapeutische Konsequenzen ermöglicht: Der suizidale Mensch leidet an Selbstwertproblemen und ist besonders leicht zu verunsichern. Kränkungen/Enttäuschungen in seiner persönlichen Umgebung stellen regelhaft einen solchen Anlaß dar (z. B. drohender oder realer Verlust eines Partners). Solche Kränkungen können von narzißtisch labilen Menschen nicht angemessen verarbeitet werden, sondern führen zunächst zu einer tiefen Verunsicherung, die Wut/Aggression gegen den Auslöser der Kränkung provoziert. Dieses Gefühl kann aber nicht ausgehalten werden, da narzißtisch gestörte Menschen in besonders starkem Ausmaß auf die unerschütterliche Stabilität ihrer mitmenschlichen Kontakte angewiesen sind. Die Kränkung erschüttert diese „Ordnung". Versuche der Verleugnung/Idealisierung des Konfliktes bzw. kränkenden Objektes setzen ein, erweisen sich aber oft als nicht ausreichend tragfähige Abwehrmechanismen. Der Suizidant versucht nun, seine „narzißtische Katastrophe" (HENSELER 1974) zu kompensieren, indem er im Todeswunsch ihm selbst unbewußte Phantasien vom Rückzug in einen säuglingshaft anmutenden harmonischen Primärzustand entwickelt. In diesem letzten Stadium eines Kränkungsverarbeitungsversuchs wird meist der Suizidversuch/Suizid realisiert.

4 Suizidprophylaxe als Psychotherapie

Suizidprophylaxe muß primär therapeutisch angelegt sein. Der Helfer muß dabei im Umgang mit suizidgefährdeten Menschen zunächst ein Wahrnehmungstraining bei sich selbst durchführen: Er muß sich klar machen, daß das allgemein verbreitete Suizidtabu auch in ihm ist, daß die übliche Verdrängung suizidaler Gedanken und Impulse auch für ihn gelten kann und daß er selbst vielleicht ähnlich kränkbar ist wie der Suizidant (REIMER, REIMLINGER & STELTER 1979). Ein solches Nachdenken ermöglicht es, Gegenübertragungsreaktionen in der Behandlung von Suizidanten wahrzunehmen und zu kontrollieren (→ **Psychoanalyse**). Gerade Suizidanten sind bekanntlich oft besonders starkem affektivem Druck von Seiten der Helfer ausgesetzt. Der emotionale Kontakt zum suizidalen Menschen kann deshalb schwierig sein, weil sich Suizidalität oft *maskiert* darstellt (z. B. über körperliche Beschwerden) und dem Patienten selbst nicht immer bewußt ist. Deswegen ist es wichtig, immer nach Selbstmordgedanken bzw. -absichten zu fragen und nicht darauf zu warten, daß der Patient selbst darauf zu sprechen kommt. Wenn die Suizidalität angesprochen und bejaht ist, hat es sich therapeutisch am meisten bewährt, Kränkungen/Enttäuschungen in der letzten Zeit anzusprechen und zu bearbeiten. Dieses schafft oft eine akute Entlastung für Helfer und Suizidant und ermöglicht – gerade wegen der gezielten Berücksichtigung der Selbstwertproblematik – einen fruchtbaren therapeutischen Umgang. – Suizidprophylaxe ist nicht primär ein institutionelles Problem (z. B. Schaffung spezialisierter Institutionen). Vielmehr erfordert sie die Bereitschaft des Einzelnen, Gespräch und Kontakt zum suizidalen Menschen herzustellen und dadurch eine Bindung zu ermöglichen, mit deren Hilfe der Suizidant sich in seinem verletzten Selbstwertgefühl wieder stabilisieren kann. Es ist nicht sinnvoll, den Suizidanten zu „bekehren" und sein Leben um jeden Preis retten zu wollen, sondern ihn zu verstehen und anzunehmen.

LITERATUR

AMÉRY, J. *Hand an sich zu legen* – Diskurs über den Freitod. Stuttgart: Klett, 1976.
DURKHEIM, E. *Der Selbstmord*. Neuwied: Luchterhand, 1973.
FEUERLEIN, W. Selbstmordversuch oder parasuicidale Handlung? *Nervenarzt,* 1971, *42,* 127–130.
FREUD, S. *Trauer und Melancholie*. Ges. W. Bd. 10, 427–446. London: Imago Publ. Co., 1946.
HENSELER, H. *Narzißtische Krisen – Zur Psychodynamik des Selbstmords*. Reinbek: Rowohlt, 1974.
REIMER, CH., REIMLINGER, S. & STELTER, K. Zur Lage der Suizidpatienten in Hamburg. *Hamb. Ärztebl.* 1979, *4,* 116–119.
RINGEL, E. (Hrsg.) *Selbstmordverhütung*. Bern: Huber, 1969.
STENGEL, E. *Selbstmord und Selbstmordversuch*. Frankfurt: Fischer, 1969.

Supervision

MANFRED ZIELKE

1 Begriffliche Eingrenzung

Der Fächer dessen, was heute Supervision genannt wird, reicht begrifflich von der Beaufsichtigung einer Ausstellungshalle, der Überwachung eines Verkehrsnetzes, von der ambulanten Betreuung von Klienten nach stationären Aufenthalten über die Praxisanleitungen in einem Projektstudium bis hin zu einer Kontrolle der berufsbegleitenden Therapieausbildung und der Durchführung einer Eigentherapie von Therapeutenanwärtern. Gleichwohl – oder gerade deswegen – ist es augenscheinlich, wie groß der Mangel an konzeptioneller Begründbarkeit dessen ist, was unter Supervision zu verstehen ist und was in der Supervision geschieht. Die Ausbildungsgänge aller therapeutischer Richtungen und praxisorientierten Studiengänge im sozialen Bereich (z. B. Sozialarbeiter) enthalten Supervision als wesentlichen Bestandteil des jeweiligen Curriculums und trotzdem sind bis auf wenige Ausnahmen die Konzepte zur Supervision lediglich deskriptive Ableitungen aus einer selbstgestalteten Praxis.

Die Supervision als Lernmittel hat sich offensichtlich aus der Sozialarbeit heraus entwickelt. So sind denn auch die ersten Versuche zu einer theoretischen Fundierung einer bewährten Praxismethode in Arbeiten aus dem Bereich der Sozialarbeit zu finden (v. CAEMMERER 1970, PETTES 1971). In Anlehnung an neuere Arbeiten (JOHN & FALLNER 1980) ist Supervision als eine Form von Beratung zu verstehen, die eine *systematisierte Reflektion des beruflichen Handelns* von Personen (Supervisanden genannt) ermöglicht, die in sozialen Praxisfeldern tätig sind. Es ist also ein Beratungsangebot für solche sozialen Berufsgruppen, die mit der Zielsetzung, problemlösungsorientiert zu arbeiten, in ihren Tätigkeitsbereichen mit Menschen umgehen. Dieses Angebot bezieht sich auf die Reflektion von solchen Praxissituationen, die für den Supervisanden mit Konflikten, Problemen und Zielunsicherheiten verbunden sind und die er zur Erweiterung beruflicher Fertigkeiten und Kenntnisse nutzen will. Beabsichtigt ist in der Supervision die Entwicklung und Realisierung von Zielen und Vorgehensweisen, die auf eine Veränderung dieser Situation ausgerichtet sind.

ZIER (1972) nennt als Zielsetzungen der Supervision, daß der Lernende fähig wird, seine persönlichen Reaktionsweisen, objektiven Erkenntnisse, aktuellen Arbeitssituationen und subjektiven Erfahrungen in seine Berufsausübung zu integrieren. In der Supervision als einem Lernlehrverfahren (KERSTIG 1975) soll die Integration dieser Komponenten eingeübt werden, indem der Supervisand reflektiert, wie er als *dieser* Mensch (mit seiner persönlichen Art, sich zu verhalten) in *diesem* Beruf (mit Bezug auf die darüber vorliegenden objektiven Erkenntnisse) in *dieser* Funktion (aktuelle Arbeitssituation) und mit *dieser* Erfahrung (seine unmittelbare subjektive Erfahrung) arbeitet. Die Intention der Supervision richtet sich also eindeutig auf den beruflichen Arbeitsprozeß und auf die Fähigkeiten und Fertigkeiten, die ihn fördern und verbessern helfen.

Die Abgrenzung zu anderen berufsorientierten Ausbildungsmethoden gestaltet sich im Einzelfall oft schwierig und scheint trotzdem unumgänglich. STRÖMBACH, FRICKE & KOCH (1975) unterstreichen, daß die Supervision keine Lehrveranstaltung im Sinne von Unterricht und keine Übungsveranstaltung im Sinne der Vermittlung von Methoden und Techniken ist. Dieser Aspekt wird besonders deutlich, wenn die Defizite in Theorie- und Methodenkenntnissen der Supervisanden so groß sind, daß die Supervisionssitzungen eher Seminarcharakter erhalten. Eine weitere Abgrenzung ergibt sich zur Praxisanleitung. Hierunter werden Arbeitsbeziehungen zwischen Ausbildungspraktikanten und erfahrenen Mitarbeitern am Praktikumsort gefaßt. In dieser Beziehung spielen direkte Hinweise und verändernde Eingriffe in die Praxis des Anzuleitenden eine größere Rolle als in der Supervision.

Weit problematischer gestaltet sich die Differenzierung zwischen Psychotherapie und Supervision. Überwiegend wird die Auffassung vertreten (STRÖMBACH et al. 1975, KERSTING 1975), daß persönliche Probleme des Supervisanden, die überwiegend den privaten Bereich berühren, nicht primär Gegenstand der Supervision sind oder dies nur insofern, als sie das berufliche Handeln betreffen. Es soll hier nicht in Frage gestellt werden, daß bei schwerwiegenden persönlichen Problemen von Supervisanden z. B. im Rahmen von Therapieausbildungsgängen eine Teilnahme an einer Psychotherapie (sog. Eigentherapie) häufig wünschenswert und manchmal zwingend erforderlich ist. Die Bearbeitung solcher Probleme im Rahmen der Supervision setzt jedoch eine in jedem Einzelfall aufzuzeigende enge Verzahnung dieser Probleme mit dem beruflichen Handeln im Praxissystem voraus.

Diese zur Psychotherapie hin fließende Grenze wird interindividuell von verschiedenen Supervisoren sicher enger oder weiter gesteckt und scheint weniger von der konzeptionellen Begründbarkeit abhängig zu sein als vielmehr davon, ob unter dem Druck der Praxisnotwendigkeiten und unter ökonomischen Gesichtspunkten eine Bearbeitung des „eigentlichen" persönlichen Problems überhaupt möglich ist. STRÖMBACH et al. (1975) halten es denn auch für unverzichtbar, daß bei den Supervisanden ein ausreichendes Maß an Stabilität vorhanden ist, das für den Teilnehmer die Prognose erlaubt, den Belastungen der Supervisionspraxis gewachsen zu sein, so schwer dies auch im Einzelfall festzustellen ist.

2 Arbeitsformen

Bei den Arbeitsformen ergibt sich eine Differenzierung der Supervision in *Einzelsupervision*, *Gruppensupervision* und die sog. *Peer-Group-Supervision*. Ein wesentlicher Vorteil der Einzelsupervision ist die Kontinuität der Arbeit an den Materialien des einen Supervisanden. Durch diese Konstanz der Materialien und Themen eröffnet sich die Möglichkeit, Veränderungen von Einstellungen und des beruflichen Handelns immer wieder und in kurzen Zeitabständen wahrzunehmen. Die unter günstigen Bedingungen intensive Wirkung der Zweierbeziehung ermöglicht ein hohes Maß an Identifikation und fließt unmittelbarer in die Arbeit des Supervisanden hinein. Der Chance, persönliche Probleme – insbesondere der Sozialisation – intensiver zu bearbeiten, steht die Gefahr der Abhängigkeit des Supervisanden vom Supervisor gegenüber, zumal sich bei vielen Supervisoren nur allmählich eine realistischere Einschätzung der Kompetenz- und Machtverhältnisse in der Supervision durchzusetzen scheinen, gegenüber dem Anspruch an sich selbst, mit den Supervisanden gemeinsam zu lernen.

In der *Gruppensupervision* arbeiten je nach Vorerfahrung der Teilnehmer und der theoretischen Ausrichtung der Supervisoren zwischen 4 und 7 Supervisanden mit einem Supervisor zusammen. Die Vorteile liegen neben den spezifischen Aspekten des Gruppenlernens darin, eine breitere Erfahrungsgrundlage zur Entwicklung der jeweiligen beruflichen Identität vorzufinden. Dieser Gesichtspunkt gewinnt insbesondere Bedeutung, wenn die Erfahrungen der Supervisanden aus gleichen Praxisbereichen die Notwendigkeit zur Solidarisierung gegenüber einer behindernden Sozialadministration nahelegen. Nachteilig wirkt sich die Gruppensupervision immer dann aus, wenn die persönlichen und beruflichen Probleme eines Teilnehmers mit der jeweils aktuellen Gruppenproblematik und Gruppendynamik nicht vereinbar sind. Besonders dann erweist sich eine gewisse persönliche Stabilität der Supervisanden als unverzichtbar, wenngleich gerade in der Ausbalancierung der verschiedenen Ansprüche die kompetente Kunstfertigkeit des Supervisors abzulesen ist.

Mit zunehmender Supervisionserfahrung der Teilnehmer bietet sich häufig eine Umstrukturierung der Gruppe mit Supervisor in eine *Peer-Group-Supervision* an, bei der eine gegenseitige Beratung im Kollegenkreis erfolgt. Diese Arbeitsform setzt jedoch ein hohes Maß an Selbstkontrolle der Teilnehmer voraus; vielfach müssen Supervisionsgruppen langfristig darauf vorbereitet werden, indem Supervisanden wechselnd die Rolle des Supervisors übernehmen und explizit die Möglichkeiten der Peer-Group-Supervision reflektiert werden.

3 Ansatzpunkte und Arbeitsmaterialien

Die Ansatzpunkte der konkreten Arbeit in der Supervision liegen in sehr unterschiedlichen Bereichen und erfordern jeweils spezifisches Arbeitsmaterial. JOHN & FALLNER (1980) liefern eine differenzierte Gliederung dieser Ansatzpunkte (die sie als Lernbereiche bezeichnen) mit einem jeweils zugeordneten Fragenkatalog.

- *Ansatzpunkt Selbstkenntnis*: Dieser Bereich akzentuiert die Biographie und Sozialisation des Supervisanden und den Bezug der eigenen Persönlichkeit zur beruflichen Praxis. Beabsichtigt ist eine reale Wahrnehmung der eigenen Persönlichkeit und eine Untersuchung der Auswirkungen dieser Persönlichkeit auf das Praxisfeld.

- *Ansatzpunkt Theorie und berufliches Handeln*: Hierbei geht es um die Frage, aus welchen theoretischen, pragmatischen und persönlichen Bezügen der Supervisand sein Verständnis für seine berufliche Praxis ableitet. Im Vordergrund steht die Analyse von genutzten und ungenutzten Theorie- und Methodenangeboten und die selbständige Entwicklung von Theorie- und Anwendungswissen.

- *Ansatzpunkt Auseinandersetzung mit Adressaten, Mitarbeitern und Supervisionsteilnehmern*: Der Schwerpunkt dieser Thematik liegt darin, daß der Supervisand hinterfragt, wie er mit Adressaten und Klienten im Praxisfeld, mit Mitarbeitern, Kollegen und Vorgesetzten und mit den Beteiligten in der Supervision umgeht. Ableitbare Rollenzuschreibungen von Seiten der Adressaten und Mitarbeiter sollen dabei erkennbar, sowie Macht- und Abhängigkeitsstrukturen im beruflichen Handeln transparent und handhabbar werden.

- *Ansatzpunkt institutionelle Einbindung und gesellschaftlicher Bezug*: Im Supervisionsprozeß werden die Einflüsse durch die strukturellen Bedingungen untersucht, unter denen der Supervisand arbeitet und eine Sensibilität dafür geschaffen, welche institutionellen Faktoren der Supervisand in seiner beruflichen Tätigkeit selbst verwirklicht. Nicht realisierbare Ansprüche der Institution sollten dabei ebenso deutlich werden wie bereits vollzogene Internalisierungen solcher Ansprüche.

Gerade in Bezug auf diesen Ansatzpunkt drängt sich immer wieder die Frage auf, wie groß die Distanz des Supervisors zum Handlungsfeld seines Supervisanden sein soll. Je geringer diese Distanz – auch in Bezug auf die berufliche Position des Supervisors – ist, umso größer ist die Gefahr, die Supervision zur Durchsetzung eigener institutioneller Faktoren zu mißbrauchen. Mit zunehmender Distanz – besonders wenn der Supervisor vom Arbeitsfeld des Supervisanden wenig versteht – ist zu befürchten, daß die Supervision zu einer dilettantisch anmutenden individuellen therapeutischen Arbeit wird, weil der Supervisor die konkrete Ausprägung institutioneller Faktoren und persönlicher Defizite nicht nur nicht richtig einschätzen, sondern auch nicht angemessen bearbeiten kann.

- *Ansatzpunkt Verselbständigung und Transfer*: Hierbei geht es um die Umsetzung oder auch die gewollte Nicht-Umsetzung von Erkenntnissen und Ergebnissen und die eigenständige Durchführung von Vorhaben in relevante Praxisbereiche; weiterhin um die Einschätzung von Realisationsmöglichkeiten und damit verbundenen Konsequenzen.

Das erforderliche Arbeitsmaterial orientiert sich weitgehend an den vorgenannten Ansatzpunkten und den Zielsetzungen des Supervisanden. Die Palette dieser Arbeitsgrundlagen reicht von der explorativen Schilderung eigener Insuffizenzerlebnisse, freier oder mittels Ton- und Bildträger gespeicherter Berichte über therapeutische oder andere berufliche Kontakte, den Erfahrungsaustausch über identische Konfliktbereiche bis hin zur Analyse von Stellenplänen, Arbeitsplatzbeschreibungen und Entscheidungsstrukturen in spezifischen Institutionen. Es sollte dabei jedoch stets im Mittelpunkt der vielfältigen Arbeitsmöglichkeiten die Grundlage jeder Supervisionstätigkeit stehen, daß die Praxiswirklichkeit, in der berufliches Handeln stattfindet und auf die sich die Supervision mittelbar bezieht, der einzige Maßstab für einen gelungenen oder nicht gelungenen Transfer des Supervisanden bleibt.

4 Probleme der Institutionalisierung von Supervision

Erfreulicherweise setzt sich in vielen psycho-sozialen Arbeitsbereichen die Erkenntnis durch, daß Supervision ein unabdingbarer Bestandteil der beruflichen Tätigkeit ist (s.a. ZIELKE 1982). Es fragt sich jedoch, ob diese Freude nicht verfrüht ist angesichts der vielfältigen Probleme, die sich ergeben, wenn die Supervision in dem hier beschriebenen Sinne als normaler Bestandteil der Arbeit institutionell eingebunden wird. JOHN et al. (1980) weisen warnend darauf hin, daß die Gefahr der Beeinflussung durch die Institution umso größer ist, je stärker die Einbindung von Supervision in die Institution ist. Ein angestellter Supervisor wird die satzungsgemäßen Ziele und die gültigen Werte und Normen verbindlich und verpflichtend vertreten müssen. In einer starken institutionellen Einbindung wird die Erfüllung dieses Anspruchs unabhängig davon kontrolliert, ob der Supervisor die Normen für sich akzeptieren kann oder nicht, wenn nämlich Vereinbarungen getroffen werden über Tag, Ort, Zeitumfang, Anzahl der Supervisanden und Etatvolumen für die Supervision usw.

Vielfach wird die Auffassung vertreten (s.a. KERSTIG 1975), daß sich der Supervisor in einer Institution nie in einer hierarchischen Linie mit den Supervisanden befinden soll. Da die Vor- und Nachteile solcher Konstellationen ausführlich bei JOHN et al. (1980) beschrieben werden, wollen wir uns hier mit dem Hinweis darauf begnügen, daß in solchen Fällen nicht auszuschließen ist, daß das Wissen über das Geschehen in der Supervision als Machtmittel im Sinne einer persönlichen und ideologischen Kontrolle verwendet werden kann und um zu zusätzlichen Informationen über die Einstellung, Arbeitsweise und Schwächen von Supervisanden zu kommen. Dieser Aspekt erscheint umso wichtiger, als häufig genug Dienststellenleiter, Vertreter von Behörden und Institutionen den intimen Supervisionsprozeß als erheblichen Unsicherheitsfaktor ansehen, der eine nicht kontrollierbare Unterstützung des Supervisanden gegen sie sein könnte. Eine differenzierte Untersuchung der jeweiligen Abhängigkeiten und Einflußgrößen im Einzelfall scheint bei der Institutionalisierung von Supervision unumgänglich, wenn das im Prinzip äußerst effiziente Lernmittel der Supervision nicht zu einem Kontrollinstrument pervertieren soll.

LITERATUR

V. CAEMMERER, D. *Praxisberatung (Supervision).* Ein Quellenband. Freiburg, 1970.
JOHN, R. & FALLNER, H. *Handlungsmodell Supervision.* Mayen: Schreder, 1980.
KERSTIG, H. J. *Kommunikationssystem Gruppensupervision.* Freiburg: Lambertus, 1975.
PETTES, D. E. *Supervision in der Sozialarbeit.* Anleitung von Studenten und Praxisberatung von Mitarbeitern. Freiburg, 1971.
STRÖMBACH, R., FRICKE, P. & KOCH, H. B. *Supervision.* Protokolle eines Lernprozesses. Gelnhausen: Burckhardthaus, 1975.
ZIELKE, M. (Hrsg.) *Supervision der therapeutischen Praxis.* Stuttgart: Kohlhammer, 1982 (in Vorbereitung).
ZIER, H. J. Diskussion der Praxisberatung. In F. M. J. SIEGERS (Hrsg.) *Praxisberatung in der Diskussion.* Freiburg: 1974, 16–39.

Symptom

Christoph' Kraiker

1 Begriff

Symptome (von dem Griechischen „sýmptoma", etwas, das einem zustößt; von „sympiptein", zusammenfallen, übereinstimmen, passieren) sind in der medizinischen Pathologie körperliche Zustände bzw. funktionelle Defekte, die aufgrund einer Erkrankung entstehen und als Anzeichen dieser Erkrankung gelten. In diesem Begriff werden zwei Aspekte zusammengeworfen, nämlich zum einen Symptom als Indikator für etwas Indiziertes, zum anderen Symptom als Effekt einer bestimmten Ursache. Ferner geht auf diese Weise in die Pathologie ein ganz spezifischer Ursachenbegriff mit ein. Was erklärt wird, ist in der Regel ein Funktionsdefekt, und als Ursache dafür wird das Fehlen einer notwendigen Bedingung für die Normalfunktion angegeben; die notwendigen Bedingungen sind die Intaktheit der materiellen Funktionsträger des Organismus (Sinnesorgane, Nerven, Muskeln, Knochen, etc.). Durch krankhafte Veränderung oder Zerstörung solcher Funktionsträger werden natürlich auch die korrespondierenden Funktionen verändert oder zerstört. Dieses Denkschema, das sog. *Medizinische Modell* hat bei vielen Störungen seine Berechtigung (→ **Krankheitsbegriff**). Aber allgemein gültig ist es nicht, weder in der Medizin und schon gar nicht in der Psychopathologie.

2 Symptomverschiebung: Psychoanalyse versus Verhaltenstherapie

Sich von einseitigen Beispielen zu ernähren, hat sich verhängnisvoll ausgewirkt, besonders bei der Diskussion um die sog. *Symptomverschiebung*. Ausgangspunkt ist die allgemein gebräuchliche Redeweise von den Symptomen einer psychischen Störung. Wo es aber Symptome gibt, sind es *Symptome von etwas*, nämlich der zugrundeliegenden Krankheit. Und wo es eine zugrundeliegende Krankheit gibt, muß diese behandelt werden (Behandlung der Ursachen) und nicht das Symptom. Behandelt man nur die Symptome, dann bleibt deren Ursache weiterhin bestehen und manifestiert sich an anderer Stelle, in Form neuer (und möglicherweise schlimmerer) Symptome. Die Symptome werden verschoben oder verschieben sich.

Durch einen historischen Zufall, jedoch ohne sachliche Rechtfertigung, wurde das Problem der Symptomverschiebung ein Zentralpunkt der Kontroverse zwischen *Psychoanalyse* und den *Verhaltenstherapien* (→ **Psychoanalyse**; → **Verhaltenstherapie**). Auslöser war u. a. die Behauptung „Es gibt keine Neurose, die dem Symptom zugrunde liegt, sondern nur das Symptom selbst. Man beseitige das Symptom, und man hat die Neurose zum Verschwinden gebracht" (Eysenck & Rachman 1967, 20). Dagegen z. B. „stellt nach psychoanalytischer Auffassung das Symptom nur eine Erscheinungsform des zugrundeliegenden Konfliktes dar, der sich auch anderen Ausdruck verschaffen könnte" (EBERENZ 1974, 82).

Tatsächlich aber lassen sich weder vom verhaltenstherapeutischen Standpunkt aus noch vom psychoanalytischen irgendwelche *A-priori-Aussagen* über das Eintreffen oder Nicht-Eintreffen von Symptomverschiebungen machen. Beide Paradigmen sind dafür sowohl zu unscharf als auch zu begrenzt in ihrer Reichweite. Die These von EYSENCK & RACHMAN ist einfach eine Tautologie, da dort der Begriff „Symptom" synonym verwendet wird mit „Gesamtheit aller tatsächlichen und potentiellen Erscheinungsformen einer Störung". Aber unabhängig davon kann die Modifikation eines *bestimmten* Symptoms (im Sinne eines charakteristischen Reaktionsmusters) Auswirkungen haben (und hat sie auch in der Regel) auf das gesamte Verhaltenssystem des Individuums und seiner Umwelt. Dadurch entstehen neue Bedingungen, die möglicherweise auch neues Verhalten erzeugen, sei es negatives oder auch positives.

Innerhalb psychoanalytischer Modellvorstellungen gilt ähnliches. Die direkte Beseitigung von Symptomen versperrt den unbewußten Phantasien regressive Bahnungen, und es ist denkbar, daß sie so eher den Weg ins Bewußtsein finden, um dort adäquat verarbeitet zu werden. Der Psychoanalytiker WEITZMAN (1967) bemerkt, daß die Beseitigung eines Symptoms typischerweise zu einer besseren Bewältigung von Objektbeziehungen führt; damit werde den Ich-Funktionen mehr Energie zur Verfügung gestellt, die vorher durch das Symptom gebunden war. Man könne bei Beseitigung eines Symptoms daher keineswegs mit Sicherheit eine Symptomverschiebung vorhersagen, es sei damit auch echte Fortschritte erzielbar.

Das Problem der sog. Symptomverschiebung muß also jeweils fallweise in spezifischen Zusammenhängen untersucht werden. Es ist als Angelpunkt von Paradigmakontroversen jedoch ungeeignet.

3 Systematik

Zusammenfassend sollen die im allgemeinen und wissenschaftlichen Sprachgebrauch vorfindbaren Symptombegriffe folgendermaßen systematisiert werden:

- Symptom als Funktionsstörung, die zurückführbar ist auf organische Beeinträchtigungen, als deren Indikator und Effekt sie gilt (Medizinisches Modell).
- Symptom im Sinne von Symptomatik, d.h. als Gesamtheit der Erscheinungsformen einer Störung.
- Symptom als Klasse von spezifischen habituellen Reaktionsweisen, etwa in dem Sinn, in dem Stottern ein Symptom genannt wird (äquivalenter Begriff: Syndrom).
- Symptom als Ausschnitt aus dem Verhalten eines Individuums, aufgrund dessen weitere Verhaltensdispositionen erschlossen werden.

Diese Symptombegriffe sind miteinander verwandt, aber sie sind nicht äquivalent.

LITERATUR

EBERENZ, U. Psychoanalyse und Verhaltenstherapie. In M. MUCK u.a. *Information über Psychoanalyse*. Theoretische, therapeutische und interdisziplinäre Aspekte. Frankfurt: Suhrkamp 1974, 78–107.

EYSENCK, H. J. & RACHMAN, S. *Neurosen – Ursachen und Heilmethoden*. Berlin: VEB Deutscher Verlag der Wissenschaften, 1967.

WEITZMAN, B. Behavior Therapy and Psychotherapy. *Psychological Review*, 1967, 74, 300–317.

Themenzentrierte Interaktion

FRIEDEMANN SCHULZ VON THUN

1 Hintergrund und Zielsetzung

Bei der Themenzentrierten Interaktion (TZI) handelt es sich um einen Ansatz, Erkenntnisse der Psychotherapie und Psychohygiene für ein *lebendiges Lernen* in Gruppen nutzbar zu machen. Die Urheberin RUTH COHN kam ursprünglich von der Psychoanalyse, konzipierte TZI aber eher als Abkömmling der *Erlebnistherapie* (Prinzipien der Partnerschaft, der Authentizität und des Hier-und-Jetzt).

Die Anliegen der Humanistischen Psychologie um politische und transzendentale Aspekte erweiternd, will TZI vor allem die in vielen Lebensbereichen eingerissene *Trennung von Sach- und Beziehungsebene* wieder aufheben: In der traditionellen (Hoch-)Schulpädagogik und im Arbeitsleben stehen Stoffvermittlung und Sachbewältigung im Vordergrund, die Vernachlässigung persönlicher und zwischenmenschlicher Belange führt zu „totem" Lernen und entfremdetem Tun. – Demgegenüber werden die Lernvorgänge in der therapeutischen und gruppendynamischen „Gegenwelt" meist als intensiv und persönlich bedeutsam erlebt; hier jedoch tritt die Realität mit ihren Sacherfordernissen zurück. TZI dient der Verbindung, dem Gleich-wichtignehmen von Sache und Person: Einer auf „Stofflogik" aufgebauten Schuldidaktik wird die „Psychologik" des ganzheitlichen Menschen in seiner Körperlichkeit, Emotionalität und Sozialität entgegengesetzt; gleichzeitig wird die emotional überbetonte, nur dem „Hier und Jetzt" verpflichtete Gegenbewegung an die kognitive Seite des Menschen erinnert und an die Notwendigkeit, Sachprobleme zu lösen und die Realität zu bewältigen.

2 Leitgedanken und Methoden

Von entscheidender Bedeutung bei TZI ist die *Balance* zwischen drei grundlegenden Komponenten des Lern- und Arbeitsgeschehens: Da ist zum einen das einzelne Individuum (*Ich*) mit seinen Besonderheiten, Gefühlen und Nöten, das einen persönlichen Zugang zum Thema sucht. Da ist zum zweiten die Gruppe (*Wir*) mit dem Netz an Beziehungen und Interaktionen, deren Dynamik zu pflegen und zu bearbeiten ist, damit Vertrauen, Sachlichkeit und Kreativität entstehen kann. Und da ist drittens das Thema (*Es*), das als gemeinsames Anliegen den einzelnen mit der Gruppe und diese mit der Welt verbindet. – Wenn schließlich noch die realen Gegebenheiten berücksichtigt werden, die das Lerngeschehen „drumherum" beeinflussen (*Globus*), dann lassen sich die genannten Elemente durch ein Kugeldreieck darstellen (s. Abb. 1):

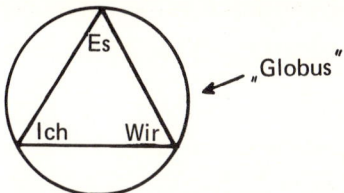

Abbildung 1. Das Kugeldreieck des Themenzentrierten Interaktionellen Systems mit seinen grundlegenden Elementen.

Die Wahrung der Balance ist zunächst Aufgabe eines (in methodischer und menschlicher Hinsicht) ausgebildeten partizipierenden *Gruppenleiters*, dann auch zunehmend der ganzen Gruppe.

TZI enthält Leitsätze zum Umgang mit sich selber, mit anderen und mit dem Thema, die der Förderung der Balance und damit der in jedem Lernprozeß angestrebten Persönlichkeitsbildung dienen sollen. Als wichtigstes *Postulat* ergeht die Erinnerung, daß jeder Teilnehmer (Schüler) *sein eigener Chairman* sei, d. h. zunehmend eigenständig sich selbst führen und Verantwortung übernehmen soll. Dazu auch der Leitsatz: *Störungen haben Vorrang.* Damit ist gemeint, daß die kleinen und großen Hindernisse auf dem Lernweg (starke Gefühle, Abgelenkt-Sein u. a.) ernst genommen und womöglich bearbeitet werden sollen (statt um des „Stoffs" willen über sie hinwegzugehen oder sie als „nicht zur Sache gehörig" auszuklammern).

Weitere Regeln dienen als Wegweiser für einen *authentischen Umgangsstil* und als Verhaltensrüstzeug, um mit ganzem Herzen bei der Sache sein zu können (z. B. „Sprich per ich – statt „man" und „wir"! – „Achte auf Deine Körpersignale!" (→**Körpertherapie**).

Das Themenzentrierte Interaktionelle System, das einer Werteaxiomatik unterliegt (Achtung vor allem Lebendigen) und auf existentiellen Grundtatsachen fußt (z. B. der Balance von Freiheit und Bindung), hat in den letzten Jahren in USA und Westeuropa große Verbreitung gefunden. Es wird vor allem in den Bereichen Schule und Hochschule, kirchliche Seelsorge, im Arbeitsleben und in der Erwachsenenbildung angewendet. Aus der Einsicht heraus, daß „die Couch zu klein" sei, will TZI als eine Art präventiver „Bevölkerungstherapie" wichtige therapeutische Prinzipien für den Umgang mit sich selbst und anderen zum Gemeingut werden lassen und eine bewußte Lebensgestaltung fördern.

LITERATUR

COHN, R. *Von der Psychoanalyse zur Themenzentrierten Interaktion*. Stuttgart: Klett, 1974.
COHN, R. Themenzentrierte Interaktion. In A. HEIGL-EVERS (Hrsg.) *Die Psychologie des 20. Jahrhunderts*, Bd. VIII, Zürich: Kindler, 1979.
KRÖGER, M. *Themenzentrierte Seelsorge nach C. Rogers und R. Cohn*. Stuttgart: Kohlhammer, 1973.

Therapeutenmerkmale in der Psychotherapie

Dieter Tscheulin

1 Begriffsbestimmung

Es ist heute weitgehend anerkannt, daß Psychotherapie ein spezifischer sozialer Interaktionsprozeß ist, an dem die Personen Klient und Psychotherapeut, ihre Beziehung zueinander, ihre Techniken und die Situation, in der sie sich begegnen, als Wirkgrößen gleichermaßen von Einfluß sein können (→ **Psychotherapie**; → **Wirkfaktoren**). Der Begriff *Therapeutenvariable* ist dabei ein Sammelbegriff für die vielfältigen theoretischen und empirischen Versuche, therapeutische Merkmale zu isolieren und zu beschreiben, die für diesen speziellen Interaktionsprozeß und seine Ergebnisse relevant sind und mehr auf seiten des Therapeuten angesiedelt werden können. Der Begriff *Therapeut* bezieht sich auf die soziale Rolle als Helfer, wobei das Maß der Professionalisierung und der Eigenverantwortlichkeit häufig offen bleibt, bzw. selbst wieder zum variablen Merkmal wird. Der Begriff „Variable" bezieht sich auf die veränderliche (= variable) *Ausprägung* des Merkmals oder auf die veränderliche *Bedeutung* des Merkmals, wenn es in Zusammenhang oder in Interdependenz mit anderen Größen gesehen wird. Da in diesem Sinne alles variabel sein kann, ist leicht ersichtlich, daß eine unendliche Fülle von Beschreibungsversuchen möglich ist, und die Literatur – selbst wenn man sich dabei auf empirisch-analytische Arbeiten beschränken wollte – nahezu unüberblickbar ist.

Im folgenden wird deshalb in einem ersten Teil nur versucht, systematisierend einige wichtige und grundlegende Konzeptionen von Therapeutenvariablen herauszustellen. Wir unterscheiden personale, stilistische und instrumentale Variablen, denen (heuristisch) einzelne Therapeutenmerkmale zugeordnet werden können. Die Isolation einzelner Variablen ist häufig sehr künstlich: Isolierte Variablen überlappen sich in Wirklichkeit stark. Die Isolation kann nur ein Herausgreifen von Aspekten sein und eine Taxonomie muß zwangsläufig aspektiv bleiben (vgl. Pongratz 1973). Eine nur annähernd differenzierte Beschreibung einzelner untersuchter Variablen kann hier nicht anzielt werden. Trotzdem sollen in einem zweiten Teil beispielhaft und kurz eine bestimmte Art relationaler Variablen, die sog. schulübergreifenden *Basisvariablen*, dargestellt werden.

2 Überblick über die wichtigsten Therapeutenvariablen

2.1 Personale Therapeutenvariablen

Der Begriff Variable dient hier im wesentlichen zur Umschreibung einzelner Beobachtungen am Therapeuten, die im Zusammenhang mit anderen Variablen, insbesondere Klientenvariablen („*Passung*" von Therapeut und Klient) und Therapiemodalitäten, wichtig werden können (→ **Klientenvariablen**). Das Entscheidende an dieser Art von Variablen ist ihre veränderliche Bedeutung im Zusammenhang mit anderen Variablen. Sie erscheinen wichtig für Prozesse und Prozeduren, und sie sind nicht konsistent mit Erfolg korreliert. Wir unterscheiden hier demographische, biographische und personalistische Variablen.

2.1.1 Demographische Variablen

Hierzu zählen Variablen wie Alter, Geschlecht, sozio-ökonomische Schicht, Familienstatus und Zugehörigkeit zu einer ethnischen Gruppe. Während die Erfassung dieser Variablen relativ wenig Schwierigkeiten macht, erscheint ihre Bedeutung uneinheitlich und von vielen anderen Variablen mitabzuhängen. So kann bei der Variable *Geschlecht* ein Einfluß auf den Therapieprozeß im Zusammenhang mit dem Geschlecht des Klienten gefunden werden. Bei gegengeschlechtlicher und gleichgeschlechtlicher ‚Passung' von Therapeut und Klient ergibt sich zunächst ein unterschiedliches Ausmaß an Einfühlung, das aber zu Ende der Therapie nicht mehr besteht (vgl. BERZINS 1977). Hier erscheint der Zusammenhang mit Beziehungsvariablen und funktionalen Prozeßvariablen (z. B. Empathie und Variationsspielraum des Therapeuten) wichtig. Die Variablen „*Ethnische Gruppenzugehörigkeit*" und „*Soziale Schicht*" erscheinen dagegen über den Zusammenhang mit den entsprechenden Merkmalen beim Klienten („symmetrische Klient-Therapeut-Passung") auch direkt mit Therapieerfolg in Verbindung zu stehen (vgl. SATTLER 1977).

2.1.2 Biographische Variablen

Hierzu zählen wir vor allem: beruflicher Status, psychotherapeutische Ausbildung, ‚Erfahrung' und Eigentherapie. Diese Variablen sind besonders schwer gegeneinander abzugrenzen. Der *berufliche Status* als Laie, Mediziner, Theologe, Psychologe oder Sozialarbeiter ist im Zusammenhang mit juristischen Fragen und traditionellen Behandlungsaufgaben und -modalitäten wichtig. Auch steht diese Variable im Zusammenhang mit Technik- und Beziehungsvariablen. Insgesamt scheint sich immer mehr zu bestätigen, daß das aktuelle Therapeutenverhalten wichtiger ist als Prestige und Expertentum (vgl. GURMAN 1977).
Ausbildung und *Erfahrung* als Therapeutenvariablen werden qualitativ und quantitativ zu erfassen versucht, ohne daß sich hier bisher einheitliche Konzeptionen herausgebildet hätten. Die Bedeutung dieser Variablen ergibt sich vor allem aus ihrem Zusammenhang mit Stil- und Beziehungsvariablen. Erfahrene Therapeuten neigen z. B. dazu, mehr aktiv und konfrontativ und weniger direktiv (wohl aber direkt und gefühlsexpressiv) zu sein, sie sind eher in der Lage, bei unterschiedlichen Klienten eine gute Beziehung zu schaffen, und sie haben einen größeren Verhaltens- und Erlebensspielraum (vgl. AUERBACH & JOHNSON 1977).

Zur Frage, ob der Therapeut selber eine Psychotherapie mitgemacht haben muß (*Eigentherapie*), liegen erstaunlich wenig Untersuchungen vor (vgl. GARFIELD 1977). Eigentherapie erscheint eher wichtig im Zusammenhang mit anderen personalen Variablen statt mit Prozeß- und Ergebnisvariablen (vgl. TSCHEULIN 1980 b). Die wenigen empirischen Untersuchungsbefunde geben keinen Anlaß zu der Vermutung, daß Therapeuten, die sich selber einer Psychotherapie unterzogen haben, effektiver oder weniger effektiv sind, als solche, die das nicht getan haben.

2.1.3 Personalistische Variablen

Diese beziehen sich auf Unterschiede im Verhalten, in den Einstellungen und in den Persönlichkeitseigenschaften, die auch außerhalb der Therapiestunde den Therapeuten charakterisieren. Sie sind speziell wichtig für die Indikationsstellung und die psychotherapeutische Grundlagenforschung (→**Indikation**). Folgende Konzeptionen personalistischer Variablen können hier beispielhaft genannt werden:

- Die *Position im „interpersonalen Kreisquadranten"* von LEARY (vgl. BERZINS 1977) mit der Unterscheidung von Persönlichkeitszügen auf den Dimensionen Liebe-Haß und Dominanz-Submission.
- Die sog. „*A-B-Variable*" (vgl. RAZIN 1977, VON QUÉCKELBERGHE 1979). A-Therapeuten sollen z. B. mehr emotional warm und „personorientiert" sein und im Vergleich zu den mehr „symptom-orientierten" B-Therapeuten auch in der Behandlung schizophrener Patienten erfolgreicher sein. Während eine

Zeitlang vermutet wurde, daß zwar A-Therapeuten bei Schizophrenen, dafür B-Therapeuten bei Neurotikern erfolgreicher sind, scheint sich neuerdings die Auffassung durchzusetzen, daß A-Therapeuten bei Neurotikern zumindest so erfolgreich sind wie B-Therapeuten, darüber hinaus aber auch bei Schizophrenen positive Ergebnisse erzielen.

- Das *„Therapeutische Selbsterleben"* (vgl. TSCHEULIN 1980 b). Hier werden drei Merkmale des Therapeuten unterschieden, die einmal seine psychische Funktionsfähigkeit kennzeichnen, und zum andern sein Verhalten in der Therapie beeinflussen: (1) Offenheit und Äußerungsbereitschaft, (2) Erkennen der eigenen Bedürfnisbefriedigung und relative Unabhängigkeit von ihr, und (3) Störungserleben bei relativer Störungsfreiheit.

2.2 Stilistische Therapeutenvariablen

Der Begriff Variable bezieht sich hier auf die unterschiedliche Bevorzugung expressiver und instrumenteller Mittel durch den Therapeuten. Der ideosynkratische Charakter des individuellen Therapeutenverhaltens und sein Zusammenhang mit der therapeutischen Schulorientierung und dem anthropologischen Vorverständnis ist angesprochen. Auch stilistische Variablen erhalten ihre Bedeutung mehr durch ihren Bezug zum Therapieprozeß als zum Therapieergebnis. Für eine ausführliche Beschreibung und Diskussion dieser Art von Variablen vgl. POPE (1977). Hier können praktisch nur die Namen der wichtigsten Variablen wiedergegeben werden:

- *Analytischer vs. erlebnismäßiger Stil*
  Diese Dimension wurde von Sundland & Barker faktorenanalytisch als Generalfaktor gefunden, der „das bedeutendste und einzige Kontinuum darstellt, auf dem Therapeuten verglichen werden können" (vgl. zum Beleg und zur Kritik PONGRATZ 1973, S. 381). Auf dem analytischen Pol findet sich die Betonung von Konzepten, Training, Therapieplanung, unbewußten Prozessen oder Restriktion von Spontaneität, auf dem erlebnismäßigen Pol die Betonung der Persönlichkeit des Therapeuten, des ungeplanten Zugangs zum Klienten und der Spontaneität des Therapeuten.

- *Direktiver vs. nondirektiver Stil*
  Hier wird die Bevorzugung von Struktur und Führung, bzw. von unstrukturiertem Vorgehen, angesprochen, und wo die therapeutische Initiative liegen soll, auf seiten des Therapeuten oder des Klienten. Wichtig ist hier insbesondere die Interaktion mit Klientenvariablen: Die Extrempole haben z. B. unterschiedliche Auswirkungen bei internal- und external kontrollierten Klienten.

- *Initiierender vs. folgender Stil*
  Diese Dimension ist der vorangegangenen sehr ähnlich, wird jedoch stärker als dynamischer Faktor, also sich überlappend mit instrumentellen Variablen, angesehen. MITCHELL, BOZARTH & KRAUFT (1977) unterscheiden „initiative vs responsive responses" und vermuten, daß diese Stile zu unterschiedlichen Stadien im Therapieverlauf ihre Bedeutung haben.

- *Ambiguität vs. Spezifität*
  Stilunterschiede können sich hier sowohl auf inhaltliche Informationen als auch auf die Definition des Therapeuten von sich selbst und von der therapeutischen Situation beziehen. Informationsambiguität des Therapeuten kann mit erhöhter Produktivität, und Beziehungsambiguität mit verminderter Produktivität von therapeutisch relevantem Material auf seiten des Klienten verbunden sein.

- *Aktivitätsniveau*
  Hier ist vor allem das Ausmaß an verbalen Äußerungen des Therapeuten angesprochen. Es variiert stark zwischen Therapeuten unterschiedlicher Schulrichtungen. Die Aktivität kann aber auch mit den anderen stilistischen Variablen konfundiert sein.

- *Ausdrucksverhalten (Expressivität)*
  Bei der ‚allgemeinen Ausdrucksstärke' geht es um das ‚Wie-etwas-gesagt-wird'. Paralinguistische Komponenten wie z. B. Stimmfarbe und Sprechtempo sind wichtig. Es wird angenommen, daß sie die Produktivität therapeutisch relevanten Materials beeinflussen. Beim ‚Ausdruck spezifischer Emotionen' (wie z. B. Angst, Depression, Feindschaft) ist die Inter-

aktion mit Klientenprozeßvariablen entscheidend für die Auswirkung.

2.3 Instrumentale Therapeutenvariablen

Hier meint der Begriff Variable das unterschiedliche Ausmaß („Größe") in der Verwirklichung einer Fähigkeit des Therapeuten, die konsistent mit Prozeß und Ergebnis der Psychotherapie in Zusammenhang steht. Solche Variablen beziehen sich einmal auf die therapeutischen Techniken (technologische Variablen) und zum anderen auf die therapeutische Beziehung zwischen Therapeut und Klient (relationale oder Beziehungsvariablen).

2.3.1 Technologische Variablen

Sie bezeichnen das Ausmaß der geschickten Handhabung von Techniken (Verfahren, Methoden, Strategien) des Psychotherapeuten, die aus einem psychologischen Prinzip (und gemäß einer entsprechend fundierten Theorie) abgeleitet sind. Technologische Variablen sind „Interventionsvariablen", verhaltensorientiert und auf Problemlösung gerichtet. Ihre Beschreibung und Erklärung sind an die Untersuchung konkreter einzelner Techniken gebunden (BASTINE 1976). Sie sind bisher an Variablen wie *Interpretation* (vgl. LUBORSKY & SPENCE 1971) und *Konfrontation* (vgl. BASTINE & KOMMER 1979) untersucht worden, da hier die geschickte Handhabung von besonderer Bedeutung ist. Prinzipiell aber kann jede Technik zu einer technologischen Therapeutenvariablen erhoben und untersucht werden. Interessant ist, daß in der Verhaltenstherapie, die nach wie vor am meisten auf die Entwicklung und Anwendung von Techniken Wert legt, bisher mit sehr wenigen Ausnahmen keine Versuche gemacht werden, den Einfluß des technischen Geschicks des Therapeuten zu überprüfen. Ihr Vorhandensein wird aus Erfolgen geschlußfolgert (vgl. WILSON & EVANS 1977, S. 560).

2.3.2 Relationale Variablen

Sie bezeichnen das unterschiedliche Ausmaß in der Verwirklichung einer bestimmten Art affektiven und kognitiven Kontaktes des Therapeuten zum Klienten. Relationale Variablen sind „interpersonale Fähigkeiten" und bezeichnen erlebte Gefühle und Gedanken für den anderen („erlebnisorientiert") und sind - bei psychotherapeutischen Rahmenbedingungen - auf die Autonomie des Klienten gerichtet. Diese Art von Therapeutenvariablen sind bisher am meisten und am besten erforscht (vgl. TRUAX & MITCHELL 1971; MITCHELL u. a. 1977). Am wichtigsten und auf ROGERS (1957; vgl. 1977) zurückgehend sind: Empathie (empathisches Verstehen), nichtbesitzergreifende Wärme und Wertschätzung und Echtheit/Selbstkongruenz. Diese Variablen gehen in die im nächsten Abschnitt dargestellten *Basisvariablen* ein und werden dort beschrieben. Neben diesen manchmal auch als „ROGERS-Variablen" oder „Kern-Variablen" (vgl. MINSEL 1974) bezeichneten Therapeutenmerkmalen werden in der von der klientenzentrierten Psychotherapie stimulierten Forschung auch weitere relationale Therapeutenvariablen wie *Konkretheit, Unmittelbarkeit* u. a. untersucht.

3 Psychotherapeutische Basisvariablen

Es hat sich in erfolgreichen Psychotherapien gezeigt, daß das Therapeutenverhalten stark von Klient zu Klient (oder von Situation zu Situation) variiert, wenn Psychotherapie als technische Angelegenheit gesehen wird (vgl. SUNDLAND 1977, S. 208). Diese Variation ergibt sich jedoch nicht so sehr aus der Person des (ausgebildeten und kompetenten) Therapeuten, sondern aus der Unterschiedlichkeit der Situation und/oder der Klienten (*Differentielle Psychotherapie*).

Betrachtet man dagegen Psychotherapie mehr als Beziehung, dann zeigt sich, daß das Therapeutenverhalten in erfolgreichen Therapien bei unterschiedlichen Klienten und in unterschiedlichen Situationen wenig variiert (TRUAX & CARKHUFF 1967; ROGERS 1977). Es scheint ein solchermaßen gesehenes Therapeutenverhalten von grundlegendem Einfluß auf Prozeß und Erfolg von Psychotherapien zu sein (*Therapeutisches Basisverhalten*; vgl. TSCHEULIN 1980 a).

Variablen eines therapeutischen Basisverhaltens gehen über personale, stilistische und instrumentale Unterschiede hinaus. Wir unterscheiden Realitätsoffenheit, Personenbezogenheit und Akzeptationbreite. *Diese Merkmale sind beim Klienten in unterschiedlich geringem Maße und beim Therapeuten idealiter in hohem Ausmaß vorhanden. Sie sind damit gleichzeitig generelle Therapieziele.* Sie sind vielfältig und unterschiedlich eng oder „exakt" als relationale Therapeutenvariablen operationalisiert worden. Die operationalen Definitionen können sowohl über Verhaltensinventare zur Beurteilung durch Klienten, als auch über Ratingskalen zur Beurteilung durch den Therapeuten oder unabhängige Beobachter erfolgen. Ihr Zusammenhang mit Variablen des Therapieprozesses und -erfolges ist vielfach nachgewiesen worden (vgl. TRUAX & MITCHELL 1971; MITCHELL u. a. 1977).

3.1 Realitätsoffenheit

Sie zeigt sich in dem Ausmaß an Offenheit für die persönliche Wirklichkeit und reale Situation der Interaktionspartner.

Als Charakteristik des Therapeuten in seinem Verhalten gegenüber dem Klienten ist dieses Merkmal am radikalsten und deutlichsten unter dem Begriff *Selbstkongruenz* (oder „Echtheit") in der klientenzentrierten Gesprächspsychotherapie herausgearbeitet worden (→ **Gesprächspsychotherapie**): Der Therapeut ist idealiter offen für alle Arten von Erfahrungen und Gefühlen des Klienten. Und er ist in der Interaktion mit dem Klienten ohne professionelle Maske und Abwehr ganz er selbst. Sein Verhalten ist deckungsgleich mit dem, wie er dem Klienten gegenüber eingestellt ist.

In der Verhaltenstherapie kennt man die Variable Realitätsoffenheit z. B. als die vom Therapeuten geforderte Fähigkeit zu „inhaltsrelevantem Verhalten" (ROSEN 1972) (→ **Verhaltenstherapie**): Der Therapeut soll in hohem Ausmaß fähig sein, so mit dem Klienten zu kommunizieren, daß dieser den Inhalt der Therapeutenäußerung als für sich selbst relevant ansehen kann. Irrelevant wäre jedes Therapeutenverhalten, das nicht an der Wirklichkeit des Erlebens und Verhaltens des Klienten orientiert ist.

Realitätsbezogenes Verhalten des Therapeuten ist in psychoanalytischer Terminologie an den Begriff des „Therapeutischen Arbeitsbündnisses" (GREENSON 1973) geknüpft und als hohes Ausmaß an unterstützend-interpretativem Verhalten (= geringes Ausmaß an Gegenübertragung) mit Hilfe eines Ratingsystems operational definiert worden (CROWDER 1972; vgl. BERZINS 1977) → **Psychoanalyse**.

Die Wirklichkeit, für die der realitätsbezogene Therapeut offen sein soll, ist sowohl das Verhalten und Erleben des Klienten sich selbst und dem Therapeuten gegenüber, als auch die Reaktion des Therapeuten in der Therapiesituation dem Klienten gegenüber.

3.2 Personbezogenheit

Sie zeigt sich in dem Ausmaß an korrektem Verstehen der persönlichen Eigenart der Interaktionspartner.

Als Therapeutenvariable meint personbezogenes Verhalten die Rollenübernahmefähigkeit des Therapeuten, seine Fähigkeit, sich vom Erleben des Klienten ein genaues und vollständiges Bild zu machen und es ihm zu kommunizieren. In einer Vielzahl von Forschungsarbeiten wird die Variable *Empathie* als Kriterium für psychotherapeutisches Vorgehen verwandt. Diese Variable hat ihre Gültigkeit vor allem in der *Gesprächspsychotherapie* und ist dort mit verschiedenartigen Meßverfahren als „accurate empathy", „Verbalisierung emotionaler Erlebnisinhalte" o. ä. operationalisiert worden.

Ihr Einfluß ist aber auch in *Verhaltenstherapien* und psychoanalytischen Prozessen vorhanden. In der psychoanalytischen Literatur wird dann von „Einfühlung" oder von „Suche nach Einsicht" (vgl. GREENSON 1973) gesprochen. In der Verhaltenstherapie kennt man z. B. den Begriff der „stimulus-response-congruence" (ROSEN 1972), der als Therapeutenvariable das Ausmaß angibt, mit dem eine Therapeutenantwort Rückmeldung darüber gibt, daß eine Mitteilung des Klienten empfangen und verstanden wurde.

Personenbezogenheit ist möglicherweise auch der tragfähige Hintergrund der als Disposition gefaßten Therapeutenvariable „A-B". Eine kritische Entmythologisierung sowohl des „A-B-Phänomens" als auch des Empathie-Konzeptes findet sich bei QUECKELBERGHE (1979).

3.3 Akzeptationsbreite

Sie zeigt sich in dem Ausmaß an Achtung vor der individuellen Eigenart der Interaktionspartner.

Als variable Größe in der Interaktion mit dem Klienten beschreibt dieses Merkmal die Fähigkeit des Therapeuten, den Klienten in seiner eigenen Art und Sonderheit zu akzeptieren. Wiederum am radikalsten ist diese Variable in der klientenzentrierten Therapie definiert worden: Sie fordert vom Therapeuten die Fähigkeit, dem Klienten mit positiver Wertschätzung zu begegnen und diese Zuwendung nicht von Bedingungen abhängig zu machen („unconditional positive regard").

Begriffe, wie sie in allen therapeutischen Schulen auftauchen, sind: „Verzicht auf Werthaltungen", „permissive Einstellung", (vgl. für die psychoanalytische Richtung GREENSON 1973) oder „interpersonale Wärme" (BAYES 1972; vgl. für die Verhaltenstherapie auch WILSON & EVANS 1977).

Das hier einschlägige Problem der Verantwortlichkeit des Therapeuten wird durch das Konzept der „facilitative responsibility" (PIERCE & SCHAUBLE 1970) zu lösen versucht: Der Therapeut übernimmt die Verantwortung für die Förderung der Eigenverantwortlichkeit und der Ressourcen des Klienten, er nimmt ihm aber Problemlösung und Entscheidung nicht einfach ab.

LITERATUR

BASTINE, R. Ansätze zur Formulierung von Interventionsstrategien in der Psychotherapie. In: F. JANKOWSKI, D. TSCHEULIN, H. J. FIETKAU & MANN (Hrsg.) *Klientenzentrierte Psychotherapie heute.* Göttingen: Hogrefe, 1976, (S. 193-207).

BASTINE R. & KOMMER D.: Konfrontation als Strategie psychotherapeutischen Handelns. In L. H. ECKENSBERGER (Hrsg.) *Bericht über den 31. Kongreß des DGfPs in Mannheim 1978.* Band 2. Göttingen: Hogrefe, 1979 (S. 412-416).

BAYES M. A. Behavioral cues of interpersonal warmth. *J. Consult. Clin. Psychol.,* 1972, 39, 333-339.

GREENSON R. R. *Technik und Praxis der Psychoanalyse.* Stuttgart: Klett, 1973.

GURMAN A. S. & RAZIN A. M.: (Hrsg.). *Effective psychotherapy.* A handbook of research. Oxford: Pergamon, 1977. Darin: AUERBACH & JOHNSON; BERZINS; GARFIELD; GURMAN; MITCHELL, BOZARTH & KRAUFT; POPE; RAZIN; SATTLER; SUNDLAND; WILSON & EVANS.

LUBORSKY L. & SPENCE D. P. Quantitative research on psychoanalytic therapy. Kap. 11. In: A. E. BERGIN & L. GARFIELD (Hrsg.) *Handbook of Psychotherapy and behavior change: An empirical analysis.* New York: Wiley 1971.

MINSEL W. R. Praxis der Gesprächspsychotherapie, Wien: Böhlau, 1974.

PIERCE R. M. & SCHAUBLE P. G. A note on the role of facilitative responsibility in the therapeutic relationship. *J. Clin. Psychol.,* 1970, 26, 250-252.

PONGRATZ L. J. *Lehrbuch der Klinischen Psychologie.* Psychologische Grundlagen der Psychotherapie. Göttingen: Hogrefe, 1973.

VON QUECKELBERGHE R. *Systematik der Psychotherapie.* München: Urban & Schwarzenberg, 1979.

ROGERS C. R. *Klient und Therapeut.* München: Kindler, 1977.

ROSEN A. The treatment relationship: A. conceptualization. *J. Consult. Clin. Psychol.,* 1972, 38, 329-337.

TRUAX C. B. & CARKHUFF R. R. *Toward effective counseling and psychotherapy: Training & Practice.* Chicago: Aldine, 1967.

TRUAX C. B. & MITCHELL K. M. Forschungsergebnisse über den Zusammenhang zwischen Therapeuteneigenschaften („interpersonal skills") und Therapieverlauf bzw. Therapieerfolg. In PETERMAN & C. SCHMOOK (Hrsg.) *Ergebnisse der Klinischen Psychologie.* Bern: Huber, 1977.

TSCHEULIN D. Lernziel Therapeutisches Basisverhalten. (a)

TSCHEULIN D. Lernziel Therapeutisches Selbsterleben. (b) (a) und (b) In BIRTSCH & D. TSCHEULIN (Hrsg.) *Ausbildung in Klinischer Psychologie und Psychotherapie.* Weinheim: Beltz, 1980.

Therapeutische Gemeinschaft und Milieutherapie

Gernot Vormann

1 Geschichtliches

Milieutherapie basiert auf der Erkenntnis, daß alles Verhalten, einschließlich Genese und Verlauf psychischer Störungen, maßgeblich durch soziale Interaktionsstrukturen im engeren und weiteren Bezugsfeld des Individuums determiniert wird und hebt damit vom aus dem 19. Jahrhundert stammenden naturwissenschaftlichen, medizinischen Konzept der somatischen Verursachung psychischer Störungen ab, das mit seiner „Bettbehandlung", Passivierung und Isolierung von der normalen sozialen Umwelt viele psychische Störungen erst schuf oder konservierte (*Hospitalismus, Anstaltssyndrom*). Milieutherapie will unter dem Ziel der Erhaltung oder Wiedererlangung der Kompetenz, so weit wie möglich am gesellschaftlichen Leben teilnehmen zu können, ein umfassendes therapeutisches Setting bereitstellen, in dem in optimal realistischer Weise komplizierte soziale Vorgänge gebündelt und zur Behandlung eingesetzt werden (Finzen 1978). Die Therapeutische Gemeinschaft ist eine von vielen milieutherapeutischen Ansätzen. Ihre Verwirklichung basiert nach Krüger (1979) auf einer Berührung der klassischen psychiatrischen Phänomenologie (Kraepelin, Jaspers) mit tiefenpsychologischen (Freud), sozialpsychologischen (Erikson, Parson), kulturanthropologischen (Kardiner, Linton), gruppenpsychologischen (Moreno, Lewin, Bion, Ezriel, Foulkes) und lerntheoretischen (Dollard, Miller) Ansätzen. Als wahrscheinlich erster verwandte Moreno 1936 den Begriff „Therapeutische Gemeinschaft" in der Beschreibung des berühmten Hudson-Experiments, in dem er eine große Erziehungsanstalt mit soziometrischen und gruppentherapeutischen Methoden umgestaltete. Andere Autoren schreiben den Begriff Main oder Maxwell Jones zu. Die eigentliche Entwicklung und Ausformung des Prinzips der Therapeutischen Gemeinschaft setzte erst in den vierziger Jahren ein. Maßgeblich waren: Maxwell Jones, Main, Laing, Cooper, Napolitani.

2 Definition

Eine einheitliche, kurze Definition des Begriffes ‚Therapeutische Gemeinschaft' läßt sich wegen ihrer vielgestaltigen Ausformung je nach Zielgruppe, institutionellem Hintergrund und theoretischem sowie methodischen Impetus nicht angeben. Die therapeutische Gemeinschaft stellt sicher keine eigenständige psychotherapeutische Methode dar, sondern liefert einen besonderen Rahmen, in dem sich ein breites Spektrum einzel- und gruppentherapeutischer oder pädagogischer Maßnahmen verwirklichen läßt.

2.1 Grundgedanke

Grundgedanke ist, daß in jedem Menschen ein therapeutisches Potential steckt, das er für sich und andere nutzbringend anwenden kann. Der Patient wird nicht als hilfloser, inkompetenter Kranker gesehen, dem als Gegensatz der Therapeut als omnipotenter Wissender und gesunder gegenübersteht, „sondern als Mensch, dessen Erlebnis- und Verhaltensmuster so verändert sind, daß die Fähigkeit zu einem für sich und seine Mitmenschen befriedigenden sozialen Handeln und damit sein subjektives Wohlbefinden gestört sind" (PLOEGER 1972).

2.2 Neues Rollenverständnis

Das verlangt eine Neugestaltung der Beziehung zwischen Patienten und Therapeuten dahin, daß sie sich als Partner im therapeutischen Prozeß verstehen, in dem jeder vom anderen profitieren kann und eine organische Gemeinschaft bilden, in der alle sie betreffenden Entscheidungen weitestgehend gemeinsam getroffen werden. Das bedeutet Aufgabe der personalbezogenen hierarchischen Institutionsordnung und des dyadischen, asymmetrischen Arzt/Therapeut-Patient-Verhältnisses zugunsten einer demokratischen Teamarbeit, ohne unterschiedliche persönliche und berufliche Kompetenz zu negieren (→ **Therapeut-Klient-Beziehung**). Alle verfügbaren Fähigkeiten des Patienten und des gesamten Personals werden bewußt eingesetzt, um die Therapie zu intensivieren. „Die Patienten werden zu gegenseitigen Therapeuten. Ihnen wird eine optimale Verantwortung übertragen" (MAXWELL JONES 1967, zit. n. PLOEGER 1972).

2.3 Therapeutische Tradition

Damit dies in förderlicher Weise geschieht, wird die Entwicklung einer „therapeutischen Tradition" unterstützt, d. h. eine Übereinkunft hinsichtlich des Stils der Bearbeitung von Problemen und der Entwicklung von Lösungen. Dazu wird bei möglichst freier Kommunikation und Information auf allen Ebenen und in jeder Richtung alle persönliche zwischenmenschliche Dynamik in der therapeutischen Gemeinschaft – sowohl der Therapeuten wie auch der Patienten – „täglich auf ihren Motivgehalt hin reflektiert, um eine vertiefte Einsicht in die zwischenmenschlichen Beziehungen (,analysis of social interaction') zu wecken" (KRÜGER 1979).

2.4 Soziales Lernen

Durch realitätsnahes „soziales Lernen", d. h. Lernen durch eigene konkrete Erfahrung in einer sozialen Situation, soll eine bessere, selbst-verantwortliche soziale Anpassung und Ich-Stärkung erreicht werden.

2.5 Living Learning

Die therapeutische Gemeinschaft stellt sehr hohe Anforderungen an das Engagement und die Reife des Personals; die hochkomplexe Gruppendynamik macht regelmäßige Teambesprechungen erforderlich, in denen z. B. Übertragungsdynamiken zwischen Patienten und Mitarbeitern und zwischen Mitarbeitern bearbeitet werden und auch die Probleme einzelner Mitarbeiter, sofern sie in der Arbeit virulent werden. Dieses „living learning" ist maßgeblich für die Ausbildung und Reifung der Teammitglieder. Die Involvierung aller in die therapeutische Gemeinschaft macht regelmäßige fachliche externe Supervision notwendig.

3 Realisierung

Die Realisierung von therapeutischen Gemeinschaften erfolgte bislang im Bereich psychiatrischer Krankenhäuser bzw. -abteilungen, in allgemeinen und Kurkliniken, als Alternative zur herkömmlichen Heimerziehung, in der Nichtseßhaftenhilfe und Altenfürsorge, im Justizvollzug sowie bei Abhängigen. Die stärkste Verbreitung fand die therapeutische Gemeinschaft hierzulande in der Therapie Drogenabhängiger (z. B. *Therapiekette Niedersachsen, Daytop München, Drogenhilfe Tübingen, Jugend hilft Jugend Hamburg*), wo die Grundprinzipien weit radikaler verwirklicht wurden, als in allen anderen genannten Bereichen.

4 Kritisches

Zur Erfolgsbeurteilung und zum therapeutischen Nutzen mangelt es bisher an fundierten Untersuchungen. Fraglos liegen in der therapeutischen Gemeinschaft große Chancen, die Selbsthilfekräfte der Patienten zu mobilisieren und ihnen eine neue soziale Identität zu geben. Die sehr hoch gesteckten innovativen Ziele vieler Initiatoren (z. B. humanere, weniger entfremdete Interaktionsformen) haben sich nicht vollständig erreichen lassen, da letztlich Ziele und Inhalte der therapeutischen Gemeinschaft auf die soziale Wirklichkeit der sie umgebenden Gemeinschaft abgestimmt sein müssen, will sie nicht ihre Patienten realitätsuntüchtig machen. Therapeutische Gemeinschaften laufen Gefahr, sich zu sehr mit sich selbst zu beschäftigen, therapeutische Inseln mit einem artifiziellen Binnenmilieu zu werden. Der theoretische Anspruch auf Gleichheit aller Mitglieder stößt auf Widerspruch in der realen Erfahrung; der Anspruch nach symmetrischen Beziehungen zwischen Personal und Patienten kann ungewollte paradoxe Handlungsaufforderungen beinhalten, z. B. „Ich befehle Dir, gleichberechtigt zu sein!" oder: „Du bestimmst allein, aber die Gemeinschaft bestimmt, wie Du entscheiden sollst!"

LITERATUR

FINZEN, A. Milieutherapeutische Konzepte in der Sozialpsychiatrie, In E. HEIM, (Hrsg) *Milieutherapie*. Bern: Huber, 1978.

JONES, M. Prinzipien der therapeutischen Gemeinschaft. Bern: Huber, 1976.

KRÜGER, H. *Therapeutische Gemeinschaft, ein sozialpsychiatrisches Prinzip*. Stuttgart: Enke, 1979.

PETZOLD, H. & VORMANN, G. (Hrsg.) *Therapeutische Wohngemeinschaften, Erfahrungen, Modelle, Supervision*. München: Pfeiffer, 1980.

PLOEGER, A. *Die therapeutische Gemeinschaft in der Psychotherapie und Sozialpsychiatrie*. Stuttgart: Thieme 1972.

Therapeut-Klient-Beziehung

Jarg B. Bergold

1 Zur Bedeutung der Therapeut-Klient-Beziehung im Rahmen von Psychotherapien

Psychotherapie ist ein Prozeß der sozialen Beeinflussung. Der Begriff „Therapeut-Klient-Beziehung" soll helfen, die Art und Weise dieser Beeinflussung näher aufzuschlüsseln. Er verweist darauf, daß sich die Partner einer psychotherapeutischen Interaktion wechselseitig beeinflussen. Psychologische Analysen der Therapeut-Klient-Beziehung sollen Aufschluß darüber geben, welche emotionalen und kognitiven Voraussetzungen bei den Partnern gegeben sein müssen, damit es zu einer im Sinne der Therapieziele möglichst günstigen Beeinflussung kommt.

Betrachtet man den therapeutischen Prozeß unter dem Aspekt der Beziehung, so versteht man Klient und Therapeut als Einheit oder als Gesamtsystem. Jede Veränderung des einen verändert gleichzeitig auch den anderen und umgekehrt. Diese systemische Betrachtungsweise wurde vor allem von der Kommunikationstheorie (Watzlawick, Beavin & Jackson 1969) in die Psychotherapietheorie eingebracht (→ **Kommunikationstherapie**).

Die Person des Therapeuten kommt bei dieser Betrachtungsweise deutlich ins Blickfeld. Durch sein So-sein und sein Handeln fördert er erstens die therapeutische Beziehung und schafft damit die Voraussetzung für die therapeutischen Interventionen. Zweitens nimmt er an den eigenen Reaktionen wahr, wie sich der Klient zu anderen in Beziehung setzt. Zum dritten verändert er durch seine Art des Interagierens die sozialen Handlungsmuster des Klienten.

Therapeut-Klient-Beziehung wird somit gleichzeitig als Kennzeichnung von Kontextbedingungen (d. h. eine gute Beziehung ist Voraussetzung für therapeutisches Handeln) und als eigentliches Agens der Therapie (d. h. Veränderungen werden über die Patient-Therapeut-Beziehung vermittelt) verwendet.

Die Therapeut-Klient-Beziehung wird in den unterschiedlichen therapeutischen Schulen sehr unterschiedlich gesehen. Zeitweilig wurde der Begriff im Schulenstreit auch als Kampfbegriff benutzt. Man versuchte, beziehungsorientierte von technikorientierten Therapiemethoden zu unterscheiden und warf sich gegenseitig die Vernachlässigung bzw. die Überbetonung der Therapeut-Klient-Beziehung vor. Dies trug in keiner Weise zur Klärung des Begriffs bei. Es führte vielmehr zu einer Vielzahl von Beziehungsdefinitionen mit unterschiedlichen theoretischen Begriffen auf unterschiedlichen Ebenen. Bei einer Zusammenstellung solcher Beziehungsdefinitionen führt Goldstein (1971) folgende Begriffe auf:

Übertragung-Gegenübertragung; Reziproker Affekt; Interaktion; Transaktion; Anteilnahme, Wärme, Verständnis; Einfühlendes Verständnis, Wärme und Echtheit; Zwischenmenschliches Vertrauen; Freiheit zur Selbstenthüllung; Reziproke Therapeuten-Klienten-Bedürfnisse; Generalisierte Verstärker; Gegenseitigkeit von Zielen; Symmetrische und komplementäre Kommunikation; Attraktivität.

2 Determinanten der Therapeut-Klient-Beziehung

Im Laufe der Forschungsarbeit ist deutlich geworden, daß der Begriff Therapeut-Klient-Beziehung ein Sammelbegriff für eine Vielzahl von Mechanismen ist. Das folgende Schema soll das komplexe Bedingungsgefüge, von dem die Therapeut-Klient-Beziehung geprägt wird, verdeutlichen.

aktive Mitarbeit, Hilfe zur Selbsthilfe). Informationen von Verwandten und Freunden führen zu positiven oder negativen Einstellungen gegenüber dem speziellen Therapeuten. Tradierte Vorurteile und wissenschaftliche Forschungsergebnisse beeinflussen die Bereitschaft von Therapeuten, mit spezifischen Patientengruppen zu arbeiten (z. B. Mittelschicht- versus Unterschichtpatienten).

• Bei der ersten Kontaktaufnahme treten weitere Faktoren hinzu. Dazu zählen institutionelle

Repräsentationen vergangener Erfahrungen wirken auf Therapeuten ein	Gegenwärtige Einflußfaktoren wirken auf Therapeut und Klient ein	Repräsentationen vergangener Erfahrungen wirken auf Klient ein
Gesellschaftliche Schemata geprägt durch Schicht, Subkultur usw. **Institutionelle Schemata** geprägt durch Schule, Krankenwesen, Arbeitsplatz usw. **Professionelle Schemata** geprägt durch berufliche Sozialisation, Rollenanforderung usw. **Persönlichkeitsspezifische Schemata** geprägt durch Sozialisation	**Gesellschaftliche Faktoren** Arbeitsbedingungen, Arbeitslosigkeit usw. **Versorgungssystem** Privathonorar, Krankenkasse **Institution** Klinik, Privatpraxis usw. **Setting** Behandlungsraum, Wohnung usw. **Direkte Kommunikation** Inhalt: Ziele, Beschreibungen der Lebenswelt usw. Beziehung: Interaktionsmuster, emotionale Reaktionen usw. **Körperliche Charakteristika**	**Gesellschaftliche Schemata** geprägt durch Schicht, Subkultur usw. **Institutionelle Schemata** geprägt durch Schule, Arbeitsplatz, Krankenwesen usw. **Helferschemata** geprägt durch individuelle Lehrer, Ärzte usw. **Persönlichkeitsspezifische Schemata** geprägt durch Sozialisation

Schematische Darstellung der wichtigsten Faktoren, die auf Therapeut und Klient einwirken und die Art ihrer Beziehung prägen. Schemata sind im Sinne NEISSERS (1976) interne Repräsentationen der Realität, welche die Wahrnehmungsaktivität und das Handeln steuern.

Abbildung 1. Bedingungsgefüge der Therapeut-Klient-Beziehung.

Diese Faktoren bestimmen teils nacheinander teils gleichzeitig miteinander die Beziehung zwischen Klient und Therapeut (siehe auch HERSCHBACH, KLINGER & ODEFEY 1980).

• Bereits bevor Patient und Therapeut zusammentreffen, entstehen Erwartungen und emotionale Einstellungen. Erfahrungen mit gesellschaftlichen Institutionen (z. B. Krankenwesen, Schule usw.) prägen die Erwartungen gegenüber der Institution Psychotherapie und beeinflussen die Beziehung (z. B. passives Mit-Sich-Geschehenlassen, ‚Pille'-schlucken versus (z. B. Psychotherapie in ambulanten Einrichtungen, psychiatrischen Krankenhäusern, Gefängnissen), ökonomische (z. B. Privathonorar, Kassenleistung, öffentliches Gesundheitswesen) und persönliche Faktoren (z. B. Sympathie-Antipathie, Alter, Geschlecht, Kompetenz, gemeinsamer sozio-kultureller Hintergrund).

• Im Verlauf der Therapie wird die Beziehung darüber hinaus durch interaktionelle (z. B. Machtstruktur, gegenseitige Belohnung, symmetrische-asymmetrische Kommunikation, therapeutische Doppelbindung usw.) und persönlichkeitsspezifische (z. B. Werthaltungen, Einstellungen usw.) Faktoren geprägt. Die Vermittlung aller Beziehungsaspekte (WATZLAWICK, BEAVIN & JACKSON 1969) geschieht nicht nur verbal, sondern auch weitgehend durch nicht-verbale Signale wie Körperhaltung, mimischen Ausdruck, linguistische Charakteristika oder Blickkontakt und durch die Gestaltung der äußeren Situation (z. B. Einrichtung des Sprechzimmers, Hausbesuch usw.).

Die Schwierigkeit, ein konsistentes Konzept der Patient-Therapeut-Beziehung zu entwickeln, besteht darin, daß die verschiedenen theoretischen Vorstellungen zum Teil sehr vage formuliert sind, daß den empirischen Untersuchungen kaum vergleichbare operationale Definitionen der Therapeut-Klient-Beziehung zugrunde liegen und daß diese Untersuchungen außerdem in der Mehrzahl erhebliche methodische Mängel aufweisen (MELTZOFF & KORNREICH 1970).

3 Verschiedene Sichtweisen der Therapeut-Klient-Beziehung durch unterschiedliche Therapieschulen

Im folgenden sollen die Vorstellungen der wichtigsten therapeutischen Ansätze kurz gekennzeichnet werden:

3.1 Psychoanalyse

Die Bedeutung der Therapeut-Klient-Beziehung für den therapeutischen Änderungsprozeß wurde zuerst von FREUD erkannt. Sie wurde von ihm zunächst in die Begriffe „Übertragung" (1885), „Gegenübertragung" (1910) und „leistungsfähige Übertragung" (1913) gefaßt.

GREENSON (1967) definiert diese drei Konzepte in folgender Weise:

> „*Übertragung* ist das Erlebnis von Gefühlen, Antrieben, Einstellungen, Phantasien und Abwehrreaktionen gegenüber einer Person in der Gegenwart, die nicht auf diese Person passen, sondern Wiederholungen von Reaktionen sind, die ihren Ursprung in der Beziehung zu wichtigen Personen in der frühen Kindheit haben und unbewußt auf die Person der Gegenwart verschoben wurden" (S. 171). Die „*Gegenübertragung* ist eine Übertragungsreaktion vom Analytiker auf den Patienten, eine Parallele zur Übertragung, das Gegenstück zur Übertragung" (S. 348). „Gegenübertragungsreaktionen beim Analytiker können zu beharrlich unangemessenem Verhalten in Form von beständigen Mißverständnissen oder unbewußt belohnendem, verführendem oder permissivem Verhalten gegenüber dem Patienten führen" (S. 348).

Das Konzept der leistungsfähigen Übertragung wurde von GREENSON zum Begriff des Arbeitsbündnisses erweitert.

> Das „*Arbeitsbündnis*" ist die relativ unneurotische, rationale Beziehung zwischen Patient und Analytiker, die es dem Patienten ermöglicht, in der analytischen Situation zweckmäßig zu arbeiten" (S. 46).

In neuerer Zeit wurden die psychoanalytischen Vorstellungen über die Therapeut-Klient-Beziehung noch erheblich erweitert und ausdifferenziert. So unterscheidet z. B. LOCH (1974) sechs verschiedene Formen der Übertragung:

> Die Ur-Übertragung, die narzistische Übertragung, die Objektbesetzung, die „wahre Übertragung", die milde, unanstößige Übertragung, die reale Beziehung zum Analytiker.

Die Bearbeitung der Übertragungen auf die Person des Analytikers ist zu einem der wichtigsten Instrumente der psychoanalytischen Therapie geworden, um Veränderungen der Beziehungsmuster des Klienten zu induzieren (→Psychoanalyse).

3.2 Gesprächspsychotherapie

ROGERS (1957) stellte vor allem die Therapeutenseite der Therapeuten-Klient-Beziehung in den Vordergrund seiner Überlegungen. Die Person des Therapeuten wird zum Werkzeug, um eine Beziehung entstehen zu lassen, in der der Klient sich frei von Bedrohung fühlt und daher seine Gefühle und Wahrnehmungen erforschen und neue Erfahrungen machen kann. Das vom Therapeuten gestaltete Beziehungsmuster wird hier als zentrale Voraussetzung für die Veränderung beim Klienten gesehen. Ausgehend von einer minimalen Beziehung werden weitere Kennzeichnungen spezifiziert:

1. „Zwei Personen stehen miteinander im psychologischen Kontakt."

2. „Die erste Person, die wir Klient nennen wollen, ist in einem Zustand von Inkongruenz, sie ist verletzbar und ängstlich."
3. „Die zweite Person, die wir Therapeut nennen wollen, ist in der Beziehung kongruent oder integriert."
4. „Der Therapeut empfindet für den Klienten eine unbedingt positive Zuwendung."
5. „Der Therapeut empfindet ein einfühlendes Verständnis für den inneren Bezugsrahmen des Klienten und bemüht sich, dieses Erleben dem Klienten mitzuteilen."
6. „Die Übermittlung des einfühlenden Verständnisses und der unbedingten positiven Zuwendung wird wenigstens zu einem minimalen Ausmaß erreicht" (ROGERS 1957, S. 96).

In diesen ersten Formulierungen von ROGERS wird vor allem die Bedeutung von Einstellungen und Haltungen des Therapeuten für die Therapeut-Klient-Beziehung betont. Bei der Rezeption im deutschen Sprachraum (TAUSCH 1973) stand zunächst die Frage der Übermittlung der drei Therapeutenvariablen einfühlendes Verstehen, emotionale Zuwendung und Echtheit im Vordergrund (BOMMERT 1977) (→ Gesprächspsychotherapie). In der Zwischenzeit wird eine Reihe weiterer Faktoren sowohl auf der Therapeutenseite (z.B. Werthaltungen und Normen, Training und Erfahrung, persönliche Befindlichkeit) als auch auf der Klientenseite (z.B. Motivation, Erwartungen, sozio-ökonomische Schicht) einbezogen.

3.3 Verhaltenstherapie

In Abgrenzung zu bisherigen Psychotherapieformen wurde in der Verhaltenstherapie zunächst die Anwendung der Lerntheorie auf die Veränderung abnormen Verhaltens betont. Es wurden Veränderungstechniken auf der Basis des klassischen und operanten Konditionierens entwickelt. Die Therapeut-Klient-Beziehung schien dabei kaum eine Rolle zu spielen. So stellte z.B. EYSENCK (1959) fest, daß „persönliche Beziehungen für die Heilung neurotischer Störungen nicht wesentlich sind, wenngleich sie unter bestimmten Umständen auch nützlich sein können" (S. 67).

In der Folgezeit wurde die Therapeut-Klient-Beziehung allerdings unter dem Einfluß klinischer Praktiker (z.B. MEYER & CHESSER 1971, WOLPE & LAZARUS 1966) und der Entwicklung der sozialen Lerntheorie (z.B. BANDURA 1969, STAATS 1970) stärker beachtet. Es wurden eine Reihe sozialer Beeinflussungsmechanismen herausgearbeitet, die im Laufe der Therapie wirksam werden und deshalb in ein angemessenes Modell des therapeutischen Geschehens einbezogen werden müssen. Nach Ansicht verhaltenstherapeutischer Autoren wirkt der Therapeut:

- als sozialer Verstärker, der durch seine Zuwendung die Auftrittswahrscheinlichkeit erwünschter Äußerungen und Verhaltensweisen erhöht
- als diskriminativer Reiz, z.B. als Auslöser für soziale Interaktionsmuster, als Angsthemmer, in dessen Gegenwart sozial tabuisierte Themenbereiche angesprochen werden können usw.
- als Modell für angemessenes Verhalten innerhalb und außerhalb der therapeutischen Situation für emotionale und kognitive Reaktionen z.B. im Umgang mit Streß usw.
- als jemand, der soziale Regeln vermittelt, Erwartungen induziert, d.h. der mittels verbaler Beschreibungen beim Klienten interne Prozesse verändert und so auf sichtbares Verhalten und Einstellungen einwirkt.

Voraussetzung für diese Beeinflussungsprozesse ist eine positive Beziehung zum Therapeuten, die durch bestimmte Faktoren gefördert werden kann. Hier wurden vor allem die Variablen interpersonelle Attraktivität durch GOLDSTEIN (1971) und die Voraussetzungen für eine optimale Wirksamkeit von Modellen durch die Arbeitsgruppe um BANDURA (1969) näher untersucht. Auch die wechselseitige Beeinflussung von Klient und Therapeut wird in der letzten Zeit stärker gesehen. Als theoretisches Konzept spielt vor allem das Prinzip der reziproken Verhaltensinduktion eine Rolle (siehe z.B. DE VOGE & BECK 1978). Dieses Prinzip besagt, daß der Interaktionsstil eines sozialen Partners beim anderen einen ähnlichen Stil induziert, d.h. freundliches Verhalten wird eher mit freundlichem Verhalten beantwortet, Feindseligkeit mit Feindseligkeit usw.

Zusammenfassend formulieren WILSON & EVANS (1976) den Stand der verhaltenstherapeutischen Überlegungen:

„Die neuere Verhaltenstherapie betrachtet die Beziehung, die sich zwischen Therapeut und Klient entwickelt, als fördernd für die Veränderung der kognitiven, affektiven und motorischen Muster des Klienten in einer Richtung, die es ihm ermöglicht, mehr emotionale und interpersonelle Befriedigung aus einer natürlichen Umwelt zu ziehen."

LITERATUR

BANDURA A. *Principles of behavior modification.* New York: Holt, Rinehart & Winston, 1969.

BOMMERT H. *Grundlagen der Gesprächspsychotherapie.* Stuttgart: Kohlhammer, 1977.

DE VOGE J. T. & BECK S. The therapist-client relationship in behavior therapy. In M. Hersen, R. M. Eisler & P. M. Miller (Hrsg.) *Progress in behavior modification,* Vol. 6 New York: Academic Press, 1978, 204–248.

EYSENCK H. J. Learning theory and behavior therapy. *Journal of Mental Science,* 1959, *105,* 61–75.

GOLDSTEIN A. P. *Psychotherapeutic attraction.* New York: Pergamon Press, 1971.

GREENSON R. R. *The technique and practice of psychoanalysis.* New York: International University Press, 1967.

HERSCHBACH P., KLINGER A. & ODEFEY S. *Die Therapeut-Klient-Beziehung.* Salzburg: Otto Müller, 1980.

LOCH W. Der Analytiker als Gesetzgeber und Lehrer. *Psyche,* 1974, *28,* 431–460.

MELTZOFF J. & KORNREICH M. *Research in psychotherapy.* New York: Atherton Press, 1970.

MEYER V., CHESSER E. S. *Verhaltenstherapie in der klinischen Psychiatrie.* Stuttgart: Thieme, 1971.

NEISSER U. *Cognition and reality.* San Francisco: Freeman, 1976.

ROGERS C. R. The necessary and sufficient conditions of therapeutic personality change, *Journal consult. Psychology,* 1957, *21,* 95–103.

STAATS A. W. Social behaviorism, human motivation, and the conditioning therapies. In B. Maher (Hrsg.) *Progress in experimental personality research.* New York: Academic Press, 1970.

TAUSCH R. *Gesprächspsychotherapie.* Göttingen: Hogrefe, 1973.

WATZLAWICK P., BEAVIN J. H. & JACKSON D. D. *Menschliche Kommunikation.* Bern: Huber, 1969.

Transaktionsanalyse

HEDI FRIEDRICH

1 Entstehung der Transaktionsanalyse

Die Transaktionsanalyse wurde in den fünfziger Jahren von dem Psychiater und Psychoanalytiker ERIC BERNE (1910–1970) entwickelt. Ihm ging es in erster Linie um die Entwicklung einer Therapieform, die für jedermann einsichtig und verständlich eine optimale Zusammenarbeit zwischen Therapeut und Klient ermöglicht. Ein weiteres Motiv war, langwierige Therapien kürzer und effektiver zu gestalten.

Die Transaktionsanalyse baut auf den Erkenntnissen der klassischen Psychoanalyse (besonders von FREUD und ADLER) auf. Die Grundlage menschlichen Erlebens und Verhaltens wird in die frühe Kindheit gelegt und ist erlebnisbedingt (→ **Individualpsychologie**). Der philosophische Hintergrund der Transaktionsanalyse beruht auf dem Menschenbild der humanistischen Psychologie (SCHLEGEL, 1979, S. 245f.) (→ **Menschenbilder**). Wichtige Impulse aus der Lerntheorie wurden miteinbezogen. Die Transaktionsanalyse wurde von BERNE und seinen Schülern zu einem umfassenden und eigenständigen psychodiagnostischen und psychotherapeutischen Instrumentarium entwickelt, das eine Diagnose, die Erstellung eines Behandlungsplanes, sowie sich an der vorliegenden Psychodynamik orientierende Interventionen erlaubt. Die Verwendung allgemeinverständlicher Begriffe und leicht vermittelbarer Konzepte ermöglicht es dem Klienten, Einsicht in die Geschichte seiner Lebens-, Erlebens- und Verhaltensgewohnheiten zu gewinnen, um aktiv und selbstverantwortlich an seinem Heilungs- und Veränderungsprozeß mitzuarbeiten. Die Vorbeugung psychischen bzw. psychosomatischen Leidens, sowie die Berücksichtigung der früheren als auch der jetzigen gesellschaftlich-kulturellen, politischen und wirtschaftlichen Bedingungen der Klienten sind wesentlicher Bestandteil der transaktionsanalytischen Tätigkeit (vgl. Grundsatzpapier der Deutschen Gesellschaft für Transaktionsanalyse).

2 Das Grundkonzept der Transaktionsanalyse

Das Grundkonzept gliedert sich in vier wesentliche Bestandteile:

- *Strukturanalyse*: Mit Hilfe eines spezifischen Persönlichkeitsmodells kann menschliches Erleben und Verhalten verstanden und erklärt werden (ROGOLL, 1976). Dieses Modell geht von drei Ich-Zuständen (Eltern-Ich, Erwachsenen-Ich, Kind-Ich) aus, die sich im Denken, Fühlen und Verhalten zeigen. Sie können diagnostiziert werden durch Beobachten der Körperhaltung, Wortwahl und Stimme, durch Beachtung des eigenen Fühlens und Erlebens und im Umgang mit anderen Personen.
- *Transaktionsanalyse*: Das Kommunikationsmodell der Transaktionsanalyse dient dem Verständnis der zwischenmenschlichen Beziehungen. Durch Beobachtung und Analyse der

Kommunikation zwischen zwei Personen können Störungen festgestellt und die zwischenmenschlichen Beziehungen verändert werden.

- *Spielanalyse*: Sie ermöglicht es, verdeckte stereotype zwischenmenschliche Umgangsformen zu analysieren und ihren tieferen Sinn zu verstehen. Unter einem „Spiel" versteht BERNE die Gestaltung der Beziehung zwischen zwei oder mehreren Personen nach einem bestimmten, stereotypen Ablauf, beginnend mit einer Abwertung und endend mit schlechten Gefühlen der Beteiligten (BERNE 1967, 1975).
- *Skriptanalyse*: Sie ermöglicht es, das „Lebensdrehbuch", den „Lebensplan" einer Person zu verstehen und damit alle wichtigen Lebensentscheidungen und -einstellungen nach denen sie lebt. In der Kindheit entstandene, einstmals sinnvolle Wahrnehmungsgewohnheiten, Gefühle, Gedankengänge und Verhaltensweisen führen später oft zu Konflikten mit der Umwelt und zu Erkrankungen. Hier können in der Therapie durch neue Erlebnisse und Neuentscheidungen wichtige Veränderungen erfolgen (ENGLISH 1980; JAMES & JONGEWARD 1974).

3 Therapeutische Verträge

Zu Beginn der Therapie (und jeder Therapiesitzung) werden konkrete Vereinbarungen zwischen Klient und Therapeut hinsichtlich der Therapieziele getroffen; darin sind finanzielle, ethische und organisatorische Aspekte eingeschlossen. Diese *Verträge* geben dem Klienten Klarheit und Verantwortlichkeit für seinen Veränderungsprozeß und erleichtern die Übertragung von der therapeutischen Situation auf den Alltag.

4 Indikation und Anwendungsbereiche der Transaktionsanalyse

Transaktionsanalyse findet Anwendung als Gruppen-, Einzel-, Familien- oder Paartherapie sowohl im ambulanten als auch im stationären und teilstationären Bereich. Da die Transaktionsanalyse zu den konfliktverarbeitenden („aufdeckenden") Psychotherapiemethoden zählt, ist sie für alle Anwendungsbereiche der sog. „großen Psychotherapie" geeignet, d. h. für:

- Psychoreaktive seelische Störungen (Angstneurosen, Phobien, neurotische Depressionen).
- Konversions- und Organneurosen.
- Vegetativ-funktionelle Störungen mit gesicherter psychischer Ursache.
- Seelische Behinderungen aufgrund frühkindlicher emotionaler Mangelzustände, extremer seelischer Situationen (z. B. Haft, Traumen) und Folgezuständen schwerer chronischer Krankheitsverläufe.

Neben diesen Anwendungsbereichen wurden besonders gute Ergebnisse in der Schizophreniebehandlung erzielt (SCHIFF & DAY 1980). Die Ergebnisse konnten statistisch überprüft und abgesichert werden. Weiterhin findet die Transaktionsanalyse Anwendung in den Sonderbereichen: Beratung und Seelsorge, Lehre und Erziehung (BABCOCK & KEEPERS 1980), Rechtspflege, Verwaltung und Betriebsführung (s. Grundsatzpapier der Deutschen Gesellschaft zur Transaktionsanalyse).

5 Aus- und Fortbildung

Die Fortbildung zum Transaktionsanalytiker erfolgt berufsbegleitend, umfaßt ca. 3 Jahre und schließt mit einer Prüfung ab. Wichtige Bestandteile der Fortbildung sind: Theorie-Vermittlung, Praxis unter begleitender regelmäßiger Supervision und persönliche Therapie. Als Zugangsvoraussetzungen gelten: Abgeschlossene Berufsausbildung im psychosozialen Bereich und fortlaufende Berufspraxis. Für den klinischen Bereich und die Sonderbereiche Erziehung, Seelsorge etc. bestehen teilweise getrennte Fortbildungsgänge. Die Fortbildung erfolgt von Lehrtherapeuten und Lehrbefugten (z. B. an besonderen Fortbildungsinstituten). Die Lehrbefugnis wird von der Internationalen Gesellschaft für Transaktionsanalyse erteilt. Zuständig für Deutschland ist die Deutsche Gesellschaft für Transaktionsanalyse, Stettiner Weg 4, 7808 Waldkirch.

LITERATUR

BERNE, E. *Spiele der Erwachsenen*. Hamburg: Rowohlt, 1967.

BERNE, E. *Was sagen Sie, nachdem Sie guten Tag gesagt haben?* München: Kindler, 1975.

BABCOCK D. & KEEPERS, T. *Miteinander wachsen*. München: Kaiser, 1980.

JAMES, M. & JONGEWARD, D. *Spontan Leben*. Hamburg: Rowohlt, 1974.

ENGLISH, T. *Transaktionsanalyse*. Hamburg: ISKO-Press, 1980.

ROGOLL, R. *Nimm Dich wie Du bist*. Freiburg: Herder, 1976.

SCHIFF, J. & DAY, B. *Alle meine Kinder*. München: Kaiser, 1980.

SCHLEGEL, L. *Grundriß der Tiefenpsychologie*. Bd. 5, München: UTB Franke, 1979.

Verhaltensbeobachtung in der Psychotherapie

Stefan Schmidtchen

1 Definition und Problemstellung

Durch die Betonung der Verhaltensebene im Rahmen der Verhaltenstherapie und durch die Akzeptierung operationaler Definitionen durch andere Therapierichtungen, hat die *Verhaltensbeobachtung* einen hohen Stellenwert in der Psychotherapieforschung und -praxis bekommen. Sie wird dazu benutzt, Problemverhaltensweisen zu erfassen, sie zu analysieren und Therapieverlaufs- und -effektkontrollen durchzuführen.

Als Verhaltensbeobachtung wird dabei die *planmäßige Erfassung* sinnlich wahrnehmbarer Tatbestände in einem *definierten Beobachtungsrahmen* bezeichnet. Die Beobachtung geschieht durch einen *Beobachter*, der das Verhalten mit Hilfe bestimmter *Instrumente* aufzeichnet und dabei Beobachtungsfehler zu vermeiden sucht (vgl. FRIEDRICHS & LÜDTKE 1973; SCHULTE & KEMMLER 1974; FASSNACHT 1979). Eine Theorie der Verhaltensbeobachtung muß nach WIGGINS (1973) mindestens 5 Aspekte beinhalten:

- Definition von Beobachtungseinheiten
- Aussagen zur Erhebung von Beobachtungsstichproben
- Aussagen zu Instrumenten der Verhaltensbeobachtung
- Festlegung eines Beobachtungsrahmens
- Aussagen zu Art und Vermeidung von Beobachtungsfehlern.

Die Aspekte sollen im folgenden für die oben genannten Zielsetzungen der Psychotherapie diskutiert werden.

2 Beobachtungseinheit

Beobachtungseinheiten stellen *die* Aspekte dar, die vom Beobachter aus dem Verhaltensfluß isoliert werden sollen. Ihre Festlegung ermöglicht die „Auflösung oder Verschmelzung von Wahrnehmung in Wahrnehmungseinheiten", wobei die Verhaltenseinheit *inhaltlich* und *zeitlich* aufgelöst oder verschmolzen werden kann (FASSNACHT 1979, S. 100 f.).

Die *inhaltliche* Definition von Beobachtungseinheiten orientiert sich an Theorien oder Hypothesen des Beobachters. Sie hängt im wesentlichen von der Verhaltenstheorie der jeweiligen Therapieschule ab. So sind im Rahmen der Verhaltenstherapie Beobachtungseinheiten wie Reiz, Reaktion, Verstärker oder Kontingenzverhältnis von Bedeutung oder im Rahmen der klientenzentrierten Therapie einfühlendes Verständnis, Wärme und Selbstkongruenz (→**Verhaltenstherapie**; →**Gesprächspsychotherapie**). Die Beobachtungseinheiten beziehen sich sowohl auf den Klienten als auch auf den Therapeuten. Sie können unterschiedlich *abstrakt* definiert werden (vgl. SCHULTE & KEMMLER 1974). Hilfreich ist ein Abstraktionsgrad, der eine hohe Beobachtungsübereinstimmung ermöglicht, am sichtbaren Verhalten ansetzt und geringe Verhaltensinterpretationen erfordert.

Die inhaltliche Beobachtungseinheit ermöglicht es, dem Verhalten einen Sinn, eine Bedeutung zu geben. Sie stellt eine Interpretation des Verhaltens dar und ist der kommunikativ wichtigste Teil der Verhaltensbeobachtung. Für die Ausbildung zum Therapeuten und für die Klientenzielsetzung „Hilfe zur Selbsthilfe" ist die Vermittlung von angemessenen Beobachtungseinheiten und ihr Training durch Selbstbeobachtungen ein wesentlicher Teil der Ausbildung und Therapie. – Forschungsmäßig interessiert die Klärung der Frage, inwieweit es möglich ist, allgemeingültige Beobachtungseinheiten im Sinne einer integrierten Psychotherapietheorie zu finden.

3 Beobachtungsstichprobe

Die *zeitliche* Definition von Beobachtungseinheiten bezieht sich auf die zeitliche Markierung der Einheitsgrenzen. In der *Zeit-Teil-Methode* (time sampling) werden die Beobachtungszeiten unabhängig vom inhaltlichen Ereignis festgelegt. Die Dauer der Beobachtungsphase kann dabei sehr kurz (z. B. 5 Sekunden) oder sehr lang sein (z. B. Protokollerstellung über einen Tagesablauf). Bei der *Ereignis-Teil-Methode* (event-sampling) ist das Auftreten der definierten Beobachtungs-(Ereignis)einheit das alleinige Kriterium für die Signierung.

In der Forschung werden häufig beide Aspekte miteinander kombiniert. Dies geschieht deshalb, weil sowohl der inhaltliche Aspekt im Rahmen der Ereignis- bzw. Beobachtungseinheitsdefinition als auch der Zeitaspekt von Bedeutung ist. Während die Erfassung des Ereignisaspektes Hinweise über den Bedeutungsgehalt der beobachteten Kommunikationsbotschaft gibt, ermöglicht die Kontrolle des Zeitaspektes eine Ökonomisierung der Beobachtung und Aussagen über das Verhältnis des Ereignisses zum Zeitablauf. Besonders diese Aussagen sind bedeutsam, weil sie Hinweise über die informatorische Dichte der Kommunikation liefern. So können in vergleichbaren Zeitabschnitten wenige therapeutisch sinnvolle Ereignisse auftreten oder viele.

4 Instrumente der Verhaltensbeobachtung

Die Beobachtungseinheiten können nach Häufigkeit, Dauer und Intensität registriert werden.

Zur Erleichterung der Registrierung lassen sich Hilfsmittel wie Zeichensysteme, Kategoriensysteme, Schätzskalen oder Protokollierungen benutzen (s. WIGGINS 1973).

- *Zeichensysteme* entsprechen Ereignisbeobachtungen. Die Zeichen werden inhaltlich definiert und in einer Prüfliste festgehalten, so daß bei Auftreten des Ereignisses ein Strich zu machen ist.
- *Kategoriensysteme* sind so zu konstruieren, daß ein möglichst lückenloses Abbild eines Verhaltensstromes möglich ist. Für alle relevanten Verhaltensaspekte müssen Kategorien vorhanden sein. Je differenzierter die Abbildung gewünscht wird, um so zahlreicher sind die Kategorien.
- *Schätzskalen* weichen von den eben genannten Registrierverfahren insofern ab, als sie keine unmittelbare Verhaltensbeschreibung liefern, sondern eine qualitative Verhaltensbeurteilung. Es interessiert nicht so sehr die Beantwortung der Frage: Welches Verhalten ist aufgetreten? als vielmehr die Antwort auf die Frage: In welcher Ausprägung ist ein bestimmtes Verhalten aufgetreten? Schätzskalen stellen somit eine Ergänzung zu den beiden anderen Skalentypen dar.
- Im *Protokoll* werden zeitlich lang dauernde Verhaltensbeobachtungen aufgenommen. Es kann schriftlich aufgezeichnet sein oder als Ton-, Film- oder Fotobildmaterial vorliegen. Üblich ist das schriftliche Protokoll. BARKER & WRIGHT (1955 S. 216, zit. aus FASSNACHT, S. 183) geben u. a. folgende Abfassungsregeln für ein schriftliches Verlaufsprotokoll an:
Beobachte und berichte so vollständig wie möglich die Situation eines Subjektes.
Gib an, wie ein Subjekt etwas macht und wie sich eine Person verhält, die mit dem Subjekt interagiert.
Berichte der Reihenfolge nach alle Hauptschritte einer Aktion.
Fasse nicht mehr als eine Aktion des Subjektes in einen Satz etc.

In Abhängigkeit von der Differenziertheit der Therapiesprache werden alle vier Beobachtungsinstrumente benutzt. So bevorzugen z. B. Verhaltenstherapeuten Zeichensysteme; Gesprächspsychotherapeuten Schätzskalen; Spieltherapeuten Kategoriensysteme oder schriftliche Protokolle. Will man eine inhaltliche Analyse des Gesamtgeschehens vornehmen, so sind schriftliche Protokolle von großem Nutzen.

5 Beobachtungsrahmen

Die Beobachtung findet immer in einem Beobachtungsfeld statt. Es kann sich hinsichtlich seiner Autonomie, räumlichen Ausdehnung, Zahl und Art der beteiligten Personen, Grad der Organisiertheit, Kommunikationsmuster und wiederkehrenden Situationen von anderen Feldern unterscheiden (s. FRIEDRICHS & LÜDTKE 1973). Die Registrierung von Verhaltenseinheiten setzt die Kenntnis der jeweiligen Feldbedingungen voraus.

In Abhängigkeit von den Feldbedingungen und vom therapeutischen bzw. wissenschaftlichen Ziel der Beobachtung kann man zwischen drei *Beobachtungssituationen* unterscheiden: Beobachtung in einer *natürlichen* Situation; in einer *geplanten* Situation und in einer *kontrollierten* Situation (vgl. SCHULTE & KEMMLER 1974).

Beobachtung in einer *natürlichen Situation* wird in der Therapie am häufigsten vorgenommen. Sie dient zur Feststellung des Problemverhaltens, zur Analyse der Ursachenbedingungen und zur externen Kontrolle der Therapieeffekte. Als natürliche Situationen werden Beobachtungsfelder bezeichnet, in denen der Klient und seine Partner leben (z..B. Familie, Schule, Arbeitsplatz, Heim, Strafvollzug etc.).

Beobachtung in einer *geplanten Situation* findet im allgemeinen im Therapiezimmer statt. Sie ermöglicht die Benutzung von Beobachtungsinstrumenten wie Einwegscheibe, Videokamera und Tonbandgerät. Dadurch wird die Registrierung ökonomischer und zuverlässiger. Außerdem ist der Ablenkungsgrad durch die Beobachter geringer. Geplante Beobachtungen werden im allgemeinen zur Kontrolle der therapeutischen Interaktion und des Therapieverlaufes vorgenommen (s. SCHMIDTCHEN 1978).

Beobachtung in einer *kontrollierten Situation* besagt, daß der Verhaltensspielraum der beobachteten Person durch die Beobachtungsbedingungen gezielt eingeschränkt wird. Sie findet daher eher im wissenschaftlichen Experiment als in der therapeutischen Praxis Anwendung. Wegen der Übertragung des experimentellen Paradigmas auf die Therapie, wird sie auch im Rahmen einiger Verhaltenstherapie-Techniken eingesetzt: z.B. in Biofeedback-Verfahren, in Reizüberflutungsverfahren oder Desensibilisierungsverfahren.

6 Beobachtungsfehler

Da Beobachtungen im allgemeinen von Menschen vorgenommen werden, sind diese als Meßinstrumente der Beobachtung anzusehen und als solche mit einer Fülle von Fehlern behaftet. Die Fehler lassen sich nur durch eine ausführliche Kenntnis der eben beschriebenen Beobachtungsaspekte verringern sowie durch eine Beobachterschulung. Im folgenden sollen Fehler vorgestellt werden, die sich aus der *nicht-teilnehmenden* und der *teilnehmenden* Beobachtung ergeben.

In der *nicht-teilnehmenden Beobachtung* sind die Beobachter passiv und beeinflussen den Geschehnisablauf nur gering. Dennoch haben sie eine Wirkung auf das Geschehen, z.B. wenn die Beobachteten von der Beobachtung wissen und sie im Handlungsablauf nicht vergessen können. Die Wirkung besteht in einer Verhaltensbeeinflussung in Richtung auf das Zeigen erwarteter Verhaltensweisen bzw. in einer Tendenz zur Verhaltensnivellierung. Dieser Einfluß ist geringer, wenn der Beobachter nicht sichtbar ist, z.B. hinter einer Einwegscheibe sitzt.

Als typische Beobachtungsfehler sind zu nennen: der *Rosenthal-Effekt*, der sich aus Vorerwartungen der Beobachter an die beobachtete Handlung ergibt; der *Hof-Effekt*, der sich aus der vorurteilshaften Beeinflussung durch den Gesamteindruck des Beobachters ergibt; der *Mildefehler*; der *Strengefehler*; der *Nivellierungsfehler*; der *Primacy-Effekt*, der sich aus der Übergewichtung des ersten Eindrucks ergibt und der *logische* oder *theoretische Fehler*, der sich aus der Orientierung an einer Verhaltens- oder Persönlichkeitstheorie ergibt (vgl. FASSNACHT 1979).

Die in der Therapie üblichste Beobachtungsform ist die *teilnehmende Beobachtung*. In ihr ist der Beobachter Interaktionspartner des Beobachteten. Fehler aus der teilnehmenden Beobachtung ergeben sich aus der Doppelrolle des Beobachters. Er ist einerseits handelnder Interaktionspartner und als solcher Therapeut, Mediator oder Supervisor und andererseits Beobachter. Durch die Rollenkonfusionen z.B. zwischen Therapeut und Beobachter können Beobachtungsinformationen in therapeutische Interaktionshandlungen umgesetzt werden, die zu einer Veränderung des zu beobachtenden Verhaltens führen. Damit ist eine geplante oder kontrollierte objektive Beobachtung nicht mehr möglich, da sich die beobachtete Handlung durch die Interaktionsrolle des Beobachters beständig verändert.

Ein Spezialfall der teilnehmenden Beobachtung ist die *Selbstbeobachtung*. Hier sind das Beobachtungsobjekt und -subjekt identisch. Die Selbstbeobachtung ist die gebräuchlichste Form der therapeutischen Selbstkontrolle. Der Therapeut beobachtet sich im Therapiekontakt und anschließend mit Hilfe der Erinnerung oder Videoaufzeichnungen selbst und supervidiert sich anhand der gegebenen Zielsetzungen, gezeigten Verhaltensweisen und Klientenreaktionen (→ **Supervision**).

Die Selbstbeobachtung ist auch ein wesentliches Therapieziel für Klienten. Die Klienten sollen in der Therapie lernen, sich selbst möglichst objektiv zu beobachten und diese Beobachtungen anderen (z. B. dem Therapeuten oder ihren Lebenspartnern) mitzuteilen. In Verhaltenstherapien werden Selbstbeobachtungen der Klienten dazu benutzt, um sie zur Mitarbeit zu aktivieren und Daten zur Erstellung von Grundkurven (als Grundlage der Effektkontrolle) zu gewinnen (vgl. KAZDIN 1974).

Die möglichen Fehler bei der Selbstbeobachtung entsprechen den bereits genannten Fehlern. Ein besonderes Gewicht kommt dem Hoffeffekt, dem Mildefehler und dem Nivellierungsfehler zu.

LITERATUR

BARKER, R. G. & WRIGHT, H.F. *Midwest and its Children*. New York: Harper 1956.
FASSNACHT, G. *Systematische Verhaltensbeobachtung*. München: Reinhardt 1979.
FRIEDRICHS, J. & LÜDTKE, H. *Teilnehmende Beobachtung*. Weinheim: Beltz 1973².
KAZDIN, A. E. Self-monitoring and behavior change. In M. J. MAHONEY & C. E. THORESEN (Hrsg.) *Self-Control*. Monterey: Brooks-Cole, 1974, 218–246.
SCHMIDTCHEN S. *Handeln in der Kinderpsychotherapie*. Stuttgart: Kohlhammer 1978.
SCHULTE, D. & KEMMLER, L. Systematische Beobachtung in der Verhaltenstherapie. In: D. SCHULTE (Hrsg.) *Diagnostik in der Verhaltenstherapie*. München: Urban und Schwarzenberg 1974.
WIGGINS, J. S. *Personality and Prediction: Principles of Personality Assessment*. Reading: Addison-Wesley 1973.

Psychotherapie bei kindlichen Verhaltensstörungen

Hanne Dirlich-Wilhelm

1 Begriff und Definition

Der Begriff der kindlichen Verhaltensstörung – oft auch als Verhaltens- und Erlebnisstörung oder Störung der Verhaltenssteuerung bezeichnet – umfaßt alle Erscheinungsformen auffälligen Verhaltens und Erlebens von Kindern im Vorschul- und Schulalter. Außer in der Form neurotischer Entwicklungen im engeren Sinn (Zwänge, Phobien, Konversionssymptome etc.), treten Verhaltensstörungen besonders deutlich im sozialen Kontakt hervor (z. B. Ängste, Aggressionen, Lügen, Stehlen), in der Motorik (z. B. Hyperaktivität, Stereotypien, Tics), als Verzögerungen im Bereich der Sauberkeitsentwicklung (Enuresis, Enkopresis), der kognitiven und sprachlichen Entwicklung (Teilleistungsschwächen, Unkonzentriertheit, Sprachstörungen) und als exzessive Gewohnheiten (Daumenlutschen, Nägelbeißen, Haarausreißen, etc.). Bei dieser Vielgestaltigkeit der Erscheinungsformen von Verhaltensstörungen herrscht bisher weder Übereinstimmung bezüglich der Definition, noch gibt es eine stimmige Theorie. Ein wesentlicher Grund dafür liegt darin, daß die Fachleute verschiedener Disziplinen auf dem Hintergrund ihrer jeweiligen normativen Vorstellungen unterschiedliche Definitionen und Theorien entwickelt haben (→ **Etikettierung**).

2 Epidemiologie

In empirischen Untersuchungen zur Häufigkeit des Vorkommens kindlicher Verhaltensstörungen schlagen sich die Mängel der Begriffs- und Theoriebildung nieder. Die Studien sind uneinheitlich in der Beschreibung und Operationalisierung der erhobenen Merkmale. Dies führt zu einer großen Streubreite der Ergebnisse und erschwert ihre Interpretierbarkeit. Übereinstimmend wird jedoch berichtet, daß etwa 20 bis 25% aller Schulkinder Verhaltensauffälligkeiten zeigen (Deutscher Bundestag, 1975). Für die verschiedenen Formen von Verhaltensstörungen reichen die Angaben von 5 bis 25%. Da keine Angaben über die Dauer der jeweiligen Symptomatik vorliegen, die Aufschluß darüber geben könnten, ob es sich um länger andauernde Störungen oder nur um vorübergehende Belastungs- und Anpassungsreaktionen handelt, ist die Aussagekraft dieser Zahlen jedoch eingeschränkt (→ **Epidemiologie**).

3 Klassifikation

Eine Klassifikation von Verhaltensstörungen sollte eine widerspruchsfreie Ordnung von Unterklassen bilden, die möglichst durch quantitative Skalen gegeben ist und über die eine unzweideutige Kommunikation möglich ist. Sie sollte die Zuordnung jeder speziellen Störung zu Kategorien des Klassifikationssystems (Diagnose) erlauben, Hinweise auf den Verlauf einer Störung (Prognose) und ihrer Entstehung (Ätiologie) geben und die Indikation einer passenden Intervention (Therapie) ermöglichen.

Die meisten der gebräuchlichen Klassifikationssysteme erfüllen diese Forderungen nicht zufriedenstellend. Ihre hauptsächlichen Mängel liegen in der intuitiven Zusammenstellung von Symptomen mit subjektiver Gewichtung, in der Vermischung von Beschreibungen der Erscheinungsformen mit Theorien der Entstehung von Verhaltensstörungen, in der Festlegung der Kategorien auf Grund untypischer Stichproben und in der geringen Übereinstimmung bei der Anwendung durch mehrere Diagnostiker (Reliabilität).

Beispiele für den Versuch, Klassifikationskategorien auf rein empirischer Basis mit Hilfe statistischer Verfahren (Faktorenanalyse) zu erstellen, werden von QUAY (1979) beschrieben. Dabei wurden hauptsächlich zwei Dimensionen des Verhaltens gefunden, die eine Ordnung kindlicher Verhaltensweisen zulassen. Die beiden Verhaltensdimensionen sind *ängstlich-zurückgezogenes Verhalten* und *aggressives, antisoziales Verhalten*. Viele Störungen können je nach Ausprägegrad in einer durch diese beiden Dimensionen aufgespannten Ebene lokalisiert werden. Die Attribute „normal" und „nicht normal" werden hier nicht als qualitativ verschieden verstanden, sondern als quantitativ abgestuft gesehen. Ein Beispiel für einen nicht theoriegebundenen Ordnungsversuch in der Kinder- und Jugendpsychiatrie ist das *multiaxiale Klassifikationsschema* nach RUTTER, SHAFFER & STURGE (REMSCHMIDT & SCHMIDT 1977). Es beruht auf der 9. Revision der internationalen Klassifikation der Krankheiten und bietet die Möglichkeit multipler Zuordnungen. Die Achsen repräsentieren das klinisch-psychiatrische Syndrom, das Intelligenzniveau, umschriebene Entwicklungsrückstände, die körperliche Symptomatik und abnormale psychosoziale Zustände; graduelle Unterscheidungen sind hier nur auf der Achse des Intelligenzniveaus vorgesehen.

Bei allen Klassifikationssystemen besteht die Gefahr, durch die Einordnung in Unterklassen wesentliche Informationen zu verlieren. Darüber hinaus entstehen ethische Probleme, sofern nicht nur die Verhaltensweisen von Kindern kategorisiert werden, sondern die ganze Person eines Kindes als „gestört" etikettiert wird (→**Etikettierung**).

4 Diagnose

Die Diagnose von Verhaltensstörungen geschieht zur Klärung der Symptomatik im Sinne einer Beschreibung der auffälligen Verhaltensweisen und der Abgrenzung gegenüber anderen Störungen. Die Diagnosestellung dient weiterhin dazu, geeignete Maßnahmen unter Berücksichtigung der Entstehungsgeschichte und des Verlaufs der Symptomatik festzulegen. In der Praxis wird eine Diagnose auf Grund systematisch erhobener Daten gestellt. Die Art der erfaßten Daten ist dabei weitgehend durch den theoretischen Ansatz des Diagnostikers bestimmt (z.B. tiefenpsychologisch oder verhaltenstheoretisch).

Die Datenerhebung basiert auf *anamnestischen Gesprächen* über die Entwicklung des Kindes und speziell die Entwicklung seiner Verhaltensauffälligkeiten, auf *Fragebögen und Tests* zur Eingrenzung der Symptomatik und zur Feststellung von spezifischen Defiziten bzw. Abweichungen von der Altersnorm, auf *Verhaltensbeobachtungen* und -analysen in bestimmten Situationen, in welchen der Schwerpunkt z.B. auf Leistung oder freiem Spiel oder sozialer Interaktion liegt (→**Exploration**, →**Psychodiagnostische Verfahren**, →**Verhaltensbeobachtung**).

5 Prognose

Bei Kindern kommt es häufiger als bei Erwachsenen zu Spontanremissionen von Störungen – und dies in erhöhtem Maß je jünger die Kinder sind –, so daß davon ausgegangen werden kann, daß viele Verhaltensstörungen nur vorübergehender Natur sind und im Laufe der weiteren Entwicklung wieder verschwinden, sofern keine Dauerbelastungen vorliegen (→**Spontanremission**). Diese natürliche Labilität und Fluktuation kindlicher Verhaltensweisen ist bei der Beurteilung von Therapieerfolgen im Vorschulalter zu berücksichtigen. Eine Vorhersage über die zu erwartende Dauer von Verhaltensauffälligkeiten wird dann besonders wichtig, wenn Entscheidungen anstehen, welche die zukünftige Lebenssituation eines Kindes bestimmen, wie z.B. ein Schulwechsel in eine Sonderschule. Um prognostische Aussagen machen zu können, sind Langzeituntersuchungen notwendig, die häufig am Aufwand und an methodischen Problemen scheitern (→ **Falldokumentation**).

6 Ätiologie

Mit Ausnahme einiger weniger organisch bedingter Störungen sind die Ursachen für Verhaltensstörungen im einzelnen unbekannt. Viel spricht dafür, daß Verhaltensstörungen durch das Zusammenspiel mehrerer Faktoren wie *somatischer, psychologischer* und *soziokultureller* Art verursacht sind und nicht auf einzelnen Ursachen beruhen.

Es gibt verschiedenartige theoretische Annahmen zur Entstehung von Verhaltensstörungen, die sich zwischen einer *tiefenpsychologischen* Betrachtungsweise auf der einen Seite und *verhaltenstheoretischen* Konzepten auf der anderen Seite ansiedeln lassen. Zu den verschiedenen Verursachungshypothesen gibt es entsprechende Therapieansätze. Die Versuche, Theorien der Entstehung von Verhaltensstörungen empirisch zu prüfen, reichen von unkontrollierten, anekdotischen Einzelfallberichten bis zu umfangreichen Befragungen und Beobachtungen von Variablen, die für die Entstehung von Verhaltensstörungen als wesentlich erachtet werden (z.B. Abwesenheit der Eltern, Familieninteraktion, soziale Schicht, Familiengröße, Geschwisterkonstellation, somatische und psychologische Merkmale des Kindes).

Es liegen eine Reihe von Kovariationsuntersuchungen insbesondere zu ängstlichem und antisozialem Verhalten vor, deren Ergebnisse jedoch keine kausale Interpretation zulassen. Auch hier sind es methodische Probleme z.B. bei der Stichprobenauswahl und der Datenerhebung, die einer Klärung ätiologischer Zusammenhänge noch im Wege stehen (→ **Ätiologie**).

7 Therapie

Ungeachtet der vielen Unklarheiten in Definition, Klassifikation und Ätiologie kindlicher Verhaltensstörungen gibt es eine Reihe von Therapieansätzen, deren Ziele von der Reduktion isolierter Symptome und dem Einüben angemessener Verhaltensweisen bis zu einer unspezifischen Förderung der Selbstentfaltung eines Kindes reichen. Es lassen sich drei Hauptströmungen in der Therapie unterscheiden, die einerseits der tiefenpsychologischen Tradition entstammen (1. *Analytische Verfahren* und 2. Methoden der *humanistischen Psychologie*) und andererseits lerntheoretisch fundierte Verfahren (3. *Verhaltenstherapie*). Innerhalb dieser Richtungen stehen verschiedene Therapietechniken zur Verfügung, deren Anwendung entsprechend der Problemlage und dem Alter eines Kindes angezeigt ist. Der therapeutische Schwerpunkt der Hauptrichtungen liegt entweder auf der unbewußten Dynamik (bei 1.), der Expressivität und Kreativität (bei 2.) oder dem äußeren Verhalten und den kognitiven Strukturen (bei 3.).

Die empirische Überprüfung eines Therapieerfolges, die Feststellung der dafür entscheidenden Faktoren und die Frage nach der Indikation bestimmter Therapieverfahren für bestimmte Störungen ist wegen vieler methodischer Probleme noch schwierig. Experimentelle Untersuchungen dazu liegen hauptsächlich auf dem Gebiet der Verhaltenstherapie vor, aber auch in der nichtdirektiven Gesprächs- und Spieltherapie. Bisher fehlt jedoch eine Zusammenschau dieser Untersuchungsergebnisse, die Aussagen zu Therapieprozeß und Therapieerfolg einzelner Verfahren im Vergleich zu anderen Therapiemethoden erlauben würde (→ **Gesprächspsychotherapie**, → **Spieltherapie**, → **Verhaltenstherapie**).

In der Praxis erfolgt die Entscheidung für die Durchführung einer Therapie auf Grund der Motivation (Leidensdruck) des Kindes oder der seiner sozialen Umgebung. Die Auswahl eines bestimmen Therapieverfahrens wird durch die analysierte oder vermutete Einbettung der Symptome eines Kindes in den psychologischen Gesamtzusammenhang seiner Lebenssituation und durch die Verfügbarkeit von qualifizierten Therapeuten getroffen. Dabei spielt es eine Rolle, wie komplex die Verhaltensstörung ist, welchen Belastungen das Kind ausgesetzt ist, wie lange die Symptomatik besteht, inwieweit aktuelle Auslöser feststellbar sind, welche Haltung die

Familie zur Störung einnimmt und wie kooperativ die Familie in der Zusammenarbeit mit dem Therapeuten ist.

Je nach Problemlage wird eine Einzel-, Gruppen- oder Familientherapie bzw. ein Elterntraining durchgeführt. Entsprechend dem Alter des Kindes wird die Interaktion von Therapeut und Kind entweder mehr die Form des Spiels oder Gesprächs annehmen (→**Kindertherapie**, →**Familientherapie**, →**Eltern-Kind-Therapie**).

Jeder Therapieform liegt ein bestimmtes Menschenbild zu Grunde, das ebenso wie implizite Annahmen über die Entstehung einer Störung die Therapiezielsetzung und den Therapieverlauf beeinflußt (→**Menschenbild**). Die Durchführung einer Kindertherapie ist deshalb nur dann sinnvoll, wenn Therapeut und Eltern in Werthaltungen und Therapiezielen übereinstimmen.

8 Prävention

Angesichts der großen Häufigkeit von Verhaltensstörungen hat die systematische Erforschung der Präventionsmöglichkeiten in der psychosozialen Versorgung von Kindern und Jugendlichen immer mehr Bedeutung gewonnen (→**Prävention**). Die Bemühungen um vorbeugende Maßnahmen zur Vermeidung von Fehlentwicklungen stützen sich auf klinisch-psychologisches und entwicklungspsychologisches Wissen. Sowohl die Kenntnisse der Bedingungen, unter denen sich abweichendes Verhalten bilden kann, als auch das Wissen über die Bedingungen für eine störungsfreie Entwicklung liefern den Orientierungsrahmen für eine gezielte Prävention. Präventive Maßnahmen können breit gestreut und unspezifisch sein oder störungsspezifisch. Letzteres Vorgehen setzt eine individuelle Risikodiagnostik zur Erkennung von möglichen Indikatoren für spätere Verhaltensstörungen voraus und führt zu risiko-orientierten Präventionsprogrammen z. B. mit Müttern und deren Kindern, bei denen ein erhöhtes Risiko für Verhaltensstörungen diagnostiziert wurde (ELLMANN, KOCH, MEYER-PLATH & BUTOLLO 1980).

LITERATUR

ELLMANN, R., KOCH, J.-J., MEYER-PLATH, S. & BUTOLLO, W. Im Schnittpunkt von Entwicklungspsychologie und Klinischer Psychologie: Entwicklungsverläufe und Prävention kindlicher Verhaltensstörungen. In U. BAUMANN, H. BERBALK & G. SEIDENSTÜCKER (Hrsg.) *Klinische Psychologie. Trends in Forschung und Praxis.* Bern: Huber, 1980.

DEUTSCHER BUNDESTAG: Bericht über die Lage der Psychiatrie in der Bundesrepublik Deutschland – Zur Psychiatrischen und psychotherapeutischen/psychosomatischen Versorgung der Bevölkerung. Drucksache 7/4200. Bonn: Heger, 1975.

QUAY, H. C. Classification. In H. C. QUAY & J. S. WERRY (Hrsg.) *Psychopathological disorders of childhood.* New York: Wiley, 1979.

REMSCHMIDT, H. & SCHMIDT, M. *Multiaxiales Klassifikationsschema für psychiatrische Erkrankungen im Kindes- und Jugendalter nach Rutter, Shaffer und Sturge.* Bern: Huber, 1977.

Verhaltensmedizin

RAINER RICHTER

Von der zeitgenössischen Schulmedizin wurde und wird Krankheit auf die pathologisch veränderten Organstrukturen und gestörten Organfunktionen reduziert. Gegen diese „krankheitsorientierte" Biomedizin setzte die *psychosomatische Betrachtungsweise* die „patientenorientierte" Medizin, die den Kranken in seiner Lebenssituation und in seiner Auseinandersetzung mit der Umwelt, wozu insbesondere auch das Krankenhaus und das Pflegepersonal gehören können, zu verstehen versucht.

In den 70er Jahren entwickelte sich dann die von verhaltenswissenschaftlichen Konzepten bestimmte *Verhaltensmedizin* (behavioral medicine), die sich wie die Psychosomatik nicht als medizinische Spezialdisziplin, sondern ausdrücklich als Fachdisziplinen übergreifende Betrachtungsweise von Gesundheit und Krankheit versteht, und deren Gegenstand und Ziele sich durchaus mit denjenigen der Psychosomatik überschneiden.

1 Definition

Verhaltensmedizin wird definiert als die Anwendung verhaltenstherapeutischer Kenntnisse und Methoden bei der Erhaltung körperlicher Gesundheit und bei der Prävention, Diagnose, Behandlung und Rehabilitation von körperlicher Erkrankung sowie deren psychophysischen Begleiterscheinungen und Folgen.

In Abgrenzung zu den vorwiegend psychoanalytischen und existenzialistisch-anthropologischen Wurzeln der Psychosomatik versteht sich die Verhaltensmedizin als eine der naturwissenschaftlichen Tradition verpflichtete Verhaltenswissenschaft und unterscheidet sich infolgedessen von der Klinischen Psychosomatik in ihren Methoden, die sie vor allem aus Verhaltenstherapie und Verhaltensmodifikation übernahm (→ **Klinische Psychologie,** → **Verhaltenstherapie**).

2 Konzepte und Ergebnisse

Wie aus dieser geschichtlichen Perspektive bereits deutlich wird, konzentrierte sich die Verhaltensmedizin zu Beginn ihrer Entwicklung auf die Pathogenese und Therapie derselben Krankheiten wie die klassische Psychosomatik. Dabei ebneten ihr Erfolge bei der Therapie schwieriger Störungen, die sie möglicherweise gerade wegen ihrer ausgeprägten Orientierung am Symptom erzielte, den Weg in die medizinischen Institutionen. Vorteilhaft hierbei war sicherlich auch die Möglichkeit, einen großen Therapeutenkreis mit verhaltenstherapeutischen Therapiekonzepten in Form von programmatisch ausgearbeiteten Manualen vertraut zu machen.

Die ersten Jahre der Verhaltensmedizin waren geprägt durch die *Biofeedback-Therapie*. Bereits 1978 jedoch hatte sich die Meinung durchgesetzt, daß der klinische Nutzen dieser Methode im Vergleich zu Placebo gering bis unbedeutend ist; eine Ausnahme hiervon stellt möglicherweise die Anwendung des EMG-Feedbacks bei der Behandlung von Spannungskopfschmerzen und bei der neuromuskulären Rehabilitation (Muskeltraining nach neurologischen Störungen der Skelettmuskulatur) dar (→**Biofeedback**).

Nicht nur für die klassischen psychosomatischen Erkrankungen sondern mehr noch bei der Therapie von chronischen Schmerzzuständen ermögliche die Anwendung verhaltenswissenschaftlicher Kenntnisse ein neues Verständnis und damit neue Therapiekonzeptionen: So führte etwa die Differenzierung des chronischen Schmerzes in seine kognitiven, affektiven und Verhaltenskomponenten dazu, den beträchtlichen Einfluß des sozialen Lernens für das Schmerzerleben und -verhalten nachzuweisen. Als unmittelbare Folge hiervon wurden Therapieprogramme entwickelt, in denen Techniken des Modell-Lernens zur Reduktion des Schmerzerlebens angewendet wurden. Ein anderer Ansatz, der Klagen über chronische Schmerzen ebenfalls als gelerntes Verhalten betrachtet, betont die kommunikative Funktion des chronischen Schmerzverhaltens und führte dementsprechend zu Schmerzmanagementprogrammen, in denen das Erlernen von alternativen Kommunikationsformen sowohl in einer Abnahme der Klagen über die chronischen Schmerzen als auch in einer Veränderung des Krankheitsverhaltens resultierte (→**Psychosomatische Störungen**).

Noch deutlichere Erfolge konnten mittels verhaltenstherapeutischer Interventionsstrategien bei der Behandlung des Rauchens, von Eßstörungen und sexuellen Funktionsstörungen erreicht werden. Mit dem Ziel einer primären Prävention etwa von Herzkreislauferkrankungen werden mittlerweile auch in der BRD Gruppentherapiekurse zur Modifikation von Risikoverhalten, wie sie Übergewicht und Nikotinabusus darstellen, von Gesundheitsinstitutionen angeboten (→**Eßstörungen**, →**Rauchen**, →**Sexuelle Störungen**).

Die verhaltenstherapeutischen Verfahren erfuhren hierbei eine ähnliche Weiterentwicklung und Ausdehnung wie diejenigen zur Therapie von psychischen Störungen im engeren Sinne: Nach einer generellen Abwendung von den klassischen, operanten Methoden führte der Weg über Strategien des sozialen Lernens zu Selbstkontrollkonzepten und zur kognitiven Therapie.

3 Aktuelle Probleme und gegenwärtiger Stand

Empirische Untersuchungen zur Bedeutung von Lebensereignissen, Persönlichkeitsmerkmalen und Umweltfaktoren für die Entstehung von Krankheiten leiteten eine Weiterentwicklung der Verhaltensmedizin über den Bereich der Psychosomatischen Medizin hinaus ein. Hypothesen, etwa über den Zusammenhang vom Bewältigungsstil bei *belastenden Lebensereignissen* und der Manifestation von Krankheit oder über das erhöhte Herzinfarktrisiko von Personen, deren Lebensstil durch eiliges, kompetitives, aggressives Verhalten (Type-A-Behavior) bestimmt ist, führten bereits zu einem Zeitpunkt zur Entwicklung von verhaltenstherapeutischen, zumeist Selbstmodifikationsprogrammen, an dem für diese Zusammenhänge von Risikoverhalten und Krankheit noch keineswegs ausreichende empirische Belege vorhanden sind. Dessen ungeachtet wurden eine Reihe von Programmen publiziert, um das Gesundheitsverhalten von Risikogruppen zu ändern (so etwa Programme zur Erhöhung der körperlichen Aktivität von Büroangestellten; Programme zum Erlernen von sozialen Fertigkeiten; Programme zur Bewältigung von Prüfungsstreß durch Entspannungstraining, Schlaf und Muße für Collegestudenten und systematischer Einsatz von Life-style-spots in den Massenmedien).

Während jedoch Therapieziel und Erfolgskriterien bei der Therapie von Adipositas, Rauchen oder Alkoholismus evident sind, gestaltet sich die Evaluation von derartigen Programmen aus methodischen Gründen ungleich schwieriger, so daß ihr langfristiger, tatsächlicher Nutzen in den wenigsten Fällen empirisch belegt ist.

Drei weitere, im engeren Sinne medizinpsychologische Bereiche werden gegenwärtig in größerem Umfang untersucht:

- *Das Befolgen therapeutischer Anweisungen* (Medikamenten-Einnahme, Verhaltensvorschriften etc. sog. Compliance). Der gegenwärtige Stand belegt den Erfolg von Verständnis fördernden Maßnahmen sowie von Verstärkungs- und Privilegienentzugsverfahren zur Verbesserung der Compliance; entsprechend

dem generellen Trend gewinnen kognitiv-verhaltenstherapeutische Gesichtspunkte an Bedeutung.
- *Bewältigungsstrategien* (Coping) *bei medizinischen Maßnahmen*
Bei der Erforschung von Bewältigungsstrategien, etwa bei schweren Operationen, ist das Problem der Operationalisierung der „Coping-Strategien" noch ungelöst. Eine Beschreibung valider Verhaltensprädiktoren für postoperative Komplikationen, als Vorbedingung für therapeutische Konsequenzen, ist bei dem momentanen Wissensstand noch nicht möglich. Die therapeutischen Interventionen beschränken sich dementsprechend vorerst auf stützende Methoden, deren präventiver Charakter in der Regel bisher jedoch nur vermutet wird (etwa bei der Hospitalisierung, belastenden Untersuchungs- und Therapieverfahren und bei Operationen).
- *Psychologische Probleme der Organspende und -transplantation*
Die gegenwärtige Forschung konzentriert sich im Rahmen von Nierentransplantationen auf die Motivation zur Organspende und die Verarbeitung der Transplantation.

4 Ausblick

Ambulante und stationäre Patienten unterwerfen sich in immer geringer werdendem Ausmaß in die früher vorherrschende passiv-abwartende Haltung gegenüber dem Arzt und der Institution, sondern fühlen sich im verstärkten Ausmaß für die Kontrolle und Modifikation von gesundheitsschädigenden Faktoren verantwortlich. Da der immer noch vorherrschende Trend der Schulmedizin zu einer verstärkten Technologisierung hierzu im Widerspruch steht, werden psychologische und soziologische Gesichtspunkte von Krankheit und Gesundheit an Bedeutung gewinnen. In diesem Rahmen wird auch die Verhaltensmedizin Raum und Bedeutung in medizinischen Institutionen und bei der Wahrung von Gesundheit erlangen.

LITERATUR

DAVIDSON, P. O. & DAVIDSON, S. M. *Behavioral medicine: Changing Health Lifestyles.* New York: Brunner & Mazel, 1980.
FRANKS, C. M. & WILSON, G. T. *Annual Review of Behavior Therapy* – Theory and Practice – 1979. New York: Brunner & Mazel, 1980.
Journal of Behavioral Medicine New York: Plenum Press. Erscheint vierteljährlich.
OBORNE, D. J., GRUNEBERG, M. M. & EISER, J. R., *Research in Psychology and Medicine.* London: Academic Press, 1979 (Vol. I und II).
POMERLEAU, O. & BRADY, J. (Hrsg.) *Behavioral Medicine: Theory and practice.* Baltimore: Williams & Wilkins, 1979.

Verhaltenstherapie

WOLFGANG M. GROEGER

1 Definitionen

Es gibt sehr viele und zugleich sehr unterschiedliche Definitionen von Verhaltenstherapie, wobei sich als Gegenpole eng- und weitgefaßte Definitionen herausgebildet haben. Gemeinsames Merkmal *enggefaßter Definitionen* ist die Gleichsetzung von Verhaltenstherapie mit *Konditionierungs-* oder *Reflextherapie*. In diesem Sinne wird Verhaltenstherapie als Anwendung experimentell begründeter Lernprinzipien verstanden, mit dem Ziel, unangepaßtes Verhalten zu verändern (WOLPE), oder als Versuch, menschliche Verhaltensweisen und Emotionen nach den Gesetzen der modernen Lerntheorie in positive Richtung zu beeinflussen (EYSENCK). *Weitgefaßte Definitionen* betonen dagegen, daß die Lerntheorien nur *eine* Grundlage der Verhaltenstherapie darstellen, die weniger durch eine einheitliche Theorie als durch eine übereinstimmende Methodologie gekennzeichnet ist. Verhaltenstherapie wird dabei als ein Versuch aufgefaßt, das empirische und theoretische Wissen, das aus der Anwendung experimenteller Methoden in der gesamten Psychologie und ihren Nachbarwissenschaften – z. B. Physiologie – resultiert, systematisch zur Erklärung, Therapie und Prävention abnormer Verhaltensweisen einzusetzen, und zwar mittels kontrollierter experimenteller Vorgehensweisen im Einzelfall (YATES) →**Prävention**.

Während enggefaßte Definitionen von den meisten Verhaltenstherapeuten als unzureichend abgelehnt werden, bergen weitgefaßte Definitionen die Gefahr in sich, so umfassend zu werden, daß der Verhaltenstherapie-Begriff inhaltsleer wird. Die amerikanische Vereinigung der Verhaltenstherapeuten (AABT) hat daher Mitte der 70er Jahre eine Definition vorgeschlagen, die einen Mittelweg zwischen beiden Positionen darstellt (FRANKS & WILSON 1979, S. 11): „Die Verhaltenstherapie beinhaltet primär die Anwendung von Prinzipien, die in der Forschung der Experimental- und Sozialpsychologie entwickelt wurden; sie soll menschliches Leiden und die Einschränkung menschlicher Handlungsfähigkeit vermindern. Die Verhaltenstherapie legt Wert auf eine systematische Evaluation der Effektivität der Anwendung solcher Prinzipien. Die Verhaltenstherapie beinhaltet Veränderungen der Umwelt und der sozialen Interaktion und weniger eine direkte Veränderung körperlicher Prozesse durch biologische Vorgänge. Das Ziel ist hauptsächlich die Ausbildung und Förderung von Fähigkeiten. Die Techniken ermöglichen eine verbesserte Selbstkontrolle. Bei der Durchführung der Verhaltenstherapie wird normalerweise eine vertragliche Vereinbarung ausgehandelt, in der beidseitig akzeptable Ziele und Vorgehensweisen spezifiziert werden. Verantwortliche Praktiker lassen sich bei der Verwendung von verhaltenstherapeutischen Ansätzen von allgemein anerkannten ethischen Prinzipien leiten" (→**Sozialpsychologische Grundlagen**, →**Selbstkontrolle**).

Die Schwierigkeiten, die sich einer abschließenden Definition der Verhaltenstherapie entgegenstellen, kennzeichnen vielleicht eine ihrer wichtigsten Eigenschaften: Ihre Mannigfaltigkeit und Fähigkeit, auf neue Anforderungen mit neuen Strategien und Methoden zu antworten.

Der Verhaltenstherapie-Begriff wurde von Anfang an als Sammelbezeichnung für eine Vielzahl therapeutischer Methoden unterschiedlicher theoretischer Herkunft verwendet. Anstelle weiterer Definitionsversuche werden daher im folgenden die wichtigsten Einflüsse genannt, die zur Entwicklung der Verhaltenstherapie beigetragen haben.

2 Entstehungsbedingungen

Entscheidende Anstöße zur Entwicklung der Verhaltenstherapie gaben einerseits die Unzufriedenheit mit dem bis dahin dominierenden psychoanalytischen Behandlungskonzept und andererseits die Anwendung experimenteller Vorgehensweisen der wissenschaftlichen Psychologie auf die Erklärung und Behandlung psychischer Störungen (→Psychoanalyse). Die Kritik richtete sich vor allem gegen die Verwendung des *medizinischen Krankheitsmodells* demzufolge Verhaltensstörungen als Symptome zugrundeliegender organisch-physiologischer oder innerpsychischer Krankheitsprozesse zu betrachten sind, gegen *methodologische Unzulänglichkeiten* wie mangelnde Exaktheit und Überprüfbarkeit der psychodynamischen Grundannahmen sowie gegen die *unzureichende Wirksamkeit* und fehlende Überprüfung der therapeutischen Bemühungen (→ätiologische Modelle, →Symptom). Als Alternativen hierzu entstanden *psychosoziale Störungsmodelle* (ULLMANN & KRASNER), bei denen die Bedingungen abweichenden ebenso wie „normalen" Verhaltens in der Umwelt der Person und umweltgesteuerten Lernprozessen gesucht werden. Dazu gehören die *direkte Beeinflussung* des problematischen Verhaltens, die Konkretisierung der Therapieziele auf Verhaltensebene und eine strenge Überprüfung der erzielten Ergebnisse. Unterstützt wurde diese Entwicklung durch das berufspolitische Moment, daß sich der Psychologenschaft damit eine Möglichkeit zur Emanzipation von dem ärztlichen Berufsstand der Psychiater bot, für die sie bis dahin vorwiegend diagnostische Daten zu liefern hatte.

3 Hauptströmungen in den 50er Jahren

Der Begriff „Verhaltenstherapie" entstand in den 50er Jahren und ist vor allem mit den Namen WOLPE, SKINNER, EYSENCK und SHAPIRO verbunden. Die Grundlagen, auf die diese Forscher zurückgreifen konnten, waren PAWLOWS Lehre vom bedingten Reflex, WATSONS Behaviorismus, die Lerntheorien von TOLMAN, THORNDIKE, HULL, GUTHRIE und SKINNER, sowie eine Phase der therapeutischen Anwendung dieser Grundlagen auf klinische Probleme in den 20er und 30er Jahren und eine Phase der Übersetzung psychoanalytischer Termini in lerntheoretische Begriffe in den 40er Jahren (DOLLARD & MILLER). Die Verhaltenstherapie der 50er Jahre umfaßte drei Hauptströmungen, die bis heute ihre Bedeutung bewahrt haben:

- Abbau von Ängsten und Neurosen mittels klassischer Konditionierung
- Aufbau grundlegender Fertigkeiten bei schwer gestörten psychotischen und retardierten Klinikinsassen mittels operanter Konditionierung
- Konzipierung von Verhaltenstherapie als experimentelle Studie des Einzelfalls.

3.1 Abbau von Ängsten und Neurosen

Verhaltenstherapie als Behandlung von Ängsten und Neurosen ist vor allem mit dem Namen WOLPE, einem südafrikanischen Psychiater, verbunden. Er interpretierte Phobien als *klassisch konditionierte* Angstreaktionen, d.h. als unangemessene Ängste, die durch an sich harmlose Reize ausgelöst werden, welche ihre angstauslösende Qualität durch zeitliche und räumliche Koppelung mit einem natürlicherweise angsterregenden Reiz erworben haben. Um solche Ängste abzubauen, entwickelte WOLPE das Konzept der *Gegenkonditionierung,* das den wohl bekanntesten verhaltenstherapeutischen Methoden zugrunde liegt, der *systematischen Desensibilisierung* und dem *Training sozialer Fertigkeiten.* Während das theoretische Konzept WOLPES inzwischen überholt ist, haben sich seine Therapiemethoden allgemein durchgesetzt; sie basieren auf drei Elementen: Dem Training einer mit Angst unvereinbaren Reaktion (Entspannung bei systematischer Desensibilisierung und selbstsicheres Verhalten beim Training sozialer Fertigkeiten), der Sammlung und Ordnung angsterregender Situationen nach dem Grad ihrer Bedrohlichkeit (Angsthierarchie) und der schrittweisen Bewältigung der Angsthierarchie unter Einsatz der mit Angst unvereinbaren Reaktion (die eigentliche Behandlung) (→ Angst). Eine weitere Therapiemethode, die auf WOLPE zurückgeht, inzwischen aber an Bedeutung verloren hat, ist die *Aversionstherapie,* bei der Angstreaktionen klassisch konditioniert werden, damit der Klient problematische Situationen zu vermeiden lernt, z.B. Alkoholiker den Genuß von alkoholischen Getränken (→ **Alkoholismus**).

3.2 Aufbau grundlegender Fertigkeiten bei psychotischen und retardierten Klienten

Verhaltenstherapie als Aufbau von Fertigkeiten bei schwer gestörten schizophrenen Erwachsenen und autistischen oder geistig retardierten Kindern steht vor allem in der Tradition von SKINNER, einem amerikanischen Psychologen, der die Prinzipien des *operanten Konditionierens* auf klinische Probleme angewandt hat. Dabei geht es um den Aufbau fehlenden Verhaltens, z.B. solcher grundlegenden Fertigkeiten wie selbständiges Aufstehen, Anziehen und Essen, durch *positive Verstärkung,* d.h. durch unmittelbare Belohnung erwünschter Verhaltensweisen, und um den Abbau abnormer Verhaltensformen wie z.B. monotones Schaukeln oder Selbstverletzungen bei autistischen Kindern durch *Bestrafung* oder *Löschung,* d.h. durch die gezielte Darbietung unangenehmer Konsequenzen unmittelbar im Anschluß an das unerwünschte Verhalten (Bestrafung) oder durch die Verhinderung jeglicher angenehmen Konsequenzen (Löschung) (→ **Schizophrenie,** → **Autismus**).

Die erste Generation der amerikanischen Verhaltenstherapeuten bestand eher aus Experimentellen denn aus Klinischen Psychologen, die die operanten Prinzipien der Verstärkung, Bestrafung und Löschung flexibel in immer neuen Kombinationen und Varianten einsetzten, je nach den Erfordernissen des Einzelfalls. Infolgedessen kam es hier nicht wie bei WOLPE zur Entwicklung relativ feststehender Standardmethoden, sondern zur Erarbeitung formaler Vorschriften, wie die Bedingungen, die zur Aufrechterhaltung des problematischen Verhaltens beitragen, im Einzelfall zu erheben (*Exploration* und *Verhaltensbeobachtung*) und aufzuklären sind (*funktionale Verhaltensanalyse*), und wie das therapeutische Vorgehen optimal auf diese jeweils einzigartigen Bedingungen abzustimmen ist (→ **Exploration,** → **Verhaltensbeobachtung**).

3.3 Experimentelle Studie des Einzelfalls

Diese Entwicklung, Verhaltenstherapie als *experimentelle Einzelfallstudie,* wurde maßgeblich von dem englischen Psychologen SHAPIRO beeinflußt. Er betrachtete den Therapieprozeß analog zu einem Experiment, bei dem Analyse und Modifikation nicht voneinander zu trennen sind, da das Problemverhalten mit derselben Methode zugleich analysiert und verändert wird: durch die systematische Variation der aufrechterhaltenden Bedingungen. Dabei bezog sich SHAPIRO nicht nur auf die Ergebnisse der Lerntheorien, sondern auf das Gesamtwissen der Allgemeinen Psychologie.

4 Weiterentwicklung in den 60er und 70er Jahren

In den 60er und 70er Jahren haben zwei weitere Forschungsrichtungen zunehmenden Einfluß in der Verhaltenstherapie gewonnen und ihr heutiges Erscheinungsbild entscheidend erweitert: *soziale Lerntheorien* und *kognitive Ansätze.* Während die frühe Verhaltenstherapie menschliches Fehlverhalten und Lernen noch mit denselben Begriffen der klassischen und operanten Konditionierung zu erfassen versuchte, die ursprünglich in Tierexperimenten gewonnen und erst im Nachhinein auf klinische Probleme übertragen wurden, zeichnen sich diese beiden Forschungsrichtungen dadurch aus, daß sie sich unmittelbar menschlichem Verhalten und seiner Modifikation zuwandten und dabei die spezifisch menschlichen Fähigkeiten und Lebensumstände von vornherein in Rechnung stellten (→**Menschenbilder**).

4.1 Soziale Lerntheorien

Gegenstand der sozialen Lerntheorien ist das komplexe menschliche Verhalten, wobei als Grundannahmen eingehen, daß *sozialen* Einflüssen entscheidende Bedeutung zukommt und daß der einzelne *aktiv* agiert, nicht nur reagiert; Hauptvertreter sind BANDURA und PATTERSON. Als *soziale Verhaltenseinflüsse* gelten vor allem soziale Verstärkungen, sprachliche Instruktionen und Verhaltensregeln sowie soziale Modelle. In ihrer Funktion als *soziale Verstärker* wurden das verbale und nonverbale Verhalten relevanter Bezugspersonen der Klienten, z. B. Eltern, Lehrer, Partner oder Therapeuten, untersucht und in die Verhaltenstherapie einbezogen, bis hin zu speziellen Eltern-, Lehrer- oder Partnerschaftstrainings. *Instruktionen und Regeln* haben vor allem Hinweischarakter auf erwünschtes oder unerwünschtes Verhalten; sie wurden zwar in der Verhaltenstherapie von Anfang an eingesetzt, aber erst infolge der sozialen Lerntheorien systematisch untersucht und als wichtiger Bestandteil therapeutischer Interventionen anerkannt.

Modellernen oder *stellvertretendes Konditionieren* ist der theoretisch und therapeutisch bedeutendste Ansatz, der aus dieser Forschungsrichtung hervorgegangen ist. BANDURA geht davon aus, daß komplexe Verhaltensweisen vor allem durch Beobachtung und Imitation sozialer Modelle erworben werden, die „stellvertretend" für den Beobachter verstärkt, bestraft oder mit emotional belastenden Situationen konfrontiert werden. BANDURA hat die Voraussetzungen solcher Modellernprozesse so weitgehend erforscht, daß Modellernen heute zu den am häufigsten verwendeten verhaltenstherapeutischen Verfahren zählt. Schließlich wird von den sozialen Lerntheoretikern die Vorstellung einer einseitigen Abhängigkeit des Verhaltens von Umweltbedingungen zugunsten der Hypothese einer gegenseitigen Einflußnahme (*reziproker Determinismus*) aufgegeben: Verhalten wird zwar durch seine vorausgehenden und nachfolgenden Umweltbedingungen beeinflußt, bewirkt aber seinerseits Veränderungen eben dieser Umwelt (→**Menschenbilder**).

4.2 Kognitive Ansätze

Gegenstand der kognitiven Ansätze in der Verhaltenstherapie ist das Wahrnehmen und Denken, das innere oder verdeckte Sprechen, die Informationsaufnahme und -verarbeitung durch den Menschen. Solche Prozesse wurden in der frühen Verhaltenstherapie zwar nicht geleugnet, aber doch als unerheblich erachtet, da sie lediglich als *Vermittler (Mediatoren)* zwischen den äußeren Reizbedingungen und dem offenen, beobachtbaren Verhalten gedacht wurden. Die bedeutendsten Vertreter dieser Richtung sind BANDURA, der das stellvertretende Konditionieren mit Hilfe solcher mediatorischer Prozesse erklärt, sowie CAUTELA und KAZDIN, die das verdeckte, innere Verhalten zum Ausgangspunkt neuer Therapiemethoden machten, die unter der Bezeichnung *verdecktes Konditionieren* zusammengefaßt werden. CAUTELA und KAZDIN haben gezeigt, daß die Verfahren des klassischen, operanten und stellvertretenden Konditionierens ihre Gültigkeit nicht nur bei offenem, sondern auch bei verdecktem Verhalten haben, daß also bereits die Vorstellung, ein bestimmtes Verhalten auszuführen und dafür verstärkt oder bestraft zu werden, therapeutische Wirksamkeit besitzt.

In den letzten Jahren wird das mediatorische Modell zunehmend zugunsten der weitergehenden Annahme verworfen, daß den kognitiven Prozessen eine echte *Steuerungs- oder Kausalfunktion* für das Verhalten zukommt; Hauptvertreter sind hier BECK, ELLIS, LAZARUS, MAHONEY und MEICHENBAUM. Unter dem Einfluß dieser Forschungsrichtung entwickelt sich die Verhaltenstherapie neuerdings weg von einem Verhaltenstraining für umschriebene Problemsituationen hin zu einem Training genereller Verhaltensstrategien oder -kompetenzen für verschiedenste Problembereiche; Beispiele hierfür sind die Trainings zur Selbstinstruktion und Selbstkontrolle, von Angstbewältigungs- und Problemlösungsstrategien, aber auch die Rational-emotive Therapie von ELLIS und die kognitive Umstrukturierung von BECK. Die Entwicklung in diese Richtung hat gerade erst begonnen, ohne daß ihre Implikationen in der Verhaltenstherapie bereits voll erkannt, geschweige denn realisiert worden wären (→**Kognitive Therapien**, →**Selbstkontrolle**).

5 Gegenwärtiger Stand

Während die frühen Publikationen in den wichtigsten verhaltenstherapeutischen Fachzeitschriften sich hauptsächlich mit Schülern und Studenten beschäftigten, wobei Verhaltens- und Lernstörungen mit positiver Verstärkung oder unangemessene Ängste mit systematischer Desensibilisierung behandelt wurden, hat sich bei jüngeren Publikationen folgende Verschiebung ergeben: Es werden in stärkerem Maße Erwachsene ambulant und stationär wegen psychosomatischer Störungen, Alkoholismus, Übergewicht und sozialen Problemen behandelt, wobei Training sozialer Fertigkeiten, Selbstinstruktion, Selbstkontrolle, Modellernen und Biofeedback immer häufiger, Aversionstherapie und Löschungsprozeduren immer seltener werden (→**Alkoholismus**, →**Selbstkontrolle**, →**Biofeedback**). Eine Befragung unter praktizierenden Verhaltenstherapeuten in den USA (AABT-Mitgliedern) bestätigt, daß Aversionstherapie ebenso wie Verfahren der massierten Konfrontation mit angstauslösenden Situationen (Implosion und Flooding) nur selten, operantes Konditionieren, systematische Desensibilisierung und Modellernen dagegen bevorzugt angewandt werden; einige weitere Verfahren finden in allerletzter Zeit steigende Beachtung, und zwar vor allem Training sozialer Fertigkeiten, Biofeedback und kognitive Therapiemethoden wie Selbstkontrolle, kognitive Umstrukturierung und verdecktes Konditionieren (FRANKS & WILSON 1980).

Inzwischen gibt es über 25 international anerkannte verhaltenstherapeutische Fachzeitschriften, in denen fortlaufend über theoretische Entwicklungen und empirische Ergebnisse zu den Grundlagen, der Effektivität und Indikation verhaltenstherapeutischer Methoden berichtet wird (→**Psychotherapie-Effekte**, →**Indikation**). Hier kommt die enge Verbindung der Verhaltenstherapie zur Allgemeinen und Experimentellen Psychologie wohl am überzeugendsten zum Ausdruck. Deutlich wird dies aber auch an dem hohen Stellenwert, den die Verhaltenstherapie an den Universitäten der Bundesrepublik Deutschland in Forschung und Lehre genießt: Verhaltenstherapie ist die einzige Therapierichtung, die an allen Psychologischen Instituten mit der Möglichkeit eines Schwerpunktstudiums in Klinischer Psychologie nicht nur theoretisch, sondern bis in die praktische Anwendung hinein gelehrt wird; mit geringem Abstand folgt die Gesprächspsychotherapie, während Psychoanalyse und tiefenpsychologisch orientierte Therapieformen nur eine untergeordnete Rolle spielen (WITTCHEN, GROEGER, DVORAK & FICHTER 1979). Dem entspricht ein hoher Anteil verhaltens- und gesprächspsychotherapeutisch arbeitender Diplom-Psychologen im Bereich der psychotherapeutischen und psychosozialen Versorgung ebenso wie die Einbeziehung der Verhaltenstherapie in die kassenärztliche Versorgung seit dem 1.10.1980.

Die Ausbildung in Verhaltenstherapie wird zu großen Teilen von den Psychologischen Universitätsinstituten getragen. Solange jedoch eine gesetzliche Regelung psychotherapeutischer Tätigkeit durch Diplom-Psychologen aussteht (→**Rechtliche Grundlagen**), muß die Phase der *berufsbegleitenden Weiterbildung* – wie bei anderen Psychotherapieformen auch – von privaten Vereinen angeboten werden. Im Bereich der Verhaltenstherapie ist der einschlägige Fachverband, der einen solchen Weiterbildungsgang organisiert, die Deutsche Gesellschaft für Verhaltenstherapie (DGVT) mit Sitz in Tübingen.

LITERATUR

FRANKS, C. M. & WILSON, G. T. Jahresüberblick der Verhaltenstherapie 1978. Sonderheft III/1979 der *Mitteilungen der Deutschen Gesellschaft für Verhaltenstherapie*. Tübingen, 1979.

FRANKS, C. M. & WILSON, G. T. Jahresüberblick der Verhaltenstherapie 1979. Sonderheft III/1980 der *Mitteilungen der Deutschen Gesellschaft für Verhaltenstherapie*. Tübingen, 1980.

GOLDFRIED, M. R. & DAVISON, G. C. *Klinische Verhaltenstherapie*. Berlin: Springer, 1979.

KANFER, F. H. & GOLDSTEIN, A. P. *Möglichkeiten der Verhaltensänderung*. München: Urban & Schwarzenberg, 1977.

KRAIKER, C. *Handbuch der Verhaltenstherapie*. München: Kindler, 1974.

MAHONEY, M. J. *Kognitive Verhaltenstherapie*. München: Pfeiffer, 1977.

REISS, M., FIEDLER, P. A., KRAUSE, R. & ZIMMER, D. *Verhaltenstherapie in der Praxis*. Stuttgart: Kohlhammer, 1976.

SCHULTE, D. *Diagnostik in der Verhaltenstherapie*. München: Urban & Schwarzenberg, 1974.

WITTCHEN, H. U., GROEGER, W. M., DVORAK, A. & FICHTER, M. Zur klinisch-psychologischen Schwerpunktbildung im Rahmen des Diplomstudienganges „Psychologie". Eine empirische Analyse, Teil 2. *Psychologische Rundschau*, 1979, *30*, 286–306.

Psychotherapeutische und psychosoziale Versorgung

BERND RÖHRLE und STEFFEN FLIEGEL

Historisch bedingt wurden die medizinische inklusive psychiatrische Versorgung und das System der sozialen Sicherung lange Zeit als relativ getrennte gesellschaftliche Funktionsträger aufgefaßt. Die psychosoziale Versorgung will dagegen zu einem integrierten Angebot sozialer, medizinischer und klinisch-psychologischer Dienstleistungen gelangen. So sollen psychiatrische Maßnahmen z.B. im Einklang mit psychotherapeutischen Hilfen und sozialarbeiterischen Tätigkeiten dazu beitragen, das Ausmaß psychischer Störungen und ihrer Folgen zu mindern.

Die mit dieser Zielsetzung verbundenen gesellschaftlichen Funktionen sind sehr wesentlich geprägt von den übergeordneten Strukturen der Gesundheitsversorgung und der sozialen Sicherung.

Träger, Dienste, Berufe und Maßnahmen (u. a. Psychotherapie) in der psychosozialen Versorgung sind sehr vielfältig und stehen in einem sich z. T. wenig ergänzendem Verhältnis. Insgesamt betrachtet leidet die psychosoziale und psychotherapeutische Versorgung in der BRD unter erheblichen quantitativen und qualitativen Mängeln.

1 Welche allgemeinen Ziele verfolgt die psychosoziale Versorgung?

Die psychosoziale und psychotherapeutische Versorgung hat zum Ziel, ein ausreichendes Angebot an Diensten bereitzustellen, um die Zahl der psychischen Erkrankungen und die sie mitbedingten sozialen Krisen etc. in der Bevölkerung so klein wie möglich zu halten (→ **Epidemiologie**). Diese allgemeine und meist als wenig konkret beklagte Zielsetzung hat neben ihrer *humanitären* auch *sozialpolitische und volkswirtschaftliche Bedeutung* (→ **Gesellschaftliche Funktion von Psychotherapie**). Die psychosoziale bzw. psychotherapeutische Versorgung trägt auch dazu bei, daß bestimmte soziale Normen bewahrt und damit verbunden, auch bestimmte soziale Strukturen stabilisiert werden können (Funktionen der Anpassung, der Kontrolle und der Ausgrenzung). Zumindest teilweise sollen durch sie auch die Folgen mißlicher gesellschaftlicher Bedingungen (z. B. Belastungen am Arbeitsplatz) auf einer individuellen Ebene reduziert werden (Reparaturfunktion, Alibifunktion, Funktion der Individualisierung gesellschaftlicher Mißstände). Vor allem aber dienen viele der Maßnahmen der Reproduktion der Arbeitskraft von Nutzer und Anbieter verschiedener psychosozialer Einrichtungen (Reproduktionsfunktion; vgl. hierzu insgesamt AUTORENGRUPPE 1978).

2 In welchen allgemeinen Rahmen ist die psychosoziale Versorgung eingebettet?

In der BRD wird die psychosoziale Versorgung, im Gegensatz zu anderen Ländern, von einem äußerst heterogenen System der sozialen Sicherung und des Gesundheitswesens getragen.

2.1 Gesetzliche Grundlagen

Die gesetzlichen Grundlagen der psychosozialen Versorgung sind vorrangig in der Reichsversicherungsordnung (RVO; regelt Zuständigkeiten und verschiedene Formen von Versicherungsfällen wie Krankheit, Unfall, Berentung), im Bundessozialhilfegesetz (BSHG; regelt den Anspruch auf soziale Hilfen), im Bundesversorgungsgesetz (BVG; regelt Fragen der sozialen Entschädigung), im Jugendhilfegesetz bzw. Jugendwohlfahrtsgesetz (JHG bzw. JWG; regelt z.B. Fragen des Elternrechts) und in den Landespsychiatriegesetzen (meist Unterbringungsgesetze) verankert. Daneben spielen auch spezifische Gesetze eine wesentliche Rolle. Dazu gehören das Rehabilitationsangleichungs- und Schwerbehindertengesetz (regelt Fragen der Wiedereingliederung), die Weiterentwicklung des Kassenarztrechts (zur Frage des ambulanten Behandlungsrechts durch öffentliche Einrichtungen), das Heilpraktikergesetz (HPG; regelt berufsrechtliche Fragen), das Arbeitsförderungsgesetz (AFG; regelt u.a. Fragen der Vermittelbarkeit von Arbeitslosen), das Bürgerliche Gesetzbuch (BGB; regelt z.B. Fragen der Entmündigung) und das Strafgesetzbuch (regelt Fragen der Schuldfähigkeit), u.a.m. (→ **Rechtliche Grundlagen**; insgesamt KEUPP & ZAUMSEIL 1978).

2.2 Zuständigkeit

Die Zuständigkeit für verschiedene Aufgaben der psychosozialen Versorgung liegt aufgrund dieser Gesetze sowohl in öffentlichen Händen (Bund, Länder, Kommunen), als auch in der Verantwortung freier Träger (z.B. Wohlfahrtsverbände und Kirchen) oder von Solidargemeinschaften (z.B. Krankenkassen) und in der privater Organisationen (z.B. Privatkliniken, private Krankenversicherungen etc.).

2.3 Ökonomische Bedeutung

Die ökonomische Bedeutung der psychosozialen bzw. psychotherapeutischen Versorgung hängt ab vom volkswirtschaftlichen Wachstum insgesamt, aber auch speziell von den direkten und indirekten Kosten (Behandlungskosten bzw. Kosten durch Verlust bei Produktionsausfällen) einer durch psychische Erkrankungen oder soziale Krisen entstehenden Beeinträchtigung der Arbeitskraft des einzelnen.

2.4 Finanzierung

Die Finanzierung psychosozialer Dienstleistungen beruht auf Leistungen von Solidargemeinschaften (z.B. Krankenkassen), Leistungen der Fürsorge (Finanzierung über Steueraufkommen) und auf privaten ökonomischen Beziehungen (psychosoziale Dienstleistungen werden direkt vom Benutzer finanziert).

3 Welche allgemeinen institutionellen Rahmenbedingungen gibt es?

So heterogen wie die gesetzlichen Grundlagen der psychosozialen Versorgung, die verschiedenen Berufs- und Interessengruppen und die Dienstleistungen sind, so unterschiedlich gestalten sich auch die verschiedenen Einrichtungen, ihre Ziele, ihr Aufbau usw. Man versucht, die Vielfalt der psychosozialen Dienste durch folgende Unterscheidungsgesichtspunkte überschaubar zu machen:

- nach äußeren Merkmalen: intramurale (z.B. Krankenhäuser) versus extramurale Dienste (z.B. Beratungsstellen)
- in Hinsicht auf bestimmte Abschnitte einer idealtypisch gefaßten Krankheitskarriere (vorstationäre, stationäre, teilstationäre, komplementäre und nachstationäre Einrichtungen)
- in bezug auf bestimmte Problem- bzw. Krankheitskategorien (z.B. soziale Dienste im Falle von sozialen Krisen, psychotherapeutische Einrichtungen vorrangig bei nicht organisch bedingten psychischen Störungen, Drogenberatungsstellen bei Sucht und Abhängigkeiten, u.a.m.)

- in bezug auf bestimmte Altersgruppen (Einrichtungen für Kinder und Jugendliche, Erwachsene und ältere Menschen)
- in Hinsicht auf sehr allgemeine Funktionstypen (präventive, kurative, rehabilitative und kustodiale, d. h. auf Bewahrung und Pflege hinorientierte Dienste).

Bei genauer Betrachtungsweise der einzelnen Institutionen und Versorgungsbereiche fallen vielfach entsprechende Zuordnungen schwer, und es bleibt jeweils immer noch eine kaum überblickbare Vielfalt von Einrichtungen. Allein schon im *ambulanten Sektor* der psychosozialen Versorgung finden wir neben der nervenärztlichen Praxis, sozialpsychiatrische Dienste an Krankenhäusern oder Gesundheitsämtern, psychosoziale Kontaktstellen, Sexualberatungsstellen, Beratungsstellen für Kinder und Jugendliche, psychologische oder psychotherapeutische Praxen, soziale Dienste der Krankenkassen, der Familienfürsorge usw. Zu diesen Einrichtungen gesellen sich *stationäre Dienste* wie psychiatrische Krankenhäuser, Landeskrankenhäuser, psychiatrische und psychotherapeutische Fachkliniken, Fachabteilungen für Psychiatrie in Allgemeinkrankenhäusern, Suchtkliniken, psychosomatische Kliniken etc. Als *teilstationäre Dienste* gelten Tages- und Nachtkliniken, die vor allem die (Wieder-)Eingliederung in natürliche soziale Stützsysteme wie z. B. Familien erleichtern sollen. Zu den *komplementären Einrichtungen* zählen u. a. Übergangswohnheime, Wohnheime, spezielle Einrichtungen für Behinderte, Patientenklubs, Tagesstätten etc.

Die Organisationsformen dieser Einrichtungen sind entsprechend der Größe, der Trägerschaft, der Funktionen etc. sehr verschieden. Allgemein gilt, daß die psychosozialen Dienstleistungen nicht nur von den übergeordneten gesetzlichen und sozialpolitischen Vorgaben geprägt werden, sondern auch sehr wesentlich von den institutionellen Bedingungen. Mangelhafte Koordination der Dienste, der Abteilungen und der Helfer, durch die Bürokratisierung und das Prinzip der Einzelfallhilfe geprägte Arbeitsweise und personelle Probleme wie Hierarchisierungen, Arbeitszeitgebundenheiten u. a. m. erschweren vielfach eine bedarfsgerechte Versorgung.

4 Wer bietet verschiedene psychosoziale Maßnahmen an und in welchem Verhältnis stehen sie zueinander?

Die Zahl der verschiedenen psychosozialen Dienstleistungen gilt ebenfalls als kaum noch überblickbar (unterschieden werden nach Funktion: präventive, kurative, rehabilitative, kustodiale Tätigkeiten; nach Profession: z. B. ärztliche, psychologische etc.; nach wissenschaftlichen Denkmodellen: sozialwissenschaftlich versus medizinisch fundierte). Nach dem Wunsch von Sozialplanern sollte sich diese Vielzahl zu einem sich ergänzenden Angebot in verschiedenen Versorgungsschwerpunkten (z. B. Beratung im Vorfeld psychischer Erkrankungen) und in Hinsicht auf bestimmte Arten der Beeinträchtigungen (soziale, psychische, physische) gestalten. Das Verhältnis verschiedener Maßnahmen im allgemeinen und das psychotherapeutischer Methoden im besonderen, ist vielmehr geprägt durch ein mehr unvermitteltes Nebeneinander und ein z. T. eher auf Konkurrenz angelegtes Angebot. Dies kann auf folgende Faktoren zurückgeführt werden:

- Das Verhältnis der verschiedenen theoretischen Grundlagen (Modellvorstellungen zur Ätiologie und Intervention) zueinander und der Indikationswert der verschiedenen psychosozialen Maßnahmen sind weitgehend ungeklärt (→ **Indikation**)
- Die zahlenmäßige Entwicklung der verschiedenen psychosozialen Berufe und ihrer Vertreter, die damit einhergehenden sozialpolitisch ungünstigen Tendenzen seit 1974 (z. B. Kostendämpfung im Gesundheitswesen) führt zu berufsständisch orientierten Konkurrenzkämpfen, so daß verschiedene psychosoziale Maßnahmen, die sich ihrerseits ebenfalls vermehren, und Berufsgruppen sich vielfach gegenseitig zu verdrängen suchen.

Nach Angaben der Enquête (1975) lassen sich wenigstens 20 verschiedene an der psychosozialen Versorgung beteiligte Berufsgruppen nennen. Dazu gehören mehr oder weniger bekannte Berufe wie der Nervenfacharzt, Facharzt für Psychiatrie, der Klinische Psychologe, der Berufstherapeut, die Fachkrankenschwester für Psychotherapie/Psychosomatik, der medizinisch-psychiatrische Assistent u. a. m.

Eine genaue Zahl aller an der psychosozialen Versorgung Beteiligten ist derzeit nicht bekannt. Einen Eindruck von der Zunahme von Vertretern innerhalb einer Berufsgruppe erhält man, wenn man z. B. die Zahl der erwerbstätigen Psychologen im Jahre 1974 mit der im Jahre 1980 vergleicht (für das Jahr 1974 werden ca. 8 000 erwerbstätige Psychologen geschätzt, für das Jahr 1980 schon 15 000).

Für die *psychotherapeutische Versorgung* sind nach Angaben der Kassenärztlichen Bundesvereinigung am 31. 6. 1979 insgesamt 2 065 ärztliche und nicht-ärztliche Psychotherapeuten im Rahmen der ambulanten kassenärztlichen Versorgung tätig (ärztliche Psychotherapeuten: 1 335; Psychagogen/nicht-ärztliche Kinder- und Jugendpsychotherapeuten: 340; nicht-ärztliche Psychotherapeuten: 390). Nach einer Hochrechnung von DVORÁK, FICHTER & WITTCHEN (1979) sind ca. 9 000 Vertreter verschiedener nicht-ärztlicher Berufsgruppen (davon ca. 5 800 Diplom-Psychologen) vornehmlich beratend und psychotherapeutisch tätig.

Die meisten dieser Berufsgruppen arbeiten in öffentlichen Einrichtungen, nur wenige in freien Praxen (30% in Beratungsstellen, 20% in psychotherapeutisch/psychosomatischen und psychiatrischen Kliniken, 25% in teilstationären und komplementären Einrichtungen und 25% in freien Praxen).

Die Vielzahl der verschiedenen psychosozialen Berufe, ihre zahlenmäßige Entwicklung und die immer geringeren finanziellen Ressourcen für diesen Versorgungsbereich führen zu fragwürdigen Entwicklungen: Zwischen und innerhalb den verschiedenen Berufsgruppen kommt es zu einer z. T. erheblichen Konkurrenz und entsprechenden Verdrängungseffekten. Dies führt zu beachtlichen Arbeitslosenquoten und einem Qualifikationsdruck bei den verschiedenen psychosozialen Berufen, der nicht immer im Sinne der Betroffenen ist. Mit einher geht die Entwicklung, daß sich die verschiedenen Berufsgruppen quasi ökologische Nischen schaffen, indem sie die Arten der psychosozialen Dienste und der Maßnahmen vervielfältigen, um scheinbare oder tatsächliche Versorgungslücken zu beseitigen. Die Folge hiervon ist, daß das Angebot an psychosozialen Diensten und Berufen für die Betroffenen immer unübersichtlicher wird, natürliche soziale Stützsysteme (z. B. Familien, Nachbarschaftshilfen, Selbsthilfepotentiale etc.) immer mehr durch professionelle Angebote verdrängt und damit verbunden, viele Lebensprobleme und soziale Krisen nicht auf soziale Bedingungen zurückgeführt, sondern psychiatrisiert werden (→ **Gemeindepsychologie**).

5 Welche weiteren Mängel hat die psychosoziale und psychotherapeutische Versorgung?

Aufgrund der Angaben der Enquête (1975) wird von einem insgesamt enormen Bedarf an Diensten und Personal in verschiedenen psychosozialen Versorgungsbereichen ausgegangen. Neben dieser allgemeinen Versorgungslücke aber werden für bestimmte Versorgungsbereiche auch sehr spezifische qualitative Mängel festgestellt: z. B. Vernachlässigung des präventiven und ambulanten Versorgungsbereichs und spezieller Patientengruppen, wie z. B. Kinder, Jugendliche und ältere Menschen, schlechter Ausbildungsstand verschiedener psychosozialer Berufe, bauliche und sanitäre Mißstände.

In der *psychotherapeutischen Versorgung* spiegelt sich diese allgemeine Misere recht genau wider. Man kann heute einen Schlüssel von einem psychotherapeutisch Tätigen auf ca. 50 000 Einwohner annehmen; bei jährlich 1,2 Millionen dringend psychiatrisch bzw. psychotherapeutisch behandlungsbedürftigen Personen und bei ca. 4 bis 8 Millionen Personen, die jährlich wegen psychischer Krisen und psychosomatischen Erkrankungen den Arzt aufsuchen. Betrachtet man die Zahl der durch niedergelassene Nervenärzte z. T. auch psychotherapeutisch betreuten Patienten, so kommt man aufgrund von Zahlenspielen zum Ergebnis, daß diese Patienten im Schnitt 6 Minuten pro Besuch beraten oder psychotherapeutisch behandelt werden.

Diese nicht nur für den Bereich der psychotherapeutischen Versorgung quantitativ ungünstigen Verhältnisse stellen sich auch nach Angaben der Enquête verschärft dar, betrachtet man die regionalen und schichtspezifischen Unterschiede. So sind ganz allgemein ländliche Gebiete unterversorgt, während ökonomisch und auch sonst attraktive Ballungszentren mit psychiatrischen und psychotherapeutischen Diensten vergleichsweise überversorgt sind.

Nach wie vor sind psychotherapeutische Dienste von anderen Einrichtungen, insbesondere psychiatrischen Abteilungen, weitgehend abgegrenzt. So werden ganz selten psychotherapeutische, medizinische und soziale Hilfestellungen koordiniert angeboten und kommen somit selten im Verbund aktiv aufsuchender, gemeindenah orientierter psychosozialer Tätigkeiten zur Geltung.

Die Gründe dieser allgemeinen Misere in der psychosozialen und psychotherapeutischen Versorgung sind sehr vielfältig. Ganz zentral ist die mangelnde Koordination und Planung in der psychosozialen und psychotherapeutischen Versorgung. Diese kann auf die beschriebene zugrundeliegende heterogene Versorgungsstruktur, die konkurrierenden Trägerschaften, Entscheidungskompetenzen und Interessengruppen zurückgeführt werden. Ganz allgemein gilt aber auch, daß Fragen im Zusammenhang mit der Situation sozial benachteiligter und psychisch kranker Menschen in der Öffentlichkeit und bei den politisch Verantwortlichen als äußerst unpopulär gelten. Vorurteile, gesellschaftliche Mißstände, die gerne geleugnet werden, u.a.m. sind die Ursachen für dieses Bewußtsein.

6 Welche Reformvorschläge gibt es?

Eine genaue Festlegung des Bedarfs an psychosozialen Diensten gilt als problematisch, da kaum hinreichend genaue epidemiologische Daten vorliegen, Uneinigkeit in bezug auf die Bedarfskriterien herrscht (z. B. Krankheitsdefinition) und da das Krankheitsverhalten der Bevölkerung ständig sozialem Wandel unterworfen ist. Immerhin hat die Misere der psychosozialen und psychotherapeutischen Versorgung zu einer Reihe von Reformvorschlägen geführt, die aber kaum dazu beitragen, die grundlegenden Mängel zu beseitigen (vgl. hierzu DGVT, 1979). Die Grundsätze der verschiedenen Reformvorschläge sind: gemeindenahe, bedarfsgerechte und umfassende Versorgung, Koordination der Dienste, Prinzip der Gleichstellung psychisch Kranker mit körperlich Kranken. Als vorrangig gilt der Aus- und Aufbau komplementärer und ambulanter Dienste von Abteilungen an Allgemeinkrankenhäusern, die Förderung der Aus-, Weiter- und Fortbildung der verschiedenen psychosozialen Berufe, der Ausbau des Versorgungsschwerpunktes für Kinder und Jugendliche, Sucht- und Alkoholkranke, die Entwicklung von Modellversorgungsgebieten in städtischen und ländlichen Regionen.

Es handelt sich bei den verschiedenen Reformvorschlägen nach REBELL (1976) um Strukturanreicherungen (Sanierungen und Ausbau bestimmter Dienste in Schwerpunktbereichen, wie z. B. psychotherapeutische Abteilungen in psychiatrischen Krankenhäusern) und um keine grundlegenden Strukturänderungen (das durch die Reichsversicherungsordnung gegliederte System stationärer und ambulanter Dienste, das etwa eine sinnvolle Nachsorge unmöglich macht, bleibt weitgehend unberührt; ein Überhang an kurativen statt präventiven Diensten bleibt bestehen; der Abbau stationärer Einrichtungen gilt als zu wenig weitreichend; etc.). Es werden fast nur expertenorientierte Reformkonzepte festgelegt, welche für die psychotherapeutische Versorgung dazu noch sehr eng gefaßt sind, d.h. sich auf psychoanalytische Verfahren beschränken. Diese Konzepte zementieren fragwürdige Versorgungsstrukturen und harmonisieren nur scheinbar einen Interessenten- und Methodenpluralismus in der psychosozialen Versorgung, der nicht immer im Interesse der Betroffenen ist. Vor allem aber bleiben die Reformvorschläge unverbindlich, ohne konkrete Planungs- und Finanzierungsvorstellungen und werden z.T. in einer sachlogisch fragwürdigen Folge eingebracht.

LITERATUR

AUTORENGRUPPE. Gesundheitspolitische Aspekte der Klinischen Psychologie, Tübingen, *Sonderheft III/8 1978 der Mitteilungen der DGVT.*
DGVT (Deutsche Gesellschaft für Verhaltenstherapie). Stellungnahme zur Reformkonzeption der Bundesregierung zur psychiatrischen und psychosozialen Versorgung, Tübingen, *Mitteilungen der DGVT 1979,* 11 (4), 637–646.
DVORAK, A. FICHTER, M. & WITTCHEN, H.-U. Zur psychotherapeutischen Versorgung durch nicht-ärztliche Berufsgruppen in der BRD. *Abschlußbericht des Max-Planck-Instituts für Psychiatrie, Projektgruppe Psychotherapie*: München 1979.
ENQUÊTE. *Bericht über die Lage der Psychiatrie in der Bundesrepublik Deutschland – zur psychiatrischen und psychotherapeutisch/psychosomatischen Versorgung der Bevölkerung* – Drucksache 7-4200, Dr. Hans Heger: Bonn 1975.
KEUPP, H. & ZAUMSEIL, M. (Hrsg.) *Die gesellschaftliche Organisierung psychischen Leidens.* Zum Arbeitsfeld klinischer Psychologen. Suhrkamp: Frankfurt/M. 1978.
REBELL, CHR. *Sozialpsychiatrie in der Industriegesellschaft.* Arbeitsbedingungen, psychische Erkrankungen und psychiatrische Versorgung. Frankfurt/M.: Campus, 1976.

Widerstand in der Psychotherapie

Franz M. Caspar

1 Herkunft des Begriffes

Der Begriff „Widerstand" wurde im Zusammenhang mit Psychotherapie von Freud eingeführt.

Von der umgangssprachlichen Bedeutung her ist zu erwarten, daß als „Widerstand" Verhaltensweisen eingeordnet werden, die sich *gegen* das Fortschreiten der Therapie richten. Tatsächlich richtet sich Widerstand nach der psychoanalytischen Auffassung vor allem gegen das Bewußtwerden unangenehmer Inhalte, nämlich gegen verdrängte Wünsche aus dem Es und gegen verdrängte Schuldgefühle aus dem Über-Ich.

Das Bewußtmachen und Durcharbeiten des Verdrängten steht ja in der psychoanalytischen Therapie im Vordergrund. Der Widerstand gegen das Bewußtwerden wirkt damit zwar der Therapie einerseits entgegen, wird andererseits aber auch zum Gegenstand der Analyse gemacht und damit für die Therapie genutzt.

2 Erscheinungsformen von Widerstand in der Psychotherapie

In der Literatur werden u.a. folgende Erscheinungsformen von Widerstand beschrieben:

- Verstöße gegen Grundregeln der Therapie
- ständiges Vermeiden, Umgehen oder sprachlich gezwungenes Umschreiben bestimmter Themata
- langanhaltendes „Small-talk"
- Vermeidung von subjektiv Bedeutsamem
- Vermeiden von Nachdenklichkeit
- Auffallend langes Schweigen
- Auseinanderfallen von Inhalten und Affekt
- Gebrauch von Clichés, um emotionale Beteiligung zu vermeiden
- Vergessen von Material
- Gähnen des Patienten
- kurzdauerndes Einschlafen
- auffallende Körperhaltung
- „Türpfosten-Bemerkungen", d.h. Bemerkungen am Sitzungsende zwischen Tür und Angel
- Zuspätkommen
- Versäumen
- Falschdatieren von Sitzungen
- „Fixierung in der Zeit" (Gegenwart, Vergangenheit, Zukunft ohne gelegentliches Zurückgreifen auf andere Zeiträume).

Der „Widerstand" ist also „sehr mannigfaltig, höchst raffiniert, oft schwer zu erkennen, wechselt Proteus-artig die Form seiner Erscheinung" (Freud, G. W. XI, S. 297).

3 Unterschiedliche Sichtweise von Widerstandsphänomenen durch verschiedene Therapieschulen

„Widerstand" steht – neben der „Übertragung" – im Zentrum *psychoanalytischer* Theorie und Therapie und wird – wie beschrieben – vor allem als

Schutz für die Verdrängung gesehen. Die große Bedeutung, die der Verdrängung und deren Bearbeitung von der Psychoanalyse beigemessen wird, macht verständlich, daß sich nirgendwo eine so ausführliche Thematisierung von Widerstand findet wie in der psychoanalytischen Literatur.

Es wäre aber erstaunlich, wenn so etwas wie „Widerstand" nicht auch bei anderen Formen der Psychotherapie auftauchen würde. In der Tat sind Widerstandsphänomene weithin bekannt und werden in unterschiedlicher Weise eingeordnet:

In der Literatur zur klientenzentrierten *Gesprächspsychotherapie* erscheint Widerstand vor allem als Vermeiden bestimmter Inhalte und insbesondere bestimmter Emotionen: Er richtet sich somit gegen das wichtigste Mittel dieser Therapieform, das Verbalisieren von Emotionen. (→ **Gesprächspsychotherapie**).

In der früheren *Verhaltenstherapie*-Literatur wird Widerstand vor dem Hintergrund einer starken Gewichtung spezifischer Techniken als „Gegenkontrolle" gegen strukturierte Interventionen und Programme beschrieben. Im Zuge einer stärkeren Berücksichtigung der therapeutischen Beziehung wird in jüngerer Zeit allerdings auch in der Verhaltenstherapie vermehrt beziehungsbedingter Widerstand reflektiert, der z.B. entstehen kann, wenn ein dominanter Therapeut mit einem seinerseits dominanten Klienten zusammenprallt (→ **Verhaltenstherapie**).

Vertreter der unterschiedlichen Therapieschulen sehen somit Widerstand von Klienten in engem, hier nur andeutbarem, Zusammenhang mit ihrer Theorie und ihren therapeutischen Maßnahmen: Auch das psychoanalytische Widerstandskonzept erscheint in dieser Perspektive, im Vergleich mit anderen Konzeptualisierungen, als Resultat einer speziellen Sicht- und Vorgehensweise.

Als gemeinsamen Nenner der verschiedenen Auffassungen könnte man bestimmen: Widerstand beinhaltet alles, was sich bei einem Patienten bewußt oder unbewußt gegen bestimmte therapeutische Interventionen oder die Therapie insgesamt richtet.

Im Zusammenhang mit der Unterschiedlichkeit der therapeutischen Interventionen wird damit auch verständlich, daß es neben den bereits aufgezählten allgemeinen Erscheinungsformen auch Äußerungsweisen von Widerstand gibt, die schulspezifisch bei der einen Therapieform typischerweise auftreten, bei der anderen nicht.

So wird der Verhaltenstherapeut kaum Probleme mit Widerstand gegen das Bewußtmachen von Verdrängtem haben, weil dies für sein Vorgehen weniger wichtig ist und er beim Klienten hier wenig Widerstand provozieren wird. Umgekehrt wird der Psychoanalytiker sich kaum die Zähne am Widerstand gegen das Einhalten von Übungsprogrammen auszubeißen haben.

4 Allgemeinere Auffassung von Widerstand in der Psychotherapie

Warum zeigt ein Klient überhaupt Widerstand? Kommt er nicht in die Therapie, um sich möglichst schnell zu ändern in Verhaltens- und Erlebnisweisen, die ihn stören? Warum folgt er nicht einfach dem Angebot und den Vorschlägen seines Therapeuten und trägt seinerseits das Möglichste zum Therapiefortschritt bei?

Solche Fragen lassen außer acht, daß Psychotherapie einem therapiewilligen Klienten in den seltensten Fällen direkt, ohne Unannehmlichkeiten und Konflikte zu den angestrebten Veränderungen verhilft. Jeder Mensch und jeder Psychotherapie-Klient ist von einer Vielzahl von bewußten und unbewußten Bedürfnissen und Zielen bestimmt, die er in einer komplexen Umwelt aufgrund seiner Erfahrungen möglichst weitgehend umzusetzen versucht. Es wäre nun viel zu einfach, einen Menschen, nur weil er mit einem Veränderungswunsch zu uns kommt, auf seine Veränderungs-Ziele zu reduzieren: Er bleibt von einer großen Anzahl von Zielen bestimmt und nur ein Teil von diesen ist mit den Anforderungen in der Therapie vereinbar.

Welche Bedürfnisse und Ziele durch eine Therapie einschränkend betroffen werden, ist von der Struktur des einzelnen Klienten, vom Beziehungsangebot seitens des Therapeuten, von der Art des therapeutischen Vorgehens und schließlich von den zu therapierenden Problemen abhängig.

Dies soll an einigen Beispielen verdeutlicht werden:

Der Abwehr unangenehmer Inhalte wird insbesondere in der neueren psychoanalytischen Literatur eine nützliche und notwendige Funktion für die Aufrechterhaltung der psychischen Funktionsfähigkeit zugebilligt. Warum sollte nun ein Patient plötzlich mit seiner Abwehr aufhören, wenn er in die *psychoanalytische* Therapie kommt? Selbst wenn er viel Zutrauen zu seinem Therapeuten hat, woher weiß er, daß eine bestimmte, mit seinem Selbstbild nicht vereinbare Tatsache, auch wirklich bewältigt werden kann? Es spricht für ihn eher einiges dafür, dem Bewußtwerden auch weiterhin Widerstand entgegenzusetzen.

Ähnlich mag es einem Menschen in einer klientenzentrierten *Gesprächspsychotherapie* gehen, der z. B. vermeidet, seine aggressiven Gefühle zuzulassen. Selbst wenn der Therapeut es ihm nahelegt – woher weiß er, ob er der Aggressionen jemals wieder Herr wird und ob nicht sogar der Therapeut sich entrüstet von ihm abwendet, wenn er sieht, wie aggressiv der Klient wirklich ist?

Ein anderer Klient mag sich in der Therapie so hilflos fühlen, daß er entsprechend seinen eingeschliffenen Interaktionsgewohnheiten alles daransetzt, den Therapeuten zu einem aktiv-bemutternden Verhalten zu bewegen: So lange dies sein vorrangiges frustriertes Bedürfnis ist, wird er sich hauptsächlich damit beschäftigen und nicht frei sein für irgendwelche Umstrukturierungen.

In einer *Verhaltenstherapie* mag sich ein Klient z. B. gegen die Durchführung eines strukturierten Programmes wehren, indem er vordergründig kooperativ ist, tatsächlich jedoch das Fortschreiten der Therapie in subtiler Weise sabotiert: Er sucht eine freundliche und gleichwertige Beziehung zu seinem Therapeuten. Freundlichkeit weiß er durch seine Kooperativität herzustellen. Das Durchführen eines vorgeschriebenen Programms empfindet er aber vielleicht als Einschränkung seiner Handlungsfreiheit und die so empfundene Abhängigkeit von einem Experten stellt für ihn die Gleichwertigkeit in Frage, die ihm im Kontakt mit allen Menschen und damit auch mit dem Therapeuten wichtig ist: So läßt er u. U. bei aller gezeigter Kooperativität das Programm letztlich scheitern.

Bei diesen Beispielen ist der Widerstand natürlich nicht überwiegend von bewußten Gedanken gesteuert, wie sie hier zur Verdeutlichung formuliert wurden.

Die eben beschriebenen, aus einer übergeordneten Perspektive verständlichen Schwierigkeiten von Patienten in einer Therapie können, kurz zusammengefaßt, drei Quellen zugeordnet werden:

- Widerstand gegen *Therapieziele* ist dann zu erwarten, wenn der Therapeut die Struktur der bewußten und unbewußten Ziele eines Patienten nicht hinreichend verstanden hat oder es sich aus anderen Gründen nicht vermeiden läßt, auf Ziele hinzuarbeiten, die für einen Patienten konfliktfrei sind.
- Widerstand *gegen Beeinflussung* durch den Therapeuten *an sich* ist dann zu erwarten, wenn ein Patient aufgrund besonderer Empfindlichkeit oder aufgrund eines zu massiven Auftretens eines Therapeuten sich in seiner Freiheit eingeschränkt fühlt.
- „*Interaktioneller*" Widerstand ist zu erwarten, wenn das Beziehungsangebot eines Therapeuten nicht mit den Bedürfnissen und Möglichkeiten eines Patienten übereinstimmt.

Sehr oft ist problematisches Klienten-Verhalten, das als Widerstand interpretiert werden kann, nicht ohne weiteres einer Quelle zuzuordnen, sondern scheint vordergründig ganz anders bedingt zu sein, als sich dann bei näherem Hinsehen zeigt.

Wenn Widerstand nicht zu einem Hemmschuh für die Therapie werden soll, ist es aber notwendig, die Gründe individuell zu verstehen und oft ergeben sich gerade aus Widerstandsverhalten wertvolle Hinweise. Auch die *Bewertung* von Widerstand in der Psychotherapie-Literatur hängt weitgehend davon ab, wie weit der Patient darin verstanden wird: Die Bewertung reicht von „lästig, aber nicht vermeidbar" über „wertvoll, weil wichtige Informationen liefernd" bis zu „ethisch-moralisch tröstlich, weil die Autonomie des Patienten sichernd".

5 Das Umgehen mit Widerstand in der Therapie

Es sollte deutlich geworden sein, daß Gründe und Äußerungsformen von Widerstand stark von den individuellen Voraussetzungen beim Klienten und deren Wechselwirkung mit dem therapeutischen Vorgehen abhängen und daß zudem die Einordnung von Widerstand in Abhängigkeit von der zugrundegelegten Theorie recht unterschiedlich ist. Dies gilt ebensosehr für das Umgehen mit Widerstand.

Am systematischsten wird Widerstand sicher in der Psychoanalyse durch das therapeutische Vorgehen provoziert und dann, mindestens teilweise, analytisch verwertet.

In anderen Therapierichtungen wird Widerstand z. T. noch allein als Ergebnis technischer Fehler oder einer falschen Klientenauslese angesehen und auf der technischen Ebene zu handhaben versucht.

Immer mehr setzt sich jedoch ein Bewußtsein für die Eingeschränktheit der klassischen Interventionsmöglichkeiten und für die Konfliktgeladenheit der Therapiesituation durch: Dementsprechend werden die Ursachen für Widerstand weniger beim Klienten allein gesucht.

Gerade die Analyse von Widerstandsproblemen und Mißerfolgen kann zu einem zunehmend flexiblen Umgang mit therapeutischen Angeboten führen, der den Möglichkeiten eines Klienten individuell Rechnung trägt: Wenn „Widerstand" zum großen Teil daraus resultiert, daß ein Klient mit begreiflicherweise begrenzter Flexibilität sich nicht auf ein gegebenes Angebot einstellen kann, dann ist es am Therapeuten, vermehrt den Klienten als gegeben anzusehen und ihm ein flexibles Angebot zu machen, das seinen Möglichkeiten entspricht.

Die Entwicklung auf dem Psychotherapiemarkt macht es notwendig, sich in der therapeutischen Praxis vermehrt schwierigen Patienten zuzuwenden: Durch die stärkere Konkurrenz wird es – zum Wohle der Patienten – immer weniger möglich sein, schwierigen Widerstandsproblemen einfach durch Patienten-Selektion auszuweichen.

Ganz abgesehen von wissenschaftlichen und ethischen Begründungen wird der Nachfragedruck in absehbarer Zeit Psychotherapeuten zwingen, sich vermehrt mit dem „Widerstand" auseinanderzusetzen.

LITERATUR

CASPAR, F. und GRAWE, K. Widerstand in der Verhaltenstherapie. In H. PETZOLD (Hrsg.) Paderborn: Junfermann, 1981.

DAVISON, G. C. Counter-Control in Behavior Modification. In L. A. HAMERLYNCK, & C. HANDY & E. J. MASH (Hrsg.) *Behavior Change*, Champaign, Ill., Research Press, 1973, 1974, 153–167.

FIEDLER, P. A. & KONZ, H. Partnerschaftliche Problemlösung und Kooperation in Psychotherapien. In P. A. FIEDLER (Hrsg.) *Psychotherapieziel Selbstbehandlung*. Weinheim: Edition Psychologie, 1981, 1–10.

FREUD, S. *Vorlesungen zur Einführung in die Psychoanalyse*, GW XI, Frankfurt: Fischer, 1940.

GREENSON, R. R. *Technik und Praxis der Psychoanalyse*. Stuttgart: Klett, 1975.

PETZOLD, H. (Hrsg.) *Der Widerstand in der Sicht der psychotherapeutischen Schulen*. Paderborn: Junfermann, 1981.

Wirkfaktoren der Psychotherapie

Andreas Blaser

1 Von den verschiedenen Therapieschulen angenommene spezifische Wirkfaktoren

Heute werden über 100 psychotherapeutische Verfahren beschrieben. Sie beanspruchen für sich, relativ eigenständige psychotherapeutische Techniken anzuwenden oder sogar eigene theoretische Ausrichtungen, sog. Schulen, zu vertreten. Diese therapeutischen Ausrichtungen behaupten ferner, ein mehr oder weniger großes oder spezifisches Patientengut nachweisbar erfolgreich behandeln zu können. Diese, von den Schulen bewußt geförderten Techniken und Ideen, werden als (schul-) spezifische Parameter bezeichnet. Die Schulen betonen, daß in diesen spezifischen Wirkfaktoren die Heilkraft ihrer Methode liege. Einige dieser schulspezifischen Parameter sind:

Theoretische Schwerpunkte
- Dualistisches Menschenbild — monistisches Menschenbild
- Individualismus, Subjektivismus — Gesellschaftsbedingtheit
- Ort der Kontrolle innen — außen
- Unbewußtes ist dominant — Bewußtsein ist dominant
- Kognition, Ratio, Logik — Emotion, Erfühlen, Sensibilität
- Verhalten, Handeln, Agieren — Introspektion, Abstinieren, Sublimieren
- Energie sitzt im Gehirn — Energie staut sich in den Muskeln

Technische Schwerpunkte
- Psychotherapie verbal — nicht verbal
- Direktive Führung — nicht direktives Gewährenlassen
- Dominanter Therapeut — partnerschaftlicher Therapeut
- Aktiver Therapeut — passiver Therapeut, Abstinenz
- Empathie, Wärme — Computertherapie, Literaturtherapie
- Experten, Insider — Laien, Outsider
- Patient berühren, Körpertherapie — Patient isolieren, Distanz nehmen
- Therapeut sich selbst einbringen — Therapeut als Spiegel
- Einzeltherapie — Gruppe, Familie, Systemtherapie

Schon diese unvollständige Darstellung diametraler Gegensätze in Theorie und Technik der Psychotherapie illustriert die Vielfalt der Techniken und Meinungen hinlänglich. Im Bewußtsein der Psychotherapeuten sind es vor allem die schulspezifischen Faktoren, die zu ihrem beruflichen Identitätsgefühl beitragen. Beispiele für spezifische Wirkfaktoren, die als Aushängeschild von Psychotherapieformen gelten, sind die „Interpretation" (Psychoanalyse), „Desensibilisierung", „Flooding" (Verhaltenstherapie), „Echtheit", „nicht besitzergreifende Wärme" (Gesprächspsychotherapie). Wenn es nun so wäre, daß nur ein Virtuose dieser schulspezifischen Wirkfaktoren ein erfolgreicher Psychotherapeut sein könnte, so dürfte man an deren Wirksamkeit glauben (→**Psychoanalyse,** →**Verhaltenstherapie,** →**Gesprächspsychotherapie**).

2 Laien als Psychotherapeuten

Es gibt aber eine Reihe von Untersuchungen, welche die psychotherapeutischen Qualitäten von Laien drastisch demonstrieren. Stellvertretend sei eine methodisch sehr saubere Arbeit von STRUPP & HADLEY (1979) zitiert. Die Autoren verteilten testdiagnostisch homogene Patienten (a) in eine Gruppe, die von anerkannten, erfahrenen Psychotherapeuten behandelt wurde, (b) in eine Gruppe, die durch Laien behandelt wurde und (c) in eine Gruppe, die nur gelegentlich zu „Kontrollen" aufgeboten wurde sowie (d) in eine Gruppe, die als Kontrolle unbehandelt blieb. Universitätsprofessoren, die als „warm und empathisch" bekannt waren, wurden als Laientherapeuten eingesetzt. Alle Therapeuten waren an einen Therapieplan gebunden, der zwei wöchentliche Sitzungen vorsah und nicht mehr als 25 Stunden dauern sollte. Der Therapieerfolg wurde von den Patienten, den Therapeuten und von außenstehenden Fachleuten beurteilt. Die Ergebnisse zeigten einmal mehr, daß Laien im Durchschnitt in ihren therapeutischen Bemühungen ebenso erfolgreich waren wie hochqualifizierte Fachleute. Die behandelten Gruppen verbesserten sich übrigens gegenüber der unbehandelten Gruppe nur leicht. Ähnliche Ergebnisse wurden schon in den letzten zwanzig Jahren wiederholt publiziert.

Man steht nun zwei Sachverhalten gegenüber: der großen Zahl psychotherapeutischer Schulen, die sich sowohl theoretisch wie in der Technik z. T. diametral gegenüberstehen und trotzdem Erfolge verbuchen. Zum andern der Tatsache, daß Laien nicht minder erfolgreiche Therapien vorweisen können, als Fachleute dies tun. Der Erfolg der Laien stellt allerdings noch keinen direkten Beweis gegen die Wirksamkeit spezifischer Faktoren dar. Daß die spezifischen Faktoren andererseits allein den Therapieerfolg nicht hinreichend erklären können, wurde etwa am Beispiel einer Vergleichsuntersuchung zwischen Psychoanalyse und Verhaltenstherapie nahegelegt (SLOANE et al. 1975). Vermutlich sind die spezifischen Faktoren weniger wirksam, als dies gemeinhin und gerne angenommen wird. Sollte sich dies bewahrheiten, so würden sich dadurch schwerwiegende Fragen bezüglich der Rolle der Ausbildung (GARFIELD 1977) und des Erfahrung (AUERBACH & JOHNSON 1977) in der Psychotherapie stellen (→**Laientherapie**).

3 Nicht-spezifische Wirkfaktoren

Auf der Suche nach den Wirkfaktoren in der Psychotherapie ist es naheliegend, quer über alle Psychotherapieformen nach gemeinsamen Parametern zu suchen, also nach solchen, die nicht spezifisch sind. Welches sind diese nicht-spezifischen (oder allgemeinen) Wirkfaktoren? FRANK (1971, 1973), GARFIELD (1975, 1980) und STRUPP (1975a, 1975b) haben sich dazu geäußert. Nach diesen Autoren gehören dazu ein zwischenmenschliches Verhältnis, welches gekennzeichnet ist durch Respekt, Interesse, Verständnis, Takt und einen festen Glauben, helfen zu können. Auf dieser Basis wirken Variablen wie Suggestion, Modellernen, Manipulationen von Belohnungen und Strafen (alte Erziehungsmittel), Information und Erklärungen, Vermittlung von Erfolgserlebnissen, Erleichterung emotionaler Erlebnisse usw. Die allgemeine Präsenz solcher Wirkfaktoren wird von TORREY (1972) in einer breit angelegten Studie über die Verhaltensweisen von Medizinmännern, Schamanen und Gurus in sog. primitiven Kulturen dokumentiert. Er vergleicht die psychotherapeutischen Praktiken jener Leute mit denjenigen in unserer westlichen Kultur und kann stringente Parallelen aufzeigen, aus denen er folgende Gemeinsamkeiten extrahiert:

- Das Bestehen eines gemeinsamen Weltbildes zwischen Therapeut und Patient (z. B. die Überzeugung, daß die Ursachen allen Übels in der Kindheit des Patienten liegen)
- Bestimmte Eigenschaften des Therapeuten (z. B. die Überzeugung, helfen zu können)
- Die Erwartung des Patienten bzw. die Steigerung positiver Erwartungen
- Verwendung von irgendwelchen Techniken.

Das Errichten eines Modelles im Patienten (Überzeugung, Theorie, Philosophie, Religion, Mythos), welches eine Erklärung für die Entstehung und Lösung der Probleme des Patienten bietet, scheint besonders wichtig zu sein. Dieses Erklärungs- und Lösungsmodell muß sich daher an den Eigenschaften und Fähigkeiten des Patienten orientieren und diesem plausibel sein (differentielle Indikation).

Das „Interesse für den Patienten" hat sich wiederholt als die bestimmende Variable bei der Auswahl von Patienten für eine Psychotherapie erwiesen. SHAPIRO (1971) verweist auf die große unspezifische Bedeutung des Interesses für den Patienten. Die Zugeneigtheit des Therapeuten löst erwiesenermaßen eine Menge therapeutisch erwünschter Reaktionen im Patienten aus. Es macht sie zugänglicher, suggestibler, erleichtert Konditionierungen und fördert Lernprozesse. Das Interesse kann sich auch indirekt über die Therapieform oder die therapeutische Infrastruktur oder über wissenschaftliche Fragestellungen positiv auf den Patienten auswirken. Solche indirekten Wirkungspfade sind nicht selten dann anzutreffen, wenn der Patient selbst relativ unattraktiv und uninteressant ist.

4 Unspezifische Wirkfaktoren als Placebo

Die nicht-spezifischen Wirkfaktoren können auch anhand der Placebowirkung studiert werden (SHAPIRO 1971). Allerdings ist es diskutabel, ob man nicht-spezifische Wirkfaktoren mit Placebowirkung gleichsetzen kann (BRODY 1980). SHAPIRO definiert den Placebo sehr weit als „jede Therapie oder Teile einer Therapie, welche absichtlich wegen ihrer nicht spezifischen, psychologischen oder psychophysiologischen Wirkung eingesetzt werden *oder* welche wegen ihrer angeblichen spezifischen Wirkung auf einen Patienten, ein Symptom oder eine Krankheit verwendet werden, aber welche ohne das Wissen des Therapeuten oder des Patienten keine spezifische Wirkung auf das zu behandelnde Übel hat" (Übersetzung des Autors). Der Placeboeffekt ist entsprechend definiert als der nicht spezifische, psychologische oder psychophysiologische Effekt, welcher durch Placebos bewirkt wird.

Die Förderung von Hoffnung und die Minderung von Schuldgefühlen werden als besonders wirksame unspezifische Wirkfaktoren i. S. von Placebos angesehen.

Placebos wirken nicht konstant und überindividuell. Beispielsweise braucht ein Patient, der intelligenter, differenzierter, erfolgreicher und reicher als sein Psychotherapeut ist, wohl mehr als simple Suggestionen, Unterstützung und token-Belohnungen. Ein solcher Patient würde möglicherweise nur durch einen undurchschaubaren, prestigeträchtigen Meister esoterisch-dynamischer Theorien erfolgreich behandelt werden können. Daß in jeder Psychotherapie Placebos wirken, ist noch nicht Allgemeingut, da dies hier – im Gegensatz zu pharmakologischen Experimenten – schwer zu zeigen ist. Die Schwierigkeit liegt in der klaren Trennung zwischen spezifischen und unspezifischen Wirkfaktoren.

5 Beispiele für das Wirksamwerden unspezifischer Faktoren

Ein Verhaltenstherapeut will eine Patientin mit klassischer Dekonditionierung behandeln. Zu diesem Zweck muß er ihr eine Entspannungsmethode beibringen. Zudem will er den Grad der Gespanntheit mit einem Polygraphen (z. B. Pulsfrequenz, Hautwiderstand) messen. Dazu braucht er eine nicht unbeträchtliche Vorbereitung: Elektroden müssen an den Extremitäten oder über der Brust angebracht werden, die Haut muß leitungsfähig gemacht werden. Während dieser Vorbereitungen spricht der Therapeut mit der Patientin über Belanglosigkeiten und entspannt sie anschließend, bevor er mit der eigentlichen Dekonditionierung als vermeintlich spezifischem Wirkfaktor anfängt. Die allenfalls eintretende therapeutische Wirkung wird der Therapeut nun wohl allein der Dekonditionierung attribuieren. Er übersieht dabei die Unzahl nichtspezifischer Faktoren, welche mitgewirkt haben mögen: Die Vermittlung besonderen Interesses am Patienten (z. B. kann der Einsatz von technischen Geräten magische Vorstellungen besonderer therapeutischer Potenz erwecken), das beiläufig geführte Gespräch, der Körperkontakt, die Liegehaltung, die Entspannung, etc.

Ein Analytiker hält es für indiziert, nur selten zu intervenieren und nur dann, wenn er besonders einsichtige Deutungen machen kann. Wenn er, nach mehreren Stunden Schweigens, eine Interpretation macht, reagiert der Patient darauf besonders gierig und klammert sich an die Worte des Analytikers, über die er dann lange fantasiert. Der Analytiker attribuiert die Reaktion des Patienten der Interpretation und deutet zudem das beflissene Verhalten des Patienten als „oral". Er übersieht dabei, daß die Interpretation, was immer sie auch beinhaltet, durch ihre Seltenheit an Bedeutung gewinnt. Die spezifischen Wirkfaktoren der verbalen Enthaltsamkeit des Analytikers und die vermeintliche Scharfsinnigkeit der Interpretation vermengen sich mit unspezifischen Faktoren. In der Situation der relativen Deprivation wirkt die „Interpretation" des Analytikers unspezifisch.

Gerade dieses Beispiel zeigt, wie schwer es ist, vermeintlich spezifische Faktoren von unspezifischen zu trennen. Diese Schwierigkeit und die Tatsache, daß Laien, welche über unspezifische Faktoren „verfügen", ebenso gute Therapeuten sein können wie Fachleute, läßt manche Frage aufkommen. Wie soll die Ausbildung zum Psychotherapeuten aussehen? Sind unspezifische Faktoren wie „Interesse" und „Wärme" lernbar?

Wenn die unspezifischen Wirkfaktoren die notwendigen Eigenschaften einer therapeutischen Interaktion sind, ist es dann wünschenswert, zu Beginn der Ausbildung vor allem spezifische Techniken kennenzulernen, wie dies in den Psychotherapieschulen getan wird?

LITERATUR

AUERBACH, A. H. & JOHNSON, M. Research on the Therapist's Level of Experience. In A. S. GURMAN & A. M. RAZIN (Hrsg.) *Effective Psychotherapy.* Oxford: Pergamon, 1977.

BRODY, H. *Placebos and the philosophy of medicine.* Chicago: University of Chicago press, 1980.

FRANK, J. D. Therapeutic factors in psychotherapy. *American Journal of Psychotherapy,* 1971, 25, 350–361.

FRANK, J. D. Common Features of Psychotherapies and their Patients. *Proceedings of the 9th International Congress of Psychotherapy.* Basel: Karger, 1975, 368–371.

GARFIELD, S. L. What are the therapeutic variables in Psychotherapy? *Proceedings of the 9th International Congress of Psychotherapy.* Basel: Karger, 1975, 372–378.

GARFIELD, S. L. Research on the Training of professional Psychotherapists. In A. S. GURMAN & A. M. RAZIN (Hrsg.) *Effective Psychotherapy.* Oxford: Pergamon, 1977.

GARFIELD, S. L. *Psychotherapy, an eclectic approach.* New York: Wiley, 1980.

SHAPIRO, A. K. Placebo Effects in Medicine, Psychotherapy and Psychoanalysis. In A. E. BERGIN & S. L. GARFIELD (Hrsg.) *Handbook of Psychotherapy and Behavior Change.* New York: Wiley, 1971, 439–373.

STRUPP, H. H. On the basic ingredients of Psychotherapy. *Proceedings of the 9th International Congress of Psychotherapy,* Basel: Karger, 1975a, 249–260.

STRUPP, H. H. Spontaneous remission and the nature of the therapeutic influence. *Proceedings of the 9th International Congress of Psychotherapy,* Basel: Karger, 1975b, 389–393.

STRUPP, H. H. & HADLEY, S. W. Specific vs nonspecific factors in psychotherapy. *Archives of General Psychiatry,* 1979, 36, 1125–1136.

TORREY, E. F. *The mind game, witch doctors and psychiatrists.* New York: Emerson Hall, 1972.

Ziele der Psychotherapie

Meinrad Perrez

1 Ziele verschiedener psychotherapeutischer Schulen

Unter „Psychotherapiezielen" versteht man die durch das psychotherapeutische Handeln angestrebten Soll-Zustände bei Klienten. Diese Soll-Zustände können Verhaltensdispositionen affektiver, kognitiver, psychomotorischer oder auch physiologischer (psychosomatischer) Art betreffen. Die verschiedenen psychotherapeutischen Ansätze verfolgen auf der Basis unterschiedlicher theoretischer Grundlagen sehr verschiedenartige Ziele (vgl. Mahrer 1967).

Nach Freud (1969, 516) besteht das Ziel der *Psychoanalyse* darin, (1) „das Ich zu stärken, es vom Über-Ich unabhängiger zu machen, sein Wahrnehmungsfeld zu erweitern und seine Organisation auszubauen, so daß es sich neue Stücke des Es aneignen kann. Wo Es war, soll Ich werden". C. G. Jung sieht in der (2) „Individuation" das Ziel der *analytischen Therapie*. Sie will „den einzelnen Menschen zu seinem ‚Heile' führen, zu jener Erkenntnis und jener Vollendung der eigenen Person, die seit jeher Zweck und Ziel alles geistgerichteten Strebens war" (Jacobi 1949, 110f.). Als bescheidenere Zielsetzungen liegen dieser übergeordneten jene der (3) Behebung „psychischer Störungen" und „damit verbundener psychogener Leiden" zugrunde (a.a.O.). Für Schultz-Hencke (1965, 154 u. 161) ist die Aufgabe der analytischen Psychotherapie zunächst (4) „die Beseitigung neurotischer Symptome", dann „abartiger Verhaltensweisen" und drittens das Beseitigen von „Lebensschwierigkeiten". Nach Rogers (1972, 36) zielt die *klientenzentrierte Psychotherapie* (5) „direkt auf die größere Unabhängigkeit und Integration des Individuums ab", oder nach Tausch (1970, 5) auf (6) die „Verminderung der Diskrepanz Selbstkonzept-Idealkonzept durch (7) Änderung des Selbstkonzeptes, realistischere Selbstwahrnehmung, größeres Vertrauen in die eigene Person, größeres Ausmaß an Selbststeuerung, größere Akzeptierung der eigenen Person und anderer Personen (…), insgesamt größere Ähnlichkeit mit einer seelisch gesunden, gut integrierten und funktionierenden Persönlichkeitsstruktur". Martin (1972, 100–105) formuliert für die Gesprächspsychotherapie als Ziele: (8) Angstreduktion, (9) Symptomreduktion, (10) Fähigkeit zum Problemlösen und (11) Selbstakzeptierung. Ohne bestimmte Ziele für die *Verhaltenstherapie* von vornherein festzulegen, fordert Bandura (1969, 70–117) klare Zielbestimmungen in Begriffen meßbaren Verhaltens. Nach Wolpe (1972, 29) beziehen sich die zentralen Ziele der Verhaltenstherapie auf (12) den Aufbau und die Schwächung von „Verhaltensgewohnheiten". Die neueren, kognitiven Ansätze der Verhaltenstherapie schließen auch komplexere Ziele wie (13) den Aufbau von Problemlösestrategien oder Selbstkontrollfähigkeiten ein (Mahoney 1977). Diese dreizehn Zielbereiche repräsentieren eine Stichprobe aus dem Universum möglicher Psychotherapieziele, wie sie von bedeutenden Vertretern verschiedener Psychotherapieschulen formuliert wurden (→ **Menschenbild**).

2 Klassifikation von Psychotherapiezielen

Die Klassifizierung der verschiedenen Psychotherapieziele bereitet insofern Schwierigkeiten, als sie in sehr verschiedenartigen Sprachen formuliert sind. Bei einigen Zielformulierungen, wie z. B. bei (6) und (7) kann man *End-* und *Zwischenziele* oder *über-* und *untergeordnete Ziele* unterscheiden, wobei ein empirischer Mittel-Ziel-Zusammenhang zwischen den beiden Zielarten postuliert wird. Ein möglicher Einteilungsgesichtspunkt ist ferner das Kriterium der *Zentralität* versus *Peripherie* im Persönlichkeitssystem des Klienten, also die Frage, ob durch die Therapie eher periphere Gewohnheiten oder eher zentrale Persönlichkeitskonstrukte verändert werden sollen. Dieser Einteilung liegen persönlichkeitstheoretische Annahmen zugrunde (→**Persönlichkeitspsychologie**).

Verhaltenstheoretisch können die Ziele unterteilt werden in den *Aufbau* oder den *Abbau* von je nach Umständen mehr oder weniger spezifischen *Verhaltensdispositionen* auf der Grundlage von Verhaltensdefiziten bzw. Verhaltensexzessen. SCHMIDTCHEN (1978) und SEMMER & FRESE (1979) haben Klassifikationsvorschläge auf der handlungstheoretischen Basis entwickelt, die die Therapieziele verschiedenen hierarchischen Ebenen der Handlungsorganisation zuordnen.

Diese Systematisierungsversuche sind in unterschiedlichem Ausmaß abhängig von speziellen psychopathologischen oder psychologischen Theorien (→**Ätiologie**). Theorieneutral kann man unter Verwendung eines metatheoretischen Kriteriums Ziele unterteilen nach der Frage, ob der deskriptive Gehalt der Zielformulierung durch *Beobachtungs-*, *Dispositions-* oder durch *theoretische* (bzw. quasitheoretische) *Begriffe* beschrieben wird (vgl. PERREZ 1976). Da in einer Psychotherapie nie ein einzelnes, einmaliges Verhalten von Interesse ist, sondern stabile Verhaltensdispositionen, die situationsspezifisch oder eher generell sein können – also z. B. der Abbau einer Platzphobie oder die Verminderung von einer eher allgemeinen Ängstlichkeit –, wird meistens der Aufbau bzw. Abbau von Verhaltensdispositionen angestrebt.

Dispositionsbegriffe beziehen sich auf eine Bereitschaft zu beobachtbarem Verhalten. Die Bereitschaft selber, z. B. die Ängstlichkeit, kann nicht direkt beobachtet werden. Therapieziele werden häufig in Dispositionsbegriffen beschrieben, z. B. die Ziele (8), (12) und zum Teil (7). Damit dispositionelle Therapieziele evaluierbar werden (vgl. unten), müssen die Bedingungen spezifiziert werden, unter denen sich die Dispositionen in beobachtbarem Verhalten manifestieren sollen.

Beobachtbares Verhalten wird durch *Beobachtungsbegriffe* beschrieben. Die Spezifizierung eines dispositionellen Therapiezieles wäre z. B. „Der Klient soll seinen Zigarettenkonsum von 40 auf 10 pro Tag verringern". SCHOTT (1973, 64ff.) hat in Anlehnung an die TYLERsche Lehrzieldimensionierung einen Vorschlag zur Präzisierung von dispositionellen Zielen durch deren situationale und beobachtungsbegriffliche Aufgliederung vorgelegt. Seine zweidimensionale Therapiezielmatrix repräsentiert in den Zeilen die relevanten Situationen und in den Spalten die relevanten, beobachtbaren Verhaltensaspekte, die der Klient in den entsprechenden Situationen zu zeigen lernen soll (s. Abb. 1).

			Verhaltensaspekt					
			Soziale Verhaltensweisen					
			eigene Bedürfnisse äußern	eigene Bedürfnisse verteidigen	auf eigene Wünsche verzichten	Bedürfnisse anderer erkennen	Bedürfnisse anderer akzeptieren	Kompromisse schließen
			A	B	C	D	E	F
Situativer Aspekt: Arten von Kommunikationspartnern	vertraute Erwachsene	Einzelperson 1						
		Gruppe 2						
	unvertraute Erwachsene	Einzelperson 3						
		Gruppe 4						
	vertraute Gleichaltrige	Einzelperson 5						
		Gruppe 6						
	unvertraute Gleichaltrige	Einzelperson 7						
		Gruppe 8						

Abbildung 1. Eine Aufgabenmatrix zur Fähigkeit eines Kindes, Konflikte lösen zu können. Die leeren Zellen stellen die einzelnen Teilziele (bzw. Teilfähigkeiten) dar (SCHOTT 1973, 66).

Theoretische Begriffe werden durch die jeweiligen Theorien, deren Bestandteile sie sind, definiert und nur indirekt durch Beobachtungsbegriffe. So erhalten z. B. die Begriffe „Verdrängung" oder „Individuation" ihre Bedeutung primär durch die FREUDsche bzw. JUNGsche psychoanalytische Theorie, wobei es sich bei diesen Beispielen um quasitheoretische Begriffe handelt, weil die ihnen zugrundeliegenden „Theorien" über keine ausreichende logische Strukturierung verfügen. Zu dieser Gruppe gehören die Ziele (1), (2), (6), (10) und (13) (vgl. ZIELKE 1979).

3 Verfahren zur Zielfindung und Ziel-Evaluierung

In der psychotherapeutischen Diskussion sind einige *praktische Verfahren zur Zielfestlegung* vorgeschlagen worden. BANDURA (1969, 70-117) betrachtet komplexe Verhaltensziele als Aggregate von einfacheren Verhaltenskomponenten, die als Folge von Zwischenzielen unter Mithilfe des Therapeuten zu formulieren sind. Die Entscheidungsinstanz für Zwischen- und Endziele ist – soweit immer möglich – der Klient. Der

Änderungsrichtung	Sachgehalt beschrieben in theoretischen bzw. quasitheoretischen Begriffen	Dispositionsbegriffen	Beobachtungsbegriffen
Aufbau	Ichstärke (1), Organisationsausbau (1), Integration von Es in Ich (1), Individuation (2), Integration des Individuums (5), gut funktionierende Persönlichkeitsstruktur (7)	Realistischere Selbstwahrnehmung (7), Vertrauen in eigene Person (7), Selbststeuerung (7) u. (13), Akzeptierung der eigenen Person (7) u. (11), Problemlösefähigkeit (1) u. (13), Verhaltensgewohnheiten (12)	Zielbestimmungen in Begriffen meßbaren Verhaltens (Bandura), z. B.: Vorgesetzten gegenüber eigene Bedürfnisse äußern
Abbau	Diskrepanz von Selbstkonzept und Idealkonzept (6)	psychische Störungen (3), Angst (8), Verhaltensgewohnheiten (12)	abartige Verhaltensweisen (4), neurotische Symptome (4) u. (9), Zielbestimmungen in Begriffen meßbaren Verhaltens (Bandura)

Abbildung 2. Klassifikation von Therapiezielen.

Eine andere Klassifizierung hat SCHMIDT-CHEN (1978) vorgeschlagen, der zwischen *Inhaltszielen* und *Funktionszielen* unterscheidet. Inhaltsziele betreffen globale Vorstellungen von „gesundem" Verhalten, während Funktionsziele in ihrer spezifischen Variante bestimmte Tätigkeitsfunktionen, nämlich „Erkennungs-, Bewertungs-, Such- und Finde-, Zielerreichungs- und Prüfprozeduren" (a. a. O. 97) beschreiben. Unspezifische Funktionsziele beziehen sich auf Zusammenfassungen dieser Prozeduren auf einer höheren Abstraktionsebene, wie z. B. „Verbesserung der Problemlösungsfähigkeit".

Therapeut wird sich in den Dienst des Klienten stellen unter der Voraussetzung, daß die Ziele mit seinen eigenen zentralen Wertvorstellungen kompatibel sind und er über die notwendigen therapeutischen Mittel zur Zielerreichung verfügt. Differenziertere Verfahren zur Zielbestimmung und -begründung haben u. a. SCHULTE (1974) oder KEUPP & BERGOLD (1972) beschrieben, wobei die letzteren die Emanzipation des Klienten als übergreifendes Ziel von Psychotherapie fordern.

PERREZ (1976) und SACHSE (1980) weisen darauf hin, daß die Bestimmung und die Begründungsproblematik von Therapiezielen logisch klar abgegrenzt werden muß von der diagnostischen Analyse des Problemverhaltens. Ziele können nicht aus der Analyse von Bestehendem ohne normative Zusatzprämissen abgeleitet werden, wie es bei den beiden genannten Verfahren in unterschiedlicher Weise nahegelegt wird, wenn man sich den naturalistischen Fehlschluß verbietet, präskriptive Sätze aus rein deskriptiven abzuleiten.

Demgegenüber gibt es einige wissenschaftliche Kriterien, die unter gewissen Voraussetzungen die Kritik und in diesem Sinne eine indirekte Evaluation von Therapiezielen erlauben: 1. Wenn der *Sachgehalt* einer Zielformulierung einen Vagheitsgrad erreicht, der keine Bestimmbarkeit mehr erlaubt im Hinblick auf die Zielapproximation bzw. -erreichung, so wird damit die psychotherapeutische Methode immun gegen Kritik. Wird im besonderen Fall der Sachgehalt durch theoretische Begriffe (z. B. „Verdrängung") beschrieben, so ist zu fragen, ob die Theorie, deren Bestandteil der Begriff ist, empirisch ausreichend bewährt ist. Im negativen Fall werden dem Klienten Ziele zugemutet, die hypothetische Konstrukte einer Theorie des Therapeuten darstellen, deren Zusammenhang mit den Problemen und Zielen des Klienten wissenschaftlich nicht geklärt ist. Die Klinische Psychologie kann 2. versuchen, *Nebenwirkungen* bestimmter Ziele unter definierten Randbedingungen abzuschätzen. Sie kann 3. *überprüfen*, ob dort, wo *Teilziele als Mittel für Endziele* postuliert werden (vgl. (6) und (7)), der postulierte Zusammenhang auch empirisch gegeben ist. Ein Kriterium ist schließlich 4. die Frage, ob ein bestimmtes *Therapieziel als Treatmentfolge* einer technologischen Regel existiere, also: Gibt es eine psychotherapeutische Methode, über die empirische Effektivitätswerte bekannt sind und bei der dieses Therapieziel als Treatmentfolge beschrieben wird? Wenn für ein Ziel kein psychotherapeutisches Treatment bekannt ist, das geeignet wäre, dieses Ziel zu erreichen, so kritisiert dieser Umstand zwar nicht das Ziel, macht aber auf die fehlenden Mittel aufmerksam, dieses Ziel im Rahmen der Psychotherapie zu erreichen.

Wenn abschließend festgestellt wird, daß eine allgemein anerkannte Taxonomie von Psychotherapiezielen bis heute nicht vorliegt, so ist dies nicht erstaunlich bei einem Phänomenbereich wie jenem menschlicher Handlungsziele; ist er doch den verschiedensten persönlichen, sozialen und wissenschaftlichen Interpretationen zugänglich. Dies gilt gleichermaßen für den Gegenstandsbereich psychischer Störungen. Für die Klinische Psychologie bleibt die Frage, wie sie die Rationalität dieser Interpretationen im Rahmen der Wahl und Präzisierung von Psychotherapiezielen vergrößern kann.

LITERATUR

BANDURA, A. *Principles of Behavior Modification.* London: Holt, Rinehart and Winston, 1969.
FREUD, S. *Studienausgabe, Bd. 1.* Frankfurt: Fischer, 1969.
JACOBI, J. *Die Psychologie von C. G. Jung.* Olten: Walter, 1949.
KEUPP, H. & BERGOLD, J. Probleme der Macht in der Psychotherapie unter spezieller Berücksichtigung der Verhaltenstherapie. *Z. Klin. Psychol. Psychoth.*, 1972, 2, 152–178.
MAHONEY, M. J. *Kognitive Verhaltenstherapie.* München: Pfeiffer, 1977.
MAHRER, A. R. (Hrsg.) *The Goals of Psychotherapy.* New York: Appleton-Century-Crofts, 1967.
MARTIN, D. G. *Gesprächspsychotherapie als Lernprozeß.* Salzburg: Otto Müller, 1975.
PEREZ, M. Zum Problem der Relevanzforderungen in der Klinischen Psychologie am Beispiel der Therapieziele. In A. ISELER & M. PERREZ (Hrsg.). *Relevanz in der Psychologie.* München: Reinhardt, 1976, 139–154.
ROGERS, C. R. *Die nicht-direktive Beratung.* München: Kindler, 1972.
SACHSE, R.. Der Prozeß der Zielbestimmung in der Verhaltensanalyse. In *Mitteilungen der DGVT,* 1980, 2, 351–359.
SCHMIDTCHEN, S. *Handeln in der Kinderpsychotherapie.* Stuttgart: Kohlhammer, 1978.
SCHOTT, F. Verhaltensmodifikation durch Unterricht, Erziehung und Therapie. In W. BELSCHNER, M. HOFFMANN, F. SCHOTT & CH. SCHULZE (Hrsg.). *Verhaltenstherapie in Erziehung und Unterricht.* Stuttgart: Kohlhammer, 1973, 60–83.
SCHULTE, D. *Diagnostik in der Verhaltenstherapie.* München: Urban & Schwarzenberg, 1974.

SCHULTZ-HENCKE, H. *Lehrbuch der analytischen Psychotherapie.* Stuttgart: Thieme, 1965.
SEMMER, N. & FRESE, M. Handlungstheoretische Implikationen für kognitive Therapie. In N. HOFFMANN (Hrsg.). *Grundlagen kognitiver Therapie.* Bern: Hans Huber, 1979, 115-153.

TAUSCH, R. *Gesprächspsychotherapie.* Göttingen: Hogrefe, 1970.
WOLPE, J. *Praxis der Verhaltenstherapie.* Bern: Hans Huber, 1972.
ZIELKE, M. *Indikation zur Gesprächspsychotherapie.* Stuttgart: Kohlhammer, 1979.

Psychotherapie bei Zwängen

Iver Hand

1 Definition und Verständnisgrundlagen

Denk- und Handlungszwänge kommen transkulturell bei gesunden und seelisch gestörten Menschen nahezu aller Diagnosegruppen sowie bei hirnorganisch alterierten Menschen vor.

Als *aktiv-adaptive Verhaltensmuster (Rituale)* sind sie in der Entwicklung des Individuums zur *sozialen „Normalität"* eines von wenigen Denk- und Handlungsmustern, die dem Menschen zur Verfügung stehen, um intraindividuell und interaktionell das Übermaß zufließender Reize so zu filtern, zu ordnen und mit stereotypisiertem Verhalten beantwortbar zu machen, daß sich im Laufe der Sozialisation „Lebensfähigkeit" entwickeln kann. Sie dienen dabei häufig auch der „magischen" Bewältigung intellektuell nicht mehr verarbeitbarer, etwa Angst- oder Schuldgefühle auslösender Umwelteinflüsse.

In der Entwicklung des Individuums zur *sozialen „Norm-Konformität"* sind Zwänge in unserem Kulturkreis zudem sozial besonders geförderte oder gar geforderte Denk- und Handlungsweisen.

Bei *psychischer oder körperlicher (hirnorganischer) „Krankheit"* sind Zwänge immer dann eines von wenigen dem Menschen zur Verfügung stehenden Denk- und Handlungsmustern zum Aufbau von „Überlebensfähigkeit", wenn eine angemessene Verarbeitung von Umweltreizen nicht mehr möglich ist: Quantitative oder qualitative Reizüberladung bei „normaler" Kapazität zur Informationsverarbeitung kann ebenso wie psychogen und/oder hirnorganisch bedingte Reduktion der emotional-intellektuellen Kapazität zur Informationsverarbeitung mit einer Zunahme von Zwangsverhalten beantwortet werden. Auch hier sind Zwänge aber nicht Krankheit, sondern stellen einen der Kompensationsversuche bei Krankheit dar.

Von *„Krankheit"* sollte nach diesem Modell erst dann gesprochen werden, wenn die Ritualisierung entweder hinsichtlich ihrer entwicklungsnotwendigen Funktionen unterentwickelt oder im Hinblick auf die kompensatorischen Funktionen (quantitativ) überentwickelt, d. h. unökonomisch geworden ist. Die intra-psychischen und inter-aktionellen Funktionen der Zwänge müssen daher für jedes Individuum und sein Sozialfeld gesondert analysiert werden (→ **Krankheitsbegriff**).

Die Lehrmeinungen im Hinblick auf den *Stellenwert von Zwangs-Symptomatik* und deren *Abgrenzung* gegen eine *Zwangs-Struktur* bei unterschiedlich neurotischen Entwicklungen weichen in den verschiedenen „Schulen" der Psychotherapie und Psychopathologie weit auseinander (s. Beech 1974). Meist wird in der Praxis, trotz der differenzierten Systematik in der Literatur, ein nicht psychotischer Patient mit subjektiv im Vordergrund stehender Zwangssymptomatik als „Zwangsneurotiker" diagnostiziert. Für eine therapierelevante Diagnostik ist jedoch ein wesentlich differenzierterer Ansatz erforderlich, denn: Zwänge sind bei neurotischen Patienten selten isolierte Symptombildungen; bei multisymptomatisch gestörten neurotischen Patienten bedeutet das Auch-Vorliegen von Zwängen (in der Regel zusammen mit ausgeprägter Depression) eine besonders tiefe Gesamtgestörtheit (experimentelle Untersuchung dazu s. HAND & ZAWORKA 1981).

Die *Bedeutung von Zwängen bei Patienten und Therapeuten* wird durch die Lehrbuchhinweise auf das seltene Vorkommen der „Zwangsneurose" bei 0.3 bis 0.6 Prozent ambulanter und 2 Prozent stationärer psychiatrischer Patienten völlig verkannt. Unter nahezu 5000 unausgelesenen psychiatrischen Patienten aller Diagnosegruppen erwiesen sich Denk- und Handlungszwänge als mit Abstand häufigste „neurotische" Symptombildungen (FOULDS 1976 in HAND 1981). Viele Personen mit ausgeprägten Zwängen „verheimlichen" diese jedoch Umwelt und Therapeuten - teils aus Angst, daß ihnen zuviel von diesem im Prinzip bejahten Verhalten genommen werden könnte, teils aus peinlicher Berührtheit über bestimmte Inhalte der Symptomatik.

2 Indikation für Psychotherapieverfahren und deren Begleitbedingungen

Die „Zwangsneurose" gilt als eine der prognostisch ungünstigsten und therapeutisch am schwierigsten zu beeinflussenden neurotischen Störungen.

2.1 Indikation

Eine „objektive" differentielle Indikation für die unterschiedlichen Psychotherapieverfahren gibt es nicht. *Gesprächspsychotherapie* scheint bei ausgeprägter, längerlaufender Störung wegen des starken, defensiven Durchsetzungsvermögens vieler dieser Patienten nicht indiziert (→ **Gesprächspsychotherapie**). Die *Psychoanalyse* hat sich seit jeher außerordentlich intensiv im Rahmen ihrer Theorienbildung mit Zwängen beschäftigt (NAGERA 1976, SALZMAN 1980). Die Analyse der Entwicklungsdynamik von Zwangsneurotikern gilt dabei als exemplarisches Arbeitsfeld für die Erweiterung des Verständnisses von Persönlichkeitsentwicklungen schlechthin.

Die therapeutischen Erfolgsaussichten werden eher skeptisch beurteilt, zumindest was die Möglichkeiten von anderen als Langzeitanalysen anbelangt. Kontrollierte Therapie-Erfolgsstudien sind nicht publiziert worden (→ **Psychoanalyse**).

In der *Verhaltenstherapie* gilt die Zwangsneurose als ein schwerpunktmäßiger Indikationsbereich. Zahlreiche kontrollierte Therapiestudien sind versucht worden. Die überwiegend sehr positiv dargestellten Ergebnisse von symptomorientierten Interventionen sind jedoch mit Zurückhaltung zu interpretieren: Oftmals scheinen hier Patienten mit relativ isolierten Denk- oder Handlungszwängen bei zugleich niedriger oder fehlender Depression behandelt worden zu sein; diese machen jedoch allenfalls ein Viertel, der in psychiatrischen Kliniken als „Zwangsneurose" diagnostizierten Patienten aus – und sind unter diesen mit Abstand die gesündesten (→ **Verhaltenstherapie**). Dennoch haben die Verhaltenstherapiestudien zu einer wesentlichen Systematisierung und Weiterentwicklung der auch in anderen Therapieschulen (z. B. FRANKLS Logotherapie) beschriebenen Symptom-Behandlungstechniken geführt. In den letzten Jahren werden verstärkt Bemühungen deutlich, für komplexer gestörte Patienten mit Zwängen multimodale Verhaltenstherapiestrategien zu entwickeln, in denen die symptomgerichteten Techniken nicht mehr den *zentralen,* sondern entsprechend den individuellen Ausgangsbedingungen einen *relativen* Stellenwert haben, und andere Problembereiche des Patienten gleichwertig oder schwerpunktmäßig bearbeitet werden (→ **Indikation**).

2.2 Äußere Therapiebedingungen

Zu dem „Wo" (ambulant oder stationär) und dem „Wie" (Einzel- oder Gruppentherapie; Psychopharmaka), gibt es, unabhängig von den einzelnen Therapieverfahren, recht kontroverse Einstellungen.

Im allgemeinen wird immer noch eine *stationäre Behandlung* für um so erforderlicher gehalten, je schwerer und längerdauernder, auch bei Vorhandensein von Partner und Familie, die

Zwangssymptomatik ist. Stationäre Aufnahme kann hier zwar vorübergehende Entlastung mit Symptomreduktion bringen; selbst bei zusätzlicher Psychotherapie ist das Risiko eines Rückfalles nach Entlassung (d. h. Ausbleiben der Generalisierung intramuraler Therapieeffekte) in das nicht veränderte häusliche und soziale Milieu jedoch außerordentlich hoch. Leichter gestörte oder akut dekompensierte Personen mit Zwängen werden demgegenüber viel eher die im Rahmen stationärer Behandlungen erreichten Erfolge nach Entlassung stabilisieren können. Gerade bei den schwerer gestörten Patienten sollte daher in erster Linie eine intensive ambulante Behandlung unter Einbeziehung des sozialen Umfeldes erwogen werden, obwohl z. B. auch in den Verhaltenstherapiepublikationen noch weit überwiegend stationäre Behandlungen beschrieben werden. Die Indikation zur stationären Aufnahme kann sich jedoch aus anderen Problembereichen als der Zwangssymptomatik heraus ergeben.

Zwangskranke gelten in der psychoanalytischen wie verhaltenstherapeutischen Literatur im allgemeinen als „gruppenunfähig". Wenn überhaupt, dann scheinen sie einzeln oder höchstens zu zweit in Gruppen hineingenommen zu werden. Ambulante, multimodale *Gruppentherapie*, spezifisch für diese Patienten, läßt sich jedoch mit durchaus ermutigendem Erfolg durchführen, wenngleich die Indikationsstellung für die Anwendung des gleichen komplexen „Therapiepaketes" in Einzel- oder Gruppentherapie noch präzisiert werden muß (→**Gruppentherapie**).

Psychopharmaka haben in der Behandlung schwerer gestörter Zwangskranker eine erhebliche Bedeutung. Tranquilizer und Neuroleptika werden viel zu häufig, aber oft aufgrund fehlender psychotherapeutischer Alternativen, unter dem Druck des erheblichen Leidens von Patient und Angehörigen, verordnet. Antidepressiva haben demgegenüber eine spezifische Indikation als Vor- oder beginnende Begleit-Maßnahmen einer Psychotherapie, wenn die bei diesen Patienten häufigen Depressionen eine so „vitale" Tiefe erreichen, daß psychotherapeutische Interventionen nicht mehr „ankommen" oder nicht mehr in neue Verhaltensweisen umgesetzt werden können.

3 Inhalte und Zielsetzungen handlungsorientierter Psychotherapie

Die Therapieplanung kann nicht primär aus der Phänomenologie der Symptomatik, sondern nur unter Berücksichtigung von deren vielfältigen Funktionen und der besonderen Defizite und Verletzbarkeiten dieser Patienten abgeleitet werden. Der Stellenwert symptomgerichteter Übungen innerhalb der Gesamttherapie ergibt sich erst aus der umfassenden Problem- und Bedingungsanalyse, sowie aus der Entwicklung der Patient-Therapeut-Beziehung (→**Problemanalyse**).

Die *Patient-Therapeut-Beziehung* stellt für diese in ihrem Sozialkontakt oft schwer gestörten Patienten das risikoreiche Wagnis einer sowohl gewünschten wie gefürchteten, und in der Realität meist gemiedenen, engeren Zweierbeziehung dar. Ihre Angst vor Kontroll- (Macht-) Verlust und die pseudoassertive Kompensation mit „ständiger Kampfbereitschaft" stellen meist schon früh in der Therapie eine besondere Belastungsprobe für die Zuwendung des Therapeuten dar (→**Therapeut-Klient-Beziehung**).

Motivationsklärung und *Therapiezielsetzung* stellen eine weitere entscheidende Phase für den Therapieablauf dar. Sehr häufig sind die primär vom Patienten scheinbar eigenmotiviert eingebrachten Zielsetzungen – auch im Symptombereich – letztlich fremdinduziert (Familie, Arbeitsplatz). Der Therapeut sollte dem Patienten zuerst zur eigenen Normfindung verhelfen. Zu früh erfolgende Therapiekontrakte führen bei der Durchführung von Therapieübungen sehr rasch zu schwer auflösbaren Therapieblockaden und Störungen der Patient-Therapeut Interaktion – u. U. auch zu deutlicher Störungszunahme beim Patienten (→**Motivation**, →**Ziele**).

Die *Zwangssymptomatik* kann auch in der Verhaltenstherapie entsprechend den Ergebnissen der Problem- und Bedingungsanalyse im Mittelpunkt der Gesamttherapie stehen oder gezielt aus dem aktiv-übenden Teil der Gesamttherapie ausgeblendet werden, oder schließlich den „Einstieg" in eine nachfolgende „Breitband"-Therapie für eine Reihe anderer Problembereiche darstellen, wobei letzteres die Regel ist.

Die *Einbeziehung* von *Partner* und *Familie*, die in der Verhaltenstherapie oft etwas unreflektiert als „Ko-Therapeuten" bei Symptom-Übungen hinzugezogen werden, sollte bei schwerer Gestörten, die in längerdauernden Partnerschaften leben, eher mit dem Versuch erfolgen, die Partner (Familie) direkt oder indirekt als „Ko-Patienten" für die Gesamttherapie zu gewinnen.

Weitere *„typische" Problembereiche* und *Defizite* sollten in der Regel in die Gesamttherapie einbezogen oder auch deren Schwerpunkt werden, u. a.: Risikoangst und Entscheidungsschwäche; niedrige Toleranz für Stimmungsschwankungen; sexuelle Probleme, häufig mit Angst vor der vermeintlichen eigenen Triebhaftigkeit einerseits und der Beziehungskomponente bei sexuellen Kontakten andererseits; ausgeprägte Hyperreflexion der eigenen Person und Probleme; primärer Mangel an Alternativverhalten. Schließlich auch die bereits erwähnten Versuche der pseudo-assertiven Kompensation sozialer Defizite und Ängste, die dazu führt, daß viele dieser Patienten in engeren Zweierbeziehungen ständig versuchen zu „siegen" – um nicht, wie der sozial Gehemmte, „unterdrückt" zu werden; eben dadurch verlieren sie jedoch mögliche Partner frühzeitig oder geraten mit ihnen in eine Dauerkonfrontation.

Motivationsprobleme der Therapeuten hinsichtlich einer therapeutischen Arbeit mit diesen Patienten scheinen zu einem großen Teil auf dieses Interaktionsverhalten vieler Zwangskranker zurückzuführen zu sein. Adäquates Umgehenkönnen mit dieser Problematik scheint vielfach nur durch kontinuierliche Therapiesupervision mit Bearbeitungsmöglichkeit für die eigene „Gegenübertragung" möglich. Ist diese gewährleistet, verliert die Arbeit mit diesen Patienten erheblich an der oft von Therapeuten beklagten Aversivität. Diese Supervision und Aufarbeitung der eigenen emotionalen Reaktion im Therapieablauf sind unerläßlich für all jene Therapeuten, die mit aktiv-übenden Techniken arbeiten. Werden diese Techniken bei diesen Patienten ohne entsprechende Vorbereitung auf der Beziehungsebene und bei der Motivationsabklärung angewandt, so besteht ein hohes Risiko einer therapieinduzierten Befindlichkeitsverschlechterung beim Patienten.

LITERATUR

BEECH, H. K. *Obsessional states.* London, Methuen, 1974.

HAND, I. & TICHATZKI M. Behavioral group therapy for obsessions and compulsions: first results of a pilot study. In P. O. SJÖDEN, S. BATES & W. S. DOKKENS (Hrsg.) *Trends in behavior therapy.* New York, Academic Press, 1979.

HAND, I. Multimodale Verhaltenstherapie bei Zwängen. Ein neuer Ansatz für Theorie und therapeutische Handlungsstrategie. *Nervenarzt,* 1981.

HAND, I. & ZAWORKA, W. Entwicklung der Zwangsneurose über die Zeit: Ergebnisse einer „Quasi"-Längsschnittuntersuchung und deren Implikationen für die Neurosentheorie und -therapie. In U. BAUMANN (Hrsg.) *Indikation zur Psychotherapie.* München: Urban und Schwarzenberg, 1981.

NAGERA, H. *Obsessional neurosis.* New York: Jason Aronson Inc., 1976.

RACHMAN, ST. & HODGSON, R. *Obsessions and cumpulsions.* Englewood Cliffs, New Jersey: Prentice-Hall, 1980.

SALZMAN, L.: *Treatment of the obsessive personality.* New York: Jason Aronson Inc., 1980.

Anhang: Zusammenstellung von Informationsquellen für psychotherapeutische Behandlung

CARMEN UNHOLD

Bei der Einschätzung der folgenden Zusammenstellung von Informationsquellen für psychotherapeutische Behandlung sind zwei Gesichtspunkte zu berücksichtigen. Zum einen weist in der Bundesrepublik Deutschland und in West-Berlin das Angebot an psychosozialen Hilfen qualitativ und quantitativ Mängel und Defizite auf und zum anderen werden Aufklärung und die Bereitstellung von Informationsquellen über die existierenden Behandlungsangebote durch die unzureichende Koordination und Kooperation im psychosozialen Gesundheitswesen und durch die Existenz einer kaum überschaubaren Vielzahl von Vereinen, Verbänden und Organisationen erschwert, die sich – z.T. ohne Qualifikationskriterien unterworfen zu werden – im Psychotherapiebereich ausbreiten.

Die hier zusammengestellten Informationen, die nur eine Auswahl darstellen, sollen Hilfesuchenden und Helfern die Orientierung im psychosozialen Angebot erleichtern. Aufgrund instabiler Organisations- und Institutionalisierungsformen muß vor allem auf regionaler Ebene mit Änderungen von Anschriften (z. B. wegen Wechsel der Kontaktperson), Auflösung oder Neueinrichtung von psychosozialen Diensten gerechnet werden. Aus diesem Grund wurden hauptsächlich Angaben über Koordinationsstellen aufgenommen, die neueste Adressen und Informationen über regionale Einrichtungen vermitteln können.

Gliederung der folgenden Zusammenstellung:

1 Allgemeine Suchstrategien für psychotherapeutische Behandlung
2 Psychosoziale Ausbildungs- und Interessenverbände
3 Psychosoziale Arbeitsgemeinschaften
4 Koordinationsstellen und Träger auf Bundesebene
5 Selbsthilfegruppen
6 Beratungsstellen und Schulpsychologische Dienste
7 Stationäre und teilstationäre Einrichtungen
8 Rehabilitation

1 Allgemeine Suchstrategien für psychotherapeutische Behandlung

Hier sollen einige Tips gegeben werden, wie man relativ schnell Auskunft über Möglichkeiten psychotherapeutischer Behandlung bekommt.

Günstige Suchstrategien sind:

- Freunde, Verwandte, Lehrer, Ärzte ... um Information fragen
- im Telefon- oder Branchenverzeichnis nachsehen (Stichwörter: Beratungsstelle, Psychologen, Psychotherapeuten, psychologische ...; evtl. auch unter „Stadt" oder unter „Kirchen" nachsehen, da diese häufig Träger psychosozialer Beratungsstellen sind; s.a. 4.2)
- sich an die regionale Psychosoziale Arbeitsgemeinschaft wenden
- sich an das örtliche Gesundheitsamt um Auskunft wenden
- irgendeine psychotherapeutische Einrichtung anrufen, auch wenn dies dem eigenen Problem

nicht angemessen erscheint, deutlich um eine Auskunft über am Ort bestehende Behandlungsmöglichkeiten fragen
- sich an das Landesministerium für Gesundheit oder Familie wenden.

2 Psychosoziale Ausbildungs- und Interessenverbände

2.1 Therapieverbände

In der Bundesrepublik und in West-Berlin ist die Psychotherapieausbildung traditionsgemäß überwiegend aus den Universitäten und dem öffentlichen Bildungssystem ausgegliedert und privaten Therapieverbänden überlassen. Dies bedeutet, daß vor allem wegen der z. T. sehr hohen Kosten und der teilweisen Beschränkung von Ausbildung auf die Berufsgruppen der Ärzte und Psychologen, nicht für alle im psychosozialen Gesundheitswesen Tätigen die Teilnahme an Therapieausbildung möglich ist.

Von den Therapieverbänden haben sich lediglich die Deutsche Gesellschaft für Verhaltenstherapie (DGVT) und die Gesellschaft für wissenschaftliche Gesprächspsychotherapie (GwG) von dem elitären Charakter der Psychotherapieausbildung mehr oder weniger abgewandt. So versucht die GwG zumindest Teile ihrer Ausbildung wieder in die Universitäten und Hochschulen hineinzuverlagern und in der DGVT betreiben die Mitglieder selbstorganisierte Aus- und Weiterbildung.

- *Verhaltenstherapie*
Deutsche Gesellschaft für Verhaltenstherapie (DGVT), Postfach 1343, Uhlandstr. 2, 7400 Tübingen, Tel. 07071/3269
Ziele der DGVT sind Aus- und Weiterbildung der verschiedenen Berufsgruppen in Verhaltenstherapie sowie Durchführung einer sozialwissenschaftlich orientierten gemeindenahen psychosozialen Versorgung.

- *Gesprächspsychotherapie*
Gesellschaft für wissenschaftliche Gesprächspsychotherapie (GwG), Werderstraße 20, 5000 Köln 1, Tel. 0221/521956

Zielsetzung der GwG sind Aus- und Weiterbildung der verschiedenen psychosozialen Berufsgruppen in Gesprächstherapie sowie Förderung einer gemeindenahen psychosozialen Versorgung.

- *Psychoanalyse*
Allgemeine ärztliche Gesellschaft für Psychotherapie (AÄGP), Geschäftsführer: Dr. H.-G. Rechenberger, Klinik für Psychotherapie, Nettelbeckstraße 3, 4000 Düsseldorf, Tel. 0211/482097
Deutsche Gesellschaft für Analytische Psychologie e. V. (DGAP), 1000 Berlin 37, Schützenallee 118
Deutsche Gesellschaft für Psychosomatik und Tiefenpsychologie (DGPT), Ständige Geschäftsführung: Dr. jur. J. T. Vogel, Am Schlachtensee 2, 1000 Berlin 37, Tel. 030/8012079
Deutsche psychoanalytische Gesellschaft (DPG), Geschäftsführender Vorsitzender: Dr. Wolfgang Zander, Hildegartstraße 30, 8035 Gauting/München, Tel. 089/8502548
Deutsche psychoanalytische Vereinigung (DPV), Geschäftsstelle Sulzaerstraße 3, 1000 Berlin, Tel. 030/826440
Deutsche Akademie für Psychoanalyse e. V. (DAP), 1000 Berlin 15, Wielandstraße 27–28
Deutscher Arbeitskreis für Gruppenpsychotherapie und Gruppendynamik (DAGG), Erster Vorsitzender: Prof. Dr. Ohlmeier, Gesamthochschule Kassel, Möncheberg Straße 19, 3500 Kassel, Tel. 0561/8041

Die psychoanalytischen Therapieverbände sind im Gegensatz zu den beiden oben genannten Gesellschaften für Verhaltenstherapie und Gesprächspsychotherapie in eine Vielzahl kleinerer Verbände (mit erheblich geringerer Mitgliederzahl) aufgesplittert. Ziel der Psychoanalytischen Therapieverbände ist die Ausbildung von Ärzten und/oder Psychologen in Psychoanalyse.

- *Erlebniszentrierte, humanistische oder sonstige Therapieverbände und Therapieinstitute*
Im Zusammenhang mit dem sogenannten „Psycho-Boom" der letzten Jahre sind in der Bundesrepublik Deutschland und West-Berlin

eine Vielzahl von Therapieverbänden mit unterschiedlichsten Zielsetzungen entstanden. Die hier folgenden Anschriften können die Verwirrung, die im Psychotherapiesektor entstanden ist, gewiß nicht auflösen. Die willkürliche kleine Auswahl dokumentiert aber vielleicht doch die Unüberschaubarkeit in diesem Bereich des Psychotherapiemarktes. Sie wurde aus *Report Psychologie* (2/1978 S. 113-114) entnommen.

Bewegung für Humanistische Psychologie. Nordring 8, 6740 Landau, Tel. 06341/82840

Deutsche Gesellschaft für Transaktionsanalyse, Kundrystraße 1, 1000 Berlin 41

DGGK: Deutsche Gesellschaft für Gestalttherapie und Kreativitätsförderung (DGGK) Brehmstraße 9, 4000 Düsseldorf, Tel. 0211/620303

Fritz-Perls-Institut, Brehmstraße 9, 4000 Düsseldorf

Familientherapie-Institut von Kalifornien, Gautingerstraße 9, 8031 Weßling/b. München

Gesellschaft für psychosomatische Therapie mbH, Adlerstraße 21, 4000 Düsseldorf

Gesellschaft für soziale Psychotherapie und Beratung e.V. Brandenburgische Straße 24, 1000 Berlin 31

Institut für Familientherapie e.V. Hübschstraße 4, 6940 Weinheim

Institut für Gestalt-Therapie Köln, Boisseree Straße 3, 5000 Köln 1

Institut für Kommunikationstherapie, Kundrystraße 1, 1000 Berlin 1

Institut für Gestalttherapie (IGW), Theaterstraße 2, 8700 Würzburg

Institut für Psychotechnik, Maximilianstraße 71, 8900 Augsburg

Institut für Sozialtherapie und Aktionsforschung, Postfach 250531, 4630 Bochum

Institut für angewandte Sozialpsychologie, Kommunikationstraining und Organisationsentwicklung (ISKO), Sievekingsallee 86, 2000 Hamburg 26, Tel. 040/218121

Institut für Integrierte Therapie (iit), Tal 18, 8000 München 2

Institut für Forschung und Ausbildung in Kommunikationstherapie e.V., Rückertstraße 9, 8000 München 2

Moreno-Institut, Uhlandstraße 7, 7700 Überlingen

Nürnberger Zentrum für angewandte Psychologie (ZAP), Am Gräslein 6-8, 8500 Nürnberg

Partnerschafts- und Familienberatung Altmann, Hans-Henny-Jahn Weg 41-45, 2000 Hamburg 76

Therapiezentrum St. Colomann, 8091 Schlicht Nr. 2, Post Soyen. W. I. L. L.

Frau H. Zeyde Erdmann, Rognette-Weg 61, 6100 Darmstadt

Zentrum für Individual- und Sozialtherapie (ZIST), 8122 Penzberg

Um Ziele und Arbeitsmethoden dieser Therapie-Institute einschätzen zu können, empfiehlt sich die Anforderung einer Informationsbroschüre von den jeweiligen Einrichtungen. Weitere Adressen sind veröffentlicht in:

- Deutsches Institut für Fernstudien (Hg): Funkkolleg Beratung in der Erziehung. Studienbegleitbrief 12, 1976
- P. Nischk: Kursbuch für die Seele, München 1976, S. 398-400.

2.2 Arbeitsgemeinschaften der Ausbilder an den Universitäten

- Ständige Konferenz für Klinische Psychologie und Psychotherapie an Hochschuleinrichtungen für Psychologie. Prof. Dr. Eva Jaeggi, Technische Universität Berlin. Institut für Psychologie, Dovestr. 1-5, 1000 Berlin. Tel. 030/314437
- Ständige Konferenz der Hochschullehrer für Psychotherapie, Medizinische Psychologie und Medizinische Soziologie. Prof. Dr. M. L. Moeller, Friedrichstr. 28, 6300 Gießen.

Zielsetzungen der „Ständigen Konferenzen" sind u.a. Erarbeitung und Umsetzung von Ausbildungskonzeptionen.

2.3 Berufsverbände

- Berufsverband Deutscher Psychologen (BDP). Hauptgeschäftsstelle, Heilsbachstr. 22, 5300 Bonn 1, Tel. 0228/646122

- Deutsche Gesellschaft für Psychologie (DGfP). Prof. Dr. Heinz Heckhausen, Psychologisches Institut der Ruhruniversität Bochum. Postfach 2148, 4630 Bochum, Tel. 0234/7002672

Der BDP vertritt die berufsspezifischen Interessen seiner Mitglieder und organisiert Fortbildungsveranstaltungen.

Die DGfP ist ein Zusammenschluß der in der psychologischen Forschung tätigen Hochschullehrer.

2.4 Interdisziplinäre Verbände

- Deutsche Gesellschaft für soziale Psychiatrie (DGSP), Postfach 1165, 3050 Wunstorf 1, Tel. 05031/4021

Die DGSP ist ein Zusammenschluß von Ärzten und anderen in der psychosozialen Versorgung tätigen akademischen und nichtakademischen Berufsgruppen und Laien. Sie setzt sich für gemeindenahe, interdisziplinäre Zusammenarbeit und Chancengleichheit in der psychosozialen Praxis ein. Die DGSP vertritt damit ein anderes gesundheitspolitisches Konzept als die klinisch-psychologischen Standesverbände. Entsprechend versteht sie sich auch nicht als eine Alternative zur gewerkschaftlichen Organisierung.

2.5 Gewerkschaften

- Deutscher Gewerkschaftsbund (DGB), Bundesvorstand: Hans-Böckler-Straße 39, Postfach 2601, 4000 Düsseldorf 30, Tel. 0211/43011
- Gewerkschaft Erziehung und Wissenschaft (GEW), Hauptvorstand: Unterlindau 58, 6000 Frankfurt/Main 18, Tel. 0611/726454-6
- Gewerkschaft Öffentliche Dienste, Transport und Verkehr (ÖTV), Hauptvorstand: Theodor-Heuss-Straße 2, 7000 Stuttgart 1, Tel. 0711/20971

Der DGB vertritt die Interessen der Arbeitnehmer und ihrer Familien. Die gesundheitspolitischen Konzeptionen des DGB gehen in Richtung einer demokratischen und gemeindenahen psychosozialen Praxis.

Im psychosozialen Gesundheitswesen Tätige können sich in den DGB-Gewerkschaften GEW oder ÖTV organisieren. Beide Gewerkschaften haben gesundheitspolitische Arbeitsgruppen.

3 Psychosoziale Arbeitsgemeinschaften

In Psychosozialen Arbeitsgemeinschaften (PSAG) arbeiten auf freiwilliger Basis im psychosozialen Gesundheitswesen Berufstätige, Laienhelfer und von psychischen Problemen Betroffene zusammen.

Ziel Psychosozialer Arbeitsgemeinschaften ist die Einrichtung, Förderung und Koordination einer gemeindenahen Versorgung. Im Rahmen ihrer Informations-, Koordinations- und Kooperationsaufgaben stellen die Psychosozialen Arbeitsgemeinschaften Informationen und Adressenlisten über Einrichtungen in ihrer Region zusammen. Zum Teil geben die PSAG's ausführliche Informationsbroschüren über psychosoziale Hilfen heraus (z. B. Bielefeld und Marburg-Biedenkopf).

AUGSBURG: Psychosoziale Arbeitsgemeinschaft Augsburg. Städtisches Gesundheitsamt, Psychologische Beratungsstelle, Hoher Weg 8, 8900 Augsburg, Tel. 0821/3241
BAMBERG: Psychosoziale Arbeitsgemeinschaft Bamberg. Staatliches Gesundheitsamt Bamberg, c/o Alfred Alberts, Kapuzinerstraße 25, 8600 Bamberg, Tel. 0951/23427
BAYREUTH: Psychosoziale Arbeitsgemeinschaft Bayreuth. Staatliches Gesundheitsamt Bayreuth, c/o Dr. Alberts. Friedrichstraße 14, 8580 Bayreuth, Tel. 0921/6061
BERGKAMEN-WERNE: Psychosoziale Arbeitsgemeinschaft Bergkamen-Werne, c/o Gabriele Pickmann, Bergstraße 7, 4618 Kamen-Heeren, Tel. 02307/6343
BIELEFELD: Psychosoziale Arbeitsgemeinschaft Bielefeld. Beratungsstelle für Kinder, Jugendliche und Eltern, c/o Ulrich Oppel, Reichowplatz 3, 4800 Bielefeld 11, Tel. 05205/2880
BOCHUM: Psychosoziale Arbeitsgemeinschaft Bochum. Studienbüro der Ruhr-Universität Bo-

chum, c/o Maria Weigmann, Universitätsstraße 15, 4630 Bochum, Tel. 0234/7001
BÖBLINGEN: Psychosoziale Arbeitsgemeinschaft Böblingen. Diakonische Bezirksstelle, c/o Hans-Jürgen Behnke, Am Käppele 25, 7030 Böblingen, Tel. 07031/223067
BONN und RHEIN-SIEG-KREIS: Psychosoziale Arbeitsgemeinschaft Bonn. Rheinische Landesklinik Bonn, c/o Herrn Burianski, Kaiser-Karl-Ring 20, 5300 Bonn 1, Tel. 02221/551 24 99 oder 5512500
COBURG: Psychosoziale Arbeitsgemeinschaft Coburg. Gesundheitsamt, Neustädter Straße, 8630 Coburg, Tel. 09561/7773
DARMSTADT: Psychosoziale Arbeitsgemeinschaft Darmstadt, c/o Dr. Hans Wedler, Am Elfengrund 17, 6100 Darmstadt, Tel. 06151/53437
DORTMUND: Psychosoziale Arbeitsgemeinschaft Dortmund. Gesellschaft für seelische Gesundheit e. V., Jägerstraße 5, 4600 Dortmund 1, Tel. 0231/818906
DÜREN: Psychosoziale Arbeitsgemeinschaft Kreis Düren. Gesundheitsamt, c/o Dr. Erkers, Marienstraße 19, 5160 Düren, Tel. 02421/1991
DÜSSELDORF: Psychosoziale Arbeitsgemeinschaft Düsseldorf. Institut für Lebensberatung, c/o A. Hizler, Goethestraße 56, 4000 Düsseldorf, Tel. 0211/8995330
DUISBURG: Psychosoziale Arbeitsgemeinschaft Duisburg. Gesundheitsamt der Stadt Duisburg, c/o Herr Fischer, 4100 Duisburg 1, Tel. 02135/7185
ERFTKREIS: Psychosoziale Arbeitsgemeinschaft des Erftkreises. Psychiatrischer Dienst im Gesundheitsamt, c/o Herrn Krahe, Friedrich-Ebert-Straße 11, 5030 Hürth, Tel. 02233/512774
ESSEN: Sozialpsychiatrische Arbeitsgemeinschaft der Stadt Essen. Gesundheitsamt Essen, c/o Herrn Leitsch, Bernestraße 7, 4300 Essen, Tel. 0201/1812070
ESSLINGEN: Landratsamt/Kreissozialamt, c/o Herrn Wirth, Pulverwiesen 42, 7300 Esslingen, Tel. 0711/39022564
FRANKFURT: Arbeitsgemeinschaft Gefährdeten- und Behindertenhilfe Frankfurt. Fachgruppe für Psychisch Behinderte, c/o Herr Schrank, Biedenkopfer Weg 40, 6000 Frankfurt/Main 90, Tel. 0611/784181

GELSENKIRCHEN: Psychosoziale Arbeitsgemeinschaft Gelsenkirchen. Gesundheitsamt, c/o Dr. Palm, Postfach 2105, 4650 Gelsenkirchen, Tel. 0209/1691
GIESSEN-WETZLAR: Psychosoziale Arbeitsgemeinschaft Gießen-Wetzlar. Sekretariat: Friedrichstraße 24, 6300 Gießen, Tel. 0641/7022496
HAMBURG-EIMSBÜTTEL-EPPENDORF: Psychosoziale Arbeitsgemeinschaft Hamburg-Eimsbüttel. Die Boje, c/o Renate Anders, Methfesselstraße 44, 2000 Hamburg 19, Tel. 040/491611
HAMBURG-HARBURG: Psychosoziale Arbeitsgemeinschaft Hamburg-Harburg. Beratungsstelle „Der Lotse", Fährstraße 70, 2000 Hamburg 93, Tel. 040/759999
HANNOVER: Arbeitskreis Gemeindepsychiatrie. Psychiatrische Klinik der medizinischen Hochschule, c/o Prof. Dr. Erich Wulff, Karl-Wiechert-Allee 9-11, 3000 Hannover 61, Tel. 0511/5322409
HEIDELBERG: Psychosoziale Arbeitsgemeinschaft Heidelberg. Trainings- und Therapiezentrum, c/o Christiane Haerlin, Lempenseite 46, 6908 Wiesloch, Tel. 06222/50821
HEILBRONN: Psychosoziale Arbeitsgemeinschaft Heilbronn. PLK Weißenhof, c/o Ingrid Rauch, 7102 Weinsberg. Tel. 07134/751
HERFORD: Psychosoziale Arbeitsgemeinschaft Herford. Gesundheitsamt Herford, c/o Erika Baldewein, Wittekindstraße 15, 4900 Herford, Tel. 05221/13557
HÖXTER: Psychosoziale Arbeitsgemeinschaft Höxter. Abteilung für klinische Psychiatrie am St.-Josefs-Hospital, „Modellaktion", St.-Josefs-Hospital, 3490 Bad Driburg, Tel. 05253/2052
HOF: Psychosoziale Arbeitsgemeinschaft Hof. Staatliches Gesundheitsamt Hof, Theaterstraße 8, 8670 Hof/Saale, Tel. 09281/1958
KARLSRUHE: Beratungs- und Informationszentrum (BIZ). c/o Ute Kumpf, Karlstraße 40, 7500 Karlsruhe 1, Tel. 0721/6085170
KASSEL: Psychosoziale Arbeitsgemeinschaft Kassel. Sozial-psychiatrische Beratungsstelle beim Stadtgesundheitsamt, Zentrum für Gemeinschaftshilfe. Wilhelmshöher Allee 32 A, 3500 Kassel, Tel. 0561/1091222
KONSTANZ: Psychosozialer Arbeitskreis Konstanz. c/o Dr. Hülsmeier, Austraße 30, 7750 Konstanz, Tel. Tel. 07531/64470

KREFELD: Sozialpsychiatrische Arbeitsgemeinschaft. Sozialpsychiatrischer Dienst, Westparkstraße 99, 4150 Krefeld, Tel. 02151/632951
LIPPE: Psychosoziale Arbeitsgemeinschaft Kreis Lippe. Gesundheitsamt Detmold, Pideritstraße 1, 4930 Detmold, Tel. 05231/771
LUDWIGSBURG: Psychosoziale Arbeitsgemeinschaft Ludwigsburg. Psychologische Beratungsstelle des Landkreises Ludwigsburg. Posilipostraße 53, 7140 Ludwigsburg, Tel. 07141/144
MARBURG-BIEDENKOPF: Psychosoziale Arbeitsgemeinschaft Marburg-Biedenkopf. PKH Marburg-Süd, c/o Dietrich Wagener, Cappeler Straße 98, 3550 Marburg, Tel. 06421/404361
MESCHEDE: Psychosoziale Arbeitsgemeinschaft Meschede, Gesundheitsamt, 5778 Meschede, Tel. 0291/2011
METTMANN: Psychosoziale Arbeitsgemeinschaft Mettmann. Kreisgesundheitsamt, c/o Dr. Straßen, Düsseldorfer Straße 26, 4020 Mettmann, Tel. 02104/790420
MINDEN: Psychosoziale Arbeitsgemeinschaft Minden. Gesundheitsamt Minden, Portastraße 13, 4950 Minden i.W., Tel. 0571/807 2861
MÖNCHENGLADBACH: Psychosoziale Arbeitsgemeinschaft Mönchengladbach. Gesundheitsamt Mönchengladbach, Am Steinberg 55, 4050 Mönchengladbach 1, Tel. 02161/270255
MÜNCHEN: Arbeitsgemeinschaft für Drogenabhängige im Bereich Oberbayern. c/o Jürgen Salzhuber, Schwanthaler Straße 106, 8000 München 2, Tel. 089/146982 (im Aufbau)
MÜNSTER: Psychosoziale Arbeitsgemeinschaft Münster. Deutscher Paritätischer Wohlfahrtsverband, c/o D. Reichwald, Hafenstraße 75, 4400 Münster, Tel. 0251/662002
OBERBERGISCHER KREIS: Psychosoziale Arbeitsgemeinschaft. Rheinische Landesklinik, c/o Dr. Siede, 5277 Marienheide, Tel. 02264/6044
OLDENBURG: Psychosoziale Arbeitsgemeinschaft Oldenburg. Universität Oldenburg, c/o Prof. Dr. Dr. Gottwald, Berkenweg 3, 2900 Oldenburg, Tel. 0441/51061
PADERBORN: Psychosoziale Arbeitsgemeinschaft Paderborn. Gesundheitsamt Paderborn, Aldegrever Straße 10-14, 4790 Paderborn, Tel. 05251/208422
PFORZHEIM-ENZKREIS-MÜHLACKER: Psychosoziale Arbeitsgemeinschaft Pforzheim-Enzkreis-Mühlacker. Aktionsgemeinschaft „Drogen Pforzheim", Psychosoziale Beratung und Behandlung für junge Menschen, Hohenzollernstraße 34, 7530 Pforzheim, Tel. 07231/101213
RAVENSBURG: Psychosoziale Arbeitsgemeinschaft Ravensburg. Psychologische Beratungsstelle, c/o Dr. Jörg Sandberger, Herrenstraße 2/I., 7980 Ravensburg, Tel. 0751/3977
RECKLINGHAUSEN: Psychosoziale Arbeitsgemeinschaft Recklinghausen. Telefonseelsorge, c/o Herr Brinkmann, Paulusstraße, 4350 Recklinghausen, Tel. 02361/13066
REMSCHEID: Psychosoziale Arbeitsgemeinschaft Remscheid. Gesundheitsamt, Hastener Straße 15, 5630 Remscheid, Tel. 02191/197946
REUTLINGEN: Psychosoziale Arbeitsgemeinschaft Reutlingen. Gustav-Werner-Stiftung zum Bruderhaus, c/o Joachim Walter, Postfach 68, 7410 Reutlingen, Tel. 07121/25255
SCHWÄBISCH-HALL: Psychosoziale Arbeitsgemeinschaft Schwäbisch-Hall. Diakonie-Krankenhaus, c/o Peter Hempel, 7170 Schwäbisch-Hall, Tel. 0791/7531
SINSHEIM-WIESLOCH: Psychosoziale Arbeitsgemeinschaft Sinsheim-Wiesloch, c/o Dr. Jacobi, Friedrichstraße 16, 6920 Sinsheim, Tel. 07261/3860
SOEST: Psychosoziale Arbeitsgemeinschaft Kreis Soest. Gesundheitsamt, c/o Dr. Born, 4770 Soest, Tel. 02921/101375
STEINFURT: Psychosoziale Arbeitsgemeinschaft des Kreises Steinfurt. Gesundheitsamt, c/o Kreisamtsrat Lammerding, 4430 Steinfurt, Tel. 02551/192818
STUTTGART: Psychosoziale Arbeitsgemeinschaft Stuttgart. c/o Rolf-Jürgen Hägebarth, Meisenweg 3, 7000 Stuttgart, Tel. 0711/247635
TRIER: Psychosoziale Arbeitsgemeinschaft Trier. Stadtverwaltung Trier, Abteilung 511, 5500 Trier, Tel. 0651/718358
WIESBADEN: Psychosoziale Arbeitsgemeinschaft Wiesbaden. Klinik für Kinder- und Jugendpsychiatrie, c/o Dr. Kaestner, Rheinhöhe, 6228 Eltville, Tel. 06123/6021

4 Koordinationsstellen und Träger im psychosozialen Gesundheitswesen auf Bundesebene

- Aktionsausschuß zur Verbesserung der Hilfe für psychisch Kranke, Beethovenstraße 61, 6000 Frankfurt/Main.
- Bundesarbeitsgemeinschaft der freien Wohlfahrtspflege, Franz-Lohe-Straße 19, 5300 Bonn. Deren sechs Mitgliedsverbände sind:
  - Arbeiterwohlfahrt-Bundesverband, Ollenhauerstraße 3, 5300 Bonn
  - Deutscher Caritasverband, Karlstr. 40, 7800 Freiburg
  - Deutscher Paritätischer Wohlfahrtsverband-Gesamtverband, Heinrich-Hoffmann-Straße 3, 6000 Frankfurt-Niederrad
  - Deutsches Rotes Kreuz-Präsidium, Friedrich-Ebert-Allee 71, 5300 Bonn
  - Diakonisches Werk der EKD, Stafflenbergstraße 76, 7000 Stuttgart
  - Zentralwohlfahrtsstelle der Juden in Deutschland, Hebelstraße 17, 6000 Frankfurt/Main
- Bundesministerium für Jugend, Familie und Gesundheit, Postfach, 5300 Bonn-Bad-Godesberg
- Bundeszentrale für gesundheitliche Aufklärung, Ostmerheimer Straße 200, Postfach 930103, 5000 Köln-Merheim, Tel. 0221/891031

Die Bundeszentrale für gesundheitliche Aufklärung hat einen kostenlosen Beratungsführer (1976) und eine Sonderinformation über Schwangerschaftskonfliktberatung (1977) herausgegeben. In beiden Schriften sind neben inhaltlichen Informationen über die Aufgabenbereiche die Anschriften der Beratungsstellen in der Bundesrepublik Deutschland und West-Berlin enthalten.

Bundeszentralen der Selbsthilfegruppen (5), Beratungsstellen (6) sowie für Rehabilitation (8) werden unter den entsprechenden Gliederungspunkten aufgeführt.

5 Selbsthilfegruppen

In den problembezogenen Selbsthilfegruppen arbeiten die jeweils Betroffenen mit der Zielsetzung der Selbsthilfe bei der Bewältigung ihrer Lebenssituation zusammen. Die Gruppen sind offen für neue Teilnehmer.

5.1 Arbeitsgemeinschaften und Dachorganisationen

- Deutsche Arbeitsgemeinschaft Selbsthilfegruppen (DAG SHG) Friedrichstraße 28, 6300 Gießen, Tel. 0641/702-2478
  In der DAG SHG arbeiten Personen und Gruppen zusammen, die in Selbsthilfegruppen teilnehmen oder sich für Selbsthilfe interessieren. Die DAG SHG bringt zweimal pro Jahr ein Informationsblatt heraus mit den neuesten Adressen von Selbsthilfegruppen und von Personen, die Selbsthilfe anstreben.
- Arbeitsgruppe „Selbsthilfegruppen" der Deutschen Gesellschaft für Soziale Psychiatrie (DGSP), Postfach 1165, 3050 Wunstorf 1, Tel. 05031/4021
  Es besteht eine enge Zusammenarbeit zwischen dieser Arbeitsgruppe und der DAG SHG.
- Dachverband Psychosozialer Hilfsvereinigungen e. V., Postfach 7169, 5300 Bonn, Vorsitzende: Dr. Inge Schöck, Lorcher Straße 8, 7000 Stuttgart 50, Tel. 0711/522321
  Der Verband bietet Supervision und Weiterbildung für Laien und Selbsthilfegruppen; er gibt ein Verzeichnis heraus, in dem die Anschriften von Selbsthilfegruppen und Selbsthilfeinitiativen, Patientenclubs und Freundeskreisen (von Patienten und ehemaligen Patienten psychisch therapeutischer oder psychiatrischer Kliniken) veröffentlicht werden.

5.2 Anschriften von Zentralen Selbsthilfegruppen

- Anonyme Alkoholiker (AA), Deutsche Kontaktstelle, Postfach 422, 8000 München 1, Tel. 089/366555

- Blaues Kreuz in der ev. Kirche Deutschlands e. V., Graf-Recke-Straße 211, 4000 Düsseldorf 1, Tel. 0211/707195, Selbsthilfegruppe für Alkohol- und Drogenabhängige.
- Bundesarbeitsgemeinschaft „Hilfe für Behinderte" e. V. Kirchfeldstraße 149, 4000 Düsseldorf, Tel. 0211/340085 oder 340086
- Deutsche Hauptstelle gegen Suchtgefahren (DHS), Westring 2, City-Center, Postfach 109, 4700 Hamm i. W. 1, Tel. 02381/25855 od. 25269
- Emotions Anonymous (EA), Selbsthilfegruppe für emotionale Gesundheit, Zentrale Kontaktstelle, Eichstraße 45, 3000 Hannover 1, Tel. 0511/320215

  Bei EA handelt es sich um Selbsthilfegruppen für Menschen mit psychischen Schwierigkeiten, die zum Teil Erfahrungen mit psychotherapeutischer oder psychiatrischer Behandlung gemacht haben.
- Frauenselbsthilfe nach Krebs e. V., Emmi Bekker, Bussardstraße 6, 6831 Brühl, Tel. 06202/3916
- Interessengemeinschaft brustamputierter Frauen, Berlin, Brigitte Burmeister, Kaiserdamm 88, 1000 Berlin, Tel. nach 16.00 Uhr 030/3026488
- Interessengemeinschaft der Krebsnachsorge des Landes Bremen e. V., Landwehrstraße 60, 2800 Bremen, Tel. 0421/390066
- Kreuzbund e. V. Selbsthilfeorganisation und Helfergemeinschaft für Suchtkranke, Hoheneckzentrale, c/o Julius Ilsen, Jägerallee 5, 4700 Hamm, Tel. 02381/8768
- Stotterer-Selbsthilfegruppen e. V., Geschäftsstelle: Wolfgang Köhle, Uhlandstraße 2, 7421 Mehrstetten.
- Synanon Deutschland – Für ein Leben ohne Drogen, Bernburger Straße 24/25, 1000 Berlin 65
- Verband Alleinstehender Mütter und Väter (VAMV), Martin-Luther-Straße 20, 6000 Frankfurt/Main, Tel. 0611/437777

Die Adressen von regionalen Selbsthilfegruppen können über die jeweiligen Zentralen oder falls keine Zentralstellen hier angegeben sind über die unter 5.1. genannten Organisationen erfragt werden.

Kurzbeschreibungen (Entstehung der Gruppen, Darstellung der Gruppensituation, Zusammenarbeit mit anderen Gruppen, Öffentlichkeitsarbeit, Supervision und Begleitforschung) und Adressen einzelner regionaler Selbsthilfegruppen in der Bundesrepublik Deutschland, West-Berlin und der Schweiz wurden kürzlich veröffentlicht (K.-W. Daum, D. Krah, Selbsthilfegruppen in der Bundesrepublik Deutschland, Sozialpsychiatrische Information, Juni/Juli 1979, S. 104–132, Psychiatrie-Verlag, Karl-Wiechert-Allee 9, 3000 Hannover).

6 Beratungsstellen und Schulpsychologische Dienste

6.1 Anschriften der Koordinationsstellen von Beratungsdiensten

- Bundeskonferenz für Erziehungsberatung, Geschäftsstelle: Amalienstraße 6, 8510 Fürth.

  In der Bundeskonferenz für Erziehungsberatung haben sich Erziehungsberatungsstellen zusammengeschlossen. Sie gibt Verzeichnisse der Erziehungs- und Familienberatungsstellen in der Bundesrepublik Deutschland und West-Berlin heraus.
- Deutsche Arbeitsgemeinschaft für Jugend- und Eheberatung e. V. (DAJEB), Berkhahnstraße 9, 4400 Münster - St. Mauritz.
- PRO FAMILIA Deutsche Gesellschaft für Sexualberatung und Familienplanung e. V. Cronstettenstraße 30, 6000 Frankfurt/Main 1
- Landesarbeitsgemeinschaft für Erziehungsberatung BADEN-WÜRTTEMBERG. 1. Vorsitzender: Rudolf Hafner, Bismarckstraße 33, 7410 Reutlingen, Tel. 07121/15291
- Landesarbeitsgemeinschaft für Erziehungs-, Jugend- u. Elternberatung BAYERN e. V. 1. Vorsitzender: Gerhard Bernhöft, Ludwig-Thoma-Straße 11, 8501 Wendelstein, Tel. 09129/9890
- Landesarbeitsgemeinschaft für Erziehungsberatung BERLIN, 1. Vorsitzender: Klaus-Jürgen Krüger. Bez. A. Spandau, Erziehungsbera-

tung Gemersheimer Weg 27-29, 1000 Berlin 20, Tel. 030/372 74 88 u. 33 03-24 48
- Landesarbeitsgemeinschaft für Erziehungsberatung der Freien Hansestadt BREMEN, 1, Vorsitzende: Ulrike Koch, Evangelische Beratungsstelle, Wachmannstraße 81, 2800 Bremen 1, Tel. 0421/34 15 94
- Landesarbeitsgemeinschaft für Erziehungsberatung in der Freien und Hansestadt HAMBURG, 1. Vorsitzende: Gisela Lorenzen, Erziehungsberatungsstelle, Ludolfstraße 29, 2000 Hamburg 20, Tel. 040/4 66 74 84
- Landesarbeitsgemeinschaft der HESSISCHEN Erziehungsberatungsstellen, Vorstandsmitglied: Rainer Fritzsche, Erziehungsberatung Hochtaunuskreis, Frölingstraße 42, 6380 Bad Homburg, Tel. 06172/181
- Landesarbeitsgemeinschaft für Erziehungsberatung NIEDERSACHSEN, 1. Vorsitzender: Friedrich Specht, Abteilung für Kinder- und Jugendpsychiatrie, Psychiatrische Universitätsklinik, von-Siebold-Straße 5, 3400 Göttingen, Tel. 05 51/39–67 27
- Landesarbeitsgemeinschaft für Erziehungsberatung NORDRHEIN-WESTFALEN, Geschäftsstelle: Kurfürstenring 2, 4230 Wesel, Tel. 0281/2 50 01
- Landesarbeitsgemeinschaft für Erziehungsberatung RHEINLAND-PFALZ, 1. Vorsitzender: Matthias Weber, Friedrichstraße 45, 5450 Neuwied 1, Tel. 02631/2 64 99
- Landesarbeitsgemeinschaft für Erziehungsberatung im SAARLAND e. V., 1. Vorsitzender: Siegfried Labatt, Evangelische Beratungsstelle, Heinestraße 11, 6600 Saarbrücken, Tel. 0681/6 57 22 oder 6 71 70
- Landesarbeitsgemeinschaft für Erziehungsberatung in SCHLESWIG-HOLSTEIN e. V., 1. Vorsitzende: Edda Ströh, Beratungsstelle Eckernförde, Kieler Straße 66, 2330 Eckernförde, Tel. 04351/59 25

6.2 Schulpsychologische Dienste

Zu den Aufgaben der Schulpsychologischen Dienste gehört die Beratung von Schülern, Eltern und Lehrern.

Die Anschriften der Schulpsychologischen Dienste kann man über die Schulämter und Schulen erfahren.

7 Stationäre und teilstationäre Einrichtungen

Adressen von regionalen stationären Einrichtungen sind im Telefonbuch unter den Stichwörtern: Krankenhäuser, Universitätskliniken, Kliniken für ..., Psychotherapeutische Kliniken und Psychosomatische Kliniken zu finden.

Teilstationäre Einrichtungen wie Tageskliniken, Nachtkliniken und Übergangswohnheime sind meist entweder den stationären Einrichtungen angegliedert (und dann über deren Adresse erreichbar) oder von Bürgerinitiativen für Soziale Psychiatrie eingerichtet. Die Anschriften von Bürgerinitiativen kann man entweder aus dem Telefonbuch, von der PSAG oder vom Gesundheitsamt erfragen.

Das „Verzeichnis von Behandlungseinrichtungen für psychisch Kranke" (F. Reimer, D. Lorenzen, Enke Verlag, Stuttgart 1979) enthält Informationen über stationäre und teilstationäre Behandlungseinrichtungen in der Bundesrepublik Deutschland und West-Berlin, sowie über deren Zusammenarbeit mit Selbsthilfegruppen. Aktualisierung in Neuauflagen ist geplant.

8 Rehabilitation

Bundesarbeitsgemeinschaft für Rehabilitation Eyssenckstraße 55, 6000 Frankfurt/Main 1, Tel. 0611/15 22-1

Die Bundesarbeitsgemeinschaft für Rehabilitation ist eine Koordinations- und Sammelstelle für Forschungsarbeiten auf dem Gebiet der Rehabilitation. Außerdem können dort Anschriften von Rehabilitations-Einrichtungen und Informationen über die Form der Rehabilitation erfragt werden.

Sachregister

Sachregister

ABAB-Design 329
Ableitungsmethode 392
Abwehrmechanismus 202
Adaptationsniveau-Theorie 382
Adipositas 76
Ätiologie 17, 22, 42, 43, 54, 64, 69, 76, 114, 193, 195, 226, 270, 271, 345, 351, 432, 434, 440, 460
Affekt, reziproker 420
Affekttheorie 281
Aggressivität 186, 345, 353, 432
Agnosie 391
Aktives Zuhören 349
Alkoholabhängigkeit 196
Alkoholismus 5, 88, 186, 441, 443
Amplifikation 125
Analgetika 296
Analytische Psychologie 124
analytische Psychotherapie 308, 459
Anamnese 289
Anfallsleiden 306
Angst 88, 185, 186, 222, 223, 277, 299, 345, 352, 353, 360, 432, 441
Annäherungs-Vermeidungskonflikt 240
Anonyme Alkoholiker 256, 356
Anorexia nervosa 76, 77
Anstaltssyndrom 417
Antidepressiva 296, 297
Antiepileptika 296
Apperzeption 179
Arbeitsförderungsgesetz 337
Arbeitsgemeinschaft – psychosoziale 116
Arbeitstherapie 48, 196, 343, 347, 376
Archetypenlehre 125
Assertiveness-Training-Programm 371
Assoziationstechnik 125
Asthenie 391
Atemtraining 305
Attributionstheorie 382
Aufmerksamkeit, freischwebende 283
Ausbildung 16, 21, 84, 197, 198, 204, 233, 320
Ausschlußverfahren 253
Autismus 111, 187, 196, 345, 441
Autogenes Training 59, 309
Aversionstherapie 251, 441

Basisstörung 345
Basisvariable 411, 414
Bedingungsanalyse 400
Behandlungsdauer 313, 319, 320
Behandlungsentscheidung 195
Behandlungsteam 313, 317
Behaviorismus 56, 128, 182, 250
Beobachtung 370, 428, 430
Beratungseinrichtung 397
Beratung, psychoanalytische 280
Berufspädagogik 33
Berufstherapie 33
Berufsverband deutscher Psychologen (BdP) 194
Beschäftigungstherapie 48, 343, 347, 376
Bestrafung 253, 441
Bewegungstherapie 187, 196, 209, 244
Beziehungsstörung 149, 150
Bezugspersonenfragebogen 370
Bioenergetik 126, 256, 273
Biofeedback 35, 60, 187, 188, 299, 301, 309, 312, 437, 443
Biogenetische Analyse 210
Bilderleben 162, 183, 244, 312
Borderline-Störung 280, 281
Bundesversorgungsgesetz 337

Case-work 366
Charakteranalyse 126
Coercion-process 260
Compliance 201, 203, 346, 437
Coping 438
Cotherapeut 52
Crisis Intervention 280

DAK, IFAKT, Gesamtverband für Suchtkrankenhilfe 26
Daumenlutschen 432
Delinquenz 5, 187, 196
Depression 42, 88, 196, 277, 297, 299, 301, 353, 360
Deprivation 185
Desensibilisierung 14, 309, 360
– systematische 12, 13, 328, 352, 440
Desensibilisierung in Vivo 12
Deutsche Gesellschaft für Verhaltenstherapie 256

Deutung 156, 283
DGIP 26
DGPPT 26
DGVT 26
Diagnose 432, 433
- genetische 285
- psychodynamische 285
- strukturelle 285
Diagnostik
- dispositionelle 86
- multimethonale 287
- normative 277
Diathese-Streß-Modell 4, 5, 345
Differentialätiologie 1
Diskrimination 253, 254
Dispositionsbegriff 460
Dissonanz-Theorie 382
Dissozialität 186
Doppelbindung, therapeutische 220
Drehtürpsychiatrie 347
Drogenabhängigkeit 5, 88, 186, 196, 270, 360
Dystonie, vegetative 36

Echtheit 420
Effektdetermination 318, 320
Effektivität 318, 320
Effektkontrolle 289, 290
Effizienz 318
Eigensteuerung 113
Eigenvertrag 360
Einkoten 186
Einnässen 186
Einschlafstörung 61
Einzelfalldesign 251
Einzelfallstudie 325, 329
Einzelsupervision 404
Einzeltherapie 312
Eklektizismus 49, 50, 54, 147, 175
Ekzem 303
Elektroschocktherapie 376
Elternberatung 96, 111, 370
Eltern-Kind-Therapie 111, 187, 234, 304, 312, 366, 387, 392, 435
Elternschulung 197
Eltern- und Familienbildung 52
Empathie 284, 415
Encounter-Gruppen 131, 138, 149, 162, 187, 256, 312
Endogenitätslehre 205
Enkopresis 432
Entscheidungsselbstkontrolle 359
Entspannung 360
Entspannungstraining 309, 370
Entspannungsverfahren 59, 169, 187, 305
Entwicklungsdiagnostik 63
Entwicklungsepidemiologie 63
Entwicklungsprognose 64
Enuresis 432
Epidemiologie 17, 63, 76, 116, 117, 172, 193, 197, 226, 269, 374, 432, 445
Epilepsie 36, 302

Erbrechen 185, 305
Ereignis-Teil-Methode (event-sampling) 429
Erfolgsbeurteilung 319
Erfolgskriterium 318
Erziehungsberatung 187, 196, 197, 304, 387
Erziehungshilfe, freiwillige 164
Eßstörung 186, 203, 207, 303, 360, 437
Etikettierung 85, 110, 112, 117, 375, 380, 432, 433
Eutonie 209
Evaluation 17, 64, 74
Existenzanalyse 126
Experiencing 108, 128
Exploration 278, 289, 433, 441
Extraversion 125, 128

Faktorenanalyse 433
Fallarbeit 366
Falldokumentation 70, 434
Familie 53, 467
Familientherapie 46, 53, 98, 187, 224, 276, 304, 305, 312, 313, 343, 435
Fettsucht 303, 305
Filialtherapie 111, 308, 312, 386
Finanzierung 116, 197, 225, 236, 272, 318, 376
Fixationsmethode 168
Flasletherapie 308
Fluchtverhalten 251
Focussierung 352
Fokaltherapie 248, 280
Forschung 197, 198, 328
- physiologische 42
Forschungsmethodik 69
Funktionsstörung 408
Funktionsziel 461

Gegenkonditionierung 440
Gegenübertragung 159, 282, 420, 422, 467
Geistige Behinderung 186, 187, 196, 360
Gemeindepsychologie 16, 19, 54, 69, 87, 116, 167, 173, 196, 206, 226, 229, 258, 269, 270, 276, 278, 314, 316, 330, 342, 347, 352, 354, 368, 375, 376, 448
Generalisation 253, 315
Generalprävention 38
Genese 314
genetische Familienforschung 197
Gerointervention 120
Gerontologie 61, 102, 196
Gesellschaft für wissenschaftliche Gesprächspsychotherapie 256
gesellschaftliche Funktion 269, 330, 445
Gesprächsführung 354, 398
Gesprächspsychologie 155, 255
Gesprächspsychotherapie 3, 8, 27, 40, 56, 90, 93, 98, 108, 111, 115, 127, 134, 162, 164, 165, 184, 187, 194, 202, 222, 236, 238, 241, 248, 256, 264, 275, 289, 299, 312, 314, 319, 322, 326, 350, 352, 366, 385, 415, 422, 423, 428, 434, 452, 453, 456, 465
Gestaltstherapie 8, 26, 56, 149, 155, 162, 222, 255, 256, 273, 281, 312
Gesundheitspyramide 113

Gesundheitsversorgung 193
Grundlage
- entwicklungspsychologische 144
- persönlichkeitspsychologische 144
- sozialpsychologische 144, 145, 147, 190
Gruppen 57, 149, 312
Gruppenanalyse 160
Gruppenbedingung 150
Gruppendynamik 8, 111, 154, 256, 312
Gruppeninteraktion 155
Gruppenkohäsion 150, 383
Gruppenmethode 398
Gruppenpsychotherapie 8, 111, 160, 308
Gruppensupervision 404
Gruppentheorie
- konfliktorientierte 149
Gruppentherapie 8, 46, 56, 96, 256, 111, 131, 351, 366, 466
Gruppentherapie
- interaktionelle 160
- konfliktorientierende 308, 312, 343
Gruppenverfahren 312
GwG 26

Haarausreißen 432
Halluzination 296
Halluzinogenabusus 296
Halluzinogene 296
Heilpraktikergesetz 336
Heimerziehung 164, 187, 366
Herzrhythmusstörung 36
Heuristik 265
Hilfe, professionelle 113, 115
Hilflosigkeit, erlernte 43, 382
Hof-Effekt 430
Homosexualität 270
Hospitalismus 269, 417
Hyperaktivität 432
Hypertonie 36
Hypnoanalyse 169
Hypnose 82, 168, 309, 312
Hypnotherapie 123
Hypnotika 296

Ich-Botschaft 349
Identifikation 156
Indikation 14, 22, 51, 54, 65, 93, 95, 102, 108, 137, 151, 152, 161, 193, 236, 262, 278, 285, 290, 312, 316, 320, 325, 327, 328, 343, 372, 412, 443, 465
Indikation
- adaptive 175, 290
- prognostische 173, 290
- selektive 173, 290
Indikationsforschung 278
Indikationskriterium 171
Individualpsychologie 27, 246, 288, 425
Individualtherapie 124, 246, 247, 312, 314, 326
Individuation 461
Induktion 315
Inhaltsanalytisches Verfahren 291
Inhaltsziel 461

Integration 238, 316
Intention, paradoxe 218, 219
Interaktion 420
Interaktionsanalyse
- soziale 54
Interaktionsverhalten 369
Introversion 125, 128
Interpretation 315, 441
Interpunktion 218
Intervalltherapie 320
Intervention 17, 196, 229, 432
Interventionsgerontologie 120
Interventionsmethode 193, 352
- operante 251
Interventionsverfahren,
- operatives 30
Interview 289, 370
Inzidenz 67, 68, 69

Joining 219
Jugendlichenpsychotherapeut 185

Katharsis 385
Kausalattributierung 114
Kinderanalyse 385
Kinderpsychotherapeut 185
Kinderpsychotherapie 74, 96, 110
Kindertherapie 15, 165, 185, 435
Kindertherapieverfahren 186
Kleingruppenforschung 383
Klientenmerkmal 321, 325
Klientenvariable 57, 189, 278, 379, 411
Klient-Therapeut-Beziehung 159
Klinische Psychologie 16, 21, 40, 52, 123, 146, 154, 323, 339, 436
Körpermedizin 33
Körpertherapie 56, 126, 196, 209, 410
kognitive Psychotherapie 44
kognitive Therapie 3, 12, 13, 114, 128, 146, 147, 223, 241, 275, 299, 312, 319, 331, 372, 382, 443
Kommunikation 89, 99
- symmetrische und komplementäre 420
Kommunikationsforschung 128
Kommunikationsstil 155
Kommunikationsstruktur 157
Kommunikationstheorie 95, 398, 420
Kommunikationstherapie 53, 99, 312, 351, 420
Kommunikationstraining 197, 346
Kommunikationsverhalten 369
Kommunikator 382
Kommunikator-Modell 382
Kompensation 179, 180
Kompetenz 115, 346
Kompetenzerwartung 315
Komplextheorie 125
Konditionieren
- klassisches 423
- operantes 30, 441, 423
Konditionierung 360
- instrumentelle 301
- operante 111, 250

Konfrontation 14, 128, 156, 202, 253, 352, 414
- in vivo 224
Konfrontationsverfahren 14, 82, 202
- gestaltstherapeutisches 222
Kontingenzmanagement 250
Kontraindikation 61, 176, 177
Konversionssymptom 432
Konzentrationsproblem 186
Kopfschmerzen 303
Ko-Therapeut 467
Krankenversicherung, gesetzliche 337
Krankheitsbegriff 53, 54, 70, 81, 86, 98, 117, 123, 171, 193, 195, 225, 257, 269, 312, 319, 324, 339, 354, 464, 407
Krankheitsgewinn, sekundärer 240, 241
Krankheitsmodell 2, 251
- medizinisches 70, 171, 195
Kreisquadrant, interpersonaler 412
Krisenintervention 8, 9, 121, 196, 202, 377
Kurzpsychotherapie 280

Labelling-Ansatz 38, 85, 86
Lähmung 302
Laientherapie 56, 112, 113, 115, 196, 232, 354, 357, 366, 456
Langzeiteffekt 358
Langzeituntersuchung 434
Lebenshilfe, psychologische 197
Lebensleitlinie 124
Lebensstilanalyse 179, 181
Legasthenie 186
Lehranalyse 155, 283
Lehrer-Einschätzung 370
Leidensdruck 240
Leistungsstörung 360
Lernen, operantes 13
Lernprinzip 250
Lernstörung 185
Lerntheorie 46, 266, 346
- kognitive soziale 3
Libido 126
Living Learning 418
Löschung 253, 441
Logotherapie 126, 465
Lügen 186, 432

Magersucht 186, 303, 306
Massageverfahren 209
Mediatorenausbildung 165, 166
Mediatorenprogramm 366
Meditation, dynamische 256
Meditationsverfahren 60
Medizinische Psychologie 194
Menschenbild 81, 130, 146, 171, 180, 190, 197, 225, 236, 269, 314, 316, 375, 425, 435, 442, 459
Metakommunikation 218
Metatheorie 280
Methodenlernen 18
Migräne 36, 299, 302
Milieutherapie 48, 121, 196
Minderwertigkeitsgefühl 186, 179

Modell
- humanistisches 3
- klientenzentriertes 385
- kognitives 3
- lerntheoretisches 3, 5
- medizinisches 86, 225, 226, 227, 407, 408
- moralisches 2
- soziologisches 4, 5
- systemtheoretisches 4
- verhaltenstheoretisches 43
Modellernen 13, 15, 30, 44, 111, 328
Modifikationselement 74
Motivation 466
Münzsystem 252, 360
multiples Grundliniendesign 329
Musiktherapie 30, 48, 111, 244
Mutismus 186, 392, 394

Nägelbeißen 432
Näseln 392
Nahrungsverweigerung 185
Neoanalyse 125, 326
Neopsychoanalyse 264, 312
Neuroleptika 296, 466
Neurose 1, 195, 407
Neurosenforschung
- experimentelle 128
Neurosenlehre
- individualpsychologie 180
Normalität 2, 193

Occupational Therapy 32
Ökobehaviorale Analyse 254
Oligophrenie 195
Operante Intervention 12, 13, 122, 187, 277, 312, 330, 350, 360
Organisationsform 66, 87, 93, 116, 118, 152, 193, 206, 312, 316

Pädagogische Psychologie 154
Parameterstudie 328
Partnerberatung 196
Partnertherapie 260, 312, 313
Passung 190
Pathopsychologie 193
Patient-Klient-Beziehung 190, 191
Peer-Group-Supervision 405
Penisneid 126
Persönlichkeitspsychologie 124, 460
Persönlichkeitsstörung 195
Persönlichkeitstheorie 312
Personbezogenheit 415
Pharmaka, psychotrope 296
Phobie 11, 223, 360, 432
Placebo 300, 457
Poltern 186, 392, 393
Prävalenz 67
- behandelte 67
- wahre 68
Prävention 5, 17, 52, 113, 116, 117, 120, 193, 196, 233, 258, 269, 376, 435, 439

Sachregister

Praxislernen 18
Praxissupervision 166
Premack-Verstärker 252
Primacy-Effekt 430
Primärtherapie 273, 274, 312
Problemanalyse 14, 22, 54, 74, 87, 88, 107, 195, 222, 224, 241, 275, 304, 365, 466
Prognose 241, 432, 433
Progressive Muskelrelaxation 60
Projektion 156
Prophylaxe 120
Prozeßforschung 289
Prozeßmodell 73, 275
Psychagoge 185
Psychiatrie 193
Psychoanalyse 2, 8, 27, 29, 40, 42, 46, 56, 60, 63, 88, 93, 95, 100, 104, 123, 124, 130, 144, 155, 159, 164, 182, 184, 194, 204, 237, 240, 255, 256, 264, 266, 280, 299, 305, 309, 312, 315, 319, 322, 324, 352, 354, 366, 385, 402, 407, 415, 422, 440, 456, 459, 465
Psychoanalytische Gesellschaften 256
Psychodiagnostik 17, 54, 195, 365
psychodiagnostisches Verfahren 54, 63, 93, 162, 319
Psychodrama 8, 149, 160, 162, 281, 293, 312, 343
Psychokatharsis 123
Psychologie
- humanistische 182
- pastorale 197
psychomatische Störung 187, 204, 205, 299, 301, 303, 308, 437
Psychopharmaka 42, 43, 45, 296, 301, 343, 346, 347, 376, 466
psychophysiologische Grundlage 299
Psychose 1, 2, 5, 195
Psychosomatik 193, 277, 436
Psychotherapeuten-Gesetz 226, 233
Psychotherapie 17, 21, 50, 66, 71, 117, 123, 129, 152, 196, 197, 232, 233, 236, 255, 318, 320, 339, 343, 378, 411
Psychotherapie
- ambulante 312
- differentielle 414
- individualpsychologische 181
- klientenorientierte 282
- kognitive 43
- stationäre 312
Psychotherapieforschung 65, 82, 146, 151, 162, 174, 197, 236, 305, 320, 323, 328
Psychotherapie-Effekt 50, 51, 57, 82, 93, 103, 146, 147, 151, 290, 313, 314, 315, 317, 318, 325, 327, 335, 353, 443
Psychotherapieverband 16
Psychotherapie-Vereinbarung 339

Ratingverfahren 291
rational-emotive Therapie 134, 213, 223, 382
Rauchen 203, 360, 437
Reaktanz-Theorie 382
Reaktionskontrolle 334
Reaktionsstereotypie 299
Realitätsoffenheit 415

Realitätsorientierungstherapie 121
rechtliche Grundlage 16, 82, 104, 193, 197, 226, 316, 318, 336, 376, 443
Regression 159
Rehabilitation 17, 120, 196, 204, 341, 347, 368, 376
Reichsversicherungsordnung 337
Reizdiskrimination 254
Reiz-Reaktions-Theorie 11
Reizüberflutung 13, 14, 223, 224, 253, 352
Relaxation 169, 209
Reliabilität 433
Remotivation 121
Resensibilisierung 121
Resignationsverhalten 186
Resozialisierung 121
Restrukturierung 215
RET 216
Risikogruppe 401
Rollenspiel 18, 44, 370
Rollentheorie 189
Rollenverständnis 418
Rosenthal-Effekt 430

Schichtenmodell
- topisches 160
Schicksalsanalyse 125
Schizophrenie 1, 4, 100, 114, 196, 218, 296, 301, 343, 345, 372, 394, 441
Schlaflosigkeit 302
Schweigepflicht 338
Schweigerecht 338
Schule 166, 187, 196, 349, 387
Schullaufbahnberatung 350
Schulleistungsstörung 270
Sektorisierung 118
Sekundärsymptomatik 345
Selbstanalyse 353
Selbstbehandlung 65, 114, 147, 196, 224, 267, 270, 314, 347, 352, 353, 360
Selbstbeobachtung 114, 360, 431
Selbstbeurteilung 370
Selbstbildtherapie 121, 360
Selbsterfahrung 27, 197
Selbstexploration 108
Selbsthilfe 17, 117, 230, 353
Selbsthilfegruppen 52, 112, 113, 115, 149, 196, 256, 352, 355, 356, 383, 393
Selbstinstruktion 13, 14, 15, 214, 353, 360
Selbstkonfrontation 223
Selbstkongruenz 118
Selbstkontrolle 47, 65, 93, 94, 128, 147, 224, 241, 309, 312, 314, 334, 346, 352, 353, 354, 358, 359, 371, 439, 443
Selbstkritik 359
Selbstsicherheitstraining 44, 371
Selbststeuerung 43
Selbstverstärkung 114, 359, 360
Selbstverwirklichungstendenz 241
Selbst-Wahrnehmung, Theorie der 382
Self-effiancy-Theory 329
Sensory Awareness 209, 256

Sexuelle Störung 186, 196, 262, 299, 362, 437
Sigmatismus 392
Situationsstereotypie 299
Skriptanalyse 426
Social-skill-Training 301
Sozialarbeit 52, 354, 365
soziale Fertigkeiten 312, 343, 346, 369, 393
soziales Lernen 418
Sozialhilfe 337
Sozialpsychiatrie 87, 173, 196, 226, 278, 330, 368, 374
Sozialpsychologie 154
sozialpsychologische Grundlage 266, 356, 378, 439
Spannungskopfschmerz 36, 302
Spezialprävention 38
Spielanalyse 426
Spieltherapie 111, 165, 187, 312, 351, 385, 434
Spiegelhaltung 126
Spontanremission 63, 318, 325, 433
Sprachanbahnung 391
Sprachentwicklungsstörung 391
Sprachförderung 391
Sprech- und Sprachstörung 185, 186, 188, 196, 381, 391
Stabilisation 315
Ständige Konferenz für Klinische Psychologie und Psychotherapie 19
Stammeln 186, 392
Stehlen 186, 432
Stereotypie 432
Stimmungsschwankung 185, 186
Stimulusgeneralisierung 254
Stimuluskontrolle 254, 334, 360
Störung
– antistische 186
– endogene 1
– nicht psychotische 195
– psychische 195
– psychosomatische 5, 169
– psychosoziale 195
– somatogene 1
Störungs-Theorie 312
Stottern 186, 353, 392, 393
Strafvollzug 197
Strategie 277
Streß 346
Streßimpfungstraining 214
Strukturanalyse 425
Studentenberatung 196, 396, 397
Sublimierung 385
Suchtfachambulanz 48
Suizidprophylaxe 196
Supervision 18, 19, 22, 27, 84, 320, 386, 403, 431
Symboldrama 183, 244
Symptom 1, 193, 236, 251, 407, 440
Symptomspezifität 303
Symptomträger 96
Symptomverschreibung 218, 219
Syndrom 1, 408
systemtheoretischer Ansatz 312
System-Veränderung 313

Tanztherapie 256
Technik, operante 15
– verhaltenstherapeutische 261
Teilleistungsschwäche 432
Telefonanalyse 181
Telefonseelsorge 234
Telexanalyse 314
Test
– objektiver 291
– projektiver 291
– sozial-kognitiver 370
– soziometrischer 370
– subjektiver 290
Themenzentrierte Interaktion (TZI) 8, 312, 409
Theorie
– humanistische 312
– kognitive 312
– psychoanalytische 312
– verhaltenstherapeutische 312
Therapeutenmerkmal 50, 57, 90, 189, 191, 233, 278, 321, 379, 411
Therapeutenvariablen 127, 315, 320, 321, 326, 411, 413, 414, 423
Therapeutenverhalten 224
Therapeutische Gemeinschaft 48, 196, 343, 347, 375, 417
Therapeut-Klient-Beziehung 89, 224, 278, 314, 315, 360, 366, 418, 420, 466
Therapie 432
– client-centered 127
– integrative 383
– klinisch-psychologische 126
– kognitive 44, 266
Therapie-Erfolg 318, 321
Therapieindikation 289, 290
Therapiemotivation 240
Therapieprozeß 321
Therapietechnik 326
Therapie-Theorie 312
Therapieziel 47, 466
Thymopraktik 210
Tic 432
tiefenpsychologische Therapie 123
Token-System 165
Tonbandfeedback 223
Tradition, therapeutische 418
Tranquilizer 296, 297, 466
Transaktion 420
Transaktionsanalyse 26, 162, 312, 425
Transmissionsmodell 4
Trauerarbeit 202
Triebabwehr 159
Triebtheorie 281
Trotzverhalten 186
Typenlehre 125

Übererregbarkeit 61
Übergewicht 186
Überkompensation 180
Überkorrekturmethode 253

Übertragung 124, 159, 281, 282, 284, 352, 420, 422, 451
Übertragungsheilung 284
Übertragungsneurose 107, 159, 284
Uniformitätsmythos 327
Unkonzentriertheit 432
Unruhe, emotionale 185
Unterlassungstraining 252
Unterstützungssystem
– soziales 113, 114
Ursachenforschung 42
Urschrei-Therapie 273
Ur-Traumata 273

Validität 86
Variabilität 319
Variable 412, 414
Veränderungsdiagnostik 288
Veränderungstheorie 314
Verbalisierung 156, 352
Verdauung 303
Verdrängung 124, 461
Verfahren
– erlebnisaktivierendes 187
– psychodiagnostisches 433
– verhaltensabbauendes 253
– verhaltensaufbauendes 251
– verhaltenstherapeutisches 111
Vergleichsstudie, klinische 328
Verhaltensanalyse 250, 277
Verhaltensausformung 252
Verhaltensbeobachtung 251, 278, 291, 428, 433, 441
Verhaltensdisposition 460
Verhaltensgeneralisierung 254
Verhaltensinduktion, reziproke 423
Verhaltensmedizin 436
Verhaltensmodifikation 216, 250, 350, 360, 398
Verhaltensplan 277
Verhaltensrückmeldung 370
Verhaltensstörung 187, 350, 432
Verhaltenstheorie 145
Verhaltenstherapie 3, 8, 12, 30, 40, 43, 44, 45, 47, 52, 53, 54, 88, 94, 96, 98, 105, 111, 115, 128, 131, 134, 145, 155, 164, 165, 169, 181, 182, 184, 194, 204, 216, 219, 236, 237, 238, 241, 255, 256, 264, 266, 275, 277, 288, 289, 305, 310, 312, 313, 314, 319, 322, 326, 328, 330, 334, 350, 352, 360, 366, 369, 381, 407, 415, 423, 428, 434, 436, 439, 452, 453, 456, 459, 465
Verhaltenstraining 309, 370
Verhaltensverkettung 252
Verlaufsdiagnostik 287

Verleugnungstendenz 202
Vermeidungsreaktion 223, 251
Versorgung 67, 69, 81, 87, 116, 225, 316, 318, 338, 342, 445
Versorgung
– bedarfsgerechte 118
– Kontinuität der 118
– psychosoziale 16, 19, 193
– psychotherapeutische 193
Versorgungsnetz
– integriertes 48
Versorgungsplan 115
Versorgungsproblem 198
Verspannungssymptomatik 60
Verstärker 251
– generalisierter 420
– konditionierter 252
– ungelernter 252
Verstärkerplan 252
Verstärkung 251
– positive 251, 370, 441
– negative 251
Verweigerungsverhalten 186
Videofeedback 222, 223, 382
Videotechnik 90

Wachstumsgruppen 149
Wahn 296, 345, 360
Wahrnehmungsstörung 185
Widerstand 124, 190, 281, 357, 380, 451
Wiederholungszwang 282
Wirkfaktor 50, 57, 129, 151, 152, 176, 314, 315, 318, 320, 353, 455
Wohngemeinschaft
– therapeutische 166

Yoga 256

Zeitbegrenzung 320
Zeit-Teil-Methode (time sampling) 429
Ziele 71, 74, 81, 137, 181, 196, 277, 279, 289, 313, 314, 315, 318, 319, 353, 369, 459, 466
Zieländerung 181
Zielanalyse 275, 279
Zieldefinition 74
Ziel-Evaluierung 461
Zielfindung 461
Zwang 196, 223, 432, 464
Zwangssymptomatik 466
Zwillingsforschung 197

Namenregister

Namenregister

Abelson, R. P.   90, 91
Abholz, H. H.   117, 119, 131, 133
Abraham, K.   42
Abramowitz, S. I.   57, 58
Adameit, H.   350, 351
Adams, H. E.   93, 94
Adler, A.   124, 125, 126, 179, 180, 181, 182, 246, 247, 264, 314, 332, 425
Adler, N. E.   203
Adorno, T. W.   132
Agras, W. S.   388, 390
Ahmed, P. I.   227
Ajzen, I.   380, 384
Albee, G. W.   66
Albrecht, M.   97
Alexander, F.   108, 205, 207, 248, 249, 282
Alexander, F. G.   129
Allport, F. H.   382, 384
Améry, J.   400, 402
Angermeier, W. F.   254
Ansbacher, H.   182
Ansbacher, R.   182
Antons, K.   8, 10
Arentewicz, G.   364
Argyle, M.   189, 191
Arieti, S.   208
Aristoteles   374
Arnold, G. E.   392, 394
Aschaffenburg, G.   347
Auerbach, A. H.   412, 416, 456, 458
Aurelius   332
Axline, V.   385, 386, 387

Babcock, D.   426, 427
Bach, H.   111, 112
Bach, J. S.   243
Bach, O.   375, 377
Bahnson, C. B.   208
Baker, L.   79, 305, 307
Balck, F. B.   208
Balint, E.   109

Balint, M.   107, 108, 109, 206, 248, 249
Baltes, P. B.   62, 66, 122
Bandura, A.   3, 267, 268, 315, 317, 329, 331, 423, 424, 442, 459, 461, 462
Bannister, D.   145, 148, 267, 268
Barber, T. X.   169, 170
Barker, R. G.   429, 431
Barlow, D. H.   254, 329, 331
Barns, E. K.   122
Bartling, G.   11, 14, 15, 223, 224, 275, 277, 278, 279
Basaglia, F.   375, 376, 377
Basler, H.-D.   310
Bastine, R.   18, 20, 50, 51, 80, 81, 84, 148, 193, 222, 224, 311, 313, 314, 317, 318, 319, 322, 414, 416
Bates, S.   263, 467
Bateson, G.   100, 103, 218, 221
Bauer, M.   258, 259, 376, 377
Baumann, U.   6, 66, 97, 148, 153, 188, 194, 197, 198, 199, 287, 288, 290, 292, 317, 322, 435
Baumgärtel, F.   167, 186, 188
Bayes, M. A.   416
Becher, W.   235
Beck, A. T.   3, 6, 42, 43, 45, 442, 443
Beck, S.   423, 424
Becker, A. M.   107, 246
Becker, P.   1, 4, 6
Beckmann, D.   93, 94
Bednar, R. L.   152
Beavin, J. H.   218, 221, 420, 422, 424
Beech, H. K.   464, 467
Begleiter, H.   8, 10
Bellack, A.   370, 372, 373
Belschner, W.   70, 71, 350, 351, 462
Bem, D. J.   382, 383, 384
Bender, E. J.   357
Benkert, O.   298
Benne, K. O.   155, 158

Bennett, D. H.   34, 342, 344
Bennis, W. G.   156, 158
Berbalk, H.   6, 66, 97, 153, 188, 197, 198, 292, 435
Berger, M.   304, 306, 307
Bergin, A. E.   152, 192, 217, 317, 319, 320, 322, 331, 388, 389, 390, 416, 458
Bergold, J. B.   317, 420, 461, 462
Berkowitz, L.   384
Berlew, D. E.   158
Berne, E.   425, 426, 427
Berzins, J. I.   412, 415, 416
Berzon, B.   58
Bettelheim, B.   29, 31
Bieback, K.-J.   338, 340
Biefang, S.   83, 84
Biermann, G.   112, 185, 188, 304, 305, 307, 387
Binder   274
Binswanger, L.   126
Bion, W. R.   156, 158, 417
Birbaumer, N.   13, 15, 36, 299, 300, 301, 302, 310
Birtsch, V.   16, 18, 20, 22, 28, 75, 129, 416
Bittner, G.   112
Blank, G.   281, 285, 286
Blank, L.   94
Blank, R.   281, 285, 286
Blaser, A.   177, 285, 286, 455
Bleuler, E.   345, 347
Blöschl, L.   3, 5, 6, 43, 45
Blume, S.   9, 10
Bock, H.   307
Böck, D.   208
Bocker, P.   166, 167
Böttcher, H. F.   243, 245
Bommert, H.   72, 73, 74, 75, 134, 135, 137, 138, 139, 423, 424
Boscolo, L.   98, 103, 279
Boss, M.   126
Boszormenyi-Nagy, I.   96, 97, 98, 100, 103

Namenregister

Bozarth, I. D.   413, 416
Bradford, L. P.   155, 158
Brady, J.   438
Bräutigam, W.   43, 45, 46, 48
Braid, J.   168
Brandstädter, J.   5, 6
Braun, P.   65, 66, 277, 279
Brehm, S. S.   381, 382, 384
Brengelmann, J. C.   334, 335
Brenk-Schulte, E.   7
Brenner, M. H.   69, 71
Breuer, F.   74, 75
Breuer, J.   123
Brim, O. G. Jr.   64, 66
Briner, F.   245
Brody, H.   457, 458
Bromme, R.   50, 51
Brooks, S. H.   92, 94
Brown, G. I.   141, 142
Brown, D. P.   60, 61
Bruch, H.   76, 78, 79
Bruhn, M.   57, 58
Buchkremer, G.   345
Bunge, M.   146, 148
Burrow, T.   159
Butollo, W.   6, 62, 64, 66, 223, 224, 435

Caemmerer, D. v.   403, 406
Calhoun, K. S.   93, 94
Callias, M.   53, 55
Campbell, J. P.   155, 158
Canacakis-Canãs   243, 245
Cautela, J. P.   442
Caplan, G.   189, 191, 229, 231, 269, 271, 272
Carkhuff, R. R.   414, 416
Carr, J.   55
Caspar, F. M.   451, 454
Catell, M.   127, 264
Cecchin, G.   98, 103, 279
Chance, I. E.   267, 268
Chapin, H. N.   388, 390
Charcot, J. M.   123, 168
Chesser, E. S.   424
Church, J.   391, 394
Churchill-Alpern-DeMyer   31
Ciminero, A. R.   93, 94
Clynes, M.   301, 302
Cobb, J. A.   54, 55
Coelho, G. V.   227
Cohen, F.   202, 203
Cohn, R.   409, 410
Cone, I. D.   91
Cooper, B.   67, 69, 71, 417
Cooper, J. E.   230, 231
Corsini, R.   139
Cranach, M. v.   377
Cranco, R.   346, 348
Cremerius, J.   281, 309, 310
Crider, A.   345, 348

Cristol, A. H.   109, 328, 331, 389, 390
Cronbach, L. J.   89
Cronkite, R. C.   9, 10
Crowder, J.   415
Crowley, T.-J.   47, 48
Cullberg, J.   228, 231

Däumling, A. M.   154, 158
Dahlhoff, H. D.   138, 139
Dahme, B.   208
Davanloo, H.   280, 285, 286
David   207
Davidson, P. O.   438
Davidson, R. J.   61
Davidson, S. M.   438
Davison, G. C.   444, 454
Davison, G. G.   194, 199, 303, 307
Day, B.   426, 427
Dechêne, H. C.   41
Degkwitz, R.   195, 199
De Goza, S.   202, 203
De Jong, R.   45
De M'Uzan   207
Denham, J.   34
Denney, D. R.   334, 335
DePiano, W.   169, 170
Descartes, R.   205
De Voge, J. T.   423, 424
De Witt, N. K.   96, 97, 103
Dietl, F.   167
Diekstra, R. F. W.   333
Di Mascio, A.   298
Dinkmeyer, D. C.   181, 182
Dirlich-Wilhelm, H.   432
Dockens, W. S.   263, 467
Dörner, D.   275, 279
Dörner, K.   117, 119, 130, 133, 227, 239, 271, 272, 347, 348, 374, 377, 396, 399
Dohrenwend, B. S.   228, 231
Dohrenwend, B. P.   228, 231
Dollard, J.   240, 242, 417, 440
Donzelot, J.   95, 97
Dose, H.   97
Duehn, W. D.   234, 235
Dührssen, A.   246, 249, 385, 387
Duhm, E.   72, 75
Dunbar, F.   205
Dunette, M. D.   155, 158
Durkheim, E.   400, 402
Dvorak, A.   16, 20, 50, 51, 443, 444, 448, 450
Dziewas, H.   215, 217, 371, 372
D'Zurilla, T. J.   215, 217, 275, 279

Eberenz, U.   408
Echelmeyer, L.   279
Eckensberger, L. H.   416
Eddy, N.-B.   46, 48
Eggert, D.   110, 111, 112

Ehlers, B.   387
Ehlers, Th.   387
Eiduson, B. T.   92, 94
Einstein, A.   205
Eiser, J. R.   438
Eisler, R. M.   94, 224, 370, 372, 424
Ekehammar, B.   190, 192
Elbert, T.   3U2
Ellenberger, H. F.   208
Elliott, Ch. H.   334, 335
Ellis, A.   3, 134, 213, 216, 217, 223, 224, 332, 333, 382, 384, 442, 443
Ellmann, R.   5, 6, 62, 64, 66, 435
Emminghaus, W. B.   166, 167
Engberding, M.   279
Engel, B. T.   36
Engel, F.   205
Engel, G. F.   207
Engelow, A. J.   192
Engel-Sittenfeld, P.   35, 36
English, T.   426, 427
Epictetus   332
Epstein, N.   165, 167
Erickson, M.   220
Erikson, E. H.   417
Ernst, H.   71, 119, 233, 235, 270, 272, 397, 398, 399
Evans, I. M.   414, 416
Evans, R. B.   424
Eysenck, H. J.   3, 4, 128, 241, 242, 264, 325, 326, 331, 388, 389, 390, 407, 408, 423, 424, 439, 440
Ezriel, A.   417

Fallner, H.   403, 405, 406
Fassnacht, G.   292, 428, 429, 430, 431
Feldes, D.   375, 377
Feldhege, F.-J.   46, 47, 48, 371, 372
Feldmann, H.   79
Fengler, J.   154, 158
Ferenci, S.   248, 249
Feuerlein, W.   7, 9, 10, 400, 402
Feuser, G.   30, 31
Fezler, W. D.   169, 170
Fichter, M. M.   16, 20, 21, 22, 28, 50, 51, 194, 199, 313, 316, 317, 443, 444, 448, 450
Fiedler, F. E.   379, 384
Fiedler, P. A.   149, 152, 164, 166, 167, 215, 217, 241, 242, 314, 317, 332, 345, 352, 353, 354, 355, 365, 366, 368, 391, 393, 394, 444, 454
Fiegenbaum, W.   14, 15, 222, 223, 224, 275
Fietkau, H. J.   416
Filipp, S.-H.   62, 63, 64, 65, 66, 71
Finzen, A.   298, 377, 417, 419
Fisch, L.   98, 103
Fischer, H. G.   166, 167
Fischer-Flecke, M.   166, 167

Fishbein, M. 380, 384
Flemming, B. 208
Fliegel, S. 336, 445
Florin, I. 15, 303, 305, 306, 307
Ford, O. H. 215, 217
Fordham, M. 385, 387
Foulds, G. A. 465
Foulkes 417
Fox, N. 346, 348
Framo, I. 95, 96, 97
Frank, A. 169, 170
Frank, J. D. 183, 456, 458
Franke, A. 308, 310
Frankl, V. E. 126, 218, 465
Franks, C. M. 438, 439, 443
Fransella, F. 145, 148, 267, 268
Freedman, A. M. 6
Freitag, H. O. 336, 337, 338, 340
French, Th. M. 107, 108, 248, 249
Frese, M. 148, 277, 279, 367, 368, 371, 372, 460, 463
Freud, A. 385, 386, 387
Freud, S. 2, 5, 42, 99, 103, 107, 123, 124, 125, 126, 127, 129, 130, 179, 182, 185, 205, 207, 237, 240, 241, 242, 246, 247, 248, 264, 273, 280, 281, 286, 324, 331, 400, 402, 417, 422, 425, 451, 454, 459, 461, 462
Frey, D. 381, 384
Fricke, P. 404, 406
Friedman, E. A. 203
Friedrich, H. 425
Friedrichs, J. 428, 430, 431
Fromm, E. 125, 126, 247, 249
Führing, A. 392, 394

Gabriel, E. 46, 48
Gadenne, V. 379, 384
Galanter, E. H. 275, 279, 371, 372
Galen 204
Gallilei, G. 205
Garfield, L. 416
Garfield, S. L. 50, 51, 74, 75, 90, 129, 148, 152, 189, 191, 192, 217, 317, 320, 321, 322, 325, 331, 390, 412, 416, 456, 458
Gartner, A. 357
Gaus, E. 208
Gendlin, E. T. 138
Gerlicher, K. 96, 97
Gerok, W. 307
Gibb, J. R. 155, 158
Gibbs, M. S. 119
Giese, E. 166, 167
Ginott, H. G. 165, 167
Ginsburg, M. 233, 235
Glasgow, R. E. 335
Glass, G. 174, 178, 319, 320, 322, 329, 331
Gleiss, I. 117, 119, 131, 133

Gleser, G. C. 89
Gniech, G. 379, 384
Goetze, H. 165, 167, 385, 386, 387
Götze, P. 208
Goffman, G. 375
Goldfried, A. P. 213, 215, 217
Goldfried, M. R. 213, 214, 215, 217, 275, 279, 444
Goldschmidt, D. 396, 399
Goldstein, A. P. 39, 40, 41, 153, 158, 317, 327, 331, 346, 347, 348, 420, 423, 424, 444
Goldstein, K. 140
Goodman, P. 140, 142
Goos, M. E. 202, 203
Gordon, T. 52, 55, 349, 351
Gottman, J. 93, 94
Gräser, H. 62, 66
Graham 64
Grauhan, A. 208
Grawe, K. 149, 152, 153, 171, 174, 178, 215, 217, 239, 276, 277, 279, 322, 323, 328, 331, 371, 372, 454
Grawe, S. 260
Greenson, R. R. 283, 286, 415, 416, 422, 424, 454
Grieger, R. 333
Groeben, N. 81, 84, 147, 148, 197, 199, 354, 355
Groeger, W. M. 16, 18, 20, 439, 443, 444
Gross, J. 239
Groth, R. 347, 348
Grunebaum, H. 271, 272
Gruneberg, M. M. 438
Grunwald, W. 380, 384
Guerney, B. G. 386, 387
Guggenheimer, M. 263
Guilford, J. P. 264, 268
Gurman, A. S. 191, 192, 262, 263, 321, 322, 412, 416, 458
Gurman, S. 326, 331
Guthrie, E. R. 440

Haase, H. J. 231
Hacker, W. 216, 217
Hadley, S. W. 456, 458
Haerlin, Ch. 32
Häfner, H. 67, 71, 228, 231, 342, 344
Halbach, H. 48
Halder, P. 241, 242
Haley, J. 98, 103, 218, 221
Hambeck, G. 97
Hamburg, B. 202, 203
Hamburg, D. A. 202, 203
Hamerlynck, L. A. 454
Hand, I. 464, 465, 467
Handy, C. 454
Hannich, H.-J. 56, 58
Happel, C. 140

Happich 183
Hare, N. 223, 224
Harrer, G. 243, 245
Harrer, H. 245
Harsch, H. 234, 235
Hart, C. 274
Hartig, A. 331
Hartig, M. 335, 361
Hartley, D. 57, 58
Hartmann, F. 307
Hartmann, K. 164, 165, 167
Harvey, E. N. 204
Hasazi, J. E. 65, 66
Hautzinger, M. 43, 45, 139, 188
Hawkins, R. P. 91
Heckhausen, H. 148
Heferline, R. 142
Heidegger, M. 126
Heigl, F. 159, 178
Heigl-Evers, A. 58, 87, 152, 160, 161, 163, 217, 410
Heiland, C. P. 336, 337, 338, 340
Heim, E. 419
Heinerth, K. 58
Heinl, H. 141, 142, 209
Heinrich, K. 298
Heinrich, W. 350, 351
Heisenberg, W. 205
Heitger, M. 167
Hellpach, W. 194, 199
Helm, D. 30, 31
Helmchen, H. 84, 195, 199
Helmut, E. 399
Helson, H. 382, 384
Hendricks, A. 331
Henseler, H. 400, 401, 402
Herrmann, Th. 144, 148, 325, 331, 384
Herschbach, P. 421, 424
Hersen, M. 94, 254, 329, 331, 370, 372, 373, 424
Hersov, L. 63, 64, 66
Hertel, G. 310
Heyden, T. 310
Hilgard, E. R. 168, 170
Hilsheimer, G. 166, 167
Hinte, W. 270, 272
Hippius, H. 45, 298
Hippokrates 42, 204, 243
Hockel, M. 75, 137, 139
Hodgson, R. 467
Hörmann, G. 366, 368
Hörmann, K. 243, 245
Hoffert, H. W. 373
Hoffmann, M. 278, 279, 350, 351, 353, 355, 462
Hoffmann, N. 42, 43, 44, 45, 51, 145, 147, 148, 214, 216, 217, 279, 312, 317, 372, 366, 368
Hofstätter, P. R. 157, 158
Hohm, H. 32, 34, 343, 344

Namenregister

Holdstock, T. L. 135, 139
Hollingshead, A. B. 68, 71
Hollon, S. 45
Holzkamp, K. 259
Holzkamp-Osterkamp, U. 259
Homer 243
Honig, W. K. 254
Horn, K. 132, 133
Horney, K. 125, 126, 140, 247, 249
Hornstein, W. 317
Howard, K. I. 315, 317
Huber, G. 344
Huber, N. 111, 112
Hug-Hellmuth, H. 185
Hull, C. L. 440
Huppmann, G. 245
Huse-Kleinstoll, G. 208
Husserl, E. 126, 140
Hynd, G. W. 335

Imhotep 204
Innerhofer, P. 52, 55
Irwing, J. 392, 394
Isbell, H. 48
Iseler, A. 190, 192, 462
Izard, C. 299

Jackson, D. D. 218, 221, 420, 422, 424
Jacobson, E. 12, 59, 60
Jacoby, H. 182
Jacobi, J. 459, 462
Jaede, W. 385, 386, 387
Jaeggi, E. 130
Jahnke, J. 397, 399
James, M. 426, 427
Jankowski, F. 416
Janov, A. 273, 274
Jaspers, K. 417
Jentschura, G. 33, 34
Jervis, G. 227, 377
Jessor, R. 64, 66
Jessor, S. L. 64, 66
Jochum, M. 165, 167
Joffe, J. M. 66
John, R. 403, 405, 406
Johnson, M. 412, 416, 456, 458
Johnson, V. E. 362, 364
Jones, M. 417, 418, 419
Jongeward, D. 426, 427
Jung, C. G. 124, 125, 246, 264, 385, 459, 461
Jungbloed, F. 92, 94
Junker, H. 317

Kagan, J. 64, 66, 90
Kaiser, P. 67, 70, 71
Kalish, B. J. 234, 235
Kallinke, D. 20, 70, 200
Kallinke, D. 17, 20, 200
Kanfer, F. H. 153, 158, 217, 291, 314, 317, 334, 335, 358, 361, 444

Kanner, L. 29
Kaplan, H. J. 6
Kaplan, H. S. 364
Kappeler, M. 259
Kardiner, A. 417
Karras, F. 270, 272
Katkin, S. 233, 235
Katschnig, H. 69, 345, 348
Katz, A. H. 357
Kaul, T. J. 152
Kayser, H. 32, 34
Kazdin, A. E. 254, 361, 431, 442
Keepers, T. 426, 427
Keil, S. 72, 75
Kelly, G. A. 266, 267, 268
Kelly, H. H. 3, 144, 145, 268
Kelman, H. C. 382, 384
Kemmler, L. 428, 430, 431
Kemper, D. 339, 340
Kent, M. W. 6
Kernberg, O. F. 285, 286, 320, 322
Kerstig, H. J. 403, 404, 406
Kessler, B. H. 88, 89, 91
Keupp, H. 2, 6, 51, 67, 69, 71, 85, 87, 112, 131, 133, 225, 227, 256, 257, 259, 354, 355, 377, 397, 399, 446, 450, 461, 462
Kiesler, D. J. 291, 327, 331
Killam, K. F. 298
Kilmann, P. R. 57, 58
Kimmel, H. D. 301, 302
Kirchmann, E. 209, 211
Kirschenbaum, M. 96, 97
Kissin, B. 8, 10
Klages, L. 264
Klein, M. 385, 386, 387
Kleinmuntz, B. 94
Klinger, A. 421, 424
Knischewski, E. 337, 339, 340
Koch, H. B. 404, 406
Koch, H. J. 6, 62, 64, 66
Koch, J.-J. 435
Koch, S. 57, 58, 384
Koch, U. 208, 341
Koegel, R. L. 30, 31
Köchert, R. 377
Köchert, T. 117, 119
Kohle, K. 79, 208
Köhler, W. 140
König, R. 41
Köpcke, W. 83, 84
Koffka, K. 140
Kohlberg, L. 64, 66
Kohler, Ch. 245
Kohut, H. 282, 285, 286
Kommer, B. 115, 119
Kommer, D. 49, 50, 51, 115, 119, 222, 224, 311, 317, 398, 414, 416
Konz, H. 352, 454
Kopernikus 331
Kornreich, M. 422, 424

Kottler, J. A. 84
Kowacs, M. 45
Kraepelin, E. 127, 417
Kraiker, Ch. 407, 444
Krasner, L. 3, 440
Krauft, C. C. 413, 416
Krause, R. 14, 15, 223, 224, 279, 280, 281, 286, 444
Krauthan, G. 371, 372
Kreft, D. 368
Kretschmer, L. 183, 264
Kriwett, M. 166, 167
Kröger, M. 410
Kroger, W. S. 169, 170
Krüger, H. 417, 418, 419
Kunczik, M. 379, 384
Kühne, H. H. 336, 340
Kuhnle, W. 166, 167
Kunkel, F. 246
Künzel, R. 240
Kurtz, R. A. 50, 51, 74, 75
Kutter, P. 366, 368
Knypers, U. 293
Kwiatkowski, E. 136, 139

Lachenmeyer, J. R. 119
LaCrosse, J. 64, 66
Laer, G. v. 377
Laing, R. D. 54, 55, 417
Lahey, B. 361
Lambert, M. J. 63, 66, 319, 320, 388, 389, 390
Lang 300
Langen, D. 170
Langer, E. J. 90, 91
Langner, T. S. 68, 71
Lantermann, E. D. 70, 71
Larbig, W. 302
Lazarus, A. A. 49, 50, 51, 128, 202, 442
Lazarus, R. S. 12, 15, 203
Leary, T. 412
Lebovits, B. Z. 202, 203
Lee, A. R. 54, 55
Legewie, H. 35, 36, 37, 269
Lehr, U. 62, 66, 120, 122
Leiblum, S. 93, 94
Leistikow, J. 104
Leland, H. 111, 112
Lersch, Ph. 264
Leszke, H. 166, 167
Lethomies, T. 258, 259
Lettmayer, O. 392, 394
Leuner, H. 183, 184, 244, 245
Leutz, G. A. 295
Leuzinger, M. 177, 178
Levi, L. 302
Levis, D. J. 223, 224
Lewin, B. W. 158
Lewin, K. 154, 156, 158, 417
Lewinsohn, P. H. 43

Liébault, A. A. 168
Liebermann, M. A. 57, 58, 149, 150, 151, 153, 157, 158, 320, 322
Liebold, R. 104, 106
Lindemann, E. 202, 203
Linden, M. 42, 43, 45, 296, 298, 347, 348
Lindig, U. 398, 399
Linehan, M. M. 89, 91
Linsenhoff, A. 50, 51, 311, 313, 316, 317
Linster, H. W. 317
Linton, H. B. 417
Lipowski, Z. J. 200, 201, 203
Lipsitt, D. R. 203
Lipsitt, L. P. 62, 66
Lipton, M. A. 298
Loch, W. 422, 424
Loch, E. 280, 286
London, P. 49, 50, 51, 239
Long, J. 30, 31
Lopezibor Aliño, J. J. 208
Lorr, M. 291
Lovaas, O. I. 30, 31
Lowen, A. 210, 211
Luborsky, L. 328, 331, 414, 416
Luchsinger, R. 394
Lucius, G. 341
Luck 397, 399
Ludde 166
Lüders, W. 72, 75
Lüdtke, H. 428, 430, 431
Luthe, W. 59, 60, 61, 305, 307
Luthman, S. 96, 97
Lutz, R. 88, 91, 93, 94
Lutzenberger, W. 302

Mahoney, M. J. 214, 217, 361, 431, 442, 444, 459, 462
Mahrer, A. R. 459, 462
Mai, K. 41
Maier-Diewald, W. 21
Main 417
Maiwald, G. 354, 355
Makus, H. 387
Malan, D. H. 107, 108, 109, 248, 280, 284, 285, 286
Malchow, C. 115, 119
Mandel, A. 218, 221, 263
Mandel, K. H. 221
Mann, F. 57, 58, 255, 258, 259
Manns, M. 298
Marcel, G. 210
Marholin, D. 307
Markle, A. 369, 370, 372
Marks, I. M. 15
Marler, D. C. 234, 235
Martin, D. G. 138, 139, 459, 462
Martin, G. 379, 384
Marty 207

Marx, K. 132, 247
Mash, E. J. 454
Masters, W. H. 362, 364
Maultsby, M. 331
Mayadas, N. S. 234, 235
Mc Kegney, F. P. 202, 203
Meffert, H. J. 208
Mehrabian, A. 380
Meichenbaum, D. 13, 15, 213, 214, 217, 361, 442
Melamed, B. 306, 307
Meltzer, H. 197, 199
Meltzoff, J. 422, 424
Merleau-Ponty, M. 140, 209, 211
Mesmer, F. A. 123, 168
Meyer, J. E. 79
Meyer, V. 424
Meyer-Plath, S. 6, 62, 64, 66, 435
Michael, S. T. 68, 71
Michelitsch-Traeger, I. 38
Michotte 382
Mielenz, I. 368
Miles, M. B. 57, 58, 320, 322
Miller, B. 29, 31
Miller, G. 371, 372
Miller, G. A. 275, 279
Miller, J. G. 4, 5, 6
Miller, N. E. 35, 36, 37, 240, 242
Miller, P. M. 94, 224, 424
Mills, T. M. 154, 158
Minsel, W.-R. 165, 167, 189, 191, 192, 331, 414, 416
Minuchin, S. 78, 79, 96, 97, 98, 103, 305, 307
Mischel, W. 3, 4, 6, 148, 266, 267, 268
Mitchell, K. M. 413, 414, 415, 416
Mitscherlich, A. 205, 207, 309, 310
Mittelsten-Scheid, D. 273, 274
Moeller, C. 350, 351
Moeller, L. M. 157, 158
Moeller, M. L. 133, 356, 357
Mösslein, A. 166, 167
Mombour, W. 195, 199
Montada, L. 62, 64, 66
Moos, B. H. 9, 10
Moos, R. H. 202, 203
Moreno, J. L. 160, 293, 295, 417
Morgan, H. G. 67, 69, 71
Moser, U. 284, 286
Mostofsky, D. I. 61
Motto, R. L. 92, 94
Moustakas, C. 385, 386, 387
Mowrer, O. H. 2, 3, 12, 15
Muck, U. 408
Müller-Oerlinghausen, B. 84

Nagera, H. 465, 467
Napolitani 417
Neale, J. M. 194, 199, 303, 307

Neisser, U. 421, 424
Nellessen, L. 154, 158
Nelson, R. 94
Newton, J. J. 205
Northen, H. 366, 368
Nusselt, L. 36, 37

Oborne, D. J. 438
Odefey, S. 421, 424
Oerter, R. 63, 66
Oliveau, D. C. 388, 390
Opker, M. K. 68, 71
Orlinsky, D. E. 315, 317, 321, 322
Ornstein, P. H. 109
Otte, H. 310
Ottomeyer, K. 263

Paracelsus, Th. B. 204
Parloff, M. B. 290, 291, 292, 321, 322
Parson, T. 417
Parsons, O. A. 315
Patterson, G. R. 54, 55, 442
Paul, B. 103
Paul, N. L. 98, 103
Paul, S. 98, 103
Pawlik, K. 287, 292
Pawlow, J. P. 128, 440
Perls, F. S. 140, 141, 142
Perls, L. 140
Perrez, M. 190, 192, 459, 460, 461, 462
Perry, C. W. 169, 170
Peterman 416
Peters, A. 389, 390
Pettes, D. E. 403, 406
Petzold, H. G. 140, 141, 142, 209, 210, 211, 243, 245, 294, 295, 383, 419, 454
Pew, W. L. 181, 182
Pfeiffer, W. M. 56, 58
Phares, E. J. 267, 268
Philippson, H. 54, 55
Pierce, R. M. 416
Pierrakos, J. 210
Planck, M. 205
Platter 204
Plessen, U. 72, 73, 74, 75
Ploeger, A. 418, 419
Plog, U. 174, 227, 236, 239, 271, 328, 331, 354, 355
Pöldinger, W. 296
Pörksen, N. 258, 259
Pommerleau, O. 438
Pongratz, L. J. 1, 6, 119, 123, 129, 153, 178, 189, 192, 194, 199, 279, 295, 387, 395, 411, 413, 416
Pontvik 243
Pope, B. 413, 416
Pope, K. P. 184

Poser, E. G. 191, 192
Prata, G. 98, 103, 279
Pribram, K. H. 275, 279, 371, 372
Price, R. H. 2, 3, 6
Prim, R. 143, 148
Probst, P. 95, 97, 110
Pudel, V. 79
Pütz, A. 166, 167, 241, 242

Quack, L. 115, 119
Quay, H. C. 435

Raben, J. G. 274
Rachmann, S. 241, 242, 407, 408, 467
Rad, M. v. 162, 163
Rahm, D. 141, 142
Rank, I. 249
Rank, O. 127, 248
Rappaport, D. 281, 286
Rappaport, J. 118, 119
Ray, R. S. 54, 55
Razin, A. M. 191, 192, 321, 326, 331, 412, 416, 458
Rebell, C. 258, 259, 449, 450
Redlich, A. 349, 350, 351
Redlich, F. C. 68, 71
Reese, H. W. 6, 62, 66
Rehm, L. P. 43, 45
Reich, R. 140
Reich, W. 126, 209, 210, 211, 273
Reichsman, F. 202, 203
Reimer, Ch. 400, 402
Reimer, F. 317
Reimlinger, S. 402
Reinecker, H. 361
Reiss, M. 444
Reiter, L. 317
Remschmidt, H. 435
Rennie, T. A. C. 68, 71
Rice, L. N. 139
Richards, C. 305, 306, 307
Ricks, D. 64, 66
Richter, H. E. 53, 55, 93, 94, 132, 133
Richter, R. 436
Riessman, F. 357
Rimland, B. 29, 31
Ringel, E. 229, 231, 400, 402
Rinn, R. 369, 370, 372
Roback, H. B. 57, 58
Robinson, D. 357
Rockstroh, B. 302
Rodewald, G. 208
Röhrle, B. 336, 445
Rogers, C. R. 3, 56, 57, 58, 108, 109, 127, 128, 131, 134, 135, 136, 137, 138, 139, 238, 239, 240, 241, 242, 248, 264, 322, 326, 350, 351, 385, 414, 416, 422, 423, 424, 459, 462

Rogoll, R. 425, 427
Rohlfs, S. 166, 167
Rojahn, J. 250
Rolf, G. L. 6
Rolf, J. E. 65, 66
Roper, B. L. 262, 263
Rosen, A. 415, 416
Rosen, G. M. 335
Rosenzweig, S. 379, 380
Rosman, B. L. 79, 305, 307
Rotter, J. B. 3, 267, 268
Rücker-Embden, I. 98, 103
Rüger, U. 162, 163
Rush, U. 45
Russell, B. 332
Ruttenberg, B. A. 29, 31
Rutter, M. 2, 6, 31, 63, 64, 66

Sack, F. 41
Sachse, R. 291, 292, 461, 462
Sader, M. 264, 267
Sadock, B. J. 6
Salzberg, H. C. 169, 170
Salzman, L. 465, 467
Sander, K. 396, 397, 399
Sarason, J. G. 15
Saslow, G. 389, 390
Sattler, I. M. 412, 416
Sauer 379
Schachter, S. 382, 384
Schäuble, W. 166, 167
Scharfetter, Ch. 92, 94, 346, 348
Schauble, P. G. 416
Scheele, B. 81, 84, 143, 147, 148, 197, 199, 354, 355
Scheff, T. J. 86, 87
Schein, E. H. 158
Scheller, R. 331
Scherer, K. 117, 119, 377
Schiff, J. 426, 427
Schilder, P. 160
Schilling, A. 391, 394
Schlegel, L. 425, 427
Schley, W. 350, 351
Schlottke, P. 307
Schlüter, A. 96, 97, 188
Schmidt, G. 362, 364
Schmidt, L. R. 6, 88, 89, 91, 199
Schmidt, M. 435
Schmidtchen, S. 96, 97, 165, 167, 185, 186, 187, 188, 193, 290, 292, 385, 386, 387, 428, 430, 431, 460, 461, 462
Schmitt, G. 41
Schmook, C. 416
Schneewind, K. A. 190, 192
Schneller, T. 310
Schönpflug, W. 5, 6
Schopler, E. 31
Schott, F. 350, 351, 460, 462

Schraml, W. J. 194, 199
Schreiber, M. A. 83, 84
Schuler, H. 80, 83, 84
Schulsinger, F. 96, 97
Schulte, B. 338, 340
Schulte, D. 93, 94, 165, 167, 242, 291, 292, 275, 277, 279, 428, 430, 431, 444, 461, 462
Schultz, J. H. 59, 61, 305, 307
Schultz-Hencke, H. 125, 246, 249, 459, 463
Schulz, W. 8, 10, 139, 188
Schulz von Thun, F. 179, 409
Schulze, Ch. 350, 351, 462
Schur, G. 205, 207
Schutz, W. C. 56, 58
Schwab, R. 56, 57, 58
Schwabe, C. H. 243, 244, 245
Schwaiger, H. 336, 340
Schwartz, G. E. 61
Schwoon, D. 310
Sedlmayr, E. 334, 335
Sedlmayr-Länger, E. 334
Seidel, R. 117, 119, 131, 133, 374
Seidenstücker, G. 6, 66, 97, 153, 188, 197, 198, 287, 288, 291, 292, 435
Seiderer-Hartig, M. 241, 242
Selbach, H. 45
Selesnick, S. J. 129
Seligman, M. E. P. 43, 45, 382
Selvini-Palazzoli, M. 78, 79, 98, 100, 103, 218, 278, 279
Selye, H. 5, 207
Semmer, N. 148, 277, 279, 371, 372, 460, 463
Severson, H. H. 335
Shapiro, A. K. 457, 458
Shapiro, L. E. 346, 348
Shaver, K. G. 267, 268
Shaw, D. A. 54, 55
Sheehan, P. W. 169, 170
Shephard 156
Shertzer, B. 72, 75
Shontz, F. C. 202, 203
Siegel, L. 305, 306, 307
Siegers, F. M. J. 406
Sievers, M.-H. 48
Sifneos, P. E. 107, 108, 109
Sigal, J. 119
Signer, R. 350, 351
Silbereisen, R. K. 66
Silberer 183
Simeonsson, R. J. 111, 112
Simmons, J. Q. 30, 31
Simon, H. 32, 34
Simons, C. 79
Singer, B. 328, 331
Singer, J. E. 382, 384
Singer, J. L. 183, 184
Sjödén, P. O. 263, 467

Namenregister 495

Skinner, B. F. 3, 128, 237, 238, 239, 250, 254, 440
Slavson, S. R. 160, 163, 165, 167
Sloane, R. B. 109, 328, 331, 389, 390, 456
Smith, D. E. 111, 112
Smith, M. 174, 178, 329, 331
Smith, M. L. 319, 320, 322
Solomon, L. N. 58
Sommer, G. 17, 20, 70, 71, 113, 115, 119, 233, 235, 272, 353, 355, 397, 398, 399
Sommer, H. 350, 351
Sonneck, G. 228, 229, 230, 231
Sorgatz, G. 397, 399
Sorgatz, H. 397, 399
Sotile, W. M. 57, 58
Spada, H. 291, 292
Spark 98, 100
Speckmann, H. 366, 368
Spehr, W. 208
Speidel, H. 204, 208
Speierer, G.-W. 57, 58, 152, 153
Spence, D. P. 414, 416
Sperber, M. 182, 239
Sperling, E. 397, 399
Spielberger, C. D. 15
Spitzer, R. L. 291
Sprau-Kuhlen, V. 111, 112
Srole, L. 68, 71
Staats, A. W. 424
Staddon, J. E. R. 254
Stadter, E. 221
Standop, R. 393, 394
Staples, F. R. 109, 328, 331, 389, 390
Stauss, H. 354, 355
Steele, F. J. 158
Stein, N. 327, 331
Steinert, H. 85, 87
Stetter, K. 402
Stengel, E. 400, 402
Sterman, M. B. 36, 37
Stern, E. 194, 199
Stierlin, H. 98, 99, 103, 132, 133
Stokvis, B. 60, 61, 209, 211
Stone, G. C. 203
Stone, S. C. 72, 75
Straker, M. 284, 286
Stratton, T. T. 335
Strauss, F. 230, 231
Streeck, K. 152
Streeck, U. 217
Streeck, V. 58
Striebel, M. 111, 112
Strobel, W. 245
Strömbach, R. 404, 406
Strotzka, H. 22, 28, 55, 317, 378, 384
Strupp, H. H. 144, 147, 148, 389, 390, 456, 458

Stuart, H. 357
Stuart, R. B. 262, 263
Stumme, W. 87
Stunkard, A. J. 77, 79, 305, 307
Subotnik, L. 389, 390
Süllwold, L. 343, 344, 345, 348
Suss, R. 166, 167
Sundland, D. M. 414, 416
Sullivan, A. S. 125, 126
Sullivan, H. S. 247, 249
Svensson, A. 154, 158
Szondi, L. 125

Tannenbaum, P. H. 380, 381, 384
Tausch, A. M. 56, 57, 58, 138, 139
Tausch, R. 56, 57, 58, 138, 139, 320, 322, 350, 351, 423, 424, 459, 463
Tharp, R. G. 53, 55, 165, 167, 366, 368
Thom, A. 375, 377
Thomae, H. 62, 66, 120, 122
Thoresen, C. E. 361, 431
Thorndike, E. L. 440
Thorne, F. C. 49, 51
Tichatzki, M. 467
Till, W. 230, 231
Tilmann, H. 143, 148
Tittelbach, E. 65, 66
Tolman, E. C. 440
Torrey, E. F. 456, 458
Trenk-Hinterberger, P. 338, 340
Trojan, A. 86, 87
Truax, C. B. 414, 415, 416
Tscheulin, D. 17, 20, 22, 28, 75, 129, 411, 412, 413, 414, 416
Tuckman, B. W. 383, 384
Tunner, W. 15, 388
Turner, R. R. 6
Tyler, R. W. 460

Uexküll, Th. v. 79, 205, 207, 208, 307, 309, 310
Ullmann, L. P. 3, 440
Ullrich, R. 371, 372, 373
Ullrich de Muynck, R. 371, 372, 373
Unhold, C. 468
Urban, H. B. 215, 217

Vaitl, D. 59, 61, 168
Van Hasselt, V. 370, 373
Van Hoose, W. E. 84
Van Laer, G. 117, 119
Van Riper, C. 392, 393, 394
Van Quekelberghe, R. 212, 213, 214, 217, 412, 416
Vesalius, A. 204
Visotsky, H. M. 202, 203
Vormann, G. 417, 419

Wagner, J. 234, 235
Wallace, J. 9, 10
Wanke, K. 48
Waskow, I. E. 290, 291, 292, 321, 322
Watson, J. B. 128, 440
Watzlawick, P. 98, 103, 218, 221, 353, 355, 420, 422, 424
Weakland, J. H. 98, 103
Weber, K. 184
Weckl 371
Wedel, S. 76, 215, 217, 372
Weise, K. 375, 377
Weitzenhoffer, A. M. 168, 170
Weitzman, B. 408
Weizsäcker, V. v. 207
Wellek, A. 264
Wendlandt, W. 369, 370, 371, 373
Werbik, H. 216, 217
Werner, K. H. 162, 163
Werry, J. S. 435
Wertheimer, M. 140
Wesiack, W. 208
Westmeyer, H. 51, 144, 145, 146, 147, 148, 277, 279, 317
Westrich, E. 391, 392, 393, 394, 395
Wetzel, H. 307, 317
Wetzel, N. 98, 103
Wetzel, R. J. 53, 55, 165, 167, 366, 368
Wexler, D. A. 138, 139
Wezel, H. 104, 106
Whipple, K. 109, 328, 331, 389, 390
Whitehill, M. 370, 373
Whybrow, P. C. 203
Wiener, N. 380
Wiesenhütter, E. 60, 61, 209, 211
Wiggins, J. S. 428, 429, 431
Wilfing, H. 52, 55
Willi, J. 55, 263
Willms, H. 243, 245
Wilson, G. T. 414, 416, 424, 438, 439, 443
Windheuser, H. J. 92, 93, 94
Wing, J. K. 33, 34, 341, 344, 345, 348
Winkler, B. 256, 257, 259
Wirsching, M. 98, 103
Witmer, L. 127
Wittchen, H. U. 16, 20, 21, 22, 28, 50, 51, 194, 199, 313, 316, 317, 443, 444, 448, 450
Witte, E. H. 378, 380, 383, 384
Wittling, W. 66, 199, 302
Wolfe, B. E. 321, 322
Wolman, B. 66, 194, 199, 290, 292
Wolpe, J. 3, 12, 15, 128, 439, 440, 441, 459, 463
Wortis, J. 112

Wortman, C. B. 382
Wright, H. F. 429, 431
Wulf, C. 317
Wundt, W. 127
Wurst, E. 31
Wyss, D. 129

Yablonsky, L. 295
Yalom, I. D. 57, 58, 151, 153, 320, 322, 383, 384

Yates, A. J. 439
Yorkston, N. J. 109, 328, 331, 389, 390
Yule, W. 55

Zaumseil, M. 51, 112, 131, 133, 227, 256, 257, 259, 355, 377, 446, 450
Zaworka, W. 465
Zeigarnik, R. 140

Zerssen, D. v. 290, 292
Zielke, M. 137, 139, 178, 232, 233, 235, 275, 279, 403, 406, 461, 463
Zier, H. J. 403, 406
Zimberg, S. 9, 10
Zimmer, D. 218, 220, 221, 371, 372, 373, 444
Zimmermann, E. 378, 384
Ziolko, H. U. 396, 399
Zulliger, H. 385, 387